民国山西金融史料

MINGUO SHANXI JINRONG SHILIAO

孔祥毅◎主编

中国金融出版社

责任编辑：王效端　王　君
责任校对：张志文
责任印制：丁淮宾

图书在版编目（CIP）数据

民国山西金融史料（Minguo Shanxi Jinrong Shiliao）/孔祥毅主编．—北京：中国金融出版社，2013.11

ISBN 978-7-5049-7086-2

Ⅰ．①民…　Ⅱ．①孔…　Ⅲ．①金融—经济史—史料—山西省—民国　Ⅳ．①F832.96

中国版本图书馆 CIP 数据核字（2013）第 189493 号

出版发行　中国金融出版社
社址　北京市丰台区益泽路 2 号
市场开发部　(010)63266347，63805472，63439533（传真）
网上书店　http://www.chinafph.com
(010)63286832，63365686（传真）
读者服务部　(010)66070833，62568380
邮编　100071
经销　新华书店
印刷　北京汇林印务有限公司
尺寸　185 毫米×260 毫米
印张　47.5
字数　1029 千
版次　2013 年 11 月第 1 版
印次　2013 年 11 月第 1 次印刷
定价　188.00 元
ISBN 978-7-5049-7086-2/F.6646

编辑凡例

一、《民国山西金融史料》收集的历史资料，来源于档案者，由于档案馆的卷号编法各异，常常有一卷多件或者单件，亦有未编号者，尽可能如实记录；来源于文史资料者，尽可能按照作者、文章名、文史资料卷别来标示；来源于当时的政报、报刊者，尽可能注明发表时间及其刊号；来源于调查访问记录者，尽可能注明调查访问人、访问对象和调查时间。

二、为读者使用方便，对原史料作者在文中的注释，一律放在相应史料中间，用夹注标示。本书编者的注释，一律用脚注置于本页脚下，以示区别。

三、史料中的错别字，凡能够辨别者，一律将正字写在（）内，放在错字后面；残缺或者无法辨认的文字，一律用"□"代替；史料中的疑字，在后面加"(?)"。

四、为了史料的简练，所辑文字资料中遇到与金融经济无关的文字，使用了"……"。

五、为编排方便，对全书统计表格统一以章做了编号。凡原作者的原始表格，均在本条资料后注明作者与资料出处；凡编者新编制的表格，均在表格下注明编制依据。

六、为尽可能保持史料的原貌，一些史料文字中的特强的时代性用词没有变动。

七、所有图片照片，多数为编者拍照，也有部分是收藏家、朋友所赠，未能一一注明来源，请原照者谅解。

前　言

《民国山西金融史料》收集了从 1911 年 10 月辛亥革命到 1949 年 10 月中华人民共和国成立山西省金融业发展变迁及其金融制度变革演进的历史资料。这个时期，山西金融业的发展变迁可以分为五个阶段。第一阶段，1911 年 10 月到 1918 年 12 月。山西辛亥革命爆发的当天下午，乱兵抢劫了太原金融机构聚集的鼓楼街一带的政府藩库、官钱局及民营金融机构、金银珠宝商店等。新政权成立，遇到财政困局。于是大汉银行、军用票、向富商借银、成立官钱局、官商合办银行等筹措资金的措施就成为新政权的大事，继而整顿金融，划一币制。第二阶段，1919 年 1 月到 1931 年 12 月。阎锡山自兼省长后，军政大权集于一身，开始重视经济社会建设，在倡导村政建设的同时，大力发展工业，特别是军火工业。经济社会建设仍然需要资金，遂于 1919 年改组官钱局为官商合办的山西省银行，垄断货币发行，支持民间金融机构的发展。金融的发展促成了山西省第二次工业化高潮的成功，山西也由此成为全国的模范省。进而发动倒蒋战争，未几战事失败，晋钞贬值，阎锡山避居大连日租界。第三阶段，1932 年 1 月到 1937 年 7 月。蒋阎达成妥协，阎锡山二次上台，提出了“物产证券与按劳分配”理论，改组山西省银行，创办晋绥地方铁路银号、绥西垦业银号、晋北盐业银号，实施黄金非货币化，成立省铁垦盐四银行号实物十足准备库。同时以山西省银行为“总酵面”，通过创设县银号、村信用合作社，启动农村金融。以金融业的优先发展推动山西第三次工业化和农村经济，使山西经济得到迅速发展。但是由于日本侵略军攻入山西，经济建设被迫中断。第四阶段，1937 年 8 月到 1945 年 8 月。抗日战争时期，山西与其他各地一样处于战时状态，所不同的是山西地区被战争分割为阎锡山统治区、共产党领导的抗日根据地、日伪占据的沦陷区。三种政治辖区三种金融体系，相互交叉、斗争。抗日根据地又被日本占领区分割为三个根据地，三个根据地只能各自设立自己的银行，实行统一政策，多元发行，与日本侵略者展开货币战争。第五阶段，1945 年 9 月到 1949 年 10 月。日本投降后，以太原为中心的阎锡山统治区与解放区的金融矛盾与斗争持续三年：一方面是阎锡山统治集团借助山西省银行向上海、继而向台湾转移资产；另一方面是解放区的银行与信用合作社努力促进经济建设，解放军的地下工作者深入敌后，调查摸底，随着解放大军进入太原，接管了官僚资本金融机构，中国人民银行占领金融市场。这五个阶段的山西金融史料，包括档案资料、文史资料、当时的报刊资料、对当事人的调查访问，也有少数现代人对这段金融史调查研究的资料。但是，对民国时期山西各抗日根据地到解放区的金融史料，由于已经有人做了专门的收集研究整理，史料与专著已经存世，本书未作详细编列。

山西金融史在中国金融史上有着重要的特殊地位。

中国是世界上最早铸造和使用金属货币的国家，山西又是中国铸造和使用货币最早的地区——比公元前600多年地中海地区一些国家铸造金属货币早近千年。山西侯马市出土的公元前8世纪空首布铸币遗址，在4立方考察土炕出土布范数十万件，比3世纪古罗马铸币工场早了千年左右。近年出土的汾阳东龙观宋金时期的墓葬壁画，见证了1000年前山西已经有了办理钱币兑换的钱庄。清代山西商人的典当、印局、账局、票号、钱庄不仅在山西，也活跃于京城、长江流域、岭南、东北、内外蒙古、新疆，甚至远营于俄罗斯、朝鲜、日本。那时的金融业专业行会诸如宝丰社、裕丰社、恒丰社等，已经充当货币市场和金融机构的组织管理者角色。山西票号在太平天国进抵南京后，很快成为清政府的财政支柱。山西票号的金融工具创新、金融业务创新、金融技术创新、金融制度创新在清代是遥遥领先的。票号虽然在辛亥革命后逐渐退出了市场，但是民国时期的山西银行业特别是阎锡山政府的官办银行业吸纳了大量票号退出来的金融才俊，在阎锡山的“物产证券”理论——实质上也就是黄金非货币化思想及其实践中大显身手，有力地支持了山西省十年建设计划案的实施，为山西工业化作出了巨大贡献。抗日战争时期，抗日根据地晋绥边区、晋察冀边区、晋冀鲁豫边区在山西吕梁山、五台山、太行山上创办的西北农民银行、晋察冀边区银行、冀南银行，对日本侵略者开展货币战争，对抗战胜利发挥了巨大作用。在解放战争中的1948年10月，晋察冀边区银行、冀南银行合并为华北银行，两个月后的12月1日，又与西北农民银行、山东的北海银行合并组成了中国人民银行。中国人民银行第一任行长南汉宸、副行长胡景沄都是山西人。1949年中国人民银行进入北京之前，曾在山西招聘、培训银行干部，为中国人民银行占领北京与全国金融市场作了重要的人才准备。所以，山西金融史在中国金融史上的地位，没有一个省区能够替代。就是在金融理论的创新与贡献上，阎锡山黄金非货币化思想不仅在山西被付诸实践，到20世纪70年代，其实践性也被美国的美元纸币化和国际货币基金组织的特别提款权与黄金脱钩所证实。而山西省银行在山西的地位如同中央银行在全国的地位一样，也是其他省区罕见的。可以说，山西金融在中国金融史上一路领先。

纵观民国山西金融史，即阎锡山治理山西经济社会的发展历史，我们可以发现，政府通过金融制度创新，造成金融业先于产业的发展，再以金融业来推动和促进产业的发展，这种经济发展战略可以称为金融先导战略。山西经济发展的路径与历程，

正是金融业在国民经济中的地位与作用的见证。所以，通过对民国山西金融史料的整理考察研究民国山西金融史，也是研究金融先导理论的一个案例。

《民国山西金融史料》辑录的资料，来源于这样几个方面：一是国家第一、第二档案馆与山西省档案馆的档案资料；二是解放后山西省政协文史资料委员会编辑出版的《山西文史资料》中当事人的回忆；三是当时的报刊资料，包括政府政报、民间报纸和国内银行期刊；四是现代研究人员调查研究民国山西金融史访问记录；还有少数现代研究人员整理编辑的史志性资料。辑录这一专题史料，目的在于为研究山西金融史和中国金融史、经济史提供便利。

收集整理民国山西省的金融史料，发端于20世纪70年代中期。当时，中国近代史研究所承担中华民国史的编写任务，中国人民银行总行配合近代史所承担民国金融史的研究。1974年12月，中国人民银行总行给人民银行山西省分行下达任务：编写《阎锡山统治下的山西省银行简史》。当时，我被借到人民银行山西省分行这个编写组，编写组成员有人民银行山西省分行的郝建贵、张涤非，加上我三个人。在总行金融史编写组的指导下，编写组在北京、南京、上海、西安等城市和省内的太原、大同、雁北等地进行调查，查阅了大量档案、书刊、报纸，访问了一批健在的当事人，研究整理，终于在1976年冬完成了《阎锡山统治下的山西省银行简史》（以下简称《简史》)。《简史》和据以成史的原始资料，一并送交人民银行总行金融史编写组。后来，中国近代史研究所编辑出版一套民国史料丛书，将我们编辑的《阎锡山统治下的山西省银行简史》以《阎锡山和山西省银行》为书名，编入了这套丛书，于1980年由中国社会科学出版社正式出版。

后来由于金融教学的需要，特别是对金融史的爱好，我没有停止对山西金融史料的收集。20世纪80年代，写过十余篇山西金融史的论文。30多年过去了。近年反思山西金融史与金融理论问题，越来越感到在经济落后地区或国家追赶经济发达地区或国家的路径选择中，金融问题是很值得重视的。于是我写了《论金融先导》、《二论金融先导》等几篇论文，与博士生们经常讨论相关理论问题。金融先导理论的案例支撑之一，就是民国山西金融史。2010年3月，我和我的几位博士、硕士研究生组成一个“民国山西金融史料课题组”，开始系统地收集整理民国时期山西金融史资料。其间，得到了晋商银行研究院的大力支持，才使得这本《民国山西金融史料》与读者见面。

《民国山西金融史料》吸收了30多年前出版的《阎锡山和山西省银行》的部分史料，又辑纳了近年新收集的史料60多万字和部分图片。本书的基本指导思想是：尽可能根据我们收集到的资料，实事求是地反映民国时期山西金融历史的原有面目，同时把握金融制度创新—金融先导—经济社会发展的理论脉络，与读者分享我们对民国山西金融史的理解。

本书课题组的成员有硕士研究生窦雪（现在兴业银行陕西省分行，财政金融学院，负责民国初年金融机构与金融政策部分）、冯慧琼（现在晋商银行，负责民初货币制度与划一币制部分）、田君（现在晋商银行，负责中原大战后的金融政策与工业化建设部分）、李玉峰（现在晋商银行，负责农村金融政策与合作金融部分）、王丽丽（现在晋商银行，负责抗战时期金融货币部分）、博士研究生周旭峰（原在中国农业发展银行山西省分行，现在山西财经大学财政金融学院，负责解放战争时期金融货币部分）。孔祥毅将 1974 年 12 月以来 38 年中收集积累的山西金融史资料全部交给课题组成员，同时按照分工整理，在已有资料基础上，又到山西省图书馆、山西财经大学图书馆、太原市图书馆、山西省地方志办公室、山西省政协文史资料委员会等单位查看补充相关资料。各部分初稿完成后，周旭峰同志协助主编对各篇史料进行了审校、修改、补充，同时承担了繁琐的编排工作，付出了辛苦的劳动，本书稿方得以完成。

在此，我要感谢 38 年前一起调查、研究、整理史料书《阎锡山和山西省银行》的编写组成员郝建贵老先生和已故的张涤非女士，感谢人民银行山西省分行，感谢国家第一、第二档案馆，北京图书馆，山西省档案馆，山西省政协文史资料委员会，山西省参事室文史馆，山西省图书馆，山西省地方志办公室等单位的领导和朋友们，感谢晋商银行领导及其研究院的同志们。

本书在编审过程中得到了中国金融出版社领导的重视，特别是教材编辑一部主任王效端和责任编辑王君对本书稿逐字逐句、一遍又一遍地审阅校改，那种耐心认真、一丝不苟的负责精神，实在令人感动，谢谢各位编辑、编审，谢谢中国金融出版社的朋友们。

孔祥毅

2012 年 10 月 30 日

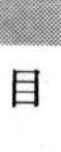

目录
CONTENS

第一篇
民国初年的山西金融（1911. 10—1918. 12）

第二篇

20世纪20年代的山西金融（1919.1—1931.12）

第三篇
20 世纪 30 年代的山西金融（1932. 1—1937. 7）

第四篇
抗日战争时期的山西金融（1937. 8—1945. 8）

第五篇
解放战争时期的山西金融（1945.9—1949.10）

第一篇

民国初年的山西金融

(1911.10—1918.12)

第一章
清末民初山西的货币金融状况

第一节｜辛亥革命中的金融动荡

一、藩库、晋泰官钱局等金融机构被抢

一、山西财政收支，在清末时，系由藩库、运库、道库分别经理。运库专管河东盐务收支，由河东道署掌握；道库专管口外十三厅收支，由归绥道署掌握；其余各道府州县及省会各机关收支，统归藩库管理，由山西布政使司掌握。

清末宣统元年……成立了“晋泰官钱局”。以山西绅商及经济方面有力的人物渠本澄（本翘族弟）为总办，鲁文轩为坐办。这样，潘司收入的现金，基本上都归“晋泰官钱局”存放。

二、辛亥山西革命的过程中，地方秩序一度混乱，晋泰官钱局被抢一空，因而停办。

※ 仇曾诒：《抗战以前的山西财政》，载《山西文史资料》第三辑。

在清朝末年，山西全省每年田赋税收两项收入约共一千万两左右，由藩司总管。至于收到现款以后，由藩司除存库外，分发省城各大钱庄存放。各机关应领经费，即持藩司“批领”向各指定钱庄领取，每月如此，视为常例。

※ 南桂馨口述，李泰棻笔记：《一九二〇年以前阎锡山的经济措施》，载《山西文史资料》第五辑。

下午六点①，阎锡山八十六标康排长先在活牛市街抢了官钱局。后康排长又同马开菘乘士兵乱拿藩库银钱之机，带头抢了藩库。马开菘是从骑兵营四个队各挑选十人，由一排长带领，组成四十人的抢劫队。我右队是王金魁带领十个士兵参加的。事后王金魁对我说，跟营长（马开菘）抢了几道街。阎锡山派他三营张瑜带兵抢了方山府的三晋沅米

① 指辛亥革命的当天下午。

粮店（承担供应军队食粮），将抢来的银子装在粪桶里，用车运出太原城北门外古城村，交给商人王左掌柜替他保存。事后，王左把这些银子交给阎锡山、张瑜。

※《王定南访当时陆军第四十三协骑兵营右队队长、省人委参事潘遇安先生记述》，载《山西文史资料》第九辑。

正策划间，适逢辛亥九月初八民军起义，巡抚陆钟琦被击毙，土匪乘机先抢藩库，次抢官钱局，后波及按司街、打钟寺各商号，官钱局房屋被焚，人员逃散。

※ 康承庭：《山西晋泰官钱局从开办到停业》，载《山西文史资料》第五辑。

山西前晋泰官钱局总理渠本澄呈都督民政长陈明清理手续将本局注销以为结束文（民国二年十二月五日）

窃本局在前清光绪二十八年，先后收入藩库银共九万五千有奇。作为基本，以图营业。开办之后，又支出河东分局，使渐扩充。每年年终结账一次，迭有余利，随帐如数解交藩库。历经报告前清抚藩各官厅备积在案。至去年阴历九月八日晋军起义，省垣光复，夜间土匪乘间作乱，将本局所有现存银钱暨一切帐目字据并局中器具什物以及证折与伙友衣物等件，抢掠殆尽，又付一炬。河东分局，于去冬晋军光复河东后，已由河东代理民政长王派员接收。民国既成，秩序大定，乃招集旧伙清理一切。业于五月十号将去年土匪焚掠所失及河东交代情形，并招集旧伙清理旧事一切手续，以及恳请设法维持信用各缘由，分呈大都督、民政长、劝业道查核在案。当蒙大都督批“既据分呈，听候民政长、劝业道查核示遵”。此批等语。民政长、劝业道尚未蒙批示。原呈粘后，副呈备考。本商自焚掠后，帐簿字据，损失净尽。一无可考。数月以来，派各伙友分头调查，一面登报声明。凡执有本局存款字据者，定以期限，先来挂号存记。存记之后，以外欠欠外，两相核计，凡欠外之一切贷款存款，暨来往折据，并凭条浮计，各零星，凡经在声明定期内存记之款项，较以现能收回之外欠各款，尚可支持归付。业经陆续收付以昭信用。唯现在官钱局存有本局票据一张，计银一千两，本局因现时收款无着，无从清还，未便以多费日用，长此久候。应请财政司，将实存项下所列外欠各项收回后，如数补还。此外除前清谘议局来往，希知照外，如清理财政局、督练公所、常备军、粮饷局、地方审判厅、检察厅、实业学堂等，来往公款，由本局所欠者，多寡不同，无从稽考。刻下既无力清还，只好拟作罢论。此本局对于欠外之项清理之情形也。至外欠各项，已能收回着，由本局陆续收到，已作为旧欠外之项。其有外欠之项，本局执有字据，而焚掠失落，今尚能据以本家帐目如数归还者，本局已分别呈报商务总会存案并登报声明。如有此等字据出现，无论归入中外人手，均作无效。其调查确实而未能收回者，已将此数列于实在项下。其所欠现在山西官钱局银一千两，即请财政司由此项下补还。此本局对于外欠之项清理之情形也。再本局所出之银钱钞票，在前清已遵照度支部划一币制章程，至去年六月底截数收清，业于前清在清理财政局禀明立案。惟钞票收回后，因上宪面谕，暂缓销废。去年民军起义后，被土匪焚掠一空。本年已登报声明。凡持此票者，无论归入中外人手，全作无效。以上各节，数月来清理一切手续大概如此。查本局原本九万五

千有奇。在河东分局，已交代九万余两，所余本银五千余两。暨去年九月以前，应余盈利，已全数损失。外欠者又未能如数收回，欠外者自未克设法还清。进行既不可必，延欠亦多耗费用。惟有将本局前后情形通盘核计，仅事交代，将本局注销，以为结束。兹将河东分局交代民军之项，暨此间收交出入款项，并清理一切情形，另造四柱清册，呈请查核。伏候批示，以便将本局名目作为取消。此后实存项下，所列外欠之各项，应直接交还财政司，并请将本局欠外之官钱局一款，即由此项下交还，以期完案。所有本局损失后，清理外欠，欠外情形，造具清册，呈请批示注销本局名目，以作结束各原由，理合呈请鉴核示遵。

※《山西公报》，民国二年十二月，载《山西文史资料》第五辑。

二、成立大汉银行

军政府成立时，藩库已被抢劫，军费无处开支，出发部队均暂发军用券，用以维持，同时，成立大汉银行，从事周转，支援军用，又派李大魁率陆军小学学生前往祁县，向巨富渠本翘、乔雨亭借得白银四十万两，充作大汉银行资金。正在这时候，驻娘子关的第一标标统张煌电告阎锡山，说士兵因军用券无处兑现，军心不稳，阎即派员持银赴娘子关收兑军用券，至此，军心始立。

※ 山西省政协：《阎锡山统治山西罪恶史》上册，30 页，1960 年油印本。

山西军政府成立后，他（徐一清）担任了军政府财政部副部长（部长为曾纪纲），兼大汉银行行长，从祁县大票号商渠本翘家与乔家借银 40 万两充作该行资金，支持了军政方面的活动。

※ 徐士瑚：《我所知道的徐一清先生》，载《山西文史资料》第六十三辑。

清末山西票号为全中国金融牛耳，民国成立后，政治经济发生变化，新式银行勃兴，山西票号衰落，新式银行获得金融支配权。宣统年间太原设有大清银行分行，辛亥革命时改为大汉银行，民国元年设立山西省官钱局，以后改为山西省银行。

※《中国人民解放军太原市军管会金融接管组档案》，1949 年，人民银行山西省分行档案。

三、民间疾苦

临虞政界抽收自治经费
加派亩捐，民力不支，全行罢市

山西蒲州府临晋、虞乡两县于阴历闰八月二十六日因政界抽收自治经费，加派亩捐，民力不支，全行罢市。查该县地亩，近十年来，加收数，业已甚巨，这几年因办学堂，每亩收钱五十文。光绪三十年又收学堂补助费二十文，宣统元年因办谘议局加派四十文，二年因办巡警加派二十文，今年因地方自治，又欲加四十文，通计每亩正赋一百七十文，

数年摊派共计三百四十文，平时差徭，又需六十文，民国困若，实在不支，兼以山西民间之苦，莫过于该处，通计每亩收获，不到千文，除去三四百文，民间生计，实觉困难。前日可谕，又催自治经费，故两县商民，一律罢市，闻已聚数千人，将与绅士为难，该县之商家无一家无地，所以该两县商界实该县农业之巨擘也，现在蒲州府委府侄前往调处云。

※《天津大公报》，1911 年 10 月 16 日，载《山西文史资料》第四辑，162 页。

辛亥年阎锡山北逃河曲时之勒捐

1911 年 12 月 11 日（即阴历十月二十三日），阎锡山由太原北逃。……下面是张树帜的日记。……

十一月初九日，树帜为全军筹饷事赴河曲县，向该县祝令捐银二百两，限定十二日上午十钟交款，以便购置一切，先至陕边古城，俟军队经古城时，就地发给。

十一日，祝令捐款不缴，又令商人罢市，树帜愤甚，即将祝令鞭挞数次，严加看管，令其一面缴款，一面开市。祝令立将捐款如数缴出。树帜遂购布靴一千五百双，皮袄一千二百件，棉衣一千余套，白面二万斤，白米四十石，干食三千余万斤。衣食充实，北上无虞。又闻该县有大炮四尊，上刻神功大将军等字数，能容火药七斤半，子弹三斤半，远击十五里。声闻五十里，即同治七年张耀攻金积堡之所遗存。树帜一见此炮，真是喜出望外，叹为天助民军。

十五日，阎都督至左城，一见神功大炮，大悦。……

※《阎锡山北逃片段》，载《山西文史资料》第一辑。

第二节 | 清末民初的山西货币

一、银两与银元

（一）称量货币及其秤平

山西省通货现况

银两　通用平码，太原原有库平、街市平二种，现已废止。大同有同平现尚沿用。

银元　袁像银币最为通用，北洋站人次之。

银铺币　流通甚少。

铜元　自制钱稀少以后，为最流通用之辅币。

纸币　中国银行及山西省银行发行之纸币，均流通市场，山西省银行并发行铜元券。

（注）本省各地私发钱票之风甚盛，票面往往低于现钱，屡经地方政府限制，迄为收效，惟太原、大同二处，除由银行发行外，并无此类发行纸币之家。

※《财政部钱币司章制汇编》，65 页，1930 年。

从明代至清末，中国货币本位一般是银钱平行，银和钱都可以无限制使用，但通常是巨额交易用银，小额交易用钱。因银钱无固定比价，而钱价又易下跌，故直至民国年间，山西民间交易仍沿用白银。晚清政府曾明确提倡用银，百姓完粮纳税、官俸兵饷也多是以银两计算和支付的。

当时，银的名称、形式、种类较多，实际流通的是“宝银”，山西通用宝银情况较复杂，名称也各地不同；太原通用“库宝”、“周行足银”，运城通用“足银”、“公估银”，新绛通用“库宝银”，大同通用“足色银”。

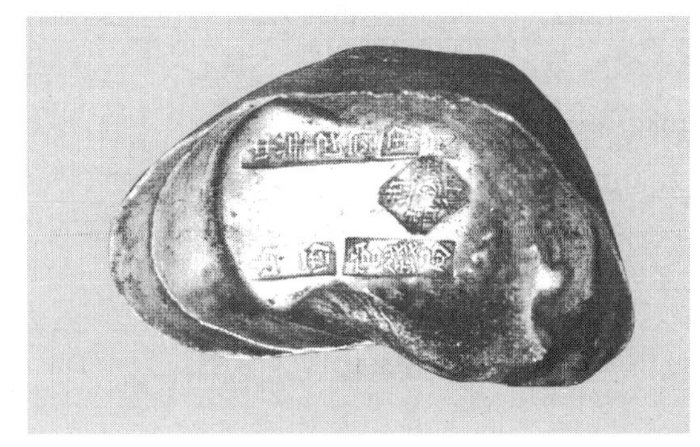

山西官钱局元宝

若就银的形状、重量、大小而言，可分为“元宝”（亦称马蹄银、宝银），重量为五十两；“中锭”（小元宝），重量为十两；“小锭”（小锞、锞子），重量为一至五两；“散银”（滴珠，福珠），重量为一两以下。

山西通常所用银秤砝有太原的“省天平”、“红封平”（与库平同），太谷的“谷公平”（转库平每千两小一六·二），平遥的“平遥平”（较库平每千两小十）。

山西银的纯色成分是以二四宝为标准，其每百两申水成色 4.80，内加成色为 988.00，外加成色 988.14，银炉所定成色为 988.07。

※ 全国经济委员会：《山西考察报告书》，1936 年 2 月。

货币制度至为紊乱，银价各地不同，时有涨落，每库平银一两约合银元一元四角五分。嗣因银元逐渐通行，自 1913 年起，将各项税收陆续改征银元，以昭画一。

※ 仇曾诒：《抗战前的山西财政》，载《山西文史资料》第三辑。

从明代至清末，中国货币本位一般是钱银平行。但通常是大额交易用银，小额交易用钱。因银钱、无固定比价，而钱价又易下跌，故至民国年间，山西民间交易仍沿用白银。晚清政府曾明确提倡用银，百姓完粮纳税、官俸也多是以银两计算和支付的。

当时，银的名称、形式、种类较多，实际流通的是“宝银”。山西通用宝银情况如下：

表 1－1　　山西晚清通用宝银表解

地名	宝银名称	备考
太原	库宝	又称之曰净宝银，专系上兑库款用，是山西最高成色
	周行足银	系市面通用之银，原定名曰足银，较库宝每千两低色五两
运城	足银	系十足五十两重之宝银
	公估银	系市上买卖通用银两，成色较足银为次
新绛	库宝银	无论何省均能通用；系本埠倾化之大同宝，每锭五十两。

续表

地名	宝银名称	备考
大同	足色银	系本埠倾化之大同宝，每锭五十两；名为足色，实得纯银九九八之谱
石家庄	山西宝	此地通行山西运来之大宝

※ 中国人民银行总行参事室编写组：《中国近代货币史资料》，620 页，中华书局，1964 年。

若就银的形状、重量、大小而言，银大体可分为以下四种：

表 1－2

银名称	重量
元宝（马蹄银、宝银）	五十两
中锭（小元宝）	十两
小锭（小锞、锞子）	一至五两
散银（滴珠、福珠）	一两以下

银的纯分成色，山西是以“二四宝”为标准。

表 1－3

宝名	每百两申水成色	内加成色	外加成色	银炉所定成色
二四宝	4.80	988.00	988.14	988.07

※ 全国经济委员会：《山西考察报告书》，1936 年 2 月。

1846 年（道光二十六年）

9 月　礼部侍郎曾国藩上折，建议银钱并用，提出六条办法，但各省意见不一。山西巡抚吴其浚也上奏，对于银钱收放意见，仍照旧章办理，每银一两易钱一千七八百文至二千数十文。

清朝行使宝银，名称和重量各省不一。山西有太原“库宝”，又称“净宝银”，专为上兑库款之用，为山西最高成色。“周行足银”，系市面通用之银，原名曰“足宝”，较库宝每千两低色五两。运城有“足银”，系十足五十两之宝银。“公估银”，系市上买卖通用银两，成色较足银为次。新绛有“库宝银”，无论何省，皆能通用。大同有“足色银”，即“大同宝”，每锭五十两，名为足色，实含纯银九九八之谱。道光以后，各通商口岸，通用成色标准宝银，山西为太原“二四宝”（即每百两加水二两四钱，叫二四宝，还有二五、二六、二七、二八、二九宝等）。

※ 山西金融大事记编写组：《山西金融大事记》，2～3 页，山西人民出版社，1993 年 3 月。

清代用银，可分为银两、银元、银辅币三种。官方所发例用纹银，商民行使，则十成、九成、八成不等，银两名称，亦极繁多。除各项“纹银”之外，山西有西鏪水丝。所用生银，以银锭为最广，但因民间私铸，其成色、大小、轻重不一。银锭分三种，即：元宝、中锭、小锭。元宝即马蹄锭，五十两上下，成色各地不同。中锭即小马蹄银，亦称小元宝锭，重量在十两内外。小锭亦称小锞，形类馒头，重量约三两至五两，成色亦不一。此外还有碎银、银块、碎元宝等名称，种类繁多。山西有黑宝银，五十两内外，成色九七二至九七八。山西元宝，五十两内外。各地通用银两与库平（一千两）比较：太原的省天平、红封平相等，太谷的谷公平小二七·五，归化的城钱平小三·四，运城的泾市平一六·二，平遥的平遥平小十。

※《山西金融志》第五章第一节，山西省志丛稿，山西省地方志编委办出版，1987年3月。

从1840年（道光二十年）考察，灵石县境内流通的货币，主要是白银、制钱，可谓银钱并行。在商品交换中，一般是大额用银，小额用钱。群众完粮纳税统以银两计算，名曰粮银。银两有元宝、银锭、银条、碎银等，成色重量不一。

※ 灵石县金融志编纂组：《灵石县金融志》，灵石县地方志丛书（18），1页。

表1－4　　山西各种平砝相互比较（根据中国银行调查）

地名	各种平砝相互比较率				汇款关系地点
	平砝名称	比较数目	与他平砝名称	比较数目	
太原	库平	1000.00	京公砝平	1036.00	除京津申汉汴有直接行市外余均间接
			申公砝平	1020.70	
	街市平	1000.00	库平	990.00	
	红封平	1000.00	库平	1000.00	
	省大平	1000.00	库平	1000.00	
	（司库平）	1000.00	库平	1008.00	
	（老湘平）	1000.00	库平	960.00	
	（新湘平）	1000.00	库平	940.00	
运城	库平	1000.00	京公砝平	1036.00	京津申汉汴等处均有直接行市
			九八规元	1096.00	
	泾布平	1016.20	库平	1000.00	
	远市平	1010.00	库平	1000.00	

续表

地名	各种平砝相互比较率				汇款关系地点
	平砝名称	比较数目	与他平砝名称	比较数目	
新绛	公议平	1000.00	京公砝平	1017.00	除申津汉汴等处有直接行市外余均间接
	泾布平	999.00	公信平	1000.00	
	羊皮平	1004.00	公信平	1000.00	
	牛皮平	1013.00	公信平	1000.00	
	杂货平	1001.60	公信平	1000.00	
	金珠平	1006.00	公信平	1000.00	
大同	同平	972.00	京公砝平	1000.00	京津申三处日开直接行市
		1000.00	申公砝平	1014.00	

※ 张家骧:《中华币制史》第二编，84～85 页，民国大学丛书，民国十四年。

（二）银元

银元是明中由外国流入中国，因其铸造精巧，使用方便，很快得到中国商民喜爱。至道光年间，外国银元已深入内地，山西同时有银两、银元大量流入。1903 年（光绪二十九年）山西市面上就有不少英国不列颠尼亚女神手持叉杖站像的“壹圆”银元（俗称“站人洋”或“杖洋”），后“光绪元宝”（俗称“龙洋”）等亦有流通。

明清山西所铸的银元，有据可考者，只有“二角”的银辅币，即所谓“双毫”，是辅币中流通最广的一种。面文“宣统元宝”，上有“山西省造”字样，下为“库平一钱四分四厘”。背有汉字“两角”，周为满文八字，做工较他省同类钱粗糙得多，钱币界推论可能为私铸。

※ 全国经济委员会:《山西考察报告书》，1936 年 2 月。

市场上流通的银元有“站人洋”（英国制）、光绪元宝和大清银币。……

辛亥革命以后，市场上行使的银两和制钱已逐渐被银元和铜元取代。除已经流通的“站人银元”、“光绪元宝”和“大清银币”外，又增加了“袁头银元”、“北洋银元”和“孙中山纪念银币”。

※ 山阴县金融志编纂组:《山阴金融志》，3 页，山阴县志丛稿，1987 年 3 月。

1899 年（光绪二十五年）

10 月 2 日山西行使纹银，各州县一律通行，年长日久已成习惯，开始改行银元后，商民怀疑，省派私人在津沪购买低潮银元，勒派各州县行使，更使人心惶该，以致罢市。

省城设立公估局，专管兑换银元，每人每日只准持一元往换，每元又只准换一角现钱，合制钱七十五文，余皆给票。若一人一日换两次，即有巡役拘拿，人人危惧，以致

百物翔贵，市场贸易清淡。

……

1901 年（宣统二年）

5 月 24 日清廷颁布币制规例，单位定名为“圆”，暂以银为本位，铸造大清银币，以一元为主币，重库平七钱二分。另以五角、二角五分、一角三种银币及五分镍币，二分、一分、五厘、一厘四种铜币为辅币，圆、角、分、厘，各以十进位，永为定价。铸币权收归中央。

※ 山西金融大事记编写组：《山西金融大事记》，11 ~ 15 页，山西人民出版社，1993 年。

晚清的货币

……在晚清时期，又有外国银元（站人洋）和大清银币，光绪元宝即龙洋出现，每个重量七钱二分，这种银币，铸造精巧，使用方便，造价低廉，群众喜爱。

（二）辛亥革命以后的货币

民国八年二月十日，阎锡山训令布告全省，废两改元，规定划一币制暂行规定五条：一凡山西省内商民交易，一律周行银元、铜元；二凡以前银两往来尚未结账者，以当地最公平之市价折合银元；三凡以前以制钱来往存欠尚未结帐者，均应折合铜元，每铜元一枚，当制钱十文；四以后存款借款均用银元、铜元，不得行使银两、制钱；五铜元每十枚为一百文，每百枚为一千文，四千文为一元。

※ 灵石县金融志编纂组：《灵石县金融志》，灵石县地方志丛书（18），2 页。

表 1－5　　现银存库

	宣统元年	三年（六月底）
太原分行	135214930 厘	139345730 厘

※ 张家骧：《中华币制史》第二编，126 页，民国大学丛书，民国十四年。

山西辛亥革命后的货币

银元流通情况

辛亥革命后虽然山西有些地区还行使银两，但多数地区逐渐被银元取代。无论从种类上、数量上，山西境内的银元都较晚清大为增加，“站人银元”、“龙洋”虽然还有流通，但是数量已较后来的“袁头银元”、“北洋（政府）所铸银元”和“孙中山纪念银币”为少。

清末民初，山西票号相继倒闭，同时山西输入布匹、纸烟、煤油及其他日用品，这样银元的流入有所减少，流出有所增多。

※ 全国经济委员会：《山西考察报告书》，1936 年 2 月。

仿制银元。1929 年阎锡山利用战争的局部胜利，兼领冀绥察三省及平津两市，接收天津造币厂，委任薄以众（阎的四妹夫）铸造袁大头和孙中山两种银元，重26克，内含纯银23.49344克，由于白银原料缺乏，半年后停产。文献资料未记此币特征。

※ 董治文：《民国时期的山西货币》，载《金融经济·钱币专辑》1987年第1期。

1914年（民国三年）

2月7日国民政府公布“国币条例”及施行细则。以纯银库平六钱四分八厘为一单位，称“圆”。重量七钱二分，银八九，铜一一，设立币制局，梁启超任总裁。

1915年（民国四年）

8月　财政部修正国币条例草案，以库平纯银六钱四分零八毫为一圆。银币有四种：一元、五十分、二十五分、五分。铜币三种：一分、五厘、二厘。各地实际流通的银币，有袁币、总理币、龙洋、北洋等，外国银洋有鹰洋、本洋、站人、香洋等。山西流通的银币，袁洋最多，北洋通用，外币银元站人通用，本洋甚少。大同通用袁洋、龙洋。

※ 山西金融大事记编写组：《山西金融大事记》，18～19页，山西人民出版社，1992年。

辛亥革命后，虽然山西省有些地区还行使银两，但多数地区逐渐被银元取代。“站人银元”、“龙洋”虽还有流通，但是数量已较后来的“袁头银元”、“北洋政府所铸银元”和“孙中山纪念银币”为少。过去以制钱、银两为单位进行计算已逐渐被以银元为单位进行计算取而代之。

民国初年山西通用硬币种类及与银元比价如下：

货币种类	折合银元(一元)
红封平	0.6665两
老湘平	0.6943两
新湘平	0.7091两
新银辅币	10角
小洋	11.97角
铜元	127枚
制钱	1270枚

※ 国家第二档案馆（南京）档案，北洋政府财政部档案，卷一〇二七－441。

银元：太原银币，以“袁头（银元）”及“孙（中山）总理纪念银币”为最多，北洋造及“站人（银元）”次之，大清银币又次之，民国二十二年新发行之银币，太原未见于市。银元在太原市面，在流通上并非主要工具，大多数为纸币，银元由银行、银号、钱庄保存，或为代现之准备，或为运现之预备。太原所流行之纸币，多不能通行于山西境外，一出石家庄，即须使用现银。

※ 段克明：《抗日战争前太原经济概况》，载《太原文史资料》第七辑。

民国初年到民国十年前后，社会上的一切买卖交易，流通货币惯以现金为主，大的交易用现洋，小的交易用铜元、制钱（又名麻钱）。银洋分三种：一种是一面一个龙形，一面是大写壹元；一种一面为孙中山先生站像，手中拄着一把长刀，一面也是一个大写壹元二字；另一种则一面为袁世凯的人头像，一面也是大写壹元二字。每个银元都是自重纯银七钱二分、厚约二毫米、直径约一市寸的圆形（硬）银币。听说龙形银元是清朝时铸的；其他两种银元是在孙中山推倒清朝后和袁世凯当总统时铸的。

※ 刘江汉：《民国时期山西流通的几种货币》，载《文史研究》1989 年第 4 期。

表 1－6　中国货币流通表（财政部 1929 年 11 月甘末尔设计委员会编制）

地方	外国银元	中国银元	银角	铜元
太原及全省大部分地区	站人洋	袁世凯银元 孙中山银元 龙洋(北洋)		20 文铜元 十文铜元则极少

※ 戴铭礼：《中国货币史》，150 页，商务印书馆，民国二十三年。

（三）银两票与银元票

清朝钞票使用分为三个阶段：一为顺治年钞票，二为咸丰年官票宝钞，三为光绪以后的兑换券。其钞票的发行均为饷银不济时行用。如咸丰年发的官票宝钞就是为镇压太平天国革命运动，库款匮乏而发行的。光绪年的兑换券也称银两票、银元票，除清政府发行外，各钱庄、银号、当铺也发行各种钞票、银票、银元票、铜元票等。

1. 票宝钞。官票宝钞开始发行于 1853 年（咸丰三年），大清宝钞（亦称钱票、钱钞）以制钱为单位，面额有二百五十文、五百文、一千文、一千五百文、二千文，后膨胀为五千文、一万文、五万文、百千文。户部官票（亦称银票）以银两为单位，面额有：一两、三两、五两、十两、五十两。

官票宝钞是“先于京师行用”后“流通渐广……颁发各省，一律遵办”。同时对民间的银钱私票行用仍听其便。

官票宝钞行用于山西，已是 1861 年（咸丰十一年）。其行用也不是当做完全法偿币，商民缴纳厘税，官兵俸饷都是只能搭用几成，一般是三成左右。晚清山西交纳田粮赋税，分为银四成，制钱三成，米豆三成。内中三成制钱即准搭用钞票。（《中国近代货币史资料》439 页）就是这样，钞票的行用依然令“商民恐慌，市肆混乱”。及至咸丰末年，对官票宝钞就不得不加以清理。到同治年间，除捐税、纳官，赎当偶有搭配使用外，基本上就停用了。

2. 官家银钱票与兑换券。光绪末年，官钱局设立已普及各省，甚至有一省设数个机构的。

1896 年（光绪二十二年）11 月山西开设晋源裕官钱局，1902 年（光绪二十八年）改为晋泰官钱局，都有纸币发行，即银两票、制钱票、银元票和后来的铜元票。（发行情况见本书第六章第一节）

1904 年（光绪三十年）清户部筹设政府银行，亦发行银两票、银元票。面额种类，银两票有一两、五两、十两、五十两、一百两；银元票有一元、五元、十元。

户部改度支部后，户部银行改为大清银行，大清银行在全国许多地方设有分行，这些分行也都有纸币发行。山西设有大清银行太原分行，发行额，1910 年（宣统二年）银两票七万三千两，银元票七万六千六百九十一两。（《中国近代货币史资料》1057 页）

※《山西金融志》第五章第一节，山西省志丛稿，山西省地方志编委办编印。

1905 年（光绪三十一年）

3 月 23 日印刷户部银行钞票，为中央政府发行银行兑换券之开始。八月定园法章程，设置户部造币总厂（即天津银钱总厂）。

9 月 27 日清廷“户部银行”开市，行使国家银行职能，正式发行银两、银元兑换券。银两票有一两、五两、十两、五十两、一百两等，银元票有一元、五元、十元等。在组织户部银行时，曾要票号加入股份和人员，票号未从。

1910 年（宣统二年）

10 月 8 日各省官银钱号大量发行钞票，有银两票、银元票、钱票等。山西晋泰官钱局发行银两票三十三两（属全国最少者），银元票一百万零三千元，折银六十五万两。

大清银行太原分行本年发行银两票七万三千两，银元票七万六千九百一十一元。库存现银一十三万五千二百一十四两。

※ 山西金融大事记编写组：《山西金融大事记》，15 页，山西人民出版社，1992 年。

表 1－7　　大清银行太原分行的发行纸币

	宣统元年	二年厘	三年(闰六月底)厘
银两票		73000000	146104420
银元票		76691100	130889200

注：大清银行发行银两票、银元票、钱票三种，而各分行报告仅列银两、银元票，钱票未列入。

※ 张家骧：《中华币制史》第二编，民国大学丛书，123 页，民国十四年。

二、铜钱

（一）铜制钱

制钱就是麻钱，是用生黄铜铸的，厚约一毫米，直径二厘米，中间有一个方孔的圆形硬币，一面是满文字样，一面为帝号，如顺治国宝、康熙国宝、雍正、乾隆、嘉庆、道光等等。十个制钱顶一个铜元，一千个制钱为一吊钱，也叫一千钱、一贯钱。一个银元在市场上可兑换一千二百个制钱。

※ 刘江汉：《民国时期山西流通的几种货币》，载《文史研究》1989 年第 4 期。

1854 年（咸丰四年）

2 月 清廷户部宝泉局铸造咸丰大钱，有当五、当十、当五十、当百、当五百、当千等种类。从咸丰三年五月至四年二月，各省相继开铸。山西宝晋局铸有当十重宝和当五十重宝。咸丰钱大都称“通宝”，当五十多称“重宝”，当百到当千多称“元宝”。咸丰大钱的出现，实质是通货膨胀的表现。每白银一两市价折合制钱 2500 文。

7 月 山西巡抚恒春筹设官钱铺。对文武官员及各厅州县应领开支等，以七成现银，二成现票，一成宝钞搭配发放。银价规定每两 2400 ~ 2500 文，钱贱物贵，通货膨胀达最高峰。

户部铁钱局移到山西平定州河底镇，名“宝泉分局”。烤炉二十座，鼓铸铁钱，由部派司官二员监督，所铸钱文解京搭放。

1855 年（咸丰五年）

3 月 因咸丰钱繁杂不堪，大小错出，轻重倒置，当五十的大于当百，当百的重于当千。加上铸局名称、文字种类、币材等，更是不胜其烦，清廷命整顿钱法。

1856 年（咸丰六年）

7 月 29 日 山西宝晋局铸造大钱成本太高，每年亏折钱五万九百串，合银二万余两。因此山西巡抚上奏拟暂行停铸，试铸铁钱。

1857 年（咸丰七年）

11 月 宝晋局开炉铸造铁钱，后因窒碍难行即停止。

1858 年（咸丰八年）

5 月 平定州等处，发现直隶奸商运铁钱数十万串到州买银，约定九、十月间银钱两交，致使银价闻风骤长。户部奏请饬下直隶总督和山西巡抚查明严行禁止。

10 月 5 日 平定州因市场物价较邻近各州县昂贵，该地绅士蔡子壁等决定制钱以二铜八铁使用，不准全用铁钱。自九年正月初一起，加铜钱一成，减铁钱一成，作为三七。四月初一以四六使用，到七月初一，铜铁各五成掺用。户部得知认为该县绅士等“自定成数，自限日期，不听候管官主办，不许全用铁钱，措词谬妄，大妨铸务，立议驳覆。”

11 月 盂县张贴告示，限半个月后，铜钱、铁钱各半行使，不得尽用铁钱。如有不遵，严行究治。户部飞咨山西巡抚：“速饬该县出示晓谕，商民交易仍照从前不分铜铁一律行使，知县李昌炽，偏执己见，误听绅士，铁制钱有沮格不行之势，请旨将李昌炽交部议处，以示惩儆。山西所属倘有拘分铜铁成数，或不用铁钱者，无论官民商贾，均照阻挠铸务章程，从重究办。

1862 年（同治元年）

“宝钞”和“官票”行用十年后，停止流通。又铸同治通宝制钱。

※ 山西金融大事记编写组：《山西金融大事记》，4 ~ 6 页，山西人民出版社，1993 年。

1824 年（道光四年）后因银贵钱贱，山西铸炉“一并停止”。1843 年（道光二十三年）又“遵户部咨，先以四炉开铸”。咸丰初年全国各铸钱局开铸“当十”到“当千”大钱，宝晋局在 1854 年（咸丰四年）亦开铸“当十”、“当五十”大钱。后因成本过重，每年亏损折钱五万九百余串，合银二万余两，只得暂行停铸。并“移炉就铁……在平定州设局铸造铁钱，原由户部派员督办，后改为山西接办。铁钱铸出无法畅使，难以流通。后铸炉时有停开。1887 年（光绪十三年）山西‘宝晋局’遵旨派员赴天津买铜（进口洋铜）开炉鼓铸”。以后，制钱渐被铜元所代，各省竞相改铸铜元，制钱铸炉即告终结。

表 1－8　山西晚清铸钱数额表

年份	铸炉	铸额
嘉庆七年		12 卯(应折 149976 串)
道光九年	四炉	17472 串
同治四年	四炉	17472000 文
光绪二十六年	二炉	每月可铸出二千串

※ 戴铭礼:《中国货币史》，商务印书馆，民国二十三年。

表 1－9　宝晋局铸造制钱类别表

年号	宝号	材料	种类	重量
道光	通宝	铜	一文一种	一钱左右
咸丰	重宝、通宝	铜、铁	一文、“当十”、“当五十”三种	不等
同治	通宝	铜	一文一种	一钱左右
光绪	通宝	铜	一文一种	七分四厘、一钱
宣统	通宝	铜	一文一种	一钱以下

※ 戴铭礼:《中国货币史》，商务印书馆，民国二十三年。

到同治年，因铜价逐渐昂贵，钱价有所回升，同治六年一两银折钱一千五百到一千六百文；1905 年（光绪三十一年）一两银折钱一千零几十文。

钱价上升完全是铜价上升造成的，钱价下跌则是因为制钱减重所致。但总的来看，以制钱计算的物价还是上涨的，尤其在清末十数年间，物价更是暴涨，参见表 1－10。

表 1－10　晚清米价简表　　单位：文

期别(年)	每公石合制钱数
1851—1860	2914
1861—1870	4480
1871—1880	2991
1881—1890	2311
1891—1900	3449
1901—1910	5250

※《山西金融志》上册，122～123 页，山西省志丛稿，山西省地方志编委办编印，1984 年 7 月。

头品顶戴山西巡抚胡聘之奏折附片

再前准部咨道光十年御史徐培深奏请饬禁私铸小钱一折：奉上谕，著各省督抚一体饬属查禁年终具奏等因，钦此，历经钦遵通饬严禁在案。兹据各道府直隶州转据各厅州县查明市尘日用，均系官板制钱，尚无私钱及行使小钱情事，由藩臬两司会详前来，兹请循例附片呈明。……

朱批：知道了。

※ 清档，“朱批奏折”，光绪二十四年十月十六日。

清朝晚期，在山阴市场上流通的货币，主要是制钱、银两和银元。制钱是沿袭明朝所铸的方孔圆钱，基本上是一钱一文。同治六年（1867 年），一两银折钱一千五百文到一千六百文。钱贱物贵，制钱信用亦锐减了。

※ 山阴县金融志编纂组：《山阴金融志》，3 页。

贫苦农民因交易微薄，大都使用制钱。制钱种类繁多，通常有天命、天聪、顺治、康熙、雍正、乾隆、嘉庆、道光、咸丰、同治、光绪、宣统等，各代都有制钱发行，铸币原料则为青铜，币值基本上为一钱一文。但在咸丰年间，由于太平天国爆发革命，清政府为镇压农民起义，军费开支浩繁，经济濒临崩溃。于咸丰三年开始铸发了当十、当五十、当一百、当一千等轻重不一的各种大钱，加之政治腐败，资源缺乏，使用贱金属鼓铸铁钱，强制发行，百姓为之厌恶，市场流通不畅。及至光绪、宣统改为青铜铸钱，但质量次，体积小，群众贬其为皮钱。

※ 灵石县金融志编纂组：《灵石县金融志》，1 页，灵石县地方志丛书。

（二）铜元

表 1－11　　太原银元、铜元、制钱比价（民国四年）

大银元合铜元	大银元合制钱	大银元合小银元	调查日期	备注
	1198 文	11.98 角	三月二十九日	太原铜元不通用
全国二十一地平均				
135.3 枚	1286 文	11.45 角		

※ 章宗元：《中国泉币沿革》，42 页，民国四年十一月发行。

铜元也有两种，一种是龙形的，一种是五色国旗的。龙形的是清朝时制的；五色国旗的是民国时期铸的。都是厚约二毫米，直径约二厘米五的圆形紫铜（硬）币。

※ 刘江汉：《民国时期山西流通的几种货币》，载《文史研究》1989 年第 4 期。

民国初年到民国十年前后，社会上的一切买卖交易，流通货币惯以现金为主，大的交易用现洋，小的交易用铜元、制钱（又名麻钱）。……十个制钱顶一个铜元……铜元中还有当二十文制钱的铜元，个比较大。民国十年左右，曾一度兴起小铜币，类似现在的五分钱币。一个小铜币当一角钱。只用了二三年就再不见了，也不知何故，可能因不合国家币制标准而禁止通用。

※ 刘江汉：《民国时期山西流通的几种货币》，载《文史研究》1989年第4期。

铜元：太原市通行之铜元，向以十文、二十文两种为主，他种铜币，概不行使。其行市高低，殊不一定。在前，每银币一元，可易换四千文左右。后则至五千文。其式样有龙币、民元开国纪念币及本省造数种，至其兑换价目高低之标准，每日由银业公会早市决定之。

※ 段克明：《抗日战争前太原经济概况》，载《太原文史资料》第七辑。

民国初年，各省都成立有“辛亥革命”的军政府。北洋军阀时期，已无法统一国家，形成了军阀割据、独立自治的局面，他们大部分自行造币。南方诸省首先发行铜元，山西等省也争相效仿。

以阎锡山为首的山西军政府，在制造山西铜元时隐藏了一个阴谋，把样品钱上的“山西”二字勾掉，成为没有地名、没有政府名、没有厂名的“无主”钱。这些打制着“中华铜币”的大批铜元，随同山西的军政势力流通于晋、冀、鲁、豫、绥诸省，使阎锡山发了一笔横财。1930年蒋、冯、阎中原大会战，晋军失败。阎锡山下野，散落在民间的大批“无主”铜元，无法回兑，阎锡山又轻易地逃避了罪责。此后，随着社会不断发展，铜元被淘汰了，山西铜元的版式问题自然搁置起来，成为一桩历史遗留公案。

近几年来，全国掀起“集币”热，山西铜元的版式又成为货币研究的一大课题，太原电解铜厂在拣选民用杂铜时收留数以万计的铜元，其中的两枚打印“山西”二字，这一问题的发现，引起了不少研究者、收藏者的兴趣，省内外也有很多同志通过各种方式询问山西铜元是个什么样子。我带着这个问题进行了调查。

1896年3月至8月，我先后访问了山西省地方志办公室、中国人民银行山西省分行金融研究所、山西省博物馆、山西省政协文史办公室、山西机床厂厂史办公室、太原电解铜厂、山西省档案馆等单位，查阅了《晋绥日报》、《山西文史资料》、《民国钱币年鉴》、《山西兵工史》、《山西金融志》以及其他报刊杂志，走访原《晋绥日报》记者王伯陶、原私营美浮通银号店员兰兆芳、原铜元厂石凤岐、武有廉、原铜元厂制版工王子春的女儿王桂及原兵工厂工人杜沈、赵二科等同志。

1. 据《山西金融志》、《山西文史资料》记载：1918年（民国七年），以阎锡山为首的山西军政府在太原小北门外柏树院千佛寺内的陆军修械所内又设立了一个铜元厂（即今胜利街山西机床厂），机制山西铜元。1920年（民国九年）修械所与铜元厂合并，成立“山西军人工艺实习厂”，修理枪支，机制铜元。1926年（民国十五年）该厂改名为“太原兵工厂”，铜元厂停产并撤销。在此期间，铜元的主要生产期是民国八年至十二年，民国十三年以后，铜元厂基本转向军工生产。这段时间的厂长是李蒙淑，山西定襄人，曾留学英国。

与此同时，还成立过与铜元厂相适应的两个机构。

1918 年，在太原龙王庙街成立“山西铜元局”，局长高步青，收买制钱，发行铜元。

1924 年，在太原龙王庙街成立“军士洋钱兑换所”，经理李逢春，办理银元、铜元兑换业务。

2. 据知情人王伯陶、武有廉、杜沈等证实：铜元厂生产铜元的主要时间是民国七年至十二年，用收买的民间制钱为原料，熔炼成紫铜，以压膜工艺机制而成。前后共制造两个版式，一个是民国八年版，一个是民国十年版。每个年度的版式又分大铜元、小铜元两个种类。大铜元面值二十文，小铜元面值十文。每版带压膜一百个，每次压铜元一百枚。高峰时日产铜元一百二十万枚。

大铜元直径九分，重量零点二八市两（旧制），正面图案为五色旗两面、交叉，上文中华铜币，下文民国八年或民国十年；背面有麦穗图，二十文字样。

小铜元直径八分，重量零点一六市两。正面图案为五色旗两面、双插，上文中华铜币，下文当制钱十文，无年月；背面有麦穗图和壹枚字样。

小铜元用三个制钱的原料制成，发行后又顶制钱十文，除工料费外，获利三倍，大铜元获利更多，六年期间铜元厂获利三百余万元，为后来的兵工厂积累了雄厚的资金。

3. 据原铜元厂工人杜沈、赵二科证明和晋绥报记者王伯陶回忆，生产的样品钱——原小铜元上有“山西”字样，是送呈长官部审查的标准钱，此钱产量极少，没有在社会上流通，后来在正式生产时去掉了“山西”字样，当时在工人中流传过这样的议论：“阎锡山真有鬼，做铜元不打地名准备骗人”。太原电解铜厂拣到的两枚打制“山西”字样的铜元，就是这种样品钱。

4. 经原兵工厂工人杜沈、赵二科证实，民国十七年，“太原兵工厂”发行过一种厂内流通币，一大一小。与山西铜元大小相符，大的面值二分，小的面值一分，上有“军工工友消费证”字样。每月发工资时配发一定数量的消费证，顶现金用。工友们拿上它可以在厂内消费社的饭庄、布庄、杂货庄买东西，享有优惠。但它不是法定货币，社会上不能流通。

※ 董良臣：《山西铜元的调查报告》，载《金融经济·钱币专辑》1987 年第 1 期。

我国清朝末年，随着经济发展，当方孔制钱难以维持社会上市场流通需求的时候，一种新颖的无孔圆形铜元进入了货币流通领域。1900 年广东省铸出“光绪元宝”机制当十铜元。1901 年清政府也下令各省仿铸铜元取代制钱。由于铜元做工精美，有利可图，很受市面欢迎，因此各省竞相制造。山西当时还未铸造。

1917 年（民国元年），阎锡山获得北洋政府之青睐，担任了山西督军兼省长，集军政大权于一身。他为了大力巩固和发展军事工业及自己的势力，继续扩张地盘，在经济拮据、资金匮乏的情况下，除采取了加大税收、搜刮民财及扣留上交赋税等经济手段外，还积极仿效外省，利用铸造铜元获利的方法扩充经济，以达发展军事工业及壮大自身力量之目的。阎锡山下令停止使用清朝通用的方孔制钱，以省银行印制的纸币回收。为此，在太原市上马街陆军修械所内设立“山西铜元厂”（原址即现在上马街太原七中校址内，原是清政府山西陆军修械所)。该厂有较先进的机械设备与技术力量，以回笼的制钱及收购民间铜器为原料先后制造出三种类型五个版别的铜元（俗称“铜子”)。

第一类型：1918 年铸造的是当十铜元，正面上为“中华铜币”四字，下为“当制钱十文”五字，右边为“山”字，左边为“西”字：中圆环内为相交的“五色旗”和“十八星旗”，背面是嘉禾图案，中间为“壹枚”二字，直径 2.7 厘米。据近代专家考证，此币为“样钱”，铸量不多，存量甚少，甚为罕见，现为收藏珍品。

第二类型：1919 年又铸造了当十文及当二十文两种，即所谓八年版（民国八年)。十文铜元正面上端为“中华铜币”四字，下端为“当制钱十文”五字，两边各有一以五角星为核心的图案，当中圆环内交叉双旗，右为五色旗，左面为十八星旗，背面为嘉禾图案，中间有“壹枚”两字。

二十文的图案与十文图案完全一致，不同处仅是下端有“民国八年”四字，背面中间为“贰拾文”三字。

第三类型：1921 年制造的十文、二十文两种，图案与八年版基本一致，只在上面两边小五星的下面多两朵小花，五色旗用色彩各异的图案表明不同的颜色，使五色分明新颖美观，富有立体感。正面下端为“民国十年“四字，背面与八年版相同。

当时市面上除了山西铜元厂制的十文、二十文外，还有北京（清末民初）制的当五十文铜元，式样有龙币（清末）及民国开国纪念币（民初)。

文中所提的五色旗是指辛亥革命后，民国初年北洋政府制定的“国旗”，称为“五族共和旗”，五族指汉、满、蒙、回、藏五个民族，颜色为红、黄、蓝、白、黑。文中的十八星旗是民初中国只有十八个省。当时的绥远、察哈尔、西藏、西康、新疆等都不是省。所谓“青天白日满地红”的国旗是北伐胜利，北洋政府垮台，国民党定都南京后才重新规定的。

铸造铜元是一本万利的事，为什么阎锡山又不继续铸造下去呢？主要是北伐胜利后南北统一，阎既任北方国民革命军总司令，又是国民政府所辖全国只有四个集团军的第三集团军总司令（第一集团军蒋介石、第二集团军冯玉祥、第四集团军李宗仁)，野心澎湃，要招兵买马，制造武器，而铜是制造武器的主要原料之一，所以在建成兵工厂的同时取消了铜元厂，将机器、技术人员、工人都合并到兵工厂了。

※ 胡俊良：《我国清朝山西铜元小史》，载太原市政协南城区文史委员会：《南城区文史资料》第三辑。

1904 年（光绪三十年）

7 月　户部铸大清铜币四种：大者重四钱，值制钱二十文；次重二钱，值制钱十文；又次重一钱，值制钱五文；最小者重四分，值制钱二文。但铜元发行日久，价渐跌落，除两湖、四川等省外，大致银元一元合十文铜元一百三十枚内外，较原定百枚之数，增加三成以上。

1921 年（民国十年）

5 月 1 日　全国银行公会联合会在天津召开第二次会议，建议北京政府废两改元，改

铸旧币，停止滥铸铜元。北京政府未予采纳。

※ 山西金融大事记编写组：《山西金融大事记》，13 页，山西人民出版社，1993 年。

（三）铜元票

山西省银行铜元兑换券

山西省银行在发行“晋钞”的同时，发行铜元兑换券，面额有十枚、二十枚、五十枚、一百枚、三百枚、五百枚六种，按其面值流通于晋绥等地，其命运与“晋钞”同归。

※ 董治文：《民国时期的山西货币》，载《金融经济·钱币专辑》1987 年第 1 期。

山西现银与铜元票比价 1∶7000

现在山西全省无一处不有铜元票，其兑换价格之差，亦甚悬殊。每现银一元，换铜元不过三千有零，换铜元券乃至七千开外，且市面上硬币极形缺乏，铜元纸币竟有一枚、二枚、三枚、四枚、五枚、十枚、二十枚、三十枚、五十枚九种之多，此亦各省未有之现象。

※《银行月刊》第七卷第 2 号，民国十六年二月二十五日。

晋省修正纸币规则

山西省公署前定取缔各县商号发行纸币规则，原定发行纸币额，不得超过该商号资本两倍，施行数年，流弊颇深，各商号率多滥发。兹闻省署为减少发行额数，以示限制起见，特将前定规则取消，重新厘定各商号发行铜元纸币规则十条，通令实行。

第一条　商号发行铜元纸币，对于持票之兑换铜元时，必须随到随兑，不得推延，并不得以别家纸币抵兑。

第二条　商号兑付铜元，必须足数，不得以九九、九八及其他打扣数目付给。

第三条　商号资本额不足一千元者，不得发行纸币。

第四条　商号发行铜元纸币，如系无限性质，发行纸币额不得超过资本额。

第五条　商号发行铜元纸币，无论何时，须其有发行额十分之四之现铜元，以为兑现准备。其准备铜元是否足额，应由县知事督饬主管人员随时检查。

第六条　商号发行铜元准备，须有殷实商号两家作保，并将资本总额发行数目呈明县知事批准存案，以备检查。

第七条　已发行之铜元纸币，如有不合本规则规定者，由县知事以适当之方法严速纠正之，不得稍涉含糊。

第八条　商号发行铜元纸币，有违反本规则各条之规定者，应查《缔纸币条例》处以五百元以上五千元以下之罚金。

第九条　每年由省署派委员向各县发行铜元纸币商号检查一次，如违背本规则规定之各条者除处罚商号外，该管县知事及主营人员，应受失察除分。

第十条　本规则自公布之日实行。

※ 汉口《银行杂志》第一卷第 5 号，民国十三年一月一日。

三、银行券与钱帖

（一）银行券

表 1－12　　山西省区银行纸币发行额累年比较表

年次	总行		分行	
	行数	纸币发行额元	行数	纸币发行额元
民国元年	2	?	—	?
民国二年	3	442420	3	1350
民国三年	6	555500	3	—
民国四年	2	104250	4	—
民国五年	3	74071	3	3100
民国六年	3	78071	6	—
民国七年	3	74044	6	—
民国八年	8	37025	6	3866
民国九年	8	68444	9	—
民国十年	8	2013202	11	62134

※ 张家骧：《中华币制史》第六编，31 页，民国大学丛书，民国十四年版。

表 1－13　　山西省区钱业纸币发行额累年比较表

年次	钱业户数					纸币发行额
	官钱局	银号	钱庄	其他	计	
民国元年	4	9	407	7	427	1142354
民国二年	2	1	510	7	520	623139
民国三年	2	—	561	—	563	940025
民国四年	—	4	360	—	364	1433330
民国五年	1	4	343	—	348	550019
民国六年	1	13	397	—	411	785575
民国七年	1	6	347	2	383	1291515
民国八年	1	6	345	2	354	1054428
民国九年	1	10	354	—	365	1420284
民国十年	2	10	364	—	377	1232656

※ 张家骧：《中华币制史》第六编，45 页，民国大学丛书，民国十四年。

（二）钱帖

总司令注意雁北金融

石门行营消息，阎总司令近以此次北路各部队出击，带有京津一带各种杂票，及绥远流通等券。商人不明真像（相），往往拒绝使用，以致时常发生争端情事，兹为免除

纠纷起见，特行知财政厅派员会同省银行驰赴雁北各县，筹设局所兑换，并通知各县知事，凡遇有上项杂票者，完粮纳税，一律行使，不得拒绝。

※《来复报》第491号，民国七年六月三日。

自民国八年（1919年）山西省银行成立后，阎锡山开始禁止私商出钱帖子，为山西省银行独揽发行大权，扫清道路。

※ 张正廷：《山西省银行片段回忆》，载《山西文史资料》第一〇九辑。

山西行用私票由来已久，清代民间钱铺、银号、钱庄、当铺以及票号多有发行以钱文、银两为单位的各种钞币或银票。这两种钞票不同的地方在于银与钱的分别。银票面额大一点，钱票面额小一点。因此钱票流通性更大一点。钱票面额有五百文、一吊、两吊、两吊五百文、五吊或五吊以上，各省情形不同，名称也繁多，山西省用的钱票主要有凭贴（本铺开出、票到付钱）；兑贴（此钱铺兑彼此铺）；上贴（当铺或钱铺上给钱铺）；以上三种是即期票，票到付钱，同于钞票。上票（别项铺户并非钱店所出之贴）；壶瓶贴（自行开给钱票，盖用图章，以为搪帐，民间亦不甚流通）；期贴（系易银时希图多得钱文，开写迟日之票，期到始能取钱）；以上三种属非现钱交易，是一种定期本票的性质。

※《山西金融志》上册第五章第一节，山西省志丛稿，山西省地方志编委办编印，1987年3月。

民国十年以前，市面上除银币、铜币、制钱现金交易外，还有一种地方纸币叫钱帖子，是地方上驰名吃硬的钱铺或当铺出的。钱帖子用最好的硬麻纸做成，宽约三市寸，长约五市寸，用毛笔写好，上面盖有该钱铺或当铺的几个印章，因防人伪造，笔中有暗记，编有号码。凡是钱帖子都是以一千钱（即一吊钱）为单位的，用钱帖子到当铺或钱铺本号里即可兑出现钱一千钱，但是这种钱帖子只在本地本县才能通行，如果出了县，就失效了。钱帖子也有伪造的，在交易市场中，如果一不小心，接下伪造的假帖子，到出帖子的当铺（钱铺）中兑换，当然不予承认，不予兑换，后来钱帖子因为伪造者渐多，慢慢地失掉信用，即断绝使用。

※ 刘江汉：《民国时期山西流通的几种货币》，载《文史研究》1989年第4期。

阎锡山父亲阎书堂清末在五台县城内开设的“吉庆长”钱铺，即发行“钱帖子”。这是一种原始的纸币，票号、钱铺、商店都可以自刻木板印制，票面上印着制钱几吊或白银几两，根据信用程度，可以在一定范围内流通。发行这种“钱帖子”，殷实商号有一定的准备金，可以兑现，有些商号出“钱帖子”却是为了骗钱，因为一张白纸印成“钱帖子”就可以当钱来用，增加了商号的流动资金，如果破产倒闭，又可以把部分损失转嫁到持有者身上。阎锡山父亲后来“打虎”（搞金融投机的俗称）失败，钱铺倒闭，“吉庆长”的“钱帖子”即停止兑现，使许多人跟上受了害。阎锡山青少年时期跟上他父亲在钱铺学徒，就印制并发行“钱帖子”，深知发行纸币之利，也深知滥发纸币之害。

所以正常情况下，他是反对滥发纸币的。1922 年，他对全省商界联合会人员讲话时说："商家滥发票子（注：即俗称的"钱帖子"，民国初年仍在流通——笔者），弊病很多，一来信用不好，时常骗人；二来无限制地出票子，就是老百姓的大害。……"

※ 刘存善等：《阎锡山的经营谋略与诀窍》，16 页，山西经济出版社，1994 年 8 月。

检查纸币及准备金处罚规则

商号所发纸币如无商会戳记者除勒限收销外仍照发行额科以百分之五罚金。

纸币准备金如在三成以上者应勒限补足四成，如不足三成者除勒限补足外按照所短数目处以十分之一以上之罚金。

前项罚款除以十分之二提偿检查人员外其余八成作为县地方款交公款局收存。

检查纸币准备人员如有徇隐浮报情事从严议惩。

本规则自公布之日施行。

※《山西省政现行法规汇编》第四类财经，民国十二年一月六日。

四、货币兑换

二、各省货币交换情形

山西太原省城附阳曲县

生银、银币、纸币、制钱一律通行，未行用铜元。

生银之类别：足色宝、周行宝，足色每锭较周行高二钱。

称平之类别：市大平即库平、街市平，市平较大平每两小一分。

生银换制钱之价格近日行市：二千零六七十文。

中、交两行纸币极通行，惟（唯）交通纸币系晋胜银行代为发行。

银币、纸币之价值在本行兑换，并无出入，在外行交易约差一二文。

银币、纸币换生银之时价：一千三百文上下。

银币、纸币换小银角之时价：十二毛零五六文。

小银角换银元贴水之数目：二毛零七八文。

私立银行除晋胜银行发行纸币外，更无别家商号或钱庄、钱铺发行纸币。

本省所有俸饷、厘金、赋税所用之银币分北洋、站人、民国新币三种，其兑换计算方法均系按照实价。

委员　陈涛再陈

报告第八书

十二月十一日

※《陈涛给财政部的第八份报告》，国家第二档案馆（南京）档案，《北洋政府财政部泉币司档案》泉 324 卷。

清政府面临军事、政治、经济多种危机，反映到制钱上是钱价的跌落。道光年后，钱轻重不一，掺杂使用，钱价因之而贱，钱贱物贵，一钱已不值一钱。这可以从表 1－14

中反映出来：

表 1－14　　山西清代银、钱比价简表

年份	白银	折钱
乾隆十六年	一两	七百八十一文
乾隆六十年	一两	一千文
嘉庆八、九年	一两	七百至八百文
道光十一年	一两	一千三百文
二十三年	一两	一千五百四十文
二十六年	一两	一千七百至一千八百文
咸丰四年	一两	二千四百至二千五百文

※ 戴铭礼：《中国货币史》，商务印书馆，民国二十三年。

钱庄每天大量的营业是银元、铜元、制钱间的互换。互换所得的收入叫“贴水”(贴水是旧社会银钱业用语，同地不同头寸的调换或两地间汇款在比价上的折减)。民国初年的银元，每枚换铜币 800 文，后涨至 1000 文。以后由于制钱少了，铜元多了，银元换铜元，由 2000 文、3000 文逐渐涨至 4200 文。铜元价下降，银币价上升，每在换价之间，造成钱庄有利可图。如民国十几年间的中孚钱局，每枚银元换铜币 3000 多文，从中可挣贴水五六个十文铜元，或五六十个制钱。由于当时生意兴隆，收入较大，钱庄人员的薪水也相应提高，每人每月可挣到 5 至 10 元银币，掌柜的薪水还在 10 元以上。当时市场的粮价，每斗小米为一贯多铜元，每月薪俸可买到 5 斗至 1 石小米。

※ 陈殿英：《民国时期高平城内的钱庄和当铺》，载《山西文史资料》第一〇三辑，1996 年第 1 期。

第三节｜清末民初的金融机构

一、晋泰官钱局

晋抚岑春煊（头品顶戴兵部尚书衔山西巡抚）奏请自铸银元折

窃于光绪二十七年七月十三日内阁奉上谕，近年各省所铸银元，惟广东湖北两省成色较准，沿江沿海各省均已通行，应即就该两省多铸银款，源源铸造，仍以每元库平七钱二分为准并兼铸小银元，以便民用，每届报解京饷，准其搭用三成，所有铸造余利，尽数缴实归公，此外各省并可拨款附铸，不必另行设局，亦准搭解京饷，务使收发一律，毫无畸重畸轻，自可逐渐畅行俟行后再行按成递阐，以期行用日广著户部及各直省一体遵照办理等固，钦此。当即恭禄转行钦遵办理。绝据署布政使吴廷斌详称，晋省制钱缺乏已久，官民交困日甚一日，以前抚臣胡聘之奏明在湖北银元局搭铸大小银元运晋备用，究因拨款难多，搭铸有限，止用于省垣之内，而难资各属推行。兹奉谕旨殷殷以行用日广为言，仰见朝廷权衡百度，因时制宜。之至意，自应钦遵切实推行，惟拨款附铸具有数难，似不如筹款自铸之为便，查银元既行于通省，必须储不竭之源，晋省藩远两库，岁出银五百万两有奇，如搭解银元三成，是需银元二百余万元，计附铸之款即当筹一百数十万两，加以用之民间者，每年必增数百万元，始能周转，近日库绌奇储，此项巨款，即分期解寄，亦属无可腾挪，若仅拨数万或数十万，暂到附铸，则为数仍属无多，不过如前此行为，只能点缀省垣，而于通行之说究无实际，附铸少则利不能兴，附铸多则力不能继，其难一也；晋省附铸银元，自以湖北为近，而相距亦三千余里，陆运既延时日，航海又患风波，烦费太多，难归余利，实不如沿江沿海各省之便于往来，其难二也；各省既广用银元，其所需之数，必不能少于晋省，合之已为数千万，闻湖北、广东两厂每厂每年仅能铸银一千万元上下，以两厂供天下之取求傥或应付，后期在待用之区即不免左支右绌，此不独晋省为然，而晋则僻在远方，愈多窒碍，其难三也；大抵附铸必先解巨款，而银元之到，总须以数目为期，势必穷于转输，未能推行尽利惟提款自铸则不为蔓而为零，今日提银若干以铸银元，明日即可取所铸银元，以供支用，挹注既易，机势自买，即以日铸大小银元一万数计之，三月以外即可得百之余万元，较之借助远省实为彼难而此易，若虑成色不准则天下无无弊之法，总在经理之得人，应即填选局员及工匠人等，加意讲求，务期银质光明，花纹精致，与湖北广东所铸者无毫发之参差，并时以所铸之元用西法化分改究，以杜弊端。一俟开厂有期，自当妥订车程办理。至于购机运厂及各项经费拟先核实估计由司设法筹垫，即于前数年盈余项下扣还，以后盈余尽数报部候拨等想请具奏前来，臣当以该署司所陈搭铸之难及自铸之便，询系实在情形。……适奏调道员朱荣璪到晋，该员前在浙江曾办银元局事宜深知此中利弊，亦力请奏恳自行设局……朝廷惟以广铸通行为重，今晋省垫款附铸之难如此，转运烦费之难如此，民间行用储积之数尤微。傥不筹自铸之方，恐虽需以岁畸□，仍无通行之望。合无仰望天思，俯念晋南行用银元搭铸维艰，准其自行设局铸造，以维□法而便商民……伏乞皇太后、皇上圣鉴训示。谨奏。

朱批：户部议奏。

※ 清档，“朱批奏折”，光绪二十八年五月二十七日。

山西巡抚胡聘之奏办山西晋沅裕官钱局附片

再晋省制钱久形缺乏，国外归化等处零星用项俱向钱铺拨兑，绝少现钱，近则省城制钱亦甚短缺，各钱铺不敢出票，以致市面不能流通，银价日形减落，若不设法维持，必至商民交困。臣与司道等再四筹商，惟有设立官钱局以平市价，而维圜砝第委员经理易滋流弊，拟即由商务局酌提股本开设遇事官为维持一切均归商办，往来交易务取公平，既可免勒平民，亦无虑亏折公帑。现已由局绅曹中裕等议定筹集成本银四万两，在省城开设晋沅裕官钱局，所有局事，即由该绅等公举殷实妥靠之人经理，惟商务局招股事宜甫经议办尚未集有成效，拟先由司库暂借银二万两，俾得凑足成本并饬附近省城各厘卡

搭解现钱交局按照市价代为易银交库，庶来沉不至匮竭，市面可冀流通仍兼用钱票以资周转。至银钱时估应由官钱局会同各钱行酌中定值，不准任意长落，以免奸侩居奇，一面由司另筹银二万两委解鄂省搭铸大小银元，俟运回原发交官钱局试用，如果通行无碍，再行筹款购机鼓铸以期推广而利民用，所有晋省设立官钱局及拟铸行银元缘由，理会附片具呈，扶乞圣鉴训示。再官钱局改归商办，盈亏官不与闻，所借司库银两，订期半年即到旧款，动用官本者不同所有该局章程应请免其报部合并声明谨奏。

朱批：户部知道。

※ 清档，“朱批奏折”，光绪二十二年十一月七日。

山西巡抚岑春煊奏筹设山西晋泰官钱局折奏附片

再据署布政使吴廷斌详称，晋省各专属制钱日缺，银价日落，市面万分窘迫，各钱铺无法周转，皆难支持，有以一铺关闭，害及多家者，有以现钱匮乏尽用拨纸者，以致兵丁之易饷商货之懋迁民间之完粮完厘，无一不受其累。前经护抚臣何枢奏开宝晋局铸造制钱，无论购铜维艰，工价太贵，每月出钱无多，现已铜元告竭已饬暂停，欲图维持补救，自非仿照湖北陕西等省设立官钱局，不可拟先于省城设立晋泰官钱局总局，由司库借给该总局成本银二万两，拣派妥实商人经理，俟办有端绪，再行推及各属，并仿照湖北办法，由东洋刷印官局定制银钱银元等，票纸花纹务臻转灵，民间的票纸完纳，丁粮税课，俾利推行等情，请具奏前来。臣复查晋省钱法，敝坏至今已极，前已迭饬筹款由湖北搭铸银元，以期稍济，阛阓之困，无如库储极绌，每次所筹搭铸之款，努不能多，且道远运艰，绥难济急，设司拟请设立官银钱局行用纸票各节，系为济环法之穷起见，似尚可行，除批饬照办外，所有暂停鼓铸及设立官银钱局缘由谨附片具陈，伏乞圣鉴。谨奏。

朱批：著照所请户部知道。

※ 清档，“朱批奏折”，光绪二十八年五月十九日。

辛亥革命前，山西基本上没有现代银行，金融业务主要由票号、钱庄等旧式金融机构承办。当时，山西全省每年田赋、税收两项收入，约银一千万两左右，除藩库外，均干省城各大钱庄存放，各机关领取款项，亦持藩司批件到钱庄提现。那时省城唯一的官商合办大清银行山西分行业务尚微，街市上银两兑换，亦由钱庄专营。鉴于街市平色不一，克扣甚大，同时为了省库统一，光绪二十八年（1902 年）晋泰官钱局设立，代理藩司金库。

※ 山西省地方志编纂委员会编：《山西通志·金融志》，68 页，中华书局，1991 年 4 月。

辛亥革命后，在太原的官办金融机关，只有两家。一为“中国银行”分行……一为山西晋泰官钱局，是清光绪二十八年（1902 年）由山西巡抚岑春煊借名“裕国便民”奏准清廷开设的。……清末宣统元年（1909 年），户部改为“度支部”，设置各省“财政监理官”。山西“监理官”为满族人瑞鹤庄，为了统一省库，把所有“藩司”收入的现金，一律归“晋泰官钱局”存放。这时，官钱局的总理为渠本澄（祁县人，原系大德通票号往太原的老板，是山西绅商及经济方面的有力人物），协理为鲁文轩。

※ 王尊光[①]、张青樾[②]：《阎锡山对山西金融的控制与垄断》，载《山西文史资料》第十六辑。

山西晋泰官钱局

庚子事变后，清政府鉴于守旧之失败，亦想维新，乃于各省由国库出资设立官钱局，或官银号。光绪二十八年，晋抚岑春宣奏准开设山西晋泰官钱局，以裕国便民为号召，委太原府知府吴匡，物色可靠人员，吴匡乃以王廷本荐。

王廷本字振基，介休西狐村人，向在蒲绛承办盐务。吴匡曾任绛州州牧，与王友善，知王委任耿直，处事明决，故以王应荐。但王不愿为官家负责，而又屡辞不获，不得已提出几个条件：（一）本人不支薪水，不常川住省，每年来省住三两个月，余时仍在晋南经理盐务。（二）完全以商家习惯办理营业，不摆官家派头。（三）官厅不许派委员，用人行政官厅不加干涉。所提条件，官厅完全许可，王廷本乃以山西晋泰官钱局领事名义，领到藩库红封平银六万两，在省城活牛市街租赁铺面房三院，成立晋泰官钱局，遂派洪洞人鲁文轩为常川驻省负责人，由运绛调业务员二十余人，于光绪二十八年七月开张营业。领资本时，由太原府知府用印领出转发官钱局，此后成为定例，每年结帐呈交余利及总结，也经太原府转呈。

当时在街市上私人经营钱铺有二十余家，其中分为两种，一种是内庄，不设栏柜，专营大宗兑换事业，资本雄厚。一种是开设栏柜，专营市面零星小宗兑换事业。市面银钱兑换是市大平，货物交易是街市平（比市太平小一分），外来商客携带都是现银，而且元宝居多，街上一切买卖交易的价格，均以钱为单位，所以带的银两，非经钱行之手不可，其中就发生了扣平擦色的剥削情况。官钱局开张后，力除其弊，平色公道，佣金低微，银钱兑换每两只收佣金三文制钱，军士兑换是新湘平，每两只收二文制钱（新湘平比市大平小6分，老湘平比市大平小4分，市大平与红封平相等）。尔时省城驻兵叫常备兵，带兵官统领，营长叫管带，后改陆军，每月军饷均由官钱局分发。

光绪三十三年，领事王廷本病故，抚藩宪以王廷本未领过薪水，特给恤金一千两以酬之，遂升鲁文轩为领事，以继王任。鲁任事两年，抚藩宪又加派渠本澄为总理，鲁文轩退为协理。渠本澄祁县城内人，原系大德通票号住太原老板，因在海子边开争矿运动会，登台演说，并捐银一千两，以为赎矿捐款之倡，事为祁县总号所知，谓商人不应该出风头演说，因而将其辞退。渠在小店镇富有店壁上曾题诗句云：“南北经营数十秋，幸

① 王尊光，是阎锡山的高干之一。曾任山西省银行监理16年（抗战期间又兼任省铁两行号联合办事处监理），并曾先后担任过山西省经济管理局副主任（阎锡山兼主任）及秘书长等职务，实际主管阎锡山的全面经济工作。解放以后，担任省政协第一、二、三届委员，于1967年去世。

② 张青樾，曾任山西合作事业管理处处长，主管山西各县合作社联合社发行合作券及业务等工作，并曾兼任过太原市合作金库监事主任。

逢绅商结名流，登台演说争矿事，不意谗言在后头。”官绅以其因公益事获谴，公议决定委其为官钱局总理，以昭激劝。到差后，对原有人位一概未动，只谋扩张营业，就赴京津调查官银号办法，以资借镜。……

民国元年（1912 年）渠本澄、鲁文轩来省召集同人设清理处于通顺巷，清理未了事件，内欠外该，均经办理妥善，最后将清理情况，呈报财政司。从此，晋泰官钱局就结束了。

※ 康承庭：《山西晋泰官钱局从开办到停业》，载《山西文史资料》第五辑。

山西晋泰官钱局总理渠本澄呈都督民政长陈明清理手续将本局注销以为结束文

民国二年十二月五日

窃本局在前清光绪二十八年，先后收入藩库银共九万五千有奇。作为基本，以图营业。开办之后，又支出河东分局，使渐扩充。每年年终结帐一次，迭有余利，随账如数解交藩库。历经报告前清抚藩各官厅备积在案。……河东分局，于去冬晋军光复河东后，已由河东代理民政长王派员接收。民国既成，秩序大定，乃招集旧伙清理一切。业于五月十号将去年土匪焚掠所失及河东交代情形，并招集旧伙清理旧事一切手续，以及恳请设法维持信用各缘由，分呈大都督、民政长、劝业道查核在案。当蒙大都督（指阎锡山——编注）批“既据分呈，听候民政长、劝业道查核示遵。”此批等语。民政长、劝业道尚未蒙批示。原呈粘后，副呈备考。本局自焚掠后，账簿字据，损失净尽。一无可考。数月以来，派各伙友分头调查，一面登报声明。凡执有本局存款字据者，定以期限，先来挂号存记。存记之后，以外欠欠外，两相核计，凡欠外之一切贷款存款，暨来往折据，并凭条浮计，各零星，凡经在声明定期内存记之款项，较以现能收回之外欠各款，尚可支持归付。业经陆续收付以昭信用。惟现在官钱局存有本局票据一张，计银一千两，本局因现时收款无着，无从清还，未便以多费日用，长此久候。应请财政司，将实存项下所列外欠各项收回后，如数补还。此外除前清谘议局来往，希知照外，如清理财政局、督练公所、常备军、粮饷局、地方审判厅、检察厅、实业学堂等，来往公款，由本局所欠者，多寡不同，无从稽考。刻下既无力清还，只好拟作罢论。此本局对于欠外之项清理之情形也。至外欠各项，已能收回着，由本局陆续收到，已作为旧欠外之项。其有外欠之项，本局执有字据，而焚掠失落，今尚能据以本家账目如数归还者，本局已分别呈报商务总会存案并登报声明。如有此等字据出现，无论归入中外人手，均作无效。其调查确实而未能收回者，已将此数列于实在项下。其所欠现在山西官钱局银一千两，即请财政司由此项下补还。此本局对于外欠之项清理之情形也。再本局所出之银钱钞票，在前清已遵照度支部划一币制章程，至去年六月已截数收清，业于前清在清理财政局禀明立案。惟钞票收回后，因上宪面谕，暂缓销废。去年民军起义后，被土匪焚掠一空。本年已登报声明。凡持此票者，无论归入中外人手，全作无效。以上各节，数月来清理一切手续大概如此。查本局原本九万五千有奇。在河东分局，已交代九万余两，所余本银五千余两。暨去年九月以前，应余赢利，已全数损失。外欠者又未能如数收回，欠外者自未克设法还清。进行既不可必，延欠亦多耗费用。惟有将本局前后情形通盘核计，仅事交代，将本局注销，以为结束。兹将河东分局交代民军之项，暨此间收交出入款项，并清理一切情形，另造四柱清册，呈请查核。伏候批示，以便将本局名目作为取消。此后实存项下，所列外欠之各项，应直接交还财政司，并请将本局欠外之官钱局一款，即由此项下交还，以期完案。所有本局损失后，清理外欠，欠外情形，造具清册，呈请批示注销本局名目，以作结束各原由，理合呈请鉴核示遵。

※《民国二年十二月五日山西前晋泰官钱局总理渠本澄呈都督民政长陈明清理手续将本局注销以为结束文》，《山西文史资料》第五辑，原载《山西公报》。

在清朝末年，山西全省每年田赋税收入两项收入约共一千万两左右，由藩司总管。至于收到现款以后，由藩司除存库外，分发省城各大钱庄存放。各机关应领经费，即持藩司“批领”向各指定钱庄领取，每月如此，视为常例。

清末宣统元年，户部改为“度支部”，设置各省“财政监理官”，驻在藩司衙门。凡各省有关财政支派事项，必须取得“财政监理官”的同意，当然山西也不例外，而监理官系满族人瑞鹤庄（字）。这时为了省库统一，就成立了“晋泰官钱局”。以山西绅商及经济方面有力的人物渠本澄（本翘族弟）为总办，鲁文轩为坐办。这样，藩司收入的现金，基本上都归“晋泰官钱局”存放。

※ 南桂馨口述，李泰菜笔记：《一九二〇年以前阎锡山的“经济措施”》，载《山西文史资料》第五辑。

晋省收支款项，民国初年，由官钱局代理，嗣以中国银行成立，改旧金库收放。初仅限于国家税收及政费。迨三年六月后，地方收支款项，亦一律交存金库。

※ 贾士毅：《撤官钱局代财政金库事》，载《民国财政史》下，第五编，78 页，商务印书馆，1917 年。

官钱局是省行前身，成立年份和资金，都不了解，它的业务，可能是个“官立钱铺”作钱庄的生意，存有渠家的一笔大款，可能是慈禧由山西藩库中拨还的（藩台等于现在的财政厅），18 年（指 1918 年）经理是阎维藩（字竹圃，祁县大德恒老板），管账先生刘邈（榆次人），那年改组为省行，阎任总理，不久告老还乡，继任总理徐一清（字子澄，五台人，阎匪叔丈人兼陆军粮服局局长），协理齐梦彪（定襄人，前志成信票号广东经理）。

※ 常紫书[①] 1975 年 5 月 14 日提供的材料：《阎锡山垄断金融核心——山西省银行历史及牵涉到的经济材料》。

二、地方官办银钱号

阎锡山用“绑票”手段勒索到白银三十万两，为山西省银行的资金打下基础后，他

① 常紫书，山西榆次县车辋村人，1921 年至 1937 年抗战爆发为山西省银行会计。

认为山西省的富户还不在少数，就通令各县县长动员境内的富户“革命救国”，有力的出力，有钱的出钱。时任一年之久，收集到的捐款仅八九万两，内中尚有一部分现洋。阎锡山即用这笔款于1921年在太原设立晋裕银号，聘李刚甫（崞县人）为经理。李刚甫与阎父系属至友，任晋裕银号经理后，对阎父迎奉备至，并经常代为做些买空卖空的生意，获利甚厚，更得到阎父的欢心。

※ 阎子奉：《阎锡山家族经营的企业》，载《文史资料选集》第四十九期。

晋裕银号：1929年设立，地址原在太原馒头巷，资本十万元。经理为李振纪，副经理郭景楼。抗战期间停业，转移资金到兰州。日寇投降后复业，地址在钟楼街。经理曲宪治，协理李文山、冯子久。

※ 人民银行太原市支行档案室：《阎锡山在太原市开设的金融垄断机构》，载《太原文史资料》第七辑。

成立后，于1930年即在太原设立了“晋裕银号”，地址在太原市馒头巷吉庆里，资本十万元，由李振纪（字刚甫，崞县人）任经理。

※ 王尊光、张青樾：《阎锡山对山西金融的控制与垄断》，载《山西文史资料》第十六辑。

阎锡山所设之晋裕银号连日大做收买现洋，因该号以阎氏为背景，更足滋使社会以猜疑。此外前日为并市标期，期款多次付现，晋金融公债立法院既付审查现又搁置，及一般妄人造作谣言，播弄是非，不谓阎有若何计划，即称东北将如何处置晋省，对晋钞跌价随之不无影响，至社会与舆论界，皆对财政厅长仇砚田（曾诒）与晋裕银号等表示极度愤懑。

※《银行周报》，民国二十年九月十五日。

河东兴业钱局，原系河东兴业银行的运城营业门市部，开设于1913年。地址与河东兴业银行同在一处。先在西街，后移南街，自己营建楼房，花费很大。嗣因河东案起，地方政局改变，河东兴业银行负责人员，亦四处逃避，无形中合为一体，对外只有河东兴业钱局，而内部立某行文，仍用河东兴业银行原名，直至1916年改为商办，才正式改为兴业钱局。

河东兴业钱局，从开设到1951年清理结束，经过三十八年的漫长岁月，业务经营范围扩展到京、津、沪、汉、西安、太原等处。营业种类分：汇兑、存款、制盐、运盐、典当、印刷等项，并投资纺织、电灯各业，在当时社会上曾起过不小影响。

河东兴业钱局的资本，既不是由资本家自由结合集股合资，也不是由地方集体筹集，半私半公、半官半商，性质非常复杂，大部又是捐现改作资本，所以股东均不太关心，造成主权无属局面。因此屡次受到贪官污吏的敲诈、白吞、鱼肉、军阀混战的摧残蹂躏。……但三十八年的经过情节，错综复杂，实难详尽，兹就耳闻目见和回忆所及者，分述于下：

（一）

1911年，我国辛亥革命爆发，河东先进人士，亦联络秦陇革命军进攻运城。光复后，成立河东临时军政府。戎马仓皇，边途梗塞，百业停顿，经济萧条，而清朝残存势力，到处负隅，时作困兽之斗。所以军政府开支浩繁，地方秩序待举，为维持急需计，分别在蒲、解、绛三属十七县，向各地殷实商民，劝导输捐。前后年余，共收到库存银一十四万五千余两，其中认捐较多者，虞乡阎乃竹二万两，临晋王英一万两。

后来南北议和，地方秩序恢复，路盐销路畅通，金融活动，商业繁荣，财政收支逐渐趋于平衡，前项捐款，专款保存，未经动用。1913年，地方政府和绅商学各界协议决定，将这一十四万五千余两作为股东（本），设立河东兴业银行，聘严慎修（河津人，字敬斋，后转山西商业专门学校）以专为总理。严因事去太原，又聘寻汝德（荣河人，字惠人）为总理。

河东兴业银行，在运城的营业门市部为河东兴业钱局，聘崔专庚（临汾人，字渭西）为经理，又在运城设立典当，聘王继昌为经理，同时又出资金五万元，设立太原兴业钱局，聘鲁奎儒（洪洞人，字文轩）为经理。王镛（万泉人，字笙甫）为副经理，但享独立盈亏，自负盈亏。每年结帐，按合同分工，交回利润，自树一帜，营业上不与河东兴业银行发生关系。（另许）种种措施，都为积累资金，活动金融，兴办地方实业和慈善事业。

河东兴业银行股本，一十四万五千余两，分为两部，各占一半。一部分为私股，按原交款人所交金额，折半发给股证，股权永归私人所有；另一部分归各县地方公有，作为公股，找各县认捐余额，折半发给股证，不与原认捐人相干，曾经呈报立业，继续营业。

（二）

1914年阎锡山投靠袁世凯，勾结北洋军阀，赵倜发动河东惨案，进军河东，武力接收地方政权，押解张士秀、李凤鸣入北京，下诸陆军监狱，河东陷于恐怖状态。因畏惧株连，与张、李有关系的人士，四出逃避，河东兴业银行没人负责，无形中并入河东兴业钱局，合而为一体，经营日常业务，支持门面，不能再作专运计划。

在这变革之际，人事交替，动荡不安，贪官污吏，目无法纪，视河东兴业钱局为公产，任意委派闲员，安置私人，提高薪水，借端支取，浮支滥报，借贷不足，成为惯例。公私股东，处在淫威之下，无人出头过问，局内员工亦只求无事为安，不敢多事。河东兴业钱局，遂成没有主权企业，处于悲惨境遇者数年。

1916年，地方各界人士，鉴于河东兴业钱局的混乱状态，申请上报，改旧商办。嗣由山西省公署委派许鉴观（字海澜）来河东清查。首先召开河东兴业钱局第一次股东会议，通过简章，报请立案。聘贾士杰（字佼卿）为董事会交牍，撤销河东兴业银行原名，正式宣布为河东兴业钱局，定资本额为三十万元。原资本额库存十四万五千余两，按市价折合为银元二十二万二千元，每年召开股东会议一次，支付股息五厘，又决定由余利项下，每月补助运城警察局经费一百元，运城维新医院经费二百元，运城救济院经

费一百元，直至运城沦陷，始告停止。

改组后的河东兴业钱局聘崔专庚为总理，裴子仁（平遥人）为经理，业务以汇兑、存款、典当为主。

河东兴业钱局因存放前晋泰官钱局一部分款，河东道尹公署委安邑人李子仁为监理。从此以后，在安邑县城设立兴业当。聘临汾郭瑞五为经理，逐年开展业务。又在洪洞县、平遥县、天津市等处设立分局。在上海、汉口、西安等处设立办事处，扩大营业范围，加强经营管理。1924 年又改为猗氏县刘聪若为监理。几年以来，主权确定，营业进展，每年盈利，由无到有，由少到多，股票价格，逐年上升。向之视同废纸派存，开始为社会注意矣。

（三）

河东兴业钱局，十数年来，逐步发展，营业范围扩大，有蒸蒸日上气象。1926 年，总理崔专庚告老退休，嗣推选解县薛士选（字岫青）为总理，郭晋卿（平遥人）为经理，闻喜段子荣为总务主任，张七凤为监理。1929 年又聘赵作禹（闻喜人）为经理。

……

薛岫青曾任陕西高秦官钱局总理，陕西财政厅厅长精通商情，深透金融情况，素重信用，在地方又有声望，与各界往来密切，所以经营顺利，信誉日著……

当时改革业务，首先撤销洪洞、平遥两处分局，次年结束运城、安邑两处兴业当。1930 年鉴于潞盐销路疲滞，开辟销路，承运壶关县全境食盐业务。每年运销潞盐四百余万斤，聘荆述光当经理，郭瑞王为副经理，既使民食，又得利润。同时，又因解池盐的连年产量不大，又在东五铺开晒列增盐厂，制造潞盐，年产量达 800 余万斤。同时又为支持纺织事业，抵制外货，便利人民生活，投入新绛大益钞厂股本 10 万元，并大力资助其流动资金。次年收回太原兴业钱局股本五万元，改为太原分局，统一经营，统一计划，全局一体，不复独立经营矣。太原分局聘周希智（闻喜人，字哲甫）为经理。

※ 段子荣、许衣如：《河东兴业钱局》，载《山西文史资料》第八辑。

在辛亥革命，河东曾成立“军政分府”，名义上系以副都督温寿泉为最高首领，但实际操权者为李凤鸣和张士秀。他们利用权力，筹设了“兴业钱局”，以绅商界的权威者薛秀清（薛笃弼之父）为董事长。总号设在运城，太原设有分号。以后这一钱局，始终为晋南人经济活动的大本营。

※ 南桂馨口述，李泰棻笔记：《一九二〇年以前阎锡山的“经济措施”》，载《山西文史资料》第五辑。

三、大清银行

戊戌政变后太原出现一座大清银行，股东是谁？资金由何而来？谁主其成？它的来龙去脉如下：

有贾俊臣者山西榆次县人，年十四岁经人介绍在太原私人钱庄学徒。贾为人老诚，三年期满后晋升为跑街搞业务，又快三年一无所成，既没有吸收进游资，也没有放出信贷。钱庄经理常某认为小贾没甚出息意欲辞退。

这时正遇清朝慈禧太后因避八国联军进北京的滋扰，携皇家一行辗转逃到太原，但因手中拮据，拟借白银两千两以应付所需。消息传出后为时已久杳无反应，一般钱商都持观望态度。

当时慈禧太后也深感到日暮途穷，不胜慨叹之至。但贾俊臣听到借银消息后却是喜出望外，就气喘吁吁地跑到西太后所驻地，请求传见并慨然答应太后要借白银的数目。贾俊臣回钱庄后就向常经理汇报放出贷款情况，常经理才松了口气并说：小贾几年来为钱庄破题儿做点生意颇感满意。并问放出数目和帐户姓名，贾俊臣说："借给西太后白银两千两。"常经理听后呆若木鸡，半天说不上话来，后来气急败坏地说："完啦！我白养活你几年，没做一点正经事，今天你把银子借给西太后，你不知道她是逃难的皇家么！"他连声说："完啦，赶快关门歇业。"之后，无精打采地躺在床上哭泣，又唤来二掌柜说明原委叫关门歇业。二掌柜解劝说："经理不要为这生气，要歇业也得付清白银才行，因为西太后虽然是逃难的，但毕竟还是皇上家，谁惹得起！小贾出外是代表钱庄，说话算数，做买卖要有信用。"一席话说得经理再无言语，只是唉声叹气而已。

交付白银后不久，因北京与八国联军议和，西太后回到北京，时过境迁已一年有余，概不见北京清政府有什么表示。贾俊臣为此愁眉不展，寝食俱废，望眼欲穿，日以继夜地盼不到北京的信息，与二掌柜等商议要秘密上京朝见西太后。一经计议深得大家同意与支持，秘密凑些盘费就前往北京。那时交通不便，晓行夜宿，长途跋涉，来到北京人地两生，住在前门外打磨厂天达店，几天之后因房租太贵，搬到广安门大街山西会馆。

从此就千方百计地打听朝中做官的有没有山西同乡，经日既久，终于打听到翰林有位叫李尚林是山西大同府人，他的公馆在地安门圆恩寺附近。

贾俊臣按址寻访，终于找到李大人的公馆。进传达室说明来意要求谒见，李大人房门官刘升问他与李大人是什么亲眷，有无书信证件？他说"非亲非故"，因而被拒绝传见！

这时贾俊臣心想，既已找到翰林公馆，只要耐心等待，总会有见到的机会。从此他每天早来晚走如同上班，从不缺勤。他概不提谒见李大人之事。一进门便扫地抹桌搞卫生，提茶倒水当勤务，如是者日复一日达半年之久。由于贾俊臣的耐心和勤劳精神日久天长，深深地感动了刘升，使他从心眼里感到实在过意不去，因而就把小贾来府求见的意愿和情况向李大人汇报，并替小贾要求给予谒见。李大人听后说："他再来让他上来。"刘回说："他每天早来晚走，现在就在下边。"当即引进小贾叩见李大人。

贾俊臣把慈禧太后到太原，手中拮据要借白银，但经时已久没人应答，他就慨然答应借给老佛爷白银两千两的事叙述了一遍。李大人听后说："你救驾老佛爷是件好事，等遇机会试试看吧！"李大人心想，你让我替你讨债恐有不便，只好暂时应在身上，等机会再说。

有一天慈禧太后召李翰林有事询问，公事毕，太后说："你们山西人面食做法花样很

多，据说是一个月每天吃面也不重样是吗?”翰林回禀说：“是那样，花样不少。”这时李翰林想起贾俊臣救驾老佛爷来京求见之事，就乘机回禀说：“太原某钱庄有叫贾俊臣的想叩见老佛爷。”慈禧太后思索良久才说：“是吗？现在哪?”

太后马上传旨召见，圣旨下达到广安门山西会馆非同小可，一刹时轰动广安门一带，居民们纷纷议论，会馆里住的什么大人物，竟有圣旨召见呢？更把山西会馆的管理人等吓得魂不附体，连声向贾求饶，要求宽恕侍候不周之罪。

召见时旨谕：免时朝服，免行大礼，并在养心殿设宴招待，委以矮床，命坐，着李翰林作陪。

宴会毕，太后面谕：“在太原费心资助，甚感宽慰。给你四千两银子作为还本付息，另外给你五千两银子回山西开办座银行，命名‘大清银行’，派你当任总理。赏赐二品顶戴，职称与巡抚级别相同，以后有事免用奏折。”

当贾俊臣临行时，太后还传旨京畿至山西沿途官府派员护送，确保安全回籍。

贾俊臣也将朝见太后情况，写信汇报钱庄。他回太原后先将银两交柜，钱庄全体同仁无不欢欣鼓舞，万分喜欢，常经理更是喜出望外，乐得合不上嘴。

贾俊臣稍事休息后，就着手筹备开办银行事宜，选定帽儿巷路西五间大门面作为银行地址，经油漆修缮，焕然一新，上书“大清银行”四个镏金大字。接着就人员安排、购置家具及各项事务都做了详细周密的计划，很快便布置就绪，择吉开张，张灯结彩，龙旗飘扬，车水马龙，冠盖往来，应接不暇，热闹异常。一面上报慈禧太后，一面就近拜访当地社会经济各界人士。

那时交通工具以轿车为主，级别划分早有定制，以红色为上，绿蓝次之，凡属二品官衔者才能使用红拖泥轿车。贾俊臣既受御赐二品顶戴，当然与巡抚级别相同，出门拜客就需乘坐红拖泥轿车，还必须配备两匹丁马，前锋开路，后护安全，22 岁的贾俊臣威风凛凛，成为山西风云人物，一时传为美谈。

大清银行的建立是山西经济界有史以来的创举，它采用科学方法管理经济，改变了票号钱庄落后面貌。为保护国家财政，反映经济情况，核算经济效果，监督经济活动，促进经济发展奠定了基础。

大清银行开业后，全市机关团体及人民一致认为大清银行系皇上家所开，资金雄厚，信用可靠，因而大批游资源源存入，信贷业务踊跃发展，储蓄存款与日俱增，存取方便，周转灵活，业务发展蒸蒸日上，真可说是生意兴隆，财源茂盛，为山西经济带来极大的繁荣。迨至 1911 年辛亥革命民国成立，改为晋胜银行，大清银行资产一律移交晋胜银行接管。

贾俊臣为人精明强干，眼光远大，他继承和发展先辈们千百年来创造财富的经验，他是生财有道、管理得法的理财能手，他常说：“创业难，守业更不易，既要善于开源，又要重视节流，花钱办事要讲究投资少，见效快，收益大才能获到经济效果。”他用人唯贤，遇有才华的人不惜重资聘任，他历任国民党中央及兰州各大银行经理总裁等职，他所经营过的企业无不蒸蒸日上。在斌记当任总理时间较长，有关他创立大清银行的事迹为人们喜闻乐道，他的理财方法及其丰富的管理经验在斌记有口皆碑，他的遗风影响极深，感染力也极强。

他晚年在太原东华门建造别墅一所，前后共娶三妻生五子，到民国二十一年间为其五子同一天结婚，一时传为佳话。

后记：这篇文稿系1947年斌记复业后，笔者被聘为该公司副理与阎述先经理在茶余饭后，谈论前任贾总理开创大清银行的过程和任职往事的回忆。文中时间可能稍有出入，但内容事实是千真万确的。

※ 张子和：《山西大清银行的来龙去脉》，载《山西文史资料》第一〇六辑。

四、民办金融业

（一）钱庄当铺银号

钱庄是封建经济的产物，它是适应商业已经发展而货币制度混乱的情况下产生的。明清时代，社会上流通的货币，大部为制钱，还有各种元宝、银锭、条银、碎块等。其质量和重量各不相等，行使非常不便。尤其是银两与制钱之间的比价，发生了互相兑换的要求，因此产生了银钱兑换业。以后由于兑换业集中的资金多了，它就利用间歇过程出借款项，逐渐成为钱庄。

在工商业发达的地区，钱庄亦比较发达，生意兴隆。由于灵石地处山区，工商业不够发达，因而只有两户粮店兼营钱庄业务。一户是南门里的信义恒，建店在民国七年，东家是荡荡岭的杨杰臣，资本五千元，经理是岭后的梁光明，全号四十二人。主要经营粮食，兼营钱庄，群众叫“放土帐的”。外部和天津、保定本立源，鸿记银号（陕西）往来。介休光华、九华、平遥永盛庆等对本县工商业发放短期贷款，1938年倒闭。另外还有南门外的乾升福和至诚德都是粮店兼营钱庄业务，只有北街正光银号一户是专营银钱业的，但由于资本缺乏，政府亦未正式注册，1937年前即停止营业了。

※ 灵石县金融志编纂组：《灵石县金融志》，第17页，灵石县地方志丛书。

钱庄是我国旧社会的一种信用机构，有的地方称银号，性质与钱庄相同。早期的钱庄大都为独资或合伙经营，规模大的钱庄，除办理存放款业务、开发庄票外，少数还发行银钱票。小的钱庄仅从事兑换业务，俗称钱店。

……

旧社会的钱、当两行是私人直接掌握货币流通，按照自然客观经济规律，随着市场经营状况的变化，进行资金运转，开展竞争，获取利润，对劳动人民进行剥削，其是当时金融体制的基本形式。

清末民初，由于黄金、银锭、银元、铜元、制钱相互转换与需供运用，以及市面周转情况的松紧，给钱庄和当铺业带来了有利条件。民国十几年间，又是这两行业的兴盛时期。

我县城内钱庄与当铺的发展，是因为进入19世纪20年代中期前后，城关附近的冯

庄、南沟、韩庄、南王庄等村的丝织业很快兴盛起来。他们生产的绉纱、土绸、手绢等产品远销到南方诸省，县城内还开设了丝绸专行。如南关的“豫顺昌”丝行，就颇有名声。丝织品每年转换回来的银锭或银两，在市面流通大大活跃了县城市场。由于银量流动较大，有的人就转换倒卖银币，先为银块，后为银元，把市价压低后，又大量收买。市场上银根吃紧时，他们又观风、察情、或买或卖，从中大量获利。从而大大促进了钱、当两业在我县的兴起与发展。

过去的高平县城，只有现在古城路一条主要街道，大部分商业网点，都分布在这条街的东西两侧，是县城内最繁华的地方。此外，市北街和南门外至裤裆街两处地段也非常热闹。所以钱庄和当铺也就分设在这些闹市上。

民国初年至30年代，县城内规模较大的钱庄有四家：义丰永（现古城路南端西侧），是其中最大的一家，有100个股份，每股为100元银币，资金达万元，号称万元钱庄。在业务职能上还代办县银号。东家有吴月泉（庞村人）、王敏斋（城关冯庄村人）、孙××等。掌柜（经理）祈宝庵（南关人）。管帐先生、多计、相公（徒弟）几十人。其次是中孚钱局，资金有6000元，县政府所收全县财政金额，除在义丰永存放外，一部分也存在中孚钱局，也具相当规模。东家程植初（北杨村人），掌柜崔春楼（乡宁县人），多计有张缵（城东村人）、冯文轩（徘徊村人）、阎华堂（川起村人）、贾寿仙（风和村人）、侯春山（苏庄村人），还有几名相公。其三是大兴（现古城路开化市场处），资金约4000元左右。东家郭长法（唐庄乡琚庄村人），掌柜李庆华（唐庄乡上庄村人），另有多计、相公数人。其四是积大成（南关路西现财贸职工学校处），资金约2000至3000元。东家兼掌柜杨业荣（南关人），成员大部分是自家的亲属和子弟，但也雇有多计和相公。……

以上钱庄和当铺的财东与掌柜，均系当时地方上有钱有名的人。店铺内的多计和相公大都是雇用的，具体承办某种业务，出力卖力。

※ 陈殿英：《民国时期高平城内的钱庄和当铺》，载《山西文史资料》第一〇三辑，1996年第1期。

龙城虎踞银钱业的极盛时期

随着清王朝的灭亡，曾经垄断过全国汇兑业务的山西票号，结束了它的黄金时代，取而代之的是银号和钱庄。民国初期，在龙城出现的源积成、晋裕、德生厚等银号，都没有得到爆发机会，生意不景气。晋钞的出现给银钱业带来了生机，在信贷与拨兑钱或纸币、银元互兑中有利可图。随着山西军政势力向外扩张，晋钞跨省流通，龙城与外埠的商界交易频繁，银钱业像雨后春笋般地发展起来，民国十八、十九年是这个行业的极盛顶峰。当时挂牌立号者林立于闹市，生意十分兴隆。

龙城的金融分两种性质，属于公营的有：中国银行（西肖墙）、交通银行（按司街）、山西省银行（鼓楼街）；属于私营的（包括官资民办）有56家，他们是：麻市街的美孚通银号、蔚锦恒钱庄、同祥银号、晋益银号、保泰通银号、利和银号、源生利钱庄；活牛市的庆源生银号、庆恒昌银号、裕泰昌银号、萃孚昌银号、荣晋银号；南市街的兴昌银号、豫慎茂银号、复盛泰银号、晋裕兴银号、仁发公银号、福康银号、恒康银号、汇丰银号；馒头巷的正兴诚银号、会元银号、新华银号、一得银号、晋胜银号、聚源银号、晋兴钱庄；西羊市的瑞合成银号；帽儿巷的和合生钱庄、聚兴钱庄；龙王庙街的大昇银号、源积成银号；通顺巷的德生厚银号、庆和诚银号、和记钱庄、义泰银号、和丰银号、益和银号、同太祥银号、源泰尉银号、元丰银号、亿生钱庄；按司街的兴业钱局、晋泉源银号；大中市的世信钱局；校尉营大的源丰银号；东米市的双生泰银号；南仓巷的公益信钱庄；估衣街德晋裕丰银号、瑞生银号；北嶽庙的丰亨银号等。此外，还有数以百计的无证游商和市面上的钱摊子从事银钱业活动。

当时，据说阎锡山的父亲阎书堂提倡：在公开买卖黄金、银元、粮食、布匹时，必须通过信用的金融行业。这就为资本雄厚的银钱业开辟了一项放高利贷的途径，大小银号、钱庄发挥自己的优势，把（在）房贷、汇兑以及货币、银元互换中牟利。这种盘剥形式，必然是弱肉强食，结果，社会财源不断地流进阎氏官僚的腰包。

※ 董良臣：《记“晋钞”与银号、钱庄行业的兴衰》，载《太原文史资料》第十一辑。

辛亥革命后，票号衰退，钱庄、银号兴起。民国初年，山西各地使用的银钱，计算单位极不统一，有的以银两为单位，有的以银元为单位，有的则以制钱为单位，而制钱计算也各异，有的以十足一千文为一吊，有的以 960 文为一吊，有的以 820 文为一吊。有的商号来往交易不兑现款，通过钱庄划拨，称做拨兑钱的。基于上述情况，钱庄业务得到发展，钱庄发行纸币（钱帖子）代现款流通，因无限额，每家钱庄发出的钱帖子往往超过所有资本的几倍或十几倍。资本家看到有利可图，便纷纷独资或集资经营钱庄，于是晋省钱庄激增，在山西取代票号在金融业中独占优势。据政府农商部统计记载，山西 1912 年有钱庄 412 家，1913 年增至 526 家，1914 年增至 591 家。主要集中在太原、榆次、太谷、平遥、平定、曲沃、安邑、洪洞、临汾、霍县、大同、代县、晋城等地，钱庄势力伸展到全省的大小乡镇。钱庄经营形式，一是办理存贷款，一是从事银钱汇兑业务。1919 年山西省银行成立，承办存贷款和国内汇兑业务，阎锡山政府以“统一币制”为由，废制钱改行银元，全省一律以银元为货币计算单位；交易以现款为主，有信用者可以赊欠，但禁止商号、钱庄出钱帖子，纸币发行权完全由省银行垄断。这样使钱庄业务大为缩小，盈利锐减，山西钱庄纷纷倒闭，钱庄减至 345 家，较 1914 年减少 216 家，减少 38%。1930 年阎锡山战事失败后，晋钞大幅度贬值，钱庄再次受到严重冲击，太原私营钱庄由过去的 60 多家减到 40 多家。1932 年阎锡山二次上台后，进一步强化了金融业的控制与垄断，先后又成立了铁路、垦业、盐业三个官办银号，私营钱庄再度失利，有的私营钱庄集股开办银号，主要是对商业贷款。

据《中国实业志》记载，1912 年（民国元年）山西有银号 9 家，至 1935 年，全省银号发展到 101 家，其中总号 86 家，分号 15 家。……太原较早的私人银号是会元银号，创建于 1920 年，总号在太谷，股金 13 万元，太原设有分号，地址在馒头巷。到 1934 年，太原有钱庄、银号 46 家（见表 1－15）。

表 1 - 15　　太原钱庄、银号表（至 1934 年）

行号	资本额(万元)	地址	行号	资本额(万元)	地址
铁路银号	50	帽儿巷	益和银号	8	通顺巷
垦业银号	50	柳巷	会元银号	13	馒头巷
晋裕银号		馒头巷	萃蚨昌	5	活牛市街
一德银号	5	馒头巷	源生利		活牛市街
大升银号		龙王庙街	源泰蔚		通顺巷
仁发公银号	4	南市街	源积成		龙王庙街
公益信		南仓街	义泰银号	4	通顺巷
世信钱庄		按司街	义顺成		通顺巷
正心城		馒头巷	汇丰银号	3	南市街
同祥银号	5	麻市街	瑞生银号	2	估衣街
同泰祥	4	通顺巷	裕泰昌		活牛市街
利和银号	4	麻市街	巨源泰	1	馒头巷
和合生		帽儿巷	荣晋银号	2	活牛市街
和丰银号	4	通顺巷	福康银号	5	通顺巷
和记钱庄		通顺巷	庆和成		通顺巷
美蚨通	5	麻市街	庆恒昌		活牛市街
晋泉源		按司街	德生厚		通顺巷
晋益银号	5	麻市街	德兴昌		南市街
兴华银号		馒头巷	亿生钱庄	4	活牛市街
晋裕兴		南市街	蔚锦恒		麻市街
晋裕丰		估衣街	兴业钱庄	2	按司街
晋兴钱庄	3	馒火巷	豫兴茂	5	南市街
晋丰银号	5	通顺巷	双森泰		东米市街

资料来源：《太原指南》及山西省政府秘书处编印的 1933 年《统计年鉴》。

※ 许一友、王振华：《太原经济百年史》，68 ~ 71 页，山西人民出版社，1994 年 8 月。

银号及钱庄业：太原钱庄始于清末，银号产生较迟，始于民国十年以后。银号与钱庄，在业务上无多大差异，皆营存放及汇兑。在组织上却略有不同，大致银号多为股份公司，合资独资者少；钱庄则多为合资或独资，鲜有股份公司者。在资本上银号亦较钱庄为大，银号多在他处设分号，或为他处所分设；钱庄则多在他处设代庄，亦有设分庄者。银号有官办者，钱庄则无之，官办银号兼营储蓄，有发行权，官办银号及钱庄则无之。

银钱业之运用资力，银行包括资本、公积金、存款、储蓄、发行五种，钱庄则仅有资本、公积金、存款三种，两者共计运用资力 17336219，银号占 79.7%，钱庄占 20.3%。资力之积成，半赖存款，计 50.2%，资本占 37.2%，发行占 10.8%，储蓄占 1.5%，公积甚少，仅 0.3%。

存款共计 8691962 元，定期占 51.3%，往来占 45.7%，特别占 1.2%[①]。其来源，商家存入者占 32.8%，住户占 31.2%，公团占 15.7%，同业占 16.8%，工业占 3.4%，农民存入者极少，不及 0.1%。

放款共计 14474667 元，信放居多数，占全数的 96.2%，押放极少，仅 3.8%。以放款去路论，工业最多，占 55.9%，商业占 29.6%，同业占 7.1%，公团占 5%，农民占 1.5%，住户占 0.9%。

我国汇兑一业，始创于山西之票号，清时国内汇兑，全操诸票号之手，票号亦称汇票庄，分布于省内各地。民国以后，银行林立，票号逐渐衰落，而银号钱庄经营国内汇兑者，却依然存在，其方法大都沿袭票号旧制，参用银行新法，大致分信汇、电汇、票汇三种。太原之银号钱庄，多营汇兑。全年汇兑总额为 53643950 元。汇出 27014599 元，银号占 54.1%，钱庄占 45.9%；汇入 26629351，银号占 54.3%，钱庄 45.7%。

※ 段克明：《抗日战争前太原经济概况》，载《太原文史资料》第七辑。

阎锡山又以个人资本，家族名义，于 1919 年在太原龙王庙街十二号成立了一个“铜元兑换所”，由徐振渭任经理，用现洋倒换铜元，从中牟利。为了扩大营业范围，于 1924 年将“铜元兑换所”又更名为“积源成”钱庄，资本十万元，全年存款约二十余万元，放款约二十万元。同年又在太原设立了“德生厚钱庄”，地址在通顺巷八号，由张雨亭任经理，资本十万元，全年存款约十七万元，放款约二十余万元。另外，于 1920 年还在忻县城内，接办了一“聚丰泰钱庄”，由阎长卿（阎锡山的三姨夫）负总责，赵汝奎任经理，出放高利贷，剥削忻县人民，获利至巨。

※ 王尊光、张青樾：《阎锡山对山西金融的控制与垄断》，载《山西文史资料》第十六辑，37～39 页。

源积成钱庄：是阎锡山私资经营，资本十万元，1924 年成立，经理徐振渭（字西川），协理王文彦、曲焕文（字灿卿）。地址在太原龙王庙街。抗战时期迁成都，抗战胜利后未复业。

德生厚钱庄：亦是阎私资经营，资本十万元，1930 年成立。经理赵汝奎，协理张润。地址在太原通顺巷。抗战时迁成都，抗战胜利后未复业。

※ 人民银行太原市行档案室：《阎锡山在太原市开设的金融垄断机构》，载《太原文史资料》第七辑。

兹就记忆所及，列其各地商号如下：

太谷：砺金德（帐庄）、用通五（帐庄）、三晋川（帐庄）、宝泉聚（帐庄）、振元

① 原文各项加总不等于100%，特此说明。

溥（钱庄）、锦泉汇（钱庄）、誉庆和（钱庄）、彩霞蔚（绸缎货行）、锦霞明（曲绸庄）、锦丰泰（西路皮货庄）、锦生润（票号）、锦生蔚（货行）、锦丰庆（曲绸庄）。

太原：锦泉和（钱庄）、锦元懋（帐庄）……

天津：太谷彩霞蔚经常派驻天津采购各种洋货。

北京：锦霞明分庄等。

徐州：锦丰庆（典当）、锦丰典、丰冶通（钱庄）锦丰焕（钱庄）、焕记油房等。

济南：三晋川帐庄支号、当铺等。

沈阳：富生峻（钱庄）、义太长（钱庄）、咸元会（钱庄）、环泉福（钱庄）、源泉溥（钱庄）、源泉丰（饼面庄）。

锦州：锦隆德（钱庄）。

四平：富盛泉、富盛长、富盛诚等四家酿酒店均为沈阳富生峻支出资本所设。

张家口：锦泰亨（为彩祥蔚出资所设）。

莫斯科：锦泰亨。

阿尔库斯克：锦泰亨。

库伦（即乌兰巴托）：锦泰亨。

黎城：瑞霞当（为彩祥蔚出资所支）。

屯留、长子、襄垣等处共开设当铺四座（均为砺金德出资所设）。

榆次：广聚花店（为彩祥蔚出资所支）。

※ 聂昌鏖：《太谷曹家商业资本兴衰记》，载《山西文史资料》第十三辑。

民国时期全区有钱庄50多家，名称较大较有影响的钱庄有：运城的兴业钱局（亦称安邑钱庄）、宏益钱庄、敬信公钱庄，蒲州城的积盛永钱庄，闻喜县的金源合钱庄、晋镒钱庄，垣曲县的有昌号钱庄，河津县的晋生源钱庄，平陆县的永增盛钱庄，新绛县的兴业钱局分号等。钱庄以经营存放款业务为主，存款分为定期和往来两种，存款来源于商业及同业。放款业务分信用放款、抵押放款和担保放款三种。唯资本较大的钱庄同时经营汇兑业务。汇兑业务有竞争能力的主要有运城的兴业钱局、宏益钱庄及闻喜的金源合钱庄。

※ 运城地区志编纂委员会编：《运城地区志》，621～622页，海潮出版社，1999年10月。

清末民初，晋城钱庄业已相当发达，仅阳城县就有大成永、时到和、大有恒、福顺水、同顺天、泰盛诚、董封等钱庄，高平县城内有德泰恒、大兴成等钱铺和元泰昌等钱庄。1919年，钱庄业顿时萧条。

※ 晋城市志编纂委员会编：《晋城市志》，331～332页，海潮出版社，2000年5月。

1930年（民国十九年），高平县有中孚银局和义丰永、中兴恒、德泰恒、信义久和集大成等钱庄。

※ 晋城市志编纂委员会编：《晋城市志》，331～332页，海潮出版社，2000年5月。

（二）当铺

当质业：据光绪十三年晋政辑要载：阳曲县境内共有当铺四十三家，迨至民国十年，有城当十二家，乡当八家，共二十家。城当即太原市内所设之当铺。至于质当，则产生于民国二十二年以后。

当质之分别，除名称外，尚有下列各点：一、当铺在省注册领帖，质铺则仅在省会公安局备案；二、当铺之满当期限为十八个月，质铺则为六个月；三、当铺之资本较质铺为大；四、当铺有全省同业公会之组织，质铺并不加入；五、质铺受当之物，在名义上为当铺不受当之物件。

太原当质业之资本，共计66000元，借入之流通资本，共357640元，两项合计，其资力为423640元。资本来源分富户与商人两种，富户所出资本占58.3%，商人占41.7%。流通资本由银行借入者占9.8%，由钱庄借入者占29.7%，由商家借入者占35.6%，私人存借款占13.8%，股东垫款占11.1%。借入之流通资本，过当质自备之资本五倍有余。

当质之营业，为小额抵押之贷款，每月利率均为三分，开票即计利一月，一月以外则“过三不过四”，即一月三天计一月利，一月四天计利二月。当入之物，衣服最多，占四、五成乃至七、八成；金银首饰次之，占一、二至三成；其他杂物较少。每年当赎季节，大致春冬为旺，夏季为淡，与农村春当秋赎者略有不同。

当铺每票至平均金额，当出为282元，赎取为284元，期满下架者为248元。质铺，当出每票平均122元，赎取117元，期满为168元。

※ 段克明：《抗日战争前太原经济概况》，载《太原文史资料》第七辑。

当铺是以抵押贷款为业务的一种高利贷金融形式，是封建社会的特有产物。由于它在当时社会经济生活中有一定的融通作用，甚为地主豪富所赏识，因而在封建社会中延续了很长时间。他们对开设当铺总结为“放帐不讨帐，得利有保障，落架卖物件，更比得利强”。而广大劳动人民则是饥寒交迫，在告借无门的情况下，奔跑于当铺之门。因而贫苦农民对自己的悲惨处境则总结为，“穷汉腿里没傲骨，籴米、称面跑当铺”。

（一）当铺的起源与衰亡，灵石的典当业起源于何时已无考据。设在县城东门外的一家当铺曾经历一百余年的历史，原为五福当，到光绪三十四年静升王家接管，改为峪庆当。在典当业兴旺时期，张家庄杨家的当铺，从灵石到北京开设竟达百家，在北京的当铺，名为百顺当，后来当铺倒闭。杨家衰败，其后代拍卖金珠玉宝生活数十年。

民国十九年阎冯倒蒋战争失败后，晋钞变为废纸。灵石当铺大受其害，大部分亏本倒闭，只有几家盈实铺户，重新拿出资本继续经营。如裕庆当，因晋钞倒塌损失资本达百分之八十，但东家王谦亭却重新以不足资本维持营业，直到1938年日军侵占灵石后因该号被抢才停止营业。云千上庄绅士李时雨在双池开设的万兴当、南关兴和当则在1936年倒闭。灵石北街的德裕当因掌柜张良斋充任日伪维持会长，在日伪庇护下继续开业，但由于营业不佳，亦于1942年收了摊子。至此，灵石城乡当铺全部消亡。

（二）机构及资金，据中国实业志记载，光绪十三年（1887年）灵石有当铺十九家，

民国十年（1921年）减少为七家，其中城当二家，乡当五家，民国二十四年减少为三家，其中城当两家，乡当一家。城当股东四人，股份十股，资本一万八千元，借入资本一万零四百元，架本三万六千六百元；乡当一家，股东七人，股份四份半，资本四千五百元，借入资本一万六千一百元，架本七千三百一十元。据“灵石县志”民国二十三年版记载，当时全县有当铺四十六户，到民国二十三年（1937年）灵石县城有当铺两家。一是北门街德裕当，股东有张善卿、张良斋、张海楼等，资本五千元（东家定期存款）架本两万元，掌柜张良斋。二是东门外裕庆当，东家是静升王谦亭，资本两万元，掌柜景寿山、二掌柜杨连生，总管宋海如，全员十三人，借入资本十万元（天津、保定、石家庄等银号贷款），发行找零角分票三千元，架本达十二万元，乡当有静升公义当，为郑志伟、王淑文等四家富户集股开设，资本六千元，掌柜张月楼（张嵩村）后为申维汉（旌介村）。

（三）业务经营：典当业主要经营抵押贷款，它是封建社会经济领域中的特殊行业，贷款时以抵押品为保证，并有特殊法权，不管是偷来的或是抢来的，一律收当。抵押时，认物不认人；回赎时，认票不认人。当铺柜台高筑，顾客抬头仰面，柜员居高临下。抵押品按百分之五十作价，一般不得讨价还价，稍有言色不逊，便会遭到冷落，甚至拒不收当。求贷者每遭天灾人祸，生活所迫，只好忍气吞声，贵物贱当。所以群众常说：“典当、典当，只是一半。”

当铺的贷款对象，主要是贫苦农民、小手工业者，也有破落财主，或者资本薄弱、信用不高的一些小商业得不到钱庄银号的贷款时，也到当铺凭存货贷款，还有一些富户外出，恐家中贵重物品发生意外，也拿去押当，实际是以寄存为目的。当铺对箱内物品大致查点后，即由物主加贴封条，交当铺保存，到期验封回赎，这种方式叫做“自封当”。但是这种当铺必须资本雄厚，讲究信用，在社会上具有很高的威信。据查东门外裕庆当曾通过灵活多样的形式，扩大了业务，成为全县当铺之首。因而当铺亦标榜自己是“宝地不漏针”。

典当业发放贷款的抵押物品包罗万象，上至金银珠宝，下至破铜烂铁，只要有利可图就可抵押，但亦有区别。大当铺主要是价值较高的物品，利率亦可略低一点；小当铺具有质店（小押铺）性质，对价值低的物品也可收当，但当期短，利率较高，抵押期最长一年，一般是月息三分，民国初期官府规定当铺月息二至三分。质店押期一般为三个月，最长半年，利率为内扣大加一。即抵押品作价一元，只给九角，押票仍写一元，所以当时群众的说法是：“家败人亡鬼吹灯，当铺杀得是穷人。”

当铺在办理业务中，有一种特殊行规，各家大同小异。开当票时用当字书写，非当行人不认识，当票编号用“千字文”一个月用一个字。对各种当物都要加上各种贬词，如衣服不论新旧，冠以“虫吃鼠咬”，物品冠以“破旧”，皮衣冠以“光板无毛”等，以免万一，争取主动，先发制人。书写衣服时利用代号，以圆圈“○”单点“·”夹圪叉“×”表示，赎当时本利一次交清。当铺可以买卖，由持票人回赎。

当铺为在同行业中互相竞争，扩大业务，获得高额利润，在看贷定价方面须有一定的识别能力和经营本领。为防止以假充真，以劣顶优，当铺吃亏，或不识好坏估价过低，顶走顾客，影响业务，减少利润。因而当铺对这种人才也须经过选择、培养、考验才能委以重任，这种角色叫做“柜头”。

当铺抵押的物品，习惯称为“上架”；押放在外的资金称为“存架”；过期不来赎当的“死当”，当铺可以自由拍卖，称为“下架”，即招来有关行业，通过投标竞争形式，以还价最高者达成交易，进行拍卖。如金银首饰由银铺收买，衣服被褥由估衣铺收买，古玩玉器由古董铺收买，其余杂七杂八则由烂货业收买。有时当铺亦自行设摊叫卖，这种情况较少。

（四）盈利分配：典当行的盈利分配，一般是三年一次，每年虽搞决算，但不分配，分配时按人银股计算，在家以资本计算叫银股，掌柜和顶生意的叫人股。如裕庆当资本两万元，作为十股，掌柜、总管各作一股，二掌柜八厘，管帐先生七厘，其余有三厘二厘的，人银共作十五股，银股占百分之七十，人股占百分之三十。三年决算，最高一次每股分红七百元。平时在号人员有工资，叫应支，掌柜每月八十元，总管六十元，管账五十元，一般人员三至五元，学徒三至四吊钱，头一年进号者管饭没工资。此外，对表现好的伙友，年终决算，每人另给酬劳金十元或二十元。

当铺在旧社会经济生活中，具有一定的融通作用，深为官僚绅商富户大贾赏识。封建官府为他规定了种种特权，有部分货币发行权，有布政司签发的当贴（俗称牛皮文约）。收当贼赃不犯法。发生火灾或者被抢等意外灾害不负赔偿等责任。因而官僚富豪纷纷开设当铺，当铺成为旧中国的上等行业。

※ 灵石县金融志编纂组：《灵石县金融志》，13～17 页，灵石县地方志丛书（18）。

山西的典当业历史悠久，清初已是全国典当业较多的省份之一。祁县巨富乔家，不仅开设大德通、大德恒票号，而且在西北、京津、东北、长江流域各大城市商埠以及祁县城乡，以巨资经营典当业。如南社村的广和长（俗名广和当）就是乔家在清末时期开设的。当时的专东是乔家。掌柜，一说是清徐县孟封村的刘氏。

清末，政治腐败、经济萧条，典当业有所下降，至民国年间，现代金融组织取代了部分典当业。……

典当对象：主要是贫苦农民、小手工业者及自由职业者，他们生活清贫，如遇天灾人祸或情况突变，就无法度日，只好拿上家里的一些物品上当铺典当。一些由于家业破产的破落户，入不敷出，又怕丢脸，不愿去大银号借贷，只好找熟悉的当铺，凭面子以房或物为押，临时借些款；以度困境。另有一些富户外出时，怕家中的贵重物品被盗或高档衣料、皮货被蛀，也有拿到当铺押借的。此外还有一些奸商市侩也去行当，他们往往是以假充真，哄骗当行。尽管当行百倍小心，谨防上当，但上当之事仍时有发生。

典当物品：典当的物品种类很多，农民以衣服为主，破落户则以首饰、器具为主，间或也有一些古董细软。但总是以布衣为多，每票当额甚微，以不满一元者为多数。当铺最低的当额为一角，不够一角的货物不开票，最高当额无限制，但事实上超不过 100 元。

满期：满期就是抵押放款的期限。祁县广和当铺的满期分为24个月、18个月、12个月、6个月、3个月五种。满期虽有规定，但也有宽限的办法，有宽限一个月的，也有五六个月的，如烂衣服，满期不赎也无人买，即使有人买也不值几个钱，所以放的宽限也长，如系金银首饰，价格昂贵，又好转卖，因此只能宽限几天，或者根本不给宽限，当期一满，二日即“死”。

利率：当铺之利率不一，时高时低。清末时多为2分，高至2分5，低者1分5。民国年间，逐渐增高，由2分升至2分5，后来升至3分，到1944年3月又4分提为7分。当铺之利率按月计息，其“相遇”之利率为3分。当铺利率并有年底减利的习惯，如平时月利2分5，腊月赎当之时，照例减为2分，至次年2月底又回升为2分5。

利率的计算方法，一般开票即算一月，满一月后之零日，按“过三不过四，过四不过五，过五不过六”的办法计算。即满月后过三天不计息，第四天即作两个月计算。也有满月即作两月，不满一月亦作一月计算的。半月以下按半月，过半月则按一月计息的。

当税：在旧社会开设当铺是要缴纳税款的。如《情会典》里载有：1665年（康熙三年）题准当铺每年纳银5两，1729年（雍正六年）题准直省各属典当，均会布政司□印颂帖，交各州县转给输税，如有新开典当者，报司给帖，于开设时增税，无力停开者，即交帖免输。

民国年间，税章改革，山西国税厅筹备处查验当帖简章内规定：查验当帖，应征换领帖费暨注册费：1. 当清旧帖换领新帖，每张征换帖费200元，注册费50元；2. 前已领过财政司民国年号当帖者，今再换领新帖，每张征换帖费150元，注册费50元；3. 凡新开当商请领新帖每张征领帖费300元，注册费100元。到1914年（民国3年）山西省财政厅修改章程，除规定每家当铺每年交纳当税50元外，又令当铺呈验当帖，分为5级，换领新帖，课收换帖费及注册费。1935年（民国24年）山西财政厅又依营业税法第十条规定征收当质业营业税，税率依全年架本实数计算：1. 架本在5000元以上至5万元者，征收其10‰；2. 架本超过5万元者，每1万元征收1‰，最多以15‰为度。这时广和当铺的架本据说有2万元，交纳当税200元。

手续制度：

一、当票：当质业给当户开的票据叫当票。当票格式，上写当铺名称，下写当物品名、金额、期限、利率等。并对当品加以贬词，如棉纺品冠以“破、旧”二字，丝织品冠以“虫、破”二字，皮毛品冠以“大破大洞”、“栏板无毛”，对银器冠以“毛银”，首饰注以“淡金”、“沙金”。铜锡器皿则大写一个“废”字，以此来贬低当品价值。当票上书写的字体，也不同一般，同时，内部对当品也有记载符号，有的当品点“·”，有的画“○”，也有的打“×”，外人不易识别。当票上的数字也是以密码组成。当票上还印有“倘有天灾人祸，虫伤鼠咬，各按天命；过期不取，听凭变卖作本”一类文字，这就使当户不仅在精神上受到屈辱，如遇意外，也无申诉的余地。

当票上的编号叫“当头”，当头按《千字文》天、地、元、黄、宇、宙、洪、荒等十二字顺序编号，每一个月一个字，正月为“天”字头，第一笔交易为天字第一号。也有按子、丑、寅、卯、辰、巳、午、未、申、酉、戌、亥排列的。

当户在赎取当品时，凭票取物，本利同付。当票不记名，认票不认人。如有丢失，允许挂失，事后，可讨保证明，核实情况，当铺概不负责。当票还可以转卖过户。为避免上当，买户一般先到所在当铺进行核对，确认属实无误，方可付款，同时办理赎当和过户手续。

二、程序：有先看货、协商、开票、编号、上账、上架等。当户持物来当，先有柜员验看货物。但不管什么当物，再新再好，也不能当原值，金银首饰七八成，衣物最多六七成，一般当品只当市价的半数，所以俗称“当半”。当户同意估价后，填写当票，然后交给管帐先生盖章，连同货款交给当户。当物过期不取，押品就算“老号”，或者叫“老死”，当铺可下架拍卖处理。

三、人员配备：广和长当铺从业人员只有七八个人。有大掌柜、二掌柜、内事先生、柜员（又叫伙计）及炊事员等。大掌柜决策，主管全号人事和处理重要事务；二掌柜处理日常事务，负责联络、安排食宿或者总管柜台业务；内事先生（也叫帐先生）管文书、出纳及金银首饰等贵重押当品的保管；柜员经办收当、赎当。写票、清票等业务事项，学徒协助柜员。

四、当铺的帐簿设置：广和当的帐簿有当帐，专记收进当物；流水帐，专记当日收当、赎当的银钱出入，往来帐和总帐；还有万金帐，主要是记载银股、身股的人（堂）名及股数银两（元），一般人看不到。

五、职工待遇：学徒一年内基本上是吃饭没工钱，每月补助几元，对表现好的，年终奖点东西，如鞋、帽服装等日用品。如果掌柜认为表现不好，就在过年后安排其回家探亲，然后通知介绍人转告本人，即行解雇。学徒期满后，根据本人表现决定去留和确定工资。一般每月 10 元。工作满四年以上就顶个生意。初顶生意一般为二厘，个别的也有三厘的。每届帐期为四年，按所有股份参加分红。每年年终只决算不分红，但可预借，盈亏情况只写出“清抄”，送东家过目便可。

六、盈利分配：一般都是按股计算。股有金股和身股之分，金股是指拿资金的东家，50 元银洋为一股。身股也叫人股，是按柜上人员所顶生意相加之和计算，够一分者为一股，不够者按多少折算。

七、号规：（民国二十七年十二月）

窃思经营之道，非本无以植其基础，致富之方，非资何以兴其利益。是资本与人力相胥而实相赖也，情因东伙志同道合，意气相投，今在祁县南社乡设立当业生意，公议字号曰“广和长”。自立之后，务期矢慎矢公，同思以义为利，克勤克俭，共望以财发身。他日蒙天赐利，按章均分，受将银洋股开列于左：

1. 众股东不准以股票向本号押解，违者以经副理是问。

2. 铺中上下人等不准赌钱、吸食鸦片，如有犯者，开除出号。

3. 铺中东伙不准浮挪暂借或承保他人向本号借取。

4. 本号物件除衣服等项，如东伙用者，须按货作价外，其余金器首饰一概不准。

5. 铺中上下人等以定章应支，不准额外长支。

6. 贷放人名上账，得有充分抵押，不得滥放。

7. 一律不得买空卖空，更不准囤积大宗名货。

8. 东伙亲戚子弟，不准私自荐用，如有用者，开会公议。

9. 铺中人等须以生意为本，不可私自废公。

以上九条各宜谨遵，如有犯者，开会公议，酌量轻重罚之。

※ 段达海、段镇、杜培中：《祁县广和当》，载《山西文史资料》第五十八辑。

……

我县城内钱庄与当铺的发展，是因为进入19世纪20年代中期前后，城关附近的冯庄、南沟、韩庄、南王庄等村的丝织业很快兴盛起来。他们生产的绉纱、土绸、手绢等产品远销到南方诸省，县城内还开设了丝绸专行。如南关的“豫顺昌”丝行，就颇有名声。丝织品每年转换回来的银锭或银两，在市面流通大大活跃了县城市场。由于银量流动较大，有的人就转换倒卖银币，先为银块，后为银元，把市价压低后，又大量收买。市场上银根吃紧时，他们又观风、察情、或买或卖，从中大量获利。从而大大促进了钱、当两业在我县的兴起与发展。

过去的高平县城，只有现在古城路一条主要街道，大部分商业网点，都分布在这条街的东西两侧，是县城内最繁华的地方。此外，市北街和南门外至裤裆街两处地段也非常热闹。所以钱庄和当铺也就分设在这些闹市上。

……

当铺业也有四家：信义当（市北街中段南侧），东家崔丑则（唐庄乡上庄村人），其长子为掌柜；公益当（南关路西，现药材公司门市部斜对门），东家兼掌柜许光富（城西村人）；大兴当（现古城路开化市场处），系一门两柜，先为钱庄，后增设当铺，两块牌子两种业务，东家郭长法（唐庄乡琚庄村人），掌柜李庆华（唐庄乡上庄村人）；天元当（市北街东段南侧，现司法居处），东家兼掌柜何华臣（城西钟楼巷人）。

以上钱庄和当铺的财东与掌柜，均系当时地方上有钱有名的人。店铺内的多计和相公大都是雇用的，具体承办某种业务，出力卖力。

钱庄、当铺是以放高利贷为主要方式进行营业的，他们为了有利可图，所采取的经营方式也灵活多样。归纳起来有以下六种：一是向有产者以房、地作抵押（写契约）放高利贷；二是与市面上的往来户互相串换、低息存放，高利放贷，以供周转；三是搞银盘折换，即银元、铜元、制钱间的互换，从中挣钱；四是出纸帖子（内部纸币）在一定范围内流通，周转放利；五是典当财物，质高价低，提高利率，鱼肉百姓；六是搞囤积居奇，投机倒把，勒索民财。

市面串换是低利收存，高利放贷。他们收受往来户的存款，利率是6厘至9厘，存放户多的，要数房田税的“书手”和各种捐款项的包税者。零存整付，他们是欢迎的，可以加快资金周转。倘若往来户需要大宗款项时，他们也可以1分5厘至2分的利率贷给对方。若遇周转不灵，软不顶硬时，同样也会出现不能维持正常营业的。

他们放高利贷是抓住兔子才放老鹰，要有抵押品（房、田契约、家具、用具等实物），或者由可靠的商铺作保，才往出放钱。利率在民国初的10年间，月息是2分5厘，以后涨至4分、5分、20年代后高至20分。不还，利上加利，以复利计算。

※ 陈殿英：《民国时期高平城内的钱庄和当铺》，载《山西文史资料》第一〇三辑，1996年第1期。

山阴县在清末民初的主要当铺有：瑞和当、晋源当、聚和惠等当铺。时间较长的是瑞和当。瑞和当开业于光绪十五年（1889年）。财东为崔汉章（本县高山□人，系崔进士的次孙），资本为白银七万两。铺址在岱岳镇大桥沟北路东（现堡子巷医疗站占用）。先后辑用聂宏（寿阳县人）、吴凤藻（寿阳县人）。具体经办当业。典当的对象，主要是贫苦农民、小商人、小手工业者和街镇居民。典当的物品，一般是衣物、金银首饰和器具。衣物当四成左右，金银首饰当七成或八成。当期一至三年。利率为年息三分。由于经营不善，长期亏损。后于民国六年（1917年）与本县安荣村郭嵩山合伙经营。郭投入白银一万七千五百两。民国十五年（1926年），国民军石友三部队在岱岳驻扎时，下令强行使用西北银行发行的货币购买物品。当地群众用西北银行的货币到瑞和当赎当，大部当物被赎走。国民军败退后，西北银行货币失效，瑞和当随之倒闭。

※ 山阴县金融志编纂组：《山阴县金融志》，1页，山阴县志版编印，1987年3月。

晋裕银号于1924年前后出资在大同、忻县等四个县城各设了一个当铺，即大同县的晋同当、忻县的晋忻当、临汾的晋通当和洪洞的晋洪当。每家由晋裕银号拨给资金一万元，另由各该当自行发行纸币三万元。

※ 阎子奉：《阎锡山家族经营的企业》，载《文史资料选集》第四十九期。

山西金融大事记

1887年（光绪十三年）

本年全省领贴开设的当铺共有1713家。其中：中路（冀宁道）985家，北路（雁门道）437家，南路（河东道）255家。全省总计开设当铺比康熙年间减少64%。榆次在咸丰、同治年间有当铺90家，光绪年间有63家；文水在乾隆十三年有当铺90家，到光绪十一年仅有43家。

※ 山西金融大事记编辑组：《山西金融大事记》，10页，山西人民出版社，1993年3月。

清代，运城地区有当铺110多家，名气较大的有蒲州城内的恒春当、积盛永当、捷生当、九如当，虞乡县城的合成当、德生当、益业当，万泉县的元业当、吉祥当，荣河县的乾谊当、锡荣当，芮城县的永安当，平陆县的广益恒当。至民国时期，较有名的当铺尚有运城和安邑的兴业当、广济当，解州的世泰当，闻喜大西门的德庆当、南门的中正当、东门的义庆当，万泉县西景村的复兴当，荣河城的崇信当、德顺当、稷山的聚义当，新绛县的裕德当，河津的裕泰当、裕昆当，绛县的南当铺，夏县的大兴当、瑞五当等。

※ 运城地区志编纂委员会编：《运城地区志》，621～622页，海潮出版社，1999年10月。

（三）帐局与印局

帐局，亦名帐庄，是我国发生最早，主要经营城镇工商业存款、放款业务的金融组织，大约产生于清代雍正乾隆之交。由于城市商业的发展，“各行店铺自本者十不一二，全恃借贷流通”（《王侍郎奏议》卷三）。于是由商业资本中分离出一种专业信用组织——帐局。李燧在《晋游日记》卷三中写道：“汾（州）平（阳）两郡，多以贸易为生”，“富人携资入都，开设账局”。据史料记载，中国较早的一家账局，是乾隆元年（1736年）由山西汾阳县商人王庭荣出资四万两银子，在张家口开设的祥发永账局。另外开设比较早的几家帐局，分别成立于嘉庆、道光年间。

帐局从乾隆元年产生到咸丰年间，主要分布地从京、津、张家口和山西汾、太两府，发展到库伦、东北和南方的闽、川一带，其规模和势力是相当可观的。以北京城来说，咸丰三年（1853年）有帐局268家，“账局之帮伙，统计不下万人”（《王侍郎奏议》卷三）。到宣统二年（1910年）尚有92家。光绪三十四年（1908年）还出现了帐庄商会，与典当业、钱业、金银号（亦称“炉房”），汇兑庄成为京城五大金融业商会。

山西商人不仅创办帐局，且一向占据优势。以咸丰三年（1853年）京城的268家帐局商人籍贯来看，山西商人开设的有210家，顺天府商人开设的47家，山东、江苏、浙江、安徽、陕西商人开设的总共有11家。而在山西商人210家中，介休县商人达118家，平遥县商人21家，其余孝义、汾阳、灵石、文水、祁县、太谷、榆次、太原、阳曲、崞县、忻县、偏关和盂县13州县商人71家。

帐局的主要业务对象是工商业。《王侍郎奏议》称：“闻帐局自来借贷，多以一年为期，五六月间，各路货物到京，借者尤多，每逢到期，将本利全数措齐，送到局中，谓之本利见面，帐局看后，将利收起，令借者更换一券，仍将本银持归，每年如此。”商业放款之外，帐局也对清朝官吏放款，但利息较高，九扣之外，“复加月利三分，以母权子，三月后则子又生子也，滚利叠算，以数百金，未几并积至盈万”（李燧：《晋游日记》卷三）。京城有一帐局，于庚子事变歇业后，单是拉公旗的官帐，“自嘉庆二十四年（1819年）算到今（光绪三十二年即1906年），本利共合八万余两”（清民政部档）。帐局在一度时期几乎垄断了京师的商业放款。《翰林院侍读学士宝钧奏折》中称：“帐局之放贷全赖私票，都中设立帐局者，山西商人最多，子母相权，旋收旋放，各行铺户皆借此为贸易之资……”这充分反映出帐局在当时京师金融市场上举足轻重的地位。

※ 山西省地方志编纂委员会：《山西通志·金融志》，52～53页，中华书局，1991年4月。

印局是城市经济发展的产物，是适应城市游民的增加和谋生的困难而产生的。明崇祯年间，北京城已有“印铺”的记载。由于城市商品货币经济的进一步发展，大量农村破产农民流入城镇谋生，在“人烟稠密，舟车往来之地”出现了“大抵肩挑背负之民”。

这些靠出卖劳力从事脚夫、抬夫和肩挑小贩的城市游民，“日中所入，仅敷糊口，而谋食之外，不暇谋衣”，从事小贩也需“得钱数千以为资本”。适应城镇贫民的这种需要，中国土地上产生了放“印子钱”的印局或印子铺。由明至清，印局在城镇比较发展，几乎遍布长江以北地区，像北京、天津、汉口各大商埠尤为突出。康熙二十年（1681 年）两江总督于成龙在《兴利除弊条陈》中就提到有人借八旗的势力放印子钱的情况。咸丰三年（1853 年）通政使司副使董瀛山的奏折中也称：“穷窭之人原无资本，惟赖印局挪钱，及资生理。”又称：“帐局不发本，则印局竭其源，则游民失其业。”由此可知，印局的资本来源于帐局；印局的放款对象，主要是城市贫民和依靠肩挑为生的小商人。

印子钱的发放，全为制钱，数额一般为一串、二三串，最多不过十来串。期限有朝发夕收的，也有以百日为限的；每日或每十日还钱一次，本利合算，还一次盖一次印，故名“印子钱”。印子钱利息很高，通常为月息三分至六分，属于高利贷资本。不论借款期长短，皆须有熟人作保，其剥削之残酷，历史上有很多描绘，如“以贫民之汗血为鱼肉，以百姓之脂膏为利口，没心之恶狼，莫有甚于此辈者”等等。印局多由山西商人开设。清朝张焘在《津门杂记》中说：“印子钱者，晋人放债之名目也。”印局在高利贷盘剥的同时，对融通资金方面也有它的作用。印局约在清末民初失去历史作用，不复存在。

※ 山西省地方志编纂委员会：《山西通志·金融志》，52 页，中华书局，1991 年 4 月。

（四）票号

1856 年（咸丰六年）

10 月 28 日咸丰初年，筹饷例开，报捐者多归票行承办，朝廷卖官授爵，绅士捐官谋缺，往往依赖票商，清廷下令捐输，票号积极响应，山西绅商共捐输三百零三万多两，至本日实交款二百八十六万余两，其中有五家票号，捐银子四万五千五百一十二两。这些捐输款项，起了资助清廷镇压农民革命的作用。

※ 山西金融大事记编写组：《山西金融大事记》，5 页，山西人民出版社，1993 年 3 月。

具呈山西祁县、平遥县、太谷县汇商日升昌、新泰厚、百川通、大德川、天成亨、宝丰隆、蔚盛长、锦生润、蔚泰厚、蔚丰厚、蔚长厚、协成乾、协同庆、存义公等为商情困难，商业颠危，迫切上呈公恳挽救事。缘汇业一行，开设有年，远者百余岁，近者数十秋，营业惟期兼顾，信用不敢稍渝，凡属交易之户，均能相见以心。即向遇国家之急饷、省会之灾祲，商号等皆慨乐输，将捐集钜款，及乎晋省之赎矿，铁路之筑基，商号等以事关实业，亦均筹借钜资。彼时皆有公积余存，故能勉为善举。嗣经甲午、庚子之钜创，亦均本利充裕，尚可照常贸易。惟有民军起义，各省响应，一时遽难统一，各庄遂大受损伤。汉口为数较钜，各埠又属不赀，茹苦含辛，极力支撑。惟日望郅治渐臻，秩序恢复，奠五族于大同，享公民之幸福。以故两年以来，无论如何困难，如何辗转，

对于债权之家依然本利照付，以冀保全信守，企望将来。且汇业以东南为最要，前年汉、川、陕、豫等处损失虽多，而广、闽数埠尚可望其接济。讵料天殃汇业，变起仓皇，赣、粤、皖、湘忽传独立，呼号奔驰，营生顿失，致使广、汉、津、沪各夥友进退失据，周转无门。但商号等以内外债务相抵，东夥相权，不惟无绌，且各有盈。只以时事多艰，银根闭塞，该外之项日加紧迫，外该之款纤发难收，危急情状达于极点。倘从此救挤无方，信用失跌，非特对于商务之进行，商界之名誉关系匪轻，即对于洋商客贾亦恐贻笑于无穷。且汇业一途，尤关全国金融贯疏，汇业流通，各行亦赖以周转。伏维政府恒以保商为念，纵各庄多数之损失，不敢遽望赏恤，而各省公款私款之迫索，实系急待维持。谨将商号等该外、外该之债目暨各庄被伤之确数，另缮清摺分别附呈。所有迫切情形，除分呈国务院、工商部，并报明商会外，为此公恳大部俯准挽救令指施行，以恤商业，而拯危迫，实为功德。此呈：财政总长熊公鉴。中华民国二年九月三十日。

※《山西票商天成亨等号沥陈受战争影响商业颠危公恳救济有关文件》，北洋政府档案，1027－206号。

第四节 | 清末民初的借贷

一、金融中心：太原与太谷

（一）太原

太原作为省城，以往原非金融中心，民国以后，因银行、银号纷纷成立，太原虽不能谓为全省金融之总枢纽，然其金融势力在全省境内亦颇不弱。

战前①，太原有银行两家，银号十七家，钱庄十九家，当铺九家，质铺七家。资力以银号为最大，占全部运用资力的百分之五十三点六，银行居其次，占百分之三十一点一，钱庄居三，占百分之十三点六，当质为最下，仅占百分之一点七。

※ 段克明：《抗日战争前太原经济概况》，载《太原文史资料》第七辑。

1919年间，阎锡山以他父亲阎昌春的名义，在太原龙王庙街成立了铜元兑换所，任其亲戚徐西川（又名徐振渭）为经理。这个兑换所用现洋兑换铜元，无本取利，同时兼营高利贷，几年后就积累了不少资金。1924年间更名为源积成银号，扩大了业务范围，接受存款，规定存款满三百元者为“一份子”，利息较高。因此，太原的各级公务人员，以部分薪金在该号存放份子钱者大有人在。该银号利用这种存款投于其他企业，获得的利润更大。

※ 阎子奉：《阎锡山家族经营的企业》，载《文史资料选集》第四十九期。

① 这里的“战前”，指1930年蒋阎冯中原大战。

孔祥熙在山西商业，计有祥记煤油公司（包括美孚油），总号设太谷；祥太隆（号名不确）、海味铺（或者瑞隆祥），设太原靴巷南口路西。事变前孔回山西在该号有人见过，它以报销英商“卜内门”洋行货而赚钱，如司各脱鱼油、卜内门火碱等等。还有裕华银行，在太原没有设点，在太谷记不清了。

※ 常紫书1975年5月14日提供的材料：《阎锡山垄断金融核心——山西省银行历史及牵涉到的经济材料》。

加元瑞，揭府君庙案下大洋五十元整，系王徐深作保。乃徐深于二十年六月初六日到庙，不承认担保责任。庙中公议，因加元瑞即加和尚，家道极贫，又充当本关庙中役夫二十余年，今则磕头不已，着其准抽约据了事，刻石人一个，注明加元瑞即加和尚姓名，准他永远跪到庙中充当庙夫，日后还债，着其取赎。此记。

民国二十年六月二十九日立

（刻石人及其碑台共使现大洋一元）

※ 山西某府君庙石人碑刻。

某府君庙石人碑刻①

（二）太谷

明末清初，太谷富商大户相继出现，因货币流通形式与商品经济的发展不相适应，以汇兑为主要业务的票号应运而生。县内最早的票号为志成信，继有协成乾、世义信、锦生润、恒隆光、大德玉、大德川、广盛源等多家，在金融势力上逐渐形成“太谷帮”，总资本达120余万两（白银）。“东北至燕奉蒙俄，西达秦陇，南抵吴越川楚，俨然操全省金融之牛耳。”清末，各票号“帖子”可在全国通兑，太谷被誉为“中国传统的金融中心”。民间亦有“不入官场，便入票号”之说。志成信票号4年一帐，每股分红7000到8000两，最高年份（1903年）开至1.4万两。辛亥革命以后，票号渐衰，不久为钱庄、银行取代。

※ 太谷县志编纂委员会编：《太谷县志》，233页，山西人民出版社，1993年9月第1版。

二、晋中：晋中与吕梁

（一）晋中

请会。又称钱会，是战前县内农村流行的一种金融互助形式。当村里有人出现经济

① 这两张照片是一个跪地石人的正反两面照片，孔祥毅1982年5月于太原文庙院内见到并拍照。

危难时，便设宴邀请邻里或亲友出席，组成钱会（户数不限），此人为发起人，又称老会主。席间确定与会者出资最高份额及一年中集会次数和日期，所筹资金归老会主使用。如该会共10户，出资份额为5元，则老会主实得45元（除去老会主）。以后每次聚集都由老会主负责召集，若设一宴席即为酒席会；若不设宴，老会主就须出全份额5元，此为干拔会。从第二次集会开始，席间由急需用钱者写拔会条（暗语），条上注明预付利息（一般低于所定最高份额），待揭条后，谁出利息最高谁就拔了会（即拥有会上所筹资金）。第二次集会除老会主和拔会者外，其余人出资均为破份（即除去利息）。如按最高份额5元计算，拔会者若预付2元利息，其余8户各出3元，拔会者实得24元。然而以后每次集会，其他户根据拔会者所定利息出钱（破分），第二户却要出份额5元。其他拔会者与此同理。这样，待一轮完毕，拔会者付出远远超过所得。会内有钱人家不急用款，直到最后收会，其收入大大超过前几次拔会者。钱会名为互助，实质上是被富有者操纵的一种高利贷形式。1938年后，抗日民主政府明令取缔。

钱庄。民国初期，县城南街办有钱庄，财东温子模，经理刘希同。主要吸收民间闲散资金，为商民办理少量银钱存放或零星兑换业务。此外，下庄村四大户地主也开设钱庄，专营放债，以每元月利2.5分的高利盘剥农民。这些钱庄的资本较小，抗战爆发前关停。

典当。清光绪十三年（1887年），辽州当质业有5家。光绪二十八年（1902年），温姓地主在西关前街开设当铺，铺面10余间，店员10人。光绪三十四年（1908年），赵成威在城内东街开设当铺，铺面10间，店员5人。民国初年（1912年），辽县除温、赵两家当铺外，堡则、拐儿等村也设有当铺，但规模较小。民国十年（1921年），全县当质业减为3家。民国十五年（1926年），温、赵两家当铺歇业，全县当质业仅存1家，资本1500元。当质业经营范围广泛。典当对象多系贫苦农民、小手工业者，也有少数破落地主。他们因生活所迫，告借无门，即以财物或房地产作抵押，向当铺暂借款项以维持生计。当物一般以衣服、首饰、器具、古董为多，估价很低，一挡品一律按实物的五折收当。当期半年到一年半，到期不赎，当物即归当铺所有，任其处置。当铺最高利率为3分，一般为2.5分。抗战爆发后，当铺停业……

高利贷。抗战前县境高利贷盘剥方式有四种。一是一九、二八、三七扣，即借贷10元，实际只付给债务人9元（一九扣），或8元（二八扣），或7元（三七扣）。但在还本付息时仍以10元本金结算，月息2.5分。二是“黑驴打滚”，借债人如果不能按月付息，高利贷即将所欠利息加入本金，这样利上加利，本上加本，使债务人欠债愈积愈多，不堪重负。100元的借贷，一年半时间即可本利相等。农民称之为“黑驴打滚”。三是“出门三分利”，对一些短暂的借贷，高利贷者将月息提至3分。债务人即使在一两日内将借款悉数归还，也同样要按一个月的时间付息。四是“接纸还现”，民国十九年（1930年）后，由于物价上涨，货币贬值，高利贷者改行“接纸还现”的办法（借钱俗称接钱，银洋俗称现洋），除按率计息外，借出纸币，归还银洋，债务人备受害。在借贷交往中，借债人必须具有一定的财产抵押（土地、房屋或其他资产），或找可靠的担保人，资方才予出借。当债务人到期无力偿还债务时，高利贷者即将抵押品全部收归己有，农民因此而破产者不计其数。

※ 左权县志编纂委员会编：《左权县志》，高等教育出版社，1999 年 6 月第 1 版。

本县高利贷盛行于民国初期，由多数地主和极个别专营高利贷者经营，借贷时间、数额、利息由双方议定，书写契约。

※ 榆社县志编纂委员会编：《榆社县志》，山西古籍出版社，1999 年 9 月第 1 版。

作洋奴发财的，还有榆次义记煤油公司和义兴隆客货栈，是河北人李芳斋经营的，山西人股本亦不少，包销亚细亚煤油、大华火油、飞鹰煤油而起家的，亦是盛了一个时期，曾与晋华厂长曲某（外号“曲黑”，面目太黑，阎匪的五妹夫，留日学生）交厚，后曲吸毒大甚，与阎离婚，晋华职务遂由徐士弘取代。

※ 常紫书 1975 年 5 月 14 日提供的材料：《阎锡山垄断金融核心——山西省银行历史及牵涉到的经济材料》。

（二）吕梁

光绪三十四年（1908 年）以后，汾阳、孝义等地便设立了大清银行的分支机构。

民国十一年（1922 年），山西省银行汾阳办事处成立，放款 42200 元，汇出了 779430 元，汇入 352900 元，发行 131670 元。

……

清乾隆年间，文水城乡有当铺 90 余家，汾阳有当铺 60 家。光绪十二年（1887 年），文水当铺减为 43 家，汾阳当铺减为 25 家，孝义当铺有 22 家。民国五年（1916 年）孝义当铺只有十余家。民国十年（1921 年）汾阳当铺仅存 15 家，到民国二十年（1931 年）只剩 6 家。

……

典当业经营项目有存架（放贷）、发行、当物三种：民国十九年（1930 年），汾阳大南关“长春当”发行票券 6 万元；民国二十四年（1935 年），孝义典当业发行兑换券 14430 元，发行票面额多为 1 角、3 角的辅币。典当对象多是农民、小手工业者和城市贫民。当物有衣服、首饰、农具、木器等。当物作价，一般只估其价值的五成至七成，甚至四成。当期为半年、一年或年半。利率是按月息计算，当铺二至三分，质店四至五分。

※ 吕梁地方志编纂委员会编：《吕梁地区志》，山西人民出版社，1989 年 10 月版。

民国年间，放款人自定利息及还款期限，借款人先立契约找保（担保人须有代为偿还的实力）。借款到期不还的，扣保人得代为偿还或原本加利以作本。一般借款“驴打滚”后加 5 分。同时尚有现场利、现扣利等借款形式。重点借款加收利息，是为高利贷。抵押物品借款到期不还者，抵押品归债主所有，月息 3 分。借粮一般春借秋还，粮息 3 ~ 5 升。

※ 贾维桢、尚永红、孙海声：《兴县志》，中国大百科全书出版社，1993 年 10 月第 1 版。

在1921—1925年间，左权县为五元利息二斗，1925年后，每十元利息三斗（以小米13.5斤为标准折交玉茭或谷子）。

※ 中共山西省委调查研究室：《山西省经济资料》第四分册，128～129页，山西人民出版社，1963年。

三、晋北：忻州、朔州、大同

（一）忻州

民国年间，本县的借贷形式有三种：

1. 借钱。借主和借款者订立借约，包括借金利息、偿还期限、抵押品、中间人等内容。至期不还的以利作本，另立借契，订期纳息，月总普通二分，最高三分。抵押品，以房地为多。借款比例为：私人约占百分之五十点四，典当占百分之十八点九，钱庄占百分之十三点一，商店占百分之十一点四，其它占百分之六点二。

2. 借粮。俗称举粮。农民因粮食不足向地富和商人举借粮食，每借一斗，一年须纳息谷三至五升。1936年后通常先付谷利，秋后再还所借之本粮。

3. 借牲畜。通常借耕牛耕种或借牲畜运货，皆按日付资，至于多少，随农忙农闲有异，一般就骡马日需一元，牛驴六角。租借时间之草料，亦需借主供给。

※ 五台县志编纂委员会编：《五台县志》，山西人民出版社，1988年6月第1版。

民间借贷清末和民国年间，宁武城乡的高利贷活动盛行。借贷通常以12个月为期，亦有半年甚至1月者。其月利最高3分，普通2分5厘。借粮利率一般为春借一斗，秋还一斗4升，灾年时利率更高。

此外，还有四种借贷方式。一是借钱抵押房、地，到期无力偿还本息，债主有权没收其土地和房屋抵债。二是出典房地，即以一定款额把自己的房、地典给别人使用，限期或待有钱时拿款将房地赎回。如无钱赎回，房地所有权即归典者。三是以劳役还利，借钱后以劳役代利，直至还清为止。四是粮租，借钱以粮食付利。

地租县内租地形式历史久远，清末和民国年间，租额在正常年间占产量的20%到40%之间，一般是春季租地，秋收后交租粮。不分丰歉，一律按所定租额支付。若遇灾年，支还不起地租，即将租粮作本，加利下年交清。

1949年前，县内土地多集中在地主、富农和寺院手里。农民辛勤所得，大部为其盘剥。如城内官邑街大地主刘茂，每年收地租粮120多石（每（每）石约150公斤）。全县80多个寺庙，大部分拥有土地，基本全部出租。仅城内延庆寺，每年可收60多石地租粮。

※ 宁武县志编纂委员会编：《宁武县志》，红旗出版社，2001年12月第1版。

民国年间，岢岚城乡高利贷盛行，地主、富农及钱庄、当铺放款，贫民或有天灾人祸、大事者借款。借贷通常以1年为期，短期有1月者。其月息最高达5分，年息最多为3分。借粮一般春借15公斤，秋还22.5公斤。若遇大灾，则乘机勒索，春借粮150

公斤，作价大洋1.5～2元（以谷类和麦豆类划分），秋还5～7元。此外还有4种借贷方式。

抵押房地：为借钱将房、地做了抵押，到期如无力偿还，债主有权没收其土地房屋抵债。

出典房地：即以一定款额把自己的房、地典给别人使用，待有钱时拿款将房地赎回。有的典当文约还加注期限，如过期无钱回赎，房地所有权则转归入典者。

以劳力还利：借钱后以自己的劳役还利或还本利，直至还清为止。

粮租：借钱以粮食付利。

高利贷的盘剥使贫者愈贫，富者愈富，两极分化日趋严重。

※ 岢岚县志修订编纂委员会编：《岢岚县志》，山西古籍出版社，1999年9月第1版。

民国初年，阎书堂就活跃在忻州金融市场上，继续做他的“打虎”生意。他在“聚德昌”存放银洋20000元（后来又增加到七八万元），专门用作投机。他有时亲自出马，更多的时候是委托经纪人替他“打虎”，或出放贷款或赁款。他坐镇河边村[①]，每天上午9点以后，经纪人从忻州警察局给他打电话，报告当天的“数子”（“数子”是当时忻州一带金融市场上的专用术语，即白银、银洋与制钱的比价）做了多少，谁家买了多少，谁家卖了多少，以便决定自己是买还是卖；经纪人还要向他报告当天放出多少高利贷，收回多少，贷赁利息各多少。通过这些活动，他获得了巨大财富。

……

另外，在五台和崞县之间，有一条名叫“金沟”的沟渠，离河边村约30里。山里泉水冲刷下来的沙泥中含有金屑。附近居民从这条沟渠里，采淘金屑出售。协同兴和庆春茂两个商号，经常派人在当地以低价收购，集有成数后，卖到太原或忻州首饰店，获取厚利。据庆春茂经理曲付治向阎子奉说，该号一年多时间，可买到金屑20余斤，卖出后所得的净利，比高利贷还强（阎子奉：《阎锡山家族经营的企业》）。

六大字号除正常的营业外，还巧立名目，为阎府获取高额利润。如“庆春泉”出的钱帖子，上面有“周行钱”三个字：这种钱帖子，通行市面，等于把群众的钱拿到自己手中作流动资金。它本来既能买货，又可兑换现金。但阎书堂暗中吩咐经理阎愈荣，不予兑现，群众十分不满。有一年腊月二十一，河边村贫农曲富禄拿了一张500文的钱帖子要求兑现。阎愈荣说：“这是周行钱，哪里也能用。”曲问：“我要到天津、上海，能不能用？”阎愈荣知道不能用，只好说：“你可以买些货，咱号里有粉条、烧酒。”曲一听，气得脱下鞋来，一面在地上捶打那张钱帖子，一面骂道：“我要嫖媳妇哩，你老婆赚，还是你闺女赚？”骂得阎愈荣哑口无言。阎书堂知道后，为了平息民愤，收买人心，责问阎愈荣说：“河边村只有这个人最穷，你为什么不兑给他？”随后，将阎愈荣辞退。阎愈荣因遵照阎书堂的指示办事，竟遭到斥退，愤懑成疾，一年后病故。

---

① 五台县河边村是阎锡山的原籍。

※ 山西文史委、定襄文史委合编：《阎锡山与家乡》，载《山西文史资料》第六十七辑。

1920年间，阎昌春派其内襟弟阎长卿（阎锡山的三姨夫，我的六祖父）在忻县城内接办聚丰泰钱庄，由阎长卿总负责，另任赵汝奎（原聚丰泰的掌柜，忻县人，和阎长卿有亲戚关系）为经理。忻县是晋北最繁华的城市，城内商号林立。阎家利用官府的势力，接办聚丰泰出放高利贷，其能攫取厚利，自不待言。阎家同时又在太原通顺巷开设德生原银号，派聚丰泰钱庄的职员张雨田任经理，卢培庭任副理（张卢二人均系忻县人，且与阎长卿友好）。阎锡山拨给德生原银号资金十万元，但是指定这十万元系川至中学的基金，交由该号运用，关于川至中学的固定开支，必须由德生原银号担负。

※ 阎子奉：《阎锡山家族经营的企业》，载《文史资料选集》第四十九期。

（二）朔州

中华人民共和国建立前，朔县民间借贷活动往往与商业活动、抵押土地、房屋、借物还工、贩卖毒品及赌博等交织在一起，放债者通过借贷形式对求借者进行剥削。

毒品利。赎卖毒品者赊销毒品后，以粮食计本息。例如，赊购3元2角的鸦片，在1年内索要莜麦11担。

借钱典地。贫苦农民把自己的土地，用契约的形式典给有钱人耕种，除付利息外，到期不赎，地归债主。

借钱典房。全县城乡皆有。贫困民众把自己的房屋作抵押，典给有钱人居住，除付利息外，到期不赎，房归债主。

粮食利。春借一斗粗粮，秋还一斗细粮或还一斗半粗粮。

劳役利。贫困农民借钱后，以劳役代本利，直至还清为止。

出九回十当日清。此种借贷赌场多见。即开赌借钱8元、9元，完赌归还10元。

青苗利。贫者向富者求借，以自己的青苗为押，秋后归还，超期则所押庄稼由债主收获。

两头利。即借布作钱，布价昂贵，以布换粮。例如：每借土布1尺，折胡麻8小斗，每尺土布换莜麦4小斗。

官僚资本剥削。据《山西金融志》记载，阎锡山“省银行在朔县、应县两地以土地抵押放款的形式，攫取良田29902亩”。

※ 朔县志编纂委员会编：《朔县志》，山西古籍出版社，1999年8月第1版。

应县的高利贷历史悠久，剥削也较重，山西省银行应县办事处成立后，使这种剥削有增无已，“七七事变”前，应县的高利贷借贷资本，地主商人、官僚占65%，省银行占35%。

※ 应县志编纂委员会编：《应县志》，山西人民出版社，1992年12月第1版。

（三）大同

新中国建立前，民间借贷有3种形式：一是抵押房屋、土地借贷，到期不能偿还，债主可将房屋、土地收去抵贷；一是担保借贷，到期不能偿还，担保人代为偿还；一是典房押地，一般限期3至5年，期满方能赎回。据《山西统计年鉴》载：民国二十二年(1933年)，本县借贷年利率为2.25%。向商店赊购贷物，一年分四标，按标加利息。每百元春标满加2元，夏标满加1.2元，秋标满加2元，冬标满加2.9元。高利贷利率一般为月息3%。有一种叫“驴打滚”利息，即一月后借1还2，过期不还，2变4，4变8……

粮食借贷也是民间（私人）借贷，一般是春借1斗，秋还1斗半，或是春借高粱1斗，秋还莜麦1斗。如到期还不了，债主折变借户物产抵粮。

※ 浑源县志编纂委员会编：《浑源县志》，方志出版社，1999年8月第1版。

清代和民国时期，本县没有国家信贷机构，民间私人借贷较为普遍。其形式：一是抵押借贷，多为指房押地，如到期无能偿还，债主可将抵押收去，任作处理；一是担保借贷，借贷人和债主之间找个第三者担保，到期不能偿还，由担保者负责；一是典押借贷，借贷人将自己的物项典押与债主。一般期限3至5年，期满后方能赎回，无能赎回者，被典押的物项归为债主。其利率：民国二十二年（1933年）放贷，城镇1.5%，乡村3%。民国二十四年（1935年），私人贷款月息最高4分，普遍2分2厘，年利最高3分，最低2分。同时有粮食借贷，一般是春借1斗，秋还1.3或1.5斗。

※ 左云县志编纂委员会编：《左云县志》，中华书局，1999年8月第1版。

约在营业公社、思远源、积厚长、协同典等四家商号成立的同时，阎昌春在大同城内开设了元丰粮店，任李万春为经理（李是定襄芳兰村人，和阎有亲戚关系）。大同是晋北一带的产粮区，可以买到大批粮食和油料等农产品，既便于囤积居奇，获取暴利，又能够以小价收买，大价卖出。

※ 阎子奉：《阎锡山家族经营的企业》，载《文史资料选集》第四十九期。

四、晋南：运城、临汾

（一）运城

河津民间借贷主要有信用借贷、担保借贷、抵押借贷3种形式。清末至民国时期，当铺、钱庄均为当地绅士、富户及外地富商开设，贷款实行高利。高利贷共有7种形式：①借钱抵押房、地。此形式最为普遍。借广钱即以自己的土地或房屋作抵押，到期不能偿还本息时，债主即有权没收土地和房屋。②典房、地。即农民以一定数量的钱，将土地或房屋典给有钱人家，何时有钱，何时赎回。③限期文书。即把利钱预先写在本钱内，限期归还，否则没收土地。④倒灌利。即债主事先把利钱扣下，到期不能偿还，土地即被没收。⑤利滚利，亦叫“驴打滚”，到期不能还本付利，利即变本，合并计息。⑥出门利。即借钱出门之后，不管半天或1天，都算1个月。⑦劳役利。即借钱后，以劳役代利，直至还清。《中国实业志·山西卷》载：“河律当利，昔为一律二分，今改为一元

五角以上者二分，一元五角以下者二分五……一般不满一个月，也要按一月计息。满一个月超期六天即照两个月计息……各地当铺皆有宽限之惯例，独河津期满不能宽限。”民国十八年（1929 年）至二十年（1931 年），清涧村因高利盘剥丧失土地的达 73 户。民国二十四年（1935 年），河津 4 家钱庄共发放工业贷款 500 元（银元，下同），商业贷款 5450 元，农业贷款 9270 元。

※ 河津市志编纂委员会编：《河津市志》，山西人民出版社，2002 年 8 月第 1 版。

民间借贷，是本县群众之间较为普遍的一种经济互助形式，分计息和不计息两种，计息借贷利率一般年息不超过 1 分 5 厘，月息不超过 1 分 2 厘。但在旧中国，城镇富商和农村富户则利用借贷关系，进行高利贷剥削活动，在城镇及其附近较为猖獗。民国初期，陌南镇一带的高利贷者，如该镇的景锡田、和村的侯三牛、道东的任焕州、夏阳的张宝瀛等，都有 1000～5000 元的银币资本，从事高利盘剥。高利贷剥削的主要对象是贫苦农民，因天灾、婚丧、疾病等意外取（事）故而向富户借款救急，而富户则乘人之危，残酷剥削。

高利贷的借贷利率最低是月利 1 分 5 厘，普通月利是 3 至 5 分。借粮利率更高，一般有“加二”、“加三”和“加五”利，即春借 1 斗，秋后还 1 斗 2 升、1 斗 3 升和 1 斗 5 升，折合月利高到 10% 左右。在青黄不接时，麦前借麦 1 斗，麦后还麦 2 斗，或借秋粮还小麦的现象也很普遍。城镇富商，为牟取暴利，有的向农民赊销货物，赊销价格一般比现价高出 30% 左右，甚至有高达 50% 者；有的向农民预购未收农产品，预构价格和正常市价一般都相差 40% 左右。农村富户为兼并土地、房屋，迫使农民押房、地借钱，即农民借钱以自己的土地或房屋作抵押，价格从低，多为折半，到期不能偿付本息时，债主即有权没收土地和房屋；有的典房地借钱，即农民把自己的房、地以低微的代价典给富户耕种或居住，到期或待有钱时，将房地赎回。

高利贷计算利息，大多为复利，老百姓称其为利滚利，即到期不能付利就将利变为本，合并计息。有的是借钱现扣利，有的是月一算利，有的是借钱以粮付利，有的是借钱或借粮后以劳役代利等等。借款期限，通常是 10 个月为期，短期有半年、3 个月者，还有月借月还，甚至有集头利，本集借钱，下集还债。债户常因逼债变卖家产或流落他乡。特别是临近年关的腊月，债主讨债，债户日子更难过。民间谣谚：“二十四、五、六（溜），二十七、八钻，月尽停一天，初一才露面。”

※ 芮城县志编纂委员会编：《芮城县志》，三秦出版社，1994 年 12 月第 1 版。

1937 年抗日战争以前，新绛县的民间借贷一般分担保借贷和抵押借贷两种，富户普遍都私营高利贷，利率在 2 分 5 厘以上。也有亲友之间无息借贷的，互相济急，彼此照应。

※ 新绛县志编纂委员会编：《新绛县志》，陕西人民出版社，1998 年 12 月第 1 版。

（二）临汾

解放前高利贷不仅是货币，还有粮食和其他物资。比如：春借 1 斗秋粮，夏还 1 斗小麦，甚而加量；夏如不还，到秋就还4斗秋粮。夏借1斗麦，秋还1斗大米或者2斗秋粮。境内高利贷形式主要有：

借钱押房地这种形式较为普遍。借钱时以自己土地或房屋作抵押，到期不能偿还本息时，债主即有权没收房屋或土地。

典房地典出人因急需钱用，把自己房屋或土地以低微代价，以契约形式典给有钱人家。到期有钱时，将房地赎回，否则房屋将归典当者。但典入者不能阻挡典出者出实权。典极地者，有贫苦农民，也有其他阶层，有自愿者，也有被迫者、破产者。

立契借贷借钱人请保人并契，言明借钱期限、数目和利息。一般年终保本付利，到期还本清利。

利滚利亦叫“驴打滚”。借钱人到期不能支付本利，就利变为本，合并计息。

立契供贷与利滚利解放后已绝迹。近年随市场经济到来，民间又有复活，利息一般高于银行利息2～3倍。

劳役利一般是丧失生产资料者，为养家糊口，借钱后不得已以劳役代利，以身还债，直到还清为止。

谷利春借夏还，借谷还麦。

粮租借钱以粮食还本利。

……

临汾抵产局，民国十六年（1927年）七、八月间由县政府扶持地方乡绅所设，地址在东门外路北广裔庵院内。民国十八年，是光绪三年（1877年）大旱灾后临汾又一个大旱灾年，乡民挖草根、刮树皮以充饥，县政府召集地力乡坤，设立“红契出息，抵押借款，以渡荒年”。抵产局，由临汾5个区指定5个乡坤常驻局内，办理放款事宜。一区（城关）张志良、二区（土门）张某某、三区（大阳）逯仰奎、四区（县底）薛永光、五区（金殿）苏兆瑞。并聘请洪洞县兴业钱局经理夏逢春担任业务主任。通过发行自印流通券，一部分贷给农民，一部分搞自营业务，在市面上做投机买卖。经营数月，有面子的或托关系、或有财产可押，多少还能贷点款，多数家贫如洗，很难贷上款，有的贷不上款和他们论理，竟遭毒打。而夏逢春却拿流通券投机赚钱，驻局绅士们又挪用公款，群众忿而上诉，省政府指派某县长纪译蒲前来查办，作弊多端的抵产局，开办半年，即被查封。

※ 临汾市志编纂委员会编：《临汾市志》，海潮出版社，2002年5月第1版。

贷款利率据《山西省各府厅州县地方经理各款说明书》记载：清同治六年（1867年）贷款利率为8厘，光绪三十一年（1905年）为8厘～1分。《中国实业志·山西省》记载，民国期间当铺钱庄利率为2分或2分半，贷款实行高利贷，借款以房屋、财产、土地抵押，逾期不还折收房屋财产或利本合并计息，有的预扣利钱。

※ 乡宁县志编纂委员会编：《乡宁县志》，新华出版社，1992年12月第1版。

五、晋东南：长治、晋城

（一）长治

清末和民国时期，放贷在长治普遍寻在。其直接组织者，主要是地主、资本家及其开办的“帐庄”、“钱庄”和当铺等。放贷的形式有：①赊销——赊销价较时价高30%左右，甚至有高达50%者。②预购——先付少数现金，预购农民的未收获产品。预购价与正常市价相差40%左右。③抵押贷款，月息一般在3分以上。④借款、借粮——借款最低月利1分5厘，普通月利为3～5分；借粮利率，一般是“加二”、“加三”利，即春借1斗，秋还1斗2升或1斗3升。利息的计算：大多是复利，老百姓叫做“利滚利”。通常是以10个月为期，短则有半年、3个月、1个月者。有一种所谓“短盘”，只有几天日期；到期本利不还，利息算成本金，重立文书。放高利贷者还规定“出门二分利”（即钱出门即算1个月），“两月一季利”（即两月按1季计算）。借贷的主要对象是农民和城市贫民。因天灾、婚丧疾病等，不顾利息大小，向富户借款救急。结果被逼得倾家荡产。农民王文借兴永和中药铺现洋55元，规定每元日息一个铜元（等于月息7分5厘）。结果不到3年，除变卖全部家产抵补利息外，还欠其现洋100多元。

※ 长治市地方志编纂委员会编：《长治市志》，海潮出版社，1995年12月北京第1版。

（二）晋城

高利贷

高利贷是以贷放货币为主要形式，以获取高利息为目的的封建性剥削行为，曾经长期在我国农村充当融资角色。它的主要贷款对象是贫苦农民，因利息甚高，使很多农民背负阎王债，倾家荡产，家破人亡。

阳城县在清朝时期就有在高利贷剥削下，农民贫困艰难的文字记载。康熙三十年，中庄村农民杨庭宣在给其外出经商的弟弟屡次写信讲道：“家中饥荒，揭借人身帐不足二十千文，今俱以还清后，还欠人钱一千文。”“小米每斗涨成五百文。揭借使钱只到如今，见字务必生法捎点，不然家中实难度过。”“咱所打之谷只能较用之十一月二十前后，至于腊月吃米之项尚属借贷。”

民国时期，阳城的高利贷者，城内一般多是商号。明着经营商业，暗里偷放高利贷。也有豪商富户责管家亲友代放高利贷款的。西北乡寺头、町店、芹池、羊泉一带，高利贷者多为地主富农。他们占地囤粮，逢春遇荒，大肆放帐。东乡、润城、北留一带，高利贷者多为富户商人，他们积钱放帐，既是商品经营者，又是货币的经营者。西南乡董封、横河一带，高利贷以寺院僧侣为多。寺增（僧）利用封建迷信，借布施化缘为名，广集财富，然后放帐谋利。桑林、安阳、后则腰的高利贷者均为犁炉炉主和方炉瓷窑小业主，他们将剥削工人的剩余价值再高利贷放给工人，谋取暴利。

高利贷的放款期限一般是两三个月，也有多到数年的。放款时由贷款人寻找保人，以自己的房产、家具、田地、耕牛向债主写立契约，批明借贷数量、月息若干、借贷期限以及到期不能归还情愿将自己何种家产偿还等，下面批请日期。清末民国年间我县的高利贷种类很多，其主要的有：

（一）"二鬼把门"：即八当十。如借十元，只付给借款者八元，而约上却写十元，归还时按十元付利还本。

（二）"出门三声炮"：即贷给贷款人的款项，以七元顶十元，以七升粮顶一斗粮，归还时却还要十元或一斗的本利偿还。

（三）"驴打滚"：借的款如果到期不能归还，高利贷者就要按"本加利，利变本"合并计息，以后逐渐往上加。

（四）老一分：今年借十元，明年还二十元，后年还三十元，以此类推，逐年增加。

（五）买青卖青：即在青黄不接时，穷人将未成熟的麦子做抵押，借一斗粗粮，收麦时还一斗细粮，有的甚至还两斗、三斗细粮。

（六）银三栗五：此种贷款在当时被政府认可，所谓"银三"，即月息百分之三，三年本兑利。"栗五"即春借一斗，秋还斗半。

高利贷者不仅利息苛刻，而且手段狠毒，其外借时一般用小斗、小秤，借贷粮食大都掺糠混秕，归还时却用大斗、大称，并且要用风车煽糠去劣，农民从地主家借一斗粮食，只有八升，而归还时拿一斗只能顶六七升。农民借帐时大都以房产田作抵押，到期因七折八扣还不清本息，房屋土地只好被地主没收。1938 年，町店大宁村一户地主，十户富农共放米一百九十五石，豆九十八石，银元一千五百元，使一百五十户贫农（占本村户数的百分之四十五）因受盘剥倾家荡产。横诃千峰寺，铁盆掌两个寺院地主用高利贷放款剥削，兼并土边两千余亩。宜固村的地主苏从周，民国三十年放债一百余家，他在城里开设的商铺"王兴东"号，是秘密放高利贷的地方，其债务靠张志朋（苏的外甥）代办，无论借款借粮均打九折扣，粮食是九五斗量出，借款一百元只给九十五元，还要包一年的利，借一百元则写成一百三十元，粮食一般是一斗五升利，而且还放赌博帐，一串铜元一晚上利二百文。此外，寺头的陈家、南底的石家、洪上的范家、次营的李锋元、董封的张小拴、墁上的宋稳柱等都是民国时期阳城有名的沧主兼高利贷者。

高利贷的剥削，使广大农民贫困不堪。解放前阳城留下了民谣："墁上村的宋稳柱，养的牛羊没有数，南乡到处是债户，任意欺负无人堵。周壁村的王国昌，高租重利比人能，谁要欠下他的帐，产业势必一扫光。""高利贷似猛虎，逼的穷人没有路，典房卖地难还帐，祖祖辈辈当长工。"

高利贷在我县广大地区长时间横行，直到 1943 年以后，抗日政府实行减租减息和农村新的借贷关系——信用合作社的兴起，高利贷才逐渐退出历史舞台。

互助借贷

互助借贷是大家互相筹款，资助一急用钱者的一种融资方法。解放前，受地主和高利贷者的剥削，广大群众生计艰难，一遇婚丧嫁娶则无力操办，于是以互助借贷形式的"纳会"组织便应运而生。所谓"纳会"，即一个村庄数十家相约，选定会头，每月每季

或每年各交一定数量的钱或粮，由会头掌管，谁家有事谁家使用；每年由会头召集一次会议，宣布所集的资金和使用情况，并会餐一次。阳城的“纳会”主要有以下几种：

（一）孝仪会：是办理丧葬的互助借贷组织。凡入会者谁家死了人，会头即召集开会，收集互助借贷金，一般根据每个会员应享受的资金，按会员分摊，由会头收集交付当事者使用。已用过钱的会员，叫纳死会。纳死会者只有还债的责任。有父母双亲的可享受两次互助借贷金。

（二）喜庆会：系办理儿女结婚和新生儿“满月”的纳会组织，筹集资金和使用方法与孝仪会相同。

（三）粮食会：通行于乡村贫苦农民之间，是一种救济灾荒的互助借贷组织。因入会者均是农民，遇有荒年都想早日享受互助会粮，为避免争执，定了一项制度早凡同时提出用粮的会员，须在开会时间下买头，也即报以后每次纳粮数，纳粮数要高于结合时的人均数，如会内定为每人每次交一升，下买头者必须自报以后每次交一升二，类似现在的投标。最后以报高者先用粮。如果不遇荒年，有会员因事急用，则不须争议，也不下买头。

（四）义田会：主要用于修房盖屋，置买田地，筹资和使用方法与孝仪会相同。

民国年间，阳城的各种纳会组织有：后沟的“孝仪会”，会头李小成；西关的“喜庆会”，会头白小元；匠礼的“义田会”等。

※ 人民银行阳城县支行编印：《阳城县金融志》，8～11 页，1988 年 12 月。

钱庄、当铺是以放高利贷为主要方式进行营业的，他们为了有利可图，所采取的经营方式也灵活多样。归纳起来有以下六种：一是向有产者以房、地作抵押（写契约）放高利贷；二是与市面上的往来户互相串换、低息存放，高利放贷，以供周转；三是搞银盘折换，即银元、铜元、制钱间的互换，从中挣钱；四是出纸帖子（内部纸币）在一定范围内流通，周转放利；五是典当财物，质高价低，提高利率，鱼肉百姓；六是搞囤积居奇，投机倒把，勒索民财。

市面串换是低利收存，高利放贷。他们收受往来户的存款，利率是 6 厘至 9 厘，存放户多的，要数房田税的“书手”和各种捐款项的包税者。零存整付，他们是欢迎的，可以加快资金周转。倘若往来户需要大宗款项时，他们也可以 1 分 5 厘至 2 分的利率贷给对方。若遇周转不灵，软不顶硬时，同样也会出现不能维持正常营业的。

他们放高利贷是抓住兔子才放老鹰，要有抵押品（房、田契约、家具、用具等实物），或者由可靠的商铺作保，才往出放钱。利率在民国初的 10 年间，月息是 2 分 5 厘，以后涨至 4 分、5 分，20 年代后高至 20 分。不还，利上加利，以复利计算。

※ 陈殿英：《民国时期高平城内的钱庄和当铺》，载《山西文史资料》第一〇三辑，1996 年第 1 辑。

民国时期，本县银号里就有过贷款业务，发放的贷款中有信用贷款与抵押贷款两种，信用贷款每年发放额数约 1.5 万元左右（现洋），贷款者均系个人，贷款额数最多不能超过50元，时间为3个月，利息1分至1.5分，到期若归还不了，银号即要追加利息。抵押贷款是先由贷款者把土地或房屋契约抵交银号才能取到贷款，贷款不能如期归还，银号即将土地或房屋变卖，这种贷款利息2分，每年贷款最多100户，金额不超过五六千元。

※ 陵川县志编纂委员会编：《陵川县志》，人民日报出版社，1999年2月。

第五节｜省外的金融投资

一、北京

据清宣统二年（1910年）保存下来的在官方注册的52家帐局名录，开业较早的有6家。清乾隆元年（1736年），山西汾阳商人王庭荣投资4万两白银，在张家口这一物资集散地开设祥发永帐局，为我国最早的帐局。该局同时在北京设立分号。

……

同治、光绪年间（19世纪60年代至90年代）北京的票号有了进一步发展。60年代初，山西票号主要有14家，60年代末，设在北京的分号已达20家以上。这些票号按其总号所在地，主要分为平遥、太谷、祁县三帮。平遥帮中有达蒲村李家开没的日升昌和谦吉升，有介休北贾村侯家开设的蔚泰厚、蔚存厚、天成亨、新泰厚、蔚盛长组成的五联号以及蔚长厚，还有祁县渠家在平遥开设的百川通，榆次王家开设的协同庆、协和信，介休冀家开设的乾盛亨等。太谷帮中主要有志一堂和协成乾，志一堂由员姓、曹姓和后来著名的孔氏家族等19家为其股东。祁县帮中最早设立的是合盛元，还有祁县乔家开设的大德兴，渠家开设的三晋源、存义公，还有元丰久等。……进入19世纪80年代直至19世纪末，北京的票号一直保持25家略多。稍后出现的票号中著名的有：太谷常家开设的大德玉，祁县乔家开设的大德通、大德恒……当时票号不仅充当清政府捐纳筹饷的办事机构，而且为户部汇兑，解缴税收，即京饷。从此承汇政府公款和官吏个人汇款逐渐成为票号的主要业务。

※ 北京市地方志编纂委员会编：《北京志·综合经济管理卷·金融志》，北京出版社，2001年12月第1版。

阎锡山妄图发财的一段趣事

1929年间，阎锡山第三集团军总司令部行营主任梁巨川在北平的时候，有一清室的太监名赵德山者密告梁说：西西牌楼羊肉胡同七号是清朝某王府的宅第，那里地下埋藏着很多的银子。梁即据情告知阎锡山，阎就决定设法用大价将这所住宅买到手，由山西省银行北平分行拨款三万元，经梁派卫兵一排住于宅内看守。当年8月开始动工，在该宅内四处挖掘地洞，由山西省银行经理王子寿负责一切开支费用，并逐月将情况密电向

阎报告。当时挖地洞的工人约二十余名，许进不许出，夜以继日地进行挖掘。但是，经过一个多月的时间七号住宅的地下全部挖便了，也没有找到银子，而地里渗出的水却越来越多，用抽水机排泄出去，以致附近的街道上，满于（地）都是泥水。王子寿把这些情形向阎锡山报告后，阎复电要将六号或八号的房子再设法买下，继续施工。王子寿于是又将羊肉胡同八号住宅用三万二千元的大价买来，继续动工挖掘了半年之久，始终没有找到银子。那时王子寿给阎锡山的电报，是由北平函电处代为译发的，都由我一人经手。所以这件事的经过，我知道得很清楚。王子寿还对我唉声叹气地说："我们这事做的太马虎，也太开玩笑了，不但银子没有挖到，反而花了十来万元。"

※ 阎子奉：《阎锡山家族经营的企业》，载《文史资料选集》第四十九期。

二、上海

晋裕银号经理冯子久，后来将所有属于该银号支持下的一些企业的资金，全部兑到上海，购换了黄金、美钞，待机运用。这项巨额资金，最后均交与阎锡山了。

※ 阎子奉：《阎锡山家族经营的企业》，载《文史资料选集》第四十九期。

1921 年，阎锡山在太原开设斌记五金行，即任其侄阎述先为经理。因为阎述先对五金行的生意一窍不通，几年中业务毫无进展。那时榆次县流行这样两句谣传："五百年必存王者兴，二千年才出了个贾俊臣"，阎听说，就通过他的叔岳徐子澄的了解和介绍，聘贾俊臣为斌记五金行总理。贾俊臣担任总理后，就取得阎锡山的同意，扩大斌记五金行的组织，并在天津、上海设立办事处。他一面拉拢山西兵工厂厂长李寿菴和工程师、技术员等，一面拉拢天津、上海等地的礼和、西门子、安利、禅臣等洋行和聚兴成五金行等。因此，所有山西兵工厂的成套机器设备以及军火原材料等，均由斌记五金行经手，代为订购。天津各洋行也派员常住太原，如禅臣洋行的吴明焯、曾伯杰、礼和洋行的米禄斋等，在太原设立办事处，专门和斌记负责人贾俊臣、阎述先等联络，接洽生意。

※ 阎子奉：《阎锡山家族经营的企业》，载《文史资料选集》第四十九期。

三、天津

当时天津的当铺在地理位置上有"中国地"和"外国租界"之分，在经营者方面有"山西帮"和"北京帮"之别。其大致情况是：

"中国地"（以下称市内）当铺计 19 家，其中山西帮 17 家、北京帮 2 家。

山西人经营的当铺（当时称山西帮）为：

中祥当——地处天津河东，独资股东是"长源"杨。

天巨当——地处天津河东。

德恒当——地处磨盘街，总管系当时当业公会会长、山西人袁德庵。

同巨当——地处东门内。

中昌当——地处南门内。

辑华当——地处河北大街，股东为河西坞人军阀陈光远。

益兴当——地处河北大街，股东为盐商卞月亭，曾任过天津总商会会长。

协和当——地处西头。

麟昌当——地处西头。

万成当——地处南门外。

裕生当——地处北马路西北城角。

德华当——地处西门内，与辑华是联号，股东独资，亦为军阀陈光远。

福源当——地处南门脸，股东以自家房所开。

和祥当——地处三马路，股东为天津人、估衣商郑凤鸣。

隆源当——地处三马路。

义泰当——地处南马路。

□□当——地处杨柳青，股东山西人，因铺面较小，情况不详。

北京人经营的当铺（当时称北京帮）为：

和顺当——地处北门内，集股，总管系北京人刘禹臣。

源祥当——地处西北城角，股东为天津人，总管北京扬润斋和河西坞人张仲平。

各国租界内共开有当铺50余家，其中较知名的北京帮当铺有：

天顺当——地处日本租界，独资股东清朝遗老增寿臣，总管北京人刘禹臣。

恒顺当——地处法国租界，独资股东增寿臣，总管刘禹臣。

元顺当——地处日本租界，独资股东北京满族人王子铮，总管刘禹臣。

巨兴当——地处日本租界，总管张仲平。

除此四家北京帮当铺外，租界内其他当铺多为山西帮当铺（名单从略）。

以上可以看出，天津典当业中山西帮的实力要比北京帮雄厚得多。事实上，在1911年以前，天津的当铺业还是山西帮一统天下。

……

山西帮在天津经商当有着悠久的历史，早在清乾隆年间，锅店街的山西会馆就建起了当业、海货业、颜料业、杂货业四个行业组织。北马路上有山西帮的当行公所。山西会馆建筑规模宏大，当行公所也很有气派。当行公所院内偏东北廊檐下，立有石碑一座，上刻公所修建的年月以及出资的当商字号。公所经常办理当业公共事宜，并在天津北郊建有休养所，备下房屋以供同业公职人员养病疗疾。公所还辟有义地，专门埋葬当业同仁。公所的三位工作人员，秘书李楚珍、管股张生和田喜都是世传的当业公职人员。他们干起事来热情高、办法多，曾为天津的当业做过不少实事。早年天津县政府、学校以及办理善事的局所都将存余的公款分别存放在当业各商号，按年收成利息。当时天津当业各家，几乎都有这种借款。由于这种放本历经年久，其间所用钱币几度变迁，难以偿还，但对各当号却是一种潜在的麻烦，时有因此招致的纠纷。后来，还是李楚珍出面，向各债主婉言说和，才将这些远年的借款存折一律作废。可见山西人对天津当业的创设

是有着深远影响的，所以天津人一提当铺，首先想到的还是山西帮。

在天津，与其他行业一样，当铺也有自己的行业公会。除了对内的公会外，外国租界内的当业也有自己的公会。民国七八年间，日租界内的14家当铺为了不使外人来租界开号与其分利，在张仲平等人的发起下，经运动张的日本朋友、日租界警察署的副总办弓野力男成立了日租界当业公会。平津沦陷期间，日本特务机关的日本人谷内嘉作，曾几次在军部召集北京、天津、唐山三市的当业公会会长开会，要挟当业与他“合流”。当时天津当业公会会长是山西帮麟昌当的经理祁云五。有一次开会时，伪商业部王荫泰和北京市总商会会长邬泉荪也在场。王荫泰依仗自己执掌商业部的权势，辅助日本人威吓当业与他们合流，但天津、北京当商宁愿自消自灭也不妥协。唐山当业的表态则不太明朗。会上的紧张气氛使已60来岁的祁云五受了些惊恐，加上旅途劳顿，回到天津后不久，就病故在天津会馆中了。

※ 俞耀川、王建川：《漫话天津的典当业》，载《近代中国典当业》，中国文史出版社，1995年。

天津典当同业公会民国十七年（1928年）北伐成功，国民政府定都南京。翌年根据国民政府颁布工商同业公会法及商会法，将当行公所正式改组为天津市典业同业公会，至民国二十二年（1933年）复奉令修订章程。

1929年典业公会改组成立后，迁至估衣街山西会馆办公，选出第一任会长原德庵（德恒当），常委阎玉衡（协和当）、祁云五（麟昌当）、陆荫南（太和当）、郭慎斋（天聚当），执委胡云阶、李云台，候补执委吴子登、张铸轩、郭献卿。当时登记入会典商15家。根据1931年《社会月刊》2卷1期发表当年在市社会局注册的全市当商实22家，计有：德昌当、公茂当新记、同升当、麟记当、万成代当、麟昌当、隆元当、天聚当、裕昌当、和顺当、中祥当、义泰当、天兴当、同聚当、裕和当、中昌当、协和当、太和当、元和当、万成当、辑华当等。

1933年天津市典业公会第二届改选，麟昌当经理祁云五当选为会长。会员人数时有增减，但直到1941年最多不超过24家。

《天津典业同业公会章程》

一、本会定名为天津市典业同业公会。

二、本会会址北门东。

三、凡本市典业同业，经会员二人以上介绍，并愿服从本会章程者，均应为本会会员。

四、凡入本会之商号，均得推派一人出席公会，但最近一年间其平均店员人数超过十人者，得增派一人。

五、凡有“工商同业公会会法”第八条条款情事之一者[①]，不得为本会会员代表。

---

① 公会《同业公会法》（民国十八年八月十七日公布）第八条规定，有下列各款情事之一者，不得为同业公会会员之代表：（一）□夺公权者；（二）有反本命行为者；（三）受破产之宣告未复权者；（四）无行为能力者。

六、凡本会会员欲退出本会，须声明正当理由，经会员大会或执行委员会许可者，方准退会。

七、本公会以维持增进典业同业之公共利益，及矫正营业之弊害为宗旨。

八、本公会用无记名投票法选举执行委员九人，由执行委员中互选常务委员五人，就常委中选一人为主席。

九、本公会于选举执行委员时，另选候补委员三人，以备依次递补，其任期以补足前任之任期为限，未递补前不得列席会议。

十、本会委员任期均为四年，每二年改选半数，不得连任。第一次改选，以抽签定之，但委员人数为奇数时，留任者得较改选者多一人。

十一、本会委员如有关于“商会法”第二十二条所列各款情事之一者①，经会员大会通过后应即解职。

十二、本会视事务之繁简，得斟酌雇员。

……

在当业公会的组织章程中有一条明文规定，即凡成立新当铺领取营业执照，必须经公会会员两人介绍，经审核批准加入公会后才能向当局申请执照。在当行公所时期，当铺开业的执照一概由山西会馆代办，由此可见当业与山西人的关系。典、质业公会以及后来的天津当业公会的历届负责人，都是山西人，而且又以山西灵石人居多数。1946 年的天津当业公会中 44 家当铺，20 多家的经理都是山西人。这与山西人的善于经商有很大关系，与山西人在金融业中所独有的地位亦有关系。据说天津早年的当铺，几乎全由山西人经营，有人还把天津当业的渊源与山西票号连在一起。由此可知，当行公所时期，由山西会馆代办当铺执照的说法是可信的。

※ 子珍、朱继珊：《天津典当业及其同业公会》，载《近代中国典当业》，中国文史出版社，1995 年。

票汇庄俗称为票庄，总称是山西银行。据说距现在一百多年以前业已成立。主要从事于中国国内的汇兑交易，执行地方银行的业务。

总店全都在山西省太原附近的太谷县、平遥县和祁县。凡是中国各地的有名的都府，都设有分店。各银行的资本额保守秘密，不能探知。估计多者是百万两，少者也不下二十万两。然而，各票庄的营业信用的高低与拥有的资金多寡无关，而是由经理的能力如何而定。资本的主人，有一人、三人、五人、七人等各不相同。也有官吏匿名入伙的，投放资金，接受利润分配。入股者，其职责是绝对无限的。

原来，山西人在中国人中朴实勤奋，再加上山西有大量的铁和盐等物产，财力丰富，

---

① 《商会法》（民国十八年八月十五日公布）第二十二条：委员有下列各款情事之一者，应即解任：（一）因不得已事故经会员大会议决准其退职者；（二）旷废职务经会员大会议决令其退职者；（三）于职务上违背法令、营私舞弊或有其他重大之不正当行为，经会员大会决议其退职、或由工商部或地方最高行政官署令其退职者；（四）发生第十三条各款情事之一者。《商会法》第十三条：有下列情事之一者，不得当商会会员代表：（一）□夺公权者；（二）有反本命行为者；（三）受破产之宣告未复权者；（四）无行为能力者。

因而在中国各省无一没有山西商人的影子的。这些商人，经常在商业界崭露头角。这就是山西银行的势力形成的原因。

天津的山西银行，也就是票庄，有下述二十六所字号。在义和团事变以前，全部放款达数百万两。然而，因为事变，其后把大约二百万两调拨到了上海。这些票庄汇兑的配合，是依靠外国银行或同业者进行。如果在总店与分店之间及各个分店之间不能实行汇款的对配，而有现送的必要时，在交通方便的地方依靠火车、轮船实行现送；即使到达荒僻村庄之地，也必须依赖像信使那样的人去实现现送。在天津有叫做全盛及万通的转运公司，进行转送。天津称之为镖局子或标局子。转运费根据地点的远近以及情况的不同而千差万别。例如，到张家口的转运费，则有每千两最低四十两，最高六十两之差。

票庄主要是能以很少的利息，向银号定期开放活期存款。因而，各票庄平时掌握的现金额，不过在五千两至一万两上下。如果同商人进行票据交易，则采用发出支票或派出使者互相转帐计算的办法进行解决。

天津的汇票庄，计有：志信成、协成乾、中兴和、长盛川、大盛川、存义公、百川通、新泰厚、蔚泰厚、蔚盛长、蔚长厚、大任厚、义成谦、协同庆、裕源永、日升昌、大德王、大德通、蔚丰厚、福成德、锦生润、世义信、恒义隆、合盛元、独慎王、大义王。

※ 侯振彤:《天津志》摘录，载《山西历史辑览》，325～327页，山西省地方志编纂委员会办公室编印，1987年4月。

天津的行栈，举其主要者如下：(有关山西部分——译者)

集安西栈：在针市街，是山西的洋布、杂货、药材商等定居。

晋安栈：在针市街，经营同上。

德兴栈：在针市街，经营同上。

易馨栈：在针市街，山西票庄、洋货、毛皮商定居。

松茂栈：在针市街，山西银行家定居。

※ 侯振彤:《天津志》摘录，载《山西历史辑览》，181～182页，山西省地方志编纂委员会办公室编印，1987年4月。

……

第七、金融逼迫及汇兑行市的涨落

天津是富庶而又缺乏资本的地方。富豪者的人数不少，而资本家却很少；固定资本占的比例多，而流通资本占的比例少。因而，膨胀于当地市面的资本，系山西各银行的投资。其投资额，在义和团事变以前，提高到二百万两以上。但是，在事变以后，山西的银行家收回资金。转送到其他地方。近两三年以来，又来天津投资，然而数额却已不如从前。……

※ 侯振彤:《天津志》摘录，载《山西历史辑览》，379页，山西省地方志编纂委员会办公室编印，1987年4月。

自前年以来，受时局多变的影响，为了充实军备，因购置新兵器或给兵工厂及铁工厂准备新式机械，消费了大量的现银和产生了数量相当巨大的负债（据说有三千万元）。山西省的财政出现了吃紧的局面。山西人历来掌握着全中国的金融实权，到处支配着银号或银行。幸而山西财政的这种失败还没有发展到外部。只是在本省范围内，采取了强制通用由作为机关银行的山西省银行发行的纸币，不准使用现银的方针。

……

如前所述，山西人的势力不仅涉及到中国任何地方的金融界，而且山西又是天津商品的一大消费地。因此，赋予从榆次、平遥进而通向西南的新绛、运城、解州的南段交通线的，不仅是天津商品的集散地，而且处于向陕西、甘肃、新疆的中转地的位置。从这种关系上，同天津的棉花运出汇兑清帐，没有在直隶、山东方面的棉产地那样的困难。正在比较圆满地进行之中。从而，尽管近来山西同外部交通不顺利，现银缺乏，汇费仍然比直隶地方远为低下。一种说法是，汇费之所以比较低廉，是因为山西不担心省内土匪，能够在各市场之间自由地运输现银所致。实际上是因为，近时省政府为了以山西输出品的货款支付购买军械的不少的开销，而自然产生了抑制汇费涨价的结果。

※ 侯振彤：《山西、直隶棉花情况视察报告》，载《山西历史辑览》，山西省地方志编纂委员会办公室编印，1987 年 4 月第一版。

1915 年秋，美国在华买办资本重要代理人之一的孔祥熙，为了充实自己的经济力量，角逐于中国的实业界，在他的老家——山西太谷县，组织起了裕华商业储蓄银行。聘请太谷协成乾票号营业主任牛九宜担任经理，并由牛邀来协成乾票号天津分庄经理温惠人、汉口分庄经理郭连第、北京分庄会计王吉甫、天津分庄文书程志友、太谷总号伙友郭秀山等充当职员。当时孔祥熙与牛九宜商定资本是 10 万银元，并议定本年冬标交五万元，次年春标再交五万元。于是即在太谷西街南门楼道巷租房院一所，挂出裕华商业储蓄银行筹备处的招牌，但在本年冬标末日的下午，孔祥熙才由天津带回二万余元，标事既到尾声，款项尚差很多。到裕华银行祝贺的太谷各路过标的客商，私下纷纷议论说：“孔祥熙是基督教徒，究竟难讲信用。”牛九宜感到外界既无好评，对内首先失信，似此情势，将来很难顺利开展业务，对孔祥熙颇表不满。次年春标到时，孔祥熙不但不履行前言，反而成立“祥记公司”，包销英商亚细亚煤油，卜内门洋碱、太古洋百糖等，占用了裕华银行大部分款项，并以银行名义做了各洋行的担保。牛九宜以业务难以进行，决定辞职，经孔再三挽留无效。牛遂连同原邀来的职员五人，一齐离去。

裕华商业储蓄银行在牛九宜离职后，业务等于停顿，但招牌不能取消，因有担保各洋行的责任。况孔祥熙并不甘心失败，仍图东山再起，即将裕华银行原址退租，移到太谷西街祥记公司院内，并将商业储蓄四字取消，另以裕华银行四字做招牌。由孔请来太谷钱庄外勤赵仲三担任经理，继续营业。同时在天津宫北也设立了裕华银行，经理乔佩训（东北商人）。当时津、谷两行资本亦未确定数目，先以临时存款做周转金，两行职员约三十余人。孔祥熙把他叔伯五叔孔繁杏（清朝举人，做过一任知县），安置行内任驻行监察。但业务发展不大，对天津银行界联系很少，也没有加入银行公会，故银行界称裕华银行是“母银行”。

1921 年孔祥熙当了蒋中央的财政部长，对自己的裕华银行，自不能不大加整顿一番，于是请进中国银行驻张家口分行的经理温忠保（字象丞）任裕华银行总经理。资本二十万元全行人员增至五六十人，以天津法租界八号路为总行地址副理张汉臣兼上海分行经理，太谷分行经理史思德，运城办事处主任程子和。当时经营存放款汇兑等业务，惟上海行虽名义上由天津总行管辖，业务却并不由天津总行领导，而是受宋霭龄直接指挥。主要的进行下列业务：

一、代国民党中央银行推销公债。……

二、代财政部汇交阎锡山军饷。……

三、出放国民党财政部贷款。……

四、投机倒把买空卖空。……

五、在上海交易所投机。……

（崇本记录）

※ 子祥口述：《孔祥熙的山西裕华银行志略》，载《山西文史资料》第十一辑。

同时，阎家的企业也蜂拥而来，图谋乘机夺取暴利。汶积成银号、德生厚银号、晋裕银号都派人到天津成立驻津分支机构，以高利贷为主，兼营汇兑等业务。太原斌记五金行亦在津设立办事处，此外，河边村的六大号亦均相继派人来津，捞了一些厚利。

1930 年 9 月阎锡山和汪精卫在北平组织扩大会议时，曾拨出一百万元，在天津开设建设银行，由山西省银行北平分行经理王子奉到津聘请了山西平定人黄益臣（黄是天津官银号的老手，在天津银钱业颇具声望）担任经理，王任副经理。未几，扩大会议失败，阎锡山即由天津建设银行拨给汪精卫四十万元，任随即携款逃往国外。

天津建设银行于 1930 年 9 月 1 日开幕后，于当月 18 日即行垮台。该行资金一百万元，除拨给汪精卫四十万元以及开幕前后花用外，仅余五十万元。该行结束后，遵照阎锡山的指示，以所余的资金五十万元转入地下，在天津旧法租界三十二号路丰泰里三号组织了亨记银号，半明半暗地进行活动，仍以黄益源为经理，王子奉为副经理。亨记银号自成立起至 1949 年这二十年中，逐步发展到太原、绥远、上海、兰州、西安、成都、昆明等地，直到天津解放始结束。

※ 阎子奉：《阎锡山家族经营的企业》，载《文史资料选集》第四十九期。

1927 年，阎锡山在河边村先后增设了营业公社（经理曲隆富）、思远源（经理曲隆登）、积厚长（经理曲隆虎）和协同兴（经理曲金治）四家商号，每号由阎拨给资金五万元，各家都是经售绸缎、布匹、洋广杂货并兼营高利贷（这四家商号加上庆春茂和庆春泉，阎称为阎家河边村的“六大号”）。这四家商号正在筹备的期间，我由北平函电处请假回家。当时阎锡山正在河边村，他知道我熟习天津情况，便派我带看四家商号所派的人员到天津去买货。这些人都是第一次出来办货，不知道应该买哪些货。我除了告诉他们应该挑些大路货和易于出售的绸缎、洋货之外，还对他们说：“我们家乡面粉每袋 2.9 元，这里是 2.1 元总买的话还能便宜些。我负责给他们从天津的山西采运处通融火车皮，不光运费运回太原，一袋如赚五角钱，一万袋就是五千元，这生意还赔了钱吗?”他们都高兴地说：“就这样办吧”，我便去找山西采运处驻天津的主任李遵九说明阎总司令在河边村的商号来天津买下一万袋洋面，还有些绸缎、洋货等，请他在采运处运货的车皮内多要一辆，或随采运处的车皮一并运回山西。李认为洋面多少不成问题，就是绸缎、洋货不是军用物资，让路局看见提出质问就不好办。后来他想了个办法，把绸缎、洋货等装到木箱里，随军用物资装在一个车皮内，运回太原。

从此以后，河边村的“六大号”就经常派人来往于天津、河边村之间，利用采运处的车皮，把他们所购的货物运回太原，再利用太原汽车管理处的汽车运到河边村。他们在天津购买的绸缎、洋货等，因为不花运费，所以价格比太原市面上的价格还要便宜些，而且花色新鲜，易于经销。因此，忻、定、台、崞等县城的商号都纷纷到河边村买货，从此河边村也就成为繁荣的集镇了。

※ 阎子奉：《阎锡山家族经营的企业》，载《文史资料选集》第四十九期。

1928 年北伐成功后，阎集团的势力发展到察哈尔、河北两省与平津两市。二伯父奉命在北平组织起晋煤公运局，利用阎所控制的平绥路与平奉路，将大同煤炭运至天津港口，转销上海、日本等地，获利甚丰。倒蒋失败后，该局关门大吉。二伯父便兼了阎在天津租界地开设的亨记银号经理，但他常在太原，故亨记业务则由协理曾纪纲——阎书典的亲家——负责。抗战开始后，二伯父便脱离了该号。

※ 徐士瑚：《我所知道的徐一清先生》，载《山西文史资料》第六十三辑，100 页。

此外，阎书堂还依仗权势，垄断市场。他在河边村经营的商店，在 1928 年至 1929 年期间，都直接从天津、北平等地采购货物，并交山西采运处以军用物资的名义，由平绥铁路和平汉铁路运回山西，再转到河边村，不出运费或少出运费，价格比太原市还便宜。据阎子奉回忆，有一次，阎锡山在河边村，把他叫去，派他带着六大字号的人去天津买货。阎子奉见天津的面粉每袋只有二元一角，而河边村的面粉却高达二元九角，就建议买了 10000 袋，又买了一些绸缎、洋货，然后找山西采运处驻天津的主任李尊九，请他在采运处运货的车皮内多要一辆，或者随采运处的火车而一并运回山西。李说，面粉多少不成问题，绸缎、洋货不是军用物资，路局看出，提出质问就不好办了。后来，想了一个办法，把绸缎、洋货装到木箱里，随军用物资装进一个车皮里，运回太原，再由太原汽车管理处用汽车运回河边村。仅这一次就赚了五六千银元。

由于有这些特殊条件，河边村阎府商店里的货物，价格比太原等地都便宜。加上货物大多由平、津一带购回，新鲜、美观，易于销售，忻州、定襄、五台、崞县等地的商人，纷纷到河边村买货。结果，阎府的六大字号变成了附近各县商人进货的批发站，这几个县的市场，基本上由阎府垄断了。

※ 山西文史委、定襄文史委合编：《阎锡山与家乡》，载《山西文史资料》第六十七辑。

1929 年，阎锡山利用战争的胜利，兼领平、津两市以后，先后委南桂馨、崔廷献为

天津市长，委傅作义任天津警备司令。这时便依靠军政大权，接受了天津造币厂，委薄以众（定襄人，阎锡山的四妹夫）为监督，薄以昭（薄以众的胞兄）为总务科长，薄迎登（薄以众的胞弟）和薄启业（薄以众的侄儿）为会计，利用该厂原有机器设备，召集该厂原有技术工人，开始铸造银币。当时铸造的有“老袁头”（袁即指袁世凯）银币和“孙中山”银币两种。此外还代其他省份铸造银币。所用白银，先是派员在国内各地搜购民间的元宝和银首饰，以后又通过天津“麦加利洋行”以外汇向英、美等国购买大条白银。每一大条白银重一千盎司，搀入铜一百两，制成银元后，每块现洋重26公分，内含纯银23.49344公分。

※ 王尊光、张青樾：《阎锡山对山西金融的控制与垄断》，载《山西文史资料》第十六辑。

四、汉口

汉口为九省通衢，四大镇之一，商业素称繁盛。北通豫、鲁、直，南达汀、粤、云、贵，西连川、陕，东接赣、皖、江、浙等省。各路货物集中于此，为数甚巨。至金融流通，前清咸、同间，以山西票帮放款为最先，钱业以徽帮为最早。浙、赣、镇江本帮继之。湖南帮以字号居多数，钱庄寥寥。盖因湖南来货，国米、油、木、杂货为大宗，去货以洋货为多数也。

汉口外帮放款，前以三个月为期，后改一个半月，嗣缩至一个月为限。民国初年，续缩至半月期者，亦属有之。钱业放款，以一个月、二个月为长期，而短期常在半月之间。所以有月半、月底之比期也。西帮之放于钱庄者，其期以六个月为多，次则三个月，二个月皆有。

通用货币，素以制钱为正宗，通大数始用现宝。另数则以荆沙银为多。银元出人（入），是时尚属寥寥。钱庄与外帮往来，均以汇票为多。外帮亦以各省期票为最繁。惟各省平色不一，多至百余种。本镇向以估平估宝为标准。道咸末叶，开埠通商，始加一种洋例纹，以定洋商往来之平色。光绪之季，各省汇票平色不一，钱业公议以各处来票平色繁多，计算过费手续，本埠定为划一估平一种，别项平色，概合估平计算，当时因洋商不便，惟洋例纹未经更改。至民国肇兴，各项平色概行废除，全镇始一律定洋例纹为标准矣。光绪季年，鄂省开铸铜元，制钱逐渐减少。当时官钱局票涨至九钱另，铜元行用以来，逐渐跌落至六钱左右。至民国以来，制钱步缺，官票骤缺，而钱价遂小至五钱另，后更小至四钱余，近年且小至三钱另矣。似此江河日下，不知伊于何底。因此内地用钱票者，逐步见稀。购货者改用银元，逐年增多。然巨额款项，除银元外，皆用汇票。宝银现数，已较往昔为少。至盐锞荆沙等银，概行不用，骎骎绝迹矣。

汉口票帮，以西帮为最著，别帮概用银号名称，自民国以来，渐次收缩，目今所存在者，已无几家。银则自光绪末叶，户部银行首先创办，继起者为浙江兴业，与交通同年开办。民国后历年增设，已达二十余家，可谓盛矣。自票帮衰，银行兴，钱业长短期拆票，始向银行通融。故银行仍以大小比期为放款之期，利息到时而定，旧例比期，一时未易废除也。

前清利率，票帮放长期者，至多为五六厘，少至三四厘，钱业放帐，亦不过一分左右而已。自民国后，汉口银款底子极枯，始超过一分之外。迨民国八年秋冬间，银行至少放一分七八厘。钱庄放至二分以外。近年利息，虽较八年为减，然亦常在分半上下。是以无论为银行，为钱庄，为外帮，均需视实力如何，为得利厚薄标准也。

※ 史晋生：《汉口金融界之回顾》，载《银行杂志》第一卷第三号，民国十二年十一月一日。

票号是以经营汇兑为主要业务的金融机构，最早的票号说法不一，一说是山西人在明末清初创设的，一说是1797年（清嘉庆二年）山西人在北京创立的日昇昌票号，所以票号也叫山西票号。后来，逐渐向长江流域发展，汉口和北京、天津、上海、沙市同为票号最多的城市。

1850年成书的《汉口竹枝词》描写："子金按月按时排，生意无如票号佳，街上不居居巷内，门悬三字小金牌。"

票号的资本比较雄厚，大的50万两，小的20万两，为合资组织，负无限责任。开业时向地方官厅领取道帖，由同业联名担保，如破产不足以清偿债务时，担保的要负连带赔偿责任，因而信誉较高。其营业对象为清政府衙门、官吏、富绅、巨商。在汉口的票号都是分号，交易大而不繁，内部组织较简。经营管理由掌柜全权负责，4年结帐一次。除正副掌柜外，另有营业外勤一人，其余帐房（会计）、信房（文书）约3至5人。每天必以书面材料向总号汇报，并与外埠联号互通信息。月底须抄录总帐报总号查核，所以总号对各分号的情况都很了解。掌柜任期届满，必须回总号述职，述职后是否返任，都由总号决定。

汉口的山西票号因总号在山西祁县、平遥、太谷而分祁帮、遥帮、太帮等。此外还有四川帮、云南帮的票号，家数不多，规模也较小。票号集中开设于汉正街、黄陂街繁华地段。黄陂街瞿家巷设有票帮公所，每日公布各地汇水、利率以及银元、银两、金镑行情。钱庄及外商银行买办也参与买卖交易。公所设有会长和董事，由同业逐年公选，对同业间事务有仲裁权。

票号的分支机构遍及全国，连新疆、蒙古等边远地区也有分号或来往商号，呼应灵通，信用卓著。太平天国革命运动中，黄河以南道途梗阻，运输不便，湖北富商、显官的资财和地方官吏解交的京饷多托票号汇兑。1863年（同治二年），湖广总督官文和湖北巡抚严树森等都在奏折中讲到票号汇兑京饷的事情，他们所托的票号分别是汉口的志成信和蔚泰厚。票号收汇后，既有汇水收入，还可于汇款解付前，用来营运周转，在实银收付中，又可在成色平砝上取巧，看来只是毫厘之利，汇款者因为所费不大，多不计较，票号则积少成多，汇为财源。光绪初年，湖北丁赋已全由票号代汇，存入官款均不计息，官吏绅富的私人存款，利息仅三四厘，也有不计息的，汉口票号资金更为充裕，就以信用方式转放于钱庄或殷实商号，平均取息约1分2厘，坐获巨利。19世纪末20余年间，票号盛极一时，1881年汉口的票号已增至33家，掌柜莫不养尊处优，骄奢淫逸，

俨如达官贵人。

但自票号与官府相结托后，业务随着封建性的加强而衰落。光绪末年，北洋大臣袁世凯创办直隶银行和户部银行，又继办交通银行，规定官款都由户部银行和交通银行存汇，票号营业大受影响，不过，以其久著信用，私人存放汇兑仍然不少，营业尚可支持。1908年冬，汉口钱价低落，银根奇紧，著名的“三怡”钱庄和怡生隆、道生恒钱庄相继倒闭，这些钱庄都亏欠票号借款，票号损失在百万以上，再受挫折；加以开支糜（靡）费，亏耗已大，逐渐处于困境。1911年，汉口票号已减为18家（见表1－16）。

表1－16

牌名	地址	牌名	地址
蔚泰厚	迴龙寺	蔚长厚	五彩正街
蔚丰厚	集稼咀下	百川通	金庭公殿
濬川源	流通巷上	大德恒	大水巷
大德通	流通巷上	协成乾	金庭公殿
大德玉	迴龙寺	新泰厚	陞基巷
蔚盛长	流通巷上	同豫恒	黄陂街
宝丰隆	鲍家巷后	合盛元	陞基巷上
天顺祥	金庭公殿	协同庆	陞基巷
德新明	流通巷上	中兴和	流通巷上

清末，汉口票号以银行业兴起，将有不堪立足之势，力主将票号改组为银行。1908年，在汉口经营票号的李宏龄为此4次函陈总号，面陈两次，后又通函各埠征询意见，得到各地分号支持，纷纷函劝总号，“若不及早变计，后将追悔无及”。终以执山西票号牛耳的蔚泰厚总经理墨守成规，坚决反对，筹办银行之议遂告终止。后来虽然醒悟，并拟定（订）“汇通实业银行”章程18条，但大势已去，筹划两年，以资金无着，归于失败。

辛亥革命后，票号失去封建官府的依托，存款来源断绝，原存款项或提取或汇走，对钱庄放款也因市场在战火中被毁，大半不能收回，后来钱庄是以五五折至六五折偿还的，结果票号周转失灵，而且有的掌柜携款潜逃，牵连倒闭者十有八九。1931年汉口票号只有七八家，到1933年汉口仅存的济生、永亨两家票号都改营钱庄。至此，票号全部消失。

……

辛亥革命后，大清银行改组清理。从1912年到1926年，本国银行在汉口开设情况如下：……1923年，大陆、中南、广东、农商、香港国民、甘肃、晋胜、中和、山西省银行等设分行。……到1926年止，先后在汉口开设的银行共有52家，其中总行9家，其余43家为分支机构。在此期间，汉口银行业盈利增多，营业兴旺。同时，又以内战频繁，因营业困难或失利而先后停止营业的，有汉口商业储蓄、鄂州兴业、泰丰、民国、直隶、蔚丰、殖边、中原实业、永孚、四川铁路、陕西省、秦丰、湖南、湖南实业、远东、广西、华充、甘肃、中和、山西省、晋胜、四川裕湘、中华商业储蓄等23家银行。

民间借贷组织

民间借贷以前称为“平民金融”，是高利贷的一种形式。当年武汉地区一些小商小贩、手工业者和一般平民，在经济困难时往往靠民间借贷周转。

清雍正年间，山西人携资来汉专门放款，俗称“胯子钱”或“印子钱”。这种放款系整贷零收，本利逐日平均偿还，行息2分，放款1串，取利200文。期限150天至200天不等，后来最长期限为1年。借款手续简便，只须请1人担保，即可成交。借款时，要立借据和凭折，并在凭折上注明还款时间，或1日一还、5日一还，或10日一还、半月一还，最长1月一还。借款10串，内扣200文或300文，并扣除凭折及印花钱等。借款与利息都由贷放者上门收取，每次收钱后，在凭折上盖章作为收钱记号，一直到本利收完，才退还借据。胯子钱的利息较高，但灵活性大，便于偿还，在小商小贩和手工业者中流行渐广。后来设立公会，入会者必须为山西籍贯，故名汾州帐帮公会。公会地点原在沈家庙，后迁至汉口魁斗巷。清末，帐帮有280余家。民国以后，民间借贷更加扩大，内容也较前复杂，有商号兼营放款的，有以他业为名而暗地里放款的，也有一般市民、特别是鳏寡孤独借此谋生的。不仅山西人，还有安徽人、江西人乃至汉口当地人，同样也经营此项业务。1914年帐帮发展420余家。

※ 武汉地方志编纂委员会编：《武汉市志·金融志》，武汉大学出版社。

我先辈在前清末季，以钱业起家，拥有资财，开设汾酒槽坊于武昌，因经营不利而歇业。于1914年在汉口开设典当业，虽为合伙性质，经营达14年之久，联店有五家之多，牌名为裕丰、裕大、裕成、裕生和大丰祥等，分布全市地区，上至硚口，不抵三元里。到1927年夏，中央银行汉口分行发行国库券，不到两个月，停止兑现，当户持券赎取，因而亏报过巨，停业清理。

……

二、内部组织和分工

汉口为五方杂处的商埠，外籍来此经商者，多自发性地结成帮口，所以在典当业有徽州帮、山西帮、南京帮。一徽帮开业较早，它的经营作风，逐渐形成此地传统习惯。我们后起的本帮裕字联号的做法，大部分是采用徽帮的形式、内部分工。主管人称管事，后称经理。下设营业员（沿称朝奉，俗名头柜、二柜、三柜……）、管楼、管钱、管首饰四个部分。如裕丰、裕大等四家，设营业员4~5人，大丰祥2~3人，专门处理日常营业事务，如估定当价、赎取衣物、结算利息等。

※ 鄢爵纪：《汉口五家裕字典当联店述往》，载《近代中国典当业》，中国文史出版社。

钱庄

汉口钱业，在光绪中叶，已设有公会。现在入钱业公会之钱庄，共有一百三四十家，其派别则有本帮、绍帮、徽帮，及江西、山西、镇江等帮之分。钱庄之营业，以存款及贷放为主要业务，而以汇兑兑换买卖银洋及代收款项附属之。钱庄放款于外帮，大抵全

恃信用，不取押品，利息较银行为重，以每月阴历月半、月底为收回、放款之期，谓之比期，对于同业，亦然。故银行拆放与钱庄之款，亦以比期为放款之期。又钱庄除每比须结帐外，端午、中秋及年底，均各清结一次。如年底不能结清，转帐至来年者，谓之做开期，由外帮另立券约，交存钱庄云。

……

今将入钱业公会之钱庄名称、资本及地址列之如下。

表 1－17

钱庄名称	资本	地址
晋兴	十万元	德兴里
志成	六万两	洄龙寺
逢元	六万两	福记里
大兴	六万元	大蔡家巷

以上为山西帮。

票号

吾国金融机关，在未有银行之前，票号实为金融之巨擘，执金融界之牛耳，钱庄不及焉。自鼎革以后，票号营业一蹶不振，几在淘汰之列。现在汉口之票号，只有数家如下。

表 1－18

票号名	地址	票号名	地址
大德通	汉润里	三晋源	汉润里
大德庆	黄坡街	蔚泰厚	汉安里
大德恒	汉润里	三怡庆	永茂里
		公兴裕	汉润里

※ 何雅忱:《汉口金融市场论》，载《银行杂志》第三卷第二、三号，民国十四年十一月十六日、十二月一日。

印字钱

山西人在汉口之放零碎借款与一般人者，始于雍正年间，俗称印字钱，亦称子钱。民国以前大票号放款与小票号，小票号则借贷小贩、小商店，及劳动阶级。民国以来，大票号一蹶不起，小票号亦专注重于零碎放款。同业凡三百四十余家，先设公会于山西会馆内，会内附设和解处，遇有倒塌之事，由公会和解，以免讼累。现又迁移于西关帝庙上首堤街，每月初二、十六，开常会一次。新入会者，须有三家介绍，并遵章纳缴入会金，且限于山西籍贯，故命名山西汾州帐帮。经商会转县署立案，帮规颇严。但放款手续极为简单，只须一熟悉者，居间介绍，不负赔偿之责。借款以钱码为多，数目由二串至二三十串不等，至多以一百串为限，日期分四个月、六个月、八个月，最多以十个月为限，须视借款人之信用以定之。借款之先，由介绍人至票号三面言定，由借款人出立借字于下。

立借字某某今借到

某某宝号名下湖北官票（或双铜元）若干串文当日三面言定每月行息二分期限□个月为满还清取字不得短少分文恐口无凭立此借字为据

中华民国　　年　　月　　日　　　　某某某具

凭保人某某

借款十串，内扣五百，或内扣三百。另立凭折一纸，扣折钱及印花钱一百文，分写日期，或一日一收，或五日一收、十日一收、半月一收，最长期限一月一收，由票号派人携章，收讫于凭折上盖章为记，收足十二串钱，即退还字据，但在未还清以前，即可提出继续办法。摊户及小商店，劳工、小贩，因整借零还，尚称便利，不过一共来往，即难与之摆脱。甚至一而再、再而三，或同时二三个胯子，卒至无法应付，一走了事，是为倒帐。山西人之职是业者，颇能耐，每日外出收款，毫不间断，又常收进铜元百数十串，亦不为苦，劳年盈余，可一对本（如千串之票号做一年，连本利共二千串）。汉口人羡其有利可获，仿行者，有加无已，名为本帮，情形与西帮不同，每天收者亦鲜，盖人力不及山西之耐劳也。借款多以银洋为本位，借款完全由保人负责，又有并不派员收取，须借款人送至号内，逾三五日不送去，即向保人追索。汉口开设者，大小六百余家，资本雄厚者，有十余万，最少则五六百元，至一二千元，以十日一收者为多，回扣每百元二元至四元不等。其借字于下。

立担保借款人某某今保到某某向

某某宝号实借得湖北龙洋若干元每月行息二分期限□个月为满每月付款三次每逢□日由借款人送往号内如有迟延倒塌均归保人是问所保是实须至保款字者

中华民国　　年　　月　　日　　　　借款人某某具

保款人某某（盖章）

对保印（保款人原章）

本帮借款，一律均须铺保盖印，并再对保一次，共盖二印，且该铺保经理人，并签名于上。口头允许，须使对保者满意，方为有效。又有于借字尾，更置下列数行者。

某某公司担保人盖印条款：

——对于本借款须担负全数偿还责任。

——过期□日不送至本公司者，得由保人代付。

——借款人如因故离汉，每期应由担保人送款至本公司。

——保人盖印后，并请签名于上，以昭核实。

——对保时，须加盖原印一个。

——保款人对于以上条款，如有怀疑，请勿盖印。

又有每天收取之借款，俗称爹爹钱，亦称阎王钱，言其厉害可畏也。此钱以车夫，及小商店，劳动阶级为多。例如借钱一串，当扣一百，或六十，六十天还清，每天取钱

二十，共还一串二百文。又有贷与乐户，或妓女个人，其利率更高，甚至有三个月加倍之势。不过利愈高者，其纠纷必愈多，须视放款者之手段及人力如何。

加一钱，每月利率为百分之十，例如借钱百串，每月付利十串，其借券手续仍写明每月二分或三分，以免贻人口实。保人盖印，亦负代价责任。其他普通借款之利率，大抵以五六分为多，盖典当之利率，亦高为二分半，有以比例之也。且典当须有抵押品，此类借款，仅一信用字据，利率不得不高也。

※ 黄既明：《汉口之平民金融》，载《银行杂志》第三卷第八、九号合刊，民国十五年三月一日。

五、内蒙古

自明代末年，特别是清朝中后期由于内地移民北上，促使包头地区的农业比重不断增加，然而，畜牧业在社会经济中依然占有重要地位。因此，这个地区历来的商业资本活动，都是建立在以畜牧业为基础的畜产品交易上；畜产品交易这根纽带，把社会生产和民族构成这两个完全不同的部分结合起来，形成了自己的发展特点。

旧中国的包头市场，在其形成和发展过程中，金融业起到了积极的促进作用。由于经营货币、信用业务的特殊性，使金融业成为社会的神经中枢，对于整个社会经济生活的调节和融通，特别是在以皮毛、药材集散为中心的交易活动中，几乎是不可缺少的重要环节。

金融业是随着商品经济的发展而产生、发展的。包头的金融业亦不例外。十七、十八世纪之交，乾隆、嘉庆年间，包头已初具集镇规模，在商品交换日益扩大、商务逐渐繁盛，外地商人、特别是山西商人来包设庄经营的时候，包头就产生了金融业。第一个皮毛店如月号、第一个旅蒙商永合成、第一个钱当行复盛公，都是在这个时期先后开设的。

包头的金融业，在开始发展的时候，就有比较完备的经营模式，并未经过艰苦的摸索和探求，而是假手山西商人传过来的。据不完全统计，1919 至 1927 年间，包头钱庄约为二十一家，其中山西人开设的就有十八家，占百分之八十五点七。在十八家山西商人开设的钱庄中，祁县帮投资的十二家，又占百分之六十六点六。说明经营包头钱当行的山西商人中，又多为祁县资本。

包头的钱庄在其历史发展中，虽受政局变化之影响，起伏无定，历有增减，但一直与现代银行并存，在抗衡中求发展。这是包头甚至中国金融业的一大特点。

历史上包头是一个商业城市，现代工业几乎没有。各类商业不论独资或合资，也不论在地户或山西帮，其经营方法大都是旧式的，可以说是封建主义与资本主义的结合。钱庄的经营对象虽然不是普通商品，而是货币与信用，但在经营方法上同样是旧式的，一靠资本，二靠信用，不搞抵押，崇尚相与。因此，旧式钱庄的信用形式，更容易为旧式的商业所接受。这可能是旧式钱庄之能够与当时的银行长期并存，没有随着时代发展很快被取而代之的重要原因之一。

包头的钱庄

清朝乾隆中后期，包头已有钱庄之存在，当时通用货币以制钱为单位。因携带不便，钱庄乃发行钱票，流通市面，其价值与制钱相等。钱庄名称之由来，即基于此。

一、钱庄的起源

钱庄是封建经济的产物，带有浓厚的封建色彩，它是适应商业已经发展和货币混乱的情况而产生的。明清时代，包头市场上流通的货币，除历代流行的各种制钱外，还有各种银两（元宝、银锭、大条、碎银等）。而这些银两都出自各地官商自铸，其质量、重量各异，行使非常不便，对日益发展的商品交换有很大障碍。尤其是制钱、银两之间的比价，发生了互相兑换的要求。因此，有些商号开始经营以银易钱和以钱易银的兑换业务。其次，由于制钱种类繁多，而且携带不便，有些信用好的商号之间，往往以一定面额的凭条注明，凭票即付现钱，代替现金收付，谓之“庄票”，亦称“钱帖”（民国初年包头民间对钞票俗称帖子）。有的可以在市场上流通，以后就逐渐变成定型的钞票。

在包头的祁县乔家复盛西钱庄

乾隆年间，有山西祁县来的乔姓、秦姓两家在包头开设广盛公店，经营范围上至绸缎，下至杂货，但主要业务则是油、酒、米、面，兼做粮盘、钱盘等投机买卖。约在嘉庆初年，改组为复盛公，由乔秦两家以五个堂名、十四个股份，投资白银三万两（乔家13.875股，秦家因家道中落，只有0.125股），开始经营典当与银钱兑换业务，这就是包头最早的金融业。

当时包头既无官治，又无商政，各行各业可以自由发展。复盛公由于经营得法，获利甚厚，每三年结账一次，可以收入利息三四万两白银。如此经过五六十年，积累了大量资本。到咸丰、同治年间，乔家又独资在财神庙西口路北增设复盛全，在瓦窑沟路西增设复盛西，都是六陈行兼营钱当业务。至此，复字号三家鼎足呼应，操纵包头市面，有举足轻重之势。

二、钱庄的发展

包头钱庄成立较早者，除了复盛公及其前身广盛公号以外，相继开设的还有公和源、公和泰、兴盛号、兴隆长、天兴恒等。随着商品经济的进一步发展，资金需求益增，特别在光绪年间和京包铁路通车以后的两度极盛时期，皮毛、药材行的兴旺发达，引起了各业繁荣。银行掌握地方金融，业务更见进展，因而钱行阵容大壮。

1919—1927年间，包头钱庄多达二十余家。计有：

复盛公	山西祁县乔家堡乔家独资	资本白银三万两。
复盛全	山西祁县乔家堡乔家独资	资本白银三万两。

复盛西	山西祁县乔家堡乔家独资	资本白银三万两。
公和源	山西祁县赵村渠通海独资	资本白银六千两。
公和泰	山西祁县赵村渠通海独资	资本白银六千两。
源恒长	山西祁县赵村渠通海独资	资本白银六千两。
广顺长	山西祁县乔家堡德兴堂独资	资本白银一万两。
广顺恒	山西祁县乔家堡右中堂独资	资本白银五万两。
宝昌玉	山西祁县贰乡许家独资	资本白银六千两。
复聚恒	山西祁县塔寺董家独资	资本白银六千两。
兴盛号	山西祁县陈姓带财合资	资本白银六千两。
兴隆永	山西祁县李柱孔李宣成合资	资本白银六千两。
谦和成	山西榆次聂店王家独资	资本白银六千两。
天兴恒	山西太谷杨立宏等合资	资本白银六千两。
广义贞	包头广义恒毛店投资	资本白银六千两。
广恒源	包头广恒西毛店投资	资本白银一万两。
宏义和	包头东河村张小独投资	资本白银八千两。
复兴恒	山西忻县陈家独资	资本白银一万二千两。
懋和允	山西忻县段村石家独资	资本白银一万二千两。
聚兴钱庄	山西忻州刘子西等集股	资本白银六千两。
广义和	山西大同高崇礼独资	资本白银八千两。

上述二十一家钱庄除收存各种款项和支垫各行业贷款外，每年平均所做汇兑总额达二千万元以上。

1930 年至 1931 年间，中国、交通银行、绥远平市官钱局开始承办汇兑和存放业务，多数行业直接与银行往来共事。钱行不仅受银行排挤，且又失去了做虎盘投机盈利，更受蒋冯阎中原大战的影响。阎冯失败，晋钞贬值，包头各行业及各阶层人民均遭受损失，钱行元气严重损伤，已成江河日下之势。这时，资金力量较小或组织不健全的钱庄相继倒闭。计有：公和泰、公和源、源恒长、兴隆永、广义贞、宝昌玉、谦和诚、广顺长、兴盛号、复兴恒、懋和允、宏远银号等十几家。

1932 年至 1936 年间，东北失守，开发西北的呼声迭起，许多人纷纷来包投资兴办实业，包头市场信誉恢复。此时在金融界，又增设了晋兴久钱庄（山西榆次康瑞芝集股，资本三万元）、恒义银号（山西祁县史占魁等集股，资本一万元）、吉履谦（山西榆次大长义村宋继宗独资，资本一万元）三家。并有仁发公分庄（山西王靖国等军官集股，资本二万元）、晋泉涌分庄（山西祁县乔家独资）、垦业银号分庄（山西实物准备库投资五十万元，发行纸币）三家。1932 年以后，实行“废两改元”，钱庄生意逐渐减少，元宝从此绝迹，只在通行的银元与纸币间易换取利。所以，多偏重于兼营粮行，做些投机倒把的油粮虎盘以维持局面。但由于北洋军阀混战停息，洋行洋帐房又加强了皮毛收购，于是，“皮毛一动百业兴”，促使包头经济畸形发展，物资的输出输入显得特别顺利，各行各业都有利润可取；再加农牧业丰收，粮价又复大增，农民购买力提高，市场活跃。因而，钱庄的存放款和汇兑业务，仍然正常进行。根据民国廿四年《全国银行年鉴》记载，1935 年包头钱庄连同外埠寄庄经营的尚有二十家左右。具体情况见表 1－19。

三、钱庄的组织与业务

包头钱庄开始大部为商号兼营，在发展过程逐渐变为专营性质。钱庄之组织，大致可分为三种：即由股东一人独出资本开设者，名为独资。如 1919 年至 1927 年间的公和源、公和泰、源恒长等；由股东数人合出资本开设者，名为合资，如晋兴久钱庄，恒义银号等；一个字号、一套资本，分别核算，多业联营者，谓之联营，如复字号三家，都是在一套资本，一个字号名义下，粮行、货栈、钱庄、典当、估衣等多业联营。总的看来，包头钱庄独资者居多，大都是山西资本，力进（量）较强；合资者除官僚资本性质如仁发公银号和垦业银号外，一般规模不大，力量较弱；联营的典型是复字号和后来的由广恒西皮毛店出资并为自己拨兑资金服务的广恒源钱庄。

表 1－19　　1935 年包头钱庄银号一览表　　单位：银元、银两

庄名	庄别	开设年月	资本	营业额	股东	经副理
仁发公银号	分号	民国廿二年	20000	100000	王靖国	徐艺圃
绥西垦业银号	分号	民国廿一年	500000	140000	阎锡山	孙鉴轩
复盛公钱庄	总庄	嘉庆六年	68000	110000	乔在中堂	马公甫
复盛全钱庄	总庄	道光九年	63000	80000	乔锦堂	杨荫庭
复盛西钱庄	总庄	同治三年	60000	14000	乔锦堂	马公甫
晋兴久钱庄	分庄	民国八年	25000	100000	渠通海	刘仁山
广顺恒钱庄	总庄	光绪三年	50000	10000	乔锦堂	程德衡
复聚恒钱庄	总庄	光绪廿三年	10000	80000	董子仪	阎星恒
广恒源钱庄	总庄	民国三年	15000	9000	广恒西	刘子明
吉履谦钱庄	总庄	民国廿一年	16000	18000	宋继宗	张成朱
法中庸钱庄	分庄	光绪十三年	30000 两	18000	乔映霞	程纪元
聚义恒钱庄	分庄	民国三年	20000	120000	张鸿钧	苏昭义
天享永钱庄	分庄	咸丰六年	15000 两	350000	山西榆次积成永	王咸林
裕成厚钱庄	分庄	民国八年	100000	100000	平市官钱局	程季宗
义泰祥钱庄	分庄	光绪廿三年	10000 两	60000	郜连璧	贾学惠
义丰详钱庄	分庄	民国七年	10000 两	50000	郜连璧	冯仪
双兴厚钱庄	分庄	光绪七年	10000 两	120000	启论	张友仁
和成钱庄	分庄	民国十七年	54000	90000	和记钱庄	杨见三
云集祥钱庄	分庄	民国十六年	50000	30000	云锦章、宝源成、宏瑞元	阎信臣
日升元钱庄	分庄	民国十三年	30333	40000	日升光	冯子明

包头钱庄的业务。主要有存款、放款、汇兑和银钱易换。

（1）存款业务，以其性质的不同，可分为定期、往来、特别三种。定期存款的期限常在半年以上，也有少数例外，往来存款即活期存款，可以随时支取；信托存款、通知存款等属特别存款。包头钱庄的存款中，定期占50%以上，活期占40%左右，特别存款比重极小。存款是钱庄的一项重要业务，从某种意义上讲，揽收款的能力大小，是衡量经营好坏的标志之一。

存款来源大都来自私人、商号、同业和公团。农民存款的也有，但为数很少。

包头钱庄一般不办储蓄业务，只晋兴久钱庄一家办过个人小额储蓄计息存款，最高未超过500户。

（2）放款业务，亦因其性质的不同，分为信用及抵押两种：信用放款全凭借款商号的信用，无需实物或证券作抵；抵押放款则相反，不凭信用只凭抵押物。大致银行放款抵押多于信用，而钱庄放款则信用多于抵押。包头钱庄崇尚信用，一般不放抵押放款。

包头钱庄的放款对象，主要逛（是）各类商业，重点是皮毛行。皮毛店支垫旅蒙商到甘、宁、青、新等省及内蒙各地收购皮毛，必须依靠钱庄做期口（定期）贷款，向货行买期口贷货；粮行买卖粮食、油料，也无不依靠银行拨兑款项，归结往来帐务。所以各商号若资金紧张，信用稍差，钱庄不予支持，便很难维持下去。洋行、洋帐房汇兑调拨也必须与钱行紧密联系，业务才能顺利进展。旧社会私营工商业大多数以一千元的资本做一万元的买卖，如何运用，往来周转，全靠钱庄为之调剂支持。

（3）汇兑业务，出口皮毛、药材，进口日用百货，原为包头市场的特点。因此，与津、京、太原、张家口等地的往来汇兑关系，殊为密切。有联号关系的钱庄，经营汇兑自然得心应手，没有联号关系的小钱庄亦可委托代办，从中分享利润。

民国廿四年（1935年）包头全市汇兑总额为三千万元，汇出汇入均以天津为最巨，汇入总额二千二百五十八万元①，其中，天津一地占51%。汇出总额九百五十八万元，其中，天津一埠占62%，全年与各地汇兑数额，如表1－20。

表1－20　　1935年包头与各地汇兑数额统计　　单位：元

地点	汇入	汇出	地点	汇入	汇出
天津	11526000	6238000	归绥	1700000	400000
北平	4230000	1730000	张家口	350000	200000
上海	960000		汉口		1280000
太原	3500000		潍县		120000
南京	120000		济南		12000
邢台	200000				

根据汇入汇出之差，入超1260万元，对于平衡全市经济大有禅益。这倒不仅仅是1935年，包头汇兑入超是经常的，因为每年输出大量皮毛，如果汇兑一旦出现出超，包头经济就一定会陷入崩溃，这是确定无疑的。

① 原文此处数字与表1－20不一致，特此说明。

上述汇兑数额虽然包括银行和邮电，但钱庄汇兑，按照存放业务比例，至少能占三分之一以上。

1935 年，包头与上海、天津两地每月每千元的平均汇兑市价，根据物资供需情况和黄金比价，确定如表 1－21。

表 1－21

月份	上海	天津	月份	上海	天津
一月	1007	1005	七月	1007	1005
二月	1007	1005	八月	1006	996
三月	1008	1006	九月	978	980
四月	1010	1003	十月	978	980
五月	1011	1009	十一月	1003	1001
六月	1008	1006	十二月	1003	1001

（4）发行业务，包头钱庄办理发行业务始于何时，已不可考，唯知同治、光绪年间，各殷实钱庄商号印发凭帖，周转市面，有如银行纸币之流通。钱庄在发行中盈利很多，因为发行数超出现银许多。民国后（民国以后），信用无保障，凭帖周转不灵，逐渐减少。1929 年才限期收回，从此凭帖根绝。

（5）经营方法，在存放、汇兑、调剂金融的主题下，非善于策划运筹，卓著信誉，是难以搞好的；稍有疏忽，即遭失败。其主要方法：

一是熟悉各行业的情况。银行与各行业在未相与往来之前，必须对业务对象进行彻底了解，方能办理借贷汇兑，以防发生风险而导致损失。因而一些干练的经理，精细的跑街，对全市各商号的底细，都了如指掌。

二是了解外汇与皮毛涨落的关系。钱庄支垫各行业必须掌握外汇与皮毛涨落的关系，因为包头各行业的兴衰，无不依皮毛行的生意好坏为转移。皮毛业重点依靠洋行出口，每天报载外汇牌价，可以推知进出口货物的畅通与滞塞趋势。

三是掌握各路与包头秤码差额与汇兑行市。钱庄营业人员必须记熟各路秤码，如天津洋行秤比包头秤小 2.64%，天津西公发秤比包秤小 3.2%，北京的京市秤比包秤小 3.4%，张家口秤比包秤大 10% 等等，均应胸中有数，折合迅速。此外对于各路汇兑行市，常依靠电信往来，做到信息灵通。

四是依靠远期贷款，做虎盘投机生意。虎盘分钱盘与粮盘，买空卖空，投机倒把，本属非法行为。但旧社会的钱庄，要想获得超额利润，单纯依靠吃存放利差是不够的，必须兼做钱粮投机，所以，为防止虎盘亏赔，不得不寄托于远期贷款。

1935 年的包头市场，几经挫折之后，虽然称不上繁荣，但各行业还能维持正常经营。钱庄由于主观、客观上的多种原因淘汰了一些，剩下的（指总号坐庄）大都是资力较雄厚，经营得法，适于生存的佼佼者。几个主要钱庄的营业概况如表 1－22。

表 1－22　　主要钱庄营业概况表

单位：元

庄名	存款	放款	汇兑	发行	损（－）益（＋）	资产总额
垦业银号	70000	20000	600000	200000	＋9000	500000
仁发公钱号	120000	200000	800000		＋7000	300000
晋兴钱庄	150000	280000	1600000		＋12000	400000
复盛公钱庄	80000	100000	400000		＋5000	150000
吉履谦钱庄	80000	100000	300000		＋8000	150000

四、钱庄的规章制度

包头钱庄在一百多年的发展过程中，形成了自己的一套成文和不成文的规章制度，保证了业务经营的顺利开展。

（1）同业组织，最早在包头开设钱庄，只须向大行（乾嘉年间商界的一个自发行业组织，推荐各商号精明强干的掌柜担任总领，掌握市面一切，俨若县长。光绪年间为公行，职权如旧。官厅除巡检外，还有萨拉齐派一承审员驻包。商界发生纠纷，必须通过大行，才到审员衙门处理。民国以后公行又改为商务会）声明登记一下，即可开张营业。商务会成立后，才对资金定额、经营范围有所规定，并对商务负担摊派花销责任。驻庄钱庄虽不限定向商务会登记，但亦与行商一样摊派，只是数额比较坐商要少得多。后来，为了维护钱业利益，并在更大范围内融通资金，又成立了具有同业公会性质的金融互助组织裕丰社。随着钱庄数量的增加，帮派体系的树立，同业间竞争的激烈，遂于民国廿年（1931 年）以后，改为钱业公会，并制定了公会章程：

《包头钱业公会简章》

一、新入会会员须交会银五十两，如出会后再入会者，加倍之。

二、新成立营业，若独资者至少以现洋一万元为度，否则不能入会。

三、新成立营业，若合资者至少以现洋三万元为度，否则不能入会。

四、新成立营业者，其资本虽合以上定章，但其主要执事人品格恶劣，亦不得入会。

五、新成立营业者，其资本虽不合以上定章，但其主要执事人信誉颇善者，亦得由本会召开会议，从权表决，可以入会。

六、外来客商欲出资本成立营业者，不准入会，如另设字号，聘请执事人负责，经本会公议，表决认可，准其入会，否则无效。

七、外来客商无限集股或独资在当地成立营业者，经本会开会认为合格，公认表决，准其入会。

八、以上所列公议定章七条，不准徇情，亦不得破坏，切宜遵守为要。本会会员所做之营业、商会暨官厅已存案，昔年一切丁卯行规，本已遵守，惟宏远银号捣乱后，重新续之此章，凡入会者切勿破坏为荷。

（2）标期。包头地方商业活动，多数依靠钱行做期口标期常骡贷款。标期为市场交解现银的期限。全年有四标八常骡，分春、更、秋、冬四个标，大致每个标期相距为三个月，日期并不固定。每季后两月为骡期，一年八个常骡，亦称“月月常骡四季标”。每月结算一次往来帐务，互不拖欠。包头的标期是执行山西太谷标，即春标三月八日；夏标六月三日；秋标八月廿九日；冬标十一月廿四日。每个标期带动两个骡期，如春标是二月八日，则三月、四月八日为常骡期。

民国以后，白银元宝废除，各地标期骡期不用现金结算，只用过帐拨兑。各行业收付往来，为了稳妥迅速，必须经钱行拨兑结算，做到互不拖欠。遇有商号亏赔，期前向钱行借贷，可以转帐支持，免得马上倒闭。

（3）利息。包头钱庄存放款项，分为借贷及往来两种帐目。存款项下，分该外借贷与往来浮存；放款项下，分外该借贷与往来欠款。借贷帐以标期为归还期，期限相当固定；往来帐可随存随取或随借随还，无固定期限，前者计息，后者无息。

计利方法，约分四种：一是满加利，二是短期利，三是对月利，四是长年利。四种当中满加利最为普通。所谓满加利，是满标加利息的意思。满加利又分动态、静态两项。静态利率是一年分为四标，按标公开利率，春标开夏标，夏标开秋标，秋标开冬标，冬标复开次春标，依此循环。但每标期的前半月，钱业即行予开下标利率，以衔接下标。其利率大致每千元满加利二十元上下，即1.5%至2%。动态利率，按行市价来定，市场金融松紧日有变化，一标3月之内，每日有每日的满加利行市；甚至每日有早、午、晚三次行市。满加利的决定，每日由钱业公会议定；即（既）随标期的远近而伸缩，复凭银粮的松紧而涨落。秋季粮食上市，急需用款，银根较紧，归标时期虽近，满加利并不因此而低；夏季春毛将过，银根甚松，用款极少、标期虽远，而满加利率反而低。因此，所谓满加利与其说是借款时间为期限，不如说是以按标归现为标准。

长年利每标都开，一般月息九厘左右。短期利日开利率，约在月息八厘上下。日拆息四至五厘。

（4）用人与待遇。旧社会的包头钱庄，独资经营者居多数，且财东负无限之责任。故在选择人员方面极为慎重。经副理（掌柜，二掌柜）之聘用，必为精明干练，孚有众望，能攻能守之人担任。经理统筹全号事务，副经理辅佐经理，并负责督促全号人员勤于号事。另配备内事先生二三人，分掌银钱帐簿财产；外有跑街若干人，奔走街市，籍以调查往来商号之信用，访察商情，了解银根松紧，利汇率行市等情况。

学徒进号，首须经人介绍，面试合格，由殷实商号承保（俗称上司）。学徒如有不法盗窃行为，“上司”负有赔偿损失责任，所以常有“商号易找、上司难寻”的说法。每一钱庄，最多有职员二三十人，一般十几人、二十人不等。

职员待遇优劣相差悬殊，经副理、管事先生及跑街等上层人员，除每月拿优厚的薪金外，大多还顶有身股，三年帐期即可分红。学徒工资菲薄，每年六七两银子，三年出徒，按能力拨支劳金，逐年增加，多者年十四两，再往上即可顶身股（最初二厘）。顶身股后，除劳金外，三年帐期获利，可以按股分红。每股多者二三千两，少则四五百两。无红可分，只拨应支若干、维持生活。职员如犯错误，必须出号，需请人和处写辞退约文。

……

※ 马仁:《包头金融志上篇初稿》,载《包头史料荟要》第十二辑,包头市地方志史编办公室、包头市档案馆编辑,内蒙古出版局,1984 年 12 月。

包头皮毛行、药材行的发展,引起各行业的繁荣,钱行掌握地方金融,业务更见进展。各票号如大德恒、大德通、大盛川、裕盛厚、裕源永等均次第来包设庄,承做借贷汇兑。辛亥革命后,西北各地商路畅通,包头各行业有如旭日东升,钱庄又有增加。而中国银行(大清银行改组,1916 年来包)、交通银行(1918 年来包)、山西晋胜银行(1915 年来包)、绥远平市官钱局(1920 年来包)、绥远丰业银行(1918 年来包)也都设有分行,调剂市面金融……

五、同业间的互相斗争

1919 年第一次世界大战结束,包头皮毛市场活色,市面飞跃发展,现金输出,拨现不点现,钱庄多做买卖银元、铜元虎盘。复盛公的武祝三、广顺恒的张采臣与驻庄通盛源的邢克让大做虎盘。复盛公广顺恒以银元买通盛源的铜元,不遗余力;通盛源也是尽量以铜元收买银元,从呼市、张家口,大同一带运铜元来包头买银元,搞得现洋奇缺,通盛源就要胜利,而复盛公很快地由天津火车运到丰镇,由马车转运到包头银元四十万元,马上银元疲落,结果获得胜利。

1932 年,忻州帮钱庄复兴恒、懋和允两家骄傲自满,藐视同行,秋标期现款缺乏,各同业坐视不理,以致无法过标,几乎倒闭。最后复兴恒副经理陈子茂向复兴公等号请求照顾,才顺利过标。

1934 年春,山西晋兴钱庄在包设庄,经理刘仁山年轻气浮,事前没有与同业联系,也未将资本由驻庄帐内划分出来,招致同业间的不满,提出要求必须将划分出的资金手续,另立的帐簿,一齐摆出,再行开帐。晋兴没有准备,以致届时不能开业。

※《包头的钱行业》,载《包头史料荟要》第五辑。

包头的典当

典当业是以抵押贷款为业的一种封建高利贷金融组织。

包头的典当是与银钱业同时产生和发展的。嘉庆初年,由山西商人开设的第一个钱庄复盛公,是从乾隆末年的广盛公号改组而成,并采取钱、当、粮、货联营的形式开展业务,这就是包头的第一个典当业。

经营复盛公钱当行积累了大量资本的山西祁县乔家,又于道、咸、同年间,陆续投资开设了复盛全、复盛西两家钱、粮、当、货联合经营的商号。从此,复字号三家鼎足而立,一直延续了一百多年,再无其它典当业在包头经营。1938 年,包头沦陷于日本侵略者的铁蹄下,典当与钱庄一样合并归入蒙疆新亚公司(即新亚当)包头分公司(分当)。原址、原人、原资本未变,只是经营方式与用人待遇上有所改变,帐务记载采用新式簿记,取消身股,按月发工资,其它如旧。据说这时候有一个朝鲜人在东河区财神庙附近开设了一个小小的质铺,有汉人雇员,业务不详。

包头典当业除复字号三家外再无发展。其原因主要是由于复字号垄断的结果。复字号财力足、影响大、信誉高，非具备超越复字号的各项条件，是不能轻易竞争得过的。民国以前，包头市一个不足十万人的小城市，尽管天灾人祸并不比内地少，然而求助于典当抵押借款的，毕竟有一个饱和点。因而，再无发展余地。

表 1－23　　1934 年包头典当业情况表

庄名	开设年月	资本	营业	股东	经副理
复盛公	嘉庆六年	28500	30000	乔锦堂	马公甫　熊跃华
复盛全	道光九年	27000	52000	乔锦堂	常阴槐　王咸洪
复盛西	同治三年	18000	34000	乔锦堂	杨立春　马心甫

包头典当业的经营资本，除了用于货架、衣柜等固定资产外，大部被占用在质押的物品上，即借出资本；也有一部分是货币资本，或存钱庄或存本柜备用。这后两项合称流动资本。一般说，业务越多，流通资本越大。流通资本与开设资本的比例，大致是五比一或四比一。复字号典当，虽然是一个字号、一套资本，联合经营，但为了区分优劣，采取了分别核算的办法。资金的短缺与多余，都可在本号钱庄或连号调剂。由于这种方便条件，包头典当业从未发生过因为资金的余缺而影响正常经营（的情况）。

典当业的主营业务是抵押贷款，其典当业普遍兼营估衣和珠宝首饰，有时候也代客汇兑。通汇地点为天津、张家口、宣化等地。

典当业上门借款的，主要是贫苦农牧民、小商贩和小手工业者。另外，一些破落财主，年终过标，入不敷出，去钱庄借款怕丢面子，于是找熟惯的当铺，凭面子指房地为押，临时借一笔款，寅吃卯粮，以度困境，实质上是信用借款。还有一些富户外出，怕家中贵重物品被盗和高档皮货被蛀，也有去当铺押借的。至于那些窘职员，潦倒的知识分子夏当冬衣，冬当夏衣的现象就更普遍了。

典当业抵押的物品，包罗万象，上自金银珠宝、绫罗绸缎，下至箩筐、扁担、犁锹锄耙，只要有一点使用价值的，都可抵押，甚至更夫的破锣，亦可当一两角钱。包头当业的抵押物品中，以老羊皮袄和其它皮货为大宗。每票当额均甚微小，以不满一元者为多数，一元至三元者次之，三元至五元者又次之，五元以上者最少。包头典当业最低之当额为一角，一角以下的不开票，最高额虽无限制，但也不过百元，百元以上的特殊情况亦有，然而不多。

包头典当业押借的期限，最长十六至十八个月，最短一个月，一般以半年到一年的为多。借一天也按一个月算，还有过三不过五的说法，就是满一个月另三天，仍按一个月算；如超过五天，就按两个月算了。过期一个月，押品就算“老号”（意即不赎之物），即可下架送估衣铺拍卖。复字号典当为了卓著信誉，对于赎期视具体情况而定，往往留有宽限。

包头典当业的利率，一般是月息三分，有的低一些为二分五厘，最低的一分五厘。利息种类有标息利、满加利和拆息三种。所谓标息利，就是按标期计息，各标利率不一，一般是冬春标利率高，因银根紧缩；夏秋标利率低，因银根松动。满加利是满标加利息，即押借标期期满仍未赎取者另加利息。拆息是以日计息，一般在通货膨胀，币值不稳时采

用。另外，根据押款者的不同，利率高低也有区别：贫苦群众的利率高，财主富人的利率低。敌伪时期的兴亚当，甚至规定当期一年的月息五分。当然，这是一种衰亡前的挣扎。

典当业在办理押借业务中，其操作程序大致是：看货、协商、开票、编号、记帐、上架。首先接到当物认真审视，鉴别其新旧、好坏、真伪、贵贱、成色等，做到心中有数。如接柜者没有把握，怕走了帐，还得给柜头察看，并用行话暗语交换意见，然后才问顾客。如出入不大，即行开票，否则，再行协商。一般当品只当市价的一半，惯称值十当五。典当业给当户开的票据叫做当票，实质是借据。当票编号用千字文，一个月用一个字，第一笔业务就编做天字第一号，以此类推。上帐时因物品种类繁多采用代号，以求简化，如当的是棉衣，就写个“0”，夹衣写“×”，单衣则用“:”表示，当票上的数字也是用密码组成的。非当业中人员不易识别。还印有“倘有天灾人祸，虫伤鼠咬，各按天命；过期不赎，听凭变卖作本”等一类文字。这就使当户不仅在精神上受到屈辱，如有意外，也无申诉余地。

典当业的组织机构、人员管理以及盈利分配等等，大体上和钱庄差不多，只是机构组织比较精干，号规制度更加严谨，对从业人员的业务技术要求更高。

抗日战争胜利后，新亚当已趋向没落，仍由复字号收拾残局，资本损失殆尽，人员大部离散，从此再未复业。

※ 马仁：《包头金融志》上篇初稿，载《包头史料荟要》第十二辑，包头市地方志史编修办公室、包头市档案馆编辑，内蒙古出版局，1984 年 12 月。

据传说，包头的典当业是从元末明初山西祁县、太谷、平遥三县沿袭而来的。包头复盛公、复盛西、复盛全三家当铺，均系山西祁县乔家堡乔姓“在中堂”直接投资开设，都归复盛公钱铺统辖。因为“在中堂”在包头开设的所谓“复字号”，包括有各种行业，如钱、当、粮、油、估衣、皮庄，以及菜园等，所以复盛公几乎等于“在中堂”在包头的全权代理人，如遇大事均须向复盛公请示决策。

复盛公当铺究竟从何时开业已无从稽考，但据停业清理时翻出的旧帐，曾发现有乾隆二十二年的，这说明复盛公兼营典当至少有 200 多年的历史。以后划出资本 3 万两单独经营典当业，但是仍和钱铺、估衣铺等共同起伙，支出无严格的划分，人员也是统筹安排，实则还是一个整体。两百年来再没有别家经营当业，可见开设典当业务，需要有雄厚的资本，更需要安定的社会秩序和稳定的币制。直到 1937 年日寇侵华，包头沦陷，在敌伪统治下复盛公当铺被强令改组为兴亚当继续经营，到 1945 年日寇投降后，才停止营业。当时的经理是乔必仁、郑维生。它的地址就在现在人民银行东门大街储蓄所，至于复盛西、复盛全两家，都未参与兴亚当。包头沦陷后，这两家即已停止典当部分，只经营油、粮、估衣等业了。在它们正常经营当业的时期，其资本各为白银 3 万两，也都是由钱铺划拨的，和其估衣、油、粮等业仍属一体。资金运用、人事安排与复盛公相仿，不再赘述。这两家开业都较晚些。但最晚也在同治、光绪年间。复盛西当铺地址，即现在民生街瓦窑沟口路北盆业公司仓库，当时经理郭振庆。复盛全当铺地址在财神庙街西口路北、即现在五金公司化工门市部处，当时经理是郭守敬。

在复字号三家当铺之前，据说曾有过一家富盛当。是否确有其事，因年代久远，难以证实，也许就是复盛公当铺的前身。按“复盛”、“富盛”谐音，或有可能。甚至本为一家，也未可知。

典当业有它的特殊性质，它的兴衰，正好与其他行业的兴衰相反，即“尔兴我否，尔否我兴”。因为在地方商业兴盛时，劳动群众就业机会较多，如给毛行抖毛、作毛，或给甘草行等作草以及包装运输等，都能获得正常收入，谁还进当铺受高利剥削呢，当业自然萧条。反之，地方各业衰萎，劳动人民无事可做，没有工资收入，尤其到春耕季节，农田难免要些支垫，手中无钱，告贷无门，甚至影响了田间播种，拿点东西去典当，换点银钱，以济急需，这时的当业自然就兴隆了。当铺的月息定为三分，还有“过三不过四”的规定。即在规定期间内赎当时，如超过四天，就得加付一个月的利息。

复盛公、复盛西、复盛全三家当铺，资本均为白银 3 万两，每号均有十来人，三家业务大致相仿，通常架面（即当进物品的全部金额）也就是 3 万两左右，架面高时，最多超不过 4 万，最少也在两万两以上。就这样，每家每年可获利白银万两。当户拿点东西典当，先经过“柜头”核定价值，当户同意后开给当票，日后凭以赎回，期限定为 18 个月，月息三分。到期不赎算做“老号”，即当户放弃了回赎的权利，由当铺自行处理，当户则无权干涉。该三家当铺都设有估衣铺，一般“老号”的衣物都交估衣铺拍实，价格是比较便宜的，因为在典当时，当铺怕“老号”后吃亏，一般只给所值的百分之三四十，最多超不过 50%。如在期间内交付利息，可换新票，仍为 18 个月，当铺内设有货架，收到当物后，即按月用《千字文》语句，即“天地元黄，宇宙洪荒”等字，按月顺序编号，每月再按写票的先后次序，编作某字某号。如正月开始的第一项当物，即编为“天字第一号”，二月的即为“地字”号，如此顺序搁置于货架上。当户赎当时，按当票的编号即可取出原物，井然有条。典当时所写的当票，总要写上“油、糟、坏、烂”等字样，以防赎当时发生纠纷。本来一件很好的皮袄，他们在当票上就写为“虫吃鼠咬，光板无毛”。这些破损字样，是典当业的专业字，内行看来一目了然，一般人是无法认识的。这些字是用草书体，并用每字的半个组成。万一发生虫蛀或破损，发生了纠葛，官衙也是维护当铺利益的。

包头当铺，一般以衣物为主要业务，金银首饰次之，也有少数珠宝古玩和农具，古瓷名画很少见，即或有之也无识者敢于收当。所以当铺的“柜头”是个非常重要的角色，见识较广识物能力强者，就能争得业务，因此“柜头”必须有多年的实践经验，否则是不足以胜任的，不过包头地区开发较晚，珍贵物品稀少，较之其他古老城市的“柜头”，就不能相提并论了。

※ 渠自安、程云端、潘子宜：《包头典当业浅谈》，载《包头文史资料选编》第二辑。

〔例二〕□地约人朝旺同子到儿计，今因自己紧急，别〔缺字〕情愿将自己祖移〔遗〕臭水井儿西北地一块，计地亩壹顷四十亩，东〔缺字〕二口西至滕宝子，南至大道，北至腾宝子，四至分明，众言〔缺字〕价钱二十千文整。其现交系押地钱。又每年另交地租五百文，情〔缺字〕佃与丰联昌名下，永远耕种，许退不许夺，又不许长租，

恐口无凭，立佃约存照用。

乾隆五十一年〔月日缺〕

张凤鸣 +

王甲儿拉木 +

中见人

朋生 +

杨止兴 +

……〔例二〕中的丰联昌显系商业高利贷者，而这项文约中特别附有“水远耕种，许退不许夺，又不许长租”等等条件。本来，康熙前期，由于清王朝对准噶尔部的战争，沿着军用驿站商人已进入伊盟河套一带，以后有的商人便留居河套一带地方，通过他们的关系，山西一带小本商人陆续进入归化城土默特这一内蒙古地区经商，包头镇的商店便多是由他们经营起来的。他们看到蒙古族与汉族农民的户口地有利可图，便开始大量租佃。乾隆八年以前，造成蒙古户口地大量出手，实际上除去一部分为蒙古各级封建主据为己有和满族官吏的侵夺之外，大部分就被他们以租佃的形式所侵夺。从以上例中可以证明乾隆八年清查重分户口地以后，户口地又逐渐地落入高利贷者的手中。这不过是前此情况的继续而已。

※ 金启孮：《从清代归化城土默特地约、借约中所看到的问题》，载《北方民族关系史论丛》第一辑，内蒙古人民出版社。

义和楼位于包头市东河区解放路路北，原名叫义和轩，是一家清真饭馆，建于 1942 年，距今已有四十余年的经营历史。

义和楼在解放前后是一个中型饭馆。经营品种是具有绥远风味的饸饹、拉面、烧卖、馅饼、干货和普通炒菜；冬春两季节也经营涮羊肉和各种火锅、砂锅菜。总之，当时的经营品种和饭庄设备均属一般化，因而也不引人注意。1956 年，公私合营以后，饭庄纳入了社会主义经营轨道，在市工商局的领导下，逐步调配了技术力量，增添了必要的服务设施，扩大了经营范围，既经营为群众所需要的家常便饭，也包办酒席，同时还保持了过去涮羊肉、烧卖、各种干货的风味特色，所以，义和楼在消费者中间有一个好声誉。

……

义和楼共设有三个堂部，经营主副食品种共达二百四十七多个。正餐部接待散座顾客，经营普通饭菜，实行现要单炒，顾客可以随时点要；酒席部经营高、中级酒席，承揽喜庆宴会、包饭聚餐；茶点部经营茶水、烧卖和各种粗细干货（其中有一部分是包头名茶馆四美元经营的茶点品种）。另外，茶点部还在春节、元宵节、端午节、中秋节等几个民间传统节日期间，制作和经营别有风味的各式糕点、各样月饼以及各种凉糕、粽子、炸糕、“驴打滚”等食品，很受群众欢迎。

※ 荣相如：《著名餐馆义和楼》，载《包头史料荟要》第十二辑，包头市地方志史编修办公室，包头市档案馆编辑，内蒙古出版局出版，1984 年 12 月。

解放前，归绥市（今内蒙古呼和浩特市）新城东街（新城东街小学边上）有一家典当行，名叫聚丰当，是归绥市比较早的一家当捕，自清代光绪年间即已开业。民国年间，该号掌柜的叫郭礼，是山西省祁县人，聚丰当是他继承的祖业。

聚丰当，有门面五间，在后院有库房数间，有铺伙十几名。门面柜台很高，五尺之躯的汉子，典当时得仰面抬手递货议价，连柜台上栏杆算上，足有八尺之高。据说国内各地当铺栏柜，大多如此高筑，以防歹徒劫掠。

该号分有头柜（前柜）、二柜、三柜（里柜）三个层次，凡当户典当之贵重物品，恐有赝伪或认不准，即逐柜辨认，一般的衣物虽前柜即可定价解决的，为了慎重起见，总还得由二柜过目，然后才决定当款。二柜认不清的，再由里柜来识别。这个里柜，是一个套间屋，里面讲些行话，说些什么秘密言语，外人是听不到的。掌管里柜的多是些老者，且是有识货经验的行家。聚丰当掌柜郭礼，因是祖传，行家出身，无疑他也是里柜的先生之一。

典当行业是属于高利贷剥削性质的行业，凡当户急需用钱时，便以各种物品来质钱。故聚丰当经营的种类，有皮棉夹单衣物、金银首饰、珠宝玉器、翡翠玛瑙、古玩字画、钟表文契等不一而足。该号在日伪时期，改号为协进当，就连“良民证”也可以当。

聚丰当，当期为 18 个月，月息二分。当期满，即可凭当票由当户连本加利赎回当品。当户当物，一般按物值的五成计算，凡逾期无力赎回当物的，就以死当处理。死当物品多处理给古玩商、珠宝店、估衣商等，近至旧城，远至京、津一带。

聚丰当的库房占有五大间，平时房门重锁，房内挂有各种皮裘毛货和估衣等物。物品上挂有标签，注有日期货色，按季节定期晾晒，尤以伏天为重，以免潮湿虫蛀，损毁物品。凡细软首饰、珍贵珠宝、金银财物等项贵重物品，设有专柜保存。对于死当物品，也绝不是满期就一定赎不出来了，只要在未处理之前，仍是可以多出利金赎回的，一般是按利加倍。但这有时比买新品还要贵，所以一般也就不赎了。如果是无价之宝，只要当期已满，想赎也不给赎了。

聚丰当铺，院墙是夯立的木桩，然后外面用砖石包砌起来的，非常坚固，夜间还有下夜的人员。平时是谨防失盗或火灾发生。

聚丰当，资金雄厚，架本额不下数万元。故职工待通优厚，吃的也好，一般主食都是米面三餐，副食顿顿有荤菜。该号还有一个特点，就是欲辞退某一个铺伙人员时，概不公开，事先写一份辞退书，言辞极其委婉，绝不使被解雇人员有所记恨，或有难堪之想。柜上是把辞退书暗放在被解雇人员的铺盖底下，被解雇人察觉后，就主动捆起行李离职了。有的分外还给一记酬金，使被辞退的人内心有所安慰或感激。解雇信函上总进说，由于种种原因不得不剪裁，这是事出无奈，请您多体谅，只要买卖经营好转，马上请您回来……被解雇的人再有过错也不指出。事实也是如此，只要该号什么时候需用人的话，就优先把他再请回来，一般是不用外人的。

聚丰当的当票和其他当行的当票一样，专门用一种极其潦草的、使人难以认得的“当行字”来开票。所谓“当行字”就和鬼画符一样，只有本柜上的人认得。他们这样写

的目的，主要是防止假冒。对当衣物的，总是在当票上写上“虫蚀鼠咬”等字样，多新的衣服也绝不说是全新的，总得打折扣地写上几成新。这是传统做法，日久也就成了既定之规了。

聚丰当足有上百年的历史，直至解放后，在全国典当业走向没落的同时，该号才于1951年歇了业。聚丰当的门匾很大，歇业后，这块门匾据传说卖给了桥靠村的乔二娃，用它做了一扇大门还绰绰有余。

※ 蒋滋印：《归绥聚丰当》，载《呼和浩特文史资料》第七辑。

晋业祥是阎于1933年前后在绥远设立的商号，经理郝荣甫，是专门收购大烟的。晋同银号表面上做倒把生意的银号，实际收购大烟是其主要部分。

※ 阎子奉：《阎锡山家族经营的企业》，载《文史资料选集》第四十九期。

当铺又叫质店，专营小额抵押贷款。人们缺乏钱花，可以把穿用的物品拿到当铺做抵押，借得一定数额的款项，约定利率和期限，到期还本付息，赎取原物。如果到期还不了本息，所押物品即归当铺所有。因为当铺从事民间融通资金的业务，也是属于经营货币信用的范围，所以与钱庄、票号同是旧社会金融业的组成部分。

当铺多为私人经营，典当借款者多属穷人。押品估价很低，借款又是高利，双重盘剥，纯属高利贷性质。穷苦人民虽然备受盘剥，但也救了燃眉之急，这就是旧社会当铺得以存在和发展的原因。当铺业务虽然大同小异，但各地当铺均有各自特点。

民国十年间（公元1921年前后）呼市共有当铺十一家，当时人口不过五万，平均五千人口中间就有一家。这些当铺可数的有大裕当、兴隆当、福居当、德泉当、三长当、源胜当、裕源当、义嘉当、复源当、义源当，其他各家资本较小，经营一般，只有义源当资本雄厚，经营稳健，为呼市当行之首。

一、组织机构和资本情况

永记义源当究竟创于何时，失于稽考，只知其于民国八年至十三年间（1919年至1924年）存在于呼市。该号由山西太谷县仕村贾姓投资，贾家是一大户，太原、张家口、集宁等地都有字号。在呼市的义源当聘请山西祁县子洪镇的高鸣皋执掌柜政，太谷县的薛山明为二掌柜，罗殿宇、许文源、付正海都有较高身股，其余韩岐山、李丕凤、郝守仁、赵克恭、赵映春等为伙友。其间也请过其他学徒帮柜，但时间不长，不是解雇，便是辞职，以上几人一直在号，贯彻始终。全号由资方到店伙，均为府十县人，是典型的晋商祁太帮。

义源当资本有多少？未见其万金帐，不得确数。从其营业状况和往来存贷看，营运资本约为白银万两。以民国九年底为例，架本银7585两，加外该各项3700两，资金运用共11285两，除去该外各项2000两，则差数为9285两，此即应为该号资本之约数。再以民国十二年为例，架本银8978两，现银2224两，外该各项4380两，资金运用为15582两，除去当年盈利2179两，该外各项2500两，差额10953两，似应为营运资本。两数均可证明，万两资本均为贾家所投。但贾姓兄弟分门另居，在义源当投资者可数的有贾寿松、贾寿丰、贾桂林、贾桂馨、贾桂馥、贾佩英、贾启芳、贾鸿全、瑞某人等九户（短一户），可能是每股千两，共有十股，这样实际上也就等于集资性质。贾家在太谷城还有万庆利字号，此号似为暗庄，仅有徐恩铭等一二人主事，与义源当共为联号。当铺资金多余，即把现银兑回太谷，由万庆利贷放信用贷款，资金不足时，又向联号索取，各自记帐定期结算。

二、业务经营情况

一般的（地）讲典当借款者主要是贫苦农民和城市贫民，也有部分下级职员和破落财主，可抵押的物品包罗万象，金银珠宝、扁担箩筐，只要有使用价值，即可做（作）为抵押。所借之款，一般期限一年，利率则在三分以内。获利方式首先是收取票利，其次是处理老号。义源当则除了经营以衣服首饰为押品的小额抵押贷款外还兼营大额信用放款和银钱互易的兑换业务，现把他们的经营特点分述如下：

一是多上架号。民国十年前后，呼市仍然实行银钱混合流通。民八年七月底（1919年）义源当盘点库存时，以银计价的放款是1700两，以钱计价的放款是1700吊，兑入的铜钱是5000吊，按当时钱银比价，每两白银兑钱5415枚计算，共有资金5739两。这时第一次世界大战刚刚结束，帝国主义争夺在华权益。北京学生为了反对“二十一”条，爆发了举世闻名的“五四运动”。军阀混战，各省提出自治，帝国主义经济势力侵入，民族资本受到打击，纺织业、面粉业、钢铁工业都很萧条。又加华北五省大旱，受灾民众达两三千万人，死亡达五十万人。这种政治经济的矛盾势必波及绥远。按照义源当的信息即是：口外大旱，齐六月末，未落透两，秋苗旱死大半。东路逃来难民无数，羢毛皮张不能出售，各行生意袖手而坐。在这种情况下城市小资产者纷纷破产，用衣服什物质押借款者特多。义源当很快向其在老家养病的高鸣皋掌柜汇报这一情况说：“今年年景不佳，当号额外丰广，但财政困难，不敢多上架号。”高掌柜指示说：“当铺无巧，多上架即好。”义源当开始积极筹集资金，努力争取多上架号。仅在呼市借入的资金就有官钱局两千吊，外项银1100两，钱行借钱3000吊，商会借钱3000吊，总共壮大了资金2500余两，得以使该号架号突增。到民九年底义源当的架本竟突破万两之数，他们庆幸自己的成功，向其掌柜写信汇报说：“当号额外甚广，价钱比去年跌落三分多”，“咱行各家俱无放处，咱号非此年景，焉能多上架号”。义源当借入资金，扩大业务，为该号盈利和发展打下基础。

二是压价。灾荒之年，人们用款心切，只要能够借得款项，宁愿把物品低价质押，在所不惜。当铺看准此点，便尽量压低价格，义源当只要收当稍增，高鸣皋掌柜就要谆谆告诫说：“咱号每月长上架号一至两千吊，想是贪价显大，至时各位看货斟酌而论，古时总以价小为是。”民九年义源当架号突增，号内研究方针，除了借入资金增加放款外，其次就是压等压价。薛山明掌柜认为：“后首当号总广，赎者少，当者多，总以价轻为上策。”高鸣皋掌柜分析认为：“咱号架本年本月出钱计算合满钱三万吊（约五至六千两白银）以外，余思其情，尚得降价，因咱财政缺乏，且利过大之故。”他们一致意见是：“非此等年景，焉能多上架号。所以乘此灾年，把物品估价一压再压。而穷苦之人，生涯难渡，不得不忍受低价高利的盘剥，去换取小额贷款，义源当这年竟至到了架号无房堆放地步。”

三是灵活调拨资金，从中赚取利差。义源当资本万两，但放款一般在七八千两左右，少的时候还有三四千两。间歇不用的资金和待分配的利润便做信用放款，柜上从不存放大额现金，原因是口外局势不太稳定，恐有变故，遭受损失。如民国八年七月十三日城地警备队三百余名哗变，将义丰泰之货物抢劫一空。义源当大额资金一律汇回太谷出放，一般不在呼市放款，这是因为私人资本，讳莫如深，当地放出大额款项，唯恐暴露实力，又恐招致不必要的摊派，在当地则只限于临时拆借或小额周使，那也要看准对象。同行业中经常向义源当临时借款的仅有兴隆当。三长当数户，数额均在三五百两左右。他们也吸收一些小额存款，据知民九年就有敦本堂……等四五户在号存款千余两，都给予计息。集中起来的资金他们又调回山西太谷转放出去，按标期计收利息。长则半年，短则三月，到期不用，再做转期，机动灵活，不误使用。这样门市经营在口外，实力在山西，互为掎角之势。既可保存实力，又便于东家操纵，这恐怕是晋商的一个共同特点。

民初呼市尚未通火车，交通闭塞，历史上现银缺失，银根较紧，所以利率较高。山西财主多，银根松利率也低。如以民九年为例，呼市冬标月息16‰，山西太谷则仅8‰，相差竟至一倍。至于在太谷的放款，执行谷地城地利率，由双方议定。在太谷放款一律由联号万庆利经办，互计联号利息，最后算帐。呼市的这种高利一直到民国十年六月初三火车修至呼市（至丰镇票价3.45元）才有改变。通车当年，呼市夏、秋标期长年利月息即降为11‰～12‰，太谷仍为7‰～8‰，由相差一倍降为相差50%。

过去绥远商人多数来自山西，呼市大盛魁、包头福字号，均可左右市场局势，所以商业金融市场多受祁太影响。当时呼、包二市执行的都是太谷标期，这都是因为资本金往来与山西特多的原因。两地之间交通信息通过自己常设的交通骑骡奔走，每月往返一次，不误标期骡期。

所谓标期就是过去金融市场交解现银的期限，等于现在的集体结算期。全年有四标八常骡，标期分春夏秋冬，每个标期相隔大约三个月，具体日期不固定，由商会在春标日商定夏标日，逐期推算。春标过后的两个月还有两次骡期，进行小范围结算，故有“月月常骡四季标”的说法。据说这是清代发展起来的，因为当时大额交易一律使用白银，每至结算期必须用骡子驮运元宝到付款市场交解故名。武装押送现银的行业叫“镖局”，这种行为称做“保标”。民国以后，虽然不做现银解交，但每至标期，亦应通过钱行拨兑结算，清理债权债务，做到互不拖欠。如果到期资不抵债，又无人给予垫付，就叫过不了标，企业宣告倒闭。当时太谷标期一般是春标三月八，夏标六月三，秋标八月二十九，冬标十一月二十三。当时呼、包执行太谷标期，义源当的交换员于二月二十四日骑骡由呼市动身，路经右玉、杀虎口等地，在途大约十天左右，约于三月初抵太谷，赶上三月八日春标，办理结算后，稍俟休息即行起身，要在四月八日以前赶回呼市，参加骡期，如此每月往返，可谓辛苦，但通过这种交通既可带些银两，又可即时结算，且能获取信息。他们叫这种交通为“常骡”或“常标”，只知常标姓温，想来一定会些武术。

四是十分重视柜台实务（现代又叫窗口业务）。当铺生意展业性不大，完全依靠柜面坐等，而且是看货估价，一言为定。稍有不慎，不是招致损失，就是把顾客顶走。所以柜台上一要和气接待，二要慎重看货，三要价格相当，使当户能够接受，所有争取当号和压价的矛盾都要在柜台上统一起来。当铺负责柜台洽谈业务的人叫做“柜头”，义源当信得过的柜头就是韩岐山，由于经营有功，民国九年获利又丰，特别给韩岐山叙加身股二厘。谁知命运不佳，竟于民国十年四月初七亥时染病身故，义源当的各位掌柜无不为之惋惜，都认为：“可惜聪明之人，无不与寿，真是忠直可嘉，令人可叹。”该号失去这样一个得力人员是“一者伊家的不幸，二者咱号铺运不佳，真是忠直可嘉，能不令人感叹耶。”后来义源当积极寻找合适的柜头，高薛二位掌柜一再合计，都认为：“总以柜上为是。”很希望：“请一位扼栏柜之手，及□栏柜可好，若不相宜，作为罢论。”他们的理想人物是：“若有住过本行三四年之手。即多请一人则可。一度拟请温某，但顾虑温某，诚恐新旧二城腔法不对，可见柜面要求之条件是高的。结果是，请本行住过三二载之手，好者罕稀，赖的咱不用，实属难遇。”后来请到郭守礼进号，很不得手，他们认为，伊虽在××住过十来年，栏柜上尚未练达，经济甚浅，因之又辞退了，义源当此后再未找到像韩岐山那样的柜头。掌柜们都认为：“再想（找到如）此人直樸者难矣哉，想伊始终乃一不二，罕陈再想与伊聚首谈心，除非南柯一梦，恸哉恸哉。”以上种种，可见当铺的窗口业务是很重要的。

五是善于分析信息。竞争是私人资本主义的固有规律，没有竞争，就没有生存，要竞争，就要有可靠的信息。他们不但随时注意同行业的情况，而且千方百计搜集官办银钱业的信息，以便决定对策。如民国九年五月初八成立了平市官钱局，他们只知：“名为资本银十万两，落实未知多少。”当时平市官钱局发行二、三、五百，一、五千五种面额的钱票，他们分析认为：“勿论官商农民一律周使，不准违抗，现下能兑现，后首难料。”所以他们决定：“官钱局发出钞票随收随换，不可留存。”另外就是私营当行商妥，共同向官钱局借钱票五万吊（约合白银九千两）其用意在于：“唯恐钱局有不测，回赎甚多，以此抵债。”这条办法很厉害，因为官钱局刚发钱票，信用尚好，把借得钱票贷给当户，便悉数变成实物。将来钞票贬值，当铺可以用官钱局发行的钱票还贷，当铺既不受钱票贬值的亏，还从中赚得一层利。果不出所料，官钱局钱票于民国十年开始出现波动，“二月十五日突起风波，所发钱票市面顶碰不周”，要求“兑现之人云集”，义源当却未见受到丝毫损失。

又如民国九年四月二十一日成立丰业银行，他们便得知“明日官商合办，落实官无一元，商户集股千万余元”，据他们分析认为“现在兑换现洋票为主，大约难现长久”，所以采取慎重态度，仅只数年，丰业银行即告倒闭。

三、利润和分配

义源当通过苦心经营，获得了比较丰厚的利润，其利润大致可分为四方面：

首先是票利，就是抵押贷款的利息收入。小额质押贷款一般按月息三分计息，也就是月息30‰，从该号实际营业收入看，每月票利收入多则三百两，少则一百两，平均以二百两计。通年架本以平均六千两计，仅票利一项即可盈利一千五百余两。民九年获利较丰，实际收入票利二千两。

其次是出卖老号收入。当户急于用钱，虽然押品三不折二，在所不惜。再加义源当一贯主张压价，原值百元物品最多给予五成，所以处理下架老号货物时获利也多。有钱人还可望回赎，穷苦人则失去赎取机会，只好忍痛割爱，任凭当铺处理。当铺的质品都按千字文排号，天地玄黄，每月一字，顺序排号，每次处理老号三个字或两个字，约占架本的7% ~8%，为五百两左右，以便加速资金周转。出卖首饰利大，可达一角一分，衣物利小，维持七分，均利约在九分左右。每次收入四五十两，每年处理三四次，获利一百二三十两。民九年全年老号额一千四百余两，实际获利 126 两。

再则是信用放款利息收入。义源当资本万两，架本和库存现金仅常保持七八千两，其余二三千两汇回太谷做信用放款，连同待分配利润，信用放款总保持在四千两左右，以月息平均一分计，每年收入放款利息约四五百两。

最后是兑钱收入。义源当经营银钱互易的业务，当时呼市实行银钱混合流通，少量纸币，人们不愿接受，再加白银数量少，所以银价高，钱价低。清政府规定两银合铜钱壹千文，但由于鸦片输入造成中国银荒，内地两银换铜钱二至三千文，呼市竟达五千多文。再加铜钱官钱减重，私铸劣钱又多，所以品类混杂，悬殊很大，给兑换业造成牟利之机。呼包市面最足值的钱称为“满钱”，即全部一色大铜钱，最次是“三六钱”即一百文铜钱内允许夹杂三十六个小钱。义源当办理银钱互易自然也能获取一些利润。

私营企业的利润分配一般是劳资四六分成，义源当属于口外生意，劳方比较吃苦，以对半分成计算，三年合账，如盈利八千两，资方五成是四千两。贾家十股每股收入四百两。劳方四千两，义源当最高身股不超一分五厘，较老职工顶有身股，如民九年给许文源、付正海各加身力二厘，李丕凤加二厘，韩岐山、薛映春新加身股二厘，这样劳方合计，不过十分样子，每股也为四百两。这样一个顶一分生意的掌柜，三年可得余利四五百两。顶二厘生意的职员可得余利百十来两。至于一般职员则管吃住以外，按年计算，付给劳金三十两。平均每月白银 2.5 两，合钱十二吊，按时价可买小麦十石，生活还是可以过得去的。

表 1－24　　1919—1923 年呼、太、祁长年月息比较表

年	季	千分比	呼市	太谷	祁县
1919（民国八年）	7 月	‰	14	9	7.9
1920（民国九年）	春	‰	15	7.8	7.1
	夏	‰	14.5	7.8	7.1
	秋	‰	15	7.75	7
	冬	‰	16	7.9	3
1921（民国十年）	春	‰	14	7.3	7.5
	夏	‰	12	7.2	7.4
	秋	‰	11	7.2	7.4
	冬	‰		7.9	7.5

续表

年	季	千分比	呼市	太谷	祁县
1922（民国十一年）	春	‰		7.9	7.5
	夏	‰	11	7.8	7.5
	秋	‰		7.8	7.5
1923（民国十二年）	春	‰	11	8.0	8.0
	夏	‰	12	7.9	8.0
	秋	‰	11.5		7.5
	冬	‰	12.5		8.0

※ 乔晓金①：《归化城的义源当》。

库伦金融业，除中国银行外，其能占特殊势力者，可分为三种：①为汇兑兼货庄，能吸收俄钞，买金磅汇上海，于金融界大占热力。但自蒙人独立以来，例（倒）闭者亦复不少，如祥发永、中兴和、大升玉、大泉玉、恒隆光、兴太隆等，即存在者，自欧战发生，俄钞价落，不敢吸收，金融亦属周转不灵。②为钱庄兼货庄，与各商介绍汇兑京口存款放账为业务，昔亦以俄钞收买金沙，为周转资金方法，今以俄钞关系，业务亦颇受影响。③为放蒙帐款兼货庄，资本雄厚，惟蒙人欠款，颇难索偿，幸而以货易货，利上增利，一时尚能支持，兹将现存各庄，分别等次列举如下。

表1-25　（甲）汇兑兼货庄

字号	等第	资本	股东姓名	经理姓名	备考
公合全	一	四万两	张疑林	张兆兴	茅思克瓦有分庄
锦太亨	一	四万两	曹克让	王玉贵	山西曹家资产有五六百万茅思克瓦有分庄
裕盛和	一	二万两	霍梅	吕相	茅思克瓦有代理店

表1-26　（乙）钱庄兼货庄

字号	等第	资本	股东姓名	经理姓名	备考
公合元	一	一万五千两	张疑林	周继武	
锦泉湧	一	五万两	曹克让	张恩滋	
裕源永	一	三万两	霍梅	侯秉武	

① 乔晓金，山西祁县人，解放前在内蒙古金融界工作，解放后为人民银行内蒙古分行干部，本文系本书编者1983年在内蒙古考察时，作者提供的油印稿。

表 1－27　（丙）放款兼货庄

字号	等第	资本	股东姓名	经理姓名	备考
协裕和	一	三万两	杜陶	张定都	蒙古借款约有二三十万元
林盛元	一	二万两	靳齐川	徐廷荣	蒙古借款约有三十万元
大盛魁	一	五万两	张凤五	高建枢	蒙古借款有一百余万元
天义德	一	三万两	于正山	李银	蒙古借款约有六七十万元
协和公	一	二万两	侯庆哉	张福	蒙古借款约有三十万元

※《库伦商业金融调查记》，载《银行周报》第二卷第二十二，二十三号（连载），民国七年六月十一日、十八日。

六、其他地区

当铺行业在我国有着悠久的历史，始于何代我不清楚。据我记忆，兰州在民国十六七年，有 14 家当铺。当铺分大当、中当、小押当三类，其中大当六家、中当七家、小押当一家，分别设立在城关各街道。原新关街（今秦安路）设有中和当、致中当，原道门街（今武都路）有树顺当、均和当，府门街（今金塔巷）有天成当，万寿宫口（今通渭路南口）有明德当，桥门街、炭市街（今中山路北端）有亨达当、裕亨当，绸布街（今酒泉路中端）有锦德当，下坡街（今新桥东端）有昌福当等。以上就是当时当铺的分布情况。

（一）我是怎样进当铺学习的

我于民国十七年（即 1928 年）由山西来到兰州，在中和当当过两年学徒。在旧社会，要进当铺当学徒是很不容易的，没有得力人荐举是进不去的。中和当的东家，是我本村一家姓柴的财主，他们在兰州还开设有致兰斋海菜铺、顺德绸缎店、中盛永字号房等商号。这些商号都是柴姓父辈柴良臣（乳名叫梨儿）亲自创设的。子辈有兄弟三人，老大名叫柴玉汝，在原籍家中掌管家务；老二柴仲圭，在兰州管理各商号；老三柴宝山，在太原上大学。我小时因家道贫寒，求学不得，意欲出外谋生，遂央求柴玉汝给其在兰州的弟弟柴仲圭写了一封信，到兰州托柴找个事干。到兰州后，我持柴玉汝的介绍信，到致兰斋海菜铺拜访柴仲圭。当时，我以同乡辈分关系称呼他一句“二哥”，便躬身站在一旁。他将家乡情况问完之后，我才将信件呈交。柴仲圭爱受人尊称，我叫二哥，他是很不高兴的，因为在兰州人都尊称其为“二爷”，所以，第二天我就以二爷相称了。当他问我：“念过几年书？会写字吗？”我说：“念了三年私塾。”柴叫人拿来笔砚，让我写几个字看看。这时我心里非常紧张不安，该写什么呢？想起在出门之前，听到过出门的老前辈讲过，要学生意，进门多说吉利话，因而拿起笔写了“入高门习学礼义，遇名师教训成人”两行字。柴看之后，似觉有感，仔细地将我打量一番，对带我来的王先生说：“你就将这孩子留到这儿吧！”到了晚上我就主动地帮其他学徒扫地、倒垃圾。在该商号住了四天，到了第五天柴派人将我送到新关中和当，当了学徒。

（二）当铺的组织

中和当大约在民国初年成立。据传，兰州当铺惟树顺当最早。当铺多属合股经营，有本半人半，或本六人四的分成。就是说每年纯利润分配，资本主（也叫财东或叫股东）分得半数或六成，人股分得半数或四成。中和当是独资经营，资金不太确切，大约1万银元之谱，没有股份分成，包括经理、店员都是年工资制。主要人事、经济权部由财东自理，经理不时请示汇报。中和当有从业人员13人，其中经理一人，管帐先生一人，总管业务一人。总管主要负责贵重当品的估价、珠宝玉器真假质量的鉴别、金银首饰的成色识别等。柜员四人，每日站柜台接待日常当户的当物赎取业务。助理柜员二人，负责当物的包扎编号、赎取物品的对号寻取等。学徒四人，轮流做饭、端饭、扫地、擦灯、装烟、倒茶、铺床、叠被、侍候来客等杂务。

（三）业务经营状况

中和当在同行中要算大户，也属于大当之列。由于财东的交际宽、声誉大、资本充足，生意比较活跃。由于信誉稳固，所以社会上的官吏，有钱人都愿意低息存入，高息放出，这就叫“放羊看草坡”，目的是保本可靠。当铺的业务活动，就是用抵押品放高利贷。来往的对象主要是钱铺和估衣铺。对钱铺的交往，主要是资金的存取活动，即当铺的资金，除收存当物使用外，余资连同社会存入，就以比较高的利息放入钱行，这样，当商既可扩大资金的运用，还可从中渔利；对估衣铺的交往，就是每年有“折当”一次。折当就是出当后的物品（到期无力赎出的当物）出售给估衣行业。

当价的标准，是估值半价为准则。为什么要估值半价为准则呢？例如，大当的物品，当期是三年，月息二分半，以当值一元来说，三年利息就是九角。这就清楚地看出，当铺考虑到三年出当之后，实物出售可本息一并挽回。但也不尽然，金银首饰可当七八成，衣物最多六七成。所以说要在当铺学好一个柜台好把式，需要有相当的经验和识别能力。为了挽回当年的利润和延期当户的物品出当，每年到冬腊两月，减息两个月，例如三分息减为二分。所以每年到冬腊月付息、换票和赎当的顾客盈门，接应不暇，这就是当铺最繁忙的时期。

（四）利率及票簿

当铺大、中、小三类的区别法是：大当，当期二年半，月息二分；中当，当期二年，月息二分半；小押当，当期十个月，月息三分。大当只当单、夹、棉、皮衣物，金银首饰，珠宝玉器等。中当除上述外，还当金属用具。小押当就是什么都当。所列区别仅是大概情况。

当票，就是填写当品的名称、件数、当价金额的凭据。是按《千字文》中的“天、地、元、黄、宇、宙、洪、荒”等顺序类推，每月用一个字头。正月为“天”字头，第一笔交易为“天字第一号”。各种当物均以符号代替，如衣服用“·”、“○”、“×”，谓之单点、棉圆、夹是叉。“夭”、“/”、“广”、“马”谓之袄、衫、裤子和马褂。写当票时，开首写有“破碎”、“污烂”、“虫蛀”、“坏色银”等字样，这些字都是以草书填写的。其用意有三：一是使人不太注意和看不懂，否则人家全新的东西，你写上这些字

会发生争吵；二是预防保管不善，衣物受到损伤时，可以据理力辩；三是万一起了诉讼，也输不了“理”。实际上是一种坑人的做法。

存放、保管与提取，采用“三合同”。就是建立有号簿，号牌、当票三者字头相同，保管时使用一种木制的梯形架子，按字头分格存放，便于查对提取。这样既离开墙壁，又离开地面，以防鼠咬与虫蛀。对于皮件当品，每年春季要进行一次“抖号”。抖号就是将皮制衣物晾晒一次，重行包扎，加放樟脑，以防虫蛀。

折当，就是每年将出当的物品卖给估衣铺。出卖时采取两种方式：一是“滚架子”，滚架子就是按号簿照抄出当的物品，计算原当价格，加价20%或30%不等，双方协商交易，这就叫“滚架子”；其二，按件论价，这也是当商的一项重要业务。上述情况，各类当铺都是大同小异。

（五）号规及待遇

各类当铺的号规、待遇各有差别，例如股份生意，有本股、人股之别，独资者又与股份的有别。每年分红和工资的发放大概是：股份，除财股分得半数或六成之外，其余半数或四成则由身股人员各所占的比例分得，但这些身股人员每月没有固定工资，采取预支的办法暂付记帐，待到年终结帐分红，再作冲销。实行固定工资的无红可分，如果生意赚了钱，由掌柜的酌情给伙计奖些赏钱。中和当是独资经营，就是掌柜的也是固定工资，每年120元（银元），总管业务80元，柜员30至60元，学徒5至8元。所有一切，都由掌柜的随时给财东请示汇报，由财东定夺。

号规大体上是：日出必须夜归；不得携家带眷；不准贪污盗窃；不准营私舞弊；私人东西进出商号必须查看；还规定有每满三年可回原籍探亲一次，假期十个月，从正月离店到十月十五必须返号，按期者可照支全年工资（往返旅费自负），逾期者给半数或少给，均由掌柜自行决定。

另据记忆，当时还有一种拿钱当钱的情况，就是拿银元一元，当上三角钱，过几个月再来赎取，很觉惊奇。其实并不奇怪，因为那时钱铺，银、钱兑换有种“贴水”在内，如果你拿一块银元，兑换成铜钱，只能换三串，若再拿铜钱向钱铺兑换银元一元，就可得三串一二百铜钱，这就叫“贴水”（也叫名头）。而在当铺当三角钱，过几个月赎回，所出的利息要比贴水少得多。这就说明了那时人民困难，一举一动都在精打细算。

（六）与官府的关系

据说，从前当铺开业必须向当地官府呈报立案，才能领取营业执照。为了受到官府支持和保护，向官府有关财政部门领有少量的资金“护本银”，所以有的当铺挂着一块“裕国便民”的金字牌匾，但穷人有一种说法：“裕国便民，勒死穷人。”据说，民国初期，官府规定有一条，当铺在柜台内打死人不偿命。如遇兵燹，当物受到损失，呈报官府，当铺可免予赔偿。但每年逢年过节，当商大摆筵席，请客送礼，求得保护。

到了20世纪30年代左右，随着纸币的流通和不断的贬值，当商再也无法维持他的银本位，随之先后宣告停业，从此就结束了当商的业务。

※ 赵景亨：《对兰州当铺的回忆》，载《兰州文史资料》第十一辑。

西宁当铺业到民国十九年（1930 年）以后逐渐被淘汰而衰落了。

由于西宁地处西陲，经济文化落后，其间商业及金融业的发展，多由善于经营的山陕帮商人垄断。早在清嘉庆初年，在城北区朝阳村山西人董姓开设当铺一处，时间较长，一直到光绪年间歇业。当铺旧院今尚在，人们将旧址院迄今仍称呼“当铺院”。之后光绪年间又有官井街（今民主街）开设当捕一处、仓门街当铺一处，至清末前后歇业。民国初年起，西宁当铺业开始处于全盛时期。当时西宁当铺业前后共计六处：①北大街有统心当一处，山西人经营。②大什字有庆盛当一处，山陕人合营。③西大街有益恒当一处，山陕人合营。④南大街有益成当一处，陕西人经营。⑤莫家街有恒泰当一处，陕西人经营。⑥石坡街有世诚当一处，山西人经营。上述当铺在民国十九年以后歇业。他们的资本雄厚，皆为银币万元上下。当时流行的除银币外，辅币有清代的制钱（内方孔外圆黄铜钱），每枚当一文；大清及民国的红铜元每枚当制钱十文。

当铺业从内地传来，其经营方式，与内地大同小异。当铺一般是三间门面，门口有某某当铺字样，柜台上面的牌子上写一个二尺见方楷书的“当”字，四角并写“军器不当，裕国便民”八个字，十分醒目显眼。第一进是大门；其次是铺堂；再进是柜台，柜台很高，大约有二公尺左右，柜台上装有木栅栏，四壁很少开窗，主要为了防盗窃，因此比较森严黑暗。后面为当铺后院，高墙厚壁，是仓库所在地。所有被当的东西、杂物，分其贵贱、大小分类编号存放，专人保管，严禁外人入内。

当铺的资本，有独资合资之分，俗称“老伙计”或“东家”。东家一般不直接出面经营，而是委托或聘请可信赖的经理主其事，俗称“掌柜”。随着资本及经营规模大小设有二掌柜、三掌柜等。这些人一般都熟悉业务，尤其是鉴定被当物的价值，有独到之处。例如对文物字画、金银玉器首饰之鉴别、作价等，另外还有“先生”专管开当票，依掌柜及物主讨价还价后，写给当票。当票是交易的凭证，它有一定的规格模式，是木刻版印刷的，约有 32 开纸面大小，上写来当者的姓名、住址、当物名称、编号、息率及赎当期取等项目，票头同有“军器不当，裕国便民”字样，加盖图章。所填写的字体都是奇特怪异的章书，一般人不认识它，实际上是当铺的暗号，只有当铺知道。当铺主要收当民间男女冬夏衣服、生活用品、生熟铜铁制的器具、劳动生产工具及文物等。如果当票遗失，即速报当铺挂失，叫“打失票”。

朝阳村庄山西董姓当铺因地处郊区农村之故。该当捕除收当一般衣物、农具、生活器具从等外，还收当农民生产资料——粪土（肥料）。粪土在原地内不动，成交之后，当铺在粪堆上插一木牌，上写已收当字样等，另外给一当票为据。俟春耕时，农民将粪土再赎回，青苗亦然。这是与市面当铺不同之处。

当铺内组织，除东家、掌柜、先生之外，其他皆是学徒，叫“伙计”。他们是招来或荐来的，来前必有殷实的铺保或人保。即保证遵守一切铺规，不偷不盗，不外泄当铺内情，严格按规办事。如犯铺规，给予处分，重大者除名。当铺的学徒一般都比较冷漠、死板，不同于其他商业伙计。

承当的过程，当物人把当物交给柜台，由掌柜过目鉴定，问明当多少钱，当铺只给

物价的一半或更少。月息都在当市的3.5%。成交之后，填写当票。注明当期一般为二年，过期不赎则成死当，那就由当铺转售估衣铺标价拍卖，当票也自行作废。

除当铺外还有小押当，它是个体独自经营的小额抵押借贷。（小）押（当）与当铺有不同之处，如当铺必经官府颁发给帖（即营业执照）始可开当。而小押当官府不给帖，备案就可营业。小押当只押少量简单衣物及小器皿等。承当的什物比当铺估价较高，利息也相应地高。押当期很短，一般为一两个月，不得超过三个月。无当票，只写一个简单的私人收据为凭，手续简单，逾明不赎则为死当，小押当转卖给估衣铺出售。民国十年左右西宁的小押当盛行，有十余家之多，如饮马街解姓就是开小押当其中之一，有的小押当不是专业，兼做其他小生意。但与当铺相比，那就微乎其微了。

当铺业务是经营抵押借贷，它属于金融行业。资本虽有大小，但在客观上起了活跃民间借贷流通的作用。因为来当的人，多半处于手头不便，拮据危难，急需用钱，因此有便民的一面。而其高利贷剥削的一面，也是十分残酷的。另外由于其他原因，当物人迁移他处，到期不能赎回的；还有本息时间过久，赎不起的，当铺就等于以半价收购，高价出售，以死当的办法图高额盈利。

※ 陈邦彦：《西宁当铺业简况》，载《西宁文史资料》第五辑。

第六节 | 清末民初的金融行规

一、克钱

寿阳克钱

克钱是寿阳县的一种信用货币。为山西寿阳商人所独创和利用，它从清代中叶到民国十九年晋钞毛荒存在了一个多世纪……

当你把现钱投入商号以后，就可以看见：现钱不见了，得到的是比现钱更多的钱即克钱，写在商人的帐簿上。这一更多的部分是商号付给你的利息，叫做加头。公式如下：

现钱 + 加头 = 克钱

用实际数字表示：假如投入商号的现钱是一千文，当时市场的加头行市是每千钱八十文，得到的克钱就是：

一千文加八十文等于一千零八十文。

商人付给你的加头是为了购买现钱的使用权，限期为一年。到年终期满，次年正月，你的克钱就还原为现钱。

由此可见：如果参加了克钱社会，钱每年都要按复利计算而增加。因此人们都愿把他的余额投入克钱市场参加克钱活动而进行增值。若有必要需要现款时，你也付出加头，你就又获得了现钱。

你把现钱投入某商号变成克钱以后，和某商号的关系就是债权债务的关系，就是说，你对某商号有了债权，某商号对你负了债务。债权和债务是可以转让的。因此，你对你的克钱还可以自由使用。如你在另一家商号以克钱价格购买了商品，你就可以通知你的债务商号，把你的债权，转让给那个商号，成了他们的债权债务关系，消灭了你和他们的债权和债务关系。这就是克钱的借贷不同于一般的借贷所在。因为一般的借贷是：贷出的一方得了利息，就失掉了自己的使用权，克钱的借贷是贷出的一方，得了加头，还保存着自己的使用权，也就是说，你还可以用转帐的方法行使它的支付职能，使它仍旧为你服务。这就是寿阳克钱能够吸引人的独特之处。

在阶级社会里，无论是高利贷者或借贷资本家，当他们进行借贷活动时，必须留下一定量的货币以购买日用生活品。这样，社会上就有一部分货币闲置在所有者手里暂时不用。在克钱社会里，既然货币所有者贷出货币还保留着它的使用权，他就无须留置这一笔备用货币，也把它投到市场去了。由此可知：克钱社会不仅吸收了大量的借贷资金，所有社会上的一切游资，也都被它吸收进去了。

克钱制度既已确立，原名“客钱”一词是否能表达它的意义呢？当然不能，因为客钱表达的是：它不是自己的资本。现在是：自己的资本也已经变成了克钱。“客钱”二字，对它说来就没有意义。但是为什么不名为其它别的名称而一定要名为“克钱”呢？考寿阳商业术语，把货币从甲地转移到乙地，并同时互换了他们的所有权叫做“克兑”。亦简称“克”或“兑”。如甲在天津有款，用途却在寿阳；乙在寿阳有款，用途却在天津。两人相遇，乙把乙在寿阳的款让给甲，甲把甲在天津款内和乙相等数目的款让给乙，这样一掉换，各自解决了问题。于是甲就说：甲的天津款“克”回寿阳来了，或“兑”回寿阳来了。乙也说，乙的寿阳款“克”到天津了，或“兑”到天津了。可见“克”和“兑”同义，都是表示货币的转让的。至于“客”、“克”则不然，“客”表示它是归谁所有，纯属私有性；而“克”表示的是它的流通性能，是它的社会性，所以不用“兑”而用“克”者，“客”、“克”同音，从习惯也。

※ 寿阳县志编纂委员会：《寿阳县志》，258～259 页，山西人民出版社，1989 年 6 月。

二、拨兑与订卯

谱子所以代表现银。拨兑所以代表现钱。而谱银与拨兑钱。其周行法。亦有不同者。拨兑钱者。其性质为永远周转。并不兑现。而谱银则有周转、兑现之分。仅用以周行而不兑现者曰客兑银。至谱拨现银。每届一月之期。即须兑现。此项谱银。俗亦曰点个现银。其过拨期限。即在标期、骡期。至期各商收项付项。均归入钱行。各钱行互相拨兑。期限定为三日。每期下月第一日过拨钱项。第二日过拨银项。第三日各钱商齐集本社所。会同总领。举行总核对。钱行术语。谓之订卯。

※ 绥远通志馆：《绥远通志稿》第四册，669 页，内蒙古人民出版社，2007 年 8 月。

三、标期与标利

标 期

标期为商场交解现款之期限。晋省通例，每年分春夏秋冬四标。大致每标相距为三个月，日期则因须选合吉日关系，并不固定。以前系由苏广庄与银钱业公选黄道吉日议定之，现则由商会召集各业公定。查标期之发源，实由于对蒙俄之贸易。清时外蒙对俄贸易之中心在库伦，而张家口则为内地去库伦必经之关口（以其地位在东，故称东口），出关即为口外。本国商人，尤以晋商为伙，采办两湖之茶、曲沃之烟、许昌之绸、南京之缎以及苏常京广杂货，运至库伦，销于蒙俄。复向库伦运回外蒙之牛、羊、马、驼、蘑菇、皮毛及俄产之回绒、哈拉、哔叽等毛织品，发售国内，北平、四川、河南、西湖、两广、江浙等地。货商去蒙境交易，全系以货易货性质。其金融周转之时期约需一年，多仰赖东口金融界为之调剂。每年总结帐一次，必须以镖车运现银交解，因有一年一次之标期。按归镖现建归标，东口之标期称为大寅标，因夏历建寅，正月为寅月，标期多在正月，故名。惟国内商人如不出库伦贸易，仅运货至东口销售，则其归现之期，一年分为春夏秋冬四标。

负责债权债务清算的太谷商会的标期标牌

东口以外，复有西口。西口在绥远，现改归绥，为去外蒙乌里雅苏台及新疆镇西之关口，其标期较东口为迟，因由东口运镖至西口约需二十日，故西口标期较东口迟二十日。再迟二十日为太原标，太原标后五日为太谷标，太谷标后五日为太汾标。其间相隔之日期，皆为镖车运现所留之余地。至今相沿成习，晋省金融界仍有归标之习惯，而各地标期相差之日数，亦仍其旧。例如，民国二十四年之标期（国历计算）：

表 1－28　　民国二十四年之标期

	东口日期	西口日期	太原标期	太谷标期	太汾标期
春标	二月四日	二月二十日	三月三日	三月八日	三月十二日
夏标	五月六日	五月十五日	五月廿九日	六月三日	六月七日
秋标	八月一日	八月十六日	八月廿四日	八月廿九日	九月三日
冬标	十月廿日	十一月十五日	十一月十九日	十一月廿四日	十一月

利息

晋省银钱业存放款项，分为借贷及往来两种帐目。存款项下，分该外借贷与往来浮存；放款项下，分外该借贷与往来欠款。借贷帐以标期为归还期，期限相当固定，往来帐则随存随取，或随借随还，无固定期限。前者计利，后者无息。

计利之方法，约分四种：一为满加利，二为短期息，三为对月利，四为长年利。四者之中，以满加利最为普通，所谓满加利者，乃满标加利之谓，可分动静两面申论之。

就静态论，则一年分为四标，按标公开利率，春标开夏标，夏标开秋标，秋标开冬标，冬标复开次年春标。依此循环，决定由此标至下标归款期内之满加利率。但每标期之前半月，钱业即行预开下标之利率，以衔接下标。其利率大致每千元满加利二十元上下，例如，民国二十三年春标满加二十元，夏标满加十二元，秋标满加二十元，冬标满加二十九元。循此即可知自冬标日借款至翌年春标归还，每千元须加利二十九元。但就动态而论，则市场金融松紧日有变化，一标三月之内，每日有每日之满加利行市，甚且每日有早、午、晚三次之行市。满加利之决定，每日由钱业公所交易定之；既随标期之远近而伸缩，复凭银市松紧而涨落。秋季粮食上市，需款孔亟，银市较紧，归标时期虽近，满加利并不因之而低。春季银市甚松，用款极少，标期虽远，而满加利率反低。例如，民国二十四年秋标在八月廿九日，冬标为十一月廿四日，秋标开冬标之满加利为二十一元，而十月三十一日至冬标归款之满加行市尚为二十元；十一月一日则降至十六元。又如，同年春标在三月八口，夏标在六月二日，春标开夏标之满加利为十八元，而三月九日至夏标归款之满加利为八元，三月十二日满加利为七元。故所谓满加利者，与所谓满加利者，与其谓为以借款时间为期限，毋宁谓为以按标归现为标准。

长年利每标有开，民国二十三年太谷春标开每千元长年利九十六元，夏标开八十五元，秋标开八十六元，冬标开九十五元。月息亦每标开盘，惟其归还之期亦以标期为准。每次连开三标，如民国二十三年，太谷春标开夏标每元月息为八厘，冬标为七厘九；夏标开秋冬标月息七厘，次年春标亦七厘；秋标开冬标月息七厘一；次年春夏标均七厘一；冬标开次年春标月息七厘九；次年夏秋标月息均七厘八。

短期利息分为二种：一种系按粮期而定，太谷粮期以二十天为一期，故短期息均以二十天为期。例如，民国二十四年十一月五日为粮期，十月十五后之短期总均以此日为期，日开利率。十月十六日至十一月五日之短期息为每千元八元，十八日为七元，十九为九元，二十为十一元，廿一日为九元，廿二日为八元，廿四日为八元半，廿七为六元，廿八为八元，三十一日早市四元，晚市十元，十一月一日为四元半，二日为二元半。其间如无交易则停开。外业借贷系按前一日行市。又一种则为五天、十天、半月、二十天，一二日亦有之。例如，太谷钱市，十月廿七日至十月三十一日五天之利为每千元四元；十月廿七至十一月五日十天之利为每千元八元二角；十一月五日至十一月廿五日之二十天利为每千元十六元。

※ 蒋学楷：《山西省之金融业》，载《银行周报》第二十卷第二十一期，民国二十五年六月二日。

六、信约公履期——标期

凡晋人所营商之地，商与商皆有履行清债之信用时，谓之“标期”，简谓之“标”。年有春、夏、秋、冬四次，皆在仲月，太原平原各县原有二“标”：一、“太汾标”，凡在太原平原地之省城，以及旧太原、汾州两府所属之各县行债者用之，本县用此。二、“太谷标”，凡在太谷行债者用之。太汾标先于太谷标五日，每年一议。太汾标债多为贩商。太谷标债多为趸买。趸卖者日“交行庄”。因供消费之贩者多趸买之于太谷，故太

谷标后之。自正太路通于榆次，往来之货多集于此而为市，则民国以来即又增起“榆次标”。故现有三种“标”，以供信用放款及信用放货二者之需。至标而不能履行清偿者谓之“顶标”，一经顶标，债务者立地停止再借再赊，而为倒闭之肆。

信用放货之目的，在买卖者之资本或信用誉为卖货者所信，则可以约后标期付价而先取货。至所约标期至，则以售资而清偿，而再约后期以贳货。售者可以于赊际之时间，比之现付售价者而无加息以多利，买者可以不需资而得贷。同光之间，太汾标期，县之交行庄多留外商以购物清债。太谷标期，则更相率以往太谷而购物清债。夕阳西下时，多有明标来（解现银者谓之“明标”）。将近城，鸣火枪一声高喊而入，络绎不已。其以轿车运入者则尤多不可纪。清末民初，县城交行庄相率休业或远徙焉。廛间寂寞，非复当年气象。

信用放款有二：（一）专放于商号者谓之“帐庄”。商号贩买时，欲以资金补助其资本则借款。同光以前，凡为殷实商号，则帐庄俱欲争贷。帐庄而外，凡个人之现银亦托人情而存于其间者。是以殷实商号其资金有超于其资本额之数倍者。其利率则每至前标期而新议。在同光金融稳定时期，长年利率为本额百分之六七。季标利息，有最大之额者，谓之“满加”。银根愈紧则满加愈大。（二）银钱行放于信实人户者。光宣以前利率最大之额月不过百分之一，亦有议以标期者。自各埠晋商倾颓，入银渐少而银根紧，银根紧而利率反不如外埠之高。其因：一、殷实之商渐少，帐庄不轻出放。二、事业无生产组织，不能因生产而贷借。三、不知抵押借款。四、农村为高利贷所据。

※ 刘文炳：《徐沟县志》，163 页，山西人民出版社，1992 年 3 月。

在省南府十县，市上大都是出放满加利，以 1000 元为单位。按山西多年旧例，每年由商会议定春夏秋冬四个标期，晋北自张家口、归化城起，经大同到忻县，省南自太原、榆次、太谷、祁县、平遥等地，从北往南，每一标期，退后五天。这个规矩起源很早，原是由标局设立的，以后汇兑事业兴起了，就为商家放款结帐期，当商会定出标期后，同时就开出本标期至下一标期的满加利和对年标的长年利，每届标期就是商家生死关头（其中包括至标期的贴现汇款）。当时省银行在府十县所放的大都是以千元为单位的满加利，每届标期，多地钱商云集，帐务至深夜才能结算，标期过不去，就得倒闭。当时省银行在这方面是起操纵作用的，人皆看省银行在这一标期是收是放而定行止。

※ 张正廷：《山西省银行片段回忆》，载《山西文史资料》第一〇九辑。

四、民间借贷习惯

每日清晨钱行商贩，集合于指定地点，不论以钱易银，以银易钱，均系实现行市。逐日报告官厅备查，各钱行抽收牙佣，均遵章领有部颁牙帖。入民国后，相沿未改，谓之钱市。其银钱业商人，以山西祁、太帮为最，忻帮次之（清时祁、太帮为盛，民国以来，忻帮人较盛，近年亦不振矣），代帮及同帮又次之。故其一切组织，亦仿内地习惯办理，由各钱商组合行社，名为宝丰社。社内执事，号称总领，各钱商轮流担任。为交易便利计，故有钱市之设，按市面之需要，定银分及汇水之价格，自昔至今，一仍旧贯。

※ 绥远通志馆：《绥远通志稿》第四册，663 页，内蒙古人民出版社，2007 年 8 月。

钱庄之间，在营业过程中，也互相短期借贷，他们把这种形式称之为拆票。就是由多银者拆出（贷出），缺银者拆进（借入），其期限一般为两天，俗称“两皮拆票”。如到期经双方同意转期两天的称“转帐拆票”。此外，为了临时调剂盈虚，还有为期一天的借款，称“独天拆票”，他们就是这样互相周转。

※ 陈殿英：《民国时期高平城内的钱庄和当铺》，载《山西文史资料》第一〇三辑，1996 年第 1 期。

介绍山西未事变[①]前的商务习惯：银钱业有钱市，外行不能进市做生意，得托银钱业转做，大致是买卖各种辅币，拆放款项，现汇或期汇。最末所做的行市即为当时行情，如不稳定，太悬殊时，则分开盘、中盘、收盘三种行市，普通照收盘行市加下一些。对外行营业（市后所做生意）、零星兑换辅币，加下作为手续费。很前还做赌博性的、买空卖空的“钱盘子”，有赔的就有赚的，所以出现商号倒闭，个人则倾家荡产。“钱盘子”不是各地钱市都做，从前只有太原和宗艾（寿阳管），是□点，累经禁止，渐渐消失。

粮业有粮市，与钱业同，十九做了投机，买空卖空，不过也有十分之二三过了实货，叫“粮盘子”。太谷粮食聚积时，曾拟办“粮业贸易所”，等于京津、上海的“证券交易所”（人们做公债生意）。又有粮集，都是现货，任何人都可买卖，粮业给看货色，喝行市，代过斗称，从中“打佣钱”（即向买卖双方要手续费），行市是每石的价格，如过称：麦子老称 140 斤、红粮 125 斤折一石，其他各粮均有定量，不论斤称价，有现货无人要时，粮业自收。“粮盘子”太谷是论车，每一车 40 吨（指火车），按粮种类，各有定量（如一车麦是 500 石）。

货币方面，以前是银子为主，铜钱为辅，渐渐成了银元为主，其他为辅。银元初是由印度流入的鹰洋，后“站人”、大清银币、光绪元宝、袁头、蒋头，均是七钱二分重的银元，前三种质量好，渐渐绝迹，货币学所谓“坏货币驱逐好货币”。换前三种银元做到加费 50 元（每千），大都熔化改造了，后来金店亦收银元，听说可以抽取一点黄金；后三种有坏的，如硝水点了的、袁头闭眼的，以及包铅的，过数时常被剔出。

※ 常紫书 1975 年 5 月 14 日提供的材料：《阎锡山垄断金融核心——山西省银行历史及牵涉到的经济材料》。

① 应是“七七事变”。

第二章 民国初年的金融政策

第一节 | 山西省军政府的财政金融措施

一、大汉银行发行军用票

革军设大汉银行，行使纸币，名曰军用手券，分一毛、二毛、一元、三元、五元六种，军饷赋税，一律通用。商民不肯收用，后派兵赴平、祁各县勒捐现银三十余万两，开设分局三处，兑换现银，又设临时当铺三处，粥厂两处，又酬银元，仍用东三省旧模，宣统年号，成色太低，人不肯用。

交通之不便：正太铁路不卖客票，电线亦多折断，邮政局不准封口，查过方能寄发。又拟改大清邮政为大汉邮政，邮局不允。

……

长官之公推，手票未能流通，军士汹汹欲变，谘议局为安民起见，公推李盛泽为权理民政长官，太原府周勃为次官，手票、公债二者并行，亩作抵，出视担保，方得无事。

大汉银行军用票

……

都督之潜逃：22 日阎锡山亦由娘子关回城，收拾金银，不知去向。所有溃军，将谘议军装两局抢掠一空，纷纷出省，约有三千余人，徐沟一带蹂躏不堪。

※《天津大公报》，1911 年 12 月 27 日，载《山西文史资料》第四辑。

新军军用票。1911 年 12 月，山西成立“辛亥革命”军政府，推选阎锡山为都督，因军费开支困难，由“大汉银行”发行六种军用票，面额为一毛、二毛、五毛、一元、三元、五元，为军人薪饷之用。

※ 董治文：《民国时期的山西货币》，载《金融经济·钱币专辑》第1辑。

军用票：五千四百二十七两八钱七分。是项为前都督府收存之本省军用票，计小洋九千七百七十元零一百八十文，按一千八合红封平银五千四百二十七两八钱八分，以六钱七厘六分八，折合大洋八千零十九元九角一分七厘。

※ 国家第二档案馆（南京），北洋政府财政部档案，卷一〇二七-441。

二、向祁县富商借银

晋军政府财政处委员渠本澄谨陈

山西省议会鉴：

窃去年晋军起义后，九月初十日蒙大都督阎札开："照得现在倡举义旗，省城初定，军饷需要关系最重。查祁县、太谷、平遥、徐沟四县素称'急公好义'。"应札委财政处经理渠本澄，偕同李大魁、王守成，速带兵队迅赴该四县，会同地方官及自治各机关、富绅巨商劝告："至保卫地方，已另派妥队，前往该四县驻扎保卫，倘有游民匪徒乘机扰乱，就地正法。至所需军饷，甚为紧急，该四县官绅巨商等夙明大义，既得生命财产之保护，当即慷慨投资，协助军饷。着即由该四县筹借银二十万两，由财政处委员渠本澄偕同李大魁、王守成妥为保护，迅速解省，以济要需，万勿迟误。俟钱粮收到后，即行加息归还，以昭信用，切切毋违"等因。蒙此当因，财政因极急待筹措，又因恐百姓未知军队南下意旨，急待喻晓，即于十一日先军队而出省。当晚至徐沟县，会同官绅，剀切劝导，借定银数五千两整。次日，军政府派人提四千两；其后由管带应芝君手，在徐沟军队收用暨采买布匹、军靴各种，共需银七百十两六钱七分，共实收原平银四千七百一十两六钱七分。又澄抵徐时，正值襄陵县地丁道经徐沟，因道路不靖，暂存衙署，由徐绅刘君文炳、姚君树勋报告得实，共计存银八鞘，澄即函呈军政府派人接解。十二日，行抵祁县。十三日，会同官绅，切实演说，借定银数五万两，除由祁县商会拨付孟君步云军装银原平银二万五千两外，由祁县商会倩人陆续解省二万五千两，二宗共实收原平银五万两整。十五日，抵平遥县。十六日，会同官绅，详细陈说军饷困难状况，当借定银数六万两。十九日，经澄请赵君铭三解省原平一万两。二十九日，请弓君书勋、罗君昌朴解省原平六千两，其余之款系由军政府派张君照林、赵君铭三题解，不悉确数。二十三日，抵太谷县，会同官绅演说：民国光复后，我国民有加何幸福，及晋军饷糈困难情形，我国民应出全力以维持各等语，旋即借定银数八万两，俱由军政府派解君世清解省，不悉确数。此澄在徐、祁、平、太四县借款及解银之情形也。二十九日，军政府派绅士刘君文炳、张君之仲来祁，同刘君笃敬，会同澄向族叔渠源浈先生商借银十五万两，因不符急用，旋于十月初四日又由军政府派管带应芝君暨绅士吕君凤藻、张君淑琳、柴君桂生，会同澄向族叔渠源浈先生，连前十五万两共借定红封平库色银五十万两。商数既定，报之军政府，蒙大都督电慰云："祁县渠小洲翁鉴：慨借巨款，造福民国，三晋同

感。大局一定，即铸铜像，以报公之德惠。军政府印。”旋由族叔渠源浈先生请应管带转达复电云：“军政府大都督阎鉴：来电敬悉，为借款事，造铸铜像，心领敬谢，万不敢当，云云。”此军政府派同员澄向族叔渠源浈先生借款之情形也。

※ 渠本澄：《晋军政府财政处委员渠本澄陈请去年军用借款请查照原案给予加息归还借券书》，载《山西公报》，民国元年八月二日。

三十万两银子的一笔“绑票”

阎锡山在掌握了山西政权的初期，得悉山西祁县“万财主”渠筱洲家中存有巨额的现银，遂挖空心思打渠家的主意。他后来了解到太原商会会长、山西省议会议员渠本澄是渠筱洲的族侄，就胁迫渠本澄去祁县向渠筱洲借银子，并派亲信卫兵十余名随同前往，将“万财主”的住宅包围起来。渠本澄起初坚决不同意，后经开枪威胁，才在无可奈何的情况下，允借予现银三十万两。阎就用这种“绑票”性质方式得来的银钱，去充实山西省银行。

※ 阎子奉：《阎锡山家族经营的企业》，载《文史资料选集》第四十九期。

关于向祁县万财主借款

共和诏下，阎锡山从北路返回太原后，山西政局虽然稳定下来，但经济了无办法。当时有省议会议员渠本澄，祁县人，建议向其族叔万财主借款，暂维现状，军政方面协议后，即派渠本澄持阎函回县商洽。万财主渠沅祯，住祁县城内东大街。因其乳名万儿，依地方习惯，一般人都称万财主。祖代以经营商业起家。到万财主手里，因商务发达，家资亦为殷厚，积存元宝银钱二百万两，都贮藏在地窖里，分为若干堆，用灰泥封固，成为晋中第一大支柱。渠本澄说明来意后，万财主不提借款，而且坚决不承认自己有现银。第二次阎加派张汝萃（字剑南，汾阳人，保定军校毕业，当时在督军府任职）偕同渠本澄前往说合，始允借现银三十万两，平息六厘，五年为期，订立契约。由是，分六批起解，每五天一批，每批五万两。及至第四批到达徐沟县时，夜间为解押士兵抢掠，即停止起运。此款在民国七八年间，陆续折成现洋本利清还。

（编者注：这是赵俊程在《山西文史资料》第六辑上第四部分。此信是对《山西文史资料》第二辑的补正。）

※ 赵俊程：《给编辑的信》，载《山西文史资料》第六辑，129 页。

三、民初山西财政收支

军务司照会日升昌提督练公所移交各款声明银摺作废文

为照会事，窃自本年二月间，督练公所裁归本司管理，所存款项经代办督练公所参议一并移交到司。查此项存款，均在各商号存储，现在民国初立，百事待举，需款孔急，查贵号所存督练公所之款，除移交藩署提去新湘平银三万六百三十五两六钱九分六厘外，尚存新湘平银三千二百三十两九分六厘八毫八丝，省钱二百千八百三十四文，自应照数提回，以备要需。至公所原列各项凭折及移交藩署三万六百余两之经折系前督练公所粮饷科科长徐传笃收存，去年十一月间请假时携带回籍未据交出，即应一并作为废折，以免借口。本司深知商号银钱往来凭折甚为重要，今既将银钱提清，只得登诸报端，声明各项银摺全行作废，俾众周知。倘日后徐传笃或他人提督练公所银摺再问贵号索款，当即通知本司做主，不得借端滋扰，所有提取各款并银摺作废情形，合亟照会。为此，照会口升昌票号查照办理可也。须至照会者照会日升昌。

※《山西公报》第八十九号，民国元年七月七日。

1912 年至 1916 年山西每年财政收支总数

山西财政收支，在清末时，系由藩库、运库、道库分别经理。运库专管河东盐务收支，由河东道署掌握；道库专管口外十三厅收支，由归绥道署掌握；其余各道府州县及省会各机关收支，统归藩库管理，由山西布政使司掌握。民国成立之初，山西省会及附近各县赋税等款，由山西军政府提充军政各费；河东盐务收入，始由山西军政分府留用，继由北京政府设立盐运使署经管；口外十三厅则划为绥远特别行政区域，不在山西省管辖范围以内，一切收支数目，均属难以稽考。……货币制度至为絮乱，银价各地不同，时有涨落，每库平银一两约合银元一元四角五分，每银元一元约合小洋一元二角，制钱一千文上下。嗣因银元逐渐通行，自一九一三年起，将各项税收陆续改征银元，以昭画一。在支出方面，以陆军费为最多，内务费次之，司法、财政各费又次之，其余系教育、农商等费。……根据国民党时期伪财政部的《财政年鉴》和贾士毅著的《民国财政史》内列历年各省岁入岁出概算预算表，山西省二年度国家岁入总数为 6427928 元，岁出总数为 6721369 元，地方岁入总数 2401241 元，岁出总数为 3511632 元。三年度国家岁入总数 5606359 元，岁出总数为5339596元；地方岁入总数为 1492774 元，岁出总数为 2336064 元。五年度国家岁入总数为7410338元，岁出总数为 5476485 元；地方岁入总数为 646571 元，岁出总数为 887472 元。以上各年度列入中央预算及县地方预算收支数目，均不在内。

※ 仇曾诒[①]：《抗战以前的山西财政》，载《山西文史资料》第三辑。

第二节｜民初官办与官商合办金融机构

一、山西官钱局

辛亥革命前，太原已经有了官商合办的银行，即大清银行分行。1911 年增设了山西官钱局。清政府垮台后，官钱局仍旧保留。

※ 太原市人民委员会办公室：《巨变中的太原（财贸部分）》，山西人民出版社，1961 年。

① 仇曾诒，抗战以前先后任山西、绥远财政厅厅长，解放后任财政部参事室参事，一九六一年九月病逝。

山西官钱局，于辛亥九月[①]。由该省军政府拨资创办。总局设于太原省城。旋因资本不足，续拨官款二万一千四百余两。民国二年一月，复拨所获红利六千四百余两。同年十二月，又拨资本二十三万一千余两，约合银元三十二万零九百余元。此该局先后拨入资本之数也。当创办之初，悉照票号习惯，并未明定规则。至二年十二月添发资本后，乃由该局重定新章，实行改组，将全面职务分配为文书、会计、出纳、营业四股。其营业情况，以经理司库款项之收支为主要，而于商业上之营业范围甚狭。每年所获余利，初以七成归公，三成归局员分红。嗣于三年一月间，改为以五成归公，三成归局员分红，二成归公积。此该局内部组织及营业上之大略也。甚至存放款项，照该省监理官二年十二月之报告，计存款项下各局署共四十一万五千三百余元，各行户共九万二千二百余元。而放款项下，各局署共四十四万五千余元，各行户共二万零一百余元。此该局存放各款之概要也。兹将监理官呈报之该行二年十二月出入表，分列如左：

资本三十二万零九百余元

存款五十万七千五百元

放款四十六万五千一百元

现金十六万九千五百余元

附注：此外纸币发行之数，另详他章，兹不赘述。

※ 贾士毅：《民国财政史》下册，第六编第二章，117～118 页，商务印书馆，1917 年。

阎锡山回省，稳定军政局面以后，又把官钱局（没了“晋泰”二字了）恢复起来，以商界声誉素著的新绛县人王化南为总办。但各机关应领款项，系由省财政司直接分发，不由官钱局领取，这是和以前有所不同的地方。

民国二年，袁世凯在各省新设“国税筹备处”，后改“国税厅”，从而以前由财政司管理的国税，改由“国税厅”统辖，财政司只管理地方收入以及田赋附加的捐税各款，仍存“官钱局”。而国税收入则存中国银行。这是民国二三年间的一些改革。

※ 南桂馨口述，李泰棻笔记：《一九二〇年以前阎锡山的“经济措施”》，载《山西文史资料》第五辑。

山西省官钱局系辛亥革命期间成立[②]，初发行小银元票六万余元，不久即收回。民国二年（1913 年）底又开始发行小银元票八万一千八百元，大银元票四千零四十元。到六

① 应为民国元年。

② 山西官钱局成立的时间，有人说是辛亥革命期间，更有具体为辛亥九月、十一月者。但我们在官钱局档案中并未见到此资料。据山西省政协文史研究室资料，辛亥革命期间成立大汉银行，并无资本，乃向巨富借款，何以拨资创办官钱局？且军政府成立不久，娘子关失守，清军攻入太原，阎锡山北逃绥远，至民国元年四月才返回太原。官钱局不可能与大汉银行并存。很可能是把大汉银行误认为官钱局。张之杰在《三十年来山西之经济》（载晋阳日报三十周年纪念册）一文中说：“辛亥九月本省军民起义，军政府设立大汉银行，发行军用手票若干。民国元年本省设立山西官钱局。”在官钱局档案中我们发现有收兑回的军用券数目，可见官钱局取代大汉银行于民国元年（1912 年）成立是无误的。

年（1917年）底该局在外纸币流通额，计大银元票五万三千七百二十三元，小银元票九千零九十七元。自七年（1918年）改设银行后，发行额始大量增加。

※ 魏建猷：《中国近代货币史》，200页，群联出版社，1955年。

阎锡山责成渠本澄把晋泰官钱局的内、外欠款作了清理，然后去了“晋泰”二字，改称为“山西官钱局”，以王化南（新绛人）为总办，恢复营业。1913年，袁世凯在各省新设“国税筹备处”，后改为“国税厅”，以前由“财政司”管理的国税，改由“国税厅”统辖，国税收入完全交存中国银行分行。财政司所管的地方收入以及田赋附加和税捐各款，仍存“官钱局”。这时，“官钱局”就成了阎锡山支付一切费用的供给机关。凭条上只要有阎的图章，即可提出款来。阎锡山有个怪脾气：不痛快时，逢人便骂，遇高兴时，有求必应。那时他的名章，用绳子系在裤带上，一到高兴，便抽出来，手持绳子绕圈圈，僚属们便乘机开了条子要钱，他略一过目即盖章。凭着他盖了章的条子，即可从官钱局领出款来。

※ 王尊光、张青樾：《阎锡山对山西金融的控制与垄断》，载《山西文史资料》第十六辑。

山西官钱局开初悉照票号惯例，至民国二年（1913年）增加资本后，始订新章，实行改组。北洋政府财政部委山西财政厅长朱善元为官钱局监理官。全局分文书、会计、出纳、营业四股。其营业以经理司库款项为主，与商界往来甚少。每年所获余利，以七成归公，三成归局员分红。民国三年一月间，改为五成归公，三成归局员分红，二成公积。由于现金缺乏，发行小银元票六万余元，旋即全数收回。至民国二年年底，又陆续发出大银元票四千余元，小银元票八万余元；还发行银条纸币二万余元，专为存款、拨款之用。据民国三年三月统计，纸币投放达十一万元，民国六年缩为六万余元。

※ 山西省地方志编纂委员会编：《山西通志·金融志》，中华书局，1991年4月第一版。

本局[①]民国三年十二月底结帐，先后收入官拨资本计红封平银二十六万六千九百八十七两四钱七分二厘，小洋九千五百六十九千九百四十七文，大洋五万二千零四十八元零七分六厘。呈奉财政厅批准，银两按六钱七分六厘八，折合大洋三十九万四千四百八十五元零三分七厘，小洋按市价一千七百三十七易银五千五百零九两四钱七分，复以六钱七分六厘八，折合大洋八千一百四十元零四角七分，统计大洋四十五万四千六百七十三元五角八分三厘。曾蒙批准，公家永不动用。……

营业用器具：一千一百五十二两九钱五分。是项系总分局所有各种器具，估值计总局红封平银六百一十七两四钱一分，天津分局四百八十七两九钱六分，曲沃分局四十七两五钱八分。按六钱七分六厘八，折合大洋一千七百零三元五角三分一厘。

※ 国家第二档案馆（南京），北洋政府财政部档案，北洋政府财政部档案卷一〇二七－441。

---

① 指山西官钱局。

二、晋胜银行

晋胜银行：官商合营。地址在太原市帽儿巷。1913 年设立。民初因财政税收不归督军公署管辖，阎锡山只能领取督军公署编制以内的饷项，为了维持编余的属下，开设了晋胜银行，为其融通款项，并代理交通银行在山西的业务，经理贾继英（字俊臣）。1924 年时，山西省银行的业务有了发展才结束。

※ 人民银行太原市中心支行档案室：《阎锡山在太原市开设的金融垄断机构》，载《太原文史资料》第七辑。

再附带尚有应查事件兹将调查所得开陈鉴核

一、私立银行办理情形

晋省私立银行只有晋胜银行一家系照合资有限商规办理，现在试办期间，尚未报部注册，股本总数原定四十万元，现收到十五万六千元，每一股银数四十元，民国二年一月一号成立，发行纸币之类别为一元、三元、五元、十元四种，初发行二十余万元，现已收回十七万余元，市上行用现计不过三万元，其纸币省内外一律通行，与银币无异，营业之方法分汇兑、划拨、收存、放出，业务较晋省中国银行、官钱局为发达，共有北京、天津、张家口、大同、包头、归化城等分行六处，每年营业银钱流通之总共数目约三百余万元，总行及六分行每年薪、工，共计一万九千余元，去年盈利二万八千余元，每股利息实得四元，总行执事人贾继英，山西榆次县人，前山西大清银行总理。查该行初行试办系由山西将军拨给官本十余万，嗣后陆续归还，全系商本，办理颇著信用，故在市面颇觉灵活。又该行现代交通银行发行纸币，合并陈明。

※《陈涛给财政部的第八份报告》，国家第二档案馆（南京）档案，《北洋政府财政部泉币司档案》泉 324 卷。

阎锡山在晋局安定后，也筹备了“晋胜银行”，以贾俊臣为行长。通过阎和旧交通系首领梁士诒的联系，晋胜银行又代办了“交通银行”在山西的业务。这一银行就成了以阎为首的革命党人的经济活动机关。

※ 南桂馨口述，李泰棻笔记：《一九二〇年以前阎锡山的“经济措施”》，载《山西文史资料》第五辑。

晋胜银行：资金组织成立年份都不了解，只知经理是贾继英，副理是阎述先（阎匪的族孙），1921 年即听不到了。可能改为斌记五金行，贾继英 1925 年（时间不确）前后，拆了太原市钟楼，地址重新修建，斌记移来，旧址占了铁路银行，斌记在解放后阎述先负责交代了我方。

※ 常紫书 1975 年 5 月 14 日提供的材料：《阎锡山垄断金融核心——山西省银行历史及牵涉到的经济材料》。

培植个人党羽的“晋胜银行”

辛亥革命后，山西局面甫定，阎锡山就于1913年成立了一个“晋胜银行”，作为他培植个人党羽的经济活动的机构。

当时，河东革命人士不满于阎锡山在辛亥革命中的投机活动，在河东曾成立了“临时军政府”，向蒲、解、绛三州所属十七县的殷实商民，筹集了现银一十四万五千余两，于1913年设立“河东兴业银行”（后改为“兴业钱局”）。由河津人严慎修任总理，成了河东人士经济活动的中心。阎锡山不甘示弱，立即设立起“晋胜银行”，以贾继英为行长，阎的父亲阎书堂（字子明）为董事长，总行设在太原市帽儿巷；在大同设立了分行，并在北京、天津设立了办事处。资本确数不悉。据南桂馨先生说：“只知康佩珩于续桐溪去大同后，把在五台县东冶镇的‘忻代宁公团’改为‘保安会’，民国元年撤销时，留有四五万元，交阎分肥，作为他们两家的股金，投入了晋胜银行。另外，在辛亥革命过程中，因太原败退，向北路逃避，阎在军饷截旷项下拨出两三万元，分给他的亲近人赵戴文、张玉堂、黄国梁、徐一清等，作为晋胜银行的股份，分给了我（南本人）两股，每股股票一千元。同时阎将每月军费总交该银行，调拨支付，作为流动资金，周转运用。”阎还和旧交通系首领梁士诒联系，代办了“交通银行”在山西的业务。当时梁士诒任总统府的秘书长，兼交通银行行长，系财阀，人称“梁财神”。阎为靠近北洋政府，由邢殿元串通，积极与梁拉拢。梁因交通银行刚成立，也乐于和阎联络，在山西收罗些票号人才，给他办银行业务。（直到）1923年山西省银行的营业有了发展，阎的金融活动范围扩大，晋胜银行才退还各股。

晋胜银行元宝

当山西“都督府”成立时，阎锡山为了安插其党羽，在都督府内外巧立了若干名目。那时，财政虽归民政长负责，但一切均服从阎的指挥，所有田赋、税收，阎都可以提充都督府内各种费用。直至袁世凯派其心腹金永做了山西巡按使以后，财政完全由巡按使掌握，阎所能支配的只不过“将军署”（袁谋称帝，将督军改为将军）的额定经费而已。因此，不但空名目必须取消，即实缺原官，如“秘书长”等亦予裁撤。阎虽尚有“晋胜银行”稍资挹注，但僧多粥少，难以长期供应大批人员的生活费，同时，阎的用款也不像以前那样随意支配，在财政如此困窘的情况下，不得不另谋途径。

资料来源：关于“晋胜银行”的情况，主要是根据原该行股东之一的南桂馨（与阎锡山共事最早之人）所提供的资料。

※ 王尊光、张青樾：《阎锡山对山西金融的控制与垄断》，载《山西文史资料》第十六辑。

晋胜银行于民国二年（1913年）筹建，总行设在省城帽儿巷街，总经理为贾俊臣，

共有职员 17 名。据资料记载，曾发行纸币，因不能兑现，信誉欠佳，不久即停业。现将该行筹建时制定的 74 条章程，节录如下，以示梗概。

第一条 本行系阎大都督发起，以维持市场，流通全省的金融为宗旨，故根据其中光复晋的意思，取名为晋胜银行。

……

第三条 本行根据省总商会及各行署的协议，营业年限暂确定为四十年，在财政工商部进行了注册，并按规定的章程，履行了全部手续。

第四条 本行首先从阎大都督那里支出了十万元股金，为众人做出了表率；其余的股额均在本行内募集。

第五条 本公司仿效有限公司的做法，如出现累计亏损，概不向股东追加股金。

……

第九条 本行决定五十元为一整股，五元为一零股，持有一个整股者，有权在召开股东会议的时候，投决议票一张。

第十条 按照本行的规定，二十万零股即为二万整股，共计资本额为一百万元。

第十一条 本行第一期股份募集工作，截止限期为一年，即从民国二年一月开始至十二月结束，凡在此期限内加入股份者，均享有第一期股东应有的权利。

……

第十九条 本行设总经理一人，协理一人，正理事一人，总司帐一人，其余人员需要多少，按开业时的繁闲情况，酌情决定。

……

第二十五条 本行总协理任期三年，并允许连任。

第二十六条 凡本行的工作人员，必须积存保证金，总理为二千元，协理为一千元，理事以下人员薪水满三十元者，每年扣除保证金金额的三分之一，直至扣足五百元为止，按照储蓄章程，计算利息，对某些中途退职者，随时退还本人保证金。

第二十七条 作为本行的职员，如有营私舞弊，或擅用挪用银钱者，以本人的保证金做抵押，情节严重的，还要进行惩办；对于以往有过过失行为的人，更不允许出现上述行为。

第二十八条 正副理事以下的工作人员，除应交纳保证金外，还需找一个有威望的人做保人，对担保人员的一切行为进行保证。

……

第三十条 本行办理用于军饷方面的各类款项的业务，同时办理各行署、公司、学校、局、所等单位的各种款项方面的业务。

第三十一条 本行代收各地方的粮钱、赋税以及各种捐款。

第三十二条 本行的存款及贷款，分定期、活期、通知款几种，其利息分别按市面金融情况，临时确定。

……

第三十五条　本行兼设储蓄柜，凡储蓄一元以上者，满一月后，大致付三厘的利息。

第三十六条　本行发行暂时在山西省通用的壹元、叁元、伍元、拾元的兑换纸币，凡公私间进行交易，以及完粮后的纳税，均一律通用此币。

……

第四十五条　将结帐后的红利（纯利润）分成十一成，一成作为公共积累资金，三成分给行内职员，而将七成分配给股东主、各董事、查帐员、经理招股员等。

……

第六十八条　本行的息存、浮存款，以及流通银元、兑换票等，应该随时一一查明，按照存款的数目，将准备金的三分之一留用，存入库中，不得全部借出，以免资金周转不灵，失去信用。

……

第七十二条　本行行员，平均每年半数人可以交替回家探亲一个月……回家的旅费，按百里之内发给一元，二百里内发给二元，以此类推，逐渐增加。

第七十三条　凡本行的行员结婚时，由本行送给本人五元，若遇到父母丧事时，送给票资十元。（《金融货币与度量衡》日文本，大连市档案藏）

※ 山西省地方志编纂委员会编：《山西通志·金融志》，69～71 页，中华书局，1991 年 4 月第一版。

第三节｜民初民办金融机构

一、县城农工银行

民国十二至十五年（1923—1926 年），太谷、祁县少数官商开设农工银行，实际仍面向商户。

※ 晋中地区志编纂委员会编：《晋中地区志》，山西人民出版社，1993 年 7 月第 1 版。

旧式银行中，除上述银行外，还有民国十二至十五年（1923—1926 年）间，太谷、文水、祁县、汾阳等地先后成立的官商合办农工银行，在太原的道生银行、富晋银行；二十二年陕北地方实业银行在汾阳成立的办事处；次年天津孔祥熙的裕华银行在太谷成立分行，二十四年又在安邑设立分行。

※ 山西省地方志编纂委员会编：《山西通志·金融志》，85 页，中华书局，1991 年 4 月第一版。

民国十二年（1923 年），孝义、文水农工银行相继成立。文水农工银行拥有资本

51510 元，存款 27163 元，放款 64398 元。民国十五年（1926 年），汾阳“世合源”银号改组为汾阳农工银行，系集股有限公司，拥有资本 19100 元，存款 66289 元，放款 90605 元，汇出 104945 元，发行 37975 元，公积金 6000 元。

※ 吕梁地区地方志编纂委员会编：《吕梁地方志》，山西人民出版社，1989 年 10 月第 1 版。

农工银行创办于民国初年，为祁县第一家银行，集股合办，固邑村人李友兰任经理，地址在城内西大街。主要业务为存款、放款。放款时采用“放土帐”的办法，即贷款人需将房地产业作为抵押，逾期不还，房地产即归银行所有，利率较高，业务不太活跃。1936 年改组为土货商场。1939 年倒闭。

※ 祁县地方志编纂委员会编：《祁县志》，中华书局，1999 年 10 月第 1 版。

发行原为银行所能运用资金来源之一，在中央未颁布新货币政策之前，山西银行之发行，几全为省银行所独占。在全省银行发行总额 2932074 元中，省银行占 2838299 元。其他仅太谷农工银行发行 56000 元，汾阳农工银行发行 337975 元。

※ 国民政府实业部国际贸易局编：《中国实业志·山西省·金融》，142 页，经济管理出版社，2008 年 1 月。

二、其他金融机构

华安合群保寿公司民国元年（1912 年），华安合群保寿公司在临汾设立代理机构，经营人寿保险业务。但参加投保者甚少，营业额不大，于民国十九年停业。

※ 临汾市志编纂委员会编：《临汾市志》，海潮出版社，2002 年 5 月第 1 版。

保险业。1912 年始已有上海、天津等外埠城市的保险公司先后来山西招揽业务，但均系代理性质，无保险机构。同年有“永年”、“金星”、“华安合群保寿公司”在太原经营人寿保险，皆因经营不善，不久“永年”、“金星”相继停业，华安公司于 1914 年亦告停业。

※ 许一友、王振华：《太原经济百年史》，72 页，山西人民出版社，1994 年 8 月。

“多财善贾”古有名训。省行资金为了积累，更成立了一个“斌记五金行”。与德商“礼和洋行”订定合同，凡兵工厂的原料，都通过“斌记”代向“礼和”购买。斌记经理虽为贾俊臣，但实权均操在阎的族侄效伋之手。

后来斌记五金行在天津的办事处，通过礼和也认识了多家洋行，因此，大为买卖五金，并不限于供应山西兵工厂了。更后，又大买外汇得利无算。“附庸蔚为大国”，它的业务反较省行更为广泛。对阎服务，也较省行更为贴切。所以省行在十九年阎逃大连后，所发钞票七千多万，均以二十元顶一元兑换，而该五金行并未受到丝毫损伤。按理，应当以该行资财，支援省行兑现，然阎锡山把该行现款如数提出，这就很显然，人民受到七千多万元损失，但阎锡山并未亏损一文也。更可以知道，阎锡山起初不骗人，正是后来大骗人的准备。

※ 南桂馨口述，李泰棻笔记：《一九二〇年以前阎锡山的“经济措施”》，载《山西文史资料》第五辑。

山西省银行在1918年筹备期间，即开始办理存、放款业务。成立后，由于政权支持，业务很快地就扩大起来。1935年，蒋介石政权的实业部对于山西省银行业务作过一次调查统计。当时，山西境内的银行，除山西省银行外还有中国银行办事处设在太原，在大同设有寄庄；上海交通银行在大同设有办事处；天津裕华银行在太谷县设有分行，在安邑县设有支行。另外，还有太谷、文水、汾阳三县的农工银行。但都不足与山西省银行抗衡。

※ 王尊光、张青樾：《阎锡山对山西金融的控制与垄断》，载《山西文史资料》第十六辑。

在太原成立的道生银行、富晋银行；二十二年陕北地方实业银行在汾阳设立的办事处；次年天津孔祥熙的裕华银行在太谷设立的分行，二十四年又在安邑设立支行。

上列这些银行，同样受到山西省银行的排挤和打击，有的（如道生、富晋等）开办时间不长就停业了。据《中国实业志》的调查统计，民国二十四年（1935年）下半年全省官办、官商合办和私营银行共有27家，其中山西省银行各方面都占绝对优势。具体比重为：机构占70%以上；资本占96%以上；存款占39%；放款占71%；汇兑业务也占一定的比重。储蓄业务，仅山西省银行总行有34万余元，裕华银行太谷分行有40余万元，其余都没有储蓄业务。以上情况表明，在全省金融活动中，山西省银行占据了操纵地位，指挥着官私银钱行号，成为一个垄断性的金融网，为阎锡山政权服务。

※ 山西省地方志编纂委员会编：《山西通志·金融志》，中华书局，1991年4月第一版。

辛亥革命后，在太原的官办金融机关，只有两家。一为“中国银行”分行，系由“大清银行”改组为“中国银行”后，于1913年在太原设立的，其业务是：收存国税，发行纸币，不归阎锡山指挥。

※ 王尊光、张青樾：《阎锡山对山西金融的控制与垄断》，载《山西文史资料》第十六辑。

民国三年（1914年）成立于天津的山西裕华银行为私营商业银行。民国二十四年，在安邑设立支行，属太谷分行管辖。

※ 运城地区志编纂委员会编：《运城地区志》，621～622页，海潮出版社，1999年10月。

银行业：清末时，太原只有大清银行一家，民国二年大清（银行）改名中国银行，设分行于太原，民国十二年改为支行，民国十九年改为办事处。中国银行在分行时代，

曾发行钞票，及改为支行，即停止发行，归天津银行，三次改革皆因营业清淡。……

中国银行资本，由天津银行拨划，随时可以增减。1934 年底为十二万元，其运用资力，除拨资本外，尚有当地所收之存款一项。省行则除省拨资本外，又有公积金、存款、储蓄、发行四种，两行运用资力合计为 8020243 元。

存款共计 3045332 元，定期占 62.9%，活期占 37.1%。中国银行以定期为多，省行以活期为多。存款来源，省行无从分析，中国银行则住户 1300000 元；商家 150000 元；公团 170000 元；同业 50000 元。商家及同业之存款全系活期；住户存款定期占 93.8%，活期占 6.2%。公团定期占 88.2%，活期占 11.8%。

放款共计 6848370 元。信用占 77.7%，抵押占 22.3%。中国银行以抵押为多，信用次之，省行则反之。放款去路，省行不详，中国银行则工业 1000000 元，商业 690000 元，住户 100000 元，其中住户放款全系抵押，工业则抵押十之九，信用十之一，商业放款，抵押占 72.5%，信用 27.5%。

全年汇兑，汇出共 22258956 元，汇入共 17815895 元，出超 4443061 元。以天津为主要通汇地点，天津为北方进出口之总门户，故太原商货往来多出入于天津。计汇出占总额 34.7%，汇入占 30.7%。

※ 段克明：《抗日战争前太原经济概况》，载《太原文史资料》第七辑。

第四节 | 铸行铜元统一货币

一、设立铜元局

民国七年时，社会上铜元缺乏，制钱充斥，人民交易感到很困难，同时各省统治铜元，本省铜元大量流出省外，损失甚大，人民纷纷请求就拿上制钱，设局制造铜元，照一般的办法，铸造铜元的盈余的处理，是作为铜元局员工的奖励或政府提作军政等费用，而阎督军兼省长却未如此处理，当时各县人民约定由人民拿上制钱，铸造铜元，除了工料等费外，所有盈余，作为山西人民共同事业的资本。经呈准设局制造铜元（铜元局），先以所铸一个铜元换取人民十个制钱，再以十个制钱，铸成三个铜元，辗转铸换，结果盈余三百六十万元。

※ 山西省档案馆：《山西人民公营事业概况说明·附二十七个问答》，山西省民营事业董事会档案卷十二，1~456 页。

民国六年，陕西郭坚渡河入晋，势甚汹涌，虽经张培梅、商震各率部狙击，郭部退回老巢，然阎在痛定思痛之际，感到山西税务零星，有紧急事故，款不济急。而军械方面，同感不足。因此，他在兼省长以后，设立了两个新机构：

甲：铜元局，以高步青为局长，从陕西和山西大量收买制钱，改铸铜元，收价很低，因而获利很大。

乙：机器局（由机器局改组），以李蒙淑为局长，王梦令管机电，郑恩三管熔化。他们三人都是英国留学生，都还内行。但这时该局的主要任务，就是铸造铜元，而铜元局只管发行而已。

※ 南桂馨口述，李泰棻笔记：《一九二〇年以前阎锡山的“经济措施”》，载《山西文史资料》第五辑。

二、铸造铜元

晋省因金融吃紧，铜元制钱种类不一，银价悬殊，奸商操纵，以致军民兑换，银价价格任意涨落，使受耗折，乃于八年十一月，就原有陆军修械所附设铜元制造所，每日铸造数目限定六千串。据前币制局派监铸员呈称，该所铸成铜元，当十文者，重库平一钱八分，当二十文者，重库平三钱，所有配制成分，紫铜居百分之九十五，白铅居百分之五，成币数目自铸起，至十一年六月止，计当十文为四万二千一百一十三万八千九百九十四枚，所铸铜元，逐日解交铜元经理处收储，发交各县及本城兑换所售卖。一切物料及各项开支，均由经理处核办。监铸员不过监视其重量是否合宜，至铸造期间之久暂，以市面之是否需要为转移，与设厂专铸者其性质原有差异也。

※《财政部钱币司章制汇编》，156 页，国民政府财政部编，1930 年。

阎锡山于 1916 年在他所管的陆军修械所内，设了一个铜元局，收买民间制钱，改铸铜元。用三个制钱的铜，改铸一枚当十铜元，除工本外，获利一倍多。后又改铸当二十的铜元，获利三倍以上，起初还是以铜的行市买制钱，到 1917 年他兼任山西省长后，用政权定官价，强收民间制钱，把山西人民历代周使的制钱，强收净尽。民间废铜，亦被收尽。从外国买铜制造，因欧战关系，铜价昂贵，无利可图，停止制造。他为获利，废制钱，改铜元，膨胀了通货，提高了物价，增加了人民生活上的负担，而他从这措施，获利三百六十万元。

※ 王尊光：《阎锡山的四银行号》，山西省文史馆手抄件。

辛亥革命后，币制统一改为银元，银行以下的辅币，当时民间流传的为“制钱”。其他各省，有的开始铸造铜元。阎锡山看到铸造铜元有利可图，遂于 1916 年在他所管的“陆军修械所”内成立了两个制造铜元的机构。一个是机器局专做熔化铸铜元；一是铜元局向外发行铜元。当时用三个“制钱”的铜，改铸一个当十铜元，除工本费外，可获利一倍多。后又改铸当二十的铜元，获利达两倍以上。开始以市价收购民间“制钱”，到 1917 年阎兼任山西省长后，定出宜价，强收民间制钱、废铜。搜罗殆尽后，又从国外买铜铸造。因欧战起，铜价昂贵，无利可图才停铸。阎锡山在废制钱、铸铜元过程中攫取利润达三百六十万元之巨。

※ 段克明：《抗日战争前太原经济概况》，载《太原文史资料》第七辑。

制钱在民初虽然还有流通，但是已抵挡不住铜元的冲击。铜元，民间也称"铜板"、"大儿子"，因其形制精巧，大小同一，一出世便倍（备）受欢迎。铜元初铸和流通始于南方诸省，当时，山西铜元十分缺乏，商民交易感到困难，纷纷请求设局制造铜元。到1916年（民国五年），阎锡山"顺应民意"，在其所管陆军修械所内，设了一个铜元局，收买民间制钱，改铸铜元。所铸的两种铜元，当十称作"单枚"，重零点一六两（旧制），当二十称作"双枚"，重零点二八两。

※《山西金融志》上册，山西省志丛稿，山西省地方志编委办编印，1987年3月。

三、发领铜元规则

小民日常生活，程度较低，所恃以为交易之媒介者，铜元足已。铜元不敷地方周转，不独于兑换券之信用有碍，且于小民之生计多伤，故市面铜元之供给，既需与兑换券成比例，尤须与市面之需要，不大差异颁布发领铜元规则，即使配置略宜，俾无大相径庭于其间也，且一面图地方金融之活动，一面尤须无伤于省库，用意固为周密矣，试录于左：

山西省发领铜元规则

第一条　发领铜元，应按各县所极应需兑换券数目，先行发给二成。

第二条　此项铜元到县，由县公署协同商会核收，发给准出兑换券之各商号①。

第三条　各县领去铜元，应以制钱抵交，制钱每吊，足库平六觔，其以银元折交者，须按省城市价核称。

第四条　由省发县铜元脚费，由兑换所支给，由县解省之制钱脚费，由领用铜元商号支给，但在一百里以外之县份，每十里每吊应由兑换所补助脚费一文。

第五条　各县解交制钱，应请县知事查明数目，给予印照，解交铜元兑换所。

第六条　各县领到铜元，专为活动地方金融之用，不准私运出境，违者酌罚。

第七条　本规则自公布之日实行。

※《银行周报》第三卷第33号，民国八年九月九日。

山西督办省长阎电令

各县知事及查各处现存制钱无多，应即停止兑换，以期结束。仰即转饬各代收商号知照，如商民仍有请求兑换者，只准用铜元交换。从速收转，并将约存数目电复。兼省长阎号印。

※《山西公报》，民国十四年二月二十七日。

---

① 1919年2月，山西省政府制定《取缔各县纸币规则》，规定凡发行纸币之商号，必须有一定准备金（至少四成），且有殷实商号作保，并呈县长批准，这种经批准发行纸币的商号即"准发纸币之各商号"，这项规定到1929年废止，发行权一律收归山西省银行。

第五节｜民初山西官僚资本的起步

一、公营企业

一、山西督军（办）公署直辖企业

1. 山西陆军修械所（清光绪来年巡抚胡聘之所设机器局改称）：公营，厂址在太原北门外，1914 年设立，修理武器弹药。所长李蒙淑（陶庵），下设两个科：第一科管电汽、机械、枪炮，科长王嘉瑞（梦龄）；第二科管冶炼、铸造，科长郑永锡（恩三），设有老虎钳厂、机器厂，工长任大曾；铁工厂，工长王恒泰；翻砂厂，工长李秉铎；铆工厂、木样厂，工长陶庆春；电汽厂等七个厂。1918 年增设铜元厂，制造铜元。机器厂与铁工厂合并，改称机器厂。

2. 山西铜元局：公营，地址在太原龙王庙街，1918 年成立，收买制钱及杂铜，发行铜元。局长高步青（云阶）。1926 年撤销，六七年间获剥二百万元。后来兵工厂扩展的基金，实基于此。

3. 山西官钱局（省金库）：公营，地址在太原，1913 年设立，总办王化南。1919 年改组为山西省银行。

4. 晋胜银行：官商合营，地址太原帽儿巷，1913 年设立。民初财政税收不归督军公署所辖，阎锡山只能领取督军公署编制以内的饷项。阎锡山为了维持编余的属下，开设晋胜银行，为其通融款项，并得梁士诒（曾任财政总长）的支持，代理交通银行业务，经理贾继英（俊臣）。1924 年结束，原班人员筹办了斌记五金行。

5. 普晋银矿公司：官商合营，地址在天镇县，1915 年设立。经理徐一清（子澄），协理阎书康（子安）。提炼银矿不成功，改营石墨矿，因滞销亦停采，经营收购矿区的大黄出口。1933 年归西北实业公司经营，1934 年又归庆春茂经营。

6. 裕晋煤矿公司：公营，地址在大同口泉，1915 年设立。开采煤炭，经理徐一清，协理阎书康，1919 年并入同宝煤矿公司。

7. 同宝煤矿公司。公商合营，地址在大同一带，1919 年设立。裕晋煤矿公司与张树帜（当时任晋北镇守使）开设的义昌煤矿公司合并，以矿区作股金一百万元，与梁士诒股金二百万元合营。总理为关冕钧（后为邝荣光，镜河），总工程师为邝荣光。裕晋、义昌各派协理一人，常务董事有徐一清、阎书康、张树帜、徐晓洲等。

8. 山西平民工厂：官督商营，资本四万元，收容无职业游民从事棉织业生产，厂址在太原城隍庙，厂长为李筱峰。“七七事变”后，移四川成都结束。

9. 山西省银行：1919 年设立，官商合营，1923 年后退还商股改为纯公营。地址在太原鼓楼街，发行纸币，兼办省金库。总理为阎泽圃，后为徐一清、高步青、陆近礼（恭斋）、王骧（淳源），协理为齐梦彪，后为傅瑶（鉴西）。省内设有分行多处。

10. 蚕业工厂：1916 年设立，厂址在太原前所街，公营，经理为郝清照，1925 年停办。

11. 山西省工业试验所：公营，地址在太原西羊市。对山西所产的原料分析研究，加以科学试验，作为兴办工业的依据。1917 年创设，所长为张树轼（后南，日本东京高工化学科毕业），内分窑业部、化学工艺部、分析部、机械修缮部等四个部。1930 年停办，划归山西省工业专门学校作为实习厂。

※ 曲宪南：《阎锡山官僚资本企业简介》，载《山西文史资料》第十六辑。

二、私营企业

二、私营（庆春堂、庆山堂）企业（1913 年至 1921 年）

"庆春堂"为阎锡山之父阎书堂的代名，"庆山堂"为闹锡山的代名，向商号投资或与商号款项往来，都以庆春堂或庆山堂出名。

1. 道生恒参茸庄：地址在太原帽儿巷，庆春堂出资，与忻县诚裕东药铺合营，1913 年设立，做中药参茸门市生意。经理为张宝时，协理为王庭初，1937 年结束。

2. 晋森木厂：地址在太原府西街，庆春堂出资与岢岚士绅丁柏青合营，1913 年设立。岢岚盛产木材，由岢岚贩运木材。承包建筑，1919 年结束。

3. 源记：地址在五台河边村，1916 年设立于阎锡山私宅外院。庆春堂出资，为阎家的私人帐房兼放高利贷。负责人为阎锡祚（福斋），从业人员为阎氏家族和亲戚，1923 年庆春厚成立后停业。

4. 庆春茂：地址在五台河边村，庆春堂出资一千元，1916 年设立，经营杂货业。经理为曲咏宜（和亭），协理为曲瑶环（西池），1938 年被日寇掠夺。

5. 庆春泉：地址在五台河边村，庆春堂出资二千元，1921 年设立。1926 年增资为一万元，系粮行，经营制粉条和酿酒业。经理为阎愈荣（金海），协理为曲官祥，1938 年被日寇掠夺。

※ 曲宪南：《阎锡山官僚资本企业简介》，载《山西文史资料》第十六辑。

第二篇

20世纪20年代的山西金融

(1919.1—1931.12)

第三章 官钱局改组省银行

第一节｜成立省银行

一、背景与筹备

成立的背景

听到的传言：八国联军陷北京，慈禧逃亡四川，路经太原要借银数万两，钱票两行中力主承借的是贾继英（字俊臣，榆次人，聂店王家的掌柜），出钱最多的祁县渠家，现银二十余万两，是渠沅祯家中起出的，从此人称他“万财主”，在商界中，流传了“五百年必有王者兴，一千年出了个贾继英”的佳话，后慈禧回驾，开办“大清银行”，欲交山西票号承办，晋人眼光短，又满足了票号的“汇通全国”，没有承手（那时的票号是以日升昌为最盛）。

坐落在太原市鼓楼街的山西省银行原址

山西省银行的成立：官钱局是省行前身，成立年份和资金，都不了解，它的业务，可能是个“官立钱铺”做钱庄的生意，存有渠家的一笔大款，可能是慈禧由山西藩库中拨还的（藩库等于现在的财政厅）。民国八年经理是阎维藩（字竹圃，祁县大德恒老板），管账先生刘邈（榆次人），那年改组为省行，阎任总理，不久告老还乡，继任总理徐一清（字子澄，五台人，阎匪叔丈人兼陆军粮服局局长），协理齐梦彪（定襄人，前志成信票号广东经理）。

※ 常紫书1975年5月14日提供的材料：《阎锡山垄断金融核心——山西省银行历史及牵涉到的经济材料》。

辛亥革命阎锡山虽已窃取了山西都督的地位，但系军事头脑，还未掌握政权，施展不开他压榨人民、剥削人民的手法，他当时唯一的目的，就是巴结袁世凯以保持他的地位。到袁世凯死了以后，他已无所畏惧，便利用山西省议会篡夺了兼省长职位，从此，总揽军政大权于一身，便建立他的经济结构，进行垄断金融，发展官僚资本，进而扩充军队，所以首先设立山西省银行。

※ 常紫书：《阎锡山垄断金融的核心——山西省银行》。

山西都督府成立后，阎为调剂革命出力有功人员，在都督府内外设立若干名义。那时，财政虽归民政长，但他们都不能也不敢与阎对立。直到金永做了巡按使以后，财政完全由巡按使掌握。阎所领者只不过将军署额定经费而已。从此，不但空名义必须取消，即实缺原官，如“秘书长”等亦予裁撤。虽有晋胜银行稍资挹住，然该行历史不长，局面不大，临时筹剂则可，久供大批人员的生活力有不胜。因之阎在这一期间，经济大窘，从而他在这方面也费了不少将来如何如何的筹思。

……

阎兼省长以后，省政和军队的开支，日益庞大，到了民国八年，为适应以上要求，又有省银行的成立。

※ 南桂馨口述，李泰棻笔记：《一九二〇年以前阎锡山的“经济措施”》，载《山西文史资料》第五辑。

向各县人民筹集一百四十万元时，是用的两个方式：一个方式是随地方款摊筹二十万元；另一方式是劝各县绅民认捐一百二十万元。此项摊募来的一百四十万元，征得出款人的同意，愿作与办山西全省公益之用，都作为山西人民所公有。

※ 山西省档案馆：《山西省公营事业董事会档案》卷十二·1－456。

1919年1月1日（民国八年），在太原市鼓楼街三号成立“山西省银行”（现市银行驻地），总经理阎维藩（字竹圃，山西祁县人，原祁县大德恒票号庄老板，是山西绅商界有力人物）。

※ 董良臣：《记“晋钞”与银号、钱庄行业的兴衰》，载《太原文史资料》第十一辑。

成立的主要经过

民国六年（1917年）阎锡山兼任省长后，为解决财政困难和日益增长的军费需要，提出组设山西省银行。他指使山西省议会正副议长、太原市商会正副会长、陆军旅长、粮服局局长、政务厅厅长、统计处处长等为山西省银行发起人，聘请祁县大德恒票号总经理阎维藩负责筹办，取消山西官钱局的名称，成立山西省银行筹备处，由阎锡山任处长，开始征集股本，制定章程，编定营业计划。

※ 山西省地方志编纂委员会编：《山西通志·金融志》，中华书局，1991年4月第一版。

民国以来，阎锡山总督山西，拟议组织山西省银行，聘大德恒总经理阎维藩出力创办。阎总理走后，东家觉得他高攀阎锡山，顾虑将来大德恒会受损失，所以从那时以后，东家就不再给大德恒存钱（即获本）了，有钱都存到大德通。因此大德恒以后的生意就不如大德通好。当时阎总理为了让东家相信他不会忘大德恒，虽曾提出“在省银行所赚薪水悉以帮助亲友学养之费”，以至辞退银行之后，而本号亦不允，水乳交融，只好随之辞职耳。

※ 山西财经学院山西票号史料编写组：《一九六一年一月五日访问乔殿蛟记录》。

财政部复山西省行呈请注册事

民国九年三月

财政部为咨复事准咨开，案据财政厅厅长朱善元呈称：据山西省银行股份有限公司全体董事徐、乔、鲁、严、王、李……等禀请发起创办山西省银行股份公司专营普通银行事业，已议决成立，兹遵银行通行则例为公司条例，呈恳详情咨部注册备案等情到厅，当经转饬阳曲县知事前往验资去后，兹据复称查明该行原定资本三百万元，已收1177850元，检验实收照据该与股东簿册均属相府，请予核转等情，并附印文证书及保结前来，理合检查原件及注册费呈请分咨等情。据此，除指令并分咨农商部外，相应检查原件及注册费一并咨请查明注册等因，并附送注册费6元、印证书……专程到部，准此查核发起人等原送各项章程尚多欠妥，如银行章程名称应改为“山西银行股份有限公司章程”；又该章第一条原文应改为“本银行组织为股份有限公司，定名为山西省银行股份有限公司”等语，以免误会；又第十二条第八节第九项，所定承领兑换券及代发债券，一系契约行为，一系委托行为，须得国家银行或地方官厅之承诺或委托，始能办理，情非“普通营业，无庸订入章程之内”……

※ 国家第二档案馆（南京）档案，北洋政府财政部档案卷一〇二七－385。

官厅委托经收款项一节，有妨金库制度，未便照准，应即将此项一并删去。又查银行兼营储蓄，其章程应先呈部核，原第十二条第十一项末尾一语，应改为“其章另定，呈请转咨财政部核准”以符定例。又第四章以下所称“监察”二字，照例改为“监察人”。……又第二十六条所定“股东议决权，每十股有一权”等语，核与公司条例第145条所截“公司股东，每一股有一议决权，但一股东而有十一股以上者，其议决权之行使得以章程限制”之规定不合，应即遵照修改，其选举简章第七条内之小注并应删去。……上开各节，均俱紧要，相应咨请贵省长查明，转令遵照修正声明，再行呈请咨部核办可也。

此咨

山西省长

财政部长

民国九年三月×日

※ 国家第二档案馆（南京）档案，北洋政府财政部档案。

山西督军兼省长阎锡山咨财政部文

——咨明山西省银行开业日期

山西省长咨财政部：

案据财政厅长朱善元呈称：前奉首长行知，以准财政部咨复，省银行注册执照，应俟制就给领，所有开业日期并饬查明具报，以凭转咨等因。奉此，遵即转行去后。兹据该行呈称：查本行自民国六年开始筹备，内容组织早已完备。只以未奉大部核准，不能正式开幕。兹奉前因，当由公司董事会议决，即于十年一月一日作为本行开始营业之期。除俟注册执照颁到，再行给领外，理合陈请核转咨等情到署。除指令外，相应咨明大部，请烦查照为荷。……

此咨

财政部

山西督军兼省长阎锡山

民国十年二月十九日

※ 国家第二档案馆（南京）档案，北洋政府财政部档案卷一〇二七－385。

山西省银行：前身系山西官钱局。1918 年筹组，1919 年 8 月 1 日正式开业。

※ 人民银行太原市行档案室：《阎锡山在太原市开设的金融垄断机构》，载《太原文史资料》第七辑。

财政部复币制局函

——函送山西省银行章程

民国十一年四月九日

准九三四函开：“准山西省长咨以该省撤销官钱局，组织省银行，业经咨行贵部，核准注册在案。所有山西官钱局兼晋胜银行名称，应行呈请更正，并请另发关防，以资信守等因。查该银行组织，其内容如何？是何名称？既称咨准贵部有案，应请抄送一份到局，以凭查核，会因贵部呈请将该银行监理官名称更正，至纫公谊等因”到部。

查该银行系于九年一月，由部核准有案。准函前因，相应抄录该银行章程暨本部咨复山西省长文各一份，函请贵局查照。

（附件从略）

※ 国家第二档案馆（南京）档案，北洋政府财政部档案卷一〇二七－385。

在筹措省行准备金时，有些人曾向阎建议把各县各乡的房产清理税契，可收一些款项，阎听了这些话，就令各县实行，但每间房屋，所征无多，业主轻而易举，省方积腋成裘，原无什么困难，有些县长特显成绩，不到一月工夫，计数报到已收百余万元。

当时阎为解决省银行准备金等问题，曾组织了一个财政会议，参加人员如下：

军署秘书长　　贾景德　　　　省行经理　　徐一清

财政厅长	杨兆泰	铜元局经理	高步青
军署方面	赵戴文	财政厅科长	仇曾诒

阎可能是因为我曾不过问财政问题，因财政厅与省行争执准备金问题甚烈，殆因我是中间人易于主张多发钞票，就推我作了财政会议的首席。当时省行钞票准备金的意见有二：阎为了军政各费的灵活运用，主张准备金越少越好，而仇曾诒因职责所在，主张必须十足，那就是发行钞票额与准备金的数目相等。仇在清末即任职财政机关，民国以来不管财政司财政厅长更动多次，他总是以熟练业务而留任，所以杨兆泰也听信他的意见，以是久不能决。后来我就说，如果照仇的意见，岂不是银行发行钞票没有作用了吗?况且省银行有政权保证，与一般私人银行应分别开来，私立银行可以拿有价证券作为准备金的一部分，而有价证券能以有价，背后就是政权作用，这就是明显的例子。结果仇、杨坚持准备金至少须百分之七十，我以此转报阎锡山，阎虽未加反对，但意殊不快。

正在这时，山西大学法科学生梁汝舟发起反对乡间房产税契的浪潮。梁系忻县人，当年忻县较大商号颇多，发行票子也很多，从而得利甚厚。省行成立，不准他们发行，因而借题发挥，反对房税，实则是醉翁之意并不在酒也。不管怎样，结果学生们集队把杨兆泰、贾景德和徐一清的住宅，均剿了个落花流水，损失奇重。杨兆泰下台，阎以李鸿文代理财政厅长，并下令取消乡间房税契的前令。

※ 南桂馨口述、李泰棻笔记:《一九二〇年以前阎锡山的“经济措施”》，载《山西文史资料》第五辑。

山西省长公署为咨明事案，据财政厅长朱善元呈称，“据省银行总理阎维藩函称，‘窃前崔庭献等发起筹办山西省银行股份有限公司，业于八年十月一日遵照《银行通行则例》及《公司条例》一百二十一条之规定具列各款，并遵《银行注册章程》第八条之规定，呈缴注册费，禀请转呈省长咨部注册在案。兹查当时所定章程，尚有未尽妥善之处，亟宜重加修正，以袪窒碍而利推行。谨将《修正案》另缮呈阅，伏乞据情转请省长咨陈农商、财政部核办，所有前送章程等件概请撤销，合并声明等情’并呈送《修正章程》等项到厅，据此除指令外，理合备文转呈，伏乞鉴核分咨等情”。据此，查该银行第二条载明：“本银行以经营普通银行事业，调剂全省金融为宗旨”，该银行既负有调剂全省金融之责任，自与省银行之名义相符，所送《章程》等件，亦均妥协。除指令并分咨农商部外，相应咨明大部，请烦查照备案，实纫公谊。此咨。

财政部

计咨送

《修正章程》、《股东名册》、《禀请书》、《营业计算书》、《选举董监事会简章》、《创立会决议录》、《报告书》各一份。

山西省督军兼省长阎锡山（印）

中华民国九年十一月三日

※《阎锡山为申请山西省银行注册给北洋政府财政部的咨文》，国家第二档案馆（南京）档案，北洋政府财政部档案卷一〇二七－385。

附：山西省银行成立《禀请书》等

禀请书

具禀请书：山西省银行谨将禀请事项开列于后，呈请鉴核。

计开

一、商号：山西省银行。

二、总行所在地：山西省城。

三、禀请者：董事徐一清、乔尚谦、鲁奎儒、严慎修、王玠、李步青、贾继英。监察崔廷献、赵戴文、杨兆泰。

四、注册之要目及事由

甲、营业：普通银行事务；

乙、股份总数：三万股，每股银数一百元；

丙、实收股数：一万一千七百七十八股半。

五、设立年月日：民国八年八月一日。

六、发起人姓名职业：

崔庭献　　山西省寿阳县人，现任山西省议会议长。

刘懋林　　山西省平鲁县人，现任山西省议会副议长。

严慎修　　山西省河津县人，现任山西省议会副议长。

郭　佣　　山西省阳曲县人，现任太原总商会会长。

崔肇基　　山西省阳曲县人，现任太原总商会副会长。

赵戴文　　山西省五台县人，现任山西陆军第四旅旅长。

杨兆泰　　山西省新绛县人，现任山西政务厅厅长。

徐一清　　山西省五台县人，现任陆军粮服局局长。

高　洪　　山西省长子县人，现任省公署统计处处长。

仇曾诒　　山西省曲沃县人，现任山西财政厅总务科科长。

阎维藩　　山西省祁县人，现任银行筹备处处长。

齐梦彪　　山西省定襄人，现任银行筹备处副处长。

七、经理人姓名：总经理阎维藩、协理齐梦彪。

八、本银行性质：股份有限公司。

九、注册年月曰：民国八年十月一日。

十、注册所：山西省财政厅。

创立会决议录

中华民国八年八月一日，假傅公祠地址，山西省银行开第一次股东大会。上午八钟入场，到场会员二百四十五户。十钟振铃开会。公推赵戴文为临时主席。

主席赵戴文先生宣言："今日本系代表督军而来。既承诸君雅意，推为临时主席，只好担任。现在，实收股本一百一十七万七千八百五十元，按股本总额已逾三分之一以上。今日到会会员二百四十五户，计九千二百一十九股，按会员总额二百七十六户，股数总

额九千四百六十五股，均过半数。照例可以开会选举。”云云。

依开会次序，先选举董事七人，监察三人，共散票二百四十五张，合八百五十三权。照选举简章，平均董事以六十一权为及格，监察人以一百四十三权为及格。

检票结果

乔尚德	得143权	鲁奎儒	138权
徐一清	136	王玠	121
贾继英	112	李步青	108
严慎修	95	当选为董事。	
赵戴文	得417权	崔廷献	302权

当选为监察。

主席言：“监察尚缺一人，请投票续选”，结果杨兆秦得750权，当选为监察。

主席言：“董事、监察既已选定，请再散票，由各股东选举后补董事监察。”

检票结果

郝清照	184权	阎毓芹	183权
梁世舜	158	赵鹤平	112
李春和	94	王攀柱	90

当选为后补董事。

张汉杰	369权	梁晋三	192权
张丕烈	175	当选为后补监察。	

又补选后补董事武炳虞得337权。

主席言：“此次选举董事、监察办法，极为平均。薪水一节，应由股东议定，唯不得太半，以每人每年大洋一百二十元为准，往来旅费由行支给，惟常川驻行董事，薪水应稍优，可定为每人每月大洋四十元。诸兄以为何如?”众：“赞成。”

主席言：“省银行章程，尚未经大会通过，今天全体大会作为通过如何?”众：“赞成，无异议。”

主席言：“选举完毕，可宣告散会。”

时至下午三点二刻，振铃闭会。

临时主席　赵戴文

※ 国家第二档案馆（南京）档案，北洋政府财政部档案。

山西省银行股份有限公司章程（节录）

第一章　总　纲

第一条　本银行组织为股份有限公司，定名曰山西省银行股份有限公司。

第二条　本银行以经营普通银行事业，调剂全省金融为宗旨。

第三条　本银行设总行于山西省城，总辖各行一切事务。

第四条　本银行除山西省垣外拟于北京、天津、汉口、上海、张家口、归化、包头及省内太谷、新绛、忻县、大同、长治等处先行设立分行，嗣后凡必要之区依次设立时，均由本银行董事会议决，呈请转咨财政部核准。

……

第三章　营业

第十二条　本银行营业以左列者有限：

（一）存款

（二）放款

（三）汇兑

（四）买卖生金银

（五）折收未满限期票及汇票

（六）代素有交易之银行、公司、商号及个人收取各种票据之款项

（七）代人保管贵重物品

（八）本银行兼营储蓄业务，其专章另定，呈请转咨财政部核准。

※ 国家第二档案馆（南京）档案，北洋政府财政部档案卷一〇二七－385。

据称虽为“官督商办”股份公司性质，而发起人中无非官方之省议会正副议长、省政务厅长、省署统计处长、财厅总务科长、军粮被服局局长、旅长等人，即为总商会正副会长之类人物，其股东创立会主席赵戴文就宣称系代表督军阎锡山出席，所以实际是官办银行。

※ 中国人民银行总行参事室：《中国近代货币史》资料。

山西省银行于民国八年由官钱局改组成立后，系股份有限公司组织，官督商办，资本总额定为300万元，设总管理处于太原，代理省金库，发行兑换券。首任总理阎维藩，协理齐梦彪，未及一载阎氏去职，由徐一清继任。

※ 郭荣生：《中国省地方银行概况》，国家第二档案馆（南京）档案，财政部卷。

二、公私股本

表3－1　山西省银行股东名簿

股东姓名	认定股数	已交股数	未交股数	备考
一德堂	40股	2000元	2000元	
十全堂	200	10000	10000	
八仙堂	160	8000	8000	
九如堂	200	10000	10000	
九锡堂	200	10000	10000	
九皋堂	200	10000	10000	
九畴堂	200	10000	10000	
九经堂	200	10000	10000	

续表

股东姓名	认定股数	已交股数	未交股数	备考
大清银行清理处	200	10000	10000	
土默特旗总管署	146	7300	7300	
土默特旗	162	8100	8100	
中国银行	64	3200	3200	
文水公款局	46	2300	2300	
忻县王务本堂	200	10000	10000	
忻县王世和堂	200	10000	10000	
天福堂	200	10000	10000	王玠代表
天德堂	104	5200	5200	梁世爵代表
乔千令堂	40	2000	2000	
乔看松堂	40	2000	2000	
敦厚堂	60	3000	3000	
阴云林	60	3000	3000	
惠凝堂	156	7800	7800	
集成堂	70	3500	3500	
嘉善堂	140	7000	7000	
赵王福堂	82	4100	4100	
齐孟彪	80	4000	4000	
庆善堂	156	7800	7800	崔廷献代表
迁善堂	202	10100	10100	
履信堂	120	6000	6000	阎毓芹代表
庆春堂	200	10000	10000	
庆和堂	46	2300	2300	崔肇基代表
鲁奎儒	80	4000	4000	
笃信堂	120	6000	6000	
膺善堂	100	5000	5000	
谦益堂	62	3100	3100	
中正堂	60	3000	3000	
大一堂	200	10000	10000	
河曲中区	148	7400	7400	
天益堂	144	7200	7200	贾继英代表
四美堂	84	4200	4200	
定襄古庆堂	100	5000	5000	
守信堂	120	6000	6000	

续表

股东姓名	认定股数	已交股数	未交股数	备考
行素堂	60	3000	3000	
如山堂	200	10000	10000	
庆春堂	100	5000	5000	刘懋林代表
在中堂	100	5000	5000	
保安堂	40	2000	2000	渠晋三代表
汾城商会	64	3200	3200	张丕烈代表
新绛商会各行	100	5000	5000	
襄垣商务分会	58	2900	2900	
公款局经理安国义	40	2000	2000	
大同商会	300	15000	15000	
益晋堂	100	5000	5000	
恒记	200	10000	10000	仇曾诒代表
□精宝	200	10000	10000	
恒益堂	54	2700	2700	
阳曲郝荣华堂	96	4800	4800	郝清照代表
晋胜总银行	192	9600	9600	
致远堂	60	3000	3000	
忻县部全义堂	100	5000	5000	
忻县部同义堂	100	5000	5000	
忻县部敦义堂	100	5000	5000	
忻县部廷瑞堂	100	5000	5000	
梁□教堂	150	8000	8000	
务本堂	200	10000	10000	
忻县商会	130	6500	6500	
商务总会	103	5100	5100	
忻县张福寿堂	160	8000	8000	
张汉杰	126	6300	6300	
张臬	66	3300	3300	
乔共和堂	120	6000	6000	乔尚谦代表
太原总商会	98	4900	4900	郭佶代表
公益堂	100	5000	5000	
太原县商会	80	4000	4000	
明宜堂	100	500	5000	
三多堂	100	5000	5000	

续表

股东姓名	认定股数	已交股数	未交股数	备考
公德堂	100	5000	5000	赵鹤年代表
太谷吉庆堂	100	5000	5000	李步青代表
曹三多堂	100	5000	5000	武炳虞代表
王三槐堂	100	5000	5000	
富□堂	34	670	670	
平遥商会	160	8000	8000	
普通乐	40	200	200	
四乡会馆	92	4600	4600	
丰裕介记	102	5100	5100	
郑永寿	100	5000	5000	
四□堂	100	5000	5000	
枢曜堂	100	5000	5000	
同德堂	40	2000	2000	
杨兆泰	40	2000	2000	
赵戴文	40	2000	2000	
汾水堂	100	5000	5000	
省议会	1030	51500	51500	严慎修代表
怀玉堂	40	2000	2000	
士贤堂	80	4000	4000	
守信堂	160	8000	8000	徐一清代表
居易堂	60	3000	3000	
昌记	200	10000	10000	
忻县秀蓉学校第一号	200	10000	10000	李春和代表
忻县秀蓉学校第二号	200	10000	10000	李春和代表
忻县秀蓉学校第三号	168	8400	8400	李春和代表
代县商会	200	10000	10000	
霍县商会	50	2500	2500	
芮城县商会	60	300	300	
崞县商会	200	10000	10000	
散户股东	14198	387750	1032050	
共计		1177850元	1822150元	

※ 国家第二档案馆（南京）档案，北洋政府财政部档案，卷一〇二七－385。

咨开案据财政厅长朱善元呈，并附送修正章程及股东名簿禀请书、营业概算表、选举董事监察人简章、创立会决议录、报告书各一份到部。查该行所收股本一百一十七万七千八百五十元，既据阳曲县验收属实，查该所定修改章程等项，亦无不合，应即准予注册。注册执照应俟本部制就后，再行给领。至该行开业日期，仍应报部备查，以符定例，相应咨请贵省长查照转令该行遵照可也。此咨。

山西省长

财政部总长（印）

民国九年十一月二十三日

※《北洋政府财政部批准山西省银行注册给山西省长阎锡山的咨文》，国家第二档案馆（南京）档案，北洋政府财政部档案卷一〇二七－385。

山西省银行沿革记

民国二十年

由官钱局改组资本约二百万元

山西省银行正式开幕于民国七年，原旧日之官钱局所改组，系官商合办性质，以官钱局之资底作为官股，另招商股一百万元，共计资本总额二百万元，自开办至今，即为徐一清所包办，设总行于太原钟楼底。

※《银行周报》，第十五卷第十号，民国二十年三月二十四日。

1919年阎锡山将原有的山西晋泰官钱局改组为山西省银行，预定资本总额为三百万元，计由晋泰官钱局转来资金二十余万元，派武备学堂学生向祁县资本家渠本翘劝导，威胁地要了二十多万两银子作为股本；又向各县商会、钱业公会、粮食公会召集了一部分民股。依当时法令注册领照，银行为有限公司性质，营业期限为五十年，收足股本总额的半数以上，即可开业，所以省银行开办时，实有资本约为一百八十万元。

※ 常紫书：《阎锡山垄断金融的核心——山西省银行》。

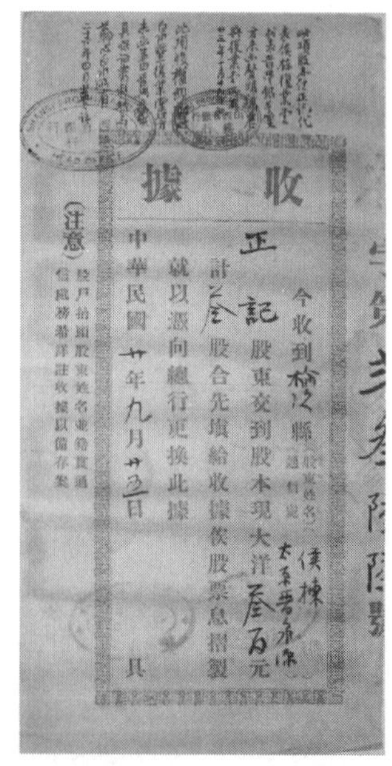
收據
今收到　縣　股東交到股本現大洋　元
計　股合先塡給收據俟股票息摺製就以憑向總行更換此據
中華民國　年　月　日　具

山西省银行募集股金的收据

省行的资金：1921年看到股本总额（会计科目300万元，未交股本120余万元），官钱局的资金成了官股（可能没有再拨公款），通令各县商会认股，款由各商号摊交，又向富豪劝募（如祁县渠乔二家，太谷曹王张三家，平遥冀家等），还有合伙大企业认购（如保晋公司、兴业钱局、晋兴书社等），还有当时的名人大贾、高级公务人员亦认股不少，构成私股，成了公私合营的有限公司，按公司法，收到股本过半数即可开业。股票分一股、五股、十股、五十股、一百股五种，每股100元，20股以上的股东有被选监察人资格，40股以上有被选董事资格，以后逐渐发展，分红可观时，采取了倍股手段（因股票行市低于票面故无人入股），在发红利时，搭付二成入股

券，分一元、五元、十元三种，凑足百元，填给股票，下年即可参加分红，经几年的倍股，未交股本下降到60余万元。

※ 常紫书1975年5月14日提供的材料：《阎锡山垄断金融核心——山西省银行历史及牵涉到的经济材料》。

1919年前后，各省纷纷成立各自的省银行，停止了私人钱庄、商店发行的帖子，而将全省发行钞票之权集中在省银行。这一措施对于发展全省经济，稳定人民生活是大有裨益的。山西省政府也下令晋泰官钱局改办为山西省银行，性质是公私合营的。总资本为300万银元，100元为一股，1919年开办时实收117万元。1923年由省财政厅买了全部私股，始成为省立银行。

※ 徐士瑚：《我所知道的徐一清先生》，载《山西文史资料》第六十三辑，99页。

按其章程规定为“股份有限公司”，预定资本总额为三百万元，开业时实收股本一百一十七万七千八百五十元。股金来源：一是接受官钱局的财产；二是军政府“劝募”得款转为省银行股本；三是省政府拨款。

※ 人民银行太原市行档案室：《阎锡山在太原市开设的金融垄断机构》，载《太原文史资料》第七辑。

山西省银行初成立时，为一公私合办银行，原因是辛亥革命时，阎锡山派人向祁县渠本翘家劝募白银十三万两及革命军所过的地方供应的物资（数目不详）均改为善后公债，后又把这些银两物资折成银元，换成省银行股票，另由山西财政厅拨资一部分，连同接收官钱局的财产，共为资金一百万元。

※ 王尊光：《阎锡山的四银行号》，省文史馆手抄件。

三、机构设置

山西现有银行，惟此数家而已。此数家之中，规模以省银行为最大，该行设总行于阳曲，现有分行九处，办事处九处，寄庄九处，代理店二十九处。

※ 蒋学楷：《山西省之金融业》，载《银行周报》第二十卷第二十一期，民国二十五年六月二日。

省银行的组织：设总管理处，在总协理以下，设总稽核，郑秉中（字心泉，平鲁县人，直隶省银行行员训练班学生）担任，总文书武青兼任，1922年才聘了李云阶（太谷人），总营业武海青（文水人，前志成信职员），总会计郭沛（字丰亭，隰县人，留日生教员出身），司券常运文（字星搓，榆次人，富家子弟），司库乔进枚（字卜臣，祁县人，富家子弟，常、乔二人监建省行大楼），人称“四总两司”。太原一等分行经理阎子秀（祁县人，前大德通职员），副经理傅瑶（字鉴西，汾阳人，前志成信职员），营业股长傅兼办，会计股长张邦彦（字英三，闻喜人，留日生教员出身），文书股长王会仁（文水人，前自成信职员），出纳股长武豫亨（太谷人，前大德通职员）。天津二等分行经理乔俊清（阳曲县人），副理张籍三（太原县人），不设股。其余都是三等分行，只设经理，人员不断更动，介绍记得的经理人名于下，以资参考：

汾阳分行	张子嘉（汾阳人）
大同分行	郭仲实（阳曲县）
忻县	康某（榆次新白人，外号康皮子）
榆次经理	阎松峰（阳曲县人）
太谷	陈云川（祁县人）
平遥	冀桐荪（平遥县人）
洪洞	刘青田（阳曲县人）
曲沃	王俊卿（阳曲县人，外号老英雄）
临汾	齐紫云（定襄县人齐梦彪的孙子）
绥远	许文苑（字艺圃，榆次人）
张口	武润泉（文水人）
汉口	温子茱（名承欢，文水人）
上海	郝荣庭（名继华，榆次人）
长治	付某（长治人）

其余记不起来了。

※ 常紫书1975年5月14日提供的材料：《阎锡山垄断金融核心——山西省银行历史及牵涉到的经济材料》。

省银行的组织机构，在太原设总管理处，下设总稽核、总文书、总营业、总会计及司券、司库，时称“四总两司”；另设太原分行对外营业；在各主要县城及地区设立分行、办事处或寄庄（组织系统见附表）。以后，随着阎锡山政权势力的扩张，又陆续在天津、上海、汉口、北京、石家庄、保定、绥远等地设立了分支机构。至民国十八年（1929年），省内外分支机构达40余处，形成了一个触角四伸的金融组织网。

※ 山西省地方志编纂委员会编：《山西通志·金融志》，中华书局，1991年4月第一版。

省行总管理处设于太原，另立太原分行对外营业，在各主要县及商业区，逐渐设立分行、办事处、寄庄，在省外设占天津、上海、汉口、北京、石家庄、保定、绥远等地，最盛时到过三十余处。

※ 常紫书1975年5月14日提供的材料：《阎锡山垄断金融核心——山西省银行历史及牵涉到的经济材料》。

董事会下设总理、协理各一人，再下设“总管理处”，内分“四总两司”，即总文书、总稽核、司券、司库等六个部分，对外不营业。

在1932年改组以前，总、协理先后更换过四次：在筹备期间，1918年第一任总理为王南化（新绛人）；正式开幕后，1919年第二任总理为阎维藩（字竹圃，祁县人，原系

大德恒票号老板)，协理为齐梦彪（定襄人，原系自成信票号老板）；1921年第三任总理为徐一清（字子澄，五台人，系阎锡山的叔岳父），协理贾继英（字俊臣，榆次人，曾任晋胜银行经理）；1930年阎锡山逃往大连后，徐一清因与阎有亲戚关系，躲避到天津，遂由协理贾继英代理总理职务，不久贾亦避居他处。当时山西省政府主席商震遂派高步青为总理，系第四任；阎子秀（祁县人，系大德通票号出身）为协理。

总营业为武海青（文水人，原为自成信票号驻广东老板），总文书由武海青兼任，总会计为郭沛（字丰亭，隰县人，留学日本习银行业），总稽核为郑秉中（字心泉，平平鲁人，直隶省银行练习生传习所毕业），司券为常运文（字星搓，榆次人），司库为乔晋枚（字卜丞，祁县人）。

另外，在各县和外埠设有分行、派出所（后改称办事处）及寄庄。分行分为三等：一等分行设经理、副理各一人，下设文书、营业、会计、出纳四股，各股设股长一人，行员及练习生若干人。二等分行设经理、副理各一人，会计、营业两股，各设股长一人，行员及练习生若干人。三等分行设经理一人，营业、会计各一人，行员及练习生若干人。派出所（办事处）设所长（改办事处后称“管理”）一人，行员及练习生若干人。寄庄则只设驻外办事员一人或两人。所谓“寄庄”，即是寄住于私人商号，经营银行业务，不设独立门市部，也称“住庄”。分行、办事处、寄庄的设置，系按业务的多寡而定。

一等分行原只太原一处，其余各县为三等分行、办事处或寄庄，计三十余处。在省外则有北京、上海、天津、汉口、绥远、张家口、保定等处分行或办事处、寄庄。

太原市及各县的分行、办事处和寄庄则是随着业务的发展陆续成立的，列表如下：

表3-2

地点	机构等级	成立时间
太原市	分行	1919年1月
新绛县	分行	1919年
河曲县	寄庄	1919年
榆次县	分行	1920年2月
平遥县	分行	1920年1月
长治县	分行	1920年1月
晋城县	办事处	1920年
大同县	分行	1920年3月
平定县	办事处	1921年
洪洞县	分行	1922年1月
临汾县	办事处	1922年
曲沃县	办事处	1923年
运城	办事处	1923年
代县	办事处	1923年

续表

地点	机构等级	成立时间
朔县	办事处	1928 年 2 月
应县	办事处	1929 年 2 月
岢岚县	寄庄	1932 年 5 月
寿阳县	寄庄	1934 年 5 月
介休县	寄庄	1934 年 6 月

太原分行系于 1919 年 1 月和总管理处同时成立。经理为阎子秀（祁县人，系大德通票号出身），副经理兼营业股长傅瑶（汾阳人，原为自成信票号驻广东分庄司账员），文书股长王子寿（文水人，自成信票号出身），会计股长张邦彦（闻喜人，留学日本学银行业），出纳股长武豫亨（太谷人，大德恒票号出身）。

※ 王尊光、张青樾：《阎锡山对山西金融的控制与垄断》，载《山西文史资料》第十六辑。

省行设总管理处，设总经理、协理各一人，下设四总两司。我只记得总稽核是郑心泉，总司库是李云阶。总经理先为晋泰官钱局经理阎维藩，半年后，阎辞职，二伯父继任。太原设有分行，外县外省共有大小分支机构 40 余处。省行代理省库，发行了晋钞，有一定比例的准备金，随时可以兑换银元。在二伯父主持省行 11 年期间，在上中层职员中，没有大建安徐家的人，也没有二伯父的亲戚，绝大部分都是官钱局或票号出身的懂金融业务的人员。只有练习生中有我在河边两等小学前后同学七八人，其中阎效武、阎树栋是阎家的人，白玉瑾是我的姊夫，张正廷是徐家的远亲。

※ 徐士瑚：《我所知道的徐一清先生》，载《山西文史资料》第六十三辑，99～100 页。

民国八年（1919 年）一月，山西省银行成立后，在全省各主要县城及城区设立分行、办事处或寄庄。是年设新绛分行。民国十二年，设运城分行，并先后在荣河、河津、永济设寄庄。

※ 运城地区志编纂委员会编：《运城地区志》，621～622 页，海潮出版社，1999 年 10 月。

1920 年，山西省银行设立了晋城办事处，地点在县城内南大街东天皇庙谷洞内，属于阳曲（驻太原）总行管辖。其业务为：存款放款，经理汇兑，发行纸币，办理储蓄，收购金银等。信用存款月利率最高为一分二厘，最低为四厘四毫，中间为八厘。

※ 晋城市志编纂委员会编：《晋城市志》，331～332 页，海潮出版社，2000 年 5 月。

四、人事制度

省行历届经理和各期资本：山西省银行成立于民国八年一月一日，首任经理阎维藩，

协理齐梦彪，阎未及一载即行去职，由徐一清继任。该行系股份有限公司，官督商办，资本定额三百万元……民国十八年，资本定为一千万元……是年三月，齐协理因年冬告辞，由贾继英接充，十九年退还商股，收归官办，徐贾二君相继去职。

※《银行年鉴》，民国二十五年。

山西省银行的组织大纲与办事细则

山西省银行成立之初，就印制了两本组织大纲和办事细则。组织大纲说明山西省银行组织性质、经营范围、担负责任等，办事细则说明内部组织情况，各部门所负责任，以及行员练习生等应守规则和应尽义务等。总的说来，是为阎锡山统治山西服务的，每年还印一本行员录，发给各行职员。行员录上印有每个人的姓名、别号、级别、进行年月、籍贯，逐绘一统计表，对行员的籍贯统计出数字，年均每县至少有一人在行。这是因为山西省银行成立之初，是官督民营性质，每县商会（其中包括个人）都加入过一些不同数目的股款，为此都能介绍个人，但其中三分之一以上的人，是太谷、祁县、榆次、汾阳、文水等地，所谓二府十县的人，特别是领导阶层，除总理徐一清外，上自协理，下至分行经理、派出所（后改办事处）所长，十之八九都是从旧日票号，少数由钱庄转过来的。这些人所带来的一套管理办法，封建性十分浓厚。比如行员练习生下班或进见总管理处首脑或负责人时，就得作揖问安，就是任满一年，例假下班时（每年下班可住家两月）先到总行报到，外地职员到总行的路费，实报实销，本人填一旅费的细表，报请总稽核批准，由太原回家，每百华里发路费二元，年终发给，到期不下班，连班了也照发，婚丧假各一月，病假则未明确规定，长短不一，看人行事，事假要扣薪水，过长则停薪以至停职，行内还规定，扣发的薪金，要分给在职人员。因为他代劳了，但从未执行。如有一次，太原分行经理阎子秀因事逾假，他就不让扣薪，因为扣了薪，连应分红利也没了，曾经吵过一阵。职员下班到省，另持有例假通知书，但还得请示总文书李步青，他说你回去吧，才得成行，否则只得等他的吩咐，假期任满到省，也得等他说，你回原住行或调他行，否则只得等候。所以我当时每次下班，总得把自己行李全部带上，见到首脑人物，必须恭立。我初到平遥分行时，经理是祁县人张籍斋，他一坐柜，行员有座位，练习生都得恭立一旁。职员下班到省，供膳宿。不吃饭的，每日由庶务处发二角五分饭费。行内待遇，除供膳宿外，夏天发西瓜钱（太原每人每天两角，发一个月，分行则随吃随买）。中秋节发两斤月饼，每月还发一次毛巾、肥皂等。吸烟则充分供给旱烟，纸烟则备主管人待客用，在平遥每逢春节还发几元压岁钱（不知他行有没有，以后也取消了）。当时山西省银行对行内开支没有限额，除太原规定职员每月饭费五元外，其他各行都没规定，就随着主管人员的手脚大小而丰瘠不同，全行规定每日上班8小时，太原有星期日，外地则随当地市面是没有的，春节后外地也是随当地的开市日期营业的。

……

山西省银行的职员等级制度

关于山西省银行职员等级制度，总理一级、协理一级、四总及太原分行经理一级，两司及太原分行副理、股长、外分行经理一级，一般行员一级。练习生没有分红又一级。

按章规定，每月 2 ~ 4 元为练习生，5 ~ 14 元为三等行员，15 ~ 24 元为二等行员，25 元以上是一等行员，四总两司太原分行经理等以上，则不提是什么等行员了。一般分行经理都是一等行员，派出所主管人员多二等行员，但也是形式，如当时的总文书郭家琦（字效韩，文水人）已升到一等行员，他要求与两司及外分行经理同等的分红待遇，但因没有实缺而没有批准。而其奖金制度，也是四总以下至行员都有，职位越大，奖金越高。加起薪（每年一加）也是如此，练习生所得奖金微乎其微，所以那时许多练习生等三四年升不到行员，有门路的就另找出路了。总行对外分行的升降奖惩，全凭分行负责人的年考核报告，我在省银行真是个幸运者。民国十二年（1923 年）进行，月薪 2 元，次年 4 元，再次年升行员，在平遥历任文书、营业、会计股长等职，薪水加到 15 元，28 岁升任太谷行管理，特加 20 元，又任总行业务处营业组长，30 岁升为天津行负责人，又特加 35 元，是总行中练习生起手少有的。

另外，山西省银行自成立以来，有个极不公正的盈余分配办法，每年结帐盈余，除公积金外，先提一成，作为总协理红利（总理 6 成，协理 4 成），再提成为四总及省行经理的红利，再提成为分行经理及总行两司、省行股长们的红利，其次提一般行员的红利，上下相疏几至百倍，练习生则没有，只给微数的一点奖金，但不是都有的。他的规定，五元以上的薪金，就如行员，一般每年只能分得按薪金一元多的红利，而总协理都有二三万元之数，可谓极尽剥削之能事。在总行，吃饭也不一样，行员是每月五元的包饭，四总两司们都是十元，所以当时行员们就编了一个顺口溜：“自从徐子澄接办，薪水减半，门面好看，吃的五块钱的包饭，四总两司，另外开饭”，又说“司库没库，专管庶务”。因为当时总管理处连一个库房都没有，却摆一个崇高位置的司库（当时司库是祁县人乔卜丞），而这些头面人物，大都不是八小时在行办公，如经理徐一清兼任山西粮服局长，总稽核郑心泉兼任太原新记电灯公司经理，总稽核的副手李九皋也兼任电灯公司的主任，都不是在行天天办公的，而却得到银行最高的待遇。

※ 张正廷：《山西省银行片段回忆》，载《山西文史资料》第一〇九辑。

盈利既多，分红当然亦多。据行中同学们讲，省行职员年终分红，虽比不上中国银行与交通银行之多，但数目亦相当可观，而且职位越高，分红越多，最高红利有时达数千元之多。

※ 徐士瑚：《我所知道的徐一清先生》，载《山西文史资料》第六十三辑，第 100 页。

山西省银行在许多方面沿用了山西票号的习惯。比如新行员入行是十分困难的，必须有社会名流或政界有声望的人推荐，并有殷实铺保，方得入行。入行后先当练习生。练习生的工作时间从早五点到晚十二点，所有杂务活都得干。一天提“三壶”，铺床叠被，而且还不让出门，新练习生入行没有座位，只是在一个过道走廊里看“牌子”，即哪个牌子的电铃响了到哪个地方去侍候。下班后人家走了，还得搞卫生。夏天掌柜吃饭，还得在一旁伺候，随时打手巾把。一看见不顺眼，就开除出行，人称“倒口袋”。

※ 人民银行山西省分行金融史编写组：《旧山西省银行史座谈会[①]记录》，1975年4月16日。

入行后当练习生（即学徒）期间，只能站柜台，不给设座位，还必须给总经理、经理、协理等人铺床叠被、提茶壶、倒便壶、点烟沏茶、端饭、打手巾把，稍不如意即借口“不守行规”、“人浮于事”等予以辞退。据该行民国八年（1919）1月至十九年10月的统计，先后共录用行员914人，出行372人，除病死的42人外，其余均系总经理“条示”开除出行的，当时人们称之为“倒口袋”。

行员待遇三等九级。一等一级月薪140元，三等九级月薪6元，练习生每月只发3元津贴费。此外，也实行顶人身股制度。

※ 山西省地方志编纂委员会编：《山西通志·金融志》，中华书局，1991年4月第一版。

省行的派性：志成信出身的对手是大德通出身的，学界参加和一些青少年则派性甚少，但亦有北路、南路地区分别，中路人则按关系附从于各派中，暗斗很烈。北路多有后台，南中路能力较优，高级人员对提拔安插人员上斗争很大，常发生意见。能掌握徐一清的，只郑秉中一人而已，很明显的是太原分行经、副理两派各一，文书、出纳两派各一。阎子秀工作能力压住了傅瑶，总营业武海青支持付，又敌不住阎，协理齐虽祖武，而不愿开罪阎子秀。各分行亦大致相同。郑秉中虽是北路派，但在大德通、志成信两派中间独树一帜，对徐一清吹拍无所不至，代提公事包，搀扶上楼梯，抢先作了跟徐“行役”的工作。徐不入总理室，常在楼上会议室待几个小时，听取四总两司、太原行经理的汇报，在信稿上划行，决定事件下条子。他人均坐下开会，郑则忙乱地常站在徐旁，代读信稿，代盖图章，口提意见，手写条子，等徐加批，徐对郑亦言听计从，十分信任，郑得徐提拔到底。阎匪走大连后，徐亦离职，省行成了机关，换了一次总理，人员即有更动，就只有北路派掌权，其他没有派别了。

省行人员的变动：成立以来，一直扩充，职员至多到380余人，前后人员500有零，司券设有帐存，兼办了未发行券的记载，在兑换券上加印地名，怕票子拥在一个地区，应付不来。司库管未发行券及准备金，因准备金流于形式，并没实行，无事可办，成了光杆司令，在总文书下办了庶务，直到被捕。齐梦彪年老告退，贾继英继任协理。……

……

……一个大学卒业生，给定了每月四元薪水的练习生，心中不快，在床睡觉，听到院中钱行人点现洋，有人说“快数”，他听说“快死”而上了吊，救活后开除。……孟缄三介绍太原的很多职员参加了青年会（他是青年会内的高级人员），又组织“乒乓球队”、“游泳队”、星期旅行、野外聚餐等活动。红军第一次渡河时，太原开始“商人军训”，为期两个月，省行职员分两批参加训练（前后可能四十余人）。那时，阎匪有“宁

① 参加座谈会的有民国时期山西省行职员米锦云、乔寿松、刘敬才等八人。

错杀百人，亦不要漏杀一名共产党”的指示。

※ 常紫书1975年5月14日提供的材料：《阎锡山垄断金融核心——山西省银行历史及牵涉到的经济材料》。

表3-3　　山西省银行历年出行员生统计表

	出行人数	其中					备注
		因人浮于事辞职的	自动告辞出行的	开除出行的	病故的	其他原因出行的	
民国八年	1			1			
民国九年	32	16	6	7	3		
民国十年	9			8	1		
民国十一年	17		1	15	1		
民国十二年	22	3	3	13	3		
民国十三年	14		6	5	3		
民国十四年	22	6		12	4		
民国十五年	27		11	13	3		
民国十六年	41		6	34	1		
民国十七年	35		7	22	6		
民国十八年	25		7	16	2		
民国十九年	42		7	28	7		
民国二十年	85		8	68	6	3	
合计	372	25	62	242	40	3	

注：山西省银行从1919年1月1日开办，由官钱局转来职员100名，至1931年10月底止，先后招进914名，出行372名（内因病死亡的40名），留下542名。

※《山西省银行行员进退录》，民国三十年十月印，山西省档案馆档案，山西省银行档案。

（民国）二十年一月，省政府委财政厅长仇曾诒兼任该行总经理，阎毓芹为协理。仇因财厅事繁，未能到差，六月改委高步青为总经理。

※ 郭荣生：《中国省地方银行概况》，国家第二档案馆（南京）档案，财政部档案卷。

五、财务管理

山西省银行成立之初，其会计制度仿照中国银行的复式帐簿，以科目为主。总帐上加上现金科目，总是收支相平，差一分帐就不对了。每月结帐一次，以《营业实际报告表》报告总行，《流通券报告表》也一样，收支也用传票，另外则用一种辅助帐，纯中式的四柱法，用毛笔写帐，上列对外各户的来往数字。这套办法是总行总会计处副头李

黻堂（原在中国银行）和总会计郭沛（字丰亭）定的，凡分行都没有固定资金，只与总行立一往来存欠户，有《往来利息表》年终报告总行，有《盈余亏损表》，上两项年终结算，均能入总行往来户，此其大略。

※ 张正廷：《山西省银行片段回忆》，载《山西文史资料》第一〇九辑。

省行的会计变革。成立初期，仍沿用官钱局的旧式账，后渐次改用直式红格的中式账，全用毛笔书写。以后，总处总会计聘用了李绂为副手（字辅堂，徐沟人，前中国银行行员），才建立了西式簿记。总会计完全西式，有传票、日记账、各种分户账、日计表，每月终有资产负债对照表，决算时有资产负债表、损益表、财产目录等，还有一部分全行合并账簿，将总管理处和全行视作两个部分，各项开支账则由庶务记载。因总处不营业，所以库存亦在庶务，每日填库存表送会计。庶务的开支，用白纸订的草账登记，结账后，次日再照填传票送会计。太原分行会计用西式账，营业的各补助账都是直式红格账，毛笔填写，亦用白纸草账，再誊传票送会计登记日记账。营业补助账都在次日照草账登记，很不及时，当日事次日能结束了，亦是够好，否则需到第三日。汇报均用信报，后才改用报单，分汇款报单、汇款回单、划款报单三种，表面有了，漏洞很多。出纳设有"兑换"，专派二人承办，亦用草账登记，大批纸币兑现则直接由出纳办理；零星及各种辅币的调换，则归兑换。换各项辅币，照当日行市，有加下，是赚的手续费，每日终了只将手续费入账，没有兑换科目，对辅币的余短无法知道。没有本位币，当时的辅币很杂，计有现银、小洋、铜元、制钱，尤其重要的是，丢掉了簿记的精华"清理账目，确计损益"。郭沛只有书本知识，全靠了李绂，幸而虽有漏洞，尚未造成很大麻烦。各分行处为了掩饰赔账，或为了邀赏，在临决算，做些贴期汇款，将占下年日期的利息（利息是合在汇水内的），收归本年，赔账变成了赚钱，少赚变成了多赚。不过，存在弊病的亦没有几处。齐梦彪、武海青、阎子秀等，只要看到，是能发现的。但是为了维护面子，又怕得罪另一派人，而只是背后说点闲话，并不提出。会计上则不管业务，连看都不看，辅币余短既不计算，亦就不按决算日期行市计算损益了，只将库存的计算一下而已。尤其在总分行往来中，虽用有未达账（因邮寄需日），但全行总决算，总分行往来科目不能抵消两平。为了掩盖，将余额转入了特别往来，决平再转回来。常派四个人，每日对了总分行往来（这个银行员才无味）。省行改组为公营后，会计处主任张邦彦要李绂负责将旧账兑完。他明知棘手，因而辞职。账务组将旧账倒往前兑，四个月时间兑出70余万元的多余资金，省行的资本不是120万元，实际上是190余万元，其中大数是省钞与现银元的差额。分行欠总行现洋，总行账是省钞，抵消下来在分行资产负债不变的情况下，总行每元省钞多出了十几元的利益。此外还有不少职员，由京津捎买物件，兑回款来，三年未交，钻了兑不完的空子，为数亦在千元以上。山西的唯一银行，成立已十余年，其内部如此之糟。公营后，报、回单改成了复写，代替了传票，取消日记账，编制了"会计规则"，增加了兑换科目，采用了本位币，各种辅币规定了"定价"，增加了兑换对照表，五日一次，以表现对辅币的余短，而作抽补的准备。小洋定价一元二角，铜元定价400枚，现银定价六钱七分，新一元本位币。各分行处每日填写一次往来兑账单，以资核对。仍采用未达账，以后将决算提高到一个月来结算，2月初即可呈报上级，批回即能分红（职员分红，资本红利则是交财厅）。后会计上出了个笑话，中交所存外币年终结息，数字与省行不符，出询得复，称无错误，嘱省行自查。经业务、会计、协理的批示，照中交数字冲正；经账务组力争，才照账抄寄计息单，再出中交请指出错误，以便冲改。结果，中交将计息的“积数”一笔，大作了小，他们错了，补了利息。领导人表现了“崇拜大银行”，不求彻齐，含糊了事，对多出的70余万利息，不敢呈报，仍存特别往来。此事只有协理、会计了解，不能宣传，事变后各分行处损失无数，帐簿亦有遗失，就不知如何处理了。

※ 常紫书1975年5月14日提供的材料：《阎锡山垄断金融核心——山西省银行历史及牵涉到的经济材料》。

平遥分行集体贪污，将库存一部分放了得利，被“赴外稽核”郝锦云查出，开除了营业会计员和经理冀桐荪数人，郝升了平遥分行经理。太原行丢了一捆未发行的金库券，又发现了发行年月的章有了两样，张秉炯直接责任，常被便衣追随，他到各刻字局查对底据发现了，因笔迹而破案。出纳丢了现洋是撬开箱子偷去的，张又下辛苦调查，得到线索。在大南门口，指使警察，由省行回家人员的轿车行李内查获破案，提高了张秉炯的信誉。……储蓄部行员郭佩汾（阳曲人，复合胰子铺财东）贪污了不少，手段是收款填给存折后，将款贪污，不上账。张秉炯是部长，跟踪了几日，郭携一寿阳破鞋逃走，再无下落。

※ 常紫书1975年5月14日提供的材料：《阎锡山垄断金融核心——山西省银行历史及牵涉到的经济材料》。

第二节｜山西省银行初期的业务活动

一、存款

机关存款，是一般领取薪饷及建筑之款，尚需分发待用的，修筑晋南晋北各段汽车路的款项，是一笔很大的存款，还有其他机关的存款、私人存款，亦有相当数目，为了与“万国储蓄会”和山东茂叶银行竞争，往太原晋泉源钱庄内吸收民间存款经办人丁懋常。1927年太原分行增设“储蓄部”，金库副手张秉炯（赵城人，前官钱局职员）担任部长，分活期、定期、零存整取、整存零取，支息存款，活汇存款等项目，亦有相当成绩。

※ 常紫书1975年5月14日提供的材料：《阎锡山垄断金融核心——山西省银行历史及牵涉到的经济材料》。

从资本方面说，当时山西省的银行业总资本额为三百余万元，而山西省银行的资本为二百四十万元，当然是首屈一指了，因而山西省银行在银行业务中就居于垄断地位。

在存款方面：当时存款的种类分为定期、往来和特别三种。特别存款总额一万余元，

为省银行全部吸收；往来存款总额一百三十余万元，省银行吸收了八十三万元，占到百分之六十三左右。定期存款总额二百二十四万余元，省银行吸收到五十四万余元，占百分之二十四左右。

※ 王尊光、张青樾：《阎锡山对山西金融的控制与垄断》，载《山西文史资料》第十六辑。

省银行办理储蓄业务，系从1925年开始的。当时“大陆银行”派人来太原在“晋泉涌银号”设寄庄，专办晋省储蓄存款，因为是初办，还印发了宣传品，宣传存款付息办法，半年内收到储蓄存款四十余万元。从此才引起了省银行的注意，设立了储蓄部。实际储蓄业务并不发达。据1935年的统计，省银行太原总行有储蓄存款三十四万余元，还不如太谷县的裕华银行有四十余万元之多。而且省银行所吸收的，多为数十元至数百元的小户头。这些户头，又多数系城市中凭薪水收入者，说明在阎锡山统治下的山西人民，储蓄能力何等薄弱。

※ 王尊光、张青樾：《阎锡山对山西金融的控制与垄断》，载《山西文史资料》第十六辑。

山西银行之经营储蓄业务者颇少。仅阳曲山西省银行总行有340811.00元，太谷裕华银号有400815.00元，两共741626.00元，查储蓄所吸收者，多为数十元至数百元之小户头，此种户头，以都市中之薪水劳动者为多。山西人口农民占绝大多数，若辈一年收入，维持最低生活，尚感不敷，遑论其储蓄能力。至于都市中之薪水劳动者，又以旧式商店伙友居多数，此种伙友，平时每月收入，微乎其微，全赖年底店中分红，以资注挹一年之不足，故其储蓄能力亦至为薄弱。此实山西各银行储蓄不能发达之最大原因也。

※ 国民政府实业部国际贸易局编：《中国实业志·山西省·金融》，138页，经济管理出版社，2008年1月。

山西省之银行，总行仅有四家，分支行处共有二十三家，合计二十七家。按性质分，连总分支行处在内，国营者三家，省营者十九家，民营者五家，按旧道分，则冀宁道十四家，河东道六家，雁门道七家。

山西银行业之资本，共计3077600.00元，较银号业资本总数之7560370.40元虽少，但较钱庄业资本总数之1970632.14元则多。上述银行资本总数，包括各分支行由总行所拨流动资本在内，实际上四家总行资本总数，仅计2540600.00元。资本最大者，自推山西省银行，计2400000.00元，该行除代理省金库及经营普通商业银行之业务外，在财政部新货币政策未颁布前，又有发行纸币之特权，故分支行处遍省内。兹将山西省银行现状列表于后。

银行存款之种类，大别之要不外乎定期、往来及特别三种，其中以定期为最多，计2248896.88元，占存款总数63.09%，往来次之，计1304119.31元，占存款总数36.58%，特别最少，计11539.00元，占存款总数0.33%。共计3564555.19元。如以省银行与其他银行存款分类相比较，则其情形如下：

表 3－4　　山西省银行现状表

县别	家数（包括总分行处）	资本（元）	存款（元）	放款（元）
阳曲	2	2520000.00	3045332.00	6848370.00
榆次	1	110000.00		80000.00
太谷	2	190000.00		352132.00
文水	1	515000.00	27163.00	64398.00
汾阳	1	19100.00	66289.19	90605.51
平遥	1		1200.00	260000.00
介休	1			30000.00
长治	1			13000.00
晋城	1	30000.00		60000.00
寿阳	1	27000.00		
临汾	1			24200.00
洪洞	1			19000.00
曲沃	1			33000.00
安邑	2	30000.00	41439.00	131000.00
新绛	1			20000.00
大同	3		28000.00	146000.00
应县	1			2800.00
朔县	1	100000.00	3000.00	6000.00
代县	1			
河曲	1			
冀宁道	14	2947600.00	3492116.19	7847188.51
河东道	6	30000.00	41439.00	417200.00
雁门道	7	100000.00	31000.00	154800.00
全省总计	27	3077600.00	3564555.19	8419188.51

续表

储蓄（元）	汇兑（元）		发行（元）	公积金（元）
	汇出	汇入		
340811.00	22258956.00	17815895.00	2067866.90	46232.88
	630000.00	327000.00		243577.00
400815.00	214000.00	211000.00	56000.00	
	109600.00	104945.00	37975.00	6000.00
	250000.00	248000.00	147900.00	
			40000.00	
	372000.00	2530000.00	40870.00	
	600000.00	16000.00	12135.50	
	300000.00	300000.00	27000.00	
	779430.00	352900.00	131670.00	
	20000.00	10000.00	23000.00	
	490000.00	185000.00	27000.00	
	3140751.00	43000.00	25807.00	
	430000.00	250000.00	56569.60	
	765000.00	472500.00	120000.00	
	5100.00	2200.00	16300.00	
	134800.00	123480.00	82980.00	
			19000.00	
741626.00	24734556.00	21552840.00	2429737.40	295809.88
	4860181.00	840980.00	164066.60	
	904900.00	598180.00	238280.00	
741626.00	30499637.00	22991920.00	2932074.00	295809.88

表 3－5　　山西省各县银行一览表

县别	行名	地址	设立年月	组织性质	总行与分行（总行所在地）
阳曲	山西省银行	鼓楼街三号	民国八年一月开设，民国二十一年七月改组	官营	总行
	中国银行	桥头街	民国二年		办事处（上海）
	两家合计				
榆次	山西省银行	县城	民国九年二月	官营	分行（阳曲）
	一家合计				
太谷	裕华银行	城内西街	民国二十三年九月		分行（天津）
	农工银行	城内西街	民国十二年十月	有限公司	总行
	两家合计				
文水	农工银行	南街	民国十二年	公司	总号
	一家合计				
岢岚	山西省银行	城内	民国二十一年五月	官营	代理庄（阳曲）
	一家合计				
汾阳	汾阳农工银行	城内	民国十五年十月	集股有限公司	总行
	一家合计				
平遥	山西省银行	衙门街三七号	民国九年	官营	分行（阳曲）
	一家合计				
介休	山西省银行	东街	民国二年	官营	寄庄（阳曲）
	一家合计				
长治	山西省银行	城内东街	民国六年一月	官营	分行（阳曲）
	一家合计				
晋城	山西省银行	南街	民国九年		办事处（阳曲）
	一家合计				
平定	山西省银行	阳泉	民国十年	官营	办事处（阳曲）
	一家合计				

续表

资本金额（元）	存款（元）	放款（元）	储蓄（元）	汇兑汇出	汇入	发行额（元）	公积金（元）
2400000.00	1375332.00	5058370.00	340811.00	19758956.00	16215895.00	2067866.90	46232.88
120000.00	1670000.00	1790000.00		2500000.00	1600000.00		
2520000.00	3045332.00	6848370.00	340811.00	22258956.00	17815895.00	2067866.90	46232.88
110000.00		80000.00		630000.00	327000.00		243577.00
110000.00		80000.00		630000.00	327000.00		243577.00
120000.00	114000.00	230000.00		136000.00	133000.00		
70000.00	238132.00	170815.00		78000.00	78000.00	56000.00	
190000.00	352132.00	400815.00		214000.00	211000.00	56000.00	
51510.00	27163.00	64398.00					
5150.00	27163.00	64398.00					
19100.00	16289.19	90605.51		109600.00	1049495.00	37975.00	6000.00
19100.00	16289.19	90605.51		109600.00	104945.00	37975.00	6000.00
	1200.00	260000.00		250000.00	248000.00	147900.00	
	1200.00	260000.00		250000.00	248000.00	147900.00	
		30000.00				40000.00	
		30000.00				40000.00	
		134000.00		372000.00	2530000.00	40870.00	
		134000.00		372000.00	2530000.00	40870.00	
30000.00		60000.00		600000.00	16000.00	12135.50	
	60000.00		60000.00	16000.00	12135.50		

续表

县别	行名	地址	设立年月	组织性质	总行与分行（总行所在地）
寿阳	山西省银行	南关	民国二十三年五月	官营	寄庄（阳曲）
	一家合计				
临汾	山西省银行	县城	民国十一年	官营	办事处（阳曲）
	一家合计				
洪洞	山西省银行	南街	民国十一年一月	官营	分行（阳曲）
	一家合计				
曲沃	山西省银行	县城	民国十二年	官营	办事处（阳曲）
	一家合计				
安邑	山西省银行	运城东街	民国十二年		办事处（阳曲）
	裕华银行	运城	民国二十四年一月		支行（天津）
	两家合计				
新绛	山西省银行	城内中城巷	民国八年	官营	分行（阳曲）
	一家合计				
大同	山西省银行	城内	民国九年三月	官营	分行（阳曲）
	大同中国银行	鼓楼西街	民国二十三年九月		寄庄（上海）
	交通银行分行	四牌楼西街	民国二十四年三月		办事处（上海）
	三家合计				
应县	山西省银行	县城	民国十八年二月		办事处（阳曲）
	一家合计				
朔县	山西省银行	城内	民国十七年二月		办事处（阳曲）
	一家合计				
代县	山西省银行	东街	民国十二年一月	官营	办事处（阳曲）
	一家合计				
河曲	山西省银行	大栅街	民国八月		寄庄（阳曲）
	一家合计				

续表

资本金额（元）	存款（元）	放款（元）	储蓄（元）	汇兑汇出	汇入	发行额（元）	公积金（元）
27000.00				300000.00	300000.00	27000.00	
27000.00				300000.00	300000.00	27000.00	
		42200.00		779430.00	352900.00	131670.00	
		42200.00		779430.00	352900.00	131670.00	
		19000.00		20000.00	10000.00	23000.00	
		19000.00		20000.00	10000.00	23000.00	
		33000.00		490000.00	185000.00	27000.00	
		33000.00		490000.00	185000.00	27000.00	
	11439.00	101000.00		2540751.00	3000.00	25807.00	
30000.00	30000.00	30000.00		600000.00	40000.00		
	41439.00	131000.00		3140791.00	40000.00	25807.00	
		210000.00		430000.00	250000.00	56569.60	
		210000.00		430000.00	250000.00	56569.60	
		91000.00		300000.00	100000.00	120000.00	
	15000.00	55000.00		200000.00	300000.00		
	13000.00			265000.00	72500.00		
	28000.00	146000.00		765000.00	472500.00	120000.00	
		2800.00		5100.00	2200.00	16300.00	
		2800.00		5100.00	2200.00	16300.00	
100000.00	3000.00	6000.00		134800.00	123480.00	92980.00	
100000.00	3000.00	6000.00		134800.00	123480.00	82980.00	
						19000.00	
						19000.00	

表 3-6　　山西省银行与其他银行存款分类比较表

类别 行别	定期		往来		特别		总计	
	实数（元）	百分数	实数（元）	百分数	实数（元）	百分数	实数（元）	百分数
省银行	546849.00	24.32	832583.00	63.84	11539.00	100.00	1391971.00	39.02
其他银行	1702006.88	75.68	471536.31	36.16			2173543.19	60.98
合计	2248896.88	100.00	1304119.31	100.00	11539.00	100.00	3564555.19	100.00

表 3-7　　山西省银行存款分类表

县别	定期	往来	特别	合计
阳曲	1916849.00	1128.48300		3045332.00
太谷	282000.00	70132.00		352132.00
文水	18420.00	8743.00		27163.00
汾阳	14627.88	51661.31		66289.19
平遥			1200.00	1200.00
安邑		31100.00	10339.00	41439.00
大同	17000.00	11000.00		28000.00
朔县		3000.00		3000.00
冀宁道	（1）2231896.88	1259019.31	1200.00	3492116.19
河东道	（2）	31100.00	10339.00	41439.00
雁门道	（3）17000.00	14000.00		31000.00
全省总计	2248896.88	1304119.31	11539.00	3564555.19
百分数	63.09	36.58	0.33	100.00

银行存款之来源，以住户为最多，计 1934015.95 元，占存款总数的 54.26%；公团次之，计 1066857.89 元，占 29.93%；商业第三，计 34475722 元，占 9.67%；同业第四，计 180000.00 元，占 5.05%；农民最小，计 38924.13 元，占 1.09%；工业界则无存款。如以省银行与其他银行存款来源相比较，则其情形如下：

表 3-8　　山西省银行与其他银行存款来源比较表

行别 款别	商业		住户		农民		公团		同业		合计	
	实数	百分数	实数	百分数	实数	百分数	实数	百分数	实数	百分数	实数	百分数
省银行			557188.00	28.81			833783.00	78.15			1391971.00	39.05
其他银行	344757.22	100.00	1376827.95	71.19	38924	100.00	233074.89	21.85	180000.00	100.00	2172584.19	60.95
合计	344757.22	100.00	1934015.95	100.00	28924	100.00	1066857.89	100.00	180000.00	100.00	8564555.19	100.00

※ 国民政府实业部国际贸易局编：《中国实业志·山西省·金融》，113～127 页，经济管理出版社，2008 年 1 月。

二、放款

在放款方面：当时有信用和抵押两种。放款利率，信用高而抵押低。同时由于商业

习惯及为了多得利息，也是以信用放款为多。因此省银行的放款业务，重点放在信用方面。如各银行的放款总额为八百四十余万元，其中省银行为五百九十余万元，占百分之七十一左右，其他银行为二百四十余万元，仅占百分之二十九左右。信用放款总额为六百七十六万余元，其中省银行为五百九十五万余元，占百分之八十八；抵押放款总额一百六十五万余元，其中省银行为两万余元，仅占百分之一点七左右。这说明省银行对于利之所在是不肯放松的。

另外，商业放款较工业放款灵活，利率也高，省银行又偏重于商业放款，对于工业放款就不太热心。因之，除“公”营工厂外，各私营工厂对之多表不满。如榆次晋华纺纱厂原来系从省银行贷款，以后因为不能满足其要求，就转向中国银行贷款，中国银行遂向该厂大量投资，并派了驻厂办事员，实行押贷监督，该厂和省银行仅作一点来往而已。

※ 王尊光、张青樾：《阎锡山对山西金融的控制与垄断》，载《山西文史资料》第十六辑。

山西省银行初期的业务活动，在太原是以供应机关为主，投放款项也以所谓公营事业为对象，另外对榆次晋华纱厂有大量放款，并派总行稽核员李伯鲁在纱厂作会计，这是因为徐一清是晋华纱厂的董事长。以后徐总理离行，晋华纱厂就抵押给天津中国银行，由中行副理，索云章驻纱厂监督业务。省银行在太原一般商号的放款并不多，即放也是与省银行的首脑人员有关系的。当我在总行业务处任营业组长时，每早派荣命三上市，出放些份子钱，一份300元，今日借，明日还（再忻定一带叫赁钱，以100元为单位，只借一日）。

※ 张正廷：《山西省银行片段回忆》，载《山西文史资料》第一〇九辑。

对于放款办法，作“长年期放”很少，只做算期，即春夏秋冬四标，日期是由北往南递推，从张口起算，大致到太原平遥为止（即保镖送现的路程日期）。行市是以千元为计算单位，每算相距约三个月，在这一算期的末期，即开始了作放到下一算期款项的行市（离标远近，因为日期不多，利息越小）；还有短期拆放，太原叫“俸子钱”，每俸300元，一个月期，春季淡月，行市常在0.90～1.50，合月息3～5厘，夏秋旺月，少则放到四五元到六七元，合月息分半、二分，外县及他地没有“俸子钱”，这一名称通常以千元为单位，拆放期大都是一个月。

※ 常紫书1975年5月14日提供的材料：《阎锡山垄断金融核心——山西省银行历史及牵涉到的经济材料》。

银行放款，有信用和抵押两种。放款利率，信用高而抵押低。以月利计算，最高一分一厘，最低四厘四毫，普通约八厘。内地银行，由于商业习惯，仍以信用放款多，盖商人不明周转之原理，以为将货抵押于人，无异宣告其资本短缺，资本短缺，即无异于信用欠著。故非至万不得已，不肯将财货轻易做抵押借款。坐此山西省各银行之抵押放款，仅1651246.00元。占放款总数19.61%，而信用放款则计6767942.51元，占放款总数 80.39%。

就放款银行而论，八百余万银行放款中，省银行之放款占绝大多数，计 5988170.00 元或 71.13%，其他银行仅 2431018.51 元或 28.87%。兹将省银行与其他银行之放款按类列表于后：

表 3－9　山西省银行与其他银行放款分类比较表

	信用放款		抵押放款		总计	
	实数	百分数	实数	百分数	实数	百分数
山西省银行	5958911.00	88.05	29259.00	1.77	59881710.00	71.13
其他银行	809031.51	11.95	1631987.00	98.23	2431018.51	28.87
合计	6767942.51	100.00	1651246.00	100.00	8419188.51	100.00

……

银行放款之去路，以商业界为最多，几占半数以上，计 4539146.51 元，占放款总数的 53.91%；次为工商界，计 2279259.00 元，占 26.99%；公团第三，计 1047896.00 元，占 12.45%；同业第四，计 378000.00 元，占 4.49%；住户第五；计 100000.00，占 1.19%；农民最少，计 74887.00 元，占 0.97%。如将省银行之放款去路与其他银行相比较，则其情形如下：

表 3－10　山西省银行与其他银行放款去路比较表

	住户		工业		商业		农民		公团		同业		总计	
	实数	百分数	实数	百分数	实数	百分数	实数	百分数	实数	百分数	实数	百分数	实数	百分数
省银行			12500.00	54.84	3437800.00	75.74			1029111.00	98.21	262000.00	69.31	5988170.00	71.13
其他银行	100000.00	100.00	1029259.00	45.16	1101346.51	24.26	74887.00	100.00	18785.00	1.79	116000.00	30.69	2431018.51	28.87
总计	100000.00	100.00	2279259.00	100.00	4539146.51	100.00	74887.00	100.00	1047896.00	100.00	378000.00	100.00	8419188.51	100.00

※ 国民政府实业部国际贸易局编：《中国实业志·山西省·金融》，131～133 页，经济管理出版社，2008 年 1 月。

三、兑换与汇兑

在汇兑方面：因为经营国内进出口押汇，款额进出颇巨，又因山西商业，多以天津为出纳口，经营天津的汇款较其他处为多。

※ 王尊光、张青樾：《阎锡山对山西金融的控制与垄断》，载《山西文史资料》第十六辑。

省行的业务：发行纸币，总揽代收代解全省公款，代关各机关部队等薪饷和其他费用，吸收机关存款和私人存款，欢迎浮存，转放各银钱业和商号，承汇，汇出汇入款项，和得期贴期汇款，以掌握太原和其他主要商业地区的“头寸”（商人术语，又称银根），其中运城盐款，是现银元的主要来源，每月送太原一二次，每次二三十万到五六十万不

等，太原银元有余，又送了天津，大概成了规律性，备太原及各分行收津使用，以吸收市面游资。大同、汾阳、临汾、曲沃、长治间亦送现，为数不多。来现时，十几辆大车停在街上卸款；送现时，用人力车，悄悄地拉上车站，仍沿旧俗所谓“明来暗走”，不影响市面。

……

得期汇款，先收款再汇到地点，远期交付，贴现反之，对工商实业界，中行派有驻厂员，监督款资收支和纱布出厂，押品是棉花。

※ 常紫书1975年5月14日提供的材料：《阎锡山垄断金融核心——山西省银行历史及牵涉到的经济材料》。

垄断汇兑

山西省银行除发行纸币外，也办理埠际之间的汇兑业务。当时银元、纸币均可自由通汇。资本主义世界的经济危机，使各帝国主义国家竞相向中国输出商品，造成白银大量外流，对省银行用纸币吸收金银很不利。加之阎锡山准备发动倒蒋战争，需要搜集大量的银币作经费开支。故在停止纸币兑现的同时，阎锡山又命令省银行垄断了向外省的汇兑，限定汇款数额，提高汇率，并制定了《禁止携带现款出省办法》，规定：“凡查获私运现款出省者，除将现款及运款人扣留，立即呈报省政府外，在省会应送公安局，在各县应送县政府，依照下列各项处罚之：一百元以上至一千元者，罚百分之二十；千元以上至三千元者，罚百分之四十；三千元以上至一万元者，罚百分之六十；一万元以上至五万元者，罚百分之八十；五万元以上者没收之。”同时，组织宪警、驻军成立检查队，广设关卡，严行搜查。这一禁令不仅为阎锡山集团直接从商旅和行人手中榨取了大量现洋，而且使一些宪警关卡借机敲诈勒索发了洋财。

※ 山西省地方志编纂委员会编：《山西通志·金融志》，中华书局，1991年4月第一版。

各地运到省银行的现洋，集有成数以后，则于一部分送往天津，以备阎锡山在天津的军政开支之用，那时因阎锡山禁止现洋出境，各私人商号要运现洋出省，很不容易。所以省银行各地分行均接受津汇，以得较运费更多的汇费。

省钞的毛荒，是阎冯与蒋中原混战大肆扩军造成的。当时纸币已停止兑现，市价贬低，津汇日渐猛涨，但实力有限，不敢多汇，所以发行数字仍是有增无减。为了减少现耗，后来又限制津汇，规定每日做若干万，多则不收。因而没有内部关系的商家想汇亦不可能。但这一措施，又使有内部关系的银号大发其财。如与阎子秀有关的……后来因无法坚持，遂停止接受津汇。

※ 常紫书：《阎锡山垄断金融的核心——山西省银行》。

钱业大点的有晋兴钱庄、豫慎茂、晋泉源（祁县乔家的）。晋兴钱庄始设汉口，名“晋信庄”，值国共分家，蒋匪清党，汉口申汇大涨，兑申一千即收汇费七八百元，它正在申有余款，由此获利二三十万，一跃为山西钱业中权威，方在太原建筑设立晋兴钱庄，经理康瑞芝（榆次人，已故）。

※ 常紫书1975年5月14日提供的材料：《阎锡山垄断金融核心——山西省银行历史及牵涉到的经济材料》。

银行经营汇兑，其款额远较银号钱庄多，是以银行多营国内进出口押汇，故款项进出颇巨。据此次调查，经各银行汇款，在最近一年内，汇入者达22991920.00元，汇出者计30499637.00元。就通汇地点加以分析，则以河北省最为频繁，计汇入680余万元，汇出970余万元。良以冀晋两省地处毗邻，而晋省之一切商业，又多以天津为出纳口，汇款较他处为多，自属意中之事。总计外省汇入凡690余万元，汇出为1130余万元。

表3－11　山西省各银行汇款地域分配表

通汇地点		汇出(元)	汇入(元)
河北省	天津	9528582.00	6525500.00
	北平	13100.00	30045.00
	石家庄	100000.00	300000.00
	总计	9741682.00	6855545.00
绥远省	绥远	1248104.00	69823.00
	包头	10000.00	1500.00
	总计	1258104.00	71323.00
察哈尔	张家口	2000.00	10000.00
	总计	2000.00	10000.00
山东省	青岛	10000.00	
	总计	10000.00	
江苏省	上海	336000.00	60000.00
	总计	336000.00	60000.00
外省合计		11347786.00	6996868.00
山西省	太原	5321955.00	3457400.00
	太谷	25884.00	350810.00
	榆次	1440540.00	465205.00
	平遥	8800.00	26500.00
	曲沃		20000.00
	祁县	400.00	400.00
	文水	3000.00	3000.00
	临汾	3190.00	
	洪洞	7055.00	
	新绛	4000.00	3000.00
	汾阳		50.00

续表

通汇地点		汇出(元)	汇入(元)
山西省	大同	6100.00	1600.00
	忻县	800.00	
	总计	7054680.00	4327965.00
	其他	12097171.00	11667087.00
省内外合计		30499637.00	22991920.00

※ 国民政府实业部国际贸易局编：《中国实业志·山西省·金融》，138～139页，经济管理出版社，2008年1月。

四、代理政府金库

（甲）代理省金库与发行“金库券”

山西省银行初成立时，对于山西省财政厅的款项收支，系按一般往来手续办理。到了1923年，才由太原分行增设了“省金库”，由会计股长张邦彦兼任金库主任，代办财政厅收发各种款项及收付军政各费事宜。另外，又兼办发行和兑换“金库券”。

这里需要特别说明的是关于所谓“金库券”的问题。阎锡山压榨、剥削的对象，不仅限于山西的一般人民，就是对为他服务的军政人员，也不肯放松。他的军政人员薪资，一贯是按照规定额八成发给，把扣除部分挪作其他活动。但这还不以为足，又想出了一个搭发“金库券”的办法。所谓“金库券”，是一种在六个月以后才能兑现的有价证券，也是一种变相的纸币，于1921年前后开始发行。其办法是：于军政人员每月关发薪饷时，按十分之二搭发，六个月以后兑现，每月每元六厘利息（当时银行放款利息每月每元为一分一厘），如到期兑现，过一个月，多加一个月利息，但不到期而想兑换，则须到街市小钱摊上去兑现。一般公务员薪资无多，生活急迫，谁能为图六厘利息的收入，而等待六个月以后才兑现？因此，绝大多数的公务员领到“金库券”后，都立即贴现兑换。当时市面上做此项交易的小摊贩，为数甚多。省银行业曾订有公开贴现兑换办法，但收价太低，也不方便，兑现很少。如本月份搭发之金库券，到省银行兑换时，只能一元兑九角，到市面小钱摊上兑换，即可兑到九角五分。金库券的发行额，系由财政厅决定，省银行只照财政厅的支款凭证开付而已。此项金库券于1928年阎锡山兼领冀、察、平、津后，不便在初兼领的地区发行，因而在山西也停止发行。从此省银行结束了此项业务。

1927年山西省金库兑换券

※ 王尊光、张青樾：《阎锡山对山西金融的控制与垄断》，载《山西文史资料》第十六辑。

山西省银行金库券。1921年至1928年期间，省银行发行一元一张的金库券，并在银行开展金库券业务。此券专用于军政人员薪饷。每月发饷时硬性搭配百分之二十的金库券，规定六个月后兑现。如不到期想兑为现款，每元兑九角，到市面上小钱摊上贴现，每元可兑九角五分。此券在市场上能以折价流通。

※ 董治文：《民国时期的山西货币》，载《金融经济·钱币专辑》1987年第1期。

民国十八年　己巳　一九二九年　四十七岁　八月三十日

致杨爱源等三十申电

——发行库券筹拨欠饷

张家口杨主席项厅长鉴：成密查我军原有步骑炮机共一百三十二团，此次编遣会议决定，只留五十四团，计须遣散七十人团，约占原有五分之三。此时筹拨欠饷，可仅就遣散者先行筹划。惟察省尚欠军费一百六十余万元，按五分之三计，应拨九十六万余元，计官佐欠饷及服装等费六十余万元，士兵欠饷三十四万余元，如尽数筹借现款，一时恐不易办到。现山西拟发行遣期定期库券，他省亦拟发行类似之定期或流通库券。将来官佐欠饷及服装费等费发给库券。此项库券，即以裁兵以后所节省之款作抵，分若干月还清，准其交纳本省赋税，士兵夫欠饷发给现款。我意察省亦可发行此类券若干万元，以资弥补。好在编遣以后，察省军费自然减少。此项不难逐渐抵补。编遣实行在即，希速筹划为要。山三十申印。

民国十八年　己巳　一九二九年　四十七岁　九月二十日

复杨爱源之电

——发行定期库券勿向富商摊借

张家口杨主席鉴：普密鱼电悉。晋绥均拟发行编期定期库券，我意察省亦不必发行流通库券，更不可向商富摊借，抵计划发行定期库券，以省金库担保，分月偿还即安。除电令朱参谋长就近请示蒋总司令徽求同意外，希查照办理可也。山行文印。

※ 阎伯川先生纪念会：《阎伯川先生锡山年谱》长编初稿（三），台湾商务印书馆。

因公款收支频繁，1923年由机关存款内将财厅部分划出，增设“省金库”专管，主任由会计主任张邦彦兼任，将代财厅发行的“金库券”及有关财务人员的保证金，全划旧金库。金库券是剥削公务员的手段，在关饷时，搭付二成金库券（由财厅计算，填写发金库券支付凭证，可能士兵和低级人员不搭），六个月到期才能兑现，贷有月息六厘到期后迟兑一月加一月利息，券背面上各印空格六个，可能发行六次，上是发行年月，下是兑付年月（以便加盖发行年月和兑付年月章）。交纳保证金的对象是各县知事、主计员、税务人员及包税的包商等，调任、解职转移户头或发还，因无利息，可以证券抵交。

※ 常紫书1975年5月14日提供的材料：《阎锡山垄断金融核心——山西省银行历史及牵涉到的经济材料》。

山西省搭放有期银元票办法

第一条　有期银元票由财政厅呈奉督军、省长核准，得于省内外各机关应领经费内

搭放之。

第二条　有期银元票分为一元、五元、十元三种。

第三条　有期银元票应定为三联，以一联发交领款人，其余二联分存财政厅及省银行备查。

前项银元票，由财政厅制定，呈请省长会用小官印，以昭慎重。

第四条　制定有期银元票纸得连用数次，每次搭放及付现日期，由财政厅于票纸皆面表内分别填注之。

第五条　有期银元票每次以丰年为期，期满照付不折不扣。

第六条　有期银元票以库款为担保品，由财政厅于收数畅旺时提存省银行，到期由省银行兑换。

第七条　有期银元需已届偿付之期，得用以完纳全省赋税各项，及代其他现款之用。

第八条　各机关经费应按几成搭放有期银元票，由财政厅呈请督军、省长核定之。

附注查军政各机关人员，月薪在五十元以上者，搭放期票一成；七十元以上者搭放二成，一百元以上者搭放三成。自七年一月实行，业奉督军、省长分别核定，通令遵照在案，合并注明。

※《山西单行法规》第七编，民国八年，地方法令编审委员会校印。

金库券兑现
山西省财政厅通告财字第7号

民国十八年一月二十六号

为通告事，案查十八年二月一日为十七年七月份搭放金库券开始兑现之期，所有应付本银274210元，息银9871.51元，已由厅如数提交山西省银行，以备兑付，合亟登报通告：凡持有此项到期金库券者，应自十八年二月一日起，随时持赴省银行兑取本息。如到期不来兑取，照章按月以月息六厘行息，每届六个月付息一次，绝无推拒折扣情形，并准用以交纳本省一切赋税及代其它现款之用。特此通告。

※《山西省政公报》第八期，民国十八年三月。

为通告事，案查十八年三月一日为十七年八月伤搭放金库券开始兑现之期，所存应付本银270931元，息银9753.516元，已由厅如数提交山西省银行，以备兑付，合亟登报通告：凡持有此项到期金库券者，应自十八年三月一日起，随时持赴省银行兑取本息。如到期不来兑取，照章按月以月息六厘行息，每届六个月付息一次，绝无推拒折扣情形，并准用以交纳本省一切赋税及代其它现款之用。特此通告。

※《山西省政公报》第九期，民国十八年三月。

为通告事，案查十九年九月一日为二月份搭放金库券开始兑现之期，所有应付本银二十六万元千三百七十二元，息银9589.352元，本息共计275961.392元。已由厅如数提交山西省银行，以备兑付，合亟登报通告：凡持有前项到期金库者，应自十九年九月一日起，随时持赴省银行兑取本息。如到期不来兑取，仍照章按月以六厘计息，每届六个月付息一次，决无推拒折扣之情事，并准用以交纳本省一切赋税及代其他现款之用。特此通告。

十九年九月五日

※《山西省政公报》，民国十九年九月。

山西财政厅通告

财字第□号

为通告事，案查山西省定期有利金库券，前经本厅秉承省长，按照定额二百万元另行印制，业自十一年三月起照章搭放，并会衔布告在案。兹查十四年二月一日为十三年七月份搭放金库券开始兑现之期，所有应付本银元一十七万六千八百二十六元，息银元六千三百六十五元七角三分六厘，已由厅照数提交山西省银行，以备兑付。特恐各界人等尚未一律周知，合亟登报通告：凡存有此项到期金库券，应自十四年二月一日起，随时持赴省银行兑换本息。如到期不来兑取，仍照章按月以六厘行息，每届六个月付息一次，决无推拒折扣情事，并准用以缴纳本省一切赋税及代其他现款之用。特此通知。

※《山西公报》，民国十四年二月一日。

山西财政厅通告

财字第二号

为通告事，案查山西省定期有利金库券，前经本厅秉承省长，按照定额二百万元另行印制，业自十一年三月起照章搭放，并会衔布告在案。兹查十四年三月一日为十三年八月份搭放放金库券开始兑现之期，所有应付本银元一十七万五千九百一十二元，息银元六千三百三十二元八角三分二厘，已由厅照数提交山西省银行，以备兑付。特恐各界人等尚未一律周知，合亟登报通告：凡存有此项到期金库券，应自十四年三月一日起，随时持赴省银行兑换本息。如到期不来兑取，仍照章按月以六厘行息，每届六个月付息一次，决无推拒折扣情事，并准用以缴纳本省一切赋税及代其他现款之用。特此通知。

※《山西公报》，民国十四年二月二十七日。

第三节 | 划一纸币的政令

一、划一币制暂行规则

第一条，凡山西境内商民交易，一律遵行银元铜元。

第二条，凡前此以银两来往，存欠尚未清结者，应以当地最公平之市价，折合银元。

第三条，凡前此制钱来往存欠尚未清结者，均应折合铜元，每铜元一枚，当制钱十

文，其各县习惯，有钱色钱数不同者，应以最公平之市价折合之。

第四条，此后放款借款，均用银元铜元，不得行银两及制钱。

第五条，铜元以每十枚为一百文。

以上四规则，颁布实行而外，省垣设有山西省银行，招集本省股本三百万元，八年已募得半数，开始营业，以为补助地方财政、调剂全省金融之唯一枢机，该行活泼，信用稳固。

民国八年二月公布。

※ 山西政书编辑处：《山西现行政治纲要》，民国十年编印。

二、规范流通中货币

社会金融情形

山西近二三年来，社会金融情形，渐近于流通，殊无滞碍之虞，日即于稳固，绝少恐慌之象，其所以致此者，可从消极积极两方面推溯。消极方面者何？即取缔纸币是已；积极方面者何？即发领铜元发行兑换券，划一币制是已。盖一方面以消极着手，一方面从积极进行，社会金融于晋日见整饬矣。分别略述于左：

一、取缔纸币

纸币充斥，信用扫地，货物昂贵，金融愈紧，小民困苦不堪，是经济界险象也。晋省商民发行纸币，向系商民自由，长官不肯过问，以故纸币之多少，初不必与实货为比例，紊乱极矣，取缔各县纸币暂行规则，即使凡发行纸币之人，必须有一定之准备金。且须有殷实商号作保，并呈明县长批准，而后作其发行，否则与本规定不合。县长当以适当之方法严加纠正也，其规则录左：

取缔各县纸币暂行规则

第一条　发行纸币，必须兑现。

第二条　发行纸币，至少须有四成准备金，其准备金是否足额，应由本市商会证明，请由县公署随时查点。

第三条　发行纸币额，不得过该号资本两倍半。

第四条　发行纸币，须有殷实商号两家作保，并呈明县知事批准。

第五条　已发之纸币，有不合本规则者，由县知事以适当之方法严加纠正，不得稍有含糊。

第六条　违反本规则各条之规定者，应查照取缔纸币条例，处百元以上，千元以上之罚金。

第七条　本规则自公布之日施行。

二、发行兑换券

纸币虽经取缔，然便宜交易，周转世面者，实舍纸币莫由，纸币之不良，非其制度之不良，因其无信用，因其不兑现，因其供给过于需要，是以流弊滋多，反是者则必不以恶货币视之，而辟且为良货币矣。各县发行铜元兑换券暂行规则，即维取缔纸币而颁布之者也，盖为国家纸币未普及以前，商民准其发行兑换券以资周转。惟不得出乎规则，且越乎所限范围之外焉。其规则录左：

各县发行铜元兑换券暂行规则

第一条　国家纸币未普及以前，各县暂准发行铜元兑换券，以资周转。

第二条　各县应需铜元兑换券若干，应由县知事召集城镇商会核实估计，呈报立案。

第三条　发铜元兑换券之商号，以钱当行为主，如无钱当行或有所发行之数不敷街市周转者，准由他项殷实商号发行。

第四条　无论何项商号，发行铜元兑换券，均需有殷实商号两家作保，并商会认可呈由县公署批准。

第五条　发行铜元兑换券，至少须有四成准备金，其准备金是否足额，应由本市商会证明，县公署得随时查点。

第六条　铜元兑换券，必须经商会盖戳后，始准发行。

第七条　各商号发行兑换券，必须一律实行兑现，违者由县知事酌量处罚。

第八条　发行兑换券，不得过资本金两倍半。

第九条　新铜元兑换券发行后，应将旧有钱帖，逐次勒令收回。

第十条　发行兑换券之行号，既享发行兑换券应有之权利，对于本县学本发商生息等事亦应尽相当之义务。

第十一条　各县除铜元兑换券外，概不准发行他项纸币，以昭划一。

第十二条　铜元未发行以前，各县暂准照取缔纸币规划办理。

第十三条　本规则自公布之日施行。

……

四、划一币制

币制不划一，各项交易，无一定之标准，直使狡猾者乘之取巧；忠厚者因之受累，何德谓乎？划一币制暂行规则，即使商民交易，一律遵行银元铜元，而不得行使银两及制钱也，以故社会金融，常形稳定，奸商无敢私自用其出入，小民实利赖焉……

※《银行周报》第三卷第33号，民国八年九月九日。

省长电令

各县知事览，前因各县商号发行纸币漫无限制，曾经厘订暂行规则并取缔办法，通令在案。现在为时已久，究竟该县商号发行纸币共有若干，准备是否充足，能否即时兑现，有无不合规则情事。就市面状况，有若干纸币，方敷周转。自应切实检查，妥为救正勿违。各该知事认真遵办者，固不乏人；而含混塞责者，亦尚不少。合再专电严饬仰即遵照规则及叠次通令切实取缔，并将办理情形明白呈覆。本省长不日派员实察以办理。是否能力定，各该知事之殿最也，其各禀遵，毋违切切。省长阎虞印

※《来复报》社刊，民国八年三月。

训令各县知事颁发《取缔各县纸币暂行规则》文

八年二月十日

为训令事，查发行纸币是以消息市面之盈虚，关系金融为重要，惟发行额数应加限制，准备现金尤须确实，方足以免滥发而全信用。兹将各县钱庄及他类商号大部，有纸币流行市面，准备充足，信用昭者，省固属不少；而发行太滥周转不灵，架空牟利，浸至倒闭者，亦时有所闻，若不严加取缔，币政何堪设想。兹将厘订《取缔各县纸币暂行规则》七条，除分行外，合亟令发该知事立即遵照，就境内发行纸币之商号，切实检查，责令恪遵规则办理。嗣后如有请求新发纸币者，依照规则批准后，并应令将拟发纸币送交商会，逐张盖截，以昭郑重。至该县境内，应由纸币数目若干方敷周转，尤应评确查明克日呈报核定，作为该县准发纸币总额，无论如何不准逾额增发，以示限制。自此须通令后满三个月，本署派员实察。如果该县非系规定纸币，查有违犯章则事情，除将发行商号依照规则第六条处罚外，该知事奉行不力，并予严惩，以为既视功令者戒。

训令各县知事颁发晋省《划一币制暂行规则》文

八年二月十日

为训令事，查本省通用货币，向以银两、制钱最为普通。惟现在赋税各项，悉以改征银、铜元，流通数目亦复日见增加。若民间买卖贷借，订立契约，仍复沿用银数、钱数，于征收手续、市面金融均有障碍。兹特厘订晋省《划一币制暂行规则》五条，合亟通令饬发，仰该知事迅即布告商民，一体遵照实行，此令。

训令三道部、各县知事
嗣后商号发行纸币必须商会验明转禀知事复核批准后始得通用文

查纸币为辅助银、铜各币之一种，关系甚为重要，必须审慎发行，始能通用无碍。遵各县商号刷印纸币，往往未经该县知事核准即行监印，以致票额超越基金，漫无稽考，极少限制。印发混乱，信用毫无，影响社会金融，殊非浅鲜。若不严加取缔，为害难于彻底除之。整顿纸币，必须先将票面金额，及准备金确数，交由该县商会验明，转禀知事覆（复）核批准后，始得发行，以示限制而杜流弊。此系本省长特饬之件，务当恺切公布，实力奉行，慎勿视为具文，此令。

※《山西省长公署令文辑要》，民国九年四月校印。

财政部、币制局指令山西省银行监理官文

——已饬平市官钱局提先在晋设立分局发行铜元票

民国八年八月二十九日

据覆（复）称：晋省铜元缺乏，各县商号滥发钱帖，若不设法取缔，流弊何堪设想。前奉省长核定印发铜元票三百万吊，以为实行取缔之准备，事关地方金融，似与各商号自行印发者有别，呈请查明省银行与印刷局订立合同，准予照数印发，以维市面等情均悉。

查发行纸币，关系至重，铜元票一项，向由部设平市官钱总局发行。本局为统一事权起见，正拟在各省广设平市官钱分局，以便发行铜元票。该省铜元缺乏，亟待救济，应由部、局饬平市官钱总局提先分设，以须周转而维统一。应仰该监理官暂时设法维持，

一俟该省平市官钱分局设立，再由该分局印发。仰即查照办理。

※ 国家第二档案馆（南京）档案，北洋政府财政部档案。

三、废两改元

省长训令

财字第115号

令三道尹、财政厅、各县知事、山西省银行：

案准：山西省议会咨开，据杨议义宝堂提议书称，“为提议事，窃以币制改用大洋，原起一致行使，以维信用，故凡市尘周行之币，以之完粮纳税，解交官项，莫不一致通行，绝无从前使用银两之时，而有贴色火耗加平之币，自通行以来，民皆称便。乃查近年省内外收款各机关人员，对于外间完纳解交洋元，竟尔格外挑剔，稍有不新者，即放下不收，务以最新为适用，名曰“解上大洋”，否则每洋一元，按市价加贴水钱三五十文不等。窃思大洋通行，本系划一之制，并无解上与周行之分，省内外自应一律行使，以期公私两便。拟即咨请省长，通令各县并省银行，嗣后收纳公款，凡市尘周行之大洋，一律行使，不得故意挑剔，以滋流弊，则利□无穷矣”等语。本会开会协议，愈事以关币制信用及商民利害，业经一致通过相应咨请，查照公布等因。准此，除咨复并分行外，令亟仰该道尹、厅、县知事、行，即便转行遵照毋违，切切此令。

※《来复报》第83号，民国八年十一月九日。

四、禁止私发兑换券

检查各县纸币及准备金规则

第一条　商号所发纸币及准备金，需照本规则责成主计员检查之。

第二条　商号发行纸币以比照资本额为度，至多不得超过旧章所定之资本额两倍半。如发过资本两倍半者，应斟酌金融状况及该号信用，分别缓急缩。

第三条　商号已发纸币无商会戳记者，一律取消，酌罚示戒。

第四条　检查纸币总额，应饬各号按照原编发行，纸币号簿抄送一份。再不时抽收市面纸币，与号簿核对，如券面号数与底簿不符，即是以多报少，酌予罚惩。

第五条　准备金额须照所发纸币总数，常存四成铜元，不得以他号兑换券及现银抵补，以现洋抵补者著（着）即换成铜元。

第六条　各县纸币准备金须按月检查，如遇少数缺额，立命补齐。倘缺短三分之一者，酌行处罚，并限日措款，交县署代领铜元。

第七条　检查各号准备金须同时举行，以防各商互相挪抵情弊。

第八条　各商缺短准备金，如逾限不补，即责成联保，勒令将纸币收销。

第九条　检查纸币及准备金完毕后，即将各号所发券额及准备数目列表报告，以备派委抽查。如延不查报或有徇隐，一经查出，定将该主计员惩办不贷。

第十条 本规则自颁布之日起即生效力。

※《山西省政现行法规汇编》第四类财政，民国十一年九月二十九日。

禁私商纸币规则五条

太原消息云：山西向时各县商号往往因资本短绌，乃滥出纸币，以资应付，一有应付不周，则倒闭关门，停止兑现，而其所发纸币，散之人民，人民咸受其害。该省省长阎锡山，深明此弊，前曾订立检查纸币及准备金规则，颁发各县，借防流弊，不料各县知事，未能依据规则处罚，往往任意高下，畸重畸轻，每至失当。该省长近复另订规则五条，兹时录志如下。

检查纸币及准备金处罚规则

（全文略。惟最末条为：本规定则自一月二十七日颁布之日施行。）

※《银行月刊》第三卷第四号，民国十二年四月二十五日。

禁止商号私发银元纸币惩罚规则

第一条 本规则专为禁止各县商号发行银元纸币而设，凡违令发行者，应受本规则之惩罚。

第二条 本规则公布以前，各商号发出银元纸币统限三个月内，一律收清销毁，逾限者即以私发纸币论。

第三条 凡私发银元纸币经委员查出者，按照所发数目，每一元处以三倍以上十倍以下之罚金。

第四条 应受惩罚之责任规定如左：

财东负无限责任者惩罚财东；

财东负有限责任者惩罚铺长。

第五条 前条罚款，如实际无力交纳者，每一元折易监禁一月。

第六条 各县知事、区长，对于所属商号私发银元纸币取缔不力者，一统委员查实，记过罚俸，其情节较重者立予撤惩。

第七条 本规则自公布日施行。

※《山西省政现行法规汇编》第四类财政，民国十六年一月四日。

取缔私发纸币
山西省政府财政厅令民国十八年一月十八日
（财字第三号）

令各县县长：

为令遵事，案奉国民政府财政部第5779号令，查各省县局钱庄商号每有私自发行兑换银元铜元制钱之纸币或类似纸币之票券，行使币面，希图牟利。此项纸币在发行时即未经呈准，所有发行数目及准备实现均属无可查考，如遇发行商店一旦倒闭，其扰乱社会金融，贻害地方影响之巨，何堪设想。本部既迭据各地方人民呈控有案，自应严加取缔，以维币政。兹由本部布告商后，嗣后不得再为发行，其业已发行者，限于一个月内将发行额数及准备实况呈由地方政府，查明转报本部核定，限令分期收回，并应由该厅通饬所属各县随时查明，从严取缔。本部查核除呈咨函并布告外合行令，仰该厅遵照办理，转饬所属各县一体遵照办理，此令等因，除登报并分令外，合亟令仰该县即便遵照，随时查明，从严取缔，呈报核办，切切此令。

※《山西省政公报》第8期，民国十八年二月。

山西省查禁私发纸币规则（节录）

第三条　本省境内除中国银行、山西省银行经国府、省政府分别令准发行纸币外，其余公私商号一概禁止发行。

第四条　本省境内已周行之私发纸币，应由各县政府督同公安局、商会，按照表式将原发行之商号或堂名及其种类、数目查填确实，限文到两星期内分报民、财两厅，以便派员复查，并由县严行禁止续发。其表式另定之。

第五条　凡已周行之私发纸币限三期收撤，每三个月为一期，每期应收总额三分之一，必须于九个月内完全收尽。其每期收回之纸币，即由县政府、公安局、商会三方面会同，查确数目存封，分别报核。

第六条　各县每期收回之纸币若干，查封具报后，即由民、财两厅会派委员赴县检查，如数无误，即将封存纸币会同焚毁。

第七条　各县商会或堂名，凡有已制未发之私币，应由各该县长点明数目，截角封存，俟第一次委员到县验明，一并焚毁。

第八条　凡违背本规则第五条之规定，不按期收撤或收不足额者，应由即委严确查明未收回数目若干，勒令于十日内照额收回，并按未收回数目处以半数之罚金（如本期应收回数为一千元，该商仅收回八百元，应处之以罚金为一百元，余类推）。

第九条　本规则自公布之日实施。

※《山西政报》，民国十八年七月。

在省行成立后，首先必须统一全省钞票的发行权，在这以前，山西各地的私营商号，只要有些资本和信用，它们就发行银钱票子，用省钞兑换，以后禁止再发，但代兑的票子，省行必须向原发行票子的商号结算该号总额，收回现金。然各该原商号准备金往往不足，不能及时如数交现，从而省行不得不分期收回，直至民国十二年才算清理完竣。以是这三年多的时间里垫款为数也不算少。

※南桂馨口述、李泰棻笔记：《一九二〇年以前阎锡山的“经济措施”》，载《山西文史资料》第五辑。

在去年间，晋南偏僻各县，尚有拒绝使用晋钞者，自前任财政厅长孟元文实行其一四比价（即每元钞洋只准换铜元票四百枚，不准自由增减），及厉行取缔各县系商号所发私票之二大政策后，该行钞票乃普及全省各邑，所通行者，百分之九十以上悉为省钞。

※《银行周报》第十五卷第十号，民国二十年三月二十四日。

五、统一行使镍辅币

山西省长阎颁布发行镍币条例

山西阎锡山近发行镍币以佐辅币之不足，兹将阎所公布条例照录于后：

第一条　本省以流畅金融之目的，照中央币制条例所拟定，择定辅币中之镍币推行之。

第二条　镍币价格为五分，每枚当国币银元一元二十分之一（即镍币二十枚当国币一元）。

第三条　镍币得以完纳一切赋税。

第四条　凡行使镍币，每次授受在合一元以内者，不论何款，不得拒绝。

第五条　镍币在本省一律通用，其有拒绝者、折扣者，依法惩办。

第六条　本条例自公布之日起施行。

※《银行月刊》第六卷第九号，民国十五年九月二十五日。

第四节｜山西省银行的土地金融

一、投资雁北水利

山西棉花生产的历史及山西省当局的奖励方法

山西省在行政上分为三道，即石岭关以北的雁门道；东南两面与直隶及河南相接、西隔黄河与陕西相望的冀宁道；以及占据山西省西南部、以狭窄的黄河与陕西及河南相邻接的河东道。而以上三道，原来全都很少进行棉花生产。至民国初年为止，居民消费的棉花大部分要从直隶、河南方面运入。但是，在河东道西南部的汾河下游地区即荣河、河津地方的农民，在相邻的陕西移种美国棉种取得好成绩的刺激下，逐渐地增加了美国棉种的栽培。在民国七年（1918年）前后，年产已达二十万担以上，同陕西棉一起经河南省郑州运往汉口方面，同时也在天津纷纷上市。在其他地方，冀宁、雁门两道的一般居民，认为其气候及土质全都不适于栽培棉花的信念并没有改变。民国六年（1917年），山西当局在此二道公布法令，宣布对植棉成功者每年给予三十元的奖励。尽管如此，保守而缺乏开创观念的农民仅有十数人申请了一亩以下的棉田。第二年，省政府进一步增加了奖金，一方面输入了美国棉种交给农民，另一方面在太谷、文水、定襄、高平、临汾、解州等县，各以每年一千一百元的预算经费设置一处试验场，向农民宣传植棉知识。因而，出现了大约七千人在六千亩耕作面积上植棉。民国九年（1920年），阎锡山氏从直隶小集地方输入了所谓东河长绒种子；同时依靠当时日本在天津驻军的参谋川岸氏，通过三井从朝鲜木浦劝业模范农场函购了朝鲜移植的美国棉种二十吨，散发给农民，令其栽培，从而收到了好的效果。此时恰逢因为欧洲战争棉业界出现稀有的繁荣时期，农民终于认识到通过植棉在获得奖励金之外还能获得某些利益。到了民国十年（1921 年），各地试验场实现了将棉种下发到人们播种。当时在冀宁、雁门两道的棉田，已达到五万亩。其后，逐年增加。民国十六年（1927 年）两道的棉田达到三十万亩，收获突破十万担。但是，根据山西省当局发表的报告，雁门道范围内的雁门关以北地区的植棉，全部以失败而告终。据我看，在怀仁县以北以大同为中心的大平原上，在土地肥沃这一点上并不逊于南方的棉产地，只是在气候方面冷空气袭来得稍为早了一些。然而，如果种植新疆吐鲁番那样的良种棉花的话，仍然具有充分开拓的余地。但是，植棉同种植杂粮及其他农作物的利益相比较如何，则是另外的问题。

先于以上冀宁，雁门二道生产棉花的河东道地区的农民，受前述当局的奖励政策的刺激，种植亩数逐年增加。民国七年时，棉田四十八万亩；到了民国十四年（1925 年），棉田达一百二十一万三千亩，皮棉收获量达四十万担。

如前所述，乘棉业的繁荣时期，省当局大力实行奖励政策的结果，山西棉花的生产急剧增加，已经极大地侵占了各地的同棉花抗衡的杂粮或芝麻、烟叶等的种植面积。如果不是因为栽培棉花比其他农作物特别有利，除非另外寻求开辟种植棉花的处女地否则增加到以上程度的棉花产量是不可能的。阎锡山氏虽然有在各地方旱地大规模凿井、用以方便灌溉栽培棉花的计划，暂时却还没有实现；棉花试验场目前也只是过去存在过的那种状态。

下述译文，是当时中国报纸刊载的植棉奖励办法的一部分内容：

1. 山西省的悬赏棉

前已报导，为奖励山西省冀宁、雁门两道的民间植棉事业，预定把阳曲县以下的三十个县作为将来的植棉地，制订在规定的植棉区域内实行的提倡植棉办法，已由各县县长加以颁布。在本年度，进一步决定在上述三十个县以及除去放弃雁门关外地区的两道管辖下的各县，实行悬赏植棉。发表下述民国九年度（1920 年）悬赏规定，由有关各县县长进行传达。

2. 民国九年度植棉悬赏规则

第一条　为了奖励民间的植棉事业，按照发展棉业之计划，实行悬赏植棉，悬赏金总额定为一千元。

第二条　悬赏植棉区域是，在民国八年度植棉成功的地区，以及除了被认为成绩不佳的雁门关外地区以外的下述二十县，即大宁、永和（以上属河东道）、静乐（属雁门道）、石楼、方山、岚、昔阳、沁、沁源、武乡、辽、和顺、榆社、长治、长子、襄垣、潞城，壶关、陵川、屯留（以上属冀宁道）。在上述各县的悬赏植棉，按各户的植棉成绩给予奖赏。

第三条　悬赏各县所需要的棉花种子以及有关植棉书籍，由省公署支给。各县县长转送到区公署，向人民公告，定期收领。

第四条　实行悬赏各县的植棉人民，在接受棉花种子及书籍之时，以簿册详记其姓名、住所、收领数量及预定植棉亩数，经各区公署向县长报告，县长到三月底止向省公

署提交。

第五条　实行悬赏各县的县长，监督实业人员及宣讲员，按期赴各村发给植棉书籍，向人民进行宣讲。

第六条　悬赏各县在棉桃开裂之时，区长应督率村长、副村长，令植棉各户将有关开裂棉桃的十宗事项添入报告书，经由县长向省公署提交。其报告书样式，另行规定。

第七条　省公署在十一月以内，以各县送来的植棉成绩产品，举办品评会及展览会，按其成绩下发赏金。

第八条　本规则，在民国九年度适用之。

※ 山西地方史志资料丛书之九《山西历史辑览（1909—1943）》，山西省地方志编纂委员会办公室编印，1987年。

民国六年至民国十一年

民国六年　丁已　一九一七年　三十五岁　十月一日

发表六政宣言成立六政考核处

先生自受命兼任山西省长，即本年日日研究所得，针定现实，拟定“兴利除弊施政大要”。兴利方面为：水利、蚕桑、种树。除弊方面为：禁烟、天足、剪发。合为六项，期於必行必效，即于十月一日宣布在省公署特设六政考核处，专司其事。所需经费，即由兼省长薪公费为主。此为山西政治始基。宣言之曰：

晋民贫苦极矣！贫苦之源，起于生者寡而食者众。曷言之？盖晋民所恃以谋生者，农业而外，向重商业，非但迹遍行省，抑且角逐外藩，人数有二十万之多，岁入在二千万以上，正不仅汇兑一业执全国金融之牛耳已也。乃一蹶于庚子之乱，再毁于辛亥之役，商人失业而归，岁入归于乌有，向之富者已贫，向之贫者益困，以故正货短少，金融闭塞。观近年来多镇市之周转，现金日益缺乏，纸币日益加多，可谓入不敷出之明证。社会经济既少来源，国家财政自行竭蹶，若不为民生筹补救之策，将见公私日益交困，赋税亦难有起色。故欲整顿晋省之财政，当先筹补晋民之生计；而筹补生计之法，不外别辟生利之途，以弥此向来商业之损失，使失业之人日少，游惰之风渐去，此乃根本之计也。比年以来，海内多故，丧乱迭经，地方有司，仅能以维持现状为尽职，而于保育政策国民经济之所在，或不知其要而视为无关，或明知其要而姑从缓议，驯至共和已将六年，民力毫无进步，此固人民不知竞存之咎，抑亦官斯土者之责也。锡山生辰斯邦，见闻较切，惕心怵目，怒焉忧之，尝谓筹补生计多端，大要不外地力与人力二者而已。以晋省地方而论，幅员号称百万方里，其中实在耕种之地不过五十万余倾，特十万方里之数耳。此十万方里耕种之地亩，水田甚少，旧称霍山以南，田高川下，畜洩难施，忻代而北，水劲沙浮，涸溢无定，故有水利者，向仅三十八县，而亦兴废无常。近年省北新开之渠，渐有成效。他如忻县之金山铺，神池之贺职村、榆次之天一渠等处，均拟勘测兴工，此外清泉浊潦，巨川细流，未及利用者，所在多有。嗣后或濬新河，或疏废渠，或筑蓄水池，或用凿井新法以补助之，现已选派工徒赴京传习凿井，使用不患无人，将来水利既兴，劳力增加，收获亦倍，归农之人，自必日多，此水利宜兴者一也。北方蚕桑甚少，此后世民惰之咎，不得诿为地利不宜也。晋省向只河东、潞、泽略有蚕织，限于一隅，不知推广，今欲养蚕，必先栽桑，桑多而后蚕丝多，蚕丝多而后商贩多，地方复有蚕业工厂以收买之，则蚕茧随地可以变价，自必踊跃争趋，锡山前曾自捐薪俸，于通省南北中三区各建一万桑园，以为提倡，此后广购桑籽，分给各县，实行育苗，现计第一期分各县育苗之数，共种三千余亩，可养成苗一亿二千余万株，成苗之后，发给民间，以每亩植桑八十株计，已可成桑田一百五十万余亩。此项桑田生产，按年推广，以补农业之穷，此桑蚕宜兴者二也。晋省官有荒地五十一万余亩，民有荒地一百七十余万亩，此项荒地岂尽不宜林木，现拟将造林植树分为两种办法，除荒山荒地面积稍大者，令其择宜造林外，凡家宅田园之隙地，或河流道旁之旷土，可容树林者，均令植树，前曾劝导五台人民选择果实等树各种一株，近拟通令各县仿办，尚属轻而易举，果能人树一木，利赖无穷，此植植树之宜办者三也。以上三事系就晋省地方而筹补生计之普及者也。试再以晋省人力而言，全省人口一千万，女子约居半数，多为不事生产之人，男子五百万，其中十五岁以下、五十五岁以上，待人仰事俯畜者又约去其半，则中年能事生产之男子，仅二百五十万而已，以每人平均种旱地五十亩计，则五十万倾地需一百万农人，他如为商贾者约四十万，业工艺者约五万，仕学两途约两万，军警两界约三万，共约一百五十万，尚余一百万人无所归纳，而老弱妇女不与焉。此皆无业游民之坐耗者也。夫既少二千余万之岁入，而复有此一百万间人之坐耗，其不日趋于穷困，焉有是理乎？今欲使地无遗利，当先使人无遗利，如水利，如植树，皆可趋壮丁而从事者，如养蚕，如采桑，则妇女幼稚者皆可自食其力焉，是必奖励唐俗勤俭之遗风，施行警戒游惰之政令，振其精神，祛其痼疾，而男子吸烟，女子缠足，尤为治生大害，务在必除。前因禁烟紧要，省公署曾设考核禁烟成绩处，此后继续进行，种、运、吸、售四项均加注重。至于缠足恶习，行动维艰，其害百出，不可胜言，是必实行劝禁，确定办法。此外有与吸烟、缠足连类而及者，则又有剪发之一事。发之剪留，似属无关重轻，然雉发垂辫，前清何以定为必行之令，诚以就形式之改移，定人心之趋向，固有深意存乎其中也。国家以新民为重，岂容此旧染污俗之保存，况既准人民之蓄发，则复辟谬说易滋误会，一遇有事，会匪乘间，以惑其心，奸人投隙，以淆其志，于治安前途关系甚巨，不惟有碍工作已也，拟即实行劝禁，必期逐渐剪除净尽而后已。以上皆就人力而筹划生计之进步者也。凡此兴利除害之六端，实为生众食寡之要政，如期人民自行举办，则如河清难俟，非以官力积极提倡，不足以树风声而资振作，而欲官吏之实心从事，尤非严加考核不足以定奖罚而促进行，锡山邀约绅旨寅僚集会研究，质以六事，佥谓简要可行。爰将前设之考核禁烟成绩处改组规并，名曰六政考核处，专司成绩之高下，以定办事之考成，已于十月一日成立，事属本公署内部组织，并非对外另设机关，自与各厅道局处之权限无涉，其处中所需经费，即以锡山兼职之薪俸公费悉数拨冲，亦与国家行政预算经费支出无碍，一面将政治研究所改为政治实察所，委任候补学习人员四十名，专充政治实察员，分赴各县，实地调查，以免各知事空文搪塞之弊。至于其他庶政，各有专司，实力并进，并非谓六政考核，而他政即不注重焉。凡我寅僚，务期循名责实，下为人民谋生计，即

上为国家图富强，但使官吏多尽一分之心，即可为人民多造一分之福。数年之后，民生稍俗气，国计亦增，岂但受赐在民，抑亦有功于国，愿与我诸寅僚共勉之。

……

民国七年　戊午　一九一八年　三十六岁　六月十四日

对多官吏第十次讲："六政推行之重要"。"六政"有关除弊者三事，即禁烟、缠足、剪发。兴利者三事，即水利、种树、蚕桑。一消极、一积极、然皆当务之急。

公布"行政研究所规程"，以训练县掾属人员，如承政员、承审员、主计员、县视学、实业技士、宣讲员、管狱员、检验吏、农业技术员等。讲授普通科、专修科、政治新知识、多项新技术，分派多县，推行新政。

……

民国七年　戊午　一九一八年　三十六岁　十月九日

对多官吏第十九次讲："提倡种棉、畜牧、造井三事"，与六政——禁烟、天足、剪发、水利、种树、蚕桑——相辅而行。

……

民国九年　庚申　一九二〇年　三十八岁　三月二十九日

令多县知事切实办理畜牧。颁发"种棉法"及"养鸡法凡例"。

……

民国七年　戊午　一九一八年　三十六岁　七月十二日

公布：招考实习凿井生徒送习实习办法。

……

民国十年　辛酉　一九二一年　三十九岁　一月一日

分咨内务农业两部民国九年之六政考核情形

民国九年六政办理概念：一、水利——开渠灌田增加二倍。特设"军人灾区凿井事务所"，费用少，收效宏。除保德、万泉等七八县不宜凿井者外，其余九十八县凿井4641孔，可灌田27561亩。开干支渠156道，可灌田710160亩。尚有未完成之井11325孔、渠84道，十年继续进行。二、蚕桑、种树——均有进步。三、天足——人民普遍认识缠足之害，继续稽查。四、剪发——七年辫已全剪，不列考核，附带稽查。五、禁烟——种烟已禁绝，远售、吸烟，继续严厉查禁。

※ 阎伯川先生纪念会：《阎伯川先生锡山年谱》长编初稿（一），台湾商务印书馆。

民国十一年　壬戌　一九二二年　四十岁　一月三日

呈报民国十年办理六政情形

民国十年六政实施情形：一、水利——创之水利会，集合众力，加速进行。计开渠98道，可灌田300000余亩，凿井7200余孔，可灌田23200亩。未完工之渠65道、井7130孔，十一年继续进行。二、桑蚕——设蚕具制造厂，专制种桑、养蚕、缫丝、制稠等机具。设好蚕桑传习所四十六处，已受训者1700余人。养家蚕者14万余户，结茧192万余斤，蚕丝12万余斤。养山蚕尚在鼓励进行中。三、种树——共种1350余万株，成活率平均七成。四、禁烟——内而推广自治戒烟会，惩劝交施。外而稽查多道、路、河口，大量鸦片已入境，惟奸人包庇贩运金丹，防范尤难，受害之烈，远过鸦片，此为最痛苦之事。五、剪发——不列考核，仍由委员继续督察。六、缠足——列入村禁约内，继续劝禁。总之，兴利之事，被动不如自动；除弊之事，用官尤须用民。所拟改进村制之计划，即为放政治于民间，使由民间发动，达成兴利除弊。

※ 阎伯川先生纪念会：《阎伯川先生锡山年谱》长编初稿（二），台湾商务印书馆。

兴办水利简章

（山西省行政公署民国六年十一月十二日公布）

第一条 本简章以提倡兴办山西水利增蓝生产为宗旨。

第二条 水利暂以开渠为主，而以凿井、修渠及蓄水池辅之。

第三条 渠道分成渠、废渠、新渠三种。凡现在能引水溉田者，谓之成渠；向能引水人渠而现在湮废者，谓之废渠；现拟创开渠道者，谓之新渠。

第四条 前条三种渠道本署制有调查表，责成实察员会同县知事详勘填报。

第五条 凡规复废渠、创开新渠，由县知事督令首事人等，就地集款，便宜行事，其实在无法筹集者，应绘图贴说，呈候核办。

第六条 各县除土法凿井外，应择井水较浅之地段，可用辘轳或水车吸引，而劳力不巨者，以新法开凿，由县知事调查明确，劝令举办。

第七条 凡山沟河岸等处，遇有地势宜筑蓄水池以均旱潦者，由县知事设法劝办，其各县有蓄水池若干，每年由实察员会同知事勘报。

第八条 凡有合于下列各款规定之一者，由县知事查明首事出力人员，择优诸奖。

——数县或一县或数村创设水利组合，开渠著有成效者；

——创兴水利，或隄防水害，纯由人民出资出丁，不借公款补助，确有成效者；

——创设水利公司，开渠凿并，以营业为性质，而定价低廉，办理十分完善者；

——发明制造引水机器，试验确能利用者。

第九条 前条之奖励如下：

——匾额；

——奖章。

以上各款奖励，如县知事呈请有疑义时，由本署派员复查。

第十条 凡有下列情事之一者，由知事查明依法惩处。

——以水利为营业，而故意把持地方，勒捐乡愚者；

——故意阻挠兴办水利事业者；

——经理渠道而从中渔利，或额外勒索地户者。

——因争水聚众械斗者。

第十一条 本简章如有未尽事宜，随时修正。

第十二条 本简章自公布之日实行。

※ 山西省地方志编纂委员会编：《山西通志》附录，中华书局，2001 年。

二次走访米量轩[①]

（1975年6月30日，二次走访米量轩，谈到以下几个问题：——采访人原注）

一、省银行经营土地问题

民国初年，阎锡山在雁北朔县、山阴等地搞了三个水利公司：广裕水利公司、广裕水利公司二支店（其父曾在该店当会计）、富山水利公司。三公司之上有个总办，在朔县办公。总办为米的本家米廷祯（字聘之），地是从老百姓手中收回，进行灌溉后再还给老百姓，如何收地不详。由于三公司资力不足，向省银行、中国银行、裕丰银行三家借款。后来还不了款，于民国十六年将土地交给了三银行。米说他当时在朔县裕丰银行分行（裕丰总行原在朔县，后迁太原），收地时米在朔州。中国银行由王介眉代表，省银行由王子寿代表，去朔县办理收地。省银行收回地后成立地庄，由张承清（五台人）经营。后听说张被应县老百姓打了，幸亏张会武术才跑了出来。

（采访者注：关于三个水利公司问题，《山西文史资料》第八辑有一篇文章谈到：1. 三公司向三个银行借款，不是裕丰银行，而是晋胜银行，三个银行各十万元。2. 后来三公司将自己收回的土地以每亩六元折价归还了三银行贷款。3. 三公司灌溉土地给私人，收水费，乘机从中盘剥收回了一部分土地，后来给三银行的土地亦在其中之数。）

※ 郝建贵[②]、孔祥毅：《二次访问米量轩同志的记录》，1975年6月30日。

晋北山阴朔县的土地，在北地风沙的蒙盖下，形成了大块沙滩，连阡累陌，贫瘠荒废，不宜耕种，几世几代，不能改变这种情况。境内的桑干河和恢河蜿蜒曲折流过，沿河两岸的农民，一直想用他们的智慧和劳动，把这两条河水利用起来，开渠引水，灌溉土地，改变土壤，多打粮食。但由于农民们个体经济基础，局限了他们的力量，只能小型的三家五户的开筑便渠，灌溉小量土地。1910年，晚清宣统二年，当地土绅刘懋赏，联合郑永贞、蔚大海、熊启麒等倡办水利，加上群众的辛勤劳动，修筑了坝头渠道，粗具了引水灌溉的规模。分别组合成三个水利公司。在山阴县境内的是富山水利公司，由刘懋赏联合梁栽阳（万春）、罗彦威、李政等倡办。公司先设在快乐村，以后又迁入山阴城内。坝头筑在罗庄，引桑干河水入渠，从两条干渠分流灌溉。灌溉区域是罗庄，薛家□□、白坊村、快乐村等所有土地。在朔县境内有两个公司，一个是朔县广裕水利公司，由刘懋赏联合郑永贞、熊启麒，蔚大海、张汉等倡办。公司设在朔县的老君庙，坝头筑在阳方口，是一条干渠，引恢河水入渠。灌溉区域包括老君庙、东小寨、西小寨、西郡、里林庄、福善庄等村所有的土地；另一个是广裕公司第二支店，由刘懋赏联合曹晋、齐尔昌、姚铭等倡办。先由六合公改组，该支店设在朔县的石头庄，坝头修筑在西林寺。干渠两条，引恢河水入渠灌溉。灌溉区域先只包括石头庄、三家店、里磨疃，新进疃、里沿疃、大梁上、十里沟等村的土地，后又加入了前后乔庄、王家□□等村土地，

---

① 米量轩，解放前曾在山西省银行当会计，解放后居太原市南华门。

② 郝建贵，山西祁县人，青年时曾在北京晋商的钱庄当会计，解放后在人民银行山西省分行工作，高级经济师，是山西金融史专家。

即为广裕公司第二支店的灌区。1914 年（民国三年）因坝头修筑不合规格，渠道不合要求，拟重新修筑。广裕公司总理刘懋赏，获知北路的瞎进才（名王同春）在绥远兴修水利，积累了丰富的经验，便派曹广荣持函到五原，把瞎进才请来，住了一年多，指导了重修坝头整理渠道等大小工程，在灌溉方面比较以前畅利许多。

从 1910—1920 年这十年中，三个水利公司是由刘懋赏和地方人士自己凑集资金，自己辛勤创办的。虽然股东和倡办人中有剥削阶级，但就事业来说，总是有利于大众的了。

1921 年（民国十年），这三个水利公司因修筑大坝，挖掘渠道，垒墙头安卡口等工程浩大，用费甚多，农民们经过了荒旱灾情，和个体分散经济基础的局限性，负担不起来，公司形成拮据瘫痪现象。当时阎锡山独揽了山西军政大权，正高唱六政三事，对三个水利公司的疲困，正觉有机可乘，便带上扶助兴办水利的假面具，伸出了残酷剥削的魔掌来了。他的具体办法是加入股金，调整公司，规定每股三千元，他自己认了三股，他的大小老婆各认了两股，张树帜（字汉杰，崞县人，当时的晋北镇守使，阎的亲信）也认了一股，共计八股，总合大洋二万四千元。按每股三千元折合，原股东的股金就没有几股了。这就以股金多的一面，夺过了领导经理权力。富山、广裕两公司原名未动，将六合公改组的朔县广裕公司第二支店，简称广裕二支店。三个水利公司名义上还是民办，实际上大权已操纵在官僚地主的手中，把三个公司的权力统一集中，由阎锡山自任三公司总办，另委米廷珍（字聘之）为代总办（米以前代总办为范儒煌（字文光，昔阳人）。米以后为康庚（字显三，代县人）。三人联成一体为范、米、康。故乡人嘲之曰：广裕公司不行，先吃饭，后吃米、末口吃成糠了）。米系忻州人，总理三公司一切事务，委郭琅（字贡三，五台人）为富山公司经理。张绍颜（字德斋，崞县人）为广裕公司经理，苗绍琴（河曲人）为广裕二支店经理。不久，又调赵存盆（字承斋，五台人）为广裕公司经理。每个公司用职员十数人，雇用苦力工四五十人。职员在经理指挥之下，按工作性质分组内外两部，内部办理庶务、会计、文牍等工作，外部办理灌溉、水流渠道巡视、丈量地亩、监督工程、征收水费等工作。把原来在公司的人员分别选拔，留用者亦都是指东即东指西即西。所以从 1921 年（民国十年）以后，三个公司已由群众的水利机构，变为官办派头的官僚地主的剥削场所。他们张开血盆大口，吞噬人民群众的血汗，伸出魔掌，敲榨人民群众的骨髓了。

阎锡山把三个水利公司从地方人士手中夺过来，着手大兴工程，扩大灌溉区域，在原有两条干渠的基础上，三个公司各添汗干渠一条，坝头重新巩固，渠道加实加长，为了使广裕二支店灌溉区域扩广，在神头又添筑了吸引桑干河水的坝头。要完成这些工程，必需大量资金，便采用了向银行贷款的办法，由中国银行、山西省银行和他私人成立的晋胜银行三家各贷款十万元。完成了上述工程后，扩大了灌溉区域。山阴富山公司可灌到三十多个村的土地；朔县广裕公司可灌到二十一个村的土地；广裕二支店也可灌到二十八村的土地。

1923 年（民国十二年），三公司代总办康庚去职，继任者为阎锡山督军公署秘书曲容众（字成三，五台人，前清禀生）。1926 年（阎冯之战）雁北战役发生，三公司办公人员一齐撤回雁门关内，停止办公。广裕公司经理张绍颜到徐沟县做了县长，广裕二支

店经理苗绍琴也到和顺做官去了，代总办曲容众依旧回到督军公署原任秘书，三个水利公司一度掌握在国民军之手。冯军撤出山西后，三公司人员才又都回到公司。1933年（民国二十二年），代总办曲容众告休离职。在离职前，因通过灌溉从群众手中掠夺了大量土地，便将三个银行贷款用上地折算（每亩地价六元）归还清结。以后三公司总办曲宪治（五台人，阎的表侄）担任，因张绍颜在徐沟做官不利已撤职，却对公司情况很熟悉，便委他为代总办，兼广裕公司经理。富山公司由曲宪武（字尽美，五台人）为经理，广裕二支店经理还是赵存盆。1937年（民国二十六年）日寇侵入雁北，三公司人员又退入关内。三公司事务归当地亲日分子管理。直到1946年春，阎锡山为分发美蒋棉麦借款的物资，成立晋绥救济分署，设第五工程队于大同，委张绍颜为第五工程队技正。其目的是要给三个水利公司办理以工代账，当时在这个名义下获批了面粉几十袋。但三公司原在日寇水利会管理之下，并没有接收过来。为了接收三公司，曲子祥建议曲宪治，设立了总管理处，仍然提用作驾轻就熟的张绍颜，还派了张绍颜的族弟张汉卿进驻朔县。张汉卿在公司服务多年，人地两熟，但是他在接收水利会后，住了三四个月，并没敢下乡去，跟着雁北解放，他也溜之大吉了。从1928年以来，一直到解放前夕，这一段时期内，三水利公司陷入拉锯状态，浑水摸鱼大有人在，事情都管都不管。如代总办张绍颜，从徐沟做官不利，亏空了近万元的外债，回到代总办任上，先从公司筹款清偿了债务，以后是以狂跌价值的晋钞填补了借款；对群众方面，通过掌握灌溉的水头，大肆勒索，添其私囊。至今当地人们还说：张绍颜真是黑心一肚，刻薄尖酸至极。

阎锡山把三个水利公司把持了以后，利用政治权力和经济剥削，不但他自己从农民手中夺取了大片土地，连他的爪牙们也都占有了三顷五顷多少不等的土地。掠夺的方法是通过灌溉水费和工程上的银行贷款，重重剥削。按当时灌溉土地征收水费的规定，水分清洪两种，地分有苗无苗。土地生熟荒度分成五等，还按桑干河和恢河水的成分质量定出差别，清灌恢河水，每亩水费二角，桑干河水每亩一角四分。浇青苗用恢河水每亩水费二角五分，桑干河水每亩二角。洪灌地淤胶泥一分以上一寸以下的厚度者，每亩收水费五角，一寸以上二寸以内的厚度，每亩水费九角，胶泥厚度在二寸以上至三寸的每亩收水费一元六角。不收水费的，或者土地主愿意分给土地顶替水费的，要按地的生熟程度分出等级，也要按灌溉淤泥淤厚薄定出分地比例。进行办法是：未灌溉前，就将灌区内的土地丈量核实，将地户姓名土地亩数，地的等级，都详细造册。灌溉以后，再检查所淤胶泥的厚薄，汇总按等分地。凡淤足三寸厚胶泥的一等，熟荒（即已经种植过的地）二八分地，即公司分二成，原地户分八成。二等熟荒是三七分地，公司分三成，原地户留七成。三等熟荒公司分四成，原地户留六成。四等的公司和原地户各分一半，就是对成分开。五等的按六四分地，即公司分六成，原地户留四成。阎锡山就用这种剥削办法，从1921年起，三五年的工夫，就占有了四万多顷土地。曲容众总办任内，将三个银行的贷款，以土地折算归还，每亩计价六元到十元，除清偿贷款后，富山公司还有地三百多顷。广裕公司有地二百六十顷，广裕二支店有地四百五十多顷，合计起来，约计土地在千顷以上。

阎锡山办水利，并没有丝毫为人民谋福利的心肠，完全为了借机掠夺、霸占上大片土地，实现他地主庄园经济的美梦。他不但从群众手中夺取了山阴朔县三个水利公司，借水利为掠夺工具，大肆剥削，还拉拢了所谓华洋义赈会（即地主官僚和帝国主义者的联合组织）垫款七万元，大修滚水坝，巩固他的剥削工具。华洋义赈会是搜刮上众人钱财，通人情给阎锡山填了黑窑，阎锡山借此获得了更多的利润。幸而华洋义赈会插足未稳，赶上时局的变乱，工程未完，倘时久工竣，则劳苦大众又多了一重剥削难关，也更助长了阎锡山的毒辣手段，我们就三个水利公司的收入和他们掠夺的土地，给他概括的算一算账，三个水利公司全年收入的水费，以广裕二支店最多，一年可收六千余元，连同山阴富山公司朔县广裕公司总合计算，一年收入水费一万数千元，足够所有职工工薪、旅差、公杂费用和小型工程的开支，甚且有所剩余，他私设的晋胜银行十万贷款，均以每亩六元地价折还土地，这就占有了一千七百多顷的土地。1937 年准备大分红利，按初步规划，他和他的大小老婆三口子约可分到土地三百多顷。再加上中国银行、山西省银行都有他的股子，虽然不知确数，大约也要分到土地一千顷左右，这三千几百顷土地要按公平市价每亩十五元计，总值五百万元之谱，足供农民两万人一年的开支。把土地要按出租方式重新剥削，每亩租客粮平均三十斤，一年可收租粮一百万斤。以当时粮价最低数每斤三分合计，可收入三万多元。拿这些钱可买洋布三千匹，足供一万五千人一年穿用。要将粮食给人吃的话，足供近三千人一年的口粮。可是他的野心还不止此，要计划在三个水利公司的灌溉区域内，修建一座二十方里的“模范城”。第一步先在快乐村附近修建一个一里见方的新村，曾指派提倡军垦的阎军旧团长伸跻翰（字墨园，山东人）亲往广裕二支店住了几个月，每天在野外计划测绘，经过四五个月，已将计划测绘草图完竣。如果不是日寇入侵，很可能实现他的计划，圣洁的土地上，出现一座污浊的新村和所谓“模范城”，由他和他的爪牙们盘踞在这里，造成一个庞大的封建大庄园，继续对人民进行残酷剥削。幸而不久两县人民就得到解放，彻底摧毁了阎锡山的削削桎梏，而呼吸在自由自在的天地里了

注：材料来源，系先父曲成三任总办时期所传述。并访问了三公司老会计曲生钱。

※ 曲宪治：《雁北的三个水利公司》，135～141 页，载《山西文史资料》第八辑。

山西省银行地契清册（摘要）

朔县	舒荣堂	萨县朱尔圪岱村	459.2 亩
7238 亩	舒荣堂	萨县范胡营村	865.6 亩
	公益堂	萨县蹬口村	1106.0 亩
	公益堂	萨县大袄兑村	394.0 亩
	公益堂	萨县二虎营村	50.0 亩
	公益堂	萨县黑训营村	109.0 亩
	育德堂	萨县王庆营村	593.7 亩
	公益堂	萨县王庆营村	1338.5 亩
	公益堂	萨县公盖营村	2367.0 亩

※ 中国人民银行山西省分行：《山西省银行房地契清册》，1954 年 7 月 3 日。

二、经营应县大有堂

在应县一带放款，用款商号，转放了抵押土地，1927年、1928年农产大熟，谷贱伤农，土地借款十九收不回来，各商将抵押土地，转交了省行，约有十千顷田地，不得已成立了“地庄”，拥有大批车马农具，彼处田地靠河淤泥，今年种这片田，让淤那片空田，以备明年耕种。

※ 常紫书1975年5月14日提供的材料：《阎锡山垄断金融核心——山西省银行历史及牵涉到的经济材料》。

经营土地庄园

省银行在朔县、应县一带设有庄园，经营过土地。原来该行曾向“广济”、“惠济”两水利公司放有贷款，以后两公司用土地折算归还贷款，共折还了土地万余亩。该行遂设立了办事处，经营起“庄园经济”来，每年利用桑干河水淤地，租给佃农耕种，征收地租，当时每亩租课粮平均三十斤，一年收入颇巨。

※ 王尊光、张青樾：《阎锡山对山西金融的控制与垄断》，载《山西文史资料》第十六辑。

经营省行投资应县水利公司分得的土地。民国初年，应县“大应广济水利公司”开始筹建，到民国十四年（1925年）建成受益时，共向山西省银行贷款10余万元，每年仅利息竟达2万余元，公司为了抵消债务，给省银行分了新淤土地5000余亩，土地分布在范店、哑嗗庄等村。省银行委派总管，设堂管理，堂名“大有堂”。大有堂除出租一部分土地外，还自已耕种2000余亩，雇长工30余人，养大牲畜十余头。当时每亩地可产粮300多斤，价值18元左右。长工月工资8元，每年开8个月工资，佃种一般是对半分。山西省银行每年从应县经营土地获利达5万余元。

※ 应县志编纂委员会：《应县志》，山西人民出版社，1992年。

应县广济水利股份有限公司述略

山西应县广济水利股份有限公司，设在应县南马庄。该公司最初是清末一位叫李文水的“野医生”倡议，他建议利用桑干河水开渠灌溉应县土地，终因没有资力告吹。然而此议很快为浑源县田汝弼接受，田汝弼是国会议员、山西大学校长田应璜的儿子，曾留学日本早稻田大学。他利用其有利的政治地位和社会关系，于民国二年（1913年）开始集股筹备水利公司。经积极活动，至民国四年（1915年）筹得大洋十二万元，正式成立广济水利有限公司，规定五十元为一股，最大股东黎元洪二百股，一万元，其次为阎锡山一百四十股，七千元，此外还有北洋政府陆军总长汤化龙等人。公司成立董事会，成员为刘泉功（朔县）、田汝弼（浑源）、康佩宗（代表太原）、王钧廷（代表北京）、白赞成（代表绥远），董事长为刘泉功；设监察二人，为梁伯强和张退奄，同年破土动工，修筑“六成渠”，拟于民国六年修成。但在民国六年夏已筑好的大坝被洪水冲垮，资金不足，又招来股金四万多元，共计十八万元。工程于民国六年末告竣，召集周围马庄、哑喟庄、魏庄等四十八个村子的代表，开会协商淤地办法，并议定公司和各村代表共同丈量各村土地，打乱户主，开渠成方，每方十五亩。清水浇田，每亩收水费一角，洪水淤地只分田不收费，一个村一个村地挨个进行。淤成三寸厚胶泥地，照五等分成。头等地：公司分百分之十，原主百分之九十；二等、三等、四等、五等土地：公司和原主分别照二八、三七、四六、对半分成，每年可以淤三四个村子的土地。至1929年，公司拥有的土地过多，不便经营，对各股东按股份分地。土地按优劣折价，最高每亩十元，最低每亩五角。黎元洪一万元股份，分得一万九千亩的土地，成立了“新农合作社”。田汝弼的土地起名“福成堂”。阎锡山分得一万数千亩土地，成立：“田福堂”、“田禄堂”、“田寿堂”经理。其他股东亦各起堂名，如什么“庆余堂”、“中和堂”等等。各派管理人员，招徕无地农民耕种，坐收地租。就这样桑干河流域农民的大片土地进入了这批军阀、官僚、政客和绅士之手。

广济水利公司在1925年以前曾向山西省银行借款二万元修渠筑坝，省银行亦不收利息，1929年公司分地时，省行也不“理会”，第二年派出一名副经理，坐着绿围大轿在南马庄外转了一圈，即收了上等好地四五千亩，接着起名“大有堂”，分设应县哑喟庄、范村两处管理土地。“大有堂”的土地大部分是出租，还有部分伴种（即银行出农具、耕畜、种籽等，佃农出劳动力耕种，秋收四六分粮），另雇有长工三十余人，养大牧畜十六七头，养猪三四十头，羊二百多只，鸭子一百多只。长工的任务是管水淤地、收租，所收粮食卖给军队和粮行。长工每月工钱现洋八元，一年只雇用八个月，春夏秋使用，冬去不管，故一年只有六十四元的工钱。为了拉拢长工，每年给每个长工土地三至五亩，借给农具车马，收入归长工自己支配。今应县范店、哑喟庄、魏庄、东辉耀等村的土地，当年大部分都被山西省银行“大有堂”夺去。

※ 孔祥毅：《应县广济水利股份有限公司述略》[①]，载《中国水利》（水利史志专刊），1982年。

陈福[②]谈山西省银行在应县经营土地

（1975年7月10日晚上，我们走访了应县城关北街退休教师陈福先生。陈七十一岁，曾于1927年阴历正月到应县南马庄广济水利公司当会计。现将其谈话记录整理如下。——采访人原注）

应县过去没有银行，据我记忆，民国十八年山西省银行来这里设支行，日寇占领后，该行撤走，即从1937年秋到1949年解放，没有别的银行来此开设机构。民国十八年省银行在这里的机构记不清叫支行还是办事处，经理是张承廷，副理是赵双璧，下面还有两三个人搞业务。

应县广济水利公司与省银行有联系：

---

① 本文系编者1975年赴应县浑源县的调查报告。

② 陈福原是应县广济水利公司会计。解放后当教师，采访时已退休，住应县城关公社北街六号。

广济公司全名为“浑应两县广济水利股份有限公司”。董事是田汝弼，又名田景傅，浑源县人，是国会议员田应璜的儿子，日本早稻田大学毕业。广济公司民国二年开始集股，规定50元一股，30股以上可以成为董事。最初是由当地医生李文水提议，请了一些头面人物察看地形之后，办起来的。经理是国会参议员刘泉功。

集股情况是：黎元洪　　10000元
汤化龙（陆军总长）　　不详
胡瑞林（佛教会首领）　　不详
阎锡山　　7000元
……　　……

……

阎的股份是以“田福堂”、“田禄堂”、“田寿堂”三个堂的名义入的。其他入股的有绥远、湖北等地的人。民国四年，招股集资到12万元，成立董事会，正式动工。董事会成员如下：

太原	康佩琮（警佐）	董事
北京	王筠廷	兼董事
绥远	白赞承（平绥铁路局局长）	协理兼工程主任
浑源	田汝弼	董事长
朔县	刘泉功	经理

另设监理员二人：梁伯强、张退奄。

民国四年动工以前，曾在民国二年搞了一些小的工程，没搞成样子，当时叫六成渠。民国四年工程较大，民国六年筑的大坝被冲毁，又花了三万元。民国六年以后就没有钱了，又招股四万多，先后共入股集资18万元。

渠道开成，开始淤地。先后共可灌溉48个村。各村举代表，把土地打乱，由水利公司和村代表共同丈量土地，丈量后开渠成方，每方15亩，洪水大灌，淤胶泥三寸厚算淤好了，划分为四个等级，公司与村分成：

2等地	公司分2/10
3等地	公司分3/10
4等地	公司分4/10
5等地	公司分5/10

对私人分到的地，清水浇一亩，一毛钱；洪水淤地，只分成，不要钱。用这个办法，每年分三两个村子的地，到民国十八年，公司拥有大量土地。

民国十八年召集股东大会，进行分地，50元一股分90元的地。地价每亩最高10元，最低0.5元。地价确定后，抽签进行。当时，阎锡山派有“田三堂”的代表来了，而山西省银行没有人来，分地时就把范村哑嘚庄等村的土地留下了一部分。

我是民国十六年到水利公司的，当时我记帐。记得我一到公司，帐上就有借山西省银行款2万元，何年借的不清楚，每年也不给利钱。分地时他们也没人来。分地以后，可能是民国十九年（记不太准），省银行派了个副经理（总行的，名字未记）坐轿车到了南马庄（公司所在地），在外转了一圈，我们水利公司还给杀了一只羊，但他没返回村子就直接到应县城了。在城里和田汝弼商议后，把土地收了，收了多少地不清楚，反正当时给省银行留的地都是好地。

接收土地后，省银行派了人管理土地。堂名叫“大有堂”，分设范村、哑嗗庄两处办事。管理土地的负责人叫邢安邦（南马庄公社魏庄人，已死）、赵武城（五台县人）。驻应县的银行办事处负责人是张承清。土地是出租一部分，拌种一部分（即银行出农具，佃农出劳力，按成分粮，一般是对半分）。黎元洪分的地派代表王波致（曹锟政府当过秘书和外交部秘书），叫“新农合作社”。田汝弼分地四百顷，叫“后成堂”。

省银行的“大有堂”到抗战开始后就垮了。

（陈福先生住应县城关北街门牌六号）

※ 孔祥毅、张滦非[①]：《访问陈福的记录》，1975 年 7 月。

我是民国二年生，十八岁来到应县支行当差。支行经理是张承廷，副经理是赵尚碧，此外还有业务、记帐、管库各 一人，炊事员、通讯员各一人。省银行在这里的土地管理机构叫“大有堂”，负责人是邢安邦，赵武臣（赵尚碧的弟弟），后来是孙志纯管理土地。大有堂经常雇有长工三十余人，有大牲畜十六七头，养猪三四十头，羊二百多只，鸡二百多只，鸭子一百多只。长工主要是开渠淤地，土地一般是出租和拌种。当时的土地最少有二百多顷（每顷一百亩）。每亩可打粮食三百斤左右，即十斗，每斗可卖一元八角，每亩收粮可卖十八元现洋。粮食主要是卖给军队，也卖私人。长工每月工资八元，每年只开八个月的工资。每人每年还给三至五亩地，借给农具，自己耕种，收入归己，以此拉拢长工不离开这里，为他们服务。土地主要在范店、哑嗗庄、魏庄、东辉耀等村庄。

※ 孔祥毅、张滦非：《访问李江同志[②]的记录》，1975 年 7 月。

第五节｜山西省银行的政府金融

一、认购政府公债

省银行初成立时，系采取公私合办的性质，资本预定为三百万元。在私股方面，预定为一百万元，于 1918 年筹备期间即开始招募，下令各县公款局、商会、钱业公会、粮食公会等机构发动认股。实际招募到的现金不多，其中一部分是以“善后公债”入股

① 张滦非，中国人民银行山西省分行干部，高级会计师，山西省银行简史编写组成员，1975 年开始研究山西金融史。

② 李江，又名李冠洋，解放前任山西省政府委员，民政厅长。解放后为山西省政协常委，省政府参事。

的。原因是辛亥革命时，阎锡山曾派人向祁县渠筱洲劝募过白银十三万两（原说定为三十万两，阎派测绘学校校长李大魁率陆军小学学生百余人前往起运，只运回十三万两，旋因娘子关军事失利，阎北逃，停运）；同时，辛亥革命军也有向地方劝募的款项和经过地方所供应的物资。1913 年阎锡山为收买人心，将各种款项一律作为无息公债（即善后公债），发给地方和原主，准备分年抽签偿还。省银行成立时，即将此项公债收回，折合成以元为单位的股票，作为银行投资，按股票额由财政厅垫付现金。在公股方面，除“官钱局”转交的资金二十余万元外，其余由财政厅筹措。按照当时银行注册领照的规定，收足股额半数以上，即可开始营业，省银行开行时实有资本约为一百八十万元。

1929 年山西省编遣欠饷定期库券

资料来源：关于山西省银行部分，系作者王尊光及该行会计主任张邦彦、财务股长常紫书等亲身经历而共同提供的资料。

※ 王尊光、张青樾：《阎锡山对山西金融的控制与垄断》，载《山西文史资料》第十六辑。

内国公债。内国公债发行于民国三年（1914 年）。国民党讨袁失败后，袁世凯为筹集资本，即发行民国三年（1914 年）内国公债。北京特设内国公债局，省设内国公债经理处，令本县知事先行设法垫解，而后县政府向各界摊派。民国四年（1915 年）和民国五年（1916 年），“内国公债”连续发行，本县皆由富户和贫苦农民认购，债券经层层盘剥，贫苦农民只出钱不见票。内国公债付息自民国四年（1915 年）6 月 30 日起每年付息 1 次，3 年内可取。民国元年（1912 年）至民国十五年（1926 年），本县承命推销的北洋政府公债计 27 种。其中：民国三年内国公债，还本 9 次；民国四年内国公债还本 6 次。民国五年（1916 年）内国公债于民国八年（1919 年）年换新票 1 次，还本不详。

※ 山西省汾阳县志编纂办公室编：《汾阳县志》，海潮出版社，1998 年 12 月。

官股部分，除接收官钱局的财产外，由财政厅拨给一部分；私股部分，有两个来源：一是临时招募，二是由“公债”入股。所谓公债，系辛亥革命时，革命军劝募的款项，民国二年（1913 年）阎锡山指示改为善后无息公债，后转为省银行股金。

※ 山西省地方志编纂委员会编：《山西通志·金融志》，中华书局，1991 年 4 月第一版。

省银行的资本最初是公私合办，私股部分有的是由各县公款局、商会、钱业公会、粮食公会等机构招募的。有的是以“善后公债”入股的。如辛亥革命时，阎锡山曾派人向祁县渠本翘家捐过白银十三万两，后来改成十三万两公债。还有的是辛亥革命军向地方劝募的款项，和经过地方所供应的物资。1913 年阎锡山为收买人心将这些款项一律作为无息公债，交给地方和原主，准备分年抽签偿还。省银行成立时，将此项公债收回，折合成以元为单位的股票，作为银行投资，按股票额由财政厅垫付现金。

※ 人民银行太原市行档案室：《阎锡山在太原市开设的金融垄断机构》，载《太原文史资料》第七辑。

它（山西省银行）的资本最初是公私合办。但私股部分并非全系当时招募的，有一部分是由公债入股的。辛亥革命时，凡革命军向各地方劝募的款项以及那时所过的地方供应。在民国二年，由阎锡山的指示，均以无息公债票发交地方或原主，准备分年抽签偿还。后来金永任巡按使，不能照办，阎亦无可如何。自阎统一山西军民两政后，经常想了这笔债务，以昭他在山西的信用。恰巧，省银行成立，他就把以上的公债收回，改为省行资本，例如，渠本翘家当年捐过十三万两，后来改为十三万两的公债，这时又换成山西省银行折合成以元为单位的股票，其他地方持有的公债，也都换成了股票。但此项股票款额若干，均由财政厅垫付，连同公方资本，必须筹有巨额。当时，商股不多，因此，省行准备金和钞票发行额的比例，就成了很大的问题。

※ 南桂馨口述，李泰棻笔记：《一九二〇年以前阎锡山的“经济措施”》，载《山西文史资料》第五辑。

二、承办赈灾公债

民国十六年（1927 年），南京国民政府成立后，多次发行公债，推销各种债券不下十几种。民国十八年（1929 年），山西久旱成灾，灾区扩大，灾情惨重，民不聊生，且“库无余款，筹措为限”。国民政府决议：从田赋项下附加赈款，指为基金，发行赈灾公债 300 万元，以资救济，拟订条例及还本付息表。同年 10 月 20 日，由国民政府明令施行。自民国二十年（1931 年）至民国二十六年（1937 年），所征田赋，每征银 1 两附加赈款 2 角，为赈灾公债还本付息基金。赈灾公债分 9 次发行，年息 7 厘。

※ 山西省汾阳县志编纂办公室编：《汾阳县志》，海潮出版社，1998 年 12 月。

阎锡山在晋绥灾区发行流通券三百万元

民国十六年四月

……晋北十三县及绥远等灾区，大战之后[①]，民不了（聊）生。现为图谋善后，活动民间经济起见，特由省政府发行流通券三百万元（绥远一百万元，偏关、壶关及省北十三县等二百万）。如人民有不动产价值一千元者，即可以之作抵，向县署领借流通券五百元（余类推）。此项流通券之性质，与钞票无异，公私款项，全省均可通用。唯灾区人民，始有借得此券之资格，以其不出利息，且二年后，方归还耳。

※ 北京《银行月刊》第七卷第四号，民国十六年四月二十五日。

① 指一九二六年的“讨冯战役”。

晋北灾区善后流通券交易找零规定

晋目前为“救济”雁北灾区人民起见，曾令财厅发行流通券二百万元，借资周转。……兹者，此项券币，多已由灾区转回省垣，兵士等携往街市交易者，往往与商家以找现之争执，时起冲突。太原总商会等对此甚为关心，前者特开会议公呈请当局明文规定办法。警厅以奉到晋绥总司令行知一件。兹录其原文如下：

晋绥总司令阎令：案查善后流通券原为救济雁北各县灾民而设，故于发行之始，饬令各县设立报产局。发行以后，准其交纳一切赋税，以巩固人民信仰，业经明白布告在案。前据太原总商会呈递流通券交易找零窒碍情形，当今核定凡交易在一元以上者，仍用现洋，令由该令传谕各商遵照。并报财政厅报告，省库经收各县所解赋税流通券与现洋毫无分别等情。可允人民周使此券，并无吃亏情事。近据太原卫戍司令部呈报，省城市面上行使流通券，每以互相找换发生争执等情。当此军务吃紧之时，公亟收支，尚以此券为主，何得妄生争执致碍流通。除分令外，合亟行仰该警务处等便遵照转饬各区，随时稽查，如遇军民人等与商家交易用此券时，在一元以上者，互为找给，均用此券，即行查照，分别解决。

※《银行月刊》第七卷第五号，民国十六年五月二十五日。

肃清流通券办法

本省发行流通券三百万元，原赈救雁北灾黎起见，嗣因屡有滞碍，用行不易，阎总司令遂饬财政厅会同总商会省银行等，将未发出之流通券一百四十二万元封存，而已发出之一百五十八万元，乃向省银行借款一百万元，以资收撤，至所余五十八万元，目前总商会备文请示收撤办法，俾使宣告商家，闻已来到指令，略谓查各县流通券，已通电停止续放，把数缴省，比因延未遵办，拟即委员前往各县，将借利及不正当借出之券，加之借款收回之百万，剩余无几，届时自当察其情形，又本总司令妥定收缴办法，以期肃清，指日可待，于此亦可知当道关怀市面之厚意云。

※《来复报》第450号，民国十六年七月。

清理晋北善后流通券
财政厅训令
（民国十九年五月二十三日）

为令遵事，案查民国十五年，发行晋北被兵祸各县本省善后流通券，亟应限期收回，以资结束。兹经本厅定收回办法之则，开列如下：

（一）晋北各县现流通之本省善后流通券，即责成各县县长及各税捐局征收委员尽先收用，统限于本年六月以前，一律设法收清报介；（二）前项流通券可解交一切赋税各项；（三）应由县局布告人民，凡持有此券者，尽先用以交纳赋税，此项办法系专清现流通券，并非清现人民原有向抵令局抵借之款，其抵借之款，一俟本年秋后，再行审察，令遵合亟令仰该迅速遵照办理。毋忽此令。

※《山西政报》，民国十九年五月。

三、承办金融与建设公债

省钞基金已有着落

山西省银行因垫借北伐军费二千万元，以致钞票发行过多，近来价格跌落，本省当局，为维持金融起见，会议决发行整理金融公债二千四百万元，以便定期兑现，并由阎总司令派员赴京呈请国府准予备案。闻国府已复电核准，兹将原电及条例探录于左：阎总司令鉴，山西省整理金融公债条例，业交财政部审核，据签修正各条如下：第四条，分为八年还清，每年还三百万元，每次还本一百五十万元，至二十六年十二月底，完全还清。第五条，该公债应还本息，恭照辽宁公债性质，将各项税收，作为中央借款，并于印花税项下注明，除优先拨付军需公债本息基金外，盐税项下注明，除尽先应拨，征收给费及优先拨付应摊还一部分外债本息外，以符原案。第九条，公债票面定为十元、百元、千元、万元四种。第十条，公布及发行期内手续最繁，断难于公布期内即可募集，故改为自十九年一月至三月为发行期，凡在期内交款者，准按九八实收，以示优待。第十一条，末句改为到期息票及中签债票，均得用以完纳本省一切赋税。其余各条，均未更动，除提交立法院议决外，特电达，国民政府佳印。（条文从略）

※《来复报》第563号，民国十八年十一月十七日。

整理金融公债各省承销数目之所闻

本省整理金融公债，经国府核准，发行二千四百万元。以作整理省钞之基金。已志兹报。刻闻业经规定承销省份数目，察哈尔、绥远等省担任承销一千万元，山西承销一千万元，北平承销一百万元云。

※《来复报》第564号，民国十八年十一月二十日。

民国十八年　己巳　一九二九年　四十七岁　十一月十五日

致立法院删电

——请审定山西省整理金融公债条例

南京立法院公鉴：兹奉国民政府佳电咨开《山西省整理金融公债条例》，业交财政部审核修改，除提交立法院议决外，特电达等因。查此项公债，第一，以买得现金作纸币兑现准备。第二，收回纸币销毁之，以期纸币额数减少，恢复十足通行。至担保基金，多税收除照旧应摊还一部分外债，及拨付军需公债、本年基金外，每年约敷还本付息之用。务望提前决议，以便着手整理。如有派员出席说服之必要，即请就近通知内政部樊次长象离代表出席，以期迅速，无任感盼。阎锡山删印。

民国十八年十一月二十四日

……

民国十八年　己巳　一九二九年　四十七岁　十一月二十四日

致樊象离敬酉电

——发行金融公债收回山西纸币

限即刻到南京内政部樊次长鉴：普密鱼电悉。山西省银行资本金极充实，营业亦甚发达。纸币向系十足兑现。向北伐军兴，先令该行增加纸币近三千万元，乃停止兑现。但截至现在，该行营业仍多盈余，如将增发之纸币以公债收回，该行即可定时恢复原状，照旧兑现。兹将立法院疑虑之三点，分别答复如下：（一）公债发行后，由我督同公债基金保管委会监督省银行，陆续将晋冀察绥四省流通之纸币收回贰千肆百万元，并可由财部派员监理，以昭核实。（二）前项纸币收回后，即由地方政府督同公债基金保管委员监视销毁，为昭核实计，亦可由财部派员一同监毁。（三）上项纸币收回后，省行定可定时兑现，决无困难。由我督同地方政府切实负责。至以后不再发行纸币一节，除由省政府负责监督，并可由财政部随时稽查票额，特复电。阎行敬酉印。

※ 阎伯川先生纪念会：《阎伯川先生锡山年谱》长编初稿（三），台湾商务印书馆。

编遣欠饷定期库券
山西省政府通告
民国十九年八月二十七日

为通告案，查十九年八月三十一日为本省编遣欠饷定期库券第八期开始兑现之期，所有应付兑现大洋二万二千七百万元，已由厅如数提交山西省银行，以备兑付在案。合亟登报通告：凡持有十九年八月末日兑现前项库券，应随时持赴山西省银行兑取，决无推拒折扣情事。特此通告。

山西省政府

※《山西政报》，民国十九年八月。

山西省政府行知

财字第1051号

民国十九年十一月六日

财政厅、各县政府知照：

案查前据财政厅呈请特许各县商号发行兑换券案，经本府委员会议议决各种条例，并呈奉总司令阎核准真代电开，太原商主席鉴：真代电及条例章程通则样式均悉，所拟尚属可行，希即分别办理可也等因。奉此，合亟检发各种条例，行仰该厅、县遵照令，同地方绅商查酌办理。特此行知。

计发：《山西省特许兑换券发行条例》一份、《山西省特许兑换券管理处章程》一份，《各县特许兑换券兑换所通则》一份，《特许兑换券样式》一纸。

山西省政府公布

财字第三号

民国十九年十一月六日

兹制定山西省特许兑换券发行条例公布之此令。

兹制定山西省特许兑换券管理处章程公布之此令。

兹制定各县特许兑换券兑换所通则公布之此令。

山西省特许兑换券发行条例

第一条　山西省政府特许各县发行兑换券依本条例行之。

第二条　管理各县兑换券印制发行事物由山西省政府特设兑换券管理处其章程另定之。

第三条　各县发行兑换券应设立兑换所其通则另定之。

第四条　发行兑换券县份应由财政厅委派监理员监理各该县兑换券发行事宜，并检查其账簿及准备金。

第五条　兑换券印制费由各县兑换所于青领兑换券时交纳之。

第六条　各县兑换券除六成免于纳税外，其余四成每年应得以四厘之发行税。

第七条　兑换券种类及式样由山西省兑换券管理处规定之。

第八条　县兑换所发行金以六成为准不得减少。

第九条　县兑换所须经财政厅呈明省政府成立。

第十条　县兑换所请领兑换券应呈由县政府转呈财政厅核转省政府核准发给。

第十一条　县兑换所每丰年应将营业报告呈由县政府转呈财政厅考核。

第十二条　涂改或伪造兑换券者，依法惩处之。

第十三条　本条例自公布之日施行。

山西省特许兑换券管理处章程

第一条　山西省政府为活动各县金融印制各种兑换券设立山西省特许兑换券管理处。前项特许兑换券只限银币一项其票面分十元、五元、一元、五角、二角、一角六种。

第二条　本处事物分设两股

第一股　办理文书庶务及印制保存兑换券，并其他不属于第二股之事物。

第二股　办理发行新券、撤收旧券及其他不属于第一股之事物。

第三条　本处设处长一人承省政府命令综理仓处事物。股长二人承处长之命管理各股事物。职员若干人承长管之命办理各股事物。

第四条　本处因眷写文件及其他事物得酌用雇员。

第五条　兑换如因污染损毁不便通用时得收销之。

第六条　本章程如有未尽事宜得呈请省政府核准修改之。

第七条　本章程自省令公布之日施行。

各县特许兑换券兑换所通则

第一条　山西省政府为活动各县地方金融，特许各县发行兑换券，其发行机关应设立兑换所定石为某县特许兑换券兑换所。

第二条　兑换所酌量地方情形得由商会各商行集现币承办，但为县以一处为限。

第三条　兑换所资本需照领用兑换券额有切实六成之准备金，其准备金以现币为限。前项准备金无公私不得提挪使用。

第四条　兑换所之设立，由县政府呈由财政厅核明呈报省政府成立。

第五条　兑换所呈请发行兑换券时，应注明数目、种类，呈由县政府转呈财政厅核转省政府核准转饬管理处发给，但增领时准备金商须按照六成增加之。

第六条　兑换所领用兑换券时，应同时向财政厅交纳印刷费，其四成券额发引税，于每年六月、十二月分两期由财政厅征收之。

第七条　兑换券行使后，如有污染损毁，应遵照转呈手续，由省政府核饬换领，但须照纳印制费。

第八条　涂改或伪造兑换券者发觉后应送县依法惩办。

第九条　兑换所营业盈余，除一成作为公积金外，其余应酌量各地习惯分配之。

第十条　兑换所以经营存放款项买卖生金限及汇兑等业务为限，不得为他项投机营业。

第十一条　本通则自公布之日施行。

※《山西政报》，民国十九年十一月八日。

山西发行特许兑换券

山西各县商会代表，前由省政府电召到并，商议整理金融问题。省府为活动各县金融起见，决定由各县发行特许兑换券，并制定特许兑换券发行条例及兑换券管理处章程公布施行。兹录发行条例如次：

第一条　山西省政府特许各县发行兑换券，依本条例行之。

第二条　管理各县兑换券印刷发行事物，由山西省政府特设兑换券管理处，其章程另定之。

第三条　各县发行兑换券，应设立兑换所，其通则另定之。

第四条　发行兑换券县份，应由财政厅委派监理员，监理各该县兑换券发行事宜，并检查其帐簿及准备金。

第五条　兑换券印刷费，由各县兑换所，于请领兑换券交纳之。

第六条　各县兑换券，除六成免于纳税外，其余四成，每年应课以四厘之发行税。

第七条　兑换券种类和式样，由山西省兑换券管理处规定之。

第八条　兑换所准备金，以六成为准，不得减少。

第九条　县兑换所需经财政厅呈明省政府成立。

第十条　县兑换所应请领兑换券，应呈县政府转呈财政厅核转省政府核准发给。

第十一条　县兑换所每年应将营业报告，呈由县政府转呈财政厅考核。

第十二条　涂改或伪造兑换券者，依法惩办之。

第十三条　本条例自公布之日施行。

民国十九年十一月二十三日

※《中行月刊》第五期，民国十九年十一月。

四、铸造银元

1929 年，阎锡山利用战争的胜利，兼领平、津两市以后，先后委南桂馨、崔廷献为天津市长，委傅作义任天津警备司令。这时便依靠军政大权，接收了天津造币厂，委薄以众（定襄人，阎锡山的四妹夫）为监督，薄以昭（薄以众的胞兄）为总务科长，薄迎登（薄以众的胞弟）和薄启业（薄以众的侄儿）为会计，利用该厂原有机器设备，召集该厂原有技术工人，开始铸造银币。当时铸造的有“老袁头”（袁即指袁世凯）银币和“孙中山”银币两种。此外还代其他省份铸造银币。所用白银，先是派员在国内各地搜购民间的元宝和银首饰，以后又通过天津“麦加利洋行”以外汇向英、美等国购买大条白银。每一大条白银重一千盎司，掺入铜一百两，制成银元后，每块现洋重 26 公分，内含纯银 23.49344 公分。为了解决白银的来源，阎锡山还曾派人在山西定襄和五台之间的铜毛山，使用土法开采铜矿和银矿，约半年时间，仅炼出生铜少许，不敷开支，遂即停止。

※ 王尊光、张青樾：《阎锡山对山西金融的控制与垄断》，载《山西文史资料》第十六辑。

第四章 山西省银行从“官督商办”到“官营民监”

第一节｜省银行清退商股

一、清退商股的原因

省行开业时定为官商合办，实有公私股金 180 万元（银元）。头两年业务兴隆，私股分溢甚多，每年每元红利一分四五。阎锡山眼红了。同时又感到私方人财难以调从，使他心中不畅，遂于 1923 年用各种手段退清了所有私股，转为公营。

※ 董良臣：《记“晋钞”与银号、钱庄行业的兴衰》，载《太原文史资料》第十一辑。

1923 年阎锡山看到省银行业务兴盛，省钞信用颇佳，获利甚厚，这些私股股票每年利息达到一分四五，痛惜厚利外溢；另一方面因有私股，必有其董事和监察人，对阎任意调用款项，有点不便。遂以省行不应有私人股本为名，把私股以票面额十足现金收买。从此，山西省银行就变成阎锡山的“公营”银行了。

※ 人民银行太原市行档案室：《阎锡山在太原市开设的金融垄断机构》，载《太原文史资料》第七辑。

山西省银行，系民国八年由前官钱局改组而成，初系官督商办，资本额定三百万元，代理省库金，发行代兑券，十九年收归官办，二十一年因晋钞跌价，省政府命令整顿修订章程，即于是年七月一日改组，资本由省政府分年筹拨。

※ 段克明：《抗日战争前太原经济概况》，载《太原文史资料》第七辑。

二、清退商股的办法

到 1923 年阎锡山命令省银行把所有私股及地方的公债票所换得的股票，全数以现金照票面额收买，以此成为公营银行了。

※ 王尊光：《阎锡山的四银行号》，山西省文史馆手抄件。

既有商股，必有商股方面的董事和监察人，对阎的任意运用省行资金，多少也有点不便，所以，在民国十一、十二年，他以省行不应有私人股本为名，把私人股票一律收买，给予票面十足现金。各持有者亦甚满意。追想以前，从地方对军队供应，变为公债，从无利公债，变为有息股票，今又获得十足现金，这确系当时各省所没有过的好事，从而“阎锡山不骗人”的话，传遍各地，而省行信用更昭著了。以后河北水灾，绥远旱灾，接二连三，省行又兼营粮食，阎利用权力，替它转运，这更获利无数……阎锡山起初不骗人，正是后来大骗人的准备。

※ 南桂馨口述，李泰棻笔记：《一九二〇年以前阎锡山的“经济措施”》，载《山西文史资料》第五辑。

阎锡山一方面感到眼红，痛惜厚利外溢；另方面因有私股，格于私房的董事和监察人员，不能任意调用款项，遂于1923年命令省银行把所有私股及地方以公债票所换得的股票，全数以现金照票面额收买。这样，私股满意，而阎锡山也去掉了障碍。从此山西省银行即成了阎锡山的“公营”银行了。

……

省银行成立之初，因系“公”私合营性质，设有董事会，由董事七人组成，另有监察三人。先后任董事和监察的有：渠仁甫、乔筱山、乔星斋、徐一清、王化南、常赞春、严慎修、高步青、李云阶、赵昌燮、郝清照等，均系由参加股本的资本家中选出。直至1923年改为“公营”后，取消了董事和监察，设置一监理官，由财政厅厅长兼任，监督发行、库存并稽核出纳账簿等事宜。

※ 王尊光、张青樾：《阎锡山对山西金融的控制与垄断》，载《山西文史资料》第十六辑。

第二节｜山西省银行垄断货币发行

一、省银行垄断发行的开始

阎锡山为“请咨币制局令行印刷局迅予照印山西省银行订印铜元票三百万吊”给北洋政府财政部的咨文

查晋省制钱，久已缺乏，铜元亦复无多，以致各县私立商号滥发钱帖，几成不兑现之纸币，不但市面不稳，而公家财政感受周转困难之影响，非亟设法取缔，不足以弥隐患。然取缔必须替代，庶不致惹取恐慌，兹约计全省需要，至少须有信用昭著之纸币三百万吊，庶可勉符周行。

查省银行为全省集股设立，资本充足，信用自著，替代发行，舍此莫属。已令财政厅转知该银行向北京印刷局订印铜元纸币三百万吊，俟印成后，再由本公署酌量地方情形，分别发行；一面取缔私立商号钱帖，二者相辅而行，借资救济。相应咨明大部，请烦查照，并希转咨币制局，令行印刷局，迅予照印。

山西省督军兼省长阎锡山

民国八年八月十五日

※ 国家第二档案馆（南京）档案，北洋政府财政部档案，卷一〇二七。

山西省银行兑换券史称“晋钞”，曾经垄断金融市场达三二十年，是山西的主要货币。1919年元月（民国八年），在太原市鼓楼街三号（现市银行住地）成立“山西省银行”，第一任经理阎维藩（原祁县大德恒票号老板），第二任经理徐一清（阎锡山的叔丈人）。省行开行时定为官商合办，实有公私股金一百八十万元（银元）。1923年退清私股转为公营。省行受军政府直接控制，授权发行纸币，面额为八种：一角、二角、五角、一元、五元、十元、五十元、一百元，曾与银元等值流通。

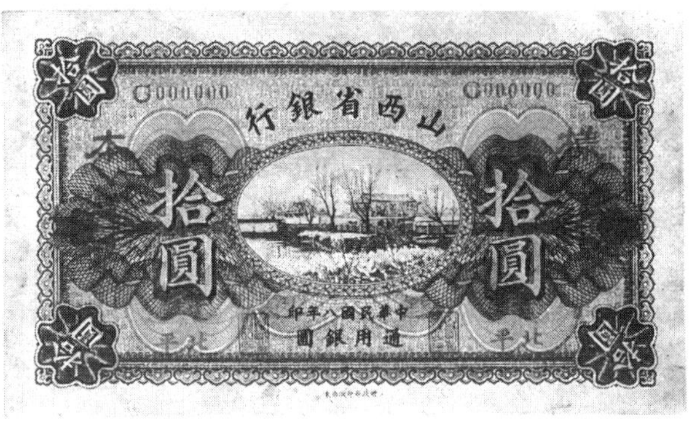

山西省银行1919年发行的兑换券

※ 董治文：《民国时期的山西货币》，载《金融经济·钱币专辑》第1辑。

山西省银行第一次发行之省钞，其通行区域以晋中及各县为最普通，晋南各县仍是通行银元和铜元。

※ 杨怀丰：《关于山西省钞二三事》，山西省文史馆，手抄件。

当铺向日享有发行之权，为官厅所默许。迨后，省银行为推行其本行纸币发行起见，禁止当铺发行。

※ 国民政府实业部国际贸易局编：《中国实业志·山西省》，97～98页，（辛）1936年。

它们[①]初成立时，表面上都有一套说词，成立省银行理由，除为活动金融，便利商民，办理存款、放款、汇兑并代管公款收支的金库外，又加了一项统一货币的理由。当时山西各县使用的银钱，计算单位极不统一，有的以银两为单位，有的以银元为单位，有的以制钱为单位。而制钱计算单位有以十足一千为一吊的，有九百六十文为一吊的，有以八百二十文为一吊的。如浑源县不称吊而称把，以三百三十文为一把。还有商号来

① 指山西省银行、晋绥地方铁路银号、绥西垦业银号、晋北盐业银号等。

往交易不兑现款，通过钱庄过拨，称为拨兑钱的。当铺、粮店、钱庄出钱帖子，代现款流通。因无限制，所出帖子往往超过其兑付能力，从而亏空倒闭，坑骗商民。阎锡山以此为一项重要理由，下了一个冠冕堂皇的命令：各县商民交易，一律以银元为计算单位，白银按七钱二分折银元一元，交易以现款为主，有信用者可以赊欠，禁止商号出钱帖子，不准钱庄以拨兑钱为名义，从中过拨，暗增通货，影响物价。说法如此，实际为省银行发行纸币铺平道路，从此省行垄断了山西纸币的发行，操纵了山西金融。

※ 王尊光：《阎锡山的四银行号》，山西省文史馆，手抄件。

借发行纸币以取得资金，为内地金融界之一特色。晋省在民国初年，私钞之发行，极其紊乱，当时省银行尚未成立；唯一正式发行机关为中国银行，但各县之银号、钱庄，发行亦颇可观，不但如此，即当铺质店，以至银行布庄，商会机关，亦莫不有纸币之发行，其流通范围，虽或仅一县数县，而发行总额，达数百万元。省府虽屡次整顿，无如终鲜成效。迨民国十八年省府通令各庄号所发纸币，一律限期收回，一时发行之数大减。同时省府为流通市面筹码，授权省银行，加发纸币。

※ 蒋学楷：《山西省之金融业》，载《银行周报》第二十卷第二十一期，民国二十五年二月。

山西省银行发行新角票

山西省银行近日订印一角、二角、五角三种新券，现已开始发行，与旧日发行之一、二、五角券一律通用，并可随时到行兑现云。

※ 汉口：《银行杂志》第4卷15号，民国十六年六月。

1916年中交停兑后晋省表现

民国五年春夏之交，西南战事方殷，金融紧迫，影响市面，商民持票纷纷对现，京津中交两行，适当其中，应对维难。国务会议筹商办法，操用暂时停兑之策，五月十二日，国务院颁布院令……

院令现布，各省各埠，各有主张，纷纷不一。……

山西　晋省亦以纸币使用颇籍。发行以来，流通无阻，储蓄也极充裕。随时足资兑现，民间赖以周转，甚称便利。自停兑令到，各专官深感动摇人心，徒然丧失使用，扰及治安。故主张皆不宣布，照常兑现，以维大局。

※ 张家骧：《中华币制史》第二编，56页，民国大学丛书，民国十四年。

从1918年起，掌握山西军政大权的军阀阎锡山开始利用政治力量控制金融，通过这一工具操纵国民经济并对人民进行剥削。当时市面流通的货币，主要是银元，有孙中山纪念币、站人银币、大清银币、袁头银元四种；辅币有洋角和铜元。阎锡山设立了铜元厂，在铸造中用减轻铜元重量，降低金属成色的手段获取巨额利润。这样铜元的货币单位额虽然没有改变，但是它的实际价值已经大大降低了。阎锡山转手之间攫取了二百多

万元①的利润，成为他在经济上统治山西的“老本”。

1919年山西官钱局改组为省银行，开始发行纸币，称为晋钞。人民手中掌有的银元多被晋钞吸收。晋钞在山西境内广泛流通，形成独立的金融体系。在1930年以前，它几乎独占了山西市场，蒋介石的中国银行和交通银行流于本市的钞票比重很小，而且大部分集中咱省银行手中，用以向外购买工业生产资料，增强军火生产能力。从而实现阎锡山统治全国的个人野心。这一时期山西商业及现代工业发展较快，金融业也相应地繁荣起来，本市的私人银号和钱庄陆续增设到六十多家，不过他们的实力较之掌握发行大权的省银行，已经根本不能匹敌了。

※ 太原市人民委员会办公厅：《巨变中的太原（财贸部分）》，山西人民出版社，1961年。

曾经有过十年生命力的晋钞，不仅是山西纸币的先驱者，而且确实轰动过全国，它与军阀混战经历了同存亡的历史。

※ 董良臣：《记“晋钞”与银号、钱庄行业的兴衰》，载《太原文史资料》第十一辑。

按银行发行纸币，当时政府法令规定，必须有六成现金、四成有价证券存库作准备。省银行初发行纸币时，因有私股及地方公推的董事监视，是照政府规定的库存准备金的。

※ 王尊光：《阎锡山的四银行号》，山西省文史馆，手抄件。

查该行章程所载营业项目，并无发行兑换券一项，但实际自开业后，即擅自发钞历来均未呈报北洋财政部，故档案内迄无发行数目可稽。

※ 中国人民银行总行参事室：《中国近代货币史》资料。

发行纸币，印的是兑换券，携带方便，收交利落，不比现洋、小洋、大洋、铜元等，需要过数装箱肩运等，还免银元要扣出铅心、包皮、闭眼（即袁头有闭眼和睁眼之分），现银要看色、过称等手续，所以兑换券渐渐成了流通的主要货币，发行额逐渐上升；还发行铜元券，分十枚、二十枚、五十枚，发行额亦可观，十余年中，亦发生了几次挤兑风潮，但均平稳渡过。

※ 常紫书1975年5月14日提供的材料：《阎锡山垄断金融核心——山西省银行历史及牵涉到的经济材料》。

山西省银行监理官杨兆泰致币制局电

——谨将山西省银行截至六月底发行纸币及现金准备各数目电复鉴核由

民国十一年八月二十九日

北京币制局钧鉴：

监电敬悉，山西省银行所发纸币截至本年六月底，银元券发行数共计三百万元，流

① 根据档案资料，应为三百六十万元。

通八十二万零八百八十一元，铜元券发行数共计三百万吊，流通一百零五万三千零零三吊七百文，以一七比估折，合大洋六十一万九千四百一十三元九角四分。现金、保证各半准备，伏析监核。

兼任山西省银行兼晋胜银行监理官杨兆泰　艳

※ 国家档案馆（南京）档案，北洋政府财政部档案，卷 1027（2）－425。

发行“晋钞”垄断山西金融市场

灵通的金融人士觉察到，发行铜元是阎锡山企图垄断山西金融的敲门石，那么，发行纸币已在意料之中。……随即改组人事机构，由阎锡山叔丈人徐一清（字子澄，五台县人）出任经理，完成了个人党羽的培植。省行直接受他控制，授权发行纸币，人称“晋钞”，也称“银元兑换券”。面额有一角、二角、五角、一元、五元、十元、五十元、一百元八种，基本面值是元。同时发行“铜元兑换券”，面额为十枚、二十枚、五十枚、一百枚、三百枚、五百枚六种。晋钞发行时，为了控制流通区域，票面上印有发行县的县名，有太原、新绛、河曲、平遥、长治、榆次、晋城、大同、平定、洪洞等 35 县，分区使用。

省行成立时，在市场流通的主要货币是银元。有大清、孙中山、站人和袁世凯四种，另有角银和铜元辅币。此外还有民间商号印发的各色各样的钱帖子。市场钞票如毛，币制杂乱。

1922 年（民国十一年），阎锡山以整顿商业为名，公布《禁止商号私发银元纸币惩罚规则》、《山西省查禁私发纸币规则》、《禁止携带现款出省办法》等条例，废除银两币制和制钱制。禁止私人商号发行各种私帖，不准任何变相纸币流通，一律由晋钞收兑，统一了全省钞票发行权。与此同时，设立在太原的“中国”、“交通”两银行，因袁世凯改帝失败其钞票不能兑现，市场上四折五扣，而晋钞为了维护信用，十足兑现，这样就完全控制与垄断了金融市场，实现了“钱赚钱”计划。

“纸币只是价值符号，是代表金属货币执行流通手段职能的”。“如果纸币发行量相当于金属货币的需要量，它可以完全代表金属货币，具有同等购买力”。相反，纸币单位代表的金属相应减少，不可避免地发生通货膨胀，货币贬值。晋钞就是按照这个规律诞生、发展、崩溃的。它的出世初期，每年发行量百万元，控制在库金之内，保证了货币的面值，与银元等价流通，随时可以兑换。它又以好携带、好交易、好保存受到人们的欢迎。二十年代的物价相对稳定，猪肉、白酒和食油每市斤（旧制）八分钱，白面每斤四分，莜面每斤三分，小米每斤二分五。晋钞利用了这一优势，其纸币不断向外发行，大量回笼民间银元，为发展军工生产，筹积资金。

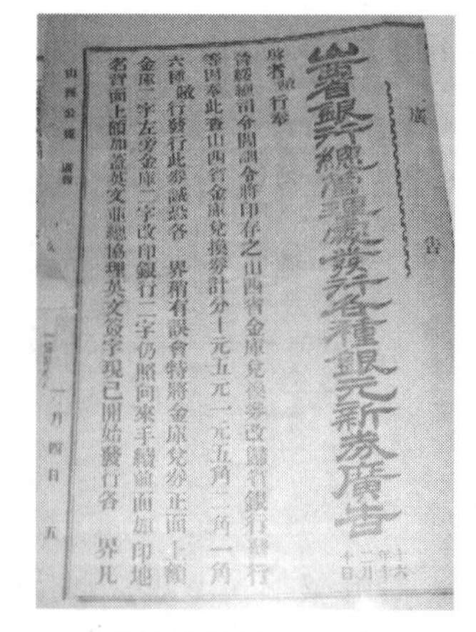

山西省银行 1927 年发行银元票的广告

※ 董良臣：《记“晋钞”与银号、钱庄行业的兴衰》，载《太原文史资料》第十一辑。

山西省银行广告

本行所发行之银元兑换券，向分百元、五十元、十元、五元、一元、五角、二角、一角八种。现因五元之一种印刷欠善，拟另行印制。所有现发行之五元银元兑换券，定于阴历年内一律撤回销毁。凡持有此项兑换券者，请即来行兑取现金，或调换他券，俾得如期收清。其余各券应照常发行，特此布告周知。

※《山西公报》，民国十四年二月一日。

山西省银行广告

本行前因发生五元伪券，深恐各界受亏，故特登报撤收。兹再郑重声明：以后对于五元伪券，概不兑给。凡持有五元真券者，请即来行兑现，或换他种兑券，勿再存储以兑自误。特此声明。

※《山西公报》，民国十四年二月一日。

中国银行致财政部函
——山西商办银行号私发纸币情况

民国□年二月二十二日

查前年大部饬查各省商办银钱号私发纸币等因，业据各该行陆续查报情形，密复在案。兹又据各该行号查复前来，除浙江分行、河南分行、竺谿分号、运城分号、扬州分号佥称各该处商办银钱行号并无私商纸币情事外，惟山西分行函称“查晋省商办银钱行号私发纸币者当多，谨将晋省各地发行约数另纸开陈。除晋胜私立银行外，钱号所出只能就此次调查经过地方约计，无从详列字号。此外，闻各地私发者当属不少，合并声明。附清单一纸。”又宁波分号函称“查甬地浙江银行系官商合办，四明银行纯属商家性质，在前清时呈来，部准发行纸币，现仍继续进行，其他银钱行号，并无私发纸币情事各等情前来。相应据情并抄录山西分行调查清一纸密函来复，尚希察核实为公便。

附清单一纸：

谨将调查所及晋省各地商办银钱行号私发纸币开陈鉴核：

计开：

平遥县约，五十万千；

汾阳县约，二十万千；

榆次县约，二十余万千；

祁县县约，十三、四万千；

太谷县约，十七、八万千；

交城县约，六十万千；

汾城县约，十余万千；

忻县县约，二十万千；

以上统计约一百五十余万千。

晋胜银行省总行发行大洋票约七万余千元，小洋票约五万余千元，又大同分号发行大洋票约五万余千元。

※ 国家第二档案馆（南京）档案，《北洋政府财政部泉币司档案》泉324卷。

表4-1　　山西省各银行纸币发行额数累年比较表

地方	行名	民国元年	民国二年	民国三年	民国四年	民国五年	民国六年	民国七年	民国八年	民国九年	民国十年
阳曲	山西省银行	—	—	—	—	—	—	—	—	—	1485758
	晋胜银行	—	433500	433500	88250	53071	53071	51044	51244	51044	51044
太谷	裕华银行	—	—	—	—	—	—	—	11000	11000	11000
朔县	裕丰银行	—	4200	16000	16000	16000	20000	20000	23025	—	—
离石	永裕商业银行	—	—	—	—	5000	5000	3000	3000	—	—
新绛	山西省银行分行	—	—	—	—	—	—	—	3866	—	134
	中国银行分行	—	—	—	—	3100	—	—	—	—	—
忻县	道济银行	—	—	106000	—	—	—	—	—	—	—
定襄	储济银行	—	4720	—	—	—	—	—	—	—	—
新绛	河东兴业银行分局	—	1350	—	—	—	—	—	—	—	—
离石	农工银行	—	—	—	—	—	—	—	—	3400	3400
崞县	同泰银行	—	—	—	—	—	—	—	—	3000	3000
榆次	省银行	—	—	—	—	—	—	—	—	—	5000
汾阳	农工银行	—	—	—	—	—	—	—	—	—	12000

※ 张家骧：《中华币制史》第六编，60~61页，民国大学丛书，民国十四年版。

二、纸币增发的背景

当时，在太原设立的“中国”、“交通”两银行的钞票，因为袁世凯帝制失败后不能兑现，经常是四折至五折。而省银行成立之初，为了维持信用，十足兑现，因而省钞通行到京、津、绥远，甚至宁夏一带。又通过办汇兑、办存放，获利甚厚，股票每年利息达到一分四五。

※ 王尊光、张青樾：《阎锡山对山西金融的控制与垄断》，载《山西文史资料》第十六辑。

当山西省银行成立之际，中国、交通两行的钞票，由袁世凯称帝后，不能兑现，经常是四至五折，而山西省行则十足兑现，因此，信用昭著，人民持券保存，反而不去兑现，它在邻省虽无分号，但钞票通行京、津、绥远，甚至远走宁夏一带，以此获利很厚，股票每年利息总在一分四五。

※ 南桂馨口述，李泰棻笔记：《一九二〇年以前阎锡山的“经济措施”》，载《山西文史资料》第五辑。

阎初派阎竹圃（祁县南路人）为山西省银行经理，齐梦彪（定襄县北路人）为协理。1917—1918年间，山西省银行内部因南北路的派别发生意见，阎竹圃辞职。阎锡山

遂让他的叔岳徐子澄（原任山西粮服局局长）兼任山西省银行总理。因此，阎锡山在军政费的开支上，特规定一项他本人的机密活动费，在山西省银行开支。按山西省银行本属于官僚资本的企业，但是阎锡山利用这个省银行的资金，充做他私人活动的费用，故此必须在这里加以述明。

※ 阎子奉：《阎锡山家族经营的企业》，载《文史资料选集》第四十九期。

晋军出关山西纸币随军扩展

不知从什么时候起，人们给阎锡山送了个绰号——山西土皇帝，其实，此人因谋事多端颇为出名。据说，他无论办什么事都不做赔钱生意。但是，精人也有精人误，也有他失算的时刻。1923年，凭借他的铜元厂、印钞机、兵工厂这三个法宝，一手拿钱，一手握枪，为争夺更大地盘而跃跃欲试。晋军终于出关了，阎锡山从此陷入了军阀混战的泥坑。

在帝国主义的策划和背后支持下，各地军阀尔虞我诈，在大江南北发生了犬牙交错的混战。晋军是一支举足轻重的力量，能以左右局势。1928年参加了蒋介石、李宗仁、冯玉祥、阎锡山联合的军队，取胜了奉系军阀张作霖。这时，阎锡山兼领冀、察、绥三省。接收北平印刷局，晋钞摆脱财政部兼印，变为自印。同时，又在天津铸制“袁世凯”和“孙中山”两种银元（重量26克，内含纯银23.49344克），阎更财大气粗了。1929年3月，参加了南京蒋介石、西北军冯玉祥、晋军阎锡山、川军刘湘联合的军队，战胜了桂系军阀李宗仁、白崇禧。到此，晋钞发行额达1300万元，同时又在战地发行了面额五元的“山西省编遣欠饷定期库券”。金融界人士预料晋钞要贬值，龙城发生过几次挤兑风潮，为当局应时筹集库金而平息。

※ 董良臣：《记“晋钞”与银号、钱庄行业的兴衰》，载《太原文史资料》第十一辑。

山西省银行兑换券（晋钞）的发行，始于1919年，正式成立时，当时发行的纸币，有银元兑换券和辅币铜元兑换券两种，后来私人银号、钱庄，也大发行铜元券，以掠夺人民财富，一时市面市钞票如毛，极为混乱；阎锡山乘此机会，禁止私商发行纸币，而由省银行增发了一大批纸币，以收兑私商的铜元券。记得1919年（民国八年）初发行的数字为四十余万元。增发和回笼，每日都有。由营业库、发行库转账的数字，每日亦有几次。发行数字随着阎锡山的扩军备战，逐渐增加为六十万、八十万、一百二十万，到一千三百余万时停止了兑现。

……

阎锡山的省银行发行晋钞，根本无所谓准备金，只是提出新券若干万交给分行处，不管发行出去了没有，而总管理处即认为已经发行了。一方面在账簿处理上，收了发行兑换券科目，付了总分行往来；一方面支了兑换券准备金科目，存在特别往来科目内的准备金户内。各分行处交回废券时，又用同上办法转回，这称是纸币回笼了。

※ 常紫书：《阎锡山垄断金融的核心——山西省银行》。

而阎锡山把发行省币作为扩张势力、巩固统治、剥削人民、饱入私囊的武器。于1923年令省银行把私人及县地方的股票全数收买，解散董事会，以财政厅长为监理，一切内幕局外人无从得知，即可随意发行。

※ 王尊光：《阎锡山的四银行号》，山西省文史馆，手抄件。

民国十八年，资本总额改定一千万元，营业逐渐发展。是年三月，协理齐氏年老告辞，由贾继英接充。自民国十九年后，山西省所流通之纸币唯有山西省银行一种（其他商号、钱庄所发行钞券已限期收回销毁）。省钞有银元票与铜元票两种，银元票最低额为一角，最高额为一百元；铜元票最低额为一枚，最高额为百枚。每元银钞财政厅规定合铜钞四百枚。革命军北伐以前，该项钞票尚为社会信任。

※ 郭荣生：《中国省地方银行概况》，国家第二档案馆（南京）档案，财政部卷。

嗣以该行①虽附有商股，实际确为省立银行，于是一切官款，乃渐被该行所独占，初期营业尚循规蹈矩，所发行钞票仅通行于省垣及附近各邑，至民国八年，中国银行发生挤兑风潮，该行因持有后援，乃随政治局面而日益膨胀，历经扩充，非帷设分行支行于山西全省各重要城邑，且竟远及平津察绥等埠。分行或支行所在之处，该行之钞票，当然即追踪而至。

※《银行周报》第十五卷第十号，民国二十年三月二十四日。

山西省银行在抗战前滥发纸币的情况

自民国八年（1919年）山西省银行成立后，阎锡山开始禁止私商出钱帖子，为山西省银行独揽发行大权，扫清道路。起初以发行铜元券，辅以银元券为敛财之道。他的做法是以二三文或四五文制钱，铸成一枚十文或二十文的铜元，以铜元作准备，大量发行铜元券，券额从一百文到五千文是常用的，通过发行铜元券到处吃收银洋，因此民国十年以后，就由一千文铜元券购买银洋一元，逐步涨到三四千文。这种铜元券到处发行，除太原外，尤以平遥和忻县两分行发行最多，当时我在平遥分行办理会计，后来并任会计股长五六年，知道单平遥分行的铜元券，就将近200万吊，当时省银行大获厚利，大都出在操纵钱市上面，至于准备金，无论铜元券、银元券，从帐面上看，是十足的，实际上四成保证准备，根本就没有；六成现金准备，也是时短时缺，最后几乎等于零。他的做法，除发行数与准备金数，帐面上总是相等外，另立了个暂借准备金的科目，把现金准备给借走了。这就为无限地滥发纸币开了绿灯，导致后来山西广大人民蒙受晋钞毛荒的灾难。当时社会上普遍流行这样两句话："晋钞杀人不用刀，老的少的活不了。"

※ 张正廷：《山西省银行片段回忆》，载《山西文史资料》第一〇九辑。

---

① 指山西省银行。

三、倒蒋前的晋钞发行

阎锡山政权长时期采取门罗主义，形成半独立性的金融体系，至民国十五六年达到极盛时期，山西省银行票能在省内各县通行无阻，及至山西省银行停止兑现，其发行的纸币并不贬值，民国十七、十八年输入虽超过，山西省纸币也不跌价，民国十九年阎冯中原反蒋大战失败，阎锡山政权崩溃，山西省纸币大跌落，以二十元兑换现洋一元，民国二十年山西省银行纸币停止流通，全省各地出现私票甚火。

※ 山西省档案馆：《中国人民解放军太原市军管会金融接管组档案》，1949 年。

1930 年，其时省钞早已停止兑现，钞票暗中已有低落，但因蒋介石与阎锡山中原混战，胜败未决，故表面价值尚可维持。

※ 杨怀丰：《关于山西省钞二三事》，山西省文史馆手抄件。

阎锡山从辛亥革命运动中篡夺了山西政权起，即通过山西官钱局发行钞票。……1919 年将山西官钱局改为山西省银行（名为官督商办），发行纸币银元兑换券，辅币铜元兑换券，至 1924 年发行额已有九百余万元。在此六年中，因为钞票充斥市场，曾不断发生挤兑风潮。

商人看见官吏发行纸币大发横财，也纷纷利用银号钱庄大肆发行铜元券，掠夺人民财富，因而钞票如毛，纸币价格不断跌落，商人一面不断增发纸币，一面利用地区差价来返贩运，大发其财，造成市场极端混乱，物价高涨，人民受害很大，阎锡山的官僚资本就利用这个机会禁止私商发行纸币，垄断纸币发行权，以山西省银行增发的纸币收兑私商的铜元券，1928 年晋钞已由原九百余万元增加到一千三百余万元。

※ 张邦彦①：《阎匪滥发晋钞情况》，载《山西文史资料》第三辑。

省银行于 1919 年开始发行纸币，起初人民不习惯周使，迫于严令，勉强使用，还是随发行、随兑现。前五年内，发行额没有超过五百万元。1924 年以后，阎锡山扩充军队，大造兵器，又参加军阀混战，所需费用，多以省钞支垫，到 1929 年省币发行额增到 1300 万元。

※ 王尊光：《阎锡山的四银行号》，山西省文史馆，手抄件。

山西省银行总管理处通告

民国十六年十月十一日

启者：倾奉总司令训令内开，为训令事，查该行代理金、省两库，为全省金融枢纽，营业发达，信用昭著。现届冬令，又值军兴，银根奇紧，急待维持。所有该行发行兑券，定为不分地界，全省一律通用。凡属山西各县，赋税各款及城镇乡村公私款项，一律尽

① 张邦彦，曾任山西省银行会计主任。

先以兑券收受。倘有不法之徒或奸商拒绝、播弄，故意折扣，即行拿获，以凭惩办等因。奉此，除函饬各分行派出所，不分地区一律收用外，特此通告。

※《山西政报》，民国十九年二月十二日。

晋钞停止兑现

军兴以来，晋省因军需用款须用现洋，当即令知山西省银行，钞票一律停止兑现，俟军事结束后恢复原状。于是，近来省垣及外县钞票庄对省钞价格任意低落，折扣兑现，故目下钞票对现洋每元须贴水二分或一分五，因此百物暴涨。晋阎有鉴及此，现已令知各县知事、各商会会长转谕所属，嗣后纸币必须按照票面原银数目流通币面，倘胆敢扰乱金融者，着即拘拿，从严惩办。

※ 北京《银行月刊》第八卷第三号，民国十七年三月。

阎抵北京后之重要消息

……"京保石各地乐使山西钞票"。自晋军出兵石庄、保定各地后，士兵购物，均指使用山西省银行钞票。各地市面，均以山西钞票，素有信用，且由阎总司令声明，到北京后负责兑现，故石家庄、保定、北京市面，均乐使用，不亏不折，与现洋无异。兹志阎总司令关于使用山西钞票之布告如左："本军军饷，向保发给山西省银行票，现在军队进到北京，仓卒不及兑付现款，诚恐士兵持有该行银元票，购买物品，兑换铜元，各商号未及周知，一时难于通用。已责成北京总商会，暂时一律使用，本总司令到京后，即负责兑现，绝不使我商民稍受损失，仰即一体周知。此布。"

※《来复报》第494号，民国十七年六月二十四日。

省银行纸币兑现有期

近来省银行纸币汇兑贴现，每千元竟涨至一百二三十元，因此各货行大受影响，市面金融顿呈恐慌现象。总商会连日招集各行会等，讨论救济方法，并连电上峰，请设法维持。总司令特为此事，由五台返省，筹商办法。闻业经拟有具体计划，不日即实行兑现，已饬省银行积极筹备，并电复总商会云："太原总商会鉴：文代电悉，维持晋钞事已筹有办法，不久即可兑现也，阎锡山铣电"等语。观此则山西金融，行将恢复战前状况，银行信用将益形巩固，市面纷扰顿释，金融立见活动，各商家固无所用其无谓之恐慌矣。

※《来复报》第560号，民国十八年十月二十七日。

倒蒋战起，费用浩大，发行突增，至多突破8000万关，宣布停兑，纸币大毛，表现在津汇大涨，物价直升，协理贾继英建议迅由各分行处，交津三四百万元，缓缓收津，以压毛势，省行亦可获取大利。

※ 常紫书：《阎锡山垄断金融核心——山西省银行》。

第一次是从省银行成立到民国十九年（1930年）阎冯倒蒋战争失败。省银行成立初期，信誉尚未巩固，纸币的发行尚有一定控制，一元晋钞可以兑换一元白洋。据统计，

截至民国十七年底，10年期间共发行1300万元，平均每年不过130万元。从十八年起，为了准备发动大规模的倒蒋战争，便不顾人民死活，肆意滥印滥发。当时七十多万倒蒋军队的饷项，几乎全靠山西省银行的印钞机。至十九年十月底，纸币发行量猛增至一亿元（《中行月刊》第5期，民国十九年十一月）。面额有壹佰元、伍拾元、拾元、伍元、壹元、伍角、贰角、壹角等8种。

※ 山西省地方志编纂委员会编:《山西通志·金融志》，73页，中华书局，1991年4月第一版。

表4-2　　省银行纸币发行情况表

时间	发行额(万元)	资料来源
1917	6①	据魏建猷:《中国近代货币史》,200页,群联出版社,1955年版
1919	40	据常紫书提供
……	……	……
1928	900	据常紫书提供
1929	1300	据常紫书、省政协提供
1930	9600	据《中行月刊》

※ 编者根据资料整理。

自民国八年一月起至十九年十月底止，山西省银行先后发行流通于外之钞票为:

一角票	1272446.90元
二角票	2028239.00元
五角票	136406.50元
一元票	14650170.00元
五元票	6828700.00元
十元票	19223190.00元
五十元票	2796350.00元
一百元票	38900.00元
以上银元票合计为	47014409.40元;

又铜元票计:

十枚票	911364吊800文(每枚合十文,十枚即一百文)
二十枚票	1303673吊300文
五十枚票	230676吊

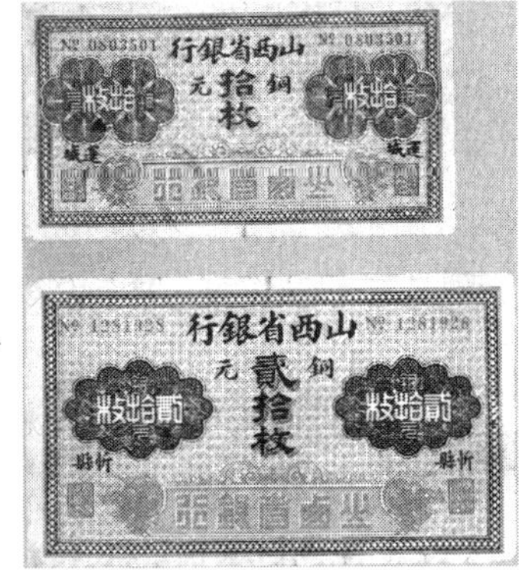

山西省银行的铜元券

① 1917年数为山西省银行前身山西省官钱局的纸币发行额。

一百枚票	687221 吊
三百枚票	25500 吊
五百枚票	800 吊
以上铜元票合计为	3159235 吊 100 文

按市价每四吊折合银洋一元，折合洋 789808.77 元；

十月底止，全省各分行所存者为 19049922.41 元，太原总行所存者为 27777538.61 元。

此外，阎氏锡山曾向该行先后提借巨款四次以充军费，共为二千三百五十余万元，其中除六百万为现款外，一千七百五十余万则全属钞票，合前计之发行数与各行现存数并称，殆达九千六百余万元之多。①

※《中行月刊》第五期，1930 年 11 月。

虎视眈眈的阎锡山，于 1930 年 3 月，以 70 万晋军的兵力，联合冯玉祥、李宗仁，号称"中华民国军"，由阎锡山任总司令，冯、李任副总司令。从 4 月开始对蒋介石的军队在东起山东，西至襄樊，南迄长沙绵延数千里中原地带展开决战，史称中原大战，也叫阎冯倒蒋战争。8 月，阎冯联合汪精卫在北平召开"中国国民党中央党部扩大会议"，9 月成立"国民政府"，推荐阎锡山为主席，汪、冯、李为委员，与蒋介石的南京政府相抗礼。此时，晋钞发行猛增至 7000 万元，随军跨省流通，并在北平、天津、上海、汉口、绥远等地设立办事机构。这样，区区山西纸币，一跃为全国金融界的货币热门，畅通北方，扬名全国，进入黄金时代。

※ 董良臣：《记"晋钞"与银号、钱庄行业的兴衰》，载《太原文史资料》第十一辑。

山西省编遣欠饷定期库券。1929 年，阎锡山发动晋军七十万，连续参加了几次大规模战争，军费开支直线上升，于是又省银行在战地发行"山西省编遣欠饷定期库券"，面额主要是五元券，大部分散落到战争地区。

中华民国陆海空军总司令部战时通用票。1930 年 3 月，阎锡山联合冯玉祥、李宗仁，号称"中华民国军"，由阎任总司令，在绵延数千里的中原地带展开决战（史称中原大混战），为军需筹措，又在战地发行了"中华民国陆海空军总司令部战时通用票"。面额有一角、一元等，用期很短。

※ 董治文：《民国时期的山西货币》，载《金融经济·钱币专辑》1987 年第 1 期。

山西省银行总管理处广告

本行兑券，奉阎总司令谕，自十九年一月二十五日开始兑现。当时因届春节，行务繁剧，暂假总商会地址兑付，以免拥挤；现在春节已过，行务较简，兹定于二月十日移回本行，自十日起至十五日止，每日上午九钟至十二钟办理营业，下午一钟至四钟兑现，

① 上文细数与合计数不符，原文如此。

十六日以后随时兑付。特此广告。

※《山西政报》，民国十九年二月十二日。

山西省银行总管理处广告

本行奉陆海空军付司令函开，查省钞兑现原为维持金融，而自实行兑现以来，奸商从中取巧，籍省钞之兑现，作渔利之途径。日来屡接省内外商家函电，请予取缔。奸商播弄金融，破坏兑现之函禀，多至数十余起，亟应暂行停止兑现；一面由省府迅速派员，会同总商会，定妥取缔奸商办法，后即行开兑。除饬告商民人等一体知照外，希即查照办理为要等因。奉此，敝行□函：自十九日起暂停兑现。特此广告。

※《山西政报》，民国十九年二月二十日。

阎锡山为了军事扩张，大量发行纸币。在山西境内，省银行纸币普遍流通。随着阎锡山势力的扩张，在平津冀察一带，也有大量的流通晋钞。计1929年底，山西省银行发出的晋钞总额，为一千三百万元。到1930年战争结束时，准备金依然如故，而晋钞发行额竟增加到7500余万元。

※ 山西省政协：《阎锡山统治山西罪恶史》上册，234～235页，1960年油印本。

1923年以前，发行不到500万元；1924年以后到1929年，发行额增到一千三百万元；1930年，突增到7000余万元。

※ 王尊光：《阎锡山的四银行号》，山西省文史馆，手抄件。

至晋钞发行额，以该行无公开报告，故无确实数目。有谓七千万者，有谓达一万一千万者。据该行总行任职之私人非正式之报告，谓自民国八年至十九年十月底，先后发行流通在外者，共达一万万元。据各方推测，至少在一万万元以上。

※ 郭荣生：《中国省地方银行概况》，国家第二档案馆（南京）档案，财政部卷。

晋省维持金融办法

山西省钞自前数日一再狂跌后，社会颇呈不安景象，每元现洋曾换钞票至三元三角以上。嗣经省府竭力维持，一面将沿街各小钱摊实行取缔，一面令各银行与各银号钞商实行合作，最近银洋见回落，每元由三元以上回至二元八九。官方连日协议，决定筹款办法数次，将来筹到之款，专供收回省钞之用。至收回之法，系暗中按行市收买，同时将官定最低价格，预计最低不得小于四折，连同按日兑现撤回之省钞，一并焚毁。以后所需军费，除请张副司令协络外，只得另想办法，不再向省行筹借。

※《银行周报》第十五卷第十三号，民国二十年四月十四日。

第三节 | 支持山西第二次工业化高潮[①]

一、筹措工业资本

阎匪官僚资本的积累，除接受满清时代为数很少的一些官办企业外，其官僚资本的正式建立，开始于1918年。当时山西境内流通的货币，绝大部分为制钱，铜元极少。阎锡山看到以铜元兑换制钱，一方面可以获厚利，一方面可防止制钱外流，于是开设了“铜元制造局”，共获利360万元，以后又向各县人民以征收地方款名义摊募140万元，共计500万元（银元）。这是阎锡山官僚企业的一项主要原始资本。1919年以“官督商办”的名义，将满清时代的一个钱局，改为“山西省银行”，1930年完全收归官僚资本银行。

※ 中共山西省委调查研究室：《山西省经济资料》第四册，15～16页，1963年。

阎的军火制造，原无整个计划，只是随势力扩充而扩充，工程一意从俭，建筑房屋只求三年不漏五年不塌。凡所设施，旨在巩固封建地位，绝无百年大计。其始以造铜元赢利和克扣军饷、截留国税为经费，惟财力有限，难以大干。阎常谓李蒙淑日“算盘底下有大洋”。亦常自与张作霖、段祺瑞比，谓张十元当一元花，段能一元当两元花，他则要一元当十元花……

1928年以前，每月预算不出三十万元，1928年以后，每月预算曾达六十万元，按晋、冀各二十五万，察、绥各五万分担。

※ 周维翰：《山西兵工史料》，载《山西文史资料》第九辑。

民国初年，南方各省制造铜元，获利甚大，阎锡山不失时机仿效。1918年（民国七年）在太原市龙王庙街成立“山西铜元局”，局长高步青（字云阶，山西代县人，清朝进士），收买民间制钱和杂铜，发行铜元。同年，又在太原市小北门外柏树院千寺（现胜利街山西机床厂厂址），成立“山西铜元厂”，厂长李蒙淑（字陶庵，山西定襄县人，留学英国），炼铜工程师郑恩三（留英学生）。建厂初期有职工80余名，其中从天津调来技工20名，本地童工60名，有专用设备冲床两台，每台上下各带压模一百个，分别生产十文和二十文两种铜元。这个厂内，还有一处早些时候成立的陆军修械所，由李蒙淑统管。把铜元厂与军工厂设置在一起，是一个独具匠心的安排，既出铜元，又修枪炮，一举两得，为后来军事用铜创造了极为有利的条件。铜元局与铜元厂都是山西最早出现的公

---

① 山西省工业化的第一次高潮是在19世纪末20世纪初山西巡抚胡聘之执政前后时期，第二次高潮是在民国初年到中原大战之前，第三次是在1932年阎锡山第二次上台后到1937年日本入侵前。

营造币机构，人称“财神庙”，用三个制钱改一枚十文铜元，发行后又顶十文制钱，除工本费外，获利三倍，铸造二十文铜元，获利更大。

……铜元生产进入高峰期，每日出品120万枚。到1923年，铜元已获利360万元。

※ 董良臣：《记“晋钞”与银号、钱庄行业的兴衰》，载《太原文史资料》第十一辑。

制钱铸铜元巧筹资金

建设与发展军事工业，当时需从国外购买机器和原材料，非巨资不可。阎锡山巧于筹谋，在成立军人工艺实习厂初期，即对左右亲信说：“有法（按：即指执掌法权）者有财也”；“钱者，劝也”。遂大量以省银行存储的制钱改铸铜元，之后即发行铜元，将收回的制钱当作铜料，源源供铸铜元使用。由于制钱3文即可改铸当20文制钱的铜元1枚，因之一改铸之后即为发展军事工业开辟了一大财源。……将军人工艺实习厂改为太原兵工厂时，全省社会上流通的制钱即已寥寥无几，铜元厂并于熔炼厂。我们过去算过这样一笔账：当年全省人口约计1000万之谱；以当年城乡生活水平，按每口人平均约需制钱500文的流通量计算，全省制钱的总流通量应有50亿文之谱。以制钱3文改铸当时20文制钱的铜元1枚的比值折算，可以铸铜元17亿枚，合制钱340亿文，币值即扩大5.8倍左右。当年主币银币与制钱的兑换率平均以银元一枚比制钱2000文计算（1923—1927年期间，兑换率约由1200文渐增至4000文制钱，但1923年前则为1000文至1200文制钱不等），所铸当20文制钱的铜元17亿枚（合制钱340亿文）即相当于1700万银元。而原流通的50亿文制钱，只不过相当于银元250万元。前后相比，一改铸之后，凭空即取得1400多万银元的一大笔资金，便大大充实了发展军事工业的资本。阎锡山对这笔如意算盘是没有忘怀的。

※ 高树帜[①]、赵筱三[②]：《民初至抗战前夕太原军事工业逸闻》，载《山西文史资料》第五十八辑。

太原源积成银号的前身，就是山西铜元兑换所。该所大约成立于1917—1918年之间。该所组织，纯系中国旧式商业行号的合伙形式，为私人集资，合伙经营，属于银钱铺行业。但其实质，大不同于一般，因该所自成立之日起，即为山西督军兼省长阎锡山的一个私人钱财经营金库。该所成立时，即由阎取几个堂名（旧社会代表家庭的一种代号），作为财东（即股东），由阎的表兄曲清斋代表股东负全责，该所业务，名义上是代兑山西铜元局所属的铜元铸造厂铸发的铜元，从中抽取提成（也可叫为手续费）。山西省铜元铸造厂就是山西兵工厂的前身。该铸造厂铸造发行的铜元，是为当时官方规定流通全国城乡的一种合法硬货币，有每个当10文和20文两种。在这种私取公利的独家经营方式下，兼以出放高利贷的经营，在几年的时间内使该所业务大增，“信誉”卓著，自然而迅速地成为太原市资本雄厚获利最大的有名钱铺。

① 高树帜，原壬申厂料品审核处司事，《山西工商日报》总编。解放后在山西商业厅工作。

② 赵筱三，原任太原西北制造厂会计，解放后任天津电机厂工程师，区政协委员，1984年病故。

铜元兑换所成立时，资方聘请了山西五台县人李鹏春、徐振渭（西川）为负责人。他二人都与阎有亲友关系。几年后该所业务随着山西形势的发展，大发其财，遂改名为山西军士钱洋兑换所，兼办一部分军队官兵的饷款，官私勾结，私借官威，其中生财奥妙，绝非外行所知，获利之厚，据任职该所的人称：白银飞来，雪花飘飘，积叠成堆。我少年时，常听乡里长者们说，铜元兑换所也好，军士钱洋兑换所也好，反正发的是官家的财，丝毫没有亏本的顾虑。如山西政府每月例发的军政费用，只要督军兼省长一批，交由该所代领转发，一过手就可把现洋换成纸币，既可收取若干补贴，又可在市面上放款收利。在这种情况下，当时人们所说的“白银如雪片飞来”，绝非虚语。如果想在该所当一名学徒，没有一些特殊的关系或可靠的内线与后台，那是万难办到的。在所里当上二三年小伙计（学徒），如果有点出息的话，顶上一二厘股（人力股），每三年一结账，最少也能分得现洋几千元，平日的食衣用除外，其获利之大，分红之多，是为太原市各行业界所少有，因而也就更为人们所羡慕。

铜元兑换所改为军士钱洋兑换所后，经理为阳曲人王汝贤，徐振渭、曲焕文副之。王汝贤其人，系太原钱行界老手，人能干，善经营，被军士钱洋兑换所聘请后，发挥所长，大显身手，每日放出钱行集市的现款，几乎可以左右市面的行情。徐振渭是一位保本、稳稳当当可靠的生意人，为人和善，经营小心谨慎，不求暴利，因而其一生都为阎的财产的一个管理人员。大约是在 1926 年前后，军士钱洋兑换所又改名为裕成银号，不久又改名为源积成银号，负责人如前。招牌虽改，业务随着山西的政局大的发展，资本的雄厚，获利的巨大，更为太原工商界所注目。人们的看法，并没有因为改为银号的招牌而不以特殊的眼光对待之。

按照太原当时银钱业收放现款的惯例，一般都是一日一算息（也有按月、年计息的），就是你今日放出若干，明日一结，本利算清。该号凭其资本雄厚，现金流通量大而广，每日将获利所得，装入每千元一袋的帆布口袋内，悉数存入地下金库不动，作为纯利收入。每到三年结帐分红时，每股竟能分得三四万元之巨，东家掌柜伙计皆大欢喜（当时晋北地方有句俗语“人家上万，无边无堰”。可见分得几万之富，称得起是当地的大财主了）。至于东家几股，每逢结帐时分得若干，外人就很少得知其详了。

据闻 1937 年前，阎在个人用款的开支方面，强调公私分清，以便广统其所属。因此有关大部分所谓的私人开支，诸如私人家用，建筑房舍，创办私立川至、进山中学的经费，以及逢年过节送给其所属军政大员的生活津贴或犒赏、补助，供给某些大学生读书等费用，用很一大部分统由源积成银号从资方所分得之现款中支付。听说在 1930 年前，每当过年（指春节）、过节（指端午、中秋）时，阎送给军政大员最多的为每人五千元，最少的为五百元。比如每年送给赵戴文老先生的，每次都在五千元，但老先生都是婉言谢绝，一文不受，以表其廉洁自守，以身作则。此事每为当时人们所称赞，绝非阎的其他军政高级人员所能比。

※ 阎树林：《太原源积成银号始末》，载《山西文史资料》第一〇六辑。

政府公布禁止携带现款出省办法

省政府为维持本省各县地方金融起见，制定《禁止携带现款出省办法》，公布施行。兹探登其公布原文及办法如下：

山西省政府公布。财字第三号。兹制定禁止携带现款出省办法公布之。此布。《禁止携带现款出省办法》：一、本办法为维持地方金融，禁止携带现款出省，违者遵照本办法处办。二、凡查获私运现款出省者，除将现款及运款人扣留，立即呈报省政府外，一面在省会应送公安局，在各县应送县政府，依照下列各项处罚之。（一）一百元以上至一千元者，罚百分之二十。（二）千元以上至三千元者，罚百分之四十。（三）三千元以上至一万元者，罚百分之六十。（四）一万元以上至五万元者，罚百分之八十。（五）五万元以上者得没收之。三、前条罚款以十分之三提赏原查获人，十分之七呈解财政厅另款存储。四、商民人等限于旅费及小工商之寄家费，于一百元之范围内得另开具理由，查明放行之。五、各宪警驻军稽查队及该税税卡，均负稽查责任，对于现款出省者，注明理由及现款数目，并于理由单上加盖各该局、所、队、卡验讫戳记，呈送省政府备查。六、本办法自公布日施行。

※《来复报》，1929年11月17日。

二、投资军工企业

山西兵工问题　兵工的起缘

洪宪帝制昙花一现，北洋余孽割据争雄，阎锡山为保持地盘，暗图扩军。然扩军则需武器，向国外购买，第一费钱，第二需通过北京政府，均有所忌。1917年阎出席北军都督团会议时，曾参观陆军部国产武器试射比赛，即兴自造军火之念，因见汉阳兵工厂所制枪炮颇精，特结实该厂总办刘庆恩……

是年……一方选派人员到汉阳兵工厂学习……

在成立军人公议实习厂的同时，督军设立了兵器委员会……

1920年成立军人工艺实习厂。

1924年还建立飞机厂，只装造过几架教练机。

※ 周继武：《山西兵工史料》，载《山西文史资料》第九辑，27页。

1920年（民国九年），阎锡山关闭三关（雁门门、娘子关、潼关），养精蓄锐。把陆军修械所与铜元厂合并，成立“山西军人工艺实习厂”，厂长李蒙淑。这是一个非常巧妙而又委婉的厂名，对外避开了火药味，掩人耳目；对内加紧军工生产，大量制造武器。与此同时，……，用这笔巨款买回许多成套的军工专用设备，将原来的车间扩展为机械、电汽、锻工、大炮机关枪分厂，成批生产手枪、步枪、机关枪、手榴弹和各种大炮。此时，阎锡山有钱有枪，还有一支相当数量的晋军，开始与其他军阀抗衡。

1926年（民国十五年），阎锡山抓住有利时机，招兵买马，扩军备战，指令“山西军人工艺实习厂”改名为“太原兵工厂”，从此，公开亮相，虎出龙城，发兵出关，在晋、绥、察等省占领了相当大的地盘。

※董良臣：《记“晋钞”与银号、钱庄行业的兴衰》，载《太原文史资料》第十一辑。

所谓“军人工艺实习厂”

阎锡山制造军火，是自1920年建立军人工艺实习厂开始的。该厂是由原山西陆军修械所改建的。地址在太原城北（现在的胜利街路北）清末机器局旧址。抗日战争前夕大门门楣正中“机器局”三字的竖匾仍在高悬。机器局遗有一幅木刻楹联，1922年仍在实习厂厂本部（即厂长办公处）正房门两侧悬挂，联文是：“为炉为炭妙旋转于掌上；秉均秉衡参造化于胸中”。阎锡山制造军火的思想萌发于1916年黎元洪继任北京政府大总统的初期。他在到北京晋见黎元洪后即对左右亲信说黎“望之不似人君”。继而于1917年出席在北京召开的督军团会议期间结识了汉阳兵工厂总办刘庆恩，即与刘达成了由汉阳兵工厂为山西培训军工技术人员的协议。大约同年，在督军署办公楼的房檐下相继悬挂了“勤远楼”三字的牌匾。1920年正式建立了军人工艺实习厂。阎锡山为了亲自指挥与控制军火制造，同年即于督军署成立了“兵器委员会”，由军人工艺实习厂总办、技正、分厂主任及高级军官数人组成，他亲自领导。初期他在一次兵器委员会议上说“武力为公道之后盾”；还说“我们制造兵器是对内（按：指国内）使用”，“先研究制造枪弹、炮弹”；还说“枪弹、炮弹打一发即少一发”。言外之意是，枪炮弹靠进口，来源远而价格高，补充太费钱，也难及时。因此该厂名为军人工艺实习厂，但一开始即从上海买来一套日产枪弹一万发的机器，大量制造枪弹。炮弹是1923年开始研究、制造的。这年先后又开始了步枪、机关枪、山炮和迫击炮的制造。机器设备是从德国进口。这年军火生产规模即急剧扩大。但对外仍挂的是军人工艺实习厂的牌子。直到1926—1927年，相继设厂制造三酸、无烟药、双用引信、黑药、压药，并扩大熔炼，大量铸造炸弹、拉雷、手榴弹以后，军人工艺实习厂已拥有21座制造工厂，军火工业基本上自成体系，军火生产规模可以与沈阳兵工厂、汉阳兵工厂鼎足而立于国内，职工已由100多人递增到12000多人，才将所谓军人工艺实习厂改名为“太原兵工厂”。

所谓“恺字炸药”的来历

山西轰动一时的发明——“恺字炸药”，是阎锡山以原“军人工艺实习厂”技正张恺的名字命名的。当年一般人也都认为是张恺的一大发明，但是实际并不如此。它原是军人工艺实习厂技术科长洪中的创举。洪原在汉阳兵工厂工作。1922年太原制造的枪弹，因屡屡发生膛内炸和出口炸的问题，一直解决不了。在兵工委员会议上阎锡山听到后，着即派员到汉阳兵工厂求教。军人工艺实习厂派员到汉阳兵工厂后，明里求教，暗中则遵照阎锡山的嘱咐，以甘言重璧为饵拉拢人才。洪中之后即来山西出任了军人工艺实习厂的技术科长，专门负责指导研制火药制造工艺，他以所掌握的制造炸药的新工艺制出了铝粉炸药。由于比原用自制的皮克林炸药质量较好，造价较低，深得阎锡山欢心和称赞。但此药投产并取代了皮克林之后不久，质量不太稳定，效力不太应验。1924年前半年阎锡山即派厂长李蒙淑偕同洪中去德国考察火药制造新法。当年李、洪回国后，

提出铝粉与皮克林药都已落后，先进而造价低的是硝胺炸药。阎锡山即着洪中研究试制此药。为时不久，洪中研制的硝胺炸药质量稳定，效应亦好。提到兵工委员会议后，阎锡山极为高兴，当即对洪中大加表扬。但是，“待人以君子，防人以小人”是阎锡山的座右铭（当时阎锡山卧榻一旁即有这样一幅对联）。他为了控制用料和造价，防止该厂以少报多，从中舞弊贪污，即让洪中估价包产。洪中以为制造此药的工艺舍己无人通晓，由此可以独享其高利，说“经过核算，每磅工料须八角钱才能承包”。阎锡山听到比皮克林造价降低一半左右，比铝粉药造价也降低不少，顿时眉开眼笑，频频点头。然而一转念就疑洪中渔利可能多，没即时批准由洪包产，会后移时又背过洪中着该厂出任技正不久的张恺试行仿制。张恺是毕业于日本帝国大学化学系的高材生，得到阎锡山的面命，不胜欣喜。他化工学理造诣颇深，富于钻研精神，经过精心反复分析实验，很快即仿制出质量和效应不亚于洪中研制的硝胺炸药。而当阎锡山让他包产时，他报价每磅尚不到三角钱。阎锡山喜出望外，遂即时批准由张恺按三角钱一磅包产，即将硝胺炸药命名为“恺字炸药”！盖亦寓有防止汉阳、沈阳等兵工厂起而仿制，致使自己不能后来居上独擅火药优势的意图。洪中眼见张恺趾高气扬地夺去了自己行将得到的专利，心气本已不平，加之自感受到冷遇，不久即愤愤离开山西，转往向他招手的沈阳兵工厂。所遗科长一职，阎锡山亦让张恺接任。张恺由此名重于当时。局外人认为“恺字炸药”即是张恺发明的，绝少知道发明人原来是洪中。

买“号外塞”炮图和带来的所谓“工程师”

军人工艺实习厂建立后，研制大炮多次，仅能仿制一种日式较落后的炮。1924—1925年间，在阎锡山催逼研制先进大炮的情况下，该厂通过曲曲折折的关系，在国外购买到一套名叫“号外塞”的炮图。购买时接受卖方条件以工程师名义高工资“聘”用了对方提出的一位英人瑞梯。但此人带来的“号外塞”图纸，经该厂检视，认为其结构及效应在世界上均仍是落后的，尚不如该厂当时仿制的日式炮先进。不仅白白被骗去了一笔买价，而且随此图纸而来的所谓“工程师”，竟也不懂制炮工艺。但是由于有约在先，而且中间又有多层关系，也不能立即辞退此人。后来就报由阎锡山批准，让此人到山西大学“教学”去了。

购买成套设备创建新火药厂受骗

张恺包产了“恺字炸药”，又升任了该厂技术科长，以受阎锡山信任，大卖力气。经他出谋，阎锡山即将军人工艺实习厂的酸厂、无烟药厂和黑药、压药等厂合并为火药厂，划归督军署直接领导，并让张恺充任了厂长。

张恺在火药厂任厂长后，锐意研究，改进工艺，挖掘生产潜力，很快提高了生产效率，扩大了产量，相继研制成一种“速燃无烟药”，投入生产。之后，由于火药厂的设备能量已满足不了日益扩大的枪弹生产用药的需要，张恺即向阎锡山提出了再建一座火药厂的建议。所持的理由是，当时火药厂制酸采用的“铅室法”在世界上已经落后了，不如“接触法”先进，也就是比“铅室法”制酸工序少，成本低，生产效率高。但是采用“接触法”必须更新设备。这样即不如再建一个火药厂，使老厂设备仍然生产，不致报废为好。阎锡山对此极为赞成，遂即让张恺兼任厂长，着手筹办。“新火药厂”由此开始招商设计、订购成套机器设备。

张恺通过私人关系，从德国招来一家所谓“厂商”（记不得名字了），提出了一套设计图纸，报经阎锡山批准，即由张恺负责，一面与该厂商签订了由该厂商承售机器设备并负责安装工程的总价值为100万银元的合同，一面即在原火药厂以北，濒涧河一带划地修建厂房。按照设计标准，新火药厂生产能力为一日夜生产无烟药2吨，接触法发烟硫酸10吨，硝酸3吨，酒精3吨，品脱2吨。当时，对于建立这样规模的在国内首屈一指的新法生产的火药厂，阎锡山由于正在野心勃勃地做囊括华北的打算，是踌躇满志，沾沾自喜的。因此每次兵工委员会议时，都要张恺向他报告筹办进展情况，并督责张恺加快建厂速度，巴不得这个厂立即建成投产。然而一年两年过后，所日夜盼望的新火药厂，除建立起了一些厂房、办公房和一座露天高架的技术建筑外，大部分机器设备，德国的承包厂商并未按合同订立时间运达天津交货。而在张恺连电催运时，这家所谓德国承包厂商忽然杳无音信，联系中断。之后据说这家工厂倒闭了，以致建厂工程不得不停顿下来。此时，张恺由于签订合同时未取得德国所谓厂商的可靠保证，签订合同后又已付出一笔巨款，无处追缴，无办法向阎锡山交代，随即溜之大吉，悄悄离开太原，不知去向。阎锡山得知受骗之后，找不到张恺，虽曾愤愤不平，然而当时晋军势力正向河北、察哈尔及平、津顺利扩张，不多时“倒蒋”战起，军务繁忙，阎锡山相继战败逃往大连，这办厂事也就不了了之了。直到抗日战争前夕，新火药厂徒有一些空壳，迄未建成。

昙花一现的制造飞机

军人工艺实习厂还有过一段制造飞机的经过。那是1924年，阎锡山让该厂试造飞机。该厂通过外籍工程技术人员的联系，聘请到两位德国工程师。一位名叫傅乐典，一位名叫佘来得（均是音译名字），一面设计图纸，一面购备器材，一面兴工，在该厂炮弹厂北面建筑厂房。对社会用的厂名是“汽车厂”。飞机的发动机和主要机件、仪表等，是从德国购买的。机翼、机舱是用木料和布料制作、装配。后来装制成一架双翼飞机，据说是教练机。由于两位德国工程师均不会驾驶，试飞时聘请英国一位名叫冯富鲁登的人驾驶。他在飞机场登机几次发动马达后，飞机起飞了，看去离地面很近，从升空到落地仅有几分钟时间，但总算是成功的。只是因进口发动机、仪表等主要机器部件价格过高，装配的工缴费（包括工程设计师的高工资在内）也太大，阎锡山认为“不合算”，正在踌躇是否继续制造的时候，凑巧傅乐典、佘来得与冯富鲁登三人因在阎锡山批给的一笔奖金如何分成时发生了争执和殴斗，合作成了问题。阎锡山得悉后，遂乘风转舵，停止了制造飞机，即利用设置起来的机器工具改变计划成仿造日式的三八机关枪了。

工人的苦难生活

军人工艺实习厂后期到太原兵工厂时期，均实行的是包工制工资。所谓包工，是由上而下，即由各生产厂的主任、工长、工人层层下包，先由主任总包，再由工长向主任分包，然后由工长分包给工人。这样层层下包，层层剥削后，包到工人身上时所得也就仅能维持本身低标准的生活了，是谈不到养家糊口的。到1932年改为“壬申制造厂”

后，工人实行了计时工资，每月不缺勤，一般工人所得仅有8元，也仅能维持本身生活。这是因为，当时一袋中等面粉售价2元5角，后来涨为3元，一般劳力每月平均以吃一袋半计算，即须花费3元多到4元多，加上副食，每月吃饭就差不多要花最少5元上下。当时厂方不发工作服，衣着全是自备；也不管住房，须自己租房居住；再除去洗澡、理发及零星费用而外，即毫不余裕。所以广大工人群众的生活是艰苦的：一般仅能米面调料糊口，谈不到吃什么多的副食蔬菜，上工穿得大多是破破烂烂；住的是自己租赁的低矮仅可聊避风雨的小茅屋；夜间照明点的是一盏没罩的小煤油灯。当时工人群众聚居的兵工东、西、南马路一带地域，看去俨然都是贫民窟，满眼凄惨景象。至于福利设施：厂内虽有一个大饭厅，内设中西餐两部，但一般工人群众是可望而无条件问津的。医药卫生方面，设有编制不满10人的一个医疗所，其中设所长兼医官1人，医生1人，助医2人及司药1人，医兵（即勤杂）数人。治疗工人群众的工伤，仅能作消毒、敷药，必要的简单手术和缝合、包扎等。由于机器多不装配安全部件，劳保用品一无所有，工伤甚至重工伤和死亡事故是时有发生的。例如：1924年炸药厂制造皮克林药当中，发生的一次大爆炸，一声巨响，在场的七名工人即血肉横飞，死于非命，令人触目惊心，惨不忍睹。从军人工艺实习厂开始，到太原兵工厂、壬申制造厂期间，试验炮弹、引信、拉雷和装配（当时属于完成车间）炮弹、炸弹、手掷弹时发生的多次爆炸事故中，即先后造成了许多职工四肢残缺、五官不全，甚至丧失生命的惨剧。由于厂内装卸火车仅有一台小型手摇齿轮起重机，也无安全部件，1934年夏天在一次卸车中一位装卸工人即被钢材砸断了双腿，十分凄惨。对于因工伤而丧失的工人亦仅发给棺殓费用而已。

※ 高树帜、赵筱三：《民初至抗战前夕太原军事工业逸闻》，载《山西文史资料》第五十八辑。

三、投资民用企业

省银行在大同经营“大同面粉公司”是从1931年开始的。原来大同有一“大通面粉公司”，于1913年成立，为山西成立面粉厂最早的一个，资本总额为白银十余万两。1925至1926年间，因遭阎、冯（玉祥）和晋奉（张作霖）战事滋扰，复经灾荒歉收，营业锐减，几至不能维持。同时又因向省银行贷款，无力偿还，遂于1931年11月由省银行接手承办，改名为“大同面粉公司”，资本定为十二万八千四百元，占地八十余亩。设备相当完善，计有净麦机二部、打麦机二部、潮麦绞龙机一部、四辊复式磨五盘，吸灰机、面皮机、缝包机、装包机、扇麦机各一部，职工三十余人，年产头等绿寿星和二等红寿星面粉六万余袋。

※ 王尊光、张青樾：《阎锡山对山西金融的控制与垄断》，载《山西文史资料》第十六辑。

太原的晋丰面粉厂、恒记造纸厂、电灯公司、晋生纺染厂、德记烟草公司、电灯面粉厂等，亦无多大投资，大致有一点往来造支而已，外县如新绛雍裕纱厂，临汾晋益面粉公司，阳泉保晋公司，大同面粉厂等投资亦无几，后来大同面粉厂成了官帐，不得已收为省行专营，成了省行的一个部分。

※ 常紫书1975年5月14日提供的材料：《阎锡山垄断金融核心——山西省银行历史及牵涉到的经济材料》。

代管大同面粉公司地契清册

炭场地	大同北门外陈家庄西	35.0亩
炭场地	大同北门外陈家庄东	33.0亩
土堂耕地	大同北门外陈家庄西	10.0亩
南沙沟滩地	大同北门外陈家庄西	18.0亩
	共	96亩
铺房院	大同北门外校场南顶头坐西向东	房院一所11间、马厩48道
铺房院	北关本公司占	原地20亩，后新建房

※ 中国人民银行山西省分行：《山西省银行房地契清册》，1954年7月3日。

1915年（民国四年），阎锡山在天镇县成立“普晋银矿公司”，提炼银矿；同年，又在大同口泉成立“裕晋煤矿公司”，开采煤炭，就让阎书康担任这两个公司的协理（经理是徐一清）。1919年（民国八年），“裕晋煤矿公司”与张树帜（晋北镇守使）开设的“义昌煤矿公司”合并，以矿区作股金100万元，与梁士诒股金200万元合营，成立“同宝煤矿公司”，任命阎书康、徐一清等为常务董事，同时委以开发山阴一带水利的重任，使阎书康获得许多钱财。

※ 山西文史委、定襄文史委合编：《阎锡山与家乡》，载《山西文史资料》第六十七辑。

阎锡山家族早期的商号

阎锡山之父阎昌春于前清光绪二十年（1894年）左右在河边村开设小杂货铺，并出了一些钱票。后来由于所发钱票过多，发生挤兑，杂货铺因此倒闭。阎父被迫变卖家产，以填补亏空。后至其友人曲长和借给他二百吊钱，才保留下几亩地和几间住房。1920年间，阎昌春在河边村先后开设庆春茂及庆春泉两家商号。阎家的堂名是“庆春堂”，所以这两家商场冠以“庆春”二字。庆春茂的资金为二千元，由曲和亭任经理，除经受绸缎、杂货外，并出钱票和经营高利贷。庆春泉的资金为三千元，由我叔父阎愈荣任经理，经售米、面、杂粮，亦出钱票，另设烧锅、粉房，造酒和制作粉条，并利用粉房的粉渣，烧锅的酒糟饲养猪牛出售。庆春泉于出钱票时，阎昌春曾暗地吩咐阎愈荣拒不兑现。某年腊月二十一日有一穷汉曲富禄，持五百文钱票一纸到庆春泉兑现，阎愈荣未允兑给，曲富禄愤怒之下，即在庆春泉门首以鞋底捶打那张不能兑现的钱票。阎昌春闻悉此事后，竟责问阎愈荣说：“河边村只有点穷人，你为何不兑给他？”因此，即将阎愈荣辞退。阎愈荣因按照财东的指示办事，竟被斥退，以致愤懑成疾，一年余即故去。庆春茂经理曲

和亭，后来也被阎昌春以曲的年纪大了，且以柜上应酬可恶人花钱过多一些为理由，加以辞退。但实际是因曲和亭在号中年久，报酬过高，故而被辞的。

山西五台县是个穷苦的地方，河边村也不例外。那时村里开设的几家商号，都是由财东自当家，为了节省开支，在柜上不另立伙食。阎昌春在河边村开设的庆春茂、庆春泉两家商号，共有店伙20余名，也随旧例，不立伙食。规定三年称一次小账，五年称一次大账，伙计、东家是按四、六分红，即身股四成，财股六成。凡未定生意股份者，在年终酌给津贴，最多亦不超过50元。伙友们讥讽说："我们河边村的买卖，是齐年三顿饭，早晨羊肉白菜饺子，中午猪肉韭菜包子，晚上是油茶月饼。"这就是说，"大年初一是饺子，五月端午节是包子，中秋节是油茶月饼"。这就是每年在店里吃的三次饭。这也可以说明那时阎家商号对待店伙的苛刻。

※ 阎子奉：《阎锡山家族经营的企业》，载《文史资料选集》第四十九期。

阎锡山从1911年当了都督以后，就注意经济工作，注意对金融的控制和垄断。他除了用公款兴办公营企业，与商民合营或用山西公款与商民合营兴办合营企业外，还以"庆春堂"（阎书堂的堂名）和"庆山堂"（阎锡山的堂名）的名义，先后在各地开设了许多私营企业。这些企业，如在太原龙王庙街成立的"源积成"，由庆山堂出资10万银元，做钱庄生意。在天津法租界32号路泰丰里成立的"亨记"银号，由庆山堂出资50万，从事金融业务，等等（曲宪南：《阎锡山官僚资本企业简介》，载《山西文史资料》第16辑）。通过这些企业，阎锡山获得了巨大的财富。

……

据佃户阎富义（阎补元之子）回忆，阎府500多亩土地，共生产三百四五十石粮食（每石300市斤）。所产粮食，大部分由"庆春泉"拉走做了商品粮……

……

阎书堂父子还先后在河边村开设了6座商号，人们称"六大字号"。通过巧取豪夺，榨取了许多利润。这六大字号分别为："庆春泉"、"庆春茂"、"思远源"、"营业公社"、"积厚长"、"协同兴"。

"庆春茂"，1916年成立。资金1000元（一说2000元），以后逐渐增加。经营绸缎、布匹和杂货，并出钱帖子，经营高利贷。1934年又经营大黄出口（原由天镇县"普晋银矿公司"收购矿区的大黄出口，后归庆春茂经营）。经理为曲宜咏（和亭），协理为曲瑶环（西池）。后来，阎书堂以曲宜咏年岁大，柜上应酬客人花钱过多为理由，将他辞退，改任曲惠付冶为经理。全店上下共十三四人。

"庆春泉"，1921年设立。资金为2000元，1926年增加为10000元。系粮行，经营磨面、酿酒、漏粉条、粜卖粮食等。店内又电磨2台，马车2辆，还喂养着生猪30多头，随时出售。此外，还出钱帖子。经理为阎愈荣（金海），协理为曲官祥。上下共30多人。后来，经理改为阎进文。店内所产白酒、粉条、面粉等，除供当地群众吃用外，大部分销往太原。

阎书堂为了节省开支，规定"庆春茂"和"庆春泉"不另立伙食。三年算一次小账，五年算一次大账，伙计、东家按四、六分配，即身股四成，财股六成。凡未顶生意股份者，年终酌情给以津贴，最多不超过50元。所以，伙计们讽刺说："我们河边村的买卖，是齐年三顿饭：清早羊肉白菜饺子，中午猪肉韭菜包子，晚上油茶月饼。"意思是说，店里大年初一给大家吃一顿饺子，五月端午给吃一顿包子，中秋节给吃一顿油茶月饼。从这里，足以看出阎家字号的苛刻。

"思远源"，1928年成立。意在饮水思源，不忘祖先的恩德。名义上财产为阎氏祠堂共有，实际上把持在阎书堂手里。经理为曲治心（小名基隆登），协理为王五隆。店内共有十余人，主要经营棉布、杂货、兼营洋货、电器、五金等。店址在河边村石沟街，即现在的河边一村村委会所在地。

"营业公社"，简称"营业社"（关于河边村营业公社成立的时间，曲宪南在《阎锡山官僚资本企业简介》中说，成立于1928年。但王尊光在《关于"阎锡山家族经营的企业"的几点意见》（《文史资料选辑》第53辑）中说："1929年春天，阎锡山在河边村设立行营办事处，我任行营政务组组长，随他办公，阎锡山曾计算如以10000元的资本，按复利法滚积，若干年后能积多少。经计算出40万元，按年利七分二厘计算，40年可滚积到1亿元。阎遂成立'山西省营业公社'，资本为40万元，他（指阎）出资20万元，向各县富户集资20万元……他的20万元，写在他和他的子侄和亲戚名下，并给他办公的梁汝舟、张之杰、刘笃恭和我每人名下写了5000元"。河边村营业公社到底成立于1928年，还是1929年，或者1929年以后，需要再做调查），资金9000元，经营棉布、杂货，零售批发兼顾。经理为曲治潭（乳名四隆富），协理为曲福治。董事长是曲清斋，董事为阎福斋（名锡祚，乳名隆祥，阎锡山的族兄）和阎长卿（阎六，阎锡山的姨夫。一说阎长卿为董事长），共有工作人员十数人。表面上看，营业社并不起眼，实际上却"腰粗气壮"，不仅在六大字号中首屈一指，就是在社会上，也占了十分重要的地位。当时，各地商号都印发钱帖子，"营业社"的钱帖子（上面印有阎书堂像）最为吃香。有一段时间，一块银元只能兑换"营业社"的九角五分钱帖子。

它的钱帖子所以值钱，其原因，不仅因为它的董事长曲清斋，董事阎长卿、阎福斋都是当地的头面人物，还因为阎锡山从太原回村后，大部分时间都消磨在这里，许多重要公事，诸如开凿"己巳渠"，修建同蒲铁路，成立山西省实物准备库，规划河边村的村政建设等等，都在这里与有关人员研究决定。……

……

"积厚长"以阎氏家族名义，成立于1929年。名义上是阎族共有，实际上由阎书堂一人支配，族人根本无权过问。店址设在阎氏祠堂。经理是曲鹤廉（乳名曲三毛），协理为曲隆虎，店内只有七八人。主要经营绸缎、棉布、杂货，以批发为主，柜台有少量零售。货物大多由火车、汽车免费拉运。它的主要经济收入在太原。

"协同兴"，1929年成立。为村民储蓄会所办，资本系村民入股，阎锡山入资金18000元。虽然属于集资，村民却没有任何权利，也不分红。经理为曲全治，协理为郭三柱，有工作人员十来个。主要经营布匹、日用杂货。由于地处村中，所经营的货物又

多为农民所必需，平时顾客比其它字号都多。

……

也因为如此，阎府获得了巨额利润。当初，“庆春茂”的资金只有一两千元，“庆春泉”的资金只有两三千元，太原“道生恒”和“庆和堂”的资金也不过两三千元，到1927年，根据阎锡山自报，上述四处股本，已达“35000余元”（《阎子明先生奉葬实录——哀思之部》）。经过20多年的经营，阎书堂由一个倾家荡产、流落他乡的人，变成了一个腰缠百万的富商大贾。……

阎书堂在河边村，除成立六大字号外，还在河边村及附近各地，先后设立了其它一些私人企业，或者在有关的企业里投放了大量资本，获得大量钱财。现分别介绍如下：

“源记”，地址在河边村，1916年设立。这是一个钱庄，是阎锡山的祖父阎青云当年在五台山开设的钱庄的继续。阎锡山发迹后，又将钱庄恢复，取名“源记”，为阎家的私人账房兼放高利贷。它先设在文昌堡旧居都督府外院，从业人员为阎氏家族和亲戚。经理为阎长卿，董事长为曲清斋，没有小伙计，只有一个管账先生叫薄九荣。传说阎锡山为了报答曲清斋从小对他的照顾之恩，专门给“源记”拨款100万元，让其二表兄从中得利。

曲清斋从中到底得了多少利，发了多大财，外人不得而知。但知1934年山西省铁路银号初成立时，所发的“期票”（铁路银号发给定期存款户在存款到期时，凭以提取的一种票证。这种“期票”是记名式的，可以在市面上转让），“源记”先后购买了90余万元。……

……

作为钱庄，“源记”确实为阎府及曲清斋等人赚了不少钱。作为阎锡山的私人账房，“源记”也起了很大的作用。据说，阎锡山在各地开设的商号越来越多以后，生怕各商号营私舞弊，便让曲清斋、阎长卿和阎福斋三人共同坐镇“源记”，专门稽核各商号的账目和盈亏，向阎锡山报告。凡是阎锡山的商号，不论设在天津、太原、忻州或者大同、河边，都必须在年终造具清册，由负责人亲自到“源记”分别向曲清斋等三人详细交代。曲清斋等三人一一仔细审查核对，常常三番五次寻找差错。各家经理在背后说：“每年过三关（指过这三个人的关），真头疼。”可见阎锡山对他的私人企业，何等费心，也可见“源记”为阎府的私产起了很好的“账房先生”的作用。

“庆春厚”，地址在忻州城内，庆春堂出资30000元，于1923年设立。经理为赵汝奎，做钱庄业务。1925年改称“聚丰泰”阎长卿负总责，赵汝奎任经理。出放高利贷，获利甚巨。1929年结束，迁至太原，改叫“川至涌”，继续经营钱庄生意。

“定襄县营业公社”，地址在定襄县城内。资本9000元，1928年成立。经营棉布、杂货。经理为高文治，协理为刘清福（宗闵，芳兰村人，刘隆和的二儿子）。1938年被日军掠夺。

“五台县营业公社”，地址在五台城。资本9000元，1928年成立。经营棉布、杂货。经理为刘成龙，协理为曲隆豹。1938年被日军掠夺。

"庆森茂木店"，地址在河边村，1934 年成立。由庆春泉、庆春茂、思远源、积厚长、协同兴五家合资经营，资本 10000 元。1938 年被日军掠夺。

此外，庆春泉、庆春茂、思远源、积厚长、协同兴、河边营业公社还和李鸿文、孔繁霨共同出资 16.5 万元，成立"营记火油公司"（地址在太原南市街），由阎进文任经理，秦希白任协理，包销苏联大华公司火油及英商利华日光皂。1937 年被日军掠夺，部分人员迁至昆明。

※ 山西文史委、定襄文史委合编：《阎锡山与家乡》，载《山西文史资料》第六十七辑。

在河边村成立源记的由来

阎家开设了十余家商号后，阎锡山惟恐各商号营私舞弊，遂在河边村成立"源记"，派曲清斋、阎福斋（阎的族兄）和阎长卿三人共同负责，专门稽核各商号的账目和盈亏，向阎锡山报告。因此，天津的亨记银号，太原的德生厚银号、原积成银号、营运汽车公司、斌记五金行、忻县的聚丰泰钱庄、大同的元丰粮店、河边村的营业公社、思远源、积厚长、协同典、庆春茂、庆春泉等十三家商号，都须于每年年终造具清册，由负责人亲到源记分别向曲清斋等三人详细地交代。曲清斋等三个老者，均各有一些经营管理买卖的本领，对各家抱来的清册，都一一仔细地核对，而且常是三番五次找寻差错，各家经理们背后说："每年过三关（指过这三位老人的关），真感到头痛。"只有斌记富余多，该号经理贾俊臣过三关比较容易。

此外阎锡山为了加强对他的家族企业的管理，又成立所谓的董事会，由曲宪治、樊象离、陈子壮等五六人组成，曲宪治为董事长。各商号的营业、盈余及分红等，均需向董事会报告，在得到核准后，方为有效。分红的成数，均按照"财股六成，身股四成"的原则办理。由此可见阎锡山在其家族企业上花费的心机，真是达到无以复加的地步。

※ 阎子奉：《阎锡山家族经营的企业》，载《文史资料选集》第四十九期。

营运汽车公司

1928 年间，阎锡山以两万元的资本，在太原设立了营运汽车公司，任阎进文为经理，经营由太原至侯马及太原至大同的客运长途汽车业务。此外，山西汽车管理处等单位购置汽车时，均由营运汽车公司代为购买，俾使从中取利。山西省所有汽车，过去一向是向安利洋行订购的英国的雪弗兰牌汽车。营运公司成立后，天津公懋洋行的推销员高敏时来到太原，推销该行经理的美国道济牌汽车。高敏时了解到阎进文与阎锡山关系密切，同时对于汽车业务毫无所知，乃竭力笼络阎进文，终于把道济牌汽车推销到山西并且夺取了雪弗兰牌汽车在山西的销路。高敏时因此也由推销员一跃而为公懋洋行太原分行的经理。

※ 阎子奉：《阎锡山家族经营的企业》，载《文史资料选集》第四十九期。

四、支持民间工业投资

徐一清先生说：我创办晋华等厂，主要的目的不是为了赚钱。如果单纯为了赚钱，那就办银行了，因为银行赚钱是最容易的。银行开张，银钱一出一入，都有收入，只要不发生意外的问题，银行总是赚钱的。我管了几年省银行，给行里赚了不少钱，但是作为一个地方银行，只是对公家有利，对山西地方上并没有起什么作用。

后来我看到上海、天津、武昌等地办的纱厂很有利，我就给人家（指阎锡山，下同。徐为阎之堂岳叔，私下一般不称他总司令或督军）提了个意见，说银行应该扶助地方办实业，以改变地方面貌。我说，山西除煤炭外，没有实业，山西产棉花，但山西人穿的布都是从外面买进来的。假如自己有纱厂，自己纺纱，把原料变成成品，就把加工费和利润留在山西了，就给山西增加一大笔财富，还能把一些农人变成工人和围绕工厂工作的人。山西现在主要依靠农业生产，但农业生产变化很小，就是那么些地，就是那么些人，天年好了多收一些，天年不好少收一些，办实业，要从农业上拉一些人，但不会影响农业生产。工业上的收入，是社会上净增加的收入，因此银行应该帮助地方办实业。这样，银行就对地方起到了实际作用了。人家问我：办实业既然有利，那银行为什么不自己办实业呢？我说：银行自己办实业，银行可有多少资本！还是老百姓比银行的钱多。我们要想办法，让老百姓看到办实业既有利又可靠，他们就会把箱子里的钱拿出来。这样，社会上的钱就多了。钱这种东西，放在箱子里就是死宝，在社会上流通，就变成活宝了。银行扶植实业，可以解除实业家的顾虑，实际上对双方都有利。实业困难时，银行可以帮助它，反过来工厂的钱有富余时，也可以存在银行得些利息，而银行只要存入的钱多，就可以大赚其钱。这样，银行和工厂就成了湖泊和江河的关系，互相沟通，互相有利，社会就繁荣起来了。人家听了觉得很有道理。

我又把这些想法对社会上一些知名人士谈了，这些人有政界的，也有商界的，大家都同意我的意见。于是我联合一些人，正式发出号召，筹办晋华纺织厂，很快就集起股子。晋华一厂投产后，利润很大，马上又办起了晋华二厂（现在的晋华是一二两厂合并而成的）。晋生工厂不久也成立了，晋恒造纸厂也筹备起来了。这样，山西的民间实业就蓬勃发展起来了。

※ 李兴杰[①]：《实业家徐一清与阎锡山》，载《山西文史资料》第五十八辑。

为晋恒造纸厂借款复工

徐一清先生也是晋恒造纸厂的董事长。董事长定决策，不负经营管理之责。晋恒造纸厂的厂址在太原大南门外（今迎泽公园及其附近），有一年汾河决口，把厂子给淹了，损失很大，复工遇到很大困难。徐一清先生谈到这件事时说：晋恒造纸厂被水淹了，经过和公家交涉，总算把城南的水放了。厂里的职工尽义务把机器也整理好了，但是缺乏

① 李兴杰，1903年1月14日生，曾任山西省电力建设局副局长。

流动资金，不能开工。那时山西省银行已经不给工厂放款了，曾静沂（字心庵，崞县人）经理非常着急，东奔西走却借不到款。最后没办法，找我求援。

我觉得事关重大，只得亲自到某银号去借款。我对某经理（银号和经理姓名失记）说：晋恒造纸厂已经整理好了，只因缺乏流动资金不能开工，它有那么多的财产，借几万块钱不会有什么问题，你借给它吧！某经理说：我们曾和经理没有多共过事，我们的本钱也不多，伙计们都说不敢冒这风险。我说：我保证没有风险。某经理说：你老敢保证，我们就借给你老好了。我说：你们敢借给我？某经理说：当然敢，你比晋恒造纸厂还可靠哩！我说：那么就以我的名义借上 10 万块钱，让晋恒造纸厂使用吧！

我办了借款手续，让他们打电话叫曾经理来提款。曾来了以后，我对他说：以我的名义给你们借下 10 万块钱，你们争取早日复工，还清借款，以后借款就不难了。曾说：一定，一定。

实际上只过了很短一段时间，晋恒造纸厂就把这笔钱还了。我一贯主张银行要扶助实业，就是解决这类问题。人家中国银行不是办得很好吗？可惜我们的山西省银行就办不到。

※ 李兴杰：《实业家徐一清与阎锡山》，载《山西文史资料》第五十八辑。

山西现代工业的成长

1914 年第一次世界大战爆发后，各帝国主义处于自顾不暇的境地，暂时放松了对中国的经济侵略，使中国工业的发展，处于比较有利的时期；同时由于正太路的通车，新的学校的创办，农村的破产，也为山西工业的发展创造了有利条件；无论交通、人才、劳动力的募集，都有利于工业的发展；特别是由于帝国主义商品大批输入，山西省每年要外流资金 2000 万元（银币）之多，也引起了山西朝野官僚士绅自办工业的动机。由于上述的诸种原因，造成了资金不得不由高利贷资本、商业资本向工业资本方向转化。这也就是这一时期到 1937 年抗日战争前，现代工业得到一定程度发展的客观原因。

在此期间，山西省的现代工业，属于民族资产阶级创办的有：1914 年建设的大同机器面粉公司，1915 年建设的晋城制针厂、太原平民工厂、蚕业工厂，1917 年建设的阳泉保晋高炉炼铁厂，第一次世界大战期间建立了新绛燮昌火柴公司、平遥金林火柴公司、大同华北第一毛织厂、太原华丽绒厂、平遥晋生面粉厂、榆次魏榆面粉厂、临汾晋益面粉公司、新绛毓华火柴公司、汾阳昆仑火柴公司、榆次晋华纺织厂、太原晋生织染厂、祁县益华染织、太原晋恒造纸厂、新绛大益成和永裕纺织厂、太谷同记电灯公司、大同义记电灯公司、榆次魏榆电气公司、临汾发电厂等等。大战结束后，在机械制造方面有太原的义聚、万成、义成，平遥的聚兴、临汾的晋兴等小型机器厂；采矿方面有大同晋北矿务局的建立。上述三十余个工业企业，投资总额约有 1200 万元银币。……

※ 郭忠、窦凯等：《山西现代工业六十年》，山西人民出版社，1959 年。

五、支持发展官办企业

银行资本与工商业资本的有机结合，互为作用，大大促进了整个官僚资本的发展。

民国元年（1912年）阎锡山首次上台时，山西官办工业企业，仅有一两个规模不大的机器局，官僚资本微不足道。……

省银行官僚资本的膨胀，意味着民族资本厄运的到来。宣统元年（1909年）汾阳县绅士刘笃敬，在省城创办了太原电灯公司，供太原市照明用电。这个公司开始只装有60千瓦直流发电机一部。民国九年（1920年）又从天津美国慎昌洋行赊购300千瓦发电机一部，把原60千瓦发电机拆卖作为定金，商定10个月分期付款。在新机器投入生产后，阎锡山见有利可图，便唆使他的军政机关用电不出电费，以致该公司无力偿还债务，美国洋行遂派人将电厂封闭。这时，阎锡山又指示省银行经理徐子澄、警务处长南佩兰，乘机将电厂接收，更名为新记电灯股份有限公司，从此，该电厂即变为官僚资本企业。大同面粉公司，原为河北人林某集股开设，因扩大基本建设（发电）投资多，向省银行借了一些钱，一时归还不了。省银行发出公告："如旧股东无人承担债务，就把公司收归省行所有。"这样，省银行就把它没收了。类此采取经济打击、金融投资、贷款控制、贬低和压价收买股票等办法，挤垮与吞并之民族工商业不计其数。据统计，太原市在二十三年倒闭歇业的商店达440余户；和顺城在二十四年有商号123家，较民国十九年以前减少三分之一；榆次城关在十七年有商号400余户，至二十六年仅剩下150余户。

※ 山西省地方志编纂委员会编：《山西通志·金融志》，77～78页，中华书局，1991年4月第一版。

清光绪三十年（1904年）八月，山西巡抚张曾敭修摺上奏，由本省绅商招集股本修筑同蒲铁路，次年七月光绪皇帝准奏。三十三年十月经邮传部核定，同意成立总办山西同蒲铁路有限公司。民国二年（1913年）九月袁世凯决定将各省官商合办、商办铁路一并收归国有，商办同蒲铁路并入同成铁路，在太原成立同成铁路北路工程局。五年八月，撤销同成铁路，归并陇海铁路管理。十七年，山西督军阎锡山向国民政府提出修筑同蒲铁路遭拒绝后，决定由本省修建。十九年阎锡山下野，筹建同浦铁路一事终止。

※ 山西省地方志编纂委员会编：《山西通志·铁路志》第二十二卷，597～598页，中华书局。

山西省营业公社系于1929年成立，是阎锡山在山西发展官僚资本商业的开始（在此以前，阎曾以他的家族名义开了几家商店，但非"公"营）。

※ 王尊光、张青樾：《阎锡山对山西金融的控制与垄断》，载《山西文史资料》第十六辑。

（二）发展时期（1920年—1931年）

一、山西督军（办）公署直辖企业

1. 山西省银行（前已介绍）。

大同面粉公司。公营，地址在大同，1931年山西省银行接办，资本十二万元，生产面粉，"七七事变"后为日寇掠夺。

2. 山西铜元局（前已介绍）。

军士钱洋兑换所（即铜元兑换所）。地址在太原龙王庙街，铜元局出资，1924年设立，发行铜元并做放款业务。经理为李蓬春，协理为徐振渭（两川），三掌柜为王文彦、曲焕文（灿卿），一年后李蓬春辞职，徐振滑升任经理，1926年撤销，改组为源积成银号。

3. 泉峰铁路：公营，大同口泉至张家峰轻便铁路。1921年设立，专赚同宝煤矿运费。

4. 军人工艺实习厂：公营，地址在太原北门外，1920年由山两陆军修械所扩建改组，制造兵器。总办为商震（起予，第一混成旅旅长）兼，1925年由黄国梁（少斋）任总办。厂长为李蒙淑。厂设三科：第一科（科长王嘉瑞）、第二科（科长洪中，1925年后为张恺）、第三科（科长郑永锡）。行政由贾应鼎办理。1927年改组为太原兵工厂，废除总办、厂长制，总办黄国梁、厂长李蒙淑均离职。新设六处：工务处（处长张书田，1930年为郭凤朝）、核计处（处长董登山）、检验处（处长张振成）、采运处（处长曹瑞芝。1929年为边廷淦）、验收处（处长裴宝棠）、稽查处（处长李守应）。1930年阎、冯倒蒋失败后，又将太原兵工厂改名为“晋绥军修械所”（所长郭凤朝，副所长董登山、曹焕文），1932年又改名为“壬申制造广”（厂长郭凤朝），由工务处长直接指挥生产。所属工厂如下：

①铜元厂，主任由王嘉瑞兼，后为贾珍，1926年停办。

②翻砂厂，主任先为李学业，后为令狐弼。

③焙炼厂，主任由郑永锡兼。

④电汽厂，主任为何启昌。

⑤炮厂，主任为张书田（子绅），1923年后为赵培基（温如）。

⑥枪厂，主任为刘笃恭、周维丰、阎树松。

⑦冲锋枪厂，主任先后为郭凤朝、郑子余、刘笃恭。1920年由学兵团实习厂改组。

⑧机械厂，主任为王殿鳌（机器厂与机关枪厂合并）。

⑨枪弹厂，主任先后为梁蓉斋、李应方、周维丰。

⑩炮弹厂，主任为赵甲荣、张志贞（子固）。

⑪水压机厂，主任为郭履中（蹈甫），1926年设立。

⑫双用引线厂，主任为姜富春（寿亭）。

⑬罐头厂，主任先后为郭桂山、侯镇藩（树屏），生产军用罐头。

⑭炸弹厂，主任为李开唐。

⑮铜壳厂，主任为郭履中，1926年并入水压机厂。

⑯无烟药厂，主任为邢公弼。

⑰炸药厂，主任为赵丽云。

⑱酸厂，主任为杨焕章。

⑲压药厂（黑药厂），主任为张子佩，1923年成立。

以上无烟药厂、炸药厂、酸厂，1927年并为山西火药厂，厂长为张恺（煦南），

1930年为曹焕文（明甫），1932年为连思孝（慕庐）。压药厂1927年并入火药厂。为该厂火工部。

⑳飞机厂，主任先后为王德安、孙子蔚，1924年成立，1926年停办。

㉑炼铜厂，主任为郭佩章。

5. 山西火药厂：厂长先后为张恺、曹焕文、连思孝，1926年11月成立，直属督军公署，1930年属晋绥军修械所，1932年改为壬中制造厂化学工厂，分制酸、无烟药、炸药三部，厂长为赵丽云。

6. 育才炼油厂：公营，厂址在左云县吴家窑（今怀仁县），1924年设立，投资四十五万元。以煤炭为原料提炼石油（低温干溜），因技术未过关而未出产品，1926年以后停办。1933年又派索文（彬如）试办，也无结果。经理为景钟麟，工程师聘请德国人胜义。1937年被日寇掠夺。

7. 育才机器厂：公营，地址在太原北门外，1926年设立，从事机器制造业，厂长为韩屏周（维桢）。

8. 育才炼钢厂：公营，地址在太原北门外，1926年设立。电炉炼钢，厂长是郑永锡，副厂长为董登山，主任唐之肃（敬亭）。

9. 斌记五金行：公营，地址在太原钟楼街，1926年设立，资本五十万元，经营进口钢材、五金、电料、机器等。总强为贾继英，协理为曲容静。

10. 山西军人煤矿：公营，地址在大同，1925年设立，采煤业。负责人为王庆祚。未出煤，1927年停办。

11. 井陉矿务局：1928年晋绥军占领平、津后接办，局长为王骧。矿址在河北省井陉县，矿务局设天津。1931年由奉军接办。

12. 晋北矿务局：公私合营，地址在大同，1928年接办，山西军人煤矿，资金一百五十万元。局长为梁上椿，经营采矿业。在天津、北平设有办事处，推销煤炭。

13. 晋记烟公司：公私合营，地址在太原，1930年由山西财政厅投入资金十万元与商股合营。经理边廷淦，纸烟制造业，1933年并入晋华卷烟厂。

二、山西省营业公社所属企业

阎锡山于1927年成立山西省营业公社，系集股性质，阎出资二十万元，各县富户认股二十万元，资本总额四十万元，每股五千元。规定十五年后开始还本，所得利润除发展工商业外，兴办卫生、文化等福利事业，定有章程。1928年股金收齐后，召开了股东大会（阎锡山的股金由他的子侄、亲戚和山西的几个高级官员顶名）。选出阎锡山、陈敬棠（村政处长）、樊象离（建设厅长）、王平（财政厅长）、王尊光（行营组长）、刘笃恭（行营组长）、徐一清（省银行总理）、曲宪治（阎的亲戚）、李振纪（崞县）、乔映奎（祁县）、渠晋三（祁县）、马兴朝（晋城）、王万邦（猗氏）等为董事，阎锡山为首席董事；梁汝舟（行营主任）为首席监察，赵效复、阎志武、梁敦厚为监察，秘书为亢荣庭。董事会设在太原新民北正街路北。

1. 晋丰面粉公司：地址在太原南门外东岗村，1929年接办，资本一百五十万元。机器制粉业，经理李振纪。1937 年被日寇掠夺。

2. 晋裕银号：地址在太原馒头巷，资本十万元，1929 年设立，经理为李振纪，副经理为郭景楼，1937 年转移到兰州。

3. 晋通花店：地址在榆次县，1929 年成立，资本三十万元。在临汾及河北石家庄设分店，收购和打包棉花业务，经理为胡 × ×，协理为段庆荣，1936 年为实物准备库接办。

4. 晋洪当：地址在洪洞县，1929 年成立。经营典当业，资本一万五千元，经理为贾兴枢。1937 年被日寇掠夺。

5. 晋平当：地址在平遥县，1929 年成立，资本一万五千元，经营典当业，经理为李 × ×。1937 年被日寇掠夺。

6. 晋忻当：地址在忻县，1929 年成立，资本一万五千元，经营典当业，经理为李太吉。1937 年被口寇掠夺。

7. 晋原当：地址在崞县原平镇，1929 年成立，资本一万五千元，经营典当业，经理为李万元。1937 年被日寇掠夺。

8. 晋益当：地址在大同，1929 年成立，资本四万五千元，经营典当业，总经理为安建章（卓甫），在大同城内南，北、西街设晋益当南记、北记、西记三处营业。1937 年被日寇掠夺，改称兴亚当，继续经营。

三、私营企业（庆春堂、庆山堂出资）

1. 庆春厚：地址在忻县城内，庆春堂出资金三万元，1923 年设立，经理为赵汝奎，做钱庄业务。1925 年改称聚丰泰，1929 年结束。

2. 川至涌：地址在太原通顺巷，1929 年忻县聚丰泰结束后迁来太原改变名称继续经营钱庄生意。庆春堂出资十万元，为阎锡山私立五台川至中学校基金，经理为赵汝奎，协理为张润（雨田），1931 年改为德生厚。

3. 源积成：地址在太原龙王庙街，庆山堂出资十万元，做钱庄生意。公营军士钱洋兑换所结束后，原班人员改由阎锡山私资经营，经理为徐振渭（西川），协理为王文彦、曲焕文（灿卿），1937 年迁移到成都。

4. 晋裕粮店：地址在太原，庆山堂出资十万元，营粮行生意，经理为李振纪（纲甫）。下设原平分店（经理刘忱），大同分店（经理李春美，大同分店 1932 年为源丰粮店接办）。为阎锡山且私立太原进山中学校基金，1937 年结束。

5. 德生厚：地址在太原通顺巷，川至涌于 1930 年结束，由庆山堂出资十万元改为德生厚，继续经营，经理为赵汝奎，协理为张润。1937 年转移到成都。

6. 富山水利公司：地址在山阴县，1910 年刘懋赏创办，1921 年庆山堂投入资本，经理先后为郭琅（贡三）、曲宪武。

7. 广裕水利公司：地址在朔县，情况与上述富山水利公司同，经理为张绍颜（德斋）。

8. 广裕水利公司第二支店：地址在朔县，情况与上述富山水利公司同，经理为苗绍

琴，后为赵存益。

以上三个水利公司，系阎锡山于 1921 年投资二万四千元与刘懋赏合营。阎任总办，先后担任代总办的有范儒煌、朱廷珍、康庚、曲容众。1933 年曲宪治任总办，代总办张绍颜兼广裕公司经理。

9. 道生恒参茸庄（前已介绍）："七七事变"后结束（日寇侵占时期，该号同人接原底经营，但与原股东无关）。

10. 庆春茂（前已介绍）。

11. 庆春泉（前已介绍）。

12. 源记（前已介绍）。

庆山堂出资捐赠地方及阎氏祠堂的企业如下：

13. 五台县营业公社：地址在五台县城内，资本九千元，1928 年成立，经营棉布、杂货，经理为刘成龙，协理为曲隆豹。1938 年被日寇掠夺。

14. 定襄县营业公社：地址在定襄县城内，资本九千元，1928 年成立，经营棉布、杂货，经理为高文治，协理为刘清福（宗闵）。1938 年被日寇掠夺。

15. 河边村营此公社：地址在五台县河边村，资本九千元，棉布、杂货业，1928 年成立，经理为曲治潭，协理曲福治。1938 年被日寇掠夺。

16. 思远源：地址在五台县河边村，资本九千元，1928 年成立，经营棉布、杂货，经理为吉隆登，协理王玉隆。财产为阐氏祠堂所有。1938 年被日寇掠夺。

17. 积厚长：地址在五台县河边村，资本九千元，经营棉布、杂货，1929 年成立，经理为曲合廉，协理曲隆虎。财产为阎氏祠堂所有。1938 年被日寇掠夺。

18. 协同兴：地址在五台县河边村，为村民储蓄会，资本系村民入股，阎入资金一万八千元。1929 年成立，经理为曲全治，协理郭三柱。1938 年被日寇掠夺。

19. 营运汽车公司：地址在太原新民北正街，1929 年设立，由五台县营业公社、河边村营业公社、庆春泉、思远源四家合资经营，资本一万元。汽车客、货运输兼售汽车零件，专跑太原至大同公路，经理为阎进文，协理曲植三。1938 年秋移往昆明。

20. 河边村劝业工厂：地址在五台县河边村，1929 年设立，系手工业织布、织毯工厂，资本一万六千元，庆山堂出资捐赠。负责人是阎尚恒，经理为王泽深。所得利润逐年扩充，曾从杭州招聘技工，购买织绸缎机器，织绸缎，产品质量优良，工人最多时达七百人。1936 年又投入资本五十万元，向日本三井洋行订购纱机一万锭，织机二百合。机器尚未到达，"七七事变"发生，财物全部损失。

21. 己巳渠管理所：地址在定襄县蒋村，1929 年成立，渠长是张宏亭。由庆山堂出资捐献，从定襄引滹沱河水至河边村，受益村庄有河边村、陈家营、青石村、芳兰镇、牛台村等七八个村庄。酌收水费，作维持员工开支及维修渠道之用。"七七事变"后因无人经营报废，解放后为忻定大渠。

※ 曲宪南：《阎锡山官僚资本企业简介》，载《山西文史资料》第十六辑。

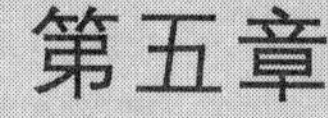

第五章

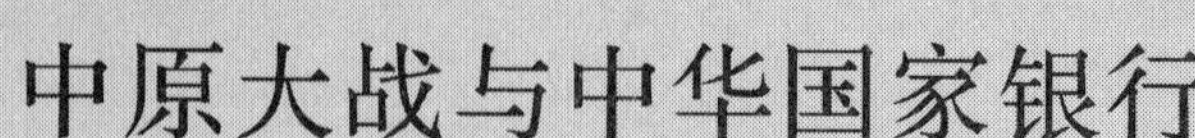

中原大战与中华国家银行

第一节 | 中华国家银行昙花一现

一、国家银行成立背景

我所知道的中华国家银行

该银行成立是在阎锡山当主席前一二个月，在北京成立，徐一清的总经理，范静山（字忠德）也了解。该银行垮台后，人员遣散，给了山西省银行二三十人。范后来在北京搞了乐器，做笙等，公私合营以后不知干了什么。卜以乔知道范静山的地址。

※ 郝建贵、孔祥毅：《二次访问米量轩同志的记录》，1975 年 6 月 30 日。

中华国家银行是阎锡山和汪精卫开“扩大会议”时定下来的，于出兵讨蒋时成立，初成立于北京，同时在太原还成立了银行学校。

※ 郝建贵①：《访问贾乙和记录》，1975 年 8 月 9 日。

1930 年，阎锡山进行倒蒋，和汪精卫等在北平搞起了“国民党扩大会议”，并成立了“国民政府”，随着成立了一个“国家银行”，用洋二十万元，购买西交民巷一号楼房一座，作为行址，任徐一清为总经理，齐圣五为协理，温相臣为业务主任，李生有为会计，大部分人员都是由山西省银行调去的，资本也是向山西省银行调用。另外，又由北平印刷局为“国家银行”印制了纸币五百万元。

※ 王尊光、张青樾：《阎锡山对山西金融的控制与垄断》，载《山西文史资料》第十六辑。

1930 年，阎、冯反蒋战事期间，他（徐一清）被任北京中华国家银行总经理，主办天

① 郝建贵，山西祁县人，青年时曾在北京晋商的钱庄当会计，解放后在人民银行山西省分行工作，高级经济师。1975 年开始研究山西金融史，是山西金融史专家。

津建设银行、北京晋煤公运局、天津大亨煤栈，以及银行会计学校、三余簿记学校等机 构。

※ 徐崇寿：《徐一清的一生》，载《山西文史资料》第五十八辑。

同时于1930年前后，还在天津设立了一个“天津建设银行”，由黄益臣任经理，王子寿任协理。成立不久，因倒蒋失败，阎遂将“国家银行”的资本调到天津，和“天津建设银行”的资本合并，设立了一个作为阎个人所有的“亨记银号”，由王子寿任经理，实际负责人为阎述仁（阎锡山的侄子）。另外还有李政敏（平遥人）、董德志（河南人）等做实际业务。“七七事变”后，阎述仁挟此资本到四川成都作了他私人经营买卖的本钱。

※ 王尊光、张青樾：《阎锡山对山西金融的控制与垄断》，载《山西文史资料》第十六辑。

晋省金融之现象

太原通信。流通本省钞票向有三种：一为省银行钞票，一为中国银行钞票，一为各县市商家私票。中国银行票在二年以前已大形衰落。现时该行在太原虽仍设有分行，仅为维持门面而已。各县市商家私票，发行甚滥，票面金额有高至数十元者，有低至制钱五文者，各家私票，易换银币一元，有须十余千者，有须六七千者，价格殊不一致，且此种私票，毫无保障，每移一县境即成废纸。故数年来各县人士所受此项私票之损失极巨。全省金融极其紊乱，为害不浅。去年民财两厅曾通令各县，勒令各商家将所发私票分三期收回销毁。现第三期已将届满，成绩亦尚可观，想在最近期内定可收回尽净。现时流行全省钞票，唯有省银行一家而已。省钞有银元钞票与铜元钞票两种，银钞最低金额为一角，最高金额为一百元，铜钞最低额为十枚，高者为百枚。在一年以前，省钞易银币一元，只找贴铜元数枚，汇费每千元平均为二三十元，铜币易银币一元，平均为三百六七十枚，铜钞易银币一元平均为四百枚上下。自去岁讨唐之役，阎离并赴郑督师后，太原奸商乃大做空盘，抬高汇费，播弄省钞价格跌至七折左右。一时全市顿呈恐慌状态。后阎由郑归来，力主兑现，市面始见平稳。自开兑后，前后不满十日，共兑出四五百万。当局因一般奸商尽将兑到之现洋，运往省外，收买钞票，再运省兑现，以图牟利，且有将现洋埋藏地下不复使用者，大失原来开兑本旨，因复毅然停止兑现。自此之后，省钞价格即未能恢复到一年前之旧状。洎至此次战事发生，省钞又复大跌，在一周前，省钞一元竟跌至五六角，市面一切货物均涨价数倍，大有民不聊生之势。省府遂令财厅、宪兵司令部等五机关，成立一汇额检查委员会，实行检查汇额，限制现洋出境，平准汇费。现汇额检查会规定汇费每千元为三百元。但一般奸商仍多阳奉阴违，不肯遵照规定实行，百货昂贵，仍有增无已。唯市面人心，较前已大见平静矣。银钞刻已无若何重大问题，所成为问题者唯铜钞耳。铜钞易银钞银币，前经财厅规定每元为四百枚，迄今实行数月之久，尚属顺利。刻下问题之症结，为铜钞零星找贴。盖本省历年铜币多于铜钞，在前月间财厅新印铜钞一百万，发省银行使用。近来市面铜钞骤多，铜币日渐减少。铜钞最低额为十枚，往往商店交易，因零星小数之找贴，彼此争持发生龃龉。此种现象，殆已遍及全省。省银行前曾将此等情形，呈报财厅。现财厅已制定铜钞找零办法三项，公布实行，籍资救济，亦可见本省钞法之毛荒矣。

附录找零办法如下：

——凡持本行铜元券一百枚以内，或银元券三角以内，来行调换现铜元者，皆一律以现铜元一十枚搭付。其余仍付以本行铜元券或银角券（如持十枚券一张来掉，完全付以现铜元，持二十枚来掉，付以半数，余类推）。——凡持本行铜元券一百枚以外或银元券三角以外，来行掉换现铜元者，皆一律以十分之一之现铜元搭付。但无论以银、铜元券若干易换，至多不得过现银元一百枚之搭付，其余仍付以铜元券或银元角券。——每日每人不得有二次以上之现银元掉换，如有二次以上之掉换者，得拒绝之。

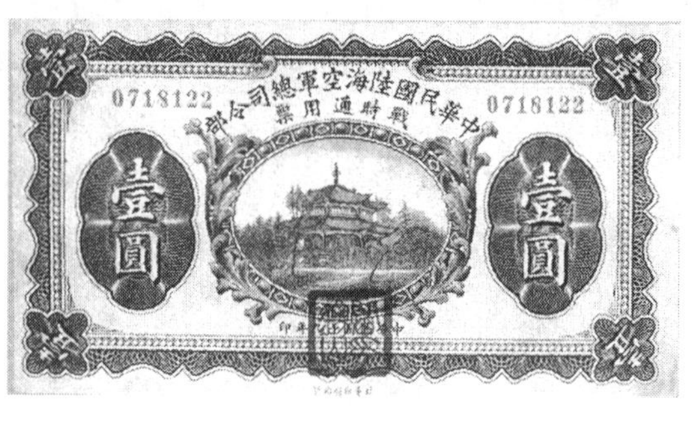

※《银行周报》第十四卷第24号，总第655号，民国十九年六月。

山西省银行广告

启者，本行奉陆海空军总司令阎快邮代电内开，太原山西省银行鉴：兹规定正太路自九月一日起，货车票价停收晋钞，不论大小站，一律改搭通用票三成；客票仍旧收受晋钞，并规定太原、榆次、阳泉、石庄四处，着由该行分行及派出所兑通用票，寿阳车站由该县商会代兑，以利货商。以上各处，应各准备通用票若干，希呈请拨发等因。奉此，已将战时通用票领到，分给太原、榆次、阳泉、石庄等分行、所存储备兑。各届如有交纳运费需用此项通用票者，统望驾临。兹开各分行、所，以现洋兑换通用票，不折不扣。特此布告。

※《山西政报》，民国十九年九月二十七日。

山西省政府布告
（民国十九年九月二十五日）

财字第四号

为布告事，本政府兹经谕令各商民人等，对于省钞一律行使，不准折扣等因在案。乃查市面风传将有折扣情事，显系奸人造谣，有意扰乱。除分令军警严密查拿外，合再重申：兹令布，仰商民人等照常营业，毋得听信谣言，自起纷扰，切切此布。

※《山西政报》，民国十九年九月二十七日。

山西省政府布告
（民国十九年九月二十六日）

秘字第一号

为布告事，现奉总司令阎迴上电开，据报太原市晋钞低落，仍因奸商从中播弄所致，

请严于查办等语。希彻底查究，并设法严惩数家以树风等因。奉此，除分电太原卫戍司令部、宪兵司令部、太原公安局、太原总商会、阳曲县政府彻底查究依法严惩外，合亟布，仰商民人等一体周知。此布。

※《山西政报》，民国十九年九月二十七日。

山西省政府布告
（民国十九年十月十九日）

财字第五号

案准中华国家银行函告　敬启者，本行于九月二十日，奉陆海空军总司令阎手谕，中华国家银行着即移设太原营业等因。奉此，遵即陆续迁移，经于本月三日，在鼓楼大街前中国银行旧址继续营业。惟为活动金融起见，仍本在北京发行兑换券之章程，以十足现金准备，就山西全省发行中华国家银行"北京"字样一角、二角、一元、五元、十元兑换券五种，除券样已迳（经）送各机关外，深恐晋垣商民人等有未周知用，特函请台察赐予布告，并通令尊辖所属一体知照等因。准此，除通令外，合行布告商民人等一体知照，切切此布。

附本行兑换券暂行章程

中华国家银行兑换券暂行章程
（中华民国十九年七月十八日陆海空军总司令部核准）

第一条　依《中华国家银行条例》第六条第一项第一款规定本银行有发行兑换券之特权。

第二条　本银行兑换券总额定为五千万元，用比例准备法以现金准备百分之八十，保证准备百分之二十，平均率分五期发行之。

前项分期办法定为第一期以足成现金准备。第二期以现金准备百分之九十，保证准备百分之一十。第三期以现金准备百分之八十，保证准备百分之二十。第四期以现金准备百分之七十，保证准备百分之三十。第五期以现金准备百分之六十，保证准备百分之四十，各分一千万元。

于前项总额外增发兑换券时，其现金准备不得少于百分之六十，保证准备不得多于百分之四十。

第三条　本银行兑换券于前条比例准备法限制发行外，依市面之状况，有增加兑换券之必要时，经国民政府之许可得用伸缩发行限制法，纯以保证准备发行之。

前项保证准备发行之兑换券其额数应由国民政府限定之。

第四条　本银行之兑换券分一角、二角、五角、一元、五元、十元、五十元、一百元八种，其各种发行数额呈由国民政府核定。

第五条　本银行兑换券于左列各款用途通用之：

一　完纳国内一切赋税；

二　购买中国铁路、轮船、邮政、航空等累并交纳电报费；

三　发放官俸军饷；

四　一切公款出纳，商民交易。

第六条　本银行兑换券应照券内所印地名之总分支行随时兑现。

第七条　本银行兑换券如有拒不收受或折扣贴水情事从严取缔。

第八条　伪造或涂改本银行兑换券应送由司法官署依法处办。

第九条　本银行兑换券因周行过久有污染损裂致不能辨认或周行时，应由总分支行随时验明注销之。

第十条　本银行兑换券之制造、销毁或收回应呈国民政府核准备案。

第十一条　本银行兑换券之发行额及准备金，由编制出纳日记帐及每周平均额表，呈报国民政府查核，每周平均额表并送登《政府公报》公布之。

第十二条　本章程自呈经国民政府核准后实行。

※《山西政报》，民国十九年十月二十日。

中华民国金库条例

中华民国十九年七月十八日，陆海空军总司令公布。

第一条　金库掌国库之现金保管并出纳事项。

第二条　金库分左列三种

一　总金库

二　分金库

三　支金库

第三条　总金库设于国民政府所在地，分金库及支金库，分设于各适当地方，各金库所管之出纳区域，由国民政府定之。

第四条　总金库总辖各地方之金库，分金库总辖所属之支金库，其未设分金库地方之支金库，由总金库直辖之。

第五条　总金库、分金库、支金库依中华国家银行条例第六条第一项第二项之规定委任中华国家银行经理之。

第六条　中华国家银行得酌量情形委任其他银行或添设办事处办理分金库支金库事务，但需经国民政府核准。

第七条　中华国家银行经理总金库分金库支金库之现金保管及出纳事项对于国民政府须负完全责任。

第八条　自各金库成立之日起，所有国库岁出岁入，统入全库收纳支付，但以法律或契约别有规定者，不在此限。

第九条　中华国家银行应将金库款项与营业资本分别储存之。但经国民政府核准得以金库款项之一部移作存款。

第十条　国民政府应随时派员检查金库之金柜及帐簿，于必要时并得检查中华国家银行总分支行之金柜及帐簿。

第十一条　金库应设之帐簿种类及出纳细则并金库检查规程另定之。

第十二条　本条例自公布之日实施。

※《山西政报》，民国十九年十月二十日。

正太路收用国家银行钞票，如无该行钞票准以现洋代替。

中华国家银行自移设太原以来，所发行北京字样一角、二角、一元、五元、十元钞票，俱十足现金准备，随时在太原兑现。目前总部已通令晋察绥各省政府分别布告，并饬所属一律通用在案。昨（十三）日阎总司令致该行快邮代电，原文如左：

太原中华国家银行鉴：兹规定自本月十五日起，正太路客车票价该收该行钞票，如乘客无该行钞票者，准以现洋代替，除令知正太路局，将所收该行钞票随时运往该行兑现外，仰即遵照为要，阎元（十三口）经印。

※《山西政报》，民国十九年十月十六日。

山右社讯：正太路局自改收现洋后，反以晋钞找乘客之零数，实属不公之至。阎为免除乘客吃亏起见，昨日致电正太路局，嗣后找零用国家银行角票，不得再用晋钞。兹将原电录左：

石庄正太路局鉴：据商人报称，该路车票自改收现洋后，应找乘客之零数，以晋钞角票找之，以致乘客吃亏甚大，群情愤怒等情。如果属实，殊欠公允，希速向国家银行多兑换角票，分发各站，准备与乘客找用，不得再有前项情事为要。阎效（十九日）印。

※《山西政报》，民国十九年十月二十二日。

二、银行学校

民国十九年夏，阎锡山成立银行学校，为中华国家银行培养干部，每县选送五人，由店员子弟中选送。当时一百零五县来了五百多人，录取了一百零九人，民国二十年七月结束，校长徐一清，校址在龙王庙街。我被录取上了银行学校。

阎冯倒蒋失败后，阎的中华国家银行由北京撤回太原，有些人到了银校，当了我们的老师，据说中华国家银行的会计主任是齐圣午，总务主任是刘耀黎。筹备中华国家银行时，山西省银行去了一批人。中华国家银行行长就是山西省银行的总经理徐一清。中华国家银行撤回后，有些人由省行安排了工作。

※ 孔祥毅、张滌非：《访问李一平①记述》，1975年10月11日。

在筹建中华国家银行的过程中，为了给该行培养骨干力量，还在太原成立了银行学校。第一批招收学员100名，未等银行学校第一批学员毕业，中华国家银行已随着倒蒋战争的失败而濒于垮台。

※ 山西省地方志编纂委员会编：《山西通志·金融志》，中华书局，1991年4月第一版。

① 李一平，又名李秉泉，就读于中华国家银行学校，旧山西省银行职员阎锡山发动十二月政变时，1939年任山西省银行上党办事处负责人，解放后在中国人民银行咸阳市支行工作。

忘了年份，徐一清任名誉校长，在太原万字巷成立“三余簿记夜校”（指公余、业余、学余），郭丰亭、张邦彦任教，还聘了省行以外的教员，人民银行的胡景沄在校学习过。

※ 常紫书1975年5月14日提供的材料：《阎锡山垄断金融核心——山西省银行历史及牵涉到的经济材料》。

三、国家银行迁往北京

阎锡山“九九”登基

……虽然那些府委有半数以上尚未到达北平，但由于需要急迫，汪、阎及谢持三人，乃于九月九日上午九时，在中南海怀仁堂先行宣誓就职，摆开档口。

九月九日这个日子，是阎锡山特意选定的。他为什么要这样“择吉”呢？说起来颇为有趣。

阎锡山要定于九月九日，就其“国民政府”主席之大位，据说是因为“九九”谐音“久久”，他要取个好意头，使他的“国民政府”久久长长，也使他那个主席之位坐得久久长长，他还准备定这一天为“九九纪念日”。如此开府，真堪一笑。

※ 陈少校：《阎锡山之兴灭》，99～100页，香港致诚出版社，1972年5月版。

阎锡山为了扩展地盘，实现其统治全国之目的，下决心要发动一场倒蒋战争，山西省银行即是其强有力的经济后盾。他创办庞大的军火工厂，从国外进口机器设备，派人出国学习技术，由省银行提供外汇；生产资金不足，由银行借贷或透支；军饷也由省银行筹措。在倒蒋战争开始前，阎锡山又决定，从山西省银行抽调一批得力人员，组成中华国家银行，由省银行经理徐一清兼任行长，地址从太原迁到北京，制定了各种章程规则，印制了加有“北京”字样的拾元、伍元、壹元、贰角、壹角5种兑换券，与现洋等价行使。

※ 山西省地方志编纂委员会编：《山西通志·金融志》，76页，中华书局，1991年4月第一版。

阎冯倒蒋时的中华国家银行纸币

但远水不解近渴，乃由山西省银行抽调大批得力人员，在北京成立中华国家银行，由徐一清任行长。7月18日由阎锡山的陆海空军总司令部核准公布了《中华国家银行条例》、《国家金库条例》和《中华国家银行兑换券暂行章程》等有关条例法令，规定国家总、分、支金库由中华国家银行经理。规定中华国家银行发行一元、五元、十元、五十元、一百元和一角、二角、五角等八种兑换券，按面额与现洋等价流通。

※《山西政报》，民国十九年十月二十日。

倒蒋战起，派一部分人到北京筹备国家银行，主要人员是阎效武（字述仁，五台人，阎匪侄子，省金库员出身），不久战败，国家银行亦未开业，阎效武带一部分人员到天津开设了亨记银号，是阎匪的私资，聘省分行文书股长王会仁作了傀儡经理，他充经理，先是27年许艺圃告辞，领了王靖国71师全体官兵的本钱，开设了仁发公银号（在太原），拉走了两个经理崔向卿（太原县人）、武润泉（文水人），都是北路分行经理，记不来何处，还拉走了上海行员张笑天（阳曲人），阎效武拉走了省分行营业员李子聪（平遥人）等。

※ 常紫书1975年5月14日提供的材料：《阎锡山垄断金融核心——山西省银行历史及牵涉到的经济材料》。

1930年的中原大战，受阎锡山指挥的晋军和杂牌军有120万人，以晋钞支付费用，发行额已超过一亿元。这个数字远远没有达到战争的需要，于是在战地又发行“中华民国陆海空军总司令部战时通用票”，面额为一元和一角券。阎又以半壁江山自居，在北平成立了“中华国家银行”，印刷纸币500万元（因局势不利没有发行）。按照纸币的流通规律，晋钞的单位所代表的金量已经大幅度减少，其贬值危在旦夕。同年8月，以阎锡山为首的北平国民政府和以蒋介石为首的南京国民政府处于龙虎相争的紧张局势。蒋介石拉拢张学良，以调停为名，突然占领了平津两市，11月，阎冯军宣布失败。

※ 董良臣：《记“晋钞”与银号、钱庄行业的兴衰》，载《太原文史资料》第十一辑。

四、国家银行覆灭

陆海空军总司令阎令开：为饬事案，据中华国家银行呈，以该行于九月二十日，奉令移设太原营业，遂即陆续迁移，经于本月三日在鼓楼大街前中国银行旧址继续营业，并呈报在案。惟为活动金融起见，拟仍在北京发行兑换券，以十足现金准备，就山西省发行中华国家银行北京字样一角、二角、一元、五元、十元兑换券五种，除券样已经送各机关并函报省政府外，深恐商民人等有未周知，理合呈请鉴核，赐予布告，并令所属一体知照实为公便等情。查该行奉令移晋营业，准备十足现金，信用昭著，所有发行之各种兑换券，自应由各省政府，剀切布告商民人等，完粮纳税，买卖交易，一律通用。倘有拒不收受情事，从严取缔，以资流通，而巩固金融。除转令并分行外，合亟令仰遵照，并通饬所属一体遵照办理为要等因；奉此，除布告外，合亟令仰该厅遵照，并转饬所属一体遵照，切切此令等因。奉此，除分行外，合行布告商民人等，一体遵照通用。特此布告。

※《山西政报》，民国十九年十月十日。

为了保证这些“纸蝴蝶”的信用，开始时曾在票面打有地名戳记，借以迷惑人心。然而这一国家银证刚刚摆好档口，9月18日张学良通电入关，20日阎锡山就“手谕”国家银行“着即移设太原营业”，10月3日中华国家银行在太原市鼓楼街中国银行地址挂出了破牌。但为了强制推行这种毫无准备的"国家纸票"，阎以陆海空军总司令部名义通令晋冀察绥各省政府，国家银行所发印有"北京"字样的钞票一律通用。

※《山西政报》，民国十九年十月二十日。

维持晋钞具体办法
决定传见各行谘询意见
决定成立整理委员会

山右社讯：闻晋钞跌价以来，各方人士，无不急筹维持之法。闻阎总司令在石时，曾一面电省筹划，一面在石指定十数人，研究办法。开会数次，讨论结果分为稳定社会交易、提高省钞价格及符合财政收支三大问题，分案办理，均有结果。前日返并后，除责令省行设法维持外，并为慎重起见，决定分期传见各商行，谘询意见，闻将成立整理委员会，确实进行。故两日以来，汇水由一百七八十元，已减至一百二十元云。

※《山西政报》，民国十九年十月二十日。

整理金融委员会正式成立
连日开会研究具体办法
阎总司令亲自出席参加

山右社特讯：阎总司令返并后，即着手积极整理晋钞，并拟成立整理金融委员会各节，已志前报。兹闻整理金融委员会，已于前日正式成立，即于是日下午五时，在省政府召开第一次会议，阎亲自出席，委员计有商震、孟元文、徐一清等三十余人。席间对各项问题，均有详密讨论。昨日（二十日）下午五时，继续开会研究，阎仍出席。闻具体办法，再经数度会议，即可决定云。

※《山西政报》，民国十九年十月二十三日。

阎锡山的世电原文

各县长并转商会均鉴：

今日山西商民之最痛苦者，莫如省钞之不能兑现，价格低落，商民财产暗受损失。本总司令焦急无已。前在石庄曾指派专员，切实研究，认为欲维持省钞须分两项办法。第一，根本上须使省行垫款有着；第二，现时需有增高价格办法，始能有效。但事先须切实查清省行底细，以作维持之计。故本总司令回省以来，即令省府维持金融委员会，迭次开会研究，一面并令省府于接收省行之际，会同各机关彻底清查。现据清查结果，省行发行纸币仅四千七百八十万元，而该行营业毫无亏损，只以垫借北伐军费二千四百万元、此次讨蒋军费二千万元，以致不能兑现。除北伐军费借款业以整理金融公债二千四百万元作抵，已有着落外，欲求省钞稳固，亟应将此次讨蒋军费二千万元妥定归还办法。当即开会议决，指定整理金融公债基金余款，及正太路火车货捐、杀虎口关税作抵，分八年本息清偿。查金融公债基金余款，每年有二百万元；正太路火车货捐，每年收一百二十万元；杀虎口关税，年收六十万元，三宗共三百八十万元。以之偿还此项借款，则省行纸币底垫，即完全有着。至于目前提高省钞价格办法，均经议定：（一）清理省

县官产，卖收省钞。然后将卖入之省钞，一律销毁，此项办法人民以省钞买成不动产，当无何等顾虑。（二）兴修同蒲铁路，招收省钞股本。在铁路未赚钱以前，公家付年息现洋八厘作保息，此项办法公家虽略有损失，在人民方面，有八厘现洋保息，当乐于应募。（三）募集省钞股本，大开晋省煤矿。晋省煤矿，价值无量，以省钞取得开采权，岂止不虑亏折，且有大利存焉。此外，省银行收归公办，每年所得纯利亦决定完全作为收回省钞之用。如此办理，则省钞底款有着，而用途又增，只此四千七百余万元省钞，在省内外周行，尤虑不足应用，价格不至低落。惟实力上之维持在政府，信仰上之维持则在人民。省钞乃晋人命脉，我晋人之财产惟恃此。省钞低落一分，我晋人之财产即减少一分；省钞落至五成，我晋人之财产即损失二千余万元。应如何提倡互信，防止低落，仰各该县商会召集会议，妥定办法，本总司令有厚望焉。至虑公债，一时不易卖出，又由省政府以基金每年至少收回晋钞一千余万元，至多五年之内，亦可收清。阎锡山世（三十一日）印。

※《山西政报》，民国十九年十一月二日。

阎昨召开维持省钞谈话会

山右社讯：昨日（一日）下午五钟，阎总司令在总部大自省堂召集本市商会会长，及各商行代表，各县商会代表等五十余人，举行谈话会。商震主席、徐一清经理等也列席。阎当场说明维持省钞办法，内分三点：一、省钞现在情形，二、维持办法，三、希望于大家的（讲词甚长容后发表），次征求大众意见，各县商会代表均以易晋钞行市为现洋行市，不甚妥当，恳请设法提高省钞价格，阎答此系总商会所要求者，公家无成见，究应如何，望大家悉心研究，以便采纳，各代表又以驻军与商人，时因找零，发生纠葛，亦请设法，阎允将困难情形，速用书面禀明，送部核办云云。

※《山西政报》，民国十九年十一月二日。

维持省钞有三项要义。（一）须知省银行现状。谓彻底清查结果，省行发行纸币仅四千七百余万，现在两千四百万已有着落（详见世电）。去年省行兑现时，省钞有三千二百余万，随后有收有出，政府决不哄人。不妨你们大家亲试调查，大家清楚这种情形后就容易维持办理。（二）维持省钞办法。就是指定公债余金、火车捐及杀虎关税，以偿还此次战争军费二千万元，则省行纸币底款，即完全有着。至提高省钞价格，议定清查省县官产，卖收省钞；兴修同蒲铁路，招收省钞，募集省钞股本；开发晋省煤矿；省银行归公办，所得纯利，亦作收晋钞之用。至是，省钞底款有着，用途增广，且嫌不足应用，何用虑及价格低落（按：阎谈此项办法时，反复剀切的谈论，不外其所发之世电详细要旨，请参阅前载之世电）。（三）希望于大家者。要有心理上认清和改革，不要糊涂一气。须知实力上之维持乃在政府，信仰上之维持则在全省人民。希望大家回去和县长商议，妥定办法。除此三项外，并言及国家银行发行纸币一百万元，在各地流通使用，不兑现，其准备金借给各县殷实商号。此法我（阎自称）想最好，因拿一元钱，就顶两元钱使用，并且借贷之外，还以八厘生息。无论政府及执政者或倒或来，全无影响虑及，因人民拿借钱（指准备金），还怕他怎么？至于省钞低落，你们大家既受困难，我（阎自称）亦不能不感受困苦。前在石庄时，甚至在山东时，时常计及此事。要想完善办法，现在最好的办法，就是所发之世电。除世电以外，还有什么好办法，提议出来，共同讨论，恐上面对于下情，有隔阂的地方。随即忻县商会长杨世恩发言，继起提议者有平遥商会长范椿年、榆次商会长及太谷等县代表，大致皆谓：以后买卖交易，不宜以现金为标准，以致找零兑换，常发生纠纷；如是省钞，更不堪设想。议论纷纭，莫衷一是。后阎谓：你们今早不是在商会议决办法吗？总之，无论以现洋或不以现洋为单位，全是听大家讨论，前太原总商会议决以现洋为单位，是你们自决的，还是请你们回去再到总商会，另行开会，议出办法后，再来核办云云。

※《阎锡山在"维持省钞谈话会"上之讲话》，载《山西政报》，民国十九年十一月六日。

在阎锡山中华国家银行体系中，还有个投资银行，即在成立国家银行的同时，拨款一百万元，由山西省银行北京分行经理王子寿负责，在天津组成建设银行，聘天津金融界素著声誉的金融老手、平定人黄益臣为经理，该行于9月1日开张，9月18日即行垮台。阎令将资本金一百万元送给汪精卫五十万元，为汪出洋费用，其余资金转入地下，在法租界丰泰里开设亨记银号，成为私资银行。

※ 阎子奉：《阎锡山家族经营的企业》，载《文史资料选辑》第四十九辑。

民国十九年（1930年）九月二十日，中华国家银行奉阎令迁回太原，在鼓楼街原中国银行旧址继续营业。阎锡山高喊"中华国家银行信誉昭著"，所发兑换券"以十足现金准备"等等，但时隔不久，煊赫一时的中华国家银行便销声匿迹了。

※ 山西省地方志编纂委员会编：《山西通志·金融志》，中华书局，1991年4月第一版。

中华银行兑换券。1930年，阎锡山、冯玉祥、李宗仁、汪精卫在北平组成国民政府，阎为主席，成立"中华国家银行"，行长徐一清，山西人担任大部分要职，由阎锡山陆海空军总司令批准发行兑换券，面额有：一角、二角、五角、一元、五元、十元、五十元、一百元八种，计划分五期发行，券面上印有发行地名，随时兑换银元。由于局势恶化，此券绝大部分没有发行。

※ 董治文：《民国时期的山西货币》，载《金融经济·钱币专辑》第1辑。

自民国十九年，晋军发动中原大战，支持北平扩大会议后，军用浩繁，省钞发行额大增，同时阎锡山颁发命令，一律停止兑现，省钞价值即行下跌。此时更退还商股，收归官办，徐、贾二氏相继辞职。

※ 郭荣生：《中国省地方银行概况》，国家第二档案馆（南京）档案，财政部卷。

阎锡山下野时搜刮的一笔三千万元巨款

1930年阎锡山从平津撤离时，曾命第三集团军总司令行营主任梁巨川，将晋、察、

冀、绥、平津等地搜刮到的现金三千余万元提出交徐子澄保管一部分，交源积成银号徐西川保管一部分，其余一大部分交其侄儿阎述仁保管，分存于天津殷实可靠的银行银号，作为他下野的活动费用。他准备下野时，对所属的军长、处长以上的官员和军政方面的亲信，每人送给一万元至三五万元不等。当时第三集团军总司令部总务处处长兼密电处处长高管城，阎曾送给他一万元。彼时高曾对阎表示忠诚，并说："虎走山还在，山在虎还来。"这是高管城后来告诉我的。

※ 阎子奉：《阎锡山家族经营的企业》，载《文史资料选集》第四十九期。

第二节｜阎冯倒蒋失败后的金融风潮

一、晋钞涌回山西

从1928年起，阎锡山加入军阀混战，今日联甲打乙，明日又联乙打甲，大量发行晋钞支持军费。凡是他军队所到地区如冀、察、绥三省，晋钞也跟着到了，以掠夺当地人民的财富。他的军队败退以后，商人又把晋钞一批一批贩回山西，从中敲诈山西人民的血汗。1930年阎锡山和蒋介石的混战，一切有关战争的开支都依靠滥发晋钞来支持。阎锡山失败，在其逃往大连之前，为了他东山再起重回山西统治人民，他从山西省银行提出现金二百万元，分别赠给他压迫人民的亲信爪牙，每个人所得到的赃款少则五千元（现金，下同），多则二万元。

※ 张邦彦：《阎匪滥发晋钞情况》，载《山西文史资料》第三辑。

1930年……相持至是年九月间，各前线的军事节节失败。正在这时，张学良发出巧电，派兵入关。阎冯遭到这个打击，仓皇溃退，将所有联合作战的队伍，完全引入山西境内，纷驻各地，自由行动。……倒蒋失败后，流行在外省的晋钞，同军队一样，形同飞蝗全数拥回山西。

※ 陶伯行：《阎冯倒蒋之战给山西人民带来的灾难》，载《山西省文史资料》第七辑，40页。

行政院饬知财政部转知全国商民拒收阎锡山所发钞票令

为令饬事案，准国民政府文官处第3554号函开，现奉国民政府令开，阎逆锡山背叛中央，破坏统一，前经政府有令通饬拿办。现在国法未伸，该逆盘踞太原，对于晋、冀、察、绥各省横征暴敛，肆意搜刮，蹂躏所及，诸如加收特捐、预借田赋、截留国税、劫夺账款、摊购烟土、强征军实之事，日有所闻。从前山西一省滥发纸币多逾六千万元，贻害商民，群情咸愤，政府正拟设法为之救济，整理晋省金融公债条例甫经颁发。该逆即挟以谋叛，一面借名筹饷增发钞票，一面吸收现银悉数辇晋，遂致平津暨北省金融愈形紊乱，人民更增痛苦。近已日暮途穷，仍复罔恤民怨，数月以来续发纸币之数益益增加，并发行大宗军用票，以为囊括尽净之计。似此丧心病狂，诛求无已，穷黎垂毙，其何以堪。政府移念冀晋豫陕甘察绥各省人民久在水火之中，□□□□之望。现该逆屡战屡败，逃亡之期已不在远，搜刮现款以为远飏之计，自今以往当视前日为尤甚。诚恐商民无知，既受军阀之愚，复陷从逆助乱之罪，爰特申令，剀切劝导，嗣后对于该逆所发种种纸币债券及各项票据，务各惩前应后，一律拒绝，以遏凶氛长正义，此令等因。奉此，相应录令函达查照，转饬通行遵照等由。准此，合行令仰该部，即便转行全国商联会及银钱公会，转知各该地商民，一体遵照，仍将遵办情形具报查考。此令。

※ 国家第二档案馆（南京）档案，国民政府财政部档案，卷三－6740。

蒋介石政府通令全国商民拒收晋钞，山西纸币随同败兵涌回山西，金融市场一片混乱。阎锡山暗中从库金提走3200万元（银元），逃往大连，各级官员趁机私囊，商人抬高物价，市场商品抢购一空。原晋胜银号经理贾继英见物则购，连全市的棺材都被他买光。晋钞猛跌，持钞者恐慌了，龙城爆发了历史上罕见的挤兑风潮。愤怒的人群，聚集在银行周围，秩序非常混乱，银行停业，商店关门，整个城池处在乌烟瘴气之中。

※ 董良臣：《记“晋钞”与银号、钱庄行业的兴衰》，载《太原文史资料》第十一辑。

在他与蒋介石作战失败后，各部队带到晋绥平津以及鲁豫各地的省币，全数拥回山西，当时山西人民不知底细，市面还按五六折周使。

※ 王尊光：《阎锡山的四银行号》，山西省文史馆，手抄件。

不久倒蒋战争失败，晋钞随同败军像飞蝗一样涌回山西，市场金融一片混乱。10月18日，阎锡山回到太原，召集徐一清等幕僚商讨对策，成立了整理金融委员会，实际上空发了一通议论，开了不少空头支票。紧接着，国民政府通令全国商民拒收晋钞，并对阎发出了通缉令。阎看大势已去，暗中从省银行提出现洋200万元，分赠其亲信骨干，少则五千，多则二万。幕僚们手握滚滚白洋，发誓永远效忠，说什么：“虎走山还在，山在虎还来。”阎锡山准备逃往大连前，其办公室主任梁航标（汝舟）又把平时克扣截留的晋、察、冀、绥、平、津等省市的收入三千万交他。此款如用来撤收省钞，山西商民可少吃贬值的亏，但被他全数带走。

阎锡山逃往大连后，晋省金融货币危机愈演愈烈，再加上阎的官僚资本商号、钱庄乘机投机倒把，哄抬物价，省行业务陷于停顿。

※ 山西省地方志编纂委员会编：《山西通志·金融志》，73～74页，中华书局，1991年4月第一版。

二、山西通货膨胀

不料十九年政治风潮起后，金融风潮接踵而来，省行纸币一日数跌，初尚有市价可

循，终则等于废纸，民商受累不浅。

※ 蒋学楷：《山西省之金融业》，载《银行周报》第二十卷第二十一期，1936 年 2 月。

近年钞价步跌，虽已渐有现洋出现，为数实至微末。在革命军北伐以前，该钞尚为社会信用。自民国十六年冬，晋军动员，阎令一律停止兑现后，人民即呈不安之状，迨至去冬晋军败北，阎氏逃亡，省钞价格一落千丈，全晋人民均受其害。该行发行钞票总额，据官方称虽为四千七百余万，然社会纷传，有谓七千余万者，有谓一亿一千万者，个中真相，殊难明了。在阎氏未走以前，该行尚存现款一千两百万，除阎临行时提去六百万，及发还商股用去百余万，数次发提军费二三百万外，现时所存者，仅二百余万耳。目前该钞市价，每元虽尚可值三角有余，然以物价飞腾，薪桂米珠，民众已蒙若大之损失与痛苦。

※《银行周报》第十五卷第十号，民国二十年三月二十四日。

1930 年阎锡山联合冯玉祥倒蒋时，大肆扩军，发行数字似箭一般地直线上升，到 1930 年终阎锡山战败逃往大连时，晋钞已发行到七千余万元。这样高额的纸币，却无充实的准备金，即省行原有之现金储备，都被阎锡山借名提走，而留在广大人民手中的大批晋钞，都成了废纸。

※ 常紫书：《阎锡山垄断金融的核心——山西省银行》。

阎锡山逃亡大连时，晋钞发行总数已高达七千余万元，这大量的纸币不特无任何现金准备，而且以前山西省银行的现金储备，都被阎锡山挪作军事急需和收买爪牙使用，余下点残羹剩汤，又以发还商股名义，也为阎锡山和依附他的商人们所巧取强夺。晋钞在广大人民手里，成为废纸。

※ 张邦彦：《阎匪滥发晋钞情况》，载《山西文史资料》第三辑。

1930 年阎锡山与蒋介石中原大混战，七十余万正杂各军的军费，绝大部分以省银行纸币支付。阎被打败，战争结束时，省银行纸币发行额，突增到 7500 万元，通货膨胀，山西商民吃亏甚大。

※ 王尊光：《阎锡山的四银行号》，山西省文史馆，手抄件。

省银行停止对实业贷款和省钞贬值问题

徐一清先生说：我在山西省银行担任总理时，有一天人家对我说：你以后不要再借钱给晋华了。我问：仅晋华一家，还是其他工厂都不借给了。人家说：都不借给了。我说：工厂对山西起了一些好作用，借款也都还了，没有骗过我们一次，为什么不再借款给他们？人家说：你不要管这些，反正不借给他们了。采运处和斌记五金行（阎官办的两个采购机构）要用款，你要尽量支持他们。

以后采运处和斌记即陆续大量借款。我派人了解他们借款做什么，原来是买上钢材给了兵工厂了。钢材到了兵工厂，无非是造枪炮子弹，于是我清楚了，人家是要放焰火（指打仗）哩！结果引火烧身（指中原大战阎以失败告终），弄下个一塌糊涂。问题解决以后回来了（指阎下野后东山再起出任太原绥靖主任）。银行的信用也丢了，票子也毛了（指晋钞贬值）。人家问我："票子该怎么办?"我说："分两步走，第一步另出新票子十足兑现，第二步旧票子抽签兑现，兑完为止。"人家问："那几时才能兑完?"我说："只要我们有心兑，还是可以兑完的!"人家说："这个办法太麻烦!"我心里想：山西的老百姓多年来支持我们，我们才能出这么多（7000多万元）票子。现在失败了，票子毛了，是我们对不起老百姓，不是老百姓对不起我们。我们不能坑老百姓。所以我就说："我现在是既给公家（指任省银行总理）办事，也给私人（指任晋华等厂董事长）办事。我觉得分期兑现能交代了老百姓，因为我们失败了，老百姓会谅解我们。分期兑现的意思等于停息还本，这能说得过去。买卖人的规矩你是知道的，赔了钱，停息还本；要是干脆倒塌了，破产了，不还本也行；要是买卖还开着，不还本钱是不行的。我们的省银行还开着，怎么能不给有票子的人兑现。"人家说："你这个人办事太啰唆，完就完了，几时才能还完!"我说："要这么做，就没人相信我们了!"人家说："你要不能用快刀斩乱麻结束这件事的话，我就另找人呀!"我说："很好！从现在起，我就不再考虑省银行的问题了。我现在就写辞呈。"人家说："你写不写都可以，要照你的想法，省银行就不能办了。"我原来没写，是因为我们把事情做坏了，没有做适当处理，不能放下就走。现在人家既然有了话，我就写了辞呈。从此，我就再没有给公家办事，完全干私人的事了。后来姓高的接了我的事，决定省钞20元兑换一块银元，即原来一块银元的票子只值5分钱。兑现时，情形十分凄惨。

※ 李兴杰：《实业家徐一清与阎锡山》，载《山西文史资料》第五十八辑。

晋钞折合比率问题
山西省政府训令

财字第2422号

令各县政府：

为通令事，业查前徐沟县请示"处理十九年十月一日以前债务，按《整理金融办法》第九条办理时，可否以银币或省钞按市价折合现洋归还"等情到府。当经令饬财政厅核议统一办法呈核去后，兹据该厅复称，查十九年十一月一日以前债务，按《整理金融办法》第九条之规定，自应以现银元或按省钞市价折合现银元归还该县。所请并无不合，应准照办。至《整理金融办法》第六条，系规定本年六月一日以后之省钞折价，第九条则专为处理十九年十月一日以前之债务。前项债款既经按照规定省钞价格，每元折成四角，并将比较债务成立时之钞价，差数双方平均负担，自为现银元无疑。不得将已折差之现银元再按二五折合省钞给付，至债权人复受损失。各县人民未明斯意，往往因此发生争执，殊属误会，可否通令解释之。处理令具文呈复，即请鉴核示遵等情。据此，除指令外，合亟令，仰该县遵照办理。此令。

※《山西省政府公报》，民国十九年十一月二十三日。

山西省银行钞票，最近因军事失败影响，一蹶不振。官方既无法维持，商民疑窦丛生，虽不敢公开拒绝，而折扣情事，已成公开之秘密。持有纸币若干者，实不易换得一元现洋。货物价值，只有日益加高，令人惊骇。最近正太路车站商电报管理局及电话局、邮局，皆停止收用晋钞，一律改收现洋。电报、电话两局，尚未闻发生其他纠纷，而火车站则因以整找零，路局与行旅时起冲突（如由并到榆次，票价四角五分，付给现洋一元，而路局找出晋钞五角五分）。自车站改收现洋后，十四日早、午两次客车，仅售票十八张；十五日，由并开榆次车售票十二张，开石庄车售票四张，路局收入因之锐减。至商旅到站，因无现金购票，投机商人遂乘此机会，持少许现洋，在站收买纸票。至十五日晚上，车站竟有一元现洋可换纸币五元者，因之遂有仅携纸币三四元，换现不足，购买不能者，在站失声痛哭。至并市物价，商人随便索讨，毫无一定标准，同一货物甲说三元，乙说五元，丙说十元。此等畸形怪状，为历来未见未闻。邮局虽已改收现洋，尚有通融地步，有现则付现购票，无现则付给省钞亦可。但送一平信，须贴邮票四分，付晋钞则为一角二分。以目前形势观，倘如商号群起而改收现洋，山西人民生活，当起空前恐慌也。

※《银行周报》第十四卷第42号，民国十九年十一月四日。

三、省钞跌价的普遍损害

阎锡山为了垄断经济、扩张军备，千方百计地大量发行山西省银行的纸币，1930年前季，将各县地方商号所出的钱票限期收尽。从此，在山西境内商民交易只能使用省币。不仅如此，随着阎锡山势力的发展，平、津、冀、察一带也有大量的晋钞流通。据悉1930年晋钞发行额竟达七千五百余万元。……它造成通货膨胀，钞价一日数落，百物节节腾贵的紧张局面。加以豪绅大贾投机倒把，从中播弄，市面顿呈混乱现象。山西省政府为了维持它的军政开支，竟于1931年11月7日发出虞电：除虞日以前收起的粮款照数解交外，自虞日起，人民用省钞完纳田赋，两元折合一元。这个命令，使省钞的信用更加破产了。

※ 陶伯行①：《阎冯倒蒋之战给山西人民带来的灾难》，载《山西文史资料》第七辑，40页。

……其中最突出、最普遍、最惨重的，要称驻军扰乱和钞价狂跌两事。

二、省钞跌价：……山西省政府为了维护它的军政开支，竟于1931年11月发出虞电，声明从虞日（七日）以后，人民用省钞完纳赋税，两元折合一元。

这样一来，使广大农民首先吃了一半的亏，而省钞的谣言就更破产了。

※ 山西省政协：《阎锡山统治山西罪恶史》上册，234～235页，1960年油印本。

至1930年9月18日，张学良通电（巧电），调停和平，实际逼阎让出平津，阎退往

① 陶伯行，解放前曾任霍县县长，解放后系山西省文史馆馆员。

石家庄……阎从山西省银行提取现洋三百万元，逃大连，山西省钞跌至五成以下。……一般商民，因省钞跌价，原存千元者，此时只顶一百元……1931 年 10 月阎由大连回来，有东山再起之说，山西省政府拟定于 1932 年 1 月 15 日实行省钞一五兑现（一元顶二角），但后来不知何故，又复停止，于是省钞大跌，二三十元顶银洋一元者（省钞一元只值三、五分），外县还有跌至六七十元才顶银洋一元者。

※ 杨怀丰：《关于山西省钞二三事》，山西省文史馆，手抄件。

晋钞暴跌金融紊乱 人心恐慌恐酿剧变

晋钞价格近日来急湍直下，金融紊乱，危急万分，人心惶恐。三数日前，晋钞三元尚可换取现洋一元，刻已泻至四元八九。实际上，原出五元亦难买到现款，社会人士，处此情形，焦急万分，银根愈形吃紧。日来商市等于虚开，而太原上千余人力车夫口粮形将断绝，推之各县乡镇困乏万分，恐怖已极。晋钞虽不值钱，而在百姓视之，等量之数较往昔现洋尤为难得可贵。前此派出粮秣捐款已多无力交纳，绝食之户告贷无门。日来情形当更无法想象。考晋钞暴跌其重要原因有二：

1. 财政厅对晋军协饷八十万元，前皆拨付现款。现值关发七月份军饷之期，财政厅长仇砚田突向各军通融，令各军自在市场购买现洋，需钞若干报由财厅照发，于是不肖分子遂与银号钞商勾结作弊，抬高现洋价格，以冀将来向财厅领款时，双方从中渔利。以金融破产之太原市面，骤行收现八十万元，本足以使晋钞暴跌，而军人收现更足以扰乱社会心理，此激彼荡，钞价愈跌。

2. 更有阎锡山所设之晋裕银号连日大事收买现洋，因该号以阎氏为背景，更足滋使社会以猜疑。此外，前日为并市标期，期款多需付现，晋金融公债立法院现付审查现又搁置，及一般妄人造作谣言播弄是非，不谓阎有若何计划，即称东北将如何处置晋省，对晋钞跌价遂亦不无影响。至社会与舆论界皆对财厅长仇砚田与晋裕银号等表示极度愤懑。以财厅长综理全省度支，出入皆有计划，全省税收自六月份起早已半数收现，月收现洋可百余万元，除教育经费须拨发二三万元现款外，至少尚余现款九十万元，而协饷不过为数八十万元，何竟无法应付？更不筹划合理方法，谬令军队自由买现，照值领钞，妄耗公帑，破坏金融，受人话柄，若非头脑昏愦，即系别有用心。晋裕银号未以逆产查钞已属万幸，今更肆意扰乱，现已由太原市若干区分部发起，呈请省党部弹劾仇砚田，并拟广大组织，向第三次全省代表大会请愿，特请中央撤查仇氏，并查抄晋裕银号，以惩恶劣云。

※《银行周报》，第十五卷 35 号，民国二十年九月十五日。

晋钞几成废纸

山西省银行兑换新券，挤兑潮虽告平息，晋钞价格继续暴落，十六日行市，钞一元仅可换现洋四分，持票购现者甚多，省府通令各县赋税等款，十五日起一律改收现洋。金融异常紊乱，商民恐慌万状。

※《银行周报》，第十六卷第 2 号，民国二十一年一月二十六日。

晋钞二十元作一元兑现

太原二十四日电，晋钞二十元作现一元，于四日起已实现兑现。

※《银行周报》，第十六卷第7号，民国二十一年二月二十四日。

1930年，晋钞狂跌，山西当质业相继倒闭者甚多。阎锡山认为当铺是“本钱常在家，利钱送上门”，而且当铺的利息高，普通月利在三分左右。因此，乘当质业空虚的机会，阎命令山西省营业公社抽出资本，先在大同县城内南、西、北三大街，设立了当铺三家，即“晋益当南记”、“晋益当西记”、“晋益当北记”，资本各一万五千元，接着又在平遥县设立了“晋平当”，在洪洞设立了“晋洪当”，在崞县原平镇设立了“晋原当”，在忻县设立了“晋忻当”，资本各一万五千元。从此又开始了高利贷的剥削。并特准七家当铺均发行资本三倍之兑换券，但各当铺多不受此约束。例如忻县之“晋忻当”资本仅一万五千元，而发行兑换券竟达二十七万元之巨，因为给阎锡山服务的人，都知道他是唯利是图，只能赚到钱，出了范围，不但无过，而且有功，所以忻县当铺的做法，还得到他的奖励。

※ 王尊光、张青樾：《阎锡山对山西金融的控制与垄断》，载《山西文史资料》第十六辑。

1930年阎锡山与蒋介石之间爆发了酝酿已久的军阀战争。为了弥补军事支出，山西省银行不顾商品流转的需要滥发纸币，接着阎匪战败，席卷搜刮所得通电下野。失去政权力量支持的晋钞随之猛烈贬值，变成一堆废纸。据统计1929年至1931年银元与晋钞的比值如表5-1。

表5-1　　1929—1931年银元与晋钞的比值

	一月	二月	三月	四月	五月	六月	七月	八月	九月	十月	十一月	十二月
1929年	1	1	1	1	1	1	1	1	1	1	1	1
1930年	13	13	13	13	13	5	5	5	7	13	17	25
1931年	30	30	30	20	20	20	20	20	20	20	20	20

货币贬值的恶果，首先转嫁在劳动人民身上，其次工商业和金融业也蒙受严重的打击。本市私营银钱业由六十余家骤然下降为四十余家，典当业也从此一蹶不振了。

※ 太原市人民委员会办公厅：《巨变中的太原（财贸部分）》，山西人民出版社，1961年。

又有铜元票当作手纸使用，用草纸一张之价钱犹高于铜元票也。

※《中国经济》第一卷第一期，章有义编：《中国近代农业史资料》第三辑，123页，三联书店，1957年。

迨晋军败北，阎锡山氏辞职，省钞已兑现无着，价值更逐渐下降，后竟跌至一折以下，全省人民受害不浅。

※ 郭荣生：《中国省地方银行概况》，国家第二档案馆（南京）档案，财政部卷。

三、挤兑风潮

阎锡山被战败，曾经随军流通北方的“晋钞”与败兵涌回山西，发生了历史上罕见的挤兑风潮，以致最后变成废纸一张，山西人民每人负担六元。

※ 董治文：《民国时期的山西货币》，载《金融经济·钱币专辑》1987 年第 1 期。

这次风潮，连续数日。银行的栏杆被挤坏，门窗玻璃被打碎。老弱病残者被踩伤，抗议声、辱骂声、哭叫声连成一片，其景象十分凄惨。虽然当局动用军警镇压，但无济于事。

※ 董良臣：《记“晋钞”与银号、钱庄行业的兴衰》，载《太原文史资料》第十一辑。

山西省银行广告

前奉山西省政府及财政厅行知，以本行银铜元券到本行易换者，均按银券一元易铜券四百枚为一定之比价。除将原奉行知另印广告，分寄各分行、派出所、办事处张贴门首俾众周知外，凡持本行银铜元券在本省内各分行、派出所、办事处易换或交纳公私款项者，悉按一元折合四百枚定价为准，出进一律，毫不加下，恐未周知，特此广告。

※《山西政报》，民国十九年八月十五日。

因阎锡山参加军阀混战的需要，山西省政府下令停止晋钞兑现。下面是教育厅转达省府命令的公函。

山西省教育厅公函第一〇七号

敬启者，案奉省政府财字第一一四七号行知内开，案准晋察绥警备总司令部咨开，为咨请事案，据山西省银行呈称：查十六年十月二日，奉晋绥总司令部省政府财字第一七六号行知内开，查军兴之际，社会金融每因兑现致生扰乱，驻省中国银行、山西省银行关系国库、省库，尤应特别维持。除行旅出省备作旅费外，在此军事期间，一律不准兑现。如有违者，着警宪即时拿办。一俟军事结束，即行恢复原状。除布告并分行外，合亟行仰该行即便查照遵办，特此行知等因。奉此，查现在票价低落，各机关、各团体职员借旅行出省，持票兑取现款者日见众多，此中之损甚巨。可否仍照令遵办，抑或令知省政府核准，再□□□理合具呈，恳请指令只遵，实为公便等情到部。除指令嗣后每机关持票兑换现洋，非经本部命令核准，一概免予换给，并分令各军队机关知照外，相应知请贵府查明，转饬所属遵照办理为荷等因。准此，合亟行仰该厅遵照并转饬所属，一体遵照，特此行知等因。奉此，除分令外，相应函达，即希查照为荷。

此致。

山西大学校

山西教育学院

民国十九年十二月五日

※《山西政报》，民国十九年十二月十八日。

山西省银行所发行的纸币，既无足够的准备金，所以挤兑的风潮不时发生。不过最初因开发量不大，一时发生挤兑，则多方设法维持，尽量开兑。虽有军警维持秩序，也曾发生挤破门窗玻璃及铁栅栏与军警打伤人的事情。1928 年以前，外县各分行挤兑情形，不太严重，因各县周行之省钞上，均印有县名，非本县县名之券，不予兑付。同时由省运现支持，邻县分行也相互支援，所以易于平息。记得有一次发生了挤兑，情势非常严重，军警竟打伤了民众。第二天，省银行请示阎锡山指定太原各银号、钱庄也代兑付，地点既多，拥挤之风亦渐平息。又有一次发生了挤兑风潮，适值运城解送现洋，大车二十余量在总行门口卸款，因而次日即平息下来（运城可收盐税，每月均有铁轮大车解交省银行，按淡旺月，由几十万到五六十万不等，每车装运二十余箱，每箱千元。其他各分行亦有现洋运省，大部分为税款）。

※ 常紫书：《阎锡山垄断金融的核心——山西省银行》。

四、商震主晋的金融政策

蒋介石把山西划归张学良指挥范围。在这种情况下，山西省主持商震、军事负责人杨爱源，对客军（外省军队的统称）的普遍骚扰，故作痴聋，不闻不问。……

1. 客军驻地及骚扰情况

……外省军队共有十余万人……仅就霍县说，为时不满一年，一切供应花费计达现洋 100 余万元。……

2. 驻军北开及经过霍县的实际情况

……总计支应过往客军半年之久，所花差款共合现洋六万元之谱（实用省钞 26 万元，按当时比价折合为上数），事后调查，临汾共用差款合现洋 50 万，洪洞也在现洋 30 万以上……

※ 陶伯行：《阎冯倒蒋之战给山西人民带来的灾难》，载《山西文史资料》第七辑，38～40 页。

今者该行已将商股退还，由省府接管，迩来虽已抽签兑现，维持钞票价格，但价格尚未见高。现山西省党部及民众团体，均以没收逆产整理晋钞为请。中央政府及本省当局，究将如何处理，现尚难逆料云。

※《银行周报》第十五卷第十号，民国二十年三月二十四日。

整理山西省金融办法

（民国二十年五月三十日省政府委员会第六次临时会议通过）

第一条　凡在山西省境内公私一切收支交易均确立以现洋为单位。

第二条　由省政府规定土产出口办法，以期增加现金输入，巩固社会金融。

第三条　省政府为活动全省金融起见，委托山西省银行发行兑换银元券，与现洋一律通用，其发行简章另定之。

第四条　凡山西省银行在民国十八年以前印刷之各种兑换券（以下通称省钞）由省政府责成省银行分次撤收焚毁，其撤收办法另定之。

第五条　各县因撤收省钞金融感困难时，准另组织兑换所，发行兑现券，或借领省银行兑现券，以资救济，其办法另定之。

第六条　省钞在兑现券未能充分供给周使之前仍应照旧流通，但每省钞一元折价定为现洋四角。

第七条　山西全省地方赋税等项商民得以省钞二元五角折合现洋一元搭交之。

第八条　凡在本省境内买卖货物及动产不动产一切交易得以省钞二元五角折合现洋一元，倘有拒绝收受者，以扰乱金融论，从重处罚。

第九条　凡在民国十九年十月一日以前之各种交易，如存款放款债务契约等发生争执时，应按开始交易及债务成立时钞价比较每元四角之差数双方平均担任（例如当时省钞价格六折比较差数为十分之二，双方各应分担十分之一）。

第十条　自十九年十月一日起至二十年五月底止之各种省钞现洋交易，仍以省钞现洋原额分别收付之。

第十一条　商民对省钞每元折价四角如有怀疑而虑受意外之亏损者，准以省钞存放省银行生息，届期每元以现洋四角付还，其存款办法由省银行另定之。

第十二条　本办法实行后凡因省钞价落增收之附加一概取消。

第十三条　凡征收官吏有违犯本办法各条之规定者查明予以惩办。

第十四条　本办法自二十年六月一日实行。

※《银行周报》第十五卷第二十二期，民国二十年六月十六日。

山西省政府布告

省府前以晋省整理金融公债，业经国府及立法院允准发行，故原拟撤收省钞，于上年十一月间正式布告，定于今年一月十五日，省钞每元按一角五兑现，同时并严令商民人等，在未实行兑现前，钞票即按一角五现洋行使。惟一般银钱业商号，颇持怀疑态度，银钱业并未曾协议，无形中停顿营业，表示反对。普通各商号，虽未敢显然反对，然货价均上涨不已。因是之故，钞价愈形暴跌，银根亦愈吃紧。截至最近，距兑现期仅有半月，而省府希望之金融公债，中央犹未准令发行。一般人民对一月十五日兑现，遂复观望，钞价狂跌竟愈趋愈烈……省府昨遂将难以如期兑现苦衷，布告民众，以释群疑。原文如次：

查自省钞价格低落以来，市面金融异常紊乱，商民均感困难，税收亦受影响。若不早谋救济，不独百业凋敝，庶政亦难进行。惟票额巨多，库款无几，欲图尽数撤收，端有赖于金融公债之恢复。是以本府改组以来，曾经迭电中央，并派代表作急切之请求，幸蒙顾念困苦，允于恢复。上月下旬接本府代表马参议电称：公债条例业经立法院审查通过，且订于民国二十一年一月一日发行。本府深以从兹本省金融得以借此整理，商民痛苦得以借此解除，故毅然决然于上月三十日经本府第十五次临时会议决定撤收办法，

愿为公布，以慰群望。讵料时隔多日，国府仍未公布，本府感于时机之迫，不能久待，又复电请行政院，速呈国府公布，并电财政部印刷票券，以便届时发行。顷悉行政院电开，已转呈国府核办等因。嗣接马参议电称，中央忙于筹办一中全会，财政部又复赶办交代，条例无人提请公布，票券不能据以印制等语。查本省撤收省钞，原以公债票为唯一归款，现在公债票既未能如愿领回，前定二十一年一月一日以四折省钞兑换公债之议，无法实行。同时以公债累指借之款，亦不能成立，所定于一月十五日每省钞一元以一角五分兑换现洋之办法，亦难如期实现，本省虽忧心如焚，而公债票因故迟发，事出中变，无可如何。不过本府撤收省钞之决心，决不因此稍懈，除电催中央早日公布外，一面仍筹现金，一俟公债票领回，即行另定日期，仍照原议办理，决不因中央延搁致变初衷，使我全晋商民陷于恐纷也。为此布告，仰各商民人等一体知照，万勿妄生疑虑，徒自慌扰为要。(一月二日)

※《银行周报》第十六卷第一号，民国二十一年一月十九日。

在他[①]出走大连时，他的行营办公室主任梁汝舟（航标）背着他把晋、察、冀、绥、平、津等省市收入暗得现款三千万元交他，本可用此款撤收省币，山西商民可少吃贬值的半数亏，而他不只不用此款撤收，反把省银行库存现金提出二百余万元，一部分归己，一部分分给他的高级军政官员，作为拥戴他再起的资本。这样省币已无担保，当时的山西省主席商震、财政厅长仇曾诒，只是用空头布告来维持，宣知空文愈多，波动愈大，以致币值一日数变。币到谁手，谁即出手买物，一元纸币一日到十手，即变为十元，因此通货更为膨胀。山西人民整整受了一年多通货膨胀、物价一日数变的灾难。这次通货以晋北人受害最大，原因是晋南粮食、棉花年年出超，吸收现洋很多，加上晋南人民于辛亥革命后，对阎意见很深，不能多周使他所发行的纸币。晋中前有在省外所设的商号运回现洋周使。晋北无这些条件，周使省币最多，所以受害最大，有成千上万的商号倒闭，许多富户破产。

※ 王尊光：《阎锡山的四银行号》，山西省文史馆，手抄件。

当阎匪走了大连，徐一清也走了，由商震维持山西局面，令贾继英升总理，太原行阎子秀兼协理。在省钞毛荒中，谣传贾继英购存物资，将太原的棺材都买绝，有人要打他，贾离职不知避往何处。又令建设厅长陆恭斋（平定人）充总理，未到一日，破了省行的贪污案，扣捕了郑秉中、李云阶、阎子秀、郭沛、乔卜臣五人，押在阳曲县看守所，贪污平法是省交省钞，天津取了中交券，每人从中取利将近万元，押了数日补款完案。其中没有傅瑶、武海青、常星搓，可见是大德通派的主谋。

※ 常紫书1975年5月14日提供的材料：《阎锡山垄断金融核心——山西省银行历史及牵涉到的经济材料》。

---

① 指阎锡山。

商震于1928年调任山西省政府主席，尚在阎锡山统治晋冀察绥四省及平津两市时期，对于山西财政，均系按照原定章程办理，无甚变更。彼时晋省国家地方预算，收支大致平衡，现状尚能维持。惟自1930年阎冯与蒋交战失败后，败军麕集，秩序紊乱，各县赋税，多被截留，财政大受影响。1931年1月，国民政府实行裁厘加税，晋省又减少了大宗收入，财政益感困难。兼之阎锡山在统治四省两市时期，由山西省银行在各该省市发行大批晋钞，奉军入关后，晋钞不能在外省行使，悉数退回本省，钞价大跌，市面停滞，同时省银行又将行内商股退还，经商震派员赴行彻底清查，据报晋钞发行额共为七千余万元，该行仅实存银元四十余万元，不及发行额百分之一。原有赋税，虽仍征收晋钞，并规定每元附加一元，各项经费，均按加五成支给，亏折仍复甚巨，不足以资抵补。经省政府会商决定，非请国民政府拨款将晋钞定价收回，公家民间均无办法。并推定商震与我赴天津，向财政部长宋子文呼吁。而宋以北方财政，均归副司令张学良主持，一再推诿，不肯拨款。见张交涉，仅允许河北省各局税款作抵，向银行借用银元一百万元，交商回晋暂行支持，并将各军饷项，改由北平副司令部统筹核发。晋省担任军费，减定为每月银元八十万元，其余俟开北方财政会议再行解决，并令我赴沈阳与会。当沈阳开会时，对于撤收晋钞，本已决定由副司令部拨给银元三百万元，不足之数，由晋另行设法，乃因报纸上登载山西军人孙楚不服编遣之通电，张学良阅之大怒，遂又取消前项决定，不予拨款，晋钞市价因之复大跌落。嗣经山西省银行总协理先后条陈，抽签兑现及二五存款保本保息等办法，由省政府核准试办，对于维持钞价，虽有一时的效力，究非根本解决之计。所拟参照河南等省成案，就禁烟筹措二五兑现基金一节，事关重大，省政府不敢决定，由商赴平请示。又值张学良患病住医院，无人负此责任，以致基金未能筹集，兑现有失信用。旋商震带领三十二军离晋，此事遂行搁置。迨徐永昌接任山西省政府主席，对解决晋钞，屡次开会讨论，因筹款困难，迄无相当办法。

※ 仇曾诒：《抗战以前的山西财政》，载《山西文史资料》第三辑。

民国十九年（1930年）底，商震出任山西省主席后，采取了许多措施，如提升省银行协理高步青任总经理；求援国民政府整理省钞；试行“抽签兑现”，即以钞票号码末尾二字中签办法，从零零号码起至九九号设签一百支，每次只抽一签，中签钞票准予兑现；实行“二五存款”，规定手持省钞者可向省行储存，按二五折算，分一年期、二年期两种，到期按二角五分付现；采取“二五入股”（形同二五存款）等等。无奈省行库存空虚（当时仅有现洋40余万元），信誉扫地，各种办法均未奏效。商震在无能为力的情况下，也通过省银行总经理高步青，提去现洋75万元，离晋奔走南京。于是，市场更加混乱，通货急剧膨胀，商品被抢购一空，连棺材铺的棺木都买光了。

※ 山西省地方志编纂委员会编：《山西通志·金融志》，中华书局，1991年4月第一版。

晋省自商震担任省政后，连日召集各县商会代表及各分行经理，讨论挽救晋钞办法，决定：（一）自十六日起，停止再发行新钞票；（二）增加全省田赋每两一元（全省田赋

共五百五十万两）专充维持晋钞市价，不作别用；（三）各种税捐一律征收现款，不收晋钞；（四）再征发全省各县给养捐一次，额定六百万元，不要粮秣，一律折成现金；（五）通饬全省商民，交易不得再折扣晋钞……以上五条议决后，能否一一实行尚未可知，因第二项增加田赋一事，今春因军事关系，已加过一次（当时每两加二元），现在再征，恐民力已竭，必引起严重反对。

※《中行月刊》第五期，1930年11月。

山西省财政厅训令
（民国十九年十一月十五日）

总字第3052号

令各县县长、各稽征局、统税局委员：

为训令事，案奉省政府财字第614号训令内开，查省钞兑换铜元，曾经规定一四比价，通饬遵行在案。先迭据各县报告多有不便，所有上项规定，着即取消，仰厅遵饬遵照等因。奉此，合亟令仰该县长、委员，即使公民、商民一体遵照。此令。

※《山西政报》，民国十九年十一月二十日。

山西省政府指令
（财字第2501号令）

为令遵事，案查本省赋税等项，前经本府核定五成收现，五成按“二五”折收省钞，通令各县遵照在案。兹以《整理公债条例》业经立法院审查令通过，旧有省钞经另定撤收办法。所有本省赋税等项，经本省委员会十五次临时会议议决，自本年十二月一日起，一律改收现洋，如交省钞，以一角五分折收。除电饬各县遵照外，合亟令仰该机关、厅、局查照，并转饬所属一体遵照。此令。

※《山西省政府公报》，民国十九年十至十二月。

山西之纸币祸，现已成为不可收拾之势。阎锡山赴五台前，曾接连召开会议六天，研究种种维持办法，皆无结果。临行时，再三叮嘱晋主席商震，务必设法维持，使其勿成废纸。省银行长徐一清，随阎行五台后，旋即返并，力求商民设法帮忙。……日来频频与召集到并之全省各县商会代表、各分行经理，讨论挽救办法。结果决定五项：（一）自十六日起，停止再发新钞票。（二）增加全省田赋每两一元专充维持晋钞市价，不作别用；（三）各种税捐一律征收现款，不收晋钞；（四）再征发全省各县给养捐一次，额定六百万元，不要粮秣，一律折成现金；（五）通饬全省商民，交易不得再折扣晋钞……又自上次决议发表后，徐等遂宣称，谓晋钞发行总额不过五千万元，现在已有切实维持办法，不难挽回票价云云。但据确实调查，则省钞发行已达一万万元。详细数目，计自民国八年一月起到十九年十月底止，山西省银行先后发行流通于外之钞票，为一角券……二角券……以上所论各种票发行数目，以及总分行所存数目，皆得自太原总行友人之报告，自然可靠。此外并闻今夏六、七两月军事紧急时，阎氏曾向该行先后提借巨款四次，以充军费，共为二千三百五十余万元。……然则，合前计之发行数与各行现存数并称，殆达九千六百余万元之多，去一万万元不远矣。

※《银行商报》第十四卷第46号，总677号，民国十九年十二月二日。

整理晋钞商电财宋

省政府商主席，马日致电财政部长宋子文，因整理晋钞事，请即派员来晋，规定办法。其电原云：南京财政部宋部长子文兄勋鉴，津门耿教，快洽私衷，震于皓晨，返抵并垣，堪纾冀系。所谈整理晋钞一事，务请早日派员莅晋，规定办法，用纾民困，无任感祷。商震马（二十一日）印。

※《山西政报》，民国二十年一月二十四日。

撤收省钞办法

第一条　本办法所称省钞，系指山西省银行在民国十八年以前即发行之各种兑换券而言。

第二条　省钞以财政厅发行之山西省金融公债票为兑款，限期收回。

第三条　省钞在市面流通额一元以上者为四千三百九十万另一千二百三十元，一角以上者为四百二十二万三千三百六十八万元九角，铜子合洋为九十九万三千六百九十元三角七分五厘，各户在省行存款为一千一百一十八万七千元，共为六千零三十万五千二百八十九元二角七分五厘。金融公债票总额为二千四百万元，每元省钞均可分配公债票四角。

第四条　金融公债自民国二十一年一月发行，发行后即准持有省钞者，以四折兑换公债票。如不能兑换者，至二十一年一月十五日，即准以省钞一元以一角五分兑换现洋。

第五条　为筹备前条兑现之预备金，得以金融公债票一部分抵押借款。

第六条　自本办法公布之日起，至省钞未收回期间，省钞在市面上准作一角五分现洋行使，不得折扣，违者从重惩处。

第七条　金融公债基金及还本付息办法，并基金保管委员会章程，均依照财政部所规定者办理。

第八条　本办法自公布之日起施行。

※《省政公报》，民国二十年三月十日。

完纳税赋一元省钞折扣一角五分
山西省政府指令
（财字第2516号令）

民国二十年十一月

为令遵事案，查本省赋税等项，前经本府核定，五成收现，五成按二五折收省钞，通令各县遵照在案。兹以《整理金融公债条例》业经立法院审查会通过，旧存省钞业经另定缴收办法，所有本省赋税等项，经本省委员会十五次临时会议议决，自本年十二月一日起，一律征收现洋，如交省钞，每元以一角五分折收，除电饬各县遵照外，合亟令仰该机关、厅、局查照，并转饬所属一体遵照。此令。

※《山西省政府公报》第一卷二十六期至三十六期，民国二十年十至十二月。

山西省政府清理省银行简章

第一条　本府为明了省银行财产负债状况及内部情形起见，组织清理委员会。

第二条　清理委员会由省政府推选二人，省党部选二人，太原市商会选一人，共五人组织之，公推人为委员长。一切事务由委员长着急以会议行之，并由本府委员派查帐员六人，办理清理事宜。

第三条　清查期限，以一个月为限。

第四条　查帐员清查期内，由本府酌送车马费，每日膳食由省银行预备。

第五条　本简章自本府委员会通过后施行。

※《山西省政府公报》第一卷二十六期至三十六期，民国二十年十月至十二月。

晋钞发行确实数额
省府决定彻底撤收办法

民国二十年九月底止，省银行发行省钞共四千五百三十万元。拟向各县富绅借现洋三百万元，以本省营业税作抵，或入股，分三年归还（组织保管委员会）；向太原商会借现洋一百万元，以本省官产作抵，随买随还（先组清理官产委员会）；向中国银行及各大公司借现洋五十万元，以本省行之本市资产作抵；连省银行现有现洋一百五十万元，共计六百万元。随市价收买者，又撤收三千万元，共剩一千五百三十万元。愿入股者入股，愿存款者存款，均以二五折合，限至二十年底，一律收清，逾期作废。再省银行已收二五折现存款计五百六十万元，二五收股计二百三十万元，连同所剩一千五百三十万元左右，由指定之金融公债基金内，每年提出二百五十万元，拨还省行，计四年可以还债。又省银行发行角票四百二十余万元，铜元票四百万吊计省钞一百万元，共计五百二十余万元，按二五折合，计现洋二百一十万元，以省银行二十、二十一、二十二年之官股应分红利作抵，由省银行分期撤收，或于年内以二五兑折现，角票于二十二年一月起开始兑现云。

※《银行周报》第十五卷四十二号，民国二十年十一月三日。

日本驻天津代理总领事田原爱义
致外务大臣男爵币原喜重郎函

昭和五年十二月三日

关于收回山西省银行券的问题

大仓洋行的职员林龟喜最近由太原旅行回来，兹将其谈话略述如下，以作参考。

由于阎锡山这次失败，引起山西省财政动摇，尤其是山西省银行券，其价值下跌了三分之一以上。阎为了挽救这种情况，对于该银行发行纸币中未收回部分四千七百八十五万元，准备用下列办法进行收回：树立了恢复财政的五年计划，即由正太铁路收入中，每年拨出一百五十万元；由杀虎口关税收入中，每年拨出一百五十万元；由烟草专卖税及山西各县官产收入以及晋北矿务局（系阎锡山私人所有）的收益中，每年各拨出一百万元。

另外，将山西银行由官办改为官商合办，由各县筹划六成准备金，由该行重新发行十元、五元、一元、五角、二角、一角的纸币，以整顿金融。

※《纸币银行券及债务关系》，中国社科院经济研究所藏日档，第158卷409号。

日本驻郑州领事田中庄太郎
致外务大臣男爵币原喜重郎函

昭和六年三月十四日

关于印刷山西省纸币及其流通额的报告

关于山西省纸币流通额的问题，已于本月十二日以普通公函第四八号奉达。现得到当地中央银行分行方面的资料，补充报告于下：

甲：原印刷额。自民国八年至民国十九年九月底止，合计九千五百十八万七千元。

一、银元券　　九千零六十二万四千五百元

二、铜元券　　一千八百二十五万吊

乙：发行额

一、银元券

1. 一角券　　一百二十七万二千四百四十六元
2. 二角券　　二百零六万八千二百三十九元
3. 五角券　　十三万六千四百零六元五角
4. 一元券　　一千四百六十五万□百七十七元
5. 五元券　　六百八十二万八千七百元
6. 十元券　　一千九百二十二万三千二百九十元
7. 五十元券　　二百七十九万六千三百五十元
8. 百元券　　三万八千九百元

二、铜元券

1. 十枚券　　九十二万一千三百六十四吊八百文
2. 二十枚券　　二百三十万零三千六百七十三吊三百文
3. 五十枚券　　二十三万零六百七十六吊
4. 百枚券　　六十八万七千二百二十吊
5. 三百券　　二万五千五百吊

以上合计银元券：四千七百零一万四千四百零九元四角

铜元券：三百十五万九千二百三十五吊一百文

（市价四吊合一元）：七十八万九千八百零九元七角七分

总计大洋　　四千七百八十万零四千二百十八元一角七分

丙、各分行库存纸币额千九百零四万六千八百二十二元四角一分

丁、破损纸币　　六十二万八千三百二十元七角六分

戊、库存额　　二千七百七十万七千五百三十八元六角一分

特此报告。

※《纸币银行券及债务关系》，中国社科院经济研究所藏日档，第158卷409号。

郑州领事田中致外长币原函——为报告山西省纸币流通额

民国二十年三月十四日

一、银元券

1. 一角券	1272446元
2. 二角券	2068239元
3. 五角券	136404.5元
4. 一元券	14650177元
5. 五元券	6828700元
6. 十元券	19223290元
7. 五十元券	2796350元
8. 一百元券	38900元

二、铜元券

1. 十枚券	921364800文
2. 二十枚券	23203673300文
3. 五十枚券	2306760000文
4. 百枚券	68722000文
5. 三百枚券	25500文
6. 五百枚券	8000000文
以上合计银元券	47014409.4元
铜元券	3159235100文
计洋（以上4000文合一元）	789809.77元
共计大洋	4784218.17元

※ 中国社科院经济研究所藏日档，第158卷409号。

阎冯倒蒋失败后，阎锡山逃走大连，商震出任山西省政府主席，他想了很多办法，力图维持晋钞，但都没有行通。商震感到无能为力，加之其他方面的一些原因，在山西搞不下去了，就通过省银行总经理高步青，从省银行提走现洋七十五万元，离晋投奔南京去了。

※ 郝建贵：《访问米量轩①记录》，1975年4月28日。

山西省银行弊端百出

山西省银行自民国八年（1919年）成立以来，它的生财之道，主要是靠发行纸币，

① 米量轩，解放前曾在山西省银行当会计，解放后居太原市南华门。

如此而操纵市面，搜刮民财。如储蓄，在总行只有一个小小的储蓄部，此外再没有一个办理储蓄业务的分行办事处，相反外分行每到一处，总要在往来的银号中酌存出一些往来的无息款，最初时还有些作用，即以钞票存出，这些时向他收进现洋，以后停兑了，就纯属损失。那时各地银号都想争取和省银行立一往来，揽些浮事（即无息存款）。至于汇兑业务，省银行更不在意，没有担负起组织上调剂全省金融的责任，尤其在成立的十几年中，管理松懈，行中弊端百出。如民国八年（1919 年）定襄人赵少虎，曾假县印冒领了一笔外县的巨款，事发判刑八年。民国十三年（1924 年）总行储蓄部（部主任魏登洲）会计郭兴唐将储户款私自提去，事发后逃逸无踪。民国二十年（1931 年），介休行许慎微（榆次人许艺圃之侄）盗去库款 2000 多元，查明后出行，盗款由铺保晋泉源清偿（凡进山西省银行的，都要有殷实铺保作保）。民国二十一年（1932 年）文水人郭景润（祁效韩之侄），在太谷行管库，竟将泥制银元装入箱内，盗出现洋数千元，事发后被判刑 4 年，在太谷第四监狱服刑。民国十六年（1927 年），平遥分行经理康吉甫（榆次人）私挪库款 8000 元放帐得息，被开除出行。民国十九年（1930 年）当阎蒋交战时，榆次分行经理冀祖萌（平遥县人）私挪库款数万元，出放与他私人设立平遥协和银号，当时省币已日日跌落，晋津汇兑贴水，日见高涨（在晋交晋钞，天津收法币），冀祖萌不知从哪里听来秘讯（有人说是听徐一清讲的），说阎锡山在故宫中掘出大批藏银，数近千万两，他信以为真，就令协和银号大收津汇，上了大当，结果协和银号亏累，无法维持，就拿榆次行库款补亏，不久暴露，省银行严厉追还，冀破了产，出了行，协和银号也倒闭了。还有总理高步清，在民国二十年（1931 年）初，当时省币紊乱不堪，他却以私人函派他在代县私人的商号职员，向各地分行借款。又有总营业武海青在省银行发行铜元券期间，经常电告平遥分行到文水县吃（即以铜元券买进银元），而他事先却又电告他自开的文水钜源泰银号临期先买进，省银行一到，他又卖出，从中稳获厚利（钜源泰是平遥分行的代理者）。并令平遥分行在文水经钜源泰手大方贷款，从中取巧，变相贷与钜源泰了。当时省银行各处的代理店，大半都与行内负责人有关系，如定襄县的代理店德和永就是协理齐梦彪独资开的，其他不能一一尽述。

※ 张正廷：《山西省银行片段回忆》，载《山西文史资料》第一〇九辑。

敬启者，报载山西省银行历年以来，外间传说黑幕甚大，自该行前经理高步青及现任协理阎毓芹舞弊情形，经查帐员先后揭破后，外间对该行内幕情形益为关心。据金融界某君谈称，该行协理贾某，以至四总两司等，其作弊者甚伙。前协理贾某在太原开之义泰银号、益和银号及钱铺，阎毓芹之一德银号、益和银号，总营业武海青之钜源泰、豫慎茂、兴华银号，总文书李云阶、总会计郭丰亭、司券常运文、司库乔卜丞、太原分行正副经理傅鉴西、张英三等所开之瑞兴、益和银号、晋裕兴等七八家，长年浮挪暂借，欠省行现款，不出分文利息，一年共计不下百余万元。现各该行商仍欠现洋 40 余万元，闻此事查帐员已查出。十八九年维持省钞，八家定下办法，有一条着省行贴费收天津洋钱共 1000 余万元。贾俊臣在榆次交省行三百余万元，太原托义泰等银号交百余万元，共赚洋约百余万元；阎托益和、李托瑞兴、郑武乔傅等托巨源泰共交三百余万元，系赚洋

百余万元；津行经副理郭树经、李鹤年作维持晋钞之生意赚得二三千万元；总稽核郑心泉在津所开之义峰煤厂，十九年倒闭，该外五万六千余元，因筹款方便之见，将素日与伊狼狈为奸之鹤年提升津行副经理，接事后，将义峰欠款由津行作晋钞弥补二万余元，下欠三万余元如数结至太原分行，至二十年元月始以晋钞归还。按当时行市比较，省行约吃亏现洋二万余元。省行职员，自协理四总以下至总行六部分之二首领及分行正副经理以及各股长，在十九年九月以后，从天津分行使用现洋，二十年元月前后，在太原分行归还晋钞，或用堂名，或买东西，共计现洋十余万元，最多者为阎毓芹三和堂及常运文，闻此事查帐员已查出部分。十七八年，省行在沪商务印书馆印票，印刷费一百余万元，六成回折二十余万元，及省行所有电灯公司股票十余万元，应得红股三万，晋华纺织厂股票二十余万元（十九年退还民股时按股搭配外所剩者），皆为协理四总二司及太原分行经副理股长等私下暗分。再省行十九年后届分红，总理应得红利三万余元。当时正无总理，又协理阎毓芹呈报省府，“总理应分红利三万余元，除津贴低级行员、练习生二万数千元外，所余五千余元，应如何处理?”省府令作为官股。实际低级行员一文不名，除作官股外，皆为阎协理等均分等语。此事是否属实，相应函请贵会，逐项详确查复，以凭核办。

此致

清理山西省银行委员会

山西省政府

民国二十一年四月

※《山西省政府公报》第二卷第十七期，民国二十一年五月一日。

至（民国）二十一年春间，由省政府设法整理，向各县商借款项，按面值5%比率（每晋钞20元易现洋一元）收回一部，不足之数发行金融公债分年抽签偿还。

※ 郭荣生：《中国省地方银行概况》，国家第二档案馆（南京）档案，财政部卷。

五、抽签兑现与民众反通胀斗争

阎锡山逃大连以后，商震任主席时，财政厅长仇曾诒又订出一个抽签兑现办法，中签的号数为86、19、95，可以一元兑一元。随后又抽中十三个号码，则是按二元五角兑现一元，即所谓“二五兑现”。这个办法实行以后，又给各分行出纳人员舞弊的机会，即中签号码公布以后，出纳人员将库存晋钞之中签券预先换足；也有的迨公开检出中签券时，乘监视人他顾时，上下其手进行盗换顶替。当时因不收津汇，市面上便有公开的现洋行市，最高达到晋钞三十元换现洋一元。听说五台、定襄一带因为有人坚信阎锡山，死抱晋钞，吃亏到底，结果自杀。即太原城内，也有些老教员辛苦多年积存了晋钞，结果成了一堆废纸的。

※ 常紫书：《阎锡山垄断金融的核心——山西省银行》。

阎逃大连后，在财政厅长仇砚田与省银行总协理高云阶、阎子秀策划下，想出个银元券抽签兑现的办法，把兑换券当成公债券，根本不考虑大量的现金从哪里来，也不考虑蒋阎交战时，省银行发行的银行券已停兑，在此以后大量发行的银元券，在物价飞涨的情况下，也不是按应有币值发行的，如此而抽签兑现，岂不是自掘坟墓？所以一开始，人们就送一个绰号“抽一天”以影射仇砚田。在抽签兑现中又弊端百出，不把已发行的旧券在库中封存，未发行的新券，按号抽出，却混在一块叫行员按中签号抽出，给舞弊人员大开方便之门，出了不少问题。同时省银行总理高云阶带头舞弊，写了亲笔函多件，派其在代县的私人商号职员，分赴各地分行借款。来到平遥分行时，经理温子莱游移不定，我力劝其拒绝才没有借成，但在别的分行，有些慑于高的权势，怕丢纱帽，就违心办理了。

※ 张正廷：《山西省银行片段回忆》，载《山西文史资料》第一〇九辑。

……未见实行，先后用二五款项（例如现交250元存一年期到期还现银元100元）抽签兑现（与公债同），每月抽一次，先是抽三个号码，以后递减为一个号码，即每抽一个号码兑现万分之一的纸币，亦未见效。前后大概共抽了十二三个号码。反给省行出纳人员以贪污机会，即在清点库存券时，捡出的中签券，无法监督，虽然处分几个职员，后来大半成了半公开的秘密的集体贪污了。

※ 常紫书1975年5月14日提供的材料：《阎锡山垄断金融核心——山西省银行历史及牵涉到的经济材料》。

在人民群众的强大压力下，被迫作出三项欺骗性决定：（一）抽签兑换。公布了每一百张钞票号码中的95、86、19为中签者，一元纸币兑换一块银元。以后又公布过十三个号码，25、30、34、39、49、57、62、66、75、79、82、96、98。（二）二五兑现。即用二元五角纸币兑换一块银元，也就是一元纸币对换四角银币。（三）二五存款。持钞者再向银行储存，分一年、二年期，到期每元按二角五分付现。而这些为数极小的补偿也都被各级金融官员所套取。原察哈尔省财政厅厅长项道龛、天津烟酒印花局局长张桂兰，在解缴公款时利用纸币与银元的兑换币值来回套取，每人获利20万元，至于10万、8万者不可胜数。而广大群众万般无奈，急于抛钞，只好到市场上忍气出手，开始是一比三十，后来毛荒到一元纸币顶银元三分、二分，以至于成为一张废纸，人们在绝望中挣扎。……其实，这次风潮的最大受害者是银钱行业，他们的债权债务是钱，金柜里放着钱，手里拿着钱，面对风云突变的纸币无可奈何，眼巴巴地吞苦果，一夜之间就倾家荡产了，除与省市银行有牵连的益和银号、晋丰银号等二十余户在风潮中得到好处外，有二十多户因消息迟慢受到致命打击，连日宣告破产。其余二十来户受到冲击，无法正常营业。从此，整个行业趋于衰退。

※ 董良臣：《记“晋钞”与银号、钱庄行业的兴衰》，载《太原文史资料》第十一辑。

布告省钞抽签兑现办法及日期

为布告事，兹定于本年二月八日将山西省银行钞票抽签兑现，所有抽签兑现办法，

合亟布仰商民人等一体知照。此布。

计开抽签兑现办法

省钞抽签兑现办法

一、此次兑现，采取号码末尾二字中签办法，共设签支一百号，自零零号起，顺序至九九号止，共一百签。

二、前项签支共装一筒，每次只抽一签。

三、抽出签支之号码，即为中签号码。凡银行钞票末二位号码与之相同者，均为中签。惟铜元票及角票，均不在内。

四、凡中签号码之省钞，即于公布次日开兑，无论至何日均准兑现。

五、抽签在太原总商会举行，由省政府财政厅、太原总商会、市政公所派员监视，公推一人抽之，并由总商会、市政公所分知各行及各街长、副随时到场参观。

六、中签号码抽出后，由省政府即刻登报公布，并合行各县，广为布告，俾众周知。

七、兑收后即时盖戳销存，并于每五日，分别票类数目，呈报省政府财政厅一次。满一月后，由省政府财政厅、总商会、市政公所各派员，会点封存，不再发行。

八、兑现由太原山西省银行兑取，其在各县中签之票，准归商会代收，送由县府汇交太原省行，兑现发还，以便人民。

九、中签号码如有添补、涂改、伪造等弊，准由兑现处拒绝不付，并将原券扣留，其情节重大者，得呈请省政府处办。

※《山西省政府布告》，载《山西政报》，民国二十年二月七日。

北方财政会议决维持晋钞

晋钞抽签兑现办法，业由省府明令宣布，并于昨日在总商会举行在案。兹据省府确讯，财政厅厅长仇曾诒，曾于鱼日由沈阳密电商主席，谓维持晋钞，现经议决请张转电中央设法维持，在办法未定前，可仍维持抽签兑现原案。原电如左：

商主席钧鉴，玉密前遂计达，提议维持晋钞一事，现经议决请副司令电达中央，设法维持晋省金融。在办法未定以前，可由晋财厅就省地方收入移缓就急，仍维持抽签兑现原案，谨闻。曾诒叩。鱼。

※《山西政报》，民国二十年二月九日。

阎冯倒蒋，以阎冯失败而告终。阎冯下野，晋局残破，晋钞一落千丈。山西省银行陷入绝境。阎锡山下野后，商震主持晋政。收拾残局，稳定局势，最感头疼的是晋钞的毛荒、物价的飞涨、社会的混乱。他想了个办法叫“抽签兑现法”，就是从钞票末尾二字从一至九十九，从中先抽三号，中者兑现。以后逐渐抽兑。当时中签面为“19”、“86”、“95”。当时撰稿人正在榆次山西省银行分行任簿记员，中签号码电报发到榆次分行时，分行经理乔某，将电报压住，并不发表，先让全行职员，下到地下金库将所存钞票，全数从中抽出中签票百分之八九十，然后公布通知限期兑换。那次我以小职员身份分到银元二百元，据说经理分到两千元左右。以后晋钞逐渐贬值，一文不值，存有晋钞之商人，亏累倒闭，手拿晋钞的居民，买不到生活用品，倾家破产，寻死上吊者日有所闻。以致市面萧条，经济不振，人心惶惶。

※ 徐瑞楚：《阎锡山统治下的金融事业》，载《山西文史资料》第六辑。

昨日第一次抽签兑现之情况

新新社讯：关于省钞抽签兑现一节，此项声波宣传已久，各界人士亦无不望眼欲穿，冀其早日实现，借以得减本身痛苦。当局对于此事，前曾积极进行，究因困难之点特多，必须妥筹熟虑，方能定期实行，故关于此事，省府曾有数次会议，研究妥善办法，直至前日省府主席商启予氏所召之金融会议中，始行决定，自本月八日实行抽签，九日实行兑现，当即张出布告，并附抽签兑现办法，晓谕各界周知。各界闻及此讯后，以此关系三晋人民生命之重大问题，竟告解决，莫不喜欢欲狂，于是将所存钞票检出，预备届时前往对号者有之，将所藏多年现洋携出换买省钞者有之，此外，街谈巷议，亦莫不以此为资，即此足见人民因省钞低落所受痛苦之重。八日上午十二时为实行抽签之期，兹将是日见闻所及，分条志之于后。

会场布置，会场设于总商会大厅中，事前由省银行加以布置，如签杖签筒等物（签系竹制，筒系木制）均于事先备妥，届时置于大厅之中，并为维持秩序起见，大门口外，特请军警宪分配岗位……抽签完毕后，记者曾赴省银行走访该行协理阎毓芹。据阎谈称，此项抽签办法尚未实行之前，省行即将现洋准备妥善，目前所存现洋尚有四百万元，足敷八个月之用，但仍需随时筹备。此项抽签办法，系以百分之一作比例，因省银行现下发出之钞票，系四千八百余万元，再加以铜元票，总共约有五千万元，即每百元中有一元中签，以此递推，五千万元中签者，即有五十万元也，但兑现时，绝不能恰恰兑五十万元，自为难免事实，或多或少，均无问题，至于各县中签之券，若令其来省兑取，自属绝难办到，故省府前即令行各县：凡人民持有中签之券，即赴该县商会挂号，并将所有之券交于该会，再由该会汇交县府，再由县派员来省兑换回县，按号偿还，如此，则往返跋涉之苦，自又免去云云。

※《山西政报》，民国二十年二月九日。

晋钞抽签兑现百号中抽一号

商震于四日下午在省府开金融会议，讨论抽签兑现办法，决定七日抽签，九日开兑。其办法按百号中抽一号，在商会举行，由省政府财厅、商会、市公所派员监视，中签号次登报布告，暂以一至百元券为限，角票、铜元票另议办法。

※《银行周报》第十五卷第4号，民国二十年二月十日。

晋钞已抽签兑现
根本救济请中央设法

晋省政府代表、商会长、省银行协理、公安局长、市政公所代表，及并州二十二行行董，各街长、副等，八日午去总商会，会同举行晋钞抽签兑现，抽中86号。凡钞尾二

字与签相同者，九日起可持票兑现。

关于整理晋钞，据商民意，拟将晋府工厂不动产，估价二千万元，作山西银行基金；再请中央恢复二千四百万晋金融公债，作救济办法，由晋代表政府向财政当局接洽，以期实现。

※《银行周报》第十五卷第5号，民国二十年二月十七日。

山西省银行平遥分行的一段公案

我于1923年分派到平遥分行兑换处办理银元券、铜元券兑现事，是年10月间，有一老翁手推满载东西的小车，停在道旁，来兑换铜元券，兑好后，突然倒在行门外，我叫门卫出去赶快把他扶出，另一同事陈秉礼（当时不在场）出来一看，因他是本城人，认得这老翁叫董子仁，他儿子董聚奎在本城永亨银号任事，即由陈差人通知董聚奎来并带一医生抢救，无效；就由他儿子抬回家去，这本是年老疲极，突发的急性脑溢血，可是在当时谁也弄不清楚是什么病，不料竟为此在平遥发生了一场轩然大波。其主要原因，是不满阎锡山统治下的山西省银行在平遥滥发纸币，操纵金融，想借此以驱逐省银行出境，不久就由几个不满省银行的绅商，鼓动董聚奎向平遥县政府起诉，说他父亲是陈秉礼打死的，但经县府检验，并没有一点打伤痕迹，结案。于是绅商们进一步鼓动平遥励志中学等罢课示威游行，并制造了个见证人。为此事，当时省府撤换了县长吴洁已、委员史标青、公安局长郝雪乡等，董家就上诉到太原，省里批到介休县审理，一面绅商们又发动些拔毛分子（即无职业的投机者）向省银行展开挤兑风潮，介休县长黄庭愧接案后，即来平遥调查，我与陈秉礼都被查问，都以实情告他。1924年春介休县调陈秉礼与我到介休投案，陈被关押，我讨保候审，结果陈是主犯，我是证人，陈罚款500元，我无事。如此判处，平遥绅商更不服气，又鼓动董家上诉太原高等审判厅，于是就把我们两人解到太原受审。在太原仍然是陈被关押，我讨保，结果陈以嫌疑判刑二年，我无事，但未过一月，段祺瑞登台执政，陈即被救出回行办事了。此次风波，省银行损失不轻。当时不止平遥，到处风传山西省银行打死一人，造成很大影响。事情已经过去几十年了，我是当时的当事者、目击者，今天写出来，是为澄清这个事实。

※ 张正廷：《山西省银行片段回忆》，载《山西文史资料》第一〇九辑。

阎锡山竟然不问百姓的死活，一律停止兑换和使用，凡存积之户，虽有万千不如手纸。当时的百姓们由富而变穷，由有而变无，哭诉无门，虽有票子，不抵分文。

最后对山西票子不无伤心的老人们，有的包藏，有的焚化。当时太原市有一位老人，积存纸币六万余元，他伤心过度，把那些分文不值的票子到省银行门前火化成灰，大哭并咒骂不堪，而许多狐群狗党的冷狗子，把银行门紧紧关住，不管怎样呼叫，他那银行的门总是不开，那位老汉气愤地走去。凡山西的群众，在阎锡山……的中间，哪一个人也得吃亏，阎锡山即出了很多的纸币，无现兑换。

※ 郭绶章：《兑换山西票跌价的概况》山西省文史馆，手抄件。

督军府机要处处长高湘溪，从十多年的薪饷中积蓄晋钞2万余元，目睹此事，十分心寒，每日上下班，提着包钱的钱包，等待好转，不料越等越毛，一气之下，把钱烧光，终日狂饮，不久死去。

※ 董良臣：《记“晋钞”与银号、钱庄行业的兴衰》，载《太原文史资料》第十一辑。

有阳曲河西一村民，平生辛勤所积共晋钞一百四十元，以作养老及身后棺木之资，因钞价狂落，亦寻至省银行，坐于柜台前，放声大哭，哭后亦全数焚烧，并哭向银行人员道“这算是诸位作的好事，老汉这百余元，算给诸位烧了纸，超度灵魂吧”。说毕，沿街大哭而去。

※ 章有义编：《中国近代农业史资料》第三辑，123页，三联书店，1957年。

省政府通令各县赋税等款，十五日[①]起一律改收现洋，金融异常紊乱，商民恐慌万状。十六日晨，有一老叟年逾六十，怀抱晋钞数百元，燃香一支，跪省行门首，仰天痛哭，后将钞完全焚烧，临行时高呼“为民除害”等语。

※《银行周报》第十六卷第20号，民国二十一年一月二十六日。

迨治政局平静，省行信用未复，人民又如惊弓之鸟，不愿行使省钞，市面顿感流通停滞。钱庄、商号为救急起见，纷纷呈请发行，省政当局一面暂如所请，一面陆续开设垦业、铁路、盐业各银号，特许其发行。

※ 蒋学楷：《山西省之金融业》，载《银行周报》第二十卷第二十一期，民国二十五年二月。

有人在银行门前把票子点火烧了，哭着走了。有人把票子扔在地上，脱下鞋就骂就打。兑换的人也是边骂边换：公家咋坑人都行。我（徐一清）虽然不干了，但听了也很心酸，好像是在打我骂我哩！

※ 李兴杰：《实业家徐一清与阎锡山》，载《山西文史资料》第五十八辑。

例如退职家居的高湘傒，将他多年积存的省币一万余元，在愤痛之下全部焚烧，一病不起。晋北有个老人携带省钞来太原，在省银行门口自动焚化，大哭而去，不知所终。通过这些事实，可以想见人们对阎锡山反动统治的无比愤懑和纸币灾害的如何惨重了！

※ 陶伯行：《阎冯倒蒋之战给山西人民带来的灾难》，载《山西省文史资料》第七辑，46页。

省钞命亡，商民失望，倾家败产者，大有人在，市民有因存钞无用，携省钞到省银行门前焚烧，以减忿者，商人有因赔累不堪，服毒或上吊而自杀者，真是民愤沸腾，直至1932年3月，阎出任太原绥靖主任之前，才规定省钞20元兑银洋一元。

---

① 指1932年1月15日。

对联

（一）几句空文，欺骗了多少同胞，弄得军政界、教育界、农商界、工青界，血汗徒劳。身家莫养，顷刻间即败家荡产，试着即焚票门前，缢死柜上、服毒空内、问政府诸公良心忍否。

（二）晋钞不钞，银行无银，人民大众，就都该死，即管他死活来？

※ 杨怀丰：《关于山西省钞二三事》，山西省文史馆，手抄件。

第三篇

20世纪30年代的山西金融(1932.1—1937.7)

第六章 整顿山西省银行

第一节｜改组山西省银行

一、筹集准备金

未几，阎锡山由大连乘飞机迁回五台县河边村，又作了省政府的后台老板，一切重要事件，完全由其主持。并经阎徐商定晋钞一五兑现办法与兑现日期，由阎负责拨款，由徐公布周知，及至兑现期届，阎竟变计，不但未予拨款，反指使其私人金融机构，故意压低钞价，摇动市面。当时人皆谓其另有政治作用，其实纯系为节省兑款打算。旋经伪国民政府起用阎锡山为太原绥靖公署主任，到省就职，晋钞价值已跌落至每银元兑换二十余元，阎始将兑款拨出，由徐布告以二十元兑换银元一元，将晋钞定期收回。至晋钞七千余万元，系阎逃往大连以前发行的，兑现准备金，系同时由阎提充军用的，最后以二十元兑换银元一元，亦系阎由大连回晋以后主持办理的。在阎离晋时期，省政府并未令省银行增发晋钞，亦未提支过行款，所有不敷军政各费，财政厅系清理各县政府及各税务局历年积欠解款，一方面竭力撙节开支，以资弥补，并未增加人民负担，惟以上述种种原因，省政府未能将晋钞及时定价收回，致使民间受到严重损失耳。

※ 仇曾诒：《抗战以前的山西财政》，载《山西文史资料》第五辑。

1930 年阎锡山被蒋介石战败，省票低落，省银行库存准备金，除陆续抛出维持省票及被阎提走省外，所存无之。1932 年阎锡山重掌山西政权之初，察知省银行总经理高步青有以落价之省票，套取省银行库存现洋行为，派我持手令，限高即日交足现洋一百万元，备作撤收省票的现金，否则按军法处治。我到省行向高出示阎的手令，并说：“总座怒甚，如凑不足者，不只是你受处分，连行内所有不干净的人，都难免受处分。”高忙了一天，凑足现洋一百万元，由我点清后，用省政府封条封存。当晚我向阎复命，阎首先说：“白跑了一趟吧。”我说：“如数凑齐，并已封存库内了。”阎以结束圆满，甚为喜悦，即委我为省银行监理。不几日，宣布省银行发行兑现新省币，以新省币一元，撤收旧省币二十元。不到半年，旧省币收清，这又算第二次股金一百万元。

※ 王尊光：《阎锡山的四银行号》，山西省文史馆，手抄件。

山西省政府指令
（财字第 728 号）

令山西省银行，呈送高经理欠款数目暨清册请鉴核由，呈册均悉。此令。册存。

※《山西省政府公函》财字第 85 号。

山西省政府公函
（财字第 83 号）

敬启者，案查前山西省银行总经理高步青私向总分各行抽调现款一案，业将该前总经理送交贵院依法办理在案。兹据省银行呈报前总经理欠款数目，并送清册等到府，相应抄同原送清册。

函请

高等法院

附抄送清册一份。

※《山西省政府公报》第二卷第十七期，民国二十一年五月一日。

阎从大连回来后，得知高步青同意给商震从省行提走七十多万元现洋，就把高扣了起来，二年被保出后高就死了。

※ 郝建贵：《访问米量轩记录》，1975 年 4 月 28 日。

省行经理高步青被扣

商震离晋时，带走 600 万现洋，阎锡山因此怪省行经理高步青，怪他没有卡住商震，据说高步青坐监主要为此。

※ 郝建贵：《访问贾乙和记录》，1975 年 8 月 19 日。

为令遵行事，查本府 89 次委员会主席提议，山西省银行于去年规定“二五存款”办法后，曾收一年期存款，折合现洋二百万元，二年期存款折合现洋五十一万余元，两项共折合现洋二百五十一万余元。兹经查清结果，该行实属无力按照原规定归还，拟由本府筹款归还，先将此项存款利息一律停止，从本年份起分五年归还，定于每年十二月终为归还之期，计第一年还三十万元，第二年还四十万元，第三年还五十万元，第四年还六十万元，第五年还清。其归还办法，第一年将一年期所收之低额存款尽先还清，第二年至第五年将一年二年两期存款按存户所存总数平均比例分还。又该行原定官商合办，按二五折合现洋集起商股一百零四万余元，现查该行于新收商股后，营业亏累，负债已多于资产，除股金亏折外又添负债，惟前因票价关系商民受困已深，未便再令担负还债责任。兹拟将该行收归官办，陆续筹款清偿外债，其原入之商股照原股一律退还，以恤商难。但现因财政困难，

不能及时办理，拟于二五存款还清后，接续分二年偿还，即民国二十六、二十七两年各还一半一案，当经会议决议通过等因，查该行原收二五存款既经决定五年内分期归还，所有每年应分配归还款数应即由该行、厅详细列表呈送本府核定，除令财政厅查照外，合亟令仰该行遵照查办，饬山西省银行遵照办理外，合亟令仰该厅查照。此令。

※《山西省政府为更定“二五存款”提取办法，清退“二五入股”所集商股发布的命令》，载《山西省政府公报》第二卷第十七期，民国二十一年五月一日。

1932年3月，因省银行无力归还已经到期的二十五万元现洋的“二五存款”（是抽签兑现失败后，商震主政的山西省政府于1931年5月30日公布的又一整理金融办法，即商民对省钞每元折价四角兑换可存放省银行生息，为期九年，到期时还现洋，随后又用“二五折收股本”办法，集起商股一百零四万余元），同时又由于实行“二五入股”后，“营业亏累，负债已多于资产，除股金亏折外，又添负债”。所以，阎锡山决定到期之“二五存款”，“拟由本府筹款归还，并将省行收归官办，陆续筹款清偿外债，其原人之商股照原股一律退还”。

※《山西省政府公报》第二卷第十七期，民国二十一年五月一日。

直至1932年该行改组时才整顿了内部手续，成立了发行处，始有了准备金库。彼时发行的纸币，票面上印的“兑换券”有百分之六十的现金准备，券面不分地名，只在太原一处兑现。此项准备金保存在发行处的准备金库，其余百分之四十是证券，一部分为公债券和股票等，另一部分是放款的字据。当时“兑换券”的发行数字为两千多万元，连同铁路、盐业、垦业各号发行的共为四千五百多万元。到1935年，省银行跟踪蒋中央所谓“兑现券”也不兑现了。

※ 常紫书：《阎锡山垄断金融核心——山西省银行》。

1932年撤收旧钞清理省行，改组成公营，补来清理费100万元，资本120万元，到事变后省铁合并，就不了解了。

※ 常紫书1975年5月14日提供的材料：《阎锡山垄断金融核心——山西省银行历史及牵涉到的经济材料》。

二、整顿省银行

在王尊光担任了省银行监理后，阎又派王带一查帐组到省行彻查帐务，查出总经理高步青和行内几个重要职员确有舞弊情事，遂将高步青、阎子秀（太原分行经理）、郑秉中（总稽核）、乔晋枚（司库）、刘沛（总会计）等撤职关押。同时，阎为了巩固其金融机构，并恢复省银行已失去的信用，重新剥削人民，由省政府下令整顿省银行，修订章程，实行所谓“官营民监”的办法。其组织机构是：由省政府派监理员一人，并设监事九人，半由官派，半由民选。取消“总管理处”，改为“总行”，内设总经理、协理，下辖总务、会计、业务、发行、金库五大处，每处各设主任一人，另设储蓄部及稽核室，储蓄部设部长一人，归总务处领导，稽核室专办人事及机密、调查等事，由总、协理直接领导。各处之下分组，各设组长一人，行员及练习生若干人。资本定为二百四十万元，由省政府分期筹拨，除"二五"折价入股的私股外，实有资金约一百九十余万元。向蒋政府财政部重新注册登记领照，于1932年7月照新章实行改组。

※ 王尊光、张青樾：《阎锡山对山西金融的控制与垄断》，载《山西文史资料》第十六辑。

二十一年高（步青）、阎（毓芹）二氏因事去职，由省政府委任王骧为总经理，傅瑶为协理，旧钞清理逐步竣事。是年七月遵照新章实行改组，另定分期筹拨资本办法，定为官营民监，以调剂全省金融扶植经济建设为总旨，由省政府特派监理员一人，监理一切收支及各项财产，并派理事五人，审核业务方针，核定重要行务。复由全省商民选举监事七人，执行监察之权，检查发行准备，随时布告全县，并取消总管理处，改称总行，内部组织分总务、业务、会计、发行、金库五处。每处分设三组，此外并设稽核室，以稽核全行帐册。该行资本总额定为国币六千六百万元，嗣为切合实际，改定为一千二百万元，由省政府分年筹拨。

※ 郭荣生：《中国省地方银行概况》，国家第二档案馆（南京）档案，财政部档案卷。

（中原大战后）这些人的下落，在徐一清返省后，将郑心泉安插电灯面粉厂充经理，七七后南下未走成，折回太原，后到北京做了寓公，解放后死在后门旧所。李云阶神经病发，不久病死。阎子秀回了家。郭沛回家休息年余，任了郑州中央银行出纳主任，"七七事变"离职去西安闲住，胜利回了太原病死。乔卜臣集资开办了德记烟草公司，获大利一年有余，被阎匪强迫收归公有，乔充了郑州中央银行经理；七七后迁于宝鸡，仍称郑州行；临解放逃四川时，在秦岭附近被溃兵抢劫一空，到上海得病气死。阎匪由大连回晋，调陆恭斋充公营事业董事会董事长，令建设厅长王骧充省行总理（王字濬沅，寿阳人），傅瑶升协理，武海青告老，清理旧钞，改组省行，撤销上海、汉口分行，太原分行成为总行，对外营业，设五处：业务处主任郝继华（字荣庭，榆次人，上海行经理）、副主任白毓震（字东升，平定人，上海行副手）、会计处主任张邦彦、总务处主任要继志（字士先，榆次人，王骧带来）、发行处主任常运文、金库处主任孟缄三（满族人，王骧带来）。每处设三组，业务处加一组（储蓄），金库设两组，另设稽核室，陈敬卿任总稽核（平定人，王带来），直属总理室。发行新兑换券。1932年7月，改组完成了。1934年，阎匪……调平遥分行经理温承欢升业务处主任（字子美，文水人），会计处综合组组长张秉炯升了业务处副主任，温、张不合，温告辞，去了铁路银号；调新绛行经理武跃东充业务处主任，与张仍不相容，武调了平遥行经理，张升了运城行经理（张能力强，目中无人，与张邦彦、刘青田相厚），王骧调了准备库经理。省行经理派了高云阶（代县人，前雁门道台尹），由王秘书长（名谦，字尊光）带回到省行接任，召集职员讲了话；不久高又去职（不知何故），王骧二次回任省行。业务处主任调准备库组长曲子洁充任（名宜清，五台人，前省行会计员，阎匪特别关系，梁化之的姐夫）。1936年仿照铁路银

号，将一些职员月薪改为顶股，批准总理顶一股二厘，开商界的先例（从前无论何处，至多一股就顶足了），每股每月应支200元，其余职员递减，最少的是厘半，即每月30元，由10月1日起呈报批准，因为到年底只三个月，没有开钱，1937年事变，就不给分红了，省行人员常说笑语："总理顶破了，虽然顶过生意，没开股子；娶过媳妇，没养过小子。"

※ 常紫书1975年5月14日提供的材料：《阎锡山垄断金融核心——山西省银行历史及牵涉到的经济材料》。

山西省银行成立于民国八年一月一日，初系官督商办，资本额是三百万元，设总管理处于太原。……民国十八年，改定资本总额为一千万元，营业日见发展，省内外分行达四十处，全体行员近五百人。十九年政局变迁，收归官办。

二十一年，因整顿金融，经山西省政府委任王骧为总经理，傅瑶为协理，修订章则，积极改革，遂于是年七月一日遵照新章实行改组，定为官营民监，以调剂全省金融、扶植经济建设为宗旨。由省政府特派监理员一人，监理一切收支及各项财产。委任理事五人，审定业务方针，核议重要行务。复由全省商民选举监事七人，执行监察之权，检查发行准备，随时公告各县，并取消总管理处，改称总行。

※《全国银行年鉴》，1934年。

山西省银行成立于民国八年一月，改组于民国二十一年七月，改组后定为官营民监，以调剂全省金融，扶助经济建设为宗旨，现省政府当局，为力矫前非，防止流弊起见，严定规章，概不借垫军政各款，故迩来营业颇有起色，基础亦渐臻稳固。共有分行办事处二十七所，散布各县，总资本定为国币一千二百万元，自二十二年度开始，由山西省政府每月拨十万元，预定十年如数拨足，截至民国二十四年十月止，计已拨二百八十万元。

省银行由山西省政府授予下列之特权：（一）发行兑换券；（二）经理省金库及省建设金库；（三）募集和经理公债。其营业范围为：（一）各种证券及商业上确实期票之买卖贴现或重贴现；（二）办理汇兑及发行期票；（三）买卖生金银及各种货币；（四）收受各种存款；（五）以各种有价证券、商品或金银币作抵押之贷款；（六）对于经过调查交由理事会审复认为妥实之工商业，为信用贷款，但以短期为限；（七）代理收解各种款项；（八）代人保管证券、票据、契约，及其它各种贵重物品；（九）代素有交易之银行、公司、商号，及个人收取各种票据之款项；（十）扶助公营实业、商业，但需经省政府核准，并须有确实之担保品；（十一）兼营储蓄业务。至发行兑换券之准备金，原定现金至少六成，现提高至八成，其余则以确实之有价证券，及短期贷款票并规定准备金充之，与营业资金完全分立。

※《全国经济委员会经济专刊》，载《山西考察报告书》，民国二十五年二月。

修正山西省银行章程
（民国二十一年五月二十七日）

第一章　总　则

第一条　山西省银行系为官营民监，由山西省政府设置与经营，而由全省商民实行监察。

第二条　山西省银行以调剂全省金融，扶助经济建设为宗旨。

第三条　山西省银行为巩固业务，防止流弊起见，概不垫借军政各费。

第四条　山西省银行总行设于山西省城，经理事会决议设分行及办事处于其他地方；并得与其他银行、银号缔结代理契约或汇票兑换契约，但应向省政府进行申请。在其撤除及转移之时，亦应向省政府进行申请。缔结过代理契约或汇票兑换契约的银行、银号，即成为本行的代办处。

第五条　山西省银行的营业年限，从改组后继续营业之日起，为满三十年。满期后，经理事会决议，得向省政府申请审议承认其延期。

第二章　资　本

第六条　山西省银行，资本定为国币六千六百万元。由山西省政府分十年按月拨足，第一年每月十万元，以后按年每月递增十万元。

第三章　特权及营业

第七条　山西省银行由山西省政府授予下列之特权：

（一）发行兑换券；

（二）经营省金库及省建设金库；

（三）募集和经理公债事务。

第八条　山西省银行的营业项目如下：

（一）各种证券及商业上确实期票之买卖、贴现或重贴现；

（二）办理汇兑及发行期票；

（三）买卖生金银及各种货币；

（四）收受各种存款；

（五）以各种有价证券、商品或金银币及生金银作抵押之放款；

（六）对于经过调查交由理事会审复认为妥实之工商业得为信用贷款，但以短期为限；

（七）代理收解各种款项；

（八）代理保管证券、票据、契约及其他各种贵重物品；

（九）代理有交易之银行、公司、商号及个人收取各种票据之款项；

（十）扶助公营实业、商业，但经省政府核准并须有确实之担保品；

（十一）兼营储蓄业务，章程由省政府核准施行。

第九条　山西省银行不得经营下列诸项及其他有投机性质之事业：

（一）购入不动产或承受以不动产为抵押之借款，但业务上必须之不动产及建设金库之贷款不在此限；

（二）购入或承受各项公司之股票；

（三）无市价担保品之借款及透支；

（四）直接或间接经营各项工商事业，但经省政府核准者不在此限。

第十条　山西省银行依本章程第七条第一项之规定发行兑换券时，其兑换券需有十足之准备金，现金至少六成，其余得以确实之有价证券及短期贷款票据充之，并需与营业资金完全分立。

第四章　组织及职权

第十一条　山西省银行设理事会，由山西省政府特派理事五人组织之，对省政府负责，任期均为三年，期满得续派连任，理事在职内不得兼任其他银行、银号职务。

第十二条　山西省银行设总经理一名、协理一名，由省政府从理事中选任，任期均为三年，期满后得重新任命。

第十三条　总经理经理全行事务，协理辅佐总经理处理全行事务。总经理不在时由协理代理。

第十四条　下述事项，应由理事会决议：

（一）各项规章的编订；

（二）分行及办事处的设立及废止；

（三）业务方针的审定；

（四）兑换券发行及准备金金额的审定；

（五）经费及其他支出的审定；

（六）行员奖金的审定；

（七）重要契约的缔结；

（八）向省政府提议的事项；

（九）向总经理提议的事项。

第十五条　山西省银行，基于官营民监的宗旨，由全省商民分区设立监察团，从监察团选举监事七名，由监事组织监事会监察之。

将全省分成六区，同太原市共计七个检查区，各区范围内的县商会主席及太原市商会内的各同业公会主席全部作为监察员。各区监察员分别予以组织，组成七个监察团。每团选举一名作为监事。监察团的组织选举规程及分区、县别，另行规定之。

第十六条　监事七名选出后，向省政府呈报，对各监察团及各县商民负责，任期二年，重选得连任。

第十七条　各区监察团对各该区监事拥有罢免权，但须得该团团员人数的三分之二以上的同意。罢免后重新进行补选。

第十八条　监事会设常务监事三名，由监事轮流充任，任期六个月；其轮换次序由抽签决定。监事会主席由监事互荐。

第十九条　监事拥有向省政府弹劾理事、总经理、协理，向理事会弹劾全体行员的权力。

监事得随时派出一名或数名人员，至总行、分行进行自由地检查，省银行不得加以妨碍之。

第二十条　监事会的职务如下：

（一）全行帐目的审查；

（二）月报、年报的审查；

（三）兑换券发行及准备金金额的监察；

（四）各项支出报告表的审查；

（五）对有无违反章程进行军政费用的垫款贷款的审查；

（六）对各项贷款的担保品的确实与否的检查；

（七）对全行人员有无违反章程及不良行为的监察；

（八）其他一切监察事项。

第二十一条　监事每半年召开一次常会；常务监事每月开会一次，有监事二名以上认为有必要召开会议时，得随时召集临时会议。

第二十二条　监事在每次开会之时，对准备金数额是否符合章程的规定，进行确实的检查及署名后，应向各该团监察员及各县商会进行报告。其营业报告、财产目录等，应在年度末决算之时，进一步报告。

第二十三条　总行为本行管辖全体之机关，设置如下各部分：

（一）总务处；

（二）业务处；

（三）会计处；

（四）发行处；

（五）金库处。

第二十四条　总行各处设主任一名，根据需要得设副主任一名。按照事务的繁简设置行员及练习生若干名。其详细组织规则及办事规则，另行规定之。

总行因事务上的需要，设置稽核二名至四名，由总经理任命、掌管调查、监察事务。

第二十五条　各分行设经理一名，必要时得设副经理一名，各办事处设管理一名，均由总经理选任，但是须经理事会承认。依照业务情况得在各分行设立各股，每股设股长一名、行员练习生若干名，均由总经理选任。

第二十六条　凡由理事监事、总协理、各处主任、副主任及分行经理、副经理、办事处管理等进行的经营或投资事业，省银行不得进行贷款；但是，作为有限公司股东进行投资者不在此限。

第五章　经费及待遇

第二十七条　山西省银行经费，每半年编成概算，待理事会通过后，应向省政府申请审查决定。

第二十八条　理事、监事及总协理的工薪，由省政府决定之。其他行员的工薪由总协理按照待遇规则酌定金额，经理事会议决，编入概算，其待遇规则另行规定之。

第六章　经营决算及纯益分配

第二十九条　每年的营业决算从一月至六月为前期，从七月至十二月为后期。全年总决算报告，由总行编成下列各项表册、文件，由理事会向监事会提出，经审查后理事会向省政府呈报，监事会向各该团监察员及各县商会进行报告：

（一）财产目录；

（二）资产负债表；

（三）营业报告书；

（四）损益计算书；

（五）红利分配表。

第三十条　每年总决算后，所得纯益，按百分法分配如下：

（一）提百分之十五为法定公积金；

（二）提百分之六十五归省建设金库；

（三）提百分之十五为全行职员奖励；

（四）提百分之五为全行职员养老金及抚恤金。

第七章　附　则

第三十一条　本章程有修正必要时，经理事会的决议，向省政府呈请，待审查决定后进行。

第三十二条　本章程自公布之日起实行。

※《山西现行单行法规辑要》，山西书局印行，民国二十三年一月。

三、换发新晋钞

1932年阎锡山得到蒋介石的谅解，再次上台，任太原绥靖公署主任后，借名“整理省钞”，又发行新纸币，以一元收兑旧币二十元。另外又设立了铁路银号、垦业银号、盐业银号，均发行纸币。自1932年至“七七事变”后太原沦陷时，计：山西省银行发行钞票二千余万元，铁路银号发行一千五百余万元，垦业、盐业两号各发行五百余万元。1935年蒋介石政府规定，中央银行、中国银行、交通银行、农民银行四行发行的钞票为“法币”，不兑现，并禁止现金流通。阎锡山看见有利，便乘机宣布：省铁垦盐四行号的纸币为“省币”，也不兑现。

……

阎锡山由大连潜返山西后，为了继续推行他的晋钞，遂对晋钞提出收拾的办法：先用“二五”折收存款，定期为五年，到期时还现金。随后改组省银行，又用“二五”折收股本，当时群众认为能以每元四角折价入股，总较市价每元只值四五分钱便宜多多，因而收回了一部分晋钞。其后又用二十元兑现一元办法，作了最后的解决。

※ 常紫书：《阎锡山垄断金融核心——山西省银行》。

及阎锡山由大连回晋，于1931年冬天，竟令省银行按二十元折合一元，另发新币兑收。霍县因受省钞影响，商业倒闭，民户破产，市面与农村呈现一片萧条困窘的凄凉景象。全省各县都不例外。遂改山西的社会经济一蹶不振。受害最大的当然是广大人民群众。他们终年劳动生产所换得的晋钞成了一把废纸，生活陷于绝境。而一切苛捐杂税的负担，官吏和军队的骚乱，在阎锡山二次上台任绥靖主任之后，有加无已。固（故）此逼得人民无法生存，逃亡、自杀者时有所闻。

※ 陶伯行：《阎冯倒蒋之战给山西人民带来的灾难》，载《山西文史资料》第七辑，40～41页。

及阎锡山由大连返晋，有些人向他建议酌定比价将省钞收回，他却置之不理，直等钞价落到最低程度，始令省银行按省钞二十元折合现洋一元，另发新省币兑收。结果，使山西全省的商业破产，商家倒闭，社会经济，一蹶不振。而受害最大的是广大人民群众，他们以终年劳动生产所换得的晋钞成为废纸，物价一日数涨，生活陷于绝境，逼得自杀的时有所闻。这一场灾难，真是无一家无一人不受其害。

※ 山西省政协：《阎锡山统治山西罪恶史》上册，234～235页，1960年油印本。

1932年3月21日，阎锡山就任太原绥靖主任，又与蒋介石合流，一面规定为以二十元顶银洋一元结束旧省钞，一面又改组山西省银行，发行新省钞。以后又有垦业银号、盐业银号及铁路银号相继成立，亦均发行钞票，此三号与山西省银行合称四行号。人民鉴于1931年前旧省钞之命运，对新省钞抱有戒心，故阎曾不断命令四行号，必须有八成现金准备。在此期间，山西农村破产、商业凋敝现象严重，太原市商号倒闭及歇业者，只1934年一年之内，即440余家之多，各项商号歇业者亦在三分之一以上。各项商号多滥发私钞，至数百万元之多。

※ 杨怀丰：《关于山西省钞二三事》，山西省文史馆，手抄件。

1932年阎锡山二次登台，仅筹到现洋一百万元，令省银行发行兑现新省币，撤收旧省币，并令市面周使新省币。人民因吃了旧省币的亏，对于新省币到手即推出，随发行随回笼，不能大量发行。……

……

1932年，阎锡山重掌山西政权，又发行新省币，山西人民因吃过一次省币亏，对于新省币不敢存储，随发行随回笼，不能大量发行。1935年，阎得到法币不兑现、市面通货缺乏的机会，用空文给四行号增拨资本，令大量发行纸币，交实物准备库，收买物资。不到两年时间，从原来的几百万元的发行额，增到三千四百多万元。

※ 王尊光：《阎锡山的四银行号》，山西省文史馆，手抄件。

第二节｜山西省银行组织机构与制度

一、组织机构

溯自二十一年七月一日本行改组以来，整顿刷新，循序渐进。二十一、二十二年，尚

在整理时期。蒙政府之指导，承各界之爱护，基础日臻稳固，信用日见提高。本年份，资本增加，内部充实，各项业务，得以渐次扩展。回顾全年工作，虽无显著成绩之足述，然较诸去年，尚觉稍有进步。

设计方面

（1）关于省外者，查汇兑一项，在银行业务上，本占最要部分。而本行自改组以来，省外业务机关，仅留天津、绥远两处。对于向省外大商埠之汇兑调运，时感滞塞不灵，声气难通之苦。而本行代理金库，收解各县公款，尤为重要工作。若不妥筹汇兑灵敏之法，则不特于应用上诸多不便，且运送费用，亦属虚耗。查本省硬币之来源，除沿边各县以粮食煤炭土产向外省换回外，大半以晋南棉盐之售出换运入境。本行及各钱商，又由晋南转运来省。而省垣附近县分，又因交易上之需要，辗转输运出省。因此本行全年运送现款费，常不下二三万元。近自陇海路直通西安，连云港建筑码头以来，晋南商业趋势，殆将脱开天津，而趋向陕郑沪汉等处。以后营业进行，自须在陕郑沪汉各埠着眼；因派行员专赴陕豫沪汉调查一次，拟即遴选妥员，分往各处设置，以资进展。如此一转，硬币之需要自少，运费之支出亦减。汇拨畅通，营业日进，而市面之气象，亦自改观矣。

（2）关于省内者，本行当二十一年改组时，因环境及经费关系，曾将省内分行处裁撤九处。现在信用逐渐恢复，资本按经济建设实际需要，改六千六百万元为一千二百万元，十年拨足，每月划拨十万元，亦于七月份起按月拨到。为调剂全省金融计，自宜广设分支机关，俾全省脉络，得以渐次贯通。惟是全省普设分行处，开支浩繁，结果必将不赀；因仿中国银行办法，拟多设寄庄，少设分行处。在事实上，可收相当之效果，在经费上，可免无谓之开支，如此进行，似觉利多而害少。因于本年内将天津分行改为寄庄。范村办事处事务简单，并入太谷办理。而将岢岚、河曲、隰县、离石四处，一律改为寄庄，添派行员，以资进行。又于文水、介休、寿阳增设寄庄三处，并拟于下年再择商业稍繁之处，亦增设寄庄，以冀达普遍之目的。

※《山西省银行民国二十三年营业报告》，山西省档案馆档案，山西省银行档案。

二、人事制度

改组后人事的安排是：省政府方面的监理员为王尊光，民选的监事为王兆泰（太原市商会会长）、乌松年（太谷县商会会长）、王锦源（长治商会会长）、安建章（大同商会会长）、李振纪（原平商会会长），另派彭士弘（西北实业公司协理）、郝清照（晋丰银号经理）二人，共九个监事。总经理王骧（寿阳人），协理傅瑶（汾阳人），总务处主任要士先（榆次人），业务处主任郝荣庭（榆次人，原汉口分行经理），副主任白毓震（平定人），会计处主任张邦彦，发行处主任常运文，金库处主任张邦彦兼，储蓄部部长张耀廷（赵城人），稽核室主任陈敬卿（平定人）。总务处下之文书组长樊维三（大同人），庶务组长阎修业（阎锡山的族孙）；业务处之下业务组长阎次温（定襄人）、出纳组长陈铎（榆次人）；会计处之下综合组长乔秀峰（祁县人），账务组长常紫书（榆次人），审核组长张季模；发行处之下发行组长乔子灵（阳曲人）、券物组长（不祥）、保管组长（不祥）；金库处之下金库组长刘克让（祁县人）、证券组长戴文翰（徐沟人）。业务活动和以前大体相同。

※ 王尊光、张青樾：《阎锡山对山西金融的控制与垄断》，载《山西文史资料》第十六辑。

山西省银行行员服务规则（节录）
（二十一年六月七日省政府令发）

第一条　凡行员在服务期间内应遵守下列戒约：

（十二）不得将本行一切消息及预定办理事项密告他人致予人以可投之机。

……

（十七）行员不得违反本主管之命令。

第三条　各行员应有一人以上之保证人签具保证书，取得铺保后，方能到行办事。

※ 山西省档案馆档案，《山西省银行档案》卷。

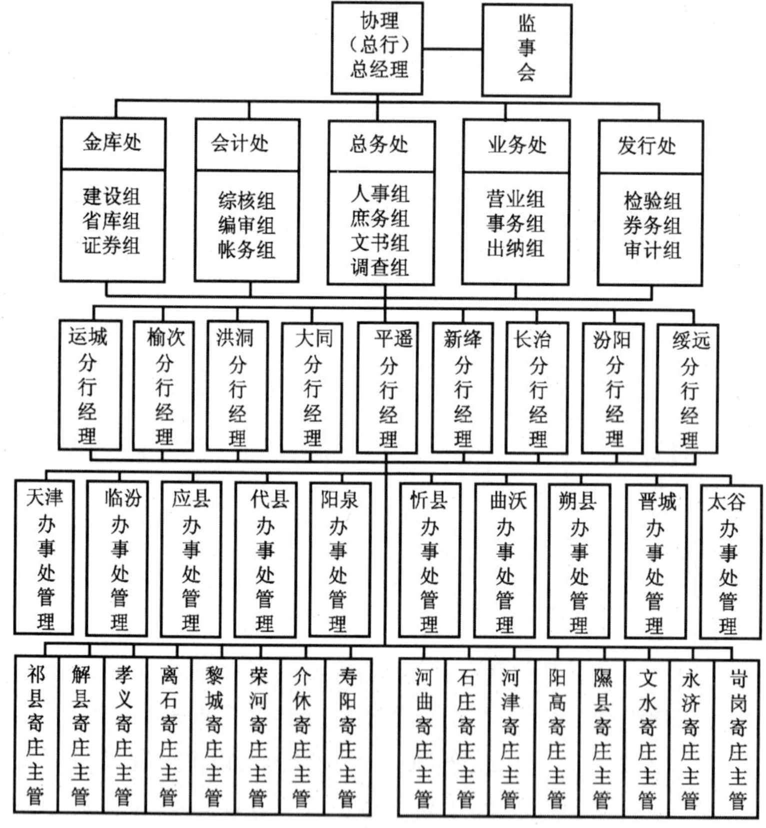

山西省银行组织系统结构（民国二十六年）

※ 山西省档案馆档案，《山西省银行档案》卷。

山西省银行练习生服务规则（节录）
（二十一年八月十六日理事会议通过）

第一条　本行练习生以年龄在十五岁以上二十二岁以下具有下列资格之一者为合格，但须经过入行试验：

（一）中等学校肄业二年以上者；

（二）高等小学毕业在商号服务三年以上有确实证明者。

……

第七条　练习生不支薪金，月给津贴如下：

第一年三元。

第二年三元至五元。

第八条　练习生有服务勤劳特著成绩者年终得酌给年间津贴，但至多不得超过二十元。

……

第十条　练习生得寄宿于本行指定之宿舍。

※ 山西省档案馆档案，《山西省银行档案》卷。

二十一年委财政厅长仇曾诒兼总经理，二十一年三月，高阎二君因事去职，委任王骧为总经理，傅瑶为协理，七月一日实行改组……改定资本一千万元。

二十四年二月，王骧调建设厅长，由陆近礼接充，至二十五年八月陆近礼担公营事业董事会董事长，复调王骧充总经理，二十五年七月改归董事会，同年十月，增加资本为二千万元，一次拨足。

※《银行年鉴》，民国二十五年版。

三、薪酬待遇

山西省银行行员薪金津贴规则
（二十一年七月二十日理事会议通过）

第一条　本行理事监事及总协理之薪金依章程第二十八条由山西省政府核定之。

第二条　本行行员薪金分为下列二种：

（一）职务本薪。

（二）年功加薪。

第三条　本行行员之职务本薪依下列等级规定之：

表6-1　山西省银行行员薪金表

	一等	二等	三等
第一级	一四零元	六零元	二二元
第二级	一三零元	五五元	二零元
第三级	一二零元	五零元	一八元

续表

第四级	一一零元	四五元	一六元
第五级	一零元	四零元	一四元
第六级	九零元	三五元	一二元
第七级	八零元	三零元	一零元
第八级	七零元	二五元	八元
第九级	六零元	二零元	六元

备考：一等薪金十元为一级，二等薪金五元为一级，三等薪金二元为一级。

总行总稽核、各主任一等七级至一等一级（八十元至一百四十元）。

总行副主任、分行经理二等三级至一等五级（五十元至一百元）。

办事处管理、分行副经理、总行组长二等六级至一等七级（三十五元至八十元）。

分行股长、总行稽核二等八级至一等八级（二十五元至七十元）。

其余行员三等九级至二等三级（六元至五十元）。

第四条　总行总稽核各正副主任及分行各正副经理办事处各管理薪金由总经理依照前表核定之。其余行员由各该主管员依照前表所列相当之等级拟定陈请总经理核定之。

第五条　行员有下列情事之一者，得增进其本薪，于每年年终考绩后举行，但不得超过经常费概算额定之数：

（一）曾记大功三次者。

（二）办事有异常成绩特著勤劳者。

第六条　总行总稽核各正副主任及分行各正副经理办事处各管理之进级由总经理核定之。其余各行员之进级由各主管员依照前表进级标准拟定陈请总经理核定之。

※ 山西省档案馆档案，《山西省银行档案》卷。

山西省银行职员待遇，比较优厚。改组后规定，高级人员每月工资高者一百三四十元现洋。练习生月薪四元，但伙食津贴，一般为八块银元，也比一般工人赚得多。

※ 徐瑞楚：《阎锡山统治下的金融事业》，载《山西文史资料》第六辑。

省银行在1936年以后曾实行顶人身股制度，经理最多顶到一股二厘，按等级递减，有八厘、六厘、五厘等等，一厘每月三十元。总经理一年下来可以分红万儿八千，而一般行员是几十元，练习生是不能顶股的。

※ 人民银行山西省分行金融史编写组：《旧山西省银行史座谈会记录》，1975年4月16日。

省行的职员待遇。省行的董事、监察每年有车马费（记不清数字），分红是按纯益金提成的，最多时董事是三千余元，监察二千上下。董事三年一选，监察一年一选，可以连任，在职员红利内，先提总协理一级的成数，大致总六协四分配，最高时总理到四万余元，协理三万左右。月薪记不清，“四总”与太原行经理一级，民国二十二年月薪

是四十五元，“两司”与天津二等行经理、太原行副理，月薪又低一点，各人亦有差异，不如四总一级，一贯是五人一般多。再下太原行股长、天津副经理一级，办事处管理一级，一般行员是月薪五元以上的，二十元以上则为二等行员，五元以下是练习生，不能分红，年终由各主管人员推荐，经总理会议决定，批给五至二十元奖励金。行员中成绩好的亦有奖励金。每年分红，按此等级分配，四总一级最高每元分到十二元以上，依次递减，一般行员最高时亦每元分到二元四角多，所谓“三等九级”。总理为了抚恤同人，将他董事红利赠送作为奖励金（总理股多，每年都是董事）。除月薪外，供给伙食，是每月六元的包饭，不吃者听之。另供给手巾、猪胰、脸盆、尿器、夏季的西瓜等，每年终多发三个月薪金，有红利时扣除，无红利或不足扣时亦就算了，等于每年十五个月薪金，每年有回家例假两月，距总行的路程每百里发路费两元，雇有理发员，给职员理发，后来职员携家眷者日多，给发了饭费（在家吃的），月薪一年一增，加一元的普通，加二元叫双加，还有特加四五元的。四总一级是每加即五元，一般职员每年不加的占少数。

……

徐一清又组织了“道院”，迷信“扶乩”。四总、两司、太原行经理都行参加，每人都由“老祖”乩上赐了“道号”，在总管理处大客厅挂有“老祖”乩书的“行道有福”横匾。郑心泉骑自行车跌伤，他说：“没有老祖宗保佑，这条膊子就断了”，以后都改坐了包车（人力车）。

※ 常紫书1975年5月14日提供的材料：《阎锡山垄断金融核心——山西省银行历史及牵涉到的经济材料》。

第七章
工业化建设与“物产证券”理论

第一节｜阎锡山的物产证券与按劳分配理论

一、阎锡山的社会革命与经济革命

从1935年到1949年抗日战争前后十多年间，阎锡山曾在他的统治区域内，大讲特讲所谓“物产证券”与“按劳分配”。阎吹它是“为什么谋幸福、替造化表功能”的一套完整体系和理论学说，并且说他的学说是超过马克思、列宁和孙中山的。同时还大谈什么“抗战”、“复兴”、“民族革命和社会革命”，实际上都是投机取巧，压榨人民的理论，他的出发点，根本不是为了抗日，也不是为人民，而是为维持其在山西独裁数十年之久的土皇帝统治，反对中国共产党和对抗共产主义。……在抗日战争的前两年，日寇高唱“反共”，在华北提出“华北五省防共自治”。而全国人民促进抗日高潮的时候，阎在山西提倡所谓“防共图存”，大发谬论，和日本帝国主义者唱着双簧，说他的办法同日寇的办法是“防共的两个根本办法”。他说“我认为这两条道路均可以彻底的防共”。走前一条路可以用法西斯主义的防共方法，走后一条路可以用农业社会主义的方法，是要富人增加负担，与政府合作，巩固现有的政权，抵抗共产势力的侵入。建设农业社会主义的防共方法，是废除土地私有制，树立土地公有制，消灭共党发展的基础。……

他说：“……反观井田主义之制度，既公道又是大同理论之学说，复超越乎古今，倘吾人本其意义及遗教，发扬光大，规定制度，使适合今日之实际，则所谓经济问题，自不难迎刃而解。非特可以救中国，且可以救世界。”这说明阎锡山的“按劳分配”，是要恢复中国古代的井田制度，而实现此制度成为他的“现代井田”的具体措施，就是他由反共立场出发在山西曾经倡行的新农奴制度——兵农合一。这也正是他自己所说的“农业社会主义”。假定也要算个“主义”的话，所谓“现代井田”、“兵农合一”，实在是个十足的军事封建主义。因为他所谓之“兵农合一”，是使农民依附于固定的土地上，把农民独立的人格变成他的人格，使人们的人力、营业、财产、生活，都受严格军事政治

的控制，把农民的自由经济完全取消。所以说阎锡山的“兵农合一”是超越古今的反动造次的新式农奴制度，是一种十足的军事封建主义。

阎锡山曾说他的“兵农合一”是实现了“按劳分配”，但实际上并没有什么“按劳分配”，而是“全劳掠夺”。只举出一个报告就可以证明。孝义一、二两区据报有数村指导员称“该村土地每份份地为 60 亩，每亩公粮银为九分四厘，共计粮银五两六钱四分。应负担田赋征购，县村附加、马科、调节购粮、帮差粮及地租，连同苗种子共计四十六石多。每亩产量平均八斗，每份份地可收粮四十八石，除负担及苗种子外，仅能余一石五斗多，根据这个报告里的数目，农民被他掠夺去的，一般达到全年产量的 86%，如包括饲料在内，即达 90% 以上，优待粮花还不算在里面。这就是他所说的“按劳分配”，也就是他说的“劳动结果由劳动者享有”的实质。

现在再拿以上事实，来看阎锡山“物产证券”的实际秘密。1935 年国民党政府公布法币制度后不久，他即在山西成立了“实物准备库”，规定实物库的买进办法，是“人民拿值一元的货物到准备库里可以换得一元省钞，库中收了若干货才发出票子去，有一元的省钞发出，库中就有一元的货做准备……”卖出办法是“卖货价格，按成本加百分之二十到三十五的手续费”。这就是说，人民可用实物去向他换省钞，却不能用同量的省钞去向他换回同量的货物。由此可知阎锡山关于“物产证券”的根本思想，是从利用小生产者对于市场的隔绝、便于他便宜占取和垄断粮食而出发的，他的“物产证券”只不过是向人民强制征收的一种形式。正如他自己说的“物产证券”，等于百货的价值收条，有多少货可以开多少收条。他按接收来的物产，又往外省抛卖，换回货币，大发其财，真是古今中外，也很难找得出像他这样一个敲诈剥削的“能手”了。因而在他们统治的区域，农工生活不安，与日俱增，苦不堪言。

※ 山西省政协：《阎锡山统治山西罪恶史》上册，290 ~ 293 页，1960 年油印本。

阎锡山的“物产证券”、“按劳分配”理论
和“实物准备库”、“土货商场”等

1. “物产证券与按劳分配”是阎锡山反动理论的中心政治主张，于 1936 年间印有单行本，并由太原绥靖公署编入《阎伯川言论辑要》中，其主要论点有四：

①物产证券是阎锡山的经济革命论，按劳分配是阎锡山的社会革命论。

②资本主义的社会经济制度，有两个病根，一个叫“金代值”，一个叫“资私有”。“金代值”是交易病，“资私有”是分配病。

③金代值是货币问题。金代值的交易病，产生了货币贬值、生产过剩工人失业、经济恐慌、世界大战等四大弊害；资私有的分配病产生了贫富悬殊、违反劳动人情、分配上不合理、不利生产发展等四大罪案。

④实行物产证券，有多少物产，发多少证券，做到“券物相符”，物价稳定，不发生滥发纸币、银行挤兑的情况，彻底消除了四大弊害。

实行按劳分配的社会制度，彻底消除了四大罪案，建立起既利生产更合乎人情、合乎公道的新社会制度。

阎锡山说他的按劳分配是唯一的社会主义的好制度。资私有的资本主义是人剥削人的坏制度，应该打倒；按需分配的共产主义，好是好，但不合人情，不合公道，不利生产，不能实现。

2. 省、铁、垦、盐四银行号和土货商场、实物准备库，都是推行阎锡山反动政权的经济政策的重要工具，当然在业务上是有一定联系的。

3. 土货券、土货商场、实物准备库等，都是阎锡山推行物产证券的准备和试验。因此时期，阎锡山还发表了土地村公有和试办了几个推行土地村公有的新村，以及抗日战争期间在晋西地区实行的“兵农合一”，都是为实行按劳分配作准备和试验的。

（此材料系李冠洋所写关于省银行资料的第二部分。第一部分没有具体内容，从略。）

※ 李冠洋[①] 1975 年 7 月 19 日提供的材料。

阎锡山代电 4953
（民国二十四年八月十四日）
评述金融问题之意见

南京李子范兄转孔部长庸之兄勋鉴：

闻中央授权我兄，全权处理金融，必要时停止兑现。弟对金融问题，前承敬之兄衔介公之命见商，仓卒间未能详述意见。因之，时加考虑，敢以一得之愚，贡献于我兄。金银代价，因不足不便之故，代以纸币，按成准备，已坐不兑现之基，加以出超有国，金银已成偏聚，而金银每利宽而困窄，出超而不兑现，尚可运用自如，入超而不兑现，必成废纸。故近代经济命脉，常为出超国家所操纵。币制而失利，终归入超国家所遭受。以我国今日之国情与环境，倘若施行不兑现，纸币势必跌价，社会恐慌，人民怨望，政府收入顿减；为抵补计，不得不增发纸币，愈增发愈跌价，社会愈恐慌，人民愈怨望，人民之损失必不减于欧战时不兑现诸国，而我国民智未开，其怨望必胜于欧战时不兑现诸国。而我国民经济、武力交相压迫之今日，反予主义亡我者以大隙，乘怨望之人心、恐慌之社会，煽动民众，顿增危险；授经济亡我者之巨柄，由不兑现之空隙，操纵经济，使我失其自由；启武力亡我者之野心，乘我恐慌、紊乱、民怨之际，为所欲为，诚恐国家前途骤生荆棘。我兄司农才长，必有远虑。弟空途浅见，无补高深，特心为之虑，电供参考。弟阎锡山蒸叩印。

孔祥熙复阎锡山电 2242
（民国二十四年八月二十一日）

太原绥靖公署阎主任伯川兄勋鉴：

子范兄转来蒸电敬息，关怀币政，远锡南针，语重心长，良殷纫佩。我国币制紊乱，国民政府成立以来，对于现币整理，则有二十二年废两用元，确立银本位币，现更努力研究，改革辅币。对于纸币整理，除在旧财政部取得发行权各行暂仍旧贯外，不再准许任何银行有发行权，而于发行准备，稽核尤严，既责之以按旬承报，复时施以实地检查。

① 李冠洋曾参与阎锡山《物产证券与按劳分配问题》一书的编写工作，此材料是孔祥毅、张涤非 1975 年访问李冠洋先生时，李先生亲笔写的材料。

于是从前紊乱之币制，渐入清明之正规，行政已掌效率，岂可半途而废弃？近因美国购银法案，提高银价，我国白银流出颇多，影响金融甚巨，政府为自卫计，施行银出口税，兼课平衡税，以杜渔利输出；又颁布查缉私运各种办法，以防走私，艰苦应付，无非欲巩固历年整理现币及纸币之政策。而世人不察，反相惊异，时起谣传。窃查各国通货政策，虽不一致，要皆各顾国情，因时制宜。我国国情既与人殊，讵容轻相仿效，自滋纷扰，致隳前功。总之，政府货币政策必以国利民福为前提，维护金融，彼此实具同情，厚荷教益，敢不拜嘉，臚陈事实，并乞垂察。弟孔〇〇。钱养印。

※《阎锡山、孔祥熙关于纸币不兑现问题互致电分歧》，1935年8月，国家第二档案馆（南京），南京政府财政部钱币司档案，卷三·2－195。

在各种改革制度的声浪中，山西阎锡山拟实行物产证券制。他不仅欲行此制于山西一省，并欲推广于全国。过去向中央政府的提议及向各地宣传，都可看到他的雄图。物产证券制是含有封建性的流通工具，具有物物交换的姿态，它不仅代替现金交易，并且代替纸币交易。它的使用方法，即售货商家发行票券，票面上记有价格，以此为交换工具。这种币制，倘使在一极端门户锁闭的国家，或在闭守的封建制度之下，尚有适用之处；然而此制倡行于帝国主义支配下之中国，除了认定他是复古的行为外，则其在经济上的企图，是在阎锡山一贯的保境安民政策之下，挹住山西经济利益，溢流于外。并且阎锡山利用信用交换，将山西的现金完全集中起来，以为军费之用，超经济地剥削工农群众，所以物产证券的实行应该遭遇民众的反抗。

※ 王承志：《中国金融资本论》，142页，上海光明书局，1936年4月。

1929年发生了世界经济的大紊乱，我国产业虽然落后，但也不能逃出这个恐慌怒潮以外，同时又因银价的波动和国际货币战的袭击，更使我国蒙受不利影响，于是钱币革命始为一般人所注意。本着钱币革命的遗教，提出改革币制的理论者，有阎伯川先生的物产证券，刘冕之先生的能力本位，徐青甫先生的虚粮本位，兹将他们简略地介绍如次：

能力本位——能力本位或称劳动本位，是依据人民劳动生产的能力发行纸币。发行的办法是人民依自己能力的大小，取得保甲长的证明，以自己之产业，向发行局抵领纸币，作为生产的资本，进行生产。生产完毕，再将所领发之纸币，交归政府销毁。

虚粮本位——虚粮本位系以平年产地中等糙米若干，为发行货币的标准，也就是根据全国产粮平均数量，平均价格的多少，作为发行纸币的标准，但实际政府并不收米，故谓之虚粮本位。……

物本位的物产证券——阎说“物产证券者，政府用法令规定代表一定价值之法货，用以接收人民工作产物，并作人民兑换所需物产及公私支付一切需用者也。政府接受物产若干多，即发行若干证券，同时即将此种物产，售于消费者，而收回证券”（《物产证券与按劳分配》，第44页）。“物产证券如同物之照相片，必须有此物产始能照此相片。以此照片，即可购买物产，证券如同物产之价值收条，直接代表物产之价值，当然不以其本身价值作交易价值之梗，亦不致形成二层物产制（即无独占贮藏，比限物产所生之弊害）。”

“物产证券的货币制度是收物发券，在周使上是以券兑物，所以物券统一，其数量能随物的增减而伸缩，且依产物发券，物为券之准备，购物即是兑现，以券兑物，兑物即是购买，准备十足，信用巩固，兑购合一，充分体现了物本位的一层物产制的货币。”

“要知交易媒介之功能，在法币资格之赋予价值尺度之功能，在一定价值之代表，与价值不变；价值支付及储蓄效能，在担保之确实，亦不在货币本身。物产证券，政府以法令赋予法货资格，使之代表实物价值，当然能具有交易媒介、价值尺度之效能，且其担保为十足准备之物产，持以证券，可向贸易机关任选生活需用之物产而易之，人民当无不信仰之处，自能用作价值之支付贮藏。”

“实行物产证券后，金银在国内已失其交易媒介之效用，多寡实无关重要，人对之宝贵概念亦必降低，甚易集中之向宝贵金银者换取有利之货物。使金银之在我国，多则有益，少则无损，有之可，无之亦可，可以之购物，更可以之偿债，金代值国家向我争取金银可以尽量与之，以便换取需用而不能自产之物。我无争取金银以蓄富之必要，故争金银以蓄富者，对我为增进造产之协助矣。”（阎伯川：《物产证券讨论文》，第14页）

※《钱币革命的具体实施》，阵中日报出版社，民国二十九年九月一日。

钱币革命的具体实施（歌曲）

金钱金钱，您是罪恶之源泉，
因了您的骄宠，痛苦了劳动万千。
有力无处卖，生产无本难。
您助长了经济侵略，促进了世界的战争。
钱币革命早实施，取消您交易的权威，
贬您为普通物产。
实物作货币，劳力能变钱，
人生不会再为您痛苦，物产再不受您的比限。
同志们，努力，努力，努力，努力，努力向前干，
废除金银代值，实行物产证券，
那才是钱币革命的具体实现。

※《钱币革命的具体实施》，阵中日报出版社，民国二十九年九月一日。

二、《物产证券与按劳分配》基本思想

阎伯川先生旅居大连时对新村制度研究之讲话

……

“金代值”者，系以金银做货币，而代表工物价值之谓也。“资私有”者，即生产之资产属于私人所有之谓也。“金代值”系以金银做货币，其本身为由独立信仰价值之物，形成“二层物产制”，独占贮藏，比限物产。盖生活需用之物产为一层，代值之金银又

为一层。百物皆须先与金银比其价值，而后始能转易百物。乃金银之产生，本身已作其生产之价值，政府不能无偿取得。又因金银货币便于贮藏生息，遂取得独占贮藏之地位。人皆重金钱，轻物产，不肯以金银购买生活够用以外之物产，因之生产能力受其比限，遂生下列之弊害：

其一为违反为产物而劳动的劳动原则，反成为劳动不为产物，而为金银：人为生活而生产，为生产而劳动，故人为物产而劳动，以求生活，始为正道。乃因金银代值之货币，取得独占贮藏之地位。致人之企图，皆集中于金银，以金银为主，物产为奴。于此喧宾夺主之下，人皆以金银为富，不以物产为富；人之劳动，非为物产而劳动，乃为金银而劳动，重金轻物之弊害因之而生。此“金代值”之弊害一。

其二为违反生产愈多，生活愈优裕之生活原则，反成生产愈多，生活愈困：人之生活，需用物产，当然生产愈多，生活应愈优裕。乃以“二层物产制”比限物产之故，一遇某种物产过多，争相求售，价格跌落，换得之金银自少，需用已足，人不肯以独占贮藏之金银，购买生活够用以外之物产，则持剩余之物产者，不能再行销售，以换金银；纵对投机者一再贬值，而其换得之金银，亦不足转换其他物产，以供需用。生产愈多，余剩愈甚，生活乃愈困。此“金代值”之弊害二。

其三为违反保障人民生活之政治原则，反成限制人民工作，减少人民生活：人民，工作即是生活。政府，欲保障人民充足之生活，须尽量为人民谋工作，须尽量接受人民工作产物。乃以“金代值”、“二层物产制”之故，人之工作产物，必须换得代值之金银，始能转换其他生活所需之物产。惟代值金银之产生，本身已作其生产费用之代价，故政府不能无偿获得金银，以尽量接受人民之工作产物。一遇交易壅塞，物产滞销，人民即失业。政府为调剂失业人民起见，不得不减少全部之工作时间，以期增加工作人数；在人民，减少人民之工作，即是减少人民之生活；在国家，减少人民之工作，即是减少国家之物产，不但违反保障人民生活之政治原则，而且违反发达物产之富国原则。此“金代值”之弊害三。

其四为违反互通有无之国际贸易原则，反开商战之路，增兵战之端：国际贸易原为互通有无，乃以代值之金银，既具独占贮藏之物性，又作国际支付之手段，其地位超于百物，聚得金银即可把握经济命脉。故各国努力增加生产，非正当的全为供国生活之需，乃不正当的进而作经济侵略他国之具。各国产物，无不竞先输出他国，求换入金银，企图把握经济命脉。各国均争出超，遂开商战之路，争之不已，继之以兵，而争兵战之端，使国际间失却互助之意义，成为侵略之事实。群与群间关系，遂成恶化。此“金代值”之弊害四。

“资私有”，系生产资本为私人所有。无资本而劳动者，不得不依赖他人之资本以生产。若依赖他人之资本以生产，势不能“按劳分配”，分其劳动结果之一部分，以作使用资本之报酬。此种使用资本之报酬，反剥削分配制。因之，构成下列四罪案：

其一为强盗罪：在“资私有”制度之下，因剥削分配制之故，劳动者劳动之结果须分于资本家二分之一（现在山西社会佃农制度虽系佃农分得三分之一，地主分得三分之二；但种田经费，除人工外，均由地主出，地主尚需花销三分之一。实际佃农与地主，多分其半）。非其有而取之，盗也。资本家不劳而取为制度所许。人盗人，盗也；制度盗人，亦盗也。“资私有”制度下许多资本家剥削劳动者劳动结果二分之一。此制度无异于犯强盗罪。

其二为杀人罪：在“资私有”制度下，劳动者之劳动结果，既须分出资本家二分之一，则劳动者及其家属之生活需用，亦须减去二分之一。减少生活需用即是减少生活，若忍饥寒而生，则寿命必短，若欲不饥不寒而生，则靠劳动者生活人口之二分之一，势须制死。人杀人，罪也；制度杀人，亦罪也。“资私有”制度，制死劳动者人口二分之一。此制度无异于犯杀人罪。

其三为扰乱罪：在“资私有”制度下，一人资本所生之息，抵千百万人劳动之所得者，比比皆是。劳动者生产而被剥削，靠劳动反不易生活；资本家剥削人，靠资息反奢侈其生活。富人一饭一衣之所费，有足供常人终身所需者；一宅一瓦之所费，有足供千万人之所用者，造成社会之大不平，人人常呈不满之状态，人类罪恶之事，多由此而生，扰乱人生，孰甚于此。扰乱人者“资私有”制度也。人扰乱人，罪也；制度扰乱人，亦罪也。此制度实犯扰乱罪。

其四为损产罪：在“资私有”制度之下，靠资息生活者，不去劳动，以致生产者减少，减少群得生产总量，即是减少群得富强文明。减少生产，即是损产。人损人产，罪也；制度损产，亦罪也。此制度实犯损产罪。

上述之四弊害及四罪案，系就制度而论。若就资本家及劳动者本身而言，“资私有”、“金代值”复合凑而造成下列之残酷事实。

一、“资私有”、“金代值”制度之下，人之企图皆集中于金银，然物产愈多，物价愈贱，而换得之金银亦愈少。资本家为求得多数之金银计，每于物产剩余之时，为求物价之高涨，毁灭物产，减少工作而致多数人失业失食。

二、“资私有”、“金代值”制度之下，劳动者托命于资本家，始则被资本家剥削，不能得相当之生活；继则一遇物产剩余，资本家限制生产，虽一被剥削之工作，亦有时求之而不可得。且国家增加生产，非全为供国人之需要，乃为输出他国，作经济侵略之利器。就劳动者本身而论，实被资本家惨杀之余，复供国家作杀人工具。

就四弊害言，“金代值”种其因。就四罪案言，“资私有”种其因。取消“金代值”四弊害可除，应除“资私有”四罪案可消。二者致病之因不同，医治之方亦异。若取消“金代值”仍任“资私有”，四弊害虽除，而四罪案仍然存在。若废除“资私有”，仍行“金代值”，四罪案虽消，而四弊害，则反因之加重。同时取消“金代值”废除“资私有”，则四弊害与四罪案之病均可医矣。兹分述去“资私有”、“金代值”之办法如下：

先说去“金代值”之货币，将易以何者，方具货币之效能，而无“金代值”之弊害？原夫货币之产生也，为代替物物交易之烦，其基本效能一为交易媒介，一为价值尺度。但作为交易媒介、价值尺度之效能，不在其本身为有相当价值之物，而在赋予法货资格，使其代表一定价值。金银之为货币也，以其有产量相当，携带便利，不畏仿造等

等优点，并以其本身具有独立信仰之价值；惟期本身系有独立信仰价值之实物，故形成“二层物产制”，独占贮藏，比限物产，并以其本身价值，作交易价值之极，嗣近世物产繁多，交易莜难，纸币应运而生，纸币生则金银作货币之理由已失，只留其扰乱物价及比限物产，困人民生活，减社会之富力，助长私资剥削与国际侵略，徒为种种扰害，人与人群之罪物耳。

今欲废除“金代值”之货币，易以“物产证券”，即可具有货币之效能，而无“金代值”之弊害。盖“物产证券”，如同物产之照相片，必须有此物产，始能照是相片；以此照片，即可购物产。证券如同物产之价值收条，直接代表物产价值，由政府赋予法货资格，自可具备交易媒介、价值尺度等基本效能；且证券本身，并无独立信仰之价值，当然不以其本身价值，作交易价值之极，亦不会形成“二层物产制”，即无因独占贮藏，比限物产所生之弊害。

总之，“物产证券”者，政府用法令规定，代表一定价值之法货，用以接受人民工作产物，并作人民兑换所需物产及公私支付一切需用者也。收物发券，券如同物之照片；以券易物，物为券之兑换品。物有若干多，券可发若干多，政府不患不能接受人民之工作产物。发券时即收回物产，则券有若干多，物即有若干多，人民不患有券而不能兑物，券之数量，随物产多寡以伸缩。就物之价格言，则物之价格稳定，就券之信用言，则券之担保确实，此项证券，其作交易媒介、价值尺度等之效用，与金银货币同，而无“金代值”、“二层物产制”比限物产，限制生产弊端，故可扩大造产途径，保障人民生活，增加社会富力。就人民方面言：不患物产无销路，即不患工作失效用；不患无工作，即不患无生活；生产物不患物价跌落，需用物不患物价高涨；个人之生活，不但赖以安定，且可预计改进。就政治方面而言，尽量接受人民物产，无救济失业之苦；物产可尽量流通，无交易壅塞之用；政府可以统制价格，调节生产，无物产偏剩之虑。就国际贸易言：出入平衡，无因产业落后而致入超之害。就社会风尚言：俭为美德，奢为恶行。而“金代值”制下，俭为购买力小，工人失业，不得不鼓人为奢。勤为善行，惰为劣习，而“金代值”制下，勤则生产剩余，经济恐慌，不得不减少工作时间，限制人民工作。实则奢不可，俭不能，勤不得，惰不当，凡是动辄得咎，进退维谷。“物产证券”制下，则勤可增产，俭可蓄富，生产消费均趋合理，无矛盾之现象。就生产方面言：政府尽量予人民以工作机会，劳动能力可充分表现；物产增多，已非倍蓰；加之以余产集中亦可变资，可使生产能力逐年累进，其数量之大，当有出人以外者，较之“金代值”之限制生产，恶啻需坏哉！

再说去“资私有”之“按劳分配”制。当易以何者，方为合理之分配制度，而能消除“资私有”之四罪案。生产为供人生活，分配即分配所生产物也，生产为手段，生活为目的。欲生产适于生活，分配之合理与否，是其关键。然生产须劳动与资本就生产经过上分别资与产：资，供劳动生产者也；产，劳动藉资所生者也。资，供劳动而生产；产，供消费及转换而生活。但资有天然物人造物之别，要皆供生产者也；产有供产、供消费之别，要皆为重生活而生资产也。就产之者言，皆产也。就供生产而言，皆资也，实则资供生产，产供生活。以上所言乃资与产之区别，乃生产与分配之关系也。

“按劳分配”者，生产资本公有，资由公给；劳动者所生之物产，归劳动者享有，作为自己及其应养育亲属之生活，与保护、进化、互助上负担之用。能劳动之人，须人人劳动，能力大的，知识大的多做，多享有；能力小的，知识小的少做，少享有；巧的巧作，照巧享有；笨的笨做，照笨享有。多就劳动力生产，多就劳动结果享有；多个人之劳动能力不同，其劳动结果亦不同，享有美处多少亦异。

“按劳分配”制度，以市、村为经济行政单位，田归村共有，拨给农种，工厂商号均按实际需要，分别由省、市、县、区、村公办，使农、工、商均得按需分配工作，按劳分配物产。在人群，产应需生，产得其用；在个人，劳不空劳，劳适其享，保护、进化、互助之费用，按劳力之大小，分别负担；服兵役之义务，及受教育之机会，使其均等，使人人足下平等，再比高低。

实行“物产证券”、“按劳分配”之后，人之企图不集中于金银，自不能比限物产；既无资本家之存在，自无“资本家毁灭物产，减少工作，使人失业失食”之残酷事实。实行“物产证券”、“按劳分配”之后，既无资本家，即无剥削事实；国际贸易亦只能够以所余换不足，各国均是出入相抵，无法出超；劳动趋于正轨，自无“劳动者于是被资本家残杀之余，复供国家作杀人工具”之残酷事实。

譬如甲产米乙产棉，乙以棉买甲之米，甲以米买乙之棉，米与棉可同时充交换媒介，但并非去交换。产米者的米卖于政府，政府以物产证券付之，产棉者亦然。甲乙各得物产证券以后，便可以用以政府购买所需之物，此为一层物产制。若以金为币，金本身亦为物产之一。而用以购买米棉，代表米棉之价值，则为二层物产制。“金代值”之弊害即若金价一贵，物价倾跌，不论产棉产米，均受损失。农人物产应由政府收买，劝其流通，倘若以金为币，则政府对金货不能无偿取得，必无不以资收买者，政府不予收买，则物产无法流通，甲有过剩之米，乙有多余之棉，而无以为易。则甲乙必将减少其生产，必有许多人无工作可做，无工作即无生活。倘用物产证券，政府不难以物产证券收买物产。政府之责任是使人人可以生活。欲使人人可以生活，必使人人有工作，欲使人人有工作，必使其工作之产品有销路，此政府收买物产之所以为必要。

※《阎伯川言论辑要》第六册，阵中日报出版社，民国二十六年版。

《物产证券与按劳分配》一书是阎锡山先生之演讲词。余曾细读一过，深佩阎氏思想卓越，见解高超，诚为难得。物产证券预备在山西发行，将来成效如何，吾人当可见及。兹就阎先生此书之大意，摘述于下，并附鄙见，以供商榷。

一、金代值与两层物产制之害

阎先生对于金银本位，攻击不遗余力，对于纸本位亦不赞成，今日之汇兑本位，谅亦在被反对之列，故此书首先提出“金代值”与“两层物产制”之意义及其弊害。譬如甲产米，乙产棉，乙以棉买甲之米，甲以米买乙之棉，米与棉同时可充交换媒介；但并非直接交换，产米者以米卖与政府，政府以物产证券给付之，产棉者亦然，甲乙各得物产证券以后，便可用以向政府购买所需之物，此为一层物产制。至若以金为币，金本身

亦为物产之一，而用以购买米、棉，代表米、棉之价值，则为两层物产制。“金代值”之弊害，即在金价一贵，物价倾跌，无论产棉产米，均受损失。农人物产，应由政府收买，助其流通，倘若以金为币，则政府对于金货不能无偿取得，必无可以资收买者。政府不予收买，则物产无法流通。甲有过剩之米，乙有多余之棉，而无以为易，则甲乙必将减少其生产，生产减少，必有许多人无工作可做，无工作即无生活。倘用物产证券，政府不难以证券收买物产。政府之责任在使人人可以生活；欲使人人有生活，必使人人有工作；欲使人人有工作，必使其工作之产品有销路，此政府收买物产之所以为必要也。

二、比限物产之害

谓生产愈多，生活应愈优裕，今则适属相反，生产愈多，生活反愈困，其故即在两层物产制与比限物产。两层物产制既已说明，兹再进而述比限物产。比限物产者，即生活所需之物产，受交换媒介之金银比而限之之谓。本来物产愈多，生活愈优裕。今则相反，即因金钱之数量不能随物产而伸缩，物产增加，而金银不增，交换缺乏筹码，遂成生产过剩之病象，盖即由于金银所比限之故。

生产愈多，生活反愈困，究其症结为两层物产制及比限物产。比限物产乃由两层物产而发生，无两层物产，便无比限物产，此就上文所述，已可概见。又如某种物产过多，纷纷出售，其价必跌，盖买者于其所需之数量以外，决不愿多买。譬如一人买煤三吨，足供一冬之用，第四吨、第五吨为生活所需以外之数，此时必不愿以金银买此多余之煤，良以金银独占储藏，人人均愿藏金银而不愿藏煤，于是人人限制购买，多余之物即无法销售，故生产愈多，则剩余之物亦愈多。

三、金代值之弊与资私有之罪

阎先生谓“金代值”有四弊，“资私有”有四罪。彼以为资本主义生产之结果，由劳资对分，实属错误，资本主不劳而获，不应在分配之例，故彼主张按劳分配，其办法即为废除“金代值”与取消“资私有”，是以名其书曰《物产证券与按劳分配》。以下先述其资私有，次及金代值，最后作一综合的批判。

所谓“资私有”有四罪者：第一，为强盗罪。因劳动之结果为资本家夺去一半，资本家为不劳而获，非其所有而取之，盗也。人盗人，盗也；制度盗人，亦盗也。第二，为杀人罪。劳动者以其劳动之结果为资本家取去一半，仰不足以事父母，俯不足以蓄妻子，故劳动者之子女，常囚首垢面，形神萎靡，不免夭折。第三，为扰乱罪。富人一饭一衣之所费，可供穷人终身所需，所谓“富人一席宴，穷人半年粮”。结果必将激起穷人之反感，社会因以骚动。第四，为损害罪。靠资息生活者，其生活已安，不愿再事劳动，好吃懒做，社会生产因以减少。此四者为“资私有”制度之罪恶。至若资本家个人，亦有三罪：第一，剥削劳工，以致劳工得不到相当生活。第二，抑制物产过多，即限制生产，虽一被剥削之工作，亦有时求之而不可得。第三，资本家增加生产，非全为供国内之需要，乃专事寻求国外市场，侵略他国，寻致引起冲突，发生战争，劳工者又罹于战役而死亡。此三者为资本家之罪恶（以上见《物产证券与按劳分配》讲话第一至第五页。）

四、合理的分配制度

阎先生于叙述资私有及资本家之罪恶以后，即拉出改革之方案，以为只要分配制度合理，则四罪可去。分配之方法有四（见讲话第九页）：一为按资分配（即现在之分配制度）；二为按劳分配；三为按需分配；四为按劳资合一分配。（此即劳资一体之意。例如自耕农、小商人等自己出资自己劳动，生产结果均归一人所有）。在未论到合理的分配方法以前，请先言“资”、“产”两字之意义。阎先生谓生产为获得生活之手段，生活乃为生产或工作之目的，生活适合与否，须视分配是否合理而定。但欲为生产，必需劳资，资即为供劳动者工作之物，产则为劳动者用资所生产之结果，故资必须归公，产则不妨私有，盖资所以供生产，产所以供消费（见讲话第八页）。生产手段含造化性，应归公有，消费之物，则非私有不可（见讲话第十六页）。“资”、“产”两字之意义既明，乃可进而以论分配之方法：第一，按资分配。是即为资本主义的分配制度，固为阎先生所极端反对，可无庸论。第二，按劳分配。资公有，产私有，即为阎先生所主张者，其理由详下。第三，按需分配。资与产都归公有，各尽其能，各取所需，譬如老者有所需而已无所能，仍得取其所需，壮者则各应尽其能，但所取不能过其所需，是即为共产主义的社会。但阎先生认为不合乎人情，不合乎公道。第四，按劳资合一分配。一部分资本公有，一部分资本私有，其办法即为大工业资本国有，小工业资本私有，在私有部分有生产资本之人与劳动之人，相合为一（以上见讲话第九页至第十页）。阎先生以为按劳分配为最合理之分配制度。后阎先生又提出土地村有制，认土地为资本之一部分，资公有之后，土地当然亦归公有。彼又另写一书以问答方式解释按劳分配与物产证券，所问者大部为外界之批评，阎氏汇集之而解释之耳。

阎先生何以不赞成按需分配，盖以按需分配，各尽其能，各取所需，资与产均归公有，能劳动者于能劳动时，皆须劳动，能力大者任其大，知识高者任其高，巧者巧做，拙者拙做，但劳动结果，只能享受，不能享有，劳动之能力不同，享受之机会则一，权利与义务不相称，事之不平，莫过于此，故阎先生反对按需分配（见讲话第九页至第十页）。在四种分配制度之中，按资产分配，则有四大罪恶，为阎先生所最反对。至若其余三种，虽皆可以去此四大罪恶，但三者之中尚有合理与否之别。人以生为最高原则，欲生则必须生产，生产之结果，经分配制度而达于个人之手。故分配制度必须适乎生产，顺乎人情，合乎公道，有此三种条件，则分配制度最为合理。阎先生以为按劳分配，与此三种条件相符，盖依按劳分配制，资公有，产私有，劳动多，则所得之产亦多，劳动少，则所得之产亦少，劳动与享有一致，此为合乎公道。人之常情，好逸恶劳，但享有则好多恶少，调和之道，使恶劳者多得，好逸者少得，以享有之所好，奖励劳动上之所恶，是为合乎人情。人人为增加其享有起见，必愿多劳动，此种劳动效率必大，以其为出于自动。至若按需分配，无论多劳动或少劳动，其所享受不因之而异，其劳动之效率必小，以其为出于被动。故惟有按劳分配，勉其自动，避其被动，适于生产（以上见讲话第十一页）。阎先生此论，确有卓识。

五、按劳分配为社会主义国家之分配制度

按劳分配，实即社会主义之分配制度。阎先生之书，虽不标明其为社会主义，但于第十六页内所云，颇足领其弦外之音。彼谓资为劳动者之工具，劳动者以工具生产之结果，完全为资生活。若以自己之产，换社会之产以供己之生活，则我之产，即变为社会之资。譬如我以所产之麦，供社会制造面粉之用，则麦即变成社会之资；以麦换来之物，可以供生活，又变为我之产。同是麦也，在我之时为私有，变成社会资本即为公有，故同是一物，做产时当私有，做资时当公有，此一界限，非加分明不可。譬如我开铁矿，铁为我之产，在我之时，即为私有，一至炼钢厂，则铁变成资本而为公有矣。阎先生至以父子喻资产，其言曰：同一人也，在前为子，在后为父，并不因其作子而废其作父之道，亦不因其作父而废其作子之道，故同是一物，做资做产，各具效用，亦犹此耳。资供生产之用，有造化性，天地万物，皆为造化，资本则为帮助造化，万物应为人类所公有，则资本亦应为公有；产供生产之需，含人心性，应为私有以奖励生产。资本不能不公有，否则不能分配工作，简言之，资本所以补造化之不足，故应为公有。此明为社会主义之说法，但阎先生始终未以社会主义自认（见讲话第十六页）。

六、按劳分配是否必须与物产证券并行

按劳分配，识者或多赞成，至若物产证券则为另一问题，不能与按劳分配相提并论也。按劳分配，是否必须与物产证券并行，殊属可疑。阎先生对于“金代值”颇多不满，吾人亦表同情，金本位之缺点，吾人亦已一再论之，且目前各国尚不能恢复金本位，金本位之存废，颇成问题。至复本位、制表本位（tabular standard）、补偿币制（compensated dollar），仍不脱金属本位，亦非根本办法。若以多数物品本位代替金本位，不但不能补救“金代值”之缺陷，抑且弄巧成拙，反将紊乱币制。吾人已明其非，故按劳分配为一事；“金代值”之存废，又为一事。现在即使不行社会宅义，“金代值”亦有不适用之感，反之，实行社会主义，未必定须废除“金代值”。苏俄社会主义之国家也，未尝废除“金代值”，可为明证。故分配问题与货币本位问题，不能混为一谈，且改革“金代值”，是否可以物产证券代替？亦属疑问。多数物品本位制之流弊，多而且大，物产证券盖亦此制之变相欤？

七、多数物品本位制（multiple commodity standard）

以金、银两种物品制成之复本位制，既较单位制为稳定，则多数物品本位制，当较复本位制更为稳定，以就逻辑推论，多数物品本位制固当成立者也。譬如以米、麦、棉花、烟草、铜、铁、牛、羊等物品为本位，而发行纸币，于是米券、麦券以至牛券、羊券种种不同之货币，并行于市，此与阎先生所主张之物品证券相类似者也。借米券者，偿同量之麦券可乎？则必曰不可，因米、麦之值不相等也。偿以牛券可乎？曰不可，因牛、米之值不相等也。倘借米券者，必须以米券偿还，万一米券为一二人所垄断，则欲得米券者，不将大吃其亏乎？此就多数物品为个别之发行者而言。若以多数物品为一综合单位（composite unit）而发行则如何？倘吾以此种纸币向政府兑现，政府兑与一撮之米，一合之麦，几两烟草，几磅铜铁，于吾何用，故多数物品本位制，若就个别物品为本位而发行纸币，则形形色色之货币充斥于市，复何币制之可言；若就多数物品为一综合单位而发行纸币，则无法兑现，有准备等于无准备，是则此制之不可通，不待置办而自明也。就令其实行，流弊之大，亦恐罄竹难书：第一，物品既有选为货币者，则生产入选之物品者，得蒙其利，因其出品之需要多而自昂也；其非入选物品之生产者，即无此利。譬如米、麦入选，则米、麦之价必高，生产米麦者，多蒙其利；水果不入选，其价依旧，生产水果者，不能享受此利，其他类是。多数物品本位制，原欲用以调整不公平，今反愈形其不公平矣。第二，入市之物，不过为其一部分，所谓供给者，即为在市上可以得到之数（available supply），非其全量也。倘为便利一小部分物品之交易，而以其全量为发行之标准，则货币数量超过交易数量，物价必因之而大涨矣。第三，即使以此一小部分物品为发行之标准，亦觉太多，因货币颇有伸缩性，需要多少货币，足敷交易之用，不但视其数量之多寡，尤须视其流通速度之大小，如其流通速度甚大，则小量之货币，可充多量之用，两元周转十次，即有二十元之效用，与二十元周转一次相等，故货币数量之增减，不必定须以货物全量为标准，尚须视货币流通速度之人小而定。物券则以物品之多寡为发行之标准，货币流通速度，置之不顾，结果通货必有膨胀之患。第四，物券之发行，足以酿成通货之膨胀，盖其发行以物品之多寡为标准，而实际流通所需要者，无须此数，结果物品涨价，物品涨价，则农人可以多押，于是纸币愈多，物价愈高，物价愈高，纸币愈可多发，因果相循，靡有底止，寻至酿成不可收拾之局，其为害或较德国之纸马克为尤烈矣。

“金代值”之病，不过物价稍有涨落而已，今以此法治之，反将破坏一国之币制，可不慎乎？

八、物产证券可为物价之尺度欤

多数物品制，除上述之流弊外，尚有一极大之致命伤，不可不知。物之价值有二：一为主观的使用价值（subjective use value），一为客观的交换价值（objective exchange value）。物产证券本身无价值而以物产之价值为价值，无值之物，如何可为物值之标准？计量物值，必须以某种价值为标准，是犹以尺计长，以磅计重之意。尺必自有长度，方可量他物之长，磅必自有重量，方可衡他物之重。金之为币，即以其本身含有价值，以金为货币本位者，即以金之价值，衡一切物品价值之谓也。以金计值，虽不能如以尺计长、以磅计重之正确，然其价值较为稳定，吾人于无可如何之中，乃取为价值之尺度，否则便无从以测计一切物品之价值。盖主观价值，人人不同，无法使其一致，惟有利用含有客观价值的第三者为价值之尺度，使与其他物品相比，而后始能确定物品之价值。故无论资本主义的或社会主义的国家，要离开客观价值以计量物价，恐不可能。物产证券，本身无价值，以物产之价值为价值，以物产证券衡量物产之价值，不啻以物产自己之价值量自己之价值，天下岂有是理乎？阎先生之说法，岂不陷于循环推论。

九、物产证券制与纸本位之比较

阎先生以为物产证券以物产为准备，比任何纸币可靠，而且其目的乃在取消“金代值”，以物产证券为货币，则筹码可以不至于缺乏。如阎先生之目的果为取消“金代值”，与救济筹码之缺乏，则纸本位亦可为之，不必定须采用物产证券也。况纸币与物产

证券根本不同，纸币因能适应社会之需要，其本身有价值，物产证券则以物产之价值为价值，吾人已证明其为循环推理，实行既多窒碍，理论又不可通，不能与纸本位相提并论矣。倘纸本位诚能采用，对于社会实有大利。譬如，中国约有二十余亿元之现银，如不用于货币，即可剩出以供建设之用，资本不致死搁。惟从历史上观察，无一政府可靠，故言及纸本位，便有谈虎色变之慨，此其所以难行也。惟今日英国所行之管理货币制，即系纸本位之性质，行之已收大效，若政治上轨道，人民知识已至相当程度，未始不可仿行也。

或谓苏俄纸卢布甚佳，中国仿行之可也，何必再行极麻烦之物产证券乎？推行物产证券，须遍设物行，每地设一物行，每一物行又须建造仓库，总计全国所需资本，为数当极可观，此项资本如何筹措？此其一。物行出而收买物产，乡民不知底细，万一拒绝收买，必将引起许多纠纷。此其二。阎先生亦自谓实行物产证券与按劳分配，在制度上要经过一大变革，倘行之不慎，对内引起纠纷，对外引起误会，故于推行之前，应注意下列四点：第一，要国内知识阶级承认。盖知识阶级为社会之领导者，知识阶级承认，则其他自属不成问题矣。第二，要资本家觉悟。第三，要一般人认识。第四，须求得友邦之谅解（见讲话第三十五至第三十六页）。按此四点，事实上均难以办到。知识阶级，各有其独立之思想，在吾人研究经济学者，对此尚有怀疑，若欲令非经济学者承认此说，更属困难。此其一。按劳分配，即为打倒资本家之办法，欲令资本家自动觉悟，不啻与虎谋皮。此其二。物产证券，陈义甚高，要一般人认识，恐非易事。此其三。在今日国际情势之下，欲求得友邦之谅解，而推行物产证券，更属困难。此其四。据此推论，欲达到此四种目的，不知在何年何月？而物产证券与按劳分配恐亦终无可行之日矣。

物产证券不及苏俄纸卢布之简而易行，已如上述，纸卢布无物产证券之麻烦，而有物产证券之效果，中国曷为不仿行之，而必欲自创物产证券之制乎？但阎先生以为苏俄之纸卢布对内不兑现金，而在名义上仍为“金代值”，同时必须统制对外贸易，以保国内之现金。夫既以现金为准备而不实行兑现，是为失信于人民，统制贸易，即为拒绝友邦之往来，离开国际贸易之原则。故苏俄之法，为吾所不取。吾人不为则已，为之必直接了当，实行物产证券（见问答第四十至第四十一页）。然则吾人又须问苏俄纸卢布既不兑现，其价值如何维持？中国钞票一旦停止兑现，势必跌价，何以纸卢布不跌？则必曰：苏俄以人为方法，操纵货币数量，纸币不滥发，故其价不跌，足见其与管理货币相去无几，又何必采用极麻烦之物产证券乎？

十、筹码缺乏与资本缺乏之混合为一

阎先生之意，以为中国经济之困难，在于筹码不敷，以致物产无法销售，皆由于“金代值”从中作祟，故主张物产证券以代金银。天津《益世报》之评论，则以为中国经济之内容，不但在有物产而无法销售，尤在无法生产（见讨论集<上>第八至第九页）。此点确系实情，中国经济之落后，确由于无法生产。何以无法生产？即因资本缺乏。但阎先生以为中国之病，非由于资本缺乏，而为有物产而无法变钱，尔以为有资本即可开办工厂增加生产乎？殊不知有生产而无法变钱，工厂仍将倒闭也。何以有生产而不能变钱？即因“金代值”从中作祟之故，是病不在资本缺乏，而在生产不能变钱（见问答第二十一至第二十二页）。中国经济之困难，究在资本缺乏，抑在生产不能变钱？此一问题，确属值得研究。现在钞票流通已广，即往乡下收买农产，亦多有用钞票者，但阎先生以为钞票受现银限制，仍不足以流通物产。鄙意则以为中国农村破产，非由于筹码缺乏，实由于资本缺乏。请举例言之：第一，缺乏铁路运输，现在中国汽车路虽已四通八达，然只能装运体积轻便之洋货，而不能装运笨重之农产，故内地农产不能畅销，此咎在缺乏运输，非筹码缺乏之故也。第二，种子不良，以致所出物产质地恶劣，故不能畅销，则改良种子亦为必要（此亦为资本问题），并非筹码增加，质地恶劣之物产，便能畅销也。第三，肥料力薄，则收获难丰，改良肥料，亦属资本问题。第四，水利不修，常成巨灾，以致农民颠沛流离，损失动以数亿计，则提倡水利，尤为急要。凡此种种皆均资本问题，而非筹码问题。筹码虽不无关系，但不及资本之重要耳。

十一、生产过剩，金代值之过欤抑资私有之过欤

阎先生以为在“金代值”之下，人民不肯购买多余之物品；如一人每年只须吃米三石，彼不愿再买第四石或第五石，此在两层物产制之下固然。在一层物产制之下，亦何独不然！不需用之物，谁愿购买，但阎先生以为在一层物产制之下，就个人论，当然不肯多购，若就全体而论，物品借物产证券而流通，即等于每人多买（见讲话第二十五页）。从人民方面言，一层物产与比限物产，虽仍相近，但从疏通政治言，则大不同矣。以前因无金可资收买，在一层物产制之下，政府可以尽量收买，物产借以流通，是即等于每人多买（见讲话第二十八页）。鄙意与此不同，人民之不肯多买，其故不在“金代值”，实在“资私有”。因在资本主义制度之下，生产结果归私人所有，如其劳资分配，各得其平，犹属无妨，无如劳动者所得远不及资本家之多，资本家以其多余之所得，重投于生产，于是生产愈多，但生产成品，须由劳动者购买，而劳动者则以所得微薄，购买力小，不能消受许多生产成品，故有生产过剩之现象，此明为“资私有”之结果，非“金代值”之病也。又以现代机器生产效能之大，劳力多为机器所替代，一面生产力剧增，大量出品，一面一大部分劳动者为机器所替代而失业，虽在业之劳动者，其所得亦因以增加，但究以失业者之众多，社会购买力日形薄弱，生产过剩之现象，愈加显明，此非“资私有”之结果而何？此点关系甚大，如果产业恐慌之原因真在“资私有”而不在“金代值”，则阎先生之理论，即将全部崩溃。阎先生阐发物产证券之理论，精辟透彻，确属不同凡响，惟其将“资私有”之结果误认为“金代值”之病，实为其全部理论最大之缺陷。鄙意以为“资私有”与“金代值”应分别讨论，不宜混为一谈。

在资本主义经济之下，一面生产太多，一面则消费不足；一面有余布余粟，一面则有冻死饿死之人。彼有过剩之产品者，且烧毁之以提高价格，而不愿以之济众也。例如美国之限制棉、麦生产可为明证，美国农民不愿受政府法令之拘束，故政府不得不以国帑赔偿其因限制所受之损失，而一般贫民反无时无刻不啼饥呼饿，此种矛盾现象，完全由于资本主义之错误，非“金代值”之过也。倘资本而归公有，则生产结果，人人可得，何至有生产过剩与消费不足之矛盾现象？但阎先生之意，以为在“资私有”之下，

劳动者之购买力虽小，资本家之购买力甚大，彼谓剥削劳动所得之钱，仍用于买购生产品，以扩充生产，自不至于有生产过剩之现象也（见讲话第二十七页）。但吾人须问资本家，在第一批生产成品未能推销以前，再肯生产第二批乎？故吾人以为生产过剩，为分配问题，非交易问题，未知阎先生以为如何？

“金代值”与“资私有”不一定相辅而行，苏俄已实行“资公有”，但仍采“金代值”，如依阎先生之说推断，苏俄亦将有生产过剩之患矣。但实际上美国患生产过剩，独苏俄不然。据此以观，对于阎先生之说稍有怀疑。吾人则以为生产过剩为“资私有”之结果，今苏俄为“资公有”，故无生产过剩，由此推断，甚合逻辑。

但阎先生在问题第三十九页至第四十一页，谓物产证券与苏俄之纸卢布相似，并谓苏俄货币虽仍采“金代值”，实则已为纸卢布。纸卢布之发行，完全依物产数量之多寡而定，其功用只在交换百物，对内不兑现金而兑物，此实与物产证券相似，已具有物产证券多分之性质矣。对外则用统制贸易政策，不使有入超，盖一有入超，不能以纸付人也。一面统制贸易，一面统制汇兑，使输出入平衡，故对外不致有现金缺乏之恐慌，对内不至于纸卢布跌价。由此以观，纸卢布只能兑物不能兑金，而其发行依物产之多寡为伸缩，故表面上虽为“金代值”，实际上已不啻为物产证券。但在讨论集第二十九页，则谓物产证券与目前苏俄现行之货币制度完全不同，不知何故？推阎先生之意，必以为苏俄采金本位制，以金本位之卢布而实际不兑现只兑物，是失信于人民，统制贸易，限制汇兑，是拒友邦贸易违反国际互助之原则，故以卢布比物产证券，孰对孰错，不待智者而判矣（见问答第四十一页）。

十二、阎百川先生之理论陷于循环

（1）物产证券赋予法货资格。物产证券如何可以代替金银而为货币？即由国家赋予法货资格。“金代值”之弊，由于其为两层物产制与比限物产，所以发生两层物产者，即因金银有独立信仰之价值，换言之，即其本身含有价值之故。吾人欲取消两层物产制，必须将金银之交换媒介与价值尺度两种效能，赋予本身不含价值之物产证券任之，物产证券代替金银，其用意即在于此。只须国家赋予物产证券以法货资格，使其成为交换媒介与价值尺度，即可取金银而代之矣（以上见讲话第五至第六页）。

（2）以现有银币单位为物产证券之单位。或问物产证券既代金银而为价值之尺度，然则新价值尺度之单位为何？曰：价值尺度之单位，仍将沿用以往七钱二分之银圆，证券名称亦分元、角、分、厘。又问证券单位名称一仍旧贯，是否即为虚大洋本位？曰：非也。在发行之日，假借银洋七钱二分，定其价值尺度之单位，但一经规定，此项价值尺度之单位，即与银圆永远脱离关系，以后银价涨落，证券不因之而有变动；虚大洋本位，非若此也，如为虚大洋本位，银价涨落则代表银圆之证券亦必因之而有涨落也（以上见问答第十七页）。然则物产证券之价值尺度如何稳定？据阎先生之意，证券随物产之多寡而为伸缩，故价值尺度之单位，自不至于有所变动，此犹英国自放弃金本位后，纸币价值便与金元脱离关系，通货随交易数量而为伸缩，易于稳定，其用意同而方法异。但物产证券以物产之多寡为标准，英镑则以交易之多寡为标准，货币应为交易之媒介，非物产之照片，此一区别，关系甚大，盖物产证券与物产之数量同时增加，不免有通货膨胀之害也。

（3）物产之价值如何规定。物产证券赋予法货资格以后，其发行即依物产之多寡为标准，物产证券犹物产之照片，有一物即有一物之照片（见讲话第六页）。单位名称，沿用旧有银币，但单位一经规定，银价涨落与物产证券永远脱离关系，非若虚大洋本位如宁波之过帐洋钱，仍不能脱离银价之关系也。故以后物产证券即以物产之价值为价值，与银价不复发生关系，然则物产价格如何表示？此实为一重大问题，盖必须先知物产之价格，而后方能定给付物产证券之数。阎先生云物产价格，就原则上论，应以生产所需之劳动量（即劳动时间）为标准，但劳动之技术，有巧拙精粗之不同，是为劳动之质，吾人应将劳动之质，折成劳动之量，然后再加上其原有之劳动量，其总数即为生产所需之劳动量，规定物产价值。在原则上，应以生产所需之劳动量为标准，但就以往之事实而论，一种物产之造成，直接间接不知经过几许劳动，加以物产之种类繁多，等级悬殊，欲一一予以计算，行将不胜其烦。故在物产证券制推行之初，只能计算物产之市价，惟有以市场上之价格为价格，使交易照常进行（以上见问答第二十七至第二十八页）。但物产既与银价永远脱离关系，试问物产之市价如何表示？不知物产之市价，如何能定给付物产证券之数？

（4）物产证券之作用。物产证券之最大功用，为交换媒介。产米者将米缴与政府，政府按照市价接受，假定市价为每担十元，政府即给予物产证券十元，故物产证券之与物产，如照片之互相对照，有一物即有一照片，不至于多，亦不至于少，此人以米换得物产证券以后，即可转换其他所需之物品。可知物产证券非如多数物品本位下米券、麦券之类，盖米券只能换米，麦券只能换麦，而物产证券则可以换任何物品，故物产证券，实即纸币。阎先生谓物产证券担保确实，可以交换一切物品，则有物产者必愿缴入其物产，以换取物产证券，盖物产与物产不能直接交换，米不能换棉，棉不能换麦，有米者必须换得物产证券而后可以换棉，有棉者亦然（以上见问答第二十一页）。此似为两层物产制，实则不然，因物产证券本身并无价值，无非交换之媒介而已。殊不知为交换之媒介者，虽系纸本位下之纸币，其本身亦有价值。物产证券既为交换之媒介，其本身必有价值，而此价值未必与物产之价值相等，且此价值亦非物产之照片，必有独立生存之资格。

十三、结论

物产证券，根本理论，不能成立，欲为物品价值之尺度者，其本身反无独立生存之价值，必以物品之价值为价值，直不啻以物品自己之价值测自己之价值也，岂不陷于循环推论？故物产证券，不能取今日之汇兑本位或纸本位而代之也。

※ 马寅初：《物产证券与按劳分配》，载《马寅初全集》第十卷，297～312页，浙江人民出版社，1999年9月。

一、“金代值”

……“金代值”之虑，譬如产米者，卖米得金，金即代表米之价值；一百担米卖银

一千元，一千元即代表一百担米之价值。故曰“金代值”或“银代值”。阎先生出版之书主要者为一种，即《物产证券与按劳分配》；次要者二种，①《物产证券与按劳分配问答》，②《物产证券讨论集（上）》。……以下引用之处简称“讲话”、“问答”及“讨论集上”。

阎先生谓“金代值”有四弊：第一，人类之劳动原为获得生活需用之，因以金代值之故，于是人人唯金银是求，目光集中于金银之身，财富以金银之数为表示，不以物产之数为表示，人类劳动不获得物产而获得金银，重金轻物之观念因此而生。第二，依理，生产愈多，生活愈优裕。但在金代值之下，生产愈多，生活反愈困，此乃由于二层物产制及比限生产之故，其详下节另述。第三，金代值之下，违反保障人民生活之政治原则。何以言之？盖人民工作即是生活，无工作便无生活，故政府欲保证人民生活，必须予人民以工作。如何予人民以工作？政府只须尽量接受人民所生产之物，给予物产证券。人民以其所生产之物换得物产证券，即可以物产证券购买其他物品，此为政治原则。在金代值之下，则违反此原则。因人民所有物产必须去换金银，然后方能转换他物。政府如欲收买人民物产，必须备有大量金银，但金银不能无偿取，而需出资购买。政府要能有此余资以购金银，无金银即不能接受人民物产。政府不接受人们物产，人民即无以换得金银，于是交易拥塞，物产滞销，生活困难矣。第四，在金代值下，违反互有相无之国际贸易原则。国与国之间互通有无，即有国际贸易之原则；今以金代值之故，皆欲以物产换金银，此不但违反国际贸易之原则，反而开商战之路，由商战继而为兵战，流弊最大。此何以故？即因金银独占贮藏，其地位超越一切物品，遂成为国际支付之唯一手段，各国抓住金银即不肯放出。现在保有巨额金银之国，即可以把握其余各国之经济命脉。故现在各国努力增加生产，其目的不在互通有无，乃在侵略他国，结果遂至演商战为兵战（讲话一至三页）。阎先生既以四罪归资私有，又以四弊归金代值。罪恶与弊害，究有何别？就金代值第四弊而论，显然为罪恶，不仅弊害也。

二、两层物产制。“金代值”者，即以金银为货币，而金银为有独立信仰价值之实物，以金银为币即为二层物产。何以言之？盖生活实物之物产，如米麦布棉为一层，供交换物产媒介之金银又为一层。在二层物产制之下，有米麦者必须换得金银，方可以转换他物；如不能换得金银，即不能转换他物，有米而不能换布，有布而不能换米。苟金银与物产能相辅而行，交易不致阻滞，惟其金银与物产在交易上不能保持正常比率，使供交换媒介之金银不能随物产之伸缩而伸缩。一遇丰年，物产骤增，而金银不敷，于是交易之途拥塞，有物而无人购买。我有余米，不能换得金银，则不但我之物产拥塞，他人之物产亦拥塞矣。结果则物价惨跌，物产愈多，物价愈跌，溯厥原因，由于“金代值”之故。故阎先生结语云“人生不困于物产，反而困于金银”。

三、比限生产。前文谓生产愈多，生活应愈优裕，今则实属相反，生产愈多，生活反愈困，其故即在二层物产制与比限物产。二层物产制既已说明，兹再进而述比限生产。比限生产者，则生活所需之物产受交换媒介金银比而限之之谓。本来物产愈多，生活愈优裕，今则相反，即因金银之数量不能随物价而伸缩，物产增加，而金银不增，交换缺乏筹码，遂成生产过剩之病象，盖即由于为金银之比限之故。

生产愈多，生活反愈困，究其症结为二层物产制及比限物产。比限物产乃由二层物产而发生，无二层物产，则无比限物产，此就上文所述，已可概见。又如某种物产过多，纷纷出售，其价必跌，盖买者于其所需之数量以外，决不愿多买。……

四、物产证券赋予法货资格。物产证券如何以代替金银而为货币？即由国家赋予法货资格。“金代值”之弊，由于其为二层物产制及比限物产。所以发生二层物产者，即因金银有独立信仰之价值，换言之，即其本身含有价值之故。吾人欲取两层物产制，必须将金银之交换媒介与价值尺度二种效能，付予本身不含价值之物产证券任之，物产证券代替金银，其用意即在于此。只须国家赋予物产证券以法货资格，使其成为交换媒介与价值尺度，即可取金银而代之矣。

※ 马寅初：《物产证券与按劳分配》，载《银行周报》1936 年第二十卷第一期（总932 期）。

三、阎锡山的经济建设主张

民国十三年八月在第二次村政会议席上之讲话
关于村民负担重轻之辩证
附：告知委员并分别转告官绅事项

……

三十五、山西货物输入多而输出少，计年亏二千万元以上，向凭商务抵补。近年来商务凋敝，现金缺乏，金融常陷于恐慌地位。所幸近年以来，运城方面棉业改良，棉花出口甚多，人民经济活动，潞泽太汾代多□，种棉虽有成绩，究未普遍，来年所指各县，均当切实注意。村委员将此事列入考察范围之内，近年来种蓖种□，颇获大利，宜于种植县份，亦当注意上三项，并责成实业万妥为筹划督促，冀受实效。

※《阎伯川先生言论辑要》第六册，阵中日报出版社，民国二十六年。

民国十七年九月对法国记者发表之意见
劳资合一

中国之国民革命，在求国家与人民之自由平等。今幸军事结束，训政开始，唯一之要政，首在民生问题。余以为在私产制度发达之近世，当然露有共产党之空隙。欲弥补此空隙，第一须求劳资合一，即农田合一，工本合一之谓。列强之资本主义，其短处已大暴露。即苏俄之共产主义，推行不及两载，乃不得不出于牺牲主义之一途。良以资本主义之结果，为发达私产，则共产主义乘之以起，专以打倒私产为目的，演成阶级对峙之势。足见资本主义为造成阶级之因，乃食阶级斗争之果。惟实行劳资合一，乃民生主义根本精神之所言，即于承认私产之范围内，而加以适当之制裁。中国国民党之节制资本，平均地权，其最大目的，即在修正资本主义与共产主义，而防止其流弊，使不得发生。余深信民生主义之立足点，即在劳资合一。如耕者有其田，耕者即为劳，有田即为资。因劳动者既少有资产，则劳资合一之结果，决不互有两阶级之发现。纯粹之大资产

阶级，与无产阶级既无显著的差异，则利用阶级斗争者，自无隙可乘矣。试观共产主义，所以不易侵入美国者，其唯一妙用，在美国近年来奖励小资产阶级之增多。……劳资合一之结果，农民即自为小地主，工人即自为小资产者，亦可以叫做资本劳动化。今年党中央为增加农产计，多主张小农制改为大农制，此又足为劳资合一之论证。余确信民生主义实行之结果，中产阶级，必能逐渐普遍，则经济的压迫阶级与被压迫阶级，必能逐渐减少以至于无，而无贫富悬殊之象。所以劳资合一，亦可叫做经济大□，又可证明世界资本主义与共产主义之穷途，非返回劳资合一的路上不可。因现代经济社会，只有此一条光明之路。中国井田制度，本为农田合一，今欲达到耕者有其田的目的，必须以不耕者无其田为方法。中国家产以分产制度之结果，大地主本不易成立，若加以党的政治力量，切实做去，农田合一，实行当不甚困难。

※《阎伯川先生言论辑要》第六册，阵中日报出版社，民国 26 年。

民国十八年六月对进山学校学生讲话

我这次在家乡里住的日子很长，有时同乡下人随便叙谈，考其生活状况，有时到野外散步，观察自然界的景象，当时就得了许多感想，现在分别来说：

一、创办营业合作社：资产生息之魔力，骇人心思，实为生产分配之重要问题，亦为人群生活中最不幸的事！就按山西的惯例来说，晋南多以二分行息；关北较轻，然普通亦是一分五厘；省城最低，可是平均下来，也得一分；然以这最低的，月按一分行息，满六年时，就可得到个本倍利。譬如，以一元作本钱，每月得息一分，一年就可得一角二分；本利加起来，只得一元一角二分。试按年用复利法计算起来，满六年时，本利相加，就可得一元九角多。如此看，差不多就是个本利倍了。若拿十元百元千元万元的本钱来放账，累年结进，这获利还了得吗？

所以社会上多一个放钱的人，就是平民多一层负担，也就是生活上多一层艰难，而社会秩序的不安定，也就是逼紧一层了。细细考究起来，社会上受这种事的影响和骚扰，实在不浅；但怎样能够解决这个问题，我想出了一个办法，同时就把它叫做省县或村营业合作社。这个办法和我以前说的劳资合一道理是差不多；而实际运用起来，比那还要妥当。究竟怎样办呢？我的意思是规定一种限度，比方用钱在万元以下的事业，归村办；十万元以下的事业，归区办；百万元以下的事业，归县办；百万元以上的归省或国办。照这样做下去，村区县省国，各有其利，各有其得，各有其事，各有所用，不失之过多，也不失之不足。既可免除集中操纵的弊端，复可达到公益公用的目的。尤其是我们中国，以村为群众生活的基本单位，村中必有用的钱，除去赋税、消费外，还可以此处的钱，作公益事业，图谋公共的利益，解决公共的生活。如能这样，一个村里绝不虽有了特殊的贫富现象，人民基本生活就可得相当的平衡与安定的状态了。村村如是，则一县就可免了一切的纠结，推而至于全省全国，社会上因贫富悬殊而起的一切不安现象，都可迎刃而解。……

二、收拾弃地之利……

三、注重农业与畜牧……

四、培植实业生产人才……

※《阎伯川先生言论辑要》第六册，阵中日报出版社，民国二十六年。

民国十八年八月在第七次村政会议席上之讲话
拾起弃地之利及举办营业公社
告知委员并分别转告官绅事项

……

一、举办村营业公社：社会革命之起因，原为资产生息，侵夺劳力。在劳资未合一之过程中，余救济此病，只有化私人资本为公共资本之一法。即创办多级营业公社是也。前曾训令各县，自行创办村营业公社，其办法业经颁发。希到县后，与各县长切实研究，嘱其妥为办理，并于所到村庄，尽力宣传，俾村人彻底了解，乐于举办。将来收益，不可思议。此事余确信为村政中最为有益一项。河边村业已办起，今另各县选择良好的村长，村公道巩固的村镇，先行举办，渐渐达到全省各村。非特于节制私人资本，得收人效。即村本政治之基础，益加巩固。所谓使村为活体组织者，此即其流动之血脉也。务须力劝为要。

二、举办县营业公社：县营业公社之设立，其意义及办法，于村营业公社同。惟资本较多，人选较难，各县长应加意办理。现在五台县已经办起。其余各县，该员等到后，务与各县长切实说明，促其斟酌地方情形，但能办理，即可举办。兹将五台县营业公社章程印发，希交各县参照办理为要。

三、劝借省营业公社资本：资产生息之流弊，原为私人资本集中。私人资本愈集中，社会经济愈不平。救济此病，若以暴烈革命为方法，不如用和平调剂之政策。余前会饬各县设县营业公社，即为将社会资本集中于公共团体，以作经济调和之初步。兹拟创办省营业公社，拟借资本四十万元。由余担任二十万元，其余二十万元，拟劝全省急公好义之富户数十户，每户担任五十元，其愿加借或加数倍者更好。四十五年后，将原借资本无利偿还。四十五年内，此项资本所得利息，作为省营业公社基金，不准动用。四十五年以后，其每年所得利息，以三分之一增益基金，三分之二交由省办理下列多事：发扬公道；培养人才；办理慈善；兴办实业；改进卫生。至于一切详细办法，由出资本者全体会议定之。关于营业事务，由出资者组织董事选举会，选举董事管理之。惟劝借此项资本，必须得出资者之同意，不可稍加勉强。盖此事件，欲其成功，必须出资者，经营缔造，大费心力，方能有成。若一时勉强出资，嗣后并不费心经营，诚恐不能得美满之结果也。

※《阎伯川先生言论辑要》第六册，阵中日报出版社，民国二十六年。

民国二十一年十月三日在绥署省府扩大会议纪念周之讲话
山西社会之贫困应如何救济

山西社会经济，实际很穷。报载消息，晋西人民穷困，利息每元每月即需一角，使我甚为动心。盖山西社会经济，实际上较吾人平日所知者，尤为穷困，愈使我们放心不下。今日应如何设法救济社会穷困，此问题甚大。就今年山西社会情形说，出款方面：

鸦片购买，约需三千万元。你们试各就你们本村情形约略估计，有人若干，烟民若干，须吸烟若干，须购买费若干，推算全省，恐怕不能少于此数。烟丹面料，以查禁特严，今年可省出款二千万元，否则烟丹合计，即须出款五千万元，此其一。按前三四年统计，年需出布匹衣料款一千六百余万元，去年今年虽无确实统计，想绝无理由可使此项出款减少。即令减少，亦不能下一千万元，此其二。汽油煤油按前几年统计，年需四百余万元，当时营业汽车，尚较现在为少。按近几年估计，汽油消耗，每年较前须增加八十余万元。今年估计，亦不能少于五百余万元。卷烟消费，年需五百万元，今年亦难减少。合汽油卷烟年需出款一千万元，此其三。此外，如津广新货海菜等类，按以前统计年达一千余万元。现在社会穷困，购买力小，但亦不能少于一千万元，此其四。约计以上数目，共达六千余万元。今再计入款方面：第一为棉花，据前几日调查及花商统计，河东棉花今年只能收获二千万斤。依此估计，则河东之花不足全省之用，安能希望输出。第二为粮食，山西产粮，向销河北多地。自平绥路完成，绥远粮食已将山西销场取而代之。今年河北多地本已丰收，绥远粮食，产量尤多，运输便利，则山西食粮更无出路。第三为煤铁，今年对煤业曾规定分采合销办法，意图减低煤价但入款亦不过三四百万元。铁之出省，亦极有限。第四为在外经商者，全省不过有二十余县，有在外经商的人，其中人数较多者，只三四县。有人说年可入一千余万元，我估计亦不能过一千五百万元。统计此四项入款，不到二千万元。此外不见再有何种入款。即或有之，今年全省入款以三千万元计之，即尽之矣。故今年一年预计至少亏三千万元。山西禁烟，为禁吸而先禁种，二十年来，损失达十万万元。社会经济，已极穷困。今年不足之三千万元，如社会上不能在外边筹借三千万元，则利息必高，社会经济非死不可。昨日有人说，现在省城利钱不到一分，不可谓大。实则此乃病根愈深。盖省城利息低，而乡村利息高，货行不敢买卖，钱行不敢放款，致社会经济停顿死滞，如人身血脉不通。

※《阎伯川先生言论辑要》第六册，阵中日报出版社，民国二十六年。

民国二十五年二月二十九日在商人提倡土货请演会之讲话
山西的死活全看能不能少贩入外货多卖出土货

社会上的金融，和人身上的血脉一样。人凭血脉活，血旺则健壮，血不旺则衰弱，社会上金银多则金融活动，金银少则金融死滞。金融活动，社会就活动，金融死滞，社会非死不可。拿社会做人看，社会和人一样，钱和血一样。要想血充足，须得吃得多，化的血多。……吃的少，用的血多，这个人一定不能活。譬如每年入山西的钱多，出去的钱少，这还可以。如果进来的钱少，出去的钱多，这就等于“食少事繁”。一省如此，一家也如此。所以要知道山西死和活，全看出去的钱多和少。想出去的钱少，须少贩入外货；想进来的钱多，须多卖出外货。就是说，山西的死和活，全看能不能少贩入外货，多卖出土货，现在世界各国，都注意到这个。美国所说的“门户开放”就是可以自由进去卖货。……你们认为一旦不卖外货，就没有买卖做，弄的农村破产，农工失业，结果山西是个死。现在唯有和政府合作，政府设工厂造土货，你们贩卖土货，慢慢地改良下来，山西或许还有活路。国家就如一座房子，政府是木梁，官吏是柱子，农人工人是椽子，商人如同门窗。木梁柱去了，因是不行，窗户大开，使冷风进来，也受不了。所以农工商都要以国家利益为前提，国家总有希望。

※《阎伯川先生言论辑要》第六册，阵中日报出版社，民国二十六年。

民国二十五年六月二日对地方行政人员训练所训练班学员之讲话
复兴山西商业之道

山西过去商业发达，后来迭遭打击，日趋衰落，殊为可惜。欲图恢复，须注意下列三点：第一，须商人有信用，不哄人。吾国商人不只能哄人，而且掌柜欺骗财东，伙计欺骗掌柜。这样经营商业，商业如何能不失败。这种商人久而久之，非失业不可。第二，商人要勤劳。勤劳者一天做两天的事，惰者两天也做不了一天的事。第三，在商业竞争的今日，商人要有合乎时代的经济知识。有知识者则事半功倍，无知识者事倍功半，所以无知识者永远跟不上有知识的人。以上三事，缺一不可。

再按目前情势而论，商业非逐渐公营而不可。盖今世界各国，莫不请求商战，以争货物的出超。欲达此目的，或与之抵抗，非有大量货物为其后盾不可。商业公营，则有时可以赔钱竞销，争夺市场，抵制外货之倾销，所以绝非私营所能为力。将来公营之后，仍由商人经营，商业既能不倒，且进而能发展，不但无异于商人之职业，而且公营事业规模大本钱多，较之以私人资本获利亦必多。可是要经营此种业务，必须先有经营此种业务的本领。说到此处，你们尤须注意前述之信用、勤劳、本领三事。

※《阎伯川先生言论辑要》第六册，阵中日报出版社，民国二十六年。

四、“物产证券”的初期试验——土货券

阎锡山推行的土货运动

阎锡山纵容日货来晋倾销，使省内财政连年入超，逐年为甚，百业凋敝，财源枯竭，经济陷于空前绝境。后因关系到政权存亡问题，遂于民国二十二年提倡“造产运动”，想用土货来抵制洋货，便在全省实行了“统制经济”。当时《申报》刊载的“太原印象记”一文写道：

“山西省在提倡造产运动的途程中，遇到了一个最严重的打击，就是山西省的工业刚刚在萌芽时期，经不住外货倾销的打击，本省工厂，资本原不充实，加以技术稍差，成绩当然不能与外货相抗衡，而价格反较昂贵，因此工厂出品无人问津，山西省当局不得不设法征服此种难关。……他们为了解决这个问题，在太原设立了经济委员会，研究如何应付，结果认为有实施统制经济的必要。所谓统制经济，即是实行保护主义……使民众知悉此事事关重大，务须忍痛一时，用倡导和强迫的方法，使不服用土货的人用土货，而不用外货。”（《申报》，民国二十六年五月七日）

阎所倡导的是使用土货，而不是国货，说明他不仅禁止洋货入省，连外省的货物也禁止在列。他所说的国货，实际也是指土货而言。

为了推行“造产救国”以“自救”，阎和所属的官员们，大肆论著文章，发表演讲，

喧闹一时。阎于民国二十二年四月二十八日在经济统制处的演讲中曾说道：

"……无论办什么，也是赔钱，最明显的如织布，自己种棉，自己纺纱，自己织布，自己穿，都说不能干，其理由是受物美价廉的外货倾销之故……生产保护，有两条路，一为利用政治权力，不用外货进来，一为甘地做法，不准买外国货物。如能保护土货，纵然物不美价不廉，亦可存在，盖能把外货挡得住，咱的工厂即能存在。……我对于经济统制之动机，即由此而来。"（《造产救国社年报》，1933年）

之后，阎又曾讲述："晋绥今日要想外货少进来，须有两个认识：一为不合乎人情，因为人均愿以廉价购美物，而我们的办法，却不是如此；一为合乎道理，即合乎生存的道理。要想生存于今日，既不能买外货，拿钱供给别人，宰割自己！……"（《阎委员长训话》节录，《晋绥土货一览》第二册，民国二十三年六月）

阎曾在《造产救国社年报》中发表"经济建设之难关与打开之方案"文章，写道："中国处于列强集全力于经济侵略之下，关税不能自主，共商落后，所以立国之原则已失，直形成半亡国之状态矣。……今欲图存，非跳出半亡国之陷阱以外……简单言之，保有口吹大洋，点石成金之神秘，而欲保有此种神秘，非社会经济出入平衡不可……比之一家人，岂有入不敷出之目的，则必须声明全体彻底醒悟，努力于物美价廉之生产，以增加输出，勉用本省一切之土货，以减少输入。而政府尤当实行统制汇兑，以操纵贩卖外货……否则坐之以待毙耳。"（《造产救国社年报》，1933年）

阎还告诫商人们说："……少贩卖外货，多销土货，同时自身亦应服用土货，纵使少赚些钱，也应该忍痛牺牲。我们不是反对人民贩卖外货，不过山西社会现已民穷财尽……不如此时提倡土货，使人民经济能力充裕，将来也可以增加购买外货的能力。商人们如此时要贩卖外货，致使金钱外溢，金融枯槁，将来必致同归于尽，这种举动是病国也是自杀。……"（《阎主任为设实物准备库告山西商民》，载《中华实业月刊》第三卷第六期，1936年6月1日）

国民政府在经济重重危机的情况下，于民国十七年底成立国货调查委员会。同年十二月六日，山西成立了分会。行政院又迫于群众抵制日货的强大压力，于民国十九年开展"提倡国货运动"，通令凡公务人员一律服用土货。阎在民国二十一年重掌山西政权后，提倡"造产救国"，提倡使用土货，想以此解救全省经济危机并落个服从中央的名声。故此，他于民国二十二年中，先后制定了七个有关服用国货、土货的法规。即《山西省政府服用国货委员会组织简章》（二月十七日）、《山西省政府公务员服用国货委员会服用国货规则》（二月十七日）、《经济统制处人员服用土货会简章》（四月二十八日）、《山西省公务人员服用国货联合委员会简章》（五月二十七日）、《山西省公务人员服用国货通则》（六月十日）、《山西省军政各级机关庶务人员不购用土货处罚办法》（九月二十九日）、《山西各县市公安局督饬各商号分部陈列土货国货及外货办法》（十二月十六日）。（《关于服用国货等法规》，《山西现行单行法规辑要》，民国二十三年一月）

现将《山西省政府公务员服用国货委员会服用国货规则》摘录如下：

"……

第二条　本府人员应用之衣服物品及本府公用物品均须一律购用国货。

第三条　本府人员在本规则实行之前已有非国货之衣服物品均准继续服用，但须于委员会成立后一个月内由本人开单送交本府委员会登记备查，不准再有续购情事。

第四条　本会公私所需必要之物品如无国货可以代替者经向服用国货委员会声明查实许可后，方准购用外货，该委员会同时须谋补救办法，务期达到服用国货的目的。

第五条　本府人员如有违犯本规则情事经委员会察觉或被人举发经查明属实，由委员会依下列各款分别议处。

（一）初次违犯者处本人月薪十分之一以下之罚金。

（二）再犯者除本人月薪十分之二以下之罚金外，并记过。……

第六条　本会人员购买非国货衣服物品如证明确系出于过失者得免议处。

……”

另将《山西各县市公安局督饬各商号分部陈列土货国货及外货办法》择要摘录如下：

“……

二、各县市公安局应负责督饬各商号自奉到本办法之日起，在一个月内将土货、国货、外货分部陈列表明字样俾购买者易于识别。

三、土货、国货、外货之区别标准如下：

（一）本省出产或制造者为土货。

（二）本国出产或制造者为国货。

（三）不属（一）、（二）两款均为外货。

……

五、各商不按本办法分部陈列者应处以一元以上十五元以下之罚金。

六、各商号分部陈列故意将外货列入土货之部鱼目混珠希图渔利者应处以五元以上一百元以下之罚金。

……”

阎锡山政权于民国二十三年九月一日起，根据经济统制的目的，实行“贸易统制”，对所有入境货物，除公用者外，一律均须先呈请省政府核准，否则予以严重处罚。（《阎主任为设实物准备库告山西商民》，载《中华实业月刊》第三卷第六期，1936 年 6 月 1 日）

阎在《晋绥实施经济统制方案》中，对于“贸易统制”，有下列几项决定：

“一、斟酌供给需要关系，对于输出入货物加以奖励或限制。

二、在重要城市，公营大规模之‘国营商店’，并于各村镇组织‘国货消费合作社’。使其互相联络，布成营业网，以期发生最大效能，渐次达到商公办之目的。

三、规定本省重要物产价格，以免奸商乘机抬高物价，阻碍省货之推销。于必要时，并由公营商店，收集货物，以调剂供需，平定物价。

四、关于奢侈品，或本省特种产物，实行政府专卖事项。

五、省外设立贸易机关，并规定奖励输出办法，以重对外贸易之发展。”（全国经济

委员会：《山西考察报告书》，民国二十五年二月）

阎为了让民众选用土货，推销自造产品，将外来货品凡可以土货代替者，列成一表，以提示大家，并称其为“不得已之办法”：

“一、燕菜鱼翅海参等食品，应以鸡鸭及黄河清源等处之鲜鱼代替之。

二、外来酒、罐头、水果、鲜货等，应以汾酒、清源酒、本地水果鲜货及壬申制造厂之罐头代替之。

三、外来布匹，应以晋生、雍裕、平民、晋益及其他各县出品之土产代替之。

四、外来绸缎罗葛夏布等，应以夏县及其他各县出品之土产代替之。

五、外来毛织品，应以西北毛织厂、西北民生厂、华北制绒厂及绥远实业工厂等出品代替之。

六、外来纸张、火柴及针，应以晋恒及晋祠等本省纸，昆仑、西北等本省火柴及大德针代替之。

七、外来瓷品，应以阳泉及西北窑厂、工业学校等处出品代替之。

八、外来五金杂货，应以壬申制造厂出品代替之。”（全国经济委员会：《山西考察报告书》，民国二十五年二月）

当时，全省出现有关标语很多，大多数是根据阎锡山的讲话中某些语句编成，广为张贴，开会呼口号，煞有介事。连政府的公用笺的两侧和下方都印满标语。现摘录几条如下：

“（一）你买外货时，切须想到你的金钱是帮助了别人的国富，减少了自己的财源！

（二）不提倡土产土货以后大家便要没有工作的机会没有生活的根据了！

（三）为求生存而服用土货，绝不要计较价廉物美！

（四）你买外国货时，切莫忘记了山西社会的贫困！

（五）买外国货就是拿我们的钱助人杀我，非痛改不可！

（六）土货价虽昂贵货亦不美，但此钱仍在山西社会周转！

（七）列强人民走到任何地方日用品也要从本国捎购，大家要研究其中意义！”

阎锡山为了推销本省各轻工业工厂生产的土货，采取了一套强制购买的手法，建立了“土货商行”和“土货商场”。于民国二十四年八月一日起发行了三十万元“土货券”（群众称之为“土票子”）。厂方在给职工发工资时，发给一定比例（约40%）的土票子。土票子不能在市场上流通，只能在制定的“土货商场”买东西。其商品价格略低于市场价格，用此来缓和产销矛盾，抵制外货入侵，使本省工业得以苟延残喘。

阎锡山所搞的一套抵制外货、提倡土货运动，由于有政权作后盾，在一定的时期内收到了一些效果。但也因其政权的性质而决定他必然和帝国主义搞妥协。比如，他用政治势力给晋华卷烟厂以支持。当时该厂产品之品质、价格均不能与英美烟相匹敌，但贩销晋华烟的商号和商贩不用领牌照。而贩英美烟的则非有牌照不可，且领照手续繁琐，要层层批准，事实上等于不发牌照。民国二十二年一年中，英美烟除在太原市面略有销售外，外县确已绝迹了。这样遂引起英美烟公司的抗争。民国二十三年，英美通过外交途径，让国民政府指令山西之晋华卷烟厂迁往上海或天津，否则限期关闭。并指令不得限制英美烟入晋。同时，驻北平的英国公使馆派参赞路斯来山西和阎直接谈判，英代表以“山西当局必须执行南京政府的命令，否则是不服从中央，有损贵国大事。盟国烟草在世界畅销无阻，山西岂能例外。”等蛮横口吻相威胁。阎在日本帝国主义的支持下，也不甘示弱，亦提出：“晋省卷烟虽次于贵国之烟，但甚受晋人欢迎，美英卷烟不入晋为好。”谈判曾陷入僵局。数天后，阎惟恐事态扩大对自己不利，在日本帝国主义的允许下，才作了一点让步，答应英美卷烟每月可入晋六百箱，但只限在同蒲铁路沿线县份销售，如私向指定以外县份推销，由晋华厂驻县委员查出没收。双方达成协议。这虽与英美要求相差太远，但在当时日本帝国主义势力占优势的情况下，英美也无可奈何。这样，晋华烟每月可在省内销售二千余箱，在省外可销七八百箱。（王尊光：《我任晋华卷烟厂经理三年》，载《中国近代工业史资料》第三辑，《山西省经济资料》第四分册，《山西文史资料》第五十辑）到“七七事变”前，英美烟公司输入山西的卷烟又增多起来，和晋华卷烟的销量已不分上下了。

阎锡山推行的土货运动，最后还是以失败告终。日货充斥市场的局面，也并没有因此而改变。民国二十五年六月，《中国农村》一书所载的一篇文章中，就曾写道：“我们在乡下庙会的时候，就可以看出山西土货政策的失败。除掉固有的农具市场仍是十足土货而外，其他如人造丝织品、瓷器、五金杂货等，可以说是完全纯粹的日货市场。所以由于山西的提倡土货而受到影响的倒不是外货，反而是其他邻省的土货。”（《中国农村》第二卷第六期，1936 年 6 月）

※ 渠绍森、庞义才：《山西外贸志》上册，山西地方史志资料丛刊，215 ~ 221 页，山西省地方志编纂委员会编印，1984 年。

从 1932 年到 1937 年抗日战争开始阶段，阎锡山在他统治的山西、绥远两省，曾实行过所谓统制经济。这在阎锡山统治山西几十年中也是经济方面的一项较大的措施。

一、统制经济的提出

第二次世界大战前夕，世界经济动荡不安，国际间已经是剑拔弩张的局面，世界战争，大有一触即发之势。就资本主义阵营来说，第一次世界大战取得胜利的国家，如美国、英国、法国、日本等互相钩心斗角，各自想发展自己的力量，而他们内部又遭受到他们制度上无法避免的经济恐慌的袭击。第一次世界大战后被列强宰割压迫的国家和殖民地，又都在争取摆脱列强对他们的控制，尤其德意志更为突出，在这个阵营内部钩心斗角动荡不安的同时，他们还有一个共同的目标，即把第一次世界大战后出现的第一个社会主义国家苏联视为共同的敌人，总想设法消灭或削弱苏联的力量。资本主义阵营的矛盾，加上资本主义和社会主义的矛盾弄的不可开交，形成第二次世界大战前夕的危险局面。适应这种情况，有的人便提出统制经济的口号来，企图在经济上实行集权化，以为应付。

就我国来说，第一次世界大战，我国虽然是战胜国，但是自鸦片战争以来由于帝国主义的入侵，一直处于殖民地和半殖民地的地位，巴黎和会上正义迄不能伸张，因而激

起伟大的反帝反封建五四运动，从而促成国共第一次合作，终以北伐推翻了为帝国主义服务的北洋军阀政府。

阎锡山于辛亥革命后当上山西都督，在国民政府中取得显赫的地位。到1930年联合冯玉祥发动倒蒋战争失败被迫逃往大连，在日本发动“九·一八”事变攫取东北前夕，他又潜返山西，利用各方矛盾，东山再起，出任太原绥靖公署主任，重新掌握晋绥大权。于是窃取统制经济的口号，实行经济统制。在他担任太原绥靖公署主任后，第一就是编订“山西省政十年建设计划案”，提倡造产救国，接着就组建太原经济建设委员会，连同绥远也包括进去。

二、太原经济建设委员会

太原经济建设委员会成立于1932年，地址就在山西太原，是晋绥两省经济建设的管理机构。虽然晋绥两省并提，实际重点是山西。阎锡山自任委员长，以山西省政府主席赵戴文和绥远省政府主席傅作义为副委员长，委员长下分设：设计处、总务处、经济统制处。设计处由杨思诚负责，并未正式组建。总务处由太原绥靖公署总务室兼办，正式成立的只有经济统制处。

三、经济统制处

经济统制处是太原经济建设委员会具体业务的执行机构。设立处长一人，委由张之杰充任。设总干事三人，由赵燕秋、武锡桓、金福海充任。处长、总干事下分设一室三科。

秘书室管理文书工作，由田润霖、田培植担任秘书。

第一科掌管调查统计工作，先后由科长孔兆熊、张辅良担任。

第二科掌管研究宣传工作，由曾文昭、郗理卿先后担任科长。

第三科掌管实施计划和总务工作，由贾星垣、单理先后担任科长。

各科长下设主任干事、干事、学习干事若干人，全处职员约四十余人，其中留学生、大专毕业生占多数。年龄较当时各厅处为轻。各县还各设经济委员，督导工作。

经济统制处既是太原经济建设委员会的业务执行机构，所以从该处的工作情况，就可以了解太原经济建设委员会的业务。

四、关于省外贸易的统制措施

阎锡山的所谓统制经济，更是要做到经济上的集权化，他所把持的所谓山西省人民公营事业为核心，把山西的经济整个掌握起来。一面谋求扩大省外贸易的输出，一面减少输入，以求减少逆差，做到平衡以致顺差。所以在输出方面尽量想办法，采取了以下措施：（一）增大煤炭输出；（二）向省外推销西北实业公司所属各厂产品，如洋灰、火柴、呢绒、布匹等，主要是销往陕甘宁比较落后的地区，由西北实业公司自行办理；（三）粮食、棉花等土特产大量向外运销。

五、土货商场

我国当时是半殖民地国家，自清朝鸦片战争以后，帝国主义打开我国的大门，侵犯了我国主权，使我国成为帝国主义的附庸，作为推销产品、攫取原料的市场。他们绝不会允许我们发展自己的生产，进行经济建设。就山西来说，又是处于省的地位，困难更多。加之当时正在“九·一八”事变之后，日本帝国主义者正在把魔爪伸向华北。山西是进一步进攻的对象。伴随着军事进攻，走私来华的日本货物大量涌进，价廉物美，使国人经营的工厂无法生产。记得当时太原市场日本走私来华的白糖，零售价格每斤才七八分钱，其余可想而知。商人也只有贩卖日本货物，国民经济已濒临难以救药的程度。可是另一方面，“九·一八”事变唤醒了广大人民，激发起国人爱国救国的热潮。全国各大城市，纷纷出现了抵制日货运动。阎锡山便利用这个机会，以晋绥两省为本位，提出“服用土货”。什么是土货？即是晋绥两省生产的货物。这个口号，既抵制了外货，同时又不刺激日本，却也费了一番心机。于是大肆宣传，出版了许多小册子并在报纸杂志广告广泛宣传。经济统制处处长张之杰首先以身作则服用土货，并亲自到各大专院校进行演讲，经济统制处的职员在处长的带领下，也都服用土货，头戴绥远产的毡帽，身穿璐、泽产的绸缎和西北毛织厂产的呢绒哔叽，抽的是晋华卷烟厂产的纸烟，一个机关如此，各个机关渐渐效仿。影响所及，服用土货成为时尚，社会风气大大起了变化。一般都以服用土货为光荣，一改过去服用外货的习惯。这一运动，给本省产品外销开拓了销路，从而也减少了外货的输入。虽然不是釜底抽薪的办法，却也收到一定的效果。适应人们服用土货的新情况，于是就在太原开设了土货商场。

土货商场设立在开化市场北口路北，是专门经营土货的商场。各种土产物品，举凡穿的、吃的、用的应有尽有，人们可以从那里买到需用的东西。但该场卖货不收一般货币，只收该场发行的“土货券”。发行的总额是五十万元，这也就是该商场的资本金。该场用土货券收尽货物，再凭土货券售出。有多少物品出多少土货券，这样物和券永远相符不会发生贬值。这也同时是阎锡山验证他所主张的物产证券的一次实践，而这个五十万元资本的商场，实际不费一文就开办了。开业之后，因为民间没有土货券，允许以社会通行的货币，向商行调换同额土货券。久而久之，土货券也和其他通用货币一样在市面流通。

土货商场的经理，初由忻县人彭士弘担任，营业主任张文同也是忻县人，后来接任经理。在他们费力经营下，业务尚颇发达。“七七事变”后，日军进攻太原前，该场即进行转移，迁往运城，向西安转移物资。我军临汾撤退后，又转移西安，业务已无法进行，不久即办理结束。所发的土货券，除散落民间者外，即在西安清点销毁。

※ 郭文周：《阎锡山在晋绥两省的经济统制》，载《太原文史资料》第七辑。

此外太原更有土货券之发行，该券系太原经济建设委员会印制，责成土货产销合作商行发行，已规定自二十四年十一月十七日起，所有该行售货价款，一律专收土货券，其目的在于提倡土货，盖凡持土货券购货者，其售价概照九折计算。

※ 全国经济委员会：《山西考察报告书》，314 页，1936 年 2 月。

阎锡山于 1934 年成立了一个提倡土货、抵制外货的机构，名称是太原土货产销合作商行，简称土货商场。它的办公和营业处设在按司街路北一座四层楼里。以当时的标准

来说，这座楼比较精美，颇能吸引顾客和游人。

土货商场归阎锡山的经济统制处管辖。它的内部有经理、协理、营业主任、会计主任等，当时彭士弘为经理，续承明为营业主任，职工共有七八百人。另再大同、临汾、长治、汾阳等地设有分行，分行领导人为分行经理。

商场成立后，即大量收购和销售地方公私企业产品。西北实业公司各厂生产的轻工业品，包括毛织品、皮革、纸烟、面粉、印刷品、罐头等，五台河边村绸缎厂生产的绸缎，夏县的丝绸，交城的皮毛，汾阳杏花村的汾酒，汾阳火柴厂的火柴，太原晋生纺织厂的棉纱、棉布和色布，榆次晋华纺织厂的棉纱、棉布，祁县晋益公司的花布、花线毯和棉花毯，太原晋恒造纸厂的各种纸张，均陈列在门市部，零整批售，任人选购。另外，还指定两家私营商号，专门推销山西地方产品，一家是中药铺，销售山西名贵中药定坤丹、龟龄集、麝香沉香丸等；一家是金银首饰店，销售全省金银首饰品。这两家商号不是土货商场的正式单位，它们推销产品只付给千分之三十五的手续费，职工没有固定的工资。到夏天，在楼顶还开一个饭馆，也是付给千分之三十五的手续费。

土货商场的规模并不是很大。当时太原晋生、榆次晋华、祁县晋益，这三个大纺织厂产品很多，但销路不畅，滞销现象比较严重。土货商场刚成立时，推销数量有限，产品滞销的问题并没有解决。阎锡山为了打开销路，决定让公务人员一律穿用土货衣料，并让经济统制处处长张之杰带头示范；又指示经济统制处，在全省一百零五县，每县由经济委员找一殷实商号，定名为土货商场代办商号，在经济委员监督下，推销山西土货。代办商号到土货商场选购货物，价款现付赊欠均可。这两种办法，对解决商品滞销起到十分重要的作用。当时晋生、晋华、晋益三个大纺织厂正处在十分困难的时期，产品积压滞销，资金周转不灵，在面临停工的威胁下，曾将全部资产作抵押向天津中国银行贷款，以苟延残喘。土货商场在全省各县指定代销商号后，遂向三厂大批购进物品，不仅把积压多年的存货收购一空，而且预订了以后半年的产品，对这三个厂起了起死回生的作用。

除了收购产品以外，土货商场还采取供给原料的办法，支持中小工厂的生产。当时太原市的中小工厂也因产品滞销，资金周转不灵，经常停工停产。土货商场成立后，中小工厂只要有工人和工具，就可以向商场领取原料，制出成品后商场收购。这样，中小工厂便有活可做，有利可图。许多中小工厂因为得到土货商场的扶持，逐渐增添设备，增加人员，从衰落走向繁荣。

※ 续承明：《太原土货商场纪略》，载《山西文史资料》第二十四辑。

民国二十三年（1934年），阎锡山除发展实业外，又着手官办商业。是年10月在钟楼街建起“土货商场”（地址在原合作大楼），专售本省土、特产品。如：棉毛织品、文具纸张、化妆用品、五金、机器、木器、钢器、料器、瓷器、火柴、纸烟、酒类、鞋靴、皮毛等。同时发行了“土货券”，按券购买各种物品，可享受“九五扣”的优待。

※ 任步魁：《太原商会史略》，载《山西文史资料》第六十三辑，124页。

土货券稳定　商民多信赖

（大同社讯）本省土货商行，自发行土货券以来，收货发券，凭券兑物，原为增加人民生活上必需品之购买能力与制造家之生产能力，其性质完全与普通兑换券不同，收一分货，发一分券，卖一分货，收一分券，有十足的货物准备兑换，不受金融变化之牵累，不受市场盛衰之影响，以此博得各界人士真实信赖，且由多数工厂商号为吸收土货券起见，对土货券购买物品者，格外予以便宜。就中如西北皮革、毛织、洋灰三厂出品九八扣，火柴每箱让价五角，晋丰公司面粉每包让价一角，同蒲铁路运费九八扣，晋华、晋生两厂各让价千分之五，本市商号德盛咸、信丰久、巨兴恒、世兴号、瑞崇隆、永吉成、巨源恒、巨桐预、三晋恒、源成永、隆盛旺、万和公、双丰人、丰盛裕、永寿恒、槐德堂等十六家货价九九扣，凡此皆是为土货券昭著之明徵，其热心周使者有西北印刷厂、西北窑厂、西北炼钢厂、西北铸造厂、西北农工器具厂、西北铁工厂、西北机器厂、西北机械厂、西北汽车修理厂、枪弹厂、晋华卷烟厂及泰和昌、义元生、大隆祥等商号，又阳曲县政府赋税、各税收机关税款均一律收受。外县如榆次、汾阳、大同等大商区均欢迎周使，毫无窒碍。近来更有河西呼延等村农民鉴于土货券信用稳妥，亦纷纷愿以土货券作价，出售大米等农产品。现在，土货券已立于稳固地位，其周使区域之扩大，有与日俱增之势云。

太原经济建设委员会发行的土货券

※《山西日报》，民国二十四年十一月九日。

第二节 ｜《山西省十年建设计划案》

一、《山西省十年建设计划案》的背景

阎再度统治山西后，倡言十年建设，加紧对人民经济上的剥削，增大其个人财产，做亿万富翁。阎锡山之一生，算帐是他的特长，剥削是他的本质。他已经做了山西的土皇帝，国家和地方收入完全由他支配，尤感不足，还要以所谓“公营事业”剥削人民。他以公营事业为“外府”，而以五台县河边村设立的庆春泉与庆春茂等六大商号及在太原市设立的亨记、德生厚、源积成等银号为“内府”。他认为“外府”之财，免不了随政权而转移，“内府”则系个人所有，即使失去政权，亦不能牵涉到个人财产。在此种不可告人的目的之下，他首先编订所谓“山西省政十年建设计划案”。

阎锡山于1932年4月成立山西省政设计委员会，自任委员长。设计工作分两步进

行，政治建设由邱仰濬主持，经济建设由樊象离主持，并委派军政各界人员二百余人为委员，分担起草。起草完毕又派委员多人组成两个审查委员会，派李庆芳、陆近礼分任主任，进行审查。最后崔廷献、潘连茹等人同就阎指导下，编成“山西省政十年建设计划案”，于1933年1月送省府审议，实际是交省府衙门。

计划案“前三年以政治为中心，后七年以经济为中心”（阎语），又说：“中国的官吏以为不贪赃不枉法就是好官吏，现在时代不同了，务必依照已定的计划案积极办事，如果办不到就科以贻误罪。”“人民是疲顽已极的人民，要建设成功，就要强迫实行，人民反对，就科之以妨害罪。”后来，阎曾向南京政府建议对官吏定贻误罪，对人民定妨害罪，并得到通过。

※ 山西省政协：《阎锡山统治山西罪恶史》上册，253～259页，1960年油印本。

二十一年四月十二日对省政设计委员会全体人员第一次之讲话

我所以要主张十年的期限，也是经过许多考虑的。起初也想作为七年五年，最后决定为十年，这是根据国内外两方面的环境而定的，不得不要十年期限的准备。俄国五年计划，有人说他有一千七百万人的军事动员秘密计划，并且说此计划五年内纵不能成功，不过继此再一个五年计划，一定会成功的。成功之后，他的出路，不是向欧洲去找，便向亚洲的中国来找，其期限不能超过十年。此外各国海陆空军的准备，都是在这个十年内拼命的发展。所以东亚问题，在十年内，大家都要求一个解决。因此，十年以内，中国非有办法不可，否则恐赶不及。所以今日中国人民，大家非拼命的往前赶办十年建设不可。赶得上固好，即赶不上，也须努力去赶。以上是鉴于国外环境，定为十年建设的理由。说到国内环境，谁都知道我们政治社会一切情形，都没有上了轨道，不能如俄国的五年计划，一开始就能实施，非先有三五年内扫除建设障碍的工作不可，这都是我对中央建议十年建设计划案的大意。

本省计划建设，当然要本着这个意思，前三年以政治为中心，注重扫除建设障碍的工作，确定民主政治的基础，后七年以经济建设作中心，为完成自足的目标。不过我们编订十年建设计划的内容，要注重适合山西的自然环境。山西的煤炭很丰富，铁矿也很多。大家知道煤矿为工业最重要的基础，有了这种工业最重要的基础，山西可以构成一个工业区域，这是无疑议的。世界的工业中心都是建筑在煤铁最丰富的地方。但这是就山西的煤铁矿来说，若就内部的地势而言，我们的计划又不能不分区进行。例如汾河下游，土地肥沃，平原很多，应该划作建设农业区域。汾河上游，土地硗瘠，山岑又多，应该划作建设林业和畜牧的区域。其余的地方，作为工业区域。因为我们经济建设，要本着“物土之宜，而布其利”之宗旨，不能不分区办理，以适应环境的要求。然而我们最后的目标是要造成工业的农业，使本省成为一个重要的工业区域。虽在此时，不能一蹴而就，只得分区进行。但要知道此时划分区域，来决定建设事业进行的标的是为完成将来工业区域的基石，万不可辜负自然环境所给予我们完成工业区域的独厚。

编订建设计划，自然不是一件容易事，要缜密的考虑，详细的规定。起草完竣以后，应组织几个团体来审查，并要提出几个具体的意见，以为修正时的参考。总希望大家本着平日所学的和所见的知识，尽量的研究山西十年建设计划合理的道路，编订很适合的方案出来。这不只是发挥学以致用的机会，并且也就是尽我们山西人应尽的责任，大家努力吧。

※《阎伯川先生言论辑要》第七册，阵中日报出版社，民国二十六年。

二、《山西省十年建设计划案》的内容

山西省政十年建设计划案
（此案由山西省政设计委员会于民国二十二年一月送呈山西省政府审议）

要　旨

省政建设之全部事实，不外政治、经济之合体。以理论言，政府之职责，在安定秩序、优裕民生。秩序愈安定，民生愈能优裕；民生愈优裕，秩序愈能安定。故谓省政全般设施统是政治，可谓全部政治之着眼即在经济亦可，盖政治为经济之原动力，经济实政治之结成果，是政治建设，正所以促经济建设之成功也。离开建设经济之政治，为无果实之政治；脱离政治而言建设经济，为无推动之建设，所以建设计划对于政治建设、经济建设，必须同时并进而不能偏废者一。

以事实言，必国民经济出入相敷，始能畅行纸币，畅行纸币始能大事建设。政治上应事实之需要，确立保护之方策，实为生存命脉上必须之设施。试察吾人今日所处之环境情势，既未能确立关税之封锁政策，又不能改进生产之方法技能，遍览国内市区，几全部为外货之销场，统计输出输入，漏卮之可警至巨，不止成品如是，驯至原料皆然，痛切言之，是建设之根基已圮，生存之命脉几亡。情势如此，则凡为国家之一政治区域，政治上亟应本着国民经济的需要，对于设施行政、规划企业，确立不可拔之政策，制定详密之方案，始能确保生存之命脉，巩固建设之根基。所以无论关于安定秩序及养成自治之政治建设，与直接间接以增加生产为目标之经济建设，必须同时并进而不可偏废者二。

本计划，本此理论与事实之要求，以可能为范围，以有效为前提，确定年限，编成方案，计分三篇：第一篇总则，为全部计划之原则。第二篇省建设之部，内分四章。第一章系政治建设，一为改善现行政治，二为完成地方自治；第二章为经济建设，一为增加人民生产，二为发展公营事业，三为省县村经济统制；第三章为省政建设研究院，为各种建设事业之研究处，亦即建设人才之养成所也；第四章附则，为全案施行时考核进行之程序。第三篇为县村建设之部。至各种建设事项，附有专案，以为实施之参究。本案之能否有效进行，全视各当责者应用科学之方法努力继续之程度如何耳。至期限之所以定为十年，一则以在今日之山西，欲行建设，难关层层，基础薄弱，突破难关与培植基础，均需时日，短期间不能遽上轨道。再则以十年建设计划，非仅为计划十年内建设若干之事业，并计划以十年之努力，培植十年后每年可建设若干事业之基础能力。故短期计划，难成节奏，若再长之，意向亦不易达也。

第一篇　总　则

一、本案名称之内容

本案所称山西省政十年建设计划案，系指省建设计划案、各县建设计划案、各村建设计划案合并而言，故于省建设计划案中，附编订县村十年建设计划之指针，以为县村编订本案县村部分之标准。

二、本案生产数量之编制程序

本案生产数量之编制程序，系先由省编定省建设计划，并规定全省生产量之必成期成，制定编订县村建设计划之指针，然后由村着手，将村中生产事业之产量，分为期成量、必成量两数。县汇集各村之生产数量，并加县办生产事业之产量，即为一县生产之数量；省汇集各县之生产数量，并加省办生产事业之产量，即为全省之生产数量。

三、十年建设之途径及其目的

在政治上，改善现行政治，完成地方自治，以树立民主基础；在经济上，增加人民生产，发展公营事业，使十年后全省人民每人每年平均至少增加二十元生产价额之基础。

四、省政十年建设应遵守之原则

（一）本计划案以实行生产政治为目的。所谓生产政治者，即用政治之力量，开发生产，扶助生产，保护生产。

（二）人民得组织建设监进委员会，以司监督建设及弹劾官民之贻误妨害建设等事项。

（三）关于经济建设，凡本省新兴工业，为增进输出计，认为应协助者，均由政府协助之。

（四）应以政治之调节，使经济为平均发展，凡由天然产物，或特别机会，及其他非人力之辛苦所获之厚利，政府得酌加调剂税。

（五）关系大多数人民生活之商品，于必要时政府得规定价格。

（六）十年建设中，关于经济建设，应藉重于合作主义之提倡，使经济社会分散而单弱之人的要素及物的要素集合为集中而强固之经营势力，以减少人民兴业之困难，助长产业之发达。

（七）凡在同一地区同种事业，使其相互间之关系，妥协而不竞争，以减少经营上之糜（靡）费，降低成本，提高其对外竞争之能力。

（八）产业之属诸私营者，施以私营公督政策；产业之属诸公营者，施以公营民监政策，以期补足私营产业能力上之缺陷，消除公营产业经营上之弱点。

（九）实施兵工及人民义务劳力政策，利用充分之劳力，以从事于建设事业。

（十）实行奖励保护发明品、改良品办法，以维持发明者及改良者之利益，而促进建设之进行。

五、十年建设应注意之事项

按本省今日建设，必须注意下列五者：

（一）理论必须适合

本建设计划，凡关涉社会之理论，必须与现实社会相符合，始得谓之适合，否则不失之空谈学理，即失之削趾适履。譬如治病，必药病相投，始得谓之良药，若离开病状，而谓某药为良药，未有不误人性命者。中国今日情形，不特与前此之中国情形不同，并且与先进各国振兴实业时状况亦不同。而本省现状，则又与其他各省相异。盖本省今日之情况，系被外货倾销，甚至涉于原料品、食料品之现状。十年建设之理论，是适于就防御而言，不适于就攻击而言。又本省向以商业入款为社会经济之渊源，而今日商业已失败殆尽，入款顿减，出款顿增，处此巨量入不敷出现状之下，建设理论，既不能以古代情况绳之，亦不能以先进各国情况绳之，此为注意者一也。

（二）方法必须经济

关于经济建设事业，以行分工为最经济。分工之程度愈大，则其工作愈为经济。现今实业发达之国家，除一事业内之分工外，往往并按经济部门，分区专办，甚且于一地方，特别注力于一种产业，倾销全球。盖如此办理，则技术易于增高，产量易于扩大，费用易于减少，弊害易于防杜，制作管理亦较为方便。然此种办法，必须特别物美价廉，能有远足销路，方可存立。本省十年建设，无论任何事业，以技术言，以资本言，以物美价廉言，均不足以语此。既不能恃少数产业以向外倾销，自不得不注意普遍建设，以资防御。惟即就防御之建设事业言，虽不能采用最经济之方法，但亦应就本省交通及其他实际状况，竭力择其合于经济原则者，采相当之经济方法，譬如普通工厂内之分工，及牧畜造林之划分适宜区域，分别策进皆是。此当注意者二也。

（三）养成公务员处理事务之能力

定政策易，行政策难。一种政策之失败，多由于施行方法之不良。一省政策之推进顺利与否，视厅处局所及各县政府施行之方法如何；一县政策之推进顺利与否，全视各掾属及区村施行之方法如何。以事言，方法不良，则徒劳无功；以人言，处置乖方，则怨声载道，加以吾国休息政治已二千年，百政停顿，只求无事，政治上多一事不如少一事之习惯深入人心，是以公务人员之知识，每多与社会之事实隔离，而处置公务之能力亦因之而薄弱，往往举办一事，政策虽善，结果微末，甚至以爱民之心成扰民之事，兴利之政成累民之实者，比比皆是。应确实研究管理事务之方法，编订成书，并由省政府编一建设常识，颁发各机关，严切训练，养成公务员遇事有分析当为之途径、详细计划之方式、处置事实之能力，事事得以推行尽利。此应注意者三也。

（四）树立正确之舆论

今日社会一般人士，对于建设之观念，仍在守旧之中，加以新兴国家之方略，与吾国数千年历史上之立国方略根本不同，又新学虽已输入有年，亦仍在支离破碎之程度，且既有系统之研究，亦属少数专学之家，非特一般人民所不知，即知识阶级，亦见仁见智，反赞悬殊，常以赞助之志趣，而对于建设之必需条件，反以其他顾虑而反对之者有之，或以其方法之不良而反对其根本事实者，亦有之，甚至共产党徒及捣乱者流，则蓄意破坏，遇事挑拨，均足以阻碍建设之进行。况值此一般人员办理事务能力薄弱之际，处置每易乖方，非有正确舆论，尽力指明矫正，以消除偏见，补其不足，难期有效，此其一。个人生活于公共团体之下，公共福利，本即个人福利，但图谋增加公共福利，每与个人之目前福利立于相反地位，一般人狃于此见，往往私而忘公，盖国家社会之公共

福利，皆由各当事者之牺牲心。官民两方，势须牺牲乐逸，公而忘私，戒除嗜好，共勉其难，且不免有违反习惯拘束自由之处，此皆人群之所难从，况敷衍已惯之政治，疲惫已极之人民。官民之间隔阂甚深，今欲打成一片，使百废俱兴，舍藉正确舆论，为之提倡鼓吹，督促制裁，其道莫由，此其二。以上二者，均希望舆论界之热心协助。此应注意者四也。

（五）推行计划应逐年预为审定

十年建设之推行，固当审慎周密，而其推行之阶段中，尤应本进行之经验、时事之变迁，预为审核，以资改进。方法适合，事实始克顺利，而无凿枘之弊。本计划案之分年进行，应于每上年之十一月一日开始，将下年内各种预计进行事项重行审查，加以修正公布，作为下一年内之预定案，以为进行之张本。至此项手续，已详考核办法中矣。此应注意者五也。

六、建设之先决事项

（一）建设人才之储备

建设首要，端在人才。关于人才之储备，除自治人才依照中央法令储备外，关于实业技术方面者，尤应预为储备。其须考试者考试，须训练者训练，须传习者传习，须延聘者延聘，其具体办法，均于各专案中详之。

（二）建设经费之筹划

建设经费，至关重要。经济建设，需款尤多，按建国方略之实业计划，主借外资。兹定为关于政治建设及经济建设行政等经费，由省设法筹划，关于公营事业经费，一面举办实业借款，并发行实业公债，一面由省筹集，指明途径方法，确定负责机关，分途并进，务期民不感困，建设克举。兹就事类分列于下：

（甲）政治建设经费。

（子）行政经费。

1. 按现在之行政经费，厉行预算决算，适应改善政治进行之情形，逐渐增加。

（丑）自治经费。

省、县、区、村之自治经费，由下列各款充之：

1. 省、县、区、村原有属于自治范围经费者；

2. 整理土地、山林、矿产、水利收入之一部；

3. 依法赋与之自治经费；

4. 补助费；

5. 自治捐。

（乙）经济建设经费。

（子）经济建设行政经费。

1. 原属于该项行政经费者；

2. 各项行政事业之收入；

3. 整理土地、山林、矿产、水利收入之一部；

4. 军费之撙节。

（丑）保护生产经费。

1. 省生产保护经费。省生产保护费，以三千九百万元为期成数，其必成数至低不得少于期成数十分之六。此项款项之筹集，由太原绥靖公署负责，其用途专以保护省公营事业。兹将分年筹集数目列表如下：

以上十年总计为 39000000 元，由太原绥靖公署负责，筹到后交太原经济建设委员会。

（附记）表列款项数目若按每年每月平均筹集，应为三十二万五千元。

2. 县生产保护经费。县生产保护经费，由县拟定，省政府批准行之。

3. 村生产保护经费。村生产保护经费，由村拟定，县政府批准行之。

表 7－1　　省保护生产费分年按月筹集表　　单位：元

年别	按月筹集数目	备考	年别	按月筹集数目	备考
第一年	100000	—	第六年	350000	—
第二年	150000	—	第七年	400000	—
第三年	200000	—	第八年	450000	—
第四年	250000	—	第九年	500000	—
第五年	300000	—	第十年	550000	—

（寅）公营事业经费。

1. 省公营事业经费。省公营事业之经费，以一万万元为期成数，以六千万元为必成数，其筹集之方法如下：

（1）由财政整理处省政府财政厅担任百分之四十二；

（2）由经济建设委员会担任百分之二十八；

（3）由实业借款、实业公债筹百分之三十。

附专案。

2. 县公营事业经费。县公营事业经费，由下列各款充之：

（1）县原有公款、公产及其孳息；

（2）县公营事业之纯利；

（3）整理土地、山林、矿产、水利收入之一部；

（4）其他酌筹之款。

3. 村公营事业经费。村公营事业经费，由下列各款充之：

（1）村原有公款、公产及其孳息；

（2）村公营事业之纯利；

（3）整理土地、山林、矿产、水利收入之一部；

（4）其它酌筹之款。

（三）清除盗匪

（甲）划分卫戍区域，确实剿除。

（乙）厉行清乡。负责机关为绥署省府。

（四）登记、统计、调查及试验

（甲）登记、统计。由省政府专设统计机关，并规定县区村长协助登记、统计办法，切实晓谕人民，办理应行登记、统计事项，以为各项建设分年进行之参考，藉悉逐年实施之成绩，以资改善。

（乙）调查、试验。本案内所列各种建设事业，包括省、县、村而言，其需调查及试验者，均应派员调查，设所试验，以为举办之根据，而矿产测验所、水利询查机关，尤应提前设立。其负责机关，于各专案内详之。

第二篇　省建设之部

第一章　政治方面

……

第二章　经济方面

第一节　增加人民生产

第一款　实业行政事项

第一项　农业……

第二项　矿业……

第三项　工业……

第四项　商业……

第一目　纲要

第八，公营保险事业及储蓄事业，提高利率，以期基金之集中。

第九，整理金融以便交易。……

第五项　交通……

第二节　发展公营事业

公营事业，成功难，继续尤难，盖以热心的为自己赚钱，平常人均能为之，热心的为公家赚钱，少数之热心公益者，始能为之，欲公营事业之发达且继续恒久的不坏，非有适当之组织监察及奖励办法不为功，故于筹划举办及保管监督之方法责任，必须规定妥善、组织完密，使好人得以负责进行，不致畏难诿卸，使坏人不敢生觊觎之心，不能施破坏之技，庶可收克始克终之效果。今以省、县、村之情形而论，关于村之公营事业，应于创办之始设立董事会，专司其事，以立永久继续之基础。关于省、县之公营事业，应于相当时期，设立省、县董事会，专司其事，以立永久继续之基础，亦即师古人慎终于始之意也。至其组织及办法，当另附专案。

第一款　已有而应整理者

第一，山西省银行。确定公营民监，其筹集资本办法，定于由省款内第一年每月十万，第二年每月二十万，第三年每月三十万，以此递推至十年止，共拨足六千六百万元。……

第二款　创办而必成者……

第三款　创办而期成者……

第九，农工银行（附专案）。

第十，商业银行（附专案）。

第三节　省、县、村经济统制之设施

第一款　经济建设之难关与打开之方策

今日经济建设之难关有二：

（一）在关税保护阵垒失其效力之际，受列强商战利器、货美价廉之攻击，非特工厂出品无法维持，即原料品、食料品亦多数为外国所倾销，处此情况之下倘欲建设，其可得乎？此难关之一。

（二）山西自清末以来，出款顿增，入款锐减（清末以来，票号倒闭，西北商业破坏，山西之入款，殆减去十分之六七，益以鸦片未能禁吸而先行禁种，每年损失三千余万元。同时输入布匹，年出一千六百余万元，纸烟五百余万元，煤油、汽油六百余万元，其它日用奢侈各物品，用量亦无不大增，因之出款增加，数倍于往昔，二十年来，将旧日积存已损失殆尽），社会经济已呈死象，利息高至五六分，其无钱建设无论矣，而社会上之有钱者，放帐之利大于投资实业数倍，孰肯投资于建设事业？此难关之二。

欲打开第一难关，须对于省、县、村设立经济统制机关，办理以下二事：

（一）设立省、县、村经济统制机关，各筹相当款项，于所管区域内，各项生产事业，遇生产品之不易销售时，由省、县、村经济统制机关设法补助，借以维持其工厂之存立与工人之工作，以待将来之开展。

（二）统制生产，使其出品与销路相合，并使之亦向货美价廉之路上急进，以期维持其销路。欲达此目的，须实行许不许之商事行政政策，即凡立一工厂，其出品质量数量，均须得经济统制机关之许可与检查，亦惟其经济统制机关之许可与检查，始能保护之也。……

此外，减轻利率有二义如下：

1. 平准社会利息，使工厂得低利借款，有钱者愿投资实业；

2. 使工厂看利轻。

果能实行以上之经济统制政策，造成代替已破坏之关税阵地，实行生产统制，一面改良原料，改进技术，做到货美，同时减低成本，减轻利率，做到价廉，以造成货美价廉之防御兵器，则第一之难关可以打开矣。

欲打开第二难关，非增添流通之货币不可，增添现货币为不可能，只有增添纸货币之一法，但增添纸货币，须具必要之两条件：

（一）纸币兑现；

（二）畅行汇兑。

纸币能兑现，可以保持纸币之信用，不足以保持纸币之生命。欲保持纸币之生命，非能畅行汇兑不可，此理甚明。若汇兑不能畅行时，势必兑成现洋，运出外方，是则纸币之生命已断，社会经济之活动仍陷于不能维持之地位。

至欲保持纸币兑现，必须：

（甲）发行纸币之银行，绝对不垫借军政各费；

（乙）纸币须十足准备，不做不动产之抵押贷款。细言之，即发出若干纸币，至少须以其四成现款存库，为现金准备，其余六成为活期放款。

欲畅行汇兑，其事甚难，盖根本上非社会经济出入相抵不可。申言之，即省外有若干钱，始可向外汇出若干钱，亦即能卖出若干价值之货物，始可由外买入若干价值之货物，不能卖出若干价值之货物，即不得由外买入若干价值之货物。欲达到此目的，一面须增加出省货物，一面须减少入省货物，使之出入平衡，此为保持纸币生命之必要条件，亦即今日经济立国之必要条件。世界各国之关税保护政策，说者虽谓为保护贸易，实则保护其口吹大洋，点石成金之立国生命耳，故各国对被侵略国家，不惜牺牲金钱与人民生命，一战而求胜利，胜利之后，使战败国关税不能自主，得一自由销场即了其事。盖在关税不能自主之下，受外货之倾销，社会经济只有入不敷出、年穷一年故耳。此种事实，不特国如此，省亦如此。国入不敷出，国必日穷；省、县、村入不敷出，省、县、村亦必日穷，今以一家做比喻，其理甚明，其事实亦甚切。古人所谓家国一理，以经济绳之，尤不爽也。果能使社会经济出入平衡，则第二难关即可打开，亦即非使社会经济出入平衡，第二难关无从打开。

总之，中国前此所以能立国五千年者，一因海禁未开，无对外贸易，国穷国富则有之，出入不敷则无之；二因世界尚无经济侵略之学术，故亦无经济侵略之政策，有以夺人之政权亡人国者，而无夺人之经济亡人国者，今则海禁大开，列强集全力于经济侵略之下，关税不能自主，工商落后，所谓立国之原则已失，直形成半亡国之状态矣。国民全般之劳动，尽供他人之剥削，纯等于奴隶式之劳动，所谓不亡国者，仅存政权之虚壳而已，国民劳动之效果与生活之依据，则几全失却矣。今欲图存，非跳出半亡国之陷阱以外，打开上述之二难关，树立经济立国之新基础不可。经济立国之新基础为何，简单言之，保有口吹大洋、点石成金之神秘，而欲保有此神秘，非社会经济出入平衡不可。说者谓社会经济出入平衡为产业发达之结果，殊不知社会经济出入平衡实为建设产业之起点，亦即新国家经济立国之生命条件也。比之一家一人，岂有入不敷出而能以存在者乎？更无论其创业也。今欲实行经济建设，第一必须努力于省经济之出入平衡，非特一省为然，一县一村亦然。有此基础，始可言经济建设。至欲达到出入平衡之目的，则必须省民全体彻底醒悟，努力于货美价廉之生产，以增加输出，勉用本省一切之土货，以减少输入，而政府尤当实行统制汇兑，以操纵贩卖而巩固此生命线，否则坐以待毙已耳，尚何建设之足云乎？

第二款　省、县、村增设之经济组织

省、县、村经济组织，实为国民经济政策之主要部分。按经济发达之原则，组织愈集中，发达愈容易，然在生产落后、经济被侵略之国家，不止不能达到发展经济之目的，适足以招侵略者之摧残，致无立足之余地。故在吾国之经济基本组织，应以村为单位，况山西为农业社会，农业社会之人民、一切生产、消费、成家、立业等事，均以所居之村为根据地，村实为天然的经济集团，惟政治上对于村经济方面，向无一定之计划以促其发达进步，社会上亦少合作互助之组织，痛痒不关，形如散沙，故于外来之经济侵略无法抵御，即自身产业之发达进步亦不知着手，驯至生路日促，诈伪日生，可孰甚。所以，今后之建设应以村为单位，定详密之计划，成完整之组织，使生产事有完密之保护。经济建设，为一致之动员，村统于县，县统于省，以期一贯之进。兹将其任务及组织分述于下：

第一项　省经济建设机关

经济建设事项暂由太原经济建设委员会办理之，其主要事项如下：……

（十）关于下列事项，指导省银行办理之：

（甲）全省金融活动事项；

（乙）省对外汇兑之调节事项；

（丙）全省储蓄事项。……

第二项　县经济建设局

县经济建设局办理下列事项：……

（九）关于下列事项，指导县银号办理之：

（甲）全县金融活动事项；

（乙）县对外汇兑事项；

（丙）县民储蓄事项。……

第三项　村经济建设董事会

村经济建设董事会办理下列事项：……

（九）关于本村下列之金融活动事项：

（甲）村信用合作券之发行事项；

（乙）村生产借贷事项；

（丙）村民对外汇兑事项；

（丁）村民储蓄事项。……

第三章　省政建设研究院

……

第四章　附　则

……

第三篇　县村建设之部

县政十年建设计划案（由县自编）

村政十年建设计划案（由村自编）

※　山西省史志研究院编：《山西通志·附录》，125～175页，中华书局，2001年。

三、村政十年计划案举例

清徐县成子村村政十年建设计划案

第一章　总论

第一节　十年建设之意义

第二节 十年建设之途径及目的

第三节 十年建设之经费

政治建设经费以左列各款充之

甲 原属于该项之经费

乙 依法赋与之政治经费

经济建设经费十年内至少筹集一万余元为期成数，以期成数三分之二为必成数，其筹集方法如左：

甲 节省村糜（靡）费，每年三十五元；

乙 村罚款，每年二十五元；

丙 渠水田每亩每年出洋一角，共可得洋三百元。

综合以上共计三百六十元，每月平均为三十元。

查每月筹本十元以之办理营利事业，月息为一分五厘计，按年复利计，十年内逐年底之成数如左：

131.700 元

287.106 元

470.485 元

686.872 元

943.209 元

1243.507 元

1599.038 元

2018.565 元

2513.607 元

3097.756 元

以上是月筹之数，十年底共可有 3097 元。本村定为月筹本三十元，十年底共可有……以上收入作建设基金，尽数拨交村借贷庄，凡村营实业用款时，可以合同方式息借，并受该庄监督。

第四节 调查登记及统计

……

第二章 政治之部

……

第三章 经济之部

第一节 目前经济建设之难关与打开之方法

目前建设之难关

第一难关为钱死滞

年来本村钱项死滞，现款缺少，利息高至三四分，欲维持现状，已感困难，尚欲建设，岂不甚难？此为难关之一。

……

今欲打开第一难关，须村办合作社，发行信用合作券，以全村土地担保。此项合作券使全村人民使用此项合作券，以合作券代替现洋。果能如此，则可使银钱活动，第一难关可以打开（另有章程）。……

第二节　增加村民生产

……

※《清徐县成子村村政十年建设计划案》毛笔竖写本，原物28cm×26cm，47页，孔祥毅1998年购于太原南宫古董市场。

第八章 银行资本的扩张

第一节｜山西省银行业务迅猛发展

一、资本与业务

山西省之银行，总行仅有四家（即山西省银行，文水、太谷、汾阳三农工银行），分支行、处共有二十三家，合计二十七家。按性质分，连总分支行处在内，国营者三家（指太原之中国、交通银行办事处，大同中国银行寄庄），省营者十九家，民营者五家（指民族资本的文水、太谷、汾阳三农工银行，和官僚资本的孔祥熙裕华银行太谷分行、安邑支行）。

山西省银行业之资本，共计3077600元，较银号业资本总数之7560370.40元虽少，但较钱庄业资本总数之1970632.14元则多，上述银行资本数额，包括各分支行所拨流动资本在内，实际上四家总行资本总数，仅计2540600.00元，资本最大者，自推山西省银行，计2400000.00元。……

发行原为银行所能运用资金来源之一，在中央未颁布新货币政策之前，山西银行之发行，几全为省银行所独占。在全省银行发行总额2932974元中，省银行占2838299元。其他仅太谷农工银行发行56000元，汾阳农工银行发行37975元。

※ 国民政府实业部国际贸易局：《中国实业志·山西省》，(辛)，130～155页，1936年。

据全国《银行年鉴》所引资料，省银行在1933年有总分支机构二十八个，从业人员达三百二十三人。另据中国实业志统计，一九三四年全省银行（不包括银号、钱庄，下同）资本总额为3077600元，省银行占78%；存款总额3554555元，其中太原地区共占85.43%，省银行一家即占39.5%；放款总额8419188元，其中太原地区共占81.34%，省银行一家即占71.13%。由此可见，在山西金融活动中，太原地区已经形成独一无二的中心，而省银行更占据着绝对优势。

※ 太原市人民委员会办公厅：《巨变中的太原（财贸部分）》，山西人民出版社，1961年。

抗战前的省行

二十四年二月，王骧调任省政府委员兼任建设厅长，新遗省行总经理一职，委任陆近礼接充，二十五年八月，山西省人民公营事业董事会成立（系奉阎命成立的，司管理晋商公营事业之责），陆氏被选为董事长，遗缺复调王骧接充。按二十五年七月修订之章程，该行改为人民公营事业，由人民公营事业董事会直接管理，监察会随时监察。同时将监理员理事会分别裁撤。二十五年十月，增加资本额为二千万元，至内部组织，大致仍旧，仅将稽核室撤销，于总务组添设人事组而已。

据二十五年银行年鉴载，该行民国十八年省内外分支行达四十处，全体行员达近五百人。至二十四年底，该行省内外分支行、办事处、寄庄共二十九所（总行未计入），全体员生三百四十三人。

※ 郭荣生：《中国省地方银行概况》，国家第二档案馆（南京）档案，财政部卷。

山西省银行民国二十五年营业概况

朔自二十四年十一月改本币制以来，本省金融状况为之一变。当时现金现已停用，而法币又未畅行，市面筹码顿感缺乏。本省当局为复兴农村、活动金融，乃苦心策划，于本年一月间设立四行号实物准备库……法至善至美也。不料办法伊始，共匪犯晋，人心恐慌，遂使省币与法币之差额日甚一日，百物价格亦见高涨。……奉上峰措施有方，立设金融委员会，苦心维持，极力救济，令四行号撤收放款，严禁出贷，并令准备库将所存货物大量翻售，于是货物价格渐趋平稳，省币差额渐次回落。……七月一日，本行改为人们公营事业……十月，董事会……增加资本2000万元。……现在，二十五年已经终了，全年决算共纯益一百余万元。……

※《山西省银行二十五年营业报告开头语》，山西省银行档案卷十五－5－11号。

表8－1　　山西省银行与其他银行存款分类比较

		省银行	其他银行	合计
定期	实数(元)	546849.00	1702047.88	2248896.88
	占比(%)	24.32	75.68	100.00
往来	实数(元)	832583.00	471516.31	1304119.31
	占比(%)	63.84	36.16	100.00
特别	实数(元)	11539.00	—	11539.00
	占比(%)	100.00	—	100.00
总计	实数(元)	1390971.00	2173584.19	3564555.19
	占比(%)	39.02	60.98	100.00

※ 国民政府实业部《中国实业志·山西省》（辛）类，1936年，编者根据该书有关数字统计整理。

表8-2 山西省银行与其他银行放款分类比较

		省银行	其他银行	合计
信用放款	实数(元)	5958911.00	809031.51	6767942.51
	占比(%)	88.05	11.95	100.00
抵押放款	实数(元)	29259.00	1621987.00	1651246.00
	占比(%)	1.77	98.23	100.00
总计	实数(元)	5988170.00	2431018.51	8419188.51
	占比(%)	71.13	28.87	100.00

※ 国民政府实业部《中国实业志·山西省》(辛)类，1936年编者根据该书有关数字统计整理。

表8-3 山西省银行与其他银行存款来源比较

行别		省银行	其他银行	合计
商业	实数(元)	—	344757.22	344757.22
	占比(%)	—	100.00	100.00
住户	实数(元)	557188.00	1376827.95	1934051.95
	占比(%)	28.81	71.19	100.00
农民	实数(元)	—	38924.13	38924.13
	占比(%)	—	100.00	100.00
公团	实数(元)	833783.00	233074.89	1066857.89
	占比(%)	78.15	21.85	100.00
同业	实数(元)	—	180000.00	180000.00
	占比(%)	—	100.00	100.00
合计	实数(元)	1690971.00	2173584.19	356455.19
	占比(%)	39.02	60.98	100.00

※ 国民政府实业部《中国实业志·山西省》(辛)类，1936年，编者根据该书有关数字统计整理。

表8-4 山西省银行与其他银行放款去路比较

行别		省银行	其他银行	合计
商业	实数(元)	3437800.00	1101346.51	4539146.51
	占比(%)	75.74	24.26	100.00
住户	实数(元)		100000.00	100000.00
	占比(%)		100.00	100.00
农民	实数(元)		74887.00	74887.00
	占比(%)		100.00	100.00

续表

行别		省银行	其他银行	合计
公团	实数(元)	1029111.00	18785.00	1047896.00
	占比(%)	98.21	1.79	100.00
同业	实数(元)	26200.00	116000.00	378000.00
	占比(%)	69.31	30.69	100.00
工业	实数(元)	1250000.00	1029259.00	2279259.00
	占比(%)	54.86	45.16	100.00
合计	实数(元)	5988170.00	2431018.51	8419188.51
	占比(%)	71.13	28.87	100.00

※ 国民政府实业部《中国实业志·山西省》(辛)类，1936年，编者根据该书有关数字统计整理。

表8-5　山西省银行营业状况统计表　单位：元

项目	总计	铁路	垦业	盐业	小计	占比(%)
家数	101	6	2	3	11	10.81
资本及附本	7560370.00	5000000.00	3000000.00	200000.00	5500000.00	72.75
存款	9458941.90	2321998.00	559474.00	63359.65	2944831.65	31.13
放款	15306614.81	7503566.00	603200.00	496704.30	8603470.07	56.21
储蓄	274185.63	89382.00	45.00	173800.00	263277.00	96.00
全年汇出	19655900.63	2928100.00	677877.00	485000.00	4090977.00	20.81
全年汇入	19574283.30	2939783.00	864670.00	485000.00	4289453.00	21.91
发行	2561131.90	1332708.00	477470.00	49099.00	1859277.30	72.60

※《山西省各县银号一览表》,《中国实业志·山西省》(辛)第192页，1935年版。

表8-6　山西省银行民国二十三、二十五年营业情况　单位：元

	1934年	1936年	备注
各种存款余额	9661070.75	21214646.72	
放款余额	9151265.47	6287863.09	
汇款总额	58338798.77	48717783.73	
发钞	5839298.60	8618622.90	
		4815192.00	发行核准放款券
		4696734.00	实物准备发行
购进有价证券余额	1169743.85	24656852.59	

※ 根据民国二十三、二十五两年山西省银行营业报告摘抄。山西省档案馆档案：山西省人民公营事业董事会档案十五·5-11两卷，财字第57号。

表 8-7　　四银行号在全省中所占的比重

项　目	全省银行号	其　中			
		四银行号		其他银行号	
		金额	占比(%)	金额	占比(%)
总分支机构	128 处	30 处	23.4	98 处	76.6
资本	1064 万元	822 万元	77.3	242 万元	22.7
吸收存款	1302 万元	433 万元	33.3	869 万元	66.7
发放贷款	2373 万元	1459 万元	61.5	914 万元	38.5
汇出款项	5016 万元	3070 万元	61.2	1946 万元	38.8
汇入款项	4253 万元	2496 万元	58.7	1757 万元	41.3
储蓄	61 万元	60 万元	98.4	1 万元	1.6
纸币发行	549 万元	490 万元	89.2	59 万元	10.8

※ 根据国民政府实业部国际贸易局:《中国实业志·山西省》(辛) 1936 年版有关数字整理。

表 8-8　　省行纯益　　单位:元

年　份	金　额
民国二十一年	88087.38
民国二十二年	238183.42
民国二十三年	358085.83
民国二十四年	—
民国二十五年一至九月	551423.25
民国二十五年十至十二月	679734.81

※ 根据山西省银行各年营业报告统计整理。

据 1935 年统计,晋城办事处共发放款项为 60000 元(法币),统汇出 600000 元,汇入 16000 元,发行票券 12135.50 元。

※ 晋城市志编纂委员会编:《晋城市志》,331~332 页,海潮出版社,2000 年 5 月。

……本年四月一日,山西省人民公营事业第一届联席会议由首席督理委员阎动议四银行号向外贷款应严禁私人担保案。经决议,董事会拟章程呈督委会核准施行,并奉钧会督字 115 号令发监察会报告及会议记录饬即查照办理等因,遵经拟订省铁垦盐四银行号严禁私人担保贷款办法五条,理合具文呈送,敬请钧会核准施行。

谨呈

山西省人民公营事业督理委员会

山西省人民公营事业董事会

民国二十六年五月二十六日

二十六年六月二十九日,阎指令:"呈及办法均悉,查所拟办法尚属妥适,应准如拟办理。此令。办法存。”

※ 山西省档案馆档案，山西省民营事业董事会档案卷十二·1－199。

省铁垦盐四银行号严禁私人担保贷款办法

第一条 ……

第二条 四银行号依章除对于妥实工商业得为短期之使用贷款外，其余向外贷款得有确实担保，对于私人作保绝对禁止。

第三条 四银行号向外贷款，应按日报告董事会并将担保种类贷款注明。

第四条 ……

第五条 ……

拟办法民国二十六年五月二十三日。

※ 山西省档案馆档案，山西省人民公营事业董事会档案12·1－199卷。

二、对政府及所属企业透支

山西省银行对省属企业透支
1937年

1. 省银行报董事会：绥靖公署因军需紧急，第一批先向商会筹借二十万元，月息九厘，最迟三个月还本付息，派定本行应摊贷款一万二千元，已送商会。时民国二十五年十二月一日。

2. 省行遵省府训令于本年一月五日与大同矿业公司订向本行透支以三十万元为最高款，每年之按日息三角计……此项透支截至二十六年一月五日满期，双方妥商期满后继续办理。以省币十万元为最高限额，报请董事会鉴核。时民国二十五年十二月二十四日。

3. 省行与晋华卷烟厂（因流动资金短缺）于二十四年二月一日订定透支合同，以五十万元为最高限额，于上年一月一日转期一年，期满继续订定，利息按日九厘，报董事会鉴核。时民国二十六年一月八日。

4. 省行公函：查本行核准贷款内西北实业公司于二十五年一月七日向本行订定透支，以省币三十万元为限，每年之日息三角，于十月二十七日改日息八厘，继续转期透支，报董事会鉴核。时二十六年一月十六日。

5. 省行对斌记商行透支，日息一分，以省币九万元为限，本月一日已期满，共透支三万一千三百九十六元七角四分，继续展期报董事会鉴核。时民国二十六年三月十一日。

6. 省行核准贷款内，西北实业公司于二十五年四月十三日向省行订定透支省币三十万元，本月十三日已到期，拟再展期至二十七年一月七日，报董事会核准。时民国二十六年四月十九日。

7. 省行核准放款内，太原钱业同业公会向省行及铁路银号透支三十万元，至本月十五日期满，仍按日息一分展期三个月，报公营事业董事会。时民国二十六年五月二十三日。

8. 铁路银号与同蒲铁路局于二十五年十二月一日订定透支十万元业经送董事会备案，铁路局又订定改为二十万元，铁路银号已同意，再报董事会，经批示照办。时二十六年七月三日报，七日批。

9. 铁路局又致董事会，二十万元不符支付，与铁路银号订定再透支十万元。时三十六年八月三日，八月七日董事会批准同意。

10. 铁路局又报董事会，请于铁号透支十万元，省钞借款十五万元。时民国二十六年九月七日。

11. 铁路局于运城代电董事会要求拨款或向银行息借十五万元。时民国二十六年十一月二日。董事会批示，先向铁号新绛分号透支五万元，余与铁路商之后再函。时二十六年十一月五日。

12. 阎电董事会："对铁路局拨款要及时"。时二十六年十一月十一日。

13. 董事会报金融委员会：向省行借六万、铁号十万一千二百元，并挟法币一部分……时民国二十六年十一月十三日。

※ 山西省档案馆档案，山西省人民公营事业董事会档案第12·1－208卷。

三、协助政府收购黄金

民国二十二、二十三年间，一个放羊人在南山金沟无意中发现沙子里有金颗粒，后来知道的人越来越多，都纷纷到金沟刨金子，几达万人。

民国二十四、二十五年正当金沟兴旺之际，阎锡山派了一位五台河边村的模范村长张好知赴代县组织成立了"金矿管理所"，主任是张宏庭，初期管理所十来个人，后发展到百十来人，下设七个分局分布在各个刨金点上，还在杨家沟、康家沟、鹅口等地组织了勘探队，进行开采试验。管理所成立后变以往的自由开采为公管，不许私人随意刨金。管理所把金矿地质丈量划分成方（每方有说丨方丈，有说二三亩的不一），编号插标，每方定价2.30元银洋，刨金工人按价选择对号购买一方或数方，进行开采。所采获的金子，管理所还要根据成色抽扣30%～40%。与此同时，还派宪兵队一个排，巡回监视。

管理所成立不久，省银行也派人组织了收金办事处，主任姓王，还有一个叫侯高峰的。开始三五个人，后增至八九人，并修盖了房屋。收金办事处成立后，严禁私人买卖金子，不许银钱铺进行收兑，统由收金办事处收购。收购的办法是：对每个刨金工人每天收获金数审查成色，识别好坏，折出实量，由工人各自封包签章后，进行按户登记。日积月结，满一个月向工人结算一次。平均每月约计可收金子八九两或三四两不等（偶尔也有大额的，据说有一个工人一次即刨出一块二十四两的），结算时除按管理局抽30%～40%外，还要在分量、成色上对工人们进行坑骗，七折八扣，一月下来也不过七八钱，然后才分别给工人付款，每两价格最多百十元，最少七八十元，低于以往私人钱庄收兑价20%。由于管理所和收金办事处对刨金工人的种种欺压限制和苛扣剥削，以后刨金的人越来越少，到日本入侵时金沟已萧条万分了。

※ 孔祥毅、张涤非：《赴代县调查记录》，1975 年 7 月。

民国二十三年七月，在掌寺沟有一放羊人初发现。之前已有四十多年。主要分布在繁峙、代县、五台之间。

民国二十四年二月，掌寺沟之外的窑子沟、龙门沟相继发现。三月十七日金矿管理所正式成立。

二十四年全年上述三沟产金四千余两。

※《代县掌寺沟金矿勘测报告》，1936 年 1 月。

收购代县黄金

山西省代县金矿，在全国负有盛名，矿区在代县城东南六十里的张树沟一带。阎锡山本来十分了解，但他因为对于金矿的开采没有十分把握，所以长时期没有过问。一九三四年春间，该地农民无意中在张树沟发现金沙，即开始自由淘澄，至八九月间，前往该地淘金者达数千人。这样就引起了阎锡山的眼红，一面指示山西省建设厅派人到代县设立金矿管理所，开始测探，并准许人民划区试探，一面命令省银行急速前往，收购人民淘出来的黄金。该行派人到后，为了防止人民把淘出来的黄金私自带走，在张树沟沟口还派驻了"行警"，配合政府的军宪检查淘金人地出入，并强迫人民出售，先后强收过黄金四千余两。

※ 王尊光、张青樾：《阎锡山对山西金融的控制与垄断》，载《山西文史资料》第十六辑。

在山西五台和崞县之间，有一条名叫"金沟"的沟渠，距河边村约有三十里路，山里泉水冲下来的沙泥中，含有金屑。附近居民即从这条沟渠里，采取金屑出售。庆春茂、协同兴两家，均经常派人去当地以低价收购，集有成数后，再到太原或忻县卖给首饰店，获利甚大。据庆春茂经理惠富治对我说，该号一年多的时间里，可买到金屑二十余斤，卖出后所得的净利，较放高利贷更为优厚。

※ 阎子奉：《阎锡山家族经营的企业》，载《文史资料选集》第四十九期。

二、省银行经营代县沙金

代县产沙金，省银行和铁路银号在代县成立收金办事处，省铁两家都派有人，共收了三千两，后于西安提炼金子（抗战开始以后）。

※ 郝建贵、孔祥毅：《二次访问米量轩同志的记录》，1975 年 6 月 30 日。

在代县金沟设立"收金处"，代收地官税及沙金，驻有军警，监督检查工人，以免漏税和私带沙金出沟，在金价、重量、成色上，层层剥削了淘金工人。

※ 常紫书 1975 年 5 月 14 日提供的材料：《阎锡山垄断金融核心——山西省银行历史及牵涉到的经济材料》。

第二节｜晋绥地方铁路银号

一、成立

……又于1932年到1935年，相继成立绥西垦业银号、晋绥地方铁路银号、晋北盐业银号，（加上山西省银行）即所谓的四银行号。

※　王尊光：《阎锡山的四银行号》，山西省文史馆，手抄件。

1932年阎锡山第二次登台，就任太原绥靖公署主任，根据他所拟定的山西省十年经济建设计划，于1933年成立兵工筑路局，开始动工兴建同蒲铁路。1934年3月间，鉴于工程艰巨，开支浩繁，决定专设一个金融机构，发行纸币，以资周转。原拟定名称为“晋绥铁路银行”，不料向蒋中央财政部申请注册备案，因要求发行纸币，与蒋中央“统一发行”政令有碍，竟被批驳。于是阎锡山别出心裁，在原名称上加了“地方”两字，又把“银行”改成“银号”，称为“晋绥地方铁路银号”（简称铁路银号），指定由晋绥经济建设委员会，出资本两百万元办理。如此一变，这个机构成了地方性质的一个银号，蒋中央财政部也就不能再事阻止了。

坐落在太原帽儿巷的晋绥地方铁路银号旧址

人事方面：骨干分子绝大部分从山西省银行调用，由该行业务处主任郝继华为铁路银号总经理，副主任白毓震为协理；阎愈良等行员十余人，作为基本干部，开始筹备。陆续招收了些练习生，大部分是小学毕业生和曾经在商界服务过几年的店员，共百余人。一面训练，一面办事；阎锡山派监事一人，由山西省民政厅长邱仰濬兼任。在筹备期间，选定太原市帽儿巷坐西向东的三层楼为号址，又从蒋中央财政部北平印刷局制印铜版纸币，陆续运回。一切就绪后，通告各方，于1934年7月1日，正式开幕营业，直至1935年山西省公营事业董事会成立后，始归该会直接管辖。

※　米量轩、曲宪南：《晋绥地方铁路银号始末》，载《山西文史资料》第十六辑。

二、资本与业务

晋绥地方铁路银号的资本，在二十三年七月一日开幕时，定为二百万元，先拨到现款七十万元，余一百三十万元，系由山西省发行的建设公债抵补。二十四年又增拨资本三百万元。同年七月一日，山西省公营事业董事会成立，银号转属该会管理，又拨到资本五百万元。共计资本总额一千万元。当资本为两百万元时，每四万元为一个股份。二十四年六月一日，增拨三百万元之后，改为每六万元为一个股份，作分配盈余的计算标准。

晋绥地方铁路的主要任务，是代理同蒲铁路金库。凡铁路收支款项均须经过该号过拨，铁路收入的客运货款，逐日由小站集中大站，送存当地铁路银号，开支时，再由银号支付。更主要的任务，还是发行兑换券（纸币）吸收建设公债，以扶助同蒲铁路的建设。至于其他业务，与一般银行所经营者相同，就是：存款、放款、投资、汇款、期票、储蓄、收购金银等。其中放款业务，除在二十四年成立“省、铁、垦、盐四银行号实物十足准备库”，为放款的特殊对象和对各地批准的“核准贷款”外，余则只限于商业信用放款，而商业放款，大部分集中于银钱业，经常是低利放给银钱行号，又经银钱行号加利转放给各商业用户，从中牟取利润，以太原仁发公银号、晋兴钱庄、晋裕银号等吃款最多。对于工业方面，则采取避忌态度，因为当时受外货倾销的影响，省内工业商品经常不能畅销，贷款不能如期偿还；所以各银行在名义上虽标榜着扶助工商业，但在实际上却不乐于对工业放款。

※ 米量轩、曲宪南：《晋绥地方铁路银号始末》，载《山西文史资料》第十六辑。

铁号二十三年七月一日开始营业，原定资本二百万元，开业前又拨足，二十四年六月又增拨资本三十万元。七月一日公营事业董事会成立，并于十月一日又增拨资本五百万元，共一千万元。

本号发售期票，在本省银行业中可谓创举：以其利息优、质稳固，兼之可以周行，可以贴现，手续又甚简便，故发售之增加率较速。

二十三年 460531.75 元；

二十四年 602629.50 元；

二十五年 627010.15 元。

※ 山西省档案馆档案，山西省人民公营事业董事会档案 12·1-23 卷。

铁路银号大概情况。该号成立于 1934 年 7 月，资金 12 万元（由津汇来，不知是何宗公款），到年终即获利 12 万元有余。35 年获利很大，36 年春开红，每股 12000 元（年半的时间），轰动了太原。尤其省行职员，真是垂涎三尺（在省行一年平均千元收入的，如投入铁路银号年半平均 7000 元）。只此一次，以后改为三年一开红，不到三年，就事变了。

※ 常紫书1975年5月14日提供的材料:《阎锡山垄断金融核心——山西省银行历史及牵涉到的经济材料》。

按晋绥地方铁路银号,直属于山西省公营事业董事会。绥远省投入资本时,由山西省公营事业董事会代表与绥远省代表,合组董事会管理之,在董事会未成立以前,由太原经济建设委员会代行职权。该银号成立于民国二十三年七月,以发展晋绥两省地方所有铁路及扶助有关铁路之建设事业为宗旨。资本现为五百万元,总号设于太原,必要时得呈请设立分号于其他各处。其特种营业范围为:(一)经理晋绥两省地方所有铁路之金库;(二)办理晋绥两省地方所有铁路之特别会计;(三)晋绥两省地方所有铁路之储蓄及出纳款项;(四)筹集和经理铁路公债;(五)调剂晋绥两省地方所有铁路金融事业;(六)仓库抵押;(七)发售晋绥地方铁路期票。

※ 全国经济委员会:《山西考察报告书》,1936年2月。

实力和规模仅次于省银行的晋绥地方铁路银号,是晋绥铁路的代理金库,它也发行自己的纸币和债券,办理存放业务。据1934年统计,晋绥铁路、绥西垦业和晋北盐业三号的资金共为550万元,占全省银号总资金的73%,其活动主要是支持了商业投机活动。据1934年统计,银行放款总额中投向商业的占54.13%,而投向工业的仅占27.07%(绝大部分又是军火工业),投向农业的则更少得可怜,仅占0.88%。

※ 太原市人民委员会办公厅:《巨变中的太原(财贸部分)》,山西人民出版社,1961年。

在修筑同蒲铁路的同时,于民国二十三年七月成立了"晋绥地方铁路银号",地址在太原帽儿巷,开办时资本二百万元,二十四年又增到三百万元,由晋绥财政整理处拨给。内部组织:设监理一人由邱仰濬兼任,总理一人为郝继华,协理一人为白毓震,下设营业、会计、出纳、文书四股,每股设主任一人,业务员若干人。营业主任为阎次温,会计主任为赵子和,出纳主任为阎树栋,文书主任为王洁甫。除在外埠天津、上海、郑州、西安等处设立分号外,在省内于1935年先后在安邑、平遥、洪洞、榆次等县设分号,在阳泉设立寄庄。其业务内容:

一、特种营业:(1)经理同蒲铁路的金库;(2)办理同蒲铁路的特别会计;(3)募集或经理同蒲铁路公债事项;(4)办理同蒲铁路的储蓄及出纳款项等事宜;(5)调剂同蒲铁路金融事项;(6)仓库抵押;(7)发售同蒲铁路期票。

二、普通营业:(1)各种证券及商业上确实期票的买卖、贴现或重贴现;(2)办理汇兑及发行期票;(3)买卖生金银及各种货币;(4)收受各种存款;(5)以各种有价证券、商品或金银币及生金银作抵押的贷款;(6)作殷实银行、公司、商号的信用贷款;但期限至远不得过六个月;(7)代理收解各种款项;(8)代人保管证券、票据、契约及其他重要物品;(9)代理素有交易的银行、公司、商号及个人收取各种票据的款项;(10)兼营储蓄业务;(11)发行兑换券及实业借券。

由于邱仰濬兼任监理,晋绥财政整理处所收的税款,大部都存在铁路银号。同时,南同蒲铁路通车后，与正太、平汉两铁路订立了陆地联运，与上海招商局订立了海路联运合同，联运的款项，均归铁路银号保管出入。因而在周转上宽裕许多，盈利也较多。全年存款约在二百三十万元左右，放款约七百五十万元，储蓄在八万元上下。第一次分红时，仅总理、协理及主任一级人员，每人即分到六千元以上，其他银行号都垂涎不已。

※ 王尊光、张青樾：《阎锡山对山西金融的控制与垄断》，载《山西文史资料》第十六辑。

铁路银号透支
（民国二十六年）

1. 公营事业董事会民国二十五年十一月二十七日准铁路银号对同蒲路局在增加发行下透支十万元。

2. 铁路银号对土货商场二月二十三日到期贷款十四万元，因土货未销请延期，董事会批先还一部分（还了七千元）余十二万三千元延期三月。时二十六年三月二十四日。

3. 铁路银号报：土货商场所借六月二十三日到期贷款十三万三千元未能还，请展期三个月。时二十六年六月二十三日。

另：董事会同年六月二日批示：……准该行函拟将应付利息如数筹还，所有原本，因存货较多未能筹还，请再转期三对月等由可否。……如不能全数筹还，还可与该商会洽商，先筹还一部分，其余再行照转。

※ 山西省档案馆档案，山西省人民公营事业董事会档案12·1－208卷。

晋绥地方铁路银号的兑换券

兑换券：1930年，阎、冯反蒋战役结束时，山西省银行所发行的钞票（称为晋钞）达七千余万元。因阎锡山战争失败，晋钞迅速毛荒。1932年阎锡山第二次登台，该行又发行新晋钞（十足兑现），以整理纸币为名，规定旧钞二十元兑新钞一元，纸币信用，因而堕落。铁路银号创立发行之初，当事人异常谨慎。初规定现金准备金六成，有价证券保证准备金四成，继因仍得不到群众信任，不断发生挤兑情事，所以又把现金准备加到八成，每月由各区的民监代表，会同官方，检查准备金和发行数额，向群众宣布。可是现金的来源有限，钞票就不能尽量发行，加以蒋中央银行钞票，又受阎辖境内的排斥，流通很少，以致市场金融滞涩，周转甚感困难。各县县政府及商会，纷纷请求减低准备成数，增发纸币，遂又拟定：请准发行纸币的银行号，借给各地商号纸币贷款，但这项纸币贷款数额，必须经上级核准，称为“核准贷款”。这项“核准贷款”的数字，允许为发行钞票准备的一部分，无形中也就成为膨胀了纸币的一部分了。

1935年11月，蒋中央政府实行法币政策，所有中央纸币，完全停止兑现。山西省公营各银行号的纸币，也随之停兑。但又恐物价波动，便由山西省银行、晋绥地方铁路银号、绥西垦业银号、晋北盐业银号，联合成立一个准备机构，定名为“山西省省、铁、垦、盐四银行号实物十足准备库”，由四银行号贷给准备库纸币，收购各地工农产品，作

为发行纸币的实物准备。因此，在发行纸币上，又增加了一种做法，形成一种有说法的货币膨胀。兹将1934年至1936年铁路银号发行的兑换券和准备数字，根据该号1936年营业报告书，分述于下：

1934年发行纸币总额881283元，现金准备519603元，保证准备361680元。

1935年发行纸币总额4779212元，现金准备647712元，核准贷款4131500元。

1936年发行纸币总额12267397.8元，现金准备1388588元，保证准备336040元，核准贷款7222380元，实物准备3310389.8元。

铁路银号发行的兑换券，均系由财政部北平印刷局承印，票面金额分一角券、二角券、五角券、一元券、二元券、五元券、十元券数种。因要取悦于使用人的爱好，制印相当精美，票面正面印有同蒲铁路道轨和火车风景，都是铜版制印，采用进口的钞票纸，曾记得两千余万的制印费，就开支四十余万元。

发展状况：晋绥地方铁路银号，自开办以来，通日对外办公，早七时即开门营业，至晚十时以后，始行关门，顾客皆称便利。因此由山西省银行移户前来存款者着实不少。自1934年起到1936年止，业务节节上升，对当时阎锡山的政权在金融方面起了一定的支持作用。兹将1936年底各项主要业务数字，根据该号营业报告书，分述于下：

资产负债总额达37904612元，其中存款2962733元，放款3372529元。汇入汇款3749701元，汇出汇款6334927元，又吸收建设公债券达9001980元。此项数字，亦即该号拨资修筑同蒲铁路的款项。

盈余及分配情况：1934年到1936年度的盈余数字如下：

1934年纯益122059元，内大部分系利息收入。

1935年纯益587590元，内大部分系利息收入。

1936年纯益1107082元，内大部分系利息收入。

晋绥地方铁路银号的盈余分配，原定每三年分配一次。因1935年公营事业董事会成立后，转属该会管理，并于1936年10月1日，又要增加资本，所以为了便于核计，经董事会议决，阎锡山核准，将截至1936年9月底以前的纯益，综计1420813元，按章分配。计每一个股份应得15000元。公积金十股，应提150000元；资本股份，应提1106631元；顶股职员，共十个股，应提150000元。全体职工奖励金，只提了10000元，而监事邱仰濬一个人的兼职薪金，却提了4050元。

当时，民生穷困，购买力薄弱，物价低廉，白面一袋约值二元五六角，白布一尺约五六分。铁路银号此次批分盈余，股长以上的，每人所得在一万元以上，各分号经理、办事处主任及顶股职员，每人亦在二三千元至七八千元。虽然所分盈余系为期二年零三个月的还要扣去借支，但其数字亦颇为惊人，剥削之重，可以概见。

※ 米量轩、曲宪南：《晋绥地方铁路银号始末》，载《山西文史资料》第十六辑。

铁路银号特种放款
（民国二十五年上届决算）

核准放款：

第五次建设借款券	492500.00
山西省防借款券	489600.00
山西省公路建设库券	250000.00
山西省剿匪借款券	250000.00
太原经济建设委员会	1306800.00
晋绥兵工筑路指挥部	1000000.00
晋绥兵工筑路指挥部	300000.00
太原土货合作商行	140000.00
洪洞县商会	8000.00
太原钱业同业公会第二次借款	4258200.00

实物准备放款：

实物准备库总管理处	2610435.80

※ 山西省档案馆档案，山西省人民公营事业董事会档案 12·1－87 卷。

铁路银号特种放款
（民国二十六年上届财产目录）

核准放款：

第五次建设借款券	396500.00
第四次经济建设库券	332400.00
统一建设借款券	3013920.00
第二次山西人民公营事业借款券	483000.00
国防借款券	480650.00
国防借款券（二）	1294440.00
第三次经济建设借款券	380000.00
土货商行	133000.00

实物准备放款：

实物准备库总管理处	2348704.00

※ 山西省档案馆档案，山西省人民公营事业董事会档案 12·1－231 卷。

铁路银号特种放款（民国二十六年下届财产目录）

有价证券：

第三次建设借款券	339500.00
第四次建设借款券	349000.00
山西人民公营事业借款券	4733000.00

国防借款券	378640.00
统一建设借款券	1666016.00
国防借款券	57096.00
统一建设借款券	961300.00
统一建设借款券	288390.00
统一建设借款券	195020.00
核准放款：	
土货商行	126000.00
第五次建设借款券	358500.00
第四次经济建设库券	302200.00
统一建设借款券	2953392.00
第二次山西人民公营事业借款券	473300.00
国防借款券	470750.00
国防借款券（二）	1268444.00
实物准备放款：	
实物准备库总管理处	2031739.46

※ 山西省档案馆档案，山西省人民公营事业董事会档案12·1－231卷。

三、组织管理

组织：晋绥地方铁路银号的内部组织，规定在总经理、协理下设五股：计有营业股、文书股（内统庶务）、发行股、出纳股、会计股，每股设股长一人，号员、练习生各若干人。由官方指派的监事一人，不经常住号。另视业务需要，得在外埠和各县设立分号或办事处和代理店；分号设经理一人，号员、练习生七八人至十余人；办事处设主任一人，号员、练习生三五人；代理店系与当地殷实商号订立合同，代办收缴款项事务。总、协理由官方聘请，股长以下均由总、协理录用，分号经理、办事处主任以及号员，亦由总、协理调派，分号经理、办事处主任，均无人事进退权。兹将各级主要人员，及分号、办事处、代理店的分布情况，分列于下：

（一）总号

监事，邱仰濬（民政厅长兼），字瀹川，山西省沁县人。

总理，郝继华，字荣庭，山西省榆次县人，幼年曾在银楼当徒工，1912年经人介绍入山西官钱局，1919年转入山西省银行，历充上海、汉口、天津、大同等分行经理，1932年调升总行业务处任主任，因成绩优异，擢升为铁路银号总理。

协理，白毓震，字东生，山西省平定县人，幼年曾在祁县学商，1920年入省银行，曾在上海、汉口、天津、大同等分行办事，为郝荣庭赏识，于1932年调升总行业务处副主任，又升为铁路银号协理。

营业股长，阎愈良，字次温，山西省五台县人，系由山西省银行营业组长调充。

文书股长兼庶务，王文藻，字洁甫，山西省平定县人，系由山西省银行总务处行员调充。

券务股长，阎树栋，字修业，山西省五台县人，系由山西省银行庶务组长调充。

出纳股长，陈铎，字振斋，山西省榆次县人，系由山西省银行行员调充。

会计股长，赵贵昌，字子和，山西省五台县人，系由山西省银行行员调充。

又由山西省银行调行员郭立三、李荫、水采芊、王兆沂、徐济邻、胡作宾等六人，分派在各股，协助各股长办事。均予以顶人力股份三厘至六厘待遇。

（二）分号及办事处

天津办事处，1934 年 4 月设立。经理为阎孝先，山西省交城县人，曾在太谷钱行服务。

榆次分号，1934 年 10 月设立。经理由白东生任，会计为米量轩，山西忻县人，由山西省银行太谷分行会计调充。

平遥分号，1935 年 1 月设立。经理为侯谦，字吉甫，山西省平遥县人，系由山西省银行行员调充；后任邢稷，字理亭，山西忻县人，系由山西省银行行员调充。

洪洞分号，1935 年 2 月设立。经理为张永寿，字绍彭，山西祁县人，系由山西省银行绥远分行行员调充。

运城分号，1935 年 2 月设立。经理为史珠轩，山西省太谷县人，系由山西省银行行员调充。

忻县分号，1935 年 5 月设立。经理由邢稷担任，后由米量轩接替。

交城分号，1935 年 6 月设立。经理为曹桂枢，字星垣，山西省交城县人，系由山西省银行行员调充。

新绛办事处，1935 年 6 月设立。主任为刘得亮，字顾三，山西省文水县人，原系天津义生银号职员。

汾阳办事处，1936 年 6 月设立，主任为曹桂枢。

宁武办事处，1936 年 6 月设立，主任先为米量轩；后任白伟，字子英，系绥远和记钱庄职员。

郑州分号，1936 年 8 月设立，经理温承欢，字子荣，山西省文水县人，系山西省银行业务处主任。

西安分号，1936 年 10 月设立，经理侯五云，字光辉，山西省平遥县人，系平遥永亨银号经理。

上海办事处，1936 年 10 月设立，主任为侯谦，

并在太谷、介休、原平、代县、永济、岱岳、北平、石家庄等地设立代理店，代理收缴款项事务。

待遇：晋绥地方铁路银号的待遇以“七七事变”为界限，可分前后两个时期。事变前，国内工商业凋敝，失业人数极多，青年子弟出路很少，只能得到一个吃饭处就心满意足，不敢有更多希望。因此，该号对人员的待遇，采取的是旧式资本家经营商店的

“顶股”办法，就是优待少数人，推动多数人。当时规定人力股份共十个：总理顶股份九厘、协理八厘半、各股长七厘至八厘、各分号办事处经理、主任以及较高号员一厘至六厘。每厘股份按月借支十元，次年加为十二元。三年分配一次盈余，得到盈余后，即将借支扣回，如无盈余，即将借支作为工资。其余不顶股份的人员，按月发给工资，职员五元至十元，练习生月工资二元至四元。另有不顶股份因需要而聘请到的人员，月工资由二三十元至五六十元的，但为数只不过几人。……

制度：晋绥地方铁路银号地号员和练习生，均系经人介绍，然后进号。介绍人必须是与号中领导人有公私关系，而且都有一定的社会地位，经录用后，即通知进号。在进号的三个月内，必须觅取殷实商号一家，和具有社会地位的一人，分别填具保证书，盖章交号；保证本人如有轨外行动和亏空公款情事，由保证商号和保证人负完全赔偿责任。这个手续，除总、协理和各股长外，其余均须履行。其间有因为家贫无法觅取殷实商号的，可寻觅两家次殷实商号，转请一家殷实商号作保。但两家次殷实商号，须给作保的商号写具保证，说明：“某人住铁路银号，如有亏空公款情事，名义由贵号负责，实际由我两号担保赔偿”。也有的虽被录用，但因无法觅取殷实商号担保，也就只得退出。这种办法，执行甚严，而商号又不愿承保此事，往往在他柜台墙上，挂一木牌，上书：“董伙公议，概不承保”，不等找保人开口就被拒绝，因而有找事不易，找保更不易的感慨。

※ 米量轩、曲宪南：《晋绥地方铁路银号始末》，载《山西文史资料》第十六辑。

1934年，阎匪成立了铁路银号，郝继华任总理，白毓震任协理，拉走了省行人员不少。……

……它的组织：总理郝继华、协理白东生（人称黑白二蛇精迷住了阎锡山）、文书股长王文藻（字洁甫，平定人，白东生的内兄，省行成员）、营业股长阎愈良（字次温，五台人，省行业务组长，阎匪内弟徐拐子的内弟，人称“小小舅”，不是阎匪一族）、会计股长赵子和（五台人，省行业务员）、出纳股长陈铎（字振斋，榆次人，省行出纳组长）、发行股长阎树栋（字修业，五台人，省行庶务组长，阎匪近枝侄孙）、由省行拉去的职员有李荣菴、米量轩、张少彭等七八人。分号只北京、天津两处，后又设西安一处，经理是侯光辉（平遥人），北京是张季先（交城人）。

※ 常紫书1975年5月14日提供的材料：《阎锡山垄断金融核心——山西省银行历史及牵涉到的经济材料》。

晋绥地方铁路银号运城分号

民国二十三年（1934年）7月，晋绥地方铁路银号成立后，次年，在运城设立分号，专办同蒲铁路会计出纳事宜，兼理普通银行业务。

※ 运城地区志编纂委员会编：《运城地区志》，621～622页，海潮出版社，1999年10月。

第三节｜垦业银号与盐业银号

一、垦业银号

垦业银号民国二十五年营业报告

坐落在太原桥头街的绥西垦业银号旧址

垦业银号于民国二十一年八月开办，该年……全属草创时期，二十二年一切就范，业务起色，二十三年份因白银出口，存款虽减而发行独增，故盈利颇厚，该年业务有长足之进展，二十四年份因银根奇紧，存放款俱形减少，更于十一月间奉绥、省两署会令停止兑现，封存票款，限制准备后，业务上大受打击，故较上年骤为逊色。迄本年开始，迭奉训令撤收放款发放，对绥远包头两号催促尤严，故绥远阳泉两号即于本年五月间先后撤庄，包头号亦在催收放款发行之中，毫无业务之可言，即太原号亦限于法令，进退趑趄。自该年七月一日改为山西省人民公营事业，移归董事会接管后，十月一日增加资本为二百万元，改定新章，重整旗鼓，业务前途始以开展，但以债券数多，活动金过少，在业务运用上每有涩滞之感。

※ 山西省档案馆档案，山西省人民公营事业董事会档案12·1－23卷。

绥西垦业银号，该号为太原绥晋公署所经营，成立于民国二十一年八月，以活动金融、扶助绥西垦牧事业为宗旨，设总号于包头，并同时于天津、太原、绥远各处设立分号，资本定为五十万元，由太原绥靖公署拨给，现已拨付三十万元。

※ 全国经济委员会：《山西考察报告书》，1936年2月。

借名开发西北，实行所谓“绥西屯垦”（在绥西河套和包头河西之一部分垦地，面积约四十余万亩），于民国二十一年八月成立了“绥西垦业银号”，总号设在绥远包头。以后无形中移回太原，地址在太原柳巷，把包头改为寄庄，又在山西大同、阳泉及天津设有寄庄。……

开办之初，资本为三十万元，由晋绥财政整理处拨给。其业务主要为：（一）资助

实业；(二)存放款项；(三)储蓄；(四)汇兑抵押；(五)发行期票；(六)发行兑换券；(七)买卖生金银，但不经营股票、公债的买卖。全年存款约五十余万元，放款约六十余万元，储蓄数字很小。

※ 王尊光、张青樾：《阎锡山对山西金融的控制与垄断》，载《山西文史资料》第十六辑。

阎锡山令晋绥财政整理处以一纸空文拨足二百万元。其主要业务，除发行纸币六十万元外，并发放私营工商业贷款，赚取高额利润。有时利用贷款手段吞噬商号，为扩大阎锡山的官僚资本服务。例如：忻县懋和允商店从垦业银号贷款一万元，因未按期归还，该店全部库存商品被作价1117元，房子一所作价1400元，庄地基3亩3分作价50元，全部抵偿，余下欠款由保人负责归还。阳泉德泰兴商店，欠垦业银号贷款3009元，到期未能偿还，除将全部商店拍卖1000元偿还外，又将房院九所抵偿。定襄县的业盛荃商号，欠垦业银号2158元，亦因上述原因，除将商店全部货物抵偿外，又将水旱地160亩作价1995元抵偿。

1

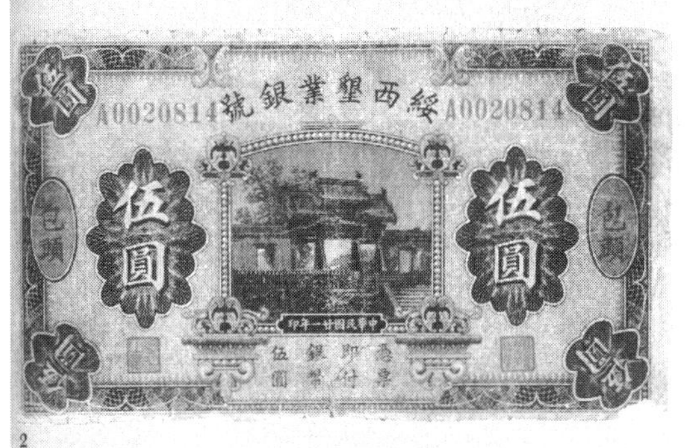

2

绥西垦业银号的兑换券

※《山西金融志》第五章第一节，山西省志丛稿，山西省地方志编委办出版，1987年3月。

(绥西垦业银号)内部组织：设监理一人，经理、协理各一人，下设营业、会计、文书、出纳四股，每股设股长一人，余为业务员。监理由晋绥财政整理处处长邱仰濬兼任，经理为孙鉴轩，协理为杨润亭。

※ 王尊光、张青樾：《阎锡山对山西金融的控制与垄断》，载《山西文史资料》第十六辑。

垦业银号抵押徐奉甫在晋生织染工厂入股明细情况[①]

股票户名	股数	金额
谦和堂	4	4000元
郝振邦	1	1000元
郝养怡堂	1	1000元

① 此资料系根据中国人民银行山西省分行1954年7月3日的登记表整理。

	郝振勋	1	1000 元
	郝梅记	1	1000 元
	郝兰记	1	1000 元
	郝菊记	1	1000 元
	郝振笃	1	1000 元
	复业堂	6	6000 元
	恒丰诚	5	5000 元
	合计	22 股	22000 元
又	郝梅记	倍字	300 元
	郝兰记	倍字	300 元
	郝菊记	倍字	300 元
	郝养怡堂	倍字	100 元
	恒丰诚	倍字	700 元
	复业堂	倍字	800 元
	张世一	倍字	300 元
	王廷琛	倍字	100 元
	张延云	倍字	100 元

以上合计倍股3000元，连原入股22000元，共面额25000元。作抵于1934年，徐奉甫向垦业银号借过银元10000元整。

※ 中国人民银行山西省分行档案资料，1954年。

二、盐业银号

晋北盐业银号，该号为山西省公营事业董事会所经营，成立于民国二十四年一月，以扶助盐户经济，调剂盐区各县金融为宗旨，资本应为二十万元，由山西省公营事业董事会筹拨，现已拨给十万元。总号设于岱岳，分号设于太原。其营业范围，除特重经营盐款外，兼办汇兑、存款及扶助各项公营事业，并发行兑换券；但其发行区域，以晋北盐区为限，其准备金，原定为现金六成，现已提高为八成，其余则以活期确实期票充之。此类兑换券，除用以活动及调剂盐业金融外，并可完纳一切赋税。

坐落在太原鼓楼街的盐业银号旧址

※ 全国经济委员会：《山西考察报告书》，1936年2月。

以开发晋北土盐为名，于民国二十四年一月成立了晋北盐业银号，地址在太原馒头巷祥云里，资本二十四万元，由晋绥财政整理处拨给。内部组织与垦业银号同，监理邱仰濬，经理为李振纪，协理为寇作霖，于同年4月在山阴县所属的岱岳镇设立分号（岱岳镇一带为晋北土盐的主要出产地），二十五年在阳泉设立寄庄。业务内容：除经营普通业务外，以代理盐区及公盐仓店收解款项为专业，并发行兑换券。全年存款约六万元，放款约四十八万元，储蓄在七万元上下。

※ 王尊光、张青樾：《阎锡山对山西金融的控制与垄断》，载《山西文史资料》第十六辑。

盐业银号，民国二十四年一月八日开创，二十五年七月一日改董事会管理，增加资本为一百万元。

※ 山西省档案馆档案，山西省人民公营事业董事会档案12·1-23卷。

民国二十四年（1935年），徐吉午组建晋北盐业银号。总号设岱岳，分号设于太原，为山西省公营事业董事会所经营。原定资本为20万元，后由阎锡山令晋绥财政整理处拨足资本100万元。其营业范围，除特种经营盐款外，兼办汇兑、存款及“扶助各项公营事业”，并发行兑换券。同年，储蓄16000元，发行25000元。民国二十六年倒闭。

※ 李志斌、黄冀主编：《山阴县志》，中国华侨出版社，1999年9月。

晋北盐业银号，该号为山西省公营事业董事会所经营，成立于民国二十四年一月，以“扶助盐户经济，调剂盐区各县金融”为宗旨，总经理徐吉午，总号设于岱岳，分号设于太原。原定资本二十万元，由山西省公营事业董事会筹拨，后亦由阎锡山令晋绥财政整理处以一纸空文拨足资本一百万元。其营业范围，除特重经营盐款外，兼办汇兑、存款及“扶助各项公营事业”，并发行兑换券；但其发行区域，以晋北盐区为限。此类兑换券，除“用以活动及调剂盐业金融外，并可完纳一切赋税”。截至二十五年十二月底，发行总额为五十二万余元。

晋北盐业银号的兑换券

※《山西金融志》第五章第一节，山西省志丛稿，山西省地方志编委办出版，1987年3月。

第四节｜四银行号实物十足准备库

一、四银行号实行实物准备制度

二十五年二月三日在绥署省府扩大纪念周之讲话

今天和大家说说实物准备库成立的动机和办法。为什么要成立实物准备库呢？因为我去年在南京时，迭次接到省城的电报说，自法币公布后，多是因为现洋不能周使和人民窖藏起来不肯周使，一时顿感通货缺乏，金融吃紧。当时各县县长商会，纷纷电请借款。我以为省钞，向来限有八成准备金，故能信用卓著。若借款过多，难免使省钞不足，有落价之虑。再者商人向政府借到款之后，难免会出去贩卖外货，致使本省物产受其影响，而省钞亦难免因汇兑关系而落价。由此两重顾虑，故虽勉向各县商会之借出一百万元于商家。但终不愿采取此种办法。然各县金融紧迫，周转困难，又不能不想法救济。在此情形下，我就想出实物十足准备库的办法，不以省钞借予商家，而以省钞向人民购买多余的产物。此项办法，虽也得增发省钞，但发出省钞一元，即收回一元的货物，既是有价值一元的实物为钞票的准备担保，而不致落空。因为库中接受若干货物，始发若干钞票，钞票与货物两相符合。不过这种办法，如果发钞收物之后，物价因货币关系而增涨，则省钞仍有贴（跌）落之可能。因此又规定物价只准至多按成本加千分之三十五的手续费。由此规定，则无论物价受其他环境影响有时增长，而人民仍可以原价以省钞向准备库购买实物。如此则可使物价不能上涨，而省钞亦可永不跌价。再者如遇本省粮棉歉收，输出物产不多，在平日难免使物价高涨，省钞亦有跌落之虑。但实物准备库成立后，有准备库为之调剂，可以实物向外换取通行的货币，以省钞对外汇出须要贴水，以货物向外输出，则无须吃亏。这样间接就可以把省钞价格稳定，人民与政府都不至感到恐慌。至于物价如非因货币本身价格变化而发生涨落，则准备库出售之货物自应亦随行市而涨落，该赔则赔，该赚则赚，此属亦无须考虑。

总之，实物准备库的办法比拿省钞借给商家的办法好处甚多。因为前一个办法，是直接救济生产的农工，使农工的金融可以活动。后一个办法则是放款给商人，而商人拿到款后，向外购买外货，反有使本省物产感受压迫，致金融死滞之虑。

※《阎伯川先生言论辑要》第九册，阵中日报出版社，民国二十六年。

为设立实物十足准备库事告山西商民书

为什么要成立实物准备库呢？因为自法币公布后，各县的现洋不能周使和人民窖藏起来不肯周使，因此市面上金融吃紧，货币缺乏。当时各县政府和商会纷纷电请省行增发纸币，往出放款。但是省钞向来限有八成现金准备金，两成库券准备，故能信用稳固。

虽然如此，也还有两种危险。第一，恐随外边通用货币落价而落价；第二，恐因外汇过多而落价。为什么恐随外边通用货币落价而落价呢？从前十九年省钞的落价，是因时局关系，亏空太多，准备不足，现在省行本身准备充足，本无落价的可能，但是省钞既与外边通用货币价值相等，如通用货币落价时，省钞不能不随之而落，虽有充足准备也还是如此。譬如在法币未公布前，金磅价格为三元左右，公布后即变为十六元，用省钞也是如此，可见省钞事实上已随外边货币落价而落价，正如从前省钞落价时代，各县县钞也随之而落一样。在省钞准备充足时尚且难免如此，若再增发纸币使准备额降低，岂非更促进省钞的随通用货币而落价吗？这是第一层理由。为什么又说恐因外汇过多而落价呢？外汇的多少是和本省的货物输出输入有连带关系的，如果遇到本省年光不好，粮食棉花及其它物产收成不佳，或者纵然丰收而遇到战争以及运费捐税种种关系，不能向外输出，这时候入款减少，不能换回法币，而又须向外汇汇款去输入货物，则对外汇兑过多，汇水就要高涨，也就是省钞随之跌落，到这时候，我们虽有现洋也不如外边的纸币，这种情形在平时也难免有的。若再增发省钞借予商人去贩卖外货，岂非更使汇水增高而促进省钞的随汇价而反落吗？这是第二层理由。

坐落在太原市鼓楼街的省铁垦盐四银行号实物十足准备库旧址

因为有这两层的顾虑，所以政府虽解各县县长的请求和请准放款，但是终不愿这样办，然而各县的货币缺乏，周行困难，又不能不赶快设法救济，这就是实行实物十足准备库的缘故。

※《阎伯川先生言论辑要》第九册，阵中日报出版社，民国二十六年。

二、实物准备库管理制度

巩固四银行号纸币信用，设实物十足准备库
成立商行收买金银及货物，准备库货物亦由商行出售
绥署昨开会通过设置准备库章程

（民信社讯）太原经济建设委员会阎委员长，为开辟造产途径，救济农工困难，并维持货币信用，保障人民生活基础起见，特于昨日下午三时，召集绥署贾秘书长、朱参谋长、省政府徐主席、绥省傅主席、财政整理处邱处长、经济统制处张处长、省府王秘书长、财政厅王厅长及本省四银行号经理陆近礼、郝继华等多人在绥署南办公厅开会，讨论结果通过本省四银行号共同设置实物十足准备库暂行章程，作为维持本省金融临时办法云。

（民信社讯）中央法币命令宣告后，本省现洋完全藏伏，而法币又无周行习惯，且法币来路甚少，以改社会金融，顿呈死象，各县政府及商民纷纷来电，请求救济本省当局前曾迭令各行发行纸币，必须十足准备，金融亦无法周转，几经召集会议，多方研究，决定在法币未周行全省以前，暂定实物十足准备办法，以救济农工商之困难，并巩固各行号发行纸币之使用。兹录原文办法如下：（略）

※《山西日报》，民国二十四年十二月三日。

晋省设置实物十足准备库由省银行等联合组织

山西市面流通货币，在昔除现金外，仅有山西省银行、铁路银号、盐业银号、垦业银号四银行号所发行之纸币，其总数约计一千万元之谱。自中央改革币制命令宣布后，本省现金完全藏伏，而法币在各县又无通行习惯，且法币由津运并者日来虽达四百数十几万元之巨，但通行区域除沿正太路一带及并市外，各县尚属寥寥。阎锡山氏由京归并后，对全省金融问题正为注意，曾迭次召集金融界领袖会商适当办法。并于二日下午三时，又在绥署中和斋召集徐永昌、傅作义、贾景德、朱绶光、王平、邱仰濬、陆近礼等，举行金融会议，对本省金融事宜研商达四时之久。最后决定，令省银行等四银行号共同组织实物十足准备库，由该库委托商号收买金银货币及生金银，并市上交易之货物，归入仓库。以实物十足准备，维持货币信用。由各县商会选监事七人负责监察，并拟定暂行章程九条公布，兹特探志如次。

山西省银行、晋绥地方铁路银号、绥西垦业银号、晋北盐业银号
四行号共同设置实物十足准备库暂行章程

第一条　太原经济建设委员会，为开辟造产途径，救济农工困难，并维持货币信用，保障人民生活基础起见，命令山西省银行、晋绥地方铁路银号、绥西垦业银号、盐业银号四行号，共同设置实物十足准备库。

第二条　实物准备库以下列各物为十足准备：一、金银货币；二、生金银；三、市场上交易之货物。

第三条　实物十足准备库，应设立商行，或委托商号向市场上收买第二条所定之实物，归入仓库，以为发行准备，商行组织或委托规则另定之。

第四条　准备库货物之流通由商行或委托之商号负责办理，出售若干价值之货物，必须收回若干价值之货币，交还准备库，以保障十足准备。

第五条　前条商行或委托之商号出售货物，售价只准在按成本加售千分之三十五以下，但有特别情形，呈经太原经济建设委员会核准者不在此限。

第六条　四行号实物十足准备库之组织及人选，由四行号拟呈请太原经济建设委员会核定委任之。

第七条　四行号实物准备库之经费，由太原经济建设委员会筹给之。

第八条　四行号实物准备库，由全省各县商会，分区选举监事七人，负责监察，并按时报告全省商民周知。

第九条　本章程自发令之日施行。

※《银行周报》第十九卷49期，民国二十四年十二月十七日。

阎又复施展伎俩，另立名目，1936年令四行号要筹足十足实物准备库，加强其省钞信用。在太原设土货商场，发行土货兑换券，指定各县试办村信用合作券，又令各县县银号及当铺，并允许发行钞票，名为救济农村，实际与私商争利，更加重剥削。

※ 杨怀丰：《关于山西省钞二三事》，山西省文史馆，手抄件。

抗日战争前的实物准备库

实物准备库成立于1935年12月，到1949年太原解放，一直作为一个官僚资本单位而存在着。本文只介绍从1935年12月起到1937年间阎锡山从太原退却为止的一段情况。

一、成立经过

实物准备库全称为“省铁垦盐四银行号实物十足准备库”。

1935年国民党中央政府实行了“法币”，同时限制各省发行纸币，当时山西的山西省银行、铁路银号、绥西垦业银号、盐业银号都发行纸币。省银行、铁路银号发行额最多，垦业银号、盐业银号发行额少。因实行“法币”的关系，四银行号发行的纸币停止兑现。阎锡山因想出了这一办法，四银行号的纸币，以实物作准备。

在1935年12月下旬，阎锡山将贾俊臣、郝星三召到河边村，说明成立实物准备库的目的，着贾、郝立即进行。贾、郝返回太原后，未及组织成立，即以个人名义写信派员到榆次、太谷等地，购买粮食和棉花。当时，小麦价每石五元上下，棉花每百斤十几元。这一次买粮棉，即对市面投放价款二三百万元，在当时市面死滞，周转不灵的情况下，这一大规模的购买，反而大大活跃了市面。也没有因大量购买而使物价波动，都是以一个价格成交的。实物准备库在1935年末，就这样一边买粮棉，一边筹组成立了。初设于鼓楼街中国银行西楼，后移到龙王庙街。

二、成立的目的与用款制度

实物准备库成立的目的，在当时是为给四银行号发行纸币作实物准备，并且也买进卖出攫取利润，使准备有充分的保证。事实上在当时是起到这个作用的。原“四银行号”纸币的现金准备是发行额的百分之六十，而“四银行号”发行纸币八九百万元，实物准备库的物资储备已到一千万元以上，可以说还超过了十足的实物准备。其长远计划是要对各厂矿的原料供应，产品推销都包下来，由于日寇的侵华，没有达到这个计划。

实物准备库没有资本，因其组织意义是四银行号的一个实物库。因而对实物准备库购买物资和设备等用款，规定了一个制度是“四、三、二、一”，即其负担比例是省银行40%，铁路银号30%，垦业银号20%，盐业银号10%。这些用款，名义上不出利息，按2%付出纸币印刷费，即寓有利息的意思。

三、组织机构和人事配备

实物准备库不属于“公营事业董事会”领导（四银行号多属于董事会领导），由阎锡山自兼督理，为最高决策领导者。总库（又称总管理处）设经理一人，由贾俊臣担任

（1936年贾离职，由郝星三任经理）。协理一人，由郝星三担任。又设业务协理一人，由郭立斋担任，兼任业务组主任。稽核协理一人，由刘杰担任，兼稽核组主任。设秘书处，由吉俊之任主任，下设保管、文书、总务各股。业务组下设业务、纺织、皮毛、粮面、百货各股。稽核组不分股，设稽核员若干人。设会计处由齐德斋任主任，李伯鲁任副主任。各处组承办人员为办事员、练习生，全体人员共达600余人之多。

在省内沿同蒲线及重要城镇，均设有分库，如大同、原平、忻县、榆次、寿阳、平定、太谷、平遥、文水、汾阳、洪洞、临汾、候马、运城、风陵渡等；在省外的分库，称为物产商行，分布在包头、绥远、潼关、西安、石家庄、张家口、汉口、上海、天津、北京等地。……

在实物准备库的商业网之外，还配合组织了与私商合办的“合作商行”。这些私商，有的是阎锡山的亲属，如阎敬文的裕文公司；有的是较大的民族资本家，如榆次宋氏的吉履谦、吉履新等。仅裕文公司即有从业人员四白余人，吉履谦、吉履新也有二三白人，总共各地合作商行的从业人员，在一千人以上，形成了实物准备库的更深入更普遍的商业活动脉络。

合作商行所不同于分库的是原由私商组成，其本身有资金，有相应的人事配备。与实物准备库组成合作商行后，一切工薪、业务费用，均在业务利润中开支，除开支外纯益，先提百分之十的公积金外，按四六分批（实物准备库六成，商行四成）。合作商行所批到的四成纯益，再由原股东及全体职员分配。在实物准备库的统一调度下，基本上掌握了市场的情况，这些合作商行是有赚无赔的。

通过合作商行这一组织，把主要的私商组织起来，这些私商是以与官僚资本有关系的和较大的民族资产阶级为核心的，一些规模小的商号是没有机会参与的。在这一组织基础上，还组织了“商业联合委员会”。吉履新的经理杨益斋，曾由郝星三引见阎锡山。不久，随着日寇的侵华，这一组织遂告瓦解。

四、业务及其影响

实物准备库的业务，一开始即以官僚资本的姿态出现于市面。它所经营的业务，包括了粮食、棉花、药材等土特产品及百货，尤以粮食棉花为最多。利用了“四银行号”不受限制的资金，通过其各分库、各“物产商行”、各“合作商行”进行购销活动，取得了更多的利润。

在运输方面，与正太路局、同蒲路局和省外的平汉路等订有合同，享受着优待，运输吨数越多，运费越低，运费月底结算，既省了随时托运时付款的麻烦，也省得随时筹款底垫。此外，与上海招商局也订有轮船海运合同。因此，不仅实物准备库本身有很大的方便，山西私商亦集合起来，通过实物准备库的关系托运。

在汇兑方面，与中国银行订有汇款合同，也受到优待。按一般汇费率的四分之一，一月结付一次。这时一般私商也托实物准备库汇款，得到很大方便。实物准备库用款依靠了“四银行号”，加上运输、汇兑的方便条件，业务上畅通无阻，发展很快。

在业务方面，也承揽一些较大单位厂矿的代客采购事项。如曾代同蒲铁路局买过大

批火车用的盖布等。

在业务方面，不仅为了赚钱，同时也贯彻了一定的政治意图。曾实行了“省内低价，省外高价，省内少赚，省外多赚”的做法。例如面粉，公司要涨价（每袋二角），实物准备库不同意，结果决是其损失部分由库负责包赔，没有涨价。

为了物资的保管方便，各地仓库的建筑，也是庞大的。如太原小东门外购土地七八十亩（旧亩，下同），榆次购土地三百多亩。其他如原平、大同、忻县、太谷、平遥、临汾、候马等地，都购土地数十亩至十余亩不等，也盖了不少仓库，都是派县长级委员赴各地进行购土地的。有的还没有来得及向总库作报告，而抗战开始，太原已经退却了。

五、财产情况

实物准备库从1935年12月成立，到1937年日寇进犯，10月间太原失守，短短一年多的时间，物资及不动产达到一千万元以上。除晋北一带存粮较多，以及其他各地存粮、棉、药材、百货等物资，特别是榆次存的大批棉花，大部分是日寇进犯而损失了。阎锡山撤走时，也带了一些，为数是不多的（抗战时期，郝星三已离职，损失和带走的具体数字不了解）。

六、简短的结论

1. 实物准备库的成立和它的业务活动，无疑是官僚资本吮吸人民血汗的一个经济组织，并保证“四银行号”发行纸币的信用，在经济上维护了阎锡山的反动统治。

2. 在当时经济死滞，物资流通窒塞的情况下，实物准备库的成立，亦给一般商号创造了不少的有利条件，如运输、汇兑等。

3. 实物准备库有各方面的有利条件，它的规模很大，发展也很快，如果不是日寇进犯，太原失守，它将会有很大的发展，而进一步巩固和扩大官僚资产阶级对山西经济的垄断。

※ 郝星三口述，贾乙和执笔：《抗日战争前的实物准备库》，载《山西文史资料》第八辑。

山西省实物准备库情况

山西省实物准备库是1935年冬季在太原创立的。最初设立在鼓楼街，后来又迁到龙王庙街……

一、创办的起因和历史背景

1930年蒋介石和阎锡山为了争夺政权，进行了一场有名的军阀混战，结果阎军失败。由于战争耗费很大，山西省的财政十分空虚，山西省银行发的钞票大幅度贬值，阎锡山将原省银行发行的钞票以二十元兑换一银元，也就是说全省人民及商号凡持有钞票者，每元钱就损失了九角五分钱。影响所及，商号倒闭的倒闭，亏本的亏本，每个人都不同程度地受到损失。阎锡山被迫下野逃亡大连日租界。后于1931年8月秘密返回山西，蒋介石仍旧迫阎离开，适逢“九·一八”事变发生，国内军阀矛盾缓和，后经当时任山西省主席的徐永昌斡旋，阎被迫接受了蒋介石的政令统一、军令统一的条件，蒋委任阎为绥靖公署主任。阎、徐企图东山再起，但因实力不足，不能再有野心向外扩大地盘，又因受蒋制约，所以就先在山西境内搞“造产救国”，“十年经济建设”，可是又没有资金来源，只有利用政权发行钞票，因而除原有山西省银行外，又创设了银号。当时蒋中央发行的是“法币”，有一定比例的黄金和美元作准备，阎锡山又想发行钞票，又没有黄金白银做准备，所以他以巧妙的手段，借口发行钞票以实物做准备，成立了实物准备库。又以实物准备库为手段发行他印刷的钞票，在全省收购实物。因为收购的实物不能长久在库内不动，就一方面在省内贸易赚钱，一方面又能将省内销售的运往省外销售以换取“法币”，等于现在的换取外汇，又可拿上法币从省外购回需要的机器设备和其他货物。

为了适应各种需要，实物准备库有三个名称：第一“山西省省铁垦盐四银行号实物十足准备库总管理处”；第二“山西省物产商行”；第三“山西省农村救济局”。由阎锡山兼总管理处督办，有“山西省农村救济局”的招牌可以直接向各县行文，命令各县县长为它办理各项事宜。它的三个名称各有用处，在省外的分库由于政权达不到，就以“山西省物产商行”名义办理购销事宜。

二、组织机构及主要负责人

1. 组织机构：

督办一人，经理一人，协理一人，业务协理一人，稽核协理一人，下设二组三室、各分库和办事处：

营业组：组长一人，副组长一人，辖：业务股，纺织股，皮毛股，粮面股，百货股。

保运组：组长一人，辖：保管股，运输股。

秘书室：主任一人，秘书二人，辖：庶务股，调查股。

会计室：主任一人，总会计师兼主任一人。

稽核室：主任一人，稽核员若干人。

省内各大物资集散地如大同、岱岳、原平、忻县、榆次、临汾、候马、运城、风陵渡等设有分库。省外各大商铺如北平、天津、上海、西安、武汉、包头、绥远、潼关、石家庄、张家口等地设有物产商行。业务的县份如太谷、平遥、洪洞、寿阴、平定、文水、汾阳等地设有办事处。各股设股长一人，各分库及办事处设主任一人，视业务多少配备办事员及练习生若干人。

2. 主要负责人

督办：阎锡山兼任；

第一任经理：贾俊臣；

协理：郝星三；

业务协理：郭立斋；

稽核协理：刘杰；

第二任经理：王骧；

第三任经理：郝星三；

营业组组长：郭立斋；

稽核室主任：刘杰。

三、人员待遇和考核办法

经理：月薪三百元；

协理：月薪二百四十元；

组长：月薪一百二十元；

股长：月薪六十元；

办事员：月薪十八至四十元；

练习生：月薪二至十七元；

每人每月发给伙食费七元二角，杂费一元。

人员的考勤和考绩、奖惩由稽核室负责管理，每日上下午上班前十分钟，将各股的签到簿放到院内的签到桌上，每个人上班时必须亲自签到，不能用图章，以免旁人代替，上班时间超过十分钟，稽核人员即以笔封口，此后到者签在下面即为迟到，超过三十分钟即将签到簿拿去，未能签到者即以旷工论处。

实物准备库先后共招考过办事员、练习生三四次，共有从业人员达六百多人。

每年年底根据盈利多少，提取奖金，再以稽核室掌握的材料，根据人事稽核规定事项，给从业人员普通奖和特别奖，群众不参加评议，均由领导研究决定。次年初根据工作表现，对成绩显著的和不称职或玩忽职守的人员，分别给晋级、记过、处分、开除处分，公开贴榜公布。

四、资金来源及经营情况

……

五、为阎锡山统治山西起到的作用和社会影响

实物准备库的成立，对阎锡山来说，完全收到了预期的效果。到1937年，该库已有物资一千余万元，以当时黄金价格每两七八十元计算，可以折合黄金十三万三千余两。这就说明阎锡山凭借其统制权力，以付出少量印刷费用印刷钞票，为他经济活动起到很大的作用，并以发行钞票为手段，吮吸了山西省人民的劳动果实，为阎锡山统治山西在经济上起到了一定的维护作用。

在另一方面因为蒋阎大战，阎锡山耗费资财过大，省钞大幅度贬值，影响山西民贫财困，社会经济萧条，大半商号资金周转不灵，濒临倒闭边缘，农民生产的农产品卖不出去，市场死滞。实物准备库大量收购农副产品，农民得以售出，相对的讲也活跃了市场。它开始成立时就在榆次、太谷等地，大量收购小麦、棉花，向市场投放钞票约三百万元，这样大规模的收购，始终是一个牌价，这说明没有因为发行钞票而波动物价，农民反而因为卖了积压的产品感到活动了。由于物价稳定，群众对省钞还相当信赖。

在省外能销售的物资，大量运往外省销售，换成“法币”，为山西的十年经济建设买回了一些设备和原材料以及缺少的商品，在一定程度上讲，对搞活山西经济也收到了相应的效果。

※ 徐知政：《山西省实物准备库情况》，载《太原文史资料》第十一辑。

1936年阎令省银行大量发行新省币，支垫实物准备库购物资金；省银行以资本无多，大量发行恐蹈上次贬值覆辙，阎令省政府下令与省银行拨资本两千万元。我问此项准备金从何而来？他说："实物准备库购回物资即是它的准备金，何时想叫省币回笼，把实物卖出去，即可撤收回来，为防措手不及，已告实物准备库，把卖成的法币，陆续交省银行存库，以备万一"。这是省银行第三次一纸空文所收到的两千万元资金。[①]

铁路银号资本五十万元，垦业、盐业两号资本各二十万元，都是阎的晋绥财政整理处拨的。阎令省政府以空文拨给省银行资本的同时，并令财政整理处以空文拨给铁路银号五百万元，垦业、盐业各拨二百五十万元。[②]

※ 王尊光：《阎锡山的四银行号》，山西省文史馆，手抄件。

三、实物准备库的发展

当阎锡山实行所谓"计划案"时，于1934年，即已经成立了一个山西省人民公营事业董事会，将山西省银行移归该董事会管辖，接着又将垦业银号、铁路银号、盐业银号也都归属于该董事会管辖。目的是要借用董事会的名义，以避免受蒋介石政府法令的束缚和支配。1935年11月4日，蒋政府实行"法币政策"，宣布法币不兑现，并限制各省银行发行纸币。阎锡山也立即玩弄起投机手法，宣布四银行号发行的纸币停止兑现。另外在董事会之下，又成立了一个"省、铁、垦、盐四银行号实物十足准备库"（简称实物准备库），宣布四银行号的纸币以实物作准备。当时，因为自闭不兑现，人民珍视现洋，多把现洋储存起来，市面通货筹码不足，交易感受困难。阎便趁此机会指示山西省政府和晋绥财政整理处，以空文给四银行号增拨资本三千万元。其中省银行二千万元，铁路银号五百万元，垦业和盐业两银号各二百五十万元。王尊光曾问阎："这是一纸空文，现金从何而来?"阎说："已令实物准备库从四行号借纸币，向民间购买实物，该库购回物资，即是四行号的准备金，何时想叫省币回笼，把实物卖出去，即可撤收回来。为防止措手不及，并已告知该库把卖货得到的法币陆续交四行号存库，以备万一。"阎又说："为解决四行号人员的顾虑，已决定从筹妥的建设基金内（阎锡山规定：军需处、财政厅、禁烟考核处、西北实业公司每月分担十万元至二十万元，交财政整理处保管，作为建设基金），每月给省银行拨现款十万元，其他三银号亦分期酌拨，作为进一步的保证。"

原来实物准备库成立时，并未专拨资本，按阎锡山的说法，既是四银行号的实物准备库，而该库购买物资和设备等费，就须由四银行号负责供给，当时曾规定了一个"四、三、二、一"的分担比例：省百分之四十，铁百分之三十，垦比分之二十，盐百分之十。这些用款，不出利息，只按百分之二付纸币印刷费，实际是变相的利息。实物准备库利用市面呆滞，周转不灵的机会，派员到各县大量收购粮食和棉花及其他经济作物。因此，四银行号的纸币在市面大量出现，很短时间，实物准备库的物资储备量达到一千万元以上。

---

① 实际是把省行资本由一千二百万元增到二千万元。

② 实际分别由五百万元、五十万元、二十万元增加到一千万元、二百万元、一百万元。

※ 王尊光、张青樾：《阎锡山对山西金融的控制与垄断》，载《山西文史资料》第十六辑。

实物准备库与收受物产

省铁垦盐四银行号实物十足准备库总管理处及附设物产商行总行，已于二十八日正式成立，各县分库分行亦将陆续成立，本省金融与经济将由此走向新的发展途中，其效用可以相见者：在金融方面，向来重视银币、轻视实物之迷信心理可以破除；在经济方面，人民销滞物产，可以觅得出路。此二种效用之结合，即以全省人民劳力现成物产为准备，而发行人民应用适量之货币，由货币之流通而繁荣物产，由物产之繁荣而增加货币，金融与经济互相推进，社会定可发达，民生定可乐业。

各县农村经济，现在已至山穷水尽之时，连带使工商业亦将尽数倒闭。物产商行成立后，第一步工作即系收受物产，此不啻解人民于倒悬。该商行于废历年关前，即此步工作尽量实行，以救眉急，待年关度过，本省经济不难逐渐恢复也。

※《山西日报》，民国二十四年十二月三十日。

阎锡山在1932年至1937年的六年当中，整顿了山西省银行，并相继成立了垦业银号、盐业银号、铁路银号，合称四银行号。其资本及发行情况另有专节，兹不赘。阎于1935年12月又成立了山西省实物十足准备库。实物准备库是阎在金融问题上玩弄的一套把戏，他欺骗人民说，实物是纸币的后盾，有多少实物才发行多少纸币。其实是四银行号先大量发行纸币，发行之后，将纸币低利贷给实物准备库做买卖，赚取利润。同时也是为抵制蒋介石的法币在山西行使，以维护其割据统治局面。实物准备库组织庞大，职员约六百多人，在太原设总库，在大同、榆次、临汾、长治等二十余县分别设立分库或支库，另与各地大商号签订合同，成立“合作商号”达千余处，在风陵渡和阳泉设立运输站，并在平、津、沪、汉、陕、甘、川等地设立“物产商行”十余处。经营业务以输出棉花、粮食为主，其次为药材、核桃、煤炭、皮毛等等。由分支库及合作商号收购民间物资，由津沪物产商行办理输出，买成外汇（日、英、德），交给四银行号。阎把这些搜刮来的民财，叫做“口吹大洋”，自鸣得意。而人民却把垦业银号叫做“坑人银号”，把实物准备库叫做“赤腿穿套裤”（旧式套裤无裤裆）。

※ 山西省政协：《阎锡山统治山西罪恶史》上册，269～270页，1960年油印本。

准备库的情况：1935年成立，全名是“山西省省铁垦盐四银行号实物十足准备库”，出省对外则称“山西省物产商行”。它的意义是四个银行号发行纸币的“准备金库”，而且是实物的十足准备，骗取人民的信用，并准备发行“实物准备券”（已印就，未发行）。该库没有资金，用款由四银行号承借。组织大体是总理、协理、秘书、业务、会计、运输等部门，业务主要是收粮，十分之七八的县设有分库，以推销货物，粮食积聚的地区并设有粮店（人称“官粮店”，如太谷粮店、临汾粮店等类），由县分库领导，买到的粮由运输组运走。第一任总理贾继英、二任王骧、末任郝星三（崞县人，晋丰银号经理，省总商会会长，阎匪妻侄女的公公)、会计李伯鲁（阳曲人，省行稽核员，后调晋华纱厂会计，由晋华调来)、业务曲宜清（字子洁，五台人，省行会计员)，业务后任是齐德斋（齐梦彪子，定襄人)，副手是段竹书（榆次人，省行天津行员)，王骧任内秘书是要士先，他们回任省行，可能秘书是要则臣（榆次人，要士先的四弟，不确)。出售货物，除面粉、杂粮外，包销了西北实业公司的产品，如毛呢、毛毯、哔叽、火柴、纸张、皮革及棉织物品。七七后，郝星三率领退到西安，1938 年全部解散，每人分了些棉毛织品。郝到了四川，胜利后回了太原，因儿子郝振邦（不知是何职务，人称郝秘书）借亲戚关系，在成都与阎匪“寡媳”发生了关系，拟偕逃香港未果，阎媳被召回了克难坡，振邦不敢回晋，解放前死在成都。故郝星三在阎匪面前不敢出头，将晋丰银号招牌、执照卖给了太原新兴银行，他进行充了协理，解放后寓太原老死。李伯鲁事变后听不到工作，解放后由北京回来，卖了些房产又走北京，听说已死。齐德斋有一段笑话，上任时阎匪召见，问他年龄，答三丨四，因满头已白，又问很年轻发就白了？他忙说是四十三，还出了一身汗，以后不知他的下落。段竹书到了兰州，曾在西安充私商天宝银楼的业务主任，听说解放后死在兰州。要则臣未走，胜利后一度进了省行充文书，解放后在一小工厂充会计，退职已久，居文庙巷路西，可能还在，年约六十四五岁。

※ 常紫书 1975 年 5 月 14 日提供的材料：《阎锡山垄断金融核心——山西省银行历史及牵涉到的经济材料》。

同年，阎锡山在太原办起“山西省省铁、垦、盐实物十足准备库”，在一无黄金、二无白银作准备金的情况下，想出以“实物”作准备，作为继续发行钞票的后盾，其实施办法是：从省内用钞票向群众购到土特产品，再向省外销售，换回法币，使法币和省钞居同等价格，以此来缓和其金融紧张局势；另一种办法是：卖出实物，又用法币来购回本省需要的机器设备和其他货物，销售于本省。就这样循环获取利润，几年间盈利颇巨。这样一直延续到民国二十六年十一月日本帝国主义占领太原前，才迁往西安。

※ 任步魁：《太原商会史略》，载《山西文史资料》第六十三辑，124 页。

第五节｜四银行号的发行

一、发行规章

四银行号收归公营事业董事会

本会对于本省各公营事业，系奉督理委员会，先后令饬接收。第一项为西北实业公司、山西省银行、晋绥地方铁路银号、晋北盐业银号、绥西垦业银号、晋华卷烟厂，均自本年七月一日起交会管理。

四银行号章程系经本会修正呈奉督理委员会核定

（子）修正部分

——旧章省银行原为官营民监，由山西省政府设置经营并由全省商民实行监察，铁路银号由太原经济建设委员会，垦业由太原绥靖公署分别设置经理，现改定为山西省人民公营事业，由董事会管理。

——各银行号章程内裁晋省政府或经委会或绥署字样，一律改为董事会。

——垦业银号旧章以活动金融扶植绥西垦牧事业为宗旨，现改为以活动金融扶植农业垦业为宗旨。

——旧章垦业银号设总号于绥远省包头县，并同时于天津、太原、绥远各处先设立分号，俟营业发达，得呈经太原绥靖公署核准，添设分号于他处，现为切合实际起见，改为总号设于太原市，必要时经董事会核准得设立分号办事处于其他地方。盐业旧章总号设于岱岳，遇必要时得呈准董事会设分号、办事处于各盐仓所在地及其他适中之紧要县市，现改为总号设于太原市，并得由董事会核准设立分号办事处于各盐仓所在地及其他适中之紧要县市。

——旧章规定资本，省行一千二百万元，现改为二千万元，铁路五百万元现改一千万元，垦业五十万元现改二百万元，盐业二十万元现改一百万元，均由董事会拨给。

——旧章营业年限……

——旧章山西省银行由山西省政府授于下列之特权，现改为省银行经山西省政府委托由太原经济建设委员会允许下列特权。……

——省、垦两行号旧章均为薪给制，铁、盐两银号均为顶股制，现一律为顶股制，省行每七万元作一般，铁路银号每六万元作一股，垦业每三万元作一股，盐业每二万元作一股。其职员身股应支按四银行号资本多寡，省行定为每厘二十元，铁号每厘十二元，垦业每厘八元，盐业每厘六元，由应分红利项下扣除。

——营业决算期，省行旧章规定当年六月、十二月各决算一次，每年年底总决算一次；铁、垦两号每年决算一次，三年总决算一次；盐号每三年总决算一次。现一律定为每年营业决算自一月至六月底为前期，七月至十二月为后期，每年总决算一次，由总行号编制表册书类，送请董事会审核，并送监察会审查。

——旧章规定四行号公积金及提支奖金、恤金、养老金，分股办法殊不一致，现一律定为除提公积金百分之十，全行行员恤金、养老金千分之十，不顶股员生奖励金千分之十外，余按银股、身股照章分配。

——省行旧章由省政府特派监理员一人，又设理事五人、监事七人，现董事会既已成立，前项各职并无存在之必要，经奉首席督理委员阎核定，将监理员、理事一律取消，监事改为四银行号监事，章程另定之。并奉核定将各银号旧总监及盐业银号正副监理一并取消，以上各职均于修正章程内删除。

——旧章省行总经理、协理由省政府于理事中选派，现改为董事会聘任。又铁、垦两号总号设经理、副经理，盐号总号设经理、协理、副协理，分号有设经理者，有设理事、管理者，名称殊不一致，现将各银号总号一律改为总经理、协理，分号为经理，办事处为管理。其盐业银号旧设之号伙均改为职员。

——省行旧章设稽核二人至四人，为各银号所无，现经裁撤，就总务处添设人事组以其原有职务分配于该组及原设之文书、调查组分别办理，并将省行组织规则一并修正。

※《二十五年份报告书》，山西省档案馆档案，山西省人民公营事业董事会档案十二·1－21卷。

山西省省铁垦盐四银行号发行准备管理委员会组织大纲

第一条　宗旨。本会之组织，以巩固山西省省铁垦盐四银行号发行省币之信用为宗旨。

第二条　定名。本会定名为“山西省省铁垦盐四银行号省币发行准备管理委员会”。

第三条　职权。本会以监察四银行号每日发行省币额，并禁烟督查分处存货及实物准备库货物售价收回后之省币点验封存、不再发行为职务，并有随时检查四银行号及实物准备库、禁烟督察分处帐簿之权。

第四条　地址。本会设于太原市商会内。

第五条　委员。本会委员名额定十九人，以山西全省商会联合会主席、太原市商会主席、太原市钱业同业公会主席、四银行号七监事为当然委员，太原市各同业公会主席内推选委员五人，并由常务委员会中互推主席一人，共同负责处理日常一切事务。

第六条　职员。本会分设三股，选用职员承主席之命令，办理本会一切之事务，其各股之组织如下：

（一）文书股。设股长一人，股员四人，掌理撰拟文稿，收发文件，保管卷宗各事宜。

（二）会计股。设股长一人，股员五人，掌理本会一切款项收支、预决算，暨四行号报告各事宜。

（三）事务股。设股长一人，股员三人，掌理本会庶务、交际等事，及不属于其他各股事宜。

第七条　各股选用办事员若干人，受股长之指挥，办理各股文件表册誊写等事宜，其人数因事务之繁简规定之。

第八条　本会经费，另造具预算，呈请绥、省两署核定，按月由省银行支领，由四银行号比例分担。

第九条　本会办事细则另定之。

第十条　本大纲自呈准之日实行。

第十一条　本大纲如有未尽事宜，得提出会议修正，呈请绥、省两署备案。

山西省省铁垦盐四银行号发行准备管理委员会名单

委员名额定十九人。计省商联会主席彭士弘、市商会主席王肇泰、钱业公会主席郝清照等三人，及四银行号七监事李苹卿、安棹甫、田筑斋、王笏卿、王丽川、方筱瀛、马子俊等七人为当然委员。省垣22同业公会主席互推王敬、丁好善、胥心一、郝桧年、

李庚玉等五人，及忻县、榆次、晋城、新绛等四县商会主席等为委员，共十九人，互推常委五人。

※ 山西省档案馆档案，山西省人民公营事业董事会档案十二·1－196卷。

山西省省铁垦盐四银行号发券办法

一、各行号于每月底将发券及所存准备金数目依照规定表式列报一次（表式另附）。

二、各行令发行券额除拨实物准备库者以实物准备核准贷款不另准备外，其余所发券额均需有八成现金、二成保证之准备，前项现金准备暂以现洋、生金银、法币为限，如有买到之外汇，按时价折为法币计算。

三、核准贷款均须呈请太原经济建设委员会核准之。

四、本行号发券及准备有与报告不符情事，该行号负责人员应受严厉之处分。

※ 山西省工业厅档案，民国二十五年卷。

甲、在省级增设银号，分散纸币发行权。山西在1930年前，纸币的发行权集中在山西省银行一家。全省流通的纸币，除国民政府的中（中央银行）、中（中国银行）、交（交通银行）、农（农业银行）四行发行的纸币外，都是山西省银行的纸币，发行数额，多达7000余万元，结果币值毛荒，物价飞涨，使山西人民吃尽苦头，山西省银行的信用，扫地以尽。他在东山再起后，面对这种情况，着手整顿，以20元折付一元的代价，撤收旧币，换发新币。但老百姓对山西省银行的新币心有余悸，颇不欢迎，不乐于使用。于是他变更办法，先后增设了晋绥地方铁路银号，绥西垦业银号和盐业银号。把原来山西省银行独家拥有的发行权分散开来，让他们分散发行纸币。实际上是由阎锡山一人操纵。……

※ 郭文周：《阎锡山在晋绥两省的经济统制》，载《山西文史资料》第四十九辑。

二、发行情况

山西省银行发行纸币沿革

山西省银行成立于1919年1月1日。该行系股份有限公司组织，官督商办，资本额定三百万元，设总管理处于太原，代理省金库，发行兑换券，为晋省金融之。1929年，资本总额改定为一千万元，营业逐渐发展。1930年退还商股，收归官办，于是年7月1日，遵照新章，实行改组，另定分期筹拨资本办法，定为官营民监，以济全省金融，扶助经济建设为宗旨……资本总额初定为六千六百万元，旋为切合实际，改定为一千二百万元，由省政府分年筹拨。

1936年7月，重新修订章程，将山西省银行改为人们公营事业……至10月间，董事会为巩固省行基础，增加资本为二千万元，一次拨足。

其发行之纸币，分十元、五元、一元、五角、二角、一角等六种，发行额虽不大，但时有停兑等情。1919年[①]夏，晋军抵达北京时，该军司令曾请求北京商会，设法办理该行纸币收兑事宜，并向北京民众保证此次纸币之收兑，对于人民生活损失，估计当时发行数额，仅达二十万元左右。兹将1932年以来山西省银行纸币流通数额列表如次（单位元）：

年末	金额
1932	2175734
1933	4644084
1934	6125452
1935（10月）	6125452
1936	8618623

※ 民国二十六年《全国银行年鉴》上篇第三章，《中行月刊》第十六卷第三期，民国二十七年三月《中国纸币发行之沿革》。

表8－9　四银行号纸币发行准备金数目

（民国二十五年六月底）

单位：元

	山西省银行	铁路银号	垦业银号	盐业银号	合计
现洋	3633286.00	1178328.00	230000.00	80000.00	5121614.00
生银	236894.74	314583.20	—	—	511477.94
小洋	163.23	—	—	—	163.23
辅币	1231.70	—	—	—	1231.70
法币	3397774.94	643550.00	21380.00	—	4062654.94
省钞	—	—	121160.00	206000.00	327160.00
绥钞	—	—	89500.00	—	89500.00
他行券	1157248.00	—	—	—	1157248.00
债券	2030613.39	463680.00	130000.00	60000.00	2684293.39
核准放款	4545426.00	6513910.00	134600.00	239000.00	11432936.00
实物准备	3877114.00	2348704.60	—	—	6225818.60
合计	18879752.00	11462705.80	726640.00	585000.00	31654079.80

① 应为1928年。

表8－10　四银行号纸币发行准备金数目

（民国二十五年十二月底）　单位：元

	山西省银行	铁路银号	垦业银号	盐业银号	合计
现洋	3632003.00	1173809.00	230000.00	80000.00	5115812.00
生银	124675.83	175279.00	—	—	299954.83
小洋	163.23	—	—	—	163.23
辅币	1231.70	—	—	—	1231.70
法币	2640061.00	—	35380.00	—	2675441.00
省钞	—	—	117150.00	205000.00	322150.00
绥钞	—	—	500.00	—	500.00
他行券	—	—	—	—	—
债券	1421520.64	327393.00	204210.00	—	1953123.64
核准放款	4871837.00	7318902.00	40000.00	240000.00	12470739.00
实物准备	4591386.00	3272168.50	—	—	7863554.50
合计	17282878.40	17282878.40	627240.00	525000.00	30702669.90

※ 山西省档案馆档案，山西省人民公营事业董事会档案1937年卷。

表8－11　四银行号纸币发行额

（民国二十五年六月底）　单位：元

	本行号发行	核准发行	准备库代发行	合计
山西省银行	10457212.00	4545426.00	3877114.00	18879752.00
铁路银号	2600091.20	6513910.00	2348704.60	11462705.80
垦业银号	592040.00	134600.00		726640.00
盐业银号	346000.00	239000.00		585000.00
合计	13995343.20	11432936.00	6225818.60	31654097.80

※ 根据山西省档案馆档案《山西省人民公营事业董事会档案》1937年卷整理统计。

表8－12　四银行号纸币发行额

（民国二十五年十二月底）　单位：元

	本行号发行	核准发行	准备库代发行	合计
山西省银行	7819655.40	4871837.00	4591386.00	17282874.40
铁路银号	1676481.00	7318902.00	3272168.50	12267551.50
垦业银号	587240.00	49000.00		627240.00
盐业银号	285000.00	240000.00		525000.00
合计	10368376.40	12470739.00	7836554.50	30702669.90

※ 根据山西省档案馆档案《山西省人民公营事业董事会档案》1937年卷整理统计。

表 8－13　　山西省银行历年纸币发行额[①]　　单位：元

年份	代发兑换券	本行业务发行	核准发行	实物库代发行	旧钞	合计
1932	14000.00	1732067.40	—	—	429666.49	2175733.89
1934	113000.00	5839298.60	—	—	173153.30	6125451.90
1935	—	6800280.40	1307050.00	—	149446.84	8256777.24
1936.9	—	7241747.80	3711359.00	3577508.00	146208.62	14676823.42
1936.12	—	8618622.90	4815192.00	4696743.00	138590.17	18269139.07
合计	127000.00	30232015	9833601.00	8274251.00	1037065.40	49503924.62

※ 根据山西省档案馆《山西省银行档案》资料并参考《全国银行年鉴》资料整理。

山西省银行

在1919年开业。到1936年实收资本120万元。发行了各种面额的纸币计有十元、五元、一元和五角、二角、一角等，发行额在什么时候也不能说是庞大的，但有时又不得不停止兑换。山西军阀和张作霖交战，以后到1919年[②]初夏，山西军进入北京的时候，该军阀的头目要求北京商会把山西省银行钞票作为现金使用。

这个山西军的头目，对北京市民保证，山西省银行钞票兑换现金不使他们受到任何损失。当时该银行的钞票的发行额据推算仅达20万元。

下列数字表示1932年以后，山西省银行投入流通的钞票总额：

1932年底	2175734元
1933年底	4644084元
1934年底	6125452元
1935年底	6125452元

※ 日文《抗战时期中国的贸易和金融》，庆应书房，昭和十四年三月十五日版，482页，张光亚翻译。

阎锡山从大连回并后，积极搞十年经济建设，诸如建设钢厂、兵工、机械、化工，以至轻工纺织，开展修建同蒲铁路，凡此种种，均需资金，资金来源不外省银行发行纸币，吸收存款，也设法从蒋中央拨款中动用一些。但阎感到光靠省银行一家，还顶不住各地银号钱庄大商大号的争夺。他提出：以经营铁路金库为名，设立铁路银号；以开发绥西垦牧事业为名，设立绥西垦业银号；以扶助盐业发展为名，设立盐业银号。铁、垦、盐三号共出资一百万元，均属省营。从此省、铁、垦、盐号称四行号，各个银号都大量发行纸币，开展业务，控制了山西的金融事业，掌握了全省的经济命脉。从1932年到1937年四行号共发行纸币四千五百万元。这四千五百万元的资金（实为晋钞），按月息

① “代发兑换券”系指省银行代理发行店（即代理店）所发省钞；“核准发行”系指阎锡山印就公债性质的各种借款券交省银行作为保证准备，而领走省钞；“实物库代发行”系指由实物准备库印发之实物准备券，送交省银行，而领走晋钞；“旧钞”系指1930年10月份以前所发晋钞尚未收回而仍流通在外的钞票。

② 应为1928年。

六厘计算，年可得利息三百余万元，何况以之办工厂，搞贸易，搞投机，以至囤积居奇，出放高利贷等，每年纯益何止千百万元。阎锡山逃往大连的时候，据说从省银行提走三百万元，给其亲信高级官员每人银元五千元，一般官员也给千儿八百。这里可以看出阎锡山从山西人民身上搜刮了的钱财是数不尽的，其左右帮凶人员也都腰缠累累，各地豪绅巨贾亦大揩了油水。

※ 徐瑞楚：《阎锡山统治下的金融事业》，载《太原文史资料》第六辑。

山西省银行兑换券：又称新晋钞。1930 年的“晋钞”风潮公案不了了之，1932 年阎锡山担任了“太原绥靖公署”主任，准备库金一百万（银元），由省银行发行新省钞，面额有一角、二角、一元、五元、十元五种。新钞的花符图案与旧钞不同，特别增印“兑换券”字样，扬言十足兑现。群众余痛未忘，在被迫之下周转，一到手就推出去，不得人心。1935 年，南京政府颁布“新货币政策”，太原等地再次发生挤兑风潮。

山西省银行县银号兑换券：这是阎锡山“造产救国”口号的产物，以“建设乡村”的欺骗手法，用成立县银号发行纸币的办法拟转人们对新省钞的不信用感，此券仍以省钞版面，在正面加印发行县的科名，指定在发行区域流通。到 1935 年，发行县共 31 个，其中有：陵川、保德、定襄、五寨、永和、乡宁、岚县、曲沃、洪洞、忻县、五台、代县、文水、平遥、盂县、沁源、崞县、原平、长子、翼城、大宁、吉县、闻喜、蒲县、繁峙、安泽、石楼、榆社、襄桓、宁武、沁县。此券从 1930 年以后陆续发行，1935 年止。

山西省银行、县银号铜元兑换券：此券与上述银号兑换券同存亡，其面额有二十枚、四十枚两种。

信用合作券：1933 年至 1935 年，先后在忻县、定襄、五台、崞县、阳曲、太原、榆次、代县、清源、徐沟、平遥、介休、沁县、盂县十六个县成立县信用合作社，面额有：一角、二角、五角。此券以土地担保，一亩地发行一元。享有特殊金量值，在本村购买商品，九角九分顶银元一元。

绥西垦业银号券：1932 年 8 月，借名开发西北包头，河西一带，开垦四十万亩土地，成立“垦业银号”，总号设在太原馒头巷，总经理徐振渭，筹资三十万（银元），发行纸币。面额有一角、二角、一元、五元、十元。该号以发放贷款，伺机吞并其他号出名，晋北人称“坑人银号”……

土货券：1933 年，阎锡山大力发展公营工厂，提倡使用土货，市县成立土货商场，先在太原试办，现钟楼街合作大楼地基就是原土货商场，在本场买货的人，先向“经济统制处”兑换成土货券方可认买，其他货币在柜台一律不收。此券没有全部推广，到 1937 年日本人侵自然消失了，其券额有待进一步考察。

晋绥地方铁路银号兑换券：1934 年 3 月，开始动工兴建同蒲铁路，决定专设“晋绥铁路银行”，在向中央申请注册时被批驳，阎锡山别出心裁，在原名称上加了“地方”二字，又把“银行”改为“银号”，就此成立了。实际上是省行的一个分支机构，再次改头换面，印发新纸币。面额有一角、二角、五角、一元、二元、五元、十元七种。此券印刷精美，讨人喜欢。铁路银号总号设在太原市帽儿巷，首任经理郝继华，筹资二百万（银元），下设榆次、平遥、洪洞、运城、忻县、新绛、汾阳、宁武等分号，兑换券上印有发行县县名。……

晋北盐业银号券：1935年5月，在太原馒头巷成立，经理徐吉午，资本二十四万元（银元），发行纸币，流通区域以晋北山阴县岱岳盐区为主。

※ 董治文：《民国时期的山西货币》，载《金融经济·钱币专辑》1987年第1辑。

铁路银号亦在北京财政部印刷厂印制了纸币，不加地名，发行很快，年余即发行到百万元，手段是由同蒲到南北各县换取中交纸币，愿出贴水，每千元贴到10元以上，所以很快换掉，带回太原存入中、交生息，等于“无本求利”（中、交、农民银行在太原均有分行）。再同蒲搭车方便，不出票价，回省还可将各站收入带回。太原站是每晚派人去收款的，所以发达很快。实行法币后，铁路银号停止发行。

※ 常紫书1975年5月14日提供的材料：《阎锡山垄断金融核心——山西省银行历史及牵涉到的经济材料》。

1935年蒋介石政府将要实行纸币不兑现之风传到山西，新省币因此发生挤兑风潮。由于发行不多，所存准备金尚足应付，未被挤倒。不久实行法币不兑现，新省币一度挤兑未挤倒，身价大长，加以纸币不兑现，人民珍视现洋，多把现洋储存，市面通货减少，交易感受困难。阎锡山乘此机会，用一纸空文给省银行拨资本二千万元，给铁路银号拨资本五百万元，给垦业、盐业两银号各拨资本二百五十万元。令他们大量发行纸币，交实物准备库收购民间物资。名义上所收购的物品作为所发纸币的实物担保，事实上把能外销的物品运到天津、上海出售，把款存在他私人的亨记银号转交四行号。截至1937年日寇侵入山西时，山西省银行发行新省币二千多万元，铁路银号发行一千余万元，垦业、盐业两银号各发行二百余万元。这四种纸币共计三千四百余万元。

※ 山西省政协：《阎锡山统治山西罪恶史》下册，374～375页，1960年油印本。

到1937年日军侵入山西时，山西省银行发行的新省币达两千五百多万元，铁路银号发行纸币达一千余万元，垦业、盐业两银号各发行五百余万元，四种纸币达四千五百余万元。

阎锡山这次发行纸币的结果，终于达到了他的投机的目的：

（一）成立实物准备库没资本，用不兑现的纸币作了资本，大量掠夺了人民的物资；（二）发展官僚资本金融业不用筹现金，借名实物准备库的实物储备，用空文拨资本，大量发行纸币；（三）四银行号利用伪法币不兑现、人民储存现洋不出手、市面通货筹码不足的机会，大量向市面投放，既攫取了利润又支持了官僚资本企业的发展。

※ 王尊光、张青樾：《阎锡山对山西金融的控制与垄断》，载《山西文史资料》第十六辑。

第六节｜其他金融机构

一、钱庄银号

当时的主要行业商号以钱业为例，将商号名称、地址开列：

表8－14

商号名称	地址	商号名称	地址
一德银号	馒头巷	晋源泉银号	按司街
大升银号	龙王庙街	晋益银号	麻市街
仁发公银号	南市街	晋裕银号	馒头巷
公益信钱庄	南仓巷	晋裕兴钱庄	南市街
世信钱庄	按司街	晋裕丰钱庄	估衣街
正心诚钱庄	馒头巷	益和银号	通顺巷
同祥银号	麻市街	会元银号	馒头巷
同泰祥银号	通顺巷	晋丰银号	通顺巷
利和银号	麻市街	萃蚨昌钱庄	活牛市街
和合生钱庄	帽儿巷	源生利钱庄	活牛市街
和丰银号	通顺巷	源泰蔚钱庄	通顺巷
和记钱庄	通顺巷	源积成钱庄	龙王庙街
美蚨通钱庄	麻市街	义泰银号	通顺巷
义顺成钱庄	通顺巷	官办银号：	
瑞生银号	估衣街		
裕泰昌银号	活牛市街	山西省银行	鼓楼街
锦源泰银号	馒头巷	晋绥地方铁路银号	帽儿巷
荣锦银号	活牛市街	绥西垦业银号	柳巷
福康银号	通顺巷	晋北盐业银号	龙王庙街

续表

商号名称	地址	商号名称	地址
庆和成银号	通顺巷	其它行业不再详列名称地址	
德兴昌钱庄	南市街		
亿生钱庄	活牛市		
蔚锦恒钱庄	麻市街		
兴业钱局	按司街		
兴华银号	馒头巷		
豫慎茂银号	南市街		
汇丰银号	南市街		

※ 任步魁：《太原商会史略》，载《山西文史资料》第六十三辑。

1934年，他又在大同设立了“晋同银号”，地址在大同大南街，资本二万五千元，也是由李振纪任经理，通过存放款及汇兑，发放高利贷，攫取厚利，借以支持营业公社所属面粉公司的发展，并为营业公社扩展其他业务。

……

另外，于1920年还在忻县城内，接办了一“聚丰泰钱庄”，由阎长卿（阎锡山的三姨夫）负总责，赵汝奎任经理，出放高利贷，剥削忻县人民，获利至巨。

※ 王尊光、张青樾：《阎锡山对山西金融的控制与垄断》，载《山西文史资料》第十六辑。

1935年晋城县仅存钱庄5家。分别是：

晋孚钱庄：总资本5000元，存款5018元，放款600元；

永和顺钱庄：总资本3000元，存款311元，放款500元；

恒兴西钱庄：总资本8000元，存款185元，放款2000元；

公兴恒钱庄：总资本10000元，存款978元，放款2000元；

兴隆成钱庄：总资本5000元，存款1435元，放款2000元。

此时，高平、阳城、陵川、沁水县及其农村各大集镇都有钱铺。

※ 晋城市志编纂委员会编：《晋城市志》，331～332页，海潮出版社，2000年5月。

日帝奉行经济侵略政策，得寸进尺，与时俱增。内忧外患，彷至皆来。因之，汇兑、存放业务，动辄受到军阀影响，亏赔损失，防不胜防，就不得不改变方向，计划新的经营方式。

※ 段子荣、许衣如：《河东兴业钱局》，载《山西文史资料》第八辑。

据民国二十三年（1934年）统计，晋城县银号业有5家，分民办、官办、官僚资本办3种，民办的有万兴银号，地址在南大街东天皇庙巷内，总经理路明岚（河南省新乡市人，同时在城内兼营万兴蛋厂），为独资经营，资本6000余元。官僚资本办有华记、鸿记、永宏3家银号。晋城创办银号始于本世纪30年代。1934年晋城县有银号5家，分别为晋城县、万兴、华记、鸿记和永宏银号。

晋城县银号：晋城县府（县长祁厚芝）为履行省命令，以微资委以晋城县永宏银号代办，县府坐收利息。但独此银号可发行银票，票面或壹角、或贰角，由县府指定城内西街人司刁山经理发行事宜。

万兴银号：经理路明岚（在城内开设有万兴蛋厂），河南新乡人，为独资经营，资本有6000余元。

华记银号：地址在万兴银号后院。它的前身叫光道成京货铺，由于东家马保全是耶稣教徒，背后有"洋人"支持，开始经营洋货，后来经营汽车，称为华输汽车公同，有1辆汽车。1922年（民国十一年）改为经营银钱业，即华记银号，掌柜李文轩，高平县人，全号职员8人。

鸿记银号：东家马兴朝，晋城县城内黄华街人，是当时城内最大的富户，因信仰耶稣教，有洋人支持，他不仅开设银号，经营银钱业，还在城内开了鸿记蛋厂。除晋城外，他的蛋厂遍及山西10余县。

永宏银号：东家李生达，虽出资办银号，但对银号经营情况并不过问，只让其侄儿李质贤代管。掌柜赵聘山，晋城县南义城村人。永宏银号还代理县银号业务。

晋城县5家银号总资本约为25000余元。据1935年统计，上述5家银号共有存款13000元。

此时，高平、阳城、沁水、陵川也有官民合办的银号。

※ 晋城市志编纂委员会编：《晋城市志》，331～332页，海潮出版社，2000年5月。

二、保险公司

1934年11月，太平保险公司（总公司在上海，天津设立办事处）在太原设立代理处，经营火险、人寿险和运输保险，年保险总金额达19万元，收入保险费1. 35万元。同年，中国保险公司（总公司在上海）在太原设立代理处（由中国银行代办），只限火险，投保者极少。两家保险公司的代理处，保险对象主要是官僚、豪绅、富商，故经营亦很惨淡，1937年抗日战争爆发后，亦相继停业。这可看出，在这个时间，山西和太原的保险事业未能得到发展。

※ 许一友、王振华：《太原经济百年史》，山西人民出版社，1994年。

民国二十三年（1934年）中国保险公司在本县建立代理处，业务凋零，不久即停业。

※ 汾阳县志编纂委员会编：《汾阳县志》，海潮出版社，1998年12月。

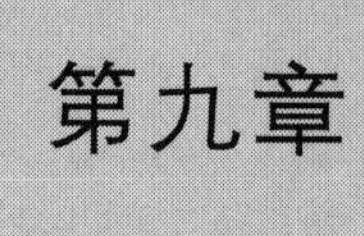

第九章 30年代的资本市场及其运营

第一节｜发行政府债券

一、建设借款券

奉发各种借款券

……

十四、奉发借款券：

本会自上年九月十六日起先后奉督理委员会令发山西人民公营事业借款券2250万元，第一次山西省人民公营事业董事会借款券792万元，统一建设借款券4000万元，共计7042万元。除拨付各公营事业资本发行过33780084元、偿还各项短期借款发行过8590024元、垫付款项发行过2000元外，截至十二月底计存2802万元。

※《二十五年份报告书》，山西省档案馆档案，山西人民公营事业董事会档案12·1-21卷。

二、国防借款券

民国二十五年晋绥军军费开支

一、晋绥军队及军事机关每月实需军费数目

机关	每月实需数	机关	每月实需数
第33军军部	7455.60	第73师	114297.38
第34军军部	7455.60	第101师	116497.08
第35军军部	6646.90	独立第一旅	44509.38
第66师	114297.38	独立第二旅	38669.36
第68师	114297.38	独立第一旅	37434.96

机关	每月实需数	机关	每月实需数
第70师	114297.38	炮兵全部	186292.66
第71师	114297.38	太原警备司令部	6152.36
第72师	114297.38	晋绥宪兵全部	20362.56
第69师	114297.38	骑兵全部	105919.88
太原绥靖公署	36763.50	汽车管理股	5530.80
卫士队	2538.40	测量局器材管理所	264.80
军乐队	776.80	工程处	1412.00
山西清乡督办公署	2213.00	军法审判处	1056.00
晋绥军事整理委员会	13893.10	陆军医院	1244.10
军官教导团	14655.62	陆军监狱	2846.00
无线电信局	17112.00	卫生材料库	320.00
军用电信局	15105.00	残废军人工作院	995.00
铁道运输处	892.00	太原飞行场	4217.20
陆军粮服库	648.00	绥区屯垦督办办事处	5384.00
大同粮服分库	255.90	候差员津贴	10000.00
发饷局	912.50	各部队服装费	130000.00
军械库	518.20	各部队医药费	5574.96
子弹库	894.40	各部队岁修费	10000.00
火药库	446.20	弹械补充费	52200.00
第一弹药分库	394.20	临时剿匪并制造费	190000.00

以上共计1908911.88元。查二十四年实需1747577.36元。自本年（二十五）一月份起，因整顿军队，月增161325.52元。

二、晋绥军赴陕剿匪部队每月实需军费数目

官兵伙食津贴	21452.50
大小接济及给养运输队	9614.20
汽车运输队	600.10
后方购买粮秣处	755.10
修械队一个	450.00
野战医院5个（每旅一个）	1254.00
野战预备医院一个	244.80
患者运输队（每旅一排）	2779.80
临时增员	1500.00
侦察及旅杂费	2000.00
民船夫给养费	1500.00

汽油费	3000.00
医药费	800.00
伤兵慰金	3300.00
政治工作人员津贴	1800.00

以上共计月需51051.501.88元。除由军政部月拨2万元外，每月实亏垫31051.50元。

民国二十五年一月二十七日

※ 国家第二档案馆（南京）档案，财政部卷三（2）－958。

孔祥熙提议发公债一千万，归还省行支垫反共经费事由 民国二十五年十一月三十日

……中央命令办理现计第一期国防布置费用已达1075万元，来日方长，需款尤巨，自非募集债款，殊不足以渡此难关……指出山西省田赋附加及剿匪捐为基金，请中央代发公债一千万元……阎电称，以前项国防设备之责，业已先由省银行垫支，此项公债系为偿还省行垫款之用。

公债名称直以“国防”二字表现，似未甚妥。请……改名“民国二十六年山西省公债”……

※ 国家第二档案馆（南京）档案，财政部卷三（2）－2792。

山西省银行为支垫中央军费发行纸币，承购公债

提案：

案准太原绥靖公署、山西省政府会咨，以晋绥两省防务设备均系遵照中央命令办理，现计第一期国防布置用费已达1075万元，来日方长，需款尤巨，自非募集公债殊不足以渡此难关，兹以援照广东国防公债、湖南省公债先例，指定山西省田赋附加及剿匪捐为基金，请中央代发公债一千万元。拟具条例送请核准再转该省公布施行等由，正审核间，又准阎锡山主任、赵戴文主席、傅作义主席会咨，以前项国防设备之费，业已先由省银行垫支，此项公债系为偿还省银行垫款之用等由……查此时晋绥防务自系特别重要，所有第一期设备费用既经省银行垫借，所请发行公债一千万元偿还省行借款，似尚为事实上所必要……

提案人财政部孔祥熙

※ 国家第二档案馆（南京），财政部卷三（2）－2245。

三、其他政府债券

晋绥财政整理处、山西省政府会令（财字第一号）

兹制定《山西省金库借款券基金保管条例》公布之。此令。

督办　　阎锡山

主席　　徐永昌

山西省金库借款券基金保管条例

第一条　本省为撤收省钞，发行山西省金库借款券二百万元，每月责成财政厅由金库提拨现洋十万元，作为此项借券偿还本息基金。

第二条　前条借款券，基金设立“保管委员会”保管之。

……

第八条　自本年一月份起，由财政厅将所提基金拨交保管委员会保管。

第九条　保管委员会收到此项基金后，应交由山西省银行另款存储。

第十条　此项借款券每月已付讫本息之票，应由省银行加盖付讫戳记，证明作废，交由委员会核明，转呈省府核销，并呈报财政整理处备案。

※《山西省政府公报》第二卷第十七期，民国二十一年五月一日。

四银行号承销公债

1931年阎回任晋绥公署主任以后，一切依靠同蒲铁路预算，主要财源为发行公债，每期三百万元，用完续发，以克扣军政费保本息。公债由省银行和铁路、垦业、盐业三银号承销，无法定准备，发行钞券。又设所谓实物准备库，以钞券收购土产，出省换取外汇，供购外国机器，又西北实业公司洋灰、炼钢等厂建设费亦均依附于此。在1930年省钞坑人之后，1932年四行号白手起家，发行钞券近一万元。阎曾得意忘形地说“有法者存财也”，亦即其“口吹大洋”的法术。按当时的蒋中央制度，省发行公债应经立法院审核通过才行，阎则不理。

※ 周维翰：《山西兵工史料》，载《山西文史资料》第九辑。

铁路银号“核准放款”的项目

表9-1　　民国二十五年上届“核准放款”项目表

项目名称	金额
第五次建设借款券	492500元
山西省防借款券	489600元
山西省公路建设库券	250000元
山西省剿匪借款券	250000元
太原经济建设委员会	1306800元
晋绥兵工筑路指挥部	1000000元
晋绥兵工筑路指挥部（二）	3000000元
太原土货产销合作商行	140000元
洪洞县商会	8000元
太原钱业同业公会第二次借款	21300元

表 9－2　　民国二十六年上届“核准放款”项目表

项目名称	金额
第五次建设借款券	396500 元
第四次经济建设库券	332400 元
统一建设借款券	3013920 元
第二次山西人民公营事业借款券	483000 元
国防借款券	480650 元
国防借款券(二)	1294440 元
第三次经济建设库券	380000 元
土货商行	133000 元

※ 山西省档案馆档案，山西省民营事业董事会档案十二·1－87、十二·1－231 卷。

第二节｜利用外资

一、“十年建设计划”与利用外资

日本帝国主义，为了利用阎锡山作为侵略中国的工具，乃于民国二十年八月间，设法护送阎回山西。阎于次年二月，就任太原绥靖公署主任。他为了牢固树立自己的统治地位，上台伊始，即倡言十年建设。又恐被指责以军干政，故借口以山西省政府请他设计省政为由，于同年四月成立“山西省政设计委员会”，自任委员长，编制成“山西省政十年建设计划案”。这项计划案，于民国二十二年一月交山西省政府审议，实际是让政府执行。

现将这个计划案中与贸易有关的第二章第一节中的部分条文摘录如下：

“第四项　商业

第一目　纲要

第一，设立省贸易机关，实施贸易之统制。

……

第三，实行商品检查以厚信用而广而销售。

第四，一定期间内对输出业特设优待办法以策对外贸易之发展。

第五，在国内外各重要商埠派遣经济调查人员调查各地商业状况，作为本省贸易之标准。

第六，设立各地商务机关，改良输出贸易方法，并推行直接贸易，借以避免中外商人之操纵。

第七，对于特种物品实行专卖制度。

……

第二目 事项

第一，整顿商事行政，奖励输出。

第二，实行商标法。

第三，实行商品检查。

第四，提倡出外经商，复兴省外商业。

第五，实行经济调查，调查各大商埠经济商业状况及各国经济大概，按期编订报告，以供本省办理公营或私营企业者之参考。

第六，设立商品陈列馆。”（公营事业董事会档案十二·1－80卷）

阎锡山在倡言经济建设之际，积极扩大官僚资本，把官僚资本企业大体划分为三个系统：一是“山西人民公营事业系统”；二是“省县村营业公社系统”；三是“直属的官僚资本系统”。各系统所属企业又都由阎锡山亲自操纵指挥。各企业的管理工作也由阎锡山的家族亲信掌握。因此，构成了一个庞大的以阎锡山为中心的官僚资本集团。在这三大系统中，都有专门经营对外贸易的职能机构，也有较明确的分工。

这一阶段经营外贸机构如图 9－1 所示。

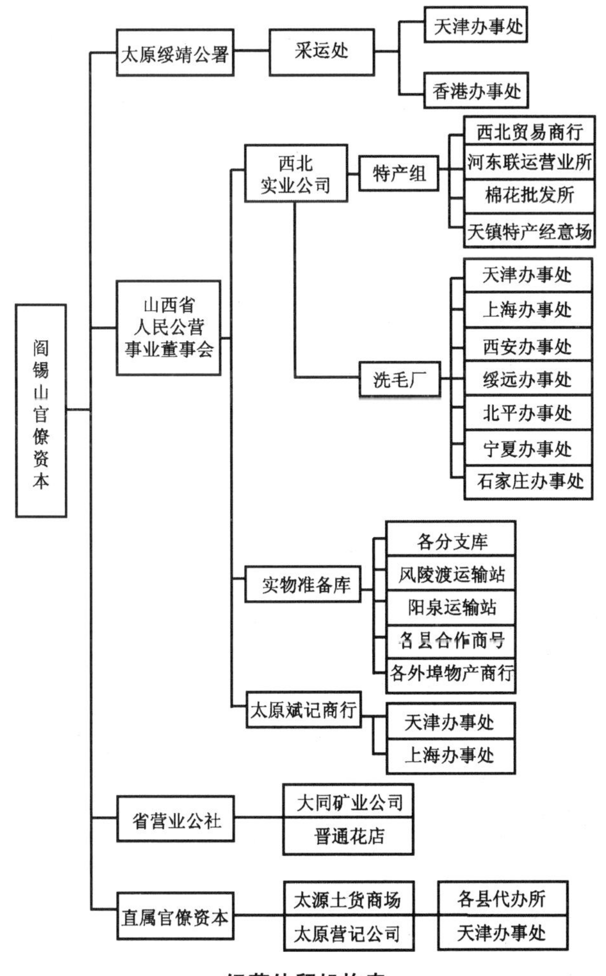

经营外贸机构表

※ 梁绍森、庞义才:《山西外贸志》上册, 242~244 页, 山西地方史志资料丛刊, 山西省地方志编纂委员会办公室编印, 1984 年。

二、公营事业系统的外资利用

山西省人民公营事业董事会（以下简称公营董事会）于民国二十五年七月成立，是阎锡山官僚资本中最大的一个体系。它的业务很广泛，从钢铁、煤炭、军火、机械到日用品生产，无不包括在内。它的管理机构如下：最高权力机关是督理委员会，首席督理委员是阎锡山，委员有贾景德、温寿泉；下设有董事会，负责掌管全部“公营”事业之责，设董事七人，董事长陆近礼，董事张杜兰、高时臻、耿步蟾、畅联晋、宋澈、陈敬棠；监察会设监察五人，主席李述文；还设监进会，又负责纠察监察会人员之责。

公营董事会建制后，西北实业公司、实物准备库、斌记商行等企业划归其领导，都涉及经营进出口物资的业务。

公营董事会有时也出面与外商洽谈进口业务，并签订合同。兹举该会为实物准备库所属风陵渡打包厂筹备处向外商订购每小时打二十包的水力压棉机为例：当时有德国礼和、新民、雅利、孔士和禅臣（由斌记商行出面报价，事成收租金）以及英国怡和洋行等争相报价，并各送交图样资料与说明，竞争十分激烈。最后结果，经阎锡山批准，新民洋行以 4000 英镑的价格做成了这笔交易。双方于民国二十六年一月一日签订合同，合同用英文缮写，并附中文合同，各一式三份。根据合同的规定，购主与售主各觅一银行担保。山西省银行，于同年一月十五日，向新民洋行出具全部价款的 80% 计英金 3200 镑的担保书；新民洋行，由天津德华银行于同年一月二十六日向公营事业董事会出具担保书。……

这一时期公营事业董事会所属经营外贸机构是：

1. 西北实业股份有限公司（以下简称西北实业公司）

该公司于民国二十二年八月一日成立，资本五百万元，由晋绥两省公款筹集。

地址在太原典膳所十号。太原各大工矿企业，统归其管辖。阎自任总理，经理梁航标，协理彭士弘、曲宪治。公司设有一个特产组，组长彭士弘，副组长王惠康。组下又设西北贸易商行、棉花批发所、河东联运营业所、天镇特产营业所。

公司成立初期，曾把西北贸易商行的业务放在重要位置上。曾规定，除向外商购买各厂矿所需机械、钢铁、油类以及电器、仪表、设备等物资外，鉴于过去我省土特产品一向多由外商包办出口的情况，为了防止利益外流，决定由该商行统管起来。该商行在天津、上海、西安设办事处，地址分别在天津英租界海大道 52 号，上海法租界吕班坊 9 号，西安通济中坊 15 号。商行还在绥远、北平、宁夏、石家庄等地设驻外办事员，办理本省和西北各省羊毛、羊绒、大黄、枸杞、甘草、黄芪、胡麻、核桃仁等土特产品的收购与出口，并在绥远建立了洗毛厂。

彭士弘曾明确指示西北贸易商行：

“一、改良贸易方法。华贸出口，向为洋商一手包办，华商对市场供求之情形，既不明了，而货价之涨落，亦且听人操纵……出口贸易之不能畅旺，此种盲目聋耳间接经营

之习惯，实为其重大原因，苟能去此障碍，直接输出，非特为西北各项物产求畅销，且亦为我国国际贸易求出路也。二、整理土产……我旧式商人眼光短浅，每多掺杂假冒，徒使外商怀疑，因之物价低落……为革除此种不良习惯，增加外商信仰起见，在绥远立洗毛池，以试验提倡输出净毛事业。二十二年秋季，开始洗毛，运抵天津……”（《西北实业公司之进行概况》，载《中华实业季刊》第一卷第一期，民国二十三年一月一日）

公司特产组下设的组织，大多与对外贸易有关。如棉花批发所，主要是收购并输出棉花；河东联运营业所（系民国二十三年十月成立），主要负担我省棉花、盐等物资的运输任务；天津特产经营场，主要是试种大黄、黄芪等中药材出口。

到民国二十四年，公司所属的一部分工厂投入生产。为此，把原天津办事处改为驻津办事处，处长郝松准。其重点业务是由天津采购各项机件和原料。同时，公司撤销了特产组的建制，西北贸易商行等也均停办。土特产品的收购和出口贸易，由太原土货商行和实物准备库经营。

到民国二十五年，公司把各厂划分为集中营业与独立营业两部分，两部分工厂所需进口物资由公司下设的营业部统筹。同年五月修订的《西北实业公司章程》中规定，其营业部的任务是：“物资之采购；成品之推销；各厂用料之调度；出入口贸易之经营；物料及成品之运输；调查统计宣传及其他有关营业之一切事项。”（《山西省人民公营事业董事会档案》，十二·1-94卷）

实际上，公司营业部直接向外国洋行购买的设备原料仅是一部分，另外一部分是委托斌记商行与外商签订合同购买。当时公司物资进口数量是很大的，具体数字已无从考察。但从它与外国洋行直接或间接签订的因“七七事变”而未了结的合同中，可以看到平时购买进口物资的一般情况。其中与德国各洋行签订的十二项合同，已付定款英金30084镑4先令16便士，另法币27470元；与日本各洋行、公司、商会签订的七十五项合同，已付定款日金102757.60圆，合法币264532.37元；委托斌记与德国各洋行签订的合同二十四项，已付定款英金16514镑7先令6便士，另法币13283.79元。（《山西省人民公营事业董事会档案》，十二·1-314卷）

2. 实物准备库

全称是省铁垦盐四银行号实物十足准备库，民国二十四年十二月在太原成立，地址在省政府内，经理段式强。成立这一机构的目的在于挽救山西经济“日趋衰落的趋势”，寄希望于大规模地“输出本省的土货”，“以增加入款”，把出口贸易利益从中外商人手里夺过来，而由阎锡山独家官办。这是阎锡山在金融问题上玩弄的一套把戏。他欺骗人民说，实物是准备库的后盾，有多少实物，才发行多少纸币。其实是四行号先大量发行纸币，将纸币低息贷给实物准备库做买卖，牟取利益。该库收购农副产品所需的经费，皆由四行号分摊。

……

3. 太原斌记商行

斌记五金行自阎锡山提出十年造产运动以后，经营规模日渐扩大，生意十分兴隆。

举凡西北实业公司各厂所需设备、原料，军需和防空器材，以及建筑同蒲铁路所需钢轨、枕木、车辆、器械等，绝大部分是由该行与外商签订合同，一手包办。为了适应需要，根据阎的指令，于民国二十二年四月一日进行改组，改名为太原斌记商行，仍在天津、上海设办事处。商行编制职员、工役八十人。

该行于民国二十五年九月一日，又根据阎的指令，划归公营事业董事会领导。领导人没有变动，增聘徐一清为监察。并于当年制定了《太原斌记商行简章》，现摘录如下：

“太原斌记商行简章

第一条　斌记商行为开发山西全省实业起见，专营全省生产及工艺成品之推销，并供给其他应需材料各事宜。

第二条　本行资本暂定为一百万元，由绥靖公署拨给之。

第三条　总行设于太原，其他商埠按事实上需要时得设分行。如货物产出及销售各地未设立分行时，得随时派员前往办理之。

第四条　本行经营范围如下：

甲、……

乙、供给公营事业所需原料及用品；

丙、采购销售五金材料。

第五条　本行设监察一人，由绥靖主任委派之，监察商行全局事务及纠正。

第六条　本行设总、协理及经理各一人，总稽核一人，由绥靖主任委任之。总、协理统筹全行一切事务，由经理秉承其意旨执行之。总稽核于业务执行时得稽核相符后，再由各股处理之。

第七条　本行组织如下：营业股；运输股；会计股；仓库股；文牍股；庶务股。

……

第十一条　会计应于每月终编制收支状况表，送交监察查核，遇有重要事宜得随时请监察会议决定之。

第十二条　本行年终结帐一次，应造具各种报告书及存货分类总表、总结表分别呈报绥靖主任及监察鉴核之。

第十三条　本行年终结帐后，除各项开支外，所得纯益作为十五成。提公积金二成，公股十成，监察及同人三成。

……

中华民国二十五年十月二十六日”（《山西省人民公营事业董事会档案》，12·1－94卷）

上述简章规定该行的资金为一百万元，除原资金外，尚不足之321679.48元，经斌记商行、公营董事会的逐级报告要求给予补充，最后经阎锡山批准补足，可见该行受到的重视。现将经阎签署的山西人民公营事业督理委员会指令原文录之如下：

“山西省人民公营事业督理委员会指令

（督字第三四七号）

山西省人民公营事业董事会一件呈报准斌记商行函请补拨资本，业经签批奉准，由

奉发统一借款券内提出三十二万元，并由省银行存款项下拨足尾数一千六百七十九元四角七分九厘，如数发交该商行具领请鉴核由呈悉。此令。

首席督理委员　阎锡山

民国二十五年十二月三十日”（《山西省人民公营事业董事会档案》，12·1－22卷）

斌记经营的项目十分广泛，又因系阎直接操纵，经营盛极一时。兹将民国二十六年初该行呈送公营董事会的营业报告书附后：

“太原斌记商行二十五年份营业报告书

本行自二十二年四月一日由前斌记五金行改组成立，以供给公家需用材料为大宗，因本行立场关系，如遇公家所需材料，本行存有现货者既能供应，以济急用。惟各洋行及五金行在省林立，公家购料系比较价格，采购其最低者。本行在津沪驻有办事处，可得省外之低价，不受本省其他商报价之把持，是故与彼等竞争激烈，利益不免较微耳。总之，本年份由津沪共购回存货二十八万余元，省购各洋行等期货五百九十七万余元，内有存货六十三万余元。共收到各洋行等货品二百二十八万余元。共售于同蒲铁路及西北实业公司等货五百九十七万余元，计交过二百四十二万余元。门柜营业售出四十七万余元。惟流动资金未免太少，不得不依赖借款以资周转。值本年下半年市面利率较高，借款息金担负不少。至本行业务虽以公家购料为大宗，但仍注重于普通商业。按二十五年份门柜营业售得价额较二十四年份增多一倍之谱，此后仍当积极进行，以期逐年增加。如有机会，拟选择适宜地点如汾阳、新绛等县设立支行，推销成品，购运土产，如山货棉花等类，推销于省外重要商埠……至本期结算及纯益分配，并全年开支，兹分别陈述如下：

一、决算。二十五年份除一切开支、利息、汇水等费，经获余利二十六万九千一百六十五元八角二分，比二十四年份纯益二十六万四千五百四十五元九角五分五厘略有增加。……

二、开支。二十五年份经常费为六万五千五百八十五元二角六分、营业费为四万九千零二十五元二角五分。比二十四年份经常费六万三千三百六十二元九角四分六厘、营业费二万六千四百二十二元八角七分四厘，计经常费增加二千二百二十二元三角一分四厘，系因业务较繁，故略增多，又营业费增加二万二千六百零二元三角七分六厘，系因进货与销货咸为增多，所纳关税既营业税款增多一万三千二百余元，又以增缴防共捐既绥东战事救国捐款等增加六千五百万元，如交际等费亦以营业较多增加二千九百余元。

盈余分配。二十五年纯益……加上上年盈余尾数七元六角九分八厘，综计二十六万九千一百七十三元五角一分八厘，照简章第十三条，按十五成分配，提公积金二成，计洋三万五千八百八十九元八角零二厘；股本红利十成，计洋十七万九千四百四十九元零一分二厘；监察及职员红利三成，计洋五万三千八百三十四元七角零四厘。……

以上为本期营业之大略情况，此后关于业务之兴革，敬乞随时指示，俾有遵循。

太原斌记商行　　经理　　阎志及

总理　　贾继英

协理　　曲荣静

总稽核　阎志孔

民国二十六年二月十日（《山西省人民公营事业董事会档案》，12·1—23卷）

这一时期，斌记商行主要是接受西北实业公司、同蒲铁路管理局等单位订货。由斌记与需货单位签订合同后，再与各国洋行签订购货合同。但有时斌记与公营事业董事会各为买卖一方签订合同。如民国二十五年十月三十一日，公营事业董事会代表同蒲铁路管理局与斌记签订二〇式饱和蒸汽机16辆、高边车39辆、石炭车25辆、鹅尾式客车底盘20辆、钢板高边车6辆以及零件，总计英金63651镑10先令6便士、另法币13440元的合同。然后再由斌记与禅臣洋行签订购买合同，由禅臣洋行委托德国奥瑞斯坦·凯佩尔、克虏伯、休索3三家工厂制造。根据合同规定，产品出厂检验在德各工厂进行，由购主委托山西采运处聘请伦敦山伯尔工程师赴德检验。

兹将合同的中文原件摘要及阎锡山准予签订合同的指令录之如下：（《山西省人民公营事业董事会档案》，12·1－48卷）

“合同

山西省人民公营事业董事会（以下简称购主）向斌记商行（以下简称售主）订购双方同意订立合同如下：

一、货物名称数量及价格

甲、二十〇式饱和蒸汽机车（带四条轴之煤水挂车及卢篦）	壹拾陆辆
威斯丁空气闸	壹拾陆部
速度表	壹拾陆具
机车上用透平发电机	壹拾陆部
乙、高边车（木料部分由售主在中国就近配制，带威斯丁空气闸）	叁拾玖辆
丙、石炭车（带威斯丁空气闸）	贰拾伍辆
丁、鹅尾式客车底盘（不带木料，带威斯丁空气闸）	贰拾辆
戊、钢板高边车（完全钢底）	陆辆

后附备用零件合同

共计总价　英金陆万叁仟陆百伍拾壹镑拾先令陆便士
中华民国国币壹万叁仟肆佰肆拾元

（下略）

购主　山西省人民公营事业董事会

售主　太原斌记商行

民国二十五年十月三十一日签定”

“山西省人民公营事业督理委员会指令

（督字第五八九号）

令山西省人民公营事业董事会

一件呈送本会代表向斌记商行订购机车车皮及零件合同请鉴核备案由呈暨合同均悉，

准予备案，此令。合同存。

首席督理委员阎锡山

民国二十六年六月二十九日”

……

在这个机货车辆和零件合同签订的上一年，公营事业董事会已预先向国民政府财政部交涉，请准予所购机货车辆和附件按国有铁路关税记帐进口（即少纳关税约5%）。至签订合同当年，财政部规定原批准的机货车辆和附件仍按关税记帐办法，今后按此办法的也只限于国营铁路，省营或民营者不在此限。至于合同中之石炭车、客货底盘因名称不符，以及零件不能说明是机货车辆附件，均不能享受关税记帐办法，这样要多纳关税8500余元。因此，民国二十六年五月二十日公营事业董事会通知斌记速向禅臣洋行接洽，请该洋行重新更改货名与价值发单。禅臣于同月二十七日致函斌记称“不能任意变更，海关员役检查异常认真，倘被检查出货品与发单不符，罚则严重，实难负担，不敢轻于尝试。……”（《山西省人民公营事业董事会档案》卷十二·1-167卷）。最后，阎锡山不得不亲自给当时的财政部长孔祥熙写信，恳请照顾。纵然阎孔矛盾重重，孔还是给予通融，现将孔的复电原文附后：

“太原绥靖公署阎主任伯川兄鉴：文代电敬悉。同蒲铁路，在省或有民业铁路购料纳税适用国有铁路办法期内，业经订立合同之路料既承电示，尚有三万六千九百八十公吨未经运到。本部为顾念事实，以资结束起见，故准将该路已订未到之路料特予通融，仍照从前办法，暂将税款全部记帐，即以尊电所示数量为限，嗣后该路购运路料，仍应缴纳全税，以符定章，除电饬津海关遵办外，特电奉复，即希查照特知为荷。弟孔祥熙感仰。二十五年七月二日。”（《山西省人民公营事业董事会档案》卷十二·1-167卷）

至于斌记商行经营进口的一般标准件（指大路货），系直接向外商签订合同，成批购回，存库待售。从该行在“七七事变”时库存损失来看，其库存额是相当可观的。当时，损失各种圆扁方铁3150吨，各种钢板2495吨，各种铅铁丝495吨，各种钢铅铁管2331条，其他工具钢、铜板、铜棍、黄白铜丝等3300吨，以及通讯、交通、制革、建设器材5340吨，共计原价470万元。（《山西省人民公营事业董事会档案》，12·1—539卷）

斌记库存的大量物资，都是当时工矿、交通建设方面的急需货。遇有大批需用者，双方即可签订成交合同。如风陵渡打包厂筹备处因基建需用一批三角铁、圆洋灰钢筋、铆钉、瓦铁等器材，共价法币44027.86元，双方于民国二十六年五月一日签约成交。现将合同原文摘录如下：

“合同

立合同者 购主 公营事业董事会风陵渡打包厂筹备处
售主 太原斌记商行

今将双方订妥之物品价格暨交货付款等条件开列于后

物品数量及价格悉如所附清单（略）

总价省币四万四千零二十七元八角六分

付款办法

签订合同时先付二分之一定款，其余俟货交清后付清

交货期限及地点

自收到二分之一定款后，先交现货四分之三，其余一个月陆续交清，均太原交货。

购主　公营事业董事会风陵渡打包厂筹备处（印）

主任介集瑞（印）

副主任张玉振（印）

售主　太原斌记商行（印）

民国二十六年五月一日　签定”（《山西省人民公营事业董事会档案》卷十二·1－48卷）。

到“七七事变”时，斌记与外国洋行尚有一批未了合同。如该行于民国二十五年八至十一月，先后与日本三井洋行签订了三项购买无缝钢管、平铁和铅丝的合同，已付款法币16694.30元及日金36919.20圆。更大批的是于民国二十四年四月至民国二十六年九月，斌记与德商签订的未了合同尚有91项。其中大部分是代西北实业公司、采运处、同蒲铁路管理局等单位采购机械设备和原料而与礼和、禅臣、孔士、西门子、克罗克纳、德义、新民等洋行、公司签订的。已付款项计英金239943镑6先令1便士，又法币137415.39元。已收部分货物价值英金129431镑6先令3便士，又法币78929.68元。其未收部分，因事变交通断绝，合同无法继续执行，其中一部分经过国民政府外交部与德国驻华大使馆转而与德商洽商，由斌记承担百分之十的损失而了结。至于与日本洋行签订合同后预付之款，则全部损失。（《山西省人民公营事业董事会档案》卷十二·1－94卷）

※ 渠绍淼、庞义才：《山西外贸志》上册，245～262页，山西地方史志资料丛刊，山西省地方志编纂委员会办公室编印，1984年。

三、省营业公社与直属企业系统的外资利用

（一）省营业公社系统

1. 大同矿业公司

该公司成立于民国二十一年，在天津旧法租界三十二号路成立。阎锡山批准投资30万元。任命梁航标为经理，梁上椿为副经理兼大同矿务局局长，续子宪为副经理。两年后，因二梁意见分歧，调梁航标任西北实业公司经理，大同矿业公司由梁上椿任经理。成立该公司的目的是，以分采合销的办法，将大同、阳泉的煤炭尽量向外运输。为了扶植煤炭输出，阎锡山批准由省政府拨给资金十万元，在大同成立晋同银号，专为大同矿业公司筹划周转资金，以便使本省煤炭继续向日本等国输出，并开辟南洋市场。但因国内运费高昂，苛捐杂税繁重，加大了成本，在国际市场上难与日本、越南煤相竞争。所以，公司的成立，未能扭转山西煤炭出口的停滞局面。山西的煤炭只能运到津、沽、沪、

宁等地，到“七七事变”时止，共获利约三十万元（阎子奉：《阎锡山家族经营的企业》，载《山西文史资料》第四十九辑）。民国二十五年一月，大同矿业公司和西北实业公司经理，曾被“满铁”负责人邀到天津，研究共同开发山西矿藏问题，后因“七七事变”而未能实现。

2. 晋通花店

民国二十一年阎锡山批准投资30万元，在榆次设立晋通花店。它向棉农低价收购棉花，高价转售纱厂，并经营棉花出口业务。该店在榆次花行里居首位，另外的六家，规模较小，均不能与之相比。晋通花店的经营量相当可观，全省棉花每年出口约20万担，大部分是由其经手收购和运销的。（《山西棉花》，昭和十六年九月）

（二）直属企业系统

……

除上述三大官僚资本体系经营山西外贸业务外，山西采运处在此时期仍担负着组织设备物资进口的任务，但重点已转移到同蒲铁路方面。就是斌记与外商签订的机车车辆、钢轨等重大进口项目，公营事业董事会也委托采运处代为物色外国检验工程师，在国内外实行进口检验。

采运处经手与外商谈判购买铁路车辆、设备、器材等业务很多，但签订合同时，多由同蒲铁路管理局出面。……

山西采运处还在香港设立了办事处，结交外商很广泛，对国外商情比较熟悉，能够经常向阎锡山提出一些有关进口物资的研究性意见，很受阎的重视，不断地予以采纳。……

另外，公营事业董事会需要的一些零星进口物资，经常委托采运处采购。如民国二十六年一月代该会向美国公懋洋行购买道济四门六缸汽车一辆，计美金1350元（折法币4515.33元），另付关税法币1049.92元（《山西省人民公营事业董事会档案》卷十二·1－151卷）。同年二月又代该会向法商晋隆洋行购到保险柜一具，法币300.84元等等。（《山西省人民公营事业董事会档案》卷十二·1－67卷）

到“七七事变”时，采运处经办的，由同蒲铁路管理局与德商签订的未了合同还有64项（礼和23项，新民41项）。已付款计英金4.262镑7先令10便士、美金1741491元和法币3510元，经联系退回法币10053.56元。其中与新民洋行签订的24项合同，计已付美金1741491元，而只退回法币1752.44元。（《山西省人民公营事业董事会档案》卷十二·1－341卷）

※ 渠绍森、庞义才：《山西外贸志》上册，262～266页，山西地方史志资料丛刊，山西省地方志编纂委员会办公室编印，1984年。

四、外资来源：洋行

……民国以来在太原设立分行、办事处的17家洋行的名称和经营业务范围见下表。

表9－3　　民国时期各国在太原设立商行情况表

名称	国别	地址	经营业务
孔士洋行分行	德	大二府巷	仪器、医疗器械、化学药品、铁路车辆器材、汽车、电机等
祥臣洋行分行	德	精营南横街十二号	军火、军需原料、机械、钢材、光学仪器、铁路车辆、化学原料、电机、煤气机等
礼和洋行分行	德	南华门十五号	军火、军需原料、机械、光学仪器、照相器材、医疗器械等；收购土产
西门子洋行驻太原代表李辉山	德	天地坛二巷十三号	电机、电器设备等
雅利洋行分行	德	皇华馆十二号	机械、五金、化工原料、铁路材料、汽车等
新民洋行分行	德	西夹巷五号	机械设备、各种材料等
谦信洋行分行	德	南华门	进出口贸易
德孚洋行分行	德	皇华馆	颜料、化工产品
天利洋行分行	德	新民街	汽车、机械、仪器及土货出口
怡和洋行分行	英	五福庵	机械、工具、五金及土货出口
亚细亚油行分行	英	纯阳宫后街	煤油、汽油
美孚油行分行	美	宁化府	煤油、汽油
德士古油行分行	美	西夹巷	煤油、汽油
慎昌洋行分行	美	南华门	机械、工具、五金及土货出口
斯可达工厂太原办公处	捷克	南华门十四号	发电厂设备、矿山机械、铁路客车货车、五金、电器材料、汽车等
三井洋行分行	日本	新民东街二号	进出口贸易
大仓洋行分行	日本	南华门	进出口贸易

资料来源：根据民国二十四年五月《太原指南》、民国十五年《晋民快览》、民国二十三至二十六年《中华实业季刊》各洋行广告综合。

实际上，在山西的洋行势力远不止表9－3所列，还有更多的洋行通过各种渠道与阎锡山政权各官僚买办企业驻上海、天津、北京、汉口、青岛等办事处进行贸易往来，或直接派人来本省深入农村收购土畜产品，与山西有直接购销业务的五十多家洋行（公司、厂）名称见表9－4。

表9－4　　民国时期与山西有直接购销业务的洋行名称表

名称	国别	名称	国别	名称	国别
德丰洋行	德	密烘公司	美	三菱公司	日本
德义洋行	德	快利洋行	英	田村铸造铁工所	日本
德盛洋行	德	安利洋行	英	杉浦铁工所	日本
克罗克纳洋行	德	谦益洋行	英	华东贸易公司	日本
白禄洋行	德	太古洋行	英	岛津制作所	日本
德惠洋行	德	卜内门洋碱有限公司	英	松木盛药房	日本
美最时洋行	德	德威洋行	法	栗本铁工所	日本
地亚士洋行	德	欧亚洋行	法	亚细亚商会	日本
莱司不莱的莱公司	德	斯堪的纳维亚联合公会	北欧	永田商店	日本
泰来洋行	德	文德公司	瑞典	山武商会	日本
铝业有限公司	德	新通洋行	瑞士	祥昌洋行	
信昌公司	德	公兴洋行	日本	协兴洋行	
维特阔维茨钢铁厂	德	金山洋行	日本	恒昌洋行	
泰和洋行	德	鸟羽洋行	日本	卫利韩洋行	
世昌洋行	德	三昌洋行	日本	林植洋行	日本
公懋洋行	美	月岛机器会社	日本	惠安洋行	
华德隆洋行	美	日立制作所	日本	兴华公司	
欧维克夫洋行	美	日本打字机公司	日本	鹰立球钢厂	英

※ 山西省史志研究院编：《山西通志·对外贸易志》，175～177页，中华书局，1999年。

表9－5　　斌记商行对帝国主义洋行负债总数和各细数①

（民国二十五年底）　　单位：法币元

洋行名称	负债金额	备注
礼和洋行（德）	251359	欠炼焦机款
新民洋行	12423	欠货款及利息款
华德隆洋行（美）	664969	欠货款
禅臣洋行（德）	1246945	欠货款及修配机款
孔士洋行	164709	欠货款
西门子洋行（德）	37585	欠货款
德义洋行	15689	欠货款
白禄洋行	2068	欠货款
克罗克纳公司	7201	欠货款

① 上面资料中斌记商行对洋行负债总数和各细数不符，总数比细数多26元，系原资料之误，未作修改。

续表

洋行名称	负债金额	备注
安利洋行	156	欠货款
慎昌洋行(美)	2426	欠货款
德盛洋行	1135	欠货款
大仓洋行(日)	2883	欠货款
公兴洋行(日)	17433	欠货款
三井洋行(日)	53030	欠货款
祥昌洋行	4286	欠货款
协兴洋行	80	欠货款
恒昌洋行	90	欠货款
合计	2484493	

表 9－6　　　　斌记商行向各国洋行定购货物表　　　　单位：法币元

洋行名称	定购货物金额	备注
德义洋行	65452	
礼和洋行	456782	
孔士洋行	251345	
德惠洋行	3150	
禅臣洋行	1054881	
白禄洋行	2068	
德盛洋行	340758	
西门子洋行	47408	
克罗克纳公司	78672	
华德隆洋行	1352123	
公兴洋行	22454	
大仓洋行	2883	
三井洋行	78298	
新民洋行	4040	
其他洋行	89950	
合计	3850640	

※ 中共山西省委调查研究室：《山西省经济资料》第四分册，11～12 页，山西人民出版社，1963 年。

1911 年辛亥革命后，以阎锡山为代表的官僚买办阶级，除完全承袭了买办前辈的衣钵外，更有了进一步的发展。阎匪官僚资本企业的建立，完全是依靠帝国主义的支持和榨取山西人民的血汗建立起来的。据《中国实业志》对阎匪汽车修理厂、机车修配厂、

水压机厂、炼钢厂、工具制造厂、洋灰厂等八个工厂的调查统计：共有各种机器、机床2456部，价值354万元。除极少一部分购自国内外，大部分购自日、德、英等帝国主义国家。晋华纺织厂的建立，不但全套设备购自英国，而且纺织厂从设计、安装，到开工生产也完全由外商包揽。其他工矿企业之建立，铁路之修筑，无不是依靠帝国主义而发展起来的。在机器设备上如此，就是很多原料、材料的供应，产品的推销上也是离不开帝国主义的所谓支持。据阎匪“公营事业董事会”关于晋华卷烟厂与同蒲铁路管理局营业情况的报告中称：1936年晋华卷烟厂共用美国烟叶总值258512元，占该厂烟叶总量的21%。卷烟包装用品，如盘纸、透明纸、蜡纸、画片、壳皮筒等共值722163元，香料用款36552元，亦完全购自美国。同蒲铁路管理局，1937年1至9月份，向日本、德国、英国购买各种零件698种，共值314213元。

在产品的销售上，以晋省主要矿产品煤炭为例：在当时的国内市场，主要是平（北京）、津、沪、杭及其他各沿海工业城市。在国外市场主要是日本和朝鲜。1931年“九·一八”事变后，日本帝国主义侵略势力，已扩及整个华北。从塘沽到沪杭及其他沿海城市的海运，几乎完全被日本帝国主义所控制。所以阎匪的煤炭及其他大宗土特产品的销售，不论在国内、国外，都逃不出日本帝国主义的控制。阎锡山为了取得日本帝国主义的支持，派其亲信梁上椿等人前往平（北京）、津与日本进行所谓“合作”，与日本“大仓洋行”订立了向日本、朝鲜销售煤的合同，与日本“三井洋行”订立了向青岛、上海等沿海城市销售煤炭的合同，又与日本轮船订立了包运合同等。这些合同的订立，是“九·一八”日本侵略我国东北后，人民抗日怒潮遍及全国的情况下订立的，这就说明阎匪无耻到如何的程度。

……

以上所举各点，不过是阎匪在经济上依靠帝国主义无数事实中点滴而已，但是足以说明阎匪对帝国主义的依附。帝国主义对官僚买办阶级的所谓“帮助”是以官僚买办阶级出卖祖国利益，充当帝国主义侵略中国的工具为条件的。官僚资产阶级不仅帮助帝国主义榨取了我国人民巨额利润，而且还经过官僚资产阶级之手，使帝国主义国家在我们国家取得许多政治特权。如阎匪为了取得日本帝国主义的支持，竟允许日本特务在山西境内自由活动，测绘地图，为大举侵略中国准备了条件。

帝国主义对山西省的侵略，并不满足于倾销产品和通过其代理人对我省人民进行掠夺。这些强盗还直接在我省设立了各种洋行，作为侵略我省和扩大其殖民地经济势力的据点。当时设在太原的洋行，有日本帝国主义的各种洋行，有德国的礼和洋行、英国的协和洋行、美国的慎昌洋行等等。

※ 中共山西省委调查研究室：《山西省经济资料》第四分册，9～13页，山西人民出版社，1963年。

省行还经营生金银和外币：生银积有成数，送津出售，黄金不多，外币是改组后，阎匪认为法币必毛，令省行将有价证券（主要是公债券）向中、交抵借，购入英镑、美金、日元三种，存入中、交生息，再以存单抵借，再购外币，如此数次，约存外币值法

币七八十万元之谱，在一存一借的利息悬殊上，虽吃点亏，但法币一毛，则获利甚大，

※ 常紫书1975年5月14日提供的材料：《阎锡山垄断金融核心——山西省银行历史及牵涉到的经济材料》。

第三节 | 资本运营

一、"计算是创业之母"

"计算是创业之母。"

"能精密地核算，劳力、时间、效果始能不吃亏。"

"计算一年不若计算一月，计算一月不若计算一日，计算一日不若计算一时，计算一时不若计算一刻。一刻之间所省所益，为数虽少，而累之于年，则为数甚多。"

"计算为成业之母，凡做一事即当计算真确。以同一之资本、劳力、时间而从事，其效果大者则成业亦自大。今详考材人不知计算而使资本，劳力、时间徒费损失之数，实在不少。国家、社会、个人之穷，此其总因也。世人说，穿不穷，吃不穷，估算不到一世穷，真成业之良语也。"

"计算的笔头下有金钱，有太阳。凡事能计算得当，能省钱，能省日。"

※《阎锡山日记》(手写本)，1932年10月5日、10月23日、11月2日、12月29日、1933年7月17日。

二、"口吹大洋"

"口吹大洋"为何？就是尽量发行纸币的别名。山西近年来因人民对于旧钞的遗痛犹新，所以省银行发行新钞，便受到很大的困难。然官方却不为难中止，仍然千方百计的企图着。

增大纸币发行额的第一个办法是广立银号。最初成立的为山西垦业等银号；继之而起者是晋绥地方铁路银号；现在（指1934年）正在筹划之中者为西北银号。以后还有说不定多少名目的银号要出现，这些银号一旦呱呱坠地，就负有先天的发行纸币的使命，这样官家资本虽只有此数，而发行之钞票则大为可观。不怕发行的数额少，只求发行的机关多。

※ 陈真编：《中国近代工业史资料》第三辑，1200页，三联书店，1961年版。

……"口吹大洋"，可能指纸币证券，搞"物产证券"、"按劳分配"、"兵农合一"等等，贾提韬（赵城人，大学教授）在成都给编制书籍。

※ 常紫书1975年5月14日提供的材料：《阎锡山垄断金融核心——山西省银行历史及牵涉到的经济材料》。

1930年阎逃大连后，每月只能筹十万元，仅敷所留员工工资。1931年阎回任绥靖主任以后，一切依附同蒲筑路预算，主要财源为发行公债，每期三百万元，用完续发，以克扣军政费保本息。公债由省银行及铁路、垦业、盐业三银号承销，充法定准备金，发行钞券。又设所谓实物准备库，以钞券收购土产，出省换取外汇，供购国外机料器材。又西北实业公司洋灰、炼钢等厂建设费亦均依附于此。在1930年省钞坑人之后，1932年四行号白手起家，发行钞票近亿万元。阎曾得意忘形地说“有法者有财也”，亦即其“口吹大洋”的法术。按当时蒋中央制度，省发行公债应经立法院审核通过才行，阎则不理。

※ 周维翰：《山西兵工史料》，载《山西文史资料》第九辑。

西北印刷厂是阎锡山发行纸币的主要工具。1930年中原大战时，阎为印发军用流通券，维持其庞大军费开支，派赵甲荣到北平接受国民党中央政府财政部专设印钞局。因阎当时缺乏资金，无法印刷钞票，经赵与中国银行达成协议，同意给予贷款，但条件是由原印钞局财务副科长和出纳员武仲营、朱绍芝二人代管财权；继之以贷款购置材料，在短暂的两个月里完成印刷数百万元军用流通钞的任务，支持了中原大战中阎方30万大军的费用，但结果以失败而告终。

阎在军事上失败后，即逃往大连，以研究“物劳学说”为掩护，暗中勾结日本帝国主义分子，内联国民党反蒋派，策划返晋，企图再次掌权。1931年8月，阎锡山由日机护送经大同回五台老家。当时蒋介石虽然电令其离晋，但他泰然处之。不久日军侵略东北，“九·一八”事变爆发，抗日浪潮席卷全国。阎以国难当头，匹夫有责为借口，乘势高喊抗日救国，暗中却向蒋疏通，求得谅解。蒋在全国人民抗日救国压力下，为适应民意，放弃伐阎，并认为阎尚有部分军队可资利用，遂摒弃私怨，再任阎为太原绥靖公署主任。

……

阎锡山就职后，本着他以军队为支柱、靠实力保持晋绥大权的思想，于1932年成立了太原绥署综合印刷厂，由阎本人直接领导，任赵甲荣为厂长，购置以印钞设备为主的机器材料，开始了大量印发纸币的活动。但鉴于各地的战乱，省钞贬值，失去信用，增发货币必将遭到人民的反对，阎便改弦易辙，另印发新钞“物产证券”代替省钞。该厂由1932年组建至1934年西北实业公司成立后，并入该公司称西北印刷厂。1935年赵甲荣调任总公司营业处副处长，由李洪庆接任厂长。

从1932年建厂至1937年抗日战争开始，该印刷厂为阎锡山垄断山西经济金融方面起了重要作用。当时开设了各类银行、商场。印制发行纸币如下：

1. 垦业银行纸币；
2. 盐业银行纸币；
3. 土货券；
4. 物产证券；
5. 绥远两省银行钞票

上述各种纸币、证券均由印刷厂承印，数量之大，实在难以记清。

※ 李洪庆、李莘田：《西北印刷厂印发钞票见闻》，载《山西文史资料》第六十三辑。

三、“一个钱掰成几瓣用”

同蒲铁路，需用的洋灰特别多。1933 年工程人员作出的预算，单洋灰一项就需款 60 万元。阎锡山一听，心里就老大不悦，于是就问：“洋灰这么贵，我们自己能不能制造？如果自己能制造，不就省好多钱吗？”……

说要建厂，阎锡山却迟迟不给西北实业公司拨款。大家正在纳闷与着急之际，他召集兵工筑路指挥部和西北实业公司的有关负责人开会，提出一个筹款的办法。就是让洋灰厂与兵工筑路指挥部订一份由洋灰厂供给洋灰若干的合同，由兵工筑路指挥部预交 60 万元（一说 50 万元），谓之定款；将来洋灰厂以生产出来的洋灰作价还款。在阎的主持下，双方自然没有意见。西北洋灰厂用兵工筑路指挥部的钱买了机器，共用 50 万元，节约 10 万元。在西北实业公司来说，没有向西北洋灰厂投资，西北洋灰厂本身自然也没有资本。就这样，凭空建起一座洋灰厂。阎常说：“一个好掌柜的，要能把一副本钱当几副来用。”创建洋灰厂是他把一副本钱当几副来用的事例之一。

※ 刘存善等：《阎锡山的经济谋略与诀窍》，59 ~ 60 页，山西经济出版社，1994 年 8 月。

阎锡山复职后提出建设山西经济建设的十年计划，其中最大的项目是修筑大同到风陵渡全长 800 余公里的同蒲铁路。这本是孙中山先生建设全国铁路网中“同成铁路”的一部分。在 20 年代的地图上就画有从大同到成都的铁路未成段。

山西是个贫穷地方，又加中原大战中山西省银行钞票发行太多，人民吃尽苦头。若从人民大众手中集资，那是不可能的。

阎锡山一生搞政治、军事，都是用经营商业的办法来搞，就是要“有利可图”。说话所用的术语，也多为商业术语。如表扬一个人的成绩，他就说：“给你记在《万金帐》上”。《万金帐》是晋北商业开张前的“老帐”，其中谁出股金若干，谁顶人股若干都要记清楚。他在秋林河滩成立“同干”组织时，对参加组织的人说“同干（后来改为基干）是组织的股东代表”。他以一省之财力修筑纵贯全省的铁路，所用时间又那么短，实在不容易。阎锡山运用他的经济才能，精打细算，一元钱能顶几元钱用，这是许多人想不到的办法。

修筑同蒲铁路共需购买洋灰（水泥）款 60 万元。这是按当时唐山启新洋灰厂的价格计算的。那时在北方只有这一家洋灰厂，实际上形成独家垄断，既无选择余地，也无讨价还价的可能。

阎锡山把西北实业公司的领导和技术人员如彭毅丞、张至心、张光宇等叫去说：“修筑同蒲铁路共需 60 万元的洋灰。现在我把这 60 万元给你们建立一个洋灰厂，供修筑同

蒲铁路使用，不许耽误工期。”彭毅丞、张光宇等合计了建厂需要多长时间，什么时间可以投产等，就答应了。张光宇是日本帝国大学毕业生，他勘察地址，跑日本购买机器，培训人员，建立起北方第二个水泥厂，这就是“西北实业公司洋灰厂”。所产洋灰取醒狮之意，商标为“狮头”。

洋灰虽然按时生产出来了，但事情并非一帆风顺。许多建筑工程师说西铭狮头洋灰质量不合格，不能保证工程质量，在设计中仍用启新洋灰。实际上是启新厂和设计工程师都有一种默契，那位工程师在设计中用多少启新洋灰，厂方就要赠送若干回扣。对这个问题采取两个办法解决：一是阎锡山对设计师们施加政治压力，西北实业公司洋灰厂已经生产出洋灰，我们就不能再用启新洋灰。二是由西北实业公司洋灰厂对质量问题加以研究。一方面他们拿样品到武汉大学、上海复旦大学试验。结果是：洋灰质量很好，超过一般建筑所需要的标准。一方面厂方做各种试验，加以宣传。同时走访陕西等外省用户，调查和宣传用户的好评。这样一来，西北实业公司洋灰厂的产品，不但解决了修筑同蒲铁路的需要，而且销往附近各省，打破启新厂的独家垄断。一年下来，洋灰获利64万元。

阎锡山见有利可图，又把西北实业公司洋灰厂作抵押，向中国银行贷款100万元，投资于银行业，一年又可获利100万元。

把上述情况算一笔总帐：

一、原购洋灰款60万元，建设洋灰厂公用50万元，节余10万元；

二、外销洋灰获利64万元；

三、抵押贷款100万元；

四、用贷款投资银行业又获利100万元。

总起来说，就是用60万元本钱建起一个洋灰厂，又获利174万元。

1933年8月阎锡山请来著名工程师宋彤担任北同蒲铁路局长时，洋洋自得地说：“山西也有水泥，你可以试做钢筋水泥枕。”

以上情况，是西北实业公司洋灰厂创建人之一，第二任厂长郭璋玉（我的老师）对我多次说过的。

※ 李维新：《阎锡山创建西北洋灰厂的一笔帐》，52～54页，载《山西文史资料》第六十三辑。

一、创办的时代背景

阎反蒋失败下野，对外宣传诡称出国赴苏考察，实则于1930年1月30日化装离开河边村抵天津转大连，于1931年8月5日又由大连乘飞机潜回原籍。他侨居大连约一年光景，受到日本人的保护。他究竟干了些什么？据说是参观了旅顺、大连，研究工业设施；又每天与赵戴文等十余人研究新村制和有关“物产证券与按劳分配”问题。他和日本帝国主义朝野人士，有着历史相当长的军事的、政治的、经济的、社会的各种关系。他统治山西几十年内派遣过大批学生留学日本，包括他的族弟阎锡珍、至戚曲宪治、曲宪南、曲宪纯等均由他供给留日，族孙阎树森等留德，学习日本与德国的各种知识与技术，为他在山西巩固政权、发展建设效力。此次倒蒋失败，小住大连，使他在总结失败教训中，更进一步认识到：无论搞政治也好，搞军事也好，“统是看经济上有无办法以为断”，当然更加深了他对日本的钦佩与羡慕，从而效法日本，要创建实业，先后提出了“自强救国”、“造产救国”等口号，并亲自制定《山西省政十年建设计划》。

阎于1931年8月5日返回原籍河边村后，一方面在河边村一带，实地试验机器凿深井，以作补救山西十年九旱之灌溉方策；一方面就研究开发西北实业，酝酿筹组公司。他是这样说的：“调查、计划、研究、试验、推行，是为完成建设必要之路程。”西北实业公司的创建也是按这样做的。

1933年8月1日，西北实业公司正式宣布成立。

……

乙、采取迎头赶上的措施

阎锡山认为经济建设上的一个关键必须是采取迎头赶上的做法，若干穷干事不得已而求诸己，并非自甘落后；迎头赶上，是要加快步骤，迅速发展，迎头赶上先进国家。其采取的措施是：

1. 取消资本家的分红，事业的盈余悉数用作再投资，加大进步马力。

2. 以高待遇遴聘外国第一流技术专家前来，作为种子，训练我方技术人员，逐渐扩大，使一粒谷子变成一穗谷子，再变成遍地谷子，均能获得最新智能。

3. 不惜巨资按需要向国外购买最新技术。

4. 派员前往国外实地学习，以提高我工作人员之素质与产品之质量。

丙、关于建设资金的筹措与运用

阎锡山认为“通常做法与步骤，是先筹到足额经费，再按步进行。但问题是我们无法筹到数目庞大的足额经费，如俟筹到巨额经费再行建设，那就无异是“俟河之清”了。因此，当时对于西北实业公司建设资金的筹措，采用的一套办法是：

1. 创造资本，由无到有。

发行经济建设库券，月息九厘，按月还本付息，分拨已纳入全省经济建设事业体系内之各旧事业，作为增资。各该事业可按月获得应得之库券本息，但另一方面，则须照资本额负担一定比率之建设经费，按月解缴董事会统筹运用。一小部分库券，由市内银号钱庄承销抵借现金者，各银号钱庄以其息优且无风险，亦乐于接受。如此辗转循环，旧事业资本藉以充实，而新事业亦赖以及时兴办。

2. 扩建信用，以少变多。

采取“孵小鸡”办法，先自筹少量资金，定购器材，以其订单作担保向银行借款，然后以所借之款除付银行利息外，又订购较多之器材再向银行借更多之款，再订购更多之器材。

3. 自力更生，以事业养事业，以事业发展事业。

如同蒲铁路修筑成一段即行通车，由本身之收入孳生盈余，渐次发展，逐步扩充。

4. 彼此依存蕃衍，相互提携支援，一副资本，发挥多重效用。

如同蒲铁路预算内需向省外购买200余万元之洋灰，即指拨该路预算60万元作为预购洋灰之用，而以之创建西北洋灰厂；西北炼钢厂有向国外采购耐火材料300余万元之预算，即指拨该项购料款中若干万元，开办窑厂，且均于几个月内正式投产。其它如西北电化厂、西北造纸厂、西北印刷厂之兴办以及如酒精、煤矿、牧羊、毛纺、皮革、机械之兴建，无不以相互利赖而连锁发展，节省了不少经费，开发了不少工业资源，起到了一副资本发挥几副资本的作用。

※ 徐崇寿：《西北实业公司创办纪实》，载《山西文史资料》第六十辑。

四、无息借款

办理省、县、村营业公社是阎锡山扩大官僚资本的另一种方法。阎于一九二九年八月在其"告知委员并分别转告官绅事项"中的劝借省营业公社资本一项内写道："资产生息之流弊，厥为私人资本集中，私人资本愈集中，社会经济愈不平，救济此病，若以暴烈革命之方法，不如用和平调剂之政策"。这充分说明他在扩大官僚资本的同时，还要阻止革命的爆发。其具体做法，分为省、县、村各级营业公社，从省、县、村有钱人的手中借钱，作为资本。出资者不得股息也不分红利，过了三十年后，照原出资数目，归还原出资人。资本由有钱人手中借，事业也由有钱人管理。……

省营业公社定为借资本四十万元。阎本人担任二十万元，由其亲属与僚属出名作股东。向全省大富户强借二十万元，其中有祁县乔映奎、猗氏王万邦、晋城马兴朝等。由出资者组织董事选举会选出董事管理之。阎为董事长。出资多者为董事。

※ 山西省政协：《阎锡山统治山西史实》，189页，山西人民出版社，1981年3月。

五、公营事业

民营事业董事会①的资本来源

问：民营事业董事会的资本若干？来源如何？

答：资本总额原为五百万元，其中铸造铜元的盈余三百六十万元；另由人民摊募一百四十万元。

……

向各县人民筹集一百四十万元时，是用的两个方式，一个方法是随地方捐摊筹二十万元；另一个方式是让各县绅民认捐一百二十万元，此次摊募集来的一百四十万元，征得募捐人的同意，就作兴办山西全省人民公营之用，都作为山西人民所公有。

※《山西人民公营事业概况说明·附二十七个问答》，山西省档案馆档案，山西省民营事业董事会档案12·1－456卷。

---

① 民营事业董事会即公营事业董事会，是公营事业董事会在抗战胜利以后的名字。

阎锡山的官僚资本与公营事业董事会

在“山西省政十年建设计划案”编订接近完成时，阎锡山采取各种方式，举办各种事项，有的是根据计划规定，有的是另成系统。综合其内容，可概括为三大类：

甲、“山西人民公营事业”类

“公营事业”的业务范围至为广泛，大至钢铁、煤炭等重工业，小至火柴、纸烟等日用品，无不包罗在内，山西人民经济生活实无法逃出其范围之外，亦即山西人民无不受其剥削，不数年“公营”事业之剥削所得为数至巨。……

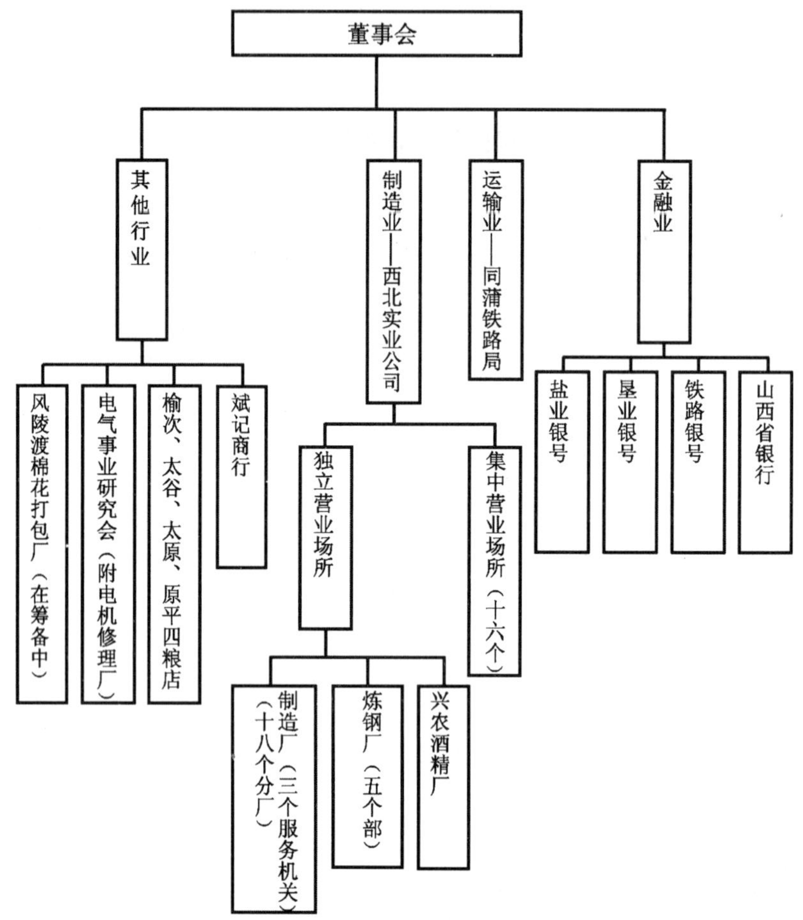

山西省人民公营事业董事会管理事业一览表

民国二十六年七月一日

※ 山西省档案馆档案，山西人民公营事业董事会档案第12·1卷。

山西省人民公营事业的目的，不只是防止权力外溢，而且含有节制资本及造福全省人民的意义，且是节制资本最简便、最圆满、最省力的办法。在人民不知不觉中，完成了十成的节制资本，也可以说把剥削奢侈的特拉斯，变成为慈善开发的资本。详细地说，此项资本，出之于人民，所赚之利息，包括兴办省、县、村人民三项事业的使用，这三项事业就是教育事业、卫生事业与开发事业。但需在其资产超过二十亿元以后。

※《山西人民公营事业的概况》，山西省档案馆档案，山西省民营事业董事会档案12·1-456卷。

对公营事业董监会章程起草委员会特嘱注意点十八条

一、众人的老子没人哭，公共的钱没人亲，此为公营事业之极大难关。今欲打开此难关，非找着能亲公共钱的人不为功。此固属人的问题，然立法必须能使选出亲公共钱的人，亲公共钱的人始能被选。此当注意者一也。

二、选举制度，在选贤能，而贿选反为事实。贤能之人，非特有贿选不为，即运动选举，亦不屑为之，于选贤能之意，适得其反。欲矫此弊，须知"单一的"选举权，易于受贿；"绝对的"被选举权，易于行贿。此当注意者二也。

三、董事人数少，便于做事，亦便于作弊；董事人数多，难于作弊，亦难于做事。立法董事取少，使便于做事；监察取严，使难于作弊。此当注意者三也。

四、董事任期长，易于收效，亦易于作弊；任期短，难于作弊，亦难于收效。且公营事业，规模宏大者多，计划筹备，均须时日立法，董事任期取长，监察取严，以期易于收效，难于作弊。此当注意者四也。

五、备人指挥，必以公心出之，因公犹恐人不纳。以权断事，每以私心出之，虽私亦以其权在我。故"不经审查"之施行权顾忌少，私心易于行事；"经审查"之施行权顾忌多，私心不易用事。"直接的"监察权，易借以要挟，私心易于用事；"间接的"监察权，难借以要挟，私心难于用事。"绝对的"制止权，便于负气行使，私心易于用事；"相对的"制止权，不便于负气行使，私心难于用事。次当注意者五也。

六、"单式的"施行权，便于做事，亦便于作弊；"复式的"施行权，难于作弊，亦难于做事。立法务使易于做事，而难于作弊，始能事办，而弊不生。此当注意者六也。

七、以防弊说，事权愈少愈好，愈分散愈好，愈牵制愈好；以办事说，事权愈大愈好，愈集中愈好，愈专　愈好。立法必须弊防而不疑于办事，事办而不至于生弊，权衡得中始能久而不敝。此当注意者七也。

八、事不机密则害成，事不公开则弊生。立法必须防弊之事，务求公开；机密之事，务使不露，以求两适。此当注意者八也。

九、使当事者做事不掣肘，事始能进展；作弊难隐瞒，事始不毁败。使做事不掣肘，须假人以权；使作弊难隐瞒，须察人以密。此当注意者九也。

十、事之发展方面，烦琐的干涉，不若定其绩，考其成，人乐效力。事之防弊方面，若放任久之，弊已积成，毁人败事，挽救莫及。此当注意者十也。

十一、欲人做事，当使人兴致勃勃；监察宽疏，固易鼓人兴趣，但易使事败坏。欲事有成，当使弊病毫无；监察严密，固易防事败坏，但易使人败兴。立法必须宽严得中，事始能发展而无弊病。此当注意者十一也。

十二、人是有私心的，在供设职用人为做事，每任职人员，有施行权者，易营私舞弊；有监审权者，易假公济私。古今事之败坏于此者，几尽然之。立法必须防其私心用事，事业始能不受私心之戕贼。此当注意者十二也。

十三、人是有好名心的，若鼓之有道，励之有方，能有功必赏，有过必罚，则任职人员尽力从事。古今事之成就者，莫不由此。立法必须于此明确规定。此当注意者十三也。

十四、公营事业之赔赚，须与经营人之发生关系。赚应重赏，以鼓励从事者之精进；赔应负责，以戒从事者之敷衍。但赏之轻重，责之大小，应定适中。此当注意者十四也。

十五、待人以君子，君子固应然，小人亦勉之；防人以小人，小人固应然，君子亦乐从。立法待人要尊重，使君子得以容；防人要严密，使小人有所惮。此当注意者十五也。

十六、百年的事业，由日做成，考核督促，不可遗了“日”。当规定适情监进之法。极大的弊病，亦由日做成，检查防范，亦不可遗了“日”，当规定严密监督之法。此当注意者十六也。

十七、公营事业，成功难，保持尤难。欲使继续不坏，须民众间有人负责，并须不受政局变化之影响；督监之设，即所以达此目的。立法应本斯意规定督监会之权限，与修改章程之手续，以期能独立不敝。此当注意者十七也。

十八、凡事有寄托，始有根系。公营事业之缺点，在无寄托，惟千人所指，无病而死，众目所注，怯为诡弊。董事不管经理，经理必作弊；监察不管董事，董事或支薪不问事，或假权图私利；人民不管监察，监察或形同虚设，或滥用职权。必须使全省公民认识此，注意此，爱护此，并养成为此主张公道，虽有牺牲，亦在所不惜之精神，公营事业始有寄托。此当注意者十八也。

二十二年五月

※《阎伯川先生言论辑要》第七册，阵中日报出版社，民国二十六年。

第四节｜银行资本与工业资本混合生长

一、统一管理

山西省人民公营事业管理章程

第一章　总　则

第一条　本章程以管理山西省人民公营事业并监督其进行俾能继续发展永久保持为宗旨。

第二条　山西省人民公营事业属于山西人民全体，由下列机关监督管理之。

（一）山西省人民公营事业督理委员会（以下简称督理委员会）；

（二）山西省人民公营事业董事会（以下简称董事会）；

（三）山西省人民公营事业监察会（以下简称监察会）；

（四）山西省人民公营事业各县监进会（以下简称各县监进会）。

第三条 前条各机关之选举依本章程及各该机关选举规则之规定产出其规则另定之。

第四条 山西省人民公营事业之资产及赢利非依本章程之规定不得动用。

第二章 督理委员会

第五条 督理委员会为省民公营事业最高督理机关，对全省人民负责，由全省人民按三区每区提选督理委员一人组织之，并互推一人为首席督理委员，但第一届督理委员由太原经济建设委员会聘请之。

第六条 督理委员必须具备下列之资格：

（一）山西人民年满四十五岁以上者；

（二）资望素孚热心公益视省事如其家事者。

第七条 有下列情事之一者不得为督理委员：

（一）贪污失职查有确据者；

（二）经管公款交代不清者；

（三）吸食鸦片或其代用品者；

（四）被夺公权尚未复权者。

第八条 督理委员之任期定为九年，但第一届督理委员于三年期满用抽签法决定改选一人，第六年期满改选一人，首席督理委员于第九年期满改选，均得连选连任。

第九条 督理委员接聘或当选后应于十五日内到会就职。

第十条 督理委员就职后应即按照规定资格提荐各本区候选督理委员一人，详述其姓名、年纪、履历、住址、职业、署名签章，固封交会密存于提荐人，退职前三个月交各该区选举会复决之，但不得提荐亲属。

前项提荐之候选督理委员于提交各该区选举会复决前应守秘密，并得由提荐人随时变更。提荐人任期未满出缺或因故退职时应于一个月内将提荐之候选督理委员交各该区选举会复选之。首席督理委员出缺或退职时其职务应由年龄较长之督理委员暂行代理，俟新任督理委员就职后再行互推，新任督理委员之任期仍为九年。

第十一条 前条提荐之候选督理委员经各该区选举权三分之二以上之否决时，应由该区按照规定资格另行选举，但另选之督理委员所得票数不及该区选举人三分之二以上时仍以原提荐之候选督理委员为当选。

前项选举权人由各村经济建设董事会董事充任其选举以直接选举方法进行。

第十二条 督理委员会设主任干事一人，干事、事务员若干人，由首席督理委员遴用之。

第十三条 督理委员均应常川到会执行职务，但日常事务由首席督理委员处理之。

第十四条 督理委员会之职务如下：

（一）监督董事会和监察会；

（二）指定或更换董事长，罢免董事监察会主席及监察；

（三）处理弹劾董事长、董事监察会主席及监察各案；

（四）核定省民公营事业创设及变更计划；

（五）其他应经督理委员会核准事项。

第十五条　督理委员会之决议案须得二人以上同意。

第十六条　督理委员会每届一年应将该会及董事会监察会经费支出预决算、省民公营事业进行状况及监察会情形汇刊报告书公布之，但关于弹劾惩戒或其他应暂守秘密者得秘密之。

第十七条　督理委员会经费预算应由首席督理委员指定交督理委员决议通过公布之。

督理委员会经费之开支应按月造具清册公布之。

第三章　董事会

第十八条　董事会为省民公营事业管理机关，由全省人民按七区每区提选一人组织之，并由首席督理委员指定一人为董事长。

第十九条　董事须具备下列之资格：

（一）四十岁以上经历才长具有毅力者；

（二）曾经理资本五万元以上之实业五年以上确有成绩或主办国家或一省地方公务声望卓著者。

第二十条　有第七条各款情事之一者不得提选为董事。

第二十一条　董事之产生应由督理委员会按照规定资格就董事选举区域每区提荐候选董事一人，交各该区选举会复决定之，但不得提荐各督理委员之亲属。

前项候选董事提荐之方法由首席督理委员先行按照董事选举区域每区提荐二人交由其余二督理委员决定一人，如对提荐之二人各赞同一人时以抽签法决定一人，如对提荐之二人均不赞同时由首席督理委员于提荐二人中择定一人并由其余二督理委员共同提荐一人再用抽签法决定一人，如对提荐之二人——督理委员赞同一人或督理委员均不赞同时，仍决定赞同之一人。

第二十二条　督理委员会提荐之候选董事经各该区选举权人五分之三以上否决时，应由各该区按照规定资格另行选举，但另选之董事所得票数不及该区选举权人五分之三以上时，仍以督理委员会提荐之候选董事为当选。

前项选举权人及选举方法适用第十一条第二项之规定。

第二十三条　董事之任期定为六年，但第一届董事于三年期满用抽签法决定改选三人，董事长于六年期满改选之均得连选连任。

第二十四条　董事当选后应由督理委员会召集于十五日内到会就职。

第二十五条　董事会设主任干事一人，干事、事务员若干人，由董事长遴用之，董事会经管会计人员应取具殷实铺保二家负连带保证责任。

第二十六条　董事会为发展省民公营事业得聘请专门技术人员担任设计指导测量等事宜。

第二十七条　董事长及董事均须常川到会同桌办公，但日常事务由董事长处理之。

第二十八条　董事会经费应由董事长指定预算报由督理委员会核准公布之。

第二十九条　董事会经费开支应按月造具清册由董事长及董事署名签章报告督理委员会查核公布之。

第三十条　董事会之职权如下：

（一）省民公营事业基金之保管及培植；

（二）省民公营事业基金之动用；

（三）省民公营事业之管理及监管；

（四）承办省民公营事业人员之任免考核及奖惩。

（五）各种省民公营事业之筹办及发展；

（六）各种省民公营事业预算决算审核。

第三十一条　董事会办公时各董事均负尽量陈述主张之责，由董事长择其切于事实可行者决定之，但前条第二款第五款及第六款多事项均须全体董事过半数之同意并提经督理委员会核准发行之。

第三十二条　前条规定之事项经督理委员会否决时董事会得申具理由提请复核，但以一次为限。

第三十三条　董事会应将各种省民公营事业进行状况、资本保管情形、经费预决算及其他重要事项每届一年汇报督理委员会查核公布之。

第三十四条　董事会对督理委员会负责，董事长如有作弊情形董事未予纠正时，除按情节于董事长以处分外，董事亦负其责。

第三十五条　董事会主任干事、干事、事务员等如有失职情形，董事长应负其责。

第三十六条　董事长因故不能执行职务时，应就董事中指定一人代理并报告督理委员会备查，如在一星期以上时应报由首席督理委员指定一人代理之。

第三十七条　董事长因故不能执行职务继续在六个月以上者，得由督理委员会宣告停职，继续在一年以上者应由督理委员会宣告停职。

第三十八条　董事因故不能执行职务继续在六个月以上者，应由董事长报请督理委员会宣告停职。

第三十九条　董事长或董事经宣告停职者，依第十八条至第二十二条之规定选补之，其任期仍为六年。

第四十条　董事长、董事均不得直接经营省民公营事业。

第四章　监察会

第四十一条　监察会为省民公营事业监察机关，由全省人民按五区每区每县选举一人，由督理委员会召集考试，每区录取监察一人组织之。

前项考试每区应同时录取，但候补监察二人遇各本区监察有缺额时依次递补，考试规则另定之。

监察选举权人为各县监进会会员代表。

第四十二条　山西人民年满三十岁以上刚正严明，具有下列资格之一者得被选为应试监察：

（一）中等以上学校肄业或曾经高等检定考试及格者；

（二）经营资本五千元以上之实业三年以上成绩卓著者；

（三）办理公务三年以上成绩卓著者。

第四十三条　有第七条各款情事之一者，不得被选为应试监察。

第四十四条　监察之任期定为三年，期满全数改选不得连任。

第四十五条　监察录取后应由督理委员会召集于十五日内到会就职。前任监察于新任监察就职后，应将会务交代清楚并报告督理委员会。

第四十六条　监察会设主席一人，由监察互推之，处理日常事务。

第四十七条　监察会设主任干事一人，干事、事务员多若干人，由监察会主席遴用之。

第四十八条　监察会主席及监察均应常川服务，不得兼任其他职务。

第四十九条　监察会经费由督理委员会制定预算公布之。

第五十条　监察会经费之开支应按月造具清册由监察会主席署名盖章报告督理委员会查核公布之。

第五十一条　监察会之职权如下：

（一）监察董事会、董事长、董事及承办省民公营事业人员有无舞弊及其他不法情事；

（二）监察董事会、董事长、董事及承办省民公营事业人员有无过失或废除职务情事；

（三）审查各种省民公营事业册报；

（四）其他应行纠察事项。

第五十二条　监察对前条各款规定之职权均得独立行使，除别有规定外不受限制，但提经监察处理事项须以全体监察过半数之决议行之。

第五十三条　监察为明了省民公营事业实际状况起见，应随时分赴各处实地调查，每年至少一次。

第五十四条　监察会主席或监察怠忽职务，对五十条各款情事查案不明或知情不予检举致公营事业蒙受损失者，该主席或监察应受连带处分。

第五十五条　监察会或监察为行使第五十一条所列职权得随时向董事会提出质问或向督理委员会弹劾之。

前项质问应由董事会于七日内答复，如不答复或答复不得要领时，得向督理委员会弹劾或再质问之。

董事会对监察会或监察之再质问于七日内仍不答复或答复不圆满时，监察会或监察应向督理委员会弹劾之。

第五十六条　监察会或监察如察觉省民公营事业有重大损失或危害之虞时，得报请督理委员会处理之。

第五十七条　监察会或监察如察觉对董事会、董事长、董事及省民公营事业之查察

质问或弹劾各案，非经处理完竣不得宣布。

前项各案监察会以为无宣布之必要时不宣布，督理委员会命令秘密者应秘密之。

第五十八条　监察会应将省民公营事业监察情形、经费预决算及其他重要事项于每届一年汇报督理委员会查核公布之。

第五十九条　监察会主任干事、干事、事务员等如有失职情形，监察会主席应负其责。

第六十条　监察会主席因故暂时不能执行职务在一星期以上时应就监察中指定一人代理，如本人未经指定时由其余监察互推一人代理之，均应报告督理委员会。

第六十一条　监察会主席因故不能执行职务继续在三个月以上者，得由督理委员会宣告停职，继续在六个月以上者应由督理委员会宣布停职。

第六十二条　监察因故不能执行职务继续在三个月以上者，应由监察会主席报请督理委员会宣告停职。

第六十三条　监察会主席或监察经宣告停职者，依第四十一条及第四十六条之规定递补之，其任期以被递补人未满之任期为限。

第五章　各县监进会

第六十四条　各县监进会为省民公营事业监进机关，以各县全体人民为会员，各村村长为会员代表。由会员代表中相互推选七人，复由七人中互推会长一人、副会长一人，以其余五人为评议员组织之，同时并以票数次多者五人为候补评议员，遇评议员有缺额时依次递补之。

第六十五条　各村村长改选时其会员代表资格亦随同移转，所有会长、副会长及评议员应依前条之规定由新任会员代表另行选推。

前任正、副会长及评议员应于新任正、副会长及评议员选出后，十日内将会务交代清楚并报告督理委员会。

第六十六条　各县监进会员负纠察之责，各会员对服务不力之监察均得罗列事实，于每年春节后村民会议时提交会员代表，转送各该县监进会请求评议。

第六十七条　各县监进会每下午应由正副会长召集评议员开会一次，评议各会员代表依前条规定提出各案，其会期定为前条村民会议后第六日至第十日，必要时得延长五日。

前项提案如认为有理由时，应由各该县监进会附具理由报告督理委员会核办。

第六十八条　各县监进会开会时得因事务之繁简临时酌用干事或事务员承会长之命办理会议各种事项。

第六十九条　各县监进会所需经费由督理委员会斟酌规定公布之，但每县每年至多不得过一百元。

第六章　营业余利之支配

第七十条　省民公营事业各按其结帐年限举行总结算，所得纯利应提百分之十作为公积金。

第七十一条　省民公营事业，依其性质，其营业情形分为下列二类：

（一）酌给奖金者；

（二）分配红利者。

第七十二条　各种省民公营事业应属于前条第一类或第二类由董事会拟定报请督理委员会核定之。

第七十三条　省民公营事业属于第七十一条第一类者，其奖金之给予不以余利之多寡为标准。

第七十四条　省民公营事业属于第七十一条第二类者依下列标准为甲乙丙三种：

（甲）资本之多寡；

（乙）特权之有无；

（丙）独占性之有无。

省民公营事业应属前项甲种、乙种或丙种，由董事会按具前项各款所列标准拟定报请督理委员会核定之。

第七十五条　省民公营事业依前条规定为甲种者，其职员红利为纯利百分之五至百分之十；乙种者百分之十一至百分之二十；丙种者百分之二十一至百分之三十。前项红利百分率之规定由董事会拟定报请督理委员会核定之。

第七十六条　各种省民公营事业之纯利除公积金、奖金及职员红利外，其余尽数拨交董事会保管之。

第七十七条　董事会接管省民公营事业交付之纯利后除以百分之一为督理委员、董事会及监察人员奖金，百分之一为督理委员会、董事会及监进会人员储金外，其余作为省民公营事业基金。

第七十八条　前条奖金及储金应分作十成依下列方法分配之：

（一）督理委员会二成；

（二）董事会六成；

（三）监察会二成。

前项各款之奖金及储金，其分配方法由督理委员会规定之，但首席督理委员之奖金应为该会奖金总额百分之三十，董事长之奖金应为该会奖金总额百分之十五。

第七十九条　省民公营事业之基金得由董事长计划报由督理委员会核准后，举办扩充或补助各种省民公营事业，并应提出一部作为自然科学研究院经费，由督理委员会计划设定之。

前项自然科学研究院经费第一年定为十万元，以后每年增加十万元，至百万时不再增加。

第七章　奖　惩

第八十条　奖励分下列两类：

（一）名誉奖，分四种：（甲）建祠或铸像；（乙）公葬；（丙）勒碑；（丁）给匾。

（二）金钱奖，分五种：（甲）养老金；（乙）遗族恤金；（丙）一次恤金；（丁）慰

伤金；（戊）特别奖金。

第八十一条　为保持省民公营事业与恶势力相抗牺牲性命者，除按其情形给予前条第一类丁种以上之一种或数种奖励外，并给予一次恤金或一次恤金及遗族恤金。

第八十二条　为保持省民公营事业与恶势力相抗致成残废者，除按情形给予第八十条第一类甲或丙、丁之奖励外，并给予慰伤金。

第八十三条　为保持省民公营事业与恶势力相抗致身体上蒙受伤害者，除按情形给予第八十条第一类丙或丁之奖励外，并给予慰伤金。

第八十四条　督理委员会、董事会及监察会人员著有劳绩任满退职者，得酌给勒碑或给匾之奖励，在职积劳身故者得按其情形分别给予第八十条一种或数种相当之奖励，但除董事长经督理委员会全体通过者外，其余人员不得给予遗族恤金。

第八十五条　省民公营事业每届结帐期确因人力致所获余利平均超过资本总额百分之十二以上时，得酌给董事会以五万元以下之特别奖金。

第八十六条　给予养老金者按其最后月薪不及五十元者给二分之一，五十元以上者给三分之一，按月给予至身故之日为止。

第八十七条　给予遗族恤金者按其最后月薪不及五十元者给二分之一，五十元以上者给三分之一，按年给予，其年薪由督理委员会核定之。

前项遗族恤金之领受章程另定之。

第八十八条　依第八十一条至第八十三条之规定给予一次恤金或慰伤金及依第八十四条之规定董事长在职积劳身故给予一次恤金者，其数目由督理委员会核定，其余人员在职积劳身故依第八十四条之规定给予一次恤金按其最后月薪三个月之数目给予之。

第八十九条　给予养老金、遗族恤金、一次恤金或慰伤金者，如为督理委员会或监察会以外之人员时，其数目由督理委员会决定之。

第九十条　本章所定之奖励，关于首席督理委员者由其余督理委员召开董监联席会议酌定，关于督理委员者由首席督理委员决定，关于其他人员者由督理委员会决定之。

第九十一条　建祠或勒碑得对数人合并为之。

第九十二条　第八十条所定之各种奖励所需费用由督理委员会核定后在省民公营事业基金内支出之。

第九十三条　惩戒分四种：停发奖金及储金；引咎辞职；停职；免职。

第九十四条　省民公营事业每届三年年终总结算后所获余利平均每年不及资本总额百分之八时，第七十七条及第七十八条所定奖金应即停发，不及资本总额百分之六时，董事长、董事应联名引咎辞职。

第九十五条　董事长或董事营私舞弊，其他董事失于纠察或有意袒护者，除将营私舞弊人员免职并依法惩办外，其他全体董事应联名引咎辞职。

第九十六条　董事长或董事有下列情事之一者应由督理委员会予以免职：

（一）怠忽职务或为他人之利益致省民公营事业蒙受重大损失者；

（二）被监察会或监察弹劾经督理委员会查明属实者；

（三）经人告发有第二十条之情事查明属实者；

前项第一款之损失并得斟酌其情节令负相当之赔偿责任。

第九十七条　监察会主席或监察有营私舞弊情事，其他监察失于纠察或有意袒护，除将营私舞弊人员免职并依法惩办外，其他全体监察应联名引咎辞职。

第九十八条　有下列情事之一者监察会主席及监察应联名引咎辞职：

（一）董事长或董事有第九十五条之情形未予弹劾者；

（二）未依第五十三条之规定于一年内将各种省民公营事业查察一次者。

第九十九条　监察会主席或监察有下列情事之一者应由督理委员会予以免职：

（一）知有第九十六条第一项第一款所列情事未予弹劾者；

（二）被各县监进会弹劾经督理委员会查明属实者；

（三）经人告发有第四十三条之情事查明属实者。

第一百条　董事会或监察会任用之职员有营私舞弊情事，除免职并依法惩办外，董事长或监察会主席如失于纠察时应引咎辞职。

第一百一条　董事长、董事、监察会主席及监察辞职，均向督理委员会为之。

第一百二条　董事长或监察会主席之辞职或免职，其效力并及于其本人为本届董事或监察之资格。

第一百三条　督理委员会对弹劾董事会、监察会或董监各案得向董事会或监察会调取卷宗审核之。如认为弹劾案为有理由时，并得通知被弹劾之一适到会为必要之陈述。

第一百四条　督理委员会对依第九十四条及第一百条之辞职者得为慰留与否之决定。

第一百五条　督理委员会任用之职员有不当情事时应由首席督理委员斟酌其情节予以相当处分。

第一百六条　依本章程之规定有辞职之原因而不辞职者应由督理委员会予以免职。

第一百七条　凡依本章程之规定应受惩戒人员在查案期间得由督理委员会先行停职，经查明不实者应予复职。

第一百八条　凡依本章程之规定免职或辞职照准者应即停发其本届奖金及所有储金。

第一百九条　督理委员会、董事会、监察会及其他省民公营事业机关人员服务之奖惩，由各该机关于不抵触本章程范围内另行规定，经首席督理委员核准发行。

第八章　董监联席会议

第一百十条　督理委员会为明了及改进省民公营事业起见，应由首席督理委员于每年春季召开董监联席会议一次，遇有必要情形或经董事、监察二人以上之请求时得召开临时会议。

前项会议开会时以首席督理委员为主席。

第一百十一条　督理委员、董事及监察均须出席董监联席会议，如遇省民公营事业之基础有动摇情形时，必须召集各县监进会会长列席，会长因故不能出席时由副会长代理之。

第一百十二条　督理委员、董事及监察因故不能出席联席会议时，应由首席督理委

员事先声明，但出席人数不及全体五分之三时应改开谈话。

第一百十三条　董监联席会议之会期以十日为限，必要时得延长五日。

第一百十四条　董监联席会议开会时董事长及监察会主席应报告各该会经过情形及各种重要事项。

第一百十五条　各县监进会会长列席董监联席会议时，其往返旅费由督理委员会核定，在省民公营事业基金内支给之。

第九章　附　则

第一百十六条　董事会或监察会不能决定之事项应报告督理委员会决定之。

第一百十七条　督理委员会及各县监进会各项章则由督理委员会指定公布，董事会及监察会各项章则由各该会拟定报由督理委员会核定公布之。

第一百十八条　本章程非经董监联席会议全体人数五分之四以上之出席及出席人数四分之三以上之同意，并首席督理委员之同意时，不得修改之。

第一百十九条　本章程自公布之日实行。

※ 山西省史志研究院编：《山西通志·附录》第五十卷，178～189页，中华书局，2001年。

西北实业公司章程
（民国二十四年八月十五日核准执行）

第一章　总　则

第一条　本公司定名为西北实业公司。

第二条　本公司以开发西北各种实业为宗旨。

第三条　本公司资本由太原经济建设委员会筹集之。

第四条　本公司总管理处设于山西省城，各厂各部分分设于太原附近及其它适宜地点。

第五条　本公司在山西省人民公营事业管理章程未实施以前，暂隶属于太原经济建设委员会。

第六条　本公司营业年限定为四十二年，分为十四期，每期三年，期满后得延长之。

第七条　本公司各厂及各部分之会计组织由总管理处拟定之。

第八条　本公司公告事项对内用公文或通函，对外除上列两种外，得登报或用广告声明。

第二章　组织及职掌

第九条　本公司设总理一人，总管本公司对内对外一切事项，其人选由太原经济建设委员会特聘之。

第十条　本公司设经、协理各一人，襄助总理办理一切事项，其人选由总理推荐聘任之。

第十一条　本公司总管理处设经协理办公室、机器厂管理处及矿业、技术、研究三部，总务、会计、营业、考核四课，按规定办理各项事务。

第十二条　经协理办公室设主任一人、秘书二人，秉承经、协理，办理披阅到文、审核稿件及不属于各处、部、课之事项。

第十三条　总管理处各处、部办理事项如下：

一、机器厂管理处管理育才等十一厂，其规划另定之。

二、矿业部办理探矿、采矿及其它有关矿务之事项。

三、技术部办理审查或设计各项有关技术之事项。

四、研究部办理调查研究试验各事项。

第十四条　总管理处各课办理事项如下：

一、总务课。办理收发誊缮文件，保管图记卷宗，购置物品材料及其它庶务交际各事项。

二、会计课。办理银钱收支、登记帐簿、计算表单及保管证券等事项。

三、营业课。办理调查各处商情及各厂各部分营业情形，并编制统计，协助各厂办理推销及宣传等事项。

四、考核课。办理稽核各厂各部分帐簿表册及买进卖出，并考核职工勤惰、营业盈亏、出品优劣等事项。

第十五条　总管理处各处、部、课，各设处长、部长或课长一人，并得视事务之繁简设副处长、副部长、副课长一人至二人，均由经协理荐请总理聘任。

第十六条　总管理处各部、处、课之人员名额应视业务繁简及事实上之需要，由经协理核定转请总理聘任。

第十七条　本公司各厂厂长，各部分领袖暨所用之工程、技师、会计及其它重要职员，均由经协理荐请总理聘任之，其余人员得由各厂长、各领袖荐，由经协理转请总理聘任之。

第十八条　本公司各厂、各部分之组织及办事细则另定之。

第十九条　本公司得应事实上之需要在外埠设立办事处，其规则另定之。

第二十条　本公司得聘请实业专家充任指导委员，组织指导委员会，其规则另定之。

第三章　待遇及奖惩

第二十一条　本公司总理薪金由太原经济建设委员会规定，经协理及其它职员之薪金由总理核定之。

第二十二条　本公司各职员均须于每月应领薪水项下扣除百分之五至百分之十作为储金，其详细办法另定之。

第二十三条　本公司各厂各部分经理人员应按下列预期获利标准规划经营，凡有获利超过预期标准者，由总管理处从资本红利项下分别予以奖励金，如有经营不力，未能达到预期获利标准者，年终应自行辞职，但因天灾事变及其它非人力之缺欠所致者，得慰预期获利，标准如下：

第一期一分三厘。第二期一分四厘。第三期至第十期一分五厘。第十一期一分四厘。第十二期一分二厘。第十三期一分。第十四期八厘。

第四章　盈余分配

第二十四条　本公司每届年终结帐一次，应选下列表册呈送太原经济建设委员会备案。

（1）营业报告书。（2）资产负债表。（3）损益计算表。

第二十五条　本公司各厂、各部分每届年终结帐时，应摊总管理处经费及一切开支折旧（按固定资本性质规定年限）外即为盈余，再提公积金百分之十即为纯盈，积三年之纯盈分红一次。

第二十六条　本公司各厂、各部分依其性质及营业情形分为下列二等：

（1）酌给奖金者。（2）分配红利者。

第二十七条　本公司各厂、各部分属于前条第一类或第二类由经协理拟定报请总理核定之。

第二十八条　本公司各厂、各部分属于第廿六条第一类者，其奖金之给与否以余利之多寡为标准。

第二十九条　本公司各厂、各部分属于第廿六条第二类者，应依其资本之多寡、特权之有无，分为甲乙丙三种，由经协理拟定报请总理核定之。

第三十条　本公司各厂、各部分依前条规定为甲种者，其职员红利为纯利百分之五至百分之十，乙种者为百分之十至百分之二十，丙种者为百分之二十至百分之三十，均由经协理拟定报请总理核定之。

第三十一条　本公司各厂、各部分之纯利，除职员应分之红利及奖金外，其余尽数提交总管理处。

第三十二条　前条规定提交之红利总额中，应提出若干为总管理处职员之红利，其分配方法另定之。

第三十三条　其它未定事项得斟酌情形援用公司法中关于有限公司各规定。

第五章　附　则

第三十四条　本章程如有未尽事宜得随时呈请修正之。

第三十五条　本章程自呈请核准之日施行。

※ 山西省史志研究院编：《山西通志·附录》，175～178页，中华书局，2001年。

山西省营业公社章程

第一条　本社用经营工商事业之方法，以培植公共资金、发展全省实业、办理全省公益为目的。

第二条　本社定名为山西省营业公社。社址设于省城。

第三条　本社基金总额定为国币四十万元，分为八十股，由热心公益者自由担任之。

第四条　出资之社员概不分润，俟基金积至一万万元后，将原金无息退还，不愿受者听便。

第五条　凡出资一股以上者皆为本社社员，给以出资执照。

第六条　本社社员每股有一决议权。

第七条　本社设董事七人、候补董事二人，组织董事会，由董事选举会选举之。

第八条　董事选举会会员定为十五人，由本社社员全体会选举之，但董事不得兼董事选举会会员。

第九条　本社由社员全体会选举监察五人、候补监察二人，组织监察会，监察本社一切事项。

第十条　本社社员大会、董事选举会及董事会、监察会均须互选一人为主席。

第十一条　候补董事得列席于董事会议，有发言权，无表决权，遇董事有缺席时，由列席之候补董事依次递补，取得临时表决权。

候补监察不得列席于监察会议，遇有监察出缺时依次递补之。

第十二条　董事为终身职，但每隔九年须告辞一次，三年中如不能按照计划大纲丙项第二表所定标准获利时，亦应自动辞职，但经董事选举会会员三分之二以上之挽留时，仍得连任。

董事有特别事故经董事选举会会员三分之一之提议，三分之二之表决，得请其退职。

第十三条　监察之任期为三年，但得连选连任。

第十四条　董事会失职经监察会或全体社员三分之一之检举，由董事选举会处理之。

第十五条　董事选举会及监察会失职，经社员五分之一之检举，由社员大会处理之。

第十六条　本社各职员之考成并奖惩办法另定之。

第十七条　本社各项营业各设正副经理一人，由董事会任免之。

第十八条　本社各项营业帐簿每年终结算一次，报告董事会查核并由董事会报告监察会及各社员，其批红期限由董事会与各该商号定之。

第十九条　本社常会会期规定如下：

（一）社员大会每三年一次，由该会主席定期召集之。

（二）董事选举会遇董事出缺或董事会有失职情事时，由该会主席随时召集之。

（三）监察会每年开会二次，于太原市春秋两季标期后十日内行之。

（四）董事会每年开会四次，于太原市春夏秋冬四季标期后十日内行之，遇有特别事故经各该会人员三分之一之提议，得开临时会议。

第二十条　各项会议之议决案以各该会全体人员过半数之同意为有效，但社员大会修改本社社章时，须经社员三分之二之决议方为有效。

第二十一条　本社各会职权如下：

（一）社员大会为本社最高权力机关，选举董事选举会会员及监察员，监督董事会、监察会及董事选举会，并修改本社章程。

（二）董事选举会决议任免董事事项。

（三）监察会监察本社一切事项。

（四）董事会处理本社营业事项。

第二十二条　本社财产未达到一万万元以前，所获余利悉数用以培植公共资金，期于完成本社社章第一条所指定之目的，不得动用。俟积至一万万元时，作为本社固定基

金，以后再生利息以三分之一增益基金，以三分之二交由省公款经理委员会，协助省政府办理下列各项事业。

（一）发扬公道。（二）培植人才。（三）办理慈善。（四）兴办实业。（五）改进卫生。（六）整理交通。

第二十三条　前项省公款经理委员会由省政府召集本社社员及各县代表选举之，保管公款，稽核收支。

第二十四条　省公款经理委员会有稽查本社帐目之权，如认为不当时，得函请监察会纠正之。

第二十五条　本社基金如因灾害有所损失时，仍将所得利息尽先补充基金，以资继续。

第二十六条　本社社员出席本社社员大会时，每次送川资二百元。董事选举会会员出席董事选举会亦同。

第二十七条　各董事每人每月送车马费一百元，各监察每人每月送车马费五十元，候补董事及监察减半。

第二十八条　本社各项营业细则由董事会商同各商号经理定之。

第二十九条　本章程非经社员过半数之同意不得提议修改。

第三十条　本社为公益法人，除本章程所规定者外，民法关于公益法人之一切规定均适用之。

第三十一条　本章程经社员大会议决呈请省政府备案后施行。

※ 山西省史志研究院编：《山西通志·附录》，189～191页，中华书局，2001年。

二、金融支持实业

以后又成立了盐业、垦业、铁路三个银号。与此同时，阎先以发展军事工业开始，以后渐至纺织、卷烟、化学等工业。

到1936年其官僚资本有了很大的发展，据阎“公营事业董事会”的报告：1936年各官僚企业的资本便发展到84840219元（法币），到1937年抗日战争前夕更发展到95845979元，为当时全省私营工商业资本总额的2.78倍。1937年各官僚资本企业的资本见表9－7。

表9－7　1937年各官僚资本企业的资本

单位、项目	金额:法币
合计	95845979元
同蒲铁路	37685740元
西北实业公司下属各厂矿	21663990元
山西省银行	20000000元
晋绥地方铁路银号	10000000元

续表

单位、项目	金额:法币
绥西垦业银号	2000000 元
晋北盐业银号	1000000 元
晋华卷烟厂	600000 元
晋南面粉厂	480500 元
榆次粮店	90000 元
太谷粮店	90000 元
太原粮店	90000 元
原平粮店	45000 元
太原土货商行	230000 元
斌记商行	1060000 元
公营事业董事会购存英镑四万元折合法币	680749 元
购存电机款	130000 元

※ 中共山西省委调查研究室:《山西省经济资料》第四册，15～16 页，山西人民出版社，1963 年。

阎匪官僚资本的迅速发展，加之反动政权的全力支持，在社会经济中很快形成了一种占绝对优势的力量。阎锡山依靠这种力量，对民族工商业实行了排挤吞并，对市场实行垄断。

它首先通过财政金融资本控制市场。如伪山西省银行及铁路、垦业、盐业三个银号，截至 1936 年 12 月底，共发行纸币 81181719 元。这些纸币的发行大部分是通过阎匪的土货商行、斌记商行、四个粮店、实物准备库等官僚企业，以大量收购农副产品和其他物资的方式进行的。各官僚企业以绝对的优势力量对市场实行了垄断。如土货商行和实物准备库垄断了整个皮毛、棉花、烟叶及其他主要土特产品市场和出口贸易；斌记商行垄断了五金、交通器材；太原、太谷、原平、榆次四粮店结合各地设立之县、区、村粮仓垄断了粮食市场；官盐店垄断了食盐市场。

阎匪通过银行（号）对私营工商业之放款，控制其经营活动，或伺机加以排挤吞并。这里可略举数例来说明这个问题：例一，忻县“懋和允商店”从垦业银号贷款 10000 元，因未按期归还，即将该商店全部库存商品作价 1117 元，房子一所 1400 元，庄基地三亩三分作价 50 元，全部抵偿，下余欠款由保人负责归还。例二，阳泉“德泰兴”商店欠垦业银号 3009 元，到期未能偿还，除将全部商品拍卖 1000 元偿还外，又将房院九所抵偿。例三，定襄“业盛基”商店欠垦业银号 2158 元，亦因上述原因，将商店全部货物偿还外，又将水旱地 160 亩作价 1995 元抵偿。例四，伪山西省银行在朔县、应县两地即没收私营商业之财产达 58457 元。其他地区，如太原之晋泉油房、晋泉货栈、聚义恒、义和成、义和真、义和永，阳泉之德新昌，太谷之荣升昌，平定之德太兴，清源之

谦元贞，运城之荣升祥，长治之恒兴茂、万顺永、晋盛长……，无不因借阎匪银行（号）贷款后，在资金发生困难之际，被乘危搞垮的，或变为阎匪官僚买办企业的分支机构。

……

山西的民族工商业，在帝国主义、官僚资本主义的摧残下，日益衰落下去。如太原市在1934年倒闭歇业之商店达440余户。和顺城在1935年有商号123家，较1930年以前减少三分之一。榆次城关在1928年有商号400余户，到1937年仅剩下150余户。全省商号较1928年以前亦减少三分之一左右。

※ 中共山西省委调查研究室：《山西省经济资料》第四分册，18～19页，山西人民出版社，1963年。

表9－8　山西省银行与主要官僚资本企业订定透支合同的限额

企业名称	透支限额	利息	备注
西北实业公司	30万元	月息八厘	（因流动资金短缺）
晋华卷烟厂	50万元	月息九厘	
大同矿业公司	30万元	每千元月息三角	
斌记五金行	9万元	月息一分	

※ 根据山西省档案馆档案，山西省民营事业董事会档案十二·1－208卷统计。

大同面粉公司原由河北人姓林的集股开设，五十多个职工，两台机器，一台磨白面，一台磨莜面，主要供给军用，也售给市民一部分。

这个公司建立以后，经营管理得不好，铺张浪费严重，加之搞基本建设（发电）投资大，向省银行借款很多，还不了。后省行出了公告“如旧股东无人承担债务，就把公司收归省行所有”。这样，省行就接收了。省行在这个公司只有贷款，没有投资。接收后由大同分行经营，经理武润泉任大同面粉公司经理，同时委我为稽核。后因武也经营不好，省行撤了他的职，由大同警备司令赵承绶接收，直到日寇侵占，落入敌人之手。

省行很重视面粉，王骧当经理时还去一次大同，专门了解了一下面粉公司的经营情况。他回到太原后找我哥王谦（即省府秘书长王尊光）说，让我当面粉公司经理，我哥推诿，后来才委我当了稽核。日寇投降后，楚溪春接管了大同，让我当面粉公司经理；并通过我哥催促我上班，我于四五年十月担任经理至四六年三月即去太原。

※ 孔祥毅、张涤非：《访问王尊美（王彦）记录》，1975年9月11日。

三、银行与实业相互参股

山西省银行持外股票统计

表 9－9　　省银行在晋华纺织厂入股

股票户名	股数	面额
河记	1	100 元
地记	1	100 元
图记	1	100 元
莲香堂	1	100 元
陈天锡堂	1	100 元
性记	1	100 元
康执记	5	500 元
渠锋	1	100 元
张文范	1	100 元
溶哲堂	5	500 元
资深堂	5	500 元
殊记	25	2500 元
美记	10	1000 元
山西省银行	40	4000 元
乐记	20	2000 元
贵记	20	2000 元
荣德堂	10	1000 元
合计	148 股	14800 元

表 9－10　　省行在太原晋恒纸厂入股

股票户名	股数	面额
张文和堂	2	200 元
模范斋张	3	300 元
合计	5	500 元

表 9－11　　省行在中国银行入股

股票户名	股数	面额
山西省银行	10	1000 元
山西省银行	10	1000 元
合计	20	2000 元

表9－12　　省行在太原电灯新记公司入股

股票户名	股数	面额
江记		5000元
山记		2000元
千记		3000元
古记		4000元
秀记		2000元
花记		3000元
木记		4000元
四记		3000元
时记		3000元
春记		3000元
甡记		4000元
合计		36000元

※ 人民银行山西省分行档案，1954年7月《清理登记表》。

第十章 启动农村金融

第一节｜阎锡山的“酵面”理论

一、省银行是三级金融体系“总酵面”

召开发行村信用合作券会议记录

第一次会议记录：

十一月十六日下午一时。

地址：经济统制处。

出席人：经济建设委员会崔委员

经济统制处张处长

阳曲、榆次、太原县长及科局长等及全省各县清查财政委员。

主席：崔委员。

主席报告：今次委员长（阎锡山）电召阳、太、榆三县县长来此开会，讨论村信用合作券发行事宜。想要此三县亦与忻、定、台、崞四县同样试办……准备将来到县后一并宣达。以期全省各县，同样了解。至发行合作券意义，请由张处长报告……

张报告：发行合作券的事，在省政十年建设计划案内，已有规定。现在所编各村案内，亦均有之。这是大家都知道的。良以现在乡村，穷困万分，极亟待救济。而且要想造产，更非先有资金不可。所以决定发行此券，把不动产变为动产。不过以前只想到要发行，对于发行、领用和流通周转的具体办法，尚付阙如……此次委员长在家，经过几多考虑，才把此事想通。遂在河边开了一个会议，讨论此事。深刻地说，只发行不算事，要能彻底周转得通才行。因为发行后，只能在村中使用，不能向村外沟通，仍是一池死水，和不发行一样。所以规定信用合作券，虽不兑现，而可以汇兑，即在村与村间，用县银号沟通之。县与县间，用省银行沟通之。……现在县银号虽多未成立，然可以另觅殷实商号代办。……至说到周使上，此券在村中交易，可以九角九分顶一元。即是把券

价提高百分之一。人民一定乐于使用。若在外村、外县、外省使用，则有汇兑以调剂之。至于汇兑基金，规定村向县银号息借一部，县向省银行息借一部，如发酵然。省银行票好比是总酵面。发行一二百万，分借各县，作为县银号之基金一部，连同县银号另筹基金，再起发酵作用。以兑现票借给各村，作为村汇兑基金。如此发酵后，辗转流行，社会金融马上就可活动起来。经河边会议……遂决定先由忻、定、台、崞四县，由各县先挑选情形不同之二村或数村，先行试办。……

于此大家先要认识清楚者，即人民不信任问题。因过去省钞，使人民吃亏很多。这次发行合作券，岂不又要使人民吃亏么？大家要知道，此券与普通纸币性质不同，向来发行纸币者，非即使用者。即使用者为一般人，而发行者或为某某私人，或为政府，且准备金可以短少，业务亦不能长盛，一旦亏损倒闭，纸币即落空。一般人即吃其亏。征诸我国及外国纸币史，多此实例。……所以我们知道，一切银行商号，以准备金作担保发行的票子，是靠不住的。……此次发行信用合作券，不但我们不怕吃它的亏，并且可以免除这种事实。因为用券者即发行者，而且都以土地作担保。土地永远不能没有了。……按现在的情形，系以一亩地发一元为原则，山西有地六十万顷（即六千万亩），即能发行六千万元。就目前说，全省社会上，有这许多通货周行，即够使用。自可抵制外来纸币，免再吃其亏。……因之发行此券，救济目前的农村穷困，金融滞涩，还是暂时的小利。稳定金融的基础，那才是长久的大计。日前崔先生说，此券系开纸币革命之新纪元……

但是有一点务需特别注意。即此券发行后，社会上金钱骤然加多……用途一有不当，社会全体仍然受其影响。……发行此券，务必与努力造产、服用土货，同时并进。

※ 太原经济建设委员会经济统制处：《召开发行村信用合作券会议记录》，1933 年 11 月，山西省档案馆档案卷。

二、成立省、县、村三级金融发酵体系

六、关于金融方面的措施

（一）在省一级增设银号，分散纸币发行权。山西在 1930 年前，纸币的发行权集中在山西省银行一家，全省运行的货币，除南京国民政府的中（中央）、中（中国）、交（交通）、农（农业）四银行发行的纸币外，都是山西省银行发行的纸币。阎锡山在反蒋战争时，筹措军费，便由山西省银行滥发纸币。发行数额多达七千余万元。结果物价猛涨，纸币毛荒，使山西人民吃尽了苦头。山西省银行的信用扫地已尽。他在东山再起后，面对这种情况，着手整顿，以二十元折一元收回旧币，换发新币。但人们心中对山西省银行的新币，总心有余悸不乐于使用。于是他变更办法，先后设立了四银行号，把原来山西省银行独家拥有的发行权分散开来，让他们都发行纸币。实际上由他一人掌握，一而四，四而一，无非是要要花招，骗取人民的信任。当时他正在修筑同蒲铁路，即以该铁路为保证，设立了晋绥地方铁路银号。又以绥西屯垦事业为保证，设立了绥西垦业银号。以山西的盐业为保证设立了盐业银号，让他们都发行纸币，这是他的省级金融机构。

（二）各县设县银号，由县地方筹款设立，接受省级金融的领导，成为县地方的金融机构。

（三）各村设立信用合作社，由县银号领导，成为编村一级的金融机构。

以上由省到县到村，成为一套整体的金融机构，用以掌握全省的金融命脉。在人员的选用上，他以富有、能干、可靠为标准，截至抗日战争初期，县银号在多数县已经建成。

※ 郭文周：《阎锡山在晋绥两省的经济统制》，载《太原文史资料》第七辑。

第二节｜县银号

一、成立县银号

"县银号"与"村信用合作社"的成立

阎锡山在成立垦业、铁路、盐业三个专业银号以前，就开始实施其垄断全省各县、村金融的办法，成立"县银号"，发行"兑换券"，成立"村信用合作社"，发行"信用合作券"。表面上宣传为了"建设乡村"，彻底实施其所谓"山西省政十年建设计划案"，并欺骗人民说："现在金融滞塞，农村经济破产，乡村利息高至五六分至六七分，农民不能偿债，以致商业亦归停顿，社会全呈死象，必须由一个活动县金融的办法，以资补救"。实际还是要采取另一种方式以达到其不可告人的目的：（1）小乡村高利贷者获利甚厚，他要把这种厚利通过"信用合作社"夺回来，作为发展官僚资本的基础；（2）县政府每月征收的田赋、税收和大烟卖价，数字很大，以往存放在私营钱庄，被用作放款资本，通过县银号可以收回来运用，达到所谓"利权不外溢"；（3）发行纸币，必须有一定的准备金，发行额要受准备金的限制，利用"信用合作社"，以地亩作担保，发行"合作券"，可以冲破现金的限制，大量发行；（4）人民对新省币不大信任，变换另一个面貌，借以骗取人民的信任；（5）从省到县、到村，可以彻头彻尾地全面垄断山西金融。兹将县银号和村信用合作社的情况分述如下：

（甲）县银号和"兑换券"

（1）县银号成立的经过：阎锡山倡办县银号系自1932年开始，采取了所谓"官督公营民监"办法，即是由"县政府监督，县地方经营，县全民监察"。当时人民怀疑阎锡山又在耍手段筹款，增加人民负担，官绅也以筹借资本为难，多存观望，不积极筹办。截至1932年底，正是成立的仅曲沃、洪洞、乡宁、永和、陵川、孝义、临汾、保德、五寨、岢岚、方山等十二县，资本共计一万八千余元，发行兑换券十万元。其中方山县银号，资本仅收起五百余元，而浮滥开支竟达一千余元。岢岚县因军事关系，县银号经理、司帐等人员，捏报部队抢劫，暗地将资金共同分肥，1933年10月间，阎锡山在其原籍五

台县河边村召集崞县、忻县、五台、定襄等县县长、区长及邻近各村村长开会讨论发行村信用合作券时，鉴于以上情况，遂又决定脱开绅士的圈套，招一般实商号代办县银号业务。计找商代办县银号的县份为：忻县、定襄、五台、崞县、阳曲、太原、榆次、代县、文水、清源、徐沟、平遥、介休、沁县、盂县等十六县，共有资本四十一万余元，发出兑换券四十一万余元。到了1935年，共成立起县银号三十一家。根据“太原经济建设委员会”1935年的报告，全省一百零五县，除已成立的三十一县和请准缓办的平顺、猗氏、岢岚三县外，其余七十一县，规定筹借资本共四十八万元，可发兑换券四十余万元。预计全省各县银号成立后，可筹集资本一百零二万余元，可发兑换券一百余万元。1935年以后，有的已筹起资金，开始营业，有的虽已筹到资金，因抗战开始，尚未营业。

(2) 县银号的组织：县银号设董事会，由全县各村村长组织选举会，选举董事二人，另由全县商会选举董事一人共同组织之。设监察三人，组织监察会，由县政府委派一人，出钱户选出二人。以下设经理一人、业务员若干。

(3) 县银号的业务：代理县金库，办理存放款及汇兑、发行兑换券。更重要的是以兑换券贷给各村信用合作社，作为汇兑基金，以支持信用合作社的发展。因信用合作社发行的“信用合作券”系以村为其流通范围，只能在本村行使，要出村使用，就须利用县银号的兑换券。

(4) 县银号的资金来源：除向省银行息借二成准备金外，其余由县地方分期筹募，筹募办法：有的按田亩摊派；有的系由商会筹集；有的系在田赋项下附征；有的系由地方教育基金提拨；有的在斗捐项下挪借，情形至为复杂。如定襄县银号资本为四万元：(子) 由田赋筹集一万八千二百元，分三年筹足，第一年每两粮银附加三角，第二、三年每两附加四角；(丑) 城镇各商号，捐助三千九百元，分三年均筹；(寅) 富户捐助三千九百元，一年筹足；(卯) 在外供职人员捐助四千元，一年筹足；(辰) 向省银行出息借款一万元。

(5) 县银号的利润分配：以所得利润百分之十作为本号经费开支，其余除付省银行利息外，以半数拨充县建设经费，以半数为“滚积基金”，所谓“滚积基金”，就是按年利九厘，由县银号出放，以复利生息。

(6) 私商代办银号的办法：由县长会同地方士绅筹足应筹的资本，呈请“省经济建设委员会”印制县银号应发兑换券，招县城殷实商号包办，按章订立合同，定明双方权利义务，即按资本给予私商一定利益，此外赔赚与公家一概无干。实际上是虚设县银号的名目，而将所筹资本交私商代办，坐收利息，自八厘至一分二不等，一方面以此资本作抵，发行纸币（兑换券）。

(7) 各县县银号概况：根据1935年国民政府实业部的统计，山西省各县县银号共有总号三十一家，分号一家，共三十二家，计有资本数四十余万元（较成立时的统计数减少），占全省银号业资本总额百分之五左右，共放款四十三万余元，占银号业放款总额百分之三左右，发行兑换券总额三十七万余元，占银号业发行总额百分之十四左右。

兹将各县县银号概况列表如下：

表 10－1

县别	成立年月	资本额	兑换券发行额
陵川县银号	1933 年 4 月	8000 元	
保德县银号	1933 年 7 月	5000 元	3000 元
定襄县银号	1933 年 7 月	22303 元	17000 元
五寨县银号	1933 年 7 月	5000 元	2500 元
永和县银号	1933 年 7 月	5000 元	6000 元
乡宁县银号	1933 年 7 月	11100 元	5000 元
岚县县银号	1933 年 8 月	5000 元	2500 元
曲沃县银号	1933 年 11 月	15000 元	25000 元
洪洞县银号	1933 年 12 月	24000 元	24000 元
忻县县银号	1934 年 1 月	18500 元	18000 元
五台县银号	1934 年 1 月	28000 元	25000 元
代县县银号	1934 年 6 月	10000 元	15000 元
文水县银号	1934 年 8 月	31350 元	45519 元
平遥县银号	1934 年 9 月	59200 元	60000 元
盂县县银号	1934 年 7 月	20000 元	
沁源县银号	1934 年 9 月	40000 元	50000 元
沁县县银号	1934 年 10 月	9800 元	
崞县县银号	1935 年 2 月	12000 元	
崞县县银号	1935 年 5 月		
原平分号			
长子县银号	1935 年 3 月	3000 元	
翼城县银号	1935 年 4 月	11000 元	12000 元
大宁县银号	1935 年 5 月	5000 元	
吉县县银号	1935 年 6 月	5000 元	
闻喜县银号	1935 年 8 月	7000 元	
蒲县县银号	1935 年 7 月	3000 元	
繁峙县银号	1935 年 8 月	6000 元	60000 元
安泽县银号	1935 年 8 月	5000 元	50000 元
石楼县银号	1935 年 8 月		
榆社县银号	1935 年 7 月	3000 元	
襄陵县银号	1935 年 7 月	6000 元	1430 元
宁武县银号	1935 年 9 月	8000 元	

上表系根据国民政府实业部 1935 年统计。1935 年以后成立的县银号因无资料可据，

故未列入。

※ 王尊光、张青樾：《阎锡山对山西金融的控制与垄断》，载《山西文史资料》第十六辑，28~33页。

（乙）各县设立县银号。由县地方筹款设立，接受省级金融机构的领导，成为县地方的金融机构。

※ 郭文周：《阎锡山在晋绥两省的经济统制》，载《山西文史资料》第四十九辑。

二、县银号借发、代发省钞

通过“借发”、“代发”晋钞，控制县银号及主要县市的钱庄

晋省自民国二十一年颁发《山西省政十年建设计划案》后，即督促各县村依照《编订县村十年建设计划之指针》分别编制县政十年建设计划和村政十年建设计划，而县银号，即为县政建设计划案内，创办必成立之公营事业。已自民国二十一年着手举办；惟以筹资困难，无大进展。截至二十二年底，正式成立开始营业者，仅曲沃等十二县。

在省当局之本意，县银号之于本县，犹省银行之于省。为沟通省、县、村之金融，自非依照原定计划督促未成立之各县积极筹办县银号不可。但终以办理公营事业，得人匪易，赔累中饱，在在堪尤。故除已成立县银号者外，今后倡立者，俱由殷实商家代办。据太原经济建设委员会第十一次所发表之报告，截至二十四年九月底止，先后成立之县银号，可分列如左：

（甲）正式成立县银号之县份，计为曲沃、洪洞、乡宁、永和、陵川、孝义、临县、保德、五寨、岚县等十县（已成立之岢岚、方山两县县银号已结束），共筹到资本总计为十一万八千余元，平均每一县银号资本，只万元有奇。

（乙）试办合作券招商代办县银号之县份，计为忻县、定襄、五台、崞县、阳曲、太原、榆次、代县、文水、清源、徐沟、平遥、介休、沁县、沁源、盂县等十六县，共筹到资本四十余万元，应筹未筹到之资本均未计入，现正继续催收中。

按山西全省一百零五县，除正式成立之十县及试办合作券招商代办之十六县，与本年请准缓办之平顺、猗氏、岢岚三县外，其余七十六县，本年份（二十四年度）共规定筹措资本四十八万余元。现在开始代办者，已有三十一县，其余正在积极催办之中云。

※ 全国经济委员会：《山西考察报告书》，321~322页，1936年2月。

三、县银号的管理

县银号官督公营民监

我此次主张各县设立县银号，完全为培植县建设基金，活动县地方金融。因鉴于过去官办金融机关能得好结果甚少，所以县银号规定为官督公营民监。即由县政府监督，县地方经营，县全民监察。其章程经过多次讨论，多次修改，始行公布。准由各县按照章程，自行成立。惟前在河边召集崞县忻县五台定襄县长区长及临近各村村长开会讨论

发行村信用合作券时，村长等佥谓此次公布之县银号章程，虽极严密，但按过去经验，官办金融事业，多因官吏敷衍，绅士把持，结果大家分肥，亏欠地方。今欲成立县银号，如能脱开绅士圈套，招一般实商号代办，订立合同，按资本规定一定相当利益，此外赔赚，于大家一概无关，到若干年后，定然有相当积累。嗣来省城，各县在省人士，亦多同样见解。因为实际情形如此，所以县银号章程，公布多时，一般人总不愿成立，县长不敢成立。现在各县金融涩滞，亟应解救。不成立县银号，无法救济。成立县银号，恐怕贻害将来。事虽两难，道贵兼顾。经多方考虑，非采取代办办法，不能事办而弊防。乃决定只由县长令同地方负责人士，筹足应筹资本，呈请经济建设委员会印制县银号应发兑换券，招县城殷实商号包办，按章订立合同，定明双方权利义务。如此办理，就经费而言，按成抽使，不致浪支。就劣绅言，事属私营，无法把持。就官而言，合同具在，不得法外干涉。就营而言，利害切己，代办商号，必全力经营，不难日进有功。再就利益言，办理完善，利益自当可期，每年能得若干，应出若干，都可预先算出，虽无意外赢余之可喜，然可免除根本倒塌之顾虑。且此事业本身既能成功，而影响于县建设者，亦必甚大。在此公营事业萌芽时期，办理公共事业，本极困难，此实为较任何勤督促、严考核、密监察为有效之大法也。希望负责人，切实注意照此办理。

※《二十三年一月二十六日在经济统制处之讲话》，载《阎伯川先生言论辑要》第七册，阵中出版社，民国二十六年。

山西省县银号章程
（民国二十一年六月七日）

第一章　总　则

第一条　各县县银号，以培植县建设基金，使县地方金融事业圆满进行为宗旨。

第二条　县银号作为官督公营民监事业，由县政府监督，县地方经营，全县人民监察之。

第三条　县银号的营业年限，自开始营业之日起，满二十年为期。期满后经董事会决议，得将其延期经由县政府向省政府申请审议承认。

第二章　资　本

第四条　县银号的资本额，一等县为二十万元，二等县十五万元，三等县十万元。以年赋收入进行缴纳。但是，只有实际缴纳额达到一等县一万元，二等县八千元，三等县五千元之时，才能开始营业。

第三章　特权及营业

第五条　县银号经由县政府向省政府申请之后，经审查承认得借用发行山西省银行兑换券；借用发行额，一等县不得超过十万元，二等县不超过八万元，三等县不超过五万元。

第六条　县银号代理县金库及建设金库。

第七条　县银号的营业项目如下：

（一）从事各种证券及确实的商业票据的买卖贴现，或再贴现业务；

（二）兑换汇票；

（三）从事金银及各种货币的买卖；

（四）接纳各种存款；

（五）进行对各种有价证券、商品或抵当金银及金银货币的贷款；

（六）对于经过调查被确认了的工商业者，得给予信用贷款，但是只限于短期贷款；

（七）代理接受和发送各种金钱；

（八）代理保管证券凭证、契约及其他各种贵重物品；

（九）代理交易银行、公司、商店及个人，按照各种凭证催收金钱；

（十）扶助县公营事业；但是必须是经县政府承认，经董事会通过，有确实担保品的事业；

（十一）兼营储蓄业务，储蓄章程经由县政府向省政府申请承认后施行。

第八条　县银号不得经营下述各项及其他投机性质的事业：

（一）不动产的购入或以不动产做担保的债权的继承；但是，业务上所必需的不动产及建设事业或农工事业的贷款不在此限；

（二）各种公司股票的购入或继承；

（三）依据不能算定时价的担保品进行的贷款及透支；

（四）直接或间接经营各种工商事业；但是，由董事会向县政府申请受到承认的事业不在此限。

第九条　县银行借用发行的山西银行兑换券，应保有全额准备金，现金最少限度要达六成，但其半数得为期限不超过一个月的活期贷款，其余得以确实的有价证券即短期贷款凭证充当，并且应同营业资金分置。

第四章　组织及职权

第十条　县银号设董事二名、候补董事二名，由县内城镇各商会正副会长按照全县城镇每一确实商店的资本大小，选定三十家至五十家店主，经县政府审查承认后聚会一起进行互选。董事得票以占投票总数三分之一以上为合格，候补董事占四分之一以上为合格。董事、候补董事得票相同，比应选人数多时，应重新投票选定。

上述开会及选举事项，由县政府办理。

第十一条　董事选举会选举人，必须由本人参加会议；如果不得已有事故不能参加时，向县政府申请经过承认得由副店主代理参加，但代理选举人数不得超过总选举人数的五分之一。

第十二条　董事选举按记名投票进行；在被选董事不尽职责时，选举人应督促之。

第十三条　县银号董事的被选资格，必须具备下述条件：

（一）年龄在三十五岁以上，六十岁以下者；

（二）从事商界成绩、信用显著者；

（三）热心于公营事业者。

第十四条　县银号董事选出后，由县政府将详细履历向省政府提出，加以任命，任期九年；但是重选得连任。

第十五条　各县县银号设经理一名、副经理一名，由董事会进行推荐，经由县政府向省政府申请，经审查后加以任命。

第十六条　经理总理号内事务，副经理辅佐经理处理全号事务。经理缺席之时，由副经理代理。

第十七条　县银号根据民监的宗旨，由全县人民按县行政区设立监察团；由各区监察团各选举监事一名，加上县商会会长组成监事会，担负监察的责任。全县各区监察团，由各区内的各村村长为监察员，组织之；其组织及选举规程另行定之。

第十八条　选出监事时，向县政府报告，并经由县政府向省政府报告。监事对各监察团及全县人民负责，任期为三年，但得连选连任。

第十九条　各区监察团对各该区监事拥有罢免权，但是需要有该区监察团员三分之二以上的同意；在实行罢免的同时，进行补缺选举。

第二十条　监事会设常务监事二名，由监事每六个月交替充任；其交替顺序，通过抽签决定。

监事会主席，由监事会互选产生。

第二十一条　监事拥有向董事会及县政府弹劾副经理及全体号员的权力，并得随时到银号进行检查，县银号不得加以妨碍。

第二十二条　监事会的职权如下：

（一）会计科目的审查；

（二）月报、年报的审查；

（三）省银行兑换券的借用发行及准备金数额的检查；

（四）经费及其他支出报告表的审查；

（五）检查对各项贷款之担保品的确实与否；

（六）监查全号人员有无不法行为；

（七）监查董事及县政府人员中有势力者，有无直接或间接地利用县银号，为自己或他人图谋利益的行为；

（八）其他一切监察事项。

第二十三条　监事每半年召开一次全体会议；常务监事每月开会一次，如果认为有开会之必要时，得随时召集临时会议。

第二十四条　监事在每次全体会议开过之后，在对省银行兑换券及准备金额署名后，向各该团监察员进行报告；各区区公所负有公布之责任。此外，其营业报告、财产目录等，待年度末决算之时，进一步报告并宣布。但是多数监事认为有必要宣布的事项，亦应在开会决议之后宣布之。

公布前述各种报告所需之文具及印刷费，应由县银号负担。

第二十五条　各县县银号设如下各股：

（一）业务股；

（二）会计股。

第二十六条　在各股设股长一名，规模小的营业，得由正副经理兼任。按照事务的繁简得设号员若干名及练习生若干名。

第二十七条　凡董事、监事、正副经理及股长所经营或进行投资的事业，县银号不得给予贷款。

第二十八条　县银号设监理一名，由县政府任命。其章程另行规定之。

第五章　经费及待遇

第二十九条　县银号的经费，每年编成概算书，在董事会通过后向县政府提交，由其决定并向省政府报告。

第三十条　监事每参加一次会议，每人付给车马费二元，不出席会议者不予支给。（后略）

第六章　营业决算及纯益分配

第三十一条　各县县银号，每年进行一次小决算；每三年进行一次大决算；每年决算后编成下述各项表册、文件，向监事会提出，经审查后由董事会向县政府报告，转呈省政府。另外，由监事向各该团监察员报告，在各区区公所进行公布。

财产目录；

（一）资产负债表；

（二）营业报告表；

（三）损益计算书；

（四）红利分配表。

第三十二条　每三年一次总决算之后，所得纯利按如下比率分配：

（一）百分之十五，为法定公积金；

（二）百分之五十作为资本利息，归县金库成为建设基金；

（三）百分之五作为董事奖金；

（四）百分之三十，进一步分配。以其百分之三十为经理奖金；百分之二十为副经理奖金；其余百分之五十支给四名以上的出资者。其分配方案由正副经理规定，经董事承认。

第七章　考　查

第三十三条　县银号按三年总决算时所得纯利考查成绩，规定如下等级：

（一）不足一分者，为下等；

（二）一分至一分半者，中下等；

（三）一分至二分者，中等；

（四）二分至三分者，上中等；

（五）三分以上者，上等。

第三十四条　三年考察成绩，等级为下等时，董事应自动地辞职；但是，通过董事选举会三分之二以上的挽留，经县政府承认者，得继续留任。

第三十五条　县银号的董事及正副经理，功绩显著者，得由县政府将其事实向省政府进行申请，进行表彰。

第八章　附　则

第三十六条　（略）

第三十七条　（略）

※ 山西地方史志资料丛书之九《山西历史辑览（1909—1943）》，山西地方志编纂委员会办公室编印，1987 年 4 月。

各县县银号借发山西省银行兑换券章程

第一条　各县县银号得以本章程之规定，借发山西省银行兑换券。

第二条　县银号借发山西省银行兑换券时，应先将所借兑换券种类、数额造册，呈由县政府转呈省政府核准，令行省银行订出借发契约，并分行财政厅知照。

第三条　各县县银号所借兑换券数额，一等县不得超过十万元，二等县不得超过八万元，三等县不得超过五万元。其在市面流通之数，并须有法定准备金。

第四条　县银号借发兑换券应按其借发数额向省银行交纳印制费，其发行税准予免收。

第五条　各县县银号所借兑换券应由省银行加盖某县戳记，各县领回后自行加盖有效暗号，以免发生流弊。

第六条　各县县银号所借兑换券应由该县银号负兑现责任。

第七条　各县县银号倘有亏累倒闭情事，所借兑换券仍由该县地方设法收回，省银行不负代收之责。

第八条　各县县银号所借兑换券准备金，应遵照《山西省县银号章程》第四条之规定，由各监理员及监事负责监察，省银行及财政厅也应随时派员查察，倘查有不足时，除兑换券收回外，并得呈请省府予该县县长及县银号经理以相当处置。

山西省银行代理店代发山西省银行兑换券章程①

（二十一年十一月）

第一条　山西省银行代理店，得以本章程之规定，代发山西省银行兑换券。

第二条　代理店代发兑换券，每次领取代发额数，须报由各该县商会审核，转函省银行径发，但至多不得过代理店资本之三倍，其在市面流通之数，须有法定准备金。

第三条　代理店所领兑换券，应由省银行加盖某县地名字样，代理店自行加盖有效暗记，以免发生流弊，但所盖暗记，须商得省银行认可。

第四条　代理店代发省银行兑换券，应先领角票一千元试办，免计利息，□一千元角券完全推行后，继续领发。

第五条　代理店继续领取兑换券时，除原领一千元免息外，应按其领取额数行息，续领取角券时按月息四厘，元券按月三厘行息，续领至五千元以上时，角券按月息五厘

① 山西省银行代理店是指代理省行业务的钱庄，主要县市城镇凡无省行办事处者均有代理店。

元券按月息四厘付息，领至一万元以上的，角券按月六厘、元券按月五厘行息，免纳印刷费及发行税。

第六条 兑换券如流行外县，由省银行总行处收回时，当即通知收回额数，日内将元券换回，否则，即以函知后第六日起，按太原市满加利率计算利息。

第七条 代理店代发兑换券，须取具各该县商会认可书向省银行订立代发契约，按其代发数额，至少每一千元至多每一万元，觅相当殷实铺保一家。至保额之多少，视地方情形，其铺保保证书，须由各该县商会署名作证，至该铺保资本之多寡，并经营之状况，临时商定。

第八条 代理店代发兑换券，自定立契约后，以一年为期，期满经双方同意得继续代发。

第九条 代理店所借兑换券，在代发期间，经省银行认为有停止发行之必要时，得令代理店限期撤收。

第十条 代理店代发兑换券，应由代理店负兑现责任。

第十一条 代理店在该店门首悬挂山西省银行某县代理店及代兑山西省银行某县地方兑换券字样招牌，均由省银行制发。

第十二条 代理店倘有意外情事发生，所借兑换券由省银行悉数兑回，所欠款项由商会督促代理店保证商号按照保额及时归还。

第十三条 本章程自理事会议通过，呈省政府立案之日实行，如有未尽事宜，得随时修改之。

※ 人民银行总行参事室：《货币史》资料。

第三节 | 信用合作社

一、阎锡山合作金融思想

村信用合作券问题与解答

问：这信用合作券究竟是兑现的还是不兑现的？

答：在本村中通行与现洋一样，并且在本村买货比现洋还便宜百分之一，无兑现之必要，到村外使用，可尽量汇兑。

问：如此周行，事实上与兑现票一样，何不改为兑现的？

答：以需要说，因为现款不足通使，所以才发行此券。以周转说，兑现票还不如此券好，举其大者有左之三点：

第一，兑现票系以银元担保，其准备金至多不过十足准备，顶好出一元票子，以一元银元担保。此券系以一亩地担保一元，可以说是数十百元之担保，此为第一好处。

第二，银元担保的票子，业务一有亏损，银元即行短少，担保票子的基础，即为动摇，此券系以土地担保，土地永远不会短小，即此券是永远可靠的，此为第二好处。

第三，银元担保，因银元是有限的，所以兑现票亦同受限制。大家看咱们山西的田地，有六十万顷，至少每亩平均值价十元以上，还值六万万元以上；今日社会上因现洋缺乏，反使此值数万万元之土地，亦等于死物；假使以值十元之土地，担保出一元之信用合作券，则山西全社会上，何等活跃，此为第三好处。

因以上关系，故汇兑而不兑现。

问：近年来山西吃票子的亏不少，村民如不信合作券，当如何解说？

答：可向村民说，这合作券与普通兑现票子不同。普通票子是由银行号发出，人民使用，所以人民能吃他的亏。这券是人民自己使用，永不怕吃亏。且普通票子是银元担保，担保的数量小，又容易少了。此券是土地担保，担保的数量大，又不能少了。有地的人是出票子的，固然不怕吃亏。无地的人，虽然是使用票子的，但此券的担保，如此确实，亦绝不怕吃亏。

问：领用此券按年一分行息，十二年以后停止利息，并不用还本。以缺短钱的人说，现在利息如此之大，固然是很喜欢，如是不短钱的人，他可否不领此券？

答：不准不领。因为如有地而不领此券之人，即是有不担保此券之地，以后村中买地时，无法移转担保信用之责任，即是此事无法办通。不应因少数人而碍大众的事，更不应以有钱的碍没钱的事。况且领得此券，可以买货，可以放账，可以向外汇兑，并不吃亏，谁肯不领呢！

问：村中买卖货币以九角九分当一元。有人稍不乐从，当如何？

答：年来农村破产，商家跌帐甚多，买卖萧条，此券一发，跌帐可收，买卖增加，明白的人，必然乐从。且有一家如此，他家不得不如此。若不如此，其货必然不能出售。至于买卖不动产，则价钱在乎磋商，无一定行市，每元所差一分，没甚关系。故在本村买卖货物及土地房屋，亦必须如此。

问：向外汇兑，手续如何？

答：凡向外汇款者，可将信用合作券，交信用合作社由社照数开给支票，即可凭票领取现款。

问：较大款项，如此办理，固无不可。假如零星用款，亦如此汇兑，岂不太烦么？

答：零星用款，合作社如欲节省繁琐手续时，尽可将总合作社借到之县银号兑现券取回，存在村合作社，以备换给，但此亦非兑现，乃系代替汇兑耳。

问：如村民将所发之券，一齐交合作社，往外汇兑时，将如何办理？

答：事实上绝不能如此。因为此券既能买货便宜，又可偿还债务，此种来往在村民之间，一定不少，一村之中，通用此券，以人计之虽不多，以村计之定不少；况外村人，如来本村买货，为货价省百分之一计，必设法换收本村。合作券，辗转通使，必不能全数回来。且无论何村，有出款亦有入款，由合作社汇出汇入，自可抵消一部。

问：村人向外汇款，用途有无限制？

答：向外汇款，以买卖生产工具、原料、生活必需品，及其他正当用款为标准。如购土货代替之外货，或鸦片丹料等毒品，绝对不予汇兑。因购用外货是将钱与人，令其制造飞机大炮，来打我们，故不予汇兑。购买毒品者，更是自害或害人，故亦不予汇兑。

问：如村中出款多入款少，以至合作社屡次向外汇款时，收回之合作券，将再如何推出？

答：如此等村社，确须多预备汇兑基金。但无论如何必有一部分在村中周使，并且本村总有一部分回款，与外村人来买的货物，所以收回之券，仍可陆续兑出。不过此等村庄，发行此券，切须于努力造产，增加输出，相互并由，方可日趋兴盛耳。再此等村庄，开首发行，宜少不宜多，至多少之数，应视本村人民间来往情形以为定。值此农村贫困，达于极点之际，少发些必能搁架在外，于人民有利无弊。盖少添些钱，总较不添为好，如同吃不上饭的人，吃些亦比不吃为好。

问：主席前说二成准备金不足时，由村中富商息借，其息借之数，有无限制？

答：二成准备金不足，再借时，经由本村经济建设董事会通过后，即可借用。无数目之限制，因经过董事会通过，即过限制无益之准备也。

问：如所需添备之数，由村中富商借不到时，又将如何？

答：村信用合作社，每年由所收利息中开支十分之一，余款甚多。十二年后虽停收利息，而累年所积利息，已超过原发券数多多，似此有赚无赔之事业，村中有余款者，将争先恐后，出借于信用社，即或村中不能借到，尚可再向县银号借之。

问：村信用合作社可否直接向银行借款？

答：不可。县借给村，系调剂村与村之周转。省借给县，系调剂县与县之周转。故须如此办理。

问：如此推行省银行县银号之纸币，将来该行号营业亏累，票低价落时，岂不是我们又要吃票子的亏吗？

答：这个不成问题。我们借用省银行县银号的票子，即对省银行县银号负下债务，既向他们负下债务，即不怕吃他们的亏。纵然他的票价任何跌落，靠得住可以拿他们的票子还他们的债，有何可虑！

问：领券地主如不能按期付利时，应如何办理？

答：如不能按期付利者，待其农田收获后，按时价折收其粮食。如土地租与他人者，于收租时，向租种人租价内扣收之。

问：收粮扣租，及应收利息，发生困难时，应如何办理？

答：应由村长负责。村长不能了者，县长负责。

问：各村发行日期不一，一村又分数村数行，将来收利日期，如何规定？

答：不论在何月发出，收利日期，统定于每年国历年底一次清收。如于一年之中，分期发行者，亦按日分别计利。

问：如甲村在乙村买有土地而租于乙村人民耕种者，券归何人领取，息归何人负担？

答：券归土地所有主领用，并负担利息。

问：如土地抵押与人，现在价值落在抵押款以下，事实上将为债权人之土地，但现在尚未作买卖契约，券归何人领取？

答：地既未作买卖契约，仍应归原地主领用。因借款人较寒苦，仍占点便宜，亦无不可也。

问：照主席所说，此券在本村一律周行，如以前所借现洋债务，能否亦用此券归还？

答：凡有契约规定者从契约。无规定者任债务人由通用货币中选择归还。实际上此券优于现洋，故不成问题。

问：以前买货所欠之款，如以此券偿付，是否亦按九角九分顶一元计算？

答：所谓九角九分顶一元，系指发行后作买卖而言，以前者应照旧办理。

问：现有地瘠民贫之县份，有一亩地不过价值一二元者，应如何负担？

答：地价过于低廉，按五亩或十亩担保一元。

问：临河之地，时虞被水淹没者，应如何担保？

答：如有淹没之虞者，应令其选择无淹没虞之土地至少值价在发券额二丨倍以上者，兼为担保。例如临河之地，每亩按一元发合作券者，应由地主另以自己或他人之土地兼为担保。兼任担保之土地，每亩价值在二十元以上者，以一亩兼保一亩即可。如每亩只值二元者，应以十亩兼保一亩。余类推。

问：信用合作社如有天灾时变，以致赔累损失时，合作券是否亦受影响？

答：合作券既能行开，则周在民间，自发自用自担保，虽系合作社所发，实则发行后已与合作社无关。万一合作社遇天灾事变，亦不过将所收利息损失，绝对影响不到合作券之周行。

问：合作社社长及其他办事人员，如有侵蚀款项及失职情事，致损失利息时，应如何办理？

答：事先应选富有能干可靠之人经理之。且承办后应由村民严密监察，县区长负责监督。如有侵蚀情事，应勒令其赔偿。若无侵蚀而怠忽职务，或有不称职情事者，社长应由经济建设董事会更换之，以下人员应由董事会或社长更换之。

问：担保发券之地，是否专指耕地而言？

答：系专指耕地而言。宅场院地及其他不能耕种之地，不在其内。

问：一块地不足一亩，或一块地系几亩几分几厘者，发券时是否亦按零数计算发给？若然，则不足一亩者如何发券？

答：发券时按各地主所有地亩总数计算，以分为止。应发券数不足一角者，不予发给。

问：现在编订村政十年建设计划案，村中对于多家土地亩数，难免有不甚确实，报多或报少情事，将来发行此券时，对于亩数究应核实后再发，抑或按其所报亩数为准？

答：地亩亩数务必核实，如按所报不确实之地亩发券，将来纠纷甚多。假如甲有地百亩，每亩能领合作券一元，村案载有五十亩，以此五十亩发给合作券，则不特目前少领五十元之合作券，将来出售土地一亩，须移转信用担保一元，即系其一百亩地，每亩均须少收地价一元，甲某吃亏太甚。反之，甲如多报地，多领券，则便宜太甚，且系不应得之利益。凡地以多报少者，自己吃亏，别人占便宜；以少报多者，自己占便宜，使

别人吃亏；都非公共之道。且此券与地亩不合，违反按亩担保之原则，所以发行前，务须另行举办地亩登记，不能尽以计划案为标准。登记前，应由村长等详为讲解，多报者不许，少报者吃亏之意义，务使村民确实明了，均须依实报地，以免吃亏或占便宜。

问：既决定地价十元以上者，每亩发券一元。五元以上者，每二亩发券一元。二元以上者，每五亩发券一元，一元以上者，每十亩发券一元。不值一元者，不准发给。此项地价，应由何人规定?

答：应由村长召集村副闾邻开会，举出七人至十五人组织地亩评价委员会，评定地价。

问：此券信用体系地亩担保，村地亩册关系甚大，应如何登记，方称完善?

答：此事诚然关系甚大，应照下列村地亩登记簿格式登记。

格式：

表 10－2

(业主姓名)

计合 总共地 百　十　亩　分				地段名称
				亩数
				每亩评定价格
领券				每几亩应领合作券额
百　十　元　角				备考

登记注意事项：

一、亩数栏应按红契所载登记，如有一块地割卖一部或因弟兄分产致亩数与红契不符者，应验其证明文件，如卖契分单等是也。

二、每几亩应领合作券额栏应填明每几亩领几元，如一亩担保一元者，填每一亩领一元，二亩担保一元者，填每二亩领一元。余类推。

三、如遇出卖土地时，应于备考栏内注明，并由新业主另行登记。

问：关于信用合作社发行信用合作券事宜，系由何处主管？将来办理困难时，如何办理?

答：按照十年经济计划案应归太原经济建设委员会主管，由经济统制处办理之。

※《阎伯川先生言论辑要》第七册，阵中日报出版社，民国二十六年。

信用合作社——乃中产以下之人，依自助互助有无相通之原则，谋社员间资金通融之一种合作组织，故业务的授信与受信最为重要。授信之业务，即合作社授予社员信用而经营之业务，其种类可以分为信用放款、保证放款、抵押放款、贴现放款、往来透支等。抵押放款又可分为动产抵押、不动产抵押。如以放款期限分来，可分为长期放款、中期放款及短期放款，此外尚有专门指定某种用途之放款，如设备放款、运销放款、购买土地放款等。受信业务，即接受社员信用经营之业务：如短期存款、活期存款、通知存款、往来存款、小额存款等。合作社为巩固其基础，奖励合作社人员存款，又可举办励工存款、励农存款、节日存款、纪念存款、子女教育存款等。依照合作社法之规定，信用合作社，除接收社员存款外，呈请主管机关核准，并可吸收非社员之存款。但绝对不能将吸收社员之资金转贷于非社员。信用合作社为一平民银行，故凡银行所经营之业务，如信托、汇兑、代理收付，均可经营。

※ 山西省经济管理局：《战后新经济之做法》，1935 年 8 月，山西省档案馆档案，财字 101 号。

二、村信用社的资本金来源

如总合作社借县银号款一万元，转借给各村，按年利一分计，全年得利一千元。其中以十分之一，（即所借县银号款百分之一）为总合作社经费之一部。十分之二，为付省银行之利息（即县银号借省银行款应付利息）十分之三？五为县建设经费。其余十分之三？五，即为本社代县银号滚积之款。按年利九厘，包放生息，逐年滚积，满十五年，可积利息一万余元，即足于原本相同。兹将逐年积息，列表如左：

表 10－3　　**村合作社积息计算表**　　单位：元

	合计	第 15 年	第 14 年	第 13 年	第 12 年	第 11 年	第 10 年	第 9 年	第 8 年	第 7 年	第 6 年	第 5 年	第 4 年	第 3 年	第 2 年	第 1 年	年限
15 年共计本利 30552.7 元除原本 10000 元外尚余 20552.7 元，足为原本之 2 倍		28213	26067	24089	22292	20635	19114	17719	16440	15266	14189	13201	12294	11463	10700	10000	原本及利本总数
		5	4	5	2	0	7	9	3	3	3	2	7	0	0	0	
	10500	700	700	700	700	700	700	700	700	700	700	700	700	700	700	700	本年原本应得利
	0	0	0	0	0	0	0	0	0	0	0	0	0	0	0	0	
	10052	1639	1446	1268	1106	957	820	694	579	474	377	288	206	131	63	无	本年利本应得复利
	7	2	1	9	3	2	3	8	6	0	0	1	5	7	0		

※《阎伯川先生言论辑要》第七册，阵中日报出版社，民国二十六年。

总合作社积息计算表

如总合作社借县银号款一万元，转借给各村，按年利一分计，全年得利一千元。其中以十分之一（即所借县银号款百分之一）为总合作社经费之一部，十分之二，为付省银行之利息（即县银号借省银行款应付利息），十分之三点五为县建设经费。其余十分之三·五，即为本社代县银号滚积之款。按年利九厘，包放生息，逐年滚积，满十五年，可积利息一万余元，即足于原本相同。兹将逐年积息，列表如表 10－4。

表 10－4　　单位：元

合计	第 15 年	第 14 年	第 13 年	第 12 年	第 11 年	第 10 年	第 9 年	第 8 年	第 7 年	第 6 年	第 5 年	第 4 年	第 3 年	第 2 年	第 1 年	年限
	19106	18033	17049	16146	15317	14557	13860	13220	12633	12094	11600	2147	10731	10350	10000	原本及利本总数
	8	8	4	2	6	4	0	2	2	7	6	3	5	0	0	
10500	350	350	350	350	350	350	350	350	350	350	350	350	350	350	350	本年原本应得利
0	0	0	0	0	0	0	0	0	0	0	0	0	0	0	0	
5026	819	723	634	553	478	410	347	289	237	188	144	103	65	31	无	本年利本应得复利
4	6	0	4	2	6	2	4	8	0	5	1	3	8	5		

※《阎伯川先生言论辑要》第七册，阵中日报出版社，民国二十六年。

三、村信用社发行合作券

村信用合作券实施办法之改善

去冬指定阳曲太原榆次忻县定襄崞县五台等七县试办发村信用合作券，共百余村，历时三月余，试办结果均尚良好。惟有三村发现推诿兑现，致券价与现洋发生少许之差额，究其原因不外有以下四种：

第一，向来商号处纸币，出票者势寡，使票者势众。合作券则是出票者势众，使票者势寡；且来兑现者，多系外村人，合作社易仗势推诿。

第二，村人不明合作券，应合作摊换汇兑基金之义，不愿摊换现洋，以致春标前，少数村庄，发生基金不足之现象。

第三，因不明摊换基金源源兑现之办法，一般人以为二成基金太少，持券者心理不安，致发生挤兑情事。

第四，有不良之商号，欲使合作券与现洋发生差额，以便从中渔利。

我意第二期试发各村，可另定实验办法如左：

汇兑改成兑现，以符合社会心理，并将原定领券村民交纳之利息取消。

二、兑现准备金定为十足准备，由领券村民分七年摊出。第一年至少须摊足四成，余分六年均摊，此为长久办法。至开首之十足准备办法如左：

子、由领券村民摊集四成

丑、由县银号息借二成

寅、由包办者周转一成

卯、其余三成由领券村民随时摊换

※《阎伯川先生言论辑要》第七册，阵中日报出版社，民国二十六年。

议决事项

一、凡已发券村庄，如能自凑足六成准备金，准其不借县银号之款。否则必须息借二成，并摊集四成，以防准备空虚。

二、二成以外多发之村庄，如嫌券多或摊现之困难或麻烦者，得任意免利撤收其券，照原议只留二成。倘不能撤收，即须摊换现洋，畅然兑现，以免一般使券人吃亏。

三、社长摊换发生困难时，找村长办。村长发生困难时，找区长办。村民如仍拒绝摊换，区长亦无办理时，由县长勒令指撤收其券。

四、定襄五台第二期呈准试发合作券各村，券尚未发出者，均须照此次会议结果试办。

五、其他试办各县，如有村庄认为能照此办理者，得发动请求试办。

六、不能照此次会议结果办理者，一律暂缓加发。

七、如有商人设法播弄，使合作券于现洋发生差额，希图从中渔利者，应由县、区长及委员严查罚处。县、区长怠于查察者，连带受惩。

※《阎伯川先生言论辑要》第七册，阵中日报出版社，民国二十六年。

村信用合作券议决案

甲、指定五台、忻县、崞县、定襄等四县于所属每区选择村情不同之两三村，先行试办。

乙、修正河边村信用合作券发行办法，并作为四县实验之依准。

丙、按发行此券本系以每亩一元为原则。惟试办之初，为妥慎计，决定试办各村每亩至多先发二角。定襄试办各村每亩先以一角发行。五台先以二角发行。忻县、崞县宜一角或二角各该县县长回县后自行酌定。将来各县推行宜分几期发行，视试办结果，再为决定。

丁、村信用合作券面额定为一角、二角、五角三种。一角者，印二成。二角者，印四成，五角者，印四成。每样均多印一成，以便将来毁损时调换之用。

戊、村合作社借贷庄，于总合作社及县银号发行纸币事项，均可暂先委托县村商号代办。

己、此次到会各村村长，于回村后，将此次会议情形，分别向村民详为讲解，亦可试办。所有印发信用合作券及备款事项，由河边村村长及营业公社代为办理。

庚、将前说村合作社经费，以全村所发合作券总数千分之七为限度一层，改为千分之八。总合作社经费以全县各村所发合作券总数千分之三一层，改为千分之二。

辛、将前说不值一元之地，以十亩担保一元合作券一层，改为十元以上者，每亩担保一元。五元以上者，每二亩担保一元。二元以上者，每五亩担保一元。一元以上者，每十亩担保一元。不值一元者，不准发行。

壬、将前说在本村购买货物以九角九分当一元一层，加入不动产之买卖，以合作券付价时，亦以九角九分当一元。

※《阎伯川先生言论辑要》第七册，阵中日报出版社，民国二十六年。

组织信用合作社，发行“信用合作券”

山西合作社大致可分为二：一为太原经济建设委员会经济统制处所督促举办之信用合作社，一为山西省政府村政处所举办之农村合作社。兹分述如次：

（甲）农村合作社，按村政处督促下之农村合作社，系照实业部颁布法规办理。自二十二年开办起，迄二十四年十月止，总计此项合作社之成立，仅有二十五所。且其中有消费合作社八处，产销合作社三处，而信用合作社只十四处。除襄垣县大池村之信用合作社有社员七十人，股额共二千三百六十四元外，其余之信用合作社，社员既少，股额复微。如阳曲县柴村之信用合作社，社员只九人，股额合计只十八元；太原县上庄村之信用合作社，社员十一人，股额合计只十一元，即其例证。合前述十四信用合作社之股额计之，为数亦仅二千九百二十九元。足见此项合作社之于晋省，尚属幼稚。

（乙）山西信用合作社之缘起，由于各地金融枯涩，乡间利息高昂，故由太原经济建设委员会先后指定招商代办县银号之忻县等十六县，成立乡村信用合作社，发行信用合作券，以资救济。截至二十四年九月止，在上述十六县内，共成立村信用合作社七百一十五所。复于各县内，就各村信用合作社会组一总信用合作社，介于县银号与村信用合作社之间，而县银号又介于省银行与总信用社之间，其联系如下图所示：

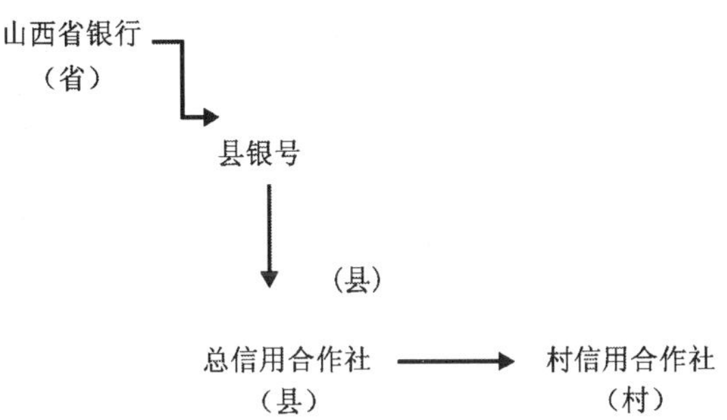

※ 全国经济委员会：《山西考察报告书》，323～324页，1936年2月。

据我所知道的，山西发行“村信用合作券”的办法如次：

一、信用合作社的组织，凡村中有土地之人民，均为村合作社的社员。合全县之村信用合作社组总合作社。总合作社，归县经济建设委员会指挥，县经济建设委员会直接受制于太原经济建设委员会经济统制处。村信用合作社之社长由村中富而能干之人充之；社长则受制于村经济建设董事会——经济统制处在村中的机关。

二、合作券的发行和周期。凡有五亩土地以上之农民，均由经济统制处按土地之多寡，发给一定量之信用合作券，该券之信用，即由土地担保，值十元以上之土地，每亩担保一元；值五元以上之土地，每二亩担保一元；值二元以上之土地，每五亩担保一元；值一元以上之土地，每丨亩担保一元。不值一元者，不得发行（即每亩值十元以上之土地每亩发给合作券一元，每亩值五元以上之土地每二亩发给合作券一元……），至地价之高低，则由村长召集村副闾邻长开会，举出七至十五人组成地亩评价委员会评定之。此券在村中，不只要一律行使，并且在本村购买动产或不动产及一切货物时，还要较用现洋者便宜，即以九角九分当一元；其余行使，即与现洋相同；但不能完粮纳税，此券发行后，无论何人，不得拒绝收受，违者处罚。

农民领此券者，按年利一分行息（征收现洋），以十二年为限。领券者如不能按期付利时，待农田收获后，按时价折收其粮食；如土地租与他人者，于收租时，向租种人于租价内扣除之。收粮扣租及应收利息发生困难时，应由村长负责，村长不能了者，区长负责；区长不能了者，县长负责。满十二年后，利息即停止，并不必还本。只于卖地时，每亩如原领一元者，每亩即少收卖价一元，每二亩如原领一元者，每亩即少收卖价五角……以移转其担保信用之责任。

三、信用合作券的汇兑基金。信用合作券是不兑现的，而发行是以村为单位的。如到外村和外县使用时，由合作社与之汇兑现洋，不收汇费；但遇现洋向外汇兑有汇费时，则此券汇兑亦与现洋等。汇兑基金的来源及数量是如何来的呢？村合作社的汇兑基金是由总合作社按照各村合作社所发合作券总额之二成借给的（现洋），此项借款，亦以年利一分行息。如遇二成有不足时，准由各该村向富商息借，此项借款亦以年利一分行息。总合作社的汇兑基金是由县银号按全县各村所发信用合作券额数十分之二借给的，亦以年利一分行息；由县负责汇兑，以调剂村与村周转。由省银行按县银号借给总合作社款数的十分之二，借给县银号，亦以年利一分行息；由省负责兑现，以调剂县与县之周转。

四、信用合作社之经费。村信用合作社之经费，以全村所发合作券总数千分之八为度。总合作社之经费，以全县各村所发合作券总数千分之二及总合作社所借县银号款百分之一为度。

五、信用合作社之积款及其支配办法。村信用合作社，每年由社员身上所收回之利息，以年利九厘，责成本社负责人经营之，如同包办性质，逐年所得利息，累进至所发合作券总额二倍后，其以后每年之利息，以一半增益合作社之基金，以一半代替土地之负担。所有超过年利九厘以上所得之利息，概为本社负责人之红利。总合作社所经营之县银号款，每年所得利息，除照县银号章程以半数充作建设基金外，其余半数，以年利九厘，责成总社负责人经营之，如同包办性质。逐年所得利息，累进至原借款本额相同后，所得利息，一律拨充建设基金。

六、发行合作券的理想成绩。太原经济建设委员会经济统制处的诸先生，就按上述办法，估计村合作社与总合作社理想的成绩如次：如发给各土地所有者合作券一万元，十五年共计本利三万零五百五十二元七角，除原本一万元尚余二万五百余元，为原本之两倍有奇，如总合作社借县银号款一万元，转借给各村，按年利一分计，全年得利一千元，就中以十分之一为总合作社经费之一部，十分之二为付省银行之利息，十分之三点五为县建设经费，其余十分之三点五利息九厘生息，十五年以后共得本利二万零二百七十六元四角，除原本一万元外，尚余一万零二百余元，为原本之一倍有奇。

山西的土地至低估计亦在六十万顷以上，每亩平均价格至少亦在十元以上，即按每两亩发券一元，全山西省可发合作券三千万元。水泄不通的山西社会，骤然加添一笔三千万元的流通要具，想来会达到“救济农村”、“活动金融”、“复兴商业”的目的吧！又总合作社县银号所借款额，以三千万元之十分之二计，共有六百万元，转借给各村，十五年后，可得纯利六百余万元。这样，只要我们“等候”十五年，一定会有一个堂哉皇哉应有尽有的山西社会出现——这就是所谓“造产救国”。

※ 陈光远：《山西发行“村信用合作券的真相和我见》，天津《益世报》，1934 年 3 月 24 日，载《中国近代农业史资料》第三辑，221～223 页，三联书店，1957 年。

四、合作券的土地保证

修正五台县河边村信用合作券发行办法

第一条　本村信用合作券（以下简称本券）依据本村十年建设计划案第三章第一节第二款之规定发行之。

第二条　发行本券一律以本村耕地为担保。

第三条　本券由本村信用合作社按村民所有耕地亩数发行，每亩以一元为准。但耕地每亩价值在五元以上，十元以下者，每二亩发行一元。二元以上，五元以下者，每五亩发行一元。一元以上，二元以下者，每十亩发行一元。不值一元者，不准发行。

前项本券为试办妥慎计，先按每亩发行二角，其余斟酌情形，陆续发行。

第四条　本券面额定为一角、二角、五角三种。

第五条　本券发行后，所有一切交易借贷，一律通用，无论何人，不得拒绝收受，违者由村处罚。

第六条　本券在本村购买货物不论动产及不动产，一律以九角九分当现洋一元。但汇兑借贷不在此限。

第七条　持本券不得向本村信用合作社要求兑现，但出村用款时，得请由信用合作社代为汇兑。

信用合作社承办前项汇款，除遇现洋向外汇兑有汇费外，不得收汇费。

第八条　凡向外汇款以购买生产工具、原料、生活必需品，及其他正当用款为准。如购买能代替之非土货或鸦片丹料等毒品者，一概不予汇兑。

第九条　本券汇兑基金，由本村信用合作社照所发数额向县银号息借二成，如不足时，由本村经济建设董事会通过向村中富商息借，仍不足时，得再向县银号息借，均按年利一分行息，但市面利率低于年利一分时，应同率照减，以昭平允。

前项两成汇兑基金，在县银号未成立以前，暂向本村营业公社借贷。

第十条　凡领有本券之村民应向本村信用合作社按年利一分纳息，但以十二年为限。

前项利息以每年年底为交纳时期，逾期不交者，由本村信用合作社报请村长折收其农作物。如耕地系地租于他人者，由租价内扣收之。倘有拒绝情事，报区处办。

第十一条　凡领受本券之地主，免还原本。但永久按照地亩所发券数负有担保本券信用之责任。

第十二条　村民出售耕地时，应照原领本券数目，于地价内照数减少，所有本券担保责任，即转移于买地人。

第十三条　本村信用合作社逐年所得利息累进至所发合作券总额二倍时，其以后所得之利息，除以一半增益合作社基金外，其余一半，充作代付田地赋担之用。

第十四条　本券之发行，得由本村信用合作社委托商号代办。

第十五条　对本券由伪造及毁损信用等等行为者，呈由司法机关依法惩办。

第十六条　本办法自本村经济建设董事会通过呈准备案之日施行。如有未尽事宜，由经济建设董事会通过呈明修改之。

※《阎伯川先生言论辑要》第七册，阵中日报出版社，民国二十六年。

山西省各县经济合作社联合社开付合作券办法
（民国三十二年四月）

一、本办法依据山西省人民经济合作社实施大纲十条之规定订之。

二、各县经济合作社联合社为接收产物，并免除因物价高涨所受损失，得以本办法之规定开付合作券。

三、合作券仅限于在原开付之合联社所属县境内购买物品。

四、持有人如果向他县购买物品，或在他处需用者，得请求合作券之合联社为之汇兑。

五、合作券面额分一元、五元、十元三种。

六、合作券以日工为计算标准，每一日工折合作券为十元。

七、合作券接受产物，须依据评定之价格，开给合作券。

八、合作券必须收若干物，付若干券，不得将合作券移作另须开支，违者主管人及经手人受五倍之罚金，希图作弊者，另依刑法治罪。

九、合作券不得变造、伪造，违者以伪造有价证券治罪。

十、如合作券有被破坏，或亏损事情，可准许换之。

十一、本办法自公布之日起施行。

※ 山西省经济管理局：《山西省各县经济合作社联合社开付合作券办法》，山西省档案馆档案卷，1933 年。

发展农村经济变出款多为入款多

阎锡山生于农村，长于农村，青少年时期即在钱铺里经手放款与收息等业务；从政以后又经常借回家之机，召集河边村附近的县长、村长，了解村情，所以他对社会情况非常熟悉。1932 年 10 月，他在绥署省府扩大纪念周会议上以《山西社会之贫困应如何救济》为题发表讲话，认为“山西社会经济实际很穷”，为什么穷？原因是出款多而入款少。

出款多是因为：

一、人民吸收鸦片，购买省外鸦片（山西已禁种），每年约需 3000 万元。

二、从省外购买布匹衣料，每年约需 1600 万元。最少亦不下 1000 万元。

三、从省外购买汽油、烟卷等，每年约需 1000 万元。

四、从省外购买杂货及海菜等，每年约需 1000 万元。

以上 4 项，每年外流货币约 6000 万元。

入款如何呢？河东棉花不足全省之用；山西粮食过去远销河北，平绥路通车后，已被绥远粮食所代替；外销煤铁收入不过三四百万元；在外经商，收入不过 1500 万元，其他收入 1000 万元；合计 3000 万元。

两相比较，每年亏欠 3000 万元。而购买鸦片，20 年来合计，累计外流 10 亿元。所以山西社会经济极为贫困。（阎锡山：《山西社会之贫困应如何救济》，载《阎百川先生言论辑要》第七册，第 32 页）

他又以定襄县为例，说明一县的情况。他说：“余此次旋里，每遇定襄人聚谈定襄社会经济状况，均说甚感穷困。询其所以，概因东西两口（东者为张家口，西口为杀虎口，均为晋北商人赴蒙古贸易必经之地）商业凋敝，以致入款顿减云云。余细为之计，该县

入不敷出，每年约在四五十万元左右。平均每户每年购用外县货物，须在26元之谱。内计棉花布匹等费15元，兰炭石灰费7元，干菜、纸张、炮、糖费2元，葫麻油费1元，煤油费1元。以22000户计，共合57万余元。解省赋税五六万元。特别用炭费，如烧酒熬盐等约15万元。全县人民之吸食鸦片者，以人口4%计，约为4000余人。每人每年约需50元，约共合20万元。总计以上各项出款约共100余万元。而全县入款之总数，至多不过有其半。是则全县每年不足当在四五十万元。由此观之，该县社会经济安得不穷困?"（阎锡山：《致定襄县县长函》，载《阎百川先生言论辑要》第七册，第34页）

阎锡山认为，山西全省每年亏欠5000万元，一个县亏欠四五十万元，如不筹款使之平衡，则贷款利息必高，利息高则经济必死（呆滞）不可。

于是，他与部分县长和村长研究县村的经济建设问题。但是，在当时自然经济占主导地位的条件下，人们"昧于远图，惑于近利"，并不能完全理解，甚至提出反对意见。

阎锡山提出修筑铁路的问题，有些人马上反对。他们认为修成铁路，骡夫、脚夫、车夫等人就要失业，失掉生活来源，阻碍社会的发展。

于是，阎锡山说明县村经济建设的原则，是要教"县村中的大洋入的多出的少"。这话得到全体与会者的赞成。

怎样能使大洋入的多，方法不外有两种：（1）县村出外赚钱的人多；（2）县村货物卖到外面的多。阎锡山认为："要想使县村的人出外赚钱者多，非县村人的做工的本领比外边的好，所赚的工资比外边的少不可；要想使县村货物卖出外边的多，非县村的货物质料美好，价格低廉不可。"有人对此提出反对意见。他说："县长村民所希望者，为工作能力小而可得大工资，货物质料劣而可得大价钱。"他认为阎锡山的做法，"既不能使县村的人民上算，反使其吃亏，是县村人民之所最厌闻者"，不会得到他们的赞同。讨论的结果是，"教县村中的大洋收入多，都赞成"，"教实行此县村中的大洋入的多的方法，都反对"。阎锡山感到"欲求建设之成功，何啻缘木求鱼"。

然后研究"怎样使县村中的大洋出的少"？阎说："非使外县外村的人与货物来的少不可。"于是又讨论"怎样可使外县、外村的人与货物来的少?"有人说：非使"用外来的人工资高，用外来的货物价格贵不可"。有人要求"县村各取保护税政策，县村之口设立局卡，对外来货物课以重税"。还有人提议"实行爱县主义、爱村主义"，"日用所需，取给县村所产，不买外来货物。"

这些反对意见，阎锡山认为都出自一个私字。他认为："于一村有利者，于一家未必有利；于一家有利者，于一人未必有利。反之，利于一人者，不利于一家；利于一家者，不利于一村。河东棉花本来很好，因一部分人希图近利，掺杂沙土，遂致将河东棉花，信用减低。……以小利而贻大害，以小害而阻大利。以私人之小利，妨碍公众之大利；为公众之大利，坚不牺牲私人之小利。……此种心理，即是反建设的心理。有此种心理，即不能从事建设。……山西欲实行建设，非先将此反建设的心理打倒不可。反对修火车的心理，非除去不可。勿因小害而妨碍大利。要明真是非，要知真厉害。（阎锡山：《反建设的心理必须去除》，载《阎百川先生言论辑要》第七册，第24页）

阎锡山认为“经济建设的基点在于村”。“村的经济建设设施，实为防御经济侵略的最后阵地。关税既失防御之效，欲防人经济侵略，非在村的经济建设上，有最严密的设施不可……村经济建设的设施：以信用合作为发动机，增加村民经济能力，发展村生产事业；以村工厂为归宿，村民之无工作者，由村工厂给予工作，使无弃人之利，而其枢纽则在贸易之公营；贸易所，在不营利之原则下，办理村产品之输出，原料品之购入，并依贸易上之有利趋势，计划村生产之品质数量价格，使村生产物美价廉，以增加输出。并审计村民消费品，规定禁止输入，准其输出，及仿造代用品等办法，以节制输入，方能形成防御经济侵略之最后阵地，以作经济发展之基础，用达村入款多于出款之目的。”他建议作一个十年建设计划，在十年之内，对于农事怎样改进，对于工业怎样改良，如何增加本村的生产，如何减少外村的输入品，如何使村中输出超过输入，入款多于出款。如此做来，十年之内，使村生产增加几倍，输入品减少几倍，达到入款多出款少的目的。（阎锡山：《乡村建设之理论与方法》，载《阎百川先生言论辑要》第七册，第 57 ~ 58 页）

阎锡山在这里从金融、工业、贸易等方面提出了自己的设想。

在金融方面，他看到“金融滞涩，农村破产，乡间利息高至五六分六七分，农民不能偿债，以致商业亦归停顿，社会全呈死象”，所以“主张设立村信用合作社，发行村信用合作券，以资救济”。办法是：“由村中有土地之农民，大家合起来充当社员，组织一信用合作社，发行信用合作券。每亩以一元为限，分期发行。此项合作券，即由每亩地担保其一元之信用。但如不值十元之地，以十亩担保一元之合作券。然后按村民所有土地亩数，散给此券。此券在村中，不只一律周使，并且在本村购买货物时，尚可较用现洋者便宜，即以九分九角当一元。……若到外村使用时，由合作社与之汇兑现洋，不收汇费。……农民领此券者，对信用合作社按年利一分行息，以十二年为限。满十二年后，即停止行息，并且不用还本。”（阎锡山：《村信用合作券之理论与方法》，载《阎百川先生言论辑要》第七册，第 102 ~ 103 页）

这是 1933 年提出的，实际上是发行一种小范围的变相货币。当时是否实行，没有资料可查。

※ 刘存善等：《阎锡山的经济谋略与诀窍》，山西经济出版社，1994 年。

生产物美价廉在外销中有竞争力的工业品谈何容易。阎锡山曾在家乡河边村创办劝业工厂日产棉布 400 匹，月产军鞋万余双，以及绸缎等，主要供给军用。劝业工厂解决 400 余人的就业问题，增加了他们的收入。一个普通工人的收入略高于地主家里的长工。抗日战争爆发后毁于战火（《阎锡山与家乡》，载《山西文史资料》第六十七辑）。至于其他县村，兴办工业就谈不到了。

商业方面办了营业公社，分省、县、村三级。阎要求省营业公社为省赚 1 亿元，县营业公社为县赚百万元，村营业公社为村赚 10 万元，然后兴办公益事业。省营业公社于 1929 年成立，多数县也成立了营业公社，村营业公社恐怕只有河边村的营业公社。因为营业公社的股东，称为社员，股金不分红，也无利息，所以在村里创办非常困难，现在

知道的只有阎的家乡河边村营业公社一家。省营业公社下属单位有生产性的晋丰面粉公司，县村营业公社则为单纯的商业机构。

发展县村经济，把“出款多入款少”变为“入款多出款少”，这个问题的提出是有意义的，但要做到是很困难的。

※ 刘存善等：《阎锡山的经济谋略与诀窍》，山西经济出版社，1994年。

1933年（民国二十二年），山西省政府村政处在本县较大村庄试办信用合作社。社员入股以土地作抵押，凡有土地5亩以上者均为社员。信用社无存贷款业务，只按土地多少发给信用合作券。合作券按年利率一分计息，不兑现，可与银元相互兑换。村中交易，以合作券0.99元换银元1元；村与村之间以县银号沟通，县与县之间以省银行沟通。1936年撤销。

※ 定襄县志编纂委员会编：《定襄县志》，中国青年出版社，1993年4月。

第四节｜民间金融组织

一、当铺

山西现有之典当，大致可分为“当”及“质”两种，但在名称上则“当”亦有称为“典”者，如晋城之恒裕典、升恒典、源泰典，阳城之信成典，沁水之聚成典等是；亦有在招牌上一面书“质”一面书“当”者，如阳高之天聚当、富德当，天镇之天聚当，左云之志成庆、德庆、天义长，长治之集兴当，及清源交城一带之当铺是；更有所谓押当者，如大同口泉镇之德生是；至黎城之止兴，左云之力有德，及忻县之枳顺、复兴诚、复兴长，皆为“代当”，长子之集义成则为“代押”，均为“当”之分设，或“当”之经纪。故就大体而言，仅“当”及“质”二种，其余如“典”，如“质当”、“押当”及“代当”、“代押”，家数既不多，且其利率与满期亦与“当”同，为便利计，悉并入“当”之一类。

“当”又可称为“当铺”，其资本比质为大，满期较质为长，利率较质为轻。开设时须向财政厅领取当帖，每年须向财政厅缴纳当税，并加入其所在县境之“当行”，在县城者，加入“城当行”，在乡镇者，加入“乡当行”，又为山西全省当业公会之会员。遇当业有共同利害相关之事端发生，则各会员当咸取一致行动，例如民国二十四年，财政厅修改当税规章，因其所定之税率，较旧章过重，全省当业联合反抗，均不愿个别承认。

“质”亦称“质店”，其资本较当为小，照例多在千元以下，惟现下亦有多至八九千元者，尤以介休之质店为例外，介休无当铺，仅有质店，故能如此。质之满期较当为短，利率或与当同，或较当为重。开设时不必向财政厅领帖，仅呈报当地政府注册备案，即可开设，太原省会质店，均受省会公安局之管理，省城以外各县之质店，均受县政府管辖。又不纳当税，仅向各该管政府认缴地方公益捐。不加入当业公会，及各该所在地之当行，另有行头，传达政府命令，或代表同业向政府提呈申请，并无全省之联合组织。

当质业每遭一次打击，即纷纷倒闭，事后逐渐恢复，或将原有者加以改组，或重行创设。以山西现有之当质而论，虽尚不乏前清嘉、道、咸、同年间之遗物，但为数已寥寥无几，多数设立于民国二十年以后。盖自清末以来，已受三次之打击：第一次为辛亥革命，第二次为制钞跌价，第三次为晋钞跌价。历次打击，几莫不使当质业创巨痛深……

论设立之背景，则当与质微有不同，当铺有公立者，质店则全为私营，惟山西现下之当铺，公立者亦殊寥寥，现有当铺中，仅平遥之晋平当，洪洞之晋洪当，为山西营业公社所设，临晋之储蓄当，崞县之公立当，亦属公立，偏关之民生当系公私合立，余则全为私立。私立当质之组织，可分合资与独资两种，以合资者占多数……

山西全省一〇五县中，仅二〇县无当质业，其余八五县，或有当无质，或有质无当，或当质并有。阳曲、太原、榆次、太谷、平遥、潞城、黎城、晋城、寿阳、灵石、左云、忻县等十二县，均当质并存；祁县、徐沟、清源、交城、文水、兴县、汾阳、孝义、离石、长治、长子、屯留、襄垣、壶关、平顺、高平、阳城、陵川、沁水、和顺、沁县、沁源、武乡、平定、昔阳、盂县、临汾、襄陵、洪洞、浮山、汾城、曲沃、翼城、永济、临晋、虞乡、荣河、万泉、猗氏、解县、安邑、夏县、芮城、新绛、河津、闻喜、稷山、绛县、霍县、赵城、汾西、大同、浑源、应县、怀仁、山阴、阳高、天镇、右玉、朔县、宁武、神池、偏关、定襄、静乐、代县、繁峙、崞县、保德、河曲等七十县，均有当无质；介休、辽县、平鲁等三县，则有质无当。境内计有当铺三七〇家，质店六六家，共四三六家。中路以太谷为最多，当及质凡三七家，平遥次之为三（家，阳曲又其次，计十八家，祁县居其四，凡十五家；南路以洪洞及荣河为多，各有八家；北路则首推大同，凡十一家）。

※ 民政府实业部国际贸易局：《中国实业志山西省》，87～90 页，（辛）1936 年。

各县当铺发行兑换券章程

第一条　本章程以扶持各县当铺经济力量，救济贫民借贷困难，减低社会利率为宗旨。

第二条　各县当铺准发行兑换券，其额数以不超过原本三倍为限。但营业发达、信用昭著时，得另请增发。

第三条　凡愿发行兑换券之当铺，应先将兑换券种类、数额造册呈由县政府，经县长审核确定未超过前条限额后，转呈省政府核定令行省银行代制。所需印刷费由当铺负担。省银行代制兑换券时，应将各当铺地名、字号分别印明，惟色样纸张须全省一律。

第四条　当铺所发兑换券，由该号负随时兑现之责。

第五条　当铺□当架货所发兑换券流通之数须常有四成现金之准备。

前项现金得存银钱行号生息，但以不防害随时兑现为限。

第六条　发行兑换券之当铺，如有倒闭情事，应由县政府会同商会将该号逐日赎架

款尽先保管，以备兑收该号所发兑换券。此项兑换券收回以后，由县呈送省政府，转令省银行注销。

※ 中国人民银行总行参事室：《货币史》资料。

太原作为省城，以往原非金融中心，民国以后，因银行、银号纷纷成立，太原虽不能谓为全省金融之总枢纽，然于金融势力在全省境内亦颇不弱。

战前，太原有银行两家，银号十七家，钱庄十九家，当铺九家，质铺七家。资力以银号为最大，占全部运用资力的百分之五十三点六，银行居其次，占百分之三十一点一，钱庄居三，占百分之十三点六，当质为最下，仅占百分之一点七。

※ 段克明：《抗日战争前太原经济概况》，载《太原文史资料》第七辑。

表10－5　　清光绪十三年以来山西全省当铺家数增进表

年份	家数	指数(以民国十六年为100)
清光绪十三年	1713	259.5
民国十年	731	110.8
民国十六年	660	100.0
民国十七年	520	78.8
民国十八年	536	81.2
民国十九年	510	77.3
民国二十年	414	62.7
民国二十一年	319	48.3
民国二十二年	306	46.4
民国二十三年	357	54.1
民国二十四年	436	66.1

全省当质业资本，据民国二十四年调查，共计2294479元，与民国二十一年比，增35.07%，与二十二年比，增63.88%，与二十三年比，增18.22%。故就近四年论，当质业之资本实年有增加，其增加之原因则为年来当铺质铺设立家数之增多。……

……民国十九年晋钞跌价后，政府又特准当铺有发行之权，准其发行资本三倍之兑换券，于是乃重行印发兑换券。据本次调查，全省发行兑换券之当铺，计158家，占当质业全体家数百分之三六点二四。唯质店均不发行，仅平遥有一家仅发行700元，未包括在内。……

158家发行额为1346247元，(质店发行之700元不在内)，以北路之发行量为最多，南路次之，中路较少。此盖中路各县，省钞流通最多，当铺之发行机会较少。南路则省钞信用未孚，发行不广，当地当铺发行之票，因即日可以兑现，故较占优势。北路因省钞颇多，但因当铺信用尤著，如忻县之民生当，其号东为阎百川（锡山）氏，信用卓著，资本虽仅一万五千元，而发行额达二十七万元之多，因之每家平均发行额，亦形加大，达平均资本额二倍以上，且为资本额之132%有奇，换言之，即当铺之贷款全恃发行之兑换券而有余也。

※ 国民政府实业部国际贸易局：《中国实业志·山西省》，97~98页，(辛) 1936年。

中原大战后，阎锡山为了垄断金融，开设了官办当铺与省（山西省银行）、铁（晋绥铁路银号）、垦（绥西垦业银号）、盐（晋北盐业银号）四大银行（号），操纵了全省金融，当铺逐渐衰落。这时，“广和当”的财东——乔家，便打算歇业，后勉强维持了几年。

※ 段达海、段镇、杜培中：《祁县广和当》，载《山西文史资料》五十八辑。

民国二十四年（1935年），孝义典当业发行兑换券14430元，发行票面额多为1角、3角的辅币。

※ 吕梁地区地方志编纂委员会编：《吕梁地区志》，山西人民出版社，1989年。

二、农村借贷与高利贷

农村高利贷的猖獗

高利贷的剥削对象，主要是贫农、雇农、下中农以及遭了天灾人祸的中农。高利贷的形式是五花八门、无奇不有的。其利息没有任何限制，一般均在月息三分以上，甚至数十分，据《中国实业志》材料，山西省农村借贷利率月息三分至四分者占40.6%，四分至五分的占27.6%，二分至三分的占17%，五分以上的占12.2%，至于二分以下的则不过2.6%。借款期限一般都在一年以内，占90.6%，其中六个月至一年者为51.2%，六个月以下者为39.4%，一年至二年者占3.1%，二年至三年者占3.7%，另外还有不定期的占2.6%。而高利贷资本的来源是：地主占14.4%，商人占22.6%，富农占13.4%，其余则典当占18.9%，钱庄占13.1%，商店占11.4%，银行占4.9%，合作社占1.3%，根据这个材料可以清楚地看出，我省农村和全国各地一样，除典当业以外，还有地主、富农、商业资本家的高利贷资本残酷地掠夺着贫苦农民。

农村高利贷的残酷性还不止利率高、期限短，更恶毒的是目的在于兼并土地、掠夺财富。所以一般都有抵押，而主要是土地、房屋和粮食。至于高利剥削的方式，则更是多种多样。根据零散史料也可列举不少花样。

1. 借钱押房、地：这种形式最普通。借了钱即以自己的土地或房屋作抵押，到期不能偿付本息时，债主即有权没收土地和房屋。

2. 典房地：即贫苦农民以一定数量的金钱，把自己的房屋或土地典给有钱人家耕种或居住。什么时候有了钱，什么时候将房地赎回。

3. 限期文书：把利钱预先写在本钱内，如借五元，写七元，限期还债，否则没收土地。

4. 倒灌利：事先把利钱扣下，借十元，实给七元，三元利息事先被扣下，到期不能还，土地被没收。

5. 利滚利：亦叫“驴打滚”。到期不能付利就利变为本，合并计息。

6. 现扣利：借钱时先扣下第一个月的利息。

7. 出门利：借钱出门之后，不管半天一天，都算一个月。

8. 子儿利：每元每天一个铜元的利。

9. 臭虫矛：又叫“日夜忙”，即一天一夜算两天，黑夜亦算。

10. 大加：期不付利，利率再加一倍。

11 孝帽利：儿子借钱，父死还债。

12. 别肚钱：一月一算利，一年之内可破产。

13. 轱辘利：借一元还两元。

14. 集头利：这集借钱，下集还债。

15. 谷利：春借粮一石，秋后还五石，或借谷子还小麦。

16. 猪利或牛利：富人买猪穷人喂，生了小的各半分，卖了大的除去本再各半分。

17. 劳役利：借钱后以劳役代利，直至还清为止。

18. 粮租：借钱以粮食付利。……

农村高利贷残酷剥削的情况，从以上这些方式和花样中可以想见一般。

※ 中共山西省委调查研究室：《山西省经济资料》第四分册，128～129 页，山西人民出版社，1963 年。

民国二十三年（1934 年）利息一般为 30%，最高达 50%。形式有利滚利，俗称“驴打滚”；借本金扣利息，到期只还本金；抵押借贷即借钱时用实物作抵押；还有借粮折款、折工还债等。为了还高利贷，许多农民倾家荡产、卖儿卖女。

※ 榆社县志编纂委员会编：《榆社县志》，山西古籍出版社，1999 年 9 月第 1 版。

其利率：民国二十二年（1933 年）放贷，城镇 1.5%，乡村 3%。民国二十四年(1935 年)，私人贷款月息最高 4 分，普遍 2 分 2 厘，年利最高 3 分，最低 2 分。同时有粮食借贷，一般是春借 1 斗，秋还 1.3 或 1.5 斗。

※ 左云县志编纂委员会编：《左云县志》，中华书局，1999 年 8 月第 1 版。

省银行等金融机构，不仅是官僚资本商业的后台，而且是农业高利贷的积极扶植者。他们通过私营银号、“二倒庄”、小钱铺这一线索和高利贷债主保持着千丝万缕的联系，放款利息一层比一层高，到达负债农户身上，至少是 30%～50%。从上面这些事实中不难看出，当时太原的银行号虽然在一定程度上促进了商业和产业的发展，但最大作用还是发行货币和公债，补充反动统治者的财政收入，支持阎锡山的反动统治。

※ 太原市人民委员会办公厅：《巨变中的太原（财贸部分）》，山西人民出版社，1961 年。

从省至村普遍建立经济统治的行政机构。省设“山西省经济建设委员会”，由阎锡山亲任主任，县设“经济建设局”，村设“经济建设董事会”，各村董事会下设村仓库和合作社。各村董事会的主要任务有四，即：①对工农业产品进行调查登记。②各项产品之收购和输出输入之平衡。③土特产品之保管、运输和向外开拓市场。④办理农村借贷、储蓄等金融活动。阎匪企图通过这种办法结合其官僚资本，实现从生产到消费，从城市到农村之完密统治，保证其最大限度地掠夺。据《山西统计年鉴》记载：1934 年共组织村合作社 191 个，村仓库 12176 个，通过收购和抵押贷款等手段掠夺了农民大量的财富。这些组织完全把持在地主豪绅之手，对农民进行了残暴的掠夺。这种组织形式，是官僚资本与封建主义相结合，压榨农民的具体产物。

……

战前（1937 年抗日战争以前，下同）山西市场封建性的剥削关系的表现形式，就是一大部分地主兼营商业，或商业资本家兼营土地出租或高利贷的剥削。封建地主、高利贷者与商业资本家紧密地结合在一起，对工人、农民进行剥削，就是市场的特点之一。据中共山西省各地委的调查：忻县城关的郁、王、张、石、连、程六大商业资本家，都是当地的最大的地主和高利贷者。怀仁镇十四户商业资本家，微子镇十四户商业资本家，也都是地主和高利贷者。它们对农民的剥削，也经常是将商业活动与高利贷、地租的剥削交织在一起。其具体表现是：①利用农民现金缺乏的困难，实行赊销，凡赊销的商品皆采取划价记账的方法，年底结账时，赊销价较现价要高 30% 左右，甚至有高达 50% 者。比如：怀仁镇当时的一匹土布，价格为四元一角五（折人民币），而赊销则为五元四角一，比现价高出 30. 36% 。②利用农民青黄不接的困难，商业资本家先付给农民少数的现金，把未收产品，以低于正常市价的价格进行预购。这种预购价和收获期的正常价格一般要相差 40% 左右。这种差价虽然很大，但是农民为了拿到现金，解决其困难，也不得不任其剥削。③商业资本家常常将农民赊销的贷款，转为一种信用贷款或抵押贷款，这些贷款的利率又很高，一般月息皆在三分以上，有的高达七分、八分、十分者。如长治微子镇商业资本家韩根成每年放高利贷均在一万元以上，利息最低三分。又如，该镇一户贫农王文借兴永和中药铺的现洋 55 元，规定利息为每天每元一个铜元，等于月息 7. 5 分，结果不到三年，除把全部家产变卖抵偿利息外，还有 100 多元的债款没有清偿。许多商业资本家又常常将这种高利贷所抵押来的土地、房屋转变为土地、房屋的租赁关系。④商业资本家，由于兼营土地出租、高利贷的活动，或者以赊销、预购的办法使农民经济隶属于自己的活动，因此每逢秋后，在产品大量上市时，他就可以以低价的办法收购大量的农产品，或向城市出售，或待下年青黄不接时再高价出售给农民。这样形成的城乡差价和季节差价往往是很大的，一般为 40% 左右，最高就差一倍以上。据《中国农业近代史资料》载：大同、阳高、天镇在 1934 年秋季每斗谷价，一般为银元三角五分，到 1935 年春季涨为银元五角，夏季又涨为六角，到秋季八、九月间，更涨为七角。可以看出，城乡差价，一般均在 50% 以上。⑤商业资本家、高利贷资本者和地主阶级操纵了农村市场。因此重要山货特产、农产品的输出，也是为他们所操纵。如平顺县战前所出产的花椒、党参，多由地主高利贷者以低价收买后，运往河南省涉县、彰德等地批发，或运往天津、上海出售。有很多地主还兼作粮食投机商业。

上述种种封建性的剥削关系，掺杂在正常的市场商品交换中的结果，城乡的剩余资本，大批向地主资本、高利贷资本和商业资本转化，而很少转向产业资本。这种转化只是由一种封建的剥削关系，变成另一种封建性的剥削关系；其封建性的剥削关系，并不能引起本质上的变化。这种形式上的变化，就是以阎锡山为代表的官僚买办阶级，以更多的资本转入高利贷资本、地主资本和商业资本的活动。如阎锡山的四大银行（号），就是山西的最大高利贷者，它除以大量贷款转贷给典当业、钱庄、小地主向农民、手工业者、小商贩进行剥削外，还将这种债务关系变为一种封建性的土地关系。如伪山西省银行仅在应县、朔县两地就以土地抵押放款的形式，攫取土地29902亩，然后再把这些土地以高额地租出租给农民，这样看来，资本集中的结果，除使土地关系更加集中，中、小地主和商人破产之外，农民和地主的阶级关系是没有丝毫变动的。农民仍然面临着大量破产，流离失所，人口大量死亡的境地。据《中国实业志》统计：1929年全省总人口为12130469人，到1935年为11327931人。在这六年当中人口不但没有增加，反而减少802538人。

※ 中共山西省委调查研究室：《山西经济资料》第四分册，18～21页，山西人民出版社，1963年。

第五节 | 农村经济的发展

一、农业生产的发展

辛亥革命前，两千来年，生产工具一直变化不大，说明了封建制度的守旧性与落后性。阎锡山政权，曾注意发挥科学技术的作用，着手组织农工实业的研究试验。民国十八年（1929年）在太谷铭贤学校设立农工两科，备有机械厂及试验场，从事农具研究、试验、改良及制造等。其中如改良犁、打麦机、中耕器、喷雾器、高地抽水机、玉蜀黍脱粒机等，或仿制或改良，效果比较显著。这些农具当时除在本省推广外，还远销绥远、广西等省区。同时，还派员赴欧美各国，从事农业机械的调查研究。阎锡山政府制定山西省农具改良十年进行程序，提出要改良旧式农具及试验新农具。并由省农业改进所负责研究，由西北实业公司担任制造。同年秋季，前实业厅搜求新式轻便农具多种，在太原南门外实地试验。结果，选得最适用者五种（太谷铭贤学校改良犁、吉田式双柄、单轮播种器、双轮中耕器和撒播器），连同式样，交给西北实业公司仿造，并于二十三年造出多具，推广民间使用。

※ 山西省地方志编纂委员会编：《山西通志·农业志》，469～470页，中华书局，1994年7月。

棉花产区分布

公元14世纪初，晋南的南部县开始种植棉花，但当时种植面积较小，仅供日常生活所需。辛亥革命后，棉花生产随着社会经济发展的需要，晋南棉区面积不断扩大，分布范围也越来越广，同时棉花种植逐渐北移。据民国二十五年（1936 年）《中国实业志》载：十六年全省有 27 个县种植棉花，主要分布在晋南棉区和中北部的太谷、定襄县。当年，棉花种植面积在 5 万亩以上的县有 10 个，其中植棉面积最大的永济、洪洞、万荣、运城、曲沃县已突破 10 万亩。

表 10 -6　　民国十六年植棉县的植棉面积统计表　　单位：亩

县名	面积	县名	面积	县名	面积	县名	面积
运城市	118315	河津县	83695	曲沃县	105204	吉县	3199
永济县	1206138	闻喜县	22683	翼城县	37208	大宁县	1519
芮城县	30336	夏县	28693	襄汾县	70329	隰县	2405
临猗县	98688	绛县	30900	洪洞县	129751	汾西县	2985
万荣县	143780	平陆县	43500	霍县	10181	太谷县	2450
新绛县	57476	垣曲县	8860	安泽县	2252	定襄县	1548
稷山县	33120	临汾市	92815	浮山县	3342		

民国十八年（1929 年），文水、汾阳、介休、孝义、临县、离石、中阳、屯留、灵石、永和、忻县等中北部的 11 个县开始种植棉花，但植棉面积很少，最多的汾阳全县只种了 3257 亩，最少的永和县仅种植了 316 亩。二十三年，全省种植棉花的县普及到 56 个，运城、临汾地区开始大面积种植棉花，晋东南、晋中、太原盆地、忻定盆地和晋西黄河沿岸均有少量种植。

※ 山西省地方志编纂委员会编：《山西通志·农业志》，290 ~291 页，中华书局，1994 年 7 月。

民国时期，山西玉米生产发展缓慢，亩产水平低下，据民国二十年（1923 年）农商部编印《第八次农商统计表》载，八年全省种植玉米 153. 3 万亩，总产 125. 7 万石（每石以 60 公斤计，折合总产 75420 吨），亩产 49. 2 公斤。据二十五年实业部编印《中国实业志》载，二十四年全省种植玉米 357. 1 万亩，总产 23. 6 万吨，亩产 66 公斤。又据三十七年农林部编印《农林统计手册》载，三十六年全省种植玉米 633. 4 万亩，总产 25. 02 万吨，亩产 39. 5 公斤。三十八年亩产为 87 公斤。八至三十八年间，玉米亩产增加 76. 8 公斤，年平均递增 1. 9%。

民国年间，山西小麦生产发展停滞不前，亩产量长期徘徊在 40 公斤的水平上。据民国三年（1914 年）农商部编印的《第三次农商统计表》记载，当年山西小麦种植面积为 1367. 8 万亩，总产 1007. 8 万石（每石按 60 公斤计），折合总产 60. 47 万吨，亩产 44. 2 公斤。民国二十五年实业部编印的《中国实业志》记载，二十四年全省小麦种植面积为 1553. 8 万亩，总产 69. 69 万吨，亩产 45 公斤。二十五年小麦生产达到战前最高水平，种植面积为 1553. 7 万亩，总产 80. 22 万吨，亩产 52 公斤。据三十七年农林部编印的《农林统计手册》记载，三十六年全省种植小麦 1838. 4 万亩，总产 74. 46 万吨，亩产 41 公

斤。三至三十七年，山西小麦总产量增长23.1%，主要是靠扩大种植面积实现的，亩产在40公斤左右徘徊。

据民国二十五年（1936年）实业部编印的《中国实业志》记载，民国年间，山西常年粮食总产为5857.6万担，其中包括马铃薯（鲜薯）1万担，按4斤折1斤成品粮，折合粮食总产为262.69万吨。民国二十四年，粮食总产为5533.7万担，其中包括马铃薯（鲜薯）805.2万担，按4斤折1斤成品粮，折合粮食总产246.49万担。

据民国二十五年（1936年）《中国经济年鉴》上卷载，八年在太原和朔县建立山西模范牧畜场各一座，养有美利奴绵羊站3591只，牛128头。但羊痘、羊疥癣、牛口蹄疫等疫病不断发生，勉强维持。于五台、浮山、朔县、神池、交城和静乐等县办的牧场，由于规模太小，土地面积由1亩到30亩（最大的静乐县民生农牧场有土地1500亩）不等，饲养的牲畜寥寥无几。

民国年间的蔬菜生产

山西气候温和，四季分明，雨量集中，光热资源丰富，适宜各种蔬菜生长。蔬菜栽培历史悠久。各地菜农在长期生产实践中，积累了丰富的栽培技术经验，形成了许多名优蔬菜种类，如大同黄花菜、代县辣椒、应县紫皮蒜、平陆百合、五寨莕子白、晋城巴公大葱、高平萝卜、黄河滩莲藕等。但长期以来，蔬菜生产发展缓慢，生产水平低下，人均消费量很少。据民国十二年（1923年）农商部编印《第八次农商统计表》载，八年，全省蔬菜栽培面积为67.9万亩，收获量24.4万吨，平均亩产359.3公斤，人均22公斤，蔬菜栽培面积占当年经济作物面积的29.7%，在经济作物中占的比重较大，但商品率很低，多为自产自用。

20世纪30年代初，蔬菜生产有所发展，蔬菜种类增加，单产也有所提高。据民国二十五年（1936年）实业部编印《中国实业志》山西分册载，30年代初常年蔬菜栽培面积为66.4万亩，总产41.2万吨，平均亩产620公斤，人均消费36.35公斤。

民国二十四年（1935年），蔬菜类作物的商品量为9530吨，占全省当年蔬菜总产量的3.53%，占常年总产量的3.78%。三十八年，蔬菜播种面积为45万亩，总产量29.25万吨，平均亩产900公斤，人均消费量27.85公斤。

表10-7　20世纪30年代初蔬菜类农作物栽培面积与产量

名称	栽培面积（亩）	常年产量		民国二十四年产量		生产县数
		亩产（公斤）	总产（吨）	亩产（公斤）	总产（吨）	
黄瓜	8814	545	4800	550	4840	46
萝卜	178454	473	84285	516	92103	85
冬瓜	662	371	245	390	259	6
葱	75234	372	29435	382	28710	75
韭菜	17389	267	4640	298	5184	64
南瓜	83063	540	44825	554	45973	59

续表

名称	栽培面积（亩）	常年产量		民国二十四年产量		生产县数
		亩产（公斤）	总产（吨）	亩产（公斤）	总产（吨）	
茴子白	19766	602	11895	648	12802	26
辣椒	19217	148	2835	161	3096	45
大蒜	11980	427	5113	443	5299	45
白菜	59803	1026	61370	1124	67206	61
茄子	22703	697	15815	756	17151	59
芥菜	30886	334	10590	334	10589	30
芫荽	3284	320	1050	320	1050	17
芹菜	580	209	120	209	121	3
菠菜	3140	386	1210	386	1211	23
玉蔓青	12957	634	8204	634	8204	18
莴笋	1459	713	1040	713	1040	8
西葫芦	4980	561	2792	561	2792	18
菜豆	3463	410	1421	410	1421	14
长山药	207	511	106	561	106	3
金针	3715	50	185	50	185	10
藕	3252	297	965	297	966	6
总计	664293	620	411990	467	310304	—

注：表中亩产、总产量数均由原资料中按每担折合50公斤计。

表10－8　民国二十四年蔬菜类农作物商品类　单位：吨

名称	当年行销外县商品量	占当年产量（%）	占常年产量（%）	提供商品量县数
黄瓜	76	1.56	1.58	2
萝卜	1787	1.94	2.12	9
葱	4698	16.63	16.81	13
韭菜	324	6.25	6.98	10
南瓜	1194	2.59	8.05	4
辣椒	677	21.86	23.88	10
蒜	307	5.78	5.99	5
白菜	3754	5.63	6.11	13
茄子	470	2.73	2.96	5
总计	9530	3.53	3.78	—

烟草生产

抗日战争前，制作烟丝的作坊约有100多家，主要分布在晋南、晋东南。曲沃旱烟，主要分潮烟和生烟两大类，共有25个品种。这些品种和牌号远自明、清两代，各销一路，其中，“东生锭”远销河南、陕西和内蒙古的广大农村。山西种植烤烟较晚。民国二十二年（1933年）从河南、山东两省引进美国品种黄金烟，在曲沃、孝义、太谷、清源、临汾等5个县试种成功。二十三年，襄陵、沁县也开始试种烤烟。在5年试种推广期间，面积由0.5万亩发展到6万亩。

麻类

据《中国实业志》记载：“民国二十四年（1935年）山西有31县种麻，面积104600亩，总产53990担，平均亩产0.52担，行销外地者37110担。”（国民政府实业部国际贸易局：《中国实业志·山西省》（丁）民国二十五年十月版，第146~152页）麻类用途甚广，主要栽培种类有大麻、黄麻、红麻，其中又以大麻为主，分布广。大麻又称线麻、白麻，在省内享有盛名的有潞麻和广灵白麻。

果树生产

民国年间，果树生产品种老化，技术落后，生产发展极为缓慢。据民国二十五年（1936年）实业部编印的《中国实业志》载：二十四年全省10种干鲜水果栽植共377万余株，总产17.85万吨；干鲜水果销往县外的商品量为3.27万吨，占18.3%。

表10－9　民国二十四年干鲜水果栽植株数、产量

名称	栽培株数（株）	每株产量（公斤）	总产量（吨）	生产县数
果子	195469	51.8	10126	56
桃	153446	43.5	6677	50
杏	352001	36.4	13827	64
梨	606497	35.7	21747	43
枣	1842003	22.1	40608	51
石榴	16794	4.1	69	6
葡萄	161331	18.3	3118	39
柿子	245836	73.9	18179	30
李子	31151	83.5	2606	22
核桃	166058	8.8	1465	31
合计	3770586	47.3	118422	—

表10－10　民国二十四年干鲜水果商品量　单位：吨

名称	商品量		
	县内	县外	合计
果子	6510	3616	10126
枣	34784	5824	40608

续表

名称	商品量		
	县内	县外	合计
葡萄	1899	1219	3118
柿	13785	4394	18179
梨	6929	14818	21747
桃	5907	770	6677
杏	12849	978	13827
李	2546	60	2606
核桃	448	1017	1465
石榴	66	3	69
合计	85723	32699	118422

※ 山西省地方志编纂委员会：《山西通志·农业志》，238、251、299、303、329～323 页，中华书局，1994 年 7 月。

据中国国民政府会计处的统计，在民国二十一年（1932 年），本省的农户为 1874082 户，相当于全省总户数 2263408 户的 83.8%。农产收获的多寡，具有立即反映到本省整个经济当中的重要作用。其耕地面积为 65644000 亩，每个农户拥有的土地面积，在中国内地十八省中是最多的。

1. 农产品：出产小麦、高粱、粟、玉蜀黍、大麦、豆类、马铃薯、大米等。马铃薯的产量在全国占第一位。此外，高粱和粟的产量次于山东、河北、河南等省；从数量上与以上各省相比，不免甚为逊色。

2. 棉花：种植面积为 1211083 亩，产量为 454500 担。绛县、曲沃、洪洞、新绛等汾河沿岸为主要产地。现将主要农作物播种植面积及棉花产量，表示如下：

表 10－11　山西省主要农作物播种面积及产量表（太原经济委员会统制处民国二十三年度发表）

作物名称	种植面积（百亩）	产量（担）
米	1990	488790
糯米	1000	242300
小麦	162500	17274280
大麦	21390	2416000
高粱	98140	12431040
玉蜀黍	40650	6024590
粟	184290	220427000
其他谷类	54150	3764900
大豆	32480	2665260
豌豆	5520	319290

续表

作物名称	种植面积(百亩)	产量(担)
黑豆	13010	1409770
其他豆类	440	33780
胡麻	3630	188290
油菜籽	2080	141630
落花生	670	253530
烟草	210	114970
棉花	17520	469270
甘薯	3600	1929420
马铃薯	13170	9938070

表 10-12　　山西省分县棉花产量表（民国二十二年十二月）

县名	产量(担)	县名	产量(担)
永济	15000	安邑	4000
汾城	5000	虞卿	15000
夏县	10000	襄陵	6000
临晋	10000	绛县	20000
临汾	30000	荣河	30000
翼城	30000	洪洞	50000
万泉	5000	曲沃	45000
安泽	15000	解县	20000
新绛	25000	赵城	9000
芮城	7000	河津	20000
霍县	15000	平陆	3000
稷山	10000	大宁	15000
吉县	1000	临县	8000
汾县	10000	永和	4000
平遥	3000	孝义	15000
黑县	1000	文水	7000
介休	3000	离石	2000
合计	454500		

※ 山西地方史志资料丛书之九《山西历史辑览 1909—1943》，山西地方志编纂委员会编印，1987 年。

二、农产品加工与销售

农产品

山西省是山岳地带多平地少，除了河东一带的一部分地区土地肥沃以外，其他地方很难算做肥沃地区。再加上水利又不便利，所以农业生产的收益从来都是极为贫乏的。这也就是山西人历来重商轻农的主要原因。

山西的耕地，从土地与气候和水利的关系方面来看，大体上可分为北部、中部及南部三个区域。从而农作物也按这三个区域而互不相同。北部，人口的分布比较稀疏，缺乏灌溉的便利，而土地又不肥沃，并且冬季气候寒冷，因而冬季作物的栽培是绝对不能进行的。从而，在这个地区只出产夏季粮食作物。其主要作物是燕麦、粟、高粱等；其次是豆类、马铃薯、荞麦、胡麻等；小麦只在春天播种。粮食作物的播种面积全都很少。该地区人民以燕麦、小麦、马铃薯为主食，合并食用高粱、豆类。家畜的饲料，主要是黑豆。北部的粮食收获量每亩不超过八斗。可是，由于地广人稀，每年的粮食总产量达一千万石，除去自用尚有三百五十万石的剩余。剩余粮食的大部分供应中部和南部地区；而以三分之一供应其他省份，其中主要是向河北省输出。再者，北部的少数地区例如代县等地，还出产少量的烟草，每年只产五六万斤，品质又不甚良好。所产烟草只供附近一带的土著居民吸用。

中部地区与北部相比，人口稍为稠密，水利也较便利，气候稍转温和，能够栽培冬季作物。从而，收获量比北部有所增加。然而，冬季作物的栽培期很长，冬季作物收获以后没有播种夏季作物的间隔时间，所以只好收获单季。中部地区的作物，除了出产北部所产的粮食外，大量的是出产小麦，少量的是大米、棉花、烟草等等。燕麦的种植渐次减少，取代燕麦而种植玉蜀黍。此外，在一部分地区，还出产相当多的水果。中部地区的每亩收获量提高为一石二斗以上。这里土地比较广阔，每年的粮食产量达二千七百余万石。其中，约有四百万石的剩余。在中部地区，尽管出产大量的小麦，除了一部分富裕人家外，人民中的大部分仍以高粱、粟、玉蜀黍为主食，小麦的消费量极少。所以，该地区出产的小麦被销售于南部地区或是外省，另外从北部地区购入杂粮，以补消费量之不足。就是说，以北部的剩余杂粮换取中部的小麦，用以供给南部的消费，其数量达一百余万石。北部进来的杂粮加上上述本地区的剩余粮食，余达粮五百万石之多。其中一百万石运往河北省，而其余的余粮，全部供给南部地区。此外，该地区还出产少量大米，产量不超过四万余石，只作为一部分富裕者的粮食。水果，到处都有出产。崞县的梨及槟子年产达一百万斤，被运往绥远地区；忻县的桃、杏、葡萄、瓜子年产也达一百万斤，被运往大同、绥远方面；清源县的葡萄，年产达三百余万斤，品质优良，制成葡萄干以后，每年向天津发送五十万斤多；文水县的葡萄，每年亦产二百万斤，一年向天津输送葡萄干五万斤；汾阳以核桃的出产地而著名，年产核桃八十万斤，同时在这里每年还出产桃杏共四十万斤，全部运往天津；在平遥，也有枣和鲜果，年产一百余万斤，充做附近各县的需要。中部的定襄、文水、汾阳、太谷、徐沟、祁县等六县，出产棉花三万担；一部分供给该省的纺织厂使用，大部分送往天津。此外，在清源、孝义、太谷等县，目前出产大约四千担的烟草；在目前的增产计划完成之时，有可能增加到大约二万担。

南部地区是最富裕的地方，该地区的气候大致同河南、安徽相似。因为有汾河的灌溉，在没有水灾的情况下大部分地方是农产非常丰富的。该地区适宜栽培棉花。一方面

是地方当局奖励种棉，另一方面是种棉比种粮更为有利，所以棉花的产量逐年增加。现在的棉花产量每年达六十万担。其中，二十万担供省内使用，四十万担输出省外。而河东的棉花品质甚是良好，在上海、天津的市场上颇受欢迎，因而产量有逐年增加的趋势。南部地区的主要农产品，除了棉花以外就是小麦，每年产小麦五百万担。此外，玉蜀黍、高粱、粟、豆类等的产量，合计达五百万石。这样，南部地区的粮食产量，每年达一千万石。如前所述，该地区因为人口稠密，加上因棉花种植面积的增加使得粮田减少，以及容易蒙受汾河与黄河的水灾等等，从而使粮食不能自给自足。一般情况下是从本省的北部及中部地区购入加以补充，有时还仰仗外省供给一部分粮食。此外，该地区还出产一部分烟草，主要产地是曲沃县，年产烟草四百五十万斤，其他各县出产烟草一五百十万斤，合计六百万斤，全都是美国品种。可是，烟草只能满足省内的需要，还不能向外输出。再者，洪洞县出产的白菜，品质优良，每年产六十万担，供应附近一带食用。在汾河以南地区，还出产各种水果一百余万斤，而运出外地的只有柿干十余万斤。

以上情况的资料来源系根据实业部的《实业统计》。为了参考的便利，现将国民政府主计处作为普通年成发表的山西省农作物的数量表示如下：

表10－13　山西省农产品及其产量　单位：千斤

品名	重量
稻谷	2163
小麦	1727428
高粱	124314
粟	2104270
大豆	266526
玉蜀黍	602459
大麦	241600
其他谷类	376490
豌豆	31929
其他豆类	144355
甘薯	192924
马铃薯	993807
棉花	46927
落花生	25353
油菜籽	14163
烟叶	1497

资料来源：《中国经济年鉴》。

总之，山西省人民历来偏向于重商主义，因有轻农的风气，所以农业的发展明显迟缓。尽管省内的农业生产满足自用尚有余力，而棉花及粮食运往外省的数量，其价值合计仅有二千二百万元。

表 10－14　运往外省的农产品情况统计表

品名	数量	价格
棉花	400000 件	14000000 元
粮食	2500000 石	7500000 元
水果	22000 担	500000 元
干果	6500 担	
总计		22000000 元

※ 山西地方史志资料丛书之九《山西历史辑览 1909—1943》，山西地方志编纂委员会编印，1987 年。

棉花销售

据民国九、十年《中国棉业调查录》记载，民国九年（1920 年）之前，山西所产棉花，除供本省需要外，每年约有 20 余万担远销天津、上海、汉口等地。之后，山西晋华纺织公司（1919 年）、新绛纺织厂（1922 年）、晋生染织厂（1930 年）等相继创建，山西生产的棉花，除供民用絮棉外，历年约有 20 余万担供应本省纺织厂需要，另有部分销售到绥远、察哈尔、陕西、甘肃等地。二十七年，日军占领山西，晋华、晋生、新绛等纺织厂均遭破坏，所产原棉大部分流往外省。

※ 山西省地方志编纂委员会：《山西通志・农业志》，296 页，中华书局，1994 年 7 月。

第十一章
晋钞与法币

第一节｜法币在山西流通

一、商民请定山西票划一价格

为具情□恳请求救济全晋人民生命事：缘数千万晋钞流散民间，准备金盗弄一空，完粮纳税两元钞票抵大洋一元，支薪发饷一元五角钞票抵大洋一元，商家售货概无标准，银钱行汇兑津一元晋钞作大洋三角有零，似此茫无标准，倒把者必至潜生。昔年卢布捣把久已一文不值，奉票倒把刻已六十钞抵大洋一元。民等见于十分危险，公组金融救济会，派宋汝梅、张晓山代表赴京请愿，并恳孔部长①救济维持，蒙恩准予政府传见，谕以孔部长奉命视察党务顺便即可维持，又迭奉孔部长函示，亦极愿尽力桑梓，闻命之下同深感戴。自天津、北平、平定、榆次、太原沿途筹备一致恭候。今闻改派苗培成视察党务莅晋，对于晋钞概未提及，人民莫不惊慌失措，次早津晋汇兑即降为四钞抵大洋一元。穷思视察党务因为国家统一要政，而救济晋钞实为全晋万家生命，民为邦本，先总理亦以民生为第一要意，晋钞之救济不尽在无实力，实全在无办法，人民之千呼万恳不敌我主席和孔部长之一言。伏乞本山西之所有济山西之所无。钞票暂定划下价格，一律通用，商家买卖货物□晋钞价格增进其利益，对于倒把出示严禁。然后查山西之土地山川，破坏数千年之迷信，有所□处急行开矿，宜牧处急行牧养，森林水利车路运输均应次第推行。民力之所及，准人民进行，民力之所不及归公家举办。有逆产没收之项即以项济用，否则借外债兴实业。我主席主持于上，实业部调查筹划奉行于下，将见实业之发达自今始，三晋人民自此活，功德无量，永垂不朽矣。除分呈实业部外，谨呈国民政府总司令蒋。

具呈人：山西旅津同乡全省金融救济会王子寿等二十人

民国二十四年四月三日

---

① 指孔祥熙。

※《山西旅津同乡全省金融救济会王子寿等人呈文——商民请定山西票划一价格》，国家第二档案馆（南京）国民政府档案卷（一）3435。

二、法币流通伊始

财政部新令颁布后本省金融无变动
纸币现洋照常通用
四银行号准备充足十足兑现
钱业公会决议稳定金融办法

（民信社讯）财政部为统一全国币制，防止白银偷漏起见，前日颁布明令，规定中央、中国、交通银行发行纸币为国之法币，完粮纳税及一切公私收付，概以法币为限，不得行使现金，至中央、中国、交通三银行以外，曾经财政部核准发行之银行钞票，现在流通者，准其照常行使。此举为我国货币政策空前改革，在此经济苦难时期，裨益社会民生甚巨，本市金融界领袖为稳定市面起见，昨日上下午开会，均有所决定，省银行仍照常兑现，昨日兑出十九万余元，其他铁路、垦业、盐业各银号，营业就如往昔。今日为丁卯之期，钱业公会已决定维持办法，一切均仍旧惯，票现一律通用，兹将各项详情，分志如次：

钱业公会决定之“五项办法”：钱业公会昨日下午七时在该会开临时会议，计出席主席郝星三、委员郝荣廷等十一人，郝星三主席决定原则，各钱业仍照平常办理营业，票现一律通用，继举行全体会员大会，到省银行代表付僭西、铁路银号代表郝继华及各银号代表共37人，郝星三主席提出中央布告统一法币事，本月四日开始执行，本省四银行号纸币照常通用，在此期间，本会为应付困难，而且昨日（五日）为丁卯之期，大众宜问如何团结维持案，旋经讨论，一改决议：（一）本月五日市面照常做事，丁卯下来如有短款者，准其查照短期利息，牌挂行市加一角计算；（二）同业自本月五日起逐日收交款项对本省四银行号所发纸币一律周用，票现不分；（三）如有短款之家，须提出相当抵押品，交会办理；（四）明日（五日）再召开执行委员会赴省行面商妥善办法云云。至八时许散会。

本省四大银行“照常兑现”：本省省银行、铁路、垦业、盐业昨日仍照常兑现，据省银行经理陆近礼对记者谈：“本行曾经财政部核准发行钞票，在未正式奉到命令之前，仍照常十足兑现”；又据铁路银号经理郝继华谈：“本号发行纸币额数甚少，准备金达八成强，兑现绰有余裕。”昨日前往各银行号兑现者，一如往日情形，极为平静，故中央新法币实行后，对本市金融无是变动云。

省当局对此事“早有筹划”：阎主任于本年五月间，因白银外溢，国内通货紧缩等问题，曾召集经济专家，研讨应付办法，当时阎即预料中央政府，必须有一种有效措施，以救济全国金融，后乃就谕财政整理处，令行本省省银行、铁路银号、垦业银号、盐业银号将现金准备筹足八成，以巩固本省金融，后复令本省各行号于本年底改为现金九成准备，明年三月底，务达现金十成准备，日前各银行准备，均以达八成强，昨日上午省银行经理陆近礼，召集金融界各领袖开会，决定本省各银行钞票，仍照常十足兑现，至

本省各银行准备金，于本年八月间，由财政整理处派张直生、畅联晋、张次岳等查足确实，现金准备均已筹足八成，截至月底，各银号发行余额，省银行为5222501元，垦业银号为六十余万，铁路银号为一百零四万，盐业银号仅二十万，总计约七百万元，而准备金均达八成强，日前形势，至为优裕。

对造谣生事者“立予拿办”：中央当局规定自昨日起，实行改革币制，防止现金偷漏，本省当局为一般奸商不肖之徒，从中造谣生事，扰害本省金融，危害治安，昨晨特别派大批军警宪及便衣在各银行、银号、邮局及各街市布置稽查，如有发觉造谣生事者，当即抓获从重处办云。

※《山西日报》，民国二十四年十一月五日。

中行奉总行令“实行四事”

（大同社讯）中国银行太原分行，系于昨晨七时，奉到总行电令，除附财部原颁办法外，并令行遵办四点：（一）即日起向总行报告营业状况，并存现银额数；（二）从昨日起，该行钞票不分地方，一律周行，向各地汇款一律不收汇贴；（三）从昨日起，不得向外调现；（四）仍照常收现。该行奉令后，即于昨日起，遵令办理云。

※《山西日报》，民国二十四年十一月五日。

孔电财政厅、商会、银界：“切实奉行新法令”
本市金融状况昨仍平静如常
钱业公会昨开二次会议

（大同社讯）财政部三日颁发改革币制紧急命令，召各地中央、中国、交通三行已开始奉行外，各地银钱业及税收机关前昨两日内，均先后奉行法令，遵照实施，人民已有自动以现兑用法币周行者。财政部以我国幅员辽阔，交通不便利，法币来往各地均有流通，为便利各地，让人民切实奉行布告办法，令三行及各地银钱行号，将法币输送各地。一时无兑换法币各地方，姑准暂时保存市面原有习惯，饬三行及商会等机关，就地妥筹便利人民及切实奉行法令办法。该法令财政厅及东市税收机关、中国银行分行、钱业公会均于昨日奉行，并奉命通令钱业公会、商会、中国银行分行，调查各银行钱庄所有现金和钞票，汇报财政部。本市金融情况，昨日平静如常。省行前日兑出现洋二百六十万余元，昨则为十数万元，中国银行法币日内即可运来周转，邮局汇兑购买邮票费，也须待本市有大宗法币时，始切实奉行部令。中国银行太原分行张经理已奉到总行急电，奉财政部法令，因山西无央行分行，应由该行用法币收换现金，并会同本市钱业公会调查各银号现存银币、生银数额，令均兑换法币。特于昨日上午，访钱业公会主席郝星三，接洽一次，本市钱业公会，昨又决议三项办法。访省行及铁路银号商洽，尚未得具体结果，昨日丁卯余短照旧办理。今日再访两行当局，并往绥、省两署商洽办法，兹志财政部两令原文，及钱业公会昨日会商各详情如次：

法币运送各地，便利人民周使

本日本部函令中国银行、中央银行、交通银行三银行、各钱业公会、各商会、部局

各税收机关、各省财政特派员、各财政厅，文曰“本部本日布告，规定自二十一日起，以中央、中国、交通三银行所发行之钞票为法币，所有完粮纳税，及一切公私款项之收付，概以法币为限，不得行使现金，违者没收，并持有银币、生银等银款者兑换法币”等语，业经分别布告通令通行在案。惟念我国幅员辽阔，交通又多不便，中、中、交三行钞票及其他银行钞票未必各地方均有流通，为谋各地人民之便利，又能切实奉行布告规定办法起见，特函令中、中、交三行，及各银钱行号，将法币输送各地，使之均足敷用，其一时无法兑换法币各地方，姑准暂时保持市面原有习惯。由各公会、各税收机关将银币、生银等等银类，暂时收换，即以收得之银币、生银等银类运赴有法币地方兑换法币，以免人民日常使用稍感不便，中、中、交三行及各地钱业公会、商会，更须就地方实际情形，妥筹便利人民及切实奉行办法，随时函承当地政府办法。国家法令为利民，凡属稍有困难，本部无不体念顾及，尚希各本斯旨切实办理具报等语，特电请查照专行知照。财政部长孔祥熙。

库存钞票现金迅速报告财政部

中央、中国、交通三银行钞票，定为法币，业经公布施行，并分别电令知照在案。所有各地银行钱庄，截至十一月三日止，库存钞票种类项目，无论各该行庄自有或代人保管，均应查明。除设有中央银行地方应由中央银行负责召集当地银钱业迅速报告中央银行汇报本部外，其无中央银行的地方，由中国、交通银行负责召集办理，其无中央、中国、交通三行的地方，则由县府会同商会负责办理，转报本部查核，除分别函令外，特电遵照。财政部豪（四日）。

保持原有习惯以维持社会市面

（大同社讯）本市钱业公会昨午十二钟半，召开第二次临时会议，出席委员郝清照、曹俊、段国祯、乔绍章、冀立轩、崔肇基（岳鉴轩）、张体斋、赵世昌、侯永昌、杜秉连等，列席钱行代表十余人。由郝清照主持，对维持山西省银行与铁路银号各行发行之钞票，讨论甚详，当决议：（一）本日卯钱下来，如有余短，俟全体执委与省铁两行号接洽如何，再行发表办法；（二）与省、铁两行号接洽借款如有成效，同业对该行号等发行纸币，应于维持，暂不往兑，如发现同业前往兑现者，由本会按十分之一处罚；（三）本会全体执委代表同业面请绥、省两署当局，保守旧习惯，以维持社会市面等案。至下午二时始行散会，各委员当即前往省行，谒总理陆近礼。陆因公外出，由付鉴西接洽，允将来意转呈陆总理。继至铁路银号，由付继华氏接谈，允与省行陆经理讨论后，再商办法。钱业公会全体执委，因与省铁两号接洽尚未得到具体办法，决定昨晨丁卯余短，只得照常办理，已于昨日下午，分别通知各银钱行号，倘有余款之家，一时不能措办结清，按短款数目报会，并将相应抵押品送交公会，暂作余款抵押，其利息以挂牌每加一角计算。

※《山西日报》，民国二十四年十一月六日。

三、绥署维护法币流通

四银行号停止兑现后将组建法币兑换处
钱业公会借款二十万元维持市面
当局对抬高物价者决严于惩处

（民信社讯）绥、省两署遵部令于前日布告停止兑现、实行法币后，昨晨特派栗迺敬、张景栻等，查点本省四银行号库存现金数目，并派专员赴大同、榆次、运城等地查点，俟有结果即布告人民周知。阎主任在京对本省金融极为关心，前日复来电指示维持办法，令由山西省、铁路、垦业、盐业等四银行号，参酌地方情形，合组法币兑换处。四行号所发钞票在本省内照常流通，如向外汇兑，可在兑换处兑换法币，以资流通。此项办法限电到五日内，将兑换处组织就绪。现正由绥署赵总参议、贾秘书长、财政整理处邱处长、省府王秘书长、财政厅王厅长及四行号负责人妥商组织办法。至钱业公会向省、铁两行接洽借款，迄今已有圆满结果，省、铁两行号已拨款二十万元维持市面，昨日各项物价均高涨，但多有行无市。至平津津汇，昨日已趋平势。一般人意见，以为财政部此次实行法币政策，原系救济国民经济，本省奉令停止四银行号钞票兑现自属当然，不容置疑。各该行号准备金充足，决不能使人们稍感痛苦，但法币尚未普遍周行，愚人每多自扰。政府为维持法令威信，一方积极设法便利人民，一方对乘机高抬物价之不肖商人，应按布告规定，严厉惩办，以儆效尤，而平市价。兹将昨日各项情形，分志如次：

奸商作祟高抬物价

绥、省两署昨日奉令布告停止兑现后，多数不法奸商，庸人自扰，昨晨各项物价均行抬高：（一）米粮行市：昨晨米粟业公会在市商会报告，计麦子每石为7.2元（涨一元），府西大米每石9.6元（涨六角），晋祠大米每石10.2元（涨2角）；（二）面粉行市：表面并未涨价，而昨日多数商号，均订私价，拟调查双象牌头等面2.95元（涨 角五分），籽儿面7.5元（涨一元一角）；（三）其他：煤油每斤涨价四分，金价涨至一百四十五元，铜元找换均感困难。以上各种价格，大米有行无市，而奸商企图涨价，可见一斑。最可恶者，各代售机关、面粉商号，除土货商场外，均将价目牌换去，停止出售，显示有意作祟，助长人心浮动。当局对此，亟应严于惩处，以儆效尤，而维市面。

派员查点四行现金

本市四银行号昨奉令停止兑现。昨日上午前往兑现者，经说明后，悄然而返。当局并派军宪在各银行附近戒备，以防不肖捣乱。当局复派禁烟考核处长贾迺敬、财政整理处副处长张景栻，于昨日赴山西等四银行号查对准备金，妥封库内。省银行总理陆近礼，除于前晚分电各县分行、办事处、寄庄停止兑现外，并于昨日派员六人，分赴各路查封存现。当局并电全省各商会主席，来省共商保管准备金办法，原电云：

（电一）大同、代县、太谷、长治、河津、临汾、榆次、平遥、介休、汾阳、新泽、洪洞、晋城、平定、忻县、崞县县长鉴，本省遵照中央“停止兑现，实行法币”办法后，各银行号所发行钞票及现存准备金额，如无确实规定，以后不再增发票款，及公开保管准备金办法。难免商民疑虑，兹特召集省内外商会主席共商保管办法，仰即通知该县商会主席，克日来省商讨为要，主席徐鱼印。

（电二）山西全省商会联合会彭主席、太原市商会王主席、太原市米粟同业公会方主席、运城商会主席鉴，本省遵照中央“停止兑现，实行法币”办法后，各银行号所发行钞票及现存准备金额，如无确实规定，以后不再增发票款，及公开保管准备金办法。难免商民疑虑，兹特召集省内外商会主席共商保管办法，仰该主席知照，听候开会商讨（运城克日来省商讨为要），主席徐鱼印。

各行现钞即报财政部

中国银行太原分行张经理，日前奉财政部电令，饬会同钱业公会主席郝清照等办理调查各银号发行钞票及库存钞票现金额数种类。张经理连日分访郝主席及四银行号负责人，接洽办理。记者昨日访张询问办理情形，据称，连日已与各负责人接洽，现正在调查中，即可分别呈报财政部，至中行在太原周行法币，不过数十万元，以后将视需要情形，随时由总行增发，以利周行云云。又张经理昨日访省行经理陆近礼，陆及钱业公会主席郝清照于下午分别晤谈此事云。

借款二十万元维持市面

本市钱业公会及各同业公会，以本省骤然停止兑现，市面法币尚未普遍周行，银钱交易颇感困难。昨晨钱业公会主席郝清照等再访省行、铁路两行号当局，请速予拨款救济，以维市面。昨午省行总理陆近礼、铁路银号经理郝继华等当会商办法，闻该两行号，以此次借款，系救济市面金融，已允拨二十万元，各钱商闻讯后，至下午市面情况已不如晨间之枯涩，闻日内即可拨予钱业公会分配，市面可活动云。

※《山西日报》，民国二十四年十一月八日。

高抬物价决予以有效制裁
省铁两行收兑法币
市面情势好转汇水利息低落
晋丰零售面粉粮价仍不稳定
准备保委会应在各省设分会

（民信社讯）本省奉令实行法币，四银行号停止兑现后，因法币一时未能普遍周行，一般奸商又乘机作祟，愚民不察，自引惊扰，以致市面顿行不安，兹悉四银行号所筹备组织之法币兑换处，现正在研究具体办法，日内即可成立。省、铁两行为便利商民，将先拟定变通办法，凡有目前需用法币者，各该行可代为兑换法币，钱业公会向省铁两行借款二十万元，昨已拨交该公会，按短款各商抵押酌量分配，以后市面情形渐趋好转，过渡之不妥现象，已告一段落。汇水及利息等，亦均已低落。昨日四银号门首，派军维持秩序，上下午有少数农民持钞票前往兑现，经解释即行散去。绥、省两署以不肖商人，见利忘义，连日抬高市价，囤货不售，以致人心浮动，市面不安，为取缔物价高涨，维持民食，儆惩不肖计，特饬由绥署参谋处长杨□，召集警备司令荣鸿胪，宪兵司令李润发、警卫旅长杜春沂，省会公安局长程树荣等，在该处开会，商讨有效制裁办法，决议

加派军警宪严行巡查，如有不肖商人，故意造谣生事，企图投机，抬高物价者，决先行抓获官办。各次物价高抬，首由粮食涨价，米粟业公会前日特召粮业商号，对中央实行法币，本省停止兑现意旨，详予解释，并令力取镇定，万勿庸人自扰，影响市面，现粮价较稳定，晋丰面粉公司，连日因防止面商投机囤积，停止批发，惟对民前往零购者，尽量售予，自四日至昨日平均每日售面，均在七千袋以上，但因购者拥挤，昨日并请宪兵在门前维持，兹将市面分志如次：

法币兑换处日内即成立

……记者昨日向各方探听，得悉此项法币兑换处，现正与四银行号当局与本市中国银行负责人及本市金融界领袖等研究具体办法，临时办法现已大致商定，其内容系由本市中国银行及四银行号钞票，每日所收差额，由双方设法找兑，此项临时办法，闻铁路银号昨日已开始实行，省银行亦特实行，至法币兑换处，其兑换之具体办法，除此间各行号负责人详密研究外，闻阎主任在京与财政当局亦有接洽，日内成立后，商民即可便利之。

借款已拨付，金融较活动

钱业公会已停止兑现，法币尚未周行，为维持冬标，繁荣市面起见，特向省铁两行号借款二十万元，前日省铁两行号决定各担任十万元，由钱业公会担保……故昨日市面，已不如前两日枯涩，汇津贴水，前日已由七十元跌到十元，昨晨行情况为五元，对月利由九元跌至七元，标期满加利由二十五元跌至十元，短期利由五角跌至三角。

本省银行号营业均照常

……昨日四银行号均照常营业，仍有军警宪维持秩序，情形已较前缓和，惟省银行方面，昨晨持钞洋兑换铜元票者增多，盖市面铜元，因奸商操纵，找换颇感困难，垦业银号及铁路银号上午十二时前后，均有少数农人持少数钞票前往兑换，经解释，随即散去，并未发生事故，至下午六时，军宪均以撤回，公安局长程树荣则饬各分局于各个银行门口各留警士二人，其余官警亦行撤回，另饬由各银行号所在地派出所之巡官，负责注意维持，并饬各分局长随时就往查看，以防不虞。

……

晋丰面粉日达七千袋

连日本市各面铺，均有一奇特现象，即摘去价目牌，不售米面，如有问讯，不云没货，即公司停止发售，而实际则各号面粉堆积累累，特居奇不售，企图涨价耳。昨日上午记者特赴南行外晋丰面粉公司访问，据该公司人谈，本公司连日为防止各面商居奇囤货，故停止批发，但为维持民食，仍照常发货，公司出面二千一百袋，在平日仅售出千余袋，本月四日迄八日，每日平均售面均在七千袋以上，今日（八日）因拥挤太甚，秩序不佳，并请由宪兵在场维持秩序。记者当场观察，见拥挤于该公司门前购面者其中住户者绝少数，其所购面者，亦仅一二袋而已，其余大半，概为各小面铺之伙计，三五成群，一购五袋，一人辗转可购至数次，甚有为宪兵认出制止者，称待到，又易服装前往。所购面粉均置汽路旁空地，陆续以洋车运回，新南门外路上，车水马龙，盖皆此样人物。记者并亲见某面铺伙计四五人，在一空场中分数钞票，轮流购买，其神色鬼祟，丑态百出，可恨也可怜。……

抬高物价者当局决严办

……目前应对（一）抬高物价或囤积居奇者；（二）收买现洋，操纵辅币、紊乱金融者；（三）造谣生事、惑乱人心者等三种不法分子，予以严厉制裁。

……

※《山西日报》，民国二十四年十一月九日。

兑换现币办法决延期三月
财政部特通电各省

（南京中央社十六日电）财部以实施新法币政策之初，曾颁兑换现币办法八条，该办法第一条规定，凡持有现银者，统限于二十四年十月起，三个月内兑取法币。计至本年二月三日截止，现因各地银类、银币未能如期兑换法币者，为数甚多，而远地方省无法流通，亟待推行者亦属不少。由应筹将期限延长，以便商民，而利推行。兹由该部继续原定期限，由本年四月二日起，至五月三日止，延长兑换期间三个月，除已呈报政院备案外，并通电各省市政府及关系机关一体遵照。

※《山西日报》，民国二十五年一月十七日。

（月旦社讯）金融委员会阎委员长，为防止银钱空盘、稳定金融起见，特组织法币兑换登记处，办理登记汇换事宜。闻该处定为今日开始办公，地址设在本省鼓楼街实物准备库斜对面，昨已布告周知，兹将布告原文探志于下：

布告：山西省金融委员会布告

为布告事，照得本会为防止银钱空盘，稳定金融起见，特组织法币兑换登记处，专办本省汇换法币事宜，嗣后汇换法币者，务须遵照登记办法办理，不得私做行事，除令晋绥宪兵司令部及省会公安局随时检查外，合将登记办法公布周知，仰商民人等一体遵照毋违。此布办法：

山西省金融委员会法币汇换登记办法

第一条　本会为防止银钱空盘，特成立法币汇换登记处，办理登记汇换事宜。

第二条　凡有必要之正当用途，需掉法币，或向外汇款者，应先填具申请单（单式另定），送交登记处，请予掉换或汇兑之。

第三条　登记者汇兑及掉换法币行市，由金融委员会规定，不必要时，不常更改，以便稳定。

第四条　凡登记汇换各款，零星者就便兑给，额数多者发给凭单，持向指定之银行钱号汇兑或掉换之。

第五条　凡经登记之汇兑各款，事后有发现用途与申请不合者，处所汇、掉款额十倍至五十倍之罚金。

第六条　本办法自二十五年二月六日起施行。

※《山西日报》，民国二十五年二月六日。

绥署昨决定有效办法，安定金融平准物价
囤积货物抬高物价严厉处分
晋丰面粉涨价二角勒令取消
公派宪警检查代售面粉商号作弊

（大同社讯）本省自奉部令实行通货管理，四银行号停止兑现后，一般商民无知，囤积货物，抬高物价，金融现象无不紊乱。绥署赵总参议、贾秘书长特于昨日下午三时召集山西省银行总理陆近礼、财政厅长王平、财政整理处处长邱仰濬、省府秘书长王谦、地方铁路银号经理郝继华、垦业银号经理孙兆沅、盐业银号经理兼晋丰面粉公司经理李振纪，在绥署中和斋开会，讨论安定金融平衡问题。经数小时讨论，决定对于囤积货物抬高市价者，决取有效办法。晋丰面粉公司昨日每袋面粉涨价二角，已勒令取消，今日仍旧原价照卖。对于代售各商号，并派警宪检查，不得囤积。

※《山西日报》，民国二十四年十一月十日。

晋丰面粉一度涨价

（大同社讯）自本月四日，中央实行新币制政策，本省亦于六日查照部令，布告省、铁、垦、盐四银行号停止兑现，集中准备。本市愚民，不详究中央新币制既非实行纸币政策，亦非膨胀通货，更不究本省纸币周行者乃为旧额，仍在八成以上，竟发生恐慌。一部分奸商更乘机抬高物价，希图渔利，致使市面颇行不安。晋丰面粉公司亦于昨日将头二等及付号面粉每涨价二角，照常批发。全市各代销面粉面商亦同时开始悬牌出售。事为赵总参议、贾秘书长、经济统制处张处长、省府王秘书长等闻知，均大不谓然，当由贾秘书长、张处长等分别召见晋丰经理李振纪，询问涨价情形。贾秘书长当面谕知，应仍按原价出售，不得抬高。又据贾秘书长对记者谈，已令知各军队等，不得购存面粉，并分别令知各公营工商业机关，一体按原价售货，不得抬高市价，又查缉捣乱造谣奸人。绥署、省府亦已严令军警宪方面，从严办理。

※《山西日报》，民国二十四年十一月十日。

敬告本市商民

自财政部公布施行法币命令以后，各地物价相继高涨，虽然各地方当局有下令维持原状的，也有组织评价委员会的，可是大部结果都是形成一种矛盾的心态。正是：维持由你维持，涨价由我涨价，一唱一和，颇极滑稽突梯之致！

本市市场前数日曾陷入不安状态，先之以大企业的高涨提倡（如晋丰面粉公司的涨价二角），继之一般小商当仁不让的精神，也纷起而涨价。虽晋丰因碰壁而跌价二角，恢复原状，但是其他商店都是既涨之后，落价维艰，不信，请看平常两大枚的菜蔬，现在非四大枚不可，此虽小道，也可喻大。

我们愿竭十二分热忱，敬告给本市商人，在当局严令制裁涨价声中，我们理应体贴当局者的苦心，顾虑全社会生计的荣枯。不然，纵利市百倍，横发大财，恐亦无济于事，不见困辱流离的犹太人么？他们可都是累累的富豪！

※《山西日报》，民国二十四年十一月十五日。

法币准备金，应分存各地

此次政府停用现银，施行法币，本系管理通货，防止现银外流。现银虽不能使用，而存与银行，作法币之准备，因与昔日无异。法币之流通社会，为一般人所信任，亦依其背后有现银作准备，并非一张官纸，就与昔日同。既于此，则现银对于法币之重要可知矣。惟现银之存放，究应集于中央，抑应分存各地方，遂为交争之问题。吾人以为现银应分存于各地之中央、交通、中国银行三行，而不应集中于都市，更不应完全集中于中央。盖都市多近于海口，在国防之前线，现银集中于都市，遇有非常时期，难免有损失之危险，此其一。再法币欲推行各地方，必须取得各地人民之信任，若现银尽数集中于都市，则其多寡数目，地方人民不易确知，则对法币，不免时怀戒惧之心，此其二。

现政府已规定粤、汉、津三地设发行准备管理分会，分别保管现银准备。吾人以为只此三地设立分会，仍属未妥，至少亦应尽量扩充于各省会，方为适合也。

※《山西日报》，民国二十四年十一月十五日。

山西省银行通告

本省现奉太原绥靖公署和山西省政府会令，以太原市面铜缺乏，特将从前铸造之十进位一分、二分铜元发交，饬即发行通用等因，查此项铜元分一分、二分两种，一分者每百枚当省币一元，二分者每五十枚当省币一元，兹定自本年十一月一日起开始发行，所有公私款项一律通用，特此通告。

※《山西日报》，民国二十四年十二月六日。

山西省金融委员会训令
会山西省人民公营事业董事会
（民国二十五年）

为训令事，查本会前制定之省、法币掉换办法，除已分别函令省垣各行政机关及各公营事业遵照办理外，合将原办法随令附发，仰即知照。此令。

山西省金融委员会法币掉换办法

一、本省各机关及各公营事业收回之法币应悉数送交金融委员会（以下简称本会）掉换省币。

二、本会掉换法币事宜委托省银行代办，各机关、公营事业掉换法币时，应送省行办理。

三、各机关及各公营事业有必需法币时应将用途数目叙明，函由本会通知省行掉换。

四、法币收交，除公款应平掉外，其公营事业之款应务按当地当日行市找给贴水。

※ 山西省工业厅档案，民国二十五年卷。

民商运输银币银类请领护照及私运带处罚办法
司法行政部令高院遵照实施

（大同社讯）司法行政部倾训令本省高等法院云，案准财政部二十四年十一月二十

三日钱字第21051号咨开，案查本部规定自本年十一月四日起，以中央、中国、交通三银行所发行之钞票定为法币，不得行使现金一案，业已江日电达在案。自此项法令公布以后，所有迭次通行运输银币、银类及限制人民携带银币、银类各法令，核其性质，与行使法币通案抵触者，均应一律取消。并另定运输银币、银类请领护照及私运私带处罚办法六条，以利施行。除分咨并通行外，相应抄同实行、取消各项法令案由清单，及新定运输银币、银类请领护照及私运私带处罚办法各一份，兹请查照。并希转饬所属一体遵照等因，附二件，准此，除分行外，合行抄同应该取消各项法令原由清单，及运输银币、银类请领护照以私运私带处罚办法，令仰遵照并转饬所属一体知照。此令。

运输银币银类请领护照及私运私带处罚办法

第一条　凡运送银币、银类，应由中央、中国、交通三银行运输，前项规定各银行运输银币、银类，均应持有财政部准运护照方得起运，沿途关卡或军警凭验部照放行。

第二条　在中央、中国、交通三银行未设有分支行或代理处地方，经委托各银行、钱庄、典当、邮政、铁路、轮船、电报各局，国、地税收机关，或公共团体，收兑之银币、银类，应即送交距离各兑换机关最近之中央、中国、交通三银行，或其他代理行号，兑换法币。在运送时，并应由各兑换机关备具证明书，开明银币、银类数目，兑换法币行名，以供沿途军警查验，并一面通知距离最近之兑换法币银行，以资接洽。

第三条　凡依照限制用银管理规定购买银料者，其运送时，应由发货银料之银行给予证明书，以供查验，但通过海关关卡时，应凭财政部护照验收。

第四条　凡未请领护照或并未携带有兑换机关证明书，私行运输银币银类者，经军政机关或海关查获，即于没收充公，前项缉获之银币银类，如查有故存隐匿意图偷漏出口者，并应将人犯运送当地法院，按照妨害国币惩制罪修行条例惩处。

第五条　各地人民在兑换法币期限以内，得携带银币银类向距离最近兑换机关兑换法币。

第六条　除第一、第二、第三、第五各条例所规定外，凡出洋或往来国内之旅客及舟车员役等，概不准运输或携带银币、银类，违者以第四条之规定分别办理。

※《山西日报》，民国二十四年十二月十四日。

第二节｜晋钞继续流通

一、法币政策前晋钞流通状况

山西省只有外地设立的太原中国分行，在阎锡山政权控制下，不能开展业务，自去年十一月“法币”政策推行后，国民党军队乘围攻红军之机，开入山西省境内，山西省政情起了变化，农村经济枯竭，才设立农民、交通两分行。这样，国民党以金融势力取得支配山西省军事、政治和金融之权，从而打破以往山西门罗主义。兹分述以下几点情况：

一、法币政策施行以前情形

……

民国二十一年省银行改组，发行新币，同时设立绥西垦业银号，由于受世界经济危机影响，农村破产，商业衰退，各地又滥发纸币，利息提高，于是省当局在主要各县设立典当业发行纸币，取缔私票临时办法，不久金融更混乱。遂发出取缔私票令，饬令各县设立县银行，整顿金融市场（私票在城乡流通达数百万，利息相差很大，农村利息有至五六分者），指定十余县，在农村发行信用合作券。以后省当局又设立盐业、铁路两银号，发行纸币。在太原、太谷主要县城设立土货商行，发行土货兑换券。这时期阎锡山政权金融市场货币流通益形混乱。

……

三、山西省金融机构情况

（一）山西省银行。民国元年成立，山西官钱局后身，阎政权金融政策执行机关，就是山西省的中央银行，民国二十年金融恐慌，推行法币政策后，在各地设立分行，发行新纸币达一千四五百万元。

表 11－1　　纸币发行额及发行准备金比例　　单位：元

日期	纸币发行额	现金准备		保证准备
		现银	法币	
1935 年 10 月 24 日	5225501	4196500	979084	1029000

山西省票发行种类：有十元、五元、一元、二角、一角、四十枚铜元票及二十枚七种，流通于山西、绥远两省境内。

（二）绥西垦业银号。民国二十一年设立，纸币发行据 1936 年 2 月 24 日调查为 580000 元，现银准备为 380000 元，纸币种类有十元、五元、一元、二角、一角五种，流通于山西省和绥远省。

（三）晋北盐业银号。民国二十一年在山西北部为采盐设立者，纸币发行额为 610000 元，现银准备 260000 元，发行有十元、五元、一元、二角、一角五种。

（四）晋绥铁路银号。民国二十一年为修筑同蒲铁路成立的，发行纸币 6000000 元，现银准备 2440000 元，分十元、五元、一元、二角、一角五种。

（五）县银号。约占一百零五县一半以上，发行纸币共 200 余万元。

（六）钱庄。在太原约有 51 户，计有 2592000 元资本。

（七）当铺。各县都有，共计 282 户，约发行数百万元纸币，分一角、二角两种。自实行法币禁止使用现银后，山西省银行号发行纸币大增，当铺营业大受影响。

（八）信用合作社。发行一角、二角小单位纸币，全省总计约有六十七万元。

（九）土货商行。在太原、太谷等主要县份设贩卖店，在甲乙两地交换货物，发行土货券，以补货币之不足。此种土货券即是阎锡山所谓物产证券，自法币政策施行后，

金融情事发生大变化。

（十）其他各金融机关。如中国银行、交通银行、中国农民银行、大陆银行等设有分行，虽然被阎锡山政权所限制，业务不大发达，但在山西省主要城市有相当金融势力，自法币政策施行进入山西后，法币流通量剧增。

四、纸币种类和数量

山西省银行、垦业银号、盐业银号及铁路银号发行纸币，共计有1300万元，各地县银号、钱庄、信用合作社及典当业等发行纸币私票角票，合计约有700万元。兑换土货券在太原、太谷流通有一元、二角、一角三种，总计约有30万元。法币在山西省内流通总额约有600万元。

如上所述，山西省流通纸币约有2600余万元，全省人民平均每人约有2元。

五、四行号实物准备库

自法币政策施行后，现银储藏，通货流通颇感不足，省立银行纸币发行受限制，省内金融枯竭，因此阎锡山为发展省内银行号，解金融市场危机，去年十二月二日，公布四银行号共同设置实物准备库暂行章程草案（草案内容略）。

※ 山西省档案馆档案，山西省银行档案卷。

山西境内银元流通数量，据1936年（民国二十五年）调查，总数估计为一千五百万元以上。分布状况如下：

山西省银行	四百万元
晋绥地方铁路银号	二百万元
绥西垦业银号	五十万元
晋北盐业银号	十万元
其他	十万元
太原市合计	六百七十万元
太原以外各地估计	八百万元

※ 全国经济委员会：《山西考察报告书》，1936年。

当时南京政府颁布法令，发行法币，检查山西四行号发行的纸币总数为6582550元，计：

山西省银行	4903900元
铁路银号	505000元
盐业银号	294000元
垦业银号	379650元

※ 杨怀丰：《关于山西省钞二三事》，山西省文史馆，手抄件。

山西省银行的分行是遍布于全省各大城市的，这些分行，都是省银行发行纸币的别动队。除在太原所发行的钞票，大都盖本地地名戳字外，其在外县发行者类非本地地名戳字的纸币。如在大同所发行者为盖有临汾或太谷等地名戳字的纸币，这种纸币在晋绥境内可以分区域行使。但如欲兑现，则盖临汾地名之戳字之纸币须到临汾去，盖榆次地名戳字之纸币须到榆次去方有可能。这是减少兑现之一法。

※ 陈真编：《中国近代工业史资料》第三辑，1200～1201页，三联书店，1961年。

1932年，阎锡山与蒋介石取得和解，担任了太原绥靖公署主任，又以增发纸币榨取人民血汗，他美其名曰“整理纸币”，发行新银元兑现券，以一元新券收回旧券二十元（实际多于二十元）。当时阎锡山除山西省银行外，还设立了铁路银行、垦业银行、盐业银行，这些银行都发行钞票。从1932年到1937年抗战爆发，山西省银行发行钞票2000余万元，铁路银行1500万元，垦业、盐业两行各500余万元。1935年国民党伪中央政府财政部为了掠夺全国人民的财富，规定以中央银行、中国银行、交通银行、农民银行所发行的纸币为“法币”，禁止现金流通，以“法币”夺人民手中现金来养肥四大家族。阎锡山也乘此机会复大捞一把，宣布山西四银行的纸币为山西的省币，也不兑现。太原沦陷前，阎锡山把他从大连回山西以来所掠夺山西人民的财富——山西省银行库存现金300余万元，送交国民党伪中央银行，换为伪法币，攫为己有。

※ 张邦彦：《阎匪滥发晋钞情况》，载《山西文史资料》第三辑。

省钞毛荒直到阎匪返晋，宣布20元兑换一元，作了定结。不久又发行了兑换券，虽可随时兑现，但不顺利，到伪中央银行发行法币（不兑现纸币），省兑现券曾一度吃香，津汇下跌，后现洋不准同行，省兑换券亦成了不兑现纸币，津汇又涨，法币香于省币，旧省钞毛荒，到波及省外，印成北京、张家口、绥远、石家庄、保定地名的，全兑付了中国、交通纸币，这却称个奇迹。

※ 常紫书1975年5月14日提供的材料：《阎锡山垄断金融核心——山西省银行历史及牵涉到的经济材料》。

1932年将太原兵工厂（前此已被蒋介石北平行辕缩编为晋绥军修械所）改为壬申制造厂之后二年，还曾想恢复铸造硬辅币再从中谋取一笔巨资，曾着该厂设计图案（该厂厂本部当时曾以当20文制钱的铜元模样制出图案）。后因闻悉南京国民政府欲废除金本位货币，发行“法币”，遂作罢。

※ 高树帜、赵筱三：《民初至抗战前夕太原军事工业逸闻》，载《山西文史资料》第五十八辑。

二、四银行号停止兑现

绥署省府昨晚贴示公告晋四大银行停止兑现，纸币照常通行
不准抬高物价，故意阻挠造谣，按法严惩不贷
阎由京来电，贾召各界商定办法

（大同社讯）财政部自四号起，实行新货币政策，布告并通令全国各省市、各银钱行号、税收机关，停止兑现，通行法币。阎主任在京，对本省遵照部令办理事宜，甚为

关怀，特于昨日由京电绥署秘书长贾景德，饬妥筹遵照办理方法。贾氏当于昨日下午一时，召集省政府秘书长王谦、财政厅长王平、财政整理处处长邱仰濬、经济统制处长张汉三、禁烟考核处处长栗迺敬、省银行总理陆近礼、协理付鉴西、铁路银号经历郝继华、省商联会主席彭士弘、市商会主席王肇泰、钱业公会主席郝清照，在绥署中和斋商讨遵照办法。经详细审论，当决定按照地方情形，查照办理，即日布告，停止兑现，省行、铁路、垦业、盐业银号所发行之纸币，仍照常周行。一切货物市价，不准高抬，如有故意阻挠、造谣生事、希图投机者，决按法严惩。并饬大同、代县、祁县、榆次、太谷、平遥、新绛、运城、长治、汾阳等县商会主席来并清查银行现存。又绥署赵总参议、贾秘书长、财政整理处邱处长、财政厅王厅长、省府王秘书长等，于昨日上午十一时召开会议，亦系讨论金融问题，兹志绥、省两署会议布告如次：

布告原文

案准财政部电令，规定停止兑现，实行法币办法，本省自应按照地方情形查照办理，省银行、铁路银号、垦业银号、盐业银号所发行之纸币仍照常通行，不得折扣情事，对于一切货物，并不准抬高物价，合行布告商民一体遵照。如有故意阻挠、造谣生事，或希图投机、高抬物价者，即按法严惩不贷。此布。阎锡山、徐永昌。

物价稳定

中央实施新法币政策后，各埠除平市物价大涨外，余均平稳，本市物价仍未高涨。据记者昨晨调查所得，米面炭肉食粮绸缎及其他日用品价，仍如前数日，晋丰面粉，头等二元八角，三等二元六角，付号二元四角，榆次为二元六角五分、二元六角、二元四角五，平遥为二元六角五、二元五角，临汾为二元六角五、二元八角；猪肉每斤二角，羊肉二角四分；市布、洋布等布匹，每匹各涨价四角，此因本省商号，前日由津汇购时，津方每匹即涨价三四角之高，本市金价则涨一百三十五元，高额汇津款项则已由每百元贴八元落到四元。

各行现状

中国银行太原分行，连日运来中央法币数十万元，准备周行，该行连日营业，均用法币，四、五两日进入储存现币亦不少，所有库存及储存现币，已据实呈报总行，转呈财部。该行前、昨两日，数访钱业公会主席郝清照及省铁两行总理、经理，接洽调查本市银行号、钱庄库存钱票种类、数目及现金数目事宜。至省行、铁路银号、盐业银号等行号，自四日中央发表改革命令后，前往兑现者，较之平日略有增加。第一日，省行兑出现款二十六万余元，铁号六万余，垦号万余元。然至前日，兑现者亦保持平稳状态，迄至昨午已寥寥无几，尚有各该行存放现金者。昨日下午绥、省两署公布张出后，已停止兑现。

接洽借款

本市钱银各商，因中央实行改革币制后，关于维持本省各行钞票问题，曾由钱业公会召开两次临时会议，决定向省行、铁路两号接洽借款30万，以资维持，并请政府维持旧习惯，迄至昨晚尚无具体办法。昨晨十一时，太原市商会特召集全市各同业公会主席与钱业公会执委，报告前日与政府及省行接洽情形，次即决定继续由该公会向省行、铁路两行号接洽，在未得到结果以前，仍暂由各公会维持现状，并决定由王肇泰分谒省府当局与省、铁两行号，至十二时半始散。

正心歇业

前日为丁卯之期，接洽借款当日未得结果。公会于下午宣布照常办理后，市面未见如何吃紧，然馒头巷正心银号当晚即宣告歇业。该号成立于明，营业是佳，信用卓著，惟因财东支款四万余元，该外债四万余元，外债交城即有万余元，前丁卯所短仅数千元，因值此非常时期，一时周转不灵，竟告歇业。

冬标即届

本月十九日为冬标标期，亦为各行业务总结算期。记者昨日下午访钱业公会主席郝星三晤谈，据称向省、铁两行接洽借款等，未得具体结果。昨日下午，绥、省两署已布告停止兑现，各行钞票仍照常周行，此为简捷维持钱业之一法。标期前，继续向省、铁两行借款与否，须视情形再定云。至此次货币新政策之实施，已充分证明阎主任主张之物产证券能行通之实在性云。

※《山西日报》，民国二十四年十一月七日。

三、晋钞继续发行和流通

1935 年蒋介石政府将要实行纸币不能兑现之风传到山西，新省币发生挤兑风潮，由于发行不多，所存准备金尚足应付，未被挤倒。蒋政府实行法币不兑现，新币一度挤兑，人民珍视现洋，多把现洋存出，市面通货减少，交易感受困难。阎锡山乘此机会，一面令山西省政府、晋绥财政整理处，以空文与四行增拨资本三千万元，一面令实物准备库大量收购民间物资。

※ 王尊光：《阎锡山的四银行号》，山西省文史馆，手抄件。

山西省主张公道团团部为稳定金融告人民书
二十六年七月

……现洋五百万元，有一元省币即有一元现洋，作兑现的准备，那时省钞价格必与现洋顶平。所以自现在起，政府实行只收不放的办法，几个月以后，一定达到省币可以与现洋顶平。商人们有许多是明白的，也有不少的人为个人取利，捣乱省币，拨弄得省币贴水，实物和法币涨价。实物和法币涨价，便是省钞的准备涨价了，所以省钞贴水愈大，省币的准备盈余加多，这显然是于政府有利，而吃亏的仍然是拿省币的人民，所以捣乱省币的商人是人民公敌，希望大家不要受他们的欺哄，自找亏吃。

四、省币只收不放是变相的兑现准备，不是维持价格的办法。

只收不放的办法，是拿上库存的法币和实物，自社会换回纸币，即无异于实行变相的兑现。所以，只收不放是变相的兑现准备，根本办法，绝不是维持省币价格的皮毛办法。

五、保管委员会是代表人民保管省币的准备金物。

为了保证省币准备额数的确实，并监督只收不放的办法起见，由省城和外县商会上的代表组织了一个保管委员会，脱离开政府的手，由他们替人民管理这件事。

第一，四银行号里究竟是发行了多少纸币，有多少准备额，要时时监察。

第二，用实物和法币换回多少省币来，一律点验封存。

第三，检查四行号帐簿。

这些代表都是商界的人，一来懂商情，二来与他们利害关系深切，由他们来代表我们管理，自然十分可靠。

六、维持省币即是维护大家的生命财产。

山西省币是晋绥金融的命脉，晋绥建设的发展、商业的繁荣、人民生活的安定，全靠着省币来维系。省币打了折扣，无异于晋绥人民的生命财产打了折扣，省币价格的跌落，无异于晋绥建设基金的减少和商业资本的亏累，凡是居住在晋绥境内的人们，对于这一点要认识清楚，要以维护自己生命财产的决心，来维护省币。

七、破坏省币的无异是汉奸。

由以上种种事实说明，省币不惟现在稳固，将来更能稳固。在这种情形下，竟发生省币贴水高涨的现象，这种贪图私利、捣乱省币的商人，是害国的行为，在抗战中无形中做了有害本国、利于他国的行为，无异于就是汉奸，我们对这种人，要用严厉的手段，加以制裁。

※ 山西省档案馆档案，山西省人民公营事业董事会档案1937年卷。

第十二章 山西第三次工业化建设成效

第一节 | 工业化建设成效总览

一、官僚资本企业体系

（三）兴盛时期（1932—1937 年）

一、太原绥靖公署直辖企业

1. 晋北煤业公司：地址在大同，公私合营，1932 年成立，由晋北矿务局、大同保晋矿务分公司、同宝煤矿公司、宝恒煤矿公司合资经营，为大同煤炭分产合销机构。经理系梁航标，协理为梁上椿，副理为张继理、继子宪，天津办事处主任是赵汝扬。

2. 育才炼油厂：1934 年派索文为厂长，利用原有设备试办，未出成品。1937 年被日寇掠夺。

3. 晋华公司：地址在太原，公营，1932 年设立，资本十五万元，推销晋记烟公司纸烟。经理为马铎（木斋）。1933 年并入晋华卷烟厂。

4. 晋华卷烟厂：地址在太原南门外东岗村，1933 年将晋记烟公司、晋华公司合并，添购设备，制造纸烟，自产自销。经理由王尊光兼，厂长为陈禹祥。1935 年由西北实业公司接办。

5. 垦业商行：地址在绥远，公营，1933 年设立，经营西北土特产品，经理为李培元。"七七事变"后被日寇掠夺。另有敬业祥土膏店，地址在绥远，公私合营，资本 15000 元（垦业商行投资 12000 元，杜永昌投资 3000 元）。经理为杜永昌，1937 年结束。

6. 女子职业工厂：地址在太原北肖墙，公营。1934 年设立，制作军装，厂长先后为陈子俊、刘懿轩，资本 18 万元。1937 年转移到西安，改称第二战区司令长官部军装总管理处。

7. 山西平民合作工厂：地址在太原，官督商营，1934 年成立，资金 30000 元，经营织布业。

8. 土货商场：地址在太原按司街，公营。1934 年成立，晋绥财政整理处出资，经理由彭士弘兼，协理张文同。系经销本省各厂产品的门市部，“七七事变”后转移至陕西省宜川县秋林镇，改称第二战区司令长官部随部消费社。

9. 山西省、铁、垦、盐四行号实物十足准备库：地址在太原，公营，1935 年成立，同蒲铁路沿线设分库多处，收购工农业产品。经理先后为贾继英、王骧，协理为郝清照；1936 年郝清照升任经理，协理为郭立斋、刘杰。“七七事变”后，大部分财产被日寇掠夺，部分货物转移到西安办理结束，财产移交山西省银行。物产商行，系实物准备库的分支机构，向省外推销准备库收购的物资，经理、协理由准备库的经理、协理兼任。

10. 西北电影公司：地址在太原裕德里，公营，1935 年成立，拍摄电影制片。经理为温松康，“七七事变”后转移至成都，为第二战区文化抗战协会接办，不久停办。

11. 晋绥兵工探测局：地址在太原精营西边街，公营，1935 年成立，测探地下资源，原为西北实业公司矿业组，1931 年开始测探。该局成立后，西北实业公司所属各铁路探矿处均归该局经营。局长由阎锡山兼，主任为阎锡珍（国光），总工程师是李士林。“七七事变”后，部分人员转移至兰州保管资料。该局所属单位如下：

①河口铁矿所：所长前后为米彦群、温祥麟。

②宁武铁矿所：所长为何纯鹄。

③静乐铁矿所：所长为何纯鹄。

④定襄铁矿所：所长为何纯鹄。

⑤五台（北台顶）铅矿探矿所：负责人为王光。

⑥代县（羊蹄沟）金矿探矿所：负责人为薄绍棠。

⑦闻喜夏县铜矿探矿所：负责人为王光。

⑧东山采矿所：所长为曾复周，工程师为郝秉俭。

12. 工申制造厂：1932 年由晋绥军修械所（太原兵工厂）改称。阎锡山第二次登台，标榜不再扩充实力、不制造武器，因而改头换面。厂长为郭凤朝，1934 年改属西北实业公司，当时所属各厂如下：

①机车厂（炮厂、铁工厂合并）：厂长为刘以仁（壬申一厂）。

②农工器具厂（炮弹厂、炸弹厂、罐头厂合并）：厂长先后为赵甲荣、赵逢冬（壬申二厂）。

③铁工厂（枪厂）：厂长为阎树松（壬申三厂）。

④熔化厂（枪弹厂）：厂长为李应方（壬申四厂）。

⑤铸造厂（机关枪厂、翻砂厂、木工厂、铁工厂合并）：厂长为赵逢冬（壬申五厂）。

⑥机械厂（冲锋枪厂、机械厂合并）：厂长为张朝霖（壬申六厂）。

⑦水压机厂（未改名）：厂长为郭履中。

⑧汽车修理厂（双用引线厂）：厂长为姜富春。

⑨电汽厂：厂长为何启昌。

13. 壬申化学工厂（火药厂）：厂长为连思孝，直属太原绥靖公署。1933 年改隶西北实业公司。

14. 育才炼钢机器厂（育才炼钢厂、育才机器厂合并）：厂长先后为唐之肃、刘笃恭；直属太原绥靖公署，1933 年改隶西北实业公司。

15. 新火药厂：地址在太原北门外涧河北（即后来的西北化学厂），1928 年创立，向德国订购全套设备，1931 年机器安装完毕。

※ 曲宪南：《阎锡山官僚资本企业简介》，载《山西文史资料》第十六辑。

二、山西省公营事业董事会所属企业

阎锡山从 1932 年第二次登上政治舞台，即大规模地发展企业。由于企业的单位增多，他考虑需要设立一个专门机构来替他管理这些企业；同时又考虑这些企业都是用山西地方公款来兴办的，一旦他被迫离开山西政治舞台，一定会被蒋中央接收。为此，他想了个抵制蒋中央接收的办法，乃于 1934 年成立了山西公营事业督理委员会和山西公营事业董事会与监事会。将所属厂矿企业，挂名为山西人民的公产，蒋中央要接收，山西人民会起来反对的。

督理委员会的产生，是把山西全省划成三个区域，每区选出督理委员一人。第一届委员是阎锡山（代表晋北、晋中）、贾景德（代表晋东南，由邱仰潜代理）、温寿泉（代表晋南，由王怀明代理），阎自兼首席督理委员。张景韩为总干事。会址设在太原绥靖公署内。

督理委员会之下设董事会。董事会的产生，是把山西全省分为七个区，每个区选出董事一人（实际由阎锡山圈定）组成。第一届董事为陆近礼（恭斋，晋中区）、陈敬棠（芷庄，晋北区）、宋彻（清斋，雁北区）、高福臻（容斋，晋南区）、耿步蟾（桂亭，晋南区）、畅联晋（康侯，晋南区）、张挂兰（友芝，晋东南区）。陆近礼为董事长，赵正楷（法真）为总干事，地址在皇华馆。监事会设监察五人，李述文为主席监察。所属企业如下：

1. 西北实业公司：地址在太原，1932 年 1 月设筹备处，1933 年 8 月正式成立。总理由阎锡山兼，筹备委员为边廷淦（留美学生）、张恺（煦南，留日学生）、杨玉山（如圭，留法学生）、任承统（健三，农业专家）、刘炳煦（旭升，留法学生）、李红（紫封，留日学生）、彭士弘（毅丞，留日学生）、王惠康（迪庵，留日学生）、曹焕文（明甫，留日学生）、曹瑞芝（留美学生）、宋彻（清斋，留日学生）、赵子谦等人，以边廷淦为召集人。下设十二个组：特产组（组长彭士弘、王惠康），矿业组（组长阎锡珍，字国光，留日学生；刘炳煦），纺织组（组长杨玉山），化工组（组长曹焕文，作调查资源设计工作），水利组（组长曹瑞芝），农业组（组长李红、任承统）。但曹瑞芝、任承统未到职，故水利组、农业组未搞起来，其它畜牧、肥料、冶金、交通、商业、银行各组，均未搞起来。1932 年开始建厂，1933 年将壬申制造厂（即太原兵工厂十个厂）并入，撤销组，改为总管理处，阎兼总理，彭士弘为协理。1935 年新建部分工厂投入生产，聘梁航标为经理，彭士弘为协理。总管理处下设三部、二处、一室、四科。技术部长为徐建

邦（萧峰）、矿业部长为阎锡珍、研究部长为张焯福（光宇）、机器厂管理处长为周维翰（桂庭）、天津办事处长为张志儒（士心），其后为郝松淮（望三）。办公室主任是曲宪治，总务科长为薄承统（骆凤）、会计科长由薄承统兼、营业科长为张志儒、考核科长为毛锡华（仲蕃）。1936年取消总管理处和机器厂管理处，改为公司本部，将所属各厂划分为集中经营和独立经营两部分，增聘张书田（子绅，原兵工厂工务处长）为协理。公司本部设四个部：工务部副部长为阎锡珍、曹焕文，营业部部长为张焯福，副部长为杨玉山、徐建邦，总务部部长为曲宪治、副部长为王惠康，会计部部长为彭宪祖（筱原）、副部长为王声洪、张辅良（杰三）。各部下设若干科。天津、上海、西安设办事处，北平、绥远、宁夏、石家庄设驻在员。资本总额2000万元，1937年3月有工人11807人、职员1318名，地址在太原北肖墙一号。新建各企业如下：

①西北毛织厂：厂址在太原小北门外，1934年投产，资本45万元，生产毛呢、哔叽、礼服呢、毛线，厂长先后为杨玉山、梁鸿裁（子卓）、王达甫。

②西北火柴厂：厂址在太原三桥街，1934年接办私营双福火柴公司加以扩建，资本15万元，生产飞艇牌硫化燐火柴，厂长先后为 赵甲荣（春圃）、李洪庆（克宽）。

③西北印刷厂：厂址在太原北门外，1932年接办，厂长先后为赵甲荣（春圃）、李洪庆（克宽）。

④西北洋灰厂：厂址在太原西铭村，1935年投产，生产狮头牌高级洋灰，厂长先后为张焯福、郭璋玉（琢如）。资本50万元。

⑤西北皮革制作厂：厂址在太原小北门外，1935年投产，资本20万元，生产机器皮带、底皮和其他皮革制品，厂长先后为彭士弘、王惠康、贾英云（锐卿）。

⑥西北窑厂：厂址在太原北门外，1935年投产，资本30万元，生产高级耐火砖。厂长先后为薄蓬鳌、荣嗣毅（伯沉）。

⑦西北煤矿第一厂：厂址在太原白家庄，1935年投产，资本36万元，厂长先后为阎锡珍、李文英（育华）。

⑧西北制纸厂：厂址在太原兰村，1935年投产，资本45万元，生产卷烟盘纸、各种纸张。厂长先后为徐建邦、孙文藻（秉南）、周绍彬（觉醒）。

⑨西北炼钢厂：厂址在太原北门外古城村，1934年筹办，资金800万元。厂长郑永锡、副厂长董登山。下设五个部：炼铁部（主任为张增，字益卿）、炼钢部（主任为唐之肃）、炼焦部（主任为王昂，字青云）、碾钢部（主任为柴九思，字筱棣）、修理部（主任为韩屏周）。至1937年90%以上基建工程完成，未及投产，“七七事变”爆发。

⑩兴农酒精厂：厂址在大同车站，1935年接办投产，资本15万元，厂长先后为白雨生、郅镜如。

⑪西北电化厂：厂址在太原北门外，1936年投产，资本40万元，生产火碱、盐酸、漂白粉，厂长先后为曲宪治、陈尚文。

⑫晋华卷烟厂：厂址在太原南门外东岗村，1935年接办，资本50万元，生产云岗、五台山等牌纸烟，厂长郭凤朝（仲阳）。

⑬西北煤矿第二厂：厂址在崞县轩岗镇，1937年投产，资本50万元，厂长为苏景周（骏声）。

⑭西北木材厂：厂址在交城县偏梁村及方山县高帝山，生产火柴轴木及坑木。原为西北火柴厂轴木厂，1937年1月独立经营，厂长为杜子秀（俊卿）。

⑮西北发电厂：厂址在太原北门外，1934年投产，厂长为何启昌（子东），并设古城、兰村两分厂。

⑯机械研究制造厂：厂长为徐建邦，1936年筹办，未投产。

⑰西北及其修理厂：厂址在太原白家庄，1936年投产，修配本公司各厂机器，厂长为王润源（洁泉）。

⑱太白路管理所。地址在太原，管理太原至白家庄之间的同蒲铁路支线，所长为齐云志（程远）。

⑲售煤所：地址在太原小北门外，所长为谭怀远、刘宪孔。

⑳天镇特产经营厂：厂址在天镇县，收购大黄，1933年接办，1934年停办，负责人为张志儒。

㉑西北贸易商行：地址在天津英租界，1932年设立，经营西北各省羊皮、羊毛等土特产。1934年改为西北实业公司驻津办事处，负责人为张志儒，后为郝松淮。

㉒西河口铁矿探矿处：地址在太原西山河口镇，1934年创办，负责人为温祥麟。1936年晋绥兵工测探局成立，拨归该局经营。

㉓静乐探矿处：地址在静乐县，1934年创立，开采锰矿，负责人为田遇奇。后归兵工测探局经营。

㉔宁武铁矿探矿处：地址在宁武县，1935年创立，负责人为何纯鹄。后归兵工测探局经营。

㉕五台甲子湾收炭处：主任为王际清（洁如）。

㉖太原半坡街收料所：主任为王安成（得亭）。

㉗太原材料库：库长为贾珍（聘卿）。

㉘晋南售煤所：主任为徐建国（晓岩）。

㉙西安办事处：主任为冯尚文。

㉚医疗所：主任为张维新。

㉛西山医疗所：主任为康乾勋（健南）。

㉜稽查处：总队长为彭述宗（尧夫）。

㉝上海办事处：主任为曹诗秀。

1934年9月将壬申制造厂所属各厂拨归西北实业公司经营，具体单位如下：

①西北机车厂：地址在太原北门外，生产铁路机车、货车、客车、桥梁、锅炉、矿山机械、加农炮等。

②西北农工器具厂：厂址在太原北门外，生产各种犁、锄、脱粒机、水车、水泵、磅秤、虎钳等。厂长先后为赵甲荣、赵逢冬、张志贞。

③西北铁工厂：地址在太原北门外，生产各种机器、日式六五步枪等，厂长为阎树松（茂丞）。

④西北熔化厂：厂址在太原北门外，生产步枪弹、冲锋枪弹、各种铜皮，厂长先后为周维丰、李应方。

⑤西北铸造厂：厂址在太原北门外，生产大小机器工具、锅炉、水泵、桥梁用材等，厂长先后为赵逢冬、李梅雨。

⑥西北机械厂：厂址在太原小东门内，生产煤油炉、煤气灯、各种机件、捷克式轻机枪等，厂长先后为赵逢冬、张朝霖。

⑦西北水压机厂：厂址在太原北门外，生产电动机、电扇、电钻、水泵、水车、炮弹铜壳等。厂长为郭履中。

⑧西北化学工厂：厂址在太原北门外，生产硫酸、硝酸、酒精、以脱、无烟药等。厂长先后为连思孝、张书田。

⑨西北汽车修理厂：厂址在太原小东门内，修理汽车、安装水暖设备、生产灌溉农具、轻机枪等。厂长为姜富春。

⑩西北育才炼钢机器厂：厂址在太原北门外，生产面粉机、织布机、各种车床、锅炉、内外燃发动机等。厂长为刘笃恭、李梅雨。

⑪新化学工厂：厂址在太原北门外，厂长为曹焕文，未出产品，后并入西北化学工厂。

1936年10月，原壬申制造厂的十个厂（其中包括壬申化学厂）改称“西北制造厂”，设总办，由张书田担任，赵逢冬为会办，行政仍归西北实业公司领导。将10个厂改组为18个厂，又转向兵器生产。职员653人、工人7，435人。厂名如下：

①枪弹厂，厂长先后为李梅雨、李应方。

②电焊厂，厂长为王文耀。

③机车厂，厂长先后为李亚晋（克强）、胡启陈（迪斋）兼（重炮厂长）。

④铆锅厂，厂长为于邑菊（紫卿）。

⑤水压机厂，厂长为刘遵闵（孝儒）。

⑥山炮厂，厂长为王宝善（楚卿）。

⑦工具厂，厂长为黄仲勋。

⑧机器修理厂，厂长为王嘉弼（赞襄）。

⑨火工厂（即炸药厂），厂长先后为刘天伸（福卿）、白云彪（卓斋）。

⑩枪厂，厂长为胡启陈。

⑪火药厂，厂长为陈铁夫。

⑫木工厂，厂长为张宗儒（希栻）。

⑬铸造厂，厂长为张志贞（子固）。

⑭铁工厂，厂长为蔚嘉汉（宿津）。

⑮育才机器厂，厂长先后为杨震鼎（宝珊）、李梅雨（占五）。

⑯冲锋枪厂，厂长先后为张朝霖（雨田）、白殿麟。

⑰汽车修配厂，厂长为姜富春（寿亭）。

⑱育才炼钢厂，厂长为李梅雨兼。

以上西北实业公司所属厂矿于1937年“七七事变”后，除西北制造厂拆迁轻便车床六、七百部至川、陕大后方继续为阎锡山制造兵器外，其它各厂设备、原材料、产品全部陷于敌手。此外尚有煤矿第三厂（在富家滩）及麻袋、玻璃两厂（均在北门外）正动工建厂，“七七事变”后均停建。

2. 同蒲铁路管理局

3. 山西省银行：总理为王骧，协理为傅瑶。

4. 晋绥地方铁路银号：地址在太原帽儿巷，1934年设立，资本500万元，为晋绥兵工筑路局及同蒲铁路管理局周转资金，并做一般银行业务，发行钞票。总经理为郝继华（荣庭）、协理为白毓震（东生）。“七七事变”后转移至西安、成都。

5. 绥西垦业银号：地址在绥远，太原设分号，实际主要业务在太原，负责人亦常驻太原。1934年设立，发行钞票，做一般银行业务，经理为孙鉴轩，协理为杨润亭。“七七事变”后撤退至运城，办理结束，将财产帐簿移交了山西省银行。

6. 晋北盐业银号：地址在太原，1934年设立，大同设分号，发行钞票，做一般银行业务。经理为李振纪（纲甫），副经理为寇作霖（雨三），“七七事变”后撤退至运城，办理结束，将财产帐簿移交了晋绥地方铁路银号。

三、山西省营业公社所属企业（1932年—1937年）

1. 晋丰面粉公司。

2. 晋洪当。

3. 晋平当。

4. 晋忻当。

5. 晋原当。

6. 晋益当。

以上六个单位，前已介绍，“七七事变”后均为日军掠夺。

7. 晋裕银号：（前已介绍）“七七事变”后移至兰州。

8. 晋同银号：地址在大同，1932年设立，资本十万元，经理为张宗理，“七七事变”后被日军掠夺。

9. 晋通花店（前已介绍）：1936年为实物准备库接办。

四、山西省建设厅所属企业（1932年—1937年）

1. 农事试验场：场长为栗树滋。

2. 模范牧羊场：场长为黄哲。

3. 省立畜牧场：场长为邸有守。

4. 山阴畜牧场：场长为李秉权。

5. 凿井事务所：所长为石钧、周士廉。

6. 蚕种育制所：所长为沈□□（浙江人）。

7. 太原金矿管理所：所长为张好智（乐庵），1934 年归山西省银行接办。

8. 棉花复查所：在茅津渡、太阳渡、禹门渡、吴王渡等黄河渡口设立。

9. 大小林区：设有五六处。

※ 曲宪南：《阎锡山官僚资本企业简介》，载《山西文史资料》第十六辑。

五、私营企业（庆山堂、庆春堂出资，1931 年—1937 年）

这一时期，为阎锡山私营企业的极盛时期。但在“七七事变”后，因绝大部分财产被日寇掠夺，及因法币贬值损失，均再未复业。

1. 道生恒参茸庄。

2. 庆春茂。

3. 庆春泉。

4. 积厚长。

5. 协同兴。

6. 营运汽车公司。

7. 源积成。

8. 德生厚。

9. 晋裕粮店。

10. 源记。

11. 五台县营业公社。

12. 定襄县营业公社。

13. 河边村营业公社。

14. 思远源。

以上各单位，前均介绍。

15. 富山水利公司。

16. 广裕水利公司。

17. 广裕水利公司第二支店。

以上三个单位（前均介绍），1937 年均为日寇掠夺。

18. 大同汽车公司：1933 年与私营汽车公司合组而成，与营运汽车公司有投资关系，专营太原至大同间的公路客、货运输。经理为阎进文。在同蒲铁路通车后，业务不振，于 1937 年“七七事变”后，部分人员迁昆明。

19. 天津亨记银号：地址天津法租界三十二号路泰丰里，1930 年成立，资本 50 万元（庆山堂出资），为阎锡山私营最大的商号。经理为黄益臣、协理为王子寿。“七七事变”后，放出的贷款收不回笼，又加法币贬值，损失很大。日军侵占法租界后，部分人员迁上海、成都，改头换面，继续营业。

20. 源丰粮店：地址在绥远，大同设有分店，1932 年设立，庆山堂投资 60 万元，经理为李春美。1937 年被日军掠夺。

21. 营记火油公司：地址在太原南市街，1934 年设立，由庆春泉、庆春茂、积厚长、思远源、协同兴、河边村营业公社、李鸿文、孔繁蔚共同出资经营，资本 165000 元。包销苏联大华公司火油及英商利华日光皂。经理为阎进文，协理为秦希白。1937 年被日军掠夺，部分人员迁昆明。

22. 庆森茂木店：地址在五台县河边村，1934 年设立，由庆春泉、庆春茂、思远源、积厚长、协同兴五家合资经营，资本一万元。1938 年被日军掠夺。

※ 曲宪南：《阎锡山官僚资本企业简介》，载《山西文史资料》第十六辑。

二、太原物价指数

表 12－1　　山西省银行编制太原物价指数表

（民国十五年平均等于 100）

类别	物品数	民国二十三年														二十二年全年平均
		一月	二月	三月	四月	五月	六月	七月	八月	九月	十月	十一月	十二月	总计	平均	
粮食面粉	23	62.93	70.17	69.93	67.75	62.10	62.31	81.20	80.76	79.13	75.72	72.17	74.78	858.95	71.58	67.74
其他食物	37	66.94	72.44	65.59	67.80	74.64	85.02	84.73	73.67	72.10	71.46	73.57	74.03	881.99	73.50	67.68
纺织品及原料	28	66.72													67.74	70.00
金属	6	92.61													97.03	94.08
燃料	7	98.85													95.59	97.92
建筑材料	15	84.68													95.96	97.24
杂项	61	99.58													93.09	94.42
总平均		81.76	82.74	85.92	84.77	83.74	85.93	87.75	85.09	84.09	85.49	85.00	86.89	1019.17	84.93	84.15
银元购买力		122.31	120.86	166.38	117.97	119.42	116.37	113.96	117.52	118.91	116.97	117.64	115.08	1413.39	117.79	118.93
银元购买力增减之分数		22.31	20.86	16.38	17.97	19.42	16.37	13.96	17.52	18.91	16.97	17.64	15.08	213.39	17.79	18.93

※《山西省银行民国二十三年营业报告·附表·太原全年物价指数表》，山西省档案馆档案财字第 57 号。

第二节 | 山西人民公营事业及其资产

一、公营事业董事会资产负债概览

本会二十六年八月份收支款项至八月底资产负债情况：

一、负债部分：共三部分，包括以下：

表 12 -2 发行借款券、库券数目

项目	金额(元)
发行借款券、库券除还本外总计	49265720.00
经省委发行	3251000.00
拨省行	1758640.00
本会发行	44256080.00

表 12 -3 借入款数目

项目	金额(元)
总计	10946700.00
省银行法币	220000.00
省银行省币	2430000.00
铁号法币	800000.00
铁号省币	640000.00
亨记法币	500000.00
忠记省币	100000.00
源积成省币	200000.00
德生厚省币	70000.00
晋裕银号省币	50000.00
军需处省币	42700.00
财政整理处省币	1894000.00
禁烟督查分处省币	500000.00

表 12 -4 整存款项数目

项目	金额(元)
合计	6680600.00
同蒲	3000000.00

续表

项目	金额(元)
斌记	96600.00
省行	1760000.00
铁号	880000.00
垦号	176000.00
盐号	88000.00
晋华烟厂	20000.00
西北实业公司	660000.00

二、资产部分：共四部分，包括以下：

表 12－5　　已拨发给各公营事业资本

项目	金额(元)
合计	94216123.10
四行号	33000000.00
四粮店	315000.00
斌记	1000000.00
西北实业公司	21663549.02
筑路会计组	38237574.08

表 12－6　　暂垫各款

项目	金额(元)
总计	1261169.44
督委会暂借	500.00
车辆款	1149259.20
打包机款	54076.05
电气机料款	7699.24
保险柜款	300.89
打包厂用款	47602.79
由学生汇费	5000.00
修理过厅费	596.60

表 12－7　　存各银行号款

项目	金额(元)
合计	882521.00
存基金保管会省币	861307.72
存省银行法币	167.00

续表

项目	金额(元)
存铁号省币	10.10
存英金合洋	4055.47
存垦号省币	70.18
存盐号省币	132.11
存晋裕银号省币	153.00

此外还包括贷出款230000.00元，系土货商行借款。

※ 山西省档案馆档案，山西省人民公营事业董事档案卷十二·1-20卷。

二、西北实业公司建设成效

表12-8　　西北实业公司抗战前所属各厂概况表

厂名	成立时间	资本(万元)	生产能力	年产值(万元)	职员人数		备注
					职员	工人	
西北毛织厂	1934.9	44.6	月产毛哔72000码、毛呢36000码、毛绒1800条，其他礼服呢、花达呢、车毡、床毡	53.75	58	664	
西北皮革厂	1933.8	20	月产皮鞋2400双、红兰底皮各种底皮、各种反光面、羊皮共4000张	10.6	20	160	年产值为1935年1至11月产值
煤矿第一厂	1936秋	36.6	月产煤炭75400吨		106	970	即太原西山之白家庄煤矿
煤矿第二厂	1936秋	20	月产煤炭22000吨		80	750	前身为轩岗煤矿
煤矿第三厂	1936		月产煤炭27000吨		86	800	前身为富家滩煤矿
煤矿第四厂	1936						在筹备中
西北洋灰厂	1934.6	50	月产洋灰7500吨、电石50吨	32	45	180	年产值为1935年1至8月产值
西北制纸厂	1935.3	40	月产新闻、包装模造、毛边纸280吨		28	350	
晋华卷烟厂	1935	55	月产各种牌号卷烟2000箱	224.1	35	1725	
西北印刷厂	1934	30	月出电镀钢板雕刻钢板凹板、凸板、锌板、三色板等印刷品物约120000斤	12	36	280	

续表

厂名	成立时间	资本（万元）	生产能力	年产值（万元）	职员人数		备注
					职员	工人	
兴农酒精厂	1935	12	月产普通酒精300吨	19.8	27	177	
西北窑厂	1933.9	13	月产硅石耐火砖2000吨、高级耐火砖2000吨、建筑用砖500000吨、玻璃用品15吨	57.84	29	550	
西北火柴厂	1933秋	25	月产硫化磷火柴7000（大箱）	48.6	24	175	
机械修理厂			修理公司各厂机械		10	90	
电化厂			月产苛性曹达50吨、盐酸35吨、漂粉50吨、盐酸加里5吨		45	145	
东山采矿所	1936		月产铁矿1200吨		30	500	
定襄采矿所	1936		月产铁矿10000吨		24	700	
宁武采矿所			月产铁矿10000吨		34	435	
西河口采矿所			月产铁矿3000吨		18	180	
静乐采矿所			月产铁矿4000吨		18	174	
氧气厂	1936筹备		月产氧气72000公升、电石300吨		18	94	西北窑厂附带筹备正在建筑安装中
太原油脂厂	同上		月产各种油1000吨、洗衣肥皂40吨、化粧肥皂10吨		16	40	西北火柴厂附带筹备中
西北机械厂	1924	32.1	月产工作机械30台以及文具仪器、化学仪器、社会用具等	18.48	30	400	原为壬申制造厂第六厂即冲锋枪厂
西北铁工厂	1934.9	1127	月产粗细扁锉1000支、麻花钻800支、电力吸水机3部、凿井钻头、井管打钉、井管子水龙头、油印机等社会用品若干吨	27	52	820	原为壬申制造厂第三厂即枪厂
西北农工器具厂	同上	68.4	生产汽缸、拉杆、蒸气抽水机、滤水器、虎头钳等各种工厂用品及社会用品	16.98	56	880	原为壬申制造厂第二厂即炮弹炸弹厂

续表

厂名	成立时间	资本（万元）	生产能力	年产值（万元）	职员人数		备注
					职员	工人	
熔炼厂	同上		月产铁路用品、装配机车、改造循道汽车30辆，起道机、红绿灯、大小平车车箱等300具，筑路工具平锤、圆锤、扁锤、尖锤等500打，各种用具7000件，工厂用具、各式床锯钻刀、尺钳板杆各式机具10000件，社会用品7000件		44	680	原为壬申制造厂之第四厂即枪弹厂
育才炼钢机器厂	同上	24.7	月产工作机械（专门制造时可产）80台，其他锅炉、水泵、纺织机、面粉机、起重机、刀具钢等洋钉铁丝各20吨，洗床、刨床、钻床、车床、插床等各数十部不等	33.65	80	1321	原为育才炼钢、育才机器两厂
铸造厂	同上	81.4	月产各种炼钢、炼铁机械等若干吨	30.37	64	667	原为壬申制造厂之第五厂即机关枪厂
机车厂	同上	132	月修机车70辆、客货车300辆、工作机械65台	33.6	110	1700	原为壬申制造厂之第一厂即炮厂
汽车修理厂	1932.4	28	修造汽车、木炭代油炉、普通社会应用机具等，安装暖气卫生自来水等，矿务机具及灌溉机具、高车、锅炉、水泵、柴油机、抽水机等	15	12	185	原为太原汽车修理厂
水压机厂	1934.9	46.7	各种电动机、电煽、电钻、电铃等，各种电力、人力水泵、蓄水水泵及改良水车等，各种新式犁锄、铁皮杆、杀虫剂、铆钉、螺丝等	11.9	13	180	原为壬申之水压机厂压制炮弹钢壳
化学工厂	同上	14.4	硫酸、硝酸、矿山炸药等	16.7	43	360	原为壬申化学厂即火药厂
炼钢厂	1934筹备	600	月产焦炭7200吨、生铁14800吨、钢块4000吨、钢材3600吨、沥青、卫生球、煤油各若干吨		380	1925	资本数摘自《阎锡山统治山西罪恶史》上册本厂未开工太原即失守
发电厂	1921	200	月发电量8800000KW	9.6	30	160	原属军人工艺实习厂

注：1. 表内工厂“成立时间”、“资本”、“年产值”栏中数字来源于《中国实业志——全国实业调查报告之五》（丙）第17~22页，60~63页；（乙）第47~49页，306~311页，348~353页，355~357页，360~370页，445~452页，483~486页，587~592页，593~605页，665~682页。

2. 表内“生产能力”、“职工人数”栏中资料来源于《西北实业公司历年概况》。

※ 山西省史考研究院：《山西通志·附录》，175~177页，中华书局，2001年。

三、直属企业建设成效

1. 太原土货商场（又称太原土货产销合作商行）

该商场于1934年由阎锡山批准，山西省经济委员会拨给资金23万元，在太原市设立，并在各县设代办所。此商场除专事推销西北实业公司各厂产品外，主要是经营全省土货。自西北实业公司所属西北贸易商行停办后，业务由该商场接办。到“七七事变”前，全省一部分土特产品的出口由其经营。（阎子奉：《阎锡山家族经营的企业》，载《山西文史资料》第四十九辑）

2. 太原营记公司

1933年春，阎锡山因见孔祥熙的祥记公司经理亚细亚煤油大发其财，遂也效法之，便在太原市活牛市街54号开设营记公司，拟代美孚、德士古两公司推销石油。阎指令由他的资本开设的营运汽车公司（1928年阎以20000元资本在太原开设，除经营长途汽车客运业务外，还代表公懋洋行推销美国道济汽车，垄断了山西的汽车贸易），以及庆春茂、思远源、协同兴、积厚长四家商号，各出资50000元，由其亲信省财政厅长李鸿文与总参议孔繁蔚二人各出资20000元，赵丕廉出资10000元，共计30万元。经理由营远汽车公司经理阎进文兼，秦希白为副理。另在天津成立办事处，孔子正为主任。因美孚、德士古两公司与之无合作诚意，营记没有达到包销目的，后来只包销了苏联的大华牌煤油。此外，公司还经销英国邓禄普牌各种内外胎，但营业不够发达。直至“七七事变”前夕，该公司与营运公司一起迁往四川，改名为裕文汽车公司，和美国公懋洋行挂钩，由仰光进口汽车在后方经营，并经营由成都至西安长途汽车业务，获得巨额利润。（《山西省人民公营事业董事会档案》，12·1－21卷）

※ 山西地方史志资料丛刊：《山西外贸志》上册，山西省地方志编纂委员会编印，1984年1月。

至二十五年，各官办企业的资本便发展到84840219元（法币）；二十六年抗日战争开始前夕，更发展到95845979元，为当时全省私营工商业资本总额的2.78倍。

※ 山西省地方志编纂委员会：《山西通志·金融志》，中华书局，1991年4月第一版。

四、同蒲铁路局建设成就

二十一年（1932年）二月，阎锡山再度上台，倡议修建同蒲铁路，十月成立晋绥兵工筑路局。二十二年设立晋绥兵工筑路总指挥部，阎锡山任总指挥，十月改组晋绥兵工筑路局，成立同蒲南段工程局和同蒲北段工程局。同蒲南段工程局设总务、设计、工务、运输4课，北段工程局设总务、设计、工务3课。二十三年南、北段工程局裁撤。二十四年五月在总指挥部下改组行车室，成立同蒲铁路管理处，处内设总务、机务、车务等课。1935年同蒲铁路管理处机构设置见下图。

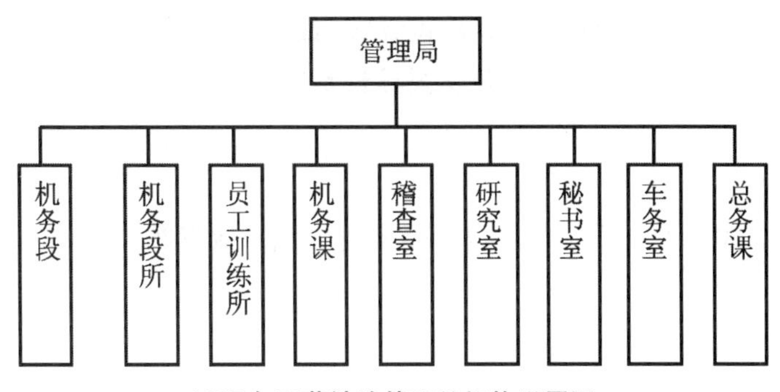

1935年同蒲铁路管理处机构设置图

民国二十五年（1936年）九月，同蒲铁路管理处改称同蒲铁路管理局，张豫和任局长，局内设会计、工务、机务、车务、总务5课和秘书室，局外设车务、工务、机务3段和机车、材料2厂。

民国二十六年（1937年）九月日军侵占大同，管理局随即撤走。

※ 山西省地方志编纂委员会：《山西通志·铁路志》，597～598页，中华书局，1997年。

1932年10月成立晋绥兵工筑路局，局长为谢宗周（慕岐），开始修筑同蒲铁路。铁路敷设19.5公斤轻窄轨，全长850公里（南段500公里，北段350公里），由南北两工程局分别以太原为起点施工，使用兵力（兵工筑路）3万人，并修筑忻窑（忻县至窑头）支线51公里，平汾（平遥—汾阳）支线34公里，太兰（太原—兰村）支线24公里，西山（太原—白家庄）支线30公里等4条支线。1934年逐段通车，1936年移交同蒲路局营业。1937年“七七事变”前全线通车，“七七事变”后被日寇掠夺。

※ 曲宪南：《阎锡山官僚资本企业简介》，载《山西文史资料》第十六辑。

阎匪的经济听闻：第一次世界大战后，阎匪存德国的款项收不回来，折给了铁路设备，因而修了同蒲路，口号是“兵工筑路”，讹传为“凭空筑路”。

※ 常紫书1975年5月14日提供的材料：《阎锡山垄断金融核心——山西省银行历史及牵涉到的经济材料》。

晋省兵工筑路成绩昭著可为借鉴
（蒋委员长灰酉电）

民国二十四年六月十日

太原绥靖公署主任阎主任伯川兄勋鉴：

奉行营内新设一兵工建设委员会，经于灰晨正式组织成立，专司设计及实施兵工建设，如筑路、治河、修堤暨修筑铁道路基等工作，皆拟酌量调用士兵，期予经济建设前途，稍有裨益。素闻晋省同蒲兵工筑路成绩昭著，兹为借鉴起见，即希迅饬该路助管人员将当时设计及实施一切办法章则，经过详情抄录全案，克日邮寄本行营，藉资参考为荐。蒋中正灰酉印。

晋省兵工筑路设计实施章则已饬呈复蒋委员长元电

民国二十四年六月十三日

武昌蒋委员长钧鉴：

灰酉电奉悉。关于晋省兵工筑路设计及实施办法章则等项，已饬迅为备齐，克日邮寄矣。阎锡山叩元参印。

※《阎伯川先生锡山年谱（五）》，民国年版。

第三节｜营业公社建设成就

一、成立过程

举办营业公社，这个想法是怎样形成的，阎锡山于1929年（民国十八年）8月在第七次村政会上讲话时谈道："村中（指他家乡河边村）有几个人，因为争执旧债，到我跟前来请求评判；事毕之后，计其本利数目，大可警骇。如一元钱按月利分半计算，至六十九年，连本带利，就有四百七十余万元之多。以上之数，是按一分半利息计算，我前日到河东调查，人民以一分半利，尚借不到钱，至少要得二分几厘；如果按二分多利计算，一元钱放到六十九年，本利孳生的数目，比四百七十万元，要多得多了。那么一个人拿一块钱放账，到了许多许多年后，就能得许多的钱；而所得的钱，都是由侵夺劳力而来的；可见资产生息，对于社会的害处，比什么还大！普通人差不多能活六十多岁，若在出生时给他放一块钱的帐，这孩子将来就可成为资本家；与劳力相较，则须许多人的劳力，才能顶一块钱。所以想叫社会平安，应当把此事认为重大问题，设法解决！因此，我想把资本集中在村中、县中、省中。这种办法并不是不叫私人有资本，是叫私人的资本减少活动。就社会经济上说，或是调剂之一道，而借此世界文明、革命建设的时期，地方上教育卫生等等事业亦亟待举办，刻不容缓。查日本国家的村子，教育费每年至少需三千元，卫生费二千五百元，如以此为标准，我国各村公共费用，为数当不在少；所以想把资本所生的利，放在村中，办理村中公共事业，办理这公共事业的机关，就叫做村营业公社。余动此念后，商之村中父老，他们认为办理此事，有两种困难：第一是公共事业，村人不愿出力办；第二是成功以后，分派利益时，彼此反起争论，有伤和气。听他们这些话，也还有点理由，所以暂将此事搁置。后来五台县长到我家告我说，我县二三十年前，有个知县，为资助士子读书，发起一同善会，捐集制钱数千余吊，发商生息，所得的利，预备供给科举下场的人们作盘费。这个知县，名叫王锦涛，是山西好一点的知县，你们或者也有人知道他。后来书办和劣绅，狼狈为奸，又复勾结贪官，侵蚀此款，几至于无；幸有几个正绅，出来提起诉讼，不料代州知州、雁门道台及本省藩台，

庇护贪劣，案经多年，未得结果；最后经某巡抚北巡，该绅等又复呈控，乃派员调查，查明原告所用盘费，是自己的，不是公家的，从而可知胸怀坦白，一片公心，于是追出五千串钱，仍然发生商息。现在此款，已积至八万元以上，五台县长想用此款办公益事业，特来与我商量，我因此触前怀，重于村老提议。我说村营业公社，还是办着好，世上没有人因怕儿子争家产，不给儿子置产业的，能把这公共事业作起来，纵令将来有所争执，也较不办为优。前此五台县这件事，有多少贪官污吏庇护，尚能维持到底；况现在是民权发达的时候，监督有人，举办亦易，只要有几个人热心去办，那些弊病，是不足虑的，如能再加奖励，此事定可成功。总而言之，将一笔款，存储生利，几十年不用，一旦拿出，不惟可以作多少公益事业，并可减少私人资本之言，于村本政治基础更形稳固。你们回去和各县长商量，拣有公道的村子，提倡办理。我主张先不必多办，一村有成效，再办一村。至于办的方法，借村中有钱的钱，作为资本，定三十三年，无息还他。借钱从有钱的借，管理也叫有钱的管，比拿村公款强得的多。因为挪用公款，最易惹起争执的。至于营业公社，年代长短，可以自由规定。年长得利多，花钱迟；年短得利少，花钱早，要大家斟酌情形才好。现在拿钱不多，将来成功很大，望你们特别注意。”（《拾起弃地之利及举办营业公社》）

山西营业公社是阎锡山以节制资本、办理公益事业为名集资创设的一种商业机构，原计划省、县、村都要创设，实际上是省里有，多数县里有，个别村里有。例如，阎锡山的家乡五台县河边村就有营业公社。

“山西省营业公社于民国十九年七月由阎总司令计划创始。其创办原因为实施节制资本问题，由一村做起，故设村营业公社，令做至十万以上资本；设县营业公社，达百万以上资本；设省营公社，做至一万万以上之资本。当时命令行营筹备，将来如达到上项资本，则村、县、省均未有能与此项财力竞争之资本家，则节制资本之目的达矣，而全省之改进六事（即发扬公道、培植人才、办理慈善、兴办实业、改进卫生、整理交通）亦可以办理矣。……山西省营业公社原筹资本四十万元，由总司令自己筹二十万元，由各县热心公益富户筹二十万元（此二十万元内，如进德堂梁巨川君、福寿堂张汉三君及咱自己代表之公益堂三股原款，均系蒙总司令代垫赏给），共作八十股，每股计洋五千元。股集齐后，即以现大洋一万六千五百二十四元八角七分制到精营中正街北面东北隅本社地一块，并蒙总座将晋丰面粉公司、晋裕银号、晋通花店三处生意拨交社中，作为社中营业，当时办理完竣。适总司令在津浦、平汉、陇海三路督战（时中原大战正在激烈进行中），不便返省，即着行营办公处处长梁汝舟君代表召集全体社员开社员大会一次。该时以总司令在外，无人负责选董、监之责，故开大会亦不过大家集合研究公社计划大纲及章程草案而已。”（省营业公社监事会监察刘笃恭，字治平，于 1931 年（民国二十年）补写的《创立山西省营业公社缘起》）这可以说是山西省营业公社最早的亲历资料，它可说明成立动机和目的、成立时间以及资本来源等。

关于创设营业公社的动机，阎锡山在 1933 年（民国二十二年）2 月 18 日的《日记》中，曾这样写道：“余立省营业公社，志在与省赚一万万元，深望各县有一，为县赚百万元，各村有一，为村赚十万元，则山西社会经济基础广厚，将不至得经济的脑充血病。”

后来在订定的《山西营业公社章程》中，其第一条即明确规定山西营业公社“用经营工商事业之方法，以培植公共资金、发展全省实业、办理全省公益为目的”。为了达到这一目的，它的经营分两期：第一期为培植公共资金时期，在此时期各种事业之经营纯以培植公资为目的，在公资未培植至一万万元以前不得动支；第二期为发展事业时期，当该社资金超过一万万元以后，除将原集之基金偿还外，其经营各种事业所获之余利以三分之一增益资金，以三分之二以上缴省公款经理委员会，协助省政府办理发扬公道、培植人才、办理慈善、兴办实业、改进卫生、整理交通等事业。

关于公共资金之培植，当时设想资本为40万元至100万元，按年以一分二厘复利计算，约需40余年。其设想如下表：

表12－9　　公共资金培植设想表

资本数	利率	本利和	达到时间
40万元	年利1.2分	万万元	48年又8个月弱
50万元	年利1.2分	万万元	46年又9个月弱
60万元	年利1.2分	万万元	45年又2个月弱
70万元	年利1.2分	万万元	43年又7个月强
80万元	年利1.2分	万万元	42年又7个月强
90万元	年利1.2分	万万元	41年又7个月弱
100万元	年利1.2分	万万元	40年又8个月弱

这就是说，约在40年以后，山西营业公社才能进入发展事业的时期。

※ 刘存善：《抗战前的山西省营业公社》，山西财经学院经济研究所《经济研究资料》，总第七十期，1991年1月7日。

二、资金的筹集和社员

如前所述，山西营业公社的资金约为40万元，其中20万元为阎锡山提供，另外20万元在民间筹集，每股5千元。出资者不称股东，够一股者称为社员。社员在培植公共资金时期概不分红，待基金积至1万万元以后，将原股本无息退还，不愿意接受者听便。社员只是在出席社员大会时，每次送川资200元，每日膳宿费3元。

……

阎锡山的20万元，前引刘笃恭所写资料，已知刘笃恭、梁汝舟、张之杰三人股份，系阎垫付，“阎锡山的股金由他的子侄、亲戚和山西的几个高级官员顶名。”（曲宪南：《阎锡山官僚资本企业简介》，载《山西文史资料》第十六辑）如次，刘遵商、曲宪治、阎商恒、阎锡圻、阎志孔、阎志愈、曲宪平、曲宪南、阎树栋、阎志宽、梁敦厚、陈敬棠、曲容静、樊象离、赵效复、王平、王谦等的股金，都可能是由阎锡山在他的20万元中支付的。

※ 刘存善：《抗战前的山西省营业公社》，山西财经学院经济研究所《经济研究资料》，总第七十期，1991年1月7日。

三、所辖单位的资本

山西营业公社的事业单位，除创办时拨入的晋丰面粉公司、晋裕银号和晋通花店外，到1933年（民国二十二年）已发展为12家。其资本和股份如下表：

表12－10　　1935年事业单位表

号别	资本数（万元）	本社股份银股	身股	号内入伙身股总数	开设地址	成立时间
晋裕银号	15	15	—	5.1	太原	1930
晋丰面粉公司	100	50	1	10	太原	1930
晋通花店	30	30		9.4	榆次	1930
晋同银号	15	15	1	6.3	大同	1932
大同矿业公司	30	—	—	—	大同	1932
晋益当北记	3	10	1	3.5	大同	1932
晋益当西记	3	10	1	3.45	大同	1932
晋益当南记	3	10	1	3.35	大同	1932
晋忻当	3	10	1	4.2	忻县	1932
晋洪当	3	10	1	3.3	洪洞	1932
晋平当	3	10	1	3.3	平遥	1932
晋原当	3	10	1	3.2	原平	1933

山西营业公社的股东（社员）投资后是不分红利的，但是从表12－10可以看出，公社作为资本的所有人要在投资开设的事业中分红；而其从业人员，根据职务和责任的大小，实行山西商界多年形成的“顶身股”制度。这种制度的主要优点是把企业人员的利益和事业的利益紧紧联系在一起，以便使他们全心全意地为事业竭力工作。

※ 刘存善：《抗战前的山西省营业公社》，山西财经学院经济研究所《经济研究资料》，总第七十期，1991年1月7日。

四、经营情况及资产

1932年至1934年为山西营业公社经营的第二时期。根据三年结一帐的规定，1934年底，各号都作了结算（有的到1935年3月底），1935年5月，山西营业公社召开了第二届社员大会，董事会向大会作了营业报告。根据民国1935年3月31日所写的《山西营业公社第二届社员大会营业报告书》，各号的经营情况和分社资产为：

（1）晋丰面粉公司：1932年，该社因外来面粉廉价倾销，获利不多。1933年，外来面粉虽然减少，但本省面粉商以低价购次麦，贱价出售面粉，对该号影响甚大。1934年下半年，该号生产一种副号面粉，价格较低，销路始有起色；但市场以太原为主，晋北可及忻、崞二县，晋南因系产麦区，很难扩展。该号 3 年盈利除人力股应分不计外，共上缴公社红利 255000 元。

（2）晋裕银号：营业状况良好，但因阳曲县郭家所有商号于 1934 年尽数倒闭，致使 5 万元之放款及利息未能收回，损失不小，3 年共上缴公社红利 75000 元。

（3）晋通花店：该号原计划统购统销晋棉，但 30 万元资金不敷应用，又因棉价波动较大，所以 3 年共上缴公社红利 61000 元。结算后，为减少风险，公社决定将资金抽回半数，缩小营业范围。

（4）大同矿业公司：该公司的业务是统销晋北矿务局、大同保晋分公司、同宝煤矿公司各矿所采掘之煤炭，由于与经营煤矿的各公司平分利益，又得到政府当局的维护支持，所以获利颇丰，不到三年即上缴公司红利 128520 元。

（5）晋同银号：该号之设立原为大同矿业公司周转资金，后来大同矿业公司之主要业务转移天津，勿需该号周转；该号移驻天津又因人生地疏不甚相宜，留驻大同业务不多，遂于 1935 年 2 月决定撤销，铺底由晋裕银号接收。公司除收回原垫资本 150000 元外，还获得经营二年半之余利等共 47000 元。

（6）晋益当：在大同的晋益当有北记、南记、西记三家，各投资 30000 元。开设后，上架货物（即典当之物）不多，又发行兑换券，从营业状况看，必要性不大，公社遂于 1935 年决定将原投资抽回一半，兑换券只许发行半数。三号三年结帐，共上缴公社红利 9697 元。

（7）晋忻当：该号一面经营典当业务，一面放款，由于市面不景气，许多放款成为呆帐，3 年赔款万元。1935 年春进行整顿，不许再行放款，撤收兑换券，结清放款和外欠。到 1935 年 3 月份，共收款 9350 元，还债 13900 元，撤收兑换券 10573 元，经营办法将另行筹划。

（8）晋洪当：该号设立于 1933 年，时值荒旱，人民生活困难，典当货物上架最多。1934 年洪洞棉花丰收，市场繁荣，人民出当之物几乎全部赎回，当将本利全部回收，所以获利为各当铺中最为丰厚者。三年结帐，上缴公社红利 22000 元。

（9）晋平当：该号设立于 1933 年，当年上架货多，回赎甚少，当年亏欠 2000 元。第二年回赎增多，放款亦多获利，所以到结帐时，除补足亏欠外，尚上缴公社红利 6600 元。

（10）晋原当：营业状况与晋平当大体相同，但无亏欠，结帐时上缴公社红利 715 元。

（11）筹设晋丰第二厂：当时的绥远省事实上由阎锡山管辖，每年由平绥路输入面粉甚多，营业公社遂拟于包头设立规模较大的晋丰面粉第二厂，解决平绥路沿线以及晋北各县对于面粉之需要，在包头城外购地 70 亩，用洋 5000 余元，定购机器用洋 150000 元。嗣因不甚安全，产生顾虑，乃予搁置，拟于将来在晋南择地安装。

根据以上情况，省营业公社于 1935 年底，作出其资产的清查报告。具体项目和数字为：

表 12-11　　资产类

项目	金额(元)	项目	金额(元)
现金	721.930	晋裕银号投资	150000.000
来往	514721.122	晋通花店投资	150000.000
房租借贷	1900.000	大同矿业公司投资	300000.000
购置家具	100.000	晋益当西记投资	15000.000
购置公社社址	16524.870	晋益当南记投资	15000.000
购置晋通花店楼院	10000.000	晋益当北记投资	15000.000
晋丰公司投资	1000000.000	晋忻当投资	30000.000
晋洪当投资	30000.000	晋平当投资	30000.000
晋原当投资	30000.000		
合计		2309029.730 元	

表 12-12　　负债类

项目	金额(元)
基金	400000.000
借贷	613800.000
房租	1197.758
房租利息	44.050
1931 年度纯益结存	40085.821
1932 年至 1935 年 3 月纯益结存	303128.101
总计	2309029.730

表 12-13　　本届各号红利

项目	金额(元)
入大同矿业公司	128520.000
入晋丰公司红利	255000.000
入晋裕银号红利	75000.000
入晋同银号红利	47000.000
入晋通花店红利	61000.000
入晋洪当红利	22000.000
入晋原当红利	7150.000
入晋益当西记红利	2787.208
入晋益当南记红利	3270.163
入晋益当北记红利	3640.090
合计	611967.461

表 12－14　　本届借款出息

项目	金额(元)
1932 年利息	40541. 200
1933 年利息	77928. 300
1934 年利息	104359. 953
合计	222829. 453

表 12－15　　董事经营费

项目	金额(元)
1932 年经营费	16022. 197
1933 年经营费	16578. 952
1934 年至 1935 年 3 月	20755. 501
归结山西省银行晋钞 266524. 87 元之损失	32599. 257

净盈利

除讫利息净盈余，盈利 389138. 008 元。

纯收益

至 1935 年 3 月底，为 303182. 101 元。

※ 刘存善:《抗战前的山西省营业公社》，山西财经学院经济研究所《经济研究资料》，总第七十期，1991 年 1 月 7 日。

五、利率考成

根据原规定利率标准，1935 年 3 月，作了第一、第二期的利率考成，两期合计利率高达 6 分，大大超过了原设想的 1 分。

表 12－16　　第一期（1929 年 10 月—1931 年）利率考成

	资本(万元)	原定利率	获利数(元)	本利和(元)
按章获利	40	年息一分	96000. 000	496100. 00
实在获利	40	11 分	990085. 82	1390085. 82

表 12－17　　第二期（1932—1934 年）利率考成

	资本(万元)	原定利率	获利数(元)	本利和(元)
按章获利	49. 61	年息一分	164209. 00	660309. 10
实在获利	1390	0. 9331 分	389138. 01	1779223. 83

表 12 - 18　　第一、二期利率综合考成

按章获利数	260309.000 元
实在获利数	1379223.829 元
原定利率	年息一分
平均实际获利	年息 6.567 分

表 12 - 19　　各商号获利考核

商号	资本（万元）	预计获利（元）	实在获利（元）	获利比较（元）
晋丰面粉公司	100	331000	255000	-76000
晋裕银号	15	49650	75000	25350
晋通花店	30	99300	61000	-38300
大同矿业公司	30	81150	128520	47370
晋同银号	15	40575	47000	6425
晋益当北记	3	6905	3640	-3264
晋益当西记	3	6905	2787	-4117
晋益当南记	3	6905	3270	-3634
晋洪当	3	6300	22000	15700
晋平当	3	6300	6600	600
晋原当	3	5475	7150	1675
晋忻当	3	6300	-12903	

表 12 - 20　　各商号利率考成

商号	资本（万元）	原定利率（分）	经营时间	实获利率（分）	利率比较
晋丰面粉公司	100	1	三年	0.7865	0.2135
晋裕银号	15	1	三年	1.4470	0.447
晋通花店	30	1	三年	0.6360	-0.364
大同矿业公司	30	1	二年半	1.5210	0.521
晋同银号	15	1	二年半	1.1520	0.152
晋益当北记	3	1	二年二个月	0.5400	-0.460
晋益当西记	3	1	二年二个月	0.4180	-0.582
晋益当南记	3	1	二年二个月	0.4880	-0.512
晋洪当	3	1	二年	3.1600	2.160
晋平当	3	1	二年	1.0400	0.040
晋原当	3	1	一年九个月	1.2900	0.290
晋忻当	3	1	二年	—	—

说明：晋忻当因亏损，未计利率。年息一分均按复利计算。

从以上各表可以看出，山西省营业公社的利率原定是年息一分，实际做到年息 6 分有零，可以说是获利倍增。从行业来看，大同矿业公司的利率独占鳌头，其次是银钱业，再次是花店和面粉业。典当业总的来说是有利可图，但经营情况悬殊很大，晋洪当获利超过原定利率的两倍有余，而晋忻当不仅无利可图，而且亏赔一万余元，是值得考虑的。

※ 刘存善：《抗战前的山西省营业公社》，山西财经学院经济研究所《经济研究资料》，总第七十期，1991 年 1 月 7 日。

山西的三个面粉公司，晋丰是双象商标，按红绿蓝分为三等；临汾是晋益机器面粉有限公司，商标是耕田牌，等级亦是红绿蓝三色；大同面粉公司就不知道了。

纱厂还有绛县雍裕纱厂，与王骧有关系，解放后他子王效桐在该厂工作。

※ 常紫书 1975 年 5 月 14 日提供的材料：《阎锡山垄断金融核心——山西省银行历史及牵涉到的经济材料》。

第四篇

抗日战争时期的山西金融

(1937.8—1945.8)

第十三章 金融资本撤离太原

第一节｜四银行号撤离太原

一、省银行西迁

敬启者：前奉董事会传奉首席督理委员阎面谕，饬将本行所存现金及兑换券并重要帐簿，送往运城保存，又奉董事会……数目查明，亟报等因。查前奉传谕，除将兑换券酌留一部分备用外，当将已发行及未发行之各项兑换券连同现金及重要帐簿，分别检点装箱，于九月三十日及本月一日由协理及发行处主任常运文率同会计发行两处员生，乘同蒲车押送运城保管。送去：现洋3637674元，生金1390两零9钱8分，生银45814两零9钱9分，小洋195.9元，银辅币2463.4元，又本行一角券34万元，二角券38.45万元，一元券306.39万元，五元券128.7万元，十元券42.8万元，共计银行券550.4万元，又十枚铜元券6600吊，二十枚铜元券8000吊，共计14600吊。

此上

山西省人民公营事业董事会

山西省银行总经理　王骧

协　理　傅瑶

民国二十六年十月十八日

※《山西省银行给公营事业董事会的报告》，山西省档案馆档案，公营事业董事会档案卷十二·1。

限即刻到。运署转陆董事长、杨总司令：密闻川军一小部向南溃退，希将省行存款运省钞五十七万、法币三十万到临汾，其余注意适时运陕……山江午印。

民国二十六年十一月四日

※《阎锡山给（绥远）陆近礼电》，山西省档案馆档案，公营事业董事会档案卷十二·1。

……查准备库及西北公司所属货款应悉数交付省银行以偿还欠债，如有需用，可再向省银行领取。希就近督促星三、航标赶速售货交款为要。昨电令“准备库债款交本署军需处”一节，着即取消，希转知贵库。

山　宥

民国二十六年十一月二十六日

※《阎锡山由临汾绥署电西安山西省民营事业董事会陆近礼》，山西省档案馆档案，山西省人民公营事业董事会档案十二·1。

多年来阎锡山以做买卖的方法做政治，有利干，无利马上就变。而且在做政治时，仍然不忘其买卖。记得抗战初兴，阎锡山的军队不战而溃，阎氏仓皇出走，还不忘带大批烟土做他的资本。到了风陵渡口，难民已经挤满，阎氏一望船少人多，“烟”与“民”无法两全，于是将难民从船上赶下，装载烟土过河。到了陕西，便打定了他的“经济基础”。所以，当时有人说：阎锡山是卷土（烟土）抗战！

※ 陈真编：《中国近代工业史资料》第三辑，1198 页，三联书店，1961 年。

七七事变，先遣人员到了运城，分一部分到了西安，在最后走的人员，需要的强迫南下，不准回家辞别，怕他躲了；不需要的置之不管。大部都到了运城，年终还合了帐，没办成决算（因各分处的帐不能齐到，损失无从计算）。1938 年 2 月，日寇由平遥南下，省行作了最终安置，分三部分法，需要的职员，本人同意，由协理带领到后方西安；愿逃亡随营工作的，由总经理带领，追随阎匪；其余人员解散回家，发三个月薪水，由运城距家路程，每百里发路费四元，不能回家的到西安，管饭管住不发薪水。总务处文书组员常风嵛（字叙西，榆次人），与王大闹，骂他遗亲，还打了王骧一记耳光。以后王骧由前方转到西安，会同傅瑶、要士先、常运文、张邦彦等到了成都，张秉炯、武跃东在西安仍不相容，武就离开了陕西省分行，张独占了西安，陆近礼、王骧与傅瑶等将在蓉资金，开设了华利号，派王俊卿任华利号西安经理。王骧回了前方一次，返蓉后受陆近礼压迫，又与傅不睦，遂飞了香港，据传是往依崔文征（字启秀，前山西省议会议长，保晋公司总经理，寿阳人），不久崔死，不知如何王回山西当了汉奸，傅升了总理。……

……

……郝继华“财”、“家”两累，未往南逃，携家眷避在榆次东山，同伴有榆次晋华董事长赵鹤年（字寿祺，是个劣绅，人称“蜜饯砒霜”）等数家，带晋华工人游击队数十人作他们的保护队。榆次沦陷，他们听到张淑三任了伪县长（前清标统张彪，字虎臣的三儿子），遂去信联系，欲回县城，并召集游击队开会，劝交了武器，回厂上班。工人们查获了张淑三的回信，将他们杀在小咖喃一带，一共七人（赵祖孙父子三人、郝继华和其他三人）。……

……省行到了西安，大华纱厂曾表示愿和省行合作，王、傅不愿而作罢。以后交通阻滞，纱布大涨，大华获利无数，成了西安经济界的娇子，经理石凤翔，工人出身，被机器切去一手，因获大利，发了财，他的女儿成了交际花，嫁给了蒋匪的儿子，轰动一

时。省行带去的人员中，苏体仁的侄子苏瑄听到苏体仁当了伪省长，变节逃回了太原，高云阶的侄子高达三亦同样逃回了太原，胜利后听不到他的下落。1938 年省行职员去临潼温泉洗澡，翻了汽车，死伤不少，知道有樊维三（名汉杰，大同人，文书组长）、陆笙三（平定人，陆恭斋族弟）、兰汝祥（字瑞初，大同人，稽核员）当时身死。傅锦云（沁县人）重伤，还有死伤，名字忘记了。常运文在南温泉发起要求补发 36 年 3 个月、37 年半年的红利，纠合了省行人员 20 余名，向阎匪写了申请，杳无音信；又向蒋中央上告，亦置之不理。

※ 常紫书 1975 年 5 月 14 日提供的材料：《阎锡山垄断金融核心——山西省银行历史及牵涉到的经济材料》。

沿南同蒲线的实物也运到西安一部分。还有不少现金，均带到西安，在 1937 年 10 月间一次就派人向西安送了“法币”四十万元。

※ 徐知政：《山西省实物准备库情况》，载《太原文史资料》第十一辑。

（山西省银行分支机构）“七七事变”后，大部完蛋，随营逃亡时，只有孝义、兑九峪、隰县、吉县、乡宁、克难坡、陕西桑柏、秋林、宜川、西安。……

……

省行职员被了难的二人：紧急撤退时，留下二个无家可回的单身行员，一名康愈之（静乐人，外号“圣人”，因姓康，人又痴呆之故），一名金宝琦（河北人，外号“警报器”），为了不让爬上汽车，嘱他二人留守，行中设备，还有百十袋面粉，任他们处分。不到二日，他们抬上省行包车，装上面粉、大挂钟，要出城逃难，到南门已被逃难人塞死，连“瓮圈”亦进不去，返到棉花巷郭厦伯（临榆人，省行员，早已逃回河北）家中，有一老人给看家，遂住在一处。日寇入城，老头给做饭、烧菜，日军给了他些糖和烟。晚上，老人说日军好，因起口角，二人要打老头，（老头）次早报告了日军，将金杀在门口。康在街上听到，避到了上马街杨昌龄家（省行员），在房上暗处躲了三天，杨打发出城逃走。还有出纳组长郎子章（代县人）在逃亡中（可能是吉县）被日机炸死，与他半路姘上的暗娼死在一弹之下。

……保晋公司是全省人民集资向英国福公司赎回的矿厂，末任总理是常旭春（字子楼，榆次人，山西名笔，写的牌匾字画很多），协理白云轩，兴岚县人。在太原还成立了“晋益银号”，资金是保晋公司的，七七后，自带些人南下，不知下落。

※ 常紫书 1975 年 5 月 14 日提供的材料：《阎锡山垄断金融核心——山西省银行历史及牵涉到的经济材料》。

抗战以后，山西全境编为战区，该行以受战争影响，于二十六年十一月太原失陷前，将总行迁移晋南运城、临汾两地。二十七年春晋南吃紧，总行迁移西安，晋省各分支机构一律停业，该行迁西安后，与山西省铁路银号合组办事处，并设分处于成都，后成都办事处裁撤，在陕西宜川设总行，西安设办事处，对外停止营业，主要业务为调拨军政款项与维持该行所发钞票之补找流通，破烂钞票之收缴。该行自二十一年将旧晋钞收回后，又另发新钞，新晋钞在抗战前，即不能与法币等价行使，法币一元可折合晋钞一元二、三角。抗战以后，晋省以军政费用不足，又增加发行，至民国三十年夏季，其新增发额，据熟悉该行内情者报告，已达一亿二、三千万元，连同旧钞合计，几达两万万元，币值大跌，与十九年时无异。嗣与中央商洽收回办法，但迄无结果。

※ 郭荣生：《中国省地方银行概况》，国家第二档案馆（南京）档案，财政部卷。

表 13－1　西北实业公司现金报告表

（截至民国二十六年十二月十八日）　单位：元

名称	币别	金额
银行存款（农民银行）	法币	105000.00
库存	法币	20879.08
库存	省币	4399.04
合计		130278.12

注：库存省币中有日币 175.00 元，合省币 139.93 元。

※ 山西省档案馆档案，山西省人民公营事业董事会档案卷十二·1。

二、向中央银行兑换法币

本来太原吃紧，四行号南移时都有些存款，如省银行历年从营业上套换的现洋三百万元，有从代县开采金矿人收买到黄金四千余两。省行人员离太原时，嫌金银累赘，把黄金、现洋全数交驻太原的中国银行代运。该行把这些黄金现洋直运到汉口交蒋介石的中央银行收存。省银行及铁路银号有实物准备库归还的法币七百余万元，带到临汾被阎锡山留用，并责成省行速去汉口把现洋黄金要回。但大鱼吃小鱼，只要回三百多万元法币。

※ 王尊光：《阎锡山的四银行号》，山西省文史馆，手抄件。

1937 年 10 月 8 日，赵戴文由阳曲致电南京财政部孔祥熙称："……五百余万元现金已运抵运城，拟以现六券四兑换法币，以稳定晋省金融"。

※《赵戴文一九三七年十月八日由阳曲致电南京财政部孔祥熙》，国家第二档案馆（南京）档案，国民政府财政部钱币司档案卷三·2－208。

1937 年 10 月 13 日，中央银行致电财政部："……查晋省银行领券一案，前据本行石家庄办事处九月沁日电称，据山西省银行总经理王骧密函商请该行现存银币五百万元，又生金银约七十万元，因时局紧急，呈请阎主任[①]悉数运交我行，以存国本……拟于上项现金之中加晋省公债三百八十万元，向我行照现六券四领取法币九百五十万元，可否？……"。

※《中央银行一九三七年十月十三日致电财政部》，国家第二档案馆（南京）档案，国民政府财政部钱币司档案卷三·2－208。

① 指阎锡山。

1937 年 10 月 13 日，财政部复电赵戴文称：“本部前准阎主任宥电，以西北实业公司购料无法汇款，请转电中、交两行，电汇一百万元至港。中、交行称，自应照办。山西省银行所存准备金现洋五百余万元拟售国币，由当局运往汉口央行，自可承购。所有此项通汇款项一百万元之谱，将来即由该省运汉现金售得国币照数扣除……”。

※《南京政府一九三七年十月十三日复电赵戴文》，国家第二档案馆（南京）档案，国民政府财政部钱币司档案卷三·2－208。

1937 年 10 月 13 日，阎锡山致电孔祥熙称：“晋省行存有硬币及生金银共值五百数十万元，拟以此项现金并搭部准发行之晋省公债四成，向中央银行换领法币十成，兑收省钞。邹徐二次长允先按现洋数换领，每百元可酌增五六元债票……查兑收省钞，除由别项筹补外，尚短一千万元，非五百万所能济事……”

※《阎锡山一九三七年十月二十一日致电孔祥熙》，国家第二档案馆（南京）档案，国民政府财政部钱币司档案卷三·2－208。

孔祥熙复电阎锡山：

一电称：“……惟领券事项，向须提出发行准备保管委员会审议通过，方能照办……”。

二电称：“……讨论后，兹据复称，法币关系中外信用，其保证准备照章向以中央公债抵充，晋省请以省公债充作领券保证准备，核与定章不符，未便照办。……查该理由自属正当，本部实无法强令通融，破坏定章。……弟再四筹维，兹代拟一法，即尊处如能凑足中央公债四成搭配领券，自无问题。万一无中央公债，可将吾省公债代为转商中、中、交、农四行设法押借，即以押借之款转购中央公债搭配领用，以期法令、事实均得兼顾……”

※《孔祥熙复电阎锡山》，国家第二档案馆（南京）档案，国民政府财政部钱币司档案卷三·2－208。

关于上述内容，孔祥熙致电蒋介石，蒋介石电复孔祥熙：“即照兄意办理可也……”

※《蒋介石复电孔祥熙》，国家第二档案馆（南京）档案，国民政府财政部钱币司档案卷三·2－208。

阎锡山给山西省驻南京代表李子范特急电称：“对孔提办法已复电照办，嗣因接款手续太繁，我方维持金融需用法币太急，当又续发一电大意系饬省行先行将现洋五百万元、晋公债三百万元送交洛阳央行点收，即由洛央行垫付法币八百万元，均作暂收暂付，其余尾数及生金银等俟手续明定后，我方再为清算，请央行派员持护照到潼关接运……”

※《阎锡山一九三七年十月二十六日给晋省驻南京代表李子范特急电》，国家第二档案馆（南京）档案，国民政府财政部钱币司档案卷三·2－208。

1937 年 10 月 26 日，阎锡山致电孔祥熙称：“……查省行现存硬币及生金银约值价五百七十万元，应搭四成公债为三百八十万元，除在沪中国行存统一公债九十万元外，尚差二百九十万元，应以山西公债若干作抵领，希鼎力转商赐复。此次战争，晋省用款及垫发中央各军械弹器材等至超过一千万元，金融周转实属竭蹶万分，我兄爱乡爱国夙所钦迟，务乞惠予扶助，无任感祷……”

※《阎锡山一九三七年十月二十六日致电孔祥熙》，国家第二档案馆（南京）档案，国民政府财政部钱币司档案卷三·2-208。

1937年10月27日，行政院秘书处转赵戴文请示电给财政部称：“请批晋四行号与中、交、农三行订定协定，使晋行得在三行无限制调换法币……”

1937年10月29日，孔祥熙复电阎锡山称：“……省债即依押款五折例，由晋省提出债票六百万元，连同现洋五百万，领用法币八百万元，现洋即运潼关……”

※《孔祥熙一九三七年十月二十九日复电阎锡山》，国家第二档案馆（南京）档案，国民政府财政部钱币司档案卷三·2-208。

阎锡山急电李子范称：“……承庸兄[①]设法变通，自当照办。惟晋省公债前按六成折抵，已用过五百万，现仅有票面五百万元。晋省作战以来……务希转请庸公格外帮忙，准以票面五百万元折算三百万元，以济急需……”

1937年11月3日，上海央行致电财政部称：“……晋省领用法币需加盖暗记……”

1937年11月4日，财政部复电赵戴文称：“……晋省已向央行领用法币八百万元，不日即可办妥。与三行调换法币一节，应遵照各该行所定同业领券章程办理……”

※《阎锡山致电李子范》，国家第二档案馆（南京）档案，国民政府财政部钱币司档案卷三·2-208。

它的现金准备，到“七七事变”后，太原形势吃紧时，由总经理王骧在太原临逃走时一齐交了中国银行，计为黄金四千两、银元三百万元。后阎锡山发觉后，对王骧大加斥责，另派人向中国银行追索，而中国银行已将该款送至汉口交了蒋介石的中央银行，经过多次交涉，结果只要得一百零五万元的法币。……

沦陷南下后，不知如何了结，省行所存现银及银元，渡河时交了潼关伪中央银行，每千元得了五元奖金。

※ 常紫书1975年5月14日提供的材料：《阎锡山垄断金融核心——山西省银行历史及牵涉到的经济材料》。

临汾绥靖公署国密

总座阎钧鉴：

宥电奉悉，遵即分函知照办，并两次派员与准备库接洽，惟郝经理赴川，据刘协理云，对于库事，只为人情上之照料，不负责任上代替，王电郝经理速回，并电汉口郝秘书转催等语。查准备库支用省币五百余万元，为全省人民所注目，今郝经理离陕，刘协

① 指孔祥熙。

理不负责任，存款未经交出，帐簿亦无法检查，究应如何办理，敬请钧示。至西北实业公司货物，已集中潼关待车起运，尚未出售。再现洋公债换取法币800万元，已由洛阳如数领回，按原存现洋比例分拨省行600万元，铁号200万元，均暂存中央行，因中交两行不愿一次多收存款，拟陆续调出，分存各行，惟已运汉口之现洋只点完200余万元，余奉部令运港，遵照令省铁两行号人员随往，已声明只负细数责任，沿途一切均由中央行负责。以后电示拍运城，请用干密，拍西安请用棻密，合并陈明。近叩。江印。

1937年12月3日下午一时发

※《陆近礼一九三七年十二月三日给阎锡山密电》，山西省档案馆局档案，《山西省民营事业董事会档案》卷十二·1。

三、总经理王骧变节

王骧山西寿阳人，山西大学专斋毕业，历任山西建设厅长、山西省银行总经理。“七七事变”后，敌军侵晋，王骧奉命率领省行人员退至西安，而其家属则远之香港。民国二十九年五月以后，以接眷为由，请假赴港。三十年十二月香港沦陷，敌势方张，乃于三十一年七月携眷由港转北平返并，八月参加伪组织，充任伪山西省立桐旭医学专科学校校长，为敌伪培养适合之医师。三十二年五月，转任伪山西教育厅长，对本省学生实施奴化教育。三十三年二月，经伪华北政务委员会派充伪山西省长。

※《蒋阎概况》，山西省档案馆，山西省银行卷。

第二节｜组成“省铁垦盐四银行号随营办事处”

一、迁往克难坡

日寇入侵，省行迁到运城后，由省行与铁路银号各抽六人，合并组成随营办事处（即随军银行）。主要任务是保管票子（一种法币，一种省钞）。随带票子到蒲县，住两个来月，又到陈县。一切行动的总指挥是阎锡山的秘书长——王尊光①。日本人到陈县后，王尊光即派一营部队随行保护票子，同时要了二百多头牲口驮着票子，连夜赶路到大宁。经禹门口过黄河。过了黄河，就有了汽车，乘汽车到韩城，后又到西安，住半个月时间，又奉令到洛川，沿途给军政人员发饷。在洛川住三四个月，又到宜川。到宜川后，这一营人就撤了，换成警宪队。在宜川住了一年又到了桑白镇，过河即到克难坡。这是阎锡山的根据地。当时随行跟去的有军事部门共八个处，还有行政部门各厅局等。

随营办事处的人员，在桑白镇留守一部分，一部分人住克难坡。主要任务就是给军政人员发饷。款的来源，是从伪中央拨发的，中央拨到西安，用汽车送到桑白镇。每月

① 即王谦。

行政领饷是用四联单，军队薪饷是由军需处备文请领，银行分别记收、付账即可。

当时随营办事处的负责人是冯林（已死），一九四零年把“随营”二字取消，改办事处为山西省兴集办事处。在这期间，人员有走的，也有来的。当时不搞其他业务，没有多少事情。在陈县、上党还设有分处。

※ 郝建贵《访问郎鸣盛同志[1]记录》，1975 年 4 月 25 日。

省铁合并后，傅[2]无所作为，白东生升了总理，阎愈良升了协理，傅任了有名无实的省行监理，西安改称了“省铁联合办事处”，不久全回了前方克难坡，张秉炯等十余人仍留西安营业，直到解放。再介绍几个前方的经理，以资参考。曲宜清、陈敬卿、温子莱都在克难坡，吉县经理王茂斋（榆次人，铁路银号职员）、隰县经理赵渭阳（五台人，省行职员）、乡宁经理刘笃让（字允恭，祁县人，省行金库处组长）、孝义经理绛子和（忻县人，铁路银号职员）。

※ 常紫书 1975 年 5 月 14 日提供的材料：《阎锡山垄断金融核心——山西省银行历史及牵涉到的经济材料》。

省银行成立随营办事处时，除省、铁两行各六人共十二人外，还有两个工人和一个炊事员，工人专管给票子加印。另外还有个战地经济工作队，队长就是王骧。……随营办事处到了洛川以后，住两个月就撤到了宜川。这是因为在洛川容易与八路军接触，阎锡山怕他的兵士受赤化影响，借口洛川这个地名不吉利，不宜阎伯川（阎锡山的别名）居住，不如宜川。后来又到桑白镇和克难坡，随营办事处在克难坡的机构叫兴集办事处，称为前方，在西安的部分称为后方。后来前方也发展到六七十人。

当时省铁两行联合办事处，每年都有分红和奖励，铁路银号人员分的多，省银行人员分的少，因为白东生负责的铁路银号在四川裕中商行赚钱多，王骧负责的省银行在四川的华利号赚钱不少，都挥霍掉了，因此阎锡山对白东生这人很感兴趣。据说裕中商行一年可以赚三百万元。

※ 郝建贵：《访问潘玉同志[3]记述》，1975 年 7 月 8 日。

1937 年秋冬，天很冷，随营办事处在运城成立，负责人是冯琳和我，都不是什么要人，为普通职员。将省、铁两行未发的晋钞和大量法币（法币比晋钞多，数字记不清，法币中有一部分是用黄金向伪中央银行换来的）用二百头毛驴驮着走。把大箱改为小箱，大箱每只一百多斤，小箱每只五十斤，又给了一个教导营押运，营长傅运海。经过吉县、河津，由禹门渡过了黄河到韩城，停五天，兵站派车接到了西安，住梁家牌楼，过了二十余天，又到了洛川。此时天已暖和，即到了三八年的三四月间。七月，又从洛川到宜川，算扎下了营，又派一部分人到了桑白镇，后又把宜川的人移到吉县克难坡。大概是三九年末或四零年初，随着阎锡山的第二战区司令长官行营改为第二战区司令长官部，而将省铁两行号随营办事处亦改为省铁两行号联合办事处。南京国民党政府拨来的款汇

---

① 郎鸣盛同志原系铁路银号榆次办事处会计，后被抽调到随营办事处。采访时在中国人民银行太原市支行工作。

② 指傅瑶。

③ 潘玉系铁路银号抽往随营办事处的职员，采访时在大同市卫生防疫站当会计。

到西安。先是由西安去送，后来不知何因，好像是出了什么问题，改为我们去西安提款。发饷时，在河西的（指陕西省境内）全部发给法币，在河东的（指山西境内）大部时间是晋钞和法币搭配发给，有一个时期全部发的晋钞。

※ 郝建贵：《访问绛子和①记录》，1975 年 10 月 29 日。

省铁两行号联合办事处，是 1939 年秋天成立的，我是 39 年 10 月由宜川经西安往晋东南派的，此时联合办事处已成立。阎匪为了镇压抗日力量，消灭新军②，派出三路军队，孙楚往晋东南，王靖国去晋冀察，赵承绶去晋西北，各路军队都有个军需处，都有个银行办事处。银行办事处的任务主要是发军饷。我们上党办事处随孙楚部队，经西安于 12 月绕河南渑池到了阳城县岩边开设上党办事处，共四人，第二年二三月又退到河南渑池，一直干到 1941 年这个办事处才撤销。当时发的票子主要是晋钞。晋冀察办事处由于军事问题，没有搞成，实际上当时只搞了上党、晋西北两个办事处。

※ 孔祥毅、张涤非：《访李一平记述》，1975 年 10 月 1 日。

三十年该行（山西省银行）将总行移设山西吉县克难坡，重行规划，以图扩大营业。三十二年夏，经晋省府决议，将晋省公款设立之山西铁路银号与绥西垦业银号并入，总行移设西安恢复营业，并在晋西大宁、石楼、方山、孝义、离石、吉县及陕西宜川等地设办事处，现任总经理白东生。

※ 郭荣生：《中国省地方银行概况》，国家第二档案馆（南京），财政部卷。

二、随营办事处在晋西

“七七事变”后，由原有人员二百人上下减到五六十人，盈余分配无望，“顶股”办法不能维持，就改成工资制度，上下级待遇悬殊的差距始行减少。抗日后期，法币贬值，物价一日数变，各单位工资无法固定，即由民营事业董事会制定民营事业人员，分为三十二级，逐月按货币价值，调整工资数字（因变化过大过繁，无法回忆）。

※ 米量轩、曲宪南：《晋绥地方铁路银号始末》，载《山西文史资料》第十六辑。

一部随阎逃亡的人员、资金，在克难坡到孝义一带的业务不了解，只知他们养有驮骡马车，可能做点运输业务，在西安的，对外是第二战区办事处，还驻有五七个卫兵，经管代理军饷（向中央银行领取），运送前方，或存放生息，西安市面由晋南人掌握已有多年的历史，商会之长，历来是晋人，钱商士店（大烟土）十九晋人经营，省行余款大部分存放了钱庄（大钱庄义兴源、元盛隆，都是临晋猗氏人，资金两号即有 30 万元）。

※ 常紫书 1975 年 5 月 14 日提供的材料：《阎锡山垄断金融核心——山西省银行历史及牵涉到的经济材料》。

---

① 绛子和系旧山西省银行的职员，采访时为山西省孝义县大孝堡公社长黄大队社员。

② 指在共产党领导和影响下新发展起来的抗日武装，即抗日决死队。

第十四章 阎管区的金融

第一节｜阎管区的货币发行

一、山西省银行在晋西的发行

抗战时，阎锡山退驻晋西，为保存晋西一隅的残存政权，一面派人向蒋政府要钱，一面又发行省币。当时蒋政府严令各省，不准发行纸币。他怕蒋介石干涉，把印刷机构起名晋兴出版社，在山沟里秘密印省银行和铁路银号纸币。由于印刷不佳，花纹模糊，人们把这种纸币叫做："大花脸"、"二花脸"。从 1939 年初开始即发行，每一元可购小麦一大斗（三十斤），发行两年后，由于数量增加，屡次贬值，贬到三百元还买不到一担小麦。到 1941 年秋季，人民拒绝使用，才停止发行。此次发行额共为八千一百余万元。为平息民怨，出卖一部分鸦片烟，每两三十元，专要此项纸币。并在阎管区（晋西二十一县）每两银粮附加此项纸币五百元收回。所有部队领饷带到晋东南，晋西北各县之此项省币，因 1939 年 12 月晋西事变，交通阻隔，当地人民把它当成废纸，只能作烧火柴用了。

……

……到 1938 年 2 月被日寇逼到晋西时，对于这些省币，置之不理，听其消灭。……这两项合计，尚有法币一千多万元。因此款在交错区兑收新省币，使持此项省币者少吃近一半的亏，阎锡山横着心不管，硬使它成为废纸。这次祸害，以晋南、晋中受的最大。

第三次在晋西发行的八千多万元省币，按他①向蒋介石政府要到的大量军政费，本可用法币一比一的兑收还有余，但他把要到的法币，留在后方造兵器，交公营商号做生意，图暴利，只拿大烟土及附加田赋撤收，使他统治的山区贫苦人民，既受毒害，又遭难以承受的负担，该地区人民叫苦连天，痛恨不已。

① 指阎锡山。

※ 王尊光:《阎锡山的四银行号》，山西省文史馆，手抄件。

发饷所用晋钞，初期是由太原带来的，用完之后，在陕西秋林镇西五里的票济村设立晋兴出版社，自己印刷；厂长是赵叔斋，王尊光的秘书，发行数目完全由王尊光控制，当时省行经理王骧和白东生曾请求委任王尊光为省行监理，让我们有什么事向王尊光请示。

※ 郝建贵:《访绛子和记录》，1975 年 10 月 29 日。

当时拨来的款都是法币。但办事处又发行一种“花脸”票，是由王谦掌握，由晋兴出版社印刷。开始一元顶一元法币，银行不经管，只是印好后交银行把此票和法币各半搭配起来给军政人员发饷。

※ 郝建贵:《访问郎鸣盛同志记录》，1975 年 4 月 25 日。

向西安及漯河等地采购货物所用的“法币”，系以晋钞向山西省银行兑换。向敌占区采购货物需用的伪钞，系用敌区的货价支付。当时货币紊乱，“法币”的样板有多种，有一种印着放羊图的票子，人们自叫“放羊票”，比其他票子多顶一二成，一般“法币”也比晋钞多顶一点。晋钞纸质粗劣，印刷模糊，当时人们把十元券叫做“大花脸”，五元券叫做“二花脸”，一元券叫做“三花脸”。又叫“二刁子”，意思是晋钞在 1930 年曾刁人一次，这是二次刁人的票子。又发行角票，人们叫它“绕天飞”，又叫“硬顶”，意思是本来不顶钱，硬要顶钱。伪钞人们叫“鬼票”。在这货币紊乱的情况下，对消费社的左右价格，夺取利润，也给了一定的便利。

※ 张次岳:《阎锡山的掠夺机构——山西全省公营消费社、山西省平价购销处》，载《山西文史资料》第八辑。

榆林寒电开，河曲电阎印之新省钞，闻共四千万元现已发行，晋绥军饷，自元月起，发法币一成，省钞九成。据由吉县受训军官归来谈，阎曾迭向官兵宣称，因中央已欠饷两月，不得已故发行新省钞。五临驻军因无最高统帅，各自为政，前后向地方所征军饷粮秣等项，闻已二十六七万之巨。……

※《南京财政部钱币司给何应钦的抄电》，民国二十八年一月二十七日，国家第二档案馆（南京）档案，国民政府财政部钱币司档案，卷三（2）－2246。

……委座命令进袭绥远，在三月至七月作战期间，竟有六月未见饷项，顾以素养关系，士兵未生异态。但军事行动确因而受顿挫，造后撤至晋境，始渐有接济。然一切均系支发晋钞，每月尚不能按批准及应领数领到，以致现时尚亏欠数月。而晋钞仅能流通晋境，余之主责系在绥省，如须北避，晋钞既无法使用，运输亦恐不能连接……

※《绥远省政府主席傅作义向行政院长孔祥熙的呈文》，民国二十八年二月二十七日，国家第二档案馆（南京）档案，国民政府财政部钱币司档案，卷三（2）－2246。

军事委员会办公厅公鉴:

二十八年一月感日办四渝字第九九三号代电奉悉。查上年迭准阎司令长官来电，以省钞发行净尽，为谋调剂金融，抵制伪币计，拟增发山西省银行纸币一千万元等由，当以该省省钞既已用罄，姑准增印二百万元，以便应付。嗣复迭请增印，为顾念晋省情形特殊起见，经核准再印三百万元，连同前准之数，共为五百万元，并嘱妥慎发行，尽量在陷敌区域流通，以符抵制伪钞之意在案。兹准前由本部于日前已得有同样密报，经核与部案不符，业已电请阎司令长官迅将实情查明电部，除候复到核办外，相应先行电复，查照转陈为荷。财政部庚渝钱印。

（财政部留稿）：此案经与钱币司原办稿人刘裕先生接洽，据云已接阎长官电复，关于本部核准发行之省钞五百万元，并未发行，似可不再查询等语，此件拟存。

※《南京财政部查询阎锡山滥发晋钞情况的代电》，民国二十八年二月八日，国家第二档案馆（南京）档案，国民政府财政部钱币司档案，卷三（2）－2246。

太原被日寇侵占后，阎锡山由晋南转逃晋西，站稳脚跟以后，又以山西省银行名义即发纸币八千余万元，纸币印刷得极恶劣，人民极不欲用，称之为“大花脸”，但阎即因此纸币掠夺了人民的大量粮食和财物。……

……

……同时，晋钞的价值，常低于法币百分之五左右，因为它只能在山西周行，出不了省境。

※ 常紫书：《阎锡山垄断金融核心——山西省银行》。

至于他到晋西发行的所谓“大花脸”，“二花脸”（即拾元券与五元券）根本无准备金，后来因人民反对，不能使用，他才用大烟去收买回来，这样又毒害了人民一下。

※ 常紫书 1975 年 5 月 14 日提供的材料：《阎锡山垄断金融核心——山西省银行历史及牵涉到的经济材料》。

1939 年，阎锡山为了保持晋西一隅他的残存政权，一面派人常川驻重庆向蒋介石政府要钱，一面发行省银行、铁路银号纸币开支军政费，把向蒋政府要到的款项，大部分留在后方制造兵器和交他的官僚资本商号作生意。当时将政府不准各省发行纸币，他怕蒋介石干涉，把印制机构起名晋兴出版社作掩护，在山沟窑洞里秘密印制省银行和铁路银号纸币。由于印刷不佳，人民把这种纸币叫做“大花脸”、“二花脸”。从 1939 年初开始发行“大花脸”，初发行时，每元可以购小麦三十斤。发行两年多，由于数量大增，屡次贬值，以一元购一斤小麦还买不到手。因为他不兑现，发行数量大，票价愈贬愈低，到 1941 年后季，人民拒绝使用，才停止发行。为了平息民怨，出卖一部分鸦片烟（每两三百元，专要此项省钞），并在他的统治区每两银粮附加省币五百元收回。所有由部队带到晋东南和晋西北各县之此项省币，因十二月晋西事变，当地人民把它作为废纸糊了顶棚墙壁，此次发行额共为 8100 余万元。虽在发行后逐渐贬值，但以各年物价指数估计，最低亦可合现洋 2000 余万元，都由他统治的山区贫瘠县份人民负担。所以该地区人民叫苦连天，痛恨不已，这是他第三次滥发晋钞搜刮民财的事实。

※ 山西省政协：《阎锡山统治山西罪恶史》下册，375～376 页，1960 年油印本。

二、整理晋钞[①]

自七七抗战开始，山西与平津等地交通阻隔，国货与洋货来源断绝，物价飞涨之结果，晋钞对天津汇兑，每百元须另加二三十元，后因战局转移，对天津汇兑，每百元须加贴水五十元，但银行钱庄等对于大宗汇款，仍拒绝接收，当时当局曾令饬省办四银行号实行收缩政策，除停闭垦业及盐业两银号外，对于各银行号已发钞票，决定只收回，不再增发，并将未发行已印刷之新钞券，一律焚毁，各县之银号、当铺及殷实商号□□□所发行之特殊地名兑换券、流通券等，亦因受时局影响，陆续撤收者有之，而仍继续流通者亦复不少，此时山西境内南北各地呈现一种通货紧缩状况，晋钞流通数量减少，而省办四银行号所发钞票，因使用日久，其各县各支行号陆续撤销，钞票破烂模糊，无法兑换。

第二期，抗战开始晋省政治中心西迁，省办各银行号总管理处撤往西安，晋钞在山西省各地周行，涨落靡足，无人过问，惟在本省境内除晋钞外，别无其他纸币可作日常交易媒介，尚可勉强收用，而一般人民对晋钞价值之信仰日减，在可能范围内，尽量储蓄法币，出脱晋钞，法币遂绝迹于市场，二十七年夏，晋东南我军大捷，相继克服者二十余县，战后百端待举，尤以通货问题最为紧迫，晋省各银行号，彼时复因战局转移，再由西安西迁汉中、成都等地，各该银行，对其已发钞票，失却兑换和□制之连系，听其自然演变。当时晋东南第三行政专署曾设“上党银号”，发行十元、五元、二元、一元、五角、二角、一角等钞票，共三百余万元，最初尚能周行各县，其后因行政专员撤换，该钞价值跌落，人民拒绝使用，惟在晋西各县，自二十七年夏开始，大量新制晋钞陆续发行，其数额究有若干，无法查考。晋钞在晋西各县增发后，因流通范围只限于省府所在地各县，该地人烟稀少、商业不盛，周行市面之晋钞，多为军政公务人员之消费，在此狭隘之地域内，通货加速地增发和流通，引起通货膨胀之现象，晋钞实际价值逐渐跌落。据最近由晋西来渝者谈称，该地以晋钞三元兑换法币一元，已成公开事实。递料最近将来，仍必陆续跌落，重演民国十九年以来晋钞第二次大跌落惨剧也。……近年来晋钞增发，不由各该银行经手，完全系地方政费开支，其价值迭落之速，莫非民十九年可比。……

※ 李荣庭：《整理晋钞我之管见》[②]，国家第二档案馆（南京）档案，国民政府财政部钱币司档案卷三·2－3630。

民国二十八年七月十日，孔祥熙致电蒋介石（代电12989）内称：“查晋绥军费每月原额150万元，依照上年军费紧缩通案核减百分之二，每月应拨147万元，向以晋绥国税抵拨一部分，其余由国库直拨。晋绥两省沦入战区后，国税收入减少，已由部每月直拨

---

① 一九七五年九月，编者访问了当时财政部钱币司司长戴笠菴（采访时居上海市）。据戴回忆，“整理晋钞”问题，孔祥熙和阎锡山扯皮了二年多，最后不了了之，毫无任何结果。当时的往来电文，这里仅编入了一部分。

② 李荣庭系中央银行经济研究处行员，此文系《整理晋钞我之管见》的第二部分，1941年3月1日中央银行秘书处送给了财政部钱币司供“整理晋钞”时参考。

107.27 万元，近又拨付部经费 20 万元，共计 127.27 万元，较原额相差 19.73 万元……”

※ 国家第二档案馆（南京）档案，国民政府财政部钱币司档案卷三·2-2245。

渝川密：巧午财电计达，兹将关于整理省钞事项答复如下：（一）发行数目，旧钞三千五百三十七万八千八百二十一元二角，截至七月底，新钞共为七千七百八十八万元，此系确数，我绝对负责，他人所报不足为凭。（二）票价大小，各地不同，敌人近又将元票价格提高，与伪钞同值。至十元五元大票，沁武各县，二元抵法币一元，吉县六元，大宁八元，石楼、中阳十余元不等，均因敌伪操纵，他人捣乱，或涨或落，日有变更。（三）晋西北省钞票版，在事变时确已焚毁，敌叛及异党汉奸所造假票，均易识别。其整理办法，为中央统一币制，防止敌伪套换外汇，打击敌伪经济侵略起见，最好由中央另印新券，发交本省新组银行发行，并由中央照法令派员监理之，将原发流行各钞兑回，同时从整理之日，办理本省境内驻军饷项，均关发此项新券，所有各该项基金法币均存后方中央各行，以作此项新券向后方汇兑准备，使本省境内，不再流通法币，予敌以铜墙铁壁之经济封锁，为最上政策。所顾虑者，此项新券，只能汇兑，难免落价，不如多发新券一千万元，以半数提倡本省生产事业，半数向后方购运必需物品，平抑物价，以资调剂。兹拟整理原发新旧钞办法如下：（甲）新旧省钞及大小票，分别整理。旧钞内有省行五元红色票 4653595 元，及盐号券 968000 元，垦业券 687755 元，共 6309530 元，因敌人捣乱，价格低落，须与新钞大票同样整理，其余旧钞 29096471.20 元，拟按一元五角兑换另发新券一元，共需 19397647.40 元。（乙）新钞截至七月底发行数内计十元、五元券 43892000 元，一元及五角券 33988000 元，拟十元、五元券及省行旧五元红色票并垦盐两号券均以四元兑换，另发新券一元，共需 12550337.5 元，一元及五角券，均以五角兑换，另发新券一元，共需 16994000 元。两项共 29544337.5 元。（丙）铁号于五月份另发行二角券 174800 元，八月份约发二角券及二角五分券 170 余万元，此项角票，原定与法币平汇，应即另发新券，平换收回，计需 187 万余元。（丁）以上甲、乙、丙三项共需另发新券五千零七十九万余元，即可将原发新旧省钞，悉数收清。此外，本省军政各费开支每月原为七百五十四万元，经四十日之努力，减为五百九十余万元，中央拨补共为四百万元，准由公债抵售月五十六万元，尚短一百四十四万余元。田赋改征食粮，原即补助财政之不足，但实行以来，因驻军阻挠，未能全盘做到，现已奉军委会令核准照办。上党方面已电卫长官协助萃崖进行。五、七两区，阳城、晋城、垣曲、平陆、陵川、壶关、长子、沁水、翼城、芮城、曲沃、夏县、永济等二十余县，大部驻有中央军，田赋改征食粮，均能收起。拟作价就地转售中央军食用，一方面可免除后勤部后方运输之困难，一方面可补本省军政费不足之数，果能如此办理，今后可不再发行省钞借垫军政各费，一举数得，想中央亦甚赞同，希向财政部、后勤部双方接洽。再新成银行一节，按过去经验，铁路银号因有铁路作本，省行虽一度失信，而人民心里因有历史关系，总不如信仰省行之深，另发新券，似以仍由省行承办为宜，所有一切手续，均照银行法办理，并由中央派员监理，以昭慎重，希进行交涉为要。山胥午财印。

※《一九四零年九月七日重庆财政部收阎锡山电》[1]，国家第二档案馆（南京）档案，国民政府财政部钱币司档案卷三·2－3620。

庸公院长钧鉴：

敬肃者：晋省军政补助费，蒙我公鼎力核准，全省军政人员，同深感激。兹奉到阎长官替午财电，对整理晋钞事，颇为详细，照抄奉上，敬祈鉴核，确定军政各费，是以救济军队及公务人员之困难，整理晋钞始能解除民众之痛苦。当今晋民处在敌人蹂躏压迫之下，复受异党之焚烧残杀，水深火热，实难维持生活，祈我公怜念民众殷切之仰望，俯赐整理解决，至为盼祷。阎长官迭次来电，对于统一全国币制，停止发行晋钞，已具决心，垦祈钧座慨予援助解决，实为万民之幸。再军政费决定后，仰濬即电阎长官，准备回省。嗣接巧午财电开：俟整理省钞解决后再回等语。仰濬离省日久，本身职务，百端待理，亟盼早日解决，俾得北返。如有面谕，敬请示知时间，以便遵命前往，面陈一切，专肃敬请钧安！

邱仰濬　谨呈

九月十一日

※《一九四零年九月十一日邱仰濬给孔祥熙函》，国家第二档案馆（南京）档案，国民政府财政部钱币司档案卷三·2－3620。

笠菴司长吾兄勋鉴：

前奉贵部巧渝钱银代电遵即转阎长官、赵主席，兹接卅财电对于补助政费至为感激，对于整理晋钞，尚有意见，照抄送上，敬希察酌整理，商请院长早日解决。迭据报告，晋省金融，非常紊乱，军民交易，甚感困难。地方驻军持十元大票购买零星物品，因商人找换不开，时起冲突。军民感情，渐趋恶化。在人民方面，不能互通有无，地方秩序，发生影响，在敌伪异党方面，利用此种机会，挑拨破坏，使人民不信任政府，归向敌伪，并大量发行伪钞，吸收物资，若不速行整理，适予敌人经济侵略之机会，予异党扩展势力之空隙，实与抗战不利。祈我兄体念阎长官发行省钞，均为垫发抗战军费，迅予设法解决，以利抗战救民为荷。专此敬颂勋安！

弟　邱仰濬　拜启

九月十八日

附抄电乙件：抄卅财电

限一时到。邱厅长渝川：译转

财政部勋鉴：

邱厅长转来巧渝钱银代电诵悉……惟所定办法，尚有应商讨者：第四项特设山西兴业银行，发行钞券，此间意见，山西省银行成立有年，人民信仰已深，若另组新行，恐信用一时难以昭著，于钞券发行，不免有碍，似不如仍由省行承办，中央派员监理为宜。

---

① 这份电报，是阎锡山发给山西驻重庆与蒋介石政府财政部谈判“整理晋钞”的代表、山西省民政厅长邱仰濬的。邱将这份替午财电抄送财政部钱币司长戴笠庵，转达阎的意见。

但此间亦无成见，仍请贵部妥酌。第五项停止发行新省钞，此间本具决心，惟有下列问题，请先行解决：（一）贵部以为本省军费按新核定数目，由中央负担，本省政费由中央补助后，即不再须地方借垫。查本省军政各费开支，每月原为七百五十四万余元，经努力裁减为五百九十余万元，实以物资高涨之故，军队即照军政部所定期限，实行裁编，亦需时日。在整编过渡期间，连同政费，仍非五百九十余万元不可，除中央核定共拨补约四百万元，并补助三至八月各三十万元外，尚月亏一百六十余万元，本省田赋改征食粮，原可补助财政之不足，实行以来，因驻军阻挠，未能办到，此事已奉军委会核准照办，拟将晋东南田赋较多之晋城、长子、阳城、壶关、陵川、垣曲、平陆、翼城、曲沃、夏县、永济等二十余县田赋改征食粮，就地作价转售中央军食用，一面可免除后勤部运输之困难，一面可补本省军政费之不足，一举两得，并已电后勤部洽商，想贵部亦甚赞同。第六项新旧省钞由省负责整理，查各行所发旧钞，原来均有准备，自抗战以来，大部挪垫军费，新钞印发，系因借垫军费，所发此项钞票，若责令地方整理，现实无此力量。若不整理，任令成为废纸，有失政府信用。拟请中央念为抗战军费所用，设法整理，以全信用。第八项，本省所设印刷厂，尚印其他书报，如停发省钞问题解决，印刷钞票器材，可以交部。其他部分，拟仍旧照办，以资应用。此外来电所称为避免敌伪套取法币，由新银行发行钞票流通，凡拨本省军政费，交该行收存，作为准备一节，至为赞同。惟须：（一）汇兑而不兑换；（二）全战区开支均关发新票。始能达避免敌伪套取法币之目的，如此则物价必致高涨，拟请多发一千万元，交由山西省政府，以半数提倡生活必需品生产事业，增加产物，以半数作为资本，由后方购用必需品，平抑物价，以资调剂。至股本，无论银行名为何，以合办为宜。以上各项，仍请尽筹，俾本省金融问题，早日解决，至仞兮谊。阎锡山、赵戴文卅财。

※《一九四零年九月十九日财政部接邱仰濬函》，国家第二档案馆（南京）档案，国民政府财政部钱币司档案卷三·2－3620。

孔副院长勋鉴：

申皓侍秘渝代电计达，兹据卫司令长官立煌未感机电节称，前接山西省政府电转奉钧电，关于山西省钞问题已交孔副院长与晋省府商洽处理，一面并令本会何总长通令在晋各部队维持晋钞在省内行使，不得加以干涉等因，遵即转饬遵照。兹据第十四集团军刘总司令茂恩等呈复称：军属各部队向未干涉晋钞行使，但因晋钞出境不如废纸，民众确有不愿使用情事，卒以拒用必遭杀身之祸，用之则有饥毙之虞，于是不断提高物价以求尝于我使用法币之部队，因此我官兵在物价无止境飞涨之下，陷于无法生活之困境，因此食不饱、营养不足，逃者随日而增，抗战前途，十分可虑。查该所称，确属实情，晋钞问题严重如此，非速谋解决办法，军民生活日益交困等语，据此，查整理晋钞问题，迭据邱厅长仰濬转呈阎长官来电，节经转达核办在案，兹据前情事，晋钞问题若不迅谋解决，不仅晋省军民不堪其苦，我抗战部队亦直接受其影响，除分转何总长外，特再转达，注意迅为核定办法，以解决中央部队及晋省军民之危难为盼。中正申敬侍秘渝。

中华民国二十九年九月二十四日

※《一九四零年九月二十四日蒋介石代电孔祥熙》（侍秘渝字第3842号），国家第二档案馆（南京）档案，国民政府财政部钱币司档案卷三·2－3631。

孔副院长勋鉴：

兹据山西民政厅邱厅长仰濬函呈略称：现在晋民处在敌人蹂躏压迫之下，复受异党焚烧残杀，水深火热，实难维持生活，惟有整理晋钞，始能解除民众之痛苦。兹接阎长官智午财电，对整理晋钞事颇为详细，抄呈鉴核，并恳怜念民众之仰望，早予解决，阎长官迭次来电，对于统一全国币制，停止发行晋钞已具决心。仰濬离省日久，本身职务百端待理，奉令俟整理晋钞解决后再回，尤盼早日解决，俾得北返等语。附抄阎长官智午财电前来，兹将原电随文转发，务请体念该省政府人民艰苦实况速予核办，俾早解决，以消隐患为盼。中正申皓侍秘渝。

附发原电一件

※《为整理晋钞事一九四零年九月二十五日蒋介石致孔祥熙电》，国家第二档案馆（南京）档案，国民政府财政部钱币司档案卷三·2－3620。

……关于整理晋钞一案，部派李视察员进贤现已由晋返渝，弟自当俟调查报告交司后，秉承院座意旨，审慎办理……

※《戴笠菴给邱仰濬的复函》，民国29年10月14日，国家第二档案馆（南京）档案，国民政府财政部钱币司档案卷三·2－3630。

……查晋钞于上年八月卅电，曾报财部停发有案……由地方田赋改征食粮……因驻军设词障碍，未能实行，地方收支不能相符……

※《阎锡山催办整理晋钞电文》，国家第二档案馆（南京）档案，国民政府财政部钱币司档案卷三2－3630。

庸公院长钧鉴：

敬肃者：因整理晋钞问题，屡谒钧座，请示解决办法，均蒙恳切表示设法解决，并示以事体重大，必须慎重处理。想钧座长全国财政，兼筹并顾，似应考虑周到，不予外人以口实。仰濬忝列乡米，又隶属下，对吾公信仰爱戴，不后他人。绝不因地方事项，累及钧座之声威。惟整理晋钞，为晋省军政人员及全体民众生计所关，阎长官既屡次失信于民，幸值钧座大权在握，人所共仰，均盼垂手一援，人民痛苦，立可解除。数月以来，想钧座已调查确实，考虑周密，如蒙早日解决，凡属晋人，莫不额手称庆，相率来归。即在中央方面着想，整理晋钞，亦多有利：（一）我公掌握财政金融，全国渐归统一，若将晋钞整理，则币制统一，皆由我公一手完成。（二）住在二战区各军饷费，每月关发法币，估计约在两三千万元以上，晋钞整理后，军政各费一律关发兴业银行印发之地方钞票，即每月国库可少支出法币两三千万元，虽要法币做准备，但仍在库存，并不兑出。（三）现在二战区内流行法币甚多，以兴业银行钞票兑收法币，既可免敌人套取外汇，又能抵制敌人经济掠夺，且以此项法币，作发行新钞之准备金，不必多筹法币作准备。（四）兑换晋钞，可由兴业银行负责经收，自无地方政府挪作别用之顾虑。

（五）整理晋钞后，所有印刷机器及材料，均归财政部接收，由部交兴业银行另行设厂印刷，不必顾虑整理后晋钞再继续发行。曾闻广东广西四川等省金融紊乱，地方钞票，均先后经整理。晋省抗战以来，因军政费不足，不得已发行省钞，今有钧座大力支持，不难援例而行。仰濬因此事留渝太久，急欲返省，如再迟迟不决，非维地方金融日趋紊乱，而人民之仰望，一变而为失望，返不若原来不提此事，尚无痕迹。素蒙钧座爱护备至故敢为晋省一千二百万民众，恳切陈词，务祈明察鉴（见）谅，实为感祷。最近又接到阎长官催办此事两电及停发晋钞一电，照抄呈上，并恳指定时间，以便面陈详情。仅肃恭颂崇安。

并贺

春节百益

附抄电三份

邱仰濬　谨肃

二月十一日

※《一九四一年二月十一日邱仰濬致孔祥熙函》，国家第二档案馆（南京）档案，国民政府财政部钱币司档案卷三·2－3630。

……山西省银行等四行号发行新旧各种钞券共计一万万元，然以纸质不佳，损坏不少，且在七七事变前所发行者，大半仍留存敌区，此刻自不能全数收回。……似应先从收换十元、五元券着手。其所需收换基金比较为少。……

附件：请整理山西省钞以资稳定金融案

请整理山西省钞以资稳定金融案

（一）原发行旧省钞，计省银行19723566元、铁号13999500元、垦号687755元、盐号968000元，供35378821元；续发新省钞，计有省、铁两行号共77880000元（内计十元、五元券43892000元，一元及五角券33988000元）。此外铁号、省铁两办为法币找零，另发二角及二角五分券3174700元，此项角票原本与法币平汇。……

（二）……

提案人：副主任委员　黄睦初

委员　徐士琪

民国三十年二月十七日

※《第二战区经济委员会致财政部的代电》，民国三十年二月十七日，国家第二档案馆（南京）档案，国民政府财政部钱币司档案卷三·2－3630。

笠菴司长：

……现已安抵西安……近据吉县来人谈对于五元以上钞票维持不胜尽力，民间已不通用，现所流通只有新旧单元，约值法币三角余，距吉县稍远之地则有不值三角者，近来印刷亦偏重单元，但对辅币则尽量印刷，而其种类只限于两角五分一种，发行时规定与法币同值，在社会上因数量尚少，且搭于法币内发出，价值现时能与法币不相上下。日来所得报告大体如是……

职　李进贤

三十年三月五日

※《南京政府财政部视察员李进贤给钱币司长戴笠菴的报告》，国家第二档案馆（南京）档案，国民政府财政部钱币司档案卷三·2-3630。

笠菴司长：

……现可报告者为印刷方面，纯系石印机件虽多亦不过一大规模之普通印刷厂耳。近以敌人压迫，司令部有渡河之说，惟现在渡河者，仅为家属或一部分办公人员，而晋钞受此影响，单元落至七元换一元法币，大票大甚于此……

职 李进贤

三十年四月四日

※《南京政府财政部视察员李进贤给钱币司长戴笠菴的报告》，国家第二档案馆（南京）档案，国民政府财政部钱币司档案卷三·2-3630。

……仰濬来都年余，拟最近回省……至晋钞最近情形，可分以下数点：（一）晋钞已于本年一月间奉委座电阎长官停发；（二）停发后市面流通数目：旧省钞35378821.2元、新省钞79827477元，较前确已减少；（三）……

孔批："核[①]"。

※《邱仰濬给孔祥熙的函》，民国三十年四月二十九日，国家第二档案馆（南京）档案，国民政府财政部钱币司档案卷三·2-3630。

交下邱函一件……本部前于上年八月间与邱厅长谪商，□□办法八项……旋奉谕，派李视察员进贤赴晋……现李业已往晋，所有调查情形，尚未具报……俟李视察员报告到部后，再为并案核办。……

※《钱币司给财政部长孔祥熙的报告》，民国三十年五月十二日，国家第二档案馆（南京）档案，国民政府财政部钱币司档案卷三·2-3630。

笠菴司长：

……已于上月终到达晋省，为即谒见阎长官，并向各方广集材料，以期明白真相……职到晋省后，即往乡吉大宁等县，对晋钞各种情形得到实况不少，除详情另报外，谨将大概情况分陈如次：

一、发行情况：

1. 刻下确已停止印行；

2. 十元、五元大票均无法行使；

3. 一元票可折合法币一角五分；

4. 二角五分票尚可与法币同值。

二、行使区域除永和、大宁、石楼、吉县、隰县、乡宁等六县外，其余各县再无行

① 编者1975年9月赴中国人民银行上海分行，专程拜访了戴笠菴，问到整理晋钞的结果时，戴笠菴说："孔批'核'，后来就不了了之了。"

使之处。

三、票面种类分十元、五元、一元、五角、二角五分、二角六种。

四、撤收办法：

1. 二九年以前，田粮均征收省钞，每石以一元票折征七十元，十元五元票折征二百元；

2. 在接近地区地方发卖大烟药饼，收用省钞，每两售一元票一百二十元，十元五元票四百八十元。……

职　李进贤

三十年五月二十六日

※《南京政府财政部视察员李进贤给钱币司长戴笠菴的报告》，国家第二档案馆（南京）档案，国民政府财政部钱币司档案卷三·2－3630。

赴晋调查金融概要

今春赴晋调查晋钞情形，业经缮具报告。呈兼部长鉴核，兹将简要情形奉呈笠菴司长：

一、职到晋时，晋钞已停止发行；

二、发行数额约一万万三千万元；

三、比价按面额大小与时地而有不同，职在吉县附近时，单元约六元合法币一元，五元与十元者较比略低。

四、整理意见以部中与晋省商定之八项办法为适宜，或酌定比率调换，但需注意使持券人得到此种代□。

视察员　李进贤

三十年六月

※《南京政府财政部视察员李进贤给钱币司长戴笠菴的报告》，国家第二档案馆（南京）档案，国民政府财政部钱币司档案卷三·2－3630。

报告三十年晋钞情形
（梗午财电）

……查晋钞于去年八月停发，并截至八月底共发行新钞十元及五元券 43892000 元，一元及五角券 33988000 元，二角及二角五分券 3174800 元。此外有旧钞原发未收回数 35378821.2 元。……嗣因晋东南田赋改征食粮，售给后勤部一事，驻军阻碍，未能实行，以改收支不敷，不得已截至上年底又发单元晋钞 360 万元，但田赋改征食粮折收省钞，及上年销售戒烟药饼，共收回新钞 4557000 元，故虽增发 360 万元，实较去年八月减去 1227323 元，现在实际流通数：计新钞十元券 16953460 元，五元券 22381540 元，单元券 36300854 元，五角券 1562000 元，二角券 37373 元，二角五分券 2592250 元。旧钞因在市面价格较高，未折收田赋改征食粮，现流通数仍为前数。至新钞价格，省府规定国粮每石小麦单元票 70 元，与法币比价按法币粮价作比。例如现在麦价每石为 50 元，即单元省钞一元四角折法币一元。大票现定每三元换单元一元，二角及二角五分券原既定与

法币平汇，当然与法币平汇。若社会方面因受现伪奸商捣乱，各地各时不同，不能作为标准，且此不独省币如此，法币亦如此……贵部现决予以整理，尚请早日施行。

阎锡山

赵戴文

（邱仰濬于民国三十年九月二十四日转报给财政部长孔祥熙。）

※《阎锡山、赵戴文给财政部长孔祥熙的电文》，国家第二档案馆（南京）档案，国民政府财政部钱币司档案卷三·2－3630。

军事委员会蒋委员长钧鉴：

密，奉孔副院长转发申敬侍秘渝字第3842号代电敬悉，查关于整理晋省金融及救济财政案，前经本部与晋代表邱仰濬一再商洽，经议定办法八项于八月十八日分电阎司令长官、晋省府洽办，并于八月巧渝钱银33161号代电陈请鉴核，并奉钧座宥川侍参代电准予照办在案，兹奉前因，查晋省府所发晋省四行号之钞券，据报共达一万万元以上，准备毫无，而印刷机器和票版，复一度落入叛军之手，其实际印发数目，无从确知，且该项钞券，各地价值不同，高者可值法币二分之一，低者仅值三分之一，比率难以确定，若勉强规定比率，既难餍足晋省官民之望，徒增加法币负担与压力，本部前电所陈八项办法中，对于现在流通之晋钞，主张任其照旧行使，一面由晋省府先将该券即日停止发行，并将库存已印未发券，连同未用钱票纸，及晋省府所设印刷厂局，一并移交本部接收，以绝来源，其已发各券，数目既有一定，价值自能逐渐趋稳定，并可增高，至整理之责，自应仍由晋省府负之，一面再由中央与地方组设之新银行发行之新钞券，以资调剂，此项办法，意在顾全整个金融及确立晋省新省钞之规模，原属妥慎处理，拟请仍照前次陈经核准之原案办理，至目前物价高涨，各地皆然，中央部队之在晋者，在中央统筹军粮以后，军食当不致发生问题，其士兵日用必需品，似可由经理机关采用消费合作社之办法，以谋自给，当不致受当地物价之影响，附呈管见，并乞鉴核施行。财政部叩。渝钱银印。

※《财政部复电蒋介石（密代电）》，国家第二档案馆（南京）档案，国民政府财政部钱币司档案卷三·2－3631。

查关于整理山西金融及救济山西财政两案，前经会同山西省政府代表邱民政厅长仰濬商洽，并由部核定办法八项，分电阎司令长官、晋省府洽办，并将会商经过情形，代电呈奉蒋委员长核准照办在案。兹据邱厅长抄送阎司令长官胥午财电及阎司令长官赵主席卅财电各一件……略称“所定办法尚有应商讨者……等由，经核：（一）本部前定办法八项，规定晋省四行号已发新旧各钞，实际发行数目难以确知，而币值高低，各地不同，比率无法确定，若将该钞即日停止发行，一面仍准照旧行使，则来源既绝，已发各券，数目即可确定，价值亦自趋于稳定。该钞原系晋省府所发，自应由晋省府负整理之责，阎司令长官原电请改由中央整理，拟仍复请查照前案办理。（二）若于即日停止发行晋钞，及将已印未发收回各券，连同原版与未用钞票纸及印刷厂局移交本部接收，原为杜绝晋钞来源起见，阎司令长官来电以晋省军政各费尚未解决，未予照办。经查山西军费部分，原由本部月拨一百四十七万元，军政部拨六十九万元，此次经军政部整编，核定增加数及服装□□月共增拨二百七十一万元，自八月份起，该军军费每月计有四百八十七万余元，政费部分，于八项办法中议定自本年三月份起：由部月拨三十万元，九月份起拨六十万元，依照军政部电，晋军整编期间，为本年八、九、十，三个月，现在八月份晋省军政费由中央拨发者，已有五百七十一万元，九月份由中央拨发者，计有五百四十七万元，与阎司令长官原电称在整编过渡期间连同政费须五百九十余万元，数目相差不多。且晋省田赋改征食粮，既可补军政费不足，收支应可适合，且我自三月份至七月份之应拨补助政费月各三十万元，近由部与八月份政费同时拨发，盈虚亦可互抵，实无再发晋钞之必要。拟再电请阎司令长官查照原电，即四行号钞券即日停止发行，连同库存券票版未用钞票纸及印刷厂局机件迅速移交本部，以杜晋钞来源而便整理，并请钧座指定接收人员以便进行。（三）设立山西兴业银行一节，阎司令长官来电赞同部省合办，拟暂定该银行资本为四百万元，部省各二百万元，一次拨足，仍请钧座指定筹备人员，以便与晋省府接洽进行，期早开业。（四）阎司令长官拟于本部前定新银行发行新省钞五十万元外，增发一千万元，原无不可，俟该行成立发行新省钞后，如有确切需要，自可请部核准增发。至发行新省钞，自应依照本部规定办法，缴交准备金，以固币信。”

以上所述四点，是否有当，理合签请

部
次 长鉴核示遵

国库署
钱币司
谨签
十月三日

批：所报办法尚属可行，惟晋钞事件复杂，此案首在研究明白发行实数，印版是否为人劫去，钞票是否有人操纵，整理有无把握，查明。

※《国库署、钱币司为整理晋钞事给孔祥熙的报告》，国家第二档案馆（南京）档案，国民政府财政部钱币司档案卷三·2－3630。

查整理晋钞一案，前经钧派李视察员进贤赴晋实地考察，现该员业已返渝，本司尚未接据调查报告。兹奉交下邱厅长抄送阎长官赵主席先后来电，并奉批“核复”等因，自应俟李视察员报告送部，再为核办，兹谨拟稿先行电复，是否有当，请指示。

钱币司

批：可
鸿
群

※《一九四一年十月三日钱币司给财政部长的报告》，国家第二档案馆（南京）档案，国民政府财政部钱币司档案卷三·2－3630。

山西民政厅邱厅长译转阎长官、赵主席勋鉴：

密，梗午财及咠石财两电均奉悉。整理晋钞一案，应俟本部派员调查报告呈送到部，再为核办。特复。财政部渝钱银一一八四印。

※《十月十一日财政部电阎锡山》，国家第二档案馆（南京）档案，国民政府财政部钱币司档案卷三·2－3630。

笺　函

介兄赐鉴：

倾奉申敬侍秘渝代电敬悉，除由财部陈复外，谨再为兄陈之。查整理晋钞及救济财政一案，财部与晋省邱代表商定办法八项。财政方面，除军费由中央负担外，对于晋省地方财政，又规定按月补助；金融方面，则商阎司令长官与财部共同组设新银行，发行新钞，以活泼晋省金融。在中央实已尽最大努力，此后晋省饷项支付、地方开支应无困难。至现在流通中之晋省四行号钞票，既系晋省府所发，自应责由该省府负责整理。此项规定，非财部所属诿卸，实具有不得已苦衷，缘晋省四行号所发钞券，计共达一万万元以上，准备毫无，而印刷机器、票版复一度落入叛军之手，实际印发若干无从稽查。此整理数目难于确定，一也。晋省四行号钞票现在市面上之价值，甲行与乙行不同，甲地与乙地不同，同在一地，新旧票、大小票之价值又有不同，高者可值法币二分之一，低者仅值二十分之一。此晋钞比价无由确定，二也。查晋钞跌价，此次已为第二度，人民受苦已深，今后整理晋省金融，必须从巩固钞信入手，惟已发晋钞一万万元以上，准备毫无。如勉强规定比率，由新银行发行新钞换回，则新钞又将成为无准备之钞券，难免不蹈晋钞之覆辙；如以法币收回，则法币势必受其牵累，况目前法币颇感缺乏，亦难有此大宗钞券可以运用，而晋省四面尽系敌人占领区域，更无防止敌人之套换。此整理晋钞势必牵动新钞与法币之信用亡，三也。如仅规定晋钞与新币或法币比率而不予兑换，而套换之事要不可免；且比率规定之后，如不予维持，不免有差价发生，目的既难得到，徒损法律之尊严；如予维持，则增加新钞或法币之负担，仍不免第三点之流弊。此规定比率不予兑换不免有种种顾虑，四也。综上情形，是整理晋钞，目前妥善办法惟有任其自由流通。而在晋钞停止发行以后，数额既有一定，市价当可逐渐提高；一面巩固新银行所发钞票信用，以为永久之计。弟本晋人，对于整理晋省币制，于公于私，均应竭力以赴，惟为顾全整个金融及巩固晋省新钞信用计，不得不妥慎处理，以谋万全，区区苦衷谅荷鉴察，至目前物价高涨，各地皆然，中央部队之在晋省，在中央统筹军粮以后，军食应不致发生问题。其士兵日用必需品，似乎可由经理机关采用消费合作社办法，以谋自给，当不致受当地物价之影响，并陈管见，以备采择。

专颂钧安。

弟孔○○拜启　　　月　　日

（该函批：“此搞于三十三年七月十日由秘书处送来，可存卷备查。

旷　　七·十

二科存卷　　卅三·七·十　　戴铭礼”）

※《孔祥熙致蒋介石的信函手稿》，民国三十三年七月十日，国家第二档案馆（南

京）档案，国民政府财政部钱币司档案卷三（2）-3631。

俞部长：

密，查本省省钞共前后发行一万万余元，截至三十一年，除陆续收回者外。计市面流通者尚有八千七百六十二万六千六百四十四元，迭经与大部磋商整理，迄未解决，嗣屡据人民请求，若不规定行使办法，人民损失太大，因于二十九年决定以七十元购小麦一石，三十年以一百二十元购小麦一石，三十二年以二百元购小麦一石，今统一规定以二百五十元购小麦一石。但此系指三十二年以前登记之省钞而言，其未登记之省钞，以三千元购小麦一石，折算流通。除告知人民外，相应电达，即请查照为荷。山西省政府兼主席阎锡山马肴辰省财吉丑真重拍印。

※《阎锡山一九四五年二月十七日电达重庆财政部》，国家第二档案馆（南京）档案，国民政府财政部钱币司档案卷三·2-3631。

财政部钱币司为山西省政府统一规定晋钞购买小麦折价一案兹请鉴核示遵，准，山西省政府丑真电称："查本省省钞……"等语到部，并奉批"迅核"等因，经查整理晋钞一案，三十一年间迭经与晋省代表邱仰濬磋议并具兹请前孔兼部长，迄未奉批，该项晋钞，既无准备，流通价值又各有不同，印机票版，曾一度落入敌军之手，实际所发若干，一时无从稽查，在战事未结束前，似无法加以整理，原电规定晋钞购买小麦折价，既系从权办理，似可存查，亦不必再为电复，是否有当，理合签请鉴核示遵。谨呈。

部长

次长

钱币司　谨签

二月二十七日

批：准。

※《财政部钱币司一九四五年三月二十七日起草的复电》，国家第二档案馆（南京）档案，国民政府财政部钱币司档案卷三·2-3631。

查晋省军费，原由部月拨一百四十七万元，军政部拨六十九万余元，此次经军政部整编，核定月增一百二十一万元，其服装费按十八万人每年需一百元计算，全年共需一千八百万元，平均每月一百五十万元。自八月份起，每月增拨，共增拨二百七十一万元，业由部照数拨交军政部转发，连同原拨之款，每月共计四百八十七万余元。

至该省政费，中央以前并无补助之款，此次核定自本年三月起月拨三十万元，自九月份加拨三十万元，共六十万元，本年度内共计四百二十万元。

晋军整编期间，据军政部电，为八、九、十三个月。在八月份除军费四百八十七万余元外，并补拨三至八月补助费一百八十万元，共计六百六十七万余元；九月份以后，军费及补助费每月共为五百四十七万余元，与该省来电所称在整编过渡期间，连同政费仍非五百九十余万元不可数目，盈虚本可互抵，似无再发省钞之必要。其余均涉金融事项，即希查核主办为荷。

此复

若谷吾兄

郑科长

弟杰 拜上

※ 国家第二档案馆（南京）档案，国民政府财政部钱币司档案卷三·2－3630。

第二节｜银行重组

一、四银行号迁往成都

窃查省铁两行号西安所存法币、省币，业经迭奉电令，除人堂名法币存款外，悉数运至洛川，以备军用。是两行号总管理处驻在西安，事务甚简，对于提取存款，兑换法币，索取二五入股之人，时感难于应付；且当夏季雨多，汽路时常冲毁，万一时局吃紧，因供给军用，尤虑西安行营有扣车之举，现在我方存款，既在成都，经与尊光、濬源、东生面商，拟将两行号总管理处及重要文卷、证券、帐簿、物品即行移至成都，西安仍设办事处，酌留少数人员办理，代行营收付款项事宜，以资兼顾。是否有当，敬请电示。

谨呈

太原绥靖主任阎

陆近礼[①]

民国二十七年六月二十三日

※《陆近礼给阎锡山的请示报告》，山西省档案馆档案，山西省民营事业董事会档案卷十二·1。

恭斋六月二十二日折呈悉。棻密。省铁两行号总管理处移至成都，所见甚是，希饬赶速进行。山麻戌行省秘。

民国二十七年七月七日

※《阎锡山复电》，山西省档案馆档案，山西省民营事业董事会档案卷十二·1。

山西省银行公函
（总蓉字49号）

敬启者，查近来敌机不时来，在抗战开始后，在汉中、宝鸡、兰州、平凉、成都、重庆等地，均设有物产商行。

※ 郝星三口述，贾乙和执笔：《抗日战争前的实物准备库》，载《山西文史资料》第八辑。

---

① 陆近礼，字恭斋，当时是山西省公营事业董事会董事长。

（山西省实物准备库）于 1937 年 10 月日本帝国主义侵犯山西时迁往西安，1938 年开始清理手续，遣散人员，于 1941 年在成都结束。

※ 徐知政：《山西省实物准备库情况》，载《太原文史资料》第十一辑。

山西省银行系 1937 年太原被日寇侵占后的前数日撤退到晋南，以后又陆续退到西安，在西安住了一个时期，又陆续来到成都，住本市东大街。1938 年后被日本敌机轰炸后，转住本市吉祥街 10 号。当时该行总经理王骧，副理傅瑶，总务主任要士先，业务主任曲子洁，券务主任常星槎，均在成都；会计、稽核主任都在西安。来成都人员约百余人，该行在此未做营业，与外界无往来①。后于 1942 年奉上级指示，大部人员返回西安，在 1943 年 3 月份全部返回西安。

※ 刘克毅②：《伪省行在成都情况》，1975 年 7 月 24 日。

山西省银行公函
（总蓉字 49 号）

敬启者：

查近来敌机不时来渝轰炸，七月二十四日蓉市亦被炸，省行为保持公物安全计，业于八月七日将大部分人员、公物迁移来灌，除酌留三数人在蓉留守外，如有事项仍可随时派人前往办理，合将迁移日期报请备案为荷。

此上

山西人民公营事业董事会

山西省银行　总经理　王　骧

协理　傅　瑶

民国二十九年八月七日

※《山西省银行给公营事业董事会的公函》，山西省档案馆档案，山西省民营事业董事会档案卷十二·1。

二、省银行变种“华利号”

华利号来源：1939 年，经山西省批准，山西省银行拨出资本 25 万元③，人员由山西省银行调用。当时该号经理要士先，副理曲子洁，以下有二十余职工，业务以投机囤积棉纱、布匹、中药材、烟叶等，大部由当地买卖，如棉纱布匹由成都买进卖出，中药材由灌县买卖，烟叶由新都等地买卖，棉花由陕西买进，运成都销售。约在 1940 年初的时候，听说原四川当局召见该行上级公营事业董事会负责人陆恭斋（陆近礼）说，你们山西人来成都把物价买涨了，你们要大量卖一批出去。由此陆某指示华利号，不计赔本卖

---

① 指银行业务。

② 刘克毅同志曾在山西省银行华利号当职员，撰稿时在成都市丝织穗带社工作。

③ 据查为 30 万元。

出一大批，从此后该号很少做业务了，只是由陕西买点棉花、纸烟，运成都销售。1942年，要士先辞退后，由曲子洁任经理，同时也在开始结束，于1943年结束完，在三月份全部人员返回西安。华利号没有什么盈利，同时由上海运出一批棉纱在中途船被打烂，该运输公司分文没有补偿损失。

晋绥地方铁路银号住本市西二道衔，该号同时奉上级指示，拨出资本二十万元开设裕中号。

※ 刘克毅：《伪省行在成都情况》，1975年7月24日。

恭公董事长勋鉴：

……华利号日来贪办各货，进行颇为顺利，将来资金完全占用后，所需款项似应预定范围。以骧等愚见，拟再拨三十万元，以资运用。可否，敬请核示。

王骧
傅瑶　敬启

民国二十六年六月十九日

※《华利号致陆恭斋函》，山西省档案馆档案，山西省民营事业董事会档案卷十二·1。

濬源、鑑西仁兄大鉴：

……华利号贪办各货既臻顺利，将来资金完全占用后，可向省行酌量借贷，但须注意下列各条件：一、急须入行；二、储存各货必须慎择地点，货尤须注意分散，每处所存勿过原价三四万元；三、粮食不可贪办；四、存货以每日有行市能出售者为宜。贩运土货以能普通销售、不交政府统制、清结外汇者为限；运销外货以当地必需者为限，存储实物以投机性较小者为限。以上各点，希即查照办理，并望将前项现存货名价值及借贷资金数目，随时见告为盼。

弟　陆近礼　手启

※《陆恭斋给华利号的复信》，山西省档案馆档案，山西省民营事业董事会档案卷十二·1。

恭公董事长勋鉴：

接奉台函，承示华利贪货，除资金外如再需款可由行内酌量借贷，应遵照办。至云四项应注意之入行一层，因武景山现赴广汉，俟其归来即办。粮食只买过菜籽二百石，拟随布售出，以后即不再买。其余购存货物及分散两点，应均注意办理。兹开就华利近日购进各货单一纸，随函附上，请察核为祷。

王骧
傅瑶
六月二十四日

附华利号购货单一纸。

华利号购货单

成都购进布匹	3157 匹	合洋	124620.50
西安购进布匹	293.5 匹	合洋	11397.10
成都购进条金	200.347 两	合洋	49304.36
成都购进菜籽	200 石	合洋	5040.00
成都购进纸烟	280 甬	合洋	361.20
兰州购进特货	5300 两	合洋	38874.00
灌县购进药材	细数尚未报来	约需洋	10565.34
内江购进糖	斤数尚未报来	约需洋	40000.00

以上共计洋 280162.50

※《王骧、傅瑶给陆近礼信》，山西省档案馆档案，山西省民营事业董事会档案卷十二·1。

1938 年在成都开办"华利号"做囤积居奇生意，该号为了囤积棉花，在宝鸡、西安、渭南、灵宝、会兴镇坐庄。

※ 常紫书 1975 年 5 月 14 日提供的材料：《阎锡山垄断金融核心——山西省银行历史及牵涉到的经济材料》。

省行到四川成都以后，改名华利号，经营棉纱布匹等投机倒把活动。……由于日本鬼子常去轰炸，所以把东西存在新津县。

华利总号在成都吉祥街，下设分号有新津、灌县、昆明、宝鸡等多处。

表 14－1　　成都华利号营业实际报告表（民国二十八年份决算）　　单位：元

余额	总数	科目	总数	余额
		负债类		
		资本	300000.00	300000.00
	3604126.74	客户往来	3883334.00	279207.26
	200.00	销货	1392507.33	1392307.33
	123588.03	暂时存款	161341.63	37753.60
		资产类		
1709459.32	1744130.02	进货	34670.70	
45000.00	256000.00	定期收款	211000.00	
55000.00	335300.00	活期放款	280300.00	
37538.99	1666289.64	总分号往来	1628750.05	
4974.83	53975.91	暂时欠款	49001.08	
2100.00	2100.00	押租		
1200.78	2693.06	预付保险费	1492.28	
57494.44	8025813.72	现金	7968319.28	

常务董事：傅瑶　经理：要继先　副理：曲宜清

※ 山西省档案馆档案，山西省民营事业董事会档案卷十二·1。

表 14－2　　成都华利号营业状况报告表（民国二十九年十二月）　　单位：元

货名	单位	购进量	价格	售出数量	价格	现存数量	价格	进出价格盈亏比较		备考
								盈	亏	
布匹	匹	923100	647316.07	723400	722364.80	199700	95616.00		170664.73	
毛呢	码	61040	7635.66	54090	15999.50	6950	2780.00		11143.90	
大绸	尺	95000	53865.00	91400	107259.25	3600	4600.00		57994.25	
白丝	两	925900	20073.15			925900	20073.15			
棉纱	包	28150	452243.10	26000	439379.30	2150	34500.00		21636.20	
药材	斤	3624410	102961.15	1494929	63825.50	2129481	53733.54		14597.89	
棉纱	柄	5400	1640.70	5400	1862.40				221.70	
棉花	斤	63139260	782282.20	41652344	954172.55	12018800	381928.10		553817.85	
纸烟	箱	4450	100400.00	4400	106067.00	50	1000.00		6667.00	
纸烟	甬	15500	387.5	15500	387.50					
车胎	条	200	600	200	630.00					
肥皂	箱	44800	35128.00	44800	37365.00				2237.00	
靛料	箱	7700	116578.00	3400	53918.00	4300	62628.00			32.00
洋钉	甬	56850	81602.00	45000	69244.00	11850	27677.60		15319.60	
僧帽洋蜡	箱	64800	25500.40	64800	33682.00				8181.60	
烟叶	斤	452500	9502.50	435000	10222.50				720.00	
烟叶	件	10000	17000.00			10000	17000.00			
茶叶	斤	1045200	20031.72	1043800	22806.31				2774.59	
粉贡纸	挑	3000	4890.00			3000	4890.00			
川表	篓	100000	5800.00			100000	6000.00		200.00	
越币	元	200000	7100.00	200000	7240.00				140	
金首饰	两	1000	3900.00	1000	4700.00				800.00	
足金	两	49665	28356.59	49665	29917.58				1560.99	
花旗票	元	30000	4929.00	30000	5300.00				371.00	
合计			2529723.28		2686343.19		712426.39		869078.30	32.00

常务董事：傅瑶　经理：要继先　副理：曲宜清

※ 山西省档案馆档案，山西省民营事业董事会档案卷十二·1。

表 14-3　　成都华利号人员名单

行号	姓名	职别	籍贯	备注
华利号	要继先	经理	榆次	
华利号	曲宜清	副理	五台	
华利号	武源淑	职员	文水	驻昆明
华利号	曲宜高	职员	五台	
华利号	刘秉章	职员	五台	
华利号	刘廷元	职员	定襄	
华利号	赵鉴	职员	平定	
华利号	张逢福	职员	文水	
华利号	范忠德	职员	五台	
华利号	陈绩	职员	阳曲	
华利号	朱竞秀	职员	猗氏	
华利号	刘润德	职员	定襄	
华利号	胡润根	职员	定襄	
华利号	杜受清	职员	太谷	驻上海
华利号	王彦荣	职员	阳曲	驻西安
华利号	赵维鑫	职员	太谷	驻西安
华利号	侯祥发	职员	榆次	驻西安
华利号	李高岑	职员	五台	驻宝鸡
华利号	杨昌业	职员	崞县	驻宝鸡
华利号	齐应龙	职员	定襄	驻汉中
华利号	刘骐祥	职员	榆次	驻汉中
华利号	韩俊林	职员	定襄	驻宝鸡
华利号	焦廷俞	职员	忻县	驻新津
华利号	李效文	职员	崞县	驻新津
华利号	张鸿仪	职员	太原	驻灌县

※ 根据《民营事业董事会档案》整理。

表 14-4 **成都华利号现存放款项表**

（民国二十九年）

单位：元

科目	明细	金额
定期放款	福川银号	18000.00
	大来商行	10000.00
活期放款	大实业社	15000.00
	联通源	5000.00
	永裕商行	10000.00
	利民茶社	10000.00
	同义号	5000.00
存入银行	交通银行	60004.15
	农民银行	2072.75
	裕华银行	176061.81
总分号往来	西安分号	30876.78
	灌县分号	978.25
	南郑分号	39941.04
	上海分号	21529.02
	宝鸡分号	27337.27
	天水分号	455.01
	香港分号	39417.67
各户往来	运通源	7882.97
	协利号	85855.75
	华丰懋	5590.00
	同记合作面纱行	5100.00
	大来商行	81510.06
	商裕商行	25523.00
	驻灌山西省行	25872.67

※ 山西省档案馆档案，山西省民营事业董事会档案卷十二·1。

表 14-5 **山西省银行驻川机构**

机关名称	驻在地点	移住日期	备考
省行	灌县文庙山9号	1929年7月30日	因蓉市轰炸来灌
华利号	成都吉祥街10号	1928年6月1日	成立

※ 山西省档案馆档案，山西省民营事业董事会档案，卷十二·1。

鉴西、濬源、东生：

……刻闻成都金价高涨，银钱业中颇有大量收买者，希两行号无论多少，不可买进，以免扰乱金融之嫌。并希转告士先、子洁两兄为盼。

陆　7月19日

※《陆近礼致省铁两行号的信函》，山西省档案馆档案，山西省人民公营事业董事会档案十二·1。

鉴西、士先、东生：

……昨闻蓉人言，因我方收购大量匹头，以致市价增长。弟意此次入口货物涨价，本系外汇关系变动困难，川人啧有烦布匹为人民日用必需之物，未可贻人口实，希即暂时停收，以后对于此项匹头，只可零星收买，数目不宜过巨，希随时注意为盼，以免影响市价而杜川人藉口，是为至要。　陆近礼。濬省灌铣字第23号。

※《陆近礼致省铁两行号的信函》，山西省档案馆档案，山西省人民公营事业董事会档案十二·1卷。

后来又作了黄金投机生息，在成都亦开华利银行[1]，业务不了解，只知分设宝鸡到灵宝是为收棉花，王俊卿任西安华利经理，这是业务的大概情况。

※ 常紫书1975年5月14日提供的材料：《阎锡山垄断金融核心——山西省银行历史及牵涉到的经济材料》。

华利号买卖资本从省行拨来，董事长是陆近礼，参加华利号的是省行一部分人。在成都干了三至四年。由于搞投机倒把，引起四川省的不满，四川省主席骂他们，来四川搞投机倒把活动，让赶快收拾离开，不然要进行处理。董事长陆近礼也责备并埋怨他们这样干让自己担责任……在这种情况下，被迫不得不回山西了。回来在吉县时的负责人是刘耀宗。

※ 郝建贵：《访问曲宜高记录》，1975年4月25日。

三、省铁两行号重组省银行

在“七七事变”以前，西安有铁路银号的办事处，省行没有办事处。七七后都搬到了西安，铁路银号在五味十字街，省行在梁家牌楼36号（现在的盐店街）。由于省行无基础，汽车停在街上，保险柜放在院子里，不很就绪，伪中央政府拨来的军政费都经铁路银号转拨。当时，随营办事处之外，西安是两家，两家在成都分别有华利号和裕中商行。

1939年秋，我记得我随王骧、白东生、张耀庭同乘一车由克难坡返西安，他们三人在车上商量如何成立联合办事处，回来后不久就成立了省铁两行联办。此后，总处时而在西安，时而在克难坡。

---

① 应为“华利号”。

1943年秋天，在成都的人全部调回来去了桑白、克难坡，接着省铁两行合并成立省行，图章改用省行图章，但西安挂出去的省铁两行联合办事处的牌子一直到西安解放。四三年夏天省铁合并以前，华利号和裕中商行除在成都外，在西安也有个华利号的分处，经理是王俊卿（票号出身），办事员是赵玉才等三人，地址在梁家牌楼。它的对门是大商号“隆盛西”，尽是山西客人，华利号与其关系密切，主要跑西路。裕中没有明确的西安分处，但在西安也有投机业务，五味十号街也有个叫“通诚晋”大商号，也是山西人办的，比隆盛西还大，各路客人都有。华利、裕中都很赚钱，赔钱是不可能的。私人投机商业到抗战胜利后是垮了，但华利、裕中未到胜利就结束了，所以不可能赔钱。

由于省铁联办经营军政费用，资力较足，曾利用此款，进行高利贷投机，其利息比中央银行高很多，一月的利息一天就可以拿回来。放款对象主要是钱庄。阎锡山在西安的工商业很多，但省铁两行基本上未见对他们放款，无甚往来，主要是“需”字电报（二战区军需处）就给拨款，如拨军鞋厂若干等等。

在陕西，晋钞是不能流通的，抗战初期有人由晋带来晋钞，有人在街上收兑后，经过省行经纪人可以向省行兑换，但收贴水，省行贴水一角左右，经过经纪人转手，一元钱可以顶七至八角。在陕的晋省工作人员均发的是法币。

※ 孔祥毅、张涤非：《访问曲周德同志[①]记录》，1975年10月10日。

安平会议以后，阎锡山积极准备投降日寇，把驻宜川的省银行人员全部调驻桑白镇，把在四川的省、铁两行人员也全部撤回，合并省、铁，成立山西省银行，把票箱放在黄河桥底下，作渡河返太原的准备。但不知因什么，一直不动，可能是观望形势，等待时机。

※ 郝建贵：《访问潘玉同志记述》，1975年7月8日。

胜利前夕，省行与铁路垦号合并（在西安称省铁联合办事处），大都回了前方（克难坡），总称省银行。

※ 常紫书1975年5月14日提供的材料：《阎锡山垄断金融核心——山西省银行历史及牵涉到的经济材料》。

第三节 | 阎锡山的“新经济政策”

一、“新经济政策”及其内容

粮食发生困难，粮价上涨，军队的开支就又增加了。1939年春，驻晋西北部队士兵

① 曲周德，山西五台河边村人，1934—1949年曾在铁路银号、山西省银行当职员。采访时在中国人民银行西安分行北大街办事处任出纳员。

的每月伙食费高达法币五六十元。流行的谚语是："兵吃上尉，马吃中尉，意即士兵每月的伙食费用相当于上尉的薪金，马干费用与中尉的薪金相当。为此，阎提出实行田赋改征食粮制度。此外，经过抗战初期几次大战役的消耗损失与"十二月事变"，阎领导的部队大为削弱，且呈不稳固的状态，直接危及其统治。他鉴于"十二月事变"的教训，要重振部队，巩固自己的实力，以保持自己不垮的地位。他的第一着即是要训练一支绝对忠实于自己的所谓"铁军"。从而建立了二战区指挥中心。

※ 复旦大学历史系日本史组：《日本帝国主义对外侵略史料选编》，272 页，上海人民出版社，1975 年。

日本人想逼迫阎早日公开投降，但因与阎暗中有勾结关系，不便使用武力，乃改变方式，发动了经济攻势……"用不必要的物资向我区倾销，吸收法币，套取外汇，用毫无准备的伪钞吸收我区物资，激涨物价……"更主要的是一九三九年十二月政变以后，阎锡山在人民群众中威信扫地。晋钞跌价，不能周使，变成废纸。他从蒋政府领到的军政费法币，又大部挪作别用，市场筹码不足，金融滞涩，经济紊乱，内外交夹，阎锡山的反动政权大大感受威胁。要挽救危机，渡过难关，求得继续存在，阎锡山挖空心思想出一套做法，便是他自鸣得意的所谓"新经济政策"。

……阎的总的说法是："对内扩大生产，充裕物资、稳定物价，对外深沟高垒，严密经济封锁，抵抗敌人经济侵略。"最初实行新经济政策的目的，主要有两个方面：（1）渡过经济难关，挽救垂死局面，安定部属情绪，巩固反动统治集团；（2）通过严密的经济管制，壮大官僚资本。另外他还异想天开，利用蒋介石管不住他的机会，试行他的荒谬主张，所谓"物产证券"。

※ 山西省政协：《阎锡山统治山西罪恶史》，459 页，下册，1960 年油印本。

一、经济建设委员会

纺织四个、铁工厂、造纸、造胰、化学 2 个、练丝厂、钢铁、面粉、餐本、卫生材料、电灯、棉毛纺织、食盐采购团、棉花采购团、农场、车场……

二、新记西北实业公司

纺织、毛织、机器铁工、火柴等厂。

三、独立营业的有：复兴号、蔚生泰、昌记、垦业商行、庆记，都由阎直接领导。

上述从工业到商业，由军用品到日用品，由制造到贩卖，只要赚钱，无所不抓。

在狭小的晋西地区内，商业大半被阎官僚资本、商号所操纵，仍不满足，他把经济混乱责任完全推到私商身上，作为取消私商的借口，说"物价波动，社会不安，全系私商从中拨弄，稳定物价非取消私商不可"。他打着蒋中央的"限价法令"旗号，废除晋西等多县私商时，为了掩人耳目把他的商号复兴号、蔚升泰、庆记、垦业商行等几个名义，也宣布撤销，随手并入评价购销处，另用经济突击队的名义，做着输出入生意。这样一来，一举三得：表示服从中央法令、买好蒋介石；照中央命令办事也不得罪人；摘去几个空牌子，换来二十多县商业，垄断市场。

废除私商，阎的步骤四个：第一步，“分行合作”，同一地区、同一商号、一个价钱……第二步，各行不容许有私人商业资本；第三步，商货处理、登记、定价，在购销处出售，或用“公”价购；第四步，化商为公，当时晋西二十多县共有私商8600多人，一部留用委为“商官”，担任合联社业务，大部编为各业生产小组，参加了生产。

※ 山西省政协：《阎锡山统治山西罪恶史》，464页，下册，1960年油印本。

二、“兵农合一”的内容、做法和实施概况

“兵农合一”的主要内容，有所谓“编组互助”，“划分份地”和“平均粮银”。

（一）关于“编组互助”

1. “十八岁至四十七岁的役龄壮丁，除去免役、缓役、禁役、停役的以外，不管在村不在村，一律以村为单位，每三人编成一个兵农互助小组，其中一人当常备兵，入营打仗受该组优待，其余两人当国民兵，在家种地或做工，每年共出优待粮小麦或小米五石，熟棉花十斤，优待同组的常备兵家属。”

2. “不在村的役龄壮丁，限期由家属叫回，抽签服役，逾期不归，编入兵农互助小组，顶服国民兵役，由家属代出优待粮花。”

3. “半残废不堪充常备兵而有耕作能力能当主耕的，在校求学的学生与按章不能缓役的，离村五年以内无音信的役龄壮丁，都要按现役每三人编成一个纯国民兵小组，领种份地，交纳优待粮花，优待在营的外省籍士兵。”

4. “已在军中的本省籍士兵，由原籍村公所指定村中役龄壮丁二人，编为一个兵农互助小组，给予优待粮六石，熟花十斤，以示优待。”

5. “服常备兵役满期三年（工兵、骑兵、炮兵四年），转服国民兵役，缺额由本兵农互助小组另抽一人顶补。”

6. “编余人员，系本省籍的役龄壮丁，找保返原籍编组，不得到其他省份另谋工作。”

（二）关于“划分份地”

1. “以村为单位，把村中所有土地按年产量纯收益小麦或小米二十石作为一份的标准，划分成若干份地，分配给国民兵领种。”

2. “一个国民兵领一份地，份地不够的，两个国民兵共领一份地，非国民兵和妇女，不得领地，只能当助耕人。”

3. “国民兵领到份地，和村中有劳动生产力的人组成耕作小组，由国民兵充当主耕人，其余都是助耕人。劳动生产品，按劳力大小分配。”

4. “国民兵调充了常备兵，或是死亡，迁出村，除了役，均须退还份地。”

5. “国民兵离了村或改业，实行夺田。”

6. “贫穷的国民兵，不先交优待粮花，不准领种份地。”

7. “保留地主土地所有权，每两粮银的土地，由领地的国民兵每年交地主租粮小麦或小米一石。”

8. “国民兵承领份地时，要宣誓保证如期如数完纳田赋及征购食粮。”

9. “划分份地，必须确定村界，有纠纷的村，由区派员强迫主持划界，不服从的惩处。”

（三）关于“平均粮银”

1. “以前有粮无地，有地无粮，地好粮轻、地坏粮重的，均须重新平均。”

2. “各县原有粮银，以不增不减为原则。”

3. “无主或推于村中之土地，其粮银累入份地中。”

阎锡山认为“兵农合一”是“聚宝盆”，所以他集中力量急速地推行这一暴政。1943 年秋天，他把省政府民政、财政、教育、建设等四个厅长，田粮处长，军管区司令部主任，纠合在一起，组织了一个所谓“兵农会议”，由他自兼主席，其余均为委员。又组织了“主席办公室”，薄毓相兼该室主任。由各机关抽调了大批干部，分别主管编组、分地、均粮等事，制订了有关“兵农合一”的各种章则法令，交付各区、县、区小区、村统委会分级负责加紧“推行”。只一个春天，便在他所统治的乡宁、吉县、大宁、永和、隰县、蒲县、石楼等七个完整县，普遍实行了“兵农合一”。在这七个县的五十三万人口中，共编了兵农互助组五万零九百七十个（内有兵工、兵矿、纯国民兵小组九千四百二十个），抽出常备兵四万二千八百五十人，编国民兵十万零七千零六十人。接着又在新绛等十六个县他能控制的一部分地区四十万人中推行，抽常备兵二万七千三百四十人，编国民兵六万九千四百六十人。总计两年多的时间，在他控制的完整和不完整地区，共划份地十五万六千三百八十五份，编耕作小组十五万一千六百八十五组，共抽常备兵七万零一百九十人，把十七万六千五百二十个国民兵和编入耕作小组的六十五万多男女老少，紧紧地捆绑在土地上，为他的反动政权效劳出力。

※ 山西省政协文史资料委员会：《阎锡山统治山西史实》，324～326 页，山西人民出版社，1981 年 3 月版。

（一）

“山西全省公营消费社”（简称消费社）、“山西省平价购销处”（简称平购处），是抗战时期阎锡山逃到晋西后所设立的一个掠夺经济机构的先后两个名称，1942 年上半年以前叫消费社，1942 年下半年以后改称平购处。

1940 年冬季，在吉县克难坡开始筹备，次年春，正式成立了消费社。成立之初，标榜是专为军民消费者谋福利和主要为了适应当时第二战区军政机关、部队的需要。但其结果，就连供应机关、部队需要这一点也没有做到。更谈不到满足人民的需要，而实质上却是从事掠夺——牟取厚利。一切做法和经营意图，和投机倒把的商人没有什么两样。在消费社成立以前，曾设有随军消费社，蔚牲泰、复兴号、盐业银号等经济机构，都属于二战区长官部直接领导。消费社成立后，盐业银号裁撤并入消费社，蔚牲泰、复兴号则归消费社领导，仍保留其单位名称，作为消费社的一部分（蔚牲泰后因祁季槐的领导关系，又划出归长官部第一办公室领导了）。这样，消费社一开始就是作为一个官僚资本的领导首脑而出现的。

消费社成立后，到 1942 年后半年，蒋管区各地经济日趋恶化，通货膨胀，物价飞涨。蒋介石为了维护他的反动统治，通令各地“平抑物价”。它的要求是同一地区的同

一物资，必须同一价格。这当时是反动统治者违反经济规律的一种粗暴行为，哪里能办得到。阎却乘此机会，把消费社改称为平价购销处来应付，使消费社合法化。而实际上还是原人原事，一点也没有改变。

消费社的资金，除接收随军消费社资产货底外，按营业需要由长官部陆续拨给。初期的二年当中，接收的货底和陆续拨到的资金共约一百万元。在平购处时期，还续拨过黄金五千两。

当时在阎锡山统治权力到达的晋西地区，每一专区和县，都设有专区和县的产销合作社。在消费社成立以前，这些就是直属于专区、县地方政府的。消费社成立后，陆续接受了这些单位，有的合并，有的撤销，这就把许多经济血管组成了一个经济大动脉。这次改组，只把地方政府投资组办的转了一笔帐，或者货物作价发款，当然这些作价是不会公道的。在接收、合并、作价过程中，又进行了一次总的掠夺，而实际受害者还是人民，因为它的资产总是来自人民的。

消费社总社设总经理一人，副总经理一人。总经理由张次岳担任，副总经理由张拱达担任，营业主任一人，由郝学林担任，采购主任由支永年担任，会计主任一人，由张士轩担任，总务一人由张绍颜担任，还有干事、练习生各若干人，稽核若干人，1942 年改为平购处后，由张次岳任处长，李名实任副处长，张拱达调走，其他人员照旧担任职务，1944 年张次岳辞职后，由李名实升任处长。消费社时期，由韩兑成、毛德如等任稽核。平购处时期，增设稽核室，加强稽核业务，阎锡山派他表侄曲宪治任总稽核，下设稽核若干人，并渗透在各分处，形成垂直领导的稽核系统。在消费社总社以下，在吉县、乡宁、汾西、大宁、永和、石楼、隰县、孝义等县，各设分社，分社设主任一人，干事、练习生若干人。又在西安设“第二战区办事处”（对内称分社），在吉县克难坡（阎所在地）设售品所。在隰县午城镇设酿酒厂，设厂长一人，技师、干事、练习生若干人。酿酒厂专拨有资金（数字失记），到 1942 年改组为平购处后，分社改组为分处。

各地区所设的分社，没有专拨资金，其经营方式是总社供给货物，由分社经销。其营业额和盘存货物数量，定时报告总社，同时还稽核的监督盖章，用阎锡山“二的做法”，彼此牵制着，以防弊端。在盈余分配方面，系由总社综合分社、厂、所的资产负债作出总的结算，除业务费用、人员工资、饭费等开支外，原则上按纯益提出 5%，再按人员工资比例分配给各人员。这种分配方式，也未明文定下来，但实际上是根据这一原则办理的。到改组为平购处时期，有了一点机关形式，如行文程式、办公时间等方面，有些更改，其余照旧未变。

平购处于 1945 年日寇投降阎返太原后结束，其财产货底合并于徐士琪所主持的山西贸易公司。

（二）

消费社（以后的平购处同）的业务，是由各地低价购进货物，高价售出，从中牟取厚利。其经营项目有：布匹、棉花、棉毛织品、颜料、桐油、生漆、药材、文具纸张、日用杂货、副食品等。其经营对象有四个方面、六个地区。四个方面是蒋管区、敌区、阎区和解放区（延安）。六个地区是蒋管区的①西安和②敌区河南漯河，是专门采购物资的地方；③敌我交错地区的晋南新绛一带即④晋中孝义一带，一面采购货物，一面推销物资；⑤至阎之晋西各县则专事供应；⑥对我区（延安）则为物资交换。货物的来源，大多数购自西安和河南漯河及新绛、孝义等地。其中从蒋管区来的以桐油、生漆、药材为大宗；从敌区来的以纸张、布匹、颜料为大宗。其销售货物，大别为三类：在晋西地区名为供销类；运往敌区的名为专销类；与我区交换的名为换购类。从西安、漯河来的货物，完全用“法币”购买，开上军用护照，可以通行无阻，以“公用”为名，也可以逃避税收，对其业务有很大的方便。从敌区来的货物，初则小偷小换地与死伤勾结。私商们诡计多端，有时买通警察，在夜间从城墙吊出货物；有时利用掏粪，把货物装入粪桶内运出。以后则新绛一带，由襄陵古城一路，通过单理（单裕如），孝义一带，由兑九峪一路，通过白太冲与日寇勾搭进行。随着阎锡山的向日寇投向妥协的进一步发展，这一关系也进一步畅通，因之以后还直接到太原进行贸易。一面向敌人购买纸张文具、颜料、棉布、日用品等货物，一面以从西安等地来的大量桐油、生漆、药材经乡宁运往山下，转运敌区，只图赚钱，不顾资敌，殊无一点民族气节。在晋西地区销售的货物，以从西安和敌区购进的布匹、棉毛织品、日用百货、文具纸张、副食品为最多。名义上是供应军民，实质上是既运用官僚资本为反动政权牟取厚利，又配合政治进行欺骗。如对大路货、明码货——私商都有的货，则压低价码，消费社少赚一些，一面打击排挤私商营业，一面标榜“平价”，“公家”为消费者谋福利。对缺货——私商没有的货，则暗中加码，抬高物价，赚取高额利润。在与我解放区（延安）方面的换货，是通过第十八集团军驻二战区办事处王世英处长协议进行的，而其做法也十分苛刻。与我区换货，主要是我区供给食盐，消费社供我区毛边纸等，交换数量也相当大，名义上是互通有无、以物易物、各作各价、等价交换，实际上是设法要求我方降低盐价，暗中却将纸张等货价格加码抬高。另外，阎怕消费社的人员，到解放区接近了进步人士，所以决定换货条件是把食盐运到黄河东岸（永和县属渡口），消费社不过河提货。同时消费社所供给的毛边纸等货物，也在河东交货。交货拿货，这也表示了交换当中的不相信。

……

消费社的业务，就是这样在反动政权的指使庇护下，对敌勾结，对我区苛刻，对晋西人民盘剥而牟取暴利的。这就是阎锡山掠夺经济机构嘴脸，这就是官僚资本的本质。……有一次谈到某货不赚钱时，他（阎）说：“谁让你们赚钱。”实际上，谁都知道，如果赚不了钱，是难于向他作交代的。……

消费社和平购处一共经营五年，前二年为消费社时期，后三年为平购处时期。在这期间，一切资产货物，均以晋钞为计算单位。当时币值紊乱，渐趋膨胀，但不像解放战争时期那样一日数变，当时的晋钞与现洋的比值，差价是不太大的。综计起初二年内二战区长官部拨给消费社的资金以及接收各单位的货底共约一百万元，到改组平购处时，它的全部资产货物约为三百万元。在平购处时期，二战区长官部又曾拨过资金黄金五千两，也曾提过约 200 万元的货物，另作别用。到抗战胜利平购处结束时，盘存一切资产

货物，约为七百万元，总计先后盈利五百万元以上。这一官僚资本机构，在支持阎的反动统治上，起过积极作用。

（三）

上述是消费社、平购处的组织和业务情况，以下再介绍一下：

1. 在 1942 年平购处改组的同时，阎结合其“兵农合一”暴政，在经济上也来了一套全面的统治。彻底的掠夺的经济政策，原来叫什么名字记不清了。其做法是派了两个经济委员——张馥荚和徐士琪到晋西各县，把所有私商存货，一律作价，由公收买。一道命令，就把私商全部取消。所收买的货物，分拨到有关“公营”商号，其中大路货如颜料、布匹等，统归平购处。其中也有一部分一般日用品，留给原商号的一部分商人，销货收款。其余大部分商人，则编为生产小组（如纺纱、织布、做油、醋等），合组为生产合作社。平购处在阎的这次掠夺中，是起到了一定作用的。

张馥荚、徐士琪采取强迫手段，压榨人们，在吉县曾有年逾古稀的老夫妇，无儿无女吗，依靠卖药材维持生活。他们强把药材公价收买，勒令停业，害得这两个老夫妇无法生活。在孝义有一个商人，因接收其商号，逼得走投无路，愤而投井自杀。都是十分令人痛恨的。

2. 阎锡山向蒋中央领的军政费用是“法币”，而他把这些“法币”控制起来，其中大部分专用以向西安、河南等地采购货物。在晋西地区，则完全行使晋钞。平购处买货付出“法币”，在晋西地区卖货收回晋钞。通过平购处这一经济组织的活动，为阎锡山的滥发晋钞，起到积极的推行作用。

3. 消费社、平购处的经营业务，也是十分粗暴的。结合当时货物缺乏，物价飞涨，只要把货物抢购到手，便可获利倍。因之有些有经验的老商人，为消费社、平购处当采购员，反不能表现效用，倒是一些年轻的采购员，只晓得乱抢乱购，能够拿货到手获得暴利，为所重用。……

4. 平购处时期，还有一件令人不平的事，有一个主任、一个稽核，被领导人的钩心斗角，活活处死了。原来在隰县分社改组平购处时，盘存货底，有些帐外结余，主任关厚奄，原是旧商人出身，依照旧习惯，伙同稽核部郝毓瑞（有人说叫郝毓秀，事隔多年记不确了）及干事、练习生私自分用了。这一下惹恼了赵承绶，报请阎要把这二人枪毙。……

5. 阎锡山在消费社、平购处也曾大施其笼络手段。1944 年春，张次岳辞去处长职后，由李名实升任处长。这年后半年，阎组织了一次经济人员的训练（平购处人员参加了这次训练），除过进行了组织外，还说什么“永远保证经济人员的职业和生活”的谎话。1945 年日寇投降，阎返太原，平购处结束，这一谎话随之告终。

6. 阎对消费社、平购处是抱有很大企图的，要消费社对当时逃到陕西、广元一带的西北公司各厂的原料供应和产品销售都包下来。张次岳因感于西北公司经理彭士弘不好共事，而没有敢承担。

（贾乙和整理）

1963 年 6 月 15 日

※ 张次岳：《阎锡山的掠夺机构——“山西全省公营消费社”、“山西省平价购销处”》，载《山西文史资料》第八辑。

二、“经济合作”与“合作券”

阎匪利用合作社的组织，在山西进行商业活动，千方百计地掠夺人民的资财，获取高额利润。剥削人民的血汗。系自1943年开始的，经过五年多的时间，对山西人民制造了不少灾难，直至1949年全省解放，反动统治政权被推翻，各级合作社组织始行解体，结束了罪恶活动。

（一）所谓“新经济政策”下的合作社

1. 利用合作社名义的动机

1943年，正是抗日战争处于艰苦阶段，阎匪率领所属伏居在晋西吉县一带，利用当时物资缺乏、法币贬值、标榜要“发展生产”实行自给自足的管理经济。阎锡山利用动听的口号欺骗人民，借以加重对人民的压榨和剥削。

阎锡山认为物价波动的原因，系由于私商投机倒把，囤积居奇，从中拨弄所致，必须取消了私商，统一管理市场，才能使物价稳定。但取消私商后，用什么样的组织形式来代替，当时很费斟酌。最初系用“经济管理局”的名义，经过考虑，行政机构不适于直接经营商业，而且直接剥削人民，最易引起人民对政治的不满，不如利用合作社的组织形式，便于欺骗人民。因此，在新经济政策的口号下，具体提出了“以互相合作为中心，有计划地组织生产、交换和消费，取消私商，消除中间剥削，统一管理市场，稳定物价，保障人民生活”。真正的目的在于把私商一网打尽后，掠夺其资金，一手垄断市场，全面控制人民的生产、交换和消费，使外人无从了解市场的物资和物价情况，然后从中捞取高额利益，借以扩大官僚资本，并豢养其爪牙，渡过经济难关。

2. 以合作社代替私商

1942年冬，在阎的首脑部的所在地——克难坡，成立了山西省经济管理局，由阎自兼局长，赵戴文兼副局长，王谦任秘书长。在吉县、乡宁、大宁、蒲县、石楼、永和等十县，成立“县经济管理局”，由阎的首脑部派高级干部亲赴各县主持，把县城所在地的私商进行全部登记，接收其货物。接收办法：按商品质量和销路情况，分为热销、冷滞、残品三类。热销货按帐面价十成或九成计价，冷滞品分别不同程度按五至八成计价。残品按残损程度计价。愿计价的，即时折价，一个月内付清贷款。不愿折价的，采取代销办法，议价代销，何时销出，何时付款，抽收百分之二代销费。总计接收的货物价值五万余元，私商的固定的资产，包括用具和店址在内，一律归公借用，陆续归还，人员归公选用。1943年春，将各县经济管理局一律改组为县合作供销社，按伪中央合作社法规定，合作社必须是由社员集资经营，阎自知自己的合作社完全系属公资，遂篡改了名称，不叫“供销合作”而叫“合作供销社”，以示区别。并借以标新立异，独树一帜。

通过取消私商，阎发了一笔横财，在接收商品的折价中获得了不少利润，又在迟付货款无偿运用私资周转中，获得了盈余。当时虽未精确统计，估计不下万元。

3. 全面控制市场，垄断贸易

在取消私商的基础上，各县合作供销社全面控制了零售市场，分设棉布、百货、杂货、副食、文具等门市部，垄断了零售贸易。又与粮食调节处结合，垄断了粮食市场，与平价购销处结合，垄断了采购批发业务。此外，又设立了合作食堂、合作旅店、合作理发馆、合作澡堂、合作照相馆等。把所有服务业也都包揽在合作供销社的组织内，采取“私营公管”的办法，由私人集资经营，归合作供销社统一管理，业务活动服从供销社监督，价格服从供销社评定，每月抽收百分之二管理费。

在乡村较大的集镇中都设置了合作供销社的分社，按村镇市场的供需情况，分设若干专业门市部，或一个综合门市部，控制乡村零售贸易，并管理乡村服务行业。

阎匪常自诩自己的新经济政策是一个地区、一个商店、一个价格。就是指在全面控制市场，一手垄断贸易的情况下，一个县只有一个合作供销社，一个商品实行一种价格。实际上，处在当时的山区，周围有敌寇封锁，只有平价购销处统一向外采购，统一对内批发。批发价格由平价购销处确定，阎签字核批。利润若干，外人绝不明了内幕，供销社只按照批发价加百分之五管理费规定零售价，没有同行竞争，也没有同行价格的比较，因此表面上显得物价波动不大。

4. 由管理生产到摧残生产

合作供销社通过供销业务，对当地手工业生产进行了控制。设置手工业生产管理社，专管各种手工生产。把各种手工业分别组织为生产小组，如棉布生产小组、毛巾生产小组、文具生产小组、梳篦生产小组、铁业生产小组等。设组长、副组长指导组内生产。生产管理社负责监督检查、核算成本，并协助解决各组所发生的问题。合作供销社供给原料，接收产品，绝对不许各生产小组自行出售其产品。当时对各生产小组提出的管理办法是：“三定、二包、一管理。”即定质、定量、定价格；包供原料，包销产品；管理其生产活动。

本来所谓“新经济政策”的口号“发展生产，实行自给自足的管理经济。”理应把发展生产作为经济设施的中心，但反动统治阶级的经济观点是一切以利润为依据，有利才干，无利不干。当时地处山区，各县手工业生产者总计不到200人，以吉县为例，不到五十人。有织布的、有制毛巾的、有制笔墨麻纸的、有制梳篦的、有制农具的、有制罗底的，生产工具简单落后，当自产自销时，可以不远千里自找原料，也可以不怕跋涉到各县自找销路。组织管理后，首先是合作供销社不能按时按需要供给原料，采购处因利润不大，因而不愿向外采购。制出产品，也因质量差，成本高销路不广，不愿接收。结果不到数月，都因无法维持，相继停产。所谓管理生产，变成摧残生产。另外，为独占生产利润，在有些特产的县份，专成立了手工业工厂，如隰县成立了榨油厂和桦木制碗厂，在灵石双池镇和孝义成立了酒厂，在石楼、蒲县成立了纸厂，在洪洞县成立了制瓷厂。直接归“省合作事业管理局”领导，与县合作供销社结合，实行定供原料、包销产品，统一定价。终因供销社不能按需要供给原料，未能实行统一定价。但因系属官僚资本事业。可以无限制地提高利润，自然苟延残喘地维持下来。

5. 口吹大洋——合作券

合作供销社的业务活动是需要一定资金的。在处理私商的货品中，虽然获得了不少利润，但远不能解决资金之需要。阎曾多次利用发行省钞，剥削人民，获利甚厚。但这时碍于伪中央政府统一币制的规定，未能再发行地方纸币，不得不图谋骗人的办法，由合作供销社来发行一种变相的地方纸币，即是所谓“产物的收条”合作券。

合作券系由山西省银行印刷，归各县合作供销社发行。有五分、一角、二角、五角、一元等数种。票面印有县名，只限于在本县境内流通，一出县境即须由合作供销社进行拨汇。由于合作券并无现金准备，只依靠印刷机的转动，仿佛口吹气即来了货币，所以又叫做“口吹大洋”。又由于合作券腿短，走不出县境，也叫做跛脚合作券。

合作券的发行，仅限于接收物产使用。阎匪自诩“合作券可以鼓励人民无限制地发展生产”。他说“收物、付券，收若干物、付若干券”，“产物的价值不变，合作券的价值也不变”。“付出的合作券愈多，接收下的产物就愈多，产物愈多，国民经济就愈繁荣，人民的生活也就愈富裕”。实际上合作券的发行成了掠夺人民产物的工具。

首先掠夺了农民的粮食。由粮食调节处用合作券强购人民的食粮，小麦每石合作券十五元[①]，固定不变。当定价时，一元合作券折合法币二元，每石小麦为法币三十元，以后小麦价涨至四十、五十、六十元，而合作券价十五元仍不变更。但合作供销社的物价并未坚持“固定不变的价格”，售粮人从供销社并买不到同等价值的货物。而且物价不断调整，售粮人应买的货物愈来愈少。

其次，掠夺了手工业者的产品。在“包销产品”的名义下，各生产小组的产品，完全由合作供销社用合作券接收，但供销社对“包供原料”并未做到，手工业者因为持券买不到原料，相继停产。有的因为需要从外地采购原料，不得不降低合作券价，从市面兑换法币，亏蚀了生产成本。

由于合作供销社货物品种不全，持券人买不到需用的物品，加之合作券一出县境，即不能使用，拨汇的手续又极繁琐，往往费时误事，因之，在人民的心目中，信用全失，讥讽为“活捉券”。

因为各县大小不同，市面商业活动情况不同，生产情况不同，合作券发行数字的多寡也不同。如吉县、乡宁、隰县等县发行的数字较大，在一万元左右，石楼、永和等县发行的数字极少，不过五至八千，十八个县总计发行额在十五万元左右。迨至抗战胜利，所谓“新经济政策”再无人加以过问，省经济管理局虽规定了用法币兑换合作券的办法，但兑回的数字很小，大部分成了废纸，晋西人民愤恨异常。

6. 通过价格攫取高额利润

阎攫取高额利润，主要是抓采购批发外来货物和收购粮食两个环节，采购批发由平购处独家垄断，价格由阎亲自核批，利润率在20%以上。粮价由粮食调节处独家收购，实行固定的低价。拨给部队食用后，名义上不计价，实际上却扣发军饷，获利若干，无

① 文中所述“小麦每石合作券十五元”，经查对，恐系作者将合作券发行期提前所致。应以档案资料二百五十元一石小麦为准。

法计算。合作供销社垄断零售环节，为了欺骗人民，标榜实行“合理价格”，无论收购、供应，只加百分之二至百分之五的管理费。实际有增加到百分之八以上的。

当时的定价办法分为三种：第一种是“定价”。合作供销社设有专收合作券的供销门市部，因为收购农民的食粮实行了固定价格，即所谓的“物物比值交换”，“收购价不变，供应价也不变”，供销门市部虽然实行着定价，但货物品种不全，持券人按照定价并买不到自己所需要的东西。第二种是“评价”。合作供销社为便于持法币人购货，设有专收法币的购销门市部，获取价格按照市面供需情况可以不断评定调整，采取高价政策。办法是：“卖出去，要能买回来。外来货物，定价权不是操在我的手里。”同时，法币货价越高，显得合作券货价越低，为了表现合作券的信用，对法币货价经常作有意识的提高。第三种是“议价”。对于私营公管的企业，因为难以计算成本，采取同行议价。

※ 张青樾：《阎锡山的“合作社”》，载《山西文史资料》第七辑。

搞“经济合作”是阎锡山“新经济政策”的主要环节。通过“经济合作”把晋西全部经济力量完全掌握起来……他露骨地表示“经济合作是强制的合作，由合作社完全管理人民生产和交换，物产必须交公，人民做甚，必须请求核准，管住人民生活”。又说“强使人人合作，生产消费一齐管起来。”……合作社任务，阎锡山规定：(1) 计划督导各种生产。(2) 统制物资，供应物品，定量兑换，节约消费。(3) 接收产物，开付合作券。

……

“合作券”是一种纸币，用县合联社名义发行，由阎锡山的印刷机构晋兴出版社统一印刷，他借口“为印刷精良，不易发生伪造，故一律由省印刷”。券面印有县名，按各县生产情形及交易总额，决定数量，分发各县，限在本县使用，不能互相流通，县与县间只能由平价购销处控制汇兑。

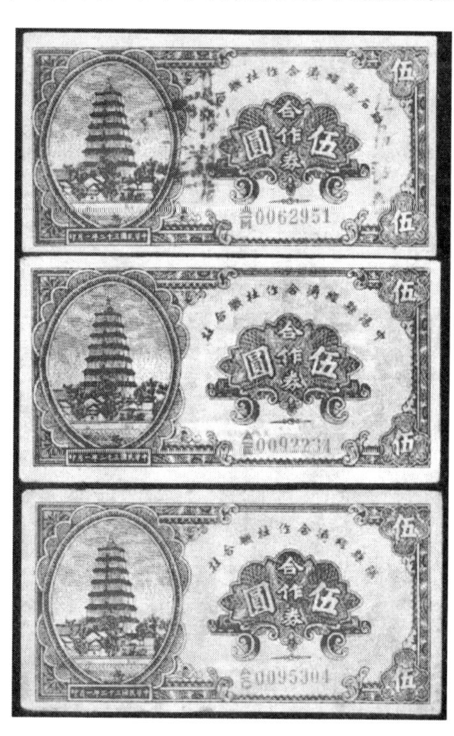

中阳县经济合作社发行的合作券

阎锡山发行“合作券”的用意，首先是垄断晋西经济，独占市场，严密控制人民的生活和行动，使人民不得不听他的话，不得不受他摆布，从而稳定反动政权，扩充官僚资本，饱私肥己，同时又要试行他的荒谬主张——“物产证券”。

晋西数十万人民，在“合作券”的控制下，拿出了全部劳动力和劳动结晶——粮食，养活阎锡山和他的二十多万官兵干部，他把粮食以小麦为标准（杂粮按质折算），每石定“合作券”二百五十元，只许售给“公家”，不愿售者命令派购。这样残酷的掠夺，饱入私囊，人民得到的只是形同查封产物的封条一样的产物收条——合作券。留得一张纸，失去万石粮，这是晋西人民的共同感受。

合作社里分设供销、购销两个部分，供销部接收各生产小组产品，交易用合作券；购销部所有货物，品种简单。要买外地生产的物品，必须先向平价购销处用合作券掉换法币，才能到购销部购买，但货物法币价走得高，以券换币，购买货物，加了一层剥削。晋西出产的铁，当地用的不多，向外输出，低价收购，高价出售，得利更多。

※ 山西省政协：《阎锡山统治山西罪恶史》下册，464～465 页，1960 年油印本。

十五、问：我们如何做呢？

答：……依据行政院规定，县设经济合作社联合社，编村设经济合作社，以下分设若干生产小组。由县长兼任合联社理事会主席，村政治指导员兼任合作社理事会主席，这样行政、经济打成一片，这就是前边所说的经济政治化。

十六、问：这个办法与人民有什么好处？

答：好处很多。各级合作社一面督促生产，一面供应消费，产销合作起来，免除中间剥削，人民可以买的货贱，卖的货贵。

十七、问：这个办法很好……请将详细办法说说。

答：生产小组合作起来……这些合作小组和消费人合作起来组织一合作社，把生产下的东西，送到合作社，合作社就照规定，把货检验过，报到合联社，合联社按价给你发合作券。……

……

二十三、问：合联社接受合作社的物产，为什么不给货币要给合作券呢？

答：给货币一个是比限生产，生产者减少收入，一个是生产者吃亏。

二十四、问：什么叫比限生产？

答：你做下的工值钱很多，合联社没有这些钱，不能接收你的货，你做下的货卖不了，就不能再做货，就减少生产了。这就是受了比限的缘故。

二十五、问：生产者拿货换货币是吃什么亏？

答：货价是一天涨价一天，你今天拿上货换下的钱，明天拿上这钱就换不回同样的货物来，你看这不是吃亏吗？

二十六、问：你这合作券没有上边说的这两个病吗？

答：没有这两个病。因为合作券是货物的收条，有多少货就能得多少收条，所以不受比限。发多少券就有多少货，所以不落空，这个合作券就不会落价。

二十七、问：你这合作券是不是一种货币？

答：不是货币，是货的收条，等于一种货。

二十八、问：合作券除了开付货价，是不是还能付工价？

答：能。

二十九、问：如何开付工价？

答：普通工每月发合作券十元。

……

三十一、问：百物涨价时，工价是否随之提高？

答：工价是付合作券，合作券不变，工价不变。

三十二、问：实行限价后，物价稳住，法币无随物价涨落现象，合作券是否可以不用？

答：合作券主要的功能在能尽量接收人民产物，使之不受比限。限价办法实行后，不应代替它的功能，所以合作券仍有存在的必要。

三十三、问：可不可以货币买合作社的货呢？

答：不能。因为合作社的货已付了合作券，必须拿上合作券才能兑出货来。

三十四、问：货币与合作券能否互相兑换？

答：合作券是代表货物的，合作社不许兑它，一换就失掉了货物收条的本质。

※ 山西省经济管理局：《自给自足指示问答》，山西省图书馆。

三十七、问：这是什么钱？是不是法币？

答：我们这是合作券，是以二百五十块钱能买一石麦子的合作券。这合作券一元，就可以顶法币两元。

※ 山西省经济管理局：《生活生产战斗合一指示问答》，山西省图书馆。

1942 年，当抗战进入艰苦阶段时，他曾在第二战区所在地晋西南各县发行了合作券约 700 万元。“这些合作券绝大部分向农民购买‘民调粮’，总数在 3 万石左右。在开始发行合作券的粮价，每石小麦市价为法币 500 元，每元合作券顶法币 2 元，即券币为 1 与 2 之比。以后每石小麦涨至法币 4000 元，赚法币的人不断加薪，而收购农民的粮价，每石小麦仍然是 250 元。按粮价计算券币比率，应该是 1 比 16，但阎锡山只规定为 1 比 8，农民无形中吃了一半的亏。3 万石粮损失法币在 5000 万元以上。这是一。……农民手里的合作券要买购销部的外来货物，必须将合作券换为法币。要换法币，只有在市面上兑换，但在市面上，一元合作券换不到 8 元法币（这是阎锡山规定的比率），有时只换到五六元，无形中又吃了一层亏。以后合作社为了解决这个问题，对于外来货物，一面在购销部出售；一面按法币的价（按购进价加管理费用），秘密用当时的实际券币比率，折成合作券价供销部出售。折算出来的合作券增高了，农民还是吃亏。这是二。”

……

日本投降后，阎锡山率部返回太原。……他曾命令各县合联社，尽量出售货物，撤收合作券，但并未全部收回，一部分在农民手中成了废纸（王尊光、张青越：《阎锡山对山西金融的控制与垄断》，载《山西文史资料》第十六辑）。发行合作券实际上是一种骗局。

※ 刘存善等：《阎锡山的经济谋略与诀窍》，山西经济出版社，1994 年。

山西省各县经济合作社联合社开付合作券办法

一、本办法依据山西省人民经济合作社实施大纲第十条之规定订之。

二、各县经济合作社联合社为接受产物，并免除因物价高涨所受损失，得依本办法之规定开付合作券。

三、合作券仅限于在原开付之合联社所属县境内购买物品。

四、持券人如果向他县购买物品，或在他处有需用，得请求付合作券之合联社为之汇兑。

五、合作券面额分：一元、五元、十元三种。

六、合作券以日工为计算标准，每一日工折合作券为十元。

七、合作券接受产物，须依据评定之价格，开付合作券。

八、合作社必须收若干物，付若干券，不得将合作券移作另项开支，违者主管人及经手人均应受五倍之罚金；希图作弊者，另依刑法治罪。

九、合作券不得变造伪造，违者照伪造有价证券治罪。

十、如合作券有破坏或污损情事，可准掉换之。

十一、本办法自公布之日起施行。

※ 山西省经济管理局：《山西省各县经济合作社联合社开付合作券办法》，山西省图书馆。

三、抗战时期的官僚资本

（四）“七七事变”太原失陷后，阎锡山逃往晋西时期（1938 年—1945 年）

1937 年“七七事变”，山西全省铁路沿线地区大部沦陷，所有阎锡山的官僚资本企业，除部分商业贸易机构携带少部分财产撤往大后方和西北制造厂拆迁小型车床六七百部迁往陕西继续经营或生产外，部分商业机构的财产和绝大部分厂矿的机器设备、原材料、成品都未及迁移，原封未动地陷于敌手，损失惨重。1938 年春，间锡山从临汾退到晋西山区，第二战区司令长官部渡河退到陕西省宜川县秋林镇，局势暂时稳定下来。当时撤退到大后方的山西公营企业，散处在陕、甘、川三省各城市；管理公营企业的山西省公营事业董事会，也撤到成都。所谓“公营企业”是阎锡山的经济命脉，不能不加利用和管理。如让董事会从成都迁回长官部办公，董事们都是些年老的人，事实上也确有困难。阎为管理各公营企业方便计，予 1938 年在春秋林设“太原绥靖公署第一室”机构，由王尊光任主任，专门管理前后方公营企业和经济部门，并在陕北和晋西新设了一些商业部门，同时又设立“第二战区经济建设委员会”，阎兼会长，徐士珙为秘书长。招聘技术人员在宜川、耀县、泾阳一带筹设小型手工业工厂，生产军需、民用物资，以图就地自给。1942 年冬又设“山西省经济管理局”，闽兼局长，王尊光为秘书长在晋西阎统治区取消私营商业，实行经济控制（即所谓的“新经济政策”）。原绥署第一室所管的工商企业及第二战区经济建设委员会所属各工厂，都拨归省经济管理局工商事业管理处管辖。

一、太原绥署第一室所辖企业（1938 年—1942 年）

1. 第二战区司令长官部随部消费社：地址在陕西省宜川县秋林镇，1938 年成立。由原太原土货商行部分人员和财产先撤到西安、后又转回陕北开设，供应长官部官兵生活日用品。经理为张文同，副经理为续承明。1942 年改隶平价购销处。

2. 省铁两行号随营办事处：地址在秋林镇，1938年设立，由山西省银行和晋绥地方铁路银号派员合组而成，为长官部领发和保管现金的金融机构。1939年阎锡山发行新晋钞，该办事处又兼为晋钞发行机构。经理为冯琳，副经理为降肇清。

3. 公战粮店：地址在乡宁县，1938年成立，收购粮食，供应军需。经理先后为李光华、张光璧。1942年并入省经济管理局粮食调节处。

4. 兴业成：地址在吉县，1939年成立，从新绛、临汾山口购运敌区布匹、颜料等日用品。经理为降肇清，副经理为彭习中。

5. 蔚越泰：地址在吉县蓝家圪塔，1940年设立。业务与兴业成相同，为公营贸易机构。经理为祁集藻，西理由曲宪南兼。1941年改称经济突击一队。

6. 复兴号：地址在吉县，1940年成立。公营贸易机构，经理为李名实。

7. 义成粮店：地址在隰县，1940年成立，收购粮食供应军需。经理为武德田，协理为郝居惠。1942年并入省经济管理局粮食调节处。

8. 昌记公司：地址在隰县，1940年成立，收购皮毛土特产品，经理为彭习中。所属昌记公司皮毛厂：地址在隰县，熟毛皮，制作皮衣等革制品，经理由彭习中兼。

9. 庆兴商号：地址在西安玄风桥，1939年成立，经营纱布业。成立之初，从河南采购土布供作军服。经理为曲宪南，协理为徐宝玑、张文同。

10. 裕兴长途汽车运输公司：地址在陕西省宝鸡姜家堡，1940年成立。有卡车三十余部，专跑川陕公路，为第二战区运输军需物资，亦揽运商货，赚取运费。总经理为白毓震，经理为曲宪南，协理为徐宝玑、阎效正。1945年春结束，车辆移交第二兵站。

11. 第二战区司令长官部徽县酒精厂：地址在甘肃省徽县，裕兴长途汽车运输公司出资开办，日产酒精一吨半，专供裕兴公司汽车燃料。厂长为贺嘉礼，技术员有曲在文、刘建勋。1945年结束。

12. 垦业商行：1940年借绥远垦业商行招牌在西安复、忆系贸易机构。经理由王尊光兼，负责人为崔岷。1942年迁至宜川。

13. 第二战区司令长官部军装厂总管理处：地址在西安，1940年由撤至西安的太原女子职业工厂改组而成。协理为赵福昌、军装厂长为阎慧贞、军鞋厂长为李光璧（后为白俊卿）。染色厂子1941年迁移至吉县生产。总管理处改称经济突击二队，各厂缩小业务，继续存在。

14. 山西省银行：1938年总行撤至成都，西安、汉中等地设有办事处。1939年在成都设“华利号”经营商业，作投机倒把生意，赚取利润维持职工开支。此时总经理仍为王骧，协理为傅瑶。华利号经理为要继志，副经理为曲宜清。1942年间，华利号因业务不振而撤销。1943年省行与晋绥地方铁路银号合并，总行设在西安，总经理为白毓震（东生）、协理为阎愈良。1944年间总行又迁回山西吉县。

15. 晋绥地方铁路银号：1938年总号撤至成都，在西安五味十字街设办事处。1939年在成都开设裕中商行，经营投机生意，获利颇多。1943年总号迁西安，并入山西省银行，裕中商行撤销。从此铁路银号招牌暂时搁起。在抗战期间，第二战区向蒋中央所领军政费用，多由该号经处。

16. 省铁两行号联合办事处：地址在西安梁家牌楼山西省银行西安办事处内，1940年设立，为山西省银行、晋绥地方铁路银号联合办事机构，因当时省、铁两行号均撤至成都经营了商业，与前方联系不便，乃设立这个联合办事机构，专办第二战区军政费支领业务。原设在长官部及晋西各县的办事处，亦均改称省铁两行号联合办事处。经理为王骧，协理为白毓震。1941 年白毓震升任经理，张耀庭任协理。1943 年省铁两行号合并后，以山西省银行招牌对外，联办处即撤销。

17. 新记西北实业公司："七七事变"后，原西北实业公司所属在太原的生产厂矿三十余个未及撤退，全部机器设备等资产均被敌人掠夺。该公司经理梁航标及协理彭士弘，率领少数职员携带帐簿、文卷及部分产品于 1938 年撤至成都。1939 年春，阎锡山电召西北实业公司技术人员回宜川筹办小型工厂。协理彭士弘即率领部分人员回到宜川。经研究选定泾阳鲁桥镇设厂进行生产，定名为"新记西北实业公司"。由彭士弘任经理，曲宪治任协理。原西北实业公司债权、债务，由原经理梁航标在成都清理。新记西北实业公司所属企业单位如下：

①纺织厂：1941 年投产，技师于金波设计简易动力纺纱机，用自己制造的金波式纺机纺纱，木机织布，以供应军服所需。厂长为贾开泰，1941 年以后为周士达。日寇投降后，机器设备赠送鲁桥镇公所。

②机械厂：1940 年投产，由天水购入车床十余部，制造纱机、修理武器、生产机器零部件。厂长为范积德。

③毛织厂：1941 年投产，用木机纺毛织毯。日寇投降后，机器设备赠送鲁桥镇公所。

④宜川火柴厂：地址在宜川县五里坪，1941 年投产，自制黄燐，生产黄燐火柴。厂长为周士达。

⑤隰县火柴厂：地址在隰县城外，1943 年投产，厂长为张健。日寇投降后，继续生产至隰县解放。

⑤孝义炼铁厂：地址在孝义县兑九峪附近，1944 年试产；用土法炼铁，坩埚炼钢，因设备简陋，成绩不大。厂长为郑元（捷三）。

18. 西北制造厂：原属太原西北实业公司领导，"七七事变"后，总办张书田从太原拆迁车床六七百部运至陕西兴平、褒城、虢镇、城固等地设厂继续生产和修理武器。以后又在四川广元和陕西中部县设厂，后又在晋西乡宁、吉县、孝义设厂。在迁陕之初，因西北实业公司不从事生产业务，该厂即划归绥署第一室直接领导，从此脱离西北实业公司。1943 年总办张书田被撤换，由李梅雨升任总办。其所属单位如下：

①城固厂：生产步枪、轻机枪等武器，主要原材料是利用从河南拆来的铁路道轨。厂长为李量钧。日寇投降后，该厂移交给蒋中央兵工署。

②广元厂：地址在广元县禹王宫，系由陕西褒城厂迁来，生产步枪和轻机枪等武器，规模较大，厂长为胡启陈，后为冯绍唐。总办张书田亦住在这里。日寇投降后，该厂移

交给蒋中央兵工署。

③留坝厂：厂长为李光荣（华甫）。设有酒精厂，由张达先负责；皮件厂制作武器成件，由田思俭负责，印刷厂负责人不详。

④中部厂：系由兴平迁来，厂长为李梅雨。日寇投降后，迁回太原。

⑤乡宁厂：系中部厂分厂，厂长为孙世珍。

⑥寨子沟厂：地址在吉县克难坡，厂长为曹辅汉、武玉林。

⑦兑九峪厂：地址在孝义县兑九峪，生产手枪和手榴弹，厂长为白殿麟。日寇投降后迁大同。

19. 吉县修械所：地址在吉县，由原西北汽车修理厂部分职工组成，主要修理武器，厂长为姜富春。

20. 建业成：地址在吉县克难坡，亦名“内勤队消费社”，系贸易机构，经理为常行达，副经理为逯子修。1943 年改称经济突击三队。

21. 晋兴出版社：地址在宜川县，1939 年设立，业务是印刷钞票。1941 年设立，业务是印钞票。1941 年停印钞票后，改做一般印刷业务。下设三个组，第一组在宜川，组长是李洪庆，第二组在临县，组长是李秉彝（复天），第三组在阳城，组长是赵礼南。各个组都能纸板印制钞票和其它印刷品。1940 年“晋西事变”时，第二组将机器丢失，第三组迁回宜川。

22. 晋兴造纸厂：地址在宜川县十里坪，1939 年设立手工制作麻纸，经理由赵甲荣兼，副经理为毛锡华。

23. 山西制墨厂：地址在宜川县，1939 年设立，制作印刷用的油墨，厂长由赵甲荣兼，其后由崔楚材接任厂长。

二、第二战区经济建设委员会所属单位

该会成立于 1938 年，会址初设陕西省宜川县城内，在西安设有办事处，1939 年间迁西安。负责管理西安附近各厂的为委员韩屏周。1942 年冬结束后，所有工厂均移交第二战区经济作战处管辖。西安办事处改名为“第二战区经济建设委员会工厂管理处”，由韩屏周任主任。其所属各厂如下：

1. 纺织一厂：地址在宜川县五里坪，1939 年布机投产，1944 年纱机投产。厂长为王吉六。1944 年间由宜川迁晋西大宁县，改名为大宁纺织厂。

2. 纺织二厂：地址在陕西泾阳县社树堡，1939 年布机产，1941 年纱机投产，厂长为韩继周。

3. 克难坡纺织厂：地址在宜州县五里坪，1940 年投产，设备有印度小纺机一百二十锭，布机二十台，厂长为张锐峰。

4. 首善纺织厂：地址在吉县克难坡，1941 年投产，设备有三三式纺机二百四十锭，厂长为茹桂山。日寇投降后迁临汾。

5. 化学一厂：地址在泾阳县城，1939 年投产，土法制革及生产肥皂，厂长为曲乃俊。

6. 化学二厂：1938 年投产，土法制革及制靴，厂长先为温肃，后为王作赓。

7. 铁工厂：地址在陕西同官县黄堡镇，1939 年投产，设备有各种车床约二十多部，厂长为李兴谍（汉三）。

8. 炼铁厂：地址在陕西耀县，1939 年开始筹备，设备订日产五吨的小高炉一座，并筹建土法采煤、采矿、炼焦等厂，厂长为粱济瀛（海峤），没有正式投产，于 1943 年结束。

9. 面粉厂：地址在宜川五里坪，1939 年投产，设备有小电机一台，动力石磨两盘。一九四□年迁吉县龙王涎，1941 年又迁至克难坡，厂长为张联五。

10. 农场：场址在宜川县官亭镇，1939 年开始开荒种地，进行农业生产，并养有奶牛数头。厂长为杨荚卿。1942 年移交生产队。

11. 大车厂：地址在隰县隆盛店，1941 年投产，制作铁轮畜力大车，厂长为郭效周。

12. 电灯厂：地址在克难坡，1941 年开始发电，专供长官部照明，用汽车引擎四部发电，厂长为张联五。

13. 连隍商行：地址西安市玄风桥，1941 年成立。经营商业，采购原料，推销成品。经理张顺义。1942 年划归平价购销处领导。

此外，该会还试制药棉、医用纱布、油墨、墨汁、土纸等产品，均未设厂，但不久均停产。

三、山西省经济管理局所属单位

山西省经济管理局（简称经管局）予 1942 年 11 月成立，为所谓实行“新经济政策”统制经济的总机构。下设六处：

1. 工商事业管理处：统一管辖省营企业、厂矿及原太原绥署第一室、第二战区经济建设委员会所属的企业厂矿；山西省平价购销处及山西省货运管理处亦受该处领导。处长为徐士珙，副处长为曹成章。

2. 合作事业管理处：为管理晋西阎管区各县的县合作社联合社、村合作社及合作工厂的领导机关。处长为张青樾、副处长为陈子襄（钦弼）。

3. 互助事业管理处：为管理部队师以上所设经管社、团设经管分社、连设互助社的领导机关，并兼管学校、机关的经管社或互助社。各社均以搞制鞋、制袜、养猪、种地等生产为主。处长为阎惠源、副处长为李逢春（载阳）。

4. 粮食调节处：处长为武德田，副处长为王良骥。下设六个分处：吉县粮调处经理为张光璧，乡宁经理为张尚谦，隰县经理为温绍麟，石楼经理为王明秀，孝义经理为李佐权，蒲县经理失记。

5. 运输合作总社：统一领导各县设立的运输站及主要村镇运输站、统一调配运输力，并经营和管理运输干线的尖宿站，以便利旅客食宿。社长为郭铭卿。

6. 铁业管理处：为管理乡（宁）吉（县）、蒲（县）汾（西）、隰（县）孝（义）三个产铁区炼铁厂和铸造厂的领导机关，处长为柴峻。

省经管局成立后，除接管的原太原绥署第一室及第二战区经委会所属单位及厂矿不另列举外，其新设立的单位计有：

1. 乡宁随军消费合作社：专为蒋中央军第九十军服务，经理由王尊光兼任，副经理

为牛锦章。

2. 克难坡中药供应社：负责人为王雅轩（另设有吉县及乡宁中药供应社，负责人不详）。

3. 中医制药社：地址在吉县，经理为武佩三。

4. 克难坡随部经管社：经理为左埏，副经理为宁世铭。在克难坡设有门市部，仍由左、宁兼任经、副理。

5. 第一榨油厂：地址在隰县留社村，厂长为杨志道。

6. 第二榨油厂：地址在蒲县，负责人不详。

7. 第三榨油厂：地址在石楼县西关，厂长为师世崇。

8. 第四榨油厂：地址在学义儿，负责人不详。

此外，在大宁、孝义兑九峪设有榨油厂两处，情况均不详。

9. 午城制酒厂：地址在隰县午城镇，厂长为毛德如。

10. 孝义制酒厂：地址在孝义县，厂长为宁鸿宾。

11. 楼底制酒厂：地址在灵石县，厂长为李书田。

12. 韩城造纸厂：厂长为冯杰（汉三）。

13. 隰县造纸厂：负责人不详。

14. 蒲县造纸厂：负责人不详。

15. 罐头山制砚白台厂：负责人为宋玉祥。

16. 吉县皮毛木器厂：厂长庞小侠，制造驮鞍。

17. 隰县木器厂：厂长为杨志道，制造桦木碗。

18. 孝义制怀山药厂：厂长为安鸿宾。

19. 洪洞瓷厂：负责人不详。

20. 汾阳酒厂：负责人不详。

21. 复兴炼铁第一厂：地址在乡宁，厂长为魏文治。

22. 复兴炼铁第二厂：地址在蒲县，厂长为刘裕德。

23. 复兴炼铁第三厂：地址在隰县，厂长为李棋甫。

24. 复兴炼铁第四厂：地址在孝义，厂长为樊汉邦。

25. 复兴炼铁第五厂：地址在隰县，厂长为侯尧卿。

26. 复兴炼铁第六厂（亦名隰县铸造厂）：地址在隰县，厂长为贺恒德。

以上复兴炼铁各厂，主要生产土生铁、土熟铁及铸件等。设总办一人由杨彬（字文甫）兼任，全面领导。另设隰孝区督导组，组长为杨芬圃。

27. 首善铁工厂：地址在吉县，厂长由柴峻兼。

28. 山西省平价购销处：地址在吉县，1942 年下半年成立，系由原山西省公营消费总社改组而成立的，为统购统销的总领导机构。下设办事处八个，主管采购业务；设分处九处，主管销售业务，另设售品所一处，经销商品。处长先为张次岳（1944 年），后为李名实，副处长为张珙达、李名实。其办事处及分处负责人员情况如下：

①乡吉第一办事处（亦名蔚鲢泰），经理祁案藻。

②乡吉第二办事处（亦名复兴号），经理李名实。

③孝义第一办事处（亦名建业成），经理常行达。

④孝义第二办事处（亦名布油采购团），经理李广昌。

⑤宜川第一办事处（亦名垦业商行），经理崔岷。

⑥宜川第二办事处（亦名兴业成），经理黄长洲。

⑦西安第一办事处（即原省消费总社西安办事处），经理续承铭。

⑧西安第二办事处（亦名连陲商行），经理董如明。

⑨吉县分处，经理李建功。

⑩乡宁分处，经理赵光甫。

⑪大宁分处，经理张祝九。

⑫蒲县分处，经理杨正荣。

⑬隰县分处，经理关厚庵。

⑭石楼分处，经理白焕彩。

⑮永和分处，经理郭绍伟。

⑯孝义分处，经理张能秀。

⑰灵石分处，经理不详。

⑱克难坡售品所，经理不详。

29. 山西省货运管理处：地址在吉县，1943 年成立，处长由徐士珙兼。下属单位有：

①秋林购销部，经理为杨德安。

②食盐油脂采购团，设在吉县，经理为赵瑞五。

③棉花采购团，设在吉县，经理为王介三。

30. 妇女生产社：地址在克难坡，由随部家属组成，主要业务为纺花、织布，负责人为高清溪、阎希珍。

四、山西省建设厅所属单位（1938 年—1945 年）

1. 乡宁煤成管理局：局长为谭秉璧。

2. 临汾煤炭管理局：局长为马振安、郑泽柞。

3. 蒲县煤炭管理局：局长为席光裕。

4. 汾西煤炭管理局：局长为周庆义。

5. 隰县煤炭管理局：局长为辛沾宾。

6. 孝义煤炭管理局：局长为王映南、赵恕（字仁甫）。

以上为统销煤炭机构。

7. 隰县农业试验场：场长为刘怀绑。

8. 午城酿酒厂：地址在大宁县午城镇，厂长为蒋映离。

9. 制茶厂：地址在大宁县，厂长为李邻溪。

10. 隰县炼铁厂：厂长为税林。

五、山西省营业公社所属单位（1935 年—1945 年）

“七七事变”后，原山西省营业公社所属企业晋丰面粉公司的机器设备以及晋同银号和五十当铺的财产，均被日寇掠夺。晋丰面粉公司经理李振纪携款二十余万元避居天津租界、当了寓翁。晋裕银号副经理郭景楼亦携带部分现金撤退到兰州。晋丰面粉公司职员李文山（系经理李振纪之子），受李振纪之命，并收到李振纪从天津汇款数万元，在兰州经营投机生意，借以维持开支。据当时统计，原营业公社财产损失在百分之九十以上。该社首席董事陈敬棠在 1937 年逝世后，阎锡山另委曲宪南代理。其下属单位的情况为：

1. 裕记商行：地址在兰州，系晋裕银号的改称，经理为郭景楼。

2. 丰记商行：地址在兰州，系晋丰面粉公司改称，经理为李文山。

3. 裕记制革厂：地址在兰州，由裕记商行投资经营，经理由营业公社秘书亢兰卿兼任。

六、私营企业（由庆春堂和庆山堂出资经营）

“七七事变”后，阎锡山私人投资的企业，绝大部分被日寇掠夺。由于这些企业多系杂货帮银钱业，杂货行货物转移不便，银钱业放贷收不回笼，除太原两家银号和天津一家银号的负责人携带了部分财产撤退到成都、上海继续经营外，其余完全损失达百分之九十以上，其所属企业情况为：

1. 源积成银号：“七七事变”后由太原撤至成都，没有挂招牌专搞黑市投机生意，经理为徐振渭。

2. 德生厚银号：事变后从太原先撤至成都，由副经理卢培庭在成都经营黑市生意，经理张润又从成都带了一部分款项去了上海，也搞投机生意。

3. 川记商行：系 1938 年间天津亨记银号太原分号撤退到成都后改组而成立的。经理为阎达仁，副经理为张崇臣。该行在成都、兰州、西安、昆明、上海等地设有分行；成都分行由曲时斋、王荫棠负责；兰州分行负责人为李良思、柳少青；西安分行负责人为刘懿轩；昆明分行负责人为冯子久；上海分行负责人为张正庭。另亨记银号在天津的部分人员转移到上海后，又以“松茂昌”名义经营（后又改名为“达昌公司”），负责人由张正庭兼。上海失陷时，张正庭被日寇扣捕，勒索，以后损失很大。

以上三行号于 1943 年合并改组为“第二战区长官部军用物资补给处”，地址设西安，囤集物资搞投机活动。日寇投降后，该处又更名为“绥西垦业银号”，继续营业。

4. 合记号：地址在成都，1939 年由阎锡山之子阎志宽出资 ·万元开业，经营纱布业，经理为徐振渭，副经理为曲凤瑞。1950 年成都解放前迁逃台湾。

5. 庆记号：地址在四川内江市，1939 年由源积成、德生厚、川记商行各出资五千元，经营夏布业，经理为韩徵九。

6. 裕文长途汽车公司：地址在昆明，1939 年由原太原营运汽车公司、大同汽车公司、营记火油公司与私人资本合资组成。经营汽车运输业，专跑昆明至重庆一线客、货运。经理为阎进文，协理为曲植三。昆明解放后，该公司被人民政府接管。

※ 曲宪南：《阎锡山官僚资本企业简介》，载《山西文史资料》第十六辑。

第十五章 日伪占领区的金融

第一节 | 日伪在大同及晋北地区的金融统治

一、抢夺资产

日寇对大同的经济掠夺：大同是雁北的政治经济中心，日寇八年来一直绞尽脑汁地掠夺大同的经济和物资。入城后首先强占铺面，在四大街开设各种商店七八十处，倾销日货。进而又成立了“晋北输入组合”、“大同食料品公司”、“雁北事业银行”等侵略性的经济组织。迫使大同大商店的进销货物必须受“输入组合”的限制，外地运来大同的粮食都被“食料品公司”所掌握，有关农畜产品的收购也被“满蒙贸易公司”全部垄断。从此，大同几家有名的大商号全部挤垮。市场上日货充斥，国货滞销，随着日寇在各地战场上的节节失败，商品一天少于一天，大量的蒙疆纸币贬值，使大批的中小商业陆续倒闭。而对解放区却实行严密的经济封锁，禁止一切物资向农村输出。迫使农民吃甜饭（没盐）、打火链（没火柴）、衣着难遮羞丑（缺乏布匹）。各种日常用品几乎退到半原始社会的情景。

日寇对大同煤矿的掠夺，更是蓄谋已久的。远在1918年、1923年、1929年就曾派人以考察、参观、访问、调查等名到大同进行过多次活动。“七七事变”前，日本帝国主义制定的侵华计划——“华北产业开发计划”就提出要把大同煤矿的产量提高四五倍。“七七事变”后，“华北产业开发第一个五年计划”中，把大同煤矿列为六个重点掠夺矿之一。计划在大同煤矿的投资占六个重点掠夺矿的44%，后来又在1940年的“宫本计划”里，更具体地规定在1945年在大同煤矿的年掠夺量达到760万吨，其中运往日本的58%。因此当1937年9月日寇进入大同后，早已准备好的“满铁”技术人员于10月便来到大同煤矿，一面进行地质勘查，一面利用原晋北矿务局等生产机器进行掠夺性生产。到1938年，将旧有生产机构全部废除，成立了“大同煤矿株式会社”，垄断了原晋北矿务局、保晋公司、恒义公司和保衡公司所属的永定庄、南沟子、树儿凹、四井沟、

胡家湾、同家梁、忻州井等八大煤矿。并在北平、张家口、东京等地设有办事机构。1944 年两次由“蒙疆政府”的“晋北支那开发公司”和“满铁”等共同投资蒙币一亿两千万元，在同家梁、白洞、鹅毛口、四井沟和鸦儿崖多地开凿新矿井，掠夺规模庞大。但由于矿工们越来越强烈地怠工反抗，因而尽管其掠夺计划逐年增长，但实际掠夺量却逐年下降。据 1941 年到 1945 年五年的统计，计划掠夺量为 2570 万吨，而实际掠夺量不过 1084 万吨，占掠夺计划的 42.2%。

日寇对大同各小煤井的生产，也采取了同样垄断的办法。日寇除将庄瓦沟、大清井、马儿井、马家梁、苏家堡、和尚嘴、黄土沟、梅穴坟、相树湾、小井沟等十七处以无主没收归“兴亚公司”掌握外，对其他地势偏僻、交通不便的所有小井，一律下了禁令，不许开采，当时大矿所产的煤多数运往日本，小井所产的煤炭也为了获取暴利运销外地。因此，使号称华北煤海的大同，遭受严重的煤荒。农民被迫无奈，有的到那些不许开采的小煤井上挖煤，但经发现，不仅没收车辆和牲畜，而且还给头上钉钉子，喂洋狗，死于非命。在城内有个“兴亚公司”专供民用燃料，但只在财神庙设了煤场一处，每天早六时排队挂号，下午三时开始卖煤，每人只卖给二角钱的土煤面，因此买煤的人每天都拥挤不堪，好多小孩哭叫吵闹，甚至有的人被挤得头破血流。

※ 徐增祥：《日寇统治大同纪略》，载《山西文史资料》第十二辑，119～120 页。

1937 年 9 月 13 日，日军侵入大同后，3 个晋益当初为伪察南银行大同分行管辖，后交伪蒙疆银行大同分行管辖，经清点后继续以原名称营业。1940 年城内有 7 家，口泉 2 家。此外，朝鲜人朴俊臣（化名佐藤）在大东街路北神曲巷口西侧，开设大兴当；日人桥本伍在小皮巷 3 号院开设钱屋当铺。

1943 年 5 月 25 日，伪同和实业银行厚和市（今呼和浩特市）分行将该市的 8 家私营当铺组成有限公司形式的兴亚当。次年，以“全蒙行”为由，将张家口、大同所有当铺（朝、日人当铺除外）均合并于内，在大同设伪兴亚当分当，下设 4 个支当，计北门支当南门支当、东门支当、西门支当。4 个支当同时于 1944 年 12 月 1 日开业。

大同地区原有银钱商十几家，都是私人投资的，共有资金 20 余万元。沦陷后，敌人把这部分资金强制提出，联合组成一处“晋北实业银行”，使地方银钱商全部关门，一部分人员失业，而敌人却使这笔资金成为维护其统治的财政基础。

大同帐庄在民国时期有一两家。1937 年底有德纶永、万和成、德和荣 3 家，除德纶永外，都是 1929 年开设的。1938 年 3 月 1 日合并于伪晋北实业银行。

1914 年，平绥铁路修到大同后，银钱业又进入一个兴盛时期，但在阎冯、阎张战争及晋钞贬值中，有一些因经营不善而倒闭。从 1912 年到 1937 年，新开业的 43 家，倒闭的 35 家，倒闭 81.39%，1937 年底只有 13 家（含帐庄 3 家）。次年 3 月 1 日，均合并于伪晋北实业银行。

大同官办的银号有晋同银行（号）等二三家。

1. 晋同银号：1934 年，山西省营业公社投资 2.5 万元，在大同开设晋同银号，地址在大南街路东。“七七事变”后，大部财物南迁。日军侵占大同后，初由入城侵略军掠夺，后转伪察南银行大同分行接管，后转伪蒙疆银行大同分行接管，1938 年 3 月合并于伪晋北实业银行。

2. 绥西垦业银号、晋北盐业银号分别成立于 1932 年和 1935 年，在大同均设寄庄。

※ 大同市地方志编纂委员会编：《大同市志》，841 ~842 页，中华书局，2000 年 11 月。

二、蒙疆银行及其殖民货币

1931 年 9 月 18 日，日本帝国主义发动了“九·一八”事变，以武力侵占东北。随后内蒙古东部各盟旗也随之沦陷。1933 年初，日寇又侵入热河和察哈尔省的北部。1937 年 7 月 7 日卢沟桥事变以后，日本侵略军占领了平津。继华北地区失陷之后，绥远、内蒙古又相继沦陷。在日本帝国主义的扶持和操纵下，平绥铁路沿线建立起了 3 个地方性的汉奸傀儡政权。

1937 年 9 月 4 日，由汉奸于品卿、杜运宇在张家口成立了“察南自治政府”，统辖河北的蔚县、宣化和张家口市周围各县。1937 年 10 月 15 日，由汉奸夏恭、马永魁在山西大同成立了“晋北自治政府”，统辖大同市和周围各县。1937 年 11 月 22 日，锡林郭勒盟苏尼特右旗扎萨克郡王穆楚克栋鲁普（即德王）在归绥（今呼和浩特）成立了“蒙古联盟自治政府”，统辖锡林郭勒盟、乌兰察布盟、察哈尔盟的部分地区、伊克昭盟黄河以北的部分地区。这三个伪政权在政治、经济、军事、文化等各方面均受日军的严格控制，在行政上没有隶属关系，但由于地缘的关系——都处在平绥铁路沿线上，在交通、经济、金融、产业等方面有着密切的联系。

为了加强殖民统治，掌握整个地区的经济命脉，1937 年 11 月 22 日，在日本关东军军部和特务机关长金井章二的直接操纵下，在张家口召集“三伪政权”的代表，成市了“蒙疆联合委员会”（“蒙疆”一名系于 1937 年 9 月 1 日由锡林郭勒盟德穆楚克栋鲁普亲王所命名，以区别于满洲之东蒙，宁夏、青海和新疆阿尔泰之西蒙。（见鲍文熙：《九年来蒙疆之贸易与金融》。载《银行周报》第 29 卷第 13—16 合刊，1945 年）下辖察南、晋北、蒙古联盟三个伪自治政府。该委员会直接听命于日本陆军省兴亚院驻蒙分支机构蒙疆联合部和张家口日本军部，并接受“三伪政权”的委托，统领察哈尔、晋北、内蒙古、绥远经济。

1937 年 12 月 1 日，根据“蒙疆联合委员会”公布的“蒙疆银行组织法”、“紧急通货保护令”，将察南银行改组为蒙疆银行，总行设在张家口鼓楼西街。名义上由三个伪自治政府出资实际上是以察南银行为基础，合并绥远平市官钱局、丰业银行以及中国银行包头办事处、交通银行张家口支行等而成。所发纸币（简称“蒙疆券”）和日元等价联系，主要流通于察哈尔南部、山西北部和绥远地区。与总行同时开业的还有包头分行。以后陆续开业的还有厚和（今呼和浩特）、大同、丰镇、怀来、宣化、涿鹿、多伦、张北、沙城、平地泉、延庆、朔县等 12 个分行，并在日本东京、伪满洲国首府长春和贝子庙设立了 3 个办事处。

伪蒙疆联合委员会一成立，就发布通货取缔令，施行外汇和对外贸易管理。规定石

炭、金属等37种矿物和皮毛、油料、棉花、纺织品等输出时，须经该政府许可，并将所得外汇结集于蒙疆银行。1939年9月1日，“三伪政权”合并，在日军的控制下成立了“蒙疆联合自治政府”，由德王担任主席。蒙疆银行作为伪政权的中央银行，掌握货币的发行，制定金融改革法令，承办国库、汇兑等银行业务。蒙疆银行是日本帝国主义经济侵略的御用工具，为日本的侵华战争服务。后来蒙疆券改和美元联系，1939年10月下旬，蒙对外汇价亦随之而波动。到1945年8月日本投降时，蒙疆券共发行35.29亿元（居之芬主编：《日本对华北经济的掠夺和统治》，第978页）。

※ 山西省政协山西省委员会文史资料研究委员会：《日伪在山西沦陷区的统治》，载《山西文史资料》第56辑。

1937年日军侵入山西后在沦陷区设立金融机构，大量发行伪钞，这也是日本掠夺中国人民财富的一种主要手段。1937年12月，伪蒙疆银行在大同、朔县分别设立分行，开始在晋北发行伪蒙疆币。

※ 大同市地方志编纂委员会编：《大同市志》，843页，中华书局，2000年11月。

三、其他日伪金融机构的侵略

1940年初，日军又在大同设立伪晋北实业银行总行，并在阳高、天镇、左云和岱岳4处分设支行，以此控制了晋北13县的金融活动。此外日伪建立的金融机构还包括：伪“察南实业银行”、伪“蒙古联盟实业银行”、伪“晋北实业银行”、伪“同和实业银行”等。

1. 伪察南银行大同分行

1937年9月日军侵占张家口后，迅即组建伪察南自治政府，由伪察南自治政府出资100万元，成立伪察南银行，于27日正式开业，在大同设伪察南银行银行大同分行，地址在西街路南。同年，12月1日撤销，由伪蒙疆银行大同分行取代。

2. 伪蒙疆银行大同分行

1937年11月22日由伪察南、晋北、蒙古三自治政府各投资300万元（伪币），成立全蒙疆区域性的伪蒙疆银行，总行设在张家口，大同分行于12月1日开业，同时伪察南银行大同分行撤销。地址初在伪察南银行大同分行原址，后相继迁九楼巷、东华门19号。抗日战争胜利后，由山西省政府大同领导组接收。

3. 伪晋北实业银行

1938年2月28日，伪蒙疆联合委员会强制大同银钱业组成伪晋北实业银行，于3月1日正式开业。随着日军侵华战争的扩大，先后在阳高、天镇、岱岳、左云、怀仁、朔县、应县、浑源、右玉、灵丘、广灵等县设分行，在口泉镇、城内大北街设支行。

4. 伪同和实业银行大同分行

1942年4月22日，伪蒙古自治政府提议，并于5月8日经伪蒙疆金融创业总会议决定，从5月9日起，将伪察南实业银行、晋北实业银行、蒙古实业银行正式合并，更名为同和实业银行。总行设张家口，原三行分别改为分行。原伪晋北实业银行所辖各县分行均改制伪同和实业银行县支行。抗日战争胜利后，伪同和实业银行大同分行由山西省大同领导组接收。

※ 大同市地方志编纂委员会编：《大同市志》，843 页，中华书局，2000 年 11 月。

第二节｜日伪在太原及晋中地区的金融统治

一、抢夺资产

抗日战争全面爆发前，1935 年太原有银号、钱庄共 46 家，除铁路银号、垦业银号系官僚金融组织外，多系私营金融组织。1937 年 11 月 8 日，日寇占领太原前，多数银号已停业内迁，太原沦陷后，日本侵略者为了统治经济和垄断金融市场，对私营金融事业采取了多种限制和打击措施。日伪中央财政总署规定：凡私人经营银钱业者，必须具有 50 万元资本，不足者不准开业，筹足资金后，还得当地“伪中国联合准备银行”或“伪中央储备银行”办理验资和登记手续，取“本票”证明及“照相版”然后报日伪总署批准，方可正式营业。据日伪太原市商务总会和伪“中国联合准备银行”顾问室考察部分调查资料，1938 年 12 月太原的银号有 16 家，它们是：

表 15 - 1

行业名称	地址	行业名称	地址
豫慎茂	南市街	同聚五	通顺巷
万源汇	万荣巷	义丰源	馒头巷
德兴昌	馒头巷	宏昌银号	通顺巷
义兴泰	柴市巷	宏瑞祥	万字巷
兴华号	馒头巷	亿生钱庄	开化寺
新丰祥	活牛市	聚义久	府西街
源生裕	活牛市	瑞昌银号	活牛市
华昌号	西米市	新丰厚银号	中校尉营街

资料来源：《华北中国的金融机关一览表》，42 ~ 43 页，太原市图书馆藏书。

这些银号主要是经营货币存贷业务。其业务活动均受伪中国联合准备根行太原分行的严格管理和限制。每月按存款总额交付“准备金”1%，月终报送业务活动表。而且日伪金融机构经常到号检查帐簿和库存现金，发现稍有与“规定”不合之处，即严加处理，轻财罚款、拘留，重则勒令停业。在此种情况下主持号事者，都十分小心谨慎。但是一方面，随着伪钞日益贬值趋势，一些银号为防止伪钞贬值造成的巨大损失，不得不暗中抽调一部分资本，在外埠储存一些物资，以保持实力。就是这样，钱庄也处于日益

衰退状况之中。到1940年12月太原钱庄只留6户，这就是晋兴钱庄（地址在馒头巷）、和记钱庄（地址在通顺巷）、兴业钱庄（地址在按司街）、豫慎茂银号（地址在南市街）、同祥银号（地址在剪子二巷）、兴华银号（地址在馒头巷）（日伪山西省公署秘书处统计室编印的《民国三十一年统计年编》，第183页），到1944年这些银号也全部停业。

※ 许一友、王振华：《太原经济百年史》，103～105页，山西人民出版社，1994年。

1937年9—10月间，日军侵犯山西，部分实物因地方失守而损失……

山西的四银行号散发的钞票在山西人民手中有八九百万元，随着日军侵犯，山西失守，变成了废纸，山西人民的损失比蒋阎大战后旧钞贬值时更惨重，因为这一次每元钞票连五分钱也换不回来。

※ 徐知政：《山西省实物准备库情况》，载《太原文史资料》第十一辑。

二、建立日伪金融机构

随着日本帝国主义对华侵略的扩大和大片中国领土被占领，日寇在华北和华中设立了20多家银行，其中比较重要的是：1937年设立于张家口的伪蒙疆银行，并在大同、朔县设立分行，在雁北发行伪蒙疆币；1938年3月10日在北京设立的伪中国联合准备银行；1939年在上海设立的伪兴华银行，1941年在南京设立的伪中央储备银行。这四家银行都享有货币发行权（自伪中央储备银行成立后，伪兴华银行的发行权便取消了），这些银行发行的伪货币都是在准备金不足或者毫无准备金的情况下，使用军力强制人民使用的，其目的在于掠夺沦陷区的物资，在于取代国民党政府的旧法币在沦陷区的信用，取得金融方面的垄断地位。

1937年11月日寇占领太原后，1938年10月1日伪中国联合准备银行总行就在太原设立了分行，发行伪联币，作为流通货币。地址在鼓楼街。开业时预备金378.2万元，贷附金114.1万元，成为垄断太原金融的机构。1941年7月又在太原设立了伪山西实业银行，预备金为52.8万元，贷附金164.1万元，属联银伞下银行。总行在太原，并在榆次、汾阳、崞县、曲沃、阳泉、临汾、运城、潞安、平遥、忻县设办事处。此外，1938年2月在太原设立了伪朝鲜银行代办所，从管理军费资金事务，逐渐受理日本人的存款，进而办理汇款。

※ 许一友、王振华：《太原经济百年史》，100页，山西人民出版社，1994年。

三、日伪金融统治

太原市商会函
（商字第98号）

民国二十八年二月二日

敬启者：

案奉山西省公署财字第34号训令，内开“案奉临时政府行政委员会训令，内开‘为训令事，查上年十二月三十日，临行行政会议议决，根据二十七年八月八日前行政部拟定《旧通货贬值办法》，函请财政部查照办理。旋准财政部函，复根据前财政部前案再为规定办法两条，自中华民国二十八年二月二十日起施行。但至二十八年一月一日起至二月十九日止，在此犹豫期间，得仍按九折兑换国币等因。函复到会，除分行外，合行录同规定办法两条，令仰该公署遵照，并转饬所属一体遵照。此令。附抄件一纸’等因。奉此，除分令外，合亟照印原录办法一纸，令仰该令，遵照并转饬所属一体遵照。此令。附发照录财政部《关于旧通货贬值根据前案规定办法》一份”等因。奉此，除分函外，相应照抄《办法》一纸，函请贵会转饬所属各商号一体遵照。

此致

各同业公会

各同业事务会

附抄办法一份：

照录财政部《关于旧通货贬值根据前案规定办法》

第一条　旧通货整理办法第二条内有第二项之规定，其第一项所议之中国银行及交通银行所发之纸币，应暂时各按其票面金额六折之相等国币数同价流通。

第二条　小额纸币及辅助硬币整理办法第一条内虽有第二项之规定，其第一项所记之小额通货，除河北省银行及冀东银行所发行者外，其他均应暂时按其票面金额六折之相等国币数同价流通。

※ 伪《太原市商会年刊》，民国二十八年。

太原市商务会函
（商字第123号）

民国二十八年二月十一日

敬启者：

案奉太原市公署总字第35号训令，内开“奉山西省公署财字第42号训令，内开‘为通令事，本年二月三日奉行政委员会冬电开《关于山西票即山西省银行及绥西垦业、晋北盐业、晋绥铁路等银行号所发行者之收兑办法》业经密令遵办在案，应遵照下列要领：换现收兑事宜至一月二十五日以后，按每百元换国币九十元之比例；至二月二十日以后，此种换收兑率按每百元换国币六十元换给中联券；至三月十一日以后，山西票禁止流通。上列要领应速通饬遵办等因。奉此，除分令外，合亟令仰该公署遵照办理，并布告所属一体遵照。此令’等因。奉此，除布告并分令外，合亟令仰该会遵照，并转饬各公会一体遵照。此令”等因。奉此，除分函外，相应函达，即希查照转饬所属各商号一体遵照。

此致

各同业公会

各同业事务会

※ 伪《太原市商会年刊》，民国二十八年。

太原市商务会函
(商字第166号)

民国二十八年二月二十六日

敬启者：

案奉太原市公署总字第47号训令，内开“为令行事，案奉山西省公署财字第53号训令，内开‘为通令事，案奉行政委员会秘字第344号密令，内开准财政部折呈：山东民生银行之整理，前据省财政厅呈报，已有相当成绩，其所发之辅币券似应及时整理；其山西省杂钞亦亟待整理，以资结束。现拟将上列山西省发行各杂钞，按照《华北中交旧券现在按九折收兑及二月二十日起按六折收兑办法》办理，请备案并请令饬该两省公署查找办理等因。查山东省民生银行及山西省银行早经倒闭，而民生银行所发行之辅币、山西省所发行之杂钞仍在市场流行，影响金融，为害殊巨。政府为免除人民疾苦，拟定整理办法，与华北中交券同价收兑，咨发财政部并分令山西省公署遵照外，合行密令该公署即转饬所属一体遵照，布告周知等因。奉此，除分令外，合亟令仰该署遵照并布告所属一体遵照。此令’等因。奉此，除分令外，合行令仰该会遵照，并转饬属一体遵照。此令”等因。奉此，除分函外，相应函达，即希查照、转饬所属各商号一体遵照为要。

此致

各同业公会

各同业事务会

※ 伪《太原市商会年刊》，民国二十八年。

太原市商务会公函
(商字第189号)

民国二十八年三月五日

敬启者：

案奉太原市公署总字第49号训令，内开“为令行事，案奉山西省公署财字第61号训令，内开‘为通令事，本年二月十一日准临时政府财政部令字第22号咨开，为咨行事，查各种硬币已经禁止流通。凡有留存银元现货者，亟应兑换国币，如得延误，致干法纪。兹为进行便利起见，特为规定银元每百元得兑国币104元，兑换事宜统由中国准备银行办理，除函知中国联合准备银行外，相应咨达贵署，即便查照，转饬所属，布告周知等因。准此，除分令外，合亟令仰该署即日公布周知，并饬所属一体知照。此令’等因。奉此，除公布周知并分令外，合亟令仰即该会知照，并转饬各公会一体知照。此令”等因。奉此，除分函外，相应函达，即希查照转饬所属各商号一体知照。

此致

各同业公会

各同业事务所

※ 伪《太原市商会年刊》，民国二十八年。

太原市商务会公函
（商字第190号）

民国二十八年三月五日

敬启者：

案奉太原市公署总字第48号训令，内开"为训令事，案奉山西省公署财字第63号训令，内开'为通令事，本年二月十日准财政部令字第十九号咨开，为咨行事，查关于整理山西省杂钞办法业经咨达贵署在案，咨准中国联合准备银行总行函称山西省杂钞尚有山西省银行铜元票一种等由，自应并案整理，由部另拟办法，除咨呈行政委员会备案并函知中国联合准备银号（行）查照转行外，相应咨达贵署，即便查照办法并速另转饬所属一体照办，布告周知为荷等因。并附《整理山西省铜元票办法》一份到署，准此，除分令外，合亟照抄原办法，合仰该署迅速遵照，布告周知，并转饬所属一体遵照，布告周知。此令'等因。附抄《整理山西省铜元票办法》。奉此，正核办间，复奉财字第64号训令，内开'为通令事，本年二月十五日奉行政委员会寒电内开，该省省钞九折兑换期限准展至下月十日。为此，仰转饬周知等因。奉此，除分令外，合亟令仰该署遵照，即日公布周知，并饬所属一体知照并公布为要。此令'等因。奉此，除公布周知并分令外，合亟抄原办法并案令仰该会遵照，并转饬属各公会一体遵照。此令"等因。附抄《整理山西省铜元票办法》一份。奉此，除分函外，相应函达，即希查照转饬各商号一体遵照为要。

此致

各同业公会

各同业事务所

附抄办法一份：

附抄《整理山西省铜元票办法》

第一条　山西省银行发行之铜元票至中华民国三十年五月三十一日止，准予通用。

第二条　前条之铜元票至中华民国二十八年二月十九日止，票面五十枚折合国币九分；二月二十日以后，票面五十枚折合国币六分。

※ 仿《太原市商会年刊》，民国二十八年。

太原市商务会公函
（商字第213号）

民国二十八年三月十二日

敬启者：

案奉太原市公署总字第54号训令，内开"为令行事，案奉山西省公署财字第70号训令，内开'为通令事，案准财政部令字第31号咨开，为咨行事，准中国联合准备银行总行更字第137号函开，查旧通货自本年二月二十日起第二次贬价，按其票面金额六成折合国币；三月十一日起，均禁止流通（小额通货除外）。兹为便利各机关及商民兑换起见，敝行对于二月十九日之星期日仍照常办事，专兑旧通货；三月十日将对外办事时

间延至下午六时止，并订有《旧通货第二次贬价及禁止流通时之收兑暂行办法》。除分函外，相应抄同《暂行办法》一份，即便查照，速行转函政府各机关洽办等由，相应抄同该项《办法》一份，即便查照，并希迅于转饬所属一体知照，布告周知等因，并附《旧通货第二次贬价及禁止流通时之收兑暂行办法》一份到署。准此，除分令外，合亟照抄原办法令仰该署遵照，并布告及转饬所属一体遵照为要。此令’等因。附抄原办法一份，奉此，除布告并分令外，合亟抄同原办法令仰该会遵照，并转饬各专署一体知照。此令”等因。计抄原办法一份。奉此，除分函外，相应抄同原办法函达，即希查照转饬所属各商号一体遵照为要。

此致

各同业公会

各同业事务所

附抄原办法一份：

附抄《旧通货第二次贬价及禁止流通时之收兑暂行办法》

一、中国联合准备银行为使一般商民便于兑换旧通货起见：

甲、二月十九日（星期日）营业时间延长至午后六时（新时七时）

乙、三月十日营业时间延长至五号（午后）六时（新时七时），午后四时以后专办理旧通货兑换事宜。

二、各地政府机关、公共机关所收旧通货应按左列办法办理：

甲、二月十九日以前所收之旧通货

（一）应在二月十九日将其数额以电报通知中国联合准备银行总行或分行，从速兑成国币，但前项通知在电报不通之地点得以公函（须有二月十九日之确定日期）通知之。

（二）中国联合准备银行对于前项通知之金额，如因交通或其他之关系不能及行兑换时，应在三月十一日止予以收兑。

乙、三月十日以前所收之旧通货

（一）应在三月十日将其数额以电报通知中国联合准备银行总行或分行，从速兑成国币，但电报不通之地点得以公函（须有三月十日之确定日期）通知之。

（二）中国联合准备银行对于前项通知之金额，如因交通或其他之关系不能及行兑换时，应在三月二十一日止予以收兑。

三、中国联合准备银行总分行、办事处所在地以外之各银行所收旧通货应按左列办法办理：

甲、二月十九日以前所收之旧通货

（一）在二月十九日将其数额以电报通知中国联合准备银行总行或分行，从速兑成国币，但电报不通之地得以公函（须有二月十九日之确定日期）通知之。

（二）中国联合准备银行对于前项通知之金额，应斟酌由该行运送所需日数予以收兑。

乙、三月十日以前所收兑之旧通货

（一）应在三月十日以电报通知中国联合准备银行总分行或办事处，从速兑成国币，但电报不通之地点得以公函（须有三月十日之确定日期）通知之。

（二）中国联合准备银行对于前项通知之金额，应斟酌由该行运送所需日数予以收兑。

四、军队所有之纸币以及（与满铁有关之）车站收入款项均按第二项办理。

五、河北省银行、冀东银行及各县公署代兑旧纸币兑换事宜，本案均不适用。

※ 伪《太原市商会年刊》，民国二十八年。

太原市商务会函
（商字第216号）

民国二十八年三月十三日

敬启者：

案奉太原市公署总字第55号训令，内开“案查凡以旧通货为标准现存之借贷契约及存款契约等应立即改为国币。否则，自二月二十日起，即照六折计算，并禁止以后再以旧通货订立一切契约一案，业经令行该会遵照在案，前奉山西省公署财字第71号训令，内开‘为通令事，案准财政部令字第26号咨开，查政府于去年二月设立中国联合准备银行，以发行之货币为国币，并为统一货制起见，于同年三月制定《旧通货整理办法》在案。兹为促进币制统一，制定禁止旧通货订立契约办法三条，呈奉财政委员会核定施行。除先行电达外，检同该项《办法》一份，咨达贵署，即便查照办理，并希迅于转饬所属，一体办理，布告周知为荷等因。并附禁止以旧通货订立契约之《办法》一份到署。准此，除分令外，合亟照抄原办法令仰该署遵照，并布告及转饬所属一体照办为要。此令’等因。附抄件一份。奉此，除布告并分令外，合亟抄同原办法令仰该会遵照，并转饬各公会一体遵办为要。此令。计抄发《禁止以旧通货订立契约办法》一份”等因。奉此，除分函外，相应照抄原办法一份，函请贵会（所）转饬所属各商号一体遵照。

此致

各同业公会

各同业事务所

附抄发《禁止以旧通货订立契约办法》一份：

禁止以旧通货订立契约办法

第一条　禁止以旧通货为标准订立一切契约。

第二条　凡以旧通货为标准之现存借贷契约及存款契约等均应立即改为国币。

第三条　凡以旧通货为标准订立之契约，均在中华民国二十八年二月十九日以前不改为国币者，于同年二月二十日起一律认为以六折改为国币。

※ 伪《太原市商会年刊》，民国二十八年。

太原市商务会函
（商字第263号）

民国二十八年三月十五日

敬启者：

案准中国联合准备银行太原分行，函开“查蔽行《收兑本行发行之破券办法》曾于二十七年九月四日函达在案，谅荷查阅。现因蔽总行对于收兑本行破券办法重新规定，兹将该项办法随函送上一份，即祈查收，以备参考为荷。附收兑破券办法一份”等因。准此，除分函外，相应抄同办法一份，函请贵会（所）转饬所属各商号一体知照为要。

此致

各同业公会

各同业事务所

附收兑破券办法一份

※ 伪《太原市商会年刊》，民国二十八年。

太原市商务会函
（商字第292号）

民国二十八年四月三日

敬启者：

案奉太原市公署警字第135号训令，内开“为训令事，案奉山西省公署财字第101号训令，内开‘为训令事，案奉财政委员会秘字第434号训令，内开查《扰乱金融暂行治罪法》业经公布并令发遵照在案。惟法令初颁，商民或尚未能周知，极应格外妥慎办法，勿得骚扰：（一）单纯所持不能认为犯罪（即无使之流通之目的或意图使之流通之目的）；（二）匿名告密，不能据以搜查。以上两端务各注意为要。除分令外，仰即遵照。此令等因。奉此，除分令外，合亟令仰该署遵照。此令’等因。奉此，合亟令仰该会知照。此令”等因。奉此，除分函外，相应函达，即希查照转饬所属各商号知照为要。

此致

各同业公会

各同业事务所

※ 伪《太原市商会年刊》，民国二十八年。

太原市商务会函
（商字第293号）

民国二十八年四月三日

敬启者：

案奉太原市公署警字第136号训令，内开“为训令事，案奉山西省公署财字第100号训令，内开‘为训令事，案奉行政委员会秘字第433号训令，内开查各种旧通货，自二十八年三月十一日起禁止流通，迭经政府明令宣示在案。兹为根除旧通货行使起见，由政府公布《扰乱金融暂行治罪法》，并与关系方面商洽取缔实施应注意之各事项。合将《扰乱金融暂行治罪法》及《取缔实施办法》各一份随令附发，仰即遵照并转饬所属一体遵照，仍将《扰乱金融暂行治罪法》布告周知。此令。附发《扰乱金融暂行治罪法》及《取缔实施办法》各一份等因。奉此，除分令外，合亟抄同原件令仰该署遵照，并将《扰乱金融暂行治罪法》布告周知。此令’等因。计抄《扰乱金融暂行治罪法》、《取缔实施办法》各一份。奉此，除分令并布告周知外，合亟抄同原件令仰该会知照。此令”等因。计抄发《扰乱金融暂行治罪法》、《取缔实施办法》各一份。转饬所属各商号一体遵照。

此致

各同业公会

各同业事务所

计印发《扰乱金融暂行治罪法》、《取缔实施办法》各一份：

扰乱金融暂行治罪法

第一条　本法适应于左列行为者

（一）有扰乱金融行为者；

（二）所持或搬运非中国联合准备银行所发行货币，使之流通或图意之流通之行为，但以《小额通货整理办法》公认其流通之小额通货、蒙疆银行券及外国货币不在此限。

第二条　有第一条所规定之行为者，处无期徒刑或十年以下一月以上有期徒刑，或一万元以下五百元以上之罚金。

第三条　凡犯一条之罪者，可处有期徒刑系得因情状，并科罚金。

第四条　供犯罪之用或意图供犯罪之用之物，及因犯罪行为所生或因犯罪行为所得之物，没收其全部或一部分。不能没收者，追征其相当金额。

第五条　第一条之未遂罪得处罚之。

第六条　本法有效期间自公布之日起以一年为限。

第七条　本法自临时政府公布之日施行。

禁止旧通货流通警察取缔实施办法

在中联票区域对于中国人（包含中国法人）之取缔办法，以左列各项，得自日本宪兵协力，由中日警务机关担任之。

1. 对于旧通货之发行银行，由中国警务机关在日本宪兵协力之下，于三月十二日施行检查。

2. 对于旧通货之发行银行以外之中国方面银行、银号、钱庄、典当等之金融机关，由中国警务机关在日本宪兵协力之下，于三月十一日至十五日之间，划分地区，实行检查，应采不准再行通用旧通货之措置。

3. 搜查重要罪犯，于日本宪兵之协力，由中国警务机关法办之。为防止第三国人之收集、包买旧通货起见，在日本宪兵协力之下，由中国警务机关极力检举之。

※ 伪《太原市商会年刊》，民国二十八年。

日伪时期，郭良海（西木庄人）和鹿国宾（河北省人）放债生息，每元月息最高为

1角，一般为2~3分，被人称为国（郭）家银行和六（鹿）国银行。

※ 清徐县志编纂委员会编：《清徐县志》，山西古籍出版社，1999年1月第1版。

四、日阎关系

1941年19078（密），7月5日午后太原发，6日夜到达本省。

第64号之一（至急，极密）馆长符号与前电第58号有关。

3日午前，刘吉甫①来太原，提出阎的条件如下：

一、防共合作，以打倒蒋介石为基本条件；

二、为维持山西纸币价值，贷款五千万元；

三、为充实山西军（现有兵力6.7万）的实力（当前以30万为目标），供给步枪10万支，轻机枪2、3千挺，大炮300门；

四、以上述办法加强实力后，马上宣言反共讨蒋，联合各地将领，为完成目的而迈进。

※《田中总领事致松冈洋右电》，载《日本外交档案》S487号，载《山西文史资料》第六辑。

十二月事变后，尽管革命力量在自卫反击的同时，考虑到大敌当前，需要采取克制的态度，尽量不使事态扩大；中国共产党也把十二月事变当做山西新旧军之争来处理，给阎锡山留了回头的余地，争取他继续留在抗日阵营里，不至于公开投降日军。为此，周恩来给阎锡山写信，劝其继续走积极抗战的道路。但阎锡山决心联合日军对付共产党，消灭抗日革命力量，保持并扩大其势力。这时的侵华日军，由于在我国抗战军民的严重打击下，速战速决灭亡中国的迷梦早已破灭，困难日益加深，已经陷入持久战的汪洋大海之中。于是，开始制造所谓的“和平”，企图采用诱降的手段灭亡中国。阎锡山一贯亲日反共，本来是侵华日军诱降的对象。早在太原沦陷不久，伪省长苏体仁就秉承日军的意旨授意伪省公署秘书曲宪纯（阎锡山的表侄）找阎宜亭（阎锡山的族侄，太原西羊市晋恒木厂商人），到晋西向阎锡山面交苏体仁的信件，告知日军愿和阎锡山“亲善合作”，不再以兵戎相见。阎当即复信，表示愿意与日军“合作防共”。十二月事变后，阎锡山既然决心反共，更是日军拉拢他投降的大好时机。于是在1940年初，日军派汉奸白太冲（孝义县白壁关人，原为阎政权区长，投敌后阎委为二战区长官部少将参议兼平遥县长、敌区工作团团长）将日军参谋长田中隆光和伪省长苏体仁的信件送给阎锡山。阎锡山复信愿与日军合作，共同剿共，以安定山西治安。接着，阎锡山派机要处副处长刘迪吉（定襄县芳兰村人，字克惠，阎锡山内侄婿）到太原，通过苏体仁和梁上椿（梁綖武的叔父，与阎锡山有亲戚关系），与日军取得联系，根据阎锡山的电报指示，商定：日军帮助阎军剿除在山西的八路军、决死队；日军在中条山发动战争胜利后，阎锡山即向

① 阎锡山的机要秘书，当时任机要处处长。

太原前进。

随着日本侵华战争的发展，日本与英美矛盾加剧，正在酝酿发动太平洋战争，而急于结束对华战争。为此，他们积极“利用操纵反蒋系统的实力派”，“建立反蒋、反共、反战的政府”，妄图使中国屈服。

※ 复旦大学历史系日本史组：《日本帝国主义对外侵略史料选编》，272 页，上海人民出版社，1975 年。

抗战时阎匪、日寇的关系传说：据传阎匪在“土门”（可能是隰县东南，蒲县的地名）曾与日寇开会，二战区将陕产的生漆、水银和日寇换货，甚至能换到军火。胜利后，确知阎匪保护了两个汉奸，都娶的是日本妻子，即苏体仁和梁上椿，在阎住房后三间正庭一明两暗各住一间，因那时蒋的第二处（绥靖公署二处）驻晋人员是乔家采（交城人，大特务），正在搜捕汉奸，只捕获了王骧、冯司直，苏、梁二人未被搜捕，他二人是阎匪驻沦陷区代表人物。在吉县—太原路上，有彭大头和张书田的行踪，太原进城时，虽是步行，但有一群接他们的人维护，入城只行一礼（出进城门都得向日军行礼），不加盘问检查，内幕如何，不能得知。

……

听到的汉奸省长：沦陷初是阳曲剪子巷的韩谦，召集开会时他以临时维持会长的身份叫嚷“咱们吃的昭和天皇的饭了，食王水土报王恩，各应尽力办公吧”的无耻论调。据传要南佩兰任伪省长，南是留日生，前警务处长，南不愿意干，转荐了苏体仁（曾任绥远省长），南在北京参加“华北政务委员会”。苏后是冯司直（平定人，前教育局长），再后王骧接任。他初回太原任桐旭医院，后转教育厅，再后才作了伪省长。省行的营业员谭玉今（浙江人）充了他的伪警备队的后勤处长（王骧那时兼警备队的总队长），还有几个省行人员记不下来了，都跟王骧作了小汉奸。王在城贪污了，日宪队要办他“取暴利”，不知如何完了的。有人劝他携款带眷，再行逃入后方，他说“要为桑梓服务，使少受害”，真是死心塌地做汉奸。公审时，在广播内听到他哭叫说：“是奉阎匪‘代电’方作伪省长，但被捕时交了乔家采，被黑昧了。”

※ 常紫书 1975 年 5 月 14 日提供的材料：《阎锡山垄断金融核心——山西省银行历史及牵涉到的经济材料》。

1943 年夏（五、六月）我来孝义开设孝义办事处，目的是搞敌占区的物资和汇兑，因商品数量太少，没有搞成。

※ 郝建贵：《访问绛子和记录)，1975 年 10 月 29 日。

第三节｜日伪在晋东南及晋南的金融破坏

一、晋东南

……1938年，日军侵入晋城时，银号即衰亡。……

……

……1938年（民国二十七年），阳城县有同顺天、福顺水、福记、泰盛诚、裕源、裕顺祥等20家钱庄。

钱庄和当铺一样，随着日军的入侵而结束。……

……

……1938年日军进犯晋城后，（山西省银行）晋城办事处倒闭。

※ 晋城市志编纂委员会编：《晋城市志》，331～332页，海潮出版社，2000年5月。

二、晋南

民国二十七年（1938年），日军入侵本区后，多数当铺关闭。……

民国二十七年，日军侵占本区后，所有钱庄均经营惨淡，被迫关闭。……

民国二十七年日军侵占本区后（山西省银行运城分行）停办。……

民国二十七年（裕华银行安邑支行）停办。……

民国二十七年，日军侵占运城后（晋绥地方铁路银号运城分号）停办。

※ 运城市地区志编纂委员编：《运城地区志》，621～622页，海潮出版社，1999年10月。

最残酷的是日本帝国主义侵入，地方沦陷，（河东兴业钱局）资产损失殆尽，营业几于停顿。

※ 段子荣、许衣如：《河东兴业钱局》，载《山西文史资料》第八辑。

第十六章 抗日根据地的金融

第一节 | 晋察冀边区的金融

一、晋察冀边区银行的产生与发展

1937 年底，中国共产党领导的八路军一一五师创立了第一个敌后抗日根据地——晋察冀边区。1938 年 1 月在阜平召开边区军政民代表大会，民主选举产生了晋察冀边区行政委员会，同时决定成立晋察冀边区银行。同年 3 月 20 日，晋察冀边区银行总行在山西省五台县石嘴村正式成立。由于战争环境，总行地址时有变化。1938 年秋，总行由石嘴村迁至河北省阜平；1945 年“八一五”之后，总行又移驻张家口市；1946 年 10 月，国民党军队侵犯张家口市，总行又迁回河北省阜平县境。晋察冀边区银行，对于抵制敌伪货币，清理地方杂钞，开展对敌经济斗争，发展边区经济，保证军民供给，支持抗日战争，以及支援人民解放战争，都做出了巨大贡献。

晋察冀边区银行在 1947 年 1 月 20 日以前，除总行受边区政府直接领导外，所有总行以下各级银行，实行垂直领导。为了加强对敌货币斗争的指导，1941 年 5 月 27 日边区行政委员会《关于政府与银行关系的决定》中规定：边区银行的分行、办事处、营业所，除受上级行的领导外，并受同级政府的领导。

人员编制总行设经理，副经理；分行、支行设经理；办事处、营业所设主任。总行经理、副经理和分行经理由边区行政委员会委任，其余银行干部由银行委用或聘请。各级编制，本企业化原则，贯彻精简精神，由总行拟定，报边区执行委员会批准执行。1942 年 8 月边区银行缩编后，总行编制 86 人，各办事处编制 5 至 8 人。总行首任经理关学文，副经理胡作宾。边区银行的干部来源，主要是招考吸收边区优秀青年，进行短期教育与训练，稍通梗概即负工作任务。在工作实践中逐步培养造就了一批在银行业务上日渐熟练的专业干部队伍。晋察冀边区银行的组织机构，随着边区的扩大或缩小而变化，在日本侵略军接连“扫荡”、疯狂破坏根据地的时候，边区银行机构化整为零或临时合

并。1943年初，北岳区只有山阴、代县、崞县、忻县、定襄、阳曲、广灵、平定等县存在营业所，其余改为兑换所或撤销。从1943年到1945年，随着解放区的扩大，边区银行机构也相应地扩大。

※ 山西省地方志编纂委员会：《山西通志·金融志》中华书局，118页，1991年4月版。

(1939年) 10月15日　冀南银行在山西黎城县小寨村正式成立，共有人员100～200人。总行内部按部队编制，设营业、发行、总务三部。发行部和总务部在小寨，营业部在麻田。发行部下设三个印票所，一所在石锁，二所在小寨，三所在窑门口。印刷所设所长和指导员。总行从本日起开始营业，发行冀南银行钞票，简称“冀南币”。因边区内各地区不相统一，故后在冀南币上印有“太行”、“太岳”、“平原”、“鲁西”等字样，分区使用。冀南银行的任务和职责是：整理根据地金融，调剂农村经济，排挤和肃清敌币，扶持生产，发展贸易，繁荣市场，增强抗战力量，为人民利益服务。主要业务：货币发行、存款放款、兑换汇兑、代理金库、经营有价证券、外汇管理、金融市场管理等。冀南银行下设冀南（在垂阳）、太行（在涉县）、太岳（在阳城）3个区行。太行区行下边、又设5个分行：一分行在赞皇（河南）、二分行在左权，下辖平定、襄垣、太谷等11个县支行，三分行在长治，下辖黎城、长治、平顺等6个县支行，四分行在焦作（在河南）；五分行在林县（在河南）。太岳区行下设4个分行；一分行在沁源，下辖灵石、赵城、安泽、长子等9个县支行；二分行在翼城，下辖浮山、沁水、临洪襄等4个县支行；三分行在闻喜，下辖河稷、平陆、夏县等6个县支行；四分行在晋城，下辖高平、阳城、垣曲等4个县支行。总计，冀南银行在山西境内的有40个县支行。冀南银行首任经理高捷成，福建漳州人，第二任经理赖勤，江西泰和人，副经理胡景沄。冀南银行属晋冀鲁豫边区政府直接领导，所属各级银行为双重领导，以地方为主。

※ 中国人民银行山西省分行大事记编写组：《山西金融大事记》，35页，山西人民出版社，1991年3月版。

(1940年) 8月4日　“冀太联办”在涉县东辽城召开冀太区军政民各界金融座谈会。参加的单位有：联办实业处、贸易局、冀南银行等。座谈会讨论推行冀钞，收回“上党票”、“山西第五专署合作社票”及太行、太岳区各县杂钞等问题。座谈会上联办主任杨秀峰报告开会意义，联办副主任戎伍胜作《活泼金融与整理货币问题》的报告，提出巩固冀钞的10条措施：1. 缩小编制，减少开支，厉行节约；2. 整理地方财政，实行“三一制”；3. 实行五行（冀南、北海、晋察冀、晋西北农民、陕甘宁光华）通汇；4. 保护法币；5. 奖励存款，存款利率提到八厘，贷款一分；6. 组织商业联合会，结成经济战线；7. 加强贸易合作事业的领导；8. 冀南银行设立代办所，由金库或委托商店代办兑换破币，辨别真伪，兑换法币；9. 统一货币，整顿杂钞，打击伪钞，10. 政府保证投资和贷款的用途，违者依法办理。座谈会后，边区政府发出布告，按七折比例收回上党银号钞票，凡持有该票者，可向冀南银行兑换冀南币。

※ 中国人民银行山西省分行大事记编写组：《山西金融大事记》，37 页，山西人民出版社，1991 年 3 月版。

二、晋察冀边区银行的货币斗争

晋察冀边区，是中国共产党领导下的主要抗日民主革命根据地之一。它创建于 1937 年，包括山西、河北、察哈尔、热河、辽宁五省的各一部。面积八十万平方里。在行政上，初划为北岳、冀中、冀热辽三个区，1945 年后改划为冀东、冀中、冀晋、冀察四个战略区。1945 年所辖县发展到一百一十六个，人口三千二百万。

晋察冀边区银行的活动地域与晋察冀边区的区域相一致。

晋察冀边区银行未成立之前，边区市场上已有各色各样的土杂币和敌对货币在流通。在山西省内流通的有河北钞、晋钞、山西土货券、五台县银号票、现洋、法币以及日本币、蒙疆券等。边区银行成立后不久，日本侵略者为实现所谓“以战养战”的目的，于 1938 年 11 月收回日本币，改以军用票大量发行。同年在北平成立伪中国联合准备银行，1941 年在南京设立伪中央储备银行，滥发中储券和联银券。

敌人为了在华北推行蒙疆券、联银券和军用票，对法币实行疯狂的排挤与打击。敌伪曾宣传自 1939 年 6 月起，禁止印有南方地名的法币在华北流通，并在 1938 年 7 月和 1939 年 2 月宣布法币贬值 10% 和 30%；在开封还规定人民不得持有法币；持有法币 60 元以上者处死刑。日寇不择手段，利用各种渠道和机会，集中大量法币，套取我国外汇。自 1941 年 12 月 8 日太平洋战争爆发以后，国际贸易已经停顿，利用法币套取我国外汇基金已经不太可能，又转向我边区吸收物资。同时由于战争的发展和变化，边区地域时大时小，伪币也侵入了边区境内市场。形成了尖锐复杂的货币斗争形势。

坐落在五台县石嘴村的晋察冀边区银行旧址

（一）对敌伪货币的斗争

1. 对土杂钞的斗争

各种土杂钞是在边区银行成立以前，由各地的政权机关、社会团体、金融机构、军阀、地主、豪绅、富商等发行的钞票，种类复杂，名目繁多。它们的流通，不仅使少数人发财，大多数群众遭殃，而且扰乱金融，破坏市场，对边区生产事业的发展和人民生活危害甚大。边区银行成立以后，通过宣传教育群众，行政命令禁止流通；勒令发行者限期收回；由边区银行收兑等措施，用“先贬值后停用”的办法，先发制人打击土杂钞。1938 年 5 月禁止河北五元钞（大红袍）流通；1939 年 1 月停用保商银行的钞票；

1939 年 5 月停用平津杂钞，至 1940 年初边区将各种土杂票大体上肃清。与此同时，晋察冀边区银行钞票即边币独占市场，成为本边区内唯一的本位币。

2. 对伪蒙疆币的斗争

伪蒙疆币是伪蒙古政府的“蒙疆银行”所发行的纸币。这项纸币自 1940 到 1945 年 8 月解放时为止，其发行额达 37 亿余元（如果加上库存 3 亿元，损耗 2 亿元，共为 42 亿余元）。……

3. 对伪联银券的斗争

伪联银券是北平汉奸政权于 1938 年 3 月 10 日设立“中国联合准备银行”时发行的钞票。当边区银行成立并发行自己的钞票——边币后，旋即明令严禁伪联银券在边区内流通。一般干部只从政治上认识联银券是“汉奸票”，不愿接受它。但边区与敌占区接壤毗邻，边区人民群众与敌占区人民群众在日常生活上和经济往来上都有着千丝万缕的关系，他们不可能不使用和接受伪联银券。同时随着各种土杂票的肃清，对伪联银券只用思想教育和行政手段硬打，反而愈打愈同人民群众对立，愈打愈对边区不利。自 1940 年 2 月宣布停止法币在边区市场流通后，边币已经独占市场，敌我贸易之间中间货币已消灭。自此，边币与伪联银券的斗争更加激烈复杂，一面继续运用政治力量来打击它，一面又运用边区的经济力量同它往来，在往来中同它作斗争。这样，边区边币对伪联券的斗争进入了一个新的阶段，货币形式的斗争已经不占主要地位，货币斗争采取了通过贸易往来的诸如汇票打击等多种多样的形式，虽有时而伪联银券对边币贴水，时而边币对伪联银券贴水，时而平值的现象，但从各个时期各个地区来综观，伪联银券一般都对边币贴水。……

4. 对法币的斗争

法币是蒋、宋、孔、陈四大家族控制的中、中、交、农四银行发行的钞票。对于这些钞票的斗争可分为三个阶段：第一阶段是从 1938 年 3 月至 1940 年 2 月。在这一时期内，法币仍是市场上的良币，边币与它携手做朋友，不仅准其流通，同时予以保护，以免流入敌寇之手，套取我国外汇。第二个阶段是 1940 年 2 月至 1941 年 12 月。在这个时期内，边区政府为了堵塞法币流向沦陷区的各种渠道，打破日寇所谓“以战养战”的黄粱美梦，进一步采取有效手段以保护法币。于 1940 年 2 月宣布停止法币在边区市场上流通，边区银行仍收受法币。第三阶段是 1941 年 12 月 8 日以后到 1948 年。在这一阶段中，由于太平洋战争爆发，国际贸易停顿，日本侵略者已不再能利用法币套取我国外汇。于是，对边区一改过去的倾销政策为严密封锁政策，集中大量法币贬值至一毛两毛，向边区推行，抢购边区物资。在这种情况下，边区政府为了保持边区的物资力量，不得已在边区内禁止法币流通，银行亦予停兑。……

5. 对白洋的斗争

晋察冀边区政府对白洋的政策，几经变动——四次打击，两次解禁。但收效甚微，一直未被禁绝。

晋察冀边区政府在 1942 年 5 月以前，对白洋一直实行禁用政策，无论巩固区、游击区都是一样。当时广灵伪钞较多，边币在灵邱南山一带起辅币作用，白洋在市场上是主要通货。根据1941年对灵邱王家店铺五天营业总额的调查，其中白洋四十多（元），边币仅仅十八元。在此种情况下，白洋禁用结果，物物交换占70%，商品作价仍以白洋为准，政府用边币买不到粮食，商店购粮任务无法完成。

1942年5月以后，边区行政委员会指示对白洋问题采取不没收政策，准许白洋在晋东北、雁北流通，冀北可以携带白洋到晋东北、雁北买货。这时，公营商店售货只收边币，不收白洋。由于老百姓拿白洋到公营商店买不到东西，公家没有白洋，也买不到粮食。结果白洋由北而南，由外而内向边区蚕食。直到1944年春，再行打击白洋。在巩固的地区，禁止白洋流通。在应县、灵邱部分地区准予携带，但不准流通，由商店代理兑换，比值规定为九十元，兑入兑出平价，实行以白洋打击白洋的政策。到1944年8月把兑换所、商店、儿童团都动员起来，查禁白洋流通，并用调甲地白洋打击乙地白洋的办法。当时在繁峙神堂堡的比值为五十至八十元，结果白洋兑出万余元，价格仍未压低，用白洋来打击白洋不能奏效。……

6. 打击金银投机倒把活动

边区政府为平稳物价，保证人民生活不受区外金融波动的影响，对于边区内奸商贪图厚利的金银投机倒把活动实行严厉打击。在边区以内禁止金银（金条、金块、金叶、砂金等）、纯金首饰（随身自有者除外）、生银（银条、银块、元宝等）和银元的交易或出口。如有私自买卖者一经查获，即予没收。金银首饰业，除经营本店制作之金银饰品外，禁止其它金银买卖。群众可保存金银。迁居携带须持政府证明，如需出卖，可到银行出售。在当时的情况下，虽然政府有严格的规定和禁令，倒贩金银者受到一定的限制和打击。但在区外金融波动时，仍有少数奸商暗中作乱。对此，一经查出即以扰乱金融论罪。

……

（二）对敌货币斗争的方法

晋察冀边区对敌货币斗争的方法是多方面的，除了在群众中进行思想教育，实行自觉抵制和运用政治力量实行禁止、取缔、没收、贬值使用及处罚外，还运用社会舆论和经济力量，使用经济方法进行斗争。这些办法主要是：

1. 实行外汇管理

就要把敌伪币及敌伪票据当作“外汇”来进行管理和运用。早在1942年5月以前，边区政府就提出，我们的斗争方针是：打击伪钞，并巧妙地利用伪币套取敌伪掌握下的物资，调节边区市场，保证边区军民必需品的供给。

1939年晋察冀边区银行票

……

3. 利用市场的组织和活动，直接打击敌伪货币、维护本币

这个办法就是规定在商店只能接受本

币，不接受敌伪货币，使它无法辗转流通；只用本币完税和结算；钻进敌占区去掌握一部分包商，暗中推行本币，争取本币潜伏流通。或者设立地下汇兑机构，争取掌握由敌占区汇入边区的汇款，以增加边区的外汇资金，在北平及天津等地，都这样做过。在新区，边区银行贷款给小商贩，要他只收受本币，以提高本币的信用和价值。

4. 设立兑换所

主要是在边区贸易口境设立兑换所，以兑换伪联银券、法币、金银以及残破本币。一可达到肃清敌伪货币在边区的流通，二可集中掌握大量敌伪货币，以供向敌区采购必需物资之用，还可以利用牌价来压低敌伪货币对本币的比值，提高本币的价值和信用。

5. 利用社会舆论来打击伪钞信用

1943 年初，敌伪拟以伪中央储备票代替伪联银券，我边区得悉后即放出消息，使伪钞信用起了很大的波动，伪联银券价格骤然下跌。……

……

7. 利用伪钞吸收敌占区的商品

这主要是从统累税的征收工作与银行贸易密切联系起来进行，借以达到从打击中掌握利用伪钞，又从掌握利用中来打击伪钞。……

※ 张如禄：《晋察冀边区银行概略》，载《山西金融研究》1982 年增刊（金融志史料专辑［1］），15～22 页。

第二节｜晋冀鲁豫边区的金融

一、上党银号

1937 年 10 月 29 日，薄一波同志率山西青年抗敌决死队一部到沁县后，坚持在统一战线中独立自主的原则，大力宣传抗日救亡，深入发动群众，迅速打开局面，配合中共太岳特委创建了太岳抗日根据地。

1938 年夏，国民政府断绝了八路军的经费供给。为巩固和发展抗日根据地，活跃金融，繁荣市场，保证抗日救国的顺利进行，薄一波任专员的山西第三行政专员公署决定成立上党银号。

一、成立与发展

1938 年 8 月，三专署筹办上党银号。旋即上党银号在沁县南沟村成立，不久迁到郭村，以刘生旺院为号址。经理由薄一波兼任，副经理为侯振亚，王贺五为管理，王干卿为副管理。内部设会计股、发行股和总务股。共 20 余人。配备有长短枪 14 支，骡马 6 匹，铁皮保险柜 1 个。

1938 年冬，又设立了长治分号、辽县分号和沁县分号。

工作人员享受部队供给制待遇，着军装，月津贴每人5元，生活略高于部队。1937年，沁县城内广济生药店从太原同仁书店购回石印机（手摇式）用来印名片、信纸等，这台石印机最大宽幅为16开。三专署来沁县后，接受了这架石印机，又把沁县城南街文华斋文具店的小石印机也买来，还从晋城、运城买回3台，在沁县南沟成立了印刷厂。印刷厂属专署秘书处直接领导。厂长高道杰，下设制版、印刷、装订、总务、采购等机构。开始有30余人，以后发展到60余人。上党银号开办后，印刷厂除印制钞票外，还印刷文件、表格、宣传品、小报等。日本侵略军于1938年7月向晋东南地区进行九路围攻，印刷厂搬到沁源城关镇李家庄村所属的塔则沟。

上党票是1938年秋天开始印制的，银号副管理王干卿专门住厂负责此事。上党票的面额分伍元（红版）、壹元（蓝版）、伍角、贰角、壹角5种。

双面印有“上党银号”4个篆字及经理、副经理章。印好后由骡驮和人担运回总号，经过清点验收，加盖骑缝印，始能发行使用。印上党票用的纸（为80磅模造道林纸）以及硝酸、印油等材料都是从太原购买。

技术人员是从榆次专门招募来的，工资待遇高，每人每月12元。工人每月8元，按工种技术定级。厂房是老百姓的房子。人员根据工作需要随时调整。上党票于1939年10月停止印刷。

1939年夏，日本侵略军占领沁县城后，上党银号从郭村先后转移到沁县北马服、圣王沟、北集、李家沟一带。辽县分号初设于辽县城内，后因日本侵略军进攻，随县政府转移到东、西黄庄，以后又转驻麻田村。同年日军秋季“大扫荡”，沁县分号被打散；上党银号随领导机关转移，至沁源李城村附近的红石崖沟与日军遭遇，帐簿资料尽失。冀南银行成立后，上党银号并入冀南银行。

由于根据地惨遭敌寇“扫荡”，价格跌落，上党票流通区域逐渐缩小。

1940年7月7日由三、五专署改组成的太北专区财经扩大会议决定：“将上党票以田赋、税收和向冀南银行借款的办法，按七折兑换收回。”冀南、太行、太岳行政联合办事处成立后，又于1941年2月8日布告重申收回上党银号币。上党票前后共收回焚毁二次。据《新华日报》（华北版）1942年1月3日报道：“已收回的上党银号币110万元，分别在武乡和辽县，在军民代表监视下当众焚毁。”

上党银号存在近两年时间，最后以并入冀南银行而宣告结束。

※ 山西省地方志编纂委员会：《山西通志·金融志》，99～100页，中华书局，1991年4月。

二、冀南银行及其货币斗争

晋冀鲁豫抗日革命根据地，即晋冀鲁豫边区，是抗日战争时期中国共产党领导的敌后抗日革命根据地之一。位于同蒲路以东，津浦路以西，陇海路以北，正太（今石太）、德石路以南的广大地区。面积约六十万九千平方里，人口二千五百余万。

冀南银行，又叫晋冀鲁豫边区银行。

冀南银行初成立时，在太行区和冀南区同时建立机构。在太行区的机构设在山西省黎城县西井村，受八路军总后勤部领导，称路西行，即冀南银行总行。在冀南区的机构，设在河北省垂杨，由冀南行政主任公署领导，称路东行。为了对外，当时把路东行也称冀南银行总行。1943 年，路东行改称冀南区行，受冀南银行总行领导。同时在太岳区设立了太岳区行。嗣后，在太行区先后设立了五个分行，称第一、二、三、四、五分行。在太岳区成立了第一、二、三、四分行。冀南区设立了第一、二、三、四、五、六分行。

冀南银行的创建地黎城县小寨村

1940 年五六月间，在冀南区和冀鲁豫区先后设立了县一级的银行机构，初称办事处，后改称县支行。自此，冀南银行的机构设置业已完备，即分为：总行、区行、分行、支行四级管理。后因边区各项经济事业的发展及对敌经济斗争的需要，在支行以下，又设置了兑换所。

（一）整理土杂钞

各种土票杂钞（简称“土杂钞”），是在抗日战争发生以前和抗战初期，由各地方政权机关、社会团体、金融机构、大小军阀、地主、豪绅、富商等发行的纸币。这些纸币，种类复杂，名目繁多，有本位币，也有辅币。它们在晋冀鲁豫边区各地尽均有程度不同的流通。土杂币的行使，不仅使少数奸商发财，多数人遭殃，而且扰乱边区金融，破坏边区市场，阻碍边区生产事业的发展。为害甚大。所以，当冀南银行成立发行冀南币之后，首先就对土杂钞进行整理。在边区党和政府的统一领导下，边区各地区，根据本地区的情况，通过宣传教育、行政命令禁止、勒令发行者限期收回、由冀南银行收兑等措施，于 1941 年便将其全部肃清。

（二）对法币的斗争

法币是国民党政权于 1935 年 11 月实行法币政策时，由中、中、交、农四银行发行的钞票。对这类钞票的斗争，在战略和策略上采取从保护法币到禁用法币最后至消灭法币。

1940 年以前，可谓维持法币时期。冀南行政主任公署在 1940 年曾出布告维持法币，号召老百姓对于残破不严重的法币仍继续使用。（胡景石：《论金融战》，载于冀南银行总行印行的《银行生活》第四期，1940 年 10 月 15 日）在这一时期由于抗日民族统一战线的建立和日寇大量利用法币来套取我国外汇，为免边区内法币流入日寇之手，为日寇所利用，曾颁布冀南太行太岳区保护法币暂行条例，控制法币出境。

1940 年底起，到抗日战争胜利后的 1946 年止，为第二时期。由于蒋介石国民党“消极抗日、积极反共”的丑恶面目日渐暴露，于 1940 年 11 月 20 日冀太联办颁布《保护与兑换法币暂行办法》，规定：

……

二、凡本区内一切交易，一律以冀南银行钞票（以下简称冀钞）为本位币，如携有法币者，须向冀南银行或其分行、办事处或委托之代办机关换成冀钞行使之。

三、私人收藏之法币或向政府缴纳税款非用以交易者，不受前条之限制，并不得干涉。

四、凡商民购买本区必需品，或因公必须行使法币时，须具呈请书及保证书（机关团体部队不用保证书），经指定机关核准后方得兑换。

……

继后，于1940年12月中旬冀太联办召开的第一次专员、县长会议上对法币问题进行了进一步的研究，并明确规定：①敌后抗日区内市场交易绝对禁止行使法币；②抗日区内法币不准随便流出外地；③凡持有法币进行交易者，必须遵照政府法令与布告，特向各级财政科、金库、银行、贸易局兑换冀钞方能行使（私人保存法币不加干涉，我们要动员保存法币者自动兑换冀钞、存放或投资工商业）。……并限定中央、中国、交通、中国农民四银行钞票之完整者，按原值（票额）二元对一元兑换本位币。这次会议还明确指出，保护法币，禁止现金行使的目的系主要在控制法币，禁止现金流入敌手。如听任法币大批流入敌手，敌人即用此套取外汇啄我物资，乱我市场，打我本币……挽救他的危机。（冀南银行档案）

因战争原因……更由于国民党反动派掀起了第二次反共高潮，“皖南事变”的发生，太平洋问题的紧张和美、英、澳对敌人某些禁运，敌人夺取外汇的作用减少。冀太联办于1941年4月17日发出指示，除吸收与兑换仍须依旧执行外，不强调保护法币，甚或不再提出保护之口号，惟须加强限制其流通，改以法币作冀钞基金为冀钞以全区的生产品和全区总收入及硬币与生金银为基金。（《太行区银行工商工作参考资料》第一编，第三集，第2页）1941年12月8日太平洋战争爆发后，尤以滇缅路被切断后，我国国际交通被阻，法币国际外汇不通，日寇在华北采取摧毁法币政策，向边区倾销法币，吸收物资。于是自1942年6月起，边区政府规定，凡政府正式收款不收法币。并开始将其五～六折兑收。时至1942年8月，冀南银行总行指示各地银行要创造条件将法币推销排挤出境。至此，对法币的斗争激烈起来。

……

（三）打击伪币

侵入边区市场的敌伪货币主要是伪联币。

伪联币是北平汉奸政权于1938年3月10日设立伪“中国联合准备银行”时发行的钞票。1941年底，其在太原、临汾、运城、潞城等四处设立了分行大量发行伪联币，并侵入边区流通。对这种货币，主要是运用政治力量硬打。晋冀鲁豫边区曾公布“打击伪联合准备银行币的具体办法”。但由于边区和沦陷区接壤，接壤地带两区人民在生活上和经济上不可能没有联系，因此，除硬打外，辅之以运用经济力量在同它往来中作斗争，一直到抗战胜利。通过掌握粮食，制造伪钞粮价高涨，维持冀钞粮价稳定，统制贸易，

掌握外汇，实行对外贸易的冀钞本位；在游击区、敌占区建立兑换所，发展敌占区以冀钞为本位的线条把冀钞打入到敌占区，公开买货暗地交钱，建立以冀钞为主的混合市场等各种方法把伪钞驱逐出境，推到敌人据点里去，扩大冀钞流通范围。在1940年1月冀钞一元可换得伪联币一元二角，到1945年8月日寇投降时，冀钞一元可换得伪联币十五元。

（四）反假票斗争

冀南银行成立发行冀钞之后不久，敌人就伪造和推行假冀南银行票，企图以此来捣乱边区金融，掠夺边区物资，破坏边区经济建设，削弱边区军事实力。

1. 敌人伪造和推行假票的情况

1940年底，日寇从武汉回师华北，对解放区进行所谓“年关扫荡”，同时实行经济的分割和封锁，企图困死解放区军民。这时，在冀南分区便出现了大量的冀钞五元券的假票，到1941年，假票更多地出现于平汉路以西一带，波及地区更为广阔，太行区也出现了五元、二元、一元的冀南币假票。1942年秋收以后，边区出口物资大为增加，本币的价值大为提高，引起敌人更大的仇视。于是他们就制造推行更多的冀钞假票，在冀南分区的大名县以南，假票竟达到市场货币流通量的百分之七十以上，其中五角券大部分是假的。1943年以后，日寇推行假票的阴谋越来越恶毒，他们在边区周围遍设印制推行假票的机关，而且年年改用新版。到日寇投降的时候，假票的种类有二三十种之多，印制的机关不下十几处。据当时知道的，就有天津、石家庄、太原、安阳、徐州、集宁、新乡、开封、济南、邢台、邯郸、武安十二处。当日寇投降，中国人民解放军收复武安的时候，南关的“金盛书店”的石印机子上，还现有本币二元券的假票模样，未曾擦掉。（冀南银行档案）

……

2. 敌人推行假票的方法

敌人推行假票，挖空心思，无孔不入，诡计多端，狡猾异常，其方法是多种多样的。已发现者主要有：（1）公开地把假票贱价售给钱贩子或零星小商贩，由他们用各种欺骗手段到边区推行；（2）利用汉奸、奸商、特务到边区去购买物资，乘机推行；（3）有计划地直接派遣汉奸、特务，打入边区，秘密推行；（4）使用强迫手段，把假票摊派给老百姓兑换，指定每个村兑换多少，按什么比价去兑，并有意识地给老百姓一些小便宜，促使他们把兑得的假票到解放区推行。有的老百姓由于有高度的爱国热忱和阶级觉悟，兑得假票后，却不拿到解放区推行，而交给抗日区公所登记；（5）用发放伪军军饷和优待伪军家属的办法来推行假票；（6）利用战争的机会来推行假票。敌人的军事力量到达哪里，哪里就出现假票。这是常用的一种办法。（龙一飞：《中国现代

1945年的冀南银行票

金融史》，第128页）

3. 反假票斗争的方法

假票活动对边区的危害性很大，各地区一经发现假票，就迎头痛击，将它消灭。斗争方法，举其要者有：（1）动员群众一起参加反假票斗争，干部学会识假票，教会群众认假票，大家都来查假票；（2）广泛建立“假票识别所”、“识别小组”。冀南银行一分行在1943年上半年就设立了三十五个；（3）实行集中交易、集中点款的办法。把一切交易都集中在指定的场所进行，由交易员介绍成交，负责点款；（4）在边沿地带和游击区，甚至在敌后，进行严密的检查和查缉，以堵塞假票向解放区流入的道路；（5）发现假票，就迅速追根究底，使假票犯无法藏隐；（6）明定奖励办法，破获假票案的出力人员得到一定奖励。这些方法都是当时行之有效的，都一次次地击败了敌人的假票攻势。保证了边区的金融稳定和生产的发展。

（五）金银管理

晋冀鲁豫边区政府实行禁止白洋流通和金银私自买卖的政策，规定边区内地白银之买卖，一律由银行经营，所有其他一切公私商店、机关、团体均不得私自进行白银买卖。至于白银之出口，必须携带边区银行统一白银出口证始可通行。非此皆以走私论罪。

白洋或金银首饰，允许私人保存或饰用，如愿向银行兑换者，得按规定价格兑给冀钞。不愿兑换者，任其自便，但如用硬币在市面行使，一经查获，即行没收。

※ 张如禄：《冀南区银行概况》，载《山西金融研究》1983年增刊（金融志史料专辑［2］）。

三、晋冀鲁豫边区的农村信用合作社

（一）信用合作社工作的开展

随着晋冀鲁豫边区各抗日民主革命政权的建立，减租减息、合理负担政策的实施，地主和高利贷对广大农民的残酷剥削受到了限制和削弱。他们在这种情况下，便采取了消极抵抗的办法：一是明减暗不减；二是将高利贷资本隐藏起来，拒不出贷。同时，由于有一些群众对抗日民主革命政府的政策不了解，农民间的自由借贷也大为减少，农村中出现了金融死滞的状况。当时，冀南银行又刚成立不久，在广大农村的银行机构又很少，在农村中发放的一些贷款，远不能满足广大翻身农民发展生产和生活困难的资金需要。

抗日民主革命政府，为了更有效地同地主高利贷开展经济斗争，打击他们的不法活动，调动更多的资金，活泼农村金融，发展农村的各项生产事业，支援抗日战争，便开始在广大农村中建立农民自己的信用组织——“农民低利借贷所”。

但是，“农民低利借贷所”在建立时，发动和依靠群众筹集资金不够；在物价上涨，货币贬值的时候，又对如何解决赔累问题缺乏经验；冀南银行各地的机构又都成立不久，力量有限，在业务上对其扶持与指导不够，加之日寇的破坏、“扫荡”，“农民低利借贷所”存在没有多久便夭折了。可是，组织和建立农民自己的信用组织工作，并没有因为

“农民低利借贷所”的夭折而中止。在党的领导下，不断摸索，总结经验。于 1945 年 7 月 13 日，太行区的第一个农村信用合作社——屯留县罗村信用合作社，在原医药社的基础上筹办成立了。

（二）农村信用合作社的发展

早在 1939 年，太行区就有“农民低利借贷所”五百七十七个，资金额达二十二万三千七百三十四元之多。后来虽然夭折了，但它为农村信用合作社的产生开辟了途径，总结了经验。罗村信用合作社的成立，改变了 1939 年借贷所时期单纯用行政手段筹措资金的方法，采用动员和依靠广大农民群众集股入社的办法筹集信用合作社资金。这就使得农村信用合作社不仅有了广泛的群众基础，而且农民成了信用合作社的主人。罗村信用合作社初成立时，就筹集股金九万四千元。

※ 张如禄：《冀南区银行概况》，载《山西金融研究》1983 年增刊（金融志史料专辑［2］）。

革命根据地的信用合作事业

……

在晋冀豫边区，实行了减租减息合理负担政策，地主高利贷对广大农民的残酷剥削受到了限制和削弱。抗日民主政府为了进一步同地主高利贷作斗争，打击他们的不法活动，调动更多的资金，活泼农村金融，在广大农村中建立了农民自己的信用组织——农民低利借贷所。以后，又发展成为农村信用合作社。1945 年 5 月冀南银行总行提出“通过放款工作逐步扶植合作社的信用业务，恢复群众的借贷关系，以活泼农村经济”的方针。同年 7 月 13 日，太岳区第一个农村信用合作社——屯留县罗村信用合作社，在原医药社的基础上筹办成立。

罗村信用合作社的成立，改变了 1939 年低利借贷所时期单纯用行政手段筹措资金的方法，采用动员广大农民群众集股入社的办法筹集信用合作社资金。这样农村信用合作社就有了广泛的群众基础，农民成了信用合作社的主人。罗村信用合作社初成立时，筹集股金 94000 元，同时，得到了冀南银行的帮助和支持。1945 年 10 月成立的沁源县李城镇供销合作社信用部，除集股 4 万元外，又得到银行贷款 25000 元，充实了信用部的资金力量。紧接着又于 1945 年底至 1946 年春，在阳城、沁源等县先后组织起 19 个信用合作社（部）。这种形式的信用合作社（部）有着广泛的群众基础，农民群众拥护，入股者关心。

冀南银行总行在 1946 年 8 月召开的各区行经理会议上，专门对农村信用合作社工作做了全面总结，决定采取两种办法在全边区广泛开展这项工作。①由冀南银行拨出一定资金，委派可靠人员，给以一定的方便和利益，到农村去组织农村信用代办所，开展群众性的存放款业务，有计划有步骤地组织群众入股，把代办所逐步转变为农民群众自己的信用合作社。②冀南银行委托当地信用好、在群众中有威望的商号代办农村信用业务，吸收群众资金，再视工作情况有计划地转变为信用合作社。

太行区的做法是：①在组织冬季生产中，发现群众的资金要求，启发其组织游资，引导在供销合作社内设立信用部，银行以类似往来透支方式贷款给予支持；②将银行贷款转为信用合作社（部）贷款，信用合作社获得利差；③鼓励动员合作社员集股成立信用部；④在没有合作社的地区动员群众集体成立信用合作社，使其自下而上组建，由小而大发展。这样就使边区的村信用合作社组织进入了一个新的发展时期。据统计，太行区在 1946 年底新建信用社（部）58 个，股金达 11813455 元，至 1947 年元月底，太行区和太岳区的信用合作社（部）就发展到 654 个。壶关县百尺信用社后来成为山西省信用合作社的一面红旗。

农村信用合作社是农民自己的经济互助组织，受基层政府的领导，组织精干，一般有一至二人，专门办理存放业务，存款有息，贷款付利。存款分农民待用款、妇女儿童体己钱活期储蓄存款和实物定期存款 3 种。贷款期限分 1 个月、3 个月、6 个月 3 种，也有规定夏借秋还者，各地不一。同时还为冀南银行经办一部分收、放款业务。

据 1946 年 6 月底的统计，黎城县 35 个合作社的资金和存款共有 2749 万元，为县银行资金的 85%，共发放贷款 3483 万元。

在抗日战争和解放战争时期，农村信用合作社通过自己的业务活动，活泼了农村金融，活跃了农村贸易，对帮助农民群众解决生活和生产上的困难及打击地主高利贷的活动发挥了很大的作用，受到群众的支持和拥护。

在晋察冀边区，随着减租减息运动的开展，边区广大贫苦农民不仅在经济上得到了好处，而且在政治思想上提高了觉悟，生产热情高涨，积极支援抗日战争。但是，在另一方面，一些地主高利贷者则采取隐集资本拒不出贷等手段与人民对抗。在这种情形下，边区广大农村开始出现了贫苦农民互助互济的新型借贷关系。边区政府针对这种情况，及时颁布《边区合作社暂行规程》，对群众中自生自长起来的各种形式的生产、运销、互助互济等新型经济组织予以肯定和保护。至 1942 年 5 月 1 日，边区政府正式颁布《晋察冀边区合作社组织条例》把减租减息运动引向深入。这是边区党和政府为改善边区人民生活，团结各阶层人民，加强对敌经济斗争的有力措施，深得各阶层，特别是广大贫苦农民的拥护。各种形式的合作社在和不法地主高利贷及对敌经济斗争中不断发展壮大。经营存贷业务的合作社即是信用合作社，凡边区一切抗日人民不分民族、阶级、性别、年龄、职业，有 7 人以上并代表 7 户之社员，报请政府登记均可成立。入社自愿，退社自由，入社社员至少须认购股金 1 股，最多不得超过股金定额的二分之一，每股金额至少边币 5 角。

社员大会为信用合作社之权力机构，设主席 1 人，由社员选举产生，任期半年。理事会为信用合作社之执行机关，设理事长 1 人，由主席兼任，理事至少 2 人，由社员民主选举产生。理事会违章行事致使信用合作社受到损害时，须负赔偿之责。

信用合作社的主要业务是经营社员、非社员的各种生产、生活贷款和吸收各种储蓄存款。

信用合作社实行社员、非社员存贷利率有别的原则。如贷粮，社员贷粮年利一分，非社员贷粮月利一分；存粮，是社员者月利一分，非社员者年利一分。

信用合作社始终得到边区银行的支持和帮助，边区银行的一部分农贷业务也交给信用合作社代为办理。

抗日战争胜利后，随着土地改革运动的进行，信用合作社也有了进一步的发展。它一直保持着组织上的群众性、管理上的民主性和经营上的灵活性，深得广大农民拥护，且在繁荣农村市场，活跃金融，促进生产，改善人民生活，支援革命战争等方面做出了积极的贡献。

由于物价上涨，信用社未能巩固下来，尽管如此，它们为新中国建立后农村信用合作社的大发展提供了宝贵的经验。

※ 山西省地方志编纂委员会：《山西通志·金融志》，144～146页，中华书局，1991年4月。

在1940年"时事问题研究会"编写的《抗战中的中国经济》一书里有这样一段论述："我们在武乡县调查了十个村子，79户人家，债144起，每户借钱最多三起，十元以下的有55起，其余，为十元以上，借债者大多是贫苦农民，因天灾、婚丧、疾病等意外事故而向富户借款。以借款作资本来从事生产者很少。这也就说明了为什么利息那么大，因为不是用来生产而是救急，救急就不管利息的大小了。另一方面，武乡地主出外经商的很少，大都把钱投在本地……"在这144起债务中，月利最高的是一角五分（即15分）。至于借粮食，则高到春借一斗秋还一石。144起债务中有抵押品的101起。借钱之所以以土地抵押为最普遍，其原因就是因为债主目的是以高利贷来兼并土地。×村46起中，现在土地被地主没收了的有23起。天主教堂放债的也不少，年利二分，也同样实行兼并土地。这一带债务多不写限期，普遍惯例为一年，一年未交息，在惊蛰节地主就可到你田里堆一堆土，土地即算被没收，债主目的也就达到了。而最可怕的是利滚利，×村债务46起，利滚利竟占36起，有一个姓杨的借债120元埋葬母亲，结果，腊月二十七被没收了一处院子、13亩地，另给做长工十二年，至今还负债40元。"在此144起债务中，民国二十年前的有83起，以后就少了。据说是受了民国二十年省钞贬值的影响，债务关系也一年年减少。144起债务中，抗战后的不过9起，这一方面是受战争影响，一方面也是因为合理负担，富户都不敢表示有钱。"根据以上材料，就更有力地说明了高利贷剥削在我省农村是如何猖獗了。

※ 中共山西省委调查研究室：《山西省经济资料》第四分册，128～129页，山西人民出版社，1963年。

1938年，本县农村根据地以行政村为单位，号召群众投资入股办信用合作社，解决农村借贷困难。

※ 襄垣县志编纂委员会：《襄垣县志》。

第三节｜晋绥边区的金融

一、兴县农民银行

一、西北农民银行的前身——兴县农民银行

1937 年 9 月，刘少白（共产党员，公开身份是开明士绅）根据党的指示和抗日战争的需要，以战地总动员委员会的名义创办兴县农民银行，地点设在兴县城内孙府前面的一个院子里。初建时工作人员仅有保管、出纳、总务、会计等 6 人，另有 3 名警卫，保卫安全。

资金来源：动员全兴县 100 多家富户，捐献资金，最低 100 元，多者不限。杨家坡一家地主，将房地产全部捐出，价值 15000 元；牛友兰捐献 3 万元；刘少白也捐献了一部分资金。共计有资金 6 万元。

首次董事会在孙家大院召开，参加会议的有牛友兰、刘训三、刘少白、张干丞、朱哲人等。

由于这个银行业务的主要对象是农民，因之定名为兴县农民银行。

银行建立后，发行兴县农民银行币，从 1937 年 10 月至次年先后发行 3 次，共计 15 万元。票面有壹角、贰角及壹元等。

这些纸币的特点是：票面值小，流通方便，币值稳定，随着阎锡山山西省银行发行的大小“花脸”票的不断贬值，人民群众争相兑换兴县农民银行币。农币在边区建立了巩固的信用。不仅在兴县可以流通，而且在临县、岚县、保德一带也广为流通。不仅八路军使用它，阎军、东北军也使用它。

兴县农民银行得到了开创晋西北抗日根据地的八路军一二〇师的支持，其资金的使用，也突出地体现了战时的特点。所有资金的 80% 用于一二〇师军需款项。

兴县农民银行职工的待遇是很低的。银行初创时，一律不发工资，每人每月只有 2 元伙食费；1938 年以后，才增加为月薪 8 元；经理也只有 15 元。

1938 年 2 月，日军进行“扫荡”，形势相当紧张，兴县农民银行全体职工连夜清点银元、钞票，整理帐簿、表册，登记打包，将全部资产装入七九子弹箱伪装押送出城，转移到距城 90 里的东山牺盟会区长王直家里。在兴县农民银行刚刚离开县城，一股日军袭来，情况危急，八路军当即派遣了保安大队一个连，将它击溃，保护了人民生命财产的安全。20 天后，银行又搬回了兴县城，直至 29 年改为西北农民银行。

※ 山西省地方志编纂委员会：《山西通志 · 金融志》，130 ~ 131 页，中华书局，1991 年 4 月。

二、西北农民银行及其货币斗争

晋绥边区是抗日战争时期我党在华北敌后创建的四大根据地之一。它北起大青山，到达绥远的百灵庙，察哈尔的商都，和蒙古的大草原接壤，南经吕梁山脉，伸延到晋南平原，和晋冀鲁豫边区相连；东至同蒲铁路，紧邻晋察冀边区，西靠黄河，与陕甘宁边区相依。全境南北纵长二千余里，东西横广近五百里，包括山西同蒲铁路以西的大部，绥远黄河以东的全部，它在战略位置上是党中央所在地陕甘宁边区的一面屏障，是全国各个抗日根据地同党中央联系的唯一交通枢纽。1937 年冬，八路军一二〇师在贺龙、关向应同志的率领下进入晋西北地区，发动群众、开展游击战，创立了晋西北抗日根据地。1938 年 8 月李井泉支队挺进绥远，开辟了大青山地区，从而奠定了晋绥边区的基础。晋绥边区的山西部分，辖有四个分区及两个直属县，共二十三个县，计为：五寨分区——辖河曲、保德、五寨、神池、偏关、岢岚六县。离石分区——辖临县、离石、中阳、方山四县。雁北分区——辖朔县、山阴、怀仁、平鲁、左云、右玉、大同七县。雁南分区——辖宁武、代县、静乐、崞县四县。另有兴县、岚县两直属县。全区面积为四万五千七百平方公里，人口为二百一十三万九千八百余人。1944 年 8 月，晋绥边区行政区划进行了新的调整：撤销一分区，兴县、岚县仍为直属县，神府县为代管，各分区辖县均有变动，调整后共八个区，两个直属县，一个代管县，共五十个县。

坐落在兴县城关的西北农民银行旧址

西北农民银行初建时，边区政府就以“四大动员”所得现金的百分之四十作基金，发行西北农民银行币（简称“西农币”）。

抗日战争开始后，毛泽东同志明确指出：“我们的经济政策的原则，是进行一切可能的和必须的经济方面的建设，集中经济力量供给战争，同时极力改良民众的生活，巩固工农在经济方面的联合，保证无产阶级对于农民的领导，争取国营经济对私人经济的领导，造成将来发展社会主义的前提。”又说：“我们的经济建设的中心是发展农业生产、发展工业生产、发展对外贸易和发展合作社。”西北农民银行就是遵照这个原则精神开展业务活动的。其具体任务是：稳定西农币，促进生产，对敌进行货币斗争，以支援抗日战争和解放战争的全面胜利。

为使本位币独占市场，晋西北临时参议会，曾明确规定把“西农币”作为本根据地之唯一合法的单一本位货币，并对妨碍本币独占市场的各种纸币，展开斗争。

（一）货币斗争

1. 与伪钞进行斗争

抗战开始，当我农钞尚未发行时，敌伪趁机利用商人将伪“中国联合准备银行券”投入我边沿地区，强购物资。我边区政府立即组织稽查队，严行查缉。同时，积极发行“西农币”，使“西农币”成为本边区的单一本位币，严禁伪钞流通。从而使伪“联银券”很快绝迹。在这种情况下，敌人为了进一步掠夺沦陷区的物资，很快又发行了新伪钞，名曰“大东亚中央银行钞票”。并通令限期停止使用伪“联银券”，凡持有伪“联银券”者，限期换成新伪钞，其比例统一规定为十元联银券兑换一元新伪钞。新伪钞发行后，敌占区人民有的识破敌人阴谋拒绝使用，停止货币交易，群众买东西都拿粮食去换。我晋西北行政公署当即拟定具体对策，指示各级开展打击伪钞运动。第一，揭露敌人发行新伪钞的企图，是为了进一步掠夺敌占区的物资，榨取敌占区的民脂民膏，以达到其“以战养战”的罪恶日的。通过宣传动员，使群众自动地拒用伪钞。第二，党、政、军机关部队严格遵守政府法令，坚决拒用伪钞。1941 年 12 月，边区政府发现八分区和三分区的部分地区有行使伪钞的现象，除勒令停止使用外，并进行了严厉的批评。第三，组织合作社，专收农钞，供给广大人民以必需品；统一对外贸易，认真调剂土特产品，积极解决机关、部队的必需品，坚决驱逐伪钞。

2. 严禁白洋流通

白洋的行使流通，对实现单一的本位币市场极为不利。因此，只有严禁白洋流通，才能发展边区经济，进一步巩固“西农币”的信用。当时，边区政府曾明文规定：各单位及公营商店所存白洋立即送上封存。各县党政机关送交专署，各部队及所属商店一律送交分区供给处。除贸易局外，任何单位不得以任何借口行使白洋，如经查出，除没收及处罚直接犯法者外，各单位负责人要受一定处分。对地主奸商行使白洋，捣乱金融者，坚决没收，严重者得依法治罪。对人民群众则进行广泛深入的宣传工作，因特殊情况需要保存或转移白洋者，必须取得各级政府之证明文件（五元以下村公所证明，十五元以下区公所证明，十五元以上县政府证明，百元以上需取得行署证明）。为了照顾贫苦农民，对斗争所得之白洋，不予没收但须有组织地到银行进行兑换，然后再行分配，同时加强口岸管理，凡解放区群众在外经商，带回银钱入境时，如系白洋、赤金，口岸银行按规定收兑，并收取一定的手续费。1941 年 12 月 15 日，《抗战日报》曾明确指出：“为了巩固农钞，在今天首先应严禁白洋的流通，行署已重申禁令，机关、部队首先应成为执行金融政策、遵守政府法令的模范，党政军民应动员起来组织缉私队、金融游击队，给金融投机分子以严厉的打击。”

3. 对法币进行斗争

法币是国民党政府于 1935 年 11 月实行“法币政策”时由中、中、交、农四银行发行的钞票，对这些钞票的斗争，分为两个阶段。从 1937 年抗日战争开始到 1941 年 1 月皖南事变为第一阶段。在这一阶段中，一方面由于国共两党建立了抗日民族统一战线，当时，我国的法币基金，存在英国和美国，因此，用法币可以买外汇。日寇在太平洋战

争前，对法币采取明打暗收的政策，大量利用法币来套购我国的外汇，敌人采取的办法是：（1）以大量奢侈品向抗日根据地倾销，吸收边区之法币，换取外汇，购买军火，屠杀抗日军民；（2）制造假法币，破坏法币信用；（3）在日寇占领区内，禁用法币，排挤法币，替伪钞扩大市场；（4）在其不能完全禁用法币的情况下，则打击法币，贬低法币之价值，又暗中吸收法币，向抗日根据地内某些预定地区倾销，尽量吸收边区之原料与农产品，使根据地内之物资枯竭，金融紊乱。针对这种情况，晋西北抗日政府，采取正确的货币政策，与敌寇展开经济斗争，首先执行保护法币的政策。为了防止法币流入敌人之手，明文规定不准将法币带到沦陷区，只准在内地流通。后来因晋西北抗日根据地是处于敌后的环境，不断与敌寇进行军事、政治、经济和文化的斗争，因此，晋西北行署于 1941 年 2 月 25 日发布命令，停止法币在市场上流通，以防止流入敌占区，被敌人利用来套取外汇。同时规定禁止法币在市场上流通，决不是禁止私人保存法币，无论私人或商号所保存之法币，任何人不得干涉，但是要在市场上流通，必须换成西农币，方可行使。第二个阶段由 1941 年到抗战胜利结束，在这一阶段中，经过皖南事变，国民党政府"实行消极抗日，积极反共"的政策，破坏抗日民族统一战线，对我边区实行经济封锁，利用法币套购我区物资，暗中与日寇勾结，向我边区进行夹击。同时，由于太平洋战事的爆发，英国和美国从 1941 年 7 月封存中日资金，日寇套取我国外汇的阴谋遭到打击。敌人所强掠之法币已不能用来套购外汇，于是便大量将法币推向我根据地购物资，在汾阳离石一带专门设有大东公司，由小仓滨吉负责进行推销工作。同时，敌寇利用所谓"四次强化治安"，配合其"蚕食"政策，以柳林大武等地作为其倾销法币的据点，利诱一部分商民，偷运法币到我抗日根据地购买皮毛、桐油、白麻、药材等物。致使边区物价暴涨，法币严重贬值，人民和工农业受害很大。因此，行署根据临参会决议，通令各级政府及有关部门从 1942 年 12 月 15 日起，严禁敌占区法币入境，从 1943 年 1 月 15 日起，在晋西北根据地内停止法币的周使与携带，使西农币完全摆脱同法币的联系，独占根据地金融市场。

……

（二）货币斗争的方法

晋西北边区货币斗争的方法是多方面的。除运用政治力量实行禁止、取缔、没收、打折扣使用和处罚外，还运用经济力量，使用经济办法进行斗争，这些经济办法主要是：

1. 实行外汇管理

其具体办法是：

（1）外商带入边区的非本位货币，要按银行挂牌价格兑换成西农币；出外买货时，须经贸易局批准，向银行兑换非本位币。供给外汇时，有目的地配合贸易局工作，如贸易局收买土纱时，银行供给外出买棉花之人以外汇。

（2）当西农币发行还不普遍时，法币可携带入境，但必须办理登记手续；对白洋则必须交银行兑成西农币，如确系自愿保存，须办理一定手续。

（3）对伪币根本禁绝，如有带入敌伪票据，亦须交存银行（但须先经贸易局批准）。

（4）携带白洋、法币出境时，必须先经贸易局批准，并带有银行之许可证，如非购货可直接向银行申请发给证明文件。

……

3. 发展内地商业，积极组织对外贸易

抗日战争时期，日寇对我晋西北抗日根据地在军事上进行连续“扫荡”，采取毁灭性的“三光”政策，在经济上则采取封锁禁运政策。在这种情况下，我们除在军事上采取持久战的方针外，在货币斗争上，则是通过发展内地商业，保护商业自由，组织对外贸易，进一步发挥公营商店在巩固西农币中的积极作用。首先，我们针对敌人封锁政策所造成的商业凋零、市场萧条，一方面剩余产品和土特产品苦无销路，另一方面广大人民群众又买不到日用必需品，大批商人失业，找不到谋生之路。我们从发展内地商业入手，进一步刺激手工业与农业生产的发展，为土特产品打开销路活跃市场，繁荣经济，便商便民，扩大与加速市场货币流通量。一切正当营业都得到抗日政权与部队的保护，排除一切商业上的障碍，统一度量衡，大力发展山区与平川的贸易关系，所属各县，均选择中心市镇，开展集市贸易；在支持公营商店和合作社的同时，鼓励私营商业大量发展，不排斥、打击或限制私营商业，政府除适当征税外，严禁任何机关、部队妨害商业自由的违法行为。同时，边区政府还积极组织对外贸易，奖励边区剩余之土特产出口，换得军需民用之必需品入口。从而扩大了西农币市场，加速了货币流通，巩固了西农币阵地。

4. 为了促进生产，打击投机活动，反对中间商人的剥削，边区政府大力推动合作事业的发展，对粮、盐等必需品实行统购统销政策

1940 年 11 月晋西北行署为了统制粮食出口，稳定根据地金融，并帮助河西区军民解决粮食困难起见，在河曲、保德、黑峪口、克虎寨、喷口等五处设立粮食查验所。各查验所除负责查禁私运粮食出口外，每月准予运往河西一定数量之粮食，由河西军民自由购买，或以食油等换取，并将此项卖粮进款，悉数收买食盐，委托各地营业公社或合作社，以西北农民银行钞票售给群众。采取这种办法，一方面可以稳定金融，另一方面又可减少群众买取食盐的困难。同时，针对敌人“扫荡”时，部分奸商乘机哄抬物价、操纵市场的情况，晋西北行署通令各县每一行政村设立合作社一所，出售各种日用品，专门吸收西北农民银行票，从而平抑了物价，打击了奸商。

5. 设置兑换所

晋西北行署，为了活跃根据地金融市场，并解决根据地商民到外区购买货物以及营业上的困难，1940 年曾决定在二区、四区、八区及兴县，设立兑换所四处。这些机构的设置，既可以减少敌币在区内的流通量，以达到肃清敌币的目的，又可以集中掌握大量敌币，以便向敌区采购必需物资之用；同时也可利用公开的牌价压低敌币对本币的比价，以提高本币的价值和信用。

1947 年的西北农民银行票

※ 师育谦：《西北农民银行概述》，载《山西金融研究》1983 年增刊（金融志史料专辑［2］），1～12 页。

三、边区主席关于货币问题的讲话

续范亭关于晋钞跌价和新钞发行的谈话
1940 年 5 月

近些天来，关于晋钞跌价和新币发行的问题，是大家非常关心的。晋钞为什么跌价呢？第一，因为晋钞根本没有准备金以维护纸币价格。一个没有准备金的纸币，它的价值缺乏物质基础的保证，最后和一张废纸无异。第二，这种没有准备金的纸币，大量印发起来，势必走到"通货膨胀"的路子，物价飞涨了，纸币相对地一天天跌落，这时实在没更多的钱，更没办法维持日月，于是不得不更大量地印发，循环往复，一直到最后的限度，必须趋于破产。第三，晋西南晋钞被迫向这里流入，造成了这一崩溃过渡突变的条件。大量流入的结果，市场上呈现了动乱的现象，大家都害怕受损失，争着要把晋钞推出手，于是物价更飞涨，而晋钞便最后的被溃灭于流通市场。晋西南晋钞的大量流入，促短了这种晋钞的寿命。政府为了不使民众因其跌价而蒙受损失，不使社会经济因其崩溃而陷入紊乱，曾随时采取了维持的方针，先后以可能手段限制其币价跌落，以有效办法，严禁投机操纵。但是，我们所能做的补救手段，最后也不能不失掉效力。一种货币，其本身的发展走到急剧崩溃的路子上去，人为的力量是无法挽救的，也就和以人为的力量无法使信用巩固的货币倒台一样。晋钞溃灭以后，货币立时感到异常缺乏，影响所及，物价涨落不定，经济市场陷于停顿。这种情况如果延续下去，不及早设法挽回，则社会经济遭受破坏，人民生计将日趋困难。各地民众纷纷要求政府及早发行巩固统一的新币，以维急需而利民生。政府为适应实际需要，回答民众要求，并彻底避免法币流入敌区计，决定成立西北农民银行，发行新币。

这种新币的使用是不是会巩固呢？绝对会巩固的。其理由是：第一，有完足的准备金。晋西北民众所献纳于政府的三百万献金，分文未动，全部拨归银行，做此项新币的基金。拿上新币随时可到总或各地兑换处换取法币。拿上新币和拿上法币一样，可以买货，可以流通，可以向政府交纳赋税，如果向外购买货物或汇兑款项，也可随时申请兑现。第二，不过量发行。一个地区需流通多少货币是有一定数量的。数量过少，生产和贸易都要感到不便；数量过多，便又是通货膨胀，自然走到崩溃的路子。晋西北是我们自己的，我们再不许晋西北遭受前两次那样的损失和破坏。晋西北的政府是革命的民主政府，它要顾及晋西北根据地的长远前途，它要把晋西北从各方面建设成为铜墙铁壁的堡垒，不能为一时痛快，找轻而易举的路子，滥发钞票，解决财政问题。这是我们敢保证的，再不使敌人操纵。第三，我们将要实行管理外汇、统制贸易的办法，不使我们的新币因受敌寇操纵而影响到价格的跌落。过去我们在这方面，没有任何设施，因而当时的晋钞完全由着敌人摆弄。今天土货券不用了，明天五元红票又被排挤，使我们的币价，没有一刻安定。我们为免除这种不能独立自主的弊端，将要一方面加紧提高生产，使晋西北经济逐渐自给自足，解除对敌依存关系；并一面管理外汇，统制对外贸易，不使我们的货币流入敌区，敌人没有办法施其操纵把持，价格自然安定。敌人既不能操纵，我们又谨慎发行，最后加以物质的保证，我们相信新币的前途绝不会成问题的。

在新币发行之际，我全晋西北军、政、民各方面，应确认新币是自己的货币，应该绝对信任现在的政府，信任现在政府所发行的新币，乐于使用这种货币，相互勉励，相互奖励，以群众力量维持新币价格，俾晋西北金融支柱稳如磐石，经济财政发展繁荣，民生赖以改善，社会借以安全，抗日根据地的前途实利赖之。

※ 原载1940年5月13日兴县《新西北报》，载《山西文史资料》第六辑，8~10页。

第五篇

解放战争时期的山西金融

(1945.9—1949.10)

第十七章 阎统区的金融

第一节｜阎锡山集团的官僚资本

一、接管日伪霸占的资产

1945 年 8 月日本帝国主义宣布无条件投降。阎匪为窃取抗战胜利果实，勾结日寇的残余力量，重新占据了太原及铁路沿线各主要城镇。

※ 中共山西省委调查研究室：《山西省经济资料》第四分册，55～59 页，山西人民出版社。

抗战胜利后，阎匪夺取了胜利果实，接收了日伪企业和财产。为了和蒋介石争财产，把这些企业和财产全部攫为己有。借口抗战时期，“山西民营事业”损失甚巨，日伪的企业和财产均系利用原有“民营事业”的基础，应尽先归还给山西人民，遂立即恢复了抗战前的民营企业机构，如西北实业公司和实物准备库等。同时，蒋中央政府强调政令统一，合作社系全国性统一名称，蒋中央有一套系统的组织章则和机构。与其利用合作社组织发展官僚资本，不如利用民营事业的名义便于控制和割据。这时，阎在经济设施上就转变了做法，集中注意发展所谓“民营事业”，把合作社置于可有可无之地位，当即将日伪合作社的财产，全部交由实物准备库接收，但为了应付蒋中央政府，不能不有一套合作社的组织。遂将日伪“农产公社”的财产作为合作社的财产，名称、组织完全依照蒋中央《合作社法》的规定办理。

※ 张青樾：《阎锡山的“合作社”》，82～83 页，载《山西文史资料》第七辑。

日军投降后，阎锡山接收山西铁路，九月成立太原铁路管理局，十二月改为同蒲铁路管理局。民国三十六年（1947 年）一月，同蒲铁路管理局颁布《局内及直属单位现行编制及系统表》，设 6 处 2 室及 4 个办事处。1947 年同蒲铁路管理局机构设置见图 17－1。

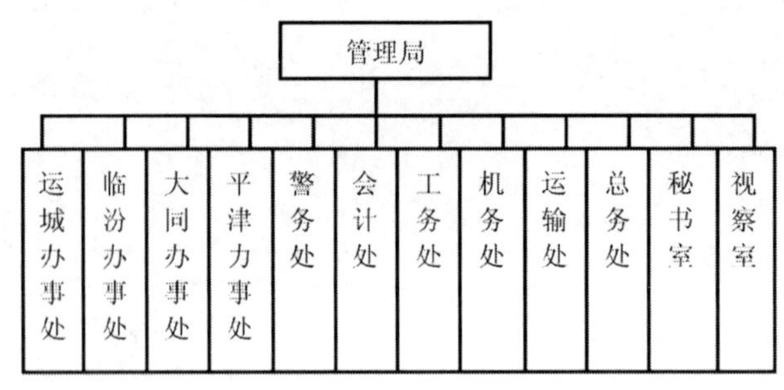

1947 年同蒲铁路管理局机构设置图

民国三十七年（1948 年）七月，晋察冀解放区在太谷成立同蒲铁路晋中段管理委员会，设运输、工务、工程、材料、人事、总务、秘书科。三十八年（1949 年）一月，撤销同蒲铁路晋中段管理委员会，成立同蒲铁路管理局，局内设人事、总务、工程、运输、机务、材料、会计、保安科。

※ 山西省史志研究院编：《山西通志·铁路志》，597～598 页，中华书局，1997 年 12 月。

敌伪时期，太原是华北准备银行（发行有纸币，中国汉奸办），还有朝鲜银行、天津银行，是日本人经营，亦通行朝鲜票子。胜利后，省银行接收了准备银行，新兴银行接收了朝鲜、天津两银行。新兴银行是阎匪五妹夫梁綖武开办的（他的职务是党政处秘书长，合谋社社长）。（敌伪时期）一切机械工业和轻工业都成了日本军“管理”，原股东不能过问。阎匪返晋都接收回来，他的逻辑是“你们的已叫日寇没收了，从日寇手中接的都是我的，亦是山西公共的，你们不必要了。”

※ 常紫书 1975 年 5 月 14 日提供的材料：《阎锡山垄断金融核心——山西省银行历史及牵涉到的经济材料》。

抗日战争结束后西北实业公司的接收

8 月 15 日敌人投降，旋奉阎长官令，着彭经理士弘偕同贾部长英云、曲主任宪南、鲁主任西宇随军返并，接收公司原有各厂及敌人强占之民营工厂，此时公司抗战期中成立之西北实业公司复兴动员委员会之同人亦相返太原，协助接收各厂。略事整理，遂于 9 月 1 日正式开工，兹将公司各厂设备及生产列下表：

表 17－1　　西北实业公司所属各厂概况表

厂名	主要设备	生产能力(月)	员工人数(人)
西北炼钢厂 (大同分厂在内)	120 吨熔钢炉二座 40 吨熔钢炉三座 100 吨熔钢炉一座 30 吨平炉二座	灰生铁 12000 吨 钢块 3600 吨 钢材 3600 吨	职员 248;工人 1600
定襄铁矿厂	采矿设备一套	铁矿 6000 吨	职员 15;工人 400
东山铁矿厂	采矿设备一套	铁矿 600 吨	职员 12;工人 350

续表

厂名	主要设备	生产能力(月)	员工人数(人)
宁武铁矿厂	采矿设备一套	铁矿 3000 吨	职员 12;工人 350
东冶镇铁矿厂	采矿设备一套	白云石 3000 吨	职员 12;工人 350
西北煤矿第一厂		煤炭 45000 吨	职员 138;工人 1960
西北煤矿第二厂		煤炭 10000 吨	职员 37;工人 480
西北煤矿第三厂		煤炭 15000 吨	职员 25;工人 433
西北煤矿第四厂		煤炭 5000 吨	职员 47;工人 20
西北洋灰厂 (大同分厂在内)	回转窑三座	洋灰 9000 吨 电石 60 吨	职员 50;工人 344
西北窑厂		硅石耐火砖 1500 吨 高级耐火砖 1500 吨 玻璃制品 10 吨	职员 39;工人 187
育才机器炼钢厂	工作机 78 台	92 式重机枪 30 挺 32 式迫击炮 50 门 麦克森式轻机枪 1000 挺 79 步枪 1000 支	职员 87;工人 559
西北机车厂	工作机 157 台	修理机车 30 辆 客货车 100 辆	职员 133;工人 1323
太原棉织厂	织布机 30 台	40 码白布 450 匹	职员 15;工人 74
榆次棉织厂	织布机 40 台	40 码白布 800 匹	职员 11;工人 54
西北毛织厂	粗纺机 300 锭 精纺机 700 锭	毛哔叽 24000 码 毛毯 600 条	职员 25;工人 188
太原织造厂	卫生衣织机 56 台 袜子机 76 台 手套机 13 台	卫生衣料 50000 磅 袜子 15000 打 手套 1200 打	职员 35;工人 163
西北火柴厂 (大同分厂在内)	排列机 49 台	硫化磷火柴 3600 大箱	职员 56;工人 600
西北化学厂	黑色火药制造设备一套 硝铵炸药制造设备一套	黑色火药 30 吨 硝铵炸药 45 吨	职员 66;工人 377
西北制纸厂	长网抄纸机一组	各种纸 200 吨	职员 35;工人 240
西北电化厂	苛性曹达制造设备一组 盐酸制造设备一组	苛性曹达 30 吨 盐酸 25 吨	职员 24;工人 89
西北皮革制作所	皮革制造设备一组	各种皮 1800 张	职员 14;工人 43
晋华卷烟厂	卷烟机一台	卷烟 1500 箱	职员 40;工人 754
西北印刷厂		各种印品大纸 900 连	职员 26;工人 147
太原油脂厂	动力榨油机三台	各种油 40 吨 肥皂 45 吨	职员 16;工人 40
西北兴农酒精厂	制酒精设备一组	酒精 35 吨	职员 16;工人 67

续表

厂名	主要设备	生产能力(月)	员工人数(人)
西北城外电力厂	1000KW 发电机、 2500KW 发电机、 4000KW 发电机、 5000KW 发电机各一台	2200000KW	职员 20;工人 120
运城发电厂	220KW 发电机一台	36000KW	职员 10;工人 30
理化试验所			职员 17;工人 15

表 17－2　服务人员人数表

	职员人数(人)	工人数(人)	员工共计(人)
公司本部	460	271	721
所辖各厂	1322	12021	13343
总计	1772	12292	14064

综合以上所述，公司可分为三阶段：

……

第三，34 年抗战后胜利之公司。除接收原有工厂外，尚有民营工厂由公司代管，共计 13 个单位。

公司接收与代管之各厂，所有规模，确系原有设备，并未增加，惟在沦陷期间，经敌人超度使用机器及建筑，大多残破损伤。最使人伤心者，即拥有 4900 余台之工作机器厂，接收时，仅有 300 余台，就中之 4000 余台工作机器，皆为敌人运走，致使公司今后基础工作上，蒙受莫大之打击，其他各厂机器，虽有损伤，尚可加以修理，诚属不幸中之大幸也。开工各厂，计 32 厂，其他因环境上之不允许，未能尽数全开，总计各厂生产能力已达 80%。

※　曲宪治：《西北实业公司之今昔》，载《西北实业月刊》第一卷第一期，1946 年 8 月 1 日版，陈真编：《中国近代工业史资料》第三辑，1213～1215 页，三联书店，1957 年。

西北实业建设公司

……于二十一年一月，设筹备处于太原……当聘技术专家三十余名，分组筹备，二十二年八月一日正式成立本公司。

当本公司筹备之初，阎主任为实现国父孙中山先生之节制私人资本之主张，避免造成社会之不平，乃决定采用全省人民公营事业方式，其资金之来源乃节省地方开支，每月筹集部分资金之款，以之发行分期还本之实业公债，所得资金作为各县人民之公股，每县推定股东代表若干人，并由股东代表选出董事及监事若干人，组织山西民营事业董事会。……

自成立到二十六年中日战事……先后设有采冶、制造、机器、化学、纺织等轻重工业各厂三十余单位，职员 2067 名，工友 18597 人，资金已筹足 3000 万元。……抗战时期，十余单位，职员 492 名，工友 2700 人。

胜利后，分头接收了本公司各厂，并代理接收敌人强占之民营工厂等 13 单位。战前各厂共有工作机器 4000 余部，接收时仅有 3000 余部。

……总计本公司前后设厂 52 单位。

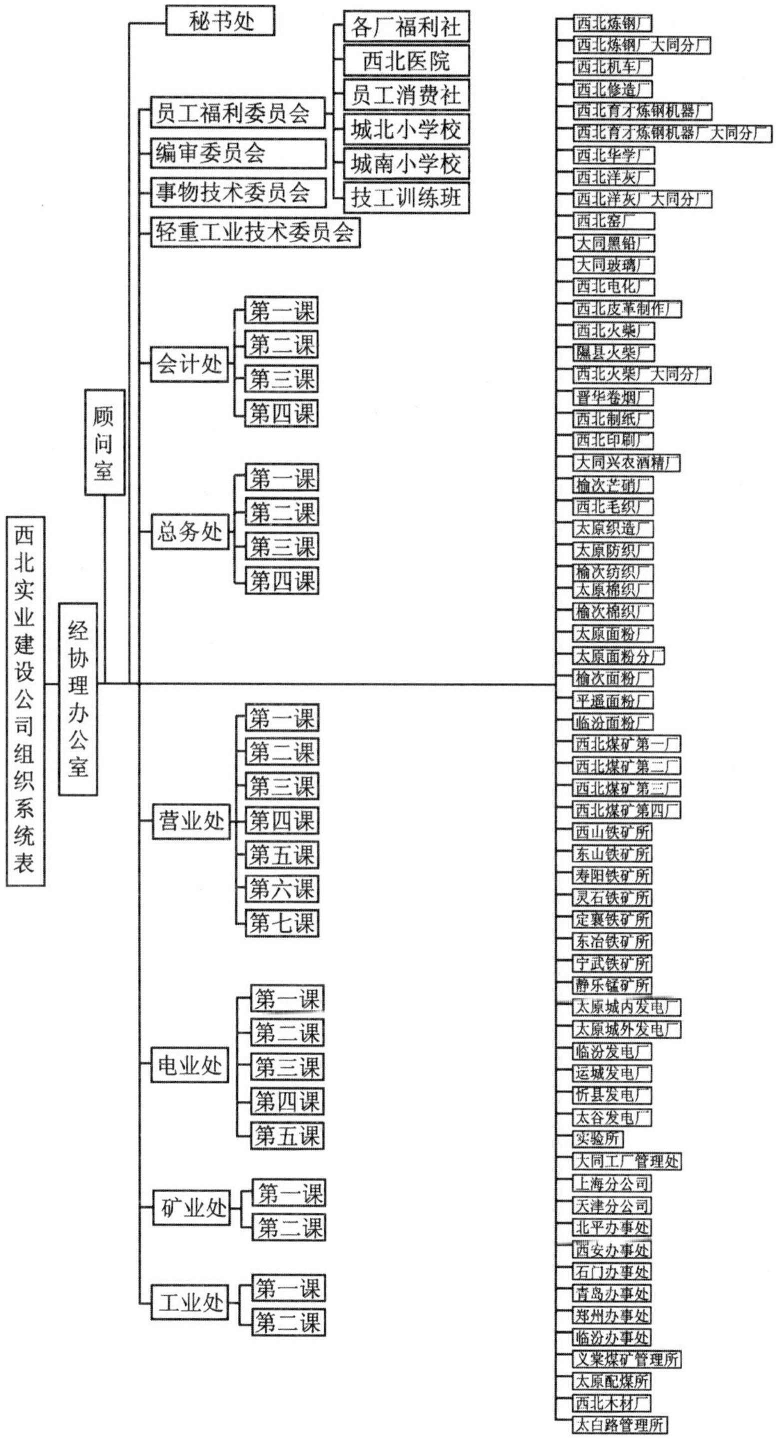

西北实业建设公司组织系统表

- 经协理办公室
  - 顾问室
  - 秘书处
  - 员工福利委员会
    - 各厂福利社
    - 西北医院
    - 员工消费社
    - 城北小学校
    - 城南小学校
    - 技工训练班
  - 编审委员会
  - 事物技术委员会
  - 轻重工业技术委员会
  - 会计处
    - 第一课
    - 第二课
    - 第三课
    - 第四课
  - 总务处
    - 第一课
    - 第二课
    - 第三课
    - 第四课
  - 营业处
    - 第一课
    - 第二课
    - 第三课
    - 第四课
    - 第五课
    - 第六课
    - 第七课
  - 电业处
    - 第一课
    - 第二课
    - 第三课
    - 第四课
    - 第五课
  - 矿业处
    - 第一课
    - 第二课
  - 工业处
    - 第一课
    - 第二课
  - 西北炼钢厂
  - 西北炼钢厂大同分厂
  - 西北机车厂
  - 西北修造厂
  - 西北育才炼钢机器厂
  - 西北育才炼钢机器厂大同分厂
  - 西北华学厂
  - 西北洋灰厂
  - 西北洋灰厂大同分厂
  - 西北窑厂
  - 大同黑铅厂
  - 大同玻璃厂
  - 西北电化厂
  - 西北皮革制作厂
  - 西北火柴厂
  - 隰县火柴厂
  - 西北火柴厂大同分厂
  - 晋华卷烟厂
  - 西北制纸厂
  - 西北印刷厂
  - 大同兴农酒精厂
  - 榆次芒硝厂
  - 西北毛织厂
  - 太原织造厂
  - 太原防织厂
  - 榆次纺织厂
  - 太原棉织厂
  - 榆次棉织厂
  - 太原面粉厂
  - 太原面粉分厂
  - 榆次面粉厂
  - 平遥面粉厂
  - 临汾面粉厂
  - 西北煤矿第一厂
  - 西北煤矿第二厂
  - 西北煤矿第三厂
  - 西北煤矿第四厂
  - 西山铁矿所
  - 东山铁矿所
  - 寿阳铁矿所
  - 灵石铁矿所
  - 定襄铁矿所
  - 东冶铁矿所
  - 宁武铁矿所
  - 静乐锰矿所
  - 太原城内发电厂
  - 太原城外发电厂
  - 临汾发电厂
  - 运城发电厂
  - 忻县发电厂
  - 太谷发电厂
  - 实验所
  - 大同工厂管理处
  - 上海分公司
  - 天津分公司
  - 北平办事处
  - 西安办事处
  - 石门办事处
  - 青岛办事处
  - 郑州办事处
  - 临汾办事处
  - 义棠煤矿管理所
  - 太原配煤所
  - 西北木材厂
  - 太白路管理所

※《西北实业公司概况》，民国三十七年一月印，山西省档案馆，公营事业董事会档案，第 67 号。

二、阎锡山集团官僚资本体系

（五）日降后恢复时期（1945 年—1949 年）

一、山西民营事业董事会所属企业

日寇投降后，阎锡山由晋西会太原，各公、私营企业也先后回到太原复员、接管。原山西公营事业董事会重新改组，由阎锡山指定张馥荚（耀庭）、耿步蟾、张豫和、靳瑞萱（祥垣）、边廷淦、田玉霖（式如）、张金（冠五）等七人为第二届董事会董事，并以张馥荚为董事长、吴晟（哲之）为总干事。会址设太原龙王庙街。原监事会未恢复。督理委员会成员未变。据根阎的指示：西北实业公司接管该公司原属厂矿及其它日伪厂矿；同蒲铁路局接管同蒲铁路，山西省银行接管日伪中国联合准备银行太原分行，晋绥地方铁路银号接管日伪山西实业银行；实物准备库接管日伪合作系统各机构。并将晋北矿务局、阳泉矿务局、山西硝磺局、西北制造厂、正兴机器公司、川至制药厂、汽车管理处、斌记商行等单位，统归民营事业董事会管辖。

1. 西北实业建设公司：日寇投降以后，设在陕西泾阳鲁桥镇的新记西北实业公司迁回太原，奉命接收原公司川所属厂矿及其他日伪新建的较大厂矿，公司仍设在太原典膳所十号。经理彭士弘、协理为曲宪治、襄理为王惠康。公司内部设六处：工业处（处长曹焕文）、矿业处（处长阎锡珍）、营业处（长曲宪南）、总务处（处长贾英云）、会计处（处长张辅良）、电业处（处长徐士珙，副处长李兴杰（汉三））。另在天津、上海设分公司：天津分公司经理由王惠康兼，由郭琢如代理；上海分公司经理为张焯福。原西北实业公司自 1933 年成立以来，迄未向蒋中央申报注册，1945 年回到太原以后向蒋中央申请备案时，因“西北实业公司”这个名称在天津已有人申请备了案，几经交涉，最后于 1947 年间始以“西北实业建设公司”这个名称请准备案。该公司回太原接管后的所辖企业单位计有：

①西北炼钢厂：系从 1935 年开始兴建，至 1937 年“七七事变”时，建厂工程及设备安装已完成百分之九十以上。太原沦陷后，日寇继续经营，到 1938 年正式投产。日寇投降后，由西北实业建设公司接管并继续生产。主要生产各种钢材，生铁、钢锭、焦炭等。厂长由彭士弘兼，副厂长为梁济瀛（海峤）、高铁山（日本人，原名高轿铁造）。1949 年 4 月太原解放后，该厂为人民政府所接管。

②西北机车厂（前已介绍）：主要业务为修理铁路机车、客货车、铁甲车及制造各式山野炮，厂长为刘以仁。

③西北修造厂：系接管原西北制造厂所属十八个厂的部分设备而成立的。在“七七事变”后，原西北制造厂所属的十八个厂，曾将一少部分轻便车床设备拆迁到川、陕后方，而绝大部分设备未运走均陷敌手。后日寇又将各种机器、车床等设备约三四千部拆迁运往东北及日本大阪等地，在太原仅留下一些可供修理武器的设备。故在日寇投降后，西北实业建设公司只接收了仅有的设备而另成立了这个修造厂，修理和制造轻机枪、步枪、迫击炮和各种金属切削机床。厂长为阎树松。

④西北窑厂（前已介绍）：以难产高级耐火砖为主，专供西北炼钢厂使用。厂长为宫占元。

⑤育才炼钢机器厂（前已介绍）：电炉炼钢，并生产轻机枪及各种炮弹。厂长乃刘笃恭。

⑥西北发电一厂：即城外发电厂，地址在北门外（前已介绍），厂长为何启昌。

⑦西北发电二厂：即城内发电厂，地址在南肖墙。该厂在“七七事变”前为商营太原“新记电灯公司”，太原沦陷后为敌所有。日寇投降后由西北实业建设公司接收，以租赁设备形式经营，厂长为张联五。

⑧西北化学厂：即新化学厂（亦称火药厂），前已介绍。主要生产硫酸、硝酸、酒精及各种炸药，并装配各种炮弹，厂长由曹焕文兼。

⑨西北煤矿一厂（前也介绍）：厂长先为杨金章，后为郝秉俭。

⑩西北煤矿二厂（前已介绍）：厂长为赵干臣。

⑪西北煤矿三厂：即富家滩（包括南关）煤矿，“七七事变”前已进行基建试采，但未正式投产。日寇占领期间生产优质焦煤，日寇投降，接收后继续生产，厂长先后为周士达、石介清、高明堂。

⑫西北煤矿四厂：地址在太原郊区杨家峪。日寇侵占太原期间，曾在黑沙坪建井开采，但未投产。日寇投降，西北实业建设公司接收后继续施工，到 1946 年始正式投产，生产民用煤，厂长为张志。

⑬西北制纸厂：地址在太原郊区兰村，亦称“兰村纸厂”，前已介绍。在日寇侵占期间，曾将太原私营“晋恒制纸厂”的机器拆迁至兰村（并入该厂），扩大生产。接收后厂长先后为荣嗣毅、李柱。

⑭西北印刷厂（前已介绍）：厂址原在太原北门外，日寇侵占太原后将厂迁入城内成坊街。日寇投降后，由西北实业建设公司接管，厂长为李东升。

⑮西北洋灰厂（前已介绍）：厂长为郭琢如。

⑯西北皮革制作厂（前已介绍）：厂长为任承时。

⑰西北毛织厂（前已介绍）：日寇侵占期间生产麻袋布，日寇投降后被接收，将机器整修，开始生产毛织品，厂长为王嘉弼（由贾英云代理）。

⑱西北火柴厂（前已介绍）：厂长为张健（天如）。太原解放，人民政府接管后，将厂迁到平遥，定名为平遥火柴厂。

⑲晋华卷烟厂（前已介绍）：厂长先后为曲宪治（鲁宗舜代理）、周士选。

⑳西北电化厂（前已介绍）：厂长为曲乃俊。

㉑太原纺织厂：厂址在太原晋生路。“七七事变”前为商营晋生织染工厂，太原沦陷期间被日寇强占。日寇投降，西北实业建设公司接收后，以租赁设备形式经营，原资本金为一百万元。生产棉纱及粗细布。厂长为王吉六。

㉒榆次纺织厂：厂址在榆次县，原为商营“晋华纺织厂”，资本金四百万元。西北实业建设公司接收后，亦以租赁设备形式继续经营，生产棉纱、粗细布及棉线毯、帆布

等，厂长为张作三。

㉓太原织造厂：厂址在太原大南关原“晋恒造纸厂”旧址，日寇侵占太原后开始兴建，有针织、电动、缝纫等设备，曾计划制造军用服装及针织品，但未正式投产。日寇投降，西北实业建设公司接收后，招收工人、培训艺徒开始投产，以生产各种针织品及服装为主。厂长先由曲宪南兼，后为鲁宗舜。

㉔太原棉织厂：厂址在太原城内营坊街。系日寇所建，原名棉织厂，西北实业建设公司接收后更名为太原棉织厂。为手工业工厂，生产各种布匹及棉毯等。厂长先后为韩绍先、曲子昭。

㉕榆次棉织厂：厂址在榆次城内。为日伪所建，接收后继续生产各色布匹及棉毯等。厂长为刘效文。

㉖太原面粉厂：“七七事变”前原名“晋丰面粉公司”，为山西省营业公社企业。太原沦陷期间被日寇强占。日寇投降，西北实业建设公司接收，以租赁设备形式并更名为太原面粉厂继续经营。厂长为李文山。

㉗太原面粉分厂：厂址在太原城内晋生路。源为商营“太原新记电灯公司面粉厂”，太原沦陷后为敌所有。日寇投降后，西北实业建设公司接收，以租赁形式并更名为太原面粉分厂继续经营。厂长为郑心泉。

㉘榆次面粉厂：厂址在榆次县。原为商营“魏榆面粉公司”，资本金七万元，榆次沦陷后为敌所有。日寇投降后，西北实业建设公司接收，并更名继续生产。厂长为温保和。

㉙平遥面粉厂：厂址在平遥县。原为商营“晋生面粉公司”，资本金十万元，平遥沦陷后为敌所有。日寇投降后，西北实业建设公司接收，厂长为张则俊。

㉚临汾面粉厂：厂址在临汾县。“七七事变”前为商营“益晋面粉公司”，资本金十万元。西北实业建设公司接收后继续生产，厂长为单理（裕如）。

㉛临汾机械厂：厂址在临汾。系接收日伪的工厂，制造手榴弹、修理武器，有发电设备。厂长由单理兼。

㉜太谷发电厂：厂址在太谷县。系接收日伪太谷发电所后更名。厂长为徐其庶。

㉝忻县发电厂：厂址在忻县。系晋北沦陷后，日寇将五台县西汇村阎锡山别墅的发电设备拆迁至忻县而设立的。西北实业建设公司接收后继续投产，并兼营澡堂等副业。厂长为曲荣隧。

㉞大同工厂管理处：系日寇投降后接收了日伪大同地区的八个厂而设置的总管理机构。所属八厂，除酒精厂、机器厂继续开工生产外，其它各厂有的合并，有的更名。如大同玻璃厂与大同石墨厂合并，更名为大同黑铅厂；大同麻黄厂与大同火柴厂合并，更名为西北火柴厂大同分厂；大同洋灰厂更名为西北洋灰厂大同分厂，孤子店炼铁厂更名为西北炼铁厂大同分厂。这几个厂因机器损坏，一时未能修复，故到大同解放时，都没有投入生产。

此外，大同还设有大同兴农酒精厂，厂长为李柱（砥甫）。1947 年大同被解放军围

攻时，毁于炮火。另设有西北育才炼钢厂大同分厂，日寇投降后，西北制造厂孝义分厂迁至大同并接收了日伪大同机器厂的设备后组成。制造手榴弹及修理武器，厂长为白殿麟。

㉟西北油脂厂：厂址在太原城内。系接收日伪油脂厂成立的，1947 年又更名为西北试验所实验工厂，生产植物油、肥皂、变压器油等，厂长为郭桂山。

㊱西北氧气厂：厂址在太原北门外，系按办日侨私人工厂成立的，厂长先后为薛深、韩元勋、赵嘉珍（子善）。

㊲焦煤所：地址在太原小北门外，零售煤炭，厂长先为谭怀远，后为温保和。

㊳隰县火柴厂（前已介绍）。

㊴榆次芒硝厂：厂址在榆次县城北。日寇投降后接收日伪“太原芒硝公司榆次工厂”设立的。原计划整修好机器设备后投产，但因南同蒲铁路经常不通，由运城调购的盐池硝板原料运不来，无法开工生产，遂于 1947 年间撤销。

㊵运城发电厂：情况不详。

㊶西北木材厂：厂址在太原小北门外，1946 年设立，业务以收购坑木、建筑用材、火柴厂用的木材为主。经理为樊益斋，协理为刘效禹。

㊷西北试验所：地址附设在太原北门外西北化学厂内。化验原材料及产品成分，研究新产品试制方案，培养技术人才。所长为任子清。

㊸义棠煤矿管理所：地址在介休县义棠镇，1946 年成立，管理介休、孝义地区煤矿。所长为郗晋傑（汉三）。

㊹西山铁矿所：地址在太原河西柴村。开采和收购铁矿材料，供给西北炼钢厂使用。所长为高明堂。

㊺东山铁矿所：地址在太原东山孟家井。

㊻寿阳铁矿所：地址在寿阳县黄丹沟。

㊼灵石铁矿所：地址在灵石县。

㊽定襄铁矿所：地址在定襄县蒋村。

㊾宁武铁矿所：地址在宁武县。

㊿静乐锰矿所：地址在静乐县。

(51)东冶采矿所：地址在五台县东冶镇。开采和收购耐火材料的原料矿石。

(52)太白路管理所：地址在太原小北门外，管理同蒲铁路西山支线，承运煤矿一厂生产的煤炭和洋灰厂生产的洋灰。所长为谭怀远。

(53)西北实业银行：地址在太原龙王庙街，一九四六年筹办，为西北实业建设公司周转资金。经理由曲宪治兼，协理为白毓震（东生）。因向蒋中央申请注册未准，1948 年并入晋绥地方铁路银号。

(54)天津亨记银号：地址设天津林森路。原系阎锡山私人出资经营，日寇投降后申请复业，改归西北实业建设公司接办。经理由曲宪治兼，代经理为魏立三，副经理为李子聪。

(55)西北门市部：地址在太原柳巷北口，推销西北各厂产品，主任为崔岷，副主任为胡效闵。

(56)西北员工消费社：地址在太原过门底，供应员工消费用品，主任由崔岷兼，副主任为霍荣卿。

(57)西北医院：地址在太原上肖墙，接收日伪“产业医院”，院长为梁八元。

(58)西北编审委员会：会址设西北实业建设公司内，编审和发行《西北实业》月刊和《西北周刊》。负责人为赵汝扬和刘懋功。

(59)西北俱乐部：接办太原南仓巷原山西大戏院，负责人为周象升。

(60)汽车队：设西北实业建设公司本部东院内，有卡车十余部，为公司运输原材料及成品，负责人为谭怀远。

(61)驻外办事处，共设八处：天津办事处主任为刘双德，北平为王肇修，上海为曹诗秀，西安为范积德，青岛为焦补丞及邸海龙，石家庄为陈伯龙，郑州为郝义和刘绍宗，临汾为张武成。

(62)马车队：驻太原小北门外，有马车三十余辆，为公司运输原材料及成品，负责人由谭怀远兼。

2. 同蒲铁路管理局：为管理南北同蒲铁路业务的总机构，地址在太原海子边内，局长先为郭垣（子安），后为王尊光。

该局另设有山西省物产运销公司，附设于路局内，为路局职工福利机构，经理由王尊光兼，协理牛锦章（甫毅）。

3. 山西省银行：日本投降后由晋西迁回太原，仍驻太原鼓楼街，总经理为白毓震，协理为阎次温（愈良）。

4. 晋绥地方铁路银号：在抗战期间，曾与山西省银行合并，日寇投降后又申请复业，地址设太原鼓楼街，资金银洋五万元。总经理由曲宪南兼，协理为张文同、侯五云。

5. 晋北矿务局：地址在大同。前已介绍，经理为梁上椿。

6. 阳泉矿务局：地址在阳泉。日本投降后，接办原保晋矿务局所属煤矿，经理由张馥荚兼，副经理为梁上椿、阎锡珍。

7. 太原机器厂：地址在太原小北门内。系1947年阳泉解放前将原阳泉矿务局机修厂设备拆迁回太原改建的。制造机器。厂长为赵北海。

8. 西北制造厂：地址在太原河西万柏林。日寇投降后从晋西迁回太原，制造武器。总办为李梅雨，厂长有冯绍唐、白珍儒、李宝钧等。

9. 正兴机器公司：地址在太原小东门内。日寇投降后将吉县机械厂迁回太原改建。制造车床。经理为阎效正，厂长为姜富春。

10. 川至制药厂：地址在太原精营东街。接收日伪设备，生产镇静片等药品及洋酒。厂长先后为曲宪纯、谢维辑。

11. 斌记商行：地址在太原钟楼街。日寇投降后复业，接收日伪五金器材，经营五金电料等。经理为阎志饭。

12. 山西省硝磺局：地址在太原南肖墙。日寇投降后成立，在太原西山地区及晋中各县设厂制造硫黄、火硝。局长为郭某（名失记）。

13. 山西省民营事业董事会实物准备库：地址在设太原绥署院内西楼。该库前身为山西省省、铁、垦、盐四行号实物十足准备库，为四行号储备实物、发行钞票。日寇投降后，原四行号只剩山西省银行及晋绥地方铁路银号两家，原名称不能再用，故更名。复业后接收了日伪山西省合作社系统所辖机构及财产，在各地设立了分、支库。经理由张馥荚兼，副理为段式强、吴晟、杨苪提，1947 年段式强升任经理。其所属分、支机构如下：

①第一分库，地址在太原桥头街，经理为惠逢吉。

②第二分库，地址在太原鼓楼街，经理为阎厚。

③第三分库，地址先在忻县，1947 年迁回太原西米市，经理为王静宇。

④第四分库，地址在临汾，经理为张生兆。

⑤第五分库，地址在运城，经理为景英贤。

⑥第六分库，情况不详。

⑦第七分库，地址在大同，经理名不详，

⑧新绛、永济亦设有分库，情况均不详。

⑨榆次支库，经理为李哲锋。

⑩清源支库，经理为刘学周。

⑪介休支库，经理为黄耿夫。

⑫寿阳支库，经理为于钦。

⑬阳泉支库，经理为路纪字。

⑭平遥支库，经理先后为高圜华、马振安。

⑮徐沟支库，经理为王现三。

⑯农具部，地址在太原起风街，经理为冯复益。

⑰信托部，地址在太原督军街，经理为王安仁。

⑱煤炭部，地址在太原北司街，经理为赵世杰。

⑲味精部，地址在太原南海街，经理名不详。

⑳物产商行，经、副理由总库经、副理兼任，另设主任为李名实，实际负责。

14. 汽车管理处：地圳设太原小东门内，制造和修配农业机械。处长为阎效正。

15. 复兴机械公司：地址在太原北肖墙，接收日伪工厂，制造机器零件。

16. 民航空运大队：驻设上海。1946 年由美国所谓援华的陈纳德空运大队改组成立，为中、美商营股份有限公司性质，董事长为王源凌（热河省人），经理陈纳德（美籍）。1947 年西北实业建设公司投资五万元（美金）。该大队成立后，为阎锡山空运作战物资，支持蒋阎打内战。上海解放前逃台湾。

二、中记董事会所属企业

中记董事会成立于 1946 年。早在 1943 年阎锡山在晋西时，为了笼络人心，欺骗其下属，扬言要把他的私产全部献给同志会，作为基金，并于同年秋将撤到成都的私资银号源积成、德生厚、亨记三家的负责人召回克难坡，指示他们结束业务，清理财产，并即成立“第二战区军用实物补给处”，驻设西安，由源积成经理徐振洲任处长，德生厚经理卢培庭及亨记经理阎达仁任副处长，在后方抢购和囤积物资向晋西推销。同时成立了“民族革命同志会基金委员会”，以徐振渭、卢培庭、阎达仁等为委员，受同志会执行部直接领导。后中记董事会成立，即将同志会基金委员会撤销。董事会由同志会高干十三人为当然董事，并以杨爱源为董事长，王怀明、孙楚为常务董事，徐士珙为董事会办公室主任，李培德（行九）为副主任。董事会会址设太原天地坛。其所属企业单位如下：

1. 绥西垦业银号：地址在太原桥头街。日寇投降后，将设在西安的军用实物补给处迁回太原，以绥西垦业银号名义申请复业。经理为徐振渭，协理为卢培庭、阎达仁。

2. 晋北盐业银号：地址在太原钟楼街。日寇投降后，申请复业。经理为徐士珙，协理为徐宝瑞（辑五）。

3. 庆兴有限公司：地址在太原帽儿巷。日寇投降后，庆兴商号从西安迁回太原后改名。经营纱布业。经理由曲宪南兼，协理为徐宝玑、张文同。

4. 晋兴机械公司：地址在太原帽儿巷。日寇投降后，接收日伪小型机器厂及日侨私营机器厂成立。经理为徐士珙，协理为赵中枢。下属四个厂：

①晋兴第一厂，地址在太原府西街阳曲县公署旧址。主要生产各种炮弹，厂长为侯镇藩。

②晋兴第二厂，地址在太原南门外正太路五岔口。主要生产小钢炮。厂长为徐一揆。

③晋兴第三厂，地址在太原小北门内。主要生产小钢炮及炮弹。厂长先后为张锡峰、郑子余。

④晋兴第四厂，地址在太原小东门外同蒲铁路火车站。火（锻）工厂。厂长为武丕承。

5. 晋兴企业公司：地址在太原柳巷街。日寇投降后成立，专营进出口贸易。经理徐士珙，协理张性成（习之）。在天津设分公司，经理阎子奉。并在太原西羊市设晋必电机化工厂，生产汽水等清凉饮料及加工修理电器。

6. 中医制药社：日寇投降后从晋西迁回太原。负责人为武佩三。

7. 棉联社：日寇投降后从晋西迁回太原。经理为徐士珙，协理为曹成章、徐顺义。

8. 首善纺织厂：日寇投降后从晋西迁至临汾继续生产。厂长为茹桂山。

9. 晋兴土木公司：地址在太原楼儿底。接收日伪建筑公司更名。经理为徐士珙，协理为许伯峰。

10. 山西贸易公司：日寇投降后，将山西省经济管理局从晋西迁回太原的所属贸易机构联合组成。总公司设太原钟楼街，总经理为徐士珙，协理为白毓震、曲宪南、徐顺义。在天津、上海设分公司，天津经理为阎子奉，上海经理为柳少卿和崔楚材。另设纱布、药材、皮毛木材、食盐油脂、棉花、文具颜料、五金、粮食、日用品、金饰、转运、

周转等十二个部。

①纱布部，即原经济突击一队改名，经理为赵聚德。

②药材部，即原经济突击二队改名，经理为赵福昌。1947 年迁西安营业。

③皮毛木材部，即原经济突击三队改名，经理为常行达。

④食盐油脂部，即原食盐采购团改名，经理先后为赵瑞五、张志贤。

⑤棉花部，即原棉花采购团改名，经理先后为王明珠、张汉丞。

⑥文具颜料部，即原布油采购团改名，经理为李广昌。

⑦五金部，经理为左埏。

⑧粮食部，经理为杨德安。

⑨日用品部，经理为武济明（学禹）。

⑩金饰部，经理为王墨君。

⑪转运部，经理为李中俊，1947 年迁汉口营业。

⑫周转部，亦名“蔚锦恒银号”，接办私营银号成立。经理为张效谦。

1948 年间又将原属山西省经济管理局的十个贸易企业拨归中记董事会管辖。

11. 太原市粮商联合社：为公商合营单位，其中包括接办的私营同祥钱庄在内，经理武德田。1948 年间又改名为山西省粮商联合社。

12. 太原市木商联合社：公商合营单位，经理为杨尚申。

13. 太原市砖瓦业联合社：公商合营单位，经理为郑忠元。

14. 晋兴印刷厂：经理为赵培荣（叔哉）。

15. 晋义公司：接收日伪煤场，经理为李逢春。

16. 晋丰酿造厂：接收日伪酿造厂，经理为阎惠源（安民）。

17. 铁器制造厂：厂长为柴峻。

18. 军用物资总库：库长为张次岳。

19. 山西省物产运销公司：原由同蒲路局经营，后独立核算。经理先为王尊光，后为牛锦章，协理为武达光。

20. 山西省合作社物品供销处：经理为祁季槐。

三、山西省建设厅所属企业（厅长关民权）

1. 山西省农业试验场：地址在太原，场长为乔凝祥。

2. 山西省种畜场：地址在太原南门外，接收日伪种畜场，场长为袁兴华。

3. 模范牧畜场：地址在太原，场长为黄哲。

4. 第一林务局：局长为杨祥云。

5. 第二林务局：局长为栗光庭。

6. 山西凿井局：地址在太原，局长为董书俊。

7. 度量衡检定所：所长为徐瑞楚。

8. 兽疫防治队：地址在太原。

9. 太原自来水管理局：局长为申畅。

10. 阳泉自来水管理局：局长为鲁宗禹。

11. 临汾自来水管理局：局长为李仁武。

12. 运城自来水管理局：局长名不详。

四、太原绥署会计处所属企业

太原绥署会计处（原称会计课，后改处），原为管理该署直辖机关经费领发单位，但自一九四六年以后，即开始将该处所经领的经费以迟发、缓发、少发的办法，把大量经费款项向市场投放；并自设机构，经营黑市生意投机倒把、囤积居奇。其后又兼管梁化之特务系统所经营的企业，成为当时资金最雄厚的官僚资本企业。处长为贾乙和，副处长为王大兴。先后设立的企业计有：

1. 同记公司：地址设太原精营街，1947 年 1 月成立，经营进出口贸易。总经理由贾乙和兼，经理为德商禅臣洋行经理、纳粹分子杨宁史（译名），副经理为贾松轩。并在天津、上海设有分公司，天津经理为王俊十，上海经理为罗文士。

2. 九达商行（包括接办的私营会元银号）：地址在太原，1947 年 3 月成立。囤积粮食，出放高利贷款。总经理由贾乙和兼，经理为张子章，副经理为王遵五。

3. 济众堂中药店：地址在太原府西街，经理为张子仁。

4. 广益商行（包括接办的私营正心诚银号）：地址在太原馒头巷，1947 年 6 月成立。资金系用特种警宪指挥处活动费川转。总经理为徐端，经理张子亭，副经理吴秉文、李紫云。该行另在北平设立德生商行，经理由李紫云兼任。

5. 兴成公司：地址在太原市南市街，1947 年由原实物补给处改建成立。资金为杨贞吉特务系统经费。经理为李广昌。

6. 西安被服生产合作社：即西安军鞋厂，厂址在西安，厂长为白俊卿。

7. 复兴煤厂（包括复兴砖厂）：地址在太原，经理为贾松轩。

8. 复兴托运行：1947 年 11 月成立，负责人及运输力都由辎重兵团调派，承揽运输业务。

五、山西省营业公社所属企业

省营业公社董事会设太原三桥街，董事长为曲宪治，秘书主任为曲子祥。所属企业有：

1. 太原面粉一厂：该厂即原晋丰面粉公司改称。日寇投降后，西北实业建设公司接收经营，但资产仍属省营业公社所有。厂长为李文山。

2. 晋裕银号：地址在太原钟楼街，日寇投降后申请复业。经理由曲宪治兼，协理为李文山、冯子久。

3. 晋同银号：地址在大同，日寇投降后申请复业。经理为赵克强（兴甫）。

4. 晋益当：地址在大同。“七七事变”后大同沦陷，被日伪掠夺改名为“兴亚当”。日寇投降后，原经理安卓甫接收，仍用晋益当名称继续营业。

5. 裕源布庄：地址在北平，由晋裕银号投资开设。经营棉布业。经理为金某（大同人、名不详）。

6. 裕丰商行：地址在太原，经营纱布业。经理为曲子祥，副经理为张绍颜、亢荣庭。

六、山西省经济管理局所属企业

日寇投降后，该局由晋西迁回太原。原属该局管理的企业，大部分都改归山西省民营事业董事会和中记董事会管辖；部分小型企业均停办，在太原新成立和接收日伪的一部分企业，亦于 1948 年拨归中记董事会。所属企业情况如下；

1. 晋兴印刷厂：系从晋西迁回太原，经理为赵培荣。

2. 军用物资总库：地址在太原北肖墙，库长为张次岳。

3. 太原市粮商联合社：公商合营，1947 年成立，资本粮食一万石，并按办私营同祥钱庄，以周转款项。经理为武德田。1948 年停业。

4. 太原市木商联合社：公商合营，1948 年成立，资金银币二万元，经理为杨尚申。

5. 太原市砖瓦业联合社：公商合营，1948 年成立，经理为郑忠元。

以上各单位，在 1948 年间均拨归中记董事会管辖。

6. 平民经济执行委员会购销处：地址在太原海子边，1947 年成立，处长为成乔人。

7. 山西省合作物品供销处：地址在太原皇庙巷，1946 年成立，经理为祁季槐。1948 年拨归中记董事会管辖。

8. 太原市合作社联合社：地址在太原按司街，1946 年成立，经理为左挺，副经理为宁世铭。

9. 绥省两署消费社。

10. 各县合作社联合社。

11. 太原市合作图书用品社。

12. 太原市合作金库：地址在太原钟楼街，1948 年筹办，公商合营，申请注册未准。

13. 晋义公司：地址在太原南市街，1946 年成立，经理李逢春。1948 年拨归中记董事会管辖。

14. 晋丰酿造厂：地址在太原成坊街，1945 年接收日伪酿造厂改名。生产酱油。经理为阎惠源。1948 年拨归中记董事会管辖。

15. 卫队学校互助社。

16. 铁器制造厂：经理为柴峻。1948 年拨归中记董事会管辖。

七、私营企业（庆春堂、庆山堂出资经营）

1943 年阎锡山在晋西时，曾将私资经营的源积成、德生厚、亨记银号三家资产拨给民族革命同志会，作为该会基金，以标榜他不再有私产。但实际上山西所有的公营和民营的企业，仍属他所有，只是改头换面，自欺欺人而已。在此时期，除源积成、德生厚、亨记银号名义下不存在外，其由庆春堂和庆山堂出资经营的私资企业，仍保留有：

1. 合记号：地址在成都（前已介绍）。四川解放前该号经协理徐振渭、曲风瑞，均逃台湾。

2. 庆记：地址在四川内江市（前已介绍）。

3. 裕文长途汽车公司：地址在昆明（前已介绍）。

4. 春记：地址在太原新民北正街，1946 年由原五台县河边村庆春泉部分人员向银行贷款开设。专营投机倒把、囤积居奇生意。经理为曲官富，即原庆春泉的三掌柜。太原解放后停业。

※ 曲宪南：《阎锡山官僚资本企业简介》，载《山西文史资料》第十六辑。

第二节｜金融机构

一、全省金融机构概况

表 17－3　　全国各省市金融机构分类统计表

<table>
<tr><th colspan="3">省市名</th><th>总计</th><th>……</th><th>山西省</th><th>……</th></tr>
<tr><td rowspan="3">总计</td><td colspan="2">合计</td><td>5022</td><td>……</td><td>61</td><td>……</td></tr>
<tr><td colspan="2">总机构</td><td>2053</td><td>……</td><td>47</td><td>……</td></tr>
<tr><td colspan="2">分支机构</td><td>2969</td><td>……</td><td>14</td><td>……</td></tr>
<tr><td rowspan="8">银行</td><td rowspan="2">国营</td><td>总</td><td>7</td><td>……</td><td></td><td>……</td></tr>
<tr><td>分</td><td>769</td><td>……</td><td>4</td><td>……</td></tr>
<tr><td rowspan="2">省营</td><td>总</td><td>26</td><td>……</td><td>1</td><td>……</td></tr>
<tr><td>分</td><td>958</td><td>……</td><td>3</td><td>……</td></tr>
<tr><td rowspan="2">县市营</td><td>总</td><td>375</td><td>……</td><td></td><td>……</td></tr>
<tr><td>分</td><td>3</td><td>……</td><td></td><td>……</td></tr>
<tr><td rowspan="2">商营</td><td>总</td><td>198</td><td>……</td><td>2</td><td>……</td></tr>
<tr><td>分</td><td>741</td><td>……</td><td></td><td>……</td></tr>
<tr><td colspan="2" rowspan="2">银号</td><td>总</td><td>475</td><td>……</td><td>29</td><td>……</td></tr>
<tr><td>分</td><td>83</td><td>……</td><td>7</td><td>……</td></tr>
<tr><td colspan="2" rowspan="2">钱庄</td><td>总</td><td>491</td><td>……</td><td>15</td><td>……</td></tr>
<tr><td>分</td><td>27</td><td>……</td><td></td><td>……</td></tr>
<tr><td colspan="2" rowspan="2">信托公司</td><td>总</td><td>21</td><td>……</td><td></td><td>……</td></tr>
<tr><td>分</td><td>6</td><td>……</td><td></td><td>……</td></tr>
<tr><td colspan="2" rowspan="2">保险公司</td><td>总</td><td>129</td><td>……</td><td></td><td>……</td></tr>
<tr><td>分</td><td>378</td><td>……</td><td></td><td>……</td></tr>
<tr><td rowspan="4">合作金库</td><td rowspan="2">省营</td><td>总</td><td>6</td><td>……</td><td></td><td>……</td></tr>
<tr><td>分</td><td>4</td><td>……</td><td></td><td>……</td></tr>
<tr><td rowspan="2">县市营</td><td>总</td><td>325</td><td>……</td><td></td><td>……</td></tr>
<tr><td>分</td><td></td><td>……</td><td></td><td>……</td></tr>
</table>

原注：每一金融机构，在同一地区不论有无分支行及办事处，均以一个单位计算。

※ 中央银行稽核处编印:《全国金融机构一览》,民国三十六年三月。

表 17-4 山西省金融机构一览

地名	机构名称	负责人职	别姓名	资本	成立年月	地址
太原	中央银行分行	经理	张詠		三十五年七月	新民东街1号
	中国银行办事处	主任	张延秀		二年七月	
	中国农民银行分行	经理	常运文			西肖墙1号
	山西省银行总行	总经理	白毓震	2000万元	八年	鼓楼街3号
	新兴商业银行总行	董事长 总经理	梁綖武 续斑	3000万元	三十二年六月	通顺巷28号
	懋昌银行总行					
	一德银号总号	董事长 总经理	齐圣午 张富荣	1000万元	八年	东羊市4号
	仁发公银号总号	董事长 总经理	王靖国 许艺圃	1000万元	二十二年	南市街75号
	利和银号总号	董事长 总经理	杨镇西 智纳言	1000万元	三十五年四月	馒头巷1号
	晋绥地方铁路银号总号	董事长 总经理	张馥荚 曲宪南	6000万元	二十三年七月	鼓楼街4号
	晋丰银号总号	董事长 总经理	郝清照 郝清照	2000万元	十年一月	估衣街13号
	德逢亨银号总号	董事长 总经理	张逢吉 陈富新	1000万元	五年一月	西肖墙71号
	兴华银号总号	董事长 总经理	李时毓 张明珠	1000万元	十四年一月	馒头巷6号
	益和银号总号	董事长 总经理	傅瑶 庞北海	4000万元	八年一月	南市街旁门60号
	晋益银号总号	董事长 总经理	常旭春 董文静	1500万元	二十三年八月	北司街27号
	正心诚银号总号	董事长 总经理	王懿动 吴秉元	1000万元	三十五年四月	南市街33号
	荣瑞福银号总号	董事长 总经理	李五偏 张琏	1000万元	二十年三月	馒头巷12号
	同泰祥银号总号	董事长 总经理	王靖国 李殿荣	1000万元	十八年四月	馒头巷7号
	会元银号分号	经理	崔芹川		二十三年	万家巷7号
	晋裕银号总号	董事长 总经理	曲宪治 曲宪治	1500万元	十九年一月	钟楼街72号

续表

地名	机构名称	负责人职	别姓名	资本	成立年月	地址
太原	宏晋银号分号	经理	田雨生			馒头巷祥云里17号
	和丰亨银号总号	董事长 总经理	刘玉堂 万子良	2000万元	二十年十月	活牛市56号
	丰亨银号总号	董事长 总经理	王英如 王英如	2000万元	二十一年	活牛市旁门19号
	萃蚨昌银号总号	董事长 总经理	郭进臣 高铭	500万元	十三年七月	前所街23号
	汇丰银号总号	董事长 总经理	赵中枢 徐廷碧	3000万元	二十三年二月	南校尉营3号
	瑞兴银号总号	董事长 总经理	解亮候 聂霭云	2000万元	十四年十月	西米市4号
	义泰银号总号	董事长 总经理	郭子青 郝仲莹	2000万元	二十三年三月	桥头街16号
	同祥银号总号	董事长 总经理	黄绍斋 康丕亭	3000万元	十九年一月	中校尉营乙字23号
	宝丰银号总号	董事长 总经理	王玠 邢湔	1000万元	二十一年八月	中校尉营24号
	裕泰昌银号	董事长 经理	李石卿 马志丰	1500万元	三十五年七月	红市街67号
	义泰银号总号	董事长 总经理	阎锡珍 郭庆云	1000万元	十一年四月	按司街8号
	蔚锦恒银号总号	总经理	张瀛洲	1000万元	三十五年七月	
	豫慎茂银号总号	总经理	段国祯	1500万元	九年三月	南市街68号
	绥西垦业银号总号	董事长 经理	梁之厚 徐振渭	1亿元		楼街47号
	晋北盐业银号总号					
	豫慎茂钱庄总庄	董事长 总经理	王效唐 孟彦珍	1500万元	十年一月	南市街68号
	亿生钱庄总庄	总经理	高斌桂	1000万元	十六年二月	柴市巷65号
	和记钱庄总庄	董事长 总经理	路胥龄 邢晔	1000万元	九年	通顺巷22号
	德兴昌钱庄总庄	总经理	乔长绥	1000万元	五年二月	馒头巷14号
	晋兴钱庄总庄	董事长 总经理	张直臣 康瑞芝	2100万元	六年	南市街馒头巷5号
	源生利钱庄总庄	董事长 总经理	王寅生 高占中	1000万元	十二年	帽儿巷67号

续表

地名	机构名称	负责人职	别姓名	资本	成立年月	地址
太原	公益信钱局总局	董事长 总经理	耿桂亭 王硕祥	5000 万元	十一年	南仓巷 13 号
	濬源钱局总局	经理	耿星甫	1000 万元	二十二年二月	阳泉路上义巷 12 号
	义顺成钱庄总庄	董事长 总经理	吴干才 白大宾	7000 万元	二年	通顺巷 29 号
	世信钱庄总庄	总经理	白宝良	1000 万元	三十五年七月	
平遥	山西省银行办事处	主任	王彦荣		三十五年一月	城内
	兴隆信钱庄总庄					
	晋绥地方铁路银号办事处	主任	田光	500 万元	三十五年四月	东大街
平定	溥艾钱局总局	董事长 总经理	周克昌 朱思明	1000 万元	二十二年一月	阳泉伯川路 51 号
乡宁	山西省银行办事处	主任	刘笃让		三十二年十二月	仓门巷 1 号
临汾	山西省银行办事处	主任	高锡栋		三十五年一月	东大街
祁县	宏晋钱庄总庄	董事长 总经理	阎维藩 李本宪	1500 万元	二十四年	西街 8 号
太谷	会元银号总号	董事长 总经理	马子俊 孟丞忠	1000 万元	九年	西街 74 号
	永兴东记银号总号	经理	赵朴	1000 万元	二年五月	东大街 39 号
寿阳	德逢亨银号分号	经理	任珮瑛		五年五月	南关
忻县	晋绥地方铁路银号办事处	主任	乔子昂		三十五年五月	南大街 137 号
运城	中国农民银行办事处	主任	王运礼			东人街 140 号
	晋绥地方铁路银号办事处	主任	郝云笙		三十五年五月	路家巷 98 号
	宏益钱庄总庄					
	兴业钱局总局					
榆次	晋绥地方铁路银号办事处	主任	杨承祖		三十五年四月	北大街 72 号

※ 中央银行稽核处编印:《全国金融机构一览》,371~375 页,民国二十六年三月。

表 17-5　　1948 年太原各银行号简况

类别	名称	地址	股东	开业时间	行员人数	内部组织	业务范围	备考
公私合营	太原市银行	唱经楼	公四私六	民国三十六年一月一日	30 余人	营业、会计、出纳、总务、公库(代理市库)、文书	存放款、投机,营业欠佳	
私营	益和银号	南市街 60 号	资本 2 亿元(19 军参谋王仁斋出资一部)	三十五年后半年	35		存放业务、投机倒把、黑市买卖、黄金	系阎匪高级官员入股的银号

续表

类别	名称	地址	股东	开业时间	行员人数	内部组织	业务范围	备考
地方公营	晋绥地方铁路银号	鼓楼街4号	资本现洋4万元，股东为省府人民事业董事会				存放款、代收同蒲局款项	
地方公营	蔚锦恒银号	钟楼街柳巷口	资本3亿元，股东兴易公司出资		30人左右	营业、会计、出纳、总务	存放款、投机、买卖黄金	
私营类	德兴昌钱庄	馒头巷14号	资本7千万元（存梁化之一部）	三十五年复业	30余人		存放款、汇款、货物、黑市买卖、黄金	阎匪高级官员人股
地方公营	晋裕银号	钟楼街12号	人民事业董事会，资本37年备案5亿元	十九年一月开业	20余人	各埠设分号	存放款、汇兑、投机、黄金	
私营	源生利银号	帽儿巷76号	资本2亿元，集股内有官僚一户		20余人		存放款、买卖黄金	阎匪高级官员人股
地方公营	太原市平执会实物融通所	鼓楼街4号	平执会		行员20余人		存放款、调剂平执会金融、掌握全市金融	
公私合营	裕泰昌银号	红市街67号	郑子文50元、马如魁100元、赵承绶200元（以上为现洋）、山西物产商行（60亿元法币）		15人		存放款、买卖黄金	
私营	仁发公银号太原分号	南市街73号	资本原系2万元，光复后又添一部，股东王靖国及部下官员出资，光复后又增私人一部	十八年春开业		津沪等地设分号，总号在北京	存放款、汇兑	阎匪高级官员人股
地方公营	绥西垦业银号	桥头街16号	资本2亿元，股东省府人民事业董事会	三十五年春开业	40余人			
公私合营	平遥县银行太原办事处	活牛市8号	公四私六		行员6人	内部组织简单	奉平遥总行指示办理汇兑，收交买卖黄金、现洋	因晋中战役损失不少
地方公营	晋兴企业公司信托部	柳巷	晋兴企业公司	三十五年冬季	30多人		存放款、投机	
公私合营	榆次县银行太原办事处	馒头巷	资本1亿元，股东公四私六	三十七年二月	行员1人			寄庄性质
私营	瑞兴银号	馒头巷1号	资本2亿元，股东刘团专出资（晋南人）	三十六年冬	行员20余人		存放款、买卖黄金	阎匪高级官员人股
地方公营	太原市合作金库							
私营	正心诚银号	馒头巷17号	资本5亿元，股东警宪指挥处梁化之等出资		行内30余人		存放款、投机，附设广益商行，办理物资交换，以布匹、洋火换我们的粮食	阎匪高级官员人股
公私合营	阳曲县银行	按司街12号	股东公四私六		20人		存放款、汇兑、买卖金银白洋	

续表

类别	名称	地址	股东	开业时间	行员人数	内部组织	业务范围	备考
私营	义泰银号	柳巷	资本5亿元，股东集股内官僚一部，姓名不详	三十五年	20余人		存放款、投机、买卖黄金	阎匪高级官员入股
私营	和记钱庄	通顺巷	资本备案2亿元（内部有少数官僚资本）	十年开业，三十五年复业			存放款，暗中兼外庄（买卖货物）	
地方公营	盐业银号	按司街33号	资本黄金200两，属人民事业董事会	二十三年开业，三十七年改组	30余人	各大都市均设分庄	存放款、买卖黄金	
公私合营	同祥银号	大剪子巷1号	粮商联合社黄金十条，省府会计处黄金六条，私人四条	二十四年开办，本年一月间转卖现在股东	20余人		存放款、投机	
私营	和丰享银号	活牛市	资本5亿元，官僚出资大部		20人	天津有分号	存放款、投机	阎匪高级官员入股
地方公营	西北实业银行	龙王庙街	西北实业公司	三十六年一月一日	20余人		专供西北实业公司调剂资金	
私营	晋丰银号	通顺巷28号	梁綖武（阎妹夫）省府秘书长	三十六年春	30余人		存放款、买卖黄金	阎匪高级官员入股
地方公营	太原销联总社信用部	按司街	销联总社	三十七年六月	10余人		吸收社员存款，供应总社购用款并买卖黄金	
公私合营	介休县银行太原办事处	三圣庵8号	股东公四私六		行员5、6人	驻庄性质		
私营	会元银号	活牛市	资本银洋5万元，股东绥署会计处长贾益和，招股可能有梁化之的	三十六年夏	行员20多人	旧式方法，混合办公	存放款、囤积货物、倒买黄金	
地方公营	山西省银行	鼓楼街5号	资本事变前为2000万元	八年	行员100人左右	会计、营业、出纳、总务各股，天津有分行	代理省库、存放款	
蒋匪国营	中国农民银行太原分行	西肖墙14号			30余人		专放农贷，不汇兑	
蒋匪国营	中国银行太原办事处	桥头街30号			行内15人			
蒋匪国营	中央银行太原分行	新民东街1号			70人		代理国库，管理地方上公私银号，吸收各银行号存款，不作放款	
	亿生钱庄							

※ 山西省档案馆档案，中国人民解放军太原市军管会金融接管组档案卷十五·5-24。[①]

① 15-5-24卷有各银行号职员情况表，此材料系解放后人民银行工作人员登记的。

二、实物准备库

山西省省铁垦盐四银行号实物十足准备库
美国欧维克夫洋行 **合同草案**

订立合同者：欧维克夫洋行、山西（以下简称甲乙方）。

兹经罗东毅、张祥圃两先生之介绍，谈判双方愿以互惠专利合作精神完成出进口贸易事业，兹商订草案合同各条款列后，以资遵守并奠定双方将来业务发展之基础。

一、甲、乙双方自订定合同之日起，各以贸易有关之经济情报明确互告，以便作贸易参考资料。

二、甲方尽力负责接洽国外各制造厂，卑便适应乙方之需要，并已电达甲方国外之代理者努力进行，亦应以同样权利义务适应甲方之需要，在营业之范围内尽力办理，以促进贸易之早日实现。

三、甲方有任何进口货物，必予乙方特先购买权，如乙方认为不能接受后，甲方始得将该进口货物自由处理。

四、乙方有任何出口货物亦需予甲方特先购买权，如甲方不需要时，乙方便得自由处理。

五、甲、乙双方均以同等合作精神彼此协力，以完成进出口事业之发展。

六、本合同自订立之日起有效期限一年，在政府发表外汇办法后即另行定立详细合同。

七、本合同以华、英文打字机制成，由双方负责代表及中证人，均须签字盖章，以昭慎重，□甲乙双方如不同意时，在一月前通知。双方各执一份为证。

甲　方：欧维克夫洋行
乙　方：山　　西
中证人：永丰洋行肺玺其
中华民国三十五年　月　日

※ 山西省档案馆档案，山西省民营事业董事会档案卷十二·1－657。

函件

关于同欧维克夫美国洋行订立合同可用山西省物产商行名义、基金可由该库自行设法筹凑由，迳复此库业第1186号鉴呈诵悉。经提本会第118次会议决议，以山西省物产商行名义订立合同基金可由该库自行设法筹集等因记录在案，相应录案函达，仰希查明为荷。

此致

实物准备库

※《三十五年准备库与美商订立合同发展业务案卷》，山西省档案馆档案，山西省民营事业董事会档案卷十二·1－657。

三、垦业银号和盐业银号

该号于三十五年三月间复业，股东为中记董事会，资本为法币一亿多。太原为总号，北平、天津、上海、成都、西安皆设有分号。经理徐振渭、协理阎志武已于上年一月间分赴成都、上海未返，号中事务由业务主任负责。

※《接管垦业银号工作总结》（接管员汇报草稿），山西省档案馆档案，中国人民解放军太原市军管会金融接管组档案1949年。

经与耀庭□□研究，批准恢复垦业银号，由军用实物补给处经营。至详细计划及一切进行事宜，由该处拟具并经公营事业董事会核定。可否，请示。

职　宋三洛

12月17日

阎锡山批："可"。

※《宋三洛就"恢复垦业银号"问题给阎锡山的请示》，山西省档案馆档案，中国人民解放军太原市军管会金融接管组档案1949年。

垦业银号更名钱庄

敬启者，本号依据新银行法规定及商业银行调整资金办法，业于上年十一月五日呈请财政部，齐三十八年一月一日改称绥西垦业钱庄，一切业务仍继续前绥西垦业银号进行。兹特函送新印鉴一份，并祈将旧印鉴住校为荷。

此致。

××钱庄

绥西垦业钱庄启

一月六日

※《会元银号档案》，民国三十八年一月十二日，山西省档案馆档案，中国人民解放军太原市军管会金融接管组档案1949年。

请恢复盐业银号

……查河东晋北一带盐户制盐所需工料款年约需一万万元。我方为把握食盐计，经与盐管局张局长会签，由盐团贷给，并奉批"可"在案。正筹办间，准请盐务特派员谈称：办理盐户贷款，按中央规定，该由银行号出名。复查过去盐务督销处办理盐商贷款，既系由该处附设之盐业银号办理各等因，兹为对外计，拟以职团现在运城所存已税之食盐一千一百余万斤作准备，恢复旧存之盐业银号，办理盐户贷款事宜，既符中央规定，且便产销两方。可否，请示。

第二战区司令长官部食盐采购团　赵完璧

民国三十六年十一月二十三日

※《赵完璧就"恢复盐业银号"问题给阎锡山的请示》，山西省档案馆档案，中国人民解放军太原市军管会金融接管组档案1949年。

拟议

一、恢复盐业银号，切合需要，应准如拟办法。

二、以盐团现存运城已税之食盐一千一百余万斤拨充盐业银号资本，亦甚切当，应准如拟办法。

以上拟议可否，请示。

职　张馥荚

十二月六日

阎锡山批："可，暂由赵完璧担任经理"。

※《张馥荚就批准恢复"盐业银号"给阎锡山的请示》，山西省档案馆档案，中国人民解放军太原市军管会金融接管组档案1949年。

盐业银号的资本问题

盐业银号三十五年一月开始创办。概况：最初以盐团往来活存款法币伍千万元之限度，辅助经营买卖，累积盈余。至年终决算，不想竟尔赚到巨数五亿一千万元，令人喜出望外。此时，董事会方拨出资金一亿元，用以正式开幕。至后，三十六年一月，主要业务以吸收存款活动金融，计划贪做各种实物商品，以求获利。其内情形：并无私人参加集股。因前财政部注册规定严格，非有董监各股东手续不许注册，故注册时股东名册内所有股东股权完全假控，即经理徐士琪、副理徐吉午亦系有名无实，纯属虚伪，徐毫无一点入进股款。股权之实在情形，兹承周委员一再询及，特将记忆大略贡献，以释真情，可耳。

谨呈

周委员宗元

徐吉午

五月二日

※《徐吉午交待材料》，山西省档案馆档案，中国人民解放军太原市军管会金融接管组档案1949年。

恢复盐业银号问题

会长钧鉴：

我省盐业银号业经奉谕筹设，谨就银号与盐团关系上擅陈意见如左：

（一）运城盐池，产权既归中央。如欲掌握盐产，则产商贷款，势在必行。倘单以银号垫资借款，仍需另筹资金6万万，而中央限制利率极低，甚不合算。如由盐团合办，则盐价与贷款可以彼此提注，不需另筹大量资金。

（二）盐业银号现系专业，其在省内对象，不外盐团与河东与晋北各产户，如与盐团合办，则可将产户把握运用欲如。

（三）以盐团存盐作准备，即不需再筹巨款，复可藉以吸收大量游资。

（四）与盐团合办，可以节省人力，减少縻（靡）费，且能收驾轻就熟之效。

以上所陈是否有当，敬候钧裁施行。

职 徐士琪

十二月八日

阎锡山批："耀庭□□"。

※《徐士琪就"盐业银号与盐团合办"问题给阎锡山的请示》，山西省档案馆档案，中国人民解放军太原市军管会金融接管组档案1949年。

四、会元银号和正心诚银号

约在1947年3、4月间，阎锡山对贾乙和说："你能不能找上五六个人，占上一个院子，利用商人关系，为咱们购买保存实物，这样会计处的存款就不至于毛了。还不要让人知道。"贾说："可以不让人知道。"阎笑了笑。贾即张罗成立商号，初成立了九达商行，后扩张为会元银号，会计处的官僚资本体系，到此初步形成。

※ 贾乙和：《阎锡山的一个官僚资本机构——太原绥靖公署会计处》，载《山西文史资料》第七辑，65页。

太原会元银号股东名册①

股东姓名　　霍题扬

代表　　太原绥靖公署会计处

资本额　　法币2亿元

护本额　　法币10亿元

备考　　资本法币2亿元折合小麦1000石

护本法币10亿元折合小麦5400石

※《会元银号档案》，山西省档案馆档案，中国人民解放军太原市军管会金融接管组档案1949年。

一、会元银号（包括九达商行）

前面提到，阎锡山着贾乙和找几个商人办理购存实物，这自然是阎锡山为榨取人民血汗而采取的一种障眼法。当贾接到了阎的指示后，即积极找人公开进行。由于贾曾经商十年，在太原市旧商界有一些熟人，初找到亿生钱庄的高炳桂，因条件较苛，没有成议。后又找到贾的同乡宝聚泰经理张子章，经过几番磋商，达成了协议。张的条件是：1. 私商宝聚泰不能因干了公家事而取消，以备退路；2. 业务不用贾管，以免掣肘；3. 用人权除主要职员外，不必经贾许可。即由会计处拨资金法币十二亿元（折实麦子六千余石），又拨护本法币二十四亿元，取名"九达商行"，于1947年4月在太原市帽儿巷路西宝聚泰地址成立。九达商行成立后，由于张子章等原系银号商人，仍愿意干银号业，

---

① 此档案为一页之单册，封面上写"太原会元银号股东名册"，下盖"太原会元银号"印章，另有"王遵五"名章一枚。

同时利用银号业的金融周转，便于进行投机倒把活动。于是在1947年冬，接下太原会元银号的牌子（当时蒋中央规定，抗战以前有案的银号才可复业，因之必须接旧牌子。接牌子价为黄金12条），在活牛市街买到房院一所（价黄金12条），于1948年1月1日正式成立。

会元银行和九达商行是两个并存的机构，属于一个领导。会元银行设有董事会，由杨贻达、李培德（李行九）、邓励豪、梁化之、贾乙和五人组成，杨贻达为董事长。下设总经理一人，由贾乙和兼任，经理张子章，副经理为王遵五。九达商行也是同样设总经理、经理、副理，由会元银号的总经理、经理、副理兼任。为了业务方便，在新南门外办了一个转运货栈，成为会元银号和九达商行的仓库。又在北门外和军鞋厂共同组成磨面组，1948年秋磨面组取消，另在西米市设置粮行，由高永杰负责。但不做市面零星买卖，形同仓库。

1948年后半年，会元银号基础渐固，贾乙和叫张子章将宝聚泰结束。1947年冬，由聚源泰银号聘用了三个人，之后又聘了苗懋堂、赵玉田、刘玉音、韦子文、张晋康等。这些人分别担任了总号及分庄的负责人。会元银行在外埠设分庄，也由于蒋中央的限制，都用的是九达商行的名义。北京分庄由刘玉音（仙波）负责，上海分庄由苗德（懋堂）负责，天津分庄由韦华（子文）负责，西安分庄由张晋康负责，成都分庄由张泽负责。此外，集宁、大同也设过庄，青岛也派过人。除北京有10来个人，称做大庄，天津、上海各有三四个人称次庄外，其余都是一二人，寄居于当地商号内，如同驻客。各埠庄口，统一由总号指挥调动。互通金融物价情报，进行投机买卖活动。

会元银号在九达商行的业务，并没有严格划分。就性质说，会元银号是金融业，经营借贷、汇兑、买卖金银、代客户存款等；而九达商行是经营花布业商。实际上是在会元银号统一指挥、款项统筹调配的情况下，凡利于赚钱的粮食、布匹、棉花、黄金、现洋等的买进卖出，两号样样都干。会元银号（包括九达商行）业务最盛的时代，是在1947年开始筹备到年终。1948年6月晋中战役以前，已经打好基础，足以和当时的大官僚企业垦业银号、盐业银行等相抗衡。晋中战役后，张子章常驻北京，各地都成了紧缩现象，太原总号业务也一蹶不振。1948年冬到1949年解放前夕，太原被围，更成了“坐着吃”的局面。

会元银号（包括九达商行）依仗官府势力，经过二年多的积极经营，获利颇巨。到1948年上半年，即将二十四亿护本全交还了会计处，后半年又将资本折实麦子六千余石，也交还了会计处。除了修理房院、买牌子及筹交上海蒋中央银行黄金一万两以及一切开支外，在1949年2月间，所有动产不动产共值黄金约1900余两。仅仅二年多时间，即有这么多盈余，足见其投机倒把、牟取暴利之概貌了。

※ 贾乙和：《阎锡山的一个官僚资本机构——太原绥靖公署会计处》，载《山西文史资料》第七辑，66~68页。

1947年5、6月间梁化之请阎锡山为特警处批下一笔活动费，成立了“广益商行”（后扩充为正心诚银号），也归会计处领导。

※ 贾乙和：《阎锡山的一个官僚资本机构——太原绥靖公署会计处》，载《山西文史资料》第七辑，65～66 页。

正心诚是阎锡山大特务梁化之、徐端、李紫云等，为了进行特务活动和企图个人发财而组织的一个经济单位。1947 年夏，阎锡山交给我一个文件“广益商行组织简章”，由阎批：“派贾乙和为监理，由会计处特费项下拨三亿元。”这个简章是由李紫云拟缮、徐端署名、梁化之持向阎锡山批准的。简章略称：组织这一单位，是为了进行特工活动。成立商行，下设旅店、澡堂、理发店等社会服务组织，以便通过社会关系进行工作，特别是利用它培植一部分社会青年骨干。其中还有许多细节，共 20 余条。我大略看了一下对阎说：“这计划不简单，我……”阎说：“那些不用你管，他们不会做买卖，你照料住不要赔了钱就行，和化之研究研究。”我即找梁化之，梁说：“不见得要成立那些单位，以后看情况。主要是特宪处顶编制，向中央领款怕靠不住，想开个买卖赚些钱。”不几天，由徐端任总经理，张子章担任经理，吴秉元、李紫云任协理，在帽儿巷筹备成立。到 1947 年冬，又接买下正心诚银号的牌子，在馒头巷成立正心诚银号，徐端任总经理，吴秉元任经理，李紫云任协理。徐端、李紫云都是特警处负责人，张子章是商人出身，李紫云的同乡。吴秉元在 1920 年以前，就是正心诚的伙计，以后升为经理。这次他和这些特务结合一起，是由于在抗战时期，我方地下工作人员李某，奉命来太原投资于商号进行地下工作，吴秉元即接受了投资。日寇投降阎锡山回太原后，于 1946 年被特宪处发觉，李某逃走，吴秉元被捕，财产被没收。数月后，徐端即利用了这个老商人作幌子，开设商号。

会计处拨出法币三亿元，折小麦一千一百石，商行开始营业。由于贾乙和没有积极支持，数月之间，赔累殆尽。徐端于是 9 月间召开会议，研究加强业务问题，主张由贾任总经理，贾以监理高于总经理，坚持不接受，答应由会计处拨款支持，不久即赚了钱，除不亏本外，尚有盈余。

正心诚开始营业后，由徐端负总的业务决策责任，李紫云以协理名义，常驻号内，主持一切人事和业务问题。经理吴秉元事事听命于李紫云，因此号内一切都由特宪处掌握。另外成立了董事会，由徐端、兰风、李紫云、贾乙和、梁化之组成，开过一次董事会。

在太原，正心诚、广益商行两个单位并存，广益商行为正心诚的货柜。在北京、上海设过分庄，但业务不多主要是在平遥、太谷、交城等地，以汇通商行名义设庄，利用特警组人员，打入我解放区，套取物资。正心诚为金融活动周转机构，广益商行为买卖实物粮布等机构，两相结合，狼狈为奸。金子、现洋、粮、布等投机买卖，有利就干。惟因吴秉元比较谨慎，李紫云毕竟是商业外行，且经济实力也不雄厚，所以他们的业务，按当时官僚资本商业的活动情况来看，是比较平淡的。

正心诚（包括广益商行）财产并不算多。在 1948 年冬，将资本折合小麦一千一百石，交还了会计处外，到年终决算，仅盈余合现洋 9000 余元。到 1949 年春，业务更为稀少，同时各地坐庄均已取消。到太原解放前夕，特宪处特警队人员，自知死期已近，疯狗似地乱搞一气，所谓“加大享受，缩短阳寿”。正心诚的财产，为其挥霍不少。

正心诚（包括广益商行）没有同志会组织机构，但由于徐端、李紫云等特务匪徒掌握人事，因而也就渗入了特务关系。在阎锡山“兵农合一优待粮花”等规定下，正心诚没出过一个钱。号内伙友，但是适龄壮丁，都在特警队顶名字，而这些人之间，也不可避免地做一些情报工作。

※ 贾乙和：《阎锡山的一个官僚资本机构——太原绥靖公署会计处》，载《山西文史资料》第七辑，71～73 页。

五、其他金融机构

1. 晋丰银号，原系崞县富商巨户集资在太原所设的银号，经理为郝星三。郝星三的儿妇徐桂英（郝振邦之妻）系阎锡山内弟徐玉峰之女（徐玉峰是我的姑父），因此郝与阎就拉上了关系。日寇投降后，阎锡山依靠日寇的协助，抢占了太原，委任梁綖武（阎的五妹夫）为山西太原社会处处长兼接收敌伪产业委员。阎将接收的敌伪财产和银行现金等，在太原设立新兴银行。该行开幕一年之久，因格于蒋政府规定，未获备案，而晋丰银号却符合复业的条件，并已取得复业的执照。阎锡山就撤销了新兴银行，使用晋丰银号这个字号，扩大组织，由梁綖武任董事长，续子宪任总经理（续当时任天津金城银行副理），郝星三任经理，边廷淦任协理（边系太原外事处处长），续承明任副理。此后阎锡山即派梁綖武常驻上海，一面将他四十年来在山西剥削、压榨人民积累起来的大批资金，由梁代其存入美国银行，以期取得美国政府的信任，一面由梁在上海进行一些政治活动。嗣后晋丰银号于澜之前来天津，担任该号驻津主任，在津申请了商行营业证照，进行黑银号的活动。

2. 太原晋裕银号，经理冯子久在抗战胜利后，即常驻上海，亦进行黑银号活动，运用大量资金套购黄金、美钞，为阎锡山攫取暴利。

……

6. 元丰银号曾派郭映浦为该引号驻津主任，申请商行营业执照，进行一些汇兑和购存黄金、美钞的活动。

……

（晋裕银号情况由原土货商场售货员秦宝斋提供。秦现山西省工业厅沈阳办事处主任。）

※ 阎子奉：《阎锡山家族经营的企业》，载《文史资料选辑》第四十九期。

仁发公银号情况

呈报：

仁发公银号，北平为总号总管理处，另设北平、天津、太原为分号，西安、重庆、成都、上海、台湾各设货庄一处。在三七年七月间，解放战炮击太原后，太原分号经理张小天由北平返号，令业务缩小，物资分散，另谋生产路线补助太原。当经同仁共商，

决定派齐相丞赴西安，刘钟秀去北平，太原号务由王岁九负责进行。彼时号中约存金条七百余两，由齐相丞自带，托航空运往西安。其细数运法，为时已久，不能记清详情，请阅账便明。张小天于七月底返并，齐相丞八月初赴陕，本人于九月六日到北平。临行时，号中存金约二十两上下，银元数百元，白糖几百斤，留作营业需用，详数请查帐便明。继因并市负担奇重，不堪续业，北平总号即命令发给同仁半年待遇，就地遣散，将并存金银物资变作遣散费用，不足之数由北平总号发给。除有总号函件外，其办理详情，请询彼时负责者便明，因本人已于九月离并。所报是实。

仁发公银号　刘钟秀具

三八年五月七日

※《刘钟秀交待材料》，山西省档案馆档案，中国人民解放军太原市军管会金融接管组档案1949年。

日寇投降后，晋裕银号在太原复业，仍由李刚甫任经理。李于1946年病故，经我向该号董事长曲宪治推荐，由天津亨记银号驻绥远主任冯子久任经理。

※ 阎子奉：《阎锡山家族经营的企业》，载《文史资料选集》第四十九期。

蔚锦恒银号：是山西贸易公司以高价向私商买的牌子，作为该公司的信用部对外的门市部。经理张效贤。经营黄金、白洋、放高利贷等活动。

同祥银号：是太原市粮商联合社的金融机构，也是向私商买下的银号牌子。地址在大剪子巷。经理武德田。进行黄金、银元、布匹等投机活动。

……

太原市合作金库：是太原市政府合作指导室，根据蒋政府颁布的“合作社法”和“合作金库条例”而筹组的。地址在鼓楼街。采取公私合营，一部分由合作社集资、一部分由私营钱庄入股，收集到黄金一百两。市长白志沂任理事会主任，经理宁振恩。在筹备期间，主要进行黄金、银元等投机活动。因与章程不合，蒋政府不予备案。即行停业。

……

平执会实物融通所：由平执会出资，为平执会资金，进行存放款，买卖黄金、白洋。一九四八年成立。地址在鼓楼街。主任王香甫。

※ 人民银行太原市行档案室：《阎锡山在太原市开设的金融垄断机构》。

太原市合作金库，系1948年8月开始筹备，由公私合资，一半由合作社集股，一半由私营钱庄集股，每股黄金一两，共收集到黄金一百两。按业务经营的范围的规定，吸收合作社存款，为合作社贷放资金，扶持所谓合作事业的发展。实际并没有这样做，完全在金融市场做了囤积居奇、投机买卖黄金和商品的活动。由于在白志沂（阎的太原市市长）的控制下，引用其私人刘某负责经理，又成了阎匪市政府少数人勾结一起投机发财的场所。结果，因为与章程规定不合，蒋中央政府不予备案，未正式成立，即行倒闭。

※ 张青樾：《阎锡山的“合作社”》，载《山西文史资料》第七辑。

1945年日寇投降，抗战胜利，以为重见天日，即分离一部分人，返还运城，恢复旧业。首先开设刘增盐厂，招工投资，扩大潞盐生产。而蒋阎两部队杂处运城，争权夺利，互不相让，对商对民，敲诈盘剥，如临大敌。1947年召开了一次股东会议，报告几年经过情况和营业概要，并发红利股息，决定了今后经营方针。后来不久，解放军围城……大部人员二次转回西安，而刘增盐厂新产料盐，又损失一空，计价值五万余元。

河东兴业钱局二次到西安，资本力更加微薄。……特务横行，气焰高涨。货币数变，成千上万不能顶一文用。……河东兴业钱局人员，于1949年西安解放前夕，逃往天水。沿途匪军混乱，明抢暗窃，致将仅存的帐簿档册，大部遗失。其余职工，亦四处隐藏，几乎解体。……

※ 段子荣、许衣如：《河东兴业钱局》，载《山西文史资料》第八辑。

兴业钱局是晋南人组织的，总局在临汾，可能是各县商会合营的企业，在太原有分局。

……

保晋公司，胜利后成了阎匪的阳泉矿务局，还有大同煤矿成了阎匪的晋北矿务局(梁上椿任局长)。

※ 常紫书1975年5月14日提供的材料：《阎锡山垄断金融核心——山西省银行历史及牵涉到的经济材料》。

第三节｜省银行晚期的业务与改组

一、常规业务

中央银行太原区太原分行检查山西省银行报告书

检查人：办事员张基义、李时彦

民国三十五年九月二十八日

本分行奉命于九月二十二日实施检查山西省银行总行，经三日之检查始告完毕。兹将检查结果分陈于后：

一、一般事项

①该行于民国八年成立并呈准注册，“七七事变”后，营业执照遗失，号码不详。

②该行于三十二年七月一日与前省行及晋绥地方铁路银号合并，光复后即行筹备改组，董监事会仍未成立，内部人事情形另附详册。

③该行内部组织，系用总管理制，分业务、会计、总务、保管四处，业务处分事务、

营业、公库、出纳四组；会计处分帐务、综核两组；总务分人事、庶务、文书三组，会计系统系采用集中制。

④该行在改组时期并未正式营业，所有目前存款之主要来源为第二战区长官部军饷、中央及省级各机关库款，普通存款颇少。

⑤该行经常头寸不下三四亿元，当时检查时其库存数与经常无异。

⑥联行间款项多侧重拨调第二战区军饷，其他业务往来颇少。

⑦该行业务虽暂告停顿，然以物价日高，各项开支浩繁，最近亏损颇巨。

⑧会计科目仍沿用旧名称，会计手续尚未完全依照暂行银行统一会计制度之规定处理帐务，记载尚属确实。

⑨前次检查该行后，人事及业务并无变更。

二、现金

库存现金额为42735337790元，核与记载相符。

三、放款

甲、放款及透支

①活期存放均立有契约，放给公营事业机关，全计息。

②活存透支多系公营事业机关（西北公司等），分计息和不计息两种。

③同业透支系以日计息。

④公库透支系奉命办理，多不计息。

乙、贴现及押汇（略）

四、投资及有价证券

该行投资有生产事业投资一种，据称此项投资均系奉第二战区司令长官阎令办理者。

五、存款

①该行无定期存款，活期存款只有420396241元。

②该行活期存款多是事变前本市各商号未销户者，亦有现时存入者。

③该行存款大抵不计息，故迄未交纳存款准备金。

六、本票及保证

该行均未发行或使用。

七、汇款

①通汇地点计有平遥、临汾、乡宁、西安、大同、北平、上海七处。

②汇出及汇入汇款多系军用款。

八、同业往来

①本埠同业往来：中行548708398678元，农行67257949420元。

②外埠无往来。

九、暂收付及期收付

各部门解款以运送各处军款，一时未能归入正式科目者皆为暂收付之原因。

十、承兑及保证

均未经办。

十一、催收及坏帐

该行并无坏帐。

十二、联行往来

数目较巨者为西安办事处，其发生原因多为军款之调拨。

十三、其他事项

①该行现无确定资本，总额表上所列者为三十二年七月一日与前省行与铁路银号合并结束后移拨并历年盈余数。

②该行未承受质押品。

③该行目前尚无仓库业务。

十四、损益

①定活期存款本月最高利率2.50元，最低2元。

②定活期同业往来最低八厘。

③汇款手续费……

④投资及有价证券损益情形，查该行生产事业投资只有两家，据称系奉二战区阎司令长官办理者，其损益数系归长官部主办，该行无从过问，至损益不明。

⑤该行在改组期间，各项开支均无预算。

十五、储蓄部与信托部（略）

结论：

综陈上述，为该行最近业务之中心一般情况，至其业务趋势，因晋省各地共军猖獗，交通阻滞，目前尚难推进，至本省各县市区照实际情形而论，该行一般业务之性质与其他省银行颇有不同，尤其公库存款内之公款数字庞大，未能依照规定移存中央银行国库，此不外环境特殊之关系，欲求其业务之纳入正轨，该行之改组有早日实现之必要。

※ 国家第二档案馆（南京）档案，国民政府财政部钱币司档案卷二二五－6071。

表17－6　　山西省银行公库存款余额表

（民国三十五年九月二十一日）

户名	币名	本位币	户名	币名	本位币
财政厅三十四年一月份预算经费	法币	5425813	田粮处	法币	196344995
财政厅三十四年四月份预算经费	法币	8930291	田粮处经费	法币	97618792
财政厅三十四年五月份预算经费	法币	5548537	田粮处粮价款	法币	3732817857
财政厅三十四年八月份预算经费	法币	42547555	田粮处契税款	法币	43339672
财政厅三十四年九月份预算经费	法币	18127430	田粮处契税暂存款	法币	446069
财政厅三十四年十月份预算经费	法币	9142670	军管区司令部	法币	6010455
财政厅三十四年十一月份预算经费	法币	9149480	军管区司令部暂记	法币	10183
财政厅三十五年二月份预算经费	法币	168266756	军管区司令部□□□	法币	—
省政府公购附加粮款	法币	3205759	兵站总监部	法币	68581209

续表

户名	币名	本位币	户名	币名	本位币
财政厅非常时期特别预备金	法币	6567264	兵站总监部军费	法币	1505954120
省府浮存	法币	29768476	第六兵站分监部	法币	—
财厅暂记	法币	33524482	53 军军需处	法币	1361374
金库	法币	1519265203	自给基金	法币	1167536
长官部经理处	法币	47799752	秘办室特别事业费	法币	44089202
长官部经管款	法币	944510612	建设厅	法币	5584837
长官部收复费	法币	3052856	教育厅	法币	5284104
长官部临时费	法币	40692744	第二兵站付秣会	法币	269211675
会计处	法币	1233485146	山西高等法院	法币	128827940
会计处专项存款	法币	260496630	山西省党部	法币	27785200
备险金	法币	540496499	军官总队	法币	216206965
保安司令部	法币	30684695	军械处	法币	12047492
保安司令部会计处	法币	25508620	发饷组	法币	108019545
会计□	法币	40270924	工程局	法币	39234211
长官部太原洗染厂	法币	107400000	省经局特户	法币	151968000
军用物品总库	法币	16775830	会计处	法币	300000000
省经局工事业	法币	32350000	会计处(省币)	省币	36677995

※ 国家第二档案馆(南京)档案，国民政府财政部钱币司档案卷二二五－6071。

表 17－7　　山西省银行活存余额表

(民国三十五年九月二十一日)

户名	币名	本位币	户名	币名	本位币
张汉杰	法币	43059237	王秘书长	法币	1534526
庶务组物办垫款	法币	21304078			
以下日息以 2 元计算					
山西贸易公司医药器材部(立契约)	法币	28908970	山西贸易公司木材物	法币	47000000
黄河印刷厂	法币	29990000	西北实业公司	法币	54993352
山西贸易公司医药器材部	法币	49961916	信用部	法币	29200000
山西贸易公司粮食部	法币	140316072	实物准备库信托部	法币	10000000
阵中日报社	法币	1990871			

※ 国家第二档案馆(南京)档案，国民政府财政部钱币司档案卷二二五－6071。

表 17－8　　山西省银行放款余额表

（民国三十五年九月二十一日）

公库透支			生产事业投资		
户名	币名	本位币	户名	币名	本位币
财政厅三十四年一、二月份预算经费	法币	138152	裕兴公司	法币	455800
财政厅三十四年三月份预算经费	法币	5573153	火柴公司	法币	11640231
财政厅三十四年十二月份预算经费	法币	41875013			
财政厅三十五年一月份预算经费	法币	19497382			
财政厅三十五年三月份预算经费	法币	28984920			
财政厅三十五年五月份预算经费	法币	757033160			
财政厅三十五年六月份预算经费	法币	802542382			
财政厅三十五年四月份预算经费	法币	271121620			
工程工事费	法币	399999992			
财务室借款	法币	1775105056			
民营事业董事会	法币	37686214			
各区购买牲畜贷款	法币	10000000			
省经费 8 户	法币	151968000			
金库（省币）	省币	34691474			

※ 国家第二档案馆（南京）档案，国民政府财政部钱币司档案卷二二五－6071。

表 17－9　　山西省银行日计表

（民国三十五年九月二十一日）

科目	贷方	借方
存放同业		61660663480.98
同业透支		189519811.61
活期放款		13107259.63
暂付款项		97674751.61
联行往来		159209242.76
应收利息		15288880.00
实物准备		43265931.85
活存透支		429605712.22
公库透支		4774483852.84
生产事业投资		16198231.55
公库存款	12571318433.30	
资本	43266000.00	
同业存款	10275966.81	
活期存款	4203962.41	

续表

科目	贷方	借方
行员储蓄	31324960.58	
汇出款项	146085103.95	
暂收款项	273405774.30	

※ 国家第二档案馆（南京）档案，国民政府财政部钱币司档案卷二二五－6071。

关于由民营事业董事会代替县市公股问题阎锡山与南京的往来电

南京财政部公鉴：

前准贵部钱丁字第724号咨送省银行条例及实施办法各一份，嘱查照办理等由，当经转令山西省银行遵照修正该章程送核，后据该行将章程修正送核前来，经核，关于地方参加公股一节，查《省银行条例》第四条载，省银行之资本由国库拨给，并由县市银行及自治团体参加公股；又《实施办法》第二条第二项载，前项自治团体系指尚未成立县市银行之县市政府各等语，查本省县市银行，除太原市正在筹备外，各县银行均未成立，县市政府筹款亦复困难。兹查有山西省民营事业董事会者，原系山西各县集资成立，为山西全省人民产业团体，为求中央地方金银脉络贯通，紧密联系，经征求各县市意见，均以该董事会代表各县市出资尤为相宜，所有各县市应出资本及其权益，即由该董事会代表负担。又，关于董事监察名额分配一节，查《省银行条例》第九条载，省银行设董事七人至十三人，由财政部遴选四至七人，省政府保荐三至六人，设监察七人，由财政部遴选三人，省参议选四人，均由财政部令派之，如参有地方公股者，其公股董事监察人，依照上项规定，分区遴选保荐，由部令派；又《实施办法》第四条载，凡参加地方公股之省银行，所有董事监察人名额应按照股份比例分配；又第二条载，省银行由县市银行及自治团体参加之公股，以不超过资本额二分之一为原则各等语。按上例各规定，地方既出资一半，按比例分配应出董事六人，监察三人，所余董事七人按《条例》第九条前叙之规定，应由财政部遴选四人，省府保荐三人，所余监察四人，应由财政部遴选二人，省参议推荐二人，除参议会应推选监察二人已函该会推选，俟选出后另报核派外，兹将前项本府应保荐之董事三人及应由代表地方公股之民营事业董事会遴选之董事六人、监察三人列册，连同《修正省银行章程》一并附送，敬请核办，并分别令派为荷。再，此案因复杂及征询各县市意见关系，办理稍迟，请谅察。山西省政府戌鱼财四印。（1946年11月6日）

附《修正山西省银行章程》一份及董事监察名册各一份（略）。

※《山西省政府给南京财政部的代电》，国家第二档案馆（南京）档案，国民政府财政部钱币司档案卷一（2）－3435。

南京政府财政部稽核室1946年11月27日专案检查山西省银行报告审核意见

一、人事组织

查该行系于民国三十二年七月一日由前省银行及晋绥地方铁路银号合并组织而成，胜利后开始筹备改组为山西省银行，总行现采总管理制，设总经理、协理各一人，下分业务、会计、总务、保管四处；分支机构现有平遥、临汾、乡宁、西安、大同、运城、北平七办事处及上海通讯处……惟该行在此筹备改组期间，董事及监察人似应先期产生，组织董事会及监察人会，俾使确定资本金额，拟草组织及办事章则，以及业务计划，以为筹备工作及改组后推进行务之南针。

二、业务动向

查该行值兹筹备改组期间，并未正式营业，截至本年9月21日止，各项存款总额达一百二十五亿七千余万元，均为第二战区军饷及省级各机关库款，大抵不计利息，是以迄未遵缴存款准备金，资金运用方式，计存放同业六十一亿余元，同业透支一亿八十余万元，公库透支四十七亿三千余万元，活期放款一千三百余万元，活存透支四亿余万元，生产事业投资一千余万元，内中放款对象，多属公营机构，其生产事业投资系奉第二战区阎司令长官令办理者，汇兑业务多系拨调第二战区军饷，以是与联行间除调拨军款外，其他业务往来甚少，以该行目前系属筹备改组期间，虽未正式办理业务，若严格言之，在未改组就绪，未正式开业之前，即不应办理任何业务，惟该行所处地方环境特殊，又值军事纷繁之时，军政机关收支款项皆赖其周转，亦实有其特殊性质，究竟该行改组工作筹备到如何程度，详情如何，似应电请央行转饬太原分行注意，随时转报备查。

三、经费开支

查该行各项费用，并无预算，以该行本年九月一日至二十一日表列数字，仅二十一天，各项开支即有三千四百余万元，似嫌糜（靡）费，拟饬嗣后开支务须编制预算，以资范围，并樽节开支。

以上所签是否有当仍祈核夺。

职　解鸣权　谨签

十一月二十七日

※ 国家第二档案馆（南京）档案，国民政府财政部钱币司档案卷二二五－6071。

山西省政府公鉴：

本年十月六日稽政财字第21324号代电及附件诵悉。查山西省银行原有资本若干未据报部有案，如需增资应盼详拟增资方案连同最近资负表、营业概算表一并咨部核办。又，山西省民营事业董事会既准电明代表各县市出资参与该省行，应请即将该会股东代表姓名清册咨部以凭查核所属一节应俟查明电复，再为核办，除将附件暂存外，相应电复查照办理见复为荷。

财政部京钱丁940

（1946年11月29日）

※《南京政府财政部给山西省政府的复电》，国家第二档案馆（南京）档案，国民政府财政部钱币司档案卷一（2）－3435。

表 17－10　　山西省银行现有办事处开业日期及经理人姓名

（民国三十六年一月）

办事处名称	负责人职别姓名	开业日期	备考
平遥办事处	经理王彦藻	三十五年一月一日	
临汾办事处	经理高锡栋	三十五年一月一日	
大同办事处	经理冯琳	三十四年十一月一日	
运城办事处	经理张秉炯		三十五年三月五日先派三人前往筹设，因房院及交通不便等种牵制迄未开业。
北平办事处	经理阎念祖	三十五年六月一日	
西安办事处	经理温承欢		
附　注	查乡宁办事处因现无设备、无必要，已于三十五年十一月撤销。上海通讯处系办理二十六年前本行在上海之未了事件，办毕即行撤销，合并声明。		

附表备注：于二十六年总分行撤到西安，除一部分人员奉令派赴晋西随第二战区长官部服务，一部分人员押运公物赴成都清理旧事外，其余人员留西安办理未了事件。于二十九年奉太原绥靖公署令与晋绥地方铁路银号合组联合办事处，办理部、署、府领发饷项及调拨公款事，该处即于二十九年三月一日改称联合办事处西安分处，现该办事处正在结束，改组山西省银行西安办事处。

※《山西省银行致南京财政部长俞鸿钧的代电》，国家第二档案馆（南京）档案，国民政府财政部钱币司档案。

山西省银行民国三十六年度
前届业务会议记录

时间：民国三十六年二月一日

地点：本行

出席人员：白毓震、阎愈良、陈钦绥、阎树栋、曲宜清等

主席：白毓震

记录：张隆先

报告事项：

一、主席报告略谓：本行奉山西全省民营事业董事会董计字第七四号函着查照工作日历之规定，举行本年前届业务会议，报去备查。现在交通阻滞，召集各单位负责人十分困难，且原派各办事处人员有限，一年来均感人少事多，一经召回往返费时误事，经由总行有关各部分人员举行会议，即根据董事会函开“本年度业务计划、已过经验及其他足资效法各事项，详确会商布置上半年内工作”，作为议题提出讨论。

讨论事项：

一、查上年度业务计划，原希望将事变以前各分支机构全体恢复，力求开展。然为时局所限，一切计划不能实行。说到已过经验不外故步自封，自无足资效法之点。兼以省政府转下财政部来文，附有省银行改组条例饬照条例办理，当经提供意见，陈明省政府财政厅，请向财政部先行洽商出资数额及董事监察总经协理等人事问题，闻财政厅已经呈部核示，在未奉指示以前，本年上半年内工作未便具体拟定，只有在不违反普通营业之原则，不贻误公款出纳之范围下，照旧谨慎办理，其他计划暂难谈到。经众研讨佥以事实如此，惟有以此暂作结论，将来部令颁到另行拟呈。

※ 山西省档案馆档案，山西省银行档案卷。

山西省政府与南京的往来电报
山西省银行代电

民三十六年一月十三日

财政部部长俞钧鉴：

……查本行所属省内各办事处及北平办事处之设立，系自胜利复员以来，因本省环境特殊，均为配合第二战区长官部、山西省政府需要，奉令设置；至上海通讯处，系于去年五月间派往办理本行二十六年以来在沪未了事件，并非长久占住，一俟办毕，即行撤销。

※《1947 年 1 月 13 日省银行致财政部长的代电》，国家第二档案馆（南京）档案，国民政府财政部钱币司档案。

表 17－11　　山西省银行未收回发行券表

（民国三十七年二月二十九日）

发型券	摘　　要	准备金
59985366.70 元 26058436.70 元 660050.70 元 922790.10 元	山西省银行 铁路银号 垦业银号 盐业银号 省库透支	87626644.20 元
87626644.20 元	合　　计	87626644.20 元

附记：

（一）山西省发行省钞在“七七事变”前有山西省银行、晋绥地方铁路银号、绥西垦业银号、晋北盐业银号四银行号，抗战开始即奉命将垦盐两号之发行券及准备金归并于本行，又于三十二年奉令将铁路银号发行券及准备金亦归并于本行。

（二）前条移归本行之准备金、本行发行之准备金均由省库因垫发军费尽数提支。

（三）本行每月所报月计表未将此项发行数及省库借款列入，其原因是为省行按中央法令无发行票券之权，且系旧事故未列入，现在本行奉命改组，所有债权债务均应结算，故一并补报。

总经理　白毓震

※ 国家第二档案馆（南京）档案，国民政府财政部钱币司档案卷一（2）－3435。

山西省银行呈：为呈复事案，奉钧部京钱庚字9383号指令，以职行北京、西安省外两办事处未奉钧部特准设立有案，应于文到一月内结束撤销具报，并将结束日计表及各科目余额表抄呈备核等因。查抗战期间为收受公款在克难坡组织省铁联合办事处，嗣以支领调拨，西安不能无人，故在西安设一办事处，并不营业，迨胜利复员，公款转至北京拨领，职行为清理事变以前旧事，派员至平办理，兼代领拨公款，其性质与公务员差派在外常驻公干相等，概未按银行办法制表立帐仪式设备。现在公款俱归国库指拨，职行西安、北平两办事处应遵钧令结束撤销所有事变以前之旧事，改称通讯处从事清结，一俟清理完毕后，即撤销。奉令前因理合陈明，敬请察核。

谨呈财政部长俞

总经理　白东生

协理　　阎愈良

民国三十六年三月三十日

※《1947年3月30日省银行致函南京政府财政部》，国家第二档案馆（南京）档案，国民政府财政部钱币司档案。

财政部钱币司指令

（京钱庚字第12342号）

三十六年三月三十日银字第506号呈一件，为呈复遵令将西安、北平两办事处撤销情察核由呈悉，仍应将该行西安、北平两办事处结束日期具报备核，仰即遵照，此令。

财政部钱币司

※《南京政府财政部给山西省银行的指令》（财政部钱币司指令京钱庚字第12342号），国家第二档案馆（南京）档案，国民政府财政部钱币司档案。

财政部训令

据中央银行太原分行转送《派员检查太原预慎钱庄业务报告》及各项表报到部，经核该庄汇出汇入科目内有该省行于本年二月十日由该钱庄汇天津行五千万元一笔，查该省行在天津设立行处未据报部核准有案，该省行上项汇款作何用途，究竟是否已在天津设有行处？仰即据实详报备核为妥。此令。

财政部钱币司

民国三十六年三月二十四日

※《南京政府财政部给山西省银行的训令》，国家第二档案馆（南京）档案，国民政府财政部钱币司档案。

呈：为呈复事，案奉京钱庚一字8912号训令内“据中央银行太原分行转送派员检查太原豫慎钱庄业务报告及各项表报到部，经核该庄汇出汇款科目内有该省行于本年二月十四日由该庄汇天津行五千万元一笔，查该省在天津设立行处未据报部核准有案，该省行上项汇款作何用途，究竟是否已在天津设有行处，仰即具实详报备案为妥。此令。”等因。查本行在天津并未设有行处，亦无上项汇款，除派员稽究外，理合具实呈报，敬请查核为祈。

谨呈

财政部长俞

总经理 白毓震

协理 阎愈良

民国三十六年四月十日

※《山西省银行给南京政府财政部的复函》，国家第二档案馆（南京）档案，国民政府财政部钱币司档案。

日寇投降，（山西省银行）回了太原，直到解放，西安办事处营业，一直到解放后由我方接收。

※ 常紫书1975年5月14日提供的材料：《阎锡山垄断金融核心——山西省银行历史及牵涉到的经济材料》。

民国三十五年（山西省银行运城分行）恢复，但未对外营业。

※ 山西省运城市地区志编纂委员编：《运城地区志》，621~622页，海潮出版社，1999年10月。

山西省银行的性质和资本来源：纯属敌伪省营，三十二年七月以前，由民营事业董事会领导，自三十二年七月一日改组后，改归伪经济建设管理局领导，系由“前省行”及“前铁路银号”合并，约计法币660余万元，及所存钢铁、纱布等折合法币700余万元，共计法币1360余万元，至三十七年十月一日奉南京伪财政部命，照“省银行条例”改组，旧事完全结束，正式归为山西省政府领导，由省库出资定额资本金元券20万元，实收金元券134022元。

机构设置和主要负责人：设有董事会领导全行业务，计董事十五人，监察七人，伪财政厅长王平为董事长，王谦（王尊光）、关民权、张馥荚等为董事，伪会计处长王昉、伪审计处长赵希复等为监察人，总经理白玉震（东生），副总经理祁季槐，总务主任陈钦授，营业主任陈铎，会计主任阎树栋。

营业范围：除代理省库及经办部分地方军费收支外，对存放款汇兑等业务较为清淡，而以买卖黄金银元，操纵市场，垄断物价为主要业务，并通过阎匪结合美帝国主义资本获得大量美钞，充实其反人民的力量，借以延长阎匪垂死的命运。为了勾结美帝国主义及与蒋匪联系之便利，并在上海设立驻员通讯处，以达其活动之目的。

经营概况：截至三十四年底，资本连同历年盈余约合黄金一千三百两。三十五年全年盈余黄金四百余两。三十六年全年盈余黄金约九千余两。三十七年除“前铁路银号”分去黄金约九千余两外，其本身实力只剩黄金一千六百余两。本年营业状况，按帐面核算仅获利伪金元券十五亿二千万元之谱。

帐簿种类及作用：（1）内外两套新式帐及一套省库帐，都以金元券为本位，另用黄

金、银元保管簿一本，代管簿二本，总务上设有一套新旧式混合帐。（2）外帐对付中央银行，登记公开事项，如中、中、农、省库及联行筹之往来，内帐记载一切机关存款、军费及生金银价款、同业借款及透支等。省库帐专记伪省府一切收支，并与伪省府会计处相联系，依照全省岁出岁入预算额统一收付。保管簿及代保管簿专记金银等项。

各种帐簿的结合：外帐与省库帐有联系，立有往来户名，资本都登记在外帐上，内帐与各帐完全脱节，毫无联系，其实际财产都登记内帐上（包括总务帐簿）。

※ 山西省档案馆档案，《太原市军事管制委员会金融接管组清审报告》，1949 年 5 月 20 日。

二、特别业务

事由　函希即日将分担工事工程费交会以便转交由。

敬启者，奉联办室会案，关于筹拨工事费问题，经会议讨论，由民营事业各部门分担，奉批合谋等因，遵于昨日下午开会讨论，议决如下：

（一）负担单位：

1. 董事会所属；

2. 贸易公司所属；

3. 省经局所属；

4. 不属于上述系统之小单位。

（二）负担标准：

1. 董事会所属负担 60%；

2. 贸易公司所属负担 20%；

3. 省经局所属负担 19%；

4. 其他小单位（企业、公司、实物供给处）负担 1%。

（三）负担款数总额为十五亿元

1. 砖款三亿一千五百万元；

2. 九月十一日至十月三十一日十亿二千万元；

3. 预备费一亿六千五百万元。

（四）为应急需计，决定各就应担总数于二日内先交五分之二，计：

1. 董事会所属三亿六千万元；

2. 贸易公司所属一亿二千万元；

3. 省经局所属一亿一千四百万元；

4. 其他单位六百万元。

（五）困难之点：

1. 董事会表示按资金说亦应负担，惟以每日筹拨制造费已感万分拮据，实无力再负担工事费；

2. 贸易公司亦以款项拮据，存货不易售出，恐误使用，第一次应交五分之二之款，即无法筹拨。

查工事费刻不容缓，而各部门又有困难，应如何办理，敬请指示。奉长官[1]批："均应努力筹交"。又省经局呈以所属资本均无多，此次可以勉强照办，以后不能照此份数继续担任，亦奉长官批阅等因。经本会呈以关于本战区工事工程费经会议决定由本会及所属按60%担负九亿元等因，自应遵照，惟临汾以后征起制造费食粮，现因洪赵灵霍间铁道被攻占，食粮断运，而应交八月份下半月制造费十七亿元及九月份前半月制造费约十亿元，亦将届筹拨之期，此项关系军事备战需用，急不容缓，尚难筹拨，有此项工事工程费，现实无力再行负担，俟路通食粮源源运省后再行负担，谨签请示，奉批"不能不负担"。经面集各单位研究，并经本会第203次会议议决，该行分担三千万元，事出万难，应共体时难，从速交会，以便汇转等因，相应函希查照即日将款交会，以便转交为要。

此致

山西省银行

山西省银行批："此件已由业务组办理，不复。"

白东生又批："首交十万元"。

※《山西省民营事业董事会公函》（民国三十五年九月二十一日），山西省档案馆档案，山西省银行档案卷。

敬启者，查本会所属应负担工事费共九亿元，兹奉长官手谕，经本会第222次会议议决，该行应摊交一亿五千万元，除第一次已交一千万元外，下欠一亿四千万元希即查照交会为要。

此致

山西省银行

民营事业董事会

※《山西省民营事业董事会公函》（民国三十五年十月十三日），山西省档案馆档案，山西省银行档案卷。

敬启者，奉董事会905号、998号函敬悉，所示贵会由所属单位负担工事费拨还会计处由本行所借砖款二亿五千五百万元，又本行应负担工事费除已交一千万元，下欠一亿四千万元均应照分别转帐，齐此净欠一亿一千五百万元，请查照拨还为荷。此上

山西省民营事业董事会

山西省银行总经理　白东生

协理　阎愈良

※《山西省银行公函》（民国三十五年十一月五日），山西省档案馆档案，山西省银行档案卷。

一、日寇侵入山西损失之财产总值达国币二兆五千一百三十五亿余万元。

---

① 指阎锡山。

二、反共损失约一千五百六十七亿余万元。

(以上两项，约系按三十四年、三十五年市价陆续统计的。截至三十五年十二月底统计数。)

三、为反共反人民伪政府先后命令征借该会所辖单位物资，截至三十五年十二月底为国币三百二十八亿余万元。

连同屯煤、西北各厂代制、赊购军用品等四项共国币八百六十八亿余万元。均迄未付款。

※ 张馥英：《关于山西民营事业之概况》，山西省档案馆档案，山西省民营事业董事会档案卷十二·1-1029。

山西省银行为阎锡山管理“特费”

阎匪有特费，又叫特别开支，供其家庭支用。来源是军需处的军政费结余，按现洋折算，每月有十余万元。绥靖公署会计处就是为阎锡山管理私人资本的，本身没有资金来源，实际是阎的管家。

“特费”存山西省银行，每月向省行凭据报帐一次……

※ 郝建贵：《访问贾乙和记录》，1975 年 8 月 19 日。

太原绥靖公署公用笺

为签请事二月份

主任厨房共支出菜蔬等费计银元一百三十九元四角伍分，又金券洋七万三千八百五十元，兹检附单据全份，理合签请钧鉴批发以资归垫，可否请示

附单据全

职

张逢吉(印)

民国三十八年三月三日

子法发

贾益和①(印)

三·六

报销单据

兹领到

二月份主任厨房莱洋银元一百三十九元四角伍分。

经手人

张逢吉(印)

民国三十八年三月六日

领款单据

① 贾益和即贾乙和。

计　开
大母鸡伍只　　每只4元共合银洋二十元。

△△△号
二月十五号

售货票

※ 山西省档案馆档案，《山西省银行档案》卷。

1945年日寇投降后，公懋洋行又选了一辆最新型的小汽车赠与阎锡山。但是那时正值解放战争，正太铁路中断，汽车不能运至太原。公懋洋行董事长甘成恩（美国人）遂包用民航公司一架最大的运输机，亲自把这辆新型的汽车运赴太原，并带去大量的新鲜鱼虾、螃蟹和水果等礼物，送给阎锡山。阎为了表示感谢，以贵宾之礼设宴款待甘成恩，并和甘并肩摄影。

※ 阎子奉：《阎锡山家族经营的企业》，载《文史资料选集》第四十九期。

三、最后一次改组

山西省银行改组程序和资本讨论
民国三十七年三月

山西省银行改组程序：

1. 召有关部门先开改组座谈会，决定主持人及参加部门，草拟《筹备会组织简章》。
2. 依据《筹备会简章》指定筹备委员，成立筹备处。
3. 由筹备会起草《新省行章程》及《省行组织章程》。
4. 规定资本数额及交资时间。
5. 由筹备会草拟报部文件：（一）新省行业行推进计划案；（二）现省行结束情形及退股办法；（三）呈报之各种文件（附新章则）。
6. 俟报部公事核准后，依章产生新省行董、监会，决定改组日期，筹备会将一切文卷章则移交董事会后解散。

※ 山西省档案馆档案，山西省银行档案卷十五·5－11。

民国三十七年三月七日上午十二时至下午三时召开
山西省银行改组座谈会

临时主席：白东生

讨论到出资问题时决定：……在旧股东资本数内，务必省府之原股资方为合法。因旧事根本与部令不合，决定按现省行实际情形酌报资产；主要以省府之资本，除在抗战期透支部分外，现在尚留若干，然后再由省府酌拟增加，作为省行改组之后资本报部。其资本总额暂拟五十亿元……

※ 山西省档案馆档案，山西省银行档案卷十五·5－11。

1947 年伪中央改省行条例

1947 年 4 月 29 日，伪中央公布了《省银行条例》，主要点：

一、省银行隶属于省政府，以一省一行为限，省立之其他银行，应予裁并。

二、省银行在首都，或其他特殊原因得到财政部特准外，不得在省外设立分支机构，其已呈准设立之省外办事处，仅以办理本省汇兑为限，所有放款、存款、储蓄及投资等业务一概不得经营。

三、资本由省政府拨给，并由县市公库参加公股。

……

※ 山西省档案馆档案，山西省银行档案卷十五·5－11。

新省银行改组程序

召集有关部门先开改组座谈会，决定主持人及参加部门，草拟筹备会简章。

依据筹备会章则指定筹备委员成立筹备处。由筹备处起草新省银行章程及省行组织章程，规定资本数额及交资日期。

由筹备处草拟报部文件：

（一）新省行业务推进计划案；

（二）现省行结束情形及退股办法；

（三）呈报之各种文件（附新章则）。

俟报部公事核准后依章产生新省行，董监会决定改组日期，筹备会将一切文件章则移交董事会后宣告解散。

关于新旧交接手续应厘定办法（此系指现省行应移交新省行接办之往来存欠保管各件及代理业务等说）。

※ 山西省档案馆档案，山西省银行档案卷十五·5－11。

山西省银行改组座谈会记录

时间　三十七年三月七日上午十二时至下午三时

地址　本行会议室

临时主席　白总经理东生

记录　陆温　李隆先

出席人　王厅长均一　张董事长耀庭
　　阎处长安民　李主任庚尧
　　杨科长绍先　刘组长世杰
　　傅监理鉴西

列席人　阎主任修业　陈主任敬卿
　　曲主任子洁　冯经理瑯轩
　　崔秘书冰清

缺席人　王秘书长尊光　亢参事崇卿

报告事项：

一、主席报告意义。

二、报告财部、财厅、董事会关于改组令文及条例。

三、报告省银行之沿革。

四、报告现省行组织与部令不合之处。

决定事项：

一、旧省行与部令根本不合，所以对旧事暂置不提，只对应合部令之改组另行筹划办理，不必有根有据地依实办理，故决定旧事之结束另办，现只研究新的问题，即报部问题。

二、出资问题：部令为改组性质必须以新旧衔接为原则，所以在旧股东资本数内务必有省府之原股资方为合法，因旧事根本与部令不合，决定按现省行实际情形酌报资产，主要以省府之资本除在抗战期间透支部分外，现在尚留若干，然后再由省府酌拟增加，作为省行改组后之资本报部；其资本总额暂拟五十亿列报，其他资产另行设计列报，并将发行事列入。

三、报部问题：组织计划报部小组，由王厅长均一主持，财厅杨科长绍先、省经局杨处长安民、董事会刘组长世杰、省行傅监理鉴西、白总经理东生、阎主任修业参加，于三月八日起，每日十二时以后在省行集合办理。

四、报部文件表册，必须在王厅长离开前办出。

散会。

※ 山西省档案馆档案，山西省银行档案卷十五·5－11。

山西省银行改组时的资产状况

山西省银行截至民国三十七年九月底改组共有资产：

表 17－12

名称	数量	说明
赤金	7387.823 两	计前铁号 6509.0455 两，工资半粮 2495.531 两，本行 325.5145 两，实物准备 303.732 两
现洋	7500 元	代前省行还赵宗复
美钞	20 万元	贸易公司户 15 万元，西北公司 5490 元，同记公司 4.451 万元
钢铁价款	2172141 元(法币)	三十二年十二月十五日法币价，系前铁号三十二年改组省行交资本项内，钢铁已由广元西北制造厂出据提去，价款未算
车胎	83 条	计太原汽管处寄存 32×6 固特力外胎 67 条，北平汽管处办事处寄存 37×7 内外胎 16 条
房院	1 所	本市万字巷 10 号

※ 山西省档案馆档案，山西省银行档案卷十五·5－11。

山西省银行改组计划方案

一、拟定资本数额：

山西省银行在抗战时期随军搬迁，凡所措施靡非，为应战事之需求。胜利归来，本应力图恢复，积极开展。乃匪乱不停，诸多梗阻。近奉财政部颁发省银行条例，其第四条载明：省银行之资本由省库拨给，并得由县市公库参加公股。依此规定应先体察现状及实际需要酌定资本数额，拟由省库拨给二十四亿元，县市公库可不必参加，所有旧事从此结束，彻底清理，两不混淆。

二、营业计划：

按上列资本总额为二十四亿元，各项存款约计收二百亿元，依规定交存保证准备外，可以一百二十亿元作各种放款，其利率平均按日息三元计算，月可收获一十亿零八千万元，各项手续费可获二千万元，共计一十一亿元。

三、支付利息：

资本官息按周息五厘计算，每月平均应出八百三十万元，存款利息按周息八厘计算，应出一亿六千万元，共计一亿六千八百三十万元。

四、各项开支：

现有职员一百二十余人，差役百余人，约需管理费用六亿元；营业费用一亿一千万元；特别费用七千万元，共计七亿八千万元。

依上列计算，除出每月应盈余一亿五千万元，全年共计盈余十八亿元。此系约略之估计，至以后时局改变，环境转移，业务有发展之可能时，自应随时察酌推进，徐图开展可耳。

※ 山西省档案馆档案，山西省银行档案卷十五·5－11号。

山西省银行章程

第一章　总　则

第一条　本省银行以调剂本省金融，扶助经济建设，开发本省生产事业为宗旨，定为山西省银行。

第二条　本省银行设总行于太原市，其分支行之设立呈由省政府转请财政部核准行之。

第三条　本省银行营业年限为三十年，自财政部核准注册之日起算，期满时得呈请延长之。

第二章　资　本

第四条　本省银行资本总额暂定为国币伍拾亿元，由省库一次拨给，嗣后省库或县市公库如有增加或参加资本必要时，得经董事会之议决呈请山西省政府转咨财政部核准增加之。

第三章　业　务

第五条　本省银行之业务范围如下：

（一）存款；

（二）放款（以贷与省内农林牧畜工矿等生产事业及公用事业为主）；

（三）国内汇兑；

（四）贴现及押汇；

（五）储蓄业务（须另定章程呈请财政部核准办理之）；

（六）信托业务（须另定章程呈请财政部核准办理之）；

（七）其他财政部许可之合法银行业务。

第六条　本省银行得受政府或自治团体委托办理下列事项：

（一）代理各级公库；

（二）代募公债及其还本付息事项。

第七条　本省银行得受中央、中国、交通、农民四行委托代办各项业务。

第八条　本省银行不得经营下列各项业务：

（一）无确实担保之放款、透支及保证；

（二）买卖或承受非营业用之不动产；

（三）直接经营各种事业；

（四）法令禁止经营之其他银行业务。

第四章　组织

第九条　本省银行设董事十五人，分配如下：

（一）财政厅长、建设厅长；

（二）省政府聘请省内富有经济财政金融学识经验之专家三人；

（三）县市参议会各推定候选人一人，报由省参议会就候选人中选出十人，省参议员不得当选。

前项第二、第三款董事均任期三年。

第十条　本省银行设监察人五人，分配如下：

（一）审计处长、会计处长；

（二）省参议会推举三人；

前项第二款监察人任期一年。

第十一条　本省银行设常务董事三人至五人，由各董事互选之，并由常务董事中互推一人为董事长，主持董事会事务。

第十二条　本省银行置总经理一人，副总经理一人或二人，均为专任职，由董事会遴聘之。总经理综理全行事务，并对外代表本行；副总经理辅助总经理办理行务。

第十三条　本省银行总行设下列各处部室：

（一）总务处；

（二）业务处；

（三）稽核处；

（四）会计处；

（五）储信部；

（六）经济研究室。

第十四条　本省银行各处各设处长一人，储信部设主任一人，业务处设业务专员二

至四人，稽核处设稽核三人至五人，经济研究室设主任一人，研究员三至五人，均由总经理提经董事会通过派任之。

第十五条　本省银行各处得视事务之繁简分组办事，部室得分组或分股办事，组长、股长均由总经理派充，报请董事会备案。

第十六条　本省银行各处部室设行员、练习生各若干人，由总经理派充之。

第十七条　本省银行各处部室之执掌及办事细则另定之。

第十八条　本省银行各分支行及办事处设经理或主任一人，主持各该行处事务，必要时得设副经理或副主任协助之，分支行视事务之繁简得分股办事，股设股长一人。经、副理或主任、副主任均由总行派充，但需征得董事会之同意，股长由总行派充之。

第十九条　本省银行各分支行及办事处，视事务之繁简，设行员、练习生各若干人，均由总行派充之。

第二十条　本省银行各分支行及办事处组织规程及办事细则另定之。

第五章　董事会

第二十一条　本省银行董事会之职权如下：

（一）资本增减之审定；

（二）分支行处设立或废止之审定；

（三）业务计划之审定；

（四）预算决算之审定；

（五）盈余分配之审定；

（六）对外重要契约及委托受托事项之审定；

（七）抵押品及担保品处分之审定；

（八）主任以上重要职务任免之审定；

（九）各项规章之审定；

（十）总经理提议事项之审定。

第二十二条　本省银行董事会，每三月开会一次，常务董事会至少每月开会一次，均由董事长召集之，必要时得开临时会。

第二十三条　本省银行董事会非有过半数董事之出席不得开会。

第二十四条　本省银行董事会议事，以出席董事过半数之表决通过之，可否同数时取决于主席。

第二十五条　本省银行董事因事不能出席时，就董事中委托一人为代表，但每一董事仅可代表一人。

第二十六条　本省银行董事会开会时以董事长为主席，董事长因故不能出席时，得董事中互推一人为主席。

第二十七条　本省银行董事会设稽核、秘书各二人，办理指定事务，并兼办监察人会议事务，由董事会议决派充，开得向总行调员协理之。

第二十八条　本省银行董事会应制备议事录，由主席署名保存之，并分报财政部、省政府备查。

第六章　监察人

第二十九条　本省银行监察之职权如下：

（一）稽核帐目；

（二）检查库款；

（三）审核预算决算；

（四）监察本省银行职员及业务。

第三十条　本省银行监察人会议，每决算期至少开会一次，必要时得召集临时会议。

第三十一条　本省银行监察人开会议时，应互推一人为主席。

第三十二条　本省银行监察人于行务有必要时，得列席董事会，提出意见，但无表决权。

第三十三条　本省银行董事会所核定之预算决算案应送监察人会议复核。

第三十四条　本省银行监察人会议应制备会议录，由主席署名保存之，并分报财政部、省政府备查。

第七章　业务会议

第三十五条　本省银行业务会议，分常务会议和特别会议两种。

（一）常务会议由总经理、副总经理及各处部室处长、主任组织之。

（二）特别会议由总经理、副总经理及各处部室处长、主任、专员、稽核、组股长及分支行经理、副经理、办事处主任、副主任组织之。

第三十六条　本省银行常务会议，每月开会一次，特别会议每年开会一次，均由总经理召集并为主席，总经理因事不能出席，指定副经理一人代理之。

第三十七条　本省银行业务会议之范围如下：

（一）常务会议关于总行内部权限之划分、业务之计划，及其他重要之事项之讨论。

（二）特别会议关于全行间权限之划分、全部业务之计划，及其他重要事项之讨论。

第三十八条　本省银行业务会议讨论之结果，均送由总行采择实行并报告董事会。

第八章　决算及盈余之分配

第三十九条　本省银行每年决算两次，且以六月终为半年决算期，十二月终为全年决算期。每全年决算应造具下列各项表册送经董事会议决、监察人会议审核后，呈报省政府查核备案并公布之：

（一）营业报告书；

（二）资产负债表；

（三）财产目录；

（四）损益表；

（五）盈亏拨补表。

第四十条　本省银行年度决算有盈余时，除依法纳所得税、利得税外，所有盈余如历年有积亏时应填补，再提百分之十法定公积金，百分之二十特别公积金，次按周息八厘拨付股息，再有余额照下列百分比例分配之：

（一）员工奖励及董事、监察人酬劳百分之二十，分配时员工占百分之十八，董事占百分之二，但员工奖励不得超过各员工全年薪给四分之一，照最高额分配有余时，应转入特别公积金；

（二）福利基金百分之十；

（三）股份红利百分之四十，股份红利按比例分配之；

（四）地方公益事业经费基金百分之三十。前项法定公积金累计数如已达资本总额时，得减低所提成数；特别公积金以提至累计数达到资本总额二分之一时为止。

第四十一条　本省银行董事监察人及总经理、副总经理付之酬劳金，由董监联席会议议决分配，呈由总经理核定，报请董事会备案。

第九章　附　则

第四十二条　本省银行会计、营业、人事之各项章程及董监车马费以及各项人员之待遇等均另定之。

第四十三条　本章程如有未尽事宜，得由董事会议决，呈请山西省政府转咨财政部核准修正之。

第四十四条　本章程自财政部核准之日实行。

※ 山西省档案馆档案，山西省银行档案卷十五·5－11。

同日（1948 年 10 月 1 日）山西省银行奉国民政府财政部命令，按照省银行条例进行改组，旧事完全结束，正式归山西省政府领导，资本定额金元券 20 万元，由省库拨给，实收资金 134022 元，董事长为财政厅厅长王平，王尊光、关民权、张馥荚为董事，总经理白东生，副总经理祈季槐。营业范围，除代理省库及经办部分地方军费收支外，存放款汇兑等业务较少，而主要业务是买卖黄金、银元，操纵市场，垄断物价，换取美钞，充实阎锡山的实力，延长垂死命运。为勾结美国与蒋介石，在上海设立驻员通讯处。本年盈余黄金除铁路银亏劳夫 9000 余两外，省行本身 1600 余两。

※ 中国人民银行山西省分行山西金融大事记编纂组：《山西金融大事记》，61 页，山西人民出版社，1993 年 4 月。

省银行迁回太原后，一面按照南京政府颁布的“省银行条例”进行改组，一面着手恢复营业。

省银行的这次改组，纯为应付蒋中央。实际上是换汤不换药。所不同者，一是隶属关系改由省政府直接领导；二是总经理换成了阎锡山的亲信白东生（即白毓震）；三是分设内外两套帐（外帐对付蒋中央，登记公开事项，内帐记载一切机关存款、军费及金银买卖价款等）；四是资本全部由省库拨给（原定金元券二十万元，实拨一十三万四千零二十二元）；而最大之不同，则是由过去滥发纸币进行掠夺，变成十分露骨的实物买卖投机。

※ 郝建贵：《民国时期山西省、铁、垦、盐四银行号始末》，载《山西金融研究》1982 年增刊（《金融志史料专辑（2）》），10 页。

王骧胜利后被捕，解放后镇压于太原。陆恭斋死在成都。傅瑶解放前飞了北京，听说已故。孟缄三不知何往。张邦彦就中央银行稽核处，后调经济研究处，解放后人民银行工作，听说已故。要士先因五弟堕落不堪，儿子、侄子都是不治的慢性病，因而厌世，学习信陵君“饮美酒，近妇人”，狠抽大烟，未解放死在成都（他的儿子是王骧的女婿，因病不能结婚而离）。常运文就了中央银行南温泉经理，胜利后调了太原农民银行经理，解放前离职寓北京，解放不久病故。贾俊臣“七七事变”后，任兰州中央银行经理，死在兰州。徐一清（“七七事变”后）退到西安，寓于“玄风桥”，胜利回太原，向阎匪要求发还他的工厂（阎向日寇接收的），组织四厂董事会，虽未办到，但阎供给该会经费（四厂是电灯公司、榆次晋华、太原晋生和晋恒），解放前病死太原，公葬于晋华纱厂内。武海青事变逃在平遥，死在半路上。陈敬卿解放时扣押，解放后寓北京，生死不悉。张秉焖解放后听说到了他儿子在东北工作的地方，病故了。曲子洁在未解放前死在太原。武跃东下落不悉。王俊卿回了家（阳曲县青龙镇），不悉生死。白东生解放被捕，死在省监狱。温于莱亦被捕，释放后寓居北京，生死不悉。王茂斋解放后死于家。赵渭阳寓太原柴市巷北口路东（前十年见过），不知生死。刘笃让解放不久病死。绛子和比较年轻，不知何往。阎效武逃往西安，曾回克难坡见阎匪，听说损失不小，挥霍亦甚，受了训斥，临解放逃了香港，携一舞女同居，不敢到台湾交待。王会仁死在天津（解放前）。阎愈良与白东生不合，解放前飞了成都，以后不悉如何情况。……阎树栋解放前带省行黄金一千余条，飞了上海，以后不悉。陈铎解放前由太原飞北京，听说已死（但不确）。王文藻临解放逃新疆，带子而走，遗弃妻媳于西安，妻死在西安，媳不知下落，王的生死不悉。武予恒事变前早死了。李绂离省行，就了绥远的垦业商行，事变后不悉，解放后他子在上海工作，往依其子，死在上海。赵子和在省行回前方时告辞，与侯光辉接办了西安德昌银号，胜利后倒闭，就了仁发公，在上海囤积物资，可能到了台湾。傕向卿解放前死在天津。武润泉解放前死在西安。侯光辉解放后死在太原。……解放后在北京见到前临汾分行经理齐子云，才知道他未逃后方，在京津一带搞了私商，当时正与我财政部搞进出口公司（公私合营，齐子云与薄一波是同学关系），还纠合了几个省行旧人，女职员中有王骧的女儿王效苏。

※ 常紫书1975年5月14日提供的材料：《阎锡山垄断金融核心——山西省银行历史及牵涉到的经济材料》。

第四节 ｜ “平民经济”与通货膨胀

一、“平民经济”

阎匪为挽救这种垂危的局势，又在1947年5月实行了所谓“平民经济”，并成立了“平民经济执行委员会”，采取了所谓十大措施：

第一，实行配售。凡属人民所需之必需品，如食盐、棉布、棉花、粮食、食油、煤油、煤炭等，一律实行配售。在居民中规定了吃饭等级，即高级军政人员吃头等饭，一般公务人员和士兵吃二等饭，一般市民吃三等饭。

第二，勒令各街道、各机关成立消费合作社，作为机关职工和居民的配售机构。并强迫每人交纳股金“原法币”六元（即按战前不变价格计算）。

第三，节约消费，号召所有市民节衣缩食，将饭铺分为三等，即：一等饭铺仅有两家，为招待外宾和军政高级官员之用。二等饭铺为七家，仅供社会结婚、宴会之用。其余为一般居民饭铺，只准卖三等饭。对各种酿造业，除特许者外一律停止生产，如私自酿造者，除没收外，并进行罚金。

第四，实行“原法币”，以稳定物价。即按照战前一元法币所购之桐花牌洋布数量，折算为“原法币”，即一元“原法币”等于现法币 107143 元。各种物价以此规定出售价格，各种价格非经“平民经济执行委员会”批准，不得变动。

第五，实物交换。规定工业品和农产品直接交换，交换的比例由“平民经济执行委员会”规定，并命令各地组织棉粮交换小组监督执行。

第六，统一收购。凡一切重要物资，一律由“平民经济执行委员会”统一收购，任何人不准私自贩运。在其直接领导下，设立了棉花、烟酒、棉纱、食油、颜料、食盐、木材、皮毛等八个采购单位统一收购。

第七，管制交易口。由伪政府、社会团体、商民代表组成议价委员会，将各种必需品议定“原法币”价格，非经议价委员会通过，不得私自变动。

第八，限制房租和利息率。

第九，平民经济执行委员会，对日用工业之工厂实行“三定二包”制度。所谓“三定”，即定质、定量、定价。“二包”即包原料、包产品。

第十，指定各县成立与加强消费、信用、运销、生产合作社，以加强对市场的控制。

※ 中共山西省委调查研究室：《山西省经济资料》第四分册，55～59 页，山西人民出版社，1963 年。

阎匪在太原解放前一二年，为了垄断经济，成立了“平民经济执行委员会”，将一切物资全部垄断。委员会下设经理处，分设花纱布配售所、纸烟配售所、粮面配售所、煤炭配售所等等，连住房都设了管理处。设纠察队，有货物出城证、许可通行证等，手续不全，则由纠察队没收、处分。西北实业公司的产品，全交经理处分配代售，实际上暗地派人到平遥的我方换粮，真是榨取得油尽毛干。

※ 常紫书 1975 年 5 月 14 日提供的材料：《阎锡山垄断金融核心——山西省银行历史及牵涉到的经济材料》。

由于贫富不均，生活悬殊太甚，人心极为不满，暗中酝酿准备组织经济暴动。阎锡山得到消息，大为惊慌，五月十七日指示省经局和市政府“召集商会、各同业公会、各街长合谋有效办法”……提出所谓“平民经济”。……人分大口、小口、小小口三等，粮分白面、细粮、粗粮三类，按口份定量配售。在城内各街和郊区各村成立消费合作社，让市民按原法币入股……

※ 山西省政协：《阎锡山统治山西罪恶史》下册，512 页，1960 年油印本。

民国三十六年西北公司生产情况

查自实行平民经济统一购销以后，凡有关平民经济之各厂产品，均应交由平执会统一推销，所需原料亦由该会负责包供，意在取消商人剥削，稳定物价，至属允当。惟据西北公司函送三十六年上半年度业务检讨，各厂产品多较原计划减少甚多。总括原因，不外原料缺乏，供不应需，无以仰付会长增产之号召。兹经本会拟议，一面饬该公司本年在可能范围内务须设法事先购备，一面鉴请批交平执会，必须保证原料无缺，以期尽量生产，而免冗废人力物力。

可否，请示。

职

张馥荚

1947 年 3 月 8 日

※《张馥荚给阎锡山的请示》，山西省档案馆档案，太原市平执会档案卷。

（三）平民经济下的合作社

1948 年，太原解放前夕，交通断绝，城内物资匮乏，投机居奇者异常猖獗，市场混乱，市民生活困难，人心惶惶不安，偷盗抢劫层出不穷。在此情况下，阎匪深感自危，但又不甘心于死亡，急谋作最后挣扎。认为“不患寡而患不均，不患贫而患不安”，遂提出了所谓“平民经济”，意在通过实行食粮定量配售，使市民生活得到“均”与“安”。这样，又开始利用起合作券来。在平民经济执行委员会下，设立合作指导委员会，指导各街道成立了市民合作社。同时，由于交通断绝，食粮和货物的来源，均依靠飞机运送，阎匪又与美国垄断资本家陈纳德签订合同，用飞机运送粮食和货物。这样，又在平民经济委员会之下，设立了购销处，统一掌握了飞机运粮运货的特权。在市场上，各个官僚资本的企业，包括徐士琪主管的贸易公司系统、张馥荚主管的实物准备库系统，以及省合作社物品供销处和太原市合作社联合社系统，利用雄厚的资金和特权，拨弄物价，进行投机活动。于是形成了一手配售食粮，买好市民；一手又利用控制购销的特权，大发横财。这就是平民经济的实质。

1. 实行定量配售

平民经济标榜的是“安定市民生活，巩固社会秩序”。具体做法就是运用合作社组织，实行食粮定量配售。当时，机关、工厂的职工，由本单位成立的职工消费合作社负责，配售数量因各工厂、机关的条件不同，多寡也不同。有优越条件的消费社，即资金雄厚，平时在市场进行投机，获有较高利润的，配售粮食的数量就多，每人有的是 40 斤，有的是 36 斤。条件较差的社，即按市民规定的数量，每人配售 28 斤。对市民的配售，在十三个中心街道，成立了市民消费合作社，由市民集股组成，每股为法币五元，

每人每月配售食粮二十八斤。食粮来源，最初系由粮商联合社拨供，其中有部分系阎匪接收日伪仓库的食粮，以后即由飞机投运。不到半年，因为粮源困难，配售即行中断。配售价本“卖出去能买回来”的原则，与市价同，因而在市民中有很多人不愿领购配售粮。

2. 买空卖空，投机倒把

在飞机运货期间，向外采购必须经过平民经济执行委员会的批准，采购特权完全操纵在官僚资本企业的手里，利润动辄数倍。但运货数量有限，市场物资短绌，各商号为了追逐利润，多从事于买空卖空、投机倒把的活动。当时，投机的对象为：黄金、白洋、棉纱、棉布，只见货条，不见实物，投机价格一日数变，一朝夕间，有的获利万千，有的即行荡产。这时，各合作社除了配售食粮外，也都卷入了买空卖空、投机倒把的活动中去，所获利润，多为合作社经营人员所吞没，亏蚀却由合作社负责，成了少数人发财的场所。

随着太原的被解放，反动统治的被推翻，各种合作社即行解散。

总之，在阎锡山统治下作为剥削工具的合作社，随着反动经济设施的变化，剥削手段的翻新，其组织形式和活动内容虽然经过了几次变动，有所不同，但实质上始终是依附于反动统治，为反动统治阶级的利益服务的。它丝毫不带有人民经济的气味，而且损害人民的许多利益，在人民心目中留下了极恶劣的印象。当时我担任合作事业管理处处长，以上材料，仅就回忆所及，加以叙述。

※ 张青樾：《阎锡山的“合作社”》，载《山西文史资料》第七辑，87～88页。

阎匪在晋西的经济组织很多，胜利后回太原，听到的有食盐油脂部、花纱棉布部、山西贸易公司等。只知油脂部的领导人是白子素（五寨人，已死），棉布处是王景若（灵丘人），贸易公司是徐士弘，经理徐子和、协理士弘，与接收的日本女秘书发生关系，正式结婚后逃了日本。子和维持了几日，推给了王墨君（省行上市员）后告辞，成立了亿生钱庄，解放后由他交代，还扣押了一年，释放后不久死了。

※ 常紫书1975年5月14日提供的材料：《阎锡山垄断金融核心——山西省银行历史及牵涉到的经济材料》。

……二等饭是每月小麦二日份，细粮八日份，杂粮二十日份。日用品每人每年不得超过原法币四元的花布，品种自选，小口减半。每人每月食盐半斤，也是小口减半。此外并将饭馆分成三种，一是宴宾食堂共三家，专为招待外宾，准卖高级饭菜；二是社交食堂，专为市民婚丧嫁娶之用，有一定限制，准用白面及本地产酒类；其余均为平民食堂，一律售二等饭，禁用酒类。……

配售定量食品由合作社负责，各街及各机关团体学校工厂分别成立合作社征求社员入股，入股后享受配给制，现在征得社员166772人……每天在合作社门口聚集着不少市民，领售食品……恐怕还是有很多人无力入股。……

※ 记者戈衍棣：《山西的平民经济》，载《大公报》，1947年12月29日。

停止配售后，粮价又如失缰野马，飞奔上涨，粮荒又成了市民的严重威胁，普通市民，能维持一日一餐的，已经不是一件容易的事。就连阎锡山的中下级干部，也有许多凭下班后摆摆纸烟摊或者是零星买卖银元寻找余利补助才能维持生活。贫苦市民，因为无法赚得几个豆饼钱，而抢着卖血。饥饿恐怖，笼罩了整个太原市。袁家巷有一家五口人，因饥饿所迫，自设灵堂，全家服毒自杀。绥署第四处一个小职员一连饿了好几天，肠子已经饿细，最后他的“处长”给了他一顿饭的饭证，到公灶上去吃，这个小职员便饱饱地吃了一顿，因而撑破肠子死了。还有因在机场附近检土里的军粮余粒，被斩首示众的。有吃了东西无钱付价，因索钱情急要跳湖的。最骇人听闻的：饭摊上碗里发现了小孩指头；叫卖小贩的提篮里，竟摆着卤煮人肉，阎锡山的警察机关追问的结果，是从饿死的人身上割下来的，警察机关也目瞪口呆，无法处理。

※ 山西省政协：《阎锡山统治山西罪恶史》下册，515 页，1960 年油印本。

就是物价涨到这种程度，群众想买一斤粮食也是异常困难的。一些粗糠、粉渣、酒糟，成为非常珍贵的食物。一斤豆饼五块白洋尚难买到，每天病饿而死者不计其数。在这种情况下，阎匪的贸易公司、银行、银号等官僚资本企业，非但不能稳定市场，反而趁火打劫，兴风作浪，囤积居奇，捣贩金银，以饱私囊。整个市场已被饥饿、投机、恐惶的气氛所笼罩。人民生活濒于死亡的绝境。

※ 中共山西省委调查研究室：《山西省经济资料》第四分册，55～59 页，山西人民出版社，1963 年。

一方面又巧立名目，向老百姓百般征索，由粮食布匹以致鸡犬牛羊，几无不有税，对交不出税的都有种种处置，最新鲜的有打黑棍、杀脑袋等等玩意儿。山西人民提起来便有谈虎变色之势。

※ 北人：《万变不离其宗的阎锡山》，载《消息半月刊》第 9 期，1946 年 5 月 5 日，陈真编：《中国近代工业史资料》第三辑，1197～1198 页，三联书店，1957 年。

二、合作社组织

同时还以日寇统治时期成立之各种商业“组合”为基础，成立了太原粮食联合社、棉商联合社、木商联合社、砖瓦商联合社及其他各行业的联合社。在农村，指令各县成立“合作社指导委员会”，各村设立合作社。

※ 中共山西省委调查研究室：《山西省经济资料》第四分册，55～59 页，山西人民出版社，1963 年。

因此从 1947—1949 年，阎匪的合作社一方面成为应付蒋中央政府的一面招牌，另一方面作为阎匪官僚资本的一部分，进行着剥削活动。

1. 组织机构改弦更张

依照蒋中央“合作社法”，首先对各级合作社进行了改组，并重新建立。省设“山西省合作社物品供应处”，市设“太原市合作社联合社”，县设“县合作社联合社”，村

设“村合作社”。

有的机关、工厂成立了“消费合作社”。太原市成立了“合作图书用品社”，并筹设了合作金库。有些公私合营的商店，如粮商联合社、木商联合社、砖瓦业合作社等，也都属于合作社系统。

为了指导合作社建立，在市、县政府内都专设了“合作指导室”设主任一人、指导员二人，于1947年春，进行了半个月的集训，学习了“合作社法”、“合作社组织程序”、“各种合作社章程准则”，由“省合作事业管理处”出刊了《山西合作通讯》半月刊，阐述资产阶级合作理论和工作指导。当时的合作社曾给了人们一种幻觉，以为合作社系一种社会事业，由人民自己组织起来，办理自己的经济，包括生产和消费，可以摆脱中间商人的剥削，而且在社员和社员之间，可以团结互助，有无相济，摆脱贫困；不了解在反动统治下，绝对不允许人民有所谓“自治、自有、自享”，所谓合作社不过是反动统治阶级把持利用、诈取豪夺的烟幕和骗人的手段而已。

2. 省合作社物品供销处

阎匪的省合作社物品供销处系于1947年冬成立，资金分两部分：一部分系接收日伪“烟草组合”的财产，约一千余元；另一部分系市、县合作社联合社上交的股金，每社上交十元，共三百余元。名义上合作社的采购批发和推销机构，专对市、县合作社联合社批发货物，推销产品，并扶持其发展；实际上，为了追逐高额利润，除在市场进行批发活动外，并进行一切零售。对合作社批发，占其经营总额不到百分之十，为了上交利润，并在市场进行投机活动。为了对外宣传，出刊了《山西供销合作》月刊，介绍本处业务活动及合作社的组织概况，仅发行了两期，即行停刊。

3. 市、县合作社联合社

太原市合作社联合社和三十二户县合作社联合社，都是1947年冬接收了日伪“农产公社”的财产后组成。当时各县日伪“农产公社”的财产多寡不同，最多的不过六百元，最少的仅百余元，而且多系麻袋折价，以后阎匪又将麻袋拨给军用，因此多数县联社无法经营业务。虽然都有村合作社上交的股金，不足百元，这样县联社就始终处于苟延残喘的境地，仅是维持人员生活。如当时汾阳县联社的资金，仅有十二匹布的价款。

太原市合作社联合社经理左埏，由于和阎匪有直接关系，尚能拨到资金，计一千余元。因为没有基层合作社的组织，没有上交股金，全部系官僚资本。主要业务是在市场上进行零销，利润上交。

4. 村合作社

在反动政府的强制下，各县重点村镇都设置有村合作社，三十二个县共有村合作社200多个，全系由社员集股经营，每股一元或二元不等。当时强制人民组织合作社的动机，主要是为了保证归还“农业贷款”，按伪中央“农民银行”定规，发放水利贷款、种子贷款和农具贷款，都必须通过合作社保证归还。组织起来后，有的被地主、富农分子所把持，利用合作社经营商业，从中渔利；有的把社员交纳的股金集中起来，又贷给社员作为生产贷款，变成了信用合作社。当时，雇农没有贷款必要，贫农又往往归还不起贷款，得到贷款的有多系地主、富农和一部分中农。

5. 机关工厂消费合作社

机关、工厂消费合作社就是作为机关、工厂人员福利单位而组成的，名义上由社员集股，实际上社员股金为数至微，每股仅 2 ~ 5 元，主要资金来源是靠本单位筹集。有的利用本单位拨给部分经费经营，有的利用本单位便利条件，拨给一定商品周转。如绥靖公署和省政府合办的消费合作社，即系利用本单位的经费。西北实业公司的消费合作社既系拨给本公司所属工厂出产的产品，有些稀有商品，即尽先拨给消费社出售，借以获取高额利润。它们共同的特点是：在市场进行投机买卖，获得的利润归社员享受。这就是所说的“剥削他人以自肥”。当时消费社社员所享受的利益，主要是廉价配售粮食和日用必需品，配售价较市价低廉一半以上，亏损之数由获得的利润补贴。由于消费社多在所属单位负责人的控制支配之下，因而就成了他们公开贪污的场所，不但供给了他们全部生活用品，而且利用作投机买卖活动，从中发财。

……

7. 几个公私合营的联社

粮食是宝中宝，是人人每日生活所必需。经营食粮，获利甚厚，而且可以影响物价的升降。阎匪为了控制全太原市的食粮，于 1947 年冬，成立了“太原市粮商联合社”，把二十多家粮商集合起来，资金、人员全部集中。资金按食粮计算，共一万石，公私各半，以原有的粮食调节处作基础，正经理由公派任，副经理由私商担任。在调剂市场供需、稳定粮价的幌子下，统一供销食粮，统一粮价，从中渔利。盈余分配是：百分之五十为股金分红，百分之十五为公积金，百分之五为公益金，包括人员奖金在内，百分之三十私商人员分红。1947 年底分配结果，私商获利甚巨。因为依靠政治特权，不但风险，比私营时获利还多。阎匪组织粮商的另一个目的是要控制粮源，必要时供给部队需粮。同时，还可以把军政费换成粮食，囤积起来，避免法币落价和官僚资本受到损失。此外，接收日伪的食粮，通过粮商联合社的变价，可以暗地转换为官僚资本。

根据这种组织形式和经营方式，1948 年又先后成立了“木商联合社”和“砖瓦业联合社”。木商联合社由三十余家私营木材业合组，并以接收日伪的“木材组合”作基础成立的。资金用木材作价，共折合了两万余元。名义上公私各半，实际上大部分系用私资经营。砖瓦业联合社系由十余家大小砖瓦窑业组成的，资金仅一千余元，统一管理生产，统一销售产品。组织这两种联合社的目的，主要是服务于反革命军事上的需要。当时，由于解放战争的节节胜利，太原市包围愈紧，阎匪为了做垂死挣扎，积极构筑碉堡和各种防御工事，需要木材和砖瓦甚多。组织起来后，可以及时地统一调用木材，又可以强制各砖瓦窑大量生产砖瓦。在未调用前，均不予付价，这样既不需要大批定款，又可积存大量木材砖瓦。

※ 张青樾：《阎锡山的“合作社”》，载《山西文史资料》第七辑，83 ~ 87 页。

7. 西安被服生产合作社

这一单位，系在 1948 年冬由王谦移交会计处的。事实是这样：阎锡山的二妹阎慧

贞，抗战前在太原办了一个军鞋厂，抗战开始移到西安，称做“西安军鞋厂”，负责人白俊卿，据说阎慧贞在西安借阎锡山的势力，招摇撞骗，颇为当地人所指责。1948 年下半年，阎慧贞回太原一次，与阎锡山哭闹，其五妹阎惠卿为她出主意进行改组。到 1948 年 11 月间，趁改组之际，王谦认为和省经局业务性质不合（王谦是省经局负责人），请准阎锡山改归会计处领导。

西安被服生产合作社拨归会计处后，会计处曾派赵宝何为该社稽核。按当时白俊卿交代，其财产主要有缝纫机 48 架。到 1948 年 1、2 月间，西安接近解放时，白俊卿来电请示行动，经阎锡山批准，转移兰州。以后情形就不详了。

※ 贾乙和：《阎锡山的一个官僚资本机构——太原绥靖公署会计处》，载《山西文史资料》第七辑，75 页。

阎匪二妹阎慧贞在 1928 年前后，开办“女子职业工厂”，实际包做了军装军鞋，曾拉拢了一些太原女师卒业生，盛了一个时期，这些女科长们每年能得 2000 余元的收入。事变迁到陕西三原、鲁桥一带，改称军鞋厂、服装厂，由惠贞和她老姘夫李广白（崞县人）管理。阎慧贞可能不在大陆，阎的五妹惠卿解放时自焚……

※ 常紫书 1975 年 5 月 14 日提供的材料：《阎锡山垄断金融核心——山西省银行历史及牵涉到的经济材料》。

三、恶性通胀与物价飞涨

军政部呈行政院秘书处

案查本部西安军需局代电称：“查本局于二十八年四月间，奉部长何渝乙字第 871 号删代电以奉朱长官电，三十五军所领二十八年二三月份经费 50 万元系属晋钞，因公开抵五临后不能使用，转请准予调换法币等因。当经一次调换法币 50 万元，并于庚辰礼电报请钧部鉴核在案。查是项晋钞现仍在西安中央银行寄存不能使用，为结悬案计，拟请钧部转行财政部注销等语，经查属实，该款亟应予以处置，拟由本部专案解交财政部收账，并由财政部转饬西安央行转户，是否有当，理合呈请鉴核示遵。

（行政院秘书处奉行政院谕：“交财政部核办具复”）

※《军政部民国三十四年七月给行政院秘书处的呈》，国家第二档案馆（南京）档案，国民政府财政部钱币司档案卷三（2）－3631。

财政部公函
（财钱乙字第 8318 号）

致秘书处：

案准贵处本年六月二十四日发利伍字第 22335 号通知单，以军政部呈“为西安军需局所存晋钞 50 万元，请饬收帐转户”案，奉谕财政部核办具报相应通知等因，附抄原呈到部。查晋钞只能在晋省流通，西安军需局存寄西安央行之晋钞 50 万元，仍应责成该局商洽第二战区司令长官部转饬原发行机关掉换法币。原拟“由本部收帐，并饬西安央行转户”一节，未便照办。除函军政部办理外，相应函请行政院秘书处。民国三十四年七月二十六日。

※《财政部先会国库署后送行政院秘书处的公函》，国家第二档案馆（南京）档案，国民政府财政部钱币司档案卷三（2）－3631。

财政部公函
（财钱乙字第 8320 号）

致军政部：

案准行政院秘书处本年六月二十四日发利伍字第 22335 号通知单，以军政部呈“为西安军需局所存晋钞 50 万元，请饬收账转户”案，奉谕财政部核办具报相应通知等因，附抄原呈到部。查晋钞只能在晋省流通，西安军需局存寄西安央行之晋钞 50 万元，仍应责成该局商洽第二战区司令长官部转饬原发行机关掉换法币。原拟“由本部收账，并饬西安央行转户”一节，未便照办。除函军政部办理外，相应函请行政院秘书处。民国三十四年七月二十六日

※《财政部先会国库署后送军政部的公函》，国家第二档案馆（南京）档案，国民政府财政部钱币司档案卷三（2）－3631。

中央银行代电

沪央库字第 1782 号

民国三十五年九月二十六日

1936 年 9 月 26 日中央银行致电财政部，电称“……据西安分行电准军政部第一军需局清理处为前存晋钞五十万元兹奉令洽交国库一案，该项晋钞既同废纸，无法入库，究应如何处理，需请查核，迅予鉴复。……”

※《中央银行给财政部关于处理晋钞的代电》，国家第二档案馆（南京）档案，国民政府财政部钱币司档案卷三（2）－3631。

财政部复中央银行代电

第 7019 号

中央银行公鉴：

本年九月二十六日沪央库字第 1782 号代电诵悉，查军政部第一军需局前寄存贵行西安分行之晋钞五十万元，可仍由贵行西安分行暂为保管，相应电复查照转知为荷。财政部京钱乙 1144。

十月八日（印）

※《财政部三十五年十月八日给中央银行的复电》，国家第二档案馆（南京）档案，国民政府财政部钱币司档案卷三（2）－3631。

阎匪企图以此垄断整个市场，但由于无限的扩大军备，大量发行纸币，其结果物价飞涨，人心惶惶，整个市场陷入极端混乱的状态。

※ 中共山西省委调查研究室：《山西省经济资料》第四分册，55～59 页，山西人民出版社，1963 年。

表 17－13　　太原市国币对内购买力指数

三十六年六月（1947 年）

基期：二十六年一至六月＝100（1937 年 1—6 月＝100）　　公式：$\frac{1}{指数}\times 100\%$

时期	趸售国货指数	国币对内购买力指数
三十六年(1947 年)一月	1442840	0. 00693
二月	2133039	0. 00469
三月	1901409	0. 00526
四月	1889453	0. 00529
五月	3417274	0. 00293
六月	5514003	0. 00181
说明	指数与实际倍数相差两位，不易一目了然。兹举例说明如下：①如三十六年六月份趸售国货之指数为 5514003，既系二十六年一至六月份之基数上涨 55140 倍；②同样，如三十六年六月国币对内购买力指数为 0. 00181，既系指三十六年一元之国币对内购买力仅等于二十六年一月至六月国币购买力之 0. 0000181，即一丝八忽一微。	

※ 阎锡山省政府统计处：《太原市物价指数月报》，民国三十六年六月，山西省档案馆档案，财字第 128 号。

表 17－14　　太原市主要生活必需品价格

（民国三十七年五月）

物品	花色牌号	单位	三十年十月	三十五年九月	三十六年五月	三十六年六月	三十七年四月十五日	三十七年五月十五日
大米	府西米	市斗	9. 70	11416. 67	65333. 33	97333. 33	2500000. 00	市斤 2600000. 00
小米	东风亮	市斗			37500. 00	55500. 00	2000000. 00	市斤 2300000. 00
机面	红双象	斤	籽儿面 0. 42	550. 67	5716. 67	7266. 67	155000. 00	188000. 00
食油	中等麻油	斤	1. 60	1916. 67	8416. 67	15000. 00	41000. 00	580000. 00
盐	海盐	斤	0. 22	266. 67	4033. 33	6000. 00	160000. 00	240000. 00
猪肉	五花肉	斤	1. 84	1800. 00	4666. 67	9666. 67	240000. 00	400000. 00
白布	明量十四码中等	尺			5550. 00	8833. 33	88000. 00	120000. 00
煤	西山炭	十斤	东山 0. 20	东山 326. 70	775. 00	1166. 67	25000. 00	35000. 00
火柴	飞艇牌	小盒			266. 67	366. 67	3000. 00	4000. 00
肥皂	月光牌	条	白兰皂 0. 80	白兰 966. 67	2666. 67	6000. 00	16000. 00	170000. 00

续表

物品	花色牌号	单位	三十年十月	三十五年九月	三十六年五月	三十六年六月	三十七年四月十五日	三十七年五月十五日
毛巾	祝君平安	条	2.20	1216.67		9833.33	15000.00	180000.00
酱油	中等	斤	0.60	650.00		6400.00	128000.00	240000.00
咸菜	中等	斤				3200.00	80000.00	120000.00
棉花	中等	斤			10200.00	25500.00	310000.00	460000.00

※ 阎锡山省政府统计处：《山西省太原市物价指数月报》（油印），山西省档案馆档案，财字第128号。

阎匪采用这些措施后，自以为得计，企图扭转厄运。但是所有这些措施，都是以反人民为前提的，当然只有引起人民的反对，再加其在军事上节节败退，内部矛盾重重。因此这些反动措施，对其垂死的局势没有发生任何效果。相反的更加促进了它的死亡，市场更加混乱，物价上涨更为剧烈，从而人民生活也就更为痛苦。以太原市零售物价指数为例：以1946年为100，到1947年上升为1589，到1948年猛升为3584300，到1949年的解放前夕，法币形同废纸，指数已无法计算。1946年至1948年几种主要商品价格上涨的情况是：

表17－15　　单位：法币元

品　名	单　位	1946年	1947年	1948年
大　米	斤	511	7543	13570000
小　米	斤	244	4818	8890000
白　面	斤	413	7445	11490000
白　糖	斤	3307	35200	52990000
猪　肉	斤	1086	11400	49490000
纸　烟(哈德门)	条	789	15600	256990000
白　酒	斤	624	12600	33140000
白洋布	市尺	846	10400	7520000
煤　油	斤	1084	16000	36760000
肥　皂	条	396	9800	5100000
毛　巾	条	984	11000	6600000
脸　盆	个	4900	33900	29360000
煤　炭	斤	30	187	276000
红萝卜	斤	116	1040	16420000
房　租	间	2070	43400	80090000
理　发	乙级每人	558	2750	11140000

※ 中共山西省委调查研究室：《山西省经济资料》第四分册，55～59页，山西人民出版社，1963年。

表 17－16　　太原市主要生活必需品价格　　货币单位：国币元

物品名称	花色牌号	单位	1937 年 1 至 6 月批发价格	1946 年 9 月平均零售价格	1947 年 5 月平均零售价格	1948 年 4 月 15 日零售价格	1948 年 5 月 15 日零售价格
大米	府西米	市斗	1.404	11416.67	65333.33	2500000.00	(斤)2600000.00
小米	东风亮	市斗	0.886		37500.00	2000000.00	(斤)2300000.00
面粉	双象牌	斤	(袋)4.40		5716.67	155000.00	188000.00
猪肉	五花肉	斤	0.1759	1800.00	4666.67	240000.00	400000.00
食盐	海盐	斤	0.0963	266.67	4033.33	160000.00	240000.00
棉花	中等	斤	0.3449		10200.00	310000.00	460000.00
火柴	飞艇牌	小盒			266.67	3000.00	4000.00
酱油	中等	斤				128000.00	240000.00

※ 根据山西省档案馆山西省政府统计编印的《山西省太原市物价指数月报》整理。

到了 1946 年底……通货膨胀较战前增加二千九百多倍。上海物价涨至八千多倍。1947 年 7 月底，法币增发到五千倍，而物价则涨到二万八千倍，山西涨风更烈，太原物价，超过上海，达到全国最高峰。1947 年 4 月下旬，小麦每石售价法币 20 万元左右，一入 5 月，一跃而为 30 万元，5 月 13 日进入 40 万元，17 日就突破 60 万元，赶到 5 月 24 日，上涨到 75 万元，不到一个月，涨价 3.7 倍。其它物品涨价倍数比粮食还多。

※ 山西省政协：《阎锡山统治山西罪恶史》下册，509 页，1960 年油印本。

表 17－17　　太原市物价指数表（1937 年上半年＝100）

时间	零售国货价格指数		公务员生活费用指数(加数)	
	总指数	其中食物	总指数	其中食物
1946 年 6 月	465942	441102	583059	
12 月	1436086	1326.166	1711060	1430988
1947 年 1 月	1563079	1366090	1869514	1440738
6 月	5965277	6011792	6724785	6594053
12 月	30000965	31917397	27511816	30217838
1948 年 1 月	36276342	44315426	41348328	43258433
5 月	158416605	202982910	168829776	192920420
6 月		396843636	315901839	359439663
7 月	727694000	951033913	673602451	1073987278
8 月	2009906944	2765723566	2628105000	2907656560

※ 根据山西省档案馆山西省政府统计处编印的《山西省太原市物价指数月报》整理。

现在的黑市上高粱面二万多一斤，一袋面粉一百八十万，香油一斤十二万元。白糖一斤二十四万元。四五月间物价波动得最厉害。

※ 戈衍棣：《山西的平民经济》，载《大公报》，1947 年 12 月 29 日。

所谓"原法币"，那是一种象征性没有票面的钱币，它的计算是以二十六年的一匹三号布的价格为基价，与现在一匹三号布的价格作比较，求出的指数。二十六年七月六日三号布一匹为七元，至三十六年六月初涨有七十五万元，以七除七十五万，得十万七千一百四十三元现法币，作原法币一元，他们合作社的入股及配售价格，还有一部分工资，都是以原法币计称的，而实付时仍为现法币，赖以维持均衡。……

※ 戈衍棣：《山西的平民经济》，载《大公报》，1947 年 12 月 29 日。

第十八章 省银行为阎锡山转移财产

第一节 | 阎锡山政权覆灭前的疯狂敛财

一、山西“四大家族”及其财产

山西的四大家族：阎、徐、曲、李四家。阎自然阎匪；徐是徐一清，他说“山西的工业，烟筒不冒烟我就完了”，前所说四厂①，他的投资很多，主要是晋华，他的三子徐士琪曾充该厂经理，他死后葬在该厂车间后空地；曲家指曲宪治，李家是李纲甫，亦是阎匪亲戚，晋丰面粉公司是李开办的。临解放有四大公子：阎是阎效政，徐是徐咸寿（徐一清的孙子，在阎匪合谋社任科长，四厂董事会亦有职务，代徐一清跑腿交涉），曲家是曲纯（川至药厂厂长），李家记不起名字（是李纲甫子，任晋裕银号经理），他们是“死鬼作乐，胡嫖乱赌”，人称“四公子”。

※ 常紫书1975年5月14日提供的材料：《阎锡山垄断金融核心——山西省银行历史及牵涉到的经济材料》。

王靖国的仁发公钱庄；绥靖公署秘书长吴绍之的亿生钱庄；梁化之的德兴昌钱庄；绥清公署参谋长郭宗汾的义泰银号；第八集团军副总司令楚溪春的汇丰银号；西北实业公司营业处处长曲宪南的元丰银号；梁綖武（阎锡山五妹夫）的晋丰银号；太原商会主席徐瑞楚的源生茂钱庄等，这些大小官僚资本在太原被我军围困期间，出境只有利用飞机一途的机会，大做倒卖黄金、白洋生意。后阎锡山下了个统制现洋的命令，规定白洋出境须请领特许证，无证出境者没收。但私商请领一概不准，公商请领一律照准，这样官僚资本获得了特许。上海每两黄金现洋六十多元，太原每两一百零几元，差距很大。于是他们纷纷倒卖现洋、黄金，往返于上海、太原之间，获利甚巨。

※ 人民银行太原市支行档案室：《阎锡山在太原市开设的金融垄断机构》，载《太

① 指晋生纺织厂、城内发电厂、晋亨造纸厂、榆次晋华纺织厂。

原文史资料》第七辑。

阎锡山的官僚资本工商业，仅有一部分从事生产，制造输出产品（如钢铁、洋灰、纸张、毛呢等）换取外地物资，及在当地销售取利，其余大部分，都接受阎锡山交付的任务，一齐投入贩运货物，囤积粮食，操纵物价，播弄金融，充作经济打手，夺取暴利。当时买卖黄金，赚利最大，这些单位，几乎没有一家不做黄金生意。甚至生产单位，也要兼营黄金买卖。……

私相买卖黄金，刺激物价上涨，等于火上加油。阎锡山纵容他的“商号”捣弄黄金，被查获后，他指示“平执会”不要没收，并停止继续查禁，改为议价挂牌，并取消专为查禁买卖黄金所设的纠查队。……为了加紧压榨，他出动了大批“经济部队”，所谓“中记董事会”、“民营事业董事会”、“营业公社”、“平执会购销处”以及“绥署会计处”、“省经局”等所属五十多个营业单位，一齐参加了购运分销工作，私商染指机会很少。至于他的部下集资组织的“商号”如“义泰银号”、“义生钱庄”、“五五商行”、“源生利”等，也利用了地位和私人关系，捣弄黄金，运销货物，乘机发财。

※ 山西省政协：《阎锡山统治山西罪恶史》下册，513～514页，1960年油印本。

阎匪财产概述

一、“七七事变”前，阎锡山所有财产，系（除）公营事业董事会、西北实业公司、同蒲铁路局外，纯私资经营的银号、商行，在太原的有德生厚、源聚成、晋裕等。主要业务是办理各公营事业的贷款。在天津的有亨记银号（太原有分庄），阎匪家属的私款则多存于此，日、美、德、英、法等国银行也有存款。对日战争开始后，各公营事业的财产大部分丢在太原，少数机器迁移后方，成立有陕西中部、城固、留坝，四川广元的兵工厂，陕西泾阳的毛织厂、纺织厂，西安的省铁垦盐四银行号、德生厚、源聚成、亨记亦仅携带部分现金逃往成都，合组合记商行，经营纱布，并在四川内江开设庆记，经营夏布，置有土地。1943年，阎匪将其财产悉数“捐出”，作为民族革命同志会基金，但仍自行经营。日寇投降后，阎匪自晋西喘返太原，攫取胜利果实，成立委员会，分别接收，其中除明夺暗抢，部分成为私人财产者外，大部分均改为“公营”事业继续经营。此后，又利用军政费相继开设同记公司、会元银号、达昌、贸易公司等，借其“兵农合一”、“平民经济”，垄断全省经济，并欲与四大家族争衡，国外存款则先后转移美国银行。

二、阎匪财产很难结清，即是粗略的估计，也很困难，1930年后，阎匪逃往大连时，其动产估计银币九百万元。“七七事变”后，阎匪自称全部私产有七百几十万元，据一般估计决不止此数，约有二三千万元，最近数年来，阎匪财产更难估计，有人作最低估计，其动产也在银币一亿元以上。

三、阎锡山的财产，并不是单纯的公私不分，而是用着偷梁换柱的办法，将公的变私的。第一步是将军费、军粮、政费、田赋以及救济物资等都以统筹分配的名义，节余若干，拨付“公营”事业部门，投资生产。第二步是将“公营”事业部门生产的利润以还账付息的名义，拨给“公营”各钱、银、商业等号。到了第三步，阎匪的家属、亲属

才从这些行号转移到自行经营的行号。经过这些步骤，不仅人民容易受了蒙蔽，而且几经过手，连经手的人也弄不清真情实况，但是阎匪私人的财产却永远不会变成公的。1943 年阎匪曾公开将其私产七百九十万元外欠指作组织基金，至解放前，民营事业董事会仍将月按九厘付息，拨交中记董事会，而阎匪从中记董事会所提款额，则不知要超过若干倍。又如 1948 年秋，太原各合作社集款向上海面业公会购买面粉四万至六万袋，此项面粉因军粮困难，在上海就发给兵站，各合作社闻讯再三要求，阎匪始拨出一万袋，而其子阎志敏亦因集有款项，就提走六千袋。伪币制改革时，阎匪曾集中送沪黄金万余两，兑换“金元券”，后虽购成面粉，因仍吃亏，其中阎志敏的黄金六百六十两则如数归还。

四、阎匪财产管理部门，除了正规机构之外，又设立许多重复分歧的机构，相互牵制，便于控制。并且使任何部门都不能全盘了解。比如政费，说是“省政府财政厅”经管，款项则存在“省行”，由“财管会”统一配拨；军费由“收支处”请领，绥署却又成立了“经理处”，将部队薪饷统领筹拨；军粮的领发，由“兵站经理处”编制预算，“省府田粮处”领取，“储管处”保管；服装由“兵站”领，而配发变卖则系“绥署”另行成立的“服装小组”来办理；部队副食款由“兵站经理处”请领，购发的手续系“建军会”成立的“副食品采购小组”来办理；田赋由“省府田粮处”征，由“兵站分站”收，然后交“储管会”保管。各“公营”、“民营”事业也是这种情形，董事会是选举组成，但对于所辖各单位财产、盈亏，甚至人事都无权过问，而由各负责人直接向阎匪负责交代。

五、阎匪财产管理的人员，不仅是每人只经管一部分，单独的直接向阎匪负责，严守秘密，而且经管的人员也经常更换，先后经手的有徐子澄（一清）、阎长庆、曲清斋、李纲甫、梁巨川（航标）、阎述先、徐西川、王谦（尊光）、刘效唐、曲宪平、白东生、梁綖武、阎述仁、徐士琪、曲宪治、曲宪南、阎述栋、刘绍庭、贾乙和、王平、彭士洪、李行九，其中主要的还是与阎沾亲的阎、曲、徐、梁四家族，使外间很少知道，经手亦不知底细。

去岁晋中战役，太原被我围困后，阎匪欲蓆（席）卷外逃，遂借口晋籍旅外人士及学生发动“倒阎运动”令各地组织“领导组”，负责各埠营业。太原区由王谦（尊光）、王平、张耀庭、贾乙和、李培德、阎惠原等人负责，由“山西省经济管理局”承办在外营业部门新交财产及货物；平津区由王怀明、郭宗汾、杜彦兴，京沪区由杨爱源、耿誓、杨贻达等分别负责监督。

※《阎锡山财产概述》，山西省档案馆档案，中国人民解放军太原市军事管制委员会档案 1949 年。

阎匪占据太原后，为了发动反共反人民的内战，积极扩大军备，对其统治区人民实行了更加横暴的掠夺，广大人民继日寇八年压迫蹂躏之后，又陷入水深火热之中。阎匪在经济政策方面，一如既往。首先将接收日寇之大量物资，用于扩充其“公营事业董事会”下属的各个官僚资本的企业外，又于 1945 年下半年以原“资源会议”、“经济作战处”等单位为基础，成立了“山西省贸易公司”，下设：电料五金、日用品、粮食、棉纱棉布、食盐、油脂、文具、木材、金饰等九个部，并在天津、上海、武汉、西安设立四个分公司。

※ 中共山西省委调查研究室：《山西省经济资料》第四分册，55～59 页，山西人民出版社，1963 年。

胜利以后，阎氏第一次离开老巢，到了重庆。按人情说，不免要应酬一番。据阎氏幕内人的消息，这番应酬，却破费了 300 多万。阎氏平日爱财如命，因此大伤脑筋，焦思苦想，设法补救。终于大展宏谋，以鸦片烟作抵押，向中央作了九亿元一笔交易。迨返晋时，派有专机，满载而归。有人也曾替阎氏做过一番统计，300 万元的资本获得 9 亿的利息，恰恰是市利三百，让多财善贾的孔祥熙看了，真有些望尘莫及。

有了这一套资本，阎氏便大做其亦官亦商的买卖。于是囤积粮食，套买黄金，与民争利，无孔不入。

※ 北人：《万变不离其宗的阎锡山》，载《消息半月刊》，第 9 期，1946 年 5 月 5 日，陈真编：《中国近代工业史资料》第三辑，1197～1198 页，三联书店，1957 年。

表 18－1　　解放前夕山西省公营企业

<table>
<tr><th colspan="3">机关</th><th>所属单位</th><th>外埠分号</th><th>负责人</th><th>资金及来源</th><th>营业性质</th><th>地址</th><th>备考</th></tr>
<tr><td rowspan="18">民营事业董事会</td><td rowspan="16">董事</td><td rowspan="2">张馥荚</td><td>西北实业建设公司</td><td>津沪有分号</td><td>彭士弘</td><td>十分之二三为接日寇，其余后方移来</td><td>工矿</td><td>典膳所</td><td></td></tr>
<tr><td>同蒲铁路管理局</td><td>附设福利部</td><td>王谦</td><td>接受日寇</td><td>交通</td><td>海子边南岸</td><td></td></tr>
<tr><td rowspan="2">张季平</td><td>西北制造厂</td><td></td><td>李梅雨</td><td>后方移来</td><td>制军火</td><td>文庙巷</td><td></td></tr>
<tr><td>晋绥铁路钱庄</td><td></td><td>曲宪南</td><td>后方移来</td><td>金融</td><td>鼓楼街</td><td></td></tr>
<tr><td rowspan="2">边廷淦</td><td>斌记公司</td><td></td><td>阎述先</td><td>后方移来</td><td>五金电料</td><td>钟楼街</td><td></td></tr>
<tr><td>复兴汽车公司</td><td></td><td>阎效正</td><td>后方移来</td><td>交通</td><td>小东门内</td><td></td></tr>
<tr><td rowspan="2">张冠五</td><td>复兴机器厂</td><td></td><td>姜筹遣</td><td>后方移来</td><td>机器</td><td>小东门内</td><td></td></tr>
<tr><td>硝磺精制厂</td><td></td><td>郭符</td><td>后方移来</td><td>制硝</td><td>南肖墙</td><td></td></tr>
<tr><td rowspan="2">田式如</td><td>实物准备库</td><td>七分库在大同</td><td>段式强</td><td>后方移来</td><td>贸易</td><td>鼓楼街</td><td></td></tr>
<tr><td>阳泉矿务局</td><td></td><td>阎锡珍</td><td>后方移来</td><td>采矿</td><td>东夹巷</td><td></td></tr>
<tr><td rowspan="2">耿桂亭</td><td>太原机器厂</td><td></td><td>赵北海</td><td>后方移来</td><td>机器</td><td>小北门内</td><td></td></tr>
<tr><td>山西矿业公司</td><td></td><td>阎锡珍</td><td>后方移来</td><td>石膏铁矿</td><td>上马街</td><td></td></tr>
<tr><td rowspan="2">靳兵垣</td><td>山西化学公司</td><td></td><td>董文轩</td><td>后方移来</td><td>酒精</td><td>精营东边街</td><td></td></tr>
<tr><td>川至制药厂</td><td>分两部分</td><td>谢济川</td><td>伪会计处拨美金 5 千元</td><td>制药</td><td>精营东边街</td><td></td></tr>
<tr><td rowspan="2">负责人</td><td rowspan="2">张馥荚</td><td>新新土木建筑公司</td><td></td><td>董济时</td><td>股本由董事会拨</td><td>修建</td><td>上马街西口</td><td></td></tr>
<tr><td>兴业土木建筑公司</td><td></td><td>安汝梅</td><td>股本由董事会拨</td><td>修建</td><td>西华门</td><td></td></tr>
</table>

续表

机关			所属单位	外埠分号	负责人	资金及来源	营业性质	地址	备考
会计处	董事	无	会元银号（附九达商会）	平、津、张、青、沪、西安、重庆	张子年	会计处拨法币12亿元，作麦6千石	钱布业	活牛市	
			同记公司	总号在平，沪、津分号，太原留守	杨宁司	美金20万元，会记与中记各一半	进出口贸易	南菜口	
			正正诚	附广益商行	吴炳元	拨法币2亿元，作麦1千石	钱货业	馒头巷	
	负责人	处长贾乙和	济众堂		张子仁	晋西清回一部，又拨二万七千元	药材	府西街	
			生成木厂		李广昌	会计处拨	木材		
			典成公司	上海驻人	李广昌		货行		
			信记煤厂		贾松轩	会计处拨1亿元	煤窑	丈子头	
		副处长王大兴	复兴砖厂		贾松轩	法币5000万元	砖窑	敦化坊	
			复兴托运行		李友檀	大车120辆	运输	上三桥	
			同福祥		齐端阳	会计处	鞋布	鼓楼街	
			德生商行		李紫云	法币5亿元		北平	
中记董事会	董事	杨爱源	贸易公司	上海、汉口、西安、平津有分号及办事处	徐士琪		金融、粮、百货	国师街	
		王怀明	企业公司	天津分公司、上海办事处	张性成	原法币5亿元，其中部分接敌伪的	金融、百货、制炮火	柳巷	
		梁敦厚	机械公司	上海	赵中枢		军火	帽儿巷	
		王谦	盐业银号	天津分号、西安办事处	徐吉午	原法币1亿元	金融，有时也布匹	按司街	
		王靖国	晋兴土木公司		许伯峰		土建、砖窑	唱经楼	
		李培德	棉联社	津、青岛、西安、沪、北平	高成章		棉纱、布匹	新城街	
	负责人	董事长杨爱源	庆兴公司	天津、西安	曲宪南		布、烟、纱	帽儿巷	
			垦业银号	津、沪、西安、成都	徐振渭	原法币1亿元	主要金融，有时布匹	桥头街	
			运销公司	平、津、沪、西安	王谦		布、粮	文瀛湖西	
			酿造厂		阎德厚		油、酱油	城坊街	
			晋益公司	北平	李载阳		布、粮	南市街	
		主任徐士琪	粮联社	上海	武德田		食粮	西米市	
			同祥银号		武德田		金融	剪子巷	
			木联社		杨尚甲		木材	小东门内	
			砖联社		白子和		烧砖	城坊街	
			晋兴书机社		赵培荣		印刷	坝陵桥	
			裕晋公司		石介卿		砖业兼布匹	西安	
			中记物品库		赵××		清管敌伪移交物	小北门内	

续表

机关	所属单位	外埠分号	负责人	资金及来源	营业性质	地址	备考
副主任李培德	复兴农业水利公司		阎效正	抽水机50部，麦子200余石（中记拨）	水利	汽车管理处	
	供销处	天津、上海、北平、西安	祁染藻		布、粮	黄庙东街	
	合联社	津、沪、平	左埏		日用品	按司街	
	晋生药店		王雅轩		批发药材	活牛市	
	亨记银号	津				天津林森路	

※《阎匪财产概述》，山西省档案馆档案，中国人民解放军太原市军事管制委员会档案1949年。

表18－2　　阎锡山家族及高级官僚投资的商号

名称	地址	负责人	投资情形	附记
春记商行	新民北正街	曲管福	阎匪母亲之股金	
同成信	柳巷	王子谦	阎惠卿、阎功甫股金	
德平源	上肖墙	胡茂康	阎鲁成、曲清参，名义阎之股本	
茂记	新民北正街		阎惠卿、阎×文及阎母本	
空运大队	上海（陈纳德公司）	朱异三	阎匪股110亿	
兴建窑业公司	狄村	阎树祯	阎匪投资一部	
仁发公	南市街	许艺圃	王靖国入股	
裕民公司	西肖墙	高可阶	有梁化之股	
一德银号	本市		有孔祥熙投资	
西北电料行	坊山府		阎匪股金	有电台
仁清弗合作社	大北巷	张汉臣	有王靖国股	
军用物品社	新道街		有王靖国股	
食品加工厂	小东门内		有梁綎武股	有贸易部

※《阎匪财产概述》，山西省档案馆档案，中国人民解放军太原市军事管制委员会档案1949年。

表 18－3　　阎锡山官僚资本在各地拥有的房地产

城市	地址	房户	地产	城市	地址	房户	地产	
太原	新民北正街（东花园）	1		西安	新华巷 12 号	1		
	旱西门里（西花园）	1			明德里 2 号	1		
	南华门东四条 4 号	1			崇悌路 224 号	1		
	通顺巷 8 号	1			旋风桥	2		或 3 处
	小濮府 28 号	2			通济房附近	3		
	桥头街 15 号	1			洪福街 9 号	3		
	小北门外		1		西九府街 20 号	1		
	纯阳宫 12 号	1		天津	旧日租界旭街	1		
	上马街五福巷（阎惠卿房）	1			旧日租界涎么街 1 号	1		
	精营西边街 1 号	1			陕西路 65 号	1		四层 1 平楼
	新民中正街 20 号	1			河东大亨客栈	1		
	坝陵桥		1	上海	静安寺路洋房	2		
	五福巷	1			交大附近地皮		1	
北平	东四七条 59 号、57 号	2			新中报宿舍	1		
	西郊民巷（河北省银行）	1		城固	房院	1		
	丰盛胡同（五三中学占）	1		灌县	井福街 81 号	1		
	和平门内顺城街	1		广元	房院	1		
	羊肉胡同	1		成都	西城积洋街 10 号	1		
	杨梅竹斜街 91 号	1			鼓楼南街 68 号	1		该处有房院不确
	新莲子胡同 32 号	1		重庆	牛角沱	1		
	西长安街 597 号	1			中一路中央饭店对过	1		
南京	高楼门 5 号	2		南郑	即汉中			
	上乘庵 21 号	2		大同	城隍街			数字不详
	北门桥一带	1						

※《阎匪财产概述》，山西省档案馆档案，中国人民解放军太原市军事管制委员会档案 1949 年。

阎锡山请德魏洛氏试制吗啡 生产过程分析单

太原府 1946 年 9 月 2 日

每千克生烟土可制出：

①纯净吗啡　45 瓦

②考得因　约 2 瓦

③那尔考芬（安眠不止疼）　25 瓦

以上所出麻醉药品，至少可值 30 万元，成本除烟土值十二三万元外，化学材料所用甚少。

提净以上药品以后，所剩物质依然还是烟土的样子，用鼻闻，用舌尝，仍然一样。

如果以此做戒烟药丸，可收相当收入。

按：以上是德国人魏洛氏制造吗啡的分析报告摘要。阎锡山在抗战胜利后将德国人魏洛氏和福斯特（女）请来太原制造毒品发财。下面是阎与德国人订立合同的主要内容：

合同内容：(阎之长官部与魏洛氏合同订于1946年9月)

①聘为长官部医师，派到川至医院，充外科主任医官、学校教授，承办川至药房内各项医学术及调剂术责任，制造各种药品。

②魏氏把自己发明的“Neo - Soevmtan 177”治疗梅毒药剂制造权都渡让药厂，在中国内行销得25%（利润），国外则得50%。

③清洁住房一套，自来水、电、煤由长官部供给。

立案与川至药厂一起，各自经营。

该二人魏洛氏　月工资300美元（给教授）

福斯特（女）　月工资200美元（给讲师）

是由长官部卫生处杨永超（镇西）请来的。

※《阎伪经济档案》，山西省档案馆档案，中国人民解放军太原市军事管制委员会档案1949年。

阎集团掠夺了多少？

自你（阎锡山）统治山西三十余年来，试问你的成绩究竟在哪里呢？不过是太原市上增加了许多奢侈无耻的寄生虫，朱红大门几十家，黑漆大门几百家，搜刮山西人民的血汗，克扣部下士兵的军饷，做你们少数人的资本，不管重工业也罢，轻工业也罢，全是你们少数人分赃发财的工厂和公司，你们的财产多少，我都没有调查过，南桂馨的房子几乎占了几条街，周玳的陪嫁女儿嫁妆几百抬，摆了几里长，李服膺现代几十万，太原市上无一公园，你们个人花园经营费十余万，至于你的财产，更不用讲了。

※续范亭：《寄山西土皇帝阎锡山的一封五千言书》，载《中国近代工业史资料》第三辑，第1202页。

二、同记公司

1947年1月间，同记公司成立，由会计处用现洋、金子折合，拨了三万元美金的资本，归会计处领导。

※贾乙和：《阎锡山的一个官僚资本机构——太原绥靖公署会计处》，载《山西文史资料》第七辑，65页。

同记公司系阎锡山用“特费”成立的官僚资本企业，初定资本三万美元，后增至十万美元，阎锡山指令山西省银行拨来三四万元，由绥署会计处两次拨五六万元。

※郝建贵：《访问贾乙和记录》，1975年8月19日。

阎锡山利用潜伏在天津之希特勒纳粹分子颜宁司、恩格尔、林登堡等人，在天津成

立同记公司，任王俊士为经理，在颜宁司、恩格尔、林登堡的协助下，做一些进出口业务，并派贾乙和为太原同记公司经理（贾乙和彼时担任二战区会计处处长）。

※ 阎子奉：《阎锡山家族经营的企业》，载《文史资料选辑》第49辑。

阎匪的“同记公司”于1947年1月间筹办，成立于太原市工程街一号杨宁史寓所。1947年夏，迁至精营南横街正式办公。到1948年9月间，因晋中战役之后，太原处于解放前夕，以杨宁史为首率领大部人员迁往北京，太原公司由冯玉松留守。至太原解放。

“同记公司”初定资金美元三万元，后逐渐增为十万元。系由阎匪的官僚资本中筹拨的。如阎匪的会计处、西北实业公司、山西省银行都筹拨了一部分。

总公司内设机械部，由洋人翁格尔负责，皮毛部由洋人卜路克负责，秘书处由冯玉松负责，业务处由郑如鹏负责，会计处由杨××负责、总经理贾乙和，经理为洋人杨宁史，副经理贾松轩，上海分公司经理罗文士，天津分公司经理王俊士。

“同记公司”的经常业务是对外贸易。通过杨宁史等与外商来往关系，向美、英、法等国购机器配件、药品，对美国出口羔子皮、猪鬃等，在国内，仅在太原与西北实业公司和太原铁路局为主要营业对象。在太原总公司还设有西药部专卖成药。

“同记公司”业务不多，利润却很大。沿袭了洋行买办作风，洋人工资高，本国职员工资低……由于开支大，外国籍职员，均赚美元每月二百至三百元，故经营二年多，并没有赚钱。

“同记公司”的设立，极为反动统治集团特别是经济部门所注目，而阎匪也煞费苦心地玩弄了许多欺骗、无赖等手段……

先是阎匪伪称有几个外国人，可以买到好西药，以便为高级官僚的身体健康服务……吴绍之说“杨宁史是战犯，中央让解送南京。”阎匪说“什么战犯问题……不要管他。”本来杨宁史是德国禅臣洋行驻中国经理，抗日战争前，即在我国大肆吮吸我国人民血汗，天津杨宁史大楼，很有声势。罗义士是青岛禅臣洋行经理，都是纳粹分子，翁格尔、卜路克等连同当时在川至药厂的魏尔斯、福斯特等，都有一定的战犯关系，国民党中央电令扣解，而阎匪却视为奇货可居，哪里还管他命令不命令。阎匪一意孤行，把纳粹分子包庇下来，成立了“同记公司”，其居心可以想见了。……

※ 贾乙和：《阎匪的同记公司》，载《山西文史资料》第五辑。

2. 同记公司

关于同记公司有关资料，笔者曾写一篇专稿（已经刊于《山西文史资料》第五辑），这里再补充一些情况。

阎锡山的侍从医官杨镇西，系留德学生。在杨宁史（德国纳粹分子）来到山西同记公司组成过程中，做了不少穿针引线工作。据杨镇西说，杨宁史等是阎锡山专门请来的“宝贝”。他们有国际贸易的广泛关系，有经理洋行的丰富经验，又是机器、羔子批“专家”。阎锡山派彭士弘（西北实业公司经理）请来，原计划担任西北实业公司的工程师，后因山西贸易公司总经理徐士琪争夺，要聘为贸易公司工程师，才由杨镇西与杨宁史、梁化之计议，为了两家都不得罪，确定了和会计处发生关系。

如前文所述，阎锡山不顾蒋中央政府的命令——解送战犯，而令贾乙和迅速进行组织。贾即草草写了个鉴呈：1. 定名为同记公司；2. 派贾乙和为总经理（阎教如此写的）；3. 由会计处拨资金美金三万元；4. 经营对外贸易业务；5. 即日开始筹备成立等几条。阎锡山批“可”。批准之后，贾交代了梁化之，协同杨镇西到工程师街1号与杨宁史等见面，由杨镇西担任翻译，当时有杨宁史、罗文士、翁格尔、卜路克（均德国人）、×××（名失记，奥国人）等五人。另有杨宁史的女人。狄村介绍之后，说了些应酬话，既决定在工程师街1号筹备成立。以后，一面由会计处拨给资金，一面分头找房子，约在1947年6、7月间，用九千余元现洋，买到精营南横街杨爱源的房院，迁入办公。1947年11月间，同记公司失火（原因是洋人们在屋壁内用耐火砖做火道，以暖墙代替暖气，火大烘着了椽柱而造成的），报告阎锡山后，阎令考查是否伪装放火，查明系原来设计失当，也未再追究。失火后移到川至纺厂临时办公，到1948年2、3月间，又买到南华门西头条1号李子范的房院，迁入办公。

天津及上海分公司，是在1947年下半年由蒋中央批准后分别成立的。上海分公司派罗文士任经理，又聘垦业银行韩志远为华方负责人，共四五个人，营业地址在中国银行大楼。天津分公司由王俊士任经理，后又聘了两个德国人，共六七人，另派王某到西安收购猪鬃。

业务方面的大致情况是：一方面由郑如鹏与翁格尔跑到西北各厂和太原铁路局。解放前这些单位所有的机器设备，主要系由资本主义国家购入。因之，机械的维修配件，均须向原厂购买。郑、翁两人跑这些单位，就是了解情况，向外国购买机器配件。有时也买些小型机器。一方面由卜路克赴交城等地收购羔子皮，连同收购之猪鬃，办理出口。另方面也由德、法等国买些西药，由西药部零星推销。

同记公司在美国纽约的代理商为凯因公司。在1948年春，凯因公司的经理到了天津，与杨宁史联系，要来太原看看。据说因怕太原不安全，没有来。在1948年夏，据杨宁史说，同记公司在凯因公司存款约三万美金。

在财产方面，原拨资本美金三万元，1947年决算盈余1000多元。1948年春，又增资美金七万元，增资后财产共100000余元。太原买过房院三处：1. 精营南横街；2. 南华门西头条1号；3. 新民东街。仅三处房院即合现洋三万余元，上海租房押金黄金七十两。1948年9月杨宁史等到北京后，住六国饭店，也挥霍了不少，加之天津、上海、太原在1948年下半年没有什么业务，而开支还不小。在除过美国凯因公司存款，因此估计在总公司所掌握的资产（包括西药、羔子皮、猪鬃）不过三、两万美金。

1947年冬，美帝援蒋的款项又一次投放时，据说给山西分配了二十万。当时阎锡山派西北实业公司经理彭士弘通过美国魏利号公司拨付提用。杨宁史很为眼红，一面找彭士弘，一面找阎锡山，想分一部分美元，因彭士弘不承认作罢。1948年夏，晋中战役前后，阎锡山几次问贾乙和：“洋人怕不怕?”贾回答：“不怕。”阎锡山说：“他们和咱们不一样，他们是很害怕的。”9月的一天，阎锡山叫来贾乙和说：“现在有一架民航机，

你即刻通知他们，让他迁往北京，下午1时起飞。”贾乙和赶到同记公司时，杨宁史等人早已整装待发。想系阎锡山早有通知。此次去北京的有杨宁史、翁格尔、卜路克、贾松轩、郑如鹏等主要负责人。同记公司迁往北京时，阎锡山的老太太、大太太等人，带了很多细便衣物，由曲宪南护送，同机逃往北京。

※ 贾乙和：《阎锡山的一个官僚资本机构——太原绥靖公署会计处》，载《山西文史资料》第七辑，68～70页。

三、绥署会计处

阎锡山在统治山西的30多年中，巧立名目，搜刮民财，逐渐形成了一个官僚资本体系。如：一、民营事业董事会，包括西北实业公司各厂、省银行、铁路银号等单位。二、中记董事会，包括山西省贸易公司、盐业银号、垦业银号、庆兴公司、晋兴企业公司、晋兴机械公司等单位。三、省经济管理局，包括平民经济执行委员会、各供销合作社、各县经济组织等。

太原绥靖公署会计处（以下简称会计处）是从1947年以后逐渐形成的一个官僚资本机构，它同样进行着投机倒把，为阎锡山搜刮人民血汗的活动。笔者过去是这个机构的负责人，拟对这个官僚资本机构，作扼要叙述，遗漏和失记之处，还请知其事者补充订正。

（一）会计处

1. 沿革

1937年太原沦陷，阎锡山进到临汾后，成立了随营副官处，内设庶务室，由段玉田负责；会计室，由耿誓负责。1938年阎锡山驻吉县时，会计室改为会计科。1940年阎锡山移住克难坡，会计科改为会计课，从副官处划出，成为“长官部”的直属单位，归第一办公室王谦领导，少将课长耿誓，上校副课长巩文轩，内设一、二、三股。

1941年耿誓调充粮食局长，巩文轩升任课长。耿誓乃梁化之系统的亲信干部，耿誓离职后，因巩文轩倾向于王谦，梁化之遂请准调梁系干部贾乙和为副课长，但大权仍操巩手。1943年1月，巩文轩害伤寒病苦，贾乙和即升任少将课长，宋邦俊为副课长。1944年1月，会计课改为会计处，与财政厅、军需处三个单位都属于经理组，由王平领导，原课内的股改为科。处长仍由贾乙和担任，王大兴任副处长，第一科科长王大兴，第二科科长刘绳祖，第三科科长马继尧。

1945年阎锡山移住隰县后，因经理组无形解体，会计处改由秘书长吴绍之领导。回太原后，1946年改为“太原绥靖公署”会计处，人事上无大变化。太原解放，被人民政府接管。

2. 业务概况

1937年到1940年，会计课（室、科）的业务，不外是“长官部”的内部开支、现金出纳及阎锡山的特费开支等。1941年分股后，除原有业务外，第三股专办对蒋中央经费报销事项。凡关于“长官部”、“绥靖公署”的经费开支，都由这个股编报，刻了一大堆假图章，伪造了各式各样的假饷册、假单据，向蒋中央报送。说来好像很滑稽，其实在旧政权时，就是这么回事。

上述业务，除编报蒋中央表册工作在1944年停办外，其余都继续承办下来。日寇投降回太原后，业务不多，因而增加了核发保安各团经费和关发“长官部”、“绥靖公署”附员（对工资维持生活的人员）的工资工作。从1947年开始，会计处即进行经营贷款，买存实物，投资牟利等活动，逐渐转化为一个官僚资本企业的领导机构。

3. 发展过程

1947年以后，会计处虽然还承办一部分机关业务，而主要部分已变成阎锡山的官僚资本体系中的一个机构了。

会计处的发展，是以拨到军政费筹款法币三十亿元开始的。1946年冬，经理处处长杨思诚、财政厅厅长王平对贾乙和说：“司令长官穷得很，一切开支都感到拮据，这还行！我们从军政费项下筹下三十亿款，司令长官让存到会计处，以备不时之需。”贾乙和收到这三十亿款后，即请示阎锡山向外贷款，得些利息。阎首肯后，贾即对“山西贸易公司”、“铁路银号”、西北银行、盐业银号、山西省供销处等许多单位放款。随贷随还，大大便利了各商号投机倒把活动，会计处可以得到不少利息。以后仍由军政费项下筹拨到三四十亿元，共约七十亿元。这在当时阎锡山统治区日益狭小的太原市，会计处出放这几十亿款，对于市场引起极大混乱。贾乙和一方面慑于人们的非议，一方面感到虽得了不少利息，但远远跟不上法币的日益贬值。因而建议阎锡山“放款不合算，不如买成实物”。阎指示“买高粱、玉茭”。贾因高粱、玉茭不好保存，陆续买了几千石小麦，另划出少部分款项放借贷。从此会计处所经营的款项，大部分作了实物保证，这是1946年冬天到1947年上半年的情况。

……2、3月间，又拨给济众堂中药店资本现洋一千八百元，也归会计处领导。从此会计处开始投资办企业。……

……此后，“复兴托运行”、复兴煤厂、复兴砖厂、兴成公司以及西北军鞋厂，都拨归会计处领导。到1948年冬，在军费奇绌的时候，阎锡山指定王平、王谦、李忍刚等人组织筹款会议，也将会计处列为一个筹款对象，会计处居然成了阎锡山经济首脑部门之一了。

4. 支持阎锡山反人民的战争

会计处由拨到三十亿军政费起家，经贾乙和等积极经营，通过各种投机活动，到1948年冬，会计处的财产，已积累到100万元现洋左右（内有实物补给处的花布一部）。其中主要的有筹拨过小麦二万石和杂粮数千石，支援阎锡山部队的军食。另在1948年冬，蒋中央将法币改为金元券时，阎锡山提出筹黄金万两，要蒋中央银行换面粉，会计处筹了黄金一千两。听说在上海解放前夕，出现了耿誓、刘绍庭等贪污面粉案，实际就是阎锡山把这万两黄金换来的面粉私吞了。在1948年冬，会计处曾给筹款会议拨过几项款项，总共约现洋十万元。此外，阎锡山也还提用过一些款项。

※ 贾乙和：《阎锡山的一个官僚资本机构——太原绥靖公署会计处》，载《山西文史资料》第七辑，63～66页。

3. 济众堂

济众堂中药店，成立于1947年夏，地址在太原市府西街路北。张子仁，忻县人。在抗日战争时期充任阎锡山的侍从中医。1940年在吉县克难坡成立侍从中医室，由张子仁任主任。侍从中医室用公款购存了不少中药和一些贵重药品，专供阎锡山及其家属和部分高级官僚服用。日寇投降回太原后，张子仁即以侍从中药室的底子，又接买下府西街庆春生药店的铺底，成立了济众堂中药店。

济众堂共资金现洋4000元，原侍从中药室所存药物作价投资外，接收庆春生铺底共现洋一千八百余元，由会计处拨款，作为投资。济众堂的成立，是由张子仁利用每天给阎锡山诊断的方便条件，和阎锡山说好了的。阎锡山对张子仁说："你会看病，但成立商号是外行，你告贾乙和，让他找我吧。"从此一切成立手续制度，即由贾向阎请示决定。济众堂的名称，也是阎锡山命名的。阎指派贾乙和为监理，由会计处拨款，作为会计处的直属单位。派张子仁为经理，负责全店业务。另成立董事会，董事吴绍之、贾乙和、张子仁等数人。又与阎锡山研究制定了分配制度："纯收益为资七劳三分配，劳分的三成，又是以顶身股几厘来分配。"贾乙和对济众堂起监督作用，日常业务由张子仁一手经营。在人事方面，有原侍从中药室人员和庆春生少数留用人员，又聘了道生恒的几个人充实起来，全店共20人左右。

济众堂经过两年的经营，到1948年终结束，按药物财产估计，据张子仁说，约值现洋四万元（因售药利大，接办时和盘点时标准不同），济众堂的财产，没有被提用战费，解放后全部交人民政府接管。

……

德生商行，不是会计处的投资系统，但由会计处特费项下，经阎锡山批给过一笔款，且与正心诚有千丝万缕的关系。在这里附带介绍如下：

徐端要在北京、天津一带做"青年工作"（即特务工作），由阎锡山批给活动费现洋1000元。徐端即任用孟弘斋，于1948年春在北京设立德生商行（可能特宪处另有投资，否则仅1000元不够铺设），一面做投机买卖，一面作为他们活动的场所。1948年春夏之交，李紫云去北京住于德生商行，大肆挥霍，结果德生商行趋于不支之势。李紫云在1948年秋，乘耿誓、杜彦兴等回到太原之便，召集在正心诚开会，要求支援商行并加强领导。会后我由会元银号筹借了现洋一千元，强要我担任总经理，张子章担任经理，我没理那回事。张子章也曾多少照料过几次。尽管李紫云等设想发展这个商行，以遂其既发财又做特工一箭双雕的愿望。但除我给筹过款外，其他人并未予以支持。这个商行就不生不死地待下来，直到北京解放由人民政府接管为止。

5. 复兴托运行

复兴托运行组织成立于1947年冬，开设于太原市下三桥街路西。

1947年冬，汽车管理处处长阎正效（阎锡山的侄儿），将汽车破内外胎一部，移交给会计处。贾乙和按照阎锡山意旨，组织了一个马车队，利用辎重兵团的人力畜力进行组织。为了承揽市郊的运输业务，故以商业面孔出现。实际上完全是以辎重兵团营连级干部为各级负责人，以士兵为马车夫，以辎重兵团长的畜力拉运，开支待遇，也仍由辎重兵团的经费和薪给标准。

会计处对此只付过一千大几百现洋的车棚价款，并以此为投资，没有另拨资金。派贾乙和担任监理，算做会计处的一个直属单位。

复兴托运行成立之初，也有一些托运业务。在1948年后，阎锡山为了进行反人民战争，疯狂地修筑碉堡，这一支运输力量，大量为修碉堡拉运材料。运费是绥署运输处记账，根本领不到，仅靠辎重兵团经费维持。到1948年冬，这个队将近100辆的铁轮大车，也就大部分破烂不堪了。

6. 兴成公司

兴成公司，是配属于会计处的一个单位。约在1944年阎锡山在吉县时，"长官部"军需处为了供应阎军文具等用品，筹款成立了实物供给处，由李广昌（笙甫）负责。到1945年冬，又成立了一个领导小组，由刘国治（渠成）、李忍刚（养直）、贾乙和三人组成。由刘国治领导，李忍刚具体掌握。日本后投降回太原后，约在1947年就在实物供给处所有财产的基础上，改组成为兴成公司，设于太原市南市街。经营百货业，也进行了一些买卖金银等投机倒把活动。初与会计处无联系，在1948年上半年，才组成理事会，以刘国治、李忍刚、贾乙和三人为理事，1948年下半年归了会计处。

兴成公司人事组织和财产状况，笔者不够熟悉，从略。

……

8. 复兴煤厂、复兴砖厂

这两个单位，也是于1948年拨归会计处的。厂址设于太原市北门外丈子头村。据说这两个单位，是在抗战初期，由郭挺乙霸占下的。在日寇统治时期，砖厂停办，煤厂由当地村民拾些煤烧用。日寇投降后，梁化之夺回产权，委派其亲信贾鹤山（松轩）经管，企图据为私有。贾鹤山又派其同乡鲁廷秀负责。砖厂曾生产过少数砖，煤厂也出过少数煤，后因井下渗水，购买抽水机抽水，生产停顿。以后，虽然人员不多，但在没有产品的情况下，还要付出一些排水费用及同仁开支等费。梁化之见油水不大了，才在1948年鉴呈阎锡山批归会计处领导。归会计处后，也没有进行整顿，只是由会计处拨过一些经费开支。

小结

会计处不仅领导下了许多官僚资本企业，而且本身也进行着商业投机活动。从1947年开始，就改变了其机关财政部门的性质了。尽管为期不长，但无形中形成了阎锡山的又一个官僚资本机构。

会计处这个官僚资本机构，对阎锡山的反人民战争，起了不少的支持作用（如二万石麦子拨军用等）。同时，他的所属单位，进行投机倒把活动，波动市面，加剧了因法币贬值给人民带来的灾难。因此，会计处同样是一个罪恶的渊薮。

※ 贾乙和：《阎锡山的一个官僚资本机构——太原绥靖公署会计处》，载《山西文史资料》第七辑，70～76页。

太原绥靖公署会计处

1943年在会计科的基础上成立。贾乙和任处长，共有18人，经费由政府拨出，初有资本90万元，来源是财政厅、经理处二个。会计处主要职责：从军政费名义下抽出款来给阎作私人资本保存，不保存现款，都折成实物，开了中记董事会。阎的特费（特别开支）供家庭支出，来源是军需处、军政处结余款，每月有现洋十余万元。

会计处直接利用阎锡山特费投资的企业有：会元银号（资本24亿元，折麦子6000石）、同济公司（美元资产10万元，由省行拨3万元，会计处直接拨两次，达6万元）、正心诚（资产合麦子1100石）、济众堂（拨1800元，后发展到3、4万元，是晋西时阎锡山的中药店），此外还有新城公司（经营百货，资产是实物，供给处财产）、复兴运输公司。

※ 郝建贵：《访问贾乙和记录》，1975年8月9日。

四、克扣薪饷与医疗费

1945年10月到1949年4月，阎锡山接收了日寇残缺不全的卫生材料，其中比较贵重的药品、器械等，一律扣留，仅拨给部队一些失效和不适用的药品、器材，而向蒋中央应领的医药费，阎锡山全数克扣。

……

阎锡山对其住院的生病员的副食费，也照样克扣。1945年9月日寇投降后，阎派他的主力部队去抢夺上党地区，在屯留老爷岭被解放军歼灭。逃回太原的负伤官兵2000余人，分住川至医院、铁路医院其新南门外的临时医院。当时蒋中央规定，非联勤总部的卫生院（队）收容的伤病员，不能向蒋中央请领薪饷和报销主副食费用及医疗药品等。为此，阎锡山星夜调我从大宁回太原（这时我任联勤总部第八卫生大队长），专门办理向蒋中央请领这2000多伤兵的薪饷、副食费、食粮、服装、卫生药品及其他一切开支。按蒋中央规定，住院伤患每人一天副食费法币二元。由于日寇刚投降，法币价格一时尚高，阎锡山认为有机可乘，就以太原绥署主任的名义，令临时医院、川至医院、铁路医院伤兵副食费每人一天改为伪联合银行币（鬼票）二元（当时一元法币折合鬼票五元多），每五天到绥署军需处领鬼票一次。阎锡山从中克扣住院伤兵副食费达80%强。

※ 杨雨霖：《阎锡山克扣军队卫生经费的事实》，载《山西文史资料》第十二辑。

阎锡山对负伤军官的差级薪饷，也予以克扣。蒋中央规定，联勤医院收容伤患按中央编制职级发给薪饷，如不合中央编制职务者，一律不管级别高低，只发二等兵饷。1945年9月，晋东南老爷岭负伤的人员，与蒋中央军队职级名称多有不同，有建军委员、同志会特派员、活炸弹队壮士等名称。因蒋中央规定没有这些职名，因此虽系校尉级别，当按二等兵饷发给。1945年11月发薪时，绥靖公署派军需处副处长李某（忘其名）会同我们医院发薪。李副处长先将中央规定向伤患说明，即有各部队建军委员、特派员等约200人将我们包围，坚不接受二等兵饷，要求按原级发薪，气势汹汹，行将暴动。李对他们说："你们先领二等兵饷，应补的级差薪饷，我回去报告长官，一定给你们补发。”最后他们无可奈何，到领饷时，有的将票撕碎，有的焚烧，有的骂着不领。不少的人说：“知道是这样，王八蛋才当这黑官。”还有人说：“我们负了伤，卖了命，住医院才知道是黑官。”但这些人的极差饷，阎锡山始终没发。据我所知，这些人确实是顶了编制向蒋中央照级领薪的。

阎锡山曾将失效的盘尼西林发给医院，给伤员注射。1948 年初美帝救济总署在山西的物资，移交了阎锡山保管处理，内有大批盘尼西林（当时市场很少，价颇高）。这时我任联勤第九十二后方医院院长，是蒋中央联勤总部的重点医院，经常住院的伤病员在一千五百人以上。由于设备不良、药品奇缺，伤员感染化脓的不少，向绥署请领盘尼西林，每次只发给十万单位的 10 支至 15 支。1948 年晋中战役，阎锡山的亲训师被歼，亲训师及其他部队约 2000 余人送九十二后方医院。因气候炎热，负伤人绑扎处理不良，伤口化脓的很多。经我们向绥署数次请求，又恳求兵站刘总监向阎锡山几次面请，发给盘尼西林，以应急需。最后阎才将接收救济总署过期失效的盘尼西林（十万单位）发给了 500 支。请领如此很难，但在此以前，阎却在市场上抛售了大批的盘尼西林。

阎锡山储存大量多种维他命丸，坚不给伤员服用。1948 年 10 月，解放军包围了太原，阎锡山已成瓮中之鳖。粮食困难，肉食蔬菜来源断绝，阎匪部队下级军官及士兵因营养不足，患夜盲症及干眼病者很多。当时第九十二后方医院指定专收容第三十军患夜盲症的官兵 300 余人，因维他命药品奇缺，医疗束手。我早知道救济总署移交阎锡山有大量的多种维他命丸和鱼肝油等（当时阎锡山曾向太原市西药房抛售），但我们向太原绥署多次请领，均说库无存货，坚不发给。后建议三十军黄樵松军长就向阎当面要求，阎才发给美制多种维他命丸一百粒装的 200 瓶。不过医病患者过多，真是粥少僧多，无补实际。

※ 杨雨霖：《阎锡山克扣军队卫生经费的事实》，载《山西文史资料》第十二辑。

阎锡山另一发财门道，是克扣截旷，大吃空额。1948 年夏晋中战役后，他的部队军政机关人员食粮，因无田赋征粮，全向蒋政府领用。全人数不到十万，他还按编制二十万人请领。每人每月应领粮 62 斤（四斗一升，九折合以整斤计）总共每月应领 1240 万斤，运输全靠飞机，每日平均运粮飞机五十架次，每机一次载重 4 千斤（两吨），每日能运 20 万斤，月计 600 万斤，余 640 万斤，留在青岛、汉口、上海、芜湖等地，每斤按白洋七分计算，约计 448000 元。按当时上海金价八十元折合黄金五千六百两，以十个月计，共五万六千两。

军服布匹，蒋政府按十五万人发给他。每人夏服单衣一套需布一丈五尺，长裤腿衬衣一套一丈三尺，短裤腿一套一丈，冬季棉衣一套三丈一尺，棉花二斤，衬衣一套一丈三尺，另按半数发棉大衣，每件用布三丈一尺，棉花二斤，棉背心一件八尺，棉花半斤，合计每人发布十丈，共一百五十万丈，每匹十一丈合十三万六千三百三十六匹，空运到太原的不过三分之一，余留上海九万多匹。按时价每匹白洋九元计，共六十三万余元，合黄金近八千两。棉花合共五十六万二千四百斤，除运太原留沪三十七万四千多斤，以每斤白洋二角计，合价七万四千余元，折黄金九百多两。每人单棉共六套，工、线、纽扣，每套需款四角，未运回的三分之二约为十万人的服装共应需二十四万元，另每人鞋

袜平均二元共二十万元，两项共四十四万元，折合黄金五千五百两。

总上各项，阎锡山在逃走前，结束官僚资本商号，连同最后十个月之间，克扣粮服变价，所掠夺的财富，约共合黄金十一万五千多两。

※ 山西省政协：《阎锡山统治山西罪恶史》下册，577～579页，1960年油印本。

五、祝寿献工捐款

本日下午六时，在工委会开会长寿辰献工大会筹备会，决议事项如左：

一、十月二十一日①上午九时，在洪炉台前开献工代人民开渠修路运动大会，赶八时四十分齐到场，参加人为全体干部，工厂派代表参加。

二、全体干部每人献工三天，每天以四小时计，年在六十岁以上十五岁以下者不计。

工厂工人每人每日加工一小时，共加三天。

三、军队上作备战工作。

四、各主管部门将所属单位献工人数及工厂工人分别注明各单位住址，汇总于二十日上午十二时前报工委会。

十月十八日

※ 山西省档案馆档案，山西省民营事业董事会档案卷十二·1－1011。

敬启者，本月二十一日②会长寿辰，昨工委会召集开筹备会议，研究会长寿辰献工大会事宜，经拟定全体干部同志每人献工三天（机关团体官兵齐有），工厂工人捐献加工，并限于明日（二十日）上午十二时前各机关团体将献工人数报工委会汇总，至工人如何加工由各家讨论决定。兹定于明日（二十日）上午十时在本会开会研究，希届时派负责人前来出席，并将所属献工人数（女职工注明）及工人加工办法一并带来为荷。此致。

山西全省民营事业董事会启

十月十九日

※《山西省民营事业董事会通知》，山西省档案馆档案，山西省民营事业董事会档案卷十二·1－1011。

山西省银行公函

（省银字第1092号）

山西全省民营事业董事会公鉴：

本行庆祝会长六五寿诞献工人数，职员四十八人，夫役十一人，共计五十九人。再本行住址为鼓楼街三号。特电奉达，敬请察照。

山西省银行（36）西并印。

※《山西省银行公函》，山西省档案馆档案，山西省民营事业董事会档案卷十二·1

---

① 1947年10月21日。

② 1947年10月21日。

-1011。

敬启者，查本公司及所属各工厂，本月二十一日为会长庆祝六十五寿辰，参加献工职员人数420人，共有人数共计一万五千人，理合报请核转为祷。

谨上

山西全省民营事业董事会

西北实业建设公司

十月二十日

※《西北实业建设公司公函》，山西省档案馆档案，山西省民营事业董事会档案卷十二·1-1011。

表18-4　山西全省民营事业董事会各单位献工职员夫役工人人数统计

机关名称	职员	夫役	工人	仕址
……	…	…	…	
实物准备库	27	7		
晋绥地方铁路银号	21	4		
西北实业建设公司及所属各工厂	420		15000	
同蒲铁路管理局	262		80	
山西省银行	48	11		
……	…	…	…	
合　计	1203人	135人	18265人	

※ 山西省档案馆档案，山西省民营事业董事会档案卷十二·1-1011。

表18-5　山西省四银行号实物准备库部分下属单位祝寿献碉统计

单　位	人数	薪棒总额	捐献款数	时　间	备注
四分库农醋厂	41	1431700元	71585元	1947年10月份	
荣河办事处	7		7599元	1947年10月份	
万泉支库	9		8518元	1947年10月份	
七分库	21		109050元		
十一分库及虞临两办事处	19	222000元	105600元	1947年11月份	
四分库及所属农醋厂办事处	34	3569000元	178450元	1947年11月份	
平定支库	10	1151000元	49050元	1947年11月份	
九分库	23		107050元	1947年11月份	
河津支库	3	142000元	7100元	1947年11月份	
万泉支库	2		3920元	1947年11月份	
秸山县办事处	3		7350元	1947年11月份	
荣河办事处	3		3200元	1947年12月份	
荣河办事处	3		6400元	1947年11月份	
五分库平陆办事处	6	541000元	27050元		

※ 根据山西省档案馆档案《山西省民营事业董事会档案》卷十二·1-639统计。

第二节｜省银行为阎锡山转移财产

一、组建财管会

“戡乱时期财物管理委员会”——简称“财管会”，前身为“筹款会议”（吴绍之负责），去年五月始改组，该会主任委员杨爱源，常务委员王平，委员吴绍之、杨思诚、秘书长刘渠澄，第一处长杨思诚，负筹款之责；第二处长张秀升，负仓粮筹拨之责；第三处长李述唐，负薪饷调整筹划物品征用支配之责。阎匪以内外、文武平均待遇为名，公教人员官兵保安部队以及“兵站”均按同一标准关发薪饷，兹将兵器工程工事制鞋补衣额外人员及编余官佐，编成部队，领用军薪饷，此外还筹措购买机器、部队灶具、通讯器材、药品及飞机运费、西北公司维持费等，一般是先动用军政仓库各费，至应用时，再行筹措，筹不到时，则平均由官兵公教人员薪饷内减发（省府组已接管）。

※《阎锡山财产概述》，山西省档案馆档案，中国人民解放军太原市军事管制委员会档案1949年。

解放前夕山西省银行上海分行情况

我没有在总行工作过，大部分时间在上海分行。……抗战胜利以后，上海分行改为通讯处。

临解放前，总行去两人阎树栋和陈洲，押运黄金交中央银行。交完后住在通讯处，看到报纸上登着解放军节节胜利，他二人不敢回太原。就在太原解放的前几天，阎树栋从外边回来说：“长官（指阎锡山）来了，住川记商行。”他去看阎，当晚没有回来。后来在沪的山西商人都去看阎，我也去了，阎问了问业务如何，我说不多，谈话很简单。第四天阎树栋回来说：长官要去台湾，我要去了。阎树栋随阎锡山走后不久，约两个月，上海就解放了。

※ 郝建贵：《侯吉甫①谈话记录》，1975年10月27日。

二、转移财产

阎锡山盘剥山西民脂民膏，苦心建设多年之西北实业公司，已于四月份②以7000亿元之代价全部押给中国银行，从此阎锡山在经济上成为四大家族的附庸。该公司系阎锡山用以生产内战军火垄断山西工业的总机关。日寇投降后，又“代为保存”日寇遗留的

---

① 侯吉甫，系旧山西省银行上海办事处负责人，谈话时住在山西省平遥县城内站马道街。

② 指1947年4月。

工业，其重工业有全国著名之太原兵工厂以及炼钢厂、机器厂、铁道工厂等；轻工业有晋生纺织厂、西北洋灰厂、西北面粉公司、西北火柴厂、晋华卷烟公司等。近因阎锡山军事失败，其统治区经济破产，美货倾销压迫，原料缺乏，成品滞销，该公司赔累甚巨，四大家族乃乘机吞并。该公司之轻工业各厂多半关闭状态，阎锡山的“轻工业赚钱补助重工业生产军火”的计划，早成泡影。重工业方面亦如是，如炼钢的四座炼钢炉只剩一座，改铸生铁造轮子。大批职工被裁失业，曾拥有5000职工之铁道工厂，已减去三分之二。晋华卷烟公司职工几乎全部裁完，剩余之近万工人已从“兵工合一”进而全被编入常备兵，迫使彼等充当内战炮灰。

※《东北日报》，1947年5月4日，陈真编：《中国近代工业史资料》第三辑，三联书店，1957年，1215～1216页。

阎锡山汇存美国的一笔巨款

1946—1947年间，山西省银行驻津主任阎效先在津为阎锡山收购了大量美金，存于天津大陆银行保险库内，嗣即遵照阎的指示，汇了一笔到美国，为数约有一百五十万至二百万美元（确数记不清），说是作为他的儿子阎志敏去美国留学的费用。该款由我和阎效先同天津公懋洋行会计长韩纳士（德国人）三人去大陆银行保险库取出美金现钞，点交与韩纳士汇出的。阎锡山四子阎志敏、四儿媳裴炳、五子阎志宽及孙女阎树蓉四人，系于1947年由上海乘轮去美国的。

※ 阎子奉：《阎锡山家族经营的企业》，载《文史资料选辑》第四十九期。

太原市平民经济执行委员会 购销处 收款收据

兹收到（共壹佰另贰件）赤金壹仟两零零零捌钱肆分叁厘整

此致

山西省银行台照

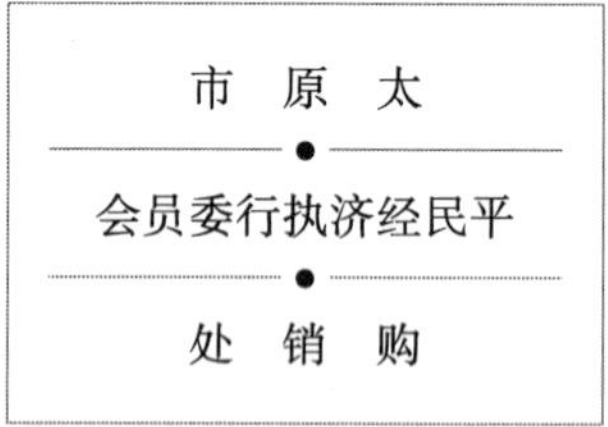

太原市平执会的收款收据

※ 山西省档案馆档案，《太原市平执会档案》卷。

会长钧鉴：

今日基干会上恭聆训示，知干部眷属“以出省为对”。职全家前亦提出出省问题，因经济困难，无法考虑。窃查先母在战前存省行银元柒仟伍佰元（赵松贞堂二千五百元，

赵致忠堂六千元），先父并有遗嘱，指定分配办法。胜利返并后，全家两寡嫂、一寡姊及职弟兄两家生活均感困难。屡与省行接头，均以日后清理为辞，没有结果。后曾请示会长，奉批“暂不开例，生活困难接济粮布”。寡嫂、寡姊均蒙发给米面布匹，得以度日，感恩不已。后闻省行改组，正拟静候解决办法，而时局紧张，不便以此私人之事烦渎钧。听既在组织，现决定眷属应行出省。

恳请饬省行归还存款，充作家中人等出省旅居费用。嫂、姊等不能走，职无以对先父。为此，冒昧渎陈，敬请考虑为祷。

敬祝

健康

职　赵宗复谨呈

七月十九日

阎锡山批：“由宪南向省行借七千五百元现洋，交给后任父命分配。宪南不在公司可由宗复直接与东生办。”

山西省银行批：“共柒仟伍佰元，由省借垫，将来算。”

※《赵宗复给阎锡山的信》，山西省档案馆档案，《山西省银行档案》卷。

阎锡山勾结陈纳德投资航空公司

1947 年美帝国主义撕破“调处”的假面具，明目张胆地支持国民党反动政府，发动全面内战以后，阎锡山就积极活动起来，加紧充实军用物资，并派梁綖武在上海活动。那时美国流氓陈纳德计划在上海组织航空公司来垄断中国的航空事业，并暗中示意需要有中国人参加始可照准。梁綖武知道这一消息以后，就立即报告阎锡山。阎认为这是和美国合作的好机会，就给陈纳德组织的航空公司投资一百万元，成为这个公司的大股东。阎锡山后来派第二战区交通处处长朱点到上海和陈纳德联络，用飞机向太原运送物资，并要求将天津、北京、太原、西安、汉口等地阎私人及公家的财物均空运至上海，交与朱点保管，至于各地的现金，均亦汇至上海集中。

※ 阎子奉：《阎锡山家族经营的企业》，载《文史资料选辑》第四十九期。

1948 年 8 月 23 日批条指示省行总经理白东生提取黄金一百条：

由备交中记款内借给平执会黄金壹百条

东生

山手①（阎锡山印）

八月二十日

阎锡山提款条

① “山手”是阎锡山的亲笔签字。

此项黄金壹百条已与乔人①洽商妥由该会出据着金饰部王墨君兄取用请照付收据及手谕暂保存

东生 留
八月二十一日

白东生写的附条

1948 年 9 月 23 日阎锡山条示省银行总经理白东生提取赤金二百九十多两：

由阎志敏/惠②项下取赤金贰百玖拾玖两捌钱肆分陆厘

东生

山手(阎锡山印)
九月二十三日

阎锡山的提款条

※ 山西省档案馆档案，《山西省银行档案》卷。

1948 年 9 月由省行会计主任阎树栋送沪黄金九千多两兑换金元券。

表 18－6　　各单位送上海中央银行赤金详表

省银行	赤金	6033.3882 两
资源会议	赤金	1375. 两
平执会	赤金	299.214 两
盐业银号	赤金	320.237 两
晋兴公司	赤金	297.463 两
绥署会计处	赤金	891.0508 两
九达商行	赤金	40.12 两
执行部	赤金	91.822 两
市银行	赤金	50.00 两
庆兴商行	赤金	60.04 两
晋益银号	赤金	24.99 两
财政厅	赤金	5.53 两
合供处	赤金	313.032 两
合计	赤金	9801.887 两

以上均有中央银行单据

① 乔人是平执会购销处处长。

② 阎志敏、阎志惠是阎锡山的儿子。

※ 山西省档案馆档案，《山西省银行档案》卷。

阎锡山知道太原已不能守，为了转移资产，借名支持蒋介石发行“金元券”，当黄金兑券限期将满时，向各营业单位，提取黄金一万两，于四八年九月三十日派专机送南京向“中央银行”兑换“金元券”。后因兑换展期，券值跌落，他不愿吃亏，要求退还黄金，蒋介石允许换给外汇，并指定此项外汇，须向加拿大购买面粉。他不得已向加拿大购面粉四千吨，运存上海，等待高价厚利。直到局势转紧，上海震动，才由他的驻沪的“田粮处长”耿誓和“兵站总监”刘绍庭急急拍卖，当时上海的山西人，纷纷找耿、刘二人，要和阎锡山算帐，有要钱的，有要面粉的，耿、刘奉阎命点缀了些面粉，后见要钱要面的山西人，愈来愈多，他们见势不佳，最后乘机逃往台湾。

阎锡山在1948年底，准备逃走，命令他的省内外官僚资本工商业，除西北实业公司以外，一律结束，货物变价款运送上海，由杨爱源收集交他，当时各商号资金和余利，都按黄金计算，每一营业单位，少则二三百两，多有达三千两以上的。仅“中记董事会”所属“贸易公司”等较大户头，存货存款，合计黄金共有三万两，其余各家存货存款，共也不下黄金二万两（西北实业公司在外），除各户头残存未变价的货物共约十分之一留作人员开支，其余于解放后交还人民外，货物变价送交杨爱源收集的，约共黄金四万五千两左右。

……

这里还要补提一下，“西北实业公司”没有结束，是因为它管的都是厂矿。日寇占领太原时期，曾将“西北实业公司”各厂较好机器，劫往日本。日寇投降后，阎派人到日本认出七百余部，于1948年秘密运到台湾，太原紧张时，派曲宪治赴台筹备设厂，备作他逃往台湾的经济事业。台湾既已另外设厂，他认为不结束“西北实业公司”可以继续生产营利，又能稳定人心，而最主要的是由于机器笨重，当地变不了价，又不能用空运向外迁移，所以他也不得不如此。

※ 山西省政协：《阎锡山统治山西罪恶史》下册，579页，1960年油印本。

(1948年) 9月23日，阎锡山又提取黄金299.846两。阎锡山私人财产大约合黄金11.5万多两。

(1948年) 9月30日，阎锡山见太原快要解放，借口支持蒋介石发行金元券，当黄金兑券限期将满时向各营业单位提取黄金。随后派省银行会计主任阎树栋乘专机送南京黄金9801.887两，向中央银行兑换金元券，其中：省银行6033.3882两，盐业银号320.237两，市银行50两，晋益银号24.99两，其余为合供处、财政厅、资源会议、绥署会计处、平执会、晋兴公司等。(后因兑换展期，券值跌落，蒋介石给他外汇向加拿大购买面粉4千吨。直到局势转紧，上海震动，才由他的驻沪田粮处长、兵站总监耿誓和刘绍廷急急拍卖，后见要钱要面粉的山西人愈来愈多，他们见势不妙，最后乘飞机逃往台湾)

※ 中国人民银行山西省分行山金融大事记编纂组：《山西金融大事记》，61页，山西人民出版社，1993年4月版。

第十九章
解放区的金融

第一节｜解放区对敌货币斗争

一、肃清日伪货币

1945 年 11 月 9 日，边区财政经济委员会第二次会议决定：将伪蒙疆币划为流通地区与禁用地区。东起延庆、怀来、琢鹿、蔚县、阳原等全县地区，西迄阳高、大同、怀仁、山阴、代县之桑干河以南地区为禁用地区。区内蒙疆币限期半月禁止流通，同时以收买粮食举办贷款发放边币，驱逐伪币，亦由银行或区公所以 1 比 2.5 兑换一部分。逾期有存带蒙疆币者一律没收。对暂准流通地区，于 1946 年 4 月 1 日开始以 1 比 5 比值收兑，至 6 月底收兑结束。自此，伪蒙疆币被全部肃清。

……

日伪政权在日本侵略者无条件投降之后都垮台了。可是，一向与日伪有勾结的国民党蒋介石政权却别有用心地公然出面来维持伪联银券。它在它所“收复”的城市中，竟宣布伪联银券仍可合法流通。初规定伪联银券与法币等价行使，后逐渐改为法币一元等于伪联银券五元。国民党蒋介石政权此举用心很是毒辣。其目的是，一为阻挠边区本币迅速占领这些新光复地区的边区市场：二是利用伪联银券来抢购边区的物资。所以，它一方面维持伪联银券继续流通并提高其价值，一方面又暗中增发伪联银券，或将已收回的复再发行出来，使其涌入边区抢购物资。1946 年初，晋察冀边区政府布告限期禁用伪联银券，并把群众手中的伪联银券集中起来，组织向外推出，很快就将边区内的伪银联券肃清。

※ 张如禄：《晋察冀边区银行概略》，载《山西金融研究》1982 年增刊（金融志史料专辑［1］）。

二、与法币斗争

抗日战争胜利后，边区政府为便利商民，在边区境内，对法币实行兑换。但是，蒋介石国民党政权一心想消灭共产党及其政权，1946 年 7 月发动了全面内战，对法币的斗争也日趋更加复杂尖锐，直至法币垮台。

……

1945 年 8 月日寇投降后，曾一度对白洋解禁，并准许流通。到 1945 年 10 月又集中力量对白洋实行打击，但不久又自流。

1948 年 5 月，边区金融贸易会议总结过去经验，决定分平价兑换、贬值兑换、没收三个阶段来打击白洋。结果在灵邱方面，原来边币流通较广，但群众看见布告白洋可以兑换，认为白洋还是比票子好，于是争购白洋。三天内价格由三百元涨到四百二十元。白洋由应县往东（灵邱）流。造成银价波动，商业萧条。灵邱上市牲口由 80 余头减至 10 余头；广灵上市粮食由 60 石减至十余石，白洋仍旧暗流。

……

7. 反假票斗争

1946 年 7 月，蒋介石破坏和平，全面发动了反人民的内战。国民党特务机关与印刷工厂相勾结大量印制假边币，有计划地打入边区，扰乱边区经济和金融，破坏边币信用。边区银行发现这种情况后，即采取措施，进行打击。其方法是发动各方面缉拿假票犯；在假票数量较大的地区，广泛宣传，造成群众运动，予以消灭；如数量甚少，地区不大，则采取个别发现，个别解决的办法，不宜广泛宣传，避免群众对真票的怀疑。

……

到 1948 年 8 月晋冀鲁豫边区政府和晋察冀边区委员会公布的《华北解放区的外汇管理产暂行办法》中就明文规定把蒋币及支付蒋币之票据（汇票、支票、本票等）列为外汇并加以严格管理。根据这个办法，出口商人所得的敌币外汇必须售给边区银行，入口商人需要的敌币外汇只能经过批准后向边区银行购买。这样，边区政府就可集中掌握大量的敌币外汇，可以随时供应对外购置军用和民用必需品的外汇资金；或者随时相机在市场上抛售敌币外汇，以平抑敌币的价值、提高本币的信用；同时又可以借此消除敌币在边区内的流通。

2. 建立经济斗争组织机构

1946 年 8 月 17 日，晋察冀边区银行总行指示为执行《晋察冀边区进出口贸易及外汇管理办法》，必须取得政权机构及群众团体（商会、各行业联合会、农会等）的协助，并为集中力量统一步调起见，由政府从省（市）专署至县各级会同党、军、民、财经部，组织执行“管理办法”的统一领导机关。阳高县成立了县一级的“斗争委员会”，有力地推动了地方的对敌货币斗争。

……

6. 最重要、最根本的方法，就是把对敌货币斗争同“发展经济、保障供给”的方针

结合起来

在这方面，边区银行做了有效工作。仅从 1945 年 9 月至 1946 年底就发放各种生产贷款三十八亿六千五百五十八万元，占发行数的百分之十三点二九，使对敌货币斗争有了坚实的物质基础。

※ 张如禄：《晋察冀边区银行概略》，载《山西金融研究》1982 年增刊（金融志史料专辑［1］）。

抗战胜利后，于 1946 年 6 月 26 日，蒋介石悍然撕毁停战协定和政协决议，大举围攻中原解放区解放军，从此发动了全面内战。此后为第三时期即对法币实行打击时期。同年 8 月 27 日，戎伍胜同志提出对法币采取坚决打击的方针。（冀南银行档案）冀南银行处理蒋钞的基本方针是组织群众性的驱除和排挤，随着解放战争的胜利，发动组织群众到蒋区换回必需物。动员解放区党政军民打击蒋币，当时的一些传单写道：

叫老乡，听仔细，快把蒋币推出去；
蒋币推到蒋管区，换回有用好东西；
自己能推自己推，集中起来大家推；
如果想不出好办法，找银行兑换代你推。

1947 年 1 月中国人民解放军二次陇海出击以后，本币信用由劣势走向优势。2 月份开始统货后，在军事上不断胜利和政策教育下，群众由以前的“法币正统观念”转为“蒋钞非法”、“蒋钞必垮”，法币信用立即降低，迅速外流。在一个多月中，首先在河北广大地区完全驱逐了法币。群众中流行的顺口溜说：“哗啦啦（法币），脱不了瞎，别看烂（冀钞），有人换。”滑县一带，有妇女上坟将法币作冥票者。

表 19－1　　法币币值下跌情况表（一）

（本币比法币）

	一月	二月	三月	四月	五六月	备注
三分区	1:3	1:2	1:4.5	1:10	1:25～30	指数系指法币下降之指数
五分区	1:2.5	1:5	1:5	1:8	1:25	
平均指数	100	78.6	57.9	30	11	

至 1947 年 7 月以后，冀南钞信用空前提高，在人民群众心理上成了真正的本位币。如在太西之安林栈，蒋军一来，商民罢市，把本币隐藏起来，如若交易，以物易物。蒋军一走，市场上便成了清一色的冀钞本币。同时蒋币币值破落大跌，已不受军事行动的影响，即是蒋军进攻，蒋钞亦要下跌。一分区在遭敌人打击最厉害的时候，虽市场全部失陷，但本位币阵地屹然未动。在币值上蒋钞由 9 月份（进攻前）的 1:20 继续下跌到 1:25，后又跌到 1:30；12 月份直跌到 1:50。蒋币在群众中彻底丧失了信用。

表 19－2　　法币币值下跌情况表（二）

月份	七月	八月	九月	十月	十一月	十二月
比值	1:18	1:20	1:20	1:20	1:30	1:50
指数	100	90	90	72	60	36

……

在1947年底到1948年春，人民解放军连克石家庄、运城、四平、洛阳、宝鸡、潍县、临汾等蒋军重点设防的城市。在这种形势下，法币狂跌，法币对冀钞的比值，由年初的8:1跌到年末的66:1。同时，黄金美钞及整个蒋管区物价飞涨。晋冀鲁豫边区太行区财经办事处发出指示，采取紧急措施，立即停止黄金买卖：停止外汇登记及兑收，取消银行挂牌，抛出法币；出入口实行兑货制。太岳区驱逐蒋币约四十亿元之多。法币受到致命打击，濒临彻底崩溃。

……

蒋军紧步日寇后尘发行假票，有的是利用奸商、特务，有的是蒋军直接发行，1946年11月份敌人扫荡时即直接发行假票，强迫群众使用，已发现者"十二种"，其中以红版二百元券为最多。

※ 张如禄：《冀南区银行概况》，载《山西金融研究》1983年增刊（金融志史料专辑［2］）。

4. 对伪金元券的斗争

1948年蒋介石政府由于发动反共反人民的内战节节惨败，物价暴涨，经济崩溃，被迫进行所谓"货币改革"，废除法币，发行所谓的"金元券"，强迫人民行使。在不长的时间，金元券的发行额比法币增加十倍，结果，贬值更为严重，物价继续暴涨，边区政府为防止金元券侵入我区掠夺物资和保障人民财富，采取紧急措施：第一，迅速驱除蒋币出境。首先以组织人民自己驱逐为主，教育人民爱护边区政府发行的本币，协助政府巩固独立自主的本币市场。第二，为防止蒋介石政府利用金元券掠夺边区金银和物资，边区政府及时明令停止金银的自由买卖；如须出售，一律由银行收兑。对粮食、棉花等重要物资的输出，统一由公营贸易公司掌握。第三，我边区政府、银行、贸易公司把货币斗争作为中心工作，采取集市宣传和召开商人座谈会等形式，深刻揭露蒋介石政府的货币改革的骗局，加强边区的群众缉私工作，组织群众迅速排挤金元券，以保障人民利益。

※ 师育谦：《西北农民银行概述》，载《山西金融研究》1983年增刊（金融志史料专辑［2］），7～8页。

后来随着解放区的逐步扩大，外汇管理法也有了新的发展。就是把敌币和敌币票据当作"外汇"来进行管理，1947年3月15日，晋绥边区曾规定外汇管理办法如下：

（1）为促进土产的发展，稳定金融，特授权西北农民银行及贸易公司，集中使用外汇，进行对外贸易，并严禁赤金、法币及其他非本位币在我区市场内买卖、行使、携带。

(2) 境内公私商贩经营对外贸易，应以输出土产充抵外汇，银行不供给外汇；但持有后勤之介绍信，向外采购军用品经核准者，得供给外汇自行采购；持有本机关正式介绍信出外工作需要路费者，得由边境口岸上之银行兑给外区货币。

(3) 外商输入必需品之买卖、贸易公司者，得供给外汇或土产。

(4) 不论公私商贩及过境人员，由境外带入赤金、法币及其它非本位币过境者，必须将所带非本位币交入口处之银行。银行开给汇票到出口处之银行支取，不得自行携带过境。

根据这个办法，边区政府和银行就可集中掌握大量的敌币外汇，可以随时供应对外购置军用和民用必需品的外汇资金，或随时相机在市场上抛售敌币，以抑低敌币的价值，提高本币的信用，同时又可以借此消除敌币在本区内的流通。

2. 进行口岸对外贸易的管理

为了扩大推销土产，吸收必需品入境，争取有利交换，以发展边区生产，解放军需民用，增加财政收入，巩固西农币，支援解放战争，晋绥边区第五、六两分区专员公署关于对外贸易及口岸管理办法曾做过详细的规定。

严格管理口岸及对外贸易，认真贯彻执行了禁止奢侈品、限制非必需品的入境方针，使货币斗争与整个经济斗争、军事斗争、政治斗争及文化斗争紧密地联系在一起，从而粉碎了敌人的所谓“总力战”。

※ 师育谦：《西北农民银行概述》，载《山西金融研究》1983 年增刊（金融志史料专辑［2］），10～11 页。

第二节 | 解放区的银行

一、晋察冀边区银行

二、业务活动

边区银行受晋察冀边区行政委员会委托，有下列各种特权与任务：发行货币；代理金库；承募公债；对敌伪和国民党政府的货币开展斗争。

此外，还经营一般银行的业务。晋察冀边区银行的业务有：

发行：发行兑换券，即边币，与法币等值。

存款：办理定期、活期存款。

放款：办理定期、活期、透支等项信用放款。

投资：投资于生产运销等项事业。

汇兑：办理边区各地之汇兑。

收买生金银：收买沙金、条金、块金、宝银、条银等。

兑换：兑换法币及外国币（日伪币除外）。

办理金库：办理各级政权机关款项的收解及保管。

承购公债：1945 年 8 月为晋察冀边区行政委员会承购胜利建设公债 20 亿元。

1946 年 2 月 28 日晋察冀边区银行扩大行务会议以后，又举办了贴现、押汇、商品押款、区外汇兑、托收款项、买卖外汇等项业务。其中，区外汇兑、贴现、买卖生金及外汇、托收款项、企业投资等，暂限于总行营业处及分行力、理；其它各项，各单位均可办理。晋察冀边区行政委员会《关于晋察冀边区银行组织任务的决定》（草案）规定：晋察冀边区银行的业务方针、货币发行数量、预决算、各项规章、分支行之设立与废止、资本增加，应报请晋察冀边区行政委员会批准后方能实施。

※ 山西省地方志编纂委员会编：《山西通志·金融志》，119～120 页，中华书局出版，1991 年 4 月版。

农业贷款手续，在抗日战争时期比较繁琐。起初采用的是旧银行的放款手续，由于农民中识字者甚少，发放农贷比较困难，而且往往耽误农时。抗日战争胜利后，晋察冀边区银行于 1946 年 9 月颁布《晋察冀边区银行牲畜贷款暂行办法》、《晋察冀边区银行纺织放款暂行办法》、《晋察冀边区银行水利放款暂行办法》，情况有所改变。至 1938 年，改为农民需要什么就贷什么，欢迎怎样贷就怎样贷。如农民需要牲畜、农具，即发放牲畜、农具贷款；农民需要实物，就以实物形式贷出。如何归还，由贫雇农讨论决定。

晋察冀边区银行对农贷工作的不断改进提高了农贷的效果，不违农时地解决了贫苦农民生产中缺少牲畜、农具、种籽、肥料和兴办农田水利等方面的实际困难，促进了边区农业的发展。至 1946 年 11 月累计发放农贷近 22 亿元。

随着边区地域的不断扩大、土地改革的进行及边区各项生产事业的发展，边区银行的农业贷款也逐渐增加。1948 年的春耕贷款，仅北岳区就放出小米 5800 石，边币 477763 万元（《银行月刊》第 26 期，民国三十七年六月三十日）。农业贷款的大幅度增加，促进了解放区生产事业的大发展，为保证军需民食，支援解放战争的彻底胜利，发挥了积极的作用。

※ 山西省地方志编纂委员会编：《山西通志·金融志》，125 页，中华书局出版，1991 年 4 月版。

二、冀南银行

二、业务

冀南银行的业务是由简到繁，逐步发展的。主要有：

发行业务：发行冀南币，初与法币等值，以实物为准备。

存款业务：办理活期存款、定期存款和储蓄存款。

放款业务：办理对农、工、商等各种贷款。

投资业务：投资于军工生产、小型工业、商业和运输等项事业。

贴　现：以不到期的票据作现款使用时给予现金折价。

收买金银

兑换业务：兑换友邻边区之货币、法币及外国币。

金库业务：办理各级政府机关款项收解及保管。

承购公债

汇兑业务：办理区内和区际之间的汇兑。

经理各种有价证券之买卖。

外汇及金融市场管理。

仓库业务：从1946年开始经营，掌握重点物资之吞吐，以平抑物价。

（一）资金

表19－3　　民国三十六年冀南银行太行、太岳区行的资金情况　　单位：元

行别	前期损益和积累	备抵提存	资金	合计
太行区行	616665054.10	11504582.20	2300000000.00	2928169636.30
太岳区行	329644397.20	796027.50	3012500000.00	3342940424.70
合计	946309451.30	12300609.70	5312500000.00	6271110061.00

……

表19－4　　太行区民国三十五年各种贷款比较表　　单位：元

项目	发放贷款数	%
农业	77358822.29	38.36
手工业	78623666.32	38.99
合作运输	45679340.68	22.65
合计	201661829.29	100

表19－5　　太行区陵川等16县民国三十五年农贷用途统计表　　单位：元

项目	金额	%
农具	872050	26.50
牲口	1964200	59.69
肥料	71585	2.18
种籽	159690	4.85
其它	222925	6.77
合计	3290450	100

表 19－6　　冀南银行民国三十六年农村生产放款统计表　　单位：元

行别	资金分配	发放款				
		农副业放款	工业放款	合作放款	低利放款	合计
总行	3 亿	6175700	897655000		2080000	905910700
太行区行	18 亿	2293684651	652881805	295419741	262876042	3504862239
太岳区行	13 亿	1595910605	325691707	360147734	13913315	2295663361

……

汇兑

……

边区内的汇兑分票汇及信汇两种。1946 年 1 月开始在太行区的高邑、邢台、武安、彭城、清化、长治、沁阳、涉县、林县，太岳区的晋城、鲍店、高平、孟县、和川、端氏等 26 处实行互汇。汇额最低为 1000 元，最高为 20 万元。若将汇票遗失，可挂失与补票，甚是安全方便。

自 1946 年初开始，与国民政府管辖的一些主要城市，通过其当地银号、商号的私人关系，或向其投资，或派干部以私人身份参加工作，建立了通汇关系。通汇地点是：

太行区对石家庄、太原、新乡、天津、洛阳。

太岳区对天滓、太原、洛阳、西安、开封、郑州。

对上海、天津、东北三地的汇兑，均由总行统一办理。

※ 山西省地方志编纂委员会编：《山西通志·金融志》，103～114 页，中华书局出版，1991 年 4 月版。

三、西北农民银行

至 1947 年，边区人民经过八年抗战和一年多的自卫战争，付出了很大的代价。特别是农村生产力受到极大破坏，贫苦农民生产用的耕牛、种子、口粮、农具、肥料等都非常困难，急待帮助解决。根据这种形势，晋绥边区行政公署决定全边区党、政、军、民节衣缩食抽出 90 亿元资金，作为生产贷款，无利贷给贫苦农民，解决生产困难。《晋绥日报》并为此配发社论。社论指出："农业生产和自卫战争及土地改革是三位一体不可分割的任务，因此边区党、政、军各机关，特别是浴血战斗的前方部队，响应党的号召，决心过更艰苦的节衣缩食的生活，坚决的而且是甘心乐意地把几年来自己生产积蓄下的家务，拿出 90 亿元巨款，统一由行署无利息的贷给贫苦烈抗属、贫苦农民，解决生产上的困难，切实帮助他们翻身。"为了保持物价稳定和使群众免受地主奸商抬高市价，重利盘剥，边区政府根据群众在春耕生产中缺乏耕牛、种籽、口粮等情况，决定将 90 亿元生产贷款直接发放实物。晋西南解放后，晋绥行政公署决定给新解放区群众贷放棉花 20 万斤。1938 年，晋绥边区行政公署决定由生产部门抽调粮食低利贷给灾区群众。为发展纺织事业，一分区工商局贷给兴县各区无利棉花 6000 斤。后来，还举办了折实贷款。1939 年 4 月，兴县三、六区发放耕畜贷款共折合小米 260 大石，连同吸收群众游资折合小米

40 余石，买回耕牛 143 头。人民银行晋西北分行给兴县三区的耕牛贷款按小米 180 石折为农币放出，并吸收了折合 37 石小米的游资，买回耕牛 98 头，解决了 260 户农民的耕牛问题。岢县支行贷款中采取与生产推进社、水利局相结合的方式，使贷款分配合理，用途得当。为动员私资参加生产，活跃农村经济，这一时期还提倡鼓励私人自由借贷，利率由借贷双方自行商定。

（二）工商信贷

贷款以农业为主，也适当对工业、商业进行放款。原则上均收利息，但利息高低不同。如农业贷款，公家用者月息 6 厘，私人用者月息 7 厘；工业贷款，公家用者月息 9 厘，私人用者月息 1 分；商业贷款，公家用者月息 1 分 2 厘，私人用者月息 1 分 3 厘，但最高不过年利 1 分 5 厘（登记合格的合作社按国营商业算），救灾贷款，月息 5 厘；重工业及文化事业贷款，月息 5 厘至 6 厘。每次贷款数目以 50 元至 2 万元为限。如遇特殊情形，经行署核准者不在此限。随着解放战争的胜利发展，银行工作的重心也逐步由农村转入城市，由农贷转向工、农、商、合作等贷款。工业贷款，在对国民经济同等有利的条件下，坚持先公后私，公多私少，先生产后消费的原则。商业贷款对流动商业一般不给予商业贷款；但对沟通城乡物资交流及对发展生产有利的运销企业，收购原料推销土产的出入口商，可以进行放款。其它有利于发展生产的正当商业活动，有存款时，可给予一定透支（最多不超过存款的 30%）。对私营工商业放款数额，根据贷户的生产规模、生产性质及社会信用、资金等情况而定。在用途上以帮助其资金周转为主，防止被用作经营的主要资本或固定资本。

（三）合作事业贷款

为了消灭高利贷，组织农民自有资金投向生产，调剂农民间的资金有无，以活跃农村金融，发展农业生产，边区政府曾组织建立各种合作社。晋西北行署先后颁布《合作社组织暂行条例》、《鼓励合作事业条例》等法令，并拨出一部分款项作为合作事业的贷款。当时把合作社作为团结与改造小生产者的桥梁，把合作社贷款当作避免商人剥削的重要步骤。特别是信用合作社，对活跃农村借贷关系有重要作用，因此银行在业务上给予指导，资金上也给予帮助。

合作社具有广泛的民主性，股金从 1 元起到 5 元，一般贫苦群众，都有入股机会。分红不完全根据资金多少，消费合作社主要以社员购买量分红；生产合作社以生产量分红；运销合作社以土产卖量分红。消费合作社是以供给人民大众日用必需品，避免商人从中剥削为目的；运销合作社是以推销社员的剩余土产为目的；生产合作社是以发展手工业生产，供给人民大众必需品为目的；信用合作社是以吸收零散资金供给人民大众，避免高利贷剥削为目的。

※ 山西省地方志编纂委员会编：《山西通志·金融志》，138～139 页，中华书局出版，1991 年 4 月版。

四、瑞华银行

一、组建经过

抗日战争胜利后，为迅速恢复遭受战争破坏的工农业生产，搞活市场金融，调剂社会资金，解决群众生产中的困难，以促进工农商业的发展，同时准备与国民党作长期的斗争，冀南银行派胡景沄发起募集股金5亿元（冀钞），筹设瑞华银行。

1946年4月19日，胡在重庆《新华日报》刊登《瑞华银行募集股金启事》，并由冀南银行出面，分别在长治、晋城、邯郸、邢台、临清、南宫、菏泽、济宁等地同时募集股本。规定每万元为一大股，每千元为一小股。集有成数后，经股东会议通过，就地开始营业。这样，瑞华银行于是年春正式开办。该行实集股本42702万元，属股份有限性质。总行设于邯郸，后迁石家庄；经理胡景沄。下设邢台、南宫、临清、长治4个分行。长治分行拥有股资6122万元。

解放战争胜利后，瑞华银行长治分行根据总行指示，于1949年3月22日在《长治导报》刊登歇业启事，宣告结束。股东可持股票于3月15日至4月15日期间向各地联行抽股分红。逾期不取者，全数转入当地人民银行储蓄部作为储蓄存款。

二、业务

该行业务宗旨是：大力扶助农村生产和信用合作事业的发展，积极开展城市金融业务，促进工商业的恢复和发展。业务经营主要有存、放、汇三大类。

（一）存款

公、私企业或个人均可办理。

①实物保本定期储蓄存款。适应战时情况，为使储户免受物价波动影响而举办。在当时颇受群众欢迎。开户金额为5000元至50万元，月存1次，半年为期，月息千分之五。存入时将现款以上月同期15天中小米2斤、小麦1斤、土布1尺、煤炭1斤半、菜油5钱、食盐5钱之平均价为单位“哝”折算记帐。提取时亦同。

②定期储蓄存款。开户金额为1万元，月存一次，期限以月为档。利息1个月者5分1厘；2个月者6分；3个月者7分2厘；4个月者9分5厘；5个月者1角5厘；6个月者1角2分；6个月以上按月加6厘计。

⑧活期储蓄存款。存期满10日以上者按月息5分1厘计付利息。瑞华银行十分重视吸收社会游资，把组织存款视为业务经营的中心环节。据民国三十六年（1947年）2月至7月的统计，全行共吸收各种存款525亿元。以长治、临清、石家庄最多，三行均在100亿元以上。长治吸收的存款占存款总数的24.6%，存款中以活期存款和往来存款最多。活存275亿元，占全部存款的半数以上；往来存款195.8亿元，约占37%；暂存近31亿元，占5.9%；定存23000万元，占4.4%。储蓄存款大部分没有开展，全行吸收786万元，占0.01%。其中长治最多，有746万元。……

（二）信贷

瑞华银行信用放款的主要形式是往来透支；临时贷款占信贷总额的四分之一。

长治分行为扶助新翻身户发展生产，于民国三十六年（1947 年）2 月放出第一批农业和手工业贷款 2150 万元。其中北石槽村发放农业贷款 50 万元，纺织贷款 20 万元，帮助 27 户农民买骡 3 头、驴 5 头、牛 1 头；换骡 1 头、驴 4 头、牛 1 头、大车 4 辆、农具 1 部。有 144 个妇女得到贷款支持解决了棉花困难，一个月纺线 213.5 斤，净赚 96675 元。

据统计，瑞华银行民国三十七年（1948 年）2 月至 7 月，半年内共放贷款 354 亿元。其中工业贷款占 3.9%，商业贷款占 20.8%，合作贷款占 0.43%，低利贷款占 8.6%，商业透支占 60.9%，合作透支占 4.6%。其中长治分行的贷款余额五六亿元左右，贷款平均余额达到其本身资金的 103 倍，足见其经营有法。

（三）汇兑

随着各行各业的兴旺和生产的发展、市场的繁荣，汇兑业务也有很大发展。民国 37 年（1948 年）上半年全行共汇出 132 亿元。

瑞华银行在经营过程中，由于偏重自身资金周转运用和营利，把过多贷款投于商业，使私商获得货币贬值的额外利润，也起了刺激物价波动的消极作用。

※ 山西省地方志编纂委员会编：《山西通志金融志》，142 ~ 144 页，中华书局，1991 年版。

五、发展信用合作社

同时，得到了冀南银行的帮助和支持，1945 年 10 月成立的沁源县李城镇供销合作社信用部，除集股四万元外，又得到银行贷款二万五千元，充实了信用部的资金力量。这种形式的信用合作社（部）有着广泛的群众基础，农民群众拥护，入股者关心。紧接着又于 1945 年底至 1946 年春，在阳城、沁源等县先后组织起十九个信用合作社（部）。

在边区政府的领导下，冀南银行总行在 1946 年 8 月召开的各区行经理会议上，专门对农村信用合作社工作做了全面总结，决定采取两种办法在全边区内广泛开展这项工作。一是由冀南银行拨出一定基金，委派可靠人员，给以一定的方便和利益，到农村去组织农村信用代办所，开展群众性的存放款业务，有计划有步骤地组织群众入股，把代办所逐步转变为农民群众自己的信用合作社；二是冀南银行委托当地信用好，有群众威望的商号代办农村信用业务，吸收群众资金，后视工作情况再有计划地组织群众转变为信用合作社。自此，边区的农村信用合作社组织进入了一个新的发展时期。到 1947 年元月底，太行区和太岳区的信用合作社（部）就发展到六百五十四个。

（三）组织及业务

农村信用合作社是农村农民自己的经济互助组织，受基层政府的领导。组织精干，一般有一至二人。专门办理存放业务，存款有息，贷款付利。存款分：农民待用款、妇女儿童体己款活期储蓄存款和实物定期存款三种。贷款期限分：一个月、三个月、六个月三种，也有规定夏借秋还者，各地不一。同时还为冀南银行经办一部分收、放款业务。

据 1946 年 6 月底的统计，黎城县三十五个合作社的资金和存款共有二千七百四十九万元，为县银行资金的百分之八十五。共发放贷款三千四百八十三万元，帮助群众购买

和调换牲口四百八十九头，买农具一万五千三百一十六件，买糖六万八千八百一十斤，买织布机四百六十三架、纺车八百四十三辆。仅运输一项群众获利三百九十九万元。

在抗日战争和解放战争时期，农村信用合作社通过自己的业务活动，活泼了农村金融，活跃了农村贸易、对帮助农民群众解决生活和生产上的困难及打击地主高利贷的活动发挥了很大的作用，受到群众的支持和拥护。

※ 张如禄：《冀南区银行概况》，载《山西金融研究》1983 年增刊（金融志史料专辑［2］）。

民国三十四年九月，全县共有信用合作社 121 个，资金达 150 万元（合人民币）。民国三十五年部分信用社转办商业，迁入城镇。民国三十七年六月，县支行开办信用合作社业务有 15 个村，即：堡底、大黄庄、北底、大郝沟、八里庄、大平、九庄、大池、流渠、故县、西营、郝村、曹坪、南庄和城关工商银号。存款利率，活期按月息 3 ~4 毫计算，定期以月息 5 毫为起点。

※ 襄垣县志编纂委员会：《襄垣县志》，海潮出版社，1998 年。

1948 年（民国三十七年）初，定襄县生产推进社内设信用部，发放折实（小米）贷款。

※ 定襄县志编纂委员会：《定襄县志》，中国青年出版社，1993 年 4 月。

第三节｜中国人民银行的组建

一、华北解放区组建华北人民银行

（1948 年）10 月 1 日　华北人民政府布告，冀南银行与晋察冀边区银行合并，改名为华北银行，总行设在石家庄市。华北银行的组织机构，除直属石家庄市分行第一、第二出入口银行及阳泉市行外，还有原晋察冀边区的北岳分行、冀中分行和晋冀鲁豫边区的冀南分行、冀鲁豫分行、太行分行、太岳分行等分支行处 200 余处。

10 月 5 日　华北人民政府布告，为便利华北与山东两解放区货物交流，经与山东省政府商定，从本日起，冀南银行、晋察冀边区银行所发之钞票，与北海银行钞票，在华北与山东两解放区互相流通，比价，冀南钞与北海钞为 1∶1，北海钞与边钞为 1∶10，两区所有纳税交易及公私款项往来，一律按此比价执行，如有私定比价，投机取巧，扰乱金融，给以严惩。

10 月 20 日　华北人民政府布告，从本日开始，冀南银行、晋察冀边区银行所发行之钞票，与西北农民银行所发行之钞票在华北与陕甘宁、晋绥区内准许互相流通。冀南钞与西农钞比价固定为 1∶20，晋察冀边钞与西农钞比价为 1∶2。

※ 中国人民银行山西省分行山西金融大事记编纂组：《山西金融大事记》，61 页，山西人民出版社，1993 年 4 月。

二、中国人民银行成立

（1948 年）12 月 1 日　华北人民政府布告，华北银行、北海银行、西北农民银行合并为“中国人民银行”，以原华北银行为总行，地址石家庄（后移北京）。行长南汉宸，副行长胡景沄。从本日起，发行人民币。为华北、华东、西北三区的本位币，统一流通。冀币、边币、北海币、西农币逐渐收回，旧币未收回前，固定比价，照旧流通。比价规定为：人民币对冀币、北海币均为 1∶100，对边币为 1∶1000，对西农币为 1∶2000。

12 月 7 日　《人民日报》发表《中国人民银行发行新币》的社论。人民币第一批面额有十元、二十元和五十元三种。人民币不以金银为发行准备和保证，而是以粮食、棉花、花匹以及其它生产和生活必需品为准备和保证。

12 月 10 日　太岳《新华日报》称：太岳区银行为开展明年大生产运动，发放农业贷款 47 万元。本月东北野战军入关，包围平津。太原金融财贸接管组正副组长胡景沄和李汝修率领一批干部到平津前线接受新的任务。太原金融财贸接管组分为金融和财贸两个组。金融接管组周义中任组长，姚国桐任副组长，成员有郝凝和、白生华、康振铎、岳峙亭等。

※ 中国人民银行山西省分行山西金融大事记编纂组：《山西金融大事记》，62 页，山西人民出版社，1993 年 4 月。

三、发展人民储蓄

民国三十八年（1949 年）四月，中国人民银行晋西北分行业务科颁发《关于普通存款之暂行办法》，全文如下：

第一，宗旨。

1. 为便于社会闲散资金之储存与积累，并使之投于有用之途，借以促进国民经济之发展为目的，无论公私企业及机关团体之款项皆可存入。

2. 利息力求合理，手续力求简便，对较大之长期往来户并予以代收代付及活存透支之优待。

第二，种类及利息本存款分定存、活存、暂存三种（储蓄存款另有规定）。

1. 定期存款

（1）本存款最低额为人民币一千元，期限最低二个月，本息以折实计算，存期二个月以上者月息五厘，四个月以上者六厘，六个月以上者八厘，满一年以上者面议。

（2）本存款非至期满不能支取；如因特殊情况须商得本行同意才能支取，利率以实存期限按活存计息，但不满两个月不能折实。期满不取而又未向本行声明者，则将本息结算后一并转为活存。

2. 活期存款

（1）本存款开户最低额为人民币五百元，多者不限，可以自由支取或存入。但支取额超过十万元以上者，须三日前通知本行准备。

（2）利息概按日计算，日息自一厘至二厘，以存款期限之长短，手续之繁简双方面议。但遇物价涨落程度较大时，本行得随时变动并通知存户。非连续往来之存户存款，五日内取完者不计息。本存款每月结息一次，将利息转入下月存款一并生息。

3. 暂时存款

属于临时性质，时间过短，且不能运用之大宗存款，可以自由存取，唯不计利息。

第三，代收代付及活存透支。

1. 较大之长期往来存户，如其遇有较繁杂之收款事宜（如接收外欠、募集股金等），本行可以代收；收齐后提取或存入听便。日常零碎付款事宜（如机关开支、工厂支付工资、支付股息、关货付款等），本行可以代付，预先不另交代付款项者，从存款中支取。

第四，手续。

1. 存户存款后本行开给存单、存折及支票作为取款凭证，但不得在市面流通。

2. 上述凭证如有遗失，须立即向本行挂失，并登报声明作废，然后具保由本行发给新凭证。在挂失前被人冒领者，本行概不负责。

3. 使用支票前，须预先向本行送交印鉴。

※ 山西省地方志编纂委员会编：《山西通志金融志》，140～141页，中华书局，1991年版。

第二十章 接管阎锡山金融资本

第一节｜解放军金融接管组进入阵地

一、金融接管组在榆次组成

（1948 年）10 月　华北银行总行副经理胡景沄和瑞华银行总经理孙继武带领 40 余人前往太原前线为接管太原金融机构作准备。接管人员暂住榆次，和先期到达的商业部门的同志共同组成金融财贸接管组，由胡景沄、李汝修两同志分别担任正副组长。接管组人员不断增加，仅金融接管人员就增到 200 余人。接管组在太原市军管会领导下进行了紧张的训练，一直到太原解放。当时接管组的任务主要是招收干部、进行培训，准备太原解放。人员大致来自 3 个方面：一、领导干部来自冀南银行、瑞华银行、晋绥八分区贸易局和其它根据地的经济、行政部门；二、从山西招收一批高初中学生，约占一半以上；三、招收旧银行号等成员，这部分人占 40% 左右。培训班主要学习政治时事、纪律守则、银行业务知识以及太原市各旧银行号的地址、负责人、资产等基本情况。

……

12 月　东北野战军入关，包围平津。太原金融财贸接管组正副组长胡景沄和李汝修率领一批干部到平津前线接受新的任务。太原金融财贸接管组分为金融和财贸两个组。金融接管组周义中任组长，姚国桐任副组长，成员有郝凝和、白生华、康振铎、岳峙亭等。

※ 中国人民银行山西省分行山西金融大事记编纂组：《山西金融大事记》，61 ~ 62 页，山西人民出版社，1993 年 4 月。

（1949 年）1 月 1 日　太原金融接管组在榆次驻地庆祝元旦佳节，举行团拜，欢聚一堂。周义中、姚国桐等领导特意将几名炊事员请到会场，带头向他们鞠躬致敬，庆贺新年。他们在讲话中要求大家尊重劳动人民，保持劳动人民的本色，永远不忘过去，时刻不脱离群众，充分表现出我党领导干部的优良作风。当时接管组人员已增加到 217 人，

下设4大组：即接管组（白生华、郝凝和负责）、业务组（岳峙亭、成志众负责）、人事组（刘琦、曹建业负责），秘书组（康振铎负责）。大组下面又分20多个小组，分别承办各项具体工作。

※ 中国人民银行山西省分行山西金融大事记编纂组：《山西金融大事记》，62～63页，山西人民出版社，1993年4月。

(1949年) 1月10日　中国人民银行总经理南汉宸就人民币发行问题，对新华社记者发表谈话。他说，由于各大城市次第解放，各解放区完全连成一片，统一的新货币的发行，已证明刻不容缓。由于地方货币种类太多，比价不同，人民感到极不方便，纷纷要求政府改发统一的货币，逐渐收回地方货币。将来对各种地方币，要按各种比价收兑到最后一张为止。人民币比价适当提高，是为了便利计算与交易。

1月26日　晋绥边区行署发布"关于发展农业生产政策的布告"，主要内容是：1. 确定地权，保护财权；2. 自由雇用长短工；3. 允许特定条件下的租佃关系；4. 保护与提倡私人借贷……7. 奖励生产与发放贷款；8. 奖励开办合作社。

3月22日　瑞华银行长治分行根据总行指示，在《长治导报》上刊登歇业启事，股东可持股票于3月15日至4月15日向各地联行抽股分红，逾期不取，以储蓄存款转入当地人民银行，至此瑞华银行宣告结束。

3月24日　解放区与国统区开始通汇，比率为金元券对人民币20∶1。

4月6日　陕甘宁边区政府决定，给晋南区发放农业贷款1800万元（人民币），以恢复与发展生产。

4月10日　《晋绥日报》登载西北农民银行办理实物存款业务，以保障战时存款人的利益不受物价影响。实物暂定为土布、小麦两种。最少额土布一丈，小麦一升，最高额不加限制。存款期限分3个月、半年、1年3种，利息均按实物计算，3个月者月息五厘，半年七厘，1年九厘。

※ 中国人民银行山西省分行山西金融大事记编纂组：《山西金融大事记》，63页，山西人民出版社，1993年4月。

二、金融接管组培训干部教材《接管手册》

《接管手册》序

形势急剧的发展，全国中大城市不断地为我人民军队所解放，这些城市在解放之前，我们已经进行了各种复杂艰苦的斗争，随着城市的攻克，以往的斗争，即光荣地完成其历史任务。第二步工作，将是我们如何完整地接收这些城市，如何保护过去长期斗争的果实，使它永远为人民服务，将官僚买办资产阶级掠夺人民所积聚的庞大财富，变为新民主主义的国家财产与人民财富，我们即是以整个经济部门中金融工作之岗位，负担着完整的接收一切过去官僚资本的金融企叶（业）任务的，如果不能保证完整接收，将牺牲了过去长期斗争的成果。使城市遭到破坏，对发展与繁荣国家经济改善人民生活，继续支援战争，将造成严重的损失，那么如何保证完整的接收呢？那就必须从政策原则到具体做法以至态度言语行动，都能准确地掌握，充分地准备。为了达到这个目的，我们这次在接受太原的准备工作中，利用二十余天的时间以高度的紧张进行了准备工作，重点即是在接收人员中进行政策与具体工作的深入教育，因为我们的人员，无论从掌握政策原则上，与具体的经验技术上，都还不能适应今天的新局面，这样学习就成了头等重要的任务。根据这样的要求，我们从将接管（管）工作的各方面，从政策原则到具体做法，编成工作手册，内容按接管（管）、叶（业）务、政治及秘书工作分为四个手册，一面作为接收太原的准备，另一方面也希望着能创造出一些比较完整的经验来，以供继续接收其他城市的参考，着眼的范围是比较广阔的，如目前形势发展得如此迅速，这件工作就具有其重要的意义了。但这本手册的编写，是以如此短促的时间，而且是在边写边学仓促中草成的，同时没有经过实践的证明，不完善之处当会更多，我们希望在实践中加以充实修正，并望在实践前得到有关方面的研究，并能将意见迅速告诉我们，俾能求得更加完善，使手册真正成为接收工作的依据，以保证城市完整的为我们接收。

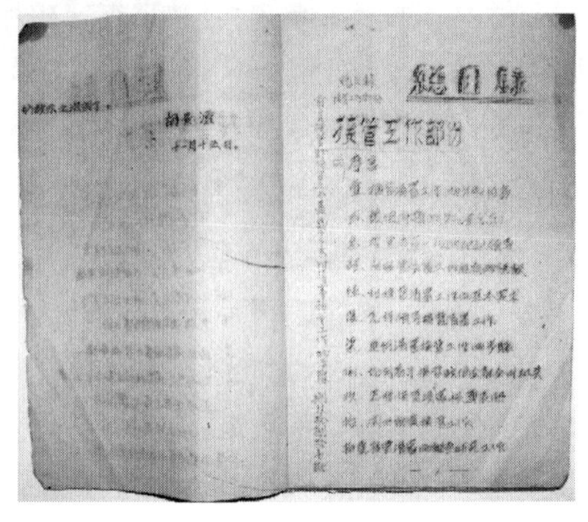

1948 年 11 月由华北人民银行副总经理胡景沄作序的《金融接管手册》

同志们在紧张中完成编写手册的重要工作，使我们实现接收城市的这一光荣任务，信心倍增，使我们更加体会到事情的能否成功，重要的问题在善于学习辉煌语句给我们启示之深刻了。

胡景沄①

十一月十五日

※《金融接管手册》蜡板刻字油印本，1948 年。

《接管手册》总目录

① 胡景沄，山西文水人，1931 年毕业于山西银行学校。1937 年参加八路军，后任冀南银行行长、晋冀鲁豫中央财经办事处金融处处长，1948 年 10 月 1 日任华北人民银行副总经理，12 月 1 日中国人民银行成立后为人民银行总行副行长。本文是 1948 年冬，北京、太原解放前夕，在已经解放的山西榆次培训入城后接管官僚资本银行干部时使用的教材。

肆、对接营（管）清审工作应有的认识
伍、对接营（管）清审工作的基本要求
陆、怎样领导接营（管）清审工作
柒、进行清审接营（管）工作的步骤
捌、如何着手接营（管）敌伪金融企叶（业）机关
玖、怎样接营（管）清审帐簿表册
拾、关于物资接营（管）工作
拾壹、接营（管）清审的调查研究工作

叶（业）务工作部分

前言
第一部分：方针与任务
第二部分：金融政策
第三部分：兑换工作
（一）组织机构及分工
（二）兑换制度及手续
（三）兑换工作人员特别应注意事项
（四）报表
（五）帐簿
（六）委托代兑蒋券（即金元券）办法
（七）调查组工作
（八）兑换金银白洋工作
（九）敌币金银特需携带证之开叶（业）手续
（十）贸易公司收款项办法
（十一）兑换工作中会计出纳组工作

政治工作部分

前言
第一部分：政治工作的任务
、宣传工作
二、保证入城纪律的执行
三、对被接营（管）机关职员之团结与了解问题
四、防止特务奸细破坏
第二部分：几个政策问题的解释
一、对太原的方针
二、接营（管）对象性质的分别
三、被接营（管）机关职员之处理

四、对敌币（法币与金元券）之处理

五、对一切反革命组织的态度

六、对教堂与外侨处理

七、工商叶（业）政策与土地政策之区别

第三部分：对外讲话摘要

一、形势部分—— 1. 我们为什么要打倒蒋介石、阎锡山。

2. 三年来战争表明：蒋介石必亡，人民必胜。

二、关于政策及工作部分—— 1. 解放区的介绍。

2. 我们对工商叶（业）政策。

3. 我们奉令接菅（管）各伪银行金融贸易企叶（业）。

第四部分：接菅（管）工作必须注意的几点事项

第五部分：附件

1. 内部惩奖条例草案。

2. 对被接菅（管）机关职员惩奖条例草案。

3. 本组规定之入城纪律草案。

4. 三大纪律八项注意。

5. 告被接菅（管）机关职员书。

※《金融接管手册》蜡板刻字油印本，1948 年。

教材中接管工作部分的说明

太原解放指日可期，我们进入太原之后，为了保证正确的执行城市政策，贯澈（彻）华北局对太原决定的精神，完成“有秩序地完整地接菅（管）”任务，有拟定实现这些政策的任务的明确具体的工作方案与方法步骤的必要，为了供给学习研究接菅（管）工作的同志们一些参考材料，亦有把金融接菅（管）工作的方针、原则与经验技术加以系统介绍的必要，现在形势急转直下，解放大中城市日增，金融接菅（管）清审工作，已成当前重要课题，因此对接菅（管）工作的研究，必须加以适当重视，兹为适应上述需要“接菅（管）工作手册”就应运而生了。

编写“接菅（管）工作手册”因为时间仓促，经验材料缺乏，政策水平所限，其中定有欠妥不周之处，尚望金融接菅（管）工作同志，详细研究，提出修正意见，并在实际工作中，丰富它的内容，使它能更好地为革命的金融接菅（管）工作服务！

这里再把“接菅（管）工作手册”的内容和程序加以简单的说明：

一、这个册子的编写是吸取了本行（华北银行）过去接菅（管）工作的片段零碎的经验（主要是石家庄的经验）写就的，并力求克服狭隘经验主义的毛病。

二、这个册子的叙述，全由实际工作出发，着重在阐明怎样去作接菅（管）工作，怎样处理接菅（管）工作中的实际问题，规定了处理原则及具体办法，但缺乏理论的讲解，如为什么规定这个处理原则？为什么对私营金融企叶（业）全面审查？（而不全面

审查工商叶（业））为什么暂时冻结存款？这些须进步阐明政策原则的问题，计划放在一般金融政策中去讲。

三、这个册子共分十一个问题，写法排列上贯澈（彻）原则到具体的程序：

1. 第壹、贰两个问题，明确了接营（管）工作的方针任务和几个问题的处理原则。

2. 第肆、伍两个问题，是把接营（管）工作的认识和要求，作了扼要的说明，使读者对接营（管）工作有个正确的了解，知道怎样才算基本上完成任务。

3. 第叁、陆两个问题，全系组织领导问题，但二者各有重点，并不重复，前者说明组织机构、领导关系，后者即着重于领导方法的叙述。

4. 第柒个问题，是全面叙述了接营（管）工作的计划方案步骤，如接营（管）前的准备工作，怎样进行，接营（管）工作的三部曲（三个阶段）如何去唱？这里关于阶段时间的划分规定，应着重具体情况灵活运用，不应拘泥，特别在时间上愈快愈好。

5. 由第壹到第柒问题，是把全部接营（管）工作中的方针、原则、认识、要求、组织领导、工作步骤等加以概括的描述，使读者对整个接营（管）工作有个清楚地了解。

6. 从第捌到第拾壹四个问题，是把全部接营（管）工作中的四个重要问题（职员工作问题另详政治工作手册）进一步加以具体详细的说明，如怎样着手去接营（管）？怎样审查帐表？保营（管）物资等；必须把这些问题搞好，才能正确的执行政策圆满地完成接营（管）任务，故有专题详述之必要。

※《金融接管手册》蜡板刻字油印本，1948 年。

第二节｜金融接管的程序与方法

一、方针与原则

壹、接营（管）清审工作的方针任务

接营（管）清审工作总的方针任务，是正确的执行城市政策“有秩序地完整地接营（管）”敌伪金融机关。

一、彻底摧毁蒋匪反动的金融体系，迅速建立新的金融秩序，奠定新民主主义金融事叶（业）发展的基础。

二、保护正当商人之利益，接营（管）敌伪公营金融企叶（业），及军政机关在银行号之存款及股金，没收罪大恶极之战犯、特务、汗（汉）奸或官僚资本在银行号之存款及股金。

三、大量争取留用敌伪金融企叶（业）工作人员，对保护资财有功者予以奖励，对隐瞒、侵吞、破坏资财或未办交代继续意图隐匿者，予以惩办。

贰、接营（管）清审工作的几个处理原则

一、关于接营（管）的问题：凡敌伪之公营金融企叶（业）（包括银行号、信托事叶（业）、保险事叶（业）等）、军政机关在银行号及其他金融企叶（业）中之存款及股金押金等，不论国营及地方公营一律接营（管）。

二、关于没收面代营（管）监督面的问题：原则上没收面要小，代营（管）监督面宜宽，以便慎重处理，扩大我政治影响，具体规定如下：

A. 凡官僚资本及罪大恶极之战犯、特务、汗（汉）奸，在银行号及其他金融叶（业）的存款及股金一律没收。此种人员之标准，由最高领导机关决定之。

B. 属于公益事叶（业）之存款，应代营（管）转发，（如教育经费及救济院之存款等）。

C. 对审查不清尚有怀疑之存款股金予以暂时代营（管），（如存款数很大与本身职务极不相称者）。

D. 已确定应行代营（管）之具体对象、暂缓处理者，暂予代营（管）。

E. 债权人下落不明，一时不易查清者，应暂予代营（管）。

F. 外埠债务应行偿还者，因无法调查或偿还者，应暂代营（管）之。

三、工商叶（业）者及其他人民之存款股金一律保护不得没收、侵犯。

四、关于债权债务问题（只限本市，外埠债权债务问题不包括在内）。

A. 凡正当商民人等之债权债务关系，一律合法有效，不得废除，所有债务之清偿在蒋券（金元券）兑换期中可以蒋券或本币清偿，在蒋券停兑后，解放前之债权债务应以解放后银行第一次兑换牌价折为本比计算，如债权债务关系仍继续者，须重行改订契约，折成本位币计算，并根据新情况，参考华北银行及市场现行利息，适当调整利率，由借贷双方自由商定之（因过去蒋券恶性贬值，物价暴涨，故利率甚高，解放后我本位币及物价均相对稳定，故应适当降低利率）。

B. 敌伪公营金融企叶（业）所有债权债务，应全部接营（管），妥为处理，如资产不敷抵偿债务时，根据公私兼顾的原则，应按实际财产折价按成偿还，并将资产负债状况公告，不应采用逼令伪金融企叶（业）机关人员调款偿还，或只营（管）接收财产不营（管）负债等方法。按成偿还具体办法如下：

1. 伪国营金融企叶（业）（无私股者）按成偿还办法，应将所有应该接营（管）或没收的一切敌伪公私债权及财权（如其他伪公营企叶（业）部门在伪银行的存款等）收归人民政府所有，作为人民政府的债权，偿还时应将人民政府接营（管）的债权和私人正当的债权，总合起来一并按成偿还。

2. 若地方公营内有部分私股之金融企叶（业），如资本亏损时，应首先偿还债权人，公私股权均同样按成抽回，不得只顾公股不营（管）私股。

C. 对被没收者（如战犯等）之债权债务处理：

1. 该犯在伪公营金融企叶（业）机关的债权，全部依法没收，其债务以呆账处理。

2. 该犯在私人金融企叶（业）中之债权，亦应依法没收，如该犯在同一个私人金融

企叶（业）单位中同时存在债权（如存款）与债务（如暂借款）者，为了照顾私人金融企叶（业）之利益准允互相抵补后，再行没收之，若债权抵不上债务时，人民政府概不负责。

3. 该犯之债权与债务，如不在同一金融企叶（业）单位中，其债权债务不能互相抵偿者，仅依法没收其债权，不负责债务之偿还。

D. 私营金融企叶（业）：（包括银行号钱庄、信托公司、及金店、当铺等）之债权债务应加以普遍审查，目的是要保障正当商民利益，处理敌伪之财产，审查之后，该复叶（业）的尽速令其复叶（业），该进一步清理的即深入清理，应根据具体情况分别处理，如有资产不敷抵偿债务情形，亦应在公私兼顾原则下按成偿还，不得先公后私，影响私人债权之保障。

五、敌伪公营金融叶（业）工作人员问题：

A. 明令宣布交待清理工作为其任务，不得推卸责任，在交待期间，必须尽责保护资产，不得擅离职守。

B. 大量争取留用，其不愿继续工作者听任，不得勉强，留者欢迎，去者欢送。

C. 在清理交接期间照发原薪，如正式声明参加工作者，则按其能力技术、勤惰，分别确定其薪俸待遇。

D. 对未办交接清理手续即行潜逃之各该负责人，应命令宣布归案法办，并设法召回其下级，职员及时交接清理。

E. 对隐瞒侵吞破坏敌伪资财，及账册、单据、档案、电台，或怠工分子应依法惩办，对保护资财账册单据档案电台等，有功者应予以奖励。（其奖惩办法另定之）

※《金融接管手册》蜡板刻字油印本，1948 年。

二、组织与要求

叁、接管（管）清审工作的组织领导

一、领导关系：在军事营（管）制委员会统一领导下，由银行抽调人员组成的金融接管（管）组，负责进行公营金融企叶（业）及其有关单位之接管（管），与私营金融事叶（业）的全面审查清理工作。

二、内部组织分工：在金融接管（管）组下按工作性质下设金融接管（管）清审组、金融紧急叶（业）务组、人事组、秘书组，金融接管（管）清审组，应按接管（管）清审对象的性质及距离远近，参照主观力量分为若干接管（管）清审小组，（接管（管）太原者共七个）每个小组负责人为接管（管）委员，下有接管（管）员十余名（配备有审计、政治、保管（管）、调查等人员）进行五六个单位的清审接管（管）工作，其中有一个小组专门负责全面的调查工作，及对私营金融企叶（业）的全面清审工作。

三、金融接管（管）组应与军营（管）会密切联系，经常汇报情况，提供方案，以便迅速处理问题，及时交换各接管（管）组（如财政组、交通组等）情报，交流接管（管）的经验，金融接管（管）组所属之各接管（管）清审小组，亦应经常（每天汇报

一次最好）向金融接管（管）组负责同志回报情况（口头的或文字的）以便分析问题，研究对策，克服工作中的困难，保证政策的正确执行。

四、为了保证正确的执行政策，凡有关会议的召集、政策的宣布，均由负责同志负责主持进行，凡有关政策性原则问题的处理，必须事先请示，事后报告，不得自行擅自处理。

五、金融接管（管）组的工作，应与已确定担任当地银行工作之干部适当结合起来，以便待突击性的接管（管）清审工作告一段落后，将带长期性的事务手续的处理工作，移交由当地银行办理，如此则接管（管）清审工作可迅速结束，临时抽调之机动干部可以调回。

肆、对于接管（管）清审工作应有的认识

一、这个工作不仅增加了人民的财富而且对金融经济建设奠定下有利基础

1. 太原有比较完备的轻重工叶（业），是中国主要工叶（业）城市之一，金融事叶（业）亦相当发达。但这些金融经济，在过去均被蒋、阎、孔匪少数反动集团所统治垄断，成为吮吸人民血液的利器，促成了国民经济极度的破产与贫困。

2. 太原解放后，我们一方面依法没收蒋、阎、孔匪等首要战犯的一切财富充裕了国民经济，解除了剥削人民的经济锁链，另一方面我即利用这笔财富，迅速建立新的为人民服务的金融机构，去恢复与发展国民经济，而太原经济建设的恢复与发展，对华北经济建设及支援战争将起伟大作用。

二、这个工作不单纯是财政经济任务，而且也是一个政治任务

1. 首先因为它接管（管）清审的对象是“人”和“财”，这就联系到“人权”与“财权”（股权债权）的重大问题，而接管（管）清审的目的不仅是没收敌产，同时还在于保护正当人民的财权，故必须明辨是非慎重处理。因此接管（管）清审工作的过程，就是执行与贯澈（彻）政策最实际的行动和表现，反对那种不顾政策、只从财政或技术观点上乱抓一把的现象。更重要的是当此全国胜利近在咫尺之际，我们把太原的接管（管）工作作（做）好，对其他即将收复的大城市，会起良好的政治影响，并对今后接管（管）大城市的工作提供一些经验。

2. 其次在接管（管）清审工作过程中，应反复宣传政策，扩大政治影响，对个别金融机关所隐藏反人民的政治活动应注意发现，对误入歧途参加了蒋阎是（似）的反动组织的职员，要向他们说明宽大政策，使之悔过自新，并督促他们到指定机关去登记。

三、接管（管）工作是个紧急的战斗任务

因为接管（管）的时机正处在旧的反革命秩序被摧毁、新的革命秩序尚未建立起来的过渡阶段，是个非常时期的工作，与平常工作完全不同，它是一个紧急的战斗任务，应用战斗的工作姿态、英勇果敢的精神，不怕任何坚（艰）苦与危险，去迅速地完成这个非常时期的工作任务，尽可能缩短这个没有秩序的过渡时间，迅速地建立革命的新秩序。

伍、接管清审工作的基本要求

一、要做到应该没收的敌产点滴不遗漏的依法予以没收，应该保芦（护）的财产秋

毫不犯的坚决予以合法保芦（护）：

1. 为此必须认真负责地进行深入细致的审计调查研究工作，反对粗枝大叶不负责的现象。

2. 为此必须责令原有金融机关人员据实造报敌属，办理具结手续，不得侵吞隐瞒，迟者法办并出通告，有重点的办理存欠款等登记，以补调查的不足。

二、要做到政治影响好，人民财富收益多。必须：

1. 首先正确的掌握与贯彻政策，慎重负责地处理问题，原则上没收面要小，代营（管）面要宽，即除阎锡山、孔祥熙等首要战犯的财产，及少数操纵垄断市场经济的官僚资本依法予以没收外，对于私营金融企叶（业）中之股债权不明或有部分官僚资本者，应先行登记监督或代营（管）之。

2. 其次要用我们实事求是的工作作风、高度的工作热情、为人民服务的精神来影响原有的职员，我们对事认真，点滴归公，对人和蔼，不受馈赠，不徇私情，让原有职员亲身体验到我们品质的高尚，和接营（管）工作的正义性。这样，他们就会老实的办理移交，不再隐瞒，甚至有少数侵吞隐瞒敌产者也因我们的感召自动拿出来。

3. 再次是要很好地保芦（护）与爱惜一切接营（管）物资，不让它有遗失与损坏，并认真坚决执行“一切缴获要归公”的纪律。

三、要完成“有秩序地完整地接管”的任务：

为此必须于接营（管）时与该看守部队清楚的交接，掌握各该行号的主营（管）人员、表册、账目、档案，明确规定交接保营（管）职责、移交手续，对旧职员进行宣传释解工作，稳定其情绪，及时宣布在清理期间原职原薪，宣布移交工作奖惩条例，尽量争取留用原有职员。我们应遵守：第一步不变更原有秩序，尽保芦（护）监督清理之责，没有处理权限，不得分配或取用任何物资的规定。

四、要做到迅速正确地完成接管清审任务：

太原解放之后，旧的秩序摧毁了，新的建设工作急待大力去做，以便迅速恢复国民经济，因此从事接营（管）工作的仝（同）志必须以战斗的姿态、高度的责任心，自觉自动的创造一切方法，提高工作效率，先期完成任务，决不允许拖延迟缓的疲沓现象发生，这是每个仝（同）志对人民事叶（业）应有的态度，同时也是一种考验。

※《金融接管手册》蜡板刻字油印本，1948 年。

三、方法与步骤

陆、如何领导接管清审工作

一、接营（管）领导者的责任在于了解情况，掌握政策，坚决执行上级交付的工作任务，为此必须：

1. 要建立经常性的回报与会议制度（定期与临时、书面与口头、上级与下级）以便即时了解情况，迅速处理问题。

2. 应拟定工作计划，适当配备干部，有重点有步骤的分头进行工作。由于接营

（管）工作是短期性、突击性的工作任务，故每个工作计划时间宜短（以三五天为宜），干部配备应随着工作重点的转移，及时适当地加以调整。

3. 要加强检查工作，及时纠正干部中工作的偏向与缺点，注意发现提拔积极分子，以资加强重点工作或去代替某些不称职的干部。

4. 要重视总结工作，要把散漫的、零碎的点滴工作经验，使之系统化、条理化，提高到政策理论水平，应了解总结工作的过程，就是培养与提高干部质量、加强工作效率的过程，是从群众中来到群众中去的最好领导方法之一，应把这个工作视为经常工作之一。应随时在每个工作单位、工作步骤、工作环节，收集现阶段材料，及时进行小总结，待全部工作结束时，再做全面的工作总结。

二、要善于组织与运用一切可能的力量，来为接管工作服务，就是说不但能把接营（管）工作人员组织起来，有条不紊地积极工作，且能很好地把被接营（管）的一切人员，尽可能的运用到接营（管）工作中来，如一切正面移交手续、办理存欠款户的登记与调查债权债务的催收发还，以及同叶（业）间的人员、叶（业）务情况、市场金融活动等了解工作（甚至于利用矛盾，叫他们相互查帐，检举弊端）均应叫他们去进行，并向我们按时做口头或书面的报告。最好能从被接营（管）的人员中找到某些积极分子作骨干，通过他进行初接营（管）行号的内部工作更为有效。

三、要有向旧职员学习的态度，多找那些熟悉银行号内情的职员，进行谈话，虚心倾听，往往在谈话中即可了解许多情况，收到不少的材料，有时与旧职员谈话一小时，所得情况或材料，比在外面跑一天得到的还要多。在谈话中最好谈一般的，或别家的内幕，首先不要往他本身银行号上去联系，因为他是内行，他会没有顾虑地滔滔不断地向你讲述，有的可能不愿意出头讲话，那就让他写不具名的书面报告材料。如果他对本行号没有顾忌的话，应善于引导他把真情吐露出来。

四、要善于寻找发现一切大小矛盾所在，并很好地利用这些矛盾，来处理人与事的各种问题：

1. 在人事方面：可利用新旧派的、南北派、上下层、同叶（业）间等的矛盾，发现问题。

2. 在事情方面：则可运用一般与个别的矛盾，发现问题。如买卖金银价格是有行市的，但如某一宗金银买卖与一般价格行市有差别，应追询其原因。如战争紧张期间，阎匪规定金银携带多少两元，假如某银号说带走金银数目超过规定，亦应追询。又如存放款汇兑手续均有一般规定（可先了解）但某几宗存放汇兑手续与一般规定手续不符，即应追询。

3. 利用人与事的交错矛盾，互相发现问题。如某笔汇出汇款有可疑之处，但还无足够的材料证明是假的，须先找有关职员分别谈话，问他一般汇款手续、经手人员、时间、地点，以及其他细节。如此分别问上两三人后（最好让每人说写在纸上，免得他改口，以便对照），即相互对证（用他们写出的具体事实）即发现破绽，因为他们的说法不一致，就促成了职员间的矛盾，这样就会使假汇款的真相完全暴露。

五、在接管清审工作中如何发现问题？辨清是非鉴别真伪？有三个办法：

1. 尽量寻找人证物证，这就必须利用“人”与“事”的时间与地点各种各样的大小矛盾，必须机智敏感，善于观言察色。

2. 用政治工作说服动员，用我们革命的正义来感召他们，或利用他们固有的某些道德观念，使他精神上思想上感到侵吞隐瞒的非理非法，有背（悖）于为人的道德行为，或讲解时事政策，说明宽大政策的真实性，打破其各种顾虑。总之，凡不能单纯从技术上（如调查审查）找出人证物证者，均可用攻心战术进行之。

3. 利用法令法纪来威胁。如上述各种方法均无效果，即采用取保具结（长期控制）办法，暂时处理之。

4. 上述三个方法，尽量使用前二者，并可交互并用，第三个办法尽量少用，或最后再用为宜，因为这是“下棋将军”的硬性办法，不如前二者处理问题较为灵活。

六、接管工作是个突击性的任务，但因人员少接管对象多，应用全面掌握、重点进行的办法，不能把力量平均分散使用，把问题复杂或财政政治收益大者，作为工作重点，以便吸取经验，推动全盘；对问题简单者，我们只予以掌握监督，主要依靠该行号自行清理、自报财产、取保具结等办法进行之，并分别即时予以处理，不要拖得时间太长。

柒、进行接管清审工作的计划与步骤

Ⅰ、入城前的准备工作：中心工作为了解太原情况，收集整理材料，调查社会关系，对接管人员加强政策、纪律思想教育，研究接管清审工作的方针、原则及经验技术。拟定工作计划具体方案，编写工作手册了解与配备干部，编组具体分工，时间约十五天，可根据情况酌予缩短或延长之。

一、收集与整理材料：

1. 整理现有太原金融企业材料。（如金融企业一览表等）

2. 广泛收集了解太原金融企业的内部活动情形，并分类（按性质）分户加以整理，印成册子。

3. 调查与编写太原各界熟人的材料（即社会关系）印成册子，并利用社会关系写介绍信件，以备解放太原后，去找有关系之熟人，了解材料。

4. 绘制太原市金融企叶（业）分布图。

5. 了解情况收集材料的方法：

（1）去有关部门联系，交换情报（如城工部、俘虏招待所、其他接管组等）。

（2）召集熟悉太原情况之职员开座谈会，收集材料。

（3）从伪报杂志上收集材料。

（4）派人到前方边卡上去调查访问最近刚从太原跑出的人员，了解情况。

（5）个别人利用私人社会关系，收集材料。

二、关于政策叶（业）务学习方面：

A. 加强接管人员的政策、纪律、思想教育。

1. 关于一般城市政策及工商叶（业）政策的学习。

2. 关于一般金融政策及入城后我们的金融措施的学习。

3. 一般组织性纪律性的教育，及入城纪律的学习。

4. 一般思想意识修养的教育。

5. 研究华北局关于太原的决定。

B. 关于接营（管）清审工作的方针、原则与经验技术的学习，及接管清审对象与没收面的研究。

C. 学习材料与学习方法：

1. 学习材料：有关各项城市政策材料，应汇集翻印成册。有关接管清审工作具体业务者，应有计划有系统的原则具体详细的，编写接管工作手册。

2. 利用下列各种方法，进行反复深入的政策原则与经验技术的学习。

（1）由负责同志有系统的作传达报告，或解释政策，介绍经验，再分组进行讨论。

（2）召集学习座谈会，进行质疑漫谈。

（3）利用墙板或点将台，以业务问答会等方式学习。

（4）举行有关政策或业务方面的讲演会，并加进行群众性的评判。

（5）进行接管清审工作的实际演习，排演接管清审工作的活（话）剧。

（6）定期举行政策与叶（业）务学习测验，公布考试成绩。

三、了解与配备干部，编组分工：

A. 金融接管人员共有 81 人，干部 13 人，从各地抽调的职员 42 人（系新招考的），会计学校学员 26 人（另外有其他组临时参加者 13 人，警卫 97 人）。

B. 为了完成收集材料与学习政策叶（业）务中心任务，先分为调查组（13 人）与普通学习组（四个组共 68 人），分组后为了生活学习的有秩序，选出组长和队长统一管理之。

C. 根据档案和谈话，以及在生活学习上的表现，了解干部职员学员的特长特点、技术能力，结合其具体接管任务，把人员分为政治宣传、会计审查、物品保管及领导接管四类，组成四个专门业务学习组，进行专门接管叶（业）务的学习研究，为时五天。

D. 进行专门叶（业）务学习之后，即根据接管清审对象的性质，和距离远近，重新编制正式工作小组，把接管清审对象，及人员分为七个小组（第七组负责清审私营银行号，及调查工作）以便各组对其接营（管）对象的情况，进行具体深入的了解、研究，便利将来工作之进行。

E. 每组人员的配备，除老干部新职员或学员加以调整外，还应根据工作需要、干部技术特长，加以配备，原则上每组必须有领导干部、审计干部、调查干部、人事干部、保管干部等。

Ⅱ、入城后接营（管）清审工作的计划与步骤：

中心工作：为执行“有秩序地完整地接管”的总任务，采取重点掌握、全面审查清查、正确迅速分别处理的方针，整个接营（管）清审工作计划在一个月内完成。

一、接管清审的对象：

A. 敌伪公营金融企业（伪国营与地方营在内）应予接营（管）者计有伪中央银行等十五处，与敌伪公营企业有联系的敌伪公营经济机关仓库等七处亦应予以接营（管），对于伪省市县地方性银行，因其股金大部为公款，且以公营名义出现，故应先予以接管，如有部分股金确系私人投资者，在接营（管）清审时，应协同股东代表，参加进行清理，并保护正当私人股权债权。

B. 属于私人性质的金融企叶（业），应进行全面清理审查，并分别没收、代管、监督保护三项处理之。私营金融企叶（业）约分三类：

1. 纯属于战犯特务汗（汉）奸或官僚资本之金融企叶（业），应直接接营（管）之后，澈（彻）底清理审查，请示上级批准依法没收之。此类金融企叶（业）应行没收者计有二处。

2. 凡以私人名义出现之私人金融企叶（业）中：

（1）有部分敌伪公款者。

（2）与战犯特务汗（汉）奸或官僚资本合伙经营者。

（3）收存上项人犯资财与敌伪公款物资者。

（4）有重大嫌疑者。

以上均应作为审查清理的重点，清审之后，加以暂时监督或代管，提出方案请示上级妥为处理，此类金融企叶（业）计有七处。

3. 对于一般私人之金融企叶（业），为了保护其正当经营，亦应进行全面审查（令他们自行清理，呈请金融接营（管）组审查）分别审查之后，如营业正当，无其他问题者，应尽速使其遵章复业，此种金融企业已知者，有银号三十余家，金店十八家。

C. 从接营（管）清理工作中了解金融企叶（业）人员，以便大量争取留用，在了解与吸收人员中，应有重点的进行。

1. 从公私企叶（业）人员上看，重点放在公营企叶（业）者上，其次是属于没收之战犯，或官僚资本的金融贸易企叶（业）工作人员。

2. 从工作人员的职位上看，应首先了解上层人员，如科长、主任、股长、组长，以上干部人员，对一般人员可放松些。

3. 从工作的技术上看，应着重对于有工作经验和有技术特长的人员进行了解。

4. 了解内容：为政治情况、社会关系、家庭情况、履历（学历、工作历史）技术与特长。

5. 了解方法：（1）收集档案或让其写详细履历表。（2）从交接工作中从个别谈话中来了解。（3）从别人方面了解（如同叶（业）间职员，上下级间职员等）

掌握争取原有职员，是能否很好完成接营（管）清理任务的环节。因此接营（管）组所属各小组接营（管）人员，必须在实际工作中认真进行；掌握争取的基本方法，是反复阐明我们的政策，去掉其对我们的怀疑，再从形势上说明政治前途，使他们从思想上向我们靠拢，其次是利用新收的职员的亲朋关系，进行争取，因此我们干部必须以明确的诚恳的态度接近他们，敏锐地透视他们的思想症结，帮助他们解除，至于交代期间原薪不动，首先就应说明。

D. 上项准备工作计划，及接管（管）清审对象的确定，均应报请上级批准。

二、接管（管）清审工作的重点与步骤：全部工作就其工作内容和工作程序可分三个阶段，时间约需一个月，但对那些问题较大或无问题者，应分别迅速处理之。在接管（管）工作过程中，每一阶段，事前要有计划请示上级，事后要做详细的汇报（口头的、书面的）。

第一阶段：是重点掌握全面审查，召开原有职员会议，或银钱业会员会议，说明有关各项政策及清审手续限期，责成原有职员办理移交或清理工作，查封库存和主要账簿，冻结存款物资等。（敌伪公营企叶（业）中应注意档案）在此过程中，我们应着重从正面搜集材料，监督清理。时间要短（约五六天）根据不同的性质分别具体进行。

A. 凡敌伪公营，或战犯、汗（汉）奸、特务、官僚资本之金融企业，应行接管（管）与没收者，其办法，请参阅“如何着手接管（管）敌伪金融企业机关”。

B. 凡属于一般私人性质之金融企叶（业），及股权不明，或部分资本是官僚资本或战犯者，应行清理审查者，其具体办法参阅“怎样接管（管）审查账簿表册”。

C. 在工作过程中，遇有重大问题应随时向上级汇报请示，工作告一段落后，将工作情形作详细的汇报（书面的、口头的），并拟定下阶段的工作计划方案，请上级批准执行。

第二阶段：是深入调查研究，审查时期，着重从侧面搜集材料，审查表报档案，为了在资产上弄清是非，达到“没收敌伪公私资产，保护正当市民利益”的目的，同时为了进一步了解旧职员，以便决定去留，这一段工作，必须认真进行，时间约需半月，其具体做法，根据不同性质，分别略述如下：

A. 凡已确定没收之金融企业，这一段的工作，首先是根据移交表册，进行全面点验，在点验中，应按库存现金、贵重物品、账簿、档案、业务器具等顺序进行（有的已在苐（第）一阶段点收过），然后加以封存，指定专人负责保管，分配旧职员适当工作（如摧（催）收放款，或办存款登记等），即进行账目表报的详细审查，办理存放款，及股东的调查，或进行登记，在调查材料方面：应着重从侧面调查（如去公安、邮电部门找档案或材料），对旧职员的政治面目、经历（学历、工作历史）、家庭状况、技术特长、思想动态等均应详细了解，以便决定去留。

B. 凡属于清理审查范围之金融企业，是一面审查表报账目，一面从侧面调查股东存户情形，并有重点的举办较大存户（百元金元券以上者）之存款登记，注意按银行号之调查监督，问题复杂之银行号，财产不得转移。在人事工作方面：应着重于股权不明，或有部分股东为战犯或官僚资本之旧职员工作，其目的是为了争取他们之中的部分人员向我。以利于清理审查之进行。二是为争取留用部分职员，在审查或调查登记工作，均有重点，不能平均使用力量，对问题复杂或没有什么问题者，应先行审查，其他银行号金店可稍缓，在账目的审查上，应以近期（战争期间）和几个主要科目（联行往来、汇出汇款等）为重点。

C. 此阶段工作告一段落时，应作详细的汇报（书面的、口头的)，并拟定处理工作初步方案，及苐（第）三阶段工作计划请示上级核示。

苐（第）三阶段：是根据已收集之各种材料，按照不同的具体情况，提出初步处理方案，呈请上级审查，分别没收、代营（管）、保护，予以处理，时间约需六七天，具体工作如下：

A. 凡属敌伪公营金融企业，应行接营（管）者，召开该行全体职员会议，宣布交接任务初步完成，奖励交接有功人员，宣布处理方针和办法，进行对外清偿工作，整理人事材料，提出初步意见，对职员的去留待遇亦应明确，待清审工作与职员去留处理完毕时，工作即告结束。

B. 凡已明确没收之敌伪金融企叶（业)，应出布告没收之，并召开该企叶（业）全体职员会议（请商会、公会派人参加)，宣布处理方针办法，宣布交接任务的初步完成，有功者予以奖励，进行债权债务的清偿工作，整理人事材料，提出初步意见，确定去留及待遇，正式宣布之，对存款物资之冻结，予以解除。

C. 凡被我清理审查的金融企叶（业)，确定处理原则办法后，即应召开被清理审查之银行号负责人及少数职员会议（请商会钱叶（业）公会派人参加)，宣布处理原则，没收、代管、保护，及具体办法，令其限期交出应没收、代管之款产（我们出具没收代管证明手续）宣布清理告一段落，令其找保具结，如有侵吞隐瞒款产者，应受法律处分，解除存款及物资之冻结，允其遵章复叶（业）或转叶（业)。

D. 进行总结交代工作：对接管清审工作写详细的总结性的报告，并将接管、没收，或代管之款产，分别造统计表册，一并呈送军管会，核阅处理。

E. 待突出性的工作告一段落时，属于代管、监督者，及股权债权事务手续等问题，可移交我当地银行代为办理之。

以上三个阶段的划分，及时间，只是概略的估计，不应拘泥，应按不同的情况，灵活运用，分别迅速处理为宜。

捌、怎样着手接管敌伪金融企业机关

（指敌伪公营及纯属首要战犯私营已确定没收者）

我们接营（管）清审的对象是人员、档案、帐簿、表册、库存现金、仓库物品、营业器具、房屋地产。但怎样着手接营（管）呢?

一、首先应对接营（管）对象、情况有个初步了解（特别应了解近况）并根据情况，接营（管）人员加以分工，然后即率本组人员带着公文去被接营（管）的金融机关去先与看守部队办理交接，再找到负责人说明我们来的任务，即令其召开全体职员会议。

二、在会议上说明我们来的任务，明确他们办理移交的职责，限期令其编造各种结帐丹（单）册、清册，宣传移交工作奖惩办法，及交接期内原职原薪待遇，并欢迎他们参加我华北银行工作，为人民金融事叶（业）服务，按技术能力给予薪金，讲解些时事政策，解除其顾虑，稳定其情绪，说明我们接管没收敌伪财产，保芦（护）正当人民利益，明确的处理原则，责成按照原来的工作秩序与制度，进行全面完整的移交工作，不

得紊乱工作秩序，宣布所需移交表报手续，即行散会。

三、再令负责人引导我们巡视该行的规模现状，及档案、库房、电台、汽车、收音机等贵重物品，随即索取库存表报，进行贵重物品及档案的总验，掌握库存加以封存。

四、我们分头找有关人员，让他进行口头汇报，（记录）如接营（管）负责人叫该行号负责人汇报该行内全部情况，及最近重要事件（如人员、现金、物资的变动，战时紧急措施或损失，交□国难等），负责审计工作的同志，应找该行号会计主管人，让他汇报会计情况（如账簿组织、收付汇兑等），其他接营（管）员同志亦应分头去找下属人员（如练习生、苦役、伙夫等），进行谈话，了解情况。

五、监督其编造各种移交表报，进行个别谈话，了解他们的思想动态，亦从而收集有关“人”与“事”的材料，翻阅档案文件，发现问题，或去职员家庭进行访问，调查工作。

六、待移交表报及总清册造好后，即进行全面的点交工作。

七、为了大量争取留用原有职员，故需了解其政治情况、社会关系、家庭情况、经历、技术特长，了解方法，叫他们写自传，在交接工作中了解，从档案中找材料，从别人方面了解。

八、正面工作告一段落后，即转入下一段落，进行账表的审查，核对账户（去往来户对账），办理存放款及物资登记，进行侧面调查工作。

九、如该行号无人负责时，则应先掌握着档案、帐表、库存物资等，再设法找人回来，办理移交，寻人方法：第一，从档案材料、邮电信件中找线索。第（第）二，从家属或下属职员及同业职员中去找，或讬（托）他们去找。第（第）三，责成商会、同业公会寻找。第（第）四，登报通告寻找。以上办法可按情况酌重采用。

※《金融接管手册》蜡板刻字油印本，1948 年。

四、接管帐簿与物资

玖、怎样接管审查帐簿表册

一、对于接营（管）或没收之银行号接营（管）审查手续步骤：

1. 当负责人明确宣布该接营（管）行号之人员，有责任并限期办理移交后，会计接营（管）人员即宣布移交手续和所有帐簿表册等。

2. 所要表册清册如下：

a. 职员详细履历表（包括董监事在内）；

b. 股东详细履历表；

c. 组织章程；

d. 各种账簿、表册、单据、文件等种类，册数、页数、总目录；

e. 最近期间（战争紧张时期）日计表；

f. 最近期间的库存表（包括金库、仓库）；

g. 营业用具及房地产清册；

h. 资产明细表；

i. 负债明细表；

j. 损益计算书及明细表；

k. 资产负债对照表；

l. 营叶（业）实际报告表；

m. 各项开支报告表；

n. 暂时存欠明细表；

o. 应收未收及应付未付利息表；

p. 同叶（业）或联行往来明细表；

q. 最近两月汇款明细表；

r. 最近两月实物买卖统计表；

s. 金元券百元以上之存放款登记表（证明存放款人之真实姓名、地址、积（级）别等）；

t. 敌伪公款及战犯官僚资本之存款存物统计表；

u. 正当商民之存款存物统计表；

v. 其他各科目应有之契约单据、印鉴簿、密电簿、图章、存折存根、会议记录及各种叶（业）务规程，均应造表移交。

3. 以上所需要之表、报、书类，及其他重要物品等，应造具移交总清册两份，正式备文移交，以凭接菅（管）审查，造表移交时间，越短越好，一般以三五天为宜，免得夜长梦多，发生弊端，但审查时间可长些，以资慎重，一般以十五日到二十日为宜，其有特殊问题一时难以弄清者，可暂时监督代管之。

4. 在宣布其移交手续及所造表册后（未正式办理移交前），接管会计人员应先索取账簿总目录，照此表初步查阅各种主要及最近之账簿，在每一账户最后一笔加盖私章，以防伪造或补登，查阅盖章后，除留总目录表外，仍将所有账簿交还原行号职员保管，等待正式移交，但对现金账、商品实物账等，查阅盖章后，即令原行号人员尽速缮造库存品移交表、档案图书清册，以便凭此及时点验库存档案等重要物品，编号登记保管之，其他接收点交工作，候正式办理移交时，再为进行。

5. 所造移交表报，仍以原币（敌币）作计算单位，物品者不估价，待处理时再说，在接收或审查期间，债权债务均停止计息，接菅（管）人员在交接期中，应该住在被接管或没收之银行号内，以便督促办理移交，各接菅（管）小组会计人员，于每日晚应将所得材料，进行集体研究，以便交流经验审查详尽。

二、对一般私营银行号之清审手续

步骤：

1. 接菅（管）清审委员携带公文先到钱叶（业）公会接洽，并明确以下事项：

a. 首先应掌握原有钱叶（业）公会负责人及职员，明确规定他们有自行清理本会及所属各银行号一切账目之责任，并造送各种表报清册，备文呈请军管会金融接管组审查。

b. 让他回报（书面的或口头的）钱叶（业）公会及某些会员的情形，并迅速缮造本市银行号详细统计表。

c. 叫他通知所属银行号，召开银钱叶（业）公会全体会员大会，并保证所属会员，自报敌产，不得隐瞒，认真负责清理，表报真实完全。

2. 在银钱叶（业）公会召开之会议上，讲明与他们有关联的各项政策，（如对银钱叶（业）的政策态度，及债权债务的处理原则、工商叶（业）政策、利息政策等）明确他们有各自清理账目及造送各种营业表报、呈请我们审查的责任后，即限期（三五天）让他们迅速造各种营业表报，暂停营业，冻结存款，并郑重告诉他们，把对付蒋阎匪的几套帐簿，全部合拢起来，不得再有任何隐瞒，我们有随时抽查帐簿之权，清理审查期间，债权债务停止计息。

3. 所要表报清册如下：

a. 职员详细履历表；

b. 股东详细履历表；

c. 组织章程；

d. 各种帐簿、表册、单据、文件等种类、册数、页数、总目录。

e. 最近期间的日计表；

f. 最近期间库存表（包括金库、仓库）；

g. 资产明细表；

h. 负债明细表；

i. 损益计算书及明细表；

j. 资产负债对照表；

k. 营叶（业）实际报告表；

l. 各项开支报告表；

m. 暂时存欠明细表；

n. 应收未收及应付未付利息表；

o. 同业或联行往来明细表；

p. 最近两月汇款明细表；

q. 最近两月实物买卖统计表；

r. 金元券百元以上存款户明细表；

s. 敌伪公款及战犯、官僚资本之存款存物统计表；

t. 密电簿、汇款簿、印鉴簿等有关叶（业）务文件，营叶（业）规程，或会议记录，均应造表一并送请审核。

4. 以上所要表报，仍以原币（敌币）为单位，迅速缮造表册，备文呈请审核，审查时要有重点。对问题复杂之银行号，应详细审查，认真调查；对问题少或无什么问题者，应先行审查，以便分别及时处理，解除冻结，让其复业。但分别处理时，尽可能的召开钱叶（业）公会全体会员会议，用具体的事实说明我们的政策，鼓励自报敌产认真清理者，予有意侵吞隐瞒者以打击，这样就会影响与推动其他银行号的工作迅速进行。

5. 在钱叶（业）公会召开之后，应分头去各银行号访问，观察其规模现状，分别找

各该主管人员（如经理、会计、叶（业）务、出纳各主管人员），访问其业务情况，注意他们的谈话内容间（前后彼此间）差别或矛盾所在，索取账簿总目录。抽查主要账簿，并将主要户头最后一笔加盖私章，以免添改，对现金或其他重要物品，应加以注意，分头访问之后，即应共同研究，交流经验，并根据访问或观察的研究结果，确定审查的重点和不同对策。

三、清审方法和程序，应根据具体情况（看该行号问题大小与主观力量），而决定是全部审查或重点抽查，一般清审程序如下：

1. 审查各种账簿、传票及表报、存折存根等。

2. 审查各种有关之原始单据凭证。

3. 向各往来户对账，并进行访问，除从上述方面进行审查互相核对外，还应与从侧面调查所得之材料相配合，始收事半功倍之效，每日晚间各组会审人员，应具体研究，进行会审，更能集思广益，审查周详。

四、接管清审工作应注意事项：

1. 在时间上：

a. 应注意最近期间的各种账项的收付过程。

b. 审核账簿表单及存款放款手续时，应注意时间字迹是否相符，或有添改。

2. 在空间上：不但注意本行号内部及本埠往来，更应详审外埠各种往来。

3. 在款数上：应注意大宗款项或小宗款项（有时从小宗利息收入上，能发现大问题）及存取次数是一笔或数笔。

4. 在性质上：应看重一般普通存户（只存不欠的多是军政人员），对于正当商民之往来，存款可放松些。

5. 在户头上：应注意女人名、堂号及其他化名（如股东名册实系一人投资）但□写股东数人，有是其子孙奶名者（亦有写假名者）。

6. 在科目上：应注意汇出汇入、外埠往来、暂存暂欠，及开支、利息等科目，因这些科目最易舞弊。

五、那（哪）些会计科目最易舞弊：

根据过去经验，汇出汇款、外埠同叶（业）、联行往来、存款、放款、暂存、暂借、利息、开支等科目中舞弊者较多，分别举例说明如下：

1. 汇出款方面：因为各银行号的汇款数目或采购物资、倒卖金银等均有暗码密号，容易作伪不易查出，故应先索取其暗码或暗记，再行审查如何舞弊，例如：苐（第）一，利用凭信汇款，侵吞敌产，将敌存款付出，转账，与平津同业往来收入空账，查时伪称敌存款已凭信汇走，该没收之款，即无法再行没收。苐（第）二，假造由航空人捎来天津印鉴票，凭此伪据将敌公款或战犯存款提出私吞。外埠同业与联行往来，亦有此类伪造调拨款项之事。

2. 存款方面：户头多有化名，如化为堂名或女人名、商号名，活存较多，亦有把大宗存款分数户头（化整为零），或由甲名转账乙名者。

3. 放款方面：在战争期间，各银行号均催收放款，特别对军政机关人员之欠款催收更紧。将此类收回之款，不入账簿，伪造证据，自行私吞，解放后对我则伪称军政机关人员欠款，列为呆账，或更进一步，以此笔欠款，抵消应没收之款项。

4. 暂存方面：例如：第（第）一：将敌伪一大宗存款，过入暂存科目内，或化名分数笔记入暂存，或减少目标。第（第）二：由该行号资产科目，转入化名之暂存户内，减少应行接营（管）或没收之资产。第（第）三：将敌伪所存之贵重物品，企图私肥，伪造卖出，转入暂存账内。

5. 暂借方面：假借敌伪高级人员名义（有时伪造证据），提取现金私肥，借在敌伪高级人员暂借户内。

6. 利息方面：可从利息方面查出两套账，例如：市场每千元月息 200 元，明账上只收 20 元，其余 180 元，即收在暗账内，即可从市场利息与规定利息的差额中，找他另一套账，其次在票据或人小票贴水上也容易多付，以便私吞。

7、开支方面：在伙食开支采购上，或旅运费、交际费，均易舞弊，如把现金分用后，伪称买米面柴炭，或伪称用于交际开支，很难查出。

以上舞弊事例，需从：详细追查存欠户之情况（住址、职叶（业）、真实姓名及存款事项、借款用途等）严密审查或追询，各种原始凭单，或到有关交易往还之对方，进行调查询问（如汇款可去邮局查询，买面可查面粉公司账目等），或利用它们之间的矛盾，即可寻得线索。

六、根据银行号性质，研究其可能舞弊之内容：

1. 伪国营金融企叶（业），在战争期间，即有准备将重要资产航运天津，又不作一般财务。吸收私银号之存款、代理金库、代收税款，手续严格，一般说不易舞弊，但在解放前可能将现金及物资实行部分的瓜分、隐瞒，应注意最近期间账簿之审查。其次农民银行发放农贷，皆通过各县合作社指导室代发，在手续单据上可能伪造，同时各县指导室，亦有扣押未行发放者，均应注意审查追询之。

2. 伪地方公营金融企叶（业），如省市银行一般较伪国营银行问题复杂。第（第）一，吸收大批军政机关及人员的公私存款，与敌伪军政界往来较密，对于此类款产，可能部分的伪造单据，侵吞私肥。第（第）二，他们均作金银买卖，进行投机，可能将囤积之金银资产折价出售，从中克扣行利，如实值百元者仅作 80 元，或实卖 100 元者仅出帐 80 元，其余自肥。

3. 公私合营金融企叶（业）又较为（伪）地方公营金融企叶（业）为复杂，因为他一方面利用公营金融企叶（业）的某些特权，有势（恃）无恐，进行非法活动；另一方面又以私人经营方式，进行各种叶（业）务活动，有的将公私股债权互相变换，互相混淆（如县银行）有的则将金融经营与政治活动相结合，互为利用，故问题最复杂，应为审查的重点。

4. 私营的金融企叶（业），其经营作法常因主营（管）人之性情作风或地域邦（帮）派之别而各异，有些私营银行号，勇敢大胆，不怕风险，大手大脚，善于交接

（结）军政人员，以吸收敌伪军政存款为主要叶（业）务，此类银行号问题较复杂；有的银行号在经营上则趋于保守稳健，胆小不涉风险，存款对象多为正当商民，此类银行号一般均无什么问题；另外还有些银行号的经营做法介乎二者之间，虽有些问题，但也不甚复杂。总之，在私营金融企叶（业）中，所吸吸（收）之敌伪公私存款常较伪国营银行为多，因为内鬼大，允许化名（国营银行不准用堂名化名存款）存款人可以在暗中吃些理差（如表面帐上存息为三分，暗中再另给息三分），同时，战争期间在伪国营或地方公营金融企叶（业）之存款、资产，因怕没收或失去使用保证，多化名分散转存于私营银行号中，这是我们清审应注意的地方。

表 20－1　　职员详细履历表

中华民国　年　月　日　　（附表一）

姓名	别名或化名堂号	职别	性别	年龄	籍贯	薪俸	学历	经历	详细住址	社会关系	备考

表 20－2　　股东详细履历表

民国三十七年　月　日　　（附表二）

姓名	别名或化名堂号	性别	年龄	籍贯	职叶（业）	现住所	履历	股权	金额现金	备考

表 20－3　　日　计　表

中华民国　年　月　日　　（附表三）

收　方	科　目	付　方

表 20－4　　**蒋币有价证券生金银库存报告表**

民国　年　月　日　　库号 No.　　（附表四）

昨日库存				今日共收				摘　要	今日共付				今日库存			
	元	角	分		元	角	分			元	角	分		元	角	分
								法币								
								金元券								
								美金								
								合　计								
两	钱	分	厘	两	钱	分	厘	金子	两	钱	分	厘	两	钱	分	厘
								银元								
								生银								
								混银								

表 20－5　　**仓库物品库存表**

民国　年　月　日　　（附表五）

品名	类别	型号或质量	单位	数量	单价	总值	备考

表 20－6　　**负债明细表**

民国　年　月　日　　（附表六）

户　名	摘　要	金　额	备　考
合　计			

（资产明细表格式同上）

表 20－7　　**各项损益明细表**

民国　年　月　日　　（附表七）

科　目	细　目	损　失	收　益

表 20－8　　营业实际报告表

民国　年　月　日　　（附表八）

收　方			科目	付　方		
累计总额	余额	本月纯收		本月纯付	余额	累计总额
			上月库存			

表 20－9　　各项开支报告表

民国　年　月　日　　（附表九）

细　目	上月开支数	本月开支数	累计数

表 20－10　　暂时存款明细表

民国　年　月　日　　（附表十）

姓名	月日	职业	住址	与本号关系	金额	备考

（暂时借款明细表格式仝（同）上）

表 20－11　　应付未付利息表

民国　年　月　日　　（附表十一）

科目	号数	姓名	种类	金额	起息			至清理期日数	利率	利息数
					年	月	日			

（应收未收利息表格式同上）

表 20－12　　　　汇出汇款明细表

民国　　年　月　日　　　　　　　　　　　　（附表十二）

月日	汇款人姓名	职叶(业)住址	汇款种类	金额	汇往地点	收款人	用途

表 20－13　　　　汇入汇款明细表

民国　　年　月　日　　　　　　　　　　　　（附表十三）

月日	汇款人姓名	职叶(业)住址	汇款种类	金额	汇款地点	收款人	用途

表 20－14　　　　实物买卖统计表

民国　　年　月　日　　　　　　　　　　　　（附表十四）

科目	品名	前期结转			本期收进			本期售出			现存		
		数量	均价	金额	数量	均价	金额	数量	均价	金额	数量	均价	金额

表 20－15　　　　各种存款登记表

民国　　年　月　日　　　　　　　　　　　　（附表十五）

户名	存款月日	真实姓名	原存金额	现存金额	存款人职业住址

表 20－16　　　　各种放款登记表

民国　　年　月　日　　　　　　　　　　　　（附表十六）

户名	真实姓名	职业	住址	金额	利率	期限

表 20 －17　　金元券百元以上存户登记表

民国　年　月　日　　（附表十七）

户名	存款月日	真实姓名	原存金额	现存金额	存款人职叶（业）住址

拾、关于金融企叶（业）接管中的保管工作

一、物资接收保菅（管）工作的范围：

1. 金库及各种保险库箱，及其中之金银现钞、贵重物品等。

2. 仓库栈房，及其中储存之商品什物。

3. 营叶（业）用器具、文具、炊事用具、汽车、电台、收音机等。

4. 房地产及其契约。

5. 各种图书、档案、文信、印鉴、戳记。

二、物资接收、点验、保菅（管）手续及注意事项：

1. 首先应掌握被接收单位的负责人，及其出纳保菅（管）人员，并了解金库、仓库，及物资档案、贵重物品的储存地点、数量，及时观察，暂时封存之，并留心询问或发觉暗窖、地洞、地下二层、秘（密）室、灰皮，各等各类库房。

2. 在未正式交点之前，虽暂行封存，仍应明确责成原有出纳保菅（管）人员有保菅（管）任务，封存时用军管印发封条，会同原有保管人员，共同负责加盖保菅（管）人员私章，以后如需启封，亦由双方保菅（管）人会同去启，任何一方不得单独开封，对封条之使用数量应行登记，并注明使用理由及时期，以免乱加封条，或随时启封，减低封条作用，影响物资接菅（管）的完整。

3. 于暂行封存之后，即应向原出纳保菅（管）人员，索取金库、仓库及其他重贵物品库存登记表册，以便凭册与账簿核对，登记物品库存账，并凭此表册进行开库检验。

4. 点验时首先应由原出纳保菅（管）人员，整理清点好再行移交，我们点收时，原则上一切物资款产均应亲自详细点数，数量，权衡重量，识别成色质量等，但因人少时间仓促，不能亲自详细点数识别时，亦可暂时采用抽查或只点验零星物品，对原箱原包物品不加细点，启原封点收之（尽可能叫他拆开看看内容），但须原箱原包封口上，加盖原保管人之戳记，并注明“原封未拆”字样，同时在库存物登记账上注明，系原封未拆数量，亦加盖原保菅（管）人图章，俟后再抽暇会同原保菅（管）人员启封，进行详细点验，如有差错仍由原保菅（管）人负责。

5. 接点金库时，首先对生金银成色需详加识别（需由专门技术人员识别），并过秤看是否与原账上或金银上所刻重量相符。其次对现钞小票，经整理固封标以数字，及整箱整袋原封未动之新钞，暂时不能细点时，亦可采用前述方法办理，对现钞之抽查方法，可从大捆中抽出一两把，再由内抽出三五张（不告别人），令其他人去点数看是否正确。

6. 接点物品仓库时，应将各种物品逐项依账册所载数量，进行点验，点验无讹后，可在物品上加盖“验讫”戳记（或划暗记）如在点验中发现某种物品质量或数量与账册不符时，应账册某种物品修改栏内，注明不符情形，由原保营（管）人盖章。

7. 封库时应先详细查阅门窗墙壁是否牢固，库房灰邻是否可靠，其次库门关闭封妥后，钥匙（保管箱柜钥匙在内）由接管人员负责掌握之，库门应贴封条。为了慎重起见，在未完全移交清楚时，应制定封库表册（或封启库日志），每次封启库时，必须会同移交接收两方人员，共同负责，并在封启库表内，详细填注启封日期、事由、输出输入别、品名、数量等，双方盖章（附启封库表式一）。

8. 点收物品中如有在外寄存者（如货栈或私人商店）应会同移交人员带存物凭证、物品账簿，到存放地点单位，会同代存人员，照对点验，如物品质量数量相等无讹，即加盖“验讫”戳记（如有不符情况应在物品账簿上，详加注明，原移交人、代存人均须盖章），此物若不取回集中时，可令原代存单位继续代存，按物品质量数量，重新换取代存凭证，加盖图章，同时亦令原移交人在物品登记簿上盖章，以示在清理期间仍共同负责。

9. 对营叶（业）用各种什物器具之接管：

a. 应会同移交人员按照有价的无价的登记清册，逐项点验，并分别编号登账。对于耗损或不堪用者，应于账内详加注明，由移交人盖章，点验之后将用不着的什物器具，有秩序的分类，加以整存放于库房内封存之。

b. 置备“公物器具保管票”依照登账号数分别编号，粘贴各公物器具上，以便保管或查对，凡能粘贴者皆粘之，不能粘贴者（如碗锅等）亦应分类编号登记之（保营（管）票样式参阅附表二）。

c. 各房屋现用之什物器具，应按所在房屋，编写两联室内什物器具统计表，注明该屋负责人姓名，并加盖私章，一联贴于该室内，一联存查，以免乱搬或被窃取情事发生，便利统计查对（统计表样式参阅附表三）。

10. 在办理移交期间，所有库存物品器具等之点验、保营（管），原单位移交负责人、保营（管）人，仍负有保营（管）任务，不的（得）推卸责任（但我接营（管）保营（管）人员亦有责任）须俟全部移交，接营（管）工作办理完竣，正式宣布交接任务完成时，原单位之负责人保营（管）人，才能卸去保营（管）责任，一均由接营（管）负责人保营（管）人负责，如原保营（管）人员于移交后被留用，继续任保营（管）职务时，则按接营（管）保营（管）人员论。

11. 接营（管）保营（管）员于每项点验工作（如一个金库或一个仓库）告一段落时，即应向上级作书面及口头汇报，以便及时解决点验中所发生的问题。

12. 保营（管）员应预防火灾，注意警卫，并经常检查守卫人员是否认真负责，检查所贴封条是否损坏，遇有敌机空袭时，应镇静沉着，适当隐蔽，并注意库房之安全。

13. 保营（管）人员对一切接营（管）物资，只有保营（管）之责（不的（得）遗失或损坏）没有处理之权（不的（得）分配或使用），如某种物品必须临时借用者（火房用具、自行车等），需经接营（管）负责人批准，并有正式借用手续，才能动用，保

营（管）人员应成为执行纪律不拿一针一线一切敌产归公的模范，并以身作则影响其他人员，保营（管）人员不但自己尽忠职守，而且能掌握并运用原有移交出纳保管人员为接管工作服务。

14. 保营（管）人员待接管工作完毕时，应写详细清楚的接管工作总结报告书，并缮造各种表报清册，呈报军管会处理。

表 20－18

（附表一）

×××银行号封库启库表

月日	启封库事由	输出纳入别	品名数量	负责人名章	接收保营（管）员名章	原保营（管）员名章	备考

表 20－19

太原军事管制委员会金融贸易接管组 公物器具保菅（管）编号票			
保×字第　　号	银行号别		民国三十七年　月　日
	类　　别		
	品　　名		
	附件数		
	备　　考		

（附表二）

表 20－20

室内什物统计表（存根）					
科室别		负责人姓名			章
品名	数量	备考	品名	数量	备考

保管字第　　号

室内什物统计表					
科室别		负责人姓名			章
品名	数量	备考	品名	数量	备考

（附表三）

※《金融接管手册》蜡板刻字油印本，1948 年。

第三节｜接管前的调查清审

一、清审调研要求

拾壹、接管清审的调查研究工作

一、为什么需要调查研究工作：

A. 因为接菅（管）清审工作是关系到人权与财权的问题，需要真正具体的了解股债权人的政治行为与资产状况，以便根据了解的真实材料决定他们财权的命运（没收与保

护)，以便把金融企叶（业）中的一切财权（股权、债权），正确无遗漏的按照处理原则，划清接营（管）、没收、监督代营（管）发还的明确界线（限）。

B. 为了追查揭发与惩办某些侵吞、隐瞒、破坏敌伪资产、账簿、档案等，及未办交待手续，即行潜逃之人员及其侵吞资财，必须进行认真细微的调查、研究，以便依法予以适当处理，以示我“纪律严明政策宽大”的方针。

C. 对原有职员的详细情况须进行调查研究（在内容上、人员上，应有重点），其目的是为了大批争取留用（有甄别的），是为了发现积极分子，以便通过他们作深入的清审工作。

D. 从整个接管清审工作来看，调查研究工作是贯串（穿）在全部的工作过程中（从准备工作到结束阶段），它在工作中所占比重最大，它的主要工作是对人员与资产情况详细了解，也只有真正具体全面确实地了解自己工作范围内的一切情况（人与事），才能保证城市政策的正确执行，接管清审问题的正确处理。

E. 总的来说，了解情况调查研究是执行政策处理问题的重要前题（提），而情况如不了解，或了解的不澈（彻）底、不真实，则执行政策上、处理原则上势必发生错误，因此每个接管工作同志必须在思想上重视，并在实际行动上随时随地有计划有意识地去进行。

二、怎样进行调查研究工作：

A. 在方式上应把直接调查和间接调查配合起来，仅靠直接调查（一切问题全由自己去访问写材料）想掌握全面材料，深入了解情况，在时间精力上是不允许的，事实上也不必要，因此除有步骤有重点的选择一些典型进行直接调查外，尽可能的有计划的组织与利用间接调查或材料，即一方面收集人家已有的现成材料（如档案、电讯等），另一方面也组织利用别人去调查（如利用甲银行报告乙银行，从甲某了解乙某），这样就可以动员更多的人（义务调查员），收集更多的材料，供我们研究参考。

B. 一般收集材料的方法：

1. 收集有关自己工作范围内的各种档案、电讯、书报、杂记等现成材料，加以采录与研究。

2. 利用各种会议机会，收集有关自己调查所需之材料。

3. 为了分别了解某种专门问题，可邀请对此问题熟悉或有关之人员开座谈会。

4. 个别口头访问（自己去谈、派人去访或请人来问）或书面问答收集材料（如下通函通知让某些单位或某些人员供给书面材料，或个别函请某人答某事）。

5. 研究典型材料是切实的办法，从典型材料入手进行研究工作，选择一个接营（管）单位，或某一个问题，进行深入调查，详细研究，如以汇出汇款作典型，定会发现许多问题，得出经验来，然后利用之，再查另一家的汇款就容易得多了，各接管单位若能有计划的各找重点（分别选择不同典型）则可同时吸取各种典型经验，再加以交流利用，去推动全部审查工作，如此则收事半功倍之效，对存款股东职员或某一阶段时间某一单位地点等，均可从研究典型着手，由一典型再及另一典型，相互推移即可得出许多宝贵的经验，而这些经验的不断获得与运用，将是顺利迅速完成清审工作的保证。

C. 具体调查的内容与步骤：

1. 调查内容是股权债权问题，侵吞隐瞒敌产问题，原有职员的了解问题，对这些问题，了解最清楚者还是该金融企叶（业）单位之人员，特别是股东股权（如化名堂号等），及舞弊隐瞒敌产的详情，他们是完全了解的，过去有句俗话“解铃还得系铃人”，故只要把职员的工作做好，这些问题是很容易调查清楚的，对于债权情况（如存款），他们也太多了解，只有个别化名存款（只存不欠之户），可能了解不详，因此调查工作的对象，应着重放在职员身上（作（做）法参阅政治手册），但并不能忽视该行号以外的调查工作，从调查内容上说，重点应放在存款上，（面大问题多）但也不应忽视其他科目。

2. 在调查步骤上，弟（第）一步掌握全部股债权，从其中找寻敌伪资产，或可疑者，故用全面审查、重点掌握的办法，不使敌产漏网，也可说从全体股债权人中找坏人，弟（第）二步即把正当私人之股债权部份（分）放下不问，专门对敌伪及可疑之股债权部份（分），进行详细的调查，目的是为了弄清是非，拟定处理方案，可说是从敌伪及可疑之股债权中，剔出好人来，经过前后两步调查的筛子（弟（第）一步不使敌产漏网，弟（第）二步避免侵犯正当私人债权），就把股债权的问题弄的（得）米糠分明。

D. 具体收集材料的对象，除了在该金融接管单位本身（档案、账簿、人员中），收集材料外，去外面收集材料的对象。

1. 一方面是去邮电局找未发走的邮电信件，去公安部门从犯人口供中找材料，去城工部门访问地下工作的同志，去当地政权团体公会中（如区街政府各种群众团体公会等），去俘虏招待所从俘虏中访问敌伪存款，去军管会各接管组交换情报。

2. 另一方面就是去找银钱叶（业）公会，去找与该银行号有往来之户头、同叶（业）职员、亲友家属等。

E. 存款调查工作是个繁重的任务，因为金融企叶（业）是做信用买卖的部门，它有几千甚至几万的债权人、债务人，从这样大的存款面上，去分清敌伪与商民的财权，必须下一番功夫，想出一些办法来，调查存款的办法：

1. 首先叫该银行号自己据实造报。

2. 其次是从以上各方面所得材料中去找。

3. 有重点地去访问存户，着重伪金元券三百元以上者，及只存不欠（商号往来存款问题甚少）之堂名、女人名等存款。

4. 有重点的（伪金元券百元以上者）举办存款登记，要派人掌握（具体登记手续由该银行号原有职员办理），要有详细的调查登记表，这是调人来访问的好办法，具体举行登记之银行号是全部登记或部份（分）登记，是集中登记或分散登记，要看具体情况来决定，对存款各种情况的了解，採（采）用上述各种办法，即可把问题全部弄清楚。（还可用具结办法予以长期控制）

F. 怎样整理研究材料：

在调查期间，各接管清审小组，每天应将所得材料及经验集体汇报研究一次，并把所得材料内容及来源、时间、地点、可靠程度等分类分户的记录下来（如确实调查清楚的，和尚有疑问需更进一步深入调查的，及刚发现的新问题等）然后分拆材料吸取经验，提出对策，进一步去调查，在研究材料时，应注意研究材料本身的各种矛盾所在，并从矛盾中，去解决问题发现问题，如一种材料的前后不一致，几种材料的对照不符合，或时间、地点、经过手续等各种矛盾，均为分拆研究的重点。

三、调查访问注意事项：

A. 调查时最好不让被访问者知道自己有调查任务，免的（得）谈话有忌讳，如此则可得到更多更充实的材料。

B. 对访问者的住址、职叶（业）、姓名、性格、思想情况，事先应有个了解，以便对症下药，採（采）取适当的谈话方式，选择容易攀谈的内容（有的可开门见山，有的则须从别的问题上去引导启发），以便顺利的达到调查目的。

C. 访问时应注意他前后谈话的矛盾破绽、材料的来源、可靠程度、时间、地点、经过、手续等，在态度上要和蔼谦恭，并虚心倾听别人的谈话内容。

D. 调查时最好不要当面笔录（如时间、地点、姓名、数字必须记着，也要机智灵活些）要注意对方的前后左右矛盾处（如时间、地点、手续、数字等），但最好不要马上追询，以免中断他的谈话内容。

E. 调查访问时，如能把对方调来在自己房间里谈话，一方面可以节省自己跑腿的时间，另一方面也可能得到较多而真实的材料，因为这在心理情绪上，对方容易被我控制（可能有某些催眠作用），故对方谈话较为真实，而不致隐瞒放肆了。

F. 实际调查时，困难是很多的，一个问题往往需与一个人谈几次话，或找许多人谈话，才能调查清楚，故在访问时，注意不要表示着急或不耐心的态度，应善于设法引导到本题上去，我们不怕一次得不到材料（当然得到更好），就怕得到的是假情况、假材料，因为这样容易误时误事。

G. 调查工作应与政治宣传工作相结合，在谈话中，相机的解释一些政策，时事问题，解除他们的思想顾虑，是很重要的，如此才能在双方和蔼畅谈中自然的引导到我们所调查的问题上去。

H. 对职员访问时，最好先从谈家常生活引起，联系到经济来源，薪俸高低，与同事的比较，再由薪俸高低联系到工作能力大小，若发现能力大小与薪俸高低不一致时，再询其原因，这样就会很自然地谈到该银行号的内部矛盾，及不合理处，甚至引起他的不满情绪，再加上我们的感召，他就可能索性把他心里所知道的一切黑幕，都倾吐出来，总之应根据不冈（同）的访问对象，相机採（采）取不冈（同）的谈话内容和方式，灵活运用，不必千篇一律。

I. 以上所谈注意事项，适用于对新解放区人员之访问，对我方党政军民访问时，应直接（截）了当的开门见山的提出问题就行了。

［附注：关于调查研究工作的重要性、态度、认识、调查方法等问题，请精心研究毛

主席农村调查序言，及党中央关于调查研究的决定，两个重要文献]。

附：解放石家庄的接营（管）清审金融企业工作的方法与步骤：(供参考)

一、关于组织领导问题：

（一）在领导上：

1. 接营（管）清审石家庄金融企业，是在清理委员会统一领导下，设立银行组进行的，组内按清理接收的对象性质又分公营银行组、私营银行号金店组，两个小组分别进行工作。

2. 接营（管）清审的方式，最初时间是带突击性的由清理委员会的银行组来做，以后长期性的处理问题工作，交当地银行去作。为迅速结束工作，便于处理问题，银行组与清理委员会须密切联系，及时与各小组交换情报，交流经验。

（二）在组织力量上：

1. 尽量利用旧银行号人员去办交接清理工作，把此任务明确的规定为他们应有的责任。

2. 我们的干部将有经验有技术的干部应适当配合。要具有审查会计与调查研究的能力，一般以两三个人进行一户的工作为宜。

3. 干部力量使用须集中，质量要好，数量以石家庄情况，有三四十人即可。

二、工作重点的确定与力量使用上的配备：

1. 就公私上分，一般说，私营银钱业与地方关系多，问题较公营银行复杂，应把力量放在私营方面。

2. 就性质上分，一般说地方银行较国家银行与地方上的联系多，问题较复杂，半官半私的私营银钱叶（业）则较一般私营银钱业问题复杂。金店较银行号的问题则较为简单，因金店的清理，只是股东问题，银行号中的暗银行号清审则更加困难，因此类银号往往有政治问题。

3. 就经营时间上看，一般说开业历史越短的问题越复杂。而历史悠久的银行号，则问题较少，遭受战争损失或人员潜逃者之银行号也往往问题复杂，清审困难多。

4. 在账目审查上，重点应放在最近期间的账目上，（战争紧张时期）在科目上，汇出汇款、外埠同业往来、暂存暂借、开支等则是审查的重点。

5. 为了避免处理债权债务上少发生错误，没收面可以小些，代管面可以大些，以便继续审查，正确处理之。

三、清理工作步骤与重点：

苐（第）一阶段：全面掌握，从正面收集材料，利用旧人员办理交接清理工作。时间要短（约七八天）具体做法：

1. 去各银行号观察其状况规模，核对现金账及主要账户（盖章）点验库存现金与物品，令私营银行号找保（保证负责认真清理，不逃避责任，账簿、表报，具实不得隐瞒），负责清理。

2. 张贴布告，并召开银行号会议，宣布我们的金融政策、清理方针及银钱业管理办法。

3. 限期造送各种报表，暂停营业，冻结存款，调查材料，进行审查。

4. 初步了解职员，进行谈话，令其写自传（私营银行号不必写）。

第（第）二阶段：是深入调查研究审查时期，重点是从侧面收集材料。方式是从侧面进行工作多，时间约二十天，具体办法：

1. 办理存款登记，进行存户及股东之审查，认为现有材料无问题之银行号可另立新账，分别尽先宣布，使其有复业或开业之自由。

2. 选择问题较多的银号，先进行清审，联系有关各部门交换情报（俘虏所、公安局、邮电局、档案文件等），从银行号中下层人员中收集材料，找出经验，推动清审工作。

3. 注意调查尚未发现之银行号（如暗银行号等）。

4. 把各银行号之股权债权财权弄清后，即拟定处理方案，请上级审核。

第（第）三阶段：是处理问题，根据材料，按照不同情况分别进行处理，时间约三五天。其原则：

1. 已清审完之银行号，应令其限期交足没收与代管之款。并责成具结，事后如有隐瞒、侵吞敌伪资产者，受法律制裁，宣布处理方案时，应召开全体职员会议，并尽可能邀请银钱叶（业）公会及商会派人参加，如有私人股东者，亦应让有关股东代表参加。

2. 对于股权债权债务之处理，应分三类分别处理之。（1）已查清确系敌伪资产、照章应予接收者，即行明令接收，并给证明手续。（2）审查中尚存疑问之股权债权，暂予代管，如果是正当市民之存款，经查属实即予发还。如过去不声明领取者，其存款转入银行暂存项下，给予保存。（3）经审查纯系正当市民之存款，应分别发还，以上股权债权之处理均应布告宣布之。

3. 俟一般突击性之接营（管）清审工作告一段落时，属于代管款及债权债务之手续即可移交当地银行办理之。

以上三个阶段及日数，只是一个概略的估计，不应拘泥应按具体情况灵活运用之。

※《金融接管手册》蜡板刻字油印本，1948 年。

二、清审报告

调查伪民营事业董事会情况

（1）组织机构和成立年度

（一）民国二十五年春成立公营事业董事会。

（二）组织情形，全省划七区，每区出一人，每区十五县，选董事一人。第一届陆近礼为董事长，高时臻、畅联晋、耿桂亭、陈敬棠、张社兰、宋澈六人为董事。

（三）所属之单位，山西省银行、铁路银号、盐业银号、垦业银号、西北实业公司、同蒲铁路局、晋华纸烟厂等。

（四）出资情形，省银行原系民国九年正式成立，由私人集股，于民国十九年晋钞贬值时已将原股退还。于二十年由商震因整理晋钞又招集商股一百余万元，至二十一年阎锡山由大连回晋，议决退股，实际分文未退。西北实业公司由铜元厂盈余款项下于二十二年成立。铁、垦、盐、同蒲路局于二十二、三、四年陆续成立，资金由各部门余款筹得。

（五）三十四年胜利后，除接管西北公司所属之各厂外，并将私人所经营之榆次晋华纱厂、太原晋生、晋恒造纸厂、电灯新记公司（附设面粉厂）等由西北公司租用。

（2）改民营事业董事会原因及第二届董事会成立经过

（一）于民国三十五年呈请备案时，以公营名义备案，恐归国有，所以改为民营事业董事会。

（二）第二届组织的情形，张馥荚（字耀庭，安邑县人）为董事长，田玉霖（交城人）、耿桂亭（字步膳，灵石人）、张豫和（沁县人）、靳瑞□（壶关人）、张金广（灵石县人）、边廷淦（崞县人）六人为董事。

（三）民营事业董事会所属之单位

西北实业公司	经理彭士弘	资金7500万元
同蒲路局	经理王谦	资金3900万元
准备库	经理段式强	资金130万元
西北制造厂	经理李梅雨	资金106万元
汽车厂	经理阎效政	资金26万元
铁路银号	经理曲宪南	资金8.2万元
硝磺厂	经理郭符	资金8.2万元
斌记公司	经理阎志级	资金85.5万元
山西省银行	经理白东生	资金4320万元

以上九家均系七七事变以前成立（山西省银行于三十七年七月间改归财政厅，资金未退）。

正兴机器有限公司	经理阎效政	资金14.7万元
山西矿业公司	经理阎锡珍	资金0.675万元
太原机器厂	经理曲宪纯	资金0.27万元
阳泉矿务局（前保晋公司）	副经理阎锡珍	资金920万元
川至制药厂	厂长谢雄辑	资金5.6万元
化学公司	经理董书俊	资金7.00万元
兴业土木公司	经理安汝梅	资金3.7万元
新新土木公司	经理董淮史	资金5.2万元

以上八家胜利以后设立（以上各家资金由屡次盈余投资，按现洋计算）。

（3）中记董事会组织机构成立年度

（一）中记董事会是同志会设立管理经济的机构，于三十五年成立。

（二）所属之单位如下：

山西贸易公司、垦业、盐业、酿造厂、晋兴出版社、合作供销处、晋兴机器厂、运输公司、晋益公司、庆兴公司、晋兴公司、晋兴土木公司、企业公司、棉联社、晋兴砖联社、粮联社。

（三）以上十九家均由同志会出资。

（四）组织机构。其董事由同志会产生，董事长杨爱源，董事梁化之、王怀明。主任徐士琪，副主任李培德（省府秘书长主任）。所有一切事务由李培德负责处理。

师友三、范毓椿

※ 山西省档案馆档案，中国人民解放军太原市军事管制委员会金融接管组档案卷。

伪民营事业董事会的调查

一、历史情况

民营事业董事会最初成立于民国二十三年冬季或二十四年春季，名称为山西全省人民公营事业董事会，董事长为陆泰斋，开始阎锡山拿出一部款子，并出售建设库债券集资成立。有董事七人，系由山西全省共划分七个区，每区选举一人产生。

机构上是开设一个工厂赚钱，赚钱后再往大发展，同蒲铁路也是修起一段在发展一段。后来发展到西北实业公司各个工厂，同蒲铁路和省铁垦盐四银行号独占经济，形成了山西的“托拉斯”。事变后撤退至西安，又到了成都，那时盐业和垦业人员遣散，剩余资金和账册全部移交省行和铁路银号，盐垦两号就结束了。省铁两号和董事会名义虽存，但也停顿着，和解散了的一般（关于民营董事会组织内幕等材料一本，是由白东升交给周经理，内容周详）。

二、抗战胜利后

阎匪还未回并，在晋西时，就计划恢复该董事会，人事未定。回到太原后才重新成立，张耀庭为董事长，由阎锡山指定边廷淦、田式如、张合、张季平等十人为董事，原西北各厂仍由该会从日寇手中接收。铁路银号是该会出资三四次，折白洋七八万元，仍归民营事业董事会。省银行从去年10月1日前是归民营董事会的，当时将黄金5000两、美钞20万元运往上海，没有详细清查（这些在省行账上都存）。从去年10月1日以后就有归省政府了，那时由省金库拨来资金办13万多元金元券。

三、其他材料

A. 晋生纺织厂、城内发电厂、晋亨造纸厂、榆次晋华纺织厂原由徐子澄（徐士琪父）组办，有私人股金，开有股票，该四厂董事会组织联合办事处，就在晋生纺织厂，董事有郝星三、郑心泉等，该四厂事变后被日寇没收，胜利后就由西北公司接管过来，和这四厂联合办事处订定租用机器，由西北公司付给租价（很低微），该四厂董事会收到租金后，按股票发给各股东。

B. 晋裕银号和晋丰面粉厂开始系各县中有各的财阀组织，营业公社成立的，该公社现在是曲宪治负责，晋丰面粉厂是租给西北公司收租钱，晋裕银号还是归营业公社领导，但曲宪治的上峰是阎锡山。

C. 垦业银号和盐业银号是胜利后新成立的，利用的是旧牌子，系由中记董事会出资成立。今天我们做贸易，但了解中记完全是官僚资本，拿公家款的他们各又经管，总负责是徐士琪，办公室主任李培俊（他是省府秘书长），企划是茹生荣（徐士琪介绍），据白东生谈，中记董事会是同志会组织基金（该基金来源就不详知了）。现中记住天地坛一巷12

号，在该处封存报告中有盐业、垦业的月报表和决算表、人事及什物卷宗等好几种。

靳伯韬

1949年5月21日

※《靳伯韬提供材料》，山西省档案馆档案，中国人民解放军太原市军事管制委员会金融接管组档案卷。

仁发公银号情况

四月二十四日解放太原后至今天，接管敌伪金融企业，已进入审查阶段。但有些被接管单位转移平津、上海、西安、青岛等各地，经营投机倒把业务，与太原市银钱业牵扯不清。旧人员借故推诿，企图贪污自肥，隐匿不报。因此请总行派专人通过平津军管会将以下各单位进行审查。如果咱们已经接收了这些单位，有关之材料告知，以利太原市彻底审查清理。现将太原市银钱业与平津牵扯的材料捎去：

仁发公银号：

北平设总管理处，住址煤市街，门牌127号。该处总经理徐艺圃（现住香港），副总理催向卿（现赴台湾），秘书刘敏东（在北平），总会计李辅堂（在北平），人事负责人张小天。

北平前外观音寺，门牌98号设总庄，经理田聚堂，副经理张子霖、王丕生，襄理蔚弼臣、高玉如，有职员70余人，房子自己的。

天津赤红道，门牌83号设分庄，房子该号买下的，经理赵仲元，副理任子善、王子绥，襄理王佐臣、陈咸熙，有五十余人。

仁发公银号于二十二年开办，资本额十万元，由敌七十师尉级以上军官集资组成，每年分红一次，张汉臣为股东代表。当时太原设总庄，天津、北平、五原、大同、绥远、包头、上海、西安为各分号。二十八年在四川清理股东，把小股东完全清理出去，并登报声明过。天津分号与刘铭三合资经营元丰银号，资本50万元法币。于1945年由四川回来，重新组织太原仁发公银号，当时资本额为一千万元。1946年总号移住北平，太原各地为分号，经过改组资本增至1亿元法币，王靖国个人和他女人有资本三千万元。1948年于北平改组，资本共六亿元，不知王靖国有多少，总共全盘该号资本、房子等作价值赤金一千两。

王靖国在太原仁发公银号股东户头，用萝飞堂、公益堂、汉仉堂、瑞承堂、慧益堂、丁记及他老婆龚毓秀，另外有三分之一私人（该号经副理、职员）股本。

上海分号经理赵子和，住址复兴中路辣斐坊36号；香港分号经理温光祖，住址中山路二段33号（自己买的房子）；成都经理武耀廷，住址桂王桥南街28号（该号买的房子）；西安分号经理齐正斋，住西大街80号（自己买的房子）；兰州分号张子温，住中山路永安商行内寓，专营贸易业务。

该仁发公银号之旧人员（上层）共同污（舞）弊，除已有极少物资外，完全推于北平、天津总号了解，告诉咱们联络员说，要清理仁发公的房子，必须在北平总号找田聚堂、副理张子霖就可弄清是非，因此要求总行派专员审查，着重资本额和股东姓名，分别查清簿据，分行即可根据仁发公总号的战犯股金和私股的确定，即可着手审查清理，

望速予示复。此致。

金融接管组　周义中

姚国桐

五月三日

※《金融接管组周义中、姚国桐二同志给总行写的报告》，山西省档案馆档案，中国人民解放军太原市军管会金融接管组档案。

正心诚银号之材料

太原市为总号，住址馒头巷，门牌 16 号，经理吴秉元。

天津分号，于去年一月份设立，住营一道晋通栈，门牌 33 号，不以正心诚对外出名，以益记出名，经理李景衡，原资本拾亿元法币，去年因资本周转困难，即由总号取过赤金四拾两。

北平分号，于 1948 年 1 月份设立，户头以诚记出名，经理杜秀山，资本额 10 亿元法币，后提取黄金 30 两，北平解放后情况不明。

上海分号，于 1948 年 1 月设立，住址福建中路南无锡路，门牌 102 号，资本额 30 亿元法币，对外户头广记，经理范寿山，去年又借过总号黄金 30 两。十月份范寿山辞职，由杨子明接替。

正心诚银号原系我太行区行投资经营，嗣因关系暴露，为阎匪没收，战犯山西特务头子梁化之与特警会计处增资人经营的。除倒卖生金银、投机经营外，而且进行特务活动，现在平、津、沪等地都设化名分号。除我们在太原接管清审外，望总行依照上述地点之分行进行接管审查，使战犯搜刮人民之财产仍还人民，前我太行区二分行之资金（现已划归晋中分行）仍还我分行。特此报告并望复。

金融接管组　周义中

姚国桐

五月三日

※《金融接管组周义中、姚国桐二同志给总行写的报告》，山西省档案馆档案，中国人民解放军太原市军管会金融接管组档案。

三．政策问答

专栏：询问与答复

正当商人与投机商人怎样区别?

我们有一个问题，请给解答一下。就是在学习当中讨论到贷款问题，不贷给“投机倒把”的商人。经我们大家讨论：商人本身都是投机性的，如不投机就赚不了钱，有的人说：能引起市场物价波动的商人，才算“投机倒把”，如这样说“投机倒把”就很少很少了。又有人说：不做本行营业的（如布商买粮等）就是“投机倒把”，如这样说“投机倒把”的就太多了。结果我们思想上对“投机倒把”的范围还不明确，请详细解答，并希举出几种类型来。

人民银行太原分行读者
周宗元、张维藩、靳伯韬

周宗元、张维藩、靳伯韬同志：

你们所询问题答复如下：区别正当商人与投机商人的标准，是看他的经营是否服从国家的政策与法令。凡在国家的政策法令之下，从事于调剂工农产品，促进城乡物资交流的经营者，都叫正当商人。反之，为谋取高利，而囤积居奇（即投机），玩弄价格（即倒把），波动物价，捣乱市场，破坏国家的政策与法令的，就是投机商人。对于前者，我们允许其发展，对于后者，须加以限制。

华北人民政府工商部

※《人民日报》，1949 年 4 月 13 日，第 4 版。

第四节 | 金融资产接管情况

一、接管省银行资产

山西省银行情况

……

民三十七年十月一日改组，重新换了一套帐簿，继续营业，其未能转移事项，迄今仍然存在，兹将审查经过及帐面情况（内外两套帐均以金元券为单位）分列如下：

资产方面：

1. 车胎价款　　1907.08（在太原汽车管理处寄存 67 条，北京阎念祖手寄存 16 条）
2. 民营事业董事会　　149847.68（佃付组织基金利息，每月以银元 3000 元为准备，按月息九厘付）
3. 民营事业董事会　　1.53（佃付砖款）
4. 民营事业董事会　　50.00（佃付工事款）
5. 民营事业董事会　　1386.00（佃付工资粮袜小麦 30 石）
6. 民营事业董事会　　2028.00（佃付工资粮袜小麦 20 石）
7. 民营事业董事会　　908.00（佃付工资，小麦 1100 石，作交黄金 249.531 两）
8. 赵宗复　　15000.00（阎批照付银元 7500 元）
9. 钢铁价款　　0.72（存物共重 2 万斤，民三十一年十一月六日在广元交西北公司）
10. 生金银价款　　11205.59（存原黄金 629.246493 两，运沪）

11. 前铁号　23690.97(原借黄金(应分盈余一大部分)6509.0455)

(一)内中拨交平执会　1000.843两

(二)阎匪买美钞用　31.3115两(系在前铁号存款)

(三)付慈惠医院　211.639两(系提河边村秀卿医院在前铁号存款)

(四)付呼延慈幼院　503.571两(系提子明医院在前铁号存款)

(五)付阎志惠　299.846两(系提取前源记在铁号存款)

(六)余数黄金　4461.835两及零存未分之数227.535两合并

上述各综，均运上海伪中央银行业务局，折付伪金元券，发给水单26纸为证。

12. 前铁号　16666.67(应分盈余部分原美钞20万元，贸易公司借15万元，西北公司借5万元)

13. 美金库券　13334.00(券存北平阎念祖手)

14. 房产　0.5(本市万字巷10号院房一所)

15. 器具　48.47(太原北平两处)

16. 临汾行　373.57(往来)

负债方面:

1. 清理保管处　818.50(三十二年前省行往来)

2. 合记　1097.86(同仁在外兼职赚回薪俸)

3. 新省行　104037.75(往来)

4. 前铁号　238.48(往来)

5. 前省行同仁　0.03(储存)

……

从总务物料垫款帐上查出三十七年十月二十六日，全体同仁按等级分旧存七五通粉五百零五袋，每袋按原价金元券三毛三分四厘核算。又本年三月一日同仁灶用十二袋半，价同。又本年三月一日同仁灶用双象面粉十袋，每袋价金元券三毛六分二厘。又本年一月二十八日同仁分旧存小米16280斤，每斤按原价金元券二厘核算(原存小米一百石，计重一万六千七百斤，除分用外，出了短秤四百二十斤)。通盘按彼时太原市粮价核算，约值银元一万七千余元，而仅仅收进金元券266.50元，即行销帐，等于白吃一样，无疑问的是集体分肥了。

……

①总务主任陈钦绥命庶务员郭景源烧了同仁暂欠帐一本分配米面册一本。

②现金收付帐及“绥署经理处”分户帐上均有挖改数字及日期痕迹。

……

A. 已接管的:

1. 赤金415.645两，又私人寄存2.24两(另详清单);

2. 银元33346元(内有假的407元，私人寄存1871元，另详清单);

3. 金元券1564501650元(内有庶务组2748355.60元，短尾数237427.59元);

4. 混白银 14.85 两，小银元 33.50 元；
5. 本市房院五处（鼓楼街两所、万子巷一所、晋生路一所、陈家峪一所）；
6. 器具（详器具册）；
7. 面粉 246 袋；
8. 外车胎 67 条；
9. 小麦 1011.6 斤。

总的意见：

查该行四十年来，没有做到一件与人民有利益的事，始终帮助阎匪搜刮人民血汗，统制金融，把全省人民所有的企业竟做了阎匪私人的帐房，尽其挥霍，培植爪牙，形成掠夺人民财富的经济机构。

根据该行帐面上看，曾经收买美钞二十万元，贷与西北、贸易两公司在外埠活动，扩人其反人民的经济势力。此次阎匪政权垂灭之前，尚将大量黄金运往匪区（上海等地），以资阎匪等流亡费用，真是匪帮忠实奴才。

查其内部经理职员上下勾串，朋比为奸，垄断居奇，营私舞弊，在我军围困太原期间，集体分肥面粉七百余袋，小米一万六千余斤，解放前夕，竟将分得面粉高价折回行内 256 袋，套取银元五千一百余元，又将职员暂欠帐及分面名册焚毁灭迹。

在交接期间，尚执迷不悟，隐匿狡赖，意图朦哄，如隐匿物资武器，涂改帐簿等等，且经查出不少事实，尚难置信尽情，似此怙恶不悛，真是社会一群蠹贼，除将已查明的事实彻底追究外，应更进一步的侦查，务使人民财富点滴不漏……

※《太原市军事管制委员会金融接管组清审报告》（1949 年 5 月 20 日），山西省档案馆档案，中国人民解放军太原市军事管制委员会金融接管组档案卷。

二、接管中国银行资产

中国银行太原办事处情况

1. 该行全体人员已于三十七年十一月二十九日，奉该北平行令撤退天津，只留行役一人看门，对行内情况一概不知，一切文件、档案、账簿、表册及重要物资全部运走，只剩下些家具、用品及空白账表，因此无法清查。

2. 该行所住房屋（本市桥头街 27 号），据过去的了解，是租用私人的地基，由该行自己建筑的。但于四月二十八日，有本市住户王振华的小妾前往接管小组，声称属他所有，租与中国银行使用。……

3. 该行自去年撤走后，房屋被伪神勇师司令部占用。解放后，我们接管时，内部凌乱，无法清点。

※《太原市军事管制委员会金融接管组清审报告》（1949 年 5 月 20 日），山西省档案馆档案，中国人民解放军太原市军事管制委员会金融接管组档案卷。

中央银行太原办事处

……无固定资金，经常由其总行调拨款项，记往来账。

经理：张诛（48 年离开太原）……

营业范围：受其总行领导，执行伪政府赋予之金融行政管理权，办理国库收支，发行伪钞等业务。

经营概况：该行三十七年份账表，早经运平，无法审查。据其解放后填制之决算表，计损伪金元券 170469951.93 元（自本年（一九四九年）一月一日至四月二十二日）

账簿种类：……

财政状况：已接管的：金元券 1838369526.16 元，白银 644.14 两，银元 135 元，银角 19 角。依据接管清点表，库存少交伪金元券一万元。

审查经过与发现的问题：A. 三十八年二月十二日，该行副理孟亭芳发起创立员工消费合作社，资本以员工 65 人每人一股，每股一千元，共集五万元，选孟为经理。于二月二十二日，向该行陆续透支伪金元券 63477720.00 元，买进面粉 200 袋、米 1650 斤、香油 200 斤、食盐 522 斤、白糖 63 斤、酱油 100 斤，以上各物除已配售社员外，尚存面粉 64 袋、米 35 斤、香油 171 斤、盐 262 斤、白糖 5.4 斤、酱油 100 斤。

总的意见：该行是有计划、有准备地应对我们接管，所以主要负责人早经离开，一切账簿及主要文件先后分批运平。现有账表、文件，做了部分清审，没有查出什么问题来。该行员工消费合作社透支行方之款购买的物品，除已配售外，所存物品与账簿一致，没有查出什么问题。

※《太原市军事管制委员会金融接管组清审报告》（1949 年 5 月 20 日），山西省档案馆档案，中国人民解放军太原市军事管制委员会金融接管组档案卷。

三、接管其他金融机构资产

太原市银行情况

一、财产：

已接管的：赤金 26962 两，银元 1021 元，白条布 5 匹，杂条布 3 匹，农民面 11 袋，三龙布 40 匹，晋雅布 25 匹，煤油 4 桶，小米 58 石，小麦 49 石，红茶 150 斤，火柴 4 箱，红大米 20 石，杂色布 106 匹，唱经楼房院一所计 41 间。

二、审查中几个问题：

……

问：太原市银行、聚生号、晋源商行、益民商行、裕晋商行到底是干什么用的这些抬头？

答：太原市银行是外帐用的，内帐则 35 年为聚生号，36、37 年为晋源商行，38 年为益民商行，今年另定货物帐为裕晋商行。

※《太原市军事管制委员会金融接管组清审报告》（1949 年 5 月 20 日），山西省档案馆档案，中国人民解放军太原市军事管制委员会金融接管组档案卷。

太原市银行

资本及性质：为官商合办，筹备于民国三十五年底，至三十六年正式成立，资本7000万元，市政府600股，市商会向各同业公会凑集800股，每股五万元，合计法币7000万元，尚折合赤金280两。

重要股东及负责人：经理程汉增，字云川，祁县人；协理卫世俊，系该行董事长白志沂派去的耳目；会计主任胡仲唐……

营业范围：以倒卖金银、食粮、布匹、纸烟为主，以存放款、汇兑、代理市政府金库为副。

经营概况：所购买的营业用器具折赤金30两，余250两为获本，又以80两买房院一所，剩余170两，除此项由我行在天津接收70两，外余100两即太原行内所存物资。屡年营业结果无甚余利，本年营业截至现在按其表报盈金券五亿八千万元。

内帐和外帐：该行帐簿四套：①代理市金库帐；②外帐应付伪中央检查；③内帐专门收支市政府的非法税捐、不能往金库帐上记载的款项，及其本身的营业，不能往外帐上记载的收支，名称为益民商行；④货帐名又为裕晋商行，专门记载商品的买卖。……前三套帐占业务的十分之五。

※《太原市军事管制委员会金融接管组清审报告》（1949年5月20日），山西省档案馆档案，中国人民解放军太原市军事管制委员会金融接管组档案卷。

太原市银行

1. 该行是以伪市政府为主体加募一般商民股金，官商合办的市库银行。于三十六年间开幕，资本总额法币7000万元（折黄金280两），计1400股，每股5万元：伪市政府600股，本市各同业公会349股，梁化之15股，伪军政机关中下级人员206股，一般商民230股。

对该行股本及债权债务处理的初步意见：

查该行既系以伪市政府为主体的地方市库银行，即属伪经济组织机构之一，应予以解散。对股本及债权债务、一切商品、器具、财产彻底结束，将外该各项限期收回，财产、商品变价清偿；该外各项盈余损失按股份配，除将伪市政府及梁化之之股金、伪机关之存款全数没收外，应管者予以代管，对一般商民的股金、债权一律清偿发行。

2. 外该款项，除一般的易于处理外，有下列两项：

（一）太谷县万泰恒于三十六年六月间借去法币3000万元（当时折现洋882元），以太谷城内西街房院一所作为抵押，迄今本利未还，而该万泰恒全部以往外埠（成都、西安），以致无法催收。

处理意见：

对借款，应按当时比价折成现洋，加以适当利息，偿还时照牌价折收本币。对抵押的房院，通过太谷县政府暂予代管，函催该号清偿欠款，或委托代理人将房院变价清偿，否则由公拍卖，收回借款，与私股按成均分，如有不敷另行追偿。

（二）有早已解散之敌伪机关及前已离开本市的人名借款九宗，共计法币5083.29元

（三十五、三十六、三十七年间），按当时各个不同的比价折合现洋 348.3 元，此款无法催收。

处理的初步意见：

此项借款暂行撤除，以后查询催收回时，公私股按成均分。

3. 该行器具房屋已作初步估价（以本币计算）。因现在物价与现洋牌价均皆上涨，故致价值悬殊。

处理的意见：

按照初估价格，以当时比价折成小米，处理时再以彼时米价折合本币处理之。

※ 中国人民解放军太原市军管会金融接管清审组：《关于处理本市公私合营银号初步意见书》（1949 年 7 月 23 日）。山西省档案馆档案，中国人民解放军太原市军事管制委员会金融接管组档案卷。

三十八年间，时盛时衰，时起时落，痛定思痛，不堪回首。解放后在党政领导下，重见天日，在灰烬中收拾残局，力图重整旗鼓，恢复旧业，终因元气挫伤，资力微薄，不能继续营业，最后由政府领导清理结束，得以善始善终。

※ 段子荣、许衣如：《河东兴业钱局》，载《山西文史资料》第八辑。

1949 年西安解放后，秩序迅速恢复。在保护私营工商业的伟大号召下，河东兴业钱局招集逃避人员，搜罗清点整理资产和铺底，根据实际情况，申请西安市政府批准复业。经几次调查商谈，最后因河东兴业钱局原在山西运城，资产和营业范围又多在太原和山西各地，为便利和容易了解实际情况，又介绍到山西省人民政府处理。

从此，河东兴业钱局又从西安迁回运城，向各级政府呈明实际情况，申请复业。经过多次调查了解，最后运城专署奉山西省政府指示，派员协同清理后，再定处理办法。

1951 年元月，运城专署派刘清泉，邀集河东兴业钱局副经理段子荣、会计主任景平之、董事会文牍贾俊卿，在运城的股东许衣如、梁子楫等，组织河东兴业钱局清理处。推选刘清泉为主任，并聘请王逸民等三人为干事，共同进行清理工作。首先拟定办法如下：

一、通告河东兴业钱局清理处成立，凡以前有来往手续前来清理和登记，过期失效。

二、通告股东登记姓名和股票金额，过期失效。

三、通告债权人前来登记姓名、金额，过期失效。

四、清查账簿，核实现有资产。

五、派人分头催收外欠。

六、派人分头清查和处理不动产。

七、根据清理结果，拟出结束办法，呈报专署批准执行。

按以上办法，首先登报，通知期限。……截至 1951 年 12 月底，经半年努力，最后拟出结束办法：

一、债权按登记金额，以 30% 归还；

二、股东股本，按登记金额，以16%归还；

三、清理结束后，未清手续一律失效；

四、不能处理之资产和手续，交专署。

以上办法，经批准，清理处于是1951年12月30日结束。河东兴业钱局三十八年之历史，亦同时告终。

※ 段子荣、许衣如：《河东兴业钱局》，载《山西文史资料》第八辑。

晋丰银号处理方案

（一）组织及股权——该行为公私合营，主要股东为梁綖武，占该号资本77.8%，他的股款原系1945年接收日伪的朝鲜银行及太原“天津银行”的铺底。就朝鲜银行的旧址开设“新兴银行”，后因伪财政部不予备案，方以黄金88.8两，购买晋丰银号请准复业的牌照，于36年4月1日合作，废除新兴银行的名义，利用晋丰银号的牌子，继续营业。其他晋丰银号的旧股东77户，共占全号股东22.2%。

（二）资本及股东：资本来源，系于1945年12月27日由敌伪“合谋社”（经理梁綖武）拨进法币5000万元，以资活动，换言之，亦就是该行的资本。至1946年终决算时，盈余纯益法币192408851.50元，除提护本83458008.87元、公积金15149751.94元、特奖金8800000元、董监事酬劳（梁綖武一个人）1700元等外，下剩东伙各半均分了，股东（梁一个人）3400万元，同仁共分3400万元。所以，36年买晋丰银号的牌子正式营业时，用梁綖武的名义，以这笔红利款子，出资法币31120000元，作为正式股东。

意见：根据资本来源，系“合谋社”资金，似应没收，是否有当，尚希领导裁夺。

（三）外埠情形：查该分号共有四处，除北平（负责人续承明）于太原解放后返还太原外，其余天津、西安、上海等处仍未返回，并且连书信也没有。查天津赤峰道114号的房屋一所，系该号买下了的，负责人于润芝；西安分号，负责人常紫书（总号经理），住五味十字街9号；上海分号，负责人王仲豪，住西□中路380号。

（四）以上各分号，自太原被困后，各地消息不通，联络断绝，迄今仍无联络，以致各地情况全不了解。据调查所得，自去年晋中战役后，该号有计划地将资金逃避外埠，以后听说全集中上海。

（五）除去年就将资金大部逃避外，太原总号，即通例紧缩，资金逃避，人员减少，迄太原解放时，仅剩些器具铺底了。

意见：一般来讲，太原总号，资产不敷负债，大部资金全在上海，可介绍上海军管会，接管审查，以明真相。是否妥当，尚希裁决。

※ 中国人民解放军太原市军管会金融接管清审组：《关于处理本市公私合营银号初步意见书》（1949年7月23日）。山西省档案馆档案，中国人民解放军太原市军事管制委员会金融接管组档案卷。

胜利后，（阎）效文未回晋，（阎）效政是（汽车）管理处的处长，解放后不知所往。我交通厅即占它旧址，扫地还发现一条黄金，已归公有。

……

晋兴书社是与商务印书馆、中华书局竞争而成立的，股东大部是教育界的人，七七后日寇侵占印刷机器，胜利后阎匪接收。临了，复兴日报社解放后给予清理，虽然损失，股东们还领到三四成的退股金（我敌伪财产处理处经办），申请清理的董事是张金亭（晋南人，大学教授）、李仞千（晋北人，大学教授），还有一位忘了姓名，是汾阳人，可能姓罗，曾任“塞北关”监督，在三圣庵东口石桥南有房院一所。这是三位董事代表，已都去世了。

解放由我接受录用的[①]，西安有张集臣（派临县人行）、张继仓，太原有王缚章、阎法文、崔冰清等，其余记不来了。

※ 常紫书1975年5月14日提供的材料：《阎锡山垄断金融核心——山西省银行历史及牵涉到的经济材料》。

平津经营各业，至北平解放时，尚未全部结束，曾汇交“京沪领导组”黄金八百两。另杜彦兴尚存有黄金三十余两，银元四百余元。京沪区结束情况因太原解放在先，详情未悉，只知曾拨交阎志敏黄金六百七十两（偿还购面款），并由杨爱源带并黄金四百两，交“绥署会计处”，各地西北公司所属部门及同记公司、晋裕银号则均未结束，成都垦业银号更换名义继续营业。西北贸易公司上海分公司及棉联社上海办事处的财产黄金二千余两，则未结束，由徐士琪经管，作对日贸易之用（贸易组已接管）。

※《阎锡山财产概述》，山西省档案馆档案，中国人民解放军太原市军事管制委员会档案1949年。

接管工作：和看守部队交接后，即首先查核现金库、实物库，并掌握了账簿档案。接管分三阶段进行：①掌握账簿、账册、档案、文件，初步了解情况。②清点。③处理人员。

……

该号原有33人，留用者15人，受训者1人（山西公学），遣散回籍者14人，办理交代者3人。

※《接管垦业银号工作总结》（接管员汇报草稿），山西省档案馆档案，中国人民解放军太原市军事管制委员会档案1949年。

---

① 指接收旧山西省银行职员。

四、金融接管统计资料

表 20－21　　太原解放时接管金融机构时各单位人数

	原有人数	接收人数	备　考
平遥县银行	7	7	
盐业银号	16	17	
垦业银号	36	32	
太原市银行	32	32	1 人为伙夫
铁路银号	60	58	
中央银行太原分行	64	64	
德兴昌钱庄	24	12	
山西省银行	112	100	
会元银号	27	25	
介休	3	3	
农民银行	6	6	
正心诚	8	8	1 人为伙夫
仁发公	27	18	
同祥银号	42	13	
阳曲县银行	29	10	
晋裕银号	15	15	
晋丰银号	10	7	

※ 山西省档案馆档案，中国人民解放军太原市军管会金融接管组档案 1949 年。

表 20－22　　太原市被接管各行交伪领导组财产统计表

（民国三十八年八月）

行号	品名	数量	原交月日	交出地点	备注
盐业钱庄	黄金	80 两	三十七年十二月十日	天津	
	房院	1 所(60 间)	三十七年十二月十日	天津	
	金元券	26516.45 元	三十七年十二月十日	天津	
	器具	全份	三十七年十二月十日	天津	
	面粉	60 袋	三十七年十二月四日	北平	
	房院	1 所(5 间)	三十七年十二月四日	北平	
	器具	全份	三十七年十二月四日	北平	
	金元券	31.73 元	三十七年十二月四日	北平	

续表

会元钱庄	白布	420 匹	三十七年十二月二十五日	北平	天津交 360 匹，北平交 60 匹，内有太原 120 匹、北平 300 匹
	黄金	19 两	三十七年十二月二十五日	北平	
	房院	1 所	三十七年十二月二十五日	北平	
	20 支栗子纱	0.5 包	三十七年十二月二十五日	天津	
	复光厚口纸	100 令	三十七年十二月二日	天津	
	白布	5 匹	三十七年十二月二日	天津	
	蓝布	4 匹	三十七年十二月二日	天津	
	八磅精光哔叽	40 匹	三十七年十二月二十四日	上海	
	条布	20 匹	三十七年十二月二十四日	上海	
	咔叽布	70 匹	三十七年十二月二十四日	上海	
	黄金	33.19 两	三十七年十二月二十四日	上海	
	海力蒙呢	2 格	三十七年十二月二十四日	上海	
	华达呢	15.25 码	三十七年十二月二十四日	上海	
	大衣呢	6.9 码	三十七年十二月二十四日	上海	
	纸烟	170 条	三十七年十二月二十四日	上海	
	花呢	74.75 码	三十七年十二月二十四日	上海	
	肥皂	8 箱	三十七年十二月二十四日	上海	
	女国布	77 匹	三十七年十二月二十四日	上海	
	盘纸	1400 盘	三十七年十二月二十四日	上海	
	烟叶	50 包	三十七年十二月二十四日	上海	
	收音机	1 架	三十七年十二月二十四日	上海	
	器具	全份	三十七年十二月二十四日	上海	
	货房屋	2 间	三十七年十二月二十四日	上海	

续表

垦业钱庄	金元券	16180.32 元	三十七年十二月四日	天津	
	纸烟	10 箱	三十七年十二月四日	天津	
	器具	20 件	三十七年十二月四日	天津	
	花洋纱	60 匹	三十七年十月一日	上海	
	冲贡呢	19 匹	三十七年十月一日	上海	
	毛贡呢	13.25 码	三十七年十月一日	上海	
	花呢	19.875 码	三十七年十月一日	上海	
	香芋	58 听	三十七年十月一日	上海	
	白布	23 匹	三十七年十月一日	上海	
	美华达呢	34.5 码	三十七年十月一日	上海	
	灯泡	8800 个	三十七年十月一日	上海	
	楼房	2 幢	三十七年十月一日	上海	
	电话机	1 架	三十七年十月一日	上海	
	器具	全份	三十七年十月一日	上海	

※ 山西省档案馆档案，中国人民解放军太原市军管会金融接管组档案 1949 年。

表 20－23　金融接管组接收敌伪各银钱行号金银款项统计表

（民国三十八年九月）

单位：两、元

行号	黄金	金元券	杂银元	大头银元	小头银元	白银	人民币	白金	宝石	备考
中央银行		1823214500.00	135.00			112.20				
会元银号	87.112(内含私人存放 0.375 两)	2497256.78(内含私人 20 万元)	78.00(内含私人 60 元)	600.00	3688.00					
垦业银号	452.351	9160435.00		6136.00	6539.00					
同祥银号		24000.00	626.00	215.00	163.00					
铁路银号	614.222	353728700.00	319.00(私人存放的)	22411.00	557.00(内有私人存放 102 元)	120.10				
德心昌银号	11.43	80500.00	215.00							
盐业银号	415.298	325550.00		145.00	861.00		51800.00			
平遥县银号	0.95		1(伪团长存放)							

续表

行号	黄金	金元券	杂银元	大头银元	小头银元	白银	人民币	白金	宝石	备考
晋裕银号	88.896			3204.00						
山西省银行	405.349(内有私人存放2.174两)	1564501650.00			32939.00（内有私人存放3216元）	27.14		5片（存放）	2粒（存放）	
太原市银行	20.093	4741550.00	1465.00							
榆次县银号	3.00		2.00							两次6月20日取走
仁发公		48450.00	615.00							
晋丰银号		122500.00	320.00							
正心诚	20.00		2611.00（作价处理）							
总计	2124.701	3758445091.78		29507.00	54338.00	659.44	51800.00	5片	2粒	

※ 山西省档案馆档案，中国人民解放军太原市军管会金融接管组档案1949年。

表20－24　　太原市军管会金融接管组接收敌伪银行号概况表

行号名称	负责人	开设日期			资本数		停业日期			停业原因	备注
		年	月	日	币别	金额	年	月	日		
伪山西省银行	白毓霈	三十四	十	一	金元券	200000	三十八	四	二十四	被我组接管	伪山西省政府财政厅出资
垦业钱庄	徐振渭	三十五	一	一	银元	130000	三十八	四	二十四	被我组接管	资本主系“中记董事会”(阎锡山的)
伪太原市银行	程云川	三十六	一	一	法币	70000000	三十八	四	二十四	被我组接管	公私合营 伪太原市政府为主体另加私股合营
晋丰银号	边廷淦	三十六	四	一	法币	400000000	三十八	四	二十四	被我组接管	梁綖武以阎匪合谋社的资金和私股合营的
晋裕银号	李文山	三十四	十	十	金元券	100000	三十八	四	二十四	被我组接管	资本主系“营业公社”(阎锡山的)
盐业银号	徐吉午	三十八	四	一	银元	115500	三十八	四	二十四	被我组接管	该号在七七事变前已成立
会元银号	张子章	三十六	十	十三	法币	1200000000	三十八	四	二十四	被我组接管	张系敌伪系统
仁发公	许艺圃	三十五	二	十五	法币	600000000	三十八	四	二十四	被我组接管	内有王靖国等股资已接管，且该号无负责人(七七事变前成立)
德兴昌	乔长寿	三十六	二	十三	黄金	260两	三十八	四	二十四	内有伪政治部股资已提出	该号准备转业

续表

行号名称	负责人	开设日期			资本数		停业日期			停业原因	备注
		年	月	日	币别	金额	年	月	日		
伪中央银行	张诚	三十五				无固定资本	三十八	四	二十四	被接管	
伪中国银行	张枫震	三十五				无固定资本	三十八	四	二十四	被接管	
伪铁路钱庄	曲宪南	三十四	十一		银元	82000	三十八	四	二十四	被接管	阎匪民营事业董事会出资
同祥钱庄	武德田	三十七	四	十六	银元	86000	三十八	四	二十四	被接管	阎匪粮联社出资
农民银行	张守谦	三十五								晋中战役结束营业,已接管	

※ 山西省档案馆档案，中国人民解放军太原市军事管制委员会档案 1949 年。

第五节｜人民银行占领全省金融阵地

一、解放军军管会接管阎锡山金融资本

（1949 年）4 月 24 日　太原解放。早晨破城，下午 2 时所有在榆次的太原军管会接管人员齐集榆次火车站，在赖若愚、裴丽生等领导的率领下进入太原，开始接管工作。当时太原市军事管制委员会主任是徐向前，副主任是罗瑞卿、赖若愚、胡耀邦。军管会下设的金融接管组实际是太原分行的前身，先期入城的有 273 人，后又从晋中分行调进 78 人。金融接管组当时的任务主要是打击金银黑市，建立人民币市场，接收旧银行号，培训留用人员，支持恢复生产，安定人民生活，稳定市场。

4 月 25 日　中国人民解放军太原市军事管制委员会发布布告：金元券是国民党掠夺人民财富的工具，自本日起宣布为非法货币，限期肃清。人民币为本位币，统一本币市场。为减轻劳动人民的损失，定价限期收兑，对职工及贫苦市民给予不同的优待。普遍比价每 1 万元金元券兑换 1 元人民币，优待比价为 8000 元兑换 1 元人民币。金融接管组根据布告精神，迅速派人进驻 6 行（中央银行山西分行、中国银行太原办事处、交通银行、中国农民银行山西分行、山西省银行、太原市银行）、8 号（铁路银号、垦业银号、盐业银号，晋裕银号等官办银号）、1 库（实物准备库）进行清理接管。同时设立 20 个兑换点，对金银、自洋、金元券进行收兑工作。由于政策正确，措施得力，仅用 1 个月的时间就完成了 6 行、8 号、1 库的接管任务。共收兑黄金 288 两，白银 1947 两，白洋 51051 元，金元券 974563 万元，初步建立了人民币的统一市场。更可贵的是每个接管同志，严守纪律，廉洁奉公，面对金银财宝，毫不动心，一尘不染，充分表现了大公无私高尚的革命情操。

当时党的接管政策是：属于官僚资本的，按政策全部接管，财产归人民政府所有。从业人员愿回家者回家，不愿回家者留用；对上层人员，首先让其办好交代，如有隐瞒财产，弄虚作假者，依法严惩。对纯属私人性质的银号和钱庄，允许继续开业，在人民银行监督管理下经营一定范围的金融业务。当时太原共有官私银行号 27 家，接管 14 家，其余 13 家私营行庄有 4 家自动歇业，3 家转业，6 家呈请复业，批准 4 家（益和、豫慎茂、晋益银号和晋兴钱庄）。全市有工商业 4200 余户，其中较大的 600 余户与国家银行发生业务往来。其余一些中小工商业，利用私营银号钱庄配合国家银行开展业务。

太原军管会金融接管组在接管山西省银行中，接收的物资有：赤金 115.645 两（其中私人寄存 2.24 两），银元 33346 元，金元券 156400.165 万元，混白银 14.85 两，小银元 33.5 元，本市房院 5 处，面粉 246 袋，小麦 1011 斤，器具若干。

会元银号接收时，帐面盈余金元券 320357 万元，黄金 491 两，银元 4288 元，外欠银元 10169 元，小麦 73 石，大米 13 石，面粉 219 袋，布 556 匹，盘纸 600 盘，房产 4 处等，另外，还在太谷存小麦 3 万斤，玉米 442 石。

4 月 27 日　华北人民政府公布《华北区金银管理暂行办法》和《华北区私营银钱业管理暂行办法》。

4 月 28 日　太原金融接管组开办留用人员训练班，地址在鼓楼街 3 号（现市人民银行）楼上，参加训练的有 200 余人，训练时间 10 天。主要学习党的方针政策，提高旧银行号人员的政治思想觉悟，为成立太原市银行选拔人员。

※ 中国人民银行山西省分行山西金融大事记编纂组：《山西金融大事记》，63～64 页，山西人民出版社，1993 年 4 月版。

二、中国人民银行太原分行成立

（1949 年）5 月 10 日　中国人民银行总行发出“关于工商业放款政策及调整利息的指示”。

6 月 1 日　中国人民银行太原市分行正式成立。管辖太原市和晋中分行的 3 个专区，经理周义中，副经理姚国栋、李进军。

6 月 10 日　为帮助私营工商业复工复业，中国人民银行太原市分行发放贷款 3000 万元。

※ 中国人民银行山西省分行山西金融大事记编纂组：《山西金融大事记》，山西人民出版社，1993 年 4 月版，64 页。

三、安定人民生活恢复发展生产

（1949 年 6 月）本月　解放初期，市场上迫切需要大量的生活必需品。为了从饥饿中解救广大劳动人民，国家银行支持国营商业和合作社商业大量调运粮食、油盐、棉布等物资，保证市场供应。仅 5、6 月间，太原市通过各销售点售出粮食 280 万斤，其中，平价优待工人 130 万斤，并以一定时期不变价供应城市居民 5 大商品，即：粮、油、盐、布、棉，安定广大人民生活。

中国人民银行太原市分行开办储蓄业务，分货币和折实两类。存款种类有8种，即：定期整存整付、定期零存整付、定期存本付息、定期整存零付、活期储蓄等。

7月18日　由于正确贯彻共产党保护工商业政策，太原市复业者已达2333户。但思想仍有顾虑，开业者仍在观望、等待、试探，为了隐蔽资金，逃避负担，门商变为摊贩，大商化为小商，普遍使用两套帐簿，冻结金银，反向银行借款，无本求利，不相信人民币，存实物不存款。因物价上涨，货币贬值，本月前半月与5月比较平均贬值29.38%，后半月贬值49.44%。

8月5日　中国人民银行太原市分行召开支行经理会议，重点研究农村贷款问题，决定发放小米70万斤，帮助农民兴修水利，增购牲畜。

8月19日　华北人民政府任命周义中为山西省人民政府委员兼中国人民银行山西省分行经理，张茂甫为第一副经理，李进军为第二副经理。为山西省分行成立作了组织准备。

8月24日　中国人民银行总行发出指示，全行自8月起改行薪金制，在未评定薪级前，可按该项最低标准借薪，原供给制之“生活费”及“妇婴费”部分如伙食费、服装费、津贴费、妇婴费、保健费、技术津贴、养老金、医药费等一律停发。

……

8月　中国人民银行太原市分行举办“本票”业务。

※ 中国人民银行山西省分行山西金融大事记编纂组：《山西金融大事记》，第65页，山西人民出版社，1993年4月版。

四、人民银行统一山西全省金融市场

(1949年) 9月1日山西省人民政府在太原宣布成立。主席程子华，副主席裴丽生、王世英。中国人民银行山西省分行也于同日正式成立。按照山西省新的行政区划，原太原、太行、太岳分行即行撤销。山西省分行下设长治、汾阳、榆次、忻县、兴县、翼城等6个专区办事处，67个县支行，4个街道办事处，2个营业所，2个分理处，共81个机构，2607人。省分行地址在鼓楼街3号（现市人行办公楼）。省分行内设营业部，办理原太原分行的具体业务。

9月16日　中国人民银行山西省分行机关确定编制622人，实有617人，缺编5人。内部机构有：秘书科、人事科、会计科、出纳科、金管科、业务科、合作科、储蓄科及研究室，营业部在太原市设3个办事处（一办、二办、储蓄办）。另有训练班1所，13人。

9月25日　中国人民银行山西省分行第一副经理张茂甫奉命调往总行。

9月24日至10月7日　中国人民银行山西省分行召开各专办主任及会计会议，会上，拟定了全省通汇办法、会计制度等9个草案，传达了总行汇兑会议内容。会议强调提出：（一）强调集中统一，特别是头寸的统一调拨，克服盲目性，各专办及平遥、阳泉、晋城每日报告头寸一次；（二）资金服从生产，生产和保本发生矛盾时，不一定必

须保本，但要积极组织生产，普遍开展省内外汇兑和试办押汇，促进城市物资交流；（三）短期信用贷款，要通过合作社，无论是贷款折实或定贷，必须公私两和，一般利息按国营工业和商业计算，把农村金融工作当作农民自己的任务；（四）与私人工商业建立真诚的关系，克服贷款上的偏向，适当帮助其发展，必要时可给以透支的便利，通过业务来团结、教育、改造他们；（五）加强干部的学习和教育，不经批准，不能随意解雇新干部。会后省分行抽出三分之一的人员组成工作队，深入各专区，帮助督促贯彻会议精神。

山西全省解放后，流通在市场上各边区发行的货币有 9 种之多，券别有 40 多种，比价不统一，影响物资交流。经过整顿，全省共收兑各种货币 39899.85 万张，金额 77155080 万元，折合人民币 140598.84 万元，人民币统一了市场。

※ 中国人民银行山西省分行山西金融大事记编纂组：《山西金融大事记》，65 页，山西人民出版社，1993 年 4 月版。